Droit des sociétés

HyperCours Dalloz

sous la direction de

- Dominique **Chagnollaud de Sabouret**
  Professeur à l'Université Panthéon-Assas (Paris II)
- Serge **Guinchard**
  Professeur émérite de l'Université Panthéon-Assas (Paris II)

Droit des sociétés

7e édition 2021

Bruno **Dondero**

Agrégé des Facultés de droit

Professeur à l'École de droit de la Sorbonne (Université Paris 1)

DALLOZ

Éditions DALLOZ
31-35 rue Froidevaux,
75685 Paris Cedex 14

ISBN 978-2-247-20656-8

En un seul ouvrage, l'Hypercours Droit des sociétés met à la portée des étudiants des moyens d'acquisition, de révision et d'entraînement performants. Il fournit en effet les connaissances théoriques indispensables, et propose les références, exemples, exercices et thèmes de réflexion qui permettent d'appréhender correctement la mise en application de ces connaissances.

• Le cours, complet, est décomposé en parties mais surtout en chapitres thématiques correspondant aux séances de travaux dirigés. La structure détaillée de chacun d'eux est annoncée en début de chapitre par un plan analytique.

– Parallèlement au cours, sur la même page, l'ensemble du texte est découpé en blocs d'idées homogènes, selon une numérotation située dans la marge. Cette numérotation permet d'accéder à des définitions (voir ci-dessous la rubrique « *Quid* »).

– Des mots ou expressions clés sont signalés par la lettre « Q » en exposant. S'ils ne sont pas définis dans le cours même, il faut se reporter là encore à la rubrique « *Quid* » pour en connaître la signification précise.

• Des rubriques pédagogiques (pages signalées par un bandeau rouge), complètent le cours de chaque chapitre. Elles ont une double fonction : mieux faire comprendre et assimiler le cours, mais aussi préparer efficacement les étudiants aux épreuves des travaux dirigés et des examens.

– La rubrique « Mémo » permet de synthétiser rapidement l'ensemble du cours.

– La rubrique « Quid » permet de disposer immédiatement de définitions extensives des mots clés du cours (signalés dans le cours par la lettre « Q » – pour « Quid » – en exposant). À chaque mot clé est accolé un ou des numéro(s) correspondant au découpage signalé en marge dans le cours afin de les repérer plus rapidement, le tout à la façon des liens hypertexte.

– La rubrique « Documents » offre une très large gamme de textes de référence.

– La rubrique « Biblio », donne accès à une bibliographie sélective.

– La rubrique « Quiz » regroupe des tests de connaissance et de compréhension, et des sujets corrigés d'épreuves (commentaires d'arrêts, résolution de cas pratiques).

– Des thèmes de « Débat » viennent éclairer l'étudiant sur un sujet d'actualité.

– La rubrique « Sujets terminaux » propose des sujets d'examen corrigés correspondant à une épreuve-type donnée en fin de semestre ou d'année et faisant appel à l'ensemble des connaissances de la matière.

• Présentant une synthèse de la matière, des éléments de pratique et de documentation viennent à la suite du cours et des compléments pédagogiques.

– Le sujet terminal propose un sujet d'examen corrigé correspondant à une épreuve type donnée en fin de semestre ou d'année et faisant appel à l'ensemble des connaissances de la matière.

– La bibliographie générale présente les ouvrages essentiels de la matière.

• Pour s'orienter à l'intérieur du manuel :

– Au début de l'ouvrage, après le *plan général* de celui-ci, le *sommaire des Quiz* répertorie les sujets corrigés par genre (tests de connaissances ou de compréhension, dissertations, commentaires d'arrêts, cas pratiques).

– Situé en fin d'ouvrage, l'*index alphabétique* des termes utilisés prend pour repères les blocs d'idées homogènes numérotés en marge du cours et permet de trouver une notion rapidement. Les mots *Quid* y sont intégrés pour faciliter la lecture des définitions.
– La *table des matières* en fin d'ouvrage permet d'accéder facilement au cours et à sa structure.

Principales abréviations

aff.	affaire
AJ	*Actualité jurisprudentielle* (du recueil Dalloz)
al.	alinéa
AMF	Autorité des marchés financiers
anc.	ancien
art.	article
ass. plén.	Cour de cassation, Assemblée plénière
auj.	Aujourd'hui
BRDA	*Bulletin rapide de droit des affaires*
Bull.	*Bulletin des arrêts de la Cour de cassation*
Bull. Joly	*Bulletin Joly Sociétés*
c/	contre
Cah. dr. entr.	*Cahiers de droit de l'entreprise*
C. assur.	Code des assurances Dalloz
CCH	Code de la construction et de l'habitation Dalloz
CCC	Contrats Concurrence Consommation
C. civ.	Code civil Dalloz
C. com.	Code de commerce Dalloz
CE	Conseil d'État
C. envir.	Code de l'environnement
CESEDA	Code de l'entrée et du séjour des étrangers et du droit d'asile Dalloz
cep.	cependant
C. mon. fin.	Code monétaire et financier Dalloz
CGI	Code général des impôts Dalloz
CGPPP	Code général de la propriété des personnes publiques Dalloz
ch. mixte	chambre mixte de la Cour de cassation
ch. réun.	chambres réunies de la Cour de cassation
chron.	chronique
Civ.	chambre civile de la Cour de cassation
CJCE	Cour de justice des Communautés européennes
CJUE	Cour de justice de l'Union européenne
COB	Commission des opérations de bourse
Com.	chambre commerciale de la Cour de cassation
comm.	commentaires
Comp.	comparer
concl.	conclusions
Contra	Solution contraire
C. pén.	Code pénal Dalloz

CPI	Code de la propriété intellectuelle Dalloz
C. pr. civ.	Code de procédure civile Dalloz
Crim.	chambre criminelle de la Cour de cassation
C. rur.	Code rural et de la pêche maritime Dalloz
CSP	Code de la santé publique Dalloz
C. trav.	Code du travail Dalloz
D.	*Dalloz-Sirey ou Dalloz (Recueil)*
DA	*Recueil analytique de jurisprudence et de législation Dalloz* (années 1941 à 1944)
D. Affaires	*Dalloz Affaires*
Décr.	Décret
Defrénois	*Répertoire du notariat Defrénois*
DH	*Recueil hebdomadaire de jurisprudence Dalloz* (années antérieures à 1941)
Dir.	Directive
Doctr.	Doctrine (partie « doctrine » de la Gazette du Palais
DP	*Recueil périodique et critique mensuel Dalloz* (années antérieures à 1941)
Dr. et patr.	*Droit et patrimoine*
Dr. sociétés	*Droit des sociétés*
égal.	également
esp.	espèce
ex.	exemple
Gaz. Pal.	*Gazette du Palais*
GEIE	Groupement européen d'intérêt économique
GIE	Groupement d'intérêt économique
ibid.	Au même endroit
infra	ci-dessous
IR	Informations rapides du Recueil Dalloz
J.	jurisprudence
JCP	*J.-Cl. périodique (Semaine juridique)*
JCP E	*J.-Cl. périodique, édition Entreprise*
JCP N	*J.-Cl. périodique, édition Notariale*
JO	*Journal officiel de la République française*
JOAN	*Journal officiel, Assemblée nationale*
JOAN Q	*Journal officiel, Assemblée nationale, Questions écrites*
JOCE	*Journal officiel des Communautés européennes*
JO Sénat Q	*Journal officiel , Sénat, Questions écrites*
JOUE	*Journal officiel de l'Union européenne*
Journ. not. et av.	*Journal des notaires et des avocats*
Journ. Sociétés	*Journal des sociétés*
L.	loi
LPA	*Les Petites Affiches*
LPF	Livres des procédures fiscales
not.	notamment
nouv.	nouveau
obs.	observations
op. cit.	*Ouvrage cité*
Ord.	ordonnance
p.	page
Pan.	panorama

QPC	Question prioritaire de constitutionnalité
préc.	précité
Procédures	*Revue Procédures*
Rapp.	Rapport
RDC	*Revue des contrats*
Recomm.	recommandation
Régl. gén. AMF	Règlement général de l'Autorité des marchés financiers
Req.	chambre des requêtes de la Cour de cassation
Rép. civ.	Répertoire de droit civil
Rev. sociétés	*Revue des sociétés*
RJ com.	*Revue de jurisprudence commerciale*
RJDA	*Revue de jurisprudence commerciale*
RTD civ.	*Revue trimestrielle de droit civil*
RTD com.	*Revue trimestrielle de droit commercial*
RTDF	*Revue trimestrielle de droit financier*
S.	*Recueil Sirey*
s.	et suivants
SA	Société anonyme
SARL	Société à responsabilité limitée
SAS	Société par actions simplifiée
SCA	Société en commandite par actions
SCI	Société civile immobilière
SCM	Société civile de moyens
SCP	Société d'exercice professionnel
SCS	Société en commandite simple
SE	Société européenne
SEL	Société d'exercice libéral
SNC	Société en nom collectif
Soc.	chambre sociale de la Cour de cassation
somm.	sommaires
ss	sous
supra	ci-dessus
t.	tome
T. civ.	Tribunal, chambre civile
T. com.	Tribunal de commerce
T. J.	Tribunal judiciaire
UE	Union européenne
V.	voir

Plan général de l'ouvrage

Sommaire des Quiz

Les chiffres envoient aux numéros des pages. Tous les sujets sont corrigés en fin de la rubrique pédagogique sauf ceux indiqués en italiques.

Tests de connaissances

Tests de compréhension

Commentaires d'article(s), d'arrêt(s) ou de texte(s)

Cas pratiques

Dissertations

Avant-propos

Le droit des sociétés est une branche du droit privé extrêmement riche et vivante. Cette matière amène à étudier des groupements, les sociétés, dans les différentes étapes de leur vie, et dans les différents aspects de leur fonctionnement.

La société est une forme particulière de groupement. Elle se distingue d'autres groupements de biens ou de personnes par le fait qu'elle est constituée en vue de la réalisation d'un bénéfice ou d'une économie, dont elle fera profiter ses associés. La possibilité de partager le bénéfice réalisé entre les membres du groupement distingue la société de l'association, qui ne peut procéder à un tel partage.

Le droit des sociétés est une matière passionnante du point de vue théorique, qui nécessite de se pencher sur des sujets d'étude particulièrement stimulants, tels que la notion de personnalité morale, le mécanisme du vote majoritaire, appliqué aux assemblées des sociétés, ou le fonctionnement des marchés financiers, où peuvent être cotées les sociétés de certaines formes.

Le droit des sociétés présente également un important intérêt pratique, en ce qu'il détient la clé de problèmes juridiques qui sont parmi les plus cruciaux de la vie des affaires. L'organisation des rapports entre associés, la détermination des pouvoirs des dirigeants sociaux, l'appréhension des situations de conflit d'intérêts, le déroulement des fusions et acquisitions, sont des questions auxquelles sont confrontées les entreprises ayant choisi la forme juridique de la société, et qui font du droit des sociétés une matière en prise avec la pratique. Son étude doit toujours être rapprochée, lorsque cela est possible, de la réalité. C'est dans cette optique que le présent ouvrage a été enrichi de nombreux extraits de statuts de sociétés existantes.

Cette première présentation de la matière étant faite, il est maintenant temps de se plonger dans son étude !

chapitre 1

Introduction au droit des sociétés

Plan analytique

section 1
Étude du droit des sociétés

§ 1 Documentation requise

- **A.** « Code des sociétés »
- **B.** Ouvrages
- **C.** Revues spécialisées et généralistes

§ 2 Sources du droit des sociétés

- **A.** Textes
- **B.** Jurisprudence
- **C.** Doctrine
- **D.** Autres sources
- **E.** Documentation électronique

section 2
Définition et classification des sociétés

§ 1 Définition de la société

- **A.** Dualité de sens du mot « société »
- **B.** Société et entreprise
- **C.** Éléments constitutifs de la société

§ 2 Classification des sociétés

- **A.** Distinction fondée sur la personnification de la société
- **B.** Distinction fondée sur la commercialité de la société
- **C.** Distinction fondée sur l'importance accordée à la personnalité des associés
- **D.** Distinction fondée sur le mode de financement de la société
- **E.** Nouvelles distinctions introduites par la loi PACTE : sociétés avec ou sans raison d'être, sociétés à mission

section 3
Plan de l'ouvrage

Compléments pédagogiques

Introduction au droit des sociétés

De manière fort concrète, nous commencerons par voir quelle est la documentation requise et quelles sont les sources à consulter pour se livrer à l'étude du droit des sociétés (section 1), avant de définir la société et d'exposer les principales classifications qui régissent la matière (section 2). 1

section 1

Étude du droit des sociétés

L'étude du droit des sociétés requiert un minimum de documentation (§1). Présenter cette documentation ne dispense pas d'évoquer les sources du droit des sociétés (§2). 2

§ 1 Documentation requise

A. « Code des sociétés »

L'outil le plus efficace pour accéder aux sources du droit des sociétés est indéniablement le *code*, plus précisément, le code d'éditeur, réunissant les textes et la jurisprudence. Pour mener le plus facilement possible l'étude du droit des sociétés, il convient de se munir d'un Code des sociétés à jour, tel que celui qui est publié par les éditions Dalloz. Cette compilation des textes et de la jurisprudence la plus importante permet de saisir rapidement le contenu du droit positif des sociétés. 3

Il convient cependant d'apporter trois précisions :

– l'une concerne *les sources du droit*. Le « Code des sociétés » est une création des éditeurs. Il n'existe pas, en droit français, un code des sociétés, bien que ce vœu ait été formulé par une partie de la doctrine. Il est donc hors de question de citer un texte comme, par exemple, « l'article L. 225-35 du Code des sociétés ». L'étudiant qui citerait en ces termes l'article L. 225-35 du Code de commerce lors d'un examen aurait peu de chances d'obtenir la moyenne, car un examinateur pourrait voir dans cette confusion le signe d'une ignorance des structures fondamentales de la matière. Le Code des sociétés est une compilation de textes et d'arrêts, réunis sous un nom évocateur. Cette appellation n'a cependant, à l'heure actuelle, aucune valeur officielle.

– la deuxième précision concerne *le code utilisé pour les examens*. Si l'usage de codes est souvent autorisé, celui de codes commentés peut être prohibé. Il conviendra donc de s'assurer auprès de l'enseignant responsable de ce que le code avec lequel l'étudiant a pris l'habitude de travailler n'est pas « interdit d'examen » !

– la dernière précision concerne l'*évolution des textes et de la jurisprudence*. Le droit des sociétés, comme d'autres matières du droit des affaires, est en perpétuelle évolution. Il est donc impératif de se tenir à jour des modifications des textes et des évolutions de la jurisprudence en doublant la consultation du code d'une actualisation permanente de ses connaissances, notamment par la consultation des revues et du site *Légifrance*.

B. Ouvrages

4 Il faut ensuite évoquer les *ouvrages disponibles*

Parallèlement au code, l'utilisation d'un manuel est également recommandée, dans la mesure où la matière étudiée est particulièrement dense. C'est à ce stade qu'intervient le présent ouvrage, qui vise d'ailleurs à fournir à son lecteur tant l'approche méthodique d'un manuel que les développements pédagogiques d'un livre d'exercices.

Nous indiquons dans l'annexe au présent chapitre une bibliographie indicative de la matière.

Certains de ces ouvrages ont pour point fort la pédagogie. Nous entendons par là que ces ouvrages visent avant tout à faire acquérir à leurs lecteurs les bases de la matière. Cependant, une étude quelque peu approfondie d'un point précis, telle que celle requise pour un commentaire d'arrêt ou une dissertation, ne pourra se limiter, bien souvent, à la seule consultation de l'un de ces ouvrages.

D'autres ouvrages visent plus à l'approfondissement et à l'exhaustivité des références. Ils seront utiles à la préparation d'un devoir, mais ne sont pas toujours appropriés comme support pédagogique.

C. Revues spécialisées et généralistes

5 La connaissance théorique et pratique du droit des sociétés se fera d'autant mieux en consultant les différentes *revues spécialisées*.

Il existe tout d'abord des revues entièrement consacrées au droit des sociétés :

– la *Revue des sociétés (Rev. sociétés)*, aujourd'hui mensuelle après avoir été longtemps trimestrielle. Les articles et les commentaires y sont plus approfondis que dans les autres revues, surtout les notes de jurisprudence ;

– *Droit des sociétés (Dr. sociétés)*, mensuelle ;

– le *Bulletin Joly Sociétés (Bull. Joly)*, mensuel.

Il existe ensuite, dans les revues plus généralistes du droit des affaires ou du droit privé, des chroniques consacrées au droit des sociétés.

La *Revue trimestrielle de droit commercial* (*RTD com.*), trimestrielle comme son nom l'indique, comporte ainsi pas moins de trois rubriques consacrées au droit des sociétés, et le *Recueil Dalloz* (*D.*) tout comme la *Semaine juridique* édition Entreprise (*JCP E*) publient une ou plusieurs fois par an une chronique consacrée au droit des sociétés, à laquelle s'ajoutent de nombreuses notes d'arrêts et des commentaires de textes touchant au droit des sociétés.

§ 2 Sources du droit des sociétés

A. Textes

Commençons par la source la plus accessible : *les textes*. Pour rentrer dans le détail des textes régissant le droit des sociétés, les grands corps de textes législatifs et réglementaires à connaître sont : 6 ▪

– d'une part, les articles 1832 à 1873 du Code civil, qui édictent les dispositions générales, applicables à toutes les sociétés, les dispositions spécifiques aux sociétés civiles et les dispositions relatives aux sociétés en participation et aux sociétés créées de fait. Ces textes résultent de la loi n° 78-9 du 4 janvier 1978. Ils sont complétés par le décret d'application n° 78-704 du 3 juillet 1978, non codifié, mais reproduit par les Codes des sociétés indiqués en bibliographie.

– d'autre part, le Livre II du Code de commerce. Par la codification opérée par l'ordonnance n° 2000-912 du 18 septembre 2000, les dispositions de la loi n° 66-537 du 24 juillet 1966, qui était la grande loi sur les sociétés commerciales et qui avait été modifiée de nombreuses fois, ont été intégrées dans le Code de commerce, que certains ont appelé, postérieurement à cette recodification du droit commercial, « nouveau Code de commerce ». La codification de 2000 a été particulièrement chaotique, puisqu'elle a été l'occasion d'un festival d'erreurs allant jusqu'à la codification des versions anciennes de certains textes, erreurs aujourd'hui corrigées. La partie législative du Code de commerce est complétée par une partie réglementaire et par une partie composée d'arrêtés. La codification de la partie réglementaire, qui résulte du décret n° 2007-431 du 25 mars 2007, a repris notamment le décret d'application de la loi du 24 juillet 1966, le décret n° 67-236 du 23 mars 1967. La codification des arrêtés repose sur une norme de ce type en date du 14 janvier 2009.

En 2020, une « recodification » interne, consistant à cloisonner le droit des sociétés cotées en bourse au sein d'un chapitre dédié, a été opérée par une ordonnance n° 2020-1142 du 16 septembre 2020 et par un décret n° 2020-1742 du 29 décembre 2020, le tout étant entré en vigueur à la date du 1er janvier 2021. Cette réforme, qui a tout de même modifié de nombreux articles du Livre II du Code de commerce, avait un double objectif. Elle visait tout d'abord à rendre plus lisible le « droit commun » des sociétés commerciales, et ensuite à permettre d'identifier plus facilement les obligations spécifiques aux sociétés cotées.

Ce ne sont pas là les seules sources textuelles du droit des sociétés. 7 ▪

Au niveau national, d'autres textes régissent les sociétés. Ce sont avant tout des lois spéciales, applicables à telle ou telle forme de société, par exemple la loi n° 90-1258 du 31 décembre 1990, relative aux sociétés d'exercice libéral. Ces lois (et avec elles les textes réglementaires qui les complètent) sont parfois codifiées, ainsi que l'illustre l'exemple du Code monétaire et financier. Ce sont ensuite les normes et avis émanant des autorités boursières (l'*Autorité des marchés financiers*[Q], AMF, en France), et qui régissent l'admission à la cotation en bourse des titres financiers — *actions*[Q] et obligations notamment — émis par les sociétés, et édictent les règles relatives à la bonne information du marché et des investisseurs. La loi PACTE du 22 mai 2019 avait habilité par son article 75 le gouvernement à apporter une clarification en ce domaine en regroupant au sein d'une division spécifique les dispositions du Code de commerce propres aux sociétés cotées et en procédant aux mesures de coordination, d'harmonisation et de simplification nécessaires, ce qui a été effectivement fait par l'ordonnance n° 2020-1142 du 16 septembre 2020 (v. supra, n° 6), partiellement du moins. En effet, le gouvernement n'a pas utilisé intégralement l'habilitation donnée par le législateur, puisque celle-ci lui permettait aussi d'adapter, le cas échéant, les règles applicables aux sociétés en fonction des catégories de titres cotés et des types de plates-formes de négociation sur lesquels les titres sont cotés, ainsi que d'opérer des transferts de textes du Code de commerce au Code monétaire et financier les dispositions touchant à un certain nombre de questions (offres publiques notamment). Or, le délai de l'habilitation a expiré sans que les ordonnances correspondantes soient adoptées.

Au niveau de l'Union européenne, un certain nombre de directives ont été prises afin d'harmoniser les droits nationaux des sociétés. Le droit français a été de ce fait modifié à plusieurs reprises et il le sera encore, dans le but d'une mise en conformité avec les objectifs retenus par les directives. Le droit de l'Union européenne intervient le plus fréquemment, en matière de sociétés, par des directives. Une série de directives ont ainsi modelé, depuis 1968, notre droit des sociétés à responsabilité limitée et des sociétés par actions (v. rubrique « *Document* »). Plus rarement, les autorités de l'Union ont recours à des textes dont l'applicabilité directe, à la différence des directives, est sans nuance : les règlements. Les règlements les plus importants en ce domaine sont le règlement n° 21157/2001 en date du 8 octobre 2001, qui a défini, après des dizaines d'années d'attente, les règles applicables à la société européenne (SE), règles qui ont été complétées par des dispositions insérées dans notre Code de commerce aux articles L. 229-1 et suivants par une loi n° 2005-842 du 26 juillet 2005, et le règlement (UE) 2017/1129 du Parlement européen et du Conseil du 14 juin 2017 concernant le prospectus à publier en cas d'offre au public de valeurs mobilières ou en vue de l'admission de valeurs mobilières à la négociation sur un marché réglementé. On a attendu pendant longtemps l'adoption d'un règlement relatif à la société privée européenne (SPE), avant que ce projet ne soit abandonné par les institutions européennes. La Commission européenne diffuse par ailleurs des « plans d'action » relatifs au droit des sociétés (sur le dernier en date, de décembre 2012, v. le dossier à la *Rev. sociétés* 2013. 391).

B. Jurisprudence

8 Au niveau national, c'est surtout la Cour de cassation qui « produit » le droit prétorien des sociétés. Précisément, c'est surtout la connaissance de cette jurisprudence qui est attendue des étudiants, même si la lecture des décisions de première instance et des arrêts d'appel est souvent très utile. Il importe donc de connaître avant tout la jurisprudence de la Cour de cassation, et plus particulièrement la jurisprudence publiée au *Bulletin civil*. La jurisprudence qui n'est pas publiée au *Bulletin civil*, précisons-le, est tout de même accessible, pour partie au moins, par le site www.legifrance.gouv.fr et par les revues qui choisissent de diffuser ces décisions. Les arrêts publiés au *Bulletin* sont les plus importants, et il sera systématiquement indiqué, tout au long de cet ouvrage, si les décisions citées ont fait l'objet ou non d'une publication. Le pourcentage de publication varie selon les chambres de la Cour de cassation et selon les années, mais on peut retenir comme pertinent un chiffre de 10 % des décisions rendues.

La chambre de la Cour de cassation qui rend le plus de décisions relatives aux sociétés est la chambre commerciale. Toutefois, la première chambre civile, compétente en matière de contrats et de professions libérales, et la troisième chambre civile, compétente en matière immobilière, rendent également des décisions qui peuvent intéresser le droit des sociétés. La chambre criminelle statue quant à elle sur les questions relatives au droit pénal des sociétés, et notamment sur l'infraction d'abus des biens sociaux (ABS). Il peut advenir que, en présence d'une question touchant au droit des sociétés, la chambre commerciale soit consultée pour avis par les autres chambres de la Cour de cassation.

L'étudiant en droit connaît le style particulier des arrêts de la Cour de cassation, reposant sur une économie de mots et laissant parfois la possibilité d'interprétations diverses. Au cours de l'année 2016, la Cour de cassation a manifesté la volonté de rendre des arrêts plus explicites, particulièrement lorsqu'elle opère un revirement de jurisprudence. C'est d'ailleurs avec une question touchant le droit des sociétés que cette pratique a été inaugurée, un arrêt ayant affirmé le caractère relatif de la nullité d'une cession de parts sociales, en expliquant pourquoi la chambre commerciale revenait sur la solution précédemment retenue par elle de la nullité absolue (Com. 22 mars 2016, n° 14-14218, publié au *Bull.*). Les choses ont évolué encore à la date du 1er octobre 2019, puisque la Cour de cassation a abandonné le recours à une phrase unique et aux « attendus ». Elle a également indiqué qu'elle recourrait plus souvent à une motivation développée. Dernière évolution en date : la classification des arrêts de la Cour de cassation (ce que l'on appelle le « siglage ») a été modifiée à compter du 15 juin 2021. Les lettres P, B, R et I, utilisées pour identifier la diffusion des arrêts, sont remplacées par les lettres B, R, L et C (v. document « La nouvelle classification des arrêts de la Cour de cassation »).

Notons aussi, depuis quelques années, le rôle des questions prioritaires de constitutionnalité (QPC) en droit des affaires, et notamment en droit des sociétés.

Au niveau de l'Union européenne, la Cour de justice de l'Union européenne rend des décisions qui intéressent aussi le droit des sociétés.

C. Doctrine

La doctrine doit être ici entendue en son sens le plus large.

La doctrine du droit des sociétés comprend, comme dans d'autres branches du droit, les auteurs universitaires. Leurs noms sont connus : Edmond Thaller, Georges Ripert, pour les plus grands des classiques, Jean Derruppé, Michel Jeantin ou Yves Guyon, plus près de nous, Alain Couret, Paul Le Cannu, Philippe Merle, Alain Viandier, pour prendre quelques-uns des auteurs actuels les plus reconnus. La doctrine est souvent individuelle, mais elle peut être aussi plurale, collective.

Les universitaires vont contribuer à la constitution du *corpus* doctrinal du droit des sociétés, par leurs traités, manuels, articles et commentaires, mais la doctrine du droit des sociétés est également constituée par les écrits des praticiens. Là encore, ces écrits sont aussi bien ceux faits à titre individuel, notamment par les avocats, que les écrits collectifs, et notamment ceux rédigés sous l'autorité d'associations professionnelles, telle que l'Association Nationale des Sociétés par Actions (ANSA), dont le comité juridique rend des avis très utiles pour les sociétés et leurs conseils, ou l'Institut Français des Administrateurs (IFA).

D. Autres sources

10 Si l'on peut discuter de la valeur de la doctrine comme source du droit, cette discussion mérite d'être étendue à d'autres sources, plus difficilement classables, telles que les réponses ministérielles, qui fournissent parfois une opinion sur une question complexe, notamment en droit des sociétés. À côté des véritables réponses ministérielles, il faut aussi signaler des réponses plus informelles émanant des ministères, ainsi qu'ont pu l'illustrer, autour de la loi sur l'économie sociale et solidaire du 31 juillet 2014, la diffusion d'un guide pratique et celle d'une liste de questions / réponses relatives à l'application de la loi en ce qu'elle a obligé à fournir une information aux salariés en cas de cession de plus de la moitié des parts ou des actions d'une société remplissant les conditions prévues par la loi. Le dispositif spécial relatif à ce que l'on appelle les « AG à huis clos », issu de l'ordonnance n° 2020-321 du 25 mars 2020 (v. ss 379), a donné lieu également à une FAQ (« *frequently asked questions* » ou « foire aux questions ») rédigée par la Direction générale du Trésor.

E. Documentation électronique

11 L'utilisation de l'internet est utile, que ce soit pour connaître les textes ou la jurisprudence en leur dernier état.

Il convient ici de signaler le site www.legifrance.gouv.fr sur lequel peuvent être consultés les textes applicables au droit des sociétés, en leur dernière actualité, ainsi que la jurisprudence de la Cour de cassation. S'agissant des textes, l'étudiant a intérêt à prendre une habitude qui le servira quand il sera devenu praticien, et qui consiste à toujours vérifier, par le biais du site Légifrance, que le texte sur lequel il travaille ou qu'il cite n'a pas été modifié récemment. Une rénovation de ce site l'a cependant rendu son utilisation beaucoup moins commode. S'agissant de la jurisprudence intervenue en 2020, elle peut aussi être consultée, pour les arrêts les plus importants, sur le site de la Cour de cassation lui-même (www.courdecassation.fr) qui donne par ailleurs à son lecteur accès à de nombreuses autres informations sur cette juridiction et sa jurisprudence. Le site de l'Autorité des marchés financiers (AMF : www.amf-france.org) est également d'une consultation très enrichissante.

Une dernière source de documentation consultable uniquement par voie électronique est celle des blogs, qui peuvent fournir un certain nombre d'éléments d'actualité ou de réflexions sur le droit, que ces blogs soient ceux d'avocats, d'étudiants, de professeurs ou d'autres acteurs du droit. L'auteur du présent ouvrage s'essaye ainsi à fournir aussi souvent que possible quelques éléments d'actualité sur le blog www.brunodondero.com.

section 2

Définition et classification des sociétés

12 La définition de la société doit être connue dès maintenant du lecteur de cet ouvrage.

Les classifications qui seront ensuite évoquées sont particulièrement importantes, car elles fourniront souvent des pistes de réflexion à l'étudiant. Ainsi, une décision qui lui sera soumise dans le cadre d'un commentaire, et formulant une solution donnée pour un type précis de société, s'expliquera peut-être par une particularité du régime juridique de ce type de société ; la solution ne sera alors pas transposable à une société d'une autre forme. Mais il est également possible que, sans le dire expressément, les juges aient voulu donner des règles applicables non seulement à la *forme sociale*[Q] visée en l'espèce, mais également, en réalité, à toutes les sociétés relevant de la même catégorie, voire à toutes les sociétés.

Il faut connaître les différentes classifications du droit des sociétés pour être en mesure de s'interroger efficacement sur la portée de la solution étudiée.

§ 1 Définition de la société

A. Dualité de sens du mot « société »

Dans le langage courant, une société est généralement entendue comme une entité (« c'est la société X qui a acheté cet immeuble »), mais également comme une réunion de personnes (« tu sais, avec Sam, Jon et Jorah, on va faire une société »). 13 ■

Du point de vue du droit, on retrouve cette dualité, puisqu'une société est fréquemment une entité distincte de ses membres, du fait qu'elle a acquis la *personnalité morale*[Q]. Devenue *personne morale*[Q], la société est un sujet de droit distinct des *associés*[Q] qui l'ont fondée. Elle est dotée d'un patrimoine propre, et peut conclure des contrats ou agir en justice en son propre nom (v. ss chapitre 3). Mais la société, avant d'être une personne morale, naît le plus souvent d'une relation juridique unissant plusieurs personnes, et régie par des règles particulières. Il convient de bien comprendre cette dualité de la notion de « société ».

B. Société et entreprise

La *société*[Q] ne doit pas — et c'est particulièrement important pour l'étudiant qui rédige un devoir — être confondue avec une notion proche : celle d'« *entreprise*[Q] ». La distinction est d'autant plus délicate que le législateur lui-même la malmène parfois : la loi PACTE du 22 mai 2019 entend ainsi « *repenser la place des entreprises dans la société* », selon l'intitulé d'une section fondamentale de ce texte, mais c'est l'intérêt de la société qu'elle retouche en modifiant, par l'une de ses dispositions phares l'art. 1833 du Code civil ! 14 ■

L'entreprise n'est pas une notion juridique, mais économique. Le législateur ou les juges y font parfois référence, par exemple en droit des entreprises en difficulté ou en droit de la concurrence. Le législateur a même édicté, il y a quelques années, une classification des entreprises (Loi de modernisation de l'économie, n° 2008-776 du 4 août 2008, art. 51), distinguant quatre catégories — micro-entreprises, petites et moyennes entreprises (PME), entreprises de taille intermédiaire et grandes entreprises — dont les critères d'appartenance ont été définis par un décret, classification qui est édictée « pour les besoins de l'analyse statistique et économique », ce qui peut permettre toutes les utilisations ! Le droit de l'Union européenne édicte également une classification des micro-entreprises et PME (recommandation n° 2003/361/CE de la Commission du 6 mai 2003).

Il importe surtout de comprendre qu'« entreprise » et « société » ne sont pas synonymes. L'entreprise est la réunion des moyens, matériels et humains, qui permettent de se livrer à une activité économique autonome. La société, elle, constitue *la structure juridique* de l'entreprise. Elle est la personne morale qui possède l'entreprise, et la société est dans ce cas, ou bien elle est la structure réunissant les différentes personnes jouant le rôle d'entrepreneur s'agissant des *sociétés non personnifiées*[Q].

Si une personne physique veut exploiter une entreprise, elle peut le faire de manière individuelle (éventuellement en recourant à l'institution de l'EIRL ou *entreprise individuelle à responsabilité limitée*[Q]) ou en société. Toute entreprise n'est donc pas exploitée par une société. En revanche, la grande majorité des sociétés exploitent une entreprise. La grande majorité et non toutes les sociétés : l'entreprise peut être exploitée en société, mais toute société n'exploite pas nécessairement une entreprise. Si l'on veut définir l'entreprise comme une activité économique de production, de distribution ou de services, certaines sociétés ne se livrent pas à une telle activité, et se contentent de gérer leur patrimoine, sans nécessairement en faire profiter d'autres que leurs associés. C'est ainsi le cas des *sociétés civiles immobilières*[Q] de gestion.

Si l'entreprise est exploitée en son nom propre par une personne physique agissant seule, on parle d' « *entreprise individuelle*[Q] », et l'on n'est pas dans une situation régie par le droit des sociétés. En ce cas, une personne physique est propriétaire des biens de l'entreprise, et elle signe en son nom propre les contrats de travail avec les salariés, les contrats de fourniture avec les fournisseurs, elle contracte personnellement les emprunts nécessaires à l'activité de l'entreprise auprès des banques, et ainsi de suite. Il est aussi possible à un entrepreneur individuel de s'instituer EIRL, c'est-à-dire « entrepreneur individuel à responsabilité limitée ». Cette création du législateur date d'une loi du 15 juin 2010, complétée par plusieurs textes postérieurs. Devant l'échec qu'aurait prétendument rencontré l'EURL (c'est-à-dire la SARL unipersonnelle, mais l'affirmation d'un tel échec est discutable), il a été décidé de donner aux entrepreneurs individuels la possibilité de créer un patrimoine d'affectation, dans lequel vont être logés les actifs, les passifs et les contrats liés à une activité professionnelle. Cela ressemble donc fort à une société unipersonnelle, mais sans la création d'une personne morale nouvelle (v. rubrique « Débat »). Cette forme d'organisation de l'entreprise n'a pas rencontré un grand succès, la complexité de l'organisation qu'elle impose, sans pour autant permettre la mise en place d'une structure sociétaire à même d'accueillir de futurs partenaires, expliquant ce peu de succès.

Si l'on a choisi d'exploiter une entreprise par le biais d'une société dotée de la personnalité morale, c'est la société qui est propriétaire des biens de l'entreprise, c'est la société qui signe les contrats nécessaires à l'activité de l'entreprise. L'avantage essentiel du recours à une société est que c'est cette société, en tant que personne morale, qui est engagée au paiement des dettes résultant de la gestion de l'entreprise, sans que le passif social pèse directement sur les associés - sauf à ce que ceux-ci soient garants, parce que la loi ou un contrat le prévoit, du paiement des dettes de la société.

Outre la question de l'engagement aux dettes de l'entreprise, différents critères permettent de choisir entre l'entreprise individuelle (avec ou sans EIRL) et le recours à une société. Le recours à une société (ou à l'EIRL, d'ailleurs) implique différentes contraintes, puisqu'il faut adopter une organisation particulière. De plus, il faut s'assurer que les biens de la société ne seront pas utilisés par les dirigeants ou les associés dans leur intérêt propre. Des contraintes d'ordre comptable peuvent également peser sur les personnes qui constituent une société. Certaines sociétés sont en effet astreintes à tenir une comptabilité, comme tout commerçant, mais également à rendre publique cette comptabilité et ce de manière périodique, par le biais du *registre du commerce et des sociétés*[Q]. De même, la fiscalité applicable aux sociétés diffère de celle que subissent les personnes physiques.

De manière croissante, le législateur rapproche la société et l'entreprise. Les salariés participent à la vie de l'entreprise, et le succès de l'entreprise fait celui de la société. Cependant, les salariés ne sont pas automatiquement associés, et l'on peut estimer anormal qu'ils consacrent toute leur activité à l'entreprise sans pouvoir accéder à la société qui exploite cette entreprise. Le rapprochement de l'entreprise et de la société qui exploite celle-ci passe depuis longtemps par des institutions telles que le comité social et économique (ex-comité d'entreprise) ou la participation des salariés aux bénéfices. Ces institutions rapprochant les salariés de la société ont connu un développement constant, l'une des innovations marquantes en ce domaine ayant été la loi relative à la sécurisation de l'emploi n° 2013-504 du 14 juin 2013, qui a instauré notamment une obligation de consulter le comité d'entreprise tous les ans sur les orientations stratégiques de l'entreprise et a prévu une participation obligatoire des salariés aux conseils d'administration ou de surveillance des sociétés par actions dépassant certains seuils en termes de salariés, filiales comprises (v. ss 766).

C. Éléments constitutifs de la société

La société est définie par l'article 1832 du Code civil. En réalité, ce texte ne donne pas une définition de la société, mais il en énumère certains des éléments constitutifs. 15 ■
Selon ce texte, en sa rédaction actuelle, « la société est instituée par deux ou plusieurs personnes qui conviennent par un contrat d'affecter à une entreprise commune des biens ou leur *industrie*[Q] en vue de partager le bénéfice ou de profiter de l'économie qui pourra en résulter. [al. 1er] Elle peut être instituée, dans les cas prévus par la loi, par l'acte de volonté d'une seule personne. [al. 2] Les associés s'engagent à contribuer aux pertes [al. 3] ».

Cette définition est ancienne. Outre la définition proche, déjà présente dans le Code civil en 1804, on relèvera celle formulée par Pothier : « le contrat de société est un contrat par lequel deux ou plusieurs personnes mettent ou s'obligent de mettre en commun quelque chose, pour faire en commun un profit honnête, dont ils s'obligent réciproquement à se rendre compte » (t. 7, *Traités du contrat de bail à rente, du contrat de société, des cheptels*, Paris, 1821, p. 149, n° 1).

Deux des trois éléments constitutifs de la société sont énoncés par l'article 1832 du Code civil :

– d'une part, *la mise en commun* de biens ou d'une activité : c'est cette activité que l'on désigne par le terme autrement peu usité d'« *industrie*[Q] » ;

– d'autre part, *la finalité de cette mise en commun*, qui est la *participation au résultat*, que celui-ci soit positif (bénéfice ou économie), ou négatif (pertes).

Un troisième élément est nécessaire à la constitution d'une société, mais qui n'est pas exigé formellement par le texte : c'est la *volonté de s'associer*, que l'on désigne par un terme latin : l'*affectio societatis*[Q].

On aura l'occasion de revenir sur ces trois éléments constitutifs du contrat de société (v. ss chapitre 2).

§ 2 Classification des sociétés

16 Le juriste, on le sait, est un classificateur ; ce qui suppose qu'il soit également un qualificateur. Ce n'est en effet qu'après s'être assuré de la qualification à donner à une situation que le juriste est en mesure d'en déterminer le régime, en rattachant cette situation à une catégorie préexistante. Le droit des sociétés est de ce point de vue assez simple, puisqu'au régime général, applicable en principe à toutes les sociétés, il ajoute de nombreux régimes spéciaux, réservés aux sociétés de la catégorie correspondante. Il est cependant tentant de rapprocher certaines de ces formes spéciales les unes des autres, ne serait-ce que pour déterminer si une solution jurisprudentielle rendue à propos d'une forme sociale peut être transposée à une autre.

Il existe au moins quatre grandes distinctions à faire parmi les sociétés, qui commandent l'application de règles juridiques spécifiques.

A. Distinction fondée sur la personnification de la société

17 Une distinction classique oppose les *sociétés personnifiées*[Q] et *sociétés non personnifiées*[Q], c'est-à-dire les sociétés qui ne sont qu'un contrat de société et celles qui ont fait les démarches nécessaires à l'acquisition de la personnalité morale. La majorité des sociétés demandent leur *immatriculation au registre du commerce et des sociétés*[Q], et deviennent, du fait de cette immatriculation, des sujets de droit distincts de leurs membres. Les associés choisissent parfois de ne pas accomplir cette formalité, et leur société, qui reste au stade de simple contrat, est alors une *société en participation*[Q]. Il peut encore advenir que les associés n'aient même pas conscience d'avoir constitué une société ou bien que tout ou partie d'entre eux refusent cette qualification, et le juge donnera tout de même à ce groupement la qualification de société, s'il peut en caractériser les éléments ou simplement l'apparence. La société est alors une *société créée de fait*[Q].

B. Distinction fondée sur la commercialité de la société

1. *Critère*

18 Une autre distinction formelle entre les sociétés oppose les *sociétés civiles*[Q] aux *sociétés commerciales*[Q]. Quel en est le *critère* ?

Les sociétés civiles sont le principe, les sociétés commerciales l'exception, sur le plan théorique. Il est cependant à noter qu'en pratique, les sociétés commerciales sont plus nombreuses que les sociétés civiles.

L'article 1845, alinéa 2 du Code civil formule une règle de principe : « *ont le caractère civil toutes les sociétés auxquelles la loi n'attribue pas un autre caractère à raison de leur forme, de leur nature ou de leur objet* ». Ce texte est un peu surprenant, en ce qu'il n'oppose pas directement aux sociétés civiles les sociétés commerciales, et laisse entendre ainsi qu'existeraient des sociétés ayant un « autre caractère » que le caractère civil, mais qui ne seraient pas les seules sociétés commerciales. De plus, l'exception au caractère civil, qui ne serait déterminée que par « la loi », pourrait être fondée sur la forme ou sur l'objet, mais aussi sur la « nature » des sociétés, ce qui est nous semble-t-il inédit. On aura surtout compris de ce texte qu'il pose un principe et son exception : une société est par principe civile, sauf à ce qu'un texte particulier lui confère la qualification de société commerciale.

L'article L. 210-1 du Code de commerce constitue justement un tel texte, puisqu'il dispose que « *le caractère commercial d'une société est déterminé par sa forme ou par son objet* », avant d'énumérer plusieurs sociétés commerciales à raison de leur forme et quel que soit leur objet. Les *sociétés commerciales par la forme* sont la *société en nom collectif*[Q] (SNC), la *société en commandite simple*[Q] (SCS), la *société à responsabilité limitée*[Q] (SARL), et les différentes formes de *sociétés par actions*[Q], à savoir la *société anonyme*[Q] (SA), la *société par actions simplifiée*[Q] (SAS), la *société en commandite par actions*[Q] (SCA) et la *société européenne*[Q] (SE). La société qui a revêtu l'une de ces formes est commerciale, et ce même si elle exerce une activité civile, telle que la mise en location de biens immobiliers. La société qui n'a pas adopté l'une des formes précédemment citées peut tout de même avoir un caractère commercial, en raison du fait qu'elle *exerce une activité commerciale*, par exemple une activité de transport. La société est alors commerciale, même si elle a adopté la forme de société civile régie par les articles 1845 s. du Code civil (v. ss chapitre 13).

Entre les sociétés civiles et les sociétés commerciales, on signalera l'existence des sociétés d'exercice libéral (SEL), régies par la loi n° 90-1258 du 31 décembre 1990. Ces sociétés sont constituées pour l'exercice d'une profession libérale soumise à un statut législatif ou réglementaire ou dont le titre est protégé. Leur activité est donc de nature civile. Le législateur les organise cependant sous la forme des sociétés commerciales à *responsabilité limitée*[Q] : SARL, SA, SAS, SCA. Cet exercice d'une activité civile par une société commerciale suppose un certain nombre d'adaptations (v. par ex. C. com., art. L. 721-5 soumettant aux tribunaux civils les actions en justice dans lesquelles l'une des parties est une SEL et les contestations survenant entre associés de SEL), et soulève de redoutables questions : faut-il faire primer le caractère civil de l'activité ou le caractère commercial de la forme sociale ?

La loi PACTE du 22 mai 2019 a introduit un élément intéressant, en permettant aux sociétés régies par le Code de commerce, mais pas aux sociétés civiles, de se doter du statut de « société à mission », ce qui implique que la société, bien que dédiée en principe à une activité commerciale, se consacrera également à la réalisation d'« un ou plusieurs objectifs sociaux et environnementaux » (v. ss, n° 32). On verra dans quelle mesure cela pourra influer sur la qualification même de société commerciale.

2. Conséquences

Les *conséquences* de la qualification civile ou commerciale peuvent se résumer ainsi : 19 ■
la société est soumise à un corps de règles spécifiques variant selon sa qualification ; la société commerciale est considérée comme un commerçant.

a. Application de règles spécifiques

La société est soumise à des règles spécifiques, différentes selon la nature qui lui est 20 ■
reconnue.

La société civile est régie non seulement par le droit commun des sociétés (C. civ., art. 1832 s.), mais encore par un régime constituant le droit commun des sociétés civiles et éventuellement par un régime spécifique. Une société civile de médecins pourra ainsi être régie par le droit commun des sociétés civiles (C. civ., art. 1845 s.) et par les règles propres aux sociétés civiles professionnelles (L. n° 66-879 du 29 nov. 1966), ainsi que par les règles spécifiques aux SCP de médecins (CSP, art. R. 4113-26 s.).

La société commerciale est quant à elle soumise au droit commun des sociétés (C. civ., art. 1832 s.), mais aussi à des dispositions s'appliquant à toutes les sociétés commerciales (C. com., art. L. 210-1 s. et L. 231-1 s.). Elle devra de plus se soumettre aux dispositions propres à la forme spécifique de société commerciale qui lui aura été donnée : la SARL, par exemple, est régie plus particulièrement par les articles L. 223-1 s. du Code de commerce.

b. La société commerciale vue comme un commerçant

21 La société commerciale est par ailleurs assimilée à un commerçant (avec la particularité qu'elle est une personne morale), ce qui entraîne un certain nombre de conséquences. La preuve des actes de commerce est ainsi libre à l'égard de la société commerciale par application de l'article L. 110-3 du Code de commerce. Les obligations nées à l'occasion de son commerce entre la société commerciale et un commerçant ou un non-commerçant étaient soumises à une prescription abrégée par rapport à la prescription de droit commun, jusqu'à l'entrée en vigueur de la loi portant réforme de la prescription en matière civile (L. n° 2008-561 du 17 juin 2008). On relèvera encore, parmi les conséquences de l'assimilation de la société commerciale à un commerçant, sa soumission à des obligations en matière comptable (C. com., art. L. 123-12 s.) et à la compétence du tribunal de commerce (C. com., art. L. 721-3). Sur ce dernier point, il faut noter que la compétence du tribunal de commerce est étendue, puisqu'elle couvre des faits en lien direct avec la gestion de la société commerciale (Com. 27 oct. 2009, n° 08-20384, *Bull.* IV, n° 138 ; *D.* 2010. 296, note B. Dondero), mais elle n'est pas nécessairement exclusive de la compétence du juge civil (Com. 18 nov. 2020, n° 19-19463, *Bull.*).

C. Distinction fondée sur l'importance accordée à la personnalité des associés

22 Cette troisième distinction, plus imprécise, est celle qui oppose les *sociétés de personnes*[Q] aux *sociétés de capitaux*[Q]. Elle est importante, en ce qu'elle recoupe d'autres distinctions du droit des sociétés, qui seront évoquées incidemment.

1. *Contenu de la distinction*

a. Sociétés de personnes

23 Les sociétés de personnes sont généralement des sociétés de taille petite ou moyenne, dans lesquelles une grande importance est donnée à la personnalité des associés. Ce sont donc des sociétés à l'*intuitus personae* marqué, les parties nouant des relations en considération de leurs personnalités respectives. Du fait de l'importance donnée à la personnalité des associés, il est fréquent que l'incapacité ou le décès de l'un d'eux, en modifiant la composition du corps sociétaire, remette en cause l'exécution du contrat de société et provoque généralement la dissolution de la société.

Les sociétés de personnes sont rarement soumises à l'exigence d'un capital social minimum par le législateur. Cela s'explique par le fait que les sociétés de personnes sont fréquemment confondues avec la catégorie des sociétés à responsabilité illimitée, c'est-à-dire des sociétés où les associés sont personnellement tenus de garantir le paiement des dettes sociales envers les créanciers. De ce fait, c'est plutôt *la personnalité* et le patrimoine des associés qui vont être pris en compte, plus que le patrimoine de la société – voilà pourquoi le législateur est peu regardant quant à la consistance du patrimoine de ces sociétés.

Les titres émis par la société et représentant les droits des associés sont, dans le cas des sociétés de personnes, des parts d'intérêt, appelées « *parts sociales*[Q] », qui ne sont pas négociables. Cela ne veut pas dire que le prix ne peut pas en être discuté (c'est un faux ami du langage juridique), mais que l'on ne peut pas céder ces parts sociales selon l'un des modes de cession simplifiée du droit commercial. Il faut en principe satisfaire aux formalités prévues par le Code civil pour la cession de droits incorporels, c'est-à-dire que l'opposabilité aux tiers et à la société de la cession de parts sociales dépend, sauf dérogation, d'une notification par huissier ou de l'acceptation faite devant notaire par la société.

Enfin, les sociétés de personnes sont généralement vues comme ayant un *caractère contractuel*, par opposition à *l'aspect institutionnel* des sociétés de capitaux (v. ci-dessous). Si l'on doit définir simplement cet aspect contractuel, l'on peut dire que dans les sociétés contractuelles, les associés sont avant tout les parties à un contrat, le contrat de société. De ce fait, la liberté des associés pour définir le régime de fonctionnement de la société, par les statuts de celle-ci, est importante. Par ailleurs, c'est surtout l'intérêt des associés qui doit être pris en compte si la société a un caractère contractuel.

Pour en conclure avec les sociétés de personnes, il faut encore évoquer leur régime fiscal. Ce sont des sociétés dites « transparentes » (mais pas la SARL, en règle générale), c'est-à-dire qu'elles ne sont pas elles-mêmes soumises à l'impôt au titre des bénéfices réalisés, mais ce sont les associés qui sont imposés personnellement au titre d'une fraction du bénéfice réalisé par la société.

b. Sociétés de capitaux

Les sociétés de capitaux ont en règle générale un *caractère institutionnel* davantage 24 ■
que contractuel. Cela signifie que les associés ne sont pas tant les parties à un contrat de société qu'ils sont les membres d'une institution, c'est-à-dire d'une organisation dont le fonctionnement est défini par le législateur, selon des règles qu'il n'appartient pas aux associés de modifier. Cet aspect institutionnel signifie aussi que la société est plus facilement considérée comme ayant un intérêt supérieur à celui des associés. Cela est d'autant plus porteur de conséquences que le législateur ou le juge sont susceptibles de composer à leur guise cet intérêt supérieur : l'intérêt de la société, l'intérêt social, peut ainsi se confondre, alternativement ou cumulativement, avec l'intérêt de l'entreprise, l'intérêt des salariés, l'intérêt des actionnaires, etc.

Les sociétés de capitaux sont souvent des sociétés de taille moyenne ou de grande taille. Les titres qu'elles émettent sont parfois cotés sur un marché, réglementé ou non. Ce sont les seules sociétés qui peuvent procéder à des offres au public de titres financiers pour se procurer les capitaux dont elles ont besoin. Seules certaines d'entre elles sont d'ailleurs autorisées à le faire ; le principe prévu pour la SAS consiste ainsi à lui interdire de recourir à ce mode de financement (C. com., art. L. 227-2, v. ss chapitre 13).

Dans les sociétés de capitaux, ce n'est pas tant la personnalité des associés qui importe, que les apports qu'ils font à la société. Au-delà des apports que l'associé peut faire, sa solvabilité personnelle n'est pas un élément important dans la mesure où les sociétés de capitaux ne font généralement pas peser sur leurs associés une *obligation* *aux dettes sociales*Q. Leur responsabilité aux dettes de la société est donc limitée à leurs apports. C'est sur le patrimoine de la société, et donc en premier lieu sur les apports reçus des associés, que les créanciers sociaux comptent pour être payés de leurs créances. Pour cette raison, une grande importance est accordée par le législateur au capital de ces sociétés. Il veut en assurer la consistance, ce qui passe notamment par l'exigence d'un capital social minimum, et par des procédures permettant d'éviter que les associés surévaluent les biens apportés à la société. Jusqu'à récemment, certaines de ces sociétés étaient soumises, de par leur seule forme sociale, au contrôle obligatoire de commissaires aux comptes – la loi PACTE du 22 mai 2019 a remis en cause cette règle.

Enfin, à la différence des sociétés de personnes qui émettent des parts sociales, non négociables, les sociétés de capitaux émettent des actions, c'est-à-dire des droits sociaux qui peuvent être cédés plus facilement que des parts sociales, par simple modification de l'inscription en compte représentative de ces droits sociaux.

Ajoutons pour conclure que le régime fiscal des sociétés de capitaux les distingue également des sociétés de personnes. Les sociétés de capitaux (ainsi que les SARL, en principe) sont elles-mêmes soumises à l'impôt, et à un impôt particulier, qui est l'impôt sur les sociétés (IS). Cet impôt, dont le taux normal était il y a quelques années de 33,1/3 % (CGI, art. 219 – un processus de baisse est en cours, qui va vers un seuil de 25 % en 2022), frappe les bénéfices réalisés par la société. Ce bénéfice étant déjà imposé du chef de la société qui le réalise, il faut éviter que l'associé auquel est distribuée une partie de ce bénéfice doive payer à son tour un impôt, ce qui conduirait à un phénomène de double imposition. Un mécanisme particulier est prévu par le droit fiscal français pour éviter cette double imposition. Autrefois, le bénéfice distribué par une société de capitaux sous forme de dividendes était assorti d'un avoir fiscal. Ce régime a été supprimé à compter du 1er janvier 2005. Cet avoir fiscal était égal à la moitié des sommes versées par la société à une personne physique ou à 10 % des sommes versées à toute autre personne. Cet avoir fiscal permettait à la personne qui le recevait de payer son impôt. La loi de finances pour 2004 a mis en place un système différent fondé, pour les personnes physiques, sur un abattement de 50 % sur le montant des revenus distribués par la société. Pour les personnes morales, il existe un régime spécifique applicable aux groupes de sociétés.

2. *Intérêt de la distinction*

25 L'esprit qui régit les sociétés de personnes et les sociétés de capitaux n'est pas le même. Si tant les unes que les autres réunissent des associés cherchant à profiter du bénéfice réalisé par la société ou d'une économie, la manière dont l'associé souhaite réaliser son objectif n'est pas la même dans les deux cas. Ainsi :

– *dans une société de personnes*, l'associé se préoccupe la plupart du temps de très près des affaires sociales. Il est assez fréquemment lui-même gérant de la société, et il n'est entré en société qu'en apportant un grand soin au choix de ses coassociés. Tout cela est lié à la lourde charge qui pèse généralement sur lui dans les sociétés de personnes, sous la forme de son obligation aux dettes sociales. Il faut comprendre qu'étant le plus souvent tenu de garantir le paiement des dettes sociales, la situation de l'associé d'une société de personnes est la même que si l'associé se portait systématiquement caution de chaque nouvel engagement de la société. Ainsi, si la société se trouve débitrice d'un tiers, par exemple de l'un de ses salariés auquel un préjudice aura été causé, l'associé garantira le paiement de la créance du salarié. On peut donc comprendre l'intérêt porté par l'associé à l'évolution des affaires sociales ;

– *dans une société de capitaux*, l'associé, qui est généralement un *actionnaire*[Q], est souvent plus distant par rapport à l'activité de la société. Certes, l'actionnaire peut être un *dirigeant*[Q] de la société, mais il a plus souvent l'attitude d'un simple investisseur que celle d'un véritable associé, au sens de « personne associée aux affaires sociales ». Le fait de ne pas être tenu au paiement des dettes sociales peut accentuer le détachement de l'actionnaire au regard des affaires de la société ; il est davantage incité à s'en remettre aux dirigeants, sans contrôler de très près leur gestion. Ce désintérêt des actionnaires pour la gestion de la société est allé de pair avec une mainmise des dirigeants sur les affaires sociales. Par réaction, est apparu un mouvement dit de « *corporate governance*[Q] » ou du gouvernement d'entreprise, courant de pensée qui appelle à rééquilibrer la gestion de la société dans l'intérêt de l'actionnaire, en imposant notamment plus de transparence aux dirigeants et un contrôle plus poussé des actionnaires sur la gestion de la société. L'émergence de ce mouvement date, en France, des années 1990.

L'esprit régissant les sociétés de personnes et les sociétés de capitaux n'étant pas le même, les solutions qui seront retenues par le droit positif pour les sociétés de l'une et l'autre catégorie se ressentiront de la distinction. L'avantage d'avoir mis en évidence plusieurs catégories de sociétés obéissant aux mêmes principes réside dans la possibilité de prévoir l'application à toutes les sociétés de personnes ou à toutes les sociétés de capitaux d'une solution qui n'aura été affirmée par la jurisprudence que pour l'une d'entre elles. Ainsi, dans les sociétés de personnes, les solutions accordant une grande importance à la prise en compte de la personnalité des associés seront privilégiées, tandis que les solutions favorisant la négociabilité des actions devraient valoir pour toutes les sociétés de capitaux. 26 ■

3. Déclin du clivage

Toutefois, l'utilité de l'élaboration de cette distinction est aujourd'hui affaiblie par le *déclin* que connaît le clivage entre sociétés de personnes et sociétés de capitaux, ou du moins, par le trouble que les évolutions du droit des sociétés lui ont apporté. 27 ■

Certaines formes sociales appartiennent indéniablement à l'une des deux catégories évoquées. La *société en nom collectif*[Q] (SNC), que nous étudierons (v. ss chapitre 10), a toujours été une société de personnes, tandis que la *société anonyme*[Q] (SA), que nous étudierons également (v. ss chapitre 12), a toujours été une société de capitaux. Chacune de ces deux sociétés représente même l'archétype de sa catégorie. Mais notre droit des sociétés a connu l'apparition de catégories hybrides, présentant simultanément certains des caractères des sociétés de personnes et certains des caractères des sociétés de capitaux.

La société à responsabilité limitée (SARL), qui est une forme sociale numériquement très importante et que nous étudierons aussi, bien évidemment (v. ss chapitre 11), a particulièrement troublé la distinction. La SARL est généralement une société de petite taille, qui accorde une certaine importance à la personnalité de ses associés, et qui émet des parts sociales, donc des titres non négociables, tout comme les SNC. Ce serait donc une société de personnes, d'autant que l'exigence d'un capital social minimum a été supprimée par le législateur en 2003. Toutefois, les associés n'y ont qu'une responsabilité limitée, comme dans les SA. De plus, le régime de la SARL emprunte un certain nombre de règles à celui de la SA, et il n'est pas rare que des solutions applicables à cette dernière société soient transposées par la jurisprudence à la SARL. On peut donc se demander si la SARL ne serait pas, en définitive, plus proche des sociétés de capitaux que des sociétés de personnes (la réponse apparaît en réalité négative).

Mais la distinction traditionnelle a également été affectée par les pratiques de rédaction des statuts. Pour éviter les inconvénients liés à leur statut de sociétés de personnes, les SNC ont souvent des statuts qui prévoient la continuation de la société en dépit du décès d'un associé. On accorde donc moins d'importance, en définitive, à la personnalité de l'associé en nom.

Parallèlement, les *sociétés par actions*[Q], qui étaient des sociétés ouvertes, deviennent souvent des sociétés fermées par le jeu de clauses qui soumettent l'entrée de nouveaux associés à un agrément de la société. On a même vu apparaître, avec la SAS, une société de capitaux que l'on peut dire « contractuelle ». C'est là une société de capitaux, car c'est une société par actions, soumise à une grande partie du régime de la SA. Mais simultanément, l'article L. 227-5 du Code de commerce dispose à son égard que « *les statuts fixent les conditions dans lesquelles la société est dirigée* », ce qui est une liberté contractuelle inhabituelle pour une société par actions, tendant donc à rapprocher la SAS d'une société de personnes. L'ordonnance n° 2015-1127 du 10 septembre 2015, ratifiée par la loi n° 2016-563 du 10 mai 2016 a encore supprimé l'exigence traditionnelle de sept actionnaires dans la SA, alors que ce nombre relativement élevé distinguait la SA des sociétés de personnes.

Enfin, la distinction fiscale entre les sociétés de capitaux et de personnes s'estompe également, puisque les SA, SAS et SARL peuvent désormais, sous certaines conditions et pour une durée de cinq exercices, opter pour le régime fiscal des sociétés de personnes (CGI, art. 239 *bis* AB, résultant de la loi de modernisation de l'économie, dite « LME » n° 2008-776 du 4 août 2008). De leur côté, les sociétés de personnes ont la possibilité d'opter pour le régime de l'impôt sur les sociétés.

On peut donc se demander si, à l'heure actuelle, il est encore pertinent de distinguer les sociétés de personnes des sociétés de capitaux. La réponse demeure affirmative nous semble-t-il, même si la distinction tend à se brouiller, et en dépit du fait qu'une autre distinction devient de plus en plus importante aujourd'hui, fondée sur le mode de financement de la société.

D. Distinction fondée sur le mode de financement de la société

1. *Contenu de la distinction*

28 Lorsqu'une société est constituée, il est nécessaire que des valeurs soient mises à sa disposition par ceux qui prennent la qualité d'associé. Ce sont les *apports*[Q]. Le recrutement des associés, permettant le financement de la société, peut emprunter différents canaux (on notera que la recherche de nouveaux associés ou d'un nouveau financement par les associés en place peut également intervenir en cours de vie sociale). Les fondateurs ou les dirigeants de la société peuvent se contenter de recruter les associés de la société parmi leurs proches et leurs connaissances, ou solliciter l'intervention d'une *société de capital-risque*[Q]. Dans ces cas de figure, l'entrée dans la société reste ouverte à un cercle limité de personnes. Il n'est dès lors

pas nécessaire d'assurer une protection particulière aux personnes qui sont sollicitées pour devenir associées. Le droit commun des contrats et des sociétés suffit à assurer la protection de leurs intérêts.

Mais il est également possible que la souscription des actions de la société soit proposée au public. C'est dire que la société peut recourir, pour placer ses titres, à des moyens réalisant une offre au public de devenir actionnaire de la société. Cette proposition peut se faire soit par la cotation en bourse des actions de la société, soit par le démarchage, la publicité ou le recours à des intervenants spécialisés, banques notamment, qui placeront les titres de la société auprès de leurs clients.

Le principe posé par nos textes (aujourd'hui par l'article L. 411-1, I du Code monétaire et financier, et avant l'ordonnance n° 2019-1067 du 21 octobre 2019, par l'article 1841 du Code civil), est qu'il est interdit aux sociétés n'y ayant pas été autorisées par la loi de faire une offre au public de titres financiers, d'émettre des titres négociables ou de procéder à une offre au public de parts sociales, à peine de nullité des contrats conclus ou des titres ou parts sociales émis.

La distinction ainsi faite est particulièrement nette. Une société peut ou ne peut pas solliciter le public. Si l'on excepte les sociétés civiles de placement immobilier (SCPI), seules les sociétés commerciales peuvent réaliser une offre au public, et parmi elles, seules trois formes de sociétés y sont autorisées : les SA, les SCA et les SE.

2. *Effets*

L'effet de la distinction est aisément perceptible : une réglementation extrêmement contraignante s'applique aux sociétés sollicitant le public, ceci afin de protéger les investisseurs potentiels, en leur garantissant notamment de recevoir de la part de la société concernée une information sincère. On doit également relever le contrôle exercé par l'*Autorité des marchés financiers*[Q] (AMF), qui a succédé à la Commission des opérations de bourse (COB). La mission de l'AMF consiste particulièrement, aux termes de l'art. L. 621-1 du Code monétaire et financier, à veiller « à la protection de l'épargne investie dans les instruments financiers [...] donnant lieu à une offre au public ou à une admission aux négociations sur un marché réglementé et dans tous autres placements offerts au public » ainsi qu'à « l'information des investisseurs et au bon fonctionnement des marchés d'instruments financiers ». 29

E. Nouvelles distinctions introduites par la loi PACTE : sociétés avec ou sans raison d'être, sociétés à mission

Pour employer une image utilisée lors des travaux parlementaires, on peut dire que la loi PACTE a fait décoller dans le droit des sociétés français une fusée à trois étages. Le premier étage s'impose à toutes les sociétés, quelle que soit leur forme, il s'agit de l'élargissement de l'intérêt social (C. civ., art. 1833). Il reste à savoir si cette modification aura ou non un impact concret : certaines décisions des sociétés, par ex. des « licenciements boursiers », c'est-à-dire des licenciements justifiés par une volonté de rentabilité accrue, seront-elles plus fréquemment contestées au motif qu'elles portent atteinte au nouvel alinéa de l'art. 1833 ? 30

L'étape suivante proposée aux sociétés, le deuxième étage de la fusée, qui veulent aller vers une gestion moins exclusivement tournée vers la réalisation d'un bénéfice ou d'une économie consiste à se doter d'une « raison d'être ». L'art. 1835 du Code 31 civil, tel que complété par la loi PACTE, dispose que « *Les statuts peuvent préciser une raison d'être, constituée des principes dont la société se dote et pour le respect desquels elle entend affecter des moyens dans la réalisation de son activité* ». Avant même que la loi ne soit adoptée, des sociétés ont emprunté cette voie. La société cotée Atos a ainsi fait adopter par son assemblée du 30 avril 2019, à près de 100 % des voix exprimées, l'insertion dans les statuts d'une raison d'être.

Illustration : extrait de l'art. 2 des statuts de la société Atos SE (31 juill. 2020)

La raison d'être de la société est telle que suit :
« Chez Atos, notre mission est de contribuer à façonner l'espace informationnel. Avec nos compétences et nos services, nous supportons le développement de la connaissance, de l'éducation et de la recherche dans une approche pluriculturelle et contribuons au développement de l'excellence scientifique et technologique. Partout dans le monde, nous permettons à nos clients et à nos collaborateurs, et plus généralement au plus grand nombre, de vivre, travailler, et progresser durablement et en toute confiance dans l'espace informationnel. »

Si les sociétés se dotent progressivement d'une raison d'être, les sociétés qui n'en ont pas - qui ne l'ont pas inscrite dans leurs statuts - seront-elles reléguées dans une catégorie moins bien vue ?

32 Le troisième et dernier étage de la fusée est celui de l'adoption du statut de société à mission. Les rédacteurs de la loi PACTE ont voulu permettre à une société de sortir du « tout-lucratif », en créant le statut – mais ce n'est pas une nouvelle forme sociale – de société à mission. Pour accéder à ce « label », une société doit remplir pas moins de six conditions (art. L. 210-10 s., créés par l'art. 176 de la loi PACTE, complétés par un décret n° 2020-1 du 2 janvier 2020, un décret n° 2021-669 du 27 mai 2021 et un arrêté du 27 mai 2021) :

1 – elle doit être une société commerciale (ou une société d'assurance mutuelle ou une coopérative), car le nouveau statut ne figure pas dans le Code civil. Une société civile ne peut donc devenir une société à mission, assez curieusement ;

2 – les statuts de la société doivent préciser une raison d'être, au sens de l'art. 1835 du Code civil (v. ss, n° 31) ;

3 – les statuts doivent préciser la mission de la société, c'est-à-dire « un ou plusieurs objectifs sociaux et environnementaux que la société se donne pour mission de poursuivre dans le cadre de son activité » ;

Illustration : art. 1 des statuts de la SA Danone (22 juill. 2020)

I – Forme sociale
Il existe, entre les propriétaires des actions ci-après et de celles qui pourront être créées par la suite, une société anonyme régie par les présents statuts et les dispositions impératives des lois en vigueur.
II – Raison d'être
La raison d'être de la société est d'apporter la santé par l'alimentation au plus grand nombre. Cette raison d'être se traduit par le cadre d'action « One Planet. One Health » dont s'est dotée la Société

et qui reflète la conviction que la santé des hommes et la préservation de la planète sont interdépendantes et doivent être au cœur de la stratégie d'une entreprise alimentaire. Ce cadre d'action s'appuie sur plusieurs décennies d'une démarche d'entreprise responsable au service d'un double projet économique et social.
III – Objectifs sociaux et environnementaux
En lien avec sa raison d'être, la société a défini des objectifs stratégiques, alignés sur les objectifs de développement durable des Nations Unies à horizon 2030, qui traduisent le modèle d'entreprise, le modèle de marque et la place centrale que Danone accorde à la confiance pour créer de la valeur durable sur le long terme.
Parmi ces objectifs stratégiques, les objectifs sociaux et environnementaux que la Société se donne pour mission de poursuivre dans le cadre de son activité, au sens du 2° de l'article L. 2010-10 du Code de commerce, intégrés à son modèle de croissance rentable et durable, sont les suivants (la « Mission ») :
– Améliorer la santé, grâce à un portefeuille de produits plus sains, à des marques qui encouragent de meilleurs choix nutritionnels, et à la promotion de meilleures pratiques alimentaires au niveau local ;
– Préserver la planète et renouveler ses ressources, en soutenant l'agriculture régénératrice, en protégeant le cycle de l'eau et en renforçant l'économie circulaire des emballages, sur l'ensemble de son écosystème, afin de contribuer à la lutte contre le changement climatique ;
– Construire le futur avec ses équipes : en s'appuyant sur son héritage unique en matière d'innovation sociale, donner à chacun de ses salariés le pouvoir d'avoir un impact sur les décisions de l'entreprise tant au niveau local que global ;
– Promouvoir une croissance inclusive, en agissant pour l'égalité des chances au sein de l'entreprise, en accompagnant les acteurs les plus fragiles de son écosystème et en développant des produits du quotidien accessibles au plus grand nombre.

4 – les statuts doivent ensuite préciser les modalités du suivi de l'exécution de la mission. Ces modalités doivent prévoir la mise en place d'un comité de mission. Celui-ci, chargé exclusivement du suivi de la mission, doit être distinct des organes sociaux prévus par le livre II du Code de commerce et il doit comporter au moins un salarié. Il présente annuellement un rapport joint au rapport de gestion. Il procède à toute vérification qu'il juge opportune et se fait communiquer tout document nécessaire au suivi de l'exécution de la mission. Les sociétés qui ont moins de 50 salariés permanents, et notamment celles qui n'ont pas de salariés du tout, ont la possibilité de prévoir dans leurs statuts, en lieu et place du comité de mission, l'intervention d'un référent de mission, qui peut être un salarié exerçant un emploi effectif (art. L. 210-12) ;

5 – l'exécution des objectifs sociaux et environnementaux doit faire l'objet d'une vérification par un organisme tiers indépendant, selon des modalités et une publicité définies par l'art. R. 210-21 du C. com. Cette vérification donnera lieu à un avis joint au rapport du comité de mission ;

6 – la société doit déclarer sa qualité de société à mission au greffier du tribunal de commerce, qui la publie au RCS dans des conditions précisées par décret en Conseil d'État, sous réserve de la conformité des statuts aux conditions susvisées.

Quels sont les avantages du statut de société à mission ? Le premier bénéfice, expressément prévu par la loi PACTE, est relatif à la communication, puisque la société à mission est en mesure de faire publiquement état de sa qualité. D'autres avantages viendront sans doute, comme des avantages fiscaux ou des tranches réservées dans le cadre d'appels d'offres.

Parce que l'on ne souhaite pas que le statut soit usurpé, une procédure particulière est prévue pour le cas où l'une des conditions mentionnées à l'article L. 210-10 n'est pas respectée, ou lorsque l'avis de l'organisme tiers indépendant conclut qu'un ou plusieurs des objectifs sociaux et environnementaux que la société s'est assigné ne sont pas respectés. En ce cas, le ministère public ou toute personne intéressée peut saisir le président du tribunal statuant en référé aux fins d'enjoindre, le cas échéant sous astreinte, au représentant légal de la société de supprimer la mention « société à mission » de tous les actes, documents ou supports électroniques émanant de la société.

section 3

Plan de l'ouvrage

33 *Comment se déroulera l'étude du droit des sociétés ?* L'intérêt de la matière et les sources de celle-ci ayant été évoqués, il est maintenant temps de se lancer dans l'étude proprement dite du droit des sociétés.

Tout d'abord, une première partie sera consacrée *au droit général des sociétés.* Par ces termes, l'on désigne l'ensemble des règles qui sont applicables à toutes les sociétés, civiles et commerciales. Ces règles figurent dans le Code civil en ses articles 1832 à 1844-17, complétés par les articles 1er à 29 du décret n° 78-704 du 3 juillet 1978. Ces dispositions générales sont applicables à toutes les sociétés, s'il n'en est autrement disposé par la loi, à raison de la forme ou de l'objet des sociétés, ainsi que l'affirme l'article 1834 du Code civil.

Ensuite, une deuxième partie sera consacrée au *droit spécial des sociétés*, c'est-à-dire à l'étude du régime spécifique des principales *formes sociales*Q de sociétés commerciales (SNC, SARL, SA, SAS, SCA, SE), des sociétés civiles ainsi que des *groupements d'intérêt économique*Q (GIE).

Enfin, un chapitre complémentaire regardera *au-delà de la société* et s'intéressera au groupe auquel la société peut appartenir et aux marchés financiers sur lesquels elle peut rechercher un financement.

Ces précisions étant faites, l'on peut commencer l'étude du droit des sociétés, en abordant d'abord le droit général des sociétés (chapitres 2 à 8) puis le droit spécial des sociétés (chapitres 9 à 15), avant de regarder au-delà de la société (chapitre 16).

1

Compléments pédagogiques

Mémo

L'étude du droit des sociétés suppose avant tout de maîtriser la documentation relative à la matière (codes, ouvrages, revues). La matière étudiée connaît une pluralité de sources, nationales et internationales, textuelles et jurisprudentielles, sources authentiques et sources plus discutables.

La société, qu'il convient de distinguer de l'entreprise, est un terme qui peut revêtir deux sens : la relation juridique des associés, d'une part, et la personne morale à laquelle cette relation peut donner naissance, d'autre part.

Plusieurs classifications des sociétés peuvent être opérées : en fonction de leur personnalité morale ou de leur absence d'autonomie juridique ; en fonction de leur caractère civil ou commercial ; en fonction de l'importance accordée à la personnalité des associés (distinction sociétés de personnes / sociétés de capitaux), et en fonction du mode de financement de la société (selon que la société offre ses titres au public ou non).

Tableau récapitulatif des principales différences des sociétés de personnes et des sociétés de capitaux

	Sociétés de personnes	Sociétés de capitaux
Formes sociales visées	SNC, SCS, sociétés civiles (la SARL est à part).	Sociétés par actions : SA, SCA, SE (la SAS est à part).
Relations entre les associés	*Intuitus personae* fort, les associés se connaissent tous.	Les associés peuvent ne pas se connaître les uns les autres (mais peu concevable dans une SAS).
Société ouverte / fermée	Société fermée.	Société ouverte en principe, mais qui peut être fermée par des clauses idoines : clauses d'agrément, de préemption.
Taille de la société	Généralement peu d'associés.	De quelques associés à un nombre considérable (cas des sociétés cotées).
Capital social minimum	Non.	En règle générale, un minimum (par ex. 37 000 euros dans la SA et

		la SCA) est exigé par la loi. Le cas de la SAS, sans capital minimum (Loi LME du 4 août 2008), est à part.
Responsabilité des associés	Généralement illimitée (la SARL est à part).	Généralement limitée aux apports.
Financement par offre au public de titres financiers ou cotation sur un marché réglementé	Non.	Oui, sous conditions (sauf SAS).
Gestion de la société	Un seul gérant, le plus souvent.	Situations très diverses, avec des organes collégiaux (conseil d'administration, conseil de surveillance, etc.) et des dirigeants exécutifs simultanément (président, directeur général) le plus souvent.
Contrôle de la société	Le recours à un commissaire aux comptes n'est obligatoire qu'au-delà de certains seuils ou dans des cas particuliers (demande faite par un ou plusieurs associés, etc.).	Jusqu'à l'intervention de la loi PACTE du 22 mai 2019, la forme de certaines sociétés de capitaux leur imposait de recourir à un commissaire aux comptes. Le recours à un commissaire aux comptes n'est désormais obligatoire que si la société dépasse certains seuils ou dans des cas particuliers (demande faite par un ou plusieurs associés, etc.).
Pouvoirs des dirigeants	Limités par l'objet social (la SARL est à part).	Limités par l'objet social, mais seulement à l'égard des associés.
Titres représentant les droits des associés	Parts sociales, non négociables.	Actions, négociables.
Fiscalité applicable	Soumises à l'IS sur option.	Soumises de plein droit à l'IS.

Quid

■ Action n° 7

Valeur mobilière émise par une société y ayant été autorisée, donnant des droits d'associé, identiques à ceux conférés par les actions de la même émission. L'action étant une valeur mobilière, elle est dématérialisée et négociable, ce qui signifie que sa transmission n'est pas soumise aux formalités du Code civil, mais se fait selon les modes simplifiés de cession du droit commercial (par virement de compte à compte).

■ Actionnaire n° 25

C'est le nom donné à l'associé dont les droits sociaux sont représentés par des actions. Si tous les actionnaires sont des associés, tous les associés ne sont en revanche pas des actionnaires (par ex. l'associé de SARL ou de société civile).

■ Affectio societatis n° 15

Élément constitutif du contrat de société (v. ss chapitre 2) consistant essentiellement en un état d'esprit particulier, se manifestant par une participation aux affaires sociales, faite sur un pied d'égalité avec les autres associés.

■ Apport n° 28

Élément constitutif du contrat de société (v. ss chapitre 2). Le terme désigne à la fois la relation juridique unissant l'apporteur à la société et les valeurs mises par l'associé à la disposition de la société, lors de sa constitution ou en cours de vie sociale. Les apports sont de trois sortes, en fonction de leur objet : apport en numéraire (portant sur une somme d'argent) ; apport en nature (portant sur un bien autre que de l'argent) ; apport en industrie (portant sur une activité).

■ Associé n° 13

Personne physique ou morale détenant des parts ou des actions d'une société.

■ Autorité des marchés financiers (AMF) n°s 7 et 29

Autorité publique indépendante veillant à la protection de l'épargne investie dans les instruments financiers donnant lieu à une offre au public ou à une admission aux négociations sur un marché réglementé, ou investie dans d'autres placements offerts au public. L'AMF veille également, entre autres, à l'information des investisseurs et au bon fonctionnement des marchés d'instruments financiers.

■ *Corporate Governance* ou gouvernement d'entreprise n° 25

Courant de pensée apparu aux États-Unis d'Amérique puis en Angleterre et visant à restituer aux actionnaires le pouvoir dans la société. Cet objectif sera atteint par un renforcement de l'information donnée aux actionnaires et par un encadrement plus strict des mandataires sociaux.

■ Dirigeant n° 25

Personne physique ou morale, associée ou non, selon la société concernée, assumant la direction de la société, seule ou avec d'autres, et en la représentant à l'égard des tiers ou non (v. ss chapitre 6).

Entreprise Individuelle à Responsabilité Limitée (EIRL) n° 14

Institution créée par la loi du 15 juin 2010 et permettant à un entrepreneur individuel d'affecter les actif, passif, contrats liés à une activité professionnelle à un patrimoine séparé, mettant ainsi les biens non affectés à son activité professionnelle à l'abri des poursuites de ses créanciers professionnels.

Entreprise n° 14

Notion économique désignant une unité organisée intervenant à titre individuel dans la vie économique, réalisant une activité de distribution ou de production de biens ou de services.

Entreprise individuelle n° 14

Exploitation d'une entreprise par une personne physique agissant seule en tant qu'entrepreneur.

Forme sociale n°s 12 et 33

Le type de société considéré. Toute société est soumise à des règles de droit commun, d'une part, et à des règles ne s'appliquant qu'aux sociétés de sa forme sociale (SARL ou SA par exemple).

Groupement d'intérêt économique (GIE) n° 33

Groupement, qui n'est pas une société mais en est proche, et a pour but de faciliter ou développer l'activité économique de ses membres, et non de réaliser des bénéfices pour lui-même (v. ss chapitre 15).

Immatriculation au registre du commerce et des sociétés n° 17

Cette formalité permet à la société d'accéder à la qualité de sujet de droit, en lui conférant la personnalité morale.

Industrie (apport en) n° 15

Activité fournie par un associé à la société (v. ss chapitre 2).

Obligation aux dettes sociales n° 24

Dans les sociétés à responsabilité illimitée, essentiellement les sociétés de personnes, les associés sont tenus de payer les créanciers sociaux si la société ne satisfait pas à ses obligations. Cette garantie due par les associés constitue l'obligation aux dettes sociales.

Part sociale n° 23

Titre généralement dématérialisé, représentatif des droits détenus dans une société autre qu'une société par actions. Les parts sociales ne sont pas négociables selon les modes simplifiés de transmission du droit commercial.

Personnalité morale n° 13

Reconnaissance de la qualité de sujet de droit à quelqu'un d'autre qu'à une personne physique. Les effets principaux de cette reconnaissance sont la capacité juridique et le patrimoine.

■ Personne morale n° 13

Tout groupement ou entité autre qu'une personne physique et reconnu(e) comme sujet de droit.

■ Registre du commerce et des sociétés (RCS) n° 14

Registre tenu par le greffier du tribunal de commerce et qui centralise les inscriptions, les informations et les pièces déposées par les commerçants personnes physiques et par les personnes morales (sociétés et GIE) qui y sont immatriculées. Pour les sociétés et GIE, l'immatriculation conditionne l'acquisition de la personnalité morale.

■ Responsabilité limitée n° 18

Ce terme désigne l'absence d'obligation aux dettes sociales pesant sur les associés. Les sociétés à responsabilité limitée ne se limitent pas à la seule SARL mais comprennent aussi la SA, la SAS et la SE. La responsabilité des associés est limitée aux apports faits à la société.

■ Société n° 14

Le terme désigne à la fois le contrat unissant les associés et la personne morale à laquelle ce contrat peut donner naissance. Dans le premier sens, la société est un contrat spécial. Dans le second sens, elle est un groupement doté de la personnalité morale.

■ Société anonyme n°s 18 et 27

Société commerciale par la forme, dotée d'une organisation rigide, émettant des actions qu'elle peut offrir au public. Cette société est dotée alternativement d'un conseil d'administration ou d'un directoire et d'un conseil de surveillance, et soumise obligatoirement au contrôle de commissaires aux comptes.

■ Société à responsabilité limitée (SARL) n° 18

Société commerciale par la forme constituée par un ou plusieurs associés, émettant des parts sociales et n'imposant pas d'obligation aux dettes sociales à ses associés.

■ Société civile n° 18

Société que son objet range parmi les sociétés civiles, ou tout simplement société qui n'est pas une société commerciale. Il existe des règles applicables à toutes les sociétés civiles, et ensuite des règles propres à certaines d'entre elles : sociétés civiles professionnelles (SCP), sociétés civiles de placements immobiliers (SCPI), etc.

■ Société civile immobilière (SCI) n° 14

Ce sigle ne désigne pas une forme particulière de société civile, mais simplement une société civile de droit commun ou soumise à un statut spécial et dont l'activité est en rapport avec le secteur immobilier : société de construction-vente, société de gestion immobilière, etc.

■ Société commerciale n° 18

Société que son objet, sa nature ou sa forme range parmi les sociétés commerciales, par opposition aux sociétés civiles. Les sociétés commerciales par la forme sont la SNC, la SARL, la société en commandite simple, et les sociétés par actions.

■ Société créée de fait n° 17

Cette société est reconnue par le juge, essentiellement lorsque des personnes se comportent comme des associés sans avoir formellement constitué une société. Elle est soumise au régime de la société en participation (v. ss chapitre 3).

■ Société de capital-risque n° 28

Société dont l'activité consiste à participer au renforcement des fonds propres des autres sociétés.

■ Société de capitaux n° 22

Le terme désigne une catégorie de sociétés, dans laquelle on regroupe la SA, la SCA, la SE, et sans doute aussi la SAS. Ces sociétés, que l'on oppose aux sociétés de personnes, se caractérisent par l'importance reconnue aux apports faits par les associés.

■ Société de personnes n° 22

Le terme désigne une catégorie de sociétés, dans laquelle on regroupe la SNC, la société civile, et la SCS. Ces sociétés, que l'on oppose aux sociétés de capitaux, se caractérisent par l'importance reconnue à la personnalité des associés, davantage qu'aux apports faits à la société.

■ Société en commandite par actions (SCA) n° 18

À l'instar de la société en commandite simple, cette société commerciale par la forme réunit des associés commandités, dont la situation est proche de celle d'associés en nom, et des associés commanditaires, porteurs d'actions et dont la responsabilité est limitée à leurs apports (v. ss chapitre 15).

■ Société en commandite simple (SCS) n° 18

Cette société commerciale par la forme réunit des associés commandités, dont la situation est proche de celle d'associés en nom, et des associés commanditaires, dont la responsabilité est limitée à leurs apports (v. ss chapitre 15).

■ Société en nom collectif (SNC) nos 18 et 27

Cette société de personnes, commerciale par la forme, est constituée de commerçants et fait peser sur ses associés une responsabilité indéfinie et solidaire aux dettes sociales (v. ss chapitre 10).

■ Société en participation n° 17

Cette société n'est qu'un contrat de société, que ses associés ont souhaité ne pas faire immatriculer au registre du commerce et des sociétés. La société en participation est par conséquent dépourvue de la personnalité morale (v. ss chapitre 3).

■ Société européenne (SE) n° 18

Société par actions, commerciale par la forme, régie à la fois par le droit de l'Union européenne et le droit national d'un État membre et dont un avantage important consiste à pouvoir transférer son siège d'un État membre à un autre sans dissolution ni création d'une personne morale nouvelle (v. ss chapitre 15).

■ Société non personnifiée nos 14 et 17

Société n'ayant pas accompli les formalités d'immatriculation au registre du commerce et des sociétés et par conséquent dépourvue de la personnalité morale (société en participation ou société créée de fait).

■ Société par actions nos 18 et 27

Catégorie de sociétés dont les droits sociaux sont représentés par des actions et qui sont toutes commerciales par la forme (SA, SAS, SCA, SE).

■ Société par actions simplifiée (SAS) n° 18

Société commerciale par la forme donnant large part à la liberté contractuelle, pour l'organisation du fonctionnement de la société et pour les conditions de cession et de détention de leurs actions par les associés (v. ss chapitre 13).

■ Société personnifiée n° 17

Société ayant été immatriculée au registre du commerce et des sociétés et par conséquent dotée de la personnalité morale, ou bien société constituée selon un droit étranger et à laquelle le droit français reconnaît la qualité de sujet de droit.

Document

Principaux textes de l'Union européenne intéressant le droit des sociétés

Une partie substantielle du droit des sociétés français trouve son origine dans le droit de l'Union européenne (on ne parle plus aujourd'hui, formellement, de droit « communautaire »), et plus précisément dans des directives qui ont façonné le régime de nos SARL et sociétés par actions. Le droit européen des sociétés est par ailleurs le géniteur de quelques formes spécifiques de sociétés et de groupements : société européenne et groupement européen d'intérêt économique notamment. Des directives façonnent aussi les règles comptables et fiscales applicables aux sociétés. Les principaux textes de l'Union européenne intéressant le droit des sociétés sont indiqués ci-après, étant précisé qu'une directive n° 2017/1132 du Parlement européen et du Conseil du 14 juin 2017 relative à certains aspects du droit des sociétés a opéré un important travail de synthèse en abrogeant et « codifiant », c'est-à-dire en les intégrant dans un texte unique, six directives relatives au droit des sociétés :

Droit des SARL et des sociétés par actions

• Première directive n° 68/151/CEE du Conseil, du 9 mars 1968, tendant à coordonner, pour les rendre équivalentes, les garanties qui sont exigées, dans les États membres, des sociétés au sens de l'article 58 deuxième alinéa du traité, pour protéger les intérêts tant des associés que des tiers *(JOUE L 65 du 14 mars 1968, p. 8-12)*. Cette directive a été abrogée et reprise par la directive n° 2009/101/ CE du 16 septembre 2009, elle-même abrogée et codifiée par la directive n° 2017/ 1132 du Parlement européen et du Conseil du 14 juin 2017 relative à certains aspects du droit des sociétés.

• Deuxième directive n° 77/91/CEE du Conseil, du 13 décembre 1976, tendant à coordonner pour les rendre équivalentes les garanties qui sont exigées dans les États membres des sociétés au sens de l'article 58 deuxième alinéa du traité, en vue de la protection des intérêts tant des associés que des tiers, en ce qui concerne la constitution de la société anonyme ainsi que le maintien et les modifications de son capital *(JOUE L 26 du 31 janv. 1977, p. 1-13)*. Cette directive a été abrogée et reprise par la directive 2012/30/UE du Parlement européen et du Conseil du 25 octobre 2012 tendant à coordonner, pour les rendre équivalentes, les garanties qui sont exigées dans les États membres des sociétés au sens de l'article 54, deuxième alinéa, du traité sur le fonctionnement de l'Union européenne, en vue de la protection des intérêts tant des associés que des tiers, en ce qui concerne la constitution de la société anonyme ainsi que le maintien et les modifications de son capital (*JOUE L 315 du 14 nov. 2012, p. 74–97*). Cette directive a aussi été abrogée et codifiée par la directive n° 2017/1132 du Parlement européen et du Conseil du 14 juin 2017 relative à certains aspects du droit des sociétés.

• Quatrième directive n° 78/660/CEE du Conseil, du 25 juillet 1978, fondée sur l'article 54 paragraphe 3 sous g) du traité et concernant les comptes annuels de certaines formes de sociétés (*JOUE L 222 du 14 août 1978, p. 11-31)* et Septième directive n° 83/349/CEE du Conseil du 13 juin 1983 fondée sur l'article 54 paragraphe 3 point g) du traité, concernant les comptes consolidés (*JOUE L 193 du 18 juill. 1983, p. 1-17)*. Ces directives ont été modifiées par la directive n° 2009/49/CE du Parlement européen et du Conseil du 18 juin 2009.

• Troisième directive n° 78/855/CEE du Conseil, du 9 octobre 1978, fondée sur l'article 54 paragraphe 3 point g) du traité et concernant les fusions des sociétés anonymes (*JOUE L 295 du 20 oct. 1978, p. 36-43)*. Cette directive a été remplacée par la directive 2011/35/UE du 5 avril 2011, elle-même abrogée et codifiée par la directive n° 2017/1132 du Parlement européen et du Conseil du 14 juin 2017 relative à certains aspects du droit des sociétés.

• Sixième directive n° 82/891/CEE du Conseil, du 17 décembre 1982, fondée sur l'article 54 paragraphe 3 point g) du traité et concernant les scissions des sociétés anonymes (*JOUE L 378 du 31 déc. 1982, p. 47-54)*. Cette directive a été abrogée et codifiée par la directive n° 2017/1132 du Parlement européen et du Conseil du 14 juin 2017 relative à certains aspects du droit des sociétés.

• Onzième directive n° 89/666/CEE du Conseil, du 21 décembre 1989, concernant la publicité des succursales créées dans un État membre par certaines formes de société relevant du droit d'un autre État (*JOUE L 395 du 30 déc. 1989, p. 36-39)*. Cette directive a été abrogée et codifiée par la directive n° 2017/1132 du Parlement européen et du Conseil du 14 juin 2017 relative à certains aspects du droit des sociétés.

• Douzième directive n° 89/667/CEE du Conseil, du 21 décembre 1989, en matière de droit des sociétés concernant les sociétés à responsabilité limitée à un seul associé (*JOUE L 395 du 30 déc. 1989, p. 40-42)*. Cette directive a été abrogée et reprise par la directive n° 2009/102/CE du Parlement européen et du Conseil du 16 septembre 2009 en matière de droit des sociétés concernant les sociétés à responsabilité limitée à un seul associé.

• Directive n° 2004/25/CE du Parlement européen et du Conseil du 21 avril 2004 concernant les offres publiques d'acquisition (*JOUE L 142 du 30 avr. 2004, p. 12-23)*.

• Directive n° 2005/56/CE du Parlement européen et du Conseil du 26 octobre 2005 sur les fusions transfrontalières des sociétés de capitaux (*JOUE L 310 du 25 nov. 2005, p. 1-9)*. Cette directive a aussi été abrogée et codifiée par la directive n° 2017/1132 du Parlement européen et du Conseil du 14 juin 2017 relative à certains aspects du droit des sociétés.

• Directive 2006/43/CE du Parlement européen et du Conseil du 17 mai 2006 concernant les contrôles légaux des comptes annuels et des comptes consolidés (*JO* 9 juin 2006, p. 87-107).

• Directive n° 2007/36/CE du Parlement européen et du Conseil du 11 juillet 2007 concernant l'exercice de certains droits des actionnaires de sociétés cotées (*JOUE L 184 du 14 juill. 2007, p. 17-24)*.

• Directive n° 2009/109/CE du Parlement européen et du Conseil du 16 septembre 2009 modifiant les directives n°s 77/91/CEE, 78/855/CEE et 82/891/CEE du Conseil ainsi que la directive n° 2005/56/CE en ce qui concerne les obligations en matière de rapports et de documentation en cas de fusions ou de scissions *(JOUE L 259 du 2 oct. 2009, p. 14-21).*
• Directive n° 2013/34/UE du Parlement européen et du Conseil du 26 juin 2013 relative aux états financiers annuels, aux états financiers consolidés et aux rapports y afférents de certaines formes d'entreprises, modifiant la directive 2006/43/CE du Parlement européen et du Conseil et abrogeant les directives 78/660/CEE et 83/349/CEE du Conseil.
• Directive 2014/56/UE du Parlement européen et du Conseil du 16 avril 2014, modifiant la directive 2006/43/CE du Parlement européen et du Conseil du 17 mai 2006 concernant les contrôles légaux des comptes annuels et des comptes consolidés *(JOUE L 158 du 27 mai 2014, p. 196).*
• Recommandation n° 2014/208/UE de la Commission du 9 avril 2014 sur la qualité de l'information sur la gouvernance d'entreprise (« appliquer ou expliquer ») (*JOUE*, n° L. 109, 12 avr. 2014).
• Règlement (UE) n° 537/2014 du Parlement européen et du Conseil du 16 avril 2014 relatif aux exigences spécifiques applicables au contrôle légal des comptes des entités d'intérêt public et abrogeant la décision 2005-909/CE de la Commission.
• Règlement (UE) n° 2017/1129 du Parlement européen et du Conseil du 14 juin 2017 concernant le prospectus à publier en cas d'offre au public de valeurs mobilières ou en vue de l'admission de valeurs mobilières à la négociation sur un marché réglementé.• Directive n° 2019/1151 du Parlement européen et du Conseil du 20 juin 2019 modifiant la directive (UE) 2017/1132 en ce qui concerne l'utilisation d'outils et de processus numériques en droit des sociétés (*JOUE*, n° L. 186, 11 juill. 2019).
• Directive n° 2019/2121 du Parlement européen et du Conseil du 27 novembre 2019 modifiant la directive (UE) 2017/1132 en ce qui concerne les transformations, fusions et scissions transfrontalières.

Sociétés et groupements propres au droit de l'Union européenne

• Règlement (CEE) n° 2137/85 du Conseil du 25 juillet 1985 relatif à l'institution d'un groupement européen d'intérêt économique (GEIE) *(JOUE L 199 du 31 juill. 1985, p. 1-9).*
• Règlement (CE) n° 2157/2001 du Conseil du 8 octobre 2001 relatif au statut de la société européenne (SE) *(JOUE L 294 du 10 nov. 2001, p. 1-21).*
• Directive n° 2001/86/CE du Conseil du 8 octobre 2001 complétant le statut de la Société européenne pour ce qui concerne l'implication des travailleurs *(JOUE L 294 du 10 nov. 2001, p. 22-32).*
• Règlement (CE) n° 1435/2003 du Conseil du 22 juillet 2003 relatif au statut de la société coopérative européenne *(JOUE L 207 du 18 août 2003, p. 1-24).*
• Directive n° 2003/72/CE du Conseil du 22 juillet 2003 complétant le statut de la société coopérative européenne pour ce qui concerne l'implication des travailleurs *(JOUE L 207 du 18 août 2003, p. 25-36).*

Nombre et répartition des sociétés selon la forme juridique*

Type de sociétés			Principales caractéristiques	Nombre
Société à risques illimités**	Société en nom collectif (SNC)		Société commerciale par la forme, caractérisée par un très fort *intuitus personae*, ses « associés en nom » sont commerçants par la loi et sont tenus au passif de la société, avec solidarité.	58 697
	Sociétés civiles		L'obligation des associés aux dettes n'est ici pas solidaire, mais seulement conjointe. La réglementation générale de la société civile est complétée par de très nombreuses lois spéciales.***	2 036 280
Société à risques limités	Société à responsabilité limitée (SARL ou EURL)		Dans cette société commerciale règne un certain intuitus personae. Les parts sociales, à la différence des actions, ne sont pas des titres négociables.	1 459 825
	Société par actions	Société anonyme (SA)	Dans cette société, les associés sont actionnaires et propriétaires d'actions. Elle peut côté ses	28 142

			titres sur les marchés de capitaux.	
		Société par action simplifiée (SAS ou SASU)	Cette société emprunte une large partie de ses règles à la SA, dont une partie a été simplifiée ou supprimée. En contrepartie, ses titres ne peuvent être côtés.	681 105
		Société européenne (SE)	Elle comporte de nombreux emprunts à la SA et quelques uns à la SAS et à la SARL.	< 50
Mixité par le recours à deux types de risques dans la même société	La société en commandite par actions (SCA)		Les associés commandités sont assimilés à des associés en nom et reçoivent dans la société un pouvoir très important (ils se réservent la gestion). Les associés commanditaires sont actionnaires, et ne courent qu'un risque limité à leur apport. Ils ne doivent pas s'immiscer dans la gestion de la société et ne font qu'élire un conseil de surveillance.	465
	La société en commandite simple (SCS)		Les associés commandités ont le même	911

		rôle que dans les SCA, et les associés commanditaires sont ici porteurs de parts.	
	La société en participation (SEP)	Cette société est un simple contrat répondant à la définition de la société et n'est pas imatriculé au RCS (privée de personnalité juridique).	Inconnu
Mixité par la forme : les sociétés coopératives	Les coopératives	La plupart des coopératives doivent choisir la forme d'une société commerciale (fréquemment la SA) ou d'une société civile. D'autres coopératives, comme les coopératives agricoles, constituent en revanche des formes sociales autonomes.	22 101

* Nombre de sociétés actives sans procédure collective, selon la base de données Diane+ au 15/05/2018. ** Dans ces sociétés, les associés garantissent la totalité du passif social. *** Peuvent être citées les sociétés civiles à objet immobilier (SCI de location, SCPI, SC d'attribution, SC de construction de vente, Sociétés de pluri-propriété), les SC de portefeuille, les Sociétés à objet professionnel (SC professionnelles, SC de moyens, Sociétés pluri-professionnelles, SC et groupements agricoles (dont GAEC, GFA, Groupements forestiers, Groupements pastoraux, SCEA, EARL, GFR et SEF)). Le tableau ci-dessus figurait dans l'étude d'impact de la loi PACTE. Il est très intéressant car les chiffres qu'il contient ne sont pas faciles à trouver. Des auteurs citent, pour la société anonyme, un chiffre en croissance, puisqu'elles seraient en 2021 au nombre de 32.845, et parmi celles-ci, un peu plus de 700 seraient cotées (426 sur Euronext Paris, 200 sur Euronext Growth, et 119 sur Euronext access) (F. Drummond et J. Klein, La distinction des sociétés cotées et non cotées : un premier pas vers une recomposition plus ambitieuse du droit des sociétés par actions ? *D.* 2021. 30).

Synthèse : la nouvelle classification des arrêts de la Cour de cassation

Les arrêts de la Cour de cassation dont le délibéré est antérieur au 15 juin 2021 font l'objet d'un siglage en quatre lettres :

P : publication de l'arrêt au *Bulletin des arrêts*, qui est un recueil non commenté des arrêts de la Cour de cassation, accessible sur son site.

B : publication de l'arrêt au *Bulletin d'information de la Cour de cassation* (BICC), publication qui a disparu en 2020.

R : mention de l'arrêt et analyse au *Rapport annuel de la Cour de cassation*.

I : publication immédiate de l'arrêt sur le site de la Cour de cassation.

La publication au *Bulletin* était (et demeurera sans doute) le premier critère permettant de différencier les arrêts vus comme importants par la Cour de cassation elle-même, d'une part, et les autres décisions rendues par cette juridiction, d'autre part. Les arrêts les plus importants étaient P+B+R+I, et, en-dessous, beaucoup d'arrêts étaient P+B+I, plus rarement P+I. La proportion des arrêts publiés au *Bulletin* était approximativement de 10 % des décisions rendues. La valeur du critère de la publication immédiate sur le site internet restait quant à elle un peu mystérieuse, au regard de la diversité d'utilisation qu'en faisaient les différentes chambres de la Cour de cassation. En 2020, la chambre commerciale avait mis en ligne 3 arrêts seulement, là où la troisième chambre civile avait choisi d'en mettre en ligne pas moins de… 93 !

Une lettre a été adressée par la première présidente de la Cour de cassation aux premiers présidents des cours d'appel en avril 2021, leur présentant une nouvelle classification.

À compter du 15 juin 2021, les lettres utilisées seront B, R, L et C.

B : publication au *Bulletin des arrêts de la Cour de cassation*, cette lettre remplaçant la lettre P utilisée précédemment, et ne correspondant plus au BICC, qui a disparu comme cela a été dit. Les arrêts « B » seront diffusés sur le site de la Cour de cassation, le jour même de leur mise à disposition.

R : comme précédemment, mention et analyse au *Rapport annuel de la Cour de cassation*.

L : arrêts sélectionnés pour être commentés dans les *Lettres des chambres*. Seront concernés tant des « arrêts déterminants au plan du droit que des décisions de moindre portée juridique mais qui illustrent que la juridiction contribue à structurer le monde qui nous entoure en lien avec l'activité sociétale et la vie quotidienne des citoyens ».

C : arrêts donnant lieu à « une communication immédiate à destination du grand public, livrant de façon synthétique et accessible le sens de la décision ». Il est indiqué que « sont concernés les arrêts qui sont susceptibles d'avoir une forte incidence sur la vie quotidienne des citoyens, un fort impact social ou économique, ou encore, qui font écho à l'actualité ou à un sujet émergent, que ces arrêts présentent ou non un intérêt juridique ».

Les lettres « L » et « C » pourront s'appliquer à des arrêts B+R, mais aussi à de « simples arrêts B » voire à des arrêts non publiés au *Bulletin*.

Biblio

1) Sur la notion d'entreprise et sur l'EIRL

– Th. Lamarche, « La notion d'entreprise », *RTD com.* 2006. 709.
– B. Saintourens, « L'entrepreneur individuel à responsabilité limitée », *Rev. sociétés* 2010. 351.

2) Articles généraux sur le droit des sociétés

– J. Behaja, « La portée juridique et l'efficacité de la corporate governance et des codes de gouvernement d'entreprise », *Rev. sociétés* 2019. 155.
– J.-P. Bertrel, « Le débat sur la nature de la société », in *Études A. Sayag*, Litec, 1997. 131.
– P. Bézard, « La mondialisation, la crise des marchés financiers et l'évolution de la réglementation applicable aux sociétés », in *Mélanges Yves Guyon*, Dalloz, 2003, p. 83.
– A. Bézert, « Les clauses encadrant la date de soumission de la société à la loi nouvelle », *RLDA n° 149*, juin 2019, p. 40.
– M.-A. Frison-Roche, « Régulation et droit des sociétés. De l'article 1832 du Code civil à la protection du marché de l'investissement », in *Mélanges D. Schmidt*, Joly, 2005, p. 255.
– Y. Guyon, « Remarques critiques sur la terminologie du droit français des sociétés », in *Mélanges J.-P. Sortais*, Bruylant, 2002, p. 291.
– P. Le Cannu, « Effectivité et ineffectivité du droit des sociétés », in *Mélanges D. Schmidt*, Joly, 2003, p. 337.
– P. Le Cannu, « Monsieur de Saint-Janvier ou le dépouillement de l'article 1832 du Code civil », *Bull. Joly* 2012. 672.
– B. Lecourt, « L'avenir du droit français des sociétés : que peut-on encore attendre du législateur européen ? », *Rev. sociétés* 2004. 223.
– J. Paillusseau, « Entreprise, société, actionnaires, salariés, quels rapports ? », *D.* 1999. Chron. 157.
– J. Paillusseau, « La logique organisationnelle dans le droit. L'exemple du droit des sociétés », in *Mélanges J. Béguin*, Lexisnexis, 2005, p. 567.
– J. Paillusseau, « La mutation de la notion de société et l'intérêt social », *Rev. sociétés* 2020. 523.
– M. Peltier, « Pourquoi pas un Code des sociétés ? », in *D'un Code à l'autre : le droit commercial en mouvement*, P. Le Cannu (dir.), LGDJ, 2008, p. 201.
– D. Pohé, « La distinction des sociétés à risques limités et des sociétés à risques illimités à l'épreuve des récentes réformes de la SARL », *LPA* 1er juin 2007, p. 3.
– B. Saintourens, « Le droit transitoire des sociétés », in *Mélanges Yves Guyon*, Dalloz, 2003, p. 951.

3) Articles et ouvrages sur les principales réformes

Loi NRE du 15 mai 2001

– M. Bandrac et J.-Ph. Dom, *Loi NRE et autres réformes*, Joly Éditions, 2002.
– B. Bouloc, « Remarques sur l'entrée en vigueur du droit nouveau des sociétés, dû à la loi du 15 mai 2001 », in *Mélanges Y. Guyon*, Dalloz, 2003, p. 141.
– D. Bureau, « La loi relative aux nouvelles régulations économiques : aspects de droit des sociétés », *Bull. Joly* 2001. 553.

– B. Saintourens, « Les réformes du droit des sociétés par la loi relative aux nouvelles régulations économiques », *Defrénois* 2001, art. 37451.
– A. Viandier, *Sociétés et loi NRE*, 2e éd., Francis Lefebvre, 2002.

Loi de sécurité financière (n° 2003-706 du 1er août 2003)

– dossier *Rev. sociétés* 2003. 719.

Loi pour l'initiative économique (n° 2003-721 du 1er août 2003)

– P. Le Cannu, « La loi pour l'initiative économique et le droit des sociétés », *Rev. sociétés* 2003. 409.

Ordonnance portant réforme du régime des valeurs mobilières émises par les sociétés par actions (n° 2004-604 du 24 juin 2004)

– dossier *Rev. sociétés* 2004. 461.
– A. Couret et H. Le Nabasque, *Valeurs mobilières – Augmentations de capital*, Francis Lefebvre, 2004.

Loi de simplification du droit (n° 2004-1343 du 9 déc. 2004)

– B. Saintourens, « La loi de simplification du droit du 9 décembre 2004 : corrections apportées aux récentes réformes du droit des sociétés », *Rev. sociétés* 2005. 111.

Loi pour la confiance et la modernisation de l'économie (n° 2005-842 du 26 juill. 2005) et loi en faveur des petites et moyennes entreprises (L. n° 2005-882 du 2 août 2005)

– B. Saintourens, « Les réformes du droit des sociétés par les lois du 26 juillet 2005 pour la confiance et la modernisation de l'économie et du 2 août 2005 en faveur des petites et moyennes entreprises », *Rev. sociétés* 2005. 527.

Loi de modernisation de l'économie (n° 2008-776 du 4 août 2008)

– R. Mortier, « La modernisation du droit des sociétés », *JCP E* 2008. 2233.
– B. Saintourens, « Les réformes du droit des sociétés par la loi du 4 août 2008 de modernisation de l'économie », *Rev. sociétés* 2008. 477.

Ordonnance relative aux instruments financiers (n° 2009-15 du 8 janv. 2009)

– J.-J. Daigre et P. Pailler, « Commentaire de l'ordonnance du 8 janvier 2009 relative aux titres financiers », *Rev. sociétés* 2009. 37.

Ordonnance relative à l'appel public à l'épargne (n° 2009-80 du 22 janv. 2009)

– J.-J. Daigre et B. François, « Commentaire de l'ordonnance du 22 janvier 2009 relative à l'appel public à l'épargne », *Rev. sociétés* 2009. 3.

Loi de régulation bancaire et financière (n° 2010-1249 du 22 oct. 2010)

– H. Le Nabasque, « Commentaire des principales dispositions de la loi de régulation bancaire et financière du 22 octobre 2010 intéressant le droit des sociétés et le droit financier », *Rev. sociétés* 2010. 547.

Loi relative à la simplification du droit et à l'allégement des démarches administratives (n° 2012-387 du 22 mars 2012)

– A. Couret et B. Dondero, « La loi Warsmann II relative à la simplification du droit et à l'allégement des démarches administratives – aspects de droit des sociétés », *Bull. Joly 2012*. 360 et p. 441.

– C. Malecki, « L'article 12 de la loi Warsmann II ou le reporting extra-financier "extra" allégé ! », *Bull. Joly* 2012. 411.
– B. Saintourens et Ph. Emy, « Nouvelle étape de "simplification" du droit des sociétés par la loi n° 2012-387 du 22 mars 2012 », *Rev. sociétés* 2012. 335.

Loi relative à la lutte contre la fraude fiscale et la grande délinquance économique et financière (n° 2013-1117 du 6 décembre 2013)

– R. Salomon, in *Droit des sociétés* 2014. comm. n° 37.

Loi visant à reconquérir l'économie réelle, loi *Florange* (n° 2014-384 du 29 mars 2014).

– F. Barrière et Ch. De Reals, « La loi Florange : une loi anti-OPA ? », *Rev. sociétés* 2014. 279.
– N. Rontchevsky et M. Storck, *RTD com.* 2014. 363.

Ordonnance relative au droit des sociétés (n° 2014-863 du 31 juillet 2014)

– Dossier, par P.-H. Conac, I. Urbain-Parléani, B. Saintourens, D. Schmidt, P.-Y. Chabert, R. Elineau, P. Emy, R. Mortier et H. Le Nabasque, *Rev. sociétés* 2014. 611.
– B. Dondero, « L'ordonnance du 31 juillet 2014 relative au droit des sociétés », *D.* 2014. 1885.

Loi relative à la simplification de la vie des entreprises (no 2014-1545 du 20 décembre 2014)

– B. Dondero, « Loi relative à la simplification de la vie des entreprises - mesures de droit des sociétés (art. 23 à 26*)* », *JCP E* 2015. 1092.
– Dossier, par B. Saintourens, A. Reygrobellet et G. Parléani, *Rev. sociétés* 2015. 211.

Loi pour la croissance, l'activité et l'égalité des chances économiques (loi *Macron*, n° 2015-990 du 6 août 2015)

– D. Velardocchio, « Adoption de la loi Macron : réformes du droit des sociétés », *JCP E* 2015. 612.

Loi relative à la transparence, à la lutte contre la corruption et à la modernisation de la vie économique (loi *Sapin 2*, n° 2016-1691 du 9 décembre 2016)

– M. Roussille, « Loi Sapin 2 et droit des sociétés », *JCP E* 2017. 1048.

Loi relative au devoir de vigilance des sociétés mères et des entreprises donneuses d'ordre (n° 2017-399 du 27 mars 2017)

– S. Schiller, « Exégèse de la loi relative au devoir de vigilance des sociétés mères et entreprises donneuses d'ordre », *JCP E* 2017. 1193.

Loi PACTE (n° 2019-486 du 22 mai 2019)

– A. Couret et B. Dondero, Loi PACTE et droit des affaires, éd. F. Lefebvre, 2019.
– E. Masset, Décret n° 2020-1 du 2 janvier 2020 relatif aux sociétés à mission : la fusée peut désormais décoller !, *Rev. sociétés* 2020. 207.
– R. Mortier, B. Zabala et S. de Vendeuil, La réforme du droit des sociétés par la loi PACTE, *Dr Sociétés* 2019, Étude n° 8.
– A. Reygrobellet, *Les aspects de droit des sociétés dans la loi PACTE,* JCP éd. N *2019, 1205.*
– I. Urbain-Parleani (dir.), La loi Pacte du 22 mai 2019 : le nouveau visage du droit des sociétés, *Rev. sociétés* 2019. 565.

Loi Mohamed Soilihi (n° 2019-744 du 19 juillet 2019)

– B. Dondero, La loi de simplification, de clarification et d'actualisation du droit des sociétés, *JCP E* 2019. 1479.

– Ph. Emy et B. Saintourens, Les dispositions de la loi du 19 juillet 2019 relatives à toutes les sociétés, aux sociétés civiles et aux SARL, *Rev. sociétés* 2019. 655.

Ordonnance n° 2020-1142 du 16 septembre 2020 portant création, au sein du code de commerce, d'un chapitre relatif aux sociétés dont les titres sont admis aux négociations sur un marché réglementé ou sur un système multilatéral de négociation

– Th. Bonneau, La formalisation de la distinction des sociétés cotées et non cotées par l'ordonnance du 16 septembre 2020, Rev. sociétés 2020. 595.

– B. Dondero, L'ordonnance créant au sein du Code de commerce un chapitre spécifique sur les sociétés cotées, *D.* 2020. 2168.

– F. Drummond et J. Klein, La distinction des sociétés cotées et non cotées : un premier pas vers une recomposition plus ambitieuse du droit des sociétés par actions ?, *D.* 2021. 30.

– J.-B. Galvin, La réforme du Code de commerce par l'ordonnance n° 2020-1142 du 16 septembre 2020, *JCP E* 2020, 1492.

4) Sur la distinction entre sociétés de personnes et sociétés de capitaux

– P. Le Cannu, « Existe-t-il une société de droit commun ? », in *Mélanges M. Jeantin*, Dalloz, 1999, p. 247.

– S. Torck, « Loi de modernisation de l'économie : faculté pour les sociétés de capitaux d'opter pour l'IR », *Dr. Sociétés* 2008. Étude 11.

Quiz

Conseils méthodologiques

Chaque enseignant a ses conseils, ses exigences, ses tabous, sa propre méthode en somme. Dans la mesure où l'enseignant est aussi la personne qui apprécie la performance de l'étudiant, ce dernier a tout intérêt à s'informer des attentes de l'enseignant, sans toutefois déformer sa propre pensée et sa manière de travailler dans le but de plaire à tout prix.

Toutefois, à titre indicatif, on (re-)précisera qu'il est toujours mal vu :

– d'annoncer un plan que l'on ne respecte pas, aussi bien au niveau des parties que des sous-parties et en deçà ;

– d'employer les formules sacrilèges : « le jugement de la Cour de cassation » (on dit « l'arrêt de la Cour de cassation », comme pour les cours d'appel d'ailleurs) ; « l'art. X stipule » (la loi dispose, seuls la convention, le contrat ou le traité, qui est une forme de convention, stipulent) ;

– de donner des appréciations excessives, en bien ou en mal. Critiquer en termes non mesurés la décision commentée augure mal de l'exercice futur du métier de juriste par l'étudiant ; critiquer en termes excessifs l'opinion d'un universitaire peut froisser le correcteur personnellement, le monde de la recherche juridique étant plus petit qu'on ne le pense !

– de confondre dans un devoir les mots « entreprise » et « société » ou de citer un article du Code des sociétés, alors que ce code n'est qu'une création des éditeurs et n'a donc pas d'existence officielle (v. ss 3).

Débat

L'EIRL donne-t-elle naissance à une société ?

L'EIRL est une institution relativement récente, créée par la loi n° 2010-1512 du 15 juin 2010, complétée par plusieurs autres textes, et en dernier lieu par les lois PACTE (loi n° 2019-486 du 22 mai 2019) et Mohamed Soilihi (L. n° 2019-744, 19 juill. 2019). Elle résulte de la volonté du législateur de donner aux entrepreneurs individuels un instrument juridique de protection de leurs biens non affectés à l'activité professionnelle. Cette protection passe par la création d'un patrimoine affecté, au sein duquel sont réunis l'actif et le passif professionnels, et plus largement toutes les relations juridiques liées à l'activité professionnelle. Ce patrimoine affecté est séparé du ou des autres patrimoines de l'entrepreneur individuel.

Mais quelle est la nature de cette création du législateur ?

Contre la thèse assimilant l'institution de l'EIRL à la création d'une société nouvelle

Le législateur affirme que l'institution de l'EIRL ne crée pas une personne morale nouvelle (première phrase de l'un des premiers textes relatifs à l'EIRL, C. com., art. L. 526-6). L'EIRL désigne d'ailleurs l'entrepreneur individuel à responsabilité limitée, et non l'entreprise (même si les textes du Code général des impôts parlent, eux, d'entreprise).

Il n'est par ailleurs pas possible à l'EIRL de faire entrer dans son entreprise d'autres partenaires. Le législateur ne l'interdit pas, mais on voit mal comment y parvenir, sauf à admettre une cotitularité de patrimoine affecté, ce qui se rapprocherait d'une indivision… On peut se demander par ailleurs si le patrimoine affecté peut contenir des droits sociaux servant à l'exercice d'une activité professionnelle, ou si l'entrepreneur individuel (le législateur ne définit pas ces termes) doit toujours exercer directement l'activité professionnelle qui lui permet d'accéder au statut d'EIRL.

On observe enfin que l'intérêt propre de l'entreprise placée dans le patrimoine affecté n'est pas protégé par un délit d'abus des biens sociaux, pardon, entrepreneuriaux, spécifique, même si le droit des procédures collectives comporte un cas de faillite personnelle sanctionnant l'atteinte à l'intérêt de l'entreprise (v. *infra*).

En faveur de l'assimilation de l'institution de l'EIRL à la création d'une société nouvelle

Si l'institution de l'EIRL n'est pas la création d'une nouvelle société, on peut tout de même penser qu'elle y ressemble beaucoup.

L'entrepreneur choisit les biens qu'il souhaite affecter à son patrimoine professionnel, et ceux-ci vont être évalués suivant un mécanisme qui ressemblait beaucoup à l'évaluation des apports en nature (C. com., art. L. 526-10, texte cependant supprimé par la loi PACTE).

Un nouveau patrimoine est créé, qui isole les actif et passif professionnels, comme le patrimoine d'une société serait distinct du patrimoine de l'associé unique. L'étanchéité de ce patrimoine est parfois inférieure à celle du patrimoine social (est ainsi prévue une action des créanciers du patrimoine non affecté sur le bénéfice réalisé lors du dernier exercice et qui subsisterait dans le patrimoine affecté – C. com., art. L. 526-12, II *in fine*), parfois supérieure (les créanciers du patrimoine non affecté ne peuvent pas saisir des parts sociales représentatives du patrimoine affecté, à la différence des créanciers de l'associé unique d'une société, qui pourraient saisir ses droits sociaux).

À l'instar d'une personne morale, le patrimoine affecté est également doté d'une dénomination (C. com., art. L. 526-6) et il doit être consacré à l'exercice d'une activité, ce qui n'est pas sans rappeler l'objet social.

Enfin, le droit des entreprises en difficulté issu de l'ordonnance du 9 décembre 2010 sanctionne de faillite personnelle le non-respect de l'autonomie patrimoniale de l'EIRL, précisément l'usage des biens ou du crédit de l'entreprise contraire à l'intérêt de celle-ci, ce qui nous rapproche de l'intérêt social (C. com., art. L. 653-3, II, 3°) !

En synthèse, ce n'est sans doute pas une nouvelle société, ni une nouvelle personne morale, mais plusieurs des effets produits par l'institution de l'EIRL se rapprochent de manière troublante de l'institution d'une nouvelle personne morale.

chapitre 2

Le contrat de société

Plan analytique

section 1

Le contrat de société, contrat spécial

§ 1 Les apports

A. La notion d'apport

B. La typologie des apports

§ 2 L'intention de participer aux résultats

A. Élément de caractérisation du contrat de société

B. Fondement de la prohibition des clauses léonines

§ 3 L'affectio societatis

A. Le contenu de la notion

B. L'utilité de la notion

section 2

Le contrat de société, soumis au droit commun des contrats

§ 1 Les accords préalables à la conclusion du contrat de société

A. Le projet de société

B. La promesse de société

C. La société d'études

§ 2 Les conditions de validité résultant du droit commun des contrats

A. Le consentement des associés

B. La capacité des associés

C. L'objet / le contenu du contrat

D. La cause / la finalité

Compléments pédagogiques

Le contrat de société

Une société est le plus souvent fondée sur un contrat – le contrat de société. Il s'agit là d'un contrat spécial, régi par les articles 1832 s. du Code civil. 34

Ce contrat est un contrat particulier, qui se rattacherait, suivant la distinction proposée par le professeur Paul Didier, à la catégorie des « contrats organisation », par opposition à la catégorie des « contrats échange ». Dans les « contrats échange », dont la vente serait l'archétype, les intérêts des parties sont antagonistes, chacun ne gagnant que ce que l'autre perd. Ces contrats donnent une fois pour toutes naissance à des obligations, et chacun tente d'optimiser son gain et de limiter sa perte. Le contrat tend ainsi à concilier des intérêts divergents en trouvant un point d'équilibre, acceptable par chacun. Les « contrats organisation » instituent quant à eux une coopération entre les contractants qui mettent en commun des choses qui, jusque-là leur étaient propres, en les employant à une activité commune. Le contrat de société est l'archétype de ces contrats. Les intérêts des parties y sont convergents, et chacune ne gagne que parce que toutes gagnent. Les parties mettent en place une coopération, et instituent des organes qui assureront dans le temps la réalisation de l'activité poursuivie par leurs décisions collectives (des notions proches ont été proposées, comme celle de « contrat-alliance »).

Pendant longtemps, il était exclu que l'on puisse constituer une société autrement que sur la base d'un contrat, c'est-à-dire par la rencontre des volontés de plusieurs personnes. Une société pouvait certes survivre un certain temps alors que tous les titres étaient réunis dans les mains d'un seul associé, mais il n'était pas possible de constituer une société unipersonnelle *ab initio*, dès sa création. 35

Puis, une loi n° 85-697 du 11 juillet 1985 a introduit dans notre droit l'EURL, l'entreprise unipersonnelle à responsabilité limitée. Ce n'était pas là une nouvelle forme sociale qui était ainsi reconnue, mais la possibilité de constituer une SARL unipersonnelle.

Cette EURL n'est d'ailleurs pas, à l'heure actuelle, la seule forme de société unipersonnelle reconnue par notre système juridique. Parmi les sociétés commerciales, on peut également relever l'existence de la SASU, c'est-à-dire la société par actions simplifiée unipersonnelle, introduite dans notre droit par une loi du 12 juillet 1999.

Ce n'est cependant que lorsqu'un texte spécial le prévoit qu'une société peut être constituée par une seule personne. À défaut de texte autorisant la constitution d'une société unipersonnelle, la rencontre des volontés de plusieurs sujets de droit est nécessaire pour former une société (rappelons incidemment que l'EIRL, l'entreprise individuelle à responsabilité limitée, introduite par la loi du 15 juin 2010, n'est pas une société ; v. ss chapitre 1).

Une autre nuance à cette règle consiste dans la possibilité pour le juge de qualifier une situation de société alors que les parties n'ont pas manifesté expressément la volonté de contracter. C'est la notion de *société créée de fait*, qui sera étudiée plus 36 avant. Mais dans cette dernière hypothèse, il est possible de dire que le juge constate l'existence d'un contrat de société, même si les parties n'ont pas eu conscience de conclure ce contrat. Il y a donc encore un contrat, ou, selon certains auteurs, un quasi-contrat de société (v. ss chapitre 3).

37 Le contrat de société, qui peut être complété par d'autres accords et corps de règles (pactes d'actionnaires, règlement intérieur, v. « Synthèse »), est donc en principe nécessaire à la constitution d'une société, doit respecter tout à la fois les conditions spécifiques au contrat de société, édictées par le droit des sociétés, et les conditions générales, requises par le droit commun des contrats.

Nous verrons d'abord les conditions spécifiques du contrat de société, qui font de celui-ci un contrat spécial (Section 1), avant d'étudier comment le droit commun des contrats, et donc les conditions générales de validité d'un contrat, s'applique au contrat de société (Section 2).

section 1

Le contrat de société, contrat spécial

38 Les conditions spécifiques de constitution d'une société sont au nombre de trois : les apports (§1), l'intention de participer au résultat de l'activité sociale (§2), et l'*affectio societatis* (§3).

§ 1 Les apports

39 Le mot « apport » a un double sens, puisqu'il désigne tout à la fois l'opération, par laquelle un associé met un bien ou une activité à la disposition de la société, et également l'objet de cette mise à disposition, bien ou activité.

A. La notion d'apport

1. *L'apport, élément essentiel de la société*

a. Notion d'apport

40 L'article 1832 du Code civil fait de l'apport l'une des conditions de formation de la société. Tel que le texte est rédigé, l'apport apparaît même comme le premier élément du contrat de société. Selon la formule retenue par la doctrine, « pas d'apport, pas de société ».

L'opération d'apport est une mise à la disposition de la société d'une valeur, en contrepartie de l'attribution de la qualité d'associé.

Il s'agira le plus souvent d'une somme d'argent (*apport en numéraire*), mais l'apport peut aussi porter sur un bien autre, dont l'associé a la disposition, comme un immeuble, un brevet d'invention, ou des droits dans une autre société (*apport en nature*), ou bien encore sur l'activité de l'associé, dont il s'engage à faire bénéficier la société (*apport en industrie*).

b. Importance de l'apport

L'apport est un élément essentiel du contrat de société, sans doute le plus important, en ce qu'il est le seul à avoir une signification concrète immédiate : les autres éléments ne sont après tout qu'une *intention* de participer aux résultats et le *sentiment* d'être associé. 41 ■

L'inexistence ou la fictivité de l'apport sont susceptibles d'entraîner la nullité de la société en vertu de l'article 1844-10 du Code civil, qui renvoie à l'article 1832. Cette nullité peut survenir par exemple lorsque l'apport porte sur un brevet, mais que celui-ci est périmé, ou lorsque le bien apporté est revendiqué avec succès par un tiers. On observera cependant que la directive européenne n° 2017/1132 du Parlement européen et du Conseil du 14 juin 2017 relative à certains aspects du droit des sociétés, qui limite les causes de nullité admissibles en matière de SARL et de sociétés par actions (et avant elle les directives n° 2009/101 du 16 septembre 2009 et n° 68/151 du 9 mars 1968), ne prévoit pas formellement ce cas de nullité, mais autorise l'annulation d'une société pour absence dans l'acte constitutif ou les statuts de toute indication au sujet des apports ou du montant du capital souscrit, ainsi qu'en cas d'inobservation des dispositions de la législation nationale relatives à la libération minimale du capital social.

c. Exécution de l'obligation d'apport

Il faut distinguer la phase de souscription des parts ou des actions de la société, par laquelle l'associé ou l'actionnaire prend l'engagement de réaliser un apport, de la phase de libération de ces parts ou actions, lors de laquelle le souscripteur doit mettre effectivement les biens ou l'activité faisant l'objet de l'apport à la disposition de la société. Suivant la forme sociale considérée et le type d'apport souscrit, il doit y avoir concomitance ou non entre la souscription et la libération des parts ou des actions. Les apports en nature sont en règle générale exécutés dès l'émission ou la souscription des parts ou actions correspondantes (v. ainsi les art. L. 223-7 et L. 225-3 du C. com., relatifs à la SARL et à la SA). Les modalités de versement des apports en numéraire varient quant à elles suivant les sociétés et suivant les statuts. Les conditions de versement de l'apport en numéraire fait à une société civile ou à une SNC sont ainsi déterminées librement par les statuts, tandis que dans la SARL, l'article L. 223-7 du Code de commerce impose de libérer les parts sociales représentant un apport en numéraire d'au moins un cinquième de leur montant dès la souscription, la libération du surplus intervenant en une ou plusieurs fois sur décision du gérant, dans un délai de cinq ans à compter de l'immatriculation. Enfin, l'apport en industrie fait généralement l'objet d'une exécution successive, au long de la vie sociale. 42 ■

Lorsque la société connaît des difficultés, qui se traduisent par l'ouverture d'une procédure de sauvegarde, une règle particulière a été mise en place par l'ordonnance n° 2014-326 du 12 mars 2014 : dans toutes les sociétés, le jugement d'ouverture rend immédiatement exigible le montant non versé du capital social (C. com., art. L. 624-20). Et parce que le mandataire judiciaire représentant les créanciers se voit reconnaître le pouvoir de mettre en demeure un associé ou un actionnaire de verser les sommes restant dues sur le montant des parts et actions souscrites par lui (C. com., art. L. 622-20), le pouvoir d'obtenir le complément de l'exécution de l'obligation d'apport n'est plus dans les mains des seuls organes sociaux.

2. Distinction de l'apport et du versement en compte courant

a. Notion de compte courant d'associé

43 Il faut distinguer l'apport d'un autre mode de financement de la société : le versement en compte courant. Un associé peut mettre des sommes à la disposition de la société au titre de son apport, mais il est également envisageable qu'il le fasse au titre de ce que la pratique appelle le compte courant de l'associé. On a discuté de la qualification juridique de ce mode de financement de la société. Les mots « apport en compte courant », fréquemment employés en pratique, sont trompeurs : il ne s'agit pas d'un apport, en réalité, ni d'un compte courant au sens du droit bancaire, mais d'une convention de prêt entre l'associé et la société.

b. Régime du compte courant d'associé

44 La question de la qualification des versements faits par un associé en compte courant n'est pas seulement théorique :

– si c'est un apport que l'associé a fait, cela signifie qu'il ne peut reprendre les sommes versées qu'à la dissolution de la société ou à l'occasion d'une opération de réduction du capital social (v. ss chapitre 8), que la reprise doit tenir compte des pertes subies le cas échéant par la société, et que, pendant la vie de la société, la rémunération des sommes doit prendre la forme d'un dividende, et donc dépendre de la réalisation d'un bénéfice par la société et d'une décision de distribution de dividende (v. ss chapitre 5) ;

– si c'est la qualification de prêt qui est retenue, cela implique que la reprise des sommes pourra se faire avant la dissolution de la société, sans imputation des pertes (le tout sauf stipulation contraire : le droit au remboursement immédiat du compte, particulièrement, pourra être paralysé par une clause de blocage), et que la rémunération de l'associé qui verse les sommes est indépendante du bénéfice réalisé par la société, puisqu'il s'agira alors de l'intérêt rémunérant un prêt.

La Cour de cassation a tranché en faveur de la qualification de prêt de consommation, notamment par un arrêt de la chambre commerciale en date du 24 juin 1997, dit arrêt *Gamm* (*Bull. civ.* IV, n° 207 ; *Bull. Joly* 1997. 871, note B. Saintourens – et v. ss « Sujets terminaux »). Elle a précisé que la « caractéristique essentielle » du compte courant était, « en l'absence de convention particulière ou statutaire le régissant », « d'être remboursable à tout moment » (Com. 10 mai 2011, n° 10-18.749, *Bull.* IV, n° 73 ; *Gaz. Pal.* 8 juin 2011. 14, note B. Dondero). Il n'est cependant pas exclu que le dirigeant engage sa responsabilité dans le cadre d'une action fondée sur l'insuffisance d'actif de la société qui lui aura remboursé son compte courant d'associé avant d'être mise en liquidation judiciaire (v. ainsi Aix-en-Provence 5 juill. 2012, *JCP E* 2013, note Ch. Delattre).

En dépit de la distinction qui doit être faite entre la qualité d'associé et celle de prêteur, le tribunal de commerce est jugé compétent pour statuer sur la cession du solde créditeur du compte courant détenu dans une société commerciale, en cas de proximité entre la cession des actions et celle du solde : mention du montant du solde, de la cession et du remboursement à intervenir dans l'acte de cession d'actions (Com. 12 févr. 2008, *Bull. civ.* IV, n° 39 ; *Bull. Joly* 2008. 485, note J.-F. Barbièri ; *RTD com.* 2008. 358, obs. P. Le Cannu et B. Dondero, qui relève que le litige est né à l'occasion d'une cession d'actions. Le litige est donc relatif à une société commerciale au sens de l'art. L. 721-3 du C. com.). On précisera que la cession des parts ou actions de l'associé n'emporte pas de plein droit cession de la créance résultant du compte courant d'associé (Versailles, 25 sept. 2007, *Dr. sociétés* 2008, n° 34, note J. Monnet). Il est possible que le cédant de parts ou d'actions renonce au solde créditeur de son compte courant d'associé, ce qui doit résulter d'un acte non équivoque (v. Com. 11 sept. 2012, n° 11-20.034, *Gaz. Pal.* 28 juin 2013. 27, note B. Dondero).

Le compte courant d'associé soulève d'autres difficultés, au regard du droit bancaire, qui réserve les opérations de crédit et la réception de fonds du public, par principe, aux établissements de crédit et assimilés. Une disposition particulière, l'art. L. 312-2 du Code monétaire et financier, règle la question du point de vue de la société en soustrayant à la qualification de fonds reçus du public les sommes versées en compte courant par les associés et les dirigeants, sous certaines conditions. Ces conditions ont d'ailleurs été assouplies par la loi PACTE du 22 mai 2019 : a ainsi été supprimée la condition selon laquelle les actionnaires des différentes sociétés par actions et les associés de SARL devaient détenir 5 % du capital pour effectuer des versements en compte courant. Se pose toutefois une autre question, tenant à l'associé ou actionnaire : celui-ci réalise en effet une opération de crédit et donc une opération relevant de l'activité bancaire, en prêtant à sa société. Faut-il y voir une violation du monopole bancaire lorsque cette mise à disposition de fonds est faite de manière habituelle ? Il nous semblerait opportun que ce ne soit pas le cas.

3. *Le rôle des apports : la formation du capital social*

Le capital social est une notion dont on a souvent dit qu'elle ne remplirait plus sa fonction de « gage des créanciers » – le mot gage étant ici employé non au sens de sûreté, mais signifiant que c'est sur les biens composant le capital social que les créanciers de la société vont pouvoir se payer. Cette notion conserve néanmoins un rôle important en droit positif. 45 ■

Précisions jurisprudentielles : une sous-dotation de la société en apports pourrait engager la responsabilité de ses associés (v. Com. 12 mai 2015, n° 13-27716, *Dr. sociétés* 2015, comm. n° 163, note R. Mortier), mais pas celle de ses dirigeants, dès lors que la sous-capitalisation intervient lors de la constitution de la société (v. Com. 10 mars 2015, n° 12-15505, *Bull.* IV, n° 47 ; *JCP E* 2015. 1338, note B. Dondero ; 17 juin 2020, n° 19-10341, à paraître au *Bull.* ; *Dr. Sociétés* 2020, comm. n° 132, note J.-P. Legros). Mais si les dirigeants ne peuvent se voir reprocher l'absence d'augmentation de capital en tant que telle, ils peuvent en revanche commettre une faute de gestion s'ils ne tentent pas d'obtenir une telle augmentation alors qu'elle serait nécessaire à la survie de la société (v. Com. 12 juill. 2016, n° 14-23310). Un récent arrêt, qui retient la responsabilité du dirigeant qui provoque une distribution de dividendes, pourrait ouvrir la voie à un accroissement de la responsabilité des dirigeants en présence d'une capitalisation insuffisante (Com. 8 avr. 2021, n° 19-23669, *BJS* juin 2021. 49, note J.-L. Vallens).

a. La notion de capital social

Les apports en numéraire et en nature forment le capital social, c'est-à-dire que la valeur des biens apportés est additionnée, et le montant de la somme ainsi obtenu figure dans les statuts de la société (C. civ., art. 1835 et C. com., art. L. 210-2). Ce montant sera connu des tiers, parce qu'ils peuvent consulter les statuts de la société au registre du commerce et des sociétés, mais également parce que les SARL et les 46 ■

sociétés par actions ont l'obligation de faire figurer le montant de leur capital social sur les actes et documents destinés aux tiers (C. com., art. R. 123-238), qui sont ainsi informés de la richesse de la société.

Illustration : le capital social de la SAS Aurance Energies

Article 6 - Capital social
Le capital social de constitution est fixé à la somme de 1 500 € correspondant au montant total des versements effectués par les signataires et divisé en 30 actions de 50 €.
Le capital social est entièrement libéré au jour de la souscription. Les montants libérés sont déposés au crédit d'un compte ouvert au Crédit Agricole Sud Rhône-Alpes. Les versements des souscripteurs ont été constatés par un certificat établi conformément à la loi, délivrée par ladite banque le 6 mars 2012.
(statuts accessibles en ligne)

Illustration : le capital social de la société AXA (24 févr. 2021)

Article 6 - Capital social
Le capital social de la société est fixé à 5 538 111 744,32 euros divisés en 2 418 389 408 actions, entièrement libérées.

b. Le régime du capital social

47 Le capital social fait l'objet d'un poste particulier dans la comptabilité de la société, et le législateur a édicté plusieurs règles importantes à son égard.

Tout d'abord, dans un certain nombre de sociétés, le législateur impose un capital social minimum. C'est par exemple le cas pour les SA, qui doivent être dotées sauf exception d'un capital social d'un montant minimum de 37 000 € (C. com., art. L. 224-2). Les SARL, les SAS, et, en règle générale, les sociétés de personnes, ne connaissent pas une telle règle, et peuvent donc se constituer avec un capital d'un euro. La situation des SARL et des SAS a connu des évolutions, puisque, jusqu'à la loi de sécurité financière du 1er août 2003, une SARL devait avoir un capital d'au moins 7 500 €, tandis que jusqu'à la loi LME du 4 août 2008, une SAS devait détenir un capital d'au moins 37 000 €. Il est bien évident que le capital social d'un faible montant devra nécessairement être complété par des versements en compte courant, et que les créanciers demanderont généralement aux associés ou aux dirigeants de se porter cautions de la société, si la loi n'édicte pas déjà une telle obligation (s'agissant des associés).

La notion de capital social protège par ailleurs les tiers car le montant du capital constitue un seuil. La société ne peut en effet distribuer aux associés son actif dans une mesure qui ramènerait ses *capitaux propres*[Q] en dessous du montant du capital social. Et dans certaines sociétés, si des pertes font baisser le montant des capitaux propres de manière excessive par rapport au montant du capital social, les associés doivent alors envisager la dissolution, et, si la société n'est pas dissoute, elle a alors l'obligation de reconstituer ses capitaux propres dans un certain délai ou de modifier ses statuts pour abaisser le montant de son capital social (v. not. C. com., art. L. 225-248, relatif à la SA et *infra*, chapitre 12).

Le capital social permet enfin, dans les rapports entre associés, de déterminer la répartition du pouvoir et des droits détenus dans la société. Le capital est en effet divisé en parts sociales ou en actions, qui confèrent des droits à leur détenteur. Or les droits des associés dans le capital sont proportionnels à leurs apports (C. civ., art. 1843-2).

On précisera encore que le capital des sociétés peut, en règle générale (mais pas pour les SA), faire l'objet d'une *clause de variabilité* (C. com., art. L. 231-1 s.). La société dont le capital est variable pourra accueillir de nouveaux associés, en laisser partir par la voie du retrait ou en exclure d'autres sans que la modification des statuts soit requise à chaque fois. Un capital statutaire maximum doit être prévu, le capital réel ne pouvant descendre toutefois au-dessous de certains montants (un dixième du capital social ou le minimum légal, pour les sociétés autres que les *coopératives*).

Illustration : statuts de la société Coquelicoop

Article 7 – Variabilité du capital social
Le capital social est variable. Son minimum est de 1 000 € et son maximum de 1 000 000 €.
Il peut augmenter à tout moment, soit au moyen de souscriptions nouvelles effectuées par les associés, soit par l'admission de nouveaux associés, soit par distribution d'une partie du résultat sous forme de parts sociales.
Le capital peut diminuer à la suite de retraits, perte de la qualité d'associé, exclusions, décès et remboursement, dans les cas prévus par la loi et les statuts ou déterminés par l'assemblée des associés.
Toutefois, les retraits ou exclusions ne peuvent avoir pour effet de réduire le montant du capital au-dessous du quart du montant le plus élevé atteint depuis la constitution de la Coopérative.
(accessible sur le site de Coquelicoop)

B. La typologie des apports

1. *L'apport en numéraire*

L'apport peut avant tout porter sur une somme d'argent : on parle alors d'*apport en numéraire*. Ce type d'apport est le plus simple à réaliser, et a l'avantage de ne poser aucun problème d'évaluation. On peut simplement éprouver une difficulté à distinguer cet apport d'un versement en compte courant fait par un associé (v. *supra*). On ajoutera qu'un apport pourrait porter sur une somme d'argent mais n'être fait qu'en jouissance (v. ci-dessous). 48 ■

2. *L'apport en nature*

a. Notion

49 L'apport peut également porter, notamment dans les petites sociétés, sur un bien autre que du numéraire : un immeuble, un brevet d'invention, un véhicule, des stocks de marchandises, un fonds de commerce, des actions d'une autre société, etc. On parle dans cette hypothèse d'*apport en nature*. Celui-ci est traité à plusieurs égards comme une opération de cession. Ainsi, l'apporteur en nature est garant comme un vendeur, lorsque l'apport est en propriété (C. civ., art. 1843-3, al. 3). Lorsque le bien apporté à la société est une créance, l'opposabilité de l'apport au débiteur et aux tiers supposait jusqu'à récemment que la formalité de l'article 1690 du C. civ. ait été accomplie (notification par huissier au débiteur ou acceptation par acte authentique). L'ordonnance n° 2016-131 du 10 février 2016 a supprimé cette formalité. Simplement, un écrit est désormais exigé, à peine de nullité (C. civ., art. 1322), et l'opposabilité de la cession au débiteur cédé suppose, s'il n'y a déjà consenti, une notification ou une prise d'acte (C. civ., art. 1324). Le droit de préemption des communes prévu en cas d'aliénation à titre onéreux de certains biens (et notamment d'un fonds de commerce) doit également jouer en cas d'apport en nature (C. urb., art. L. 214-1 s.). On remarquera cependant que si dans le cadre d'une opération de fusion (v. ss chapitre 8), c'est l'équivalent d'un apport en nature que réalisent les associés de la société absorbée au profit de la société absorbante, la Cour de cassation refuse d'assimiler fusion et apport, au regard de l'application d'une clause de préemption (Com. 9 nov. 2010, n° 09-70.726, *Bull. civ.* IV, n° 172 ; *Gaz. Pal.* 15-16 déc. 2010. 15, note B. Dondero).

b. Évaluation des apports en nature

50 Le problème principal que pose l'apport en nature est celui de son *évaluation*. L'apporteur est en effet naturellement tenté de surévaluer son apport. Cela est dangereux, car ce comportement fausse non seulement les rapports entre associés en accordant plus de droits qu'il n'en devrait détenir à l'apporteur, mais donne aussi une image trompeuse de la solvabilité de la société aux tiers.

Exemple. Imaginons qu'une société soit créée par trois associés, Hervé, Paul et Jean-Jacques. Hervé et Paul apportent chacun 100 000 € en numéraire à la société. Si Jean-Jacques apporte un brevet dont la valeur est de 100 000 € également, le capital social s'établira à 300 000 €. Si ce capital est divisé en parts de 1 000 €, chacun des associés aura droit à 100 parts sociales. Cela veut dire que Jean-Jacques n'aura pas la majorité aux assemblées de la société, cette majorité s'établissant à 151 (la moitié des parts plus une). Avec ses 100 parts, Jean-Jacques ne peut donc pas emporter la majorité seul. Mais si Jean-Jacques surévalue son apport, et qu'il fait accepter à ses coassociés le brevet d'invention qu'il apporte comme ayant une valeur de 300 000 €, cela change beaucoup de choses. D'une part, la société a désormais un capital social de 500 000 €. Cette situation trompe tout d'abord les tiers, qui sont portés à croire que la société est détentrice de biens pour une valeur supérieure à ce qu'ils obtiendront en réalité s'ils font saisir et vendre les biens sociaux. La société apparaît donc plus solvable qu'elle ne l'est en réalité. Mais ce sont également les rapports entre associés qui se trouvent modifiés indûment. En effet, en tant qu'associé, ce n'est plus 100 parts de 1 000 € qui seront attribuées à Jean-Jacques, mais 300, ce qui lui donnera la majorité lors des assemblées. La société a maintenant un capital de 500 000 €, divisé en 500 parts, ce qui place le seuil de la majorité à 251 parts (la moitié de 500 plus une part). Il est donc important, pour que ni les tiers ni les associés de l'apporteur ne soient lésés, que le bien apporté à la société fasse l'objet d'une évaluation correcte.

La loi impose de ce fait dans certaines sociétés une *procédure d'évaluation des apports en nature par un expert, le commissaire aux apports.* Cette procédure n'est cependant imposée que dans les sociétés à responsabilité limitée au sens large (SARL et sociétés par actions). Dans les sociétés de personnes, la protection des tiers est suffisamment assurée par la possibilité donnée aux créanciers sociaux de poursuivre les associés lorsque la société est défaillante. 51 ■

Le commissaire aux apports est choisi sur la liste des commissaires aux comptes ou des experts auprès des tribunaux, et est soumis aux mêmes incompatibilités que les commissaires aux comptes. Il est nommé par les associés ou par le juge.

Il est à noter que des cas de dispense de recours au commissaire aux apports existent et que les associés peuvent s'affranchir de l'évaluation retenue par le commissaire aux apports. Ainsi, les associés de la SARL peuvent retenir une évaluation supérieure à celle proposée par le commissaire aux apports, mais ils sont alors responsables solidairement pendant cinq ans, à l'égard des tiers, de la valeur attribuée aux apports en nature (C. com., art. L. 223-9). C'est-à-dire que si un créancier de la société saisit le bien apporté et ne peut en retirer une valeur équivalente à celle qui avait été retenue lors de la réalisation de l'apport, les associés sont solidairement tenus de verser au créancier une somme équivalant à la différence entre la valeur annoncée et la valeur réelle du bien. Dans les rapports entre associés, l'associé qui a surévalué son apport est par ailleurs susceptible de voir sa responsabilité engagée par les autres associés, auxquels la surévaluation cause un préjudice. La Cour de cassation a précisé que le préjudice subi par les autres associés du fait de la majoration infondée des droits de l'apporteur coupable de surévaluation est un préjudice qui n'est pas le corollaire de celui de la société, dont les associés peuvent donc demander réparation individuellement (Com. 28 juin 2005, *Bull. civ.* IV, n° 146 ; *Dr. sociétés* 2005, n° 179, note H. Hovasse ; 26 avril 2017, n° 15-28091).

Il est encore à noter que, dans le cadre des SARL et des sociétés par actions, des sanctions pénales lourdes (5 ans d'emprisonnement et 9 000 ou 375 000 € d'amende) sont encourues par les personnes faisant attribuer frauduleusement à un apport une valeur supérieure à sa valeur réelle (C. com., art. L. 241-3, 1° et L. 242-2, 4°).

Deux moyens de contournement de la procédure d'évaluation des apports en nature, et les armes prévues pour les combattre, peuvent être évoqués. 52 ■

Tout d'abord, il serait envisageable de contourner la procédure d'évaluation en vendant un bien à la société, sans contrôle des actionnaires ou d'un commissaire aux apports, puis en faisant réaliser à la société une augmentation de capital, réservée au vendeur, à laquelle celui-ci souscrira en se libérant par compensation avec la créance résultant du prix de vente. Cette manœuvre de contournement est cependant contrée en partie, dans les sociétés par actions, par l'article L. 225-101 du Code de commerce, qui impose la désignation judiciaire d'un commissaire pour apprécier la valeur du bien qu'un actionnaire vend à sa société dans les deux ans suivant son immatriculation, sous réserve d'une série d'exceptions (v. ss 733). La fraude est également une qualification envisageable, si l'on parvient à démontrer que l'objectif recherché était de réaliser un apport en évitant la procédure d'évaluation.

Ensuite, si l'évaluation du bien apporté est opérée correctement, un préjudice pourrait néanmoins être causé aux autres actionnaires en minorant la valeur des actions attribuées en contrepartie de l'apport. Un récent arrêt de la Cour de cassation évoque la possibilité de sanctionner ce comportement sur le fondement de la responsabilité civile et de la fraude (Com. 30 sept. 2020, n° 18-22076, à paraître au *Bull.* ; *D.* 2020. 2273, note D. Schmidt).

c. Diversité des apports en nature

53 Parmi les apports en nature, il faut distinguer les apports en propriété et les apports en jouissance, conformément à l'article 1843-3 du Code civil.

L'*apport en propriété* transfère à la société la propriété du bien. La société pourra disposer du bien en cours de vie sociale, et ses créanciers sont susceptibles de le saisir. Cet apport se rapproche du contrat de vente quant à la garantie due par l'apporteur (C. civ., art. 1843-3, al. 3).

L'*apport en jouissance*, moins pratiqué, transfère quant à lui la seule jouissance du bien à la société. Cet apport est donc plus proche du bail que de la vente, et la garantie de l'apporteur est modelée sur celle due par le bailleur à son preneur. La société ne peut disposer du bien, en le vendant par exemple, puisqu'elle n'en a pas reçu la propriété, sauf au cas où ce sont des choses de genre qui lui ont été apportées, selon l'article 1843-3, alinéa 4 du Code civil. Dans ce dernier cas, l'apport en jouissance transfère la propriété des biens à la société, à charge pour celle-ci de rendre des choses équivalentes à l'apporteur lors de la dissolution. En revanche, l'apport en jouissance d'un corps certain ne crée qu'un droit personnel de la société sur le patrimoine de l'apporteur. Tout apport devant avoir une utilité pour la société qui le reçoit, il a été logiquement jugé qu'une action en justice ne pouvait faire l'objet d'un apport en jouissance (Com. 31 mai 2005, *Bull. civ.* IV, n° 124 ; *Rev. sociétés* 2006. 114, note B. Dondero), étant précisé que l'apport d'une action en justice n'est pas celui d'un droit litigieux, apport qui pourrait avoir, lui, une utilité pour la société bénéficiaire. Dans la suite logique de cette recherche d'une utilité, est jugé non fictif l'apport en jouissance d'une autorisation d'émettre octroyée par le CSA, pourtant à caractère personnel et incessible, dès lors que la société bénéficiaire a pu exploiter la fréquence pendant toute la durée de sa mise à disposition (Com., 19 juin 2019, n° 17-26117, *Rev. sociétés* 2020. 359, note S. François).

3. *L'apport en industrie*

a. Notion

54 L'apport peut enfin être en industrie, un associé s'engageant à apporter son activité personnelle à la société. Cet apport peut porter sur la fourniture de connaissances techniques, d'une influence, à la condition qu'elle soit licite, de services, plus largement sur la fourniture d'un travail à la société. La fourniture de cette prestation ne verra cependant pas l'apporteur engagé dans une relation subordonnée, ce qui différencie l'apport en industrie du contrat de travail.

b. Régime

55 Cet apport ne participe pas à la formation du capital social, ainsi que le précise l'article 1843-2 du Code civil. Il confère à l'apporteur ce que l'on appelle des parts ou des actions d'industrie, qui sont des droits sociaux d'une nature particulière. L'apporteur en industrie est un associé à part entière, sous quelques réserves. S'il n'a pas à

assurer l'exclusivité de son activité à la société, il doit en revanche lui verser, par application de l'article 1843-3, disposition quelque peu radicale, tous les gains qu'il réalise par l'activité faisant l'objet de son apport. Il est fréquemment écrit que les droits reçus par l'apporteur en industrie sont incessibles. La loi ou le règlement l'affirment parfois (v. ainsi C. com., art. L. 227-1, al. 4 pour les actions d'industrie émises par la SAS). En dehors de ces cas, il nous semble que le caractère personnel de l'activité de l'apporteur en industrie ne constitue pas un obstacle insurmontable à la cession des droits qu'il détient dans la société, dès lors qu'il continue à fournir à celle-ci son activité. La part dans les bénéfices de l'apporteur en industrie, à défaut de stipulation particulière, est égale à celui de l'associé qui a le moins apporté (art. 1844-1, al. 1er).

L'apport en industrie n'est pas admis dans toutes les sociétés. Il est autorisé dans les sociétés de personnes, et est interdit dans les sociétés anonymes (C. com., art. L. 225-3). Initialement admis de manière restrictive dans les SARL, il y est désormais possible dans les conditions prévues par les statuts (C. com., art. L. 223-7, en sa rédaction résultant de la loi NRE du 15 mai 2001). Enfin, l'apport en industrie a fait l'objet d'une introduction remarquée dans la SAS, par la loi LME du 4 août 2008 (C. com., art. L. 227-1, al. 4).

§ 2 L'intention de participer aux résultats

Deux volets coexistent dans ce deuxième élément du contrat de société : l'*intention de participer aux bénéfices ou à l'économie* résultant du contrat de société, d'une part, et l'*intention de contribuer aux pertes* éventuelles, d'autre part. 56 ■

L'associé doit avoir l'intention de recevoir une fraction des bénéfices de la société, ou, depuis la loi du 4 janvier 1978, de profiter de l'économie qui pourra résulter du contrat de société. Cette modification apportée à l'article 1832 du Code civil a rapproché la société de l'association, puisque la recherche d'une économie peut désormais être poursuivie au moyen de l'un ou de l'autre des deux groupements.

L'associé doit également avoir accepté de courir le risque de voir son apport disparaître, par la contribution aux pertes. L'art. 1844-1 du Code civil dispose qu'à défaut de clause contraire, la part dans le bénéfice et la contribution aux pertes se déterminent à proportion de la part dans le capital social, avec une règle particulière pour l'apporteur en industrie, qui se voit traité comme l'associé qui a le moins apporté (pour une illustration de la contribution aux pertes dans une SNC, v. Com., 7 mai 2019, nº 17-15077).

Cette intention de participer au résultat, positif ou négatif, joue un *double rôle*, puisqu'elle permet tout d'abord de caractériser l'existence du contrat de société et de le distinguer d'autres conventions, et qu'elle fonde ensuite la règle ancienne, mais toujours en vigueur, de la prohibition des clauses léonines.

A. Élément de caractérisation du contrat de société

La première utilité de cet élément du contrat de société est qu'il permet de caractériser ce contrat et de le distinguer d'autres relations juridiques dans lesquelles les parties mettent une valeur à la disposition des autres. C'est ainsi l'association que l'on peut distinguer de la société. La loi du 1er juillet 1901 dispose que l'association a un but autre que le partage d'un bénéfice entre ses membres (art. 1er). Le groupement 57 ■

dont les membres entendent se partager le bénéfice réalisé en commun devra par conséquent être qualifié de société. L'identification de la nature du groupement est cependant plus difficile lorsque les parties recherchent la réalisation d'une économie. Tant l'association que la société peuvent poursuivre cet objectif, toutes deux reçoivent des apports de leurs membres, et il n'est pas certain que l'*affectio societatis* soit un critère de distinction efficace. Le législateur a choisi de soumettre les coopératives, groupements qui visent à supprimer les intermédiaires pour diminuer les dépenses ou augmenter les gains de leurs membres, au régime des sociétés (L. nº 47-1775 du 10 sept. 1947, art. 1er). Notons que les nouveautés introduites par la loi PACTE (intérêt social élargi, raison d'être, statut de société à mission) pourraient rendre les choses un peu moins nettes en rapprochant la société des groupements qui poursuivent un objectif autre que la réalisation de bénéfices (v. ss, nº 30 et s).

D'autres qualifications encore peuvent être écartées ou retenues au moyen de ce critère. Si une personne ne participe pas au bénéfice de la société, mais reçoit tout de même une contrepartie, sous la forme d'une rémunération fixe, indépendante du succès des affaires de la société, elle n'est pas associée, mais elle est dans la position d'un prêteur, d'un salarié ou d'un entrepreneur, selon la nature de la valeur mise à la disposition de la société et les conditions de cette mise à disposition. De même, si une personne apporte une somme d'argent à la société mais se voit promettre qu'elle récupérera cette somme quoiqu'il arrive, elle ne court pas les risques sociaux. Elle n'est donc pas associée, mais, là encore, n'est qu'un simple prêteur (il est possible que les qualités d'associé et de prêteur soient cumulées par la même personne : c'est le cas lorsqu'un associé fait un versement en compte courant, v. ss 44).

B. Fondement de la prohibition des clauses léonines

1. *La notion de clause léonine*

a. Quatre stipulations prohibées

58 Après que l'article 1844-1 du Code civil a, en son alinéa 1er, formulé des règles supplétives de détermination de la part de chaque associé dans les bénéfices et les pertes de la société, le second alinéa du texte édicte une interdiction ferme et sanctionnée par le mécanisme de la clause réputée non écrite. Cette interdiction est celle de la clause léonine, c'est-à-dire attribuant à un associé la part du lion de la fable (lui attribuant la totalité des bénéfices ou l'exonérant de la totalité des pertes) ou, au contraire, faisant une trop mauvaise situation à un associé (le privant de toute part du profit ou mettant à sa charge la totalité des pertes).

b. Distinction de la clause léonine et des clauses d'intérêt fixe ou intercalaire

59 La clause léonine doit être distinguée d'autres clauses : les clauses d'intérêt fixe ou d'intérêt intercalaire. La clause d'intérêt fixe garantit à un ou plusieurs associés une rémunération fixe de leur apport, indépendamment de la réalisation d'un bénéfice par la société, la clause d'intérêt intercalaire étant une clause d'intérêt fixe limitée à une durée déterminée. Ces clauses sont réputées non écrites dans les sociétés commerciales, sauf lorsque l'État a accordé aux actions d'une société la garantie d'un dividende minimal (C. com., art. L. 232-15). En dépit de l'absence de dispositions les interdisant expressément dans les sociétés civiles, ces clauses devraient y être tout de même nulles.

2. *Promesses de rachat à prix fixe ou à prix plancher*

a. Typologie des promesses concernées

Il est très rare qu'une clause des statuts ou une convention extrastatutaire directement contraire à la prohibition des clauses léonines soit stipulée. La question de l'application de l'article 1844-1, alinéa 2 du Code civil s'est surtout posée concernant les *promesses de rachat d'actions ou de parts sociales à prix fixe ou à prix plancher consenties entre associés.* Lorsqu'un associé acquiert des parts ou des actions, il peut se faire consentir par les autres associés une promesse d'achat de ses titres. Cette promesse constituera pour le bénéficiaire une protection contre la perte de valeur de ses titres. Imaginons un associé faisant un apport de 10 000 €, et recevant des parts sociales en conséquence. Si la société subit des pertes, il ne pourra reprendre qu'une somme d'un montant inférieur, 5 000 € par exemple. Ce n'est pas encore là sa contribution aux pertes, car il n'est pas question pour l'associé de reprendre son apport, la société n'étant pas dissoute ou ne réduisant pas son capital ; c'est cependant une anticipation contractuelle sur cette contribution aux pertes. Si cet associé s'est fait consentir par un autre associé une promesse de rachat de ses droits dans la société pour 10 000 €, le bénéficiaire de la promesse se trouvera assuré de pouvoir sortir de la société en récupérant sa mise. 60 ■

Souvent, ce n'est d'ailleurs que parce que cette promesse lui a été consentie que l'associé a accepté d'entrer dans la société, dans le cadre, par exemple d'une *convention de portage*. La promesse confère donc au bénéficiaire une porte de sortie de la société, et elle lui assure qu'il n'aura pas à supporter la baisse de valeur éventuelle de ses titres. Cette promesse semble par conséquent déroger au principe selon lequel l'associé contribue aux pertes. Le risque est donc que la clause de prix fixe ou minimum soit considérée comme léonine et donc réputée non écrite, ce qui entraînera la nullité de la promesse. L'associé qui aura contracté la promesse tendra à invoquer cet argument pour se libérer de son engagement, lorsque les parts ou actions auront perdu de leur valeur, afin d'éviter d'avoir à les racheter à un prix supérieur.

Il faut préciser que la garantie des pertes par un tiers, c'est-à-dire par quelqu'un qui n'est pas associé, n'a jamais posé de problème au regard de la prohibition des clauses léonines. Il est en effet tout à fait possible à un associé de demander à un tiers, par un contrat d'assurance, de lui garantir qu'il pourra reprendre intégralement les apports faits à la société. Dans cette situation, on n'est plus dans le cadre des rapports entre associés.

À l'inverse, il est totalement exclu, pour la jurisprudence et les auteurs, que la société promette à un associé de lui racheter ses titres à un prix déterminé par avance de manière fixe ou à un prix minimum.

b. L'application de la prohibition des clauses léonines par la jurisprudence

C'est la jurisprudence qui, par l'évolution qu'elle a connue au cours des trente dernières années, permet d'apprécier comment la prohibition des clauses léonines édictées par l'article 1844-1, alinéa 2 du Code civil s'applique aux promesses de rachat à prix fixe ou à prix plancher consenties entre associés. 61 ■

1. Premier temps : hostilité pure

62 Dans un premier temps, la jurisprudence excluait tout simplement que les promesses de rachat à prix fixe ou à prix plancher soient valables lorsqu'elles étaient consenties entre associés, ces accords étant vus comme tombant sous le coup de la prohibition des clauses léonines (v. Req., 9 avr. 1941, *Journ. sociétés* 1943. 248).

2. Deuxième temps : distinction opérée par la chambre commerciale de la Cour de cassation

63 Dans les années 1980, la chambre commerciale de la Cour de cassation va faire échapper ces promesses à la prohibition des clauses léonines, en considérant que le contrat de promesse, portant engagement de racheter ses titres à un autre associé à un prix déterminé par avance ou à un prix minimum, est étranger au contrat de société et ne porte pas atteinte au pacte social. L'idée sous-tendant ce raisonnement consistait à considérer que l'article 1844-1 du Code civil ne concerne que le contrat de société, et que la promesse de rachat est étrangère à ce contrat parce qu'elle est insérée dans un acte dont l'objet n'est pas de régir les rapports des associés entre eux. On peut citer en ce sens, notamment, l'arrêt *Bowater* (Com. 20 mai 1986, *Bull. civ.* IV, n° 95 ; *Rev. sociétés* 1986. 587, note D. Randoux).

64 La première chambre civile de la Cour de cassation persistait, et estimait quant à elle que la promesse de rachat à prix fixe de droits sociaux était léonine, dès lors qu'elle avait pour effet de garantir un associé de toute contribution aux pertes (v. en ce sens, Civ. 1re, 7 avr. 1987, *JCP* 1988. II. 21006, note M. Germain).

Une opposition s'est ainsi faite entre la première chambre civile de la Cour de cassation et la chambre commerciale de la Cour de cassation, même si la première chambre civile n'a rendu que peu d'arrêts sur cette question.

65 La doctrine approuvait généralement la position de la chambre commerciale, considérée comme plus pragmatique, et validant un contrat très fréquemment employé en pratique.

Cette situation s'est maintenue jusqu'à ces dernières années, avec une nuance relative à la présence de promesses croisées d'achat et de vente, rencontrée surtout dans les conventions de portage.

66 Le portage est la convention par laquelle une personne (dite porteur) accepte, sur demande d'une autre personne (dite donneur d'ordres) de se rendre associé ou actionnaire d'une société, par acquisition ou souscription de titres, étant convenu qu'après un certain délai les parts ou actions seront transférées au donneur d'ordres ou à une personne désignée pour un prix fixé dès l'origine. Il y a donc une promesse faite au porteur de lui racheter ses titres à un moment donné. La convention de portage peut être motivée par : un souci de discrétion : une personne veut acquérir des titres sans le faire savoir ; elle peut également réaliser une opération de prêt : plutôt que de prêter les sommes nécessaires à l'achat des titres, une banque achète elle-même les parts ou actions et les détient ainsi en garantie. Elle les restitue ensuite au fur et à mesure à l'emprunteur, en fonction de ses remboursements. Elle peut être aussi une opération de crédit consentie à la société : une personne entre au capital mais est assurée d'être remboursée par les autres associés (l'avantage pour le prêteur est qu'il a entre les mains, en garantie, les titres de la société). Si l'on dit que les promesses de rachat à prix fixe constituent des clauses léonines, on empêche en

pratique les conventions de portage. En effet, celui qui accepte de porter les titres devient certes associé ou actionnaire, mais en réalité, il n'entend pas courir les risques sociaux. Il réalise le plus souvent un prêt, et il entend bien récupérer l'intégralité des sommes prêtées, indépendamment du résultat de la société dont il porte les titres.

La chambre commerciale de la Cour de cassation s'est prononcée de manière favorable à la validité de la convention de portage au regard de l'article 1844-1, alinéa 2 du Code civil, en accordant semble-t-il de l'importance au fait que les promesses d'achat et de vente étaient croisées et libellées en des termes identiques (Com. 24 mai 1994, *Bull. civ.* IV, n° 189 ; *D.* 1994. 503, note A. Couret). Ce critère revient dans un arrêt ultérieur, mais qui ne concerne pas semble-t-il une convention de portage (Com. 16 nov. 1999, *Bull. Joly* 2000. 196).

Cette distinction se fonde sur les travaux de Michel Jeantin. En présence de promesses croisées, l'associé bénéficiaire de la promesse d'achat est certes protégé de la baisse de valeur des droits sociaux, qu'il peut revendre à un prix lui garantissant de reprendre sa mise, mais du fait de la promesse de vente qu'il a consentie, il est privé de l'espoir d'un gain supérieur, puisque si la valeur des actions devient supérieure au prix convenu, il est probable qu'il devra les revendre au prix convenu par avance. L'associé qui serait seulement bénéficiaire d'une option de rachat ne supporterait quant à lui aucun risque. Il pourrait récupérer son investissement en levant l'option, en cas de baisse de valeur des droits sociaux, soit engranger une plus-value en vendant ses titres à des tiers en cas de hausse de valeur. L'absence d'aléa devrait en conséquence faire tomber les promesses unilatérales d'achat dans la catégorie des clauses léonines prohibées par l'article 1844-1 du Code civil.

3. Troisième temps : évolutions et insécurité relative

Les solutions « classiques » de la jurisprudence ont fait l'objet de quelques enrichissements, qu'il faut connaître. 67

C'est tout d'abord par une référence faite à la notion de « bailleur de fonds » que la chambre commerciale de la Cour de cassation a semé le trouble (Com. 16 nov. 2004, *Bull. civ.* IV, n° 197 ; *Rev. sociétés* 2005. 593, note H. Le Nabasque). Reprenant la solution antérieure consistant à valider une promesse de rachat à prix minimum au regard de son objet, la Cour a toutefois semblé attacher de l'importance au fait que le bénéficiaire de la clause était un bailleur de fonds, auquel était garanti le remboursement de son investissement « *peu important à cet égard qu'il s'agisse d'un engagement unilatéral de rachat* ». Cet arrêt abandonnerait donc la recherche de l'existence de promesses croisées, et surtout, il consacrerait une distinction entre certains associés, qui seraient de véritables associés, et d'autres qui ne seraient que des investisseurs, des bailleurs de fonds, et qui ne seraient pas soumis à l'intégralité des règles du droit des sociétés, et notamment pas à la prohibition des clauses léonines. Cette distinction de l'associé et de l'investisseur a été prônée par le professeur François-Xavier Lucas (*Les transferts temporaires de valeurs mobilières – pour une fiducie de valeurs mobilières*, préf. L. Lorvellec, LGDJ, 1997, sp. n° 314).

De manière plus inquiétante, la solution retenue par la chambre commerciale et fondée sur l'objet du contrat considéré a été remise en cause par un arrêt de cette même chambre en date du 22 février 2005 (*Bull. civ.* IV, n° 37 ; *Rev. sociétés* 2005. 595, note H. Le Nabasque [2e arrêt] ; *Bull. Joly* 2005. 961, note F.-X. Lucas). Paradoxalement, cet arrêt a reconnu la validité d'une promesse de rachat de droits 68 sociaux « pour un prix minimum égal au prix de souscription augmenté d'un intérêt ». C'est cependant la justification de la solution qui pose problème : l'arrêt d'appel qui avait retenu la qualification de clause léonine est censuré au motif que les juges du second degré n'ont pas tiré les conséquences légales de leurs constatations, alors qu'ils avaient relevé que le bénéficiaire de la promesse de rachat des actions « ne pouvait lever l'option qu'à l'expiration d'un certain délai et pendant un temps limité, ce dont il résulte qu'il restait, en dehors de cette période, soumis au risque de disparition ou de dépréciation des actions ». On doit donc comprendre qu'il faudrait désormais apprécier au cas par cas si une clause est léonine ou non !

La Cour de cassation abandonnerait-elle la solution consistant à affirmer la validité des promesses de rachat à prix fixe ou à prix plancher au regard de la prohibition des clauses léonines, au profit d'une appréciation au cas par cas de cette validité ?

On peut en douter, d'autant qu'un arrêt rendu le même jour par la chambre commerciale, mais non publié au *Bulletin* (*Rev. sociétés* 2005. 593, note H. Le Nabasque — 3e arrêt) approuve une cour d'appel d'avoir jugé que des promesses croisées de rachat et de vente d'actions, rédigées en termes identiques au profit de chacune des parties, notamment quant au prix et aux modalités de leur réalisation, échappaient à la prohibition des clauses léonines, les juges du fond ayant relevé que ces conventions ne faisaient qu'organiser, moyennant un prix librement débattu et dans des conditions assurant l'équilibre des droits respectifs des parties, la rétrocession des actions litigieuses sans incidence sur la participation aux bénéfices et la contribution aux pertes dans les rapports sociaux. C'était donc reprendre – à propos d'une convention de portage – le critère des promesses croisées tout en retenant la validité de principe de ces promesses au regard de la prohibition des clauses léonines.

■ 69 Des arrêts postérieurs de la chambre commerciale, mais non publiés au *Bulletin* des arrêts, sont ensuite revenus à la solution initiale, sans la nuance gênante apportée par le premier arrêt du 22 février 2005 (Com. 8 mars 2005, n° 02-11.462 ; Com. 27 sept. 2005, *Bull. Joly* 2006. 92, note A. Couret), réaffirmant donc la validité des promesses de rachat consenties entre associés.

Entre-temps, la première chambre civile de la Cour de cassation a semble-t-il été séduite par le critère de l'appréciation au cas par cas, retenu par le premier arrêt de la chambre commerciale du 22 février 2005 (Civ. 1re, 15 mai 2008, *RTDF n° 2*, 2008, p. 65, obs. J.-F. Louit et V. Lacarelle).

3. *Clauses relatives aux bénéfices*

■ 70 Ce sont en réalité surtout des clauses relatives aux dividendes qui sont concernées, et qui peuvent prendre plusieurs formes. Il est tout d'abord envisageable qu'une clause statutaire prévoie une répartition des dividendes non proportionnelle au pourcentage de capital détenu. Tel associé, détenteur de 10 % du capital, aura ainsi droit à 25 % du bénéfice. Il est aussi envisageable que soient créées des actions de préférence (v. ss 1009 s.), qui conféreront à leur porteur, par exemple, un dividende double ou triple par rapport à celui perçu par les actions ordinaires. La jurisprudence est beaucoup moins riche sur les clauses relatives aux bénéfices que sur les promesses de rachat de droits sociaux. Un arrêt de 1996 avait admis la renonciation en assemblée au dividende dû au titre d'un exercice clos, sans dire toutefois ce qu'il était possible de faire au-delà de cette situation (Com. 13 févr. 1996, n° 93-21140, *Bull.*

IV, n° 53). Pourrait-on renoncer au dividende dû au titre d'un exercice non encore clos ? Ou au dividende dû au titre de plusieurs exercices ? Une décision qui a été beaucoup moins remarquée, non publiée et rendue par la 3e Chambre civile de la Cour de cassation le 18 avril 2019 (n° 18-11881), peut aussi être signalée. Est approuvée la cour d'appel qui a écarté la qualification d'abus de majorité à propos de la décision créant des catégories de parts sociales permettant à deux associés de percevoir 40 % du bénéfice distribuable chacun, tandis que les deux autres n'avaient droit qu'à 10 % chacun. La question de l'application de l'article 1844-1 du Code civil n'était pas posée à la Cour de cassation, mais l'on voit que chaque associé percevant 40 % du bénéfice distribuable n'avait que deux parts, tandis que les associés désavantagés en avaient 498 chacun. Cela signifie donc que chaque part privilégiée donnait droit à 20 % du bénéfice distribuable, tandis que chaque part ordinaire ne conférait que 10 % / 498, soit 0,02 % de ce bénéfice. Est donc « validée » par la Cour de cassation une situation de déséquilibre où la part privilégiée confère des droits 1.000 fois plus importants que la part ordinaire.

§ 3 L'affectio societatis

A. Le contenu de la notion

1. *Critiques doctrinales*

L'affectio societatis est l'élément qui ne figure pas expressément dans le texte de l'article 1832 du Code civil. Certains auteurs en nient d'ailleurs l'autonomie. Cet élément du contrat de société ne serait qu'un rappel de la nécessité du consentement des parties. Il signifierait au mieux qu'en cas de doute sur la fermeté et la lucidité du consentement de l'associé, les juges doivent opter pour la nullité de son engagement. 71 ■

On peut en effet douter de ce que la notion ajoute quelque chose aux autres éléments du contrat de société. Si l'*affectio societatis* n'est que l'intention de s'associer, il semble en effet superflu de constater cette intention, une fois que l'on a établi que les parties avaient eu l'intention de réaliser un apport et de participer aux bénéfices et aux pertes, et donc de s'associer.

La majorité de la doctrine et la jurisprudence reconnaissent cependant l'importance de cette notion.

2. *Formule jurisprudentielle*

La jurisprudence a donné une définition de la notion à propos d'une société en participation (v. ss 142 s.), dont l'existence était invoquée par un associé mais déniée par l'autre, société prétendument constituée pour l'exploitation d'un fonds de commerce. La cour d'appel avait reconnu l'existence de la société en participation en jugeant que le plaideur qui déniait avoir été associé avait exprimé son *affectio societatis* « en s'intéressant à la gestion du fonds de commerce et en participant, sinon à ses bénéfices du moins à ses dettes et à ses charges ». L'arrêt d'appel est cependant cassé pour défaut de base légale au regard de l'article 1832 du Code civil, la chambre commerciale de la Cour de cassation reprochant aux juges du fond de n'avoir pas recherché si le prétendu associé « avait collaboré de façon effective à 72 ■

l'exploitation de ce fonds dans un intérêt commun et sur un pied d'égalité avec son associé aux bénéfices tout en participant dans le même esprit aux pertes » (Com. 3 juin 1986, *Bull. civ.* IV, n° 116 ; *Rev. sociétés* 1986. 585, note Y. Guyon).

La notion d'*affectio societatis* recouvrirait donc à la fois l'égalité entre les associés et la volonté de participer à l'exploitation. Cet aspect égalitaire au moins est important, en ce qu'il permet de distinguer le contrat de société, où les associés doivent agir sur un pied d'égalité, du contrat de travail, dans lequel une partie est nécessairement subordonnée à l'autre.

B. L'utilité de la notion

1. *Le déclin de la notion*

73 Si l'*affectio societatis* implique de collaborer ensemble à la réussite de la société, on stigmatise depuis assez longtemps maintenant un *déclin* de l'*affectio societatis.* Et il est vrai que l'on peut se demander où est l'*affectio societatis* de celui qui achète des titres en bourse pour les revendre quelques jours plus tard. On peut se demander si l'investisseur est véritablement un associé (v. ss 67). L'*affectio societatis* devrait donc être moindre, sinon inexistant, dans les sociétés de capitaux, et notamment dans les sociétés cotées en bourse.

On peut également se demander s'il y a véritablement intention de s'associer lorsque la société est créée par une seule personne, ce que le législateur admet depuis 1985. Certes, on peut dire que dans cette situation, l'associé unique a l'intention de se comporter différemment de l'exploitant d'une entreprise individuelle, plus précisément comme le membre d'une personne morale.

En réalité, c'est surtout dans les sociétés de personnes comportant une pluralité d'associés que la notion d'*affectio societatis* prendra tout son sens.

2. *L'importance réelle de la notion*

74 Indépendamment du déclin de la notion, *l'affectio societatis* conserve trois applications essentielles en droit positif.

*La première voit l'*affectio societatis *jouer le rôle de critère de qualification.* La jurisprudence exige en effet que l'on fasse la preuve de l'*affectio societatis* lorsqu'on invoque l'existence d'un contrat de société. Cette exigence prend toute son importance lorsque la question de la qualification d'un contrat en société en participation ou en société créée de fait, contre la volonté de tout ou partie des associés, est posée au juge.

*La deuxième utilisation de l'*affectio societatis *est liée à la notion de* ***société fictive***[Q]. La preuve de la présence de *l'affectio societatis* empêchera le juge de considérer la société comme fictive et donc nulle. Plus précisément, en présence d'une société établie, il appartiendra à celui qui en invoquera la nullité d'établir l'absence d'*affectio societatis* des associés (v. Com. 11 mars 2008, *Dr. sociétés* 2008, n° 116, note M.-L. Coquelet).

La troisième et dernière application de la notion se manifeste en cours de vie sociale, et est liée à la dissolution de la société. Les associés peuvent se brouiller, et l'*affectio societatis* peut alors disparaître. Cette disparition n'entraîne cependant pas automatiquement la dissolution de la société. Ce n'est que si la mésentente entre les associés paralyse le fonctionnement de la société que la dissolution pourra être prononcée par le juge, ainsi que le prévoit l'article 1844-7, 5° du Code civil (v. encore récemment Civ. 3e, 25 janv. 2018, n° 17-10353, *Bull. Joly* 2018. 210, note R. Dalmau). Ajoutons que pour la Cour de cassation, l'*affectio societatis* n'est pas une condition de validité de la cession des droits sociaux (Com. 11 juin 2013, n° 12-22.296, *Bull.* IV, n° 100 ; *JCP E* 2013. 1527, note B. Dondero).

section 2

Le contrat de société, soumis au droit commun des contrats

Le contrat de société est soumis à des règles spécifiques, issues du droit des sociétés, mais également au droit commun des contrats. Il se trouve donc affecté par la récente réforme du droit des contrats, résultant de l'ordonnance n° 2016-131 du 10 février 2016, entrée en vigueur le 1er octobre 2016, et de la loi de ratification n° 2018-287 du 20 avril 2018, entrée en vigueur pour partie le 1er octobre 2018, et pour partie le 1er octobre 2016. 75 ■

Le contrat de société conclu avant le 1er octobre 2016 est soumis aux anciens textes, tandis qu'un contrat de société conclu à compter du 1er octobre 2016 est soumis aux dispositions résultant de l'ordonnance, modifiée par la loi de ratification en ses dispositions interprétatives. Un contrat de société conclu à compter du 1er octobre 2018 est quant à lui soumis aux dispositions de l'ordonnance et à toutes les dispositions de la loi de ratification, comme le synthétise le tableau suivant.

Droit applicable au contrat de société

Date de conclusion du contrat de société	Droit applicable	Nuance/précision
Contrat conclu au plus tard le 30 sept. 2016	Droit antérieur à l'ordonnance	Les actions interrogatoires créées par l'ord. du 10 févr. 2016 sont applicables
Contrat conclu entre le 1er oct. 2016 et le 30 sept. 2018	Dispositions modifiées par l'ordonnance du 10 févr. 2016, mais pas, en principe, celles résultant de la loi du 20 avril 2018	Parce que certaines dispositions de la loi de ratification du 20 avril 2018 ont un caractère interprétatif, la modification opérée s'applique de manière rétroactive
Contrat conclu le 1er oct. 2018 et après	Dispositions modifiées par l'ordonnance du 10 févr. 2016, elles-mêmes modifiées par la loi du 20 avril 2018	

Nous signalerons dans les développements qui suivent les innovations résultant de l'ordonnance. Avant de voir quelles sont les conditions de validité issues du droit commun des contrats qui trouvent à s'appliquer au contrat de société (§2), il convient d'évoquer les accords qui peuvent être conclus préalablement au contrat de société (§1).

§ 1 Les accords préalables à la conclusion du contrat de société

A. Le projet de société

1. *Principe de liberté dans l'abandon du projet*

76 Le projet de société évoque les grandes lignes d'une société, voire constate l'accord des parties sur le principe de la constitution d'une société, mais sans que soit scellé l'accord des parties sur les éléments essentiels du contrat – auquel cas l'on se trouverait en présence d'une promesse de société (v. ss 78 s.). Par un projet, les parties s'engagent simplement à continuer de bonne foi la négociation, mais pas à conclure le contrat. Elles restent donc libres de se désengager si elles ne parviennent pas à trouver un accord. Elles se quitteront alors sans rancune, et surtout sans que l'une doive verser à l'autre des sommes à titre de dédit ou d'indemnité de rétractation. Cela recouvre ce que la pratique, inspirée de ce qui se fait aux États-Unis, appelle les lettres d'intention (LOI, pour *letter of intent*).

2. *Exceptions*

77 Il peut toutefois arriver que l'une des parties au projet de société se rende débitrice de l'autre, en lui causant un préjudice lors de la rupture des négociations. Ce sera le cas lorsque la rupture des négociations aura été faite de manière légère ou dans l'intention de nuire à l'autre partie, ou bien encore lorsque les pourparlers auront été prolongés de manière injustifiée. Le préjudice réparable est appréhendé de manière restrictive, incluant certainement les frais engendrés par la négociation, mais pas la perte de la chance de conclure le contrat de société et d'en retirer des bénéfices. Cette solution, qui découlait de la jurisprudence (v. en ce sens, à propos d'une acquisition de société, Com. 1er mars 2011, n° 10-12.3268, *Gaz. Pal.* 8 juin 2011. 16, note B. Dondero), a été consacrée par l'article 1112 nouveau du Code civil, résultant de l'ordonnance n° 2016-131 du 10 février 2016, qui dispose en sa dernière rédaction résultant de la loi de ratification du 20 avril 2018 qu'« En cas de faute commise dans les négociations, la réparation du préjudice qui en résulte ne peut avoir pour objet de compenser ni la perte des avantages attendus du contrat non conclu ni la perte de chance d'obtenir ces avantages ». Des clauses contractuelles pourront d'ailleurs encadrer la sortie des négociations et ses conséquences. Le projet de société ne génère cependant en toute hypothèse qu'un engagement de moindre portée que celui qui est contracté dans le cadre d'une promesse de société.

B. La promesse de société

1. *La reconnaissance d'une promesse de société*

a. Éléments constitutifs

Les parties qui consentent à une promesse de société n'entendent pas conclure le contrat de société immédiatement, mais souhaitent éviter toute rétractation de leurs partenaires. Par la promesse, l'une des parties (promesse unilatérale) ou la totalité d'entre elles (promesse synallagmatique) donnent par avance leur consentement au contrat définitif, dont elles soumettent la formation à l'accomplissement d'événements extérieurs ou à la levée de l'option par la partie bénéficiaire (dans le cadre d'une promesse unilatérale). Une promesse doit en règle générale contenir tous les éléments essentiels du futur contrat (v. art. 1124 nouveau C. civ. et v. ss « Débats », sur l'*affectio societatis*). La jurisprudence est relativement rare sur le sujet des promesses de société, qui sont sans doute elles-mêmes assez peu utilisées. 78 ■

b. Preuve

Quant à la *preuve de la promesse de société*, certains auteurs estiment qu'elle pourrait être établie par tous moyens, tandis que d'autres considèrent qu'il faudrait opérer une distinction suivant que la société qui fait l'objet de la promesse est civile ou commerciale. En réalité, si la société est reconnue contre la volonté des parties, il faudra sans doute y voir une société créée de fait. Or cette société se prouve par tous moyens (v. C. civ., art. 1871, rendu applicable par l'art. 1873). 79 ■

2. *L'exécution de la promesse de société*

a. Sanction

La question de l'exécution des promesses a connu une évolution avec l'ordonnance du 10 février 2016. Les promesses unilatérales connaissaient une faiblesse, puisque leur exécution forcée se heurtait à une difficulté. L'engagement pris par le promettant n'étant que celui de conclure le contrat (de société, s'agissant de notre cas), il s'agit donc d'une obligation de faire. Or, l'ancien article 1142 du Code civil disposait que l'exécution forcée d'une obligation de faire ne pouvait que donner lieu à dommages et intérêts, et non à une exécution forcée en nature. Les critiques dont cette solution a fait l'objet sont bien connues, et son affaiblissement progressif s'est longtemps poursuivi, aux mains de la jurisprudence notamment, qui avait admis qu'une clause puisse déroger à l'article 1142 du Code civil. En l'absence d'une telle clause, le principe demeurait cependant celui de l'impossibilité d'obtenir l'exécution forcée en nature, ce que la jurisprudence avait continué à affirmer, que ce soit en matière immobilière (Civ. 3e, 11 mai 2011, n° 10-12.875, *Bull. civ.* III, n° 77) ou à propos d'une promesse de cession d'actions (Com. 13 sept. 2011, n° 10-19.526, *Gaz. pal.* 16 nov. 2011. 18, note B. Dondero). 80 ■

Le nouvel article 1124 a changé la donne en disposant que « La révocation de la promesse pendant le temps laissé au bénéficiaire pour opter n'empêche pas la formation du contrat promis ». Il est donc possible au bénéficiaire d'une promesse de forcer le promettant à la conclusion du contrat promis. S'agissant d'un contrat de société, on se dit cependant que l'*affectio societatis* n'est sans doute pas très présent si la formation de la société intervient sous la contrainte d'un juge !

Précision : la jurisprudence n'admet pas que le nouveau droit de l'exécution des promesses s'applique à celles qui ont été conclues avant l'entrée en vigueur de l'ordonnance de 2016 (Civ. 3e, 6 déc. 2018, no 17-21170, *RDC* 2019. 22, obs. Y.-M. Laithier).

b. Différence avec le contrat de société conclu sous condition suspensive

81 On distinguera ensuite la promesse de société sous condition suspensive du contrat de société sous condition suspensive. La différence entre ces deux situations tient à ce que, dans la seconde hypothèse, en cas de réalisation de la condition, le contrat de société existera. Il sera alors possible d'exiger des associés l'exécution de leurs obligations d'apport, et donc l'exécution forcée des apports en numéraire ou en nature. Dans cette hypothèse, l'obligation prise par les parties au contrat n'est pas, comme dans la promesse, de conclure le contrat de société, mais celui de réaliser un apport. La différence était sensible avant la réforme opérée par l'ordonnance du 10 février 2016, puisque les obligations de faire ne pouvaient donner lieu à exécution forcée en nature. Les apports en numéraire et en nature, obligations issues du contrat de société, pouvaient donner lieu quant à eux à exécution forcée en nature. De ce fait, les coassociés de l'apporteur pouvaient exiger l'exécution forcée en nature de l'obligation d'apport, et donc le faire condamner à délivrer les sommes ou les biens faisant l'objet de l'apport, et pas seulement à des dommages-intérêts. Si les parties à la promesse avaient entrepris de se comporter comme des associés, la notion de société créée de fait (v. ss 153 s.) pouvait jouer un rôle essentiel.

C. La société d'études

1. *La société d'études proprement dite*

82 La *société d'études* est un groupement que l'on peut dire préparatoire, constitué préalablement à la constitution d'une autre société. La société d'études, une fois constituée, va se livrer aux études préalables et aux expériences nécessaires à l'exploitation de la future société. La société d'études pourra, selon les cas, créer la société d'exploitation ou participer à sa constitution, ou bien devenir elle-même la société d'exploitation.

2. *Le recours à un GIE*

83 La société d'études pourrait être également un GIE (v. ss 1156 s.). Le GIE n'est pas une société (et on ne pourra plus formellement parler, dans cette hypothèse, de « société d'études ») mais il a notamment pour utilité de faciliter la collaboration entre les opérateurs économiques. On peut cependant craindre que l'adoption de ce type de groupement pose des problèmes pour sa transformation en société, dans la mesure où la transformation en société d'un groupement qui n'appartient pas à cette catégorie doit être autorisée par une loi (v. ss 455). Or il n'y a pas de principe général permettant la transformation d'un GIE en société.

§ 2 Les conditions de validité résultant du droit commun des contrats

Parce que le contrat de société est précisément un contrat, il doit respecter les conditions de validité requises de tout contrat. Ces conditions de validité ont évolué avec l'ordonnance n° 2016-131 du 10 février 2016 et la loi de ratification n° 2018-287 du 20 avril 2018. Précédemment, l'article 1108 du Code civil demandait que soient réunis (1) les consentements de contractants (2) capables sur (3) un objet et (4) une cause licite. Le nouvel article 1128 exige toujours (1) le consentement des parties et (2) leur capacité, mais il remplace les notions d'objet et de cause par celle de (3) contenus de contrat. Même si l'on ne parle plus d'objet et de cause, la notion de contenu du contrat désigne aujourd'hui, en réalité, deux choses, ainsi que l'illustre l'article 1162 du Code civil, qui évoque à la fois les « stipulations » du contrat et son « but », ce qui revient à distinguer (encore) l'objet et la finalité. 84 ■

Ces quatre conditions (consentement, capacité, objet, finalité) doivent être envisagées successivement. Notre propos n'est pas de reprendre ici l'étude du droit des contrats, mais de voir comment les conditions requises pour la formation de tous les contrats reçoivent application en matière de société.

A. Le consentement des associés

1. *Un consentement existant*

Avant même de s'assurer que le consentement de l'associé n'a pas été vicié, il faut que ce consentement existe. On passera cependant rapidement sur cette exigence, qui recoupe en réalité la condition spécifique au contrat de société vue précédemment : l'associé doit avoir l'intention d'entrer en société, c'est-à-dire qu'il doit avoir l'*affectio societatis* (v. ss 71 s.). 85 ■

2. *Un consentement non vicié*

a. Vices concernés

La théorie des vices du consentement reçoit application en matière de sociétés. Tous les vices du consentement admis dans le droit des obligations peuvent être relevés dans le contrat de société, même si la jurisprudence ne semble pas connaître de cas de *violence*. C'est plutôt l'absence d'*affectio societatis* qui sera invoquée dans cette situation. 86 ■

L'*erreur* existe ainsi en ses différentes manifestations : on peut rencontrer une erreur sur la personne des coassociés, puisque la société est parfois – au moins s'agissant des sociétés de personnes un contrat conclu *intuitu personae*. L'erreur peut porter également sur la forme même de la société, et c'est alors une erreur sur la nature du contrat, une « erreur-obstacle », comme l'erreur sur le contrat lui-même : l'un croit devenir partie à un contrat de SARL, l'autre croit constituer une SNC. L'erreur peut enfin porter sur une qualité substantielle de la chose faisant l'objet du contrat. Ainsi, on peut envisager qu'un ou plusieurs associés commettent une erreur quant à une qualité du bien qu'apportera un autre associé. Bien entendu, dès lors que l'on applique les règles de la théorie des vices du consentement, l'erreur doit, pour justifier l'annulation du contrat de société, être à la fois déterminante et excusable, et l'erreur sur la valeur n'est pas une cause d'annulation du contrat.

Il est également envisageable que le contrat de société soit annulé pour cause de *dol*, c'est-à-dire de mensonges, de manœuvres ou simplement du fait de la réticence dolosive d'un associé, notion désormais consacrée par le nouvel article 1137 du Code civil. Le dol devra, par application des articles 1137 et 1138 du Code civil, émaner d'un coassocié, de son représentant ou d'un tiers de connivence, et avoir été déterminant du consentement de l'associé trompé. Celui-ci devra donc démontrer qu'il n'aurait pas contracté, ou pas aux mêmes conditions, s'il n'avait pas été trompé. On peut cependant penser que le dol sera plus facilement retenu dans le contrat de société, qui est basé sur l'*affectio societatis*, et donc sur la confiance, que dans d'autres contrats où les intérêts des parties ne sont pas aussi convergents.

L'ordonnance du 10 février 2016 a également introduit un devoir général d'information, susceptible de recevoir application s'agissant de la conclusion du contrat de société (C. civ., art. 1112-1).

b. Sanction

87 La *sanction du vice du consentement* sera la nullité relative du contrat, et éventuellement des dommages-intérêts, dus par celui qui aura provoqué l'erreur, le dol ou qui aura commis la violence. Il faut cependant préciser qu'en matière de SARL et de sociétés par actions, l'article L. 235-1 du Code de commerce dispose que la nullité de la société ne peut résulter d'un vice du consentement à moins que cette cause de nullité n'atteigne tous les associés fondateurs. Il faudra donc que tous se soient trompés ou aient été trompés pour que le contrat de société soit annulé. Cette règle issue de la directive européenne n° 68/151 du 9 mars 1968 vise à assurer la stabilité des SARL et des sociétés par actions (v. ss chapitre 4).

Le manquement au devoir général d'information est sanctionné par des dommages-intérêts. Le préjudice devrait consister dans la perte de chance de conclure le contrat à des conditions plus avantageuses.

B. La capacité des associés

88 Le défaut de capacité juridique de l'associé est susceptible d'entraîner la nullité du contrat de société. On ne fera que prendre un exemple. Un mineur non émancipé ne pouvant être commerçant, comme on le comprend d'une lecture *a contrario* de l'article L. 121-2 du Code de commerce (rédaction issue de la L. du 15 juin 2010), il ne pourra pas être associé d'une SNC, la qualité d'associé en nom conférant automatiquement celle de commerçant, si l'associé en nom ne l'a pas déjà (v. ss chapitre 10). Il est cependant à noter que, comme en matière de vices du consentement, l'incapacité des associés n'est une cause de nullité des SARL et des sociétés par actions que lorsqu'elle concerne tous les associés fondateurs, par application de l'article L. 235-1 du Code de commerce (v. ss chapitre 4).

C. L'objet / le contenu du contrat

1. *Différents niveaux d'appréciation*

89 Les obligations des parties doivent avoir un objet déterminé ou déterminable. Cette règle, issue de l'article 1129 ancien du Code civil, se retrouve au nouvel article 1163.

Ainsi l'objet précis de l'obligation d'apport devra-t-il être déterminé ou au moins déterminable (mais c'est plus rare). Il faut cependant distinguer ici *l'objet de l'obligation des associés*, parties au contrat de société (qui est de faire un apport, et de partager le bénéfice et de supporter les pertes éventuelles), de *l'objet du contrat de société* (constituer une société d'un type déterminé) et de *l'objet de la société*, qui peut être défini comme le programme dont la société se dote dans ses statuts, c'est-à-dire les activités qu'elle envisage de réaliser.

L'objet de l'obligation et l'objet du contrat n'appellent pas de développements particuliers. On relèvera cependant que l'objet de la société, *l'objet social*, doit satisfaire à certaines conditions, empruntées au droit des contrats.

2. *Conditions requises de l'objet social*

L'objet social doit être déterminé, possible, licite. 90 ■

L'objet social doit tout d'abord être *déterminé*. De ce point de vue, la société ne saurait avoir un objet universel. Cela s'explique aussi par la nécessité de déterminer la nature civile ou commerciale de la société ainsi que le régime qui lui est applicable. De nombreuses activités sont réglementées, et supposent que la société qui les exerce satisfasse à des conditions particulières, en termes d'autorisations administratives ou de diplômes détenus par les dirigeants sociaux. L'étendue de l'objet social permet également de délimiter les pouvoirs des dirigeants sociaux (v. ss 295). Pour ces différentes raisons, la société doit se donner un objet déterminé.

Illustration d'un objet social riche : les statuts de la société LVMH (15 avr. 2021)

On comprend que cette société a d'abord pour vocation de jouer le rôle de holding.

Article 2 – Objet

1. Toute prise d'intérêt par voie de participation directe ou indirecte, apport(s)s, fusion, scission ou alliance dans toute société ou groupement existant ou à constituer ayant pour activité toutes opérations commerciales, industrielles, agricoles, mobilières, immobilières ou financières, et notamment :

– le commerce des vins de champagne et autres, des cognacs et autres alcools et, plus généralement, des produits dépendant du secteur alimentaire ;

– le commerce de tous produits pharmaceutiques, de parfumerie et de cosmétique et, plus généralement, de produits se rattachant à l'hygiène, à l'esthétique et aux soins ;

– la fabrication, la vente et la promotion d'articles de voyage, bagages, sacs, maroquinerie, articles d'habillement, accessoires ainsi que de tous objets ou produits de hautes qualités et de marque ;

– l'exploitation de domaines viticoles, horticoles et arboricoles ainsi que le développement de tout procédé biotechnologique s'y rapportant ;

– l'exploitation de tous domaines fonciers ;

– l'exploitation de toute marque, griffe, modèle, dessin et, plus généralement, de tout droit de propriété industrielle, littéraire ou artistique.

2. Plus généralement, entreprendre directement toutes opérations commerciales, industrielles, agricoles, viticoles, foncières, mobilières, immobilières, financières, de gestion ou de service dans l'un quelconque des domaines d'activité visés au paragraphe 1 ci-dessus.

L'objet social doit ensuite être *possible*. Si la réalisation de l'objet social était impossible, ou si elle devenait impossible en cours de vie sociale (par exemple parce que la société s'est donnée pour seul objet d'exploiter un bien qui a été détruit), la société devrait se trouver dissoute, par application de l'article 1844-7, 2° du Code civil. La Cour de cassation juge ainsi qu'il y a dissolution de plein droit d'une société dont l'objet social était exclusivement cantonné à l'exploitation d'un fonds de commerce lorsque l'exploitation a définitivement cessé (Com. 30 mars 2016, n° 14-13729, *Gaz. Pal.* 24 mai 2016. 82, note B. Dondero ; v. également, à propos d'une société en participation, Com. 8 nov. 2016, n° 14-23461, *Dr. sociétés* 2016, *comm.* n° 19, note R. Mortier). La Cour de cassation attache de l'importance, à cet égard, à la rédaction de l'objet social retenue par les parties dans les statuts (v. ss « Débat »). L'illustration qui suit est celle d'un objet social qui n'est peut-être pas si possible que cela : la société RDPA, constituée par l'ancien Président de la République François Hollande pour prendre en main ses activités de conférencier, a un objet social un peu curieux, puisque la première activité visée consiste à participer à des colloques, conférences et séminaires. On pourrait concevoir que l'objet de la société consiste à permettre à ses associés la réalisation d'économies en souscrivant pour leur compte les prestations leur permettant d'accéder aux colloques, etc. Mais il est question que ce soit la société elle-même, à la lettre de ses statuts, qui participe aux manifestations, ce qui est pour le moins étonnant

Illustration : la société RDPA (9 janv. 2019)

Article 2 - Objet

La société a pour objet, directement ou indirectement, tant en France qu'à l'étranger :

- la participation à des colloques, conférences, séminaires et réunions internationales ;
- la rédaction, l'édition, la promotion et la vente de tous types d'ouvrages ou autres créations intellectuelles ;
- et plus généralement toutes autres activités en lien avec la presse écrite, la radiophonie, la télévision ou autres, existantes ou à venir ;
- la participation de la société à toutes entreprises ou sociétés, créées ou à créer, pouvant se rattacher directement ou indirectement à l'un des objets précités ou à tous objets similaires ou connexes et ce par tout moyen, notamment par voie de création de sociétés nouvelles, d'apport, de commandite, de souscription ou achat de titres ou droits sociaux, fusions, alliances, associations, sociétés en participation, groupements d'intérêt économiques ou autres ;
- l'octroi de toutes cations, garanties et plus généralement toutes opérations autorisées aux termes du 3e alinéa de l'art. L. 511-7 du C. mon. fin. ;
- et généralement toutes opérations financières, commerciales, industrielles, immobilières et mobilières pouvant se rattacher, directement ou indirectement, aux objets ci-dessus spécifiés ou à tout autre objet connexe ou complémentaire.

Illustration d'une raison d'être avant l'heure, puisque dès 2012, c'est-à-dire longtemps avant la loi PACTE, les statuts de cette SAS Aurance Energies complètent l'objet social par des considérations complémentaires

Article 3 – Objet social

La société a pour objet social la planification, le développement, la réalisation, l'exploitation, l'achat et la vente, d'installations de production d'énergies à partir de sources renouvelables. La société peut également mener des opérations de maîtrise de la consommation d'énergie. Pour la réalisation de son objet social, la société pourra effectuer toutes activités annexes, connexes ou complémentaires s'y rattachant directement ou indirectement, ainsi que toutes opérations civiles, commerciales, industrielles, mobilières, immobilières, de crédit, utiles directement ou indirectement à la réalisation de l'objet social ainsi défini.

Elle s'engage également à :

– œuvrer au maximum avec les élus pour une concertation et une co-construction des projets avec les habitants et acteurs du territoire ;

– respecter les patrimoines paysagers, urbanistique, architectural, social du territoire et contribuer à une perception positive de son évolution par les habitants et usagers du territoire ;

– rechercher en priorité à conforter le développement local, et concourir à la création de richesse pour ses habitants et entreprises ;

– contribuer à travers ses actions au renforcement des liens sociaux sur le territoire et à la mise en valeur de ses qualités.

L'objet social doit enfin être *licite*, c'est-à-dire que la société ne peut se livrer à des activités qui seraient contraires à l'ordre public et aux bonnes mœurs. Un arrêt *Marleasing* de la Cour de justice des Communautés européennes (devenue Cour de justice de l'Union européenne) en date du 13 novembre 1990 (*Rev. sociétés* 1991. 532, note Y. Chaput) a jugé que le contrôle de la licéité de l'objet par le juge national devait être restreint à la lettre des statuts. On sait cependant que le juge français ne s'arrête généralement pas à la lettre des statuts et qu'il examine l'activité de la société (son objet réel en somme) afin de déterminer si l'objet social est licite ou non.

D. La cause / la finalité

Enfin, le contrat de société devait, avant l'entrée en vigueur de la réforme du droit 91
des contrats issue de l'ordonnance du 10 février 2016, satisfaire à l'exigence d'une cause licite et réelle. Une difficulté venait de la dualité de la notion de cause, à la fois cause de l'obligation de chacune des parties et cause du contrat. Tout d'abord, la cause de l'obligation des parties devait exister, c'est-à-dire qu'une contrepartie devait être prévue à l'obligation d'apport de chaque associé. À cet égard, la prohibition des clauses léonines participe de l'idée que le contrat de société ne doit pas être dépourvu d'intérêt pour un ou plusieurs des associés.

Ensuite, les mobiles des parties ne devaient pas être contraires à l'ordre public et aux bonnes mœurs — on touchait ici à la cause du contrat.

Après la réforme, ces exigences se retrouvent toutes deux. Le nouvel article 1169 dispose que le contrat à titre onéreux est nul lorsque, au moment de sa formation, la contrepartie convenue est illusoire ou dérisoire (ce qui revient à exiger que l'obligation ait une cause). Le nouvel article 1162 dispose quant à lui que le contrat ne peut déroger à l'ordre public par son but (ce qui revient à exiger que le contrat ait une cause licite).

En outre, avant comme après la réforme, la conclusion du contrat de société ne doit pas être motivée par la fraude, particulièrement la fraude aux droits des créanciers de tel ou tel associé. Il convient de préciser que la fraude sera sanctionnée par le moyen que le juge retiendra le plus approprié (nullité de la société, par exemple), sans qu'il faille établir que tous les associés avaient connaissance de la fraude mise en œuvre par l'un d'entre eux (v. ss 170).

Compléments pédagogiques

Mémo

La société est en principe fondée sur un contrat. Ce contrat doit comporter certains éléments spécifiques et être conforme aux exigences du droit commun des contrats.

Les éléments spécifiques du contrat de société sont les *apports*, l'*intention de participer aux résultats*, et l'*affectio societatis*.

Les *apports* peuvent être en numéraire (apport d'une somme d'argent), en nature (apport d'un autre bien que de l'argent, en propriété ou en jouissance) ou en industrie (apport d'une activité). L'apport se distingue des versements en compte courant faits par les associés, qui sont constitutifs d'un prêt de consommation.

L'*intention de participer aux résultats de la société* vise à la fois l'intention de profiter du bénéfice ou de l'économie que la société peut procurer à ses associés, et l'admission de la contribution aux pertes, c'est-à-dire la volonté de courir le risque de ne pas reprendre tout ou partie de son apport. Le droit des sociétés interdit les clauses léonines, qui attribuent à un associé l'intégralité du bénéfice social, le garantissent de toute contribution aux pertes, ou au contraire, le privent de toute participation au bénéfice social ou lui font supporter l'intégralité des pertes subies. Ces clauses sont réputées non écrites.

Le dernier élément du contrat de société est l'*affectio societatis*, qui peut se définir comme la volonté de se comporter comme un associé.

Les exigences issues du droit général des contrats portent sur le consentement des associés, qui doit exister et ne doit pas être vicié, sur la capacité des associés, sur l'objet de l'obligation et l'objet du contrat (on parle désormais de contenu), auxquels s'ajoute la notion d'objet social, notion qui recouvre à la fois la contrepartie des obligations des associés et la finalité du contrat lui-même (on parlait autrefois de cause).

On relèvera que le contrat de société peut être précédé d'accords préparatoires : projet de société, promesse de société ou société d'études.

Quid

■ Capitaux propres n° 47

Fonds dont la société a la maîtrise et qu'elle n'est pas susceptible de se voir réclamer en cours de vie sociale sauf décision des associés. Les capitaux propres correspondent à la somme des apports, des écarts de réévaluation, des bénéfices non distribués, des pertes, des subventions d'investissement et des provisions réglementées (C. com., art. R. 123-191).

■ Convention de portage **n° 60**

Cette convention voit un donneur d'ordre demander à un porteur, qui est souvent un établissement de crédit, de porter des parts ou des actions pour son compte, généralement avec l'obligation pour le porteur de respecter les instructions du donneur d'ordres quant à l'utilisation des droits conférés par les titres (droit de vote notamment). En règle générale, le donneur d'ordres et le porteur signent des promesses croisées d'achat et de vente aux mêmes conditions.

■ Coopérative **n° 47**

Groupement placé par le législateur sous le régime des sociétés, et qui vise à réduire les dépenses ou accroître les gains de ses membres, en réduisant les intermédiaires. Une caractéristique de la coopérative tient à ce que ses membres y ont deux qualités généralement antinomiques : producteur et consommateur, prêteur et emprunteur, etc.

■ Société fictive **n° 74**

Société à laquelle il manque un ou plusieurs des éléments constitutifs d'une véritable société, parce que les parties n'ont pas véritablement eu l'intention de la constituer. L'élément qui lui fait défaut en premier lieu est l'*affectio societatis*, mais certains associés peuvent ne pas avoir fait d'apport, ou bien ne pas avoir eu l'intention de participer aux résultats.

■ Variabilité du capital **n° 47**

Caractéristique que peuvent adopter dans leurs statuts la plupart des sociétés (mais pas, en règle générale, les SA) et leur permettant d'accueillir de nouveaux associés ou de se séparer d'autres associés sans que les statuts doivent être modifiés.

Biblio

1) Le contrat de société

– B. Bouloc et M.-H. Girard, « Le modèle du contrat de société dans le Code civil », in *Code civil et modèles*, Th. Revet (dir.), LGDJ, 2005, p. 321.

– F. Deboissy, *Le contrat de société*, Rapport français, Travaux de l'Association Henri Capitant, Journées brésiliennes, t. LV, 2005, p. 119.

– P. Didier, *Brèves notes sur le contrat organisation*, *Mélanges F. Terré*, Dalloz, PUF, J.-Cl., 1999, p. 635.

– P. Didier, « Le consentement avec l'échange : le contrat de société », *RJ com.*, nov. 1995, n° spécial, l'échange des consentements, p. 75.

– J.-Ph. Dom, « La fiducie-gestion et le contrat de société : éléments de comparaison », *Rev. sociétés* 2007. 481.

– A. Downe, Human-equity : aux frontières du prêt et de la société, *JCP E* 2020, 1324.

– A. Downe, Le contrat d'adhésion à l'épreuve du droit des sociétés, *Rev. sociétés* 2021. 160.

– Th. Favario, « Regards civilistes sur le contrat de société », *Rev. sociétés* 2008. 53.

– J.-P. Gastaud, « Libres propos sur l'échange et le partage dans l'ordre sociétaire », in *Mélanges Ph. Jestaz*, Dalloz, 2006, p. 157.
– J.-F. Hamelin, *Le contrat-alliance*, préf. N. Molfessis, Économica, 2012.
– R. Libchaber, « La société, contrat spécial », in *Mélanges M. Jeantin*, Dalloz, 1999, p. 281.
– C. Malecki, « Pour une protection rapprochée de l'incapable majeur en droit des sociétés », in *Mélanges B. Bouloc*, Dalloz, 2007,.p. 695.
– J. Mestre, « La société est bien encore un contrat », in *Mélanges Ch. Mouly*, Litec, t. II, 1998, p. 131.
– J.-F. Quievy, « L'exécution, entre associés, du contrat de société personnifiée », *Bull. Joly* 2010. 192.
– J. B. Seube, « La relativité de la distinction des "contrats d'organisation" et des "contrats échange" », *Journ. sociétés*, avr. 2008. 38.

2) Les apports

– L. Nurit-Pontier, « Repenser les apports en industrie », *LPA* 3 juill. 2002. 4.

3) L'*affectio societatis*

- J.-M. de Bermond de Vaulx, Le spectre de l'affectio societatis, *JCP E* 1994. I.346.
- A. Marmisse-d'Abbadie d'Arrast, L'affectio societatis : pour le maintien d'un concept fonctionnel, *Rev. sociétés* 2020. 212.
– P. Serlooten, « L'*affectio societatis*, une notion à revisiter », in *Mélanges Y. Guyon*, Dalloz, 2003, p. 1007.

4) Comptes courants d'associés

– D. Danet, « Comptes courants d'associés : pour en finir avec un apartheid juridique », *RTD com.* 1993. 55.
– A. Schricke, « À propos des fonds reçus en comptes courants d'associés », in *Mélanges AEDBF III*, Banque Éditeur, 2001.
– I. Urbain-Parléani, *Les comptes courants d'associés*, préf. Ch. Gavalda, LGDJ, 1986.

5) La prohibition des clauses léonines

– H. Le Nabasque et M. Barbier, « Les clauses léonines », *Actes pratiques*, sept.-oct. 1996.

6) Sur les conventions de portage

– B. Treille, « Les conventions de portage », *Rev. sociétés* 1997. 763.

7) Sur les pactes d'actionnaires

– A. Couret et Th. Jacomet, « Les pièges des pactes d'actionnaires : questions récurrentes et interrogations à partir de la jurisprudence récente », *RJDA* 2008. 951.
– B. Dondero, « Le pacte d'actionnaires signé par la société », *Rev. sociétés* 2011. 535.
– J. Heinich, « Le sort du pacte extrastatutaire d'associés lors d'un événement affectant l'un de ses signataires », *Rev. sociétés 2014. 475.*
– P. Larrieu, « L'interprétation des pactes extra-statutaires », *Rev. sociétés* 2007. 697.
– G. Parléani, « Les pactes d'actionnaires », *Rev. sociétés* 1991. 1.
– F.-D. Poitrinal, « Les pactes d'actionnaires », in *Mélanges P. Bézard*, *LPA*-Montchrestien, 2002, p. 127.

Quiz

1) Sujet corrigé

Test de compréhension

Énoncé

1. 1. Toutes les sociétés doivent-elles avoir un capital social minimum ?

2. 2. L'apport en jouissance est-il une espèce particulière d'apport en industrie ?

3. 3. Une convention de portage est-elle constitutive d'une clause léonine ?

4. 4. Une société peut-elle avoir pour objet « la réalisation de toutes activités civiles et commerciales à but lucratif » ?

Voir le corrigé en fin de rubrique.

2) Corrigé

Test de compréhension

1. Non, ce n'est que lorsque la loi l'impose qu'une société doit être titulaire, par les apports qui lui ont été faits, d'un capital social minimum. Ces dernières années, plusieurs sociétés importantes (les SARL puis les SAS) ont été soustraites à l'exigence d'un capital social minimum. Parmi les principales formes sociales, seules les SA doivent encore être dotées sauf exception d'un capital social d'un montant minimum de 37.000 euros (C. com., art. L. 224-2). Toutes les autres sociétés devraient donc pouvoir se constituer avec un capital d'un euro.

2. Le législateur traite distinctement l'apport en jouissance et l'apport en industrie. L'apport en jouissance a pour objet de procurer la jouissance d'un bien à la société, l'apporteur en conservant la propriété, dans une relation proche du bail ; l'apport en industrie consiste en revanche à déployer une activité particulière au bénéfice de la société. S'ils ne se confondent pas, ces deux apports sont cependant proches en ce que l'un et l'autre ne transfèrent pas à la société un droit réel, mais ne donnent naissance qu'à un droit personnel sur l'apporteur.

3. Le portage est la convention par laquelle une personne (dite porteur) accepte, sur demande d'une autre personne (dite donneur d'ordres) de se rendre associé ou actionnaire d'une société, étant convenu qu'après un certain délai les titres seront transférés au donneur d'ordres ou à une personne désignée pour un prix fixé dès l'origine. Il y a donc une promesse faite au porteur de lui racheter ses titres à un moment donné. La Cour de cassation a jugé qu'une convention de portage n'était pas constitutive d'une clause léonine, en présence de promesses d'achat et de vente croisées formulées en des termes identiques (Com. 24 mai 1994, *Bull. civ.* IV, n° 189 ; *D.* 1994. 503, note A. Couret).

4. Une société ne saurait se constituer valablement avec un objet social aussi large. Le fait que l'objet visé soit à but lucratif ne réduit pas vraiment le périmètre de l'activité projetée, dès lors que toute société a pour finalité légale, alternativement à la réalisation d'économies, le partage de bénéfices entre ses associés, ce qui suppose

donc qu'un bénéfice soit réalisé. Projeter de réaliser toute activité civile et commerciale n'est donc pas un objet déterminé, mais universel, ce qui empêche notamment d'identifier la nature civile ou commerciale de la société. Plus largement, la société ne saurait prétendre embrasser un champ d'activités aussi large sans détenir les qualités requises pour exercer les activités réglementées.

Débat

L'importance de *l'affectio societatis* dans la preuve de la promesse de société

La promesse de société donne lieu à un contentieux peu abondant. On peut s'interroger sur l'identité des éléments dont la preuve doit être rapportée pour que l'existence d'une promesse de société puisse être établie. Un certain nombre d'éléments peuvent être vus comme non nécessaires à la caractérisation d'une promesse de société, parce que la loi prévoit des dispositions supplétives pour les définir : ce sont par exemple la répartition des bénéfices et des pertes entre les associés, la durée de la société, etc.

On peut surtout s'interroger sur l'importance à accorder à l'*affectio societatis*.

Importance de l'*affectio societatis*

Selon certains auteurs (v. not. Mme Bénac-Schmidt, note sous Com. 28 avr. 1987, *Rev. sociétés* 1988. 59), la promesse de société devrait manifester l'*affectio societatis* des parties, dont on a déjà dit qu'il était la volonté de s'associer. Ce serait même le seul élément fiable de la promesse, quitte à ce qu'il soit extériorisé par d'autres éléments. Cette position était corroborée par une décision ancienne de la Cour de cassation, qui relevait l'intention de s'associer comme élément caractéristique de la promesse (Com. 11 juin 1979, *Bull. civ.* IV, n° 193 — mais s'agit-il d'un élément suffisant ?). Les choses sont dites plus clairement par un arrêt très récent, certes non publié au *Bulletin*, qui considère qu'une cour d'appel a légalement justifié sa décision de rejeter une demande de dommages-intérêts pour ne pas avoir donné suite à une promesse de constitution de deux sociétés « en faisant ressortir que les parties ne s'étaient pas entendues sur l'objet des sociétés qu'elles envisageaient de constituer, que les biens à acquérir devaient servir à réaliser, ce dont elle a pu déduire l'absence d'*affectio societatis* et, par voie de conséquence, la nullité de la promesse de sociétés » (Com., 3 mars 2021, n° 19-10693, *Rev. sociétés* 2021. 430, note J. Delvallée).

Indifférence de l'*affectio societatis*

On peut relever ici un arrêt rendu par la Cour de cassation (Com. 28 avr. 1987, n° 85-18.062, *Bull. civ.* IV, n° 104 ; *Rev. sociétés* 1988. 59, note F. Bénac-Schmidt), par lequel elle approuve les juges du fond qui avaient reconnu une promesse de société dans l'acte qui prévoyait notamment l'objet social, l'importance et la nature des apports de chaque associé, et la forme de la société future. La décision est intéressante en ce qu'elle distingue le stade des simples pourparlers de la promesse, qui est un contrat, dont la rupture peut entraîner la mise en jeu de la responsabilité contractuelle du promettant. On observera surtout qu'elle n'attache pas d'importance particulière à l'*affectio societatis*.

« Attendu que M. Y... reproche à l'arrêt attaqué d'avoir jugé qu'il avait rompu abusivement une " promesse de société " et de l'avoir condamné à des dommages-intérêts, alors, selon le pourvoi, d'une part, que l'existence d'un " accord ", si précis fût-il sur les éléments essentiels de la société envisagée — objet, apports, forme — ne pouvait en aucune manière impliquer en elle-même promesse de constituer ladite société ; qu'en déduisant, cependant, la qualification de " promesse de société " de la seule constatation que les parties avaient réalisé un accord sur l'objet, la forme et les apports respectifs des associés de la " future société ", sans constater que les parties avaient définitivement arrêté leur intention de s'associer et s'étaient ainsi clairement engagées à constituer la société projetée, la cour d'appel n'a pas donné de base légale à sa décision au regard des articles 1101, 1134 et 1832 du Code civil ; alors, d'autre part, qu'un projet de société si élaboré, complet et précis fût-il, sur tous les éléments de la société future, demeure à l'état de projet et ne saurait revêtir le caractère d'une " promesse de société " aussi longtemps qu'il ne résulte pas des éléments envisagés que les futurs associés, se soient, de manière claire et non équivoque, engagés à constituer la société projetée ; que par suite, en l'espèce, en déduisant l'existence d'une soi-disant " promesse de société " de la seule existence d'un " accord " sur les éléments de la " future société " et du versement d'un " salaire " au prétendu futur associé, la cour d'appel n'a pas donné de base légale à sa décision au regard des textes susvisés et alors enfin, qu'en décidant que M. Y... n'aurait pu rompre unilatéralement, sans abus ouvrant droit à réparation, une prétendue " promesse de société " quand il résulte des branches qui précèdent qu'il s'était borné à renoncer à donner suite au projet de société envisagée, la cour d'appel a violé les articles 1101 et 1142 du Code civil ;

Mais attendu que la cour d'appel constate que l'engagement que M. Y... avait pris à l'égard de M. X... dépassait le stade de " simples pourparlers ", qu'il ressort d'un compte rendu de réunion, à laquelle les deux parties avaient participé, qu'un accord était intervenu sur l'objet de la future société, sur l'importance et la nature des apports respectifs de chaque associé et sur la forme de la nouvelle société et que la rémunération de M. X..., qui devait exercer les fonctions de directeur commercial était également prévue ; qu'elle a pu, dès lors, se déterminer ainsi qu'elle l'a fait ; d'où il suit que le moyen n'est fondé en aucune de ses branches ; (...)

PAR CES MOTIFS : REJETTE le pourvoi (...). »

Doit enfin être signalé un arrêt de la chambre commerciale de la Cour de cassation en date du 11 juin 2013 (n° 12-22.296, *Bull.* IV, n° 100 *; JCP E* 2013. 1527, note B. Dondero), qui statue à propos d'une promesse de cession de droits sociaux reconnue comme telle, mais dont le signataire tentait d'éviter l'exécution, motif pris du défaut d'*affectio societatis* des bénéficiaires qui allait le rejoindre au sein de la société (il ne cédait qu'une partie de ses actions). Sa thèse est rejetée par la Cour, qui affirme que « l'affectio societatis *n'est pas une condition requise pour la formation d'un acte emportant cession de droits sociaux* » ni une cause de révocation de la promesse au sens de l'article 1134 du Code civil. L'arrêt d'appel, qui avait jugé que *l'affectio societatis* n'est exigé qu'au jour de la formation du contrat de société, est donc approuvé.

La cession des actions détenues par une *holding* emporte-t-elle extinction de son objet social et implique-t-elle sa dissolution ?

L'objet social est une notion fondamentale du droit des sociétés, dont les fonctions sont diverses. L'une de ces fonctions consiste à apprécier l'étendue des actes que les dirigeants d'une société sont en mesure d'accomplir. Ainsi les actes pris hors du champ de l'objet social ne devraient-ils pas engager la société, sauf dans les sociétés par actions et les SARL où la protection de ceux qui contractent de bonne foi avec la société justifie une dérogation à cette règle. L'étendue de l'objet social délimitée par les statuts a également une incidence sur la répartition des pouvoirs entre dirigeants et associés ou actionnaires. En règle générale, les pouvoirs du dirigeant ne lui permettent pas de modifier l'objet social statutaire. Par ailleurs, l'extinction de l'objet social, parce que la société n'est plus en mesure de mener à bien l'objectif qu'elle s'est donné, est une cause de dissolution. On peut se demander si la cession par une société *holding* de toutes les actions qu'elle détient emporte extinction de l'objet social.

En faveur de la thèse de la dissolution

Une société *holding* est une société dont l'activité consiste à détenir et gérer des participations dans d'autres sociétés. Son objet social sera donc rédigé en conséquence : « l'acquisition, la gestion et l'administration de titres de sociétés », voire « l'acquisition, la gestion et l'administration des titres des sociétés X, Y et Z ». La cession par la société *holding* de toutes les actions qu'elle détient la met donc dans l'impossibilité de réaliser son objet social, et l'on pourrait en déduire que l'acte de cession est équivalent à une décision de dissolution de la société.

Contre la thèse de la dissolution

Dans une affaire qui a donné lieu à un arrêt de la Cour de cassation en date du 7 octobre 2008 (Com. 7 oct. 2008, n° 07-18.635, *Bull. civ.* IV, n° 168), une société civile dénommée Crystal holding avait été constituée par les détenteurs d'actions d'une société Crystal Finance. Le gérant avait ensuite été autorisé par une assemblée à procéder à la cession, mais cette assemblée n'avait statué qu'à la majorité simple. La cour d'appel saisie jugea que les actions de la société Crystal finance constituant le seul actif de la société *holding*, leur cession équivalait à une décision de dissolution, qui ne pouvait être prise par une assemblée que si celle-ci statuait à la majorité des trois quarts du capital social, exigée par les statuts.

La Cour de cassation se fonde sur la rédaction de l'objet social statutaire pour censurer la décision d'appel. Les statuts donnaient à la société *holding* un objet statutaire visant « l'acquisition, la gestion et l'administration de titres de sociétés ». On comprend dès lors que nulle décision des associés n'était nécessaire, postérieurement à la cession de la participation dans la société Crystal Finance, pour que la société *holding* puisse continuer à vivre. Cela n'aurait pas été le cas, faut-il comprendre, si l'objet de la société *holding* avait été exclusivement « l'acquisition, la gestion et l'administration des titres de la société Crystal Finance ». La perte de ces titres aurait pu alors être vue, pour la société *holding*, comme « l'extinction de son objet », cause de dissolution visée par l'article 1844-7, 2° du Code civil.

« Vu l'article 1844-7, 2°, du Code civil ;

Attendu que pour accueillir cette demande, l'arrêt retient que les actions de la société Crystal finance constituaient le seul actif de la société Crystal holding, que leur cession équivalait à la dissolution de cette société et qu'une telle décision ne pouvait, aux termes des statuts, être prise qu'en assemblée générale extraordinaire et par des associés représentant au moins les trois quarts du capital social ;

Attendu qu'en statuant ainsi, après avoir constaté que la société Crystal holding avait pour objet statutaire l'acquisition, la gestion et l'administration de titres de sociétés, ce dont il résultait que la cession par cette société des actions qu'elle détenait dans le capital de la société Crystal finance n'avait pas pour conséquence l'extinction de son objet et n'impliquait donc pas sa dissolution, la cour d'appel n'a pas tiré les conséquences légales de ses constatations et a violé le texte susvisé ».

Certes, la société *holding* a dû connaître, postérieurement à la cession, une période d'inactivité, sinon de mise en sommeil. Plus précisément, elle ne pouvait plus gérer de participations, avant d'en acquérir de nouvelles. Mais la suspension de l'activité de la société *holding* (entre la revente des titres détenus par elle et l'acquisition d'une participation dans une autre société) et la dissolution de la *holding* sont deux choses bien distinctes.

Ce n'est donc que si l'objet social est rédigé de manière particulièrement étroite qu'une cession des actions détenues par la société *holding* pourra être vue comme équivalente à une dissolution.

Synthèse

Les contrats gravitant autour de la société : contrat de société, statuts, pactes d'actionnaires, règlement intérieur…

Le contrat de société désigne la convention unissant les associés, et sur le fondement de laquelle « naît » la société, personne morale (v. ss chapitre 3). Ce contrat a été étudié précédemment, et l'on se contentera de souligner ici une caractéristique particulière de la relation entre le contrat de société et la société. Alors que la société existe tant qu'elle n'a pas été dissoute et liquidée, le contrat de société peut aller et venir, disparaître et renaître. En effet, la société peut naître sur la base d'un contrat de société, puis devenir unipersonnelle, puis retrouver une pluralité d'associés, avant de redevenir unipersonnelle, et ainsi de suite. Le contrat de société naîtra et disparaîtra successivement, sans que la société elle-même en soit affectée.

Les statuts peuvent être confondus avec le contrat de société, en ce qu'ils comportent la plupart des éléments que l'on s'attend à trouver dans le contrat de société. L'article 1835 du Code civil dispose que les statuts doivent être établis par écrit, et déterminer les apports de chaque associé, la forme de la société, son objet social, son appellation, le siège social, le capital social, la durée de la société et ses modalités de fonctionnement (v. égal. C. com., art. L. 210-2).

Les statuts ne se confondent cependant pas avec le contrat de société, ne serait-ce que parce qu'une société unipersonnelle est dotée de statuts. Ils constituent la charte de fonctionnement de la société avant de formaliser la relation entre les associés, mais on admettra sans difficulté que les statuts puissent constituer l'*instrumentum* du contrat de société (Rapp. CJCE 10 mars 1992, *Defrénois* 1992. 1367, obs. P. Le Cannu, voyant les statuts comme un contrat régissant à la fois les rapports entre les actionnaires et les rapports entre eux et la société qu'ils créent).

Le règlement intérieur peut quant à lui désigner différentes choses : soit une convention entre associés, régissant leurs rapports, notamment lorsque les associés exercent la même activité professionnelle dans le cadre de la société (ex. : profession libérale), soit une norme interne à la société, et encadrant le fonctionnement d'un organe social particulier, notamment le conseil d'administration d'une société anonyme. Dans cette dernière hypothèse, le règlement intérieur serait un acte unilatéral de la société, même lorsqu'il est décidé par tous les associés (P. Le Cannu, « Le règlement intérieur des sociétés », *Bull. Joly* 1986. 723).

Les pactes d'actionnaires, enfin, sont une convention qui recoupe partiellement les statuts, voire se confond avec eux. Il est en effet des pactes qui figurent dans les statuts, mais ce ne sont pas les seuls, puisque l'on connaît également des pactes extrastatutaires. Ces pactes, qui sont des accords entre associés ou actionnaires (mais on les rencontre davantage dans les sociétés par actions, les sociétés de personnes ayant moins besoin de compléter la relation de leurs associés par des accords complétant les statuts), encadrent l'exercice des droits que les associés détiennent dans la société. Parmi les stipulations les plus courantes que l'on trouvera dans les pactes, l'on peut évoquer les accords relatifs à l'exercice des droits de vote des associés, et les accords relatifs à la cession des parts ou actions détenues (clauses de préemption, pactes de préférence, clauses de plafonnement, *etc.*).

Un problème soulevé par les pactes tient à leur durée. On pensait que l'indication de ce que le pacte durait aussi longtemps que les parties demeuraient actionnaires ensemble était une stipulation suffisante, mais la Cour de cassation a jugé, par une application stricte du droit des obligations, que cette clause ne constituait pas un terme (Com. 6 nov. 2007, *D.* 2008. 1024, note B. Dondero). La conséquence est redoutable, car si le pacte est un contrat à durée indéterminée, il peut être résilié unilatéralement par une partie. Un arrêt récent de la Cour d'appel de Paris admet heureusement que le pacte conclu pour une durée calquée sur celle de la société « cible » (99 ans) n'a pas une durée indéterminée mais cela ne devrait concerner que les parties personnes morales, cette durée d'engagement s'assimilant à un engagement perpétuel pour les associés personnes physiques (CA Paris, 15 déc. 2020, RG 20/00220, *Dr. Sociétés* 2021, comm. n° 46, note R. Mortier).

Les pactes connaissaient jusqu'à récemment une faiblesse, s'agissant de leur exécution. En cas de difficulté pour obtenir d'une partie au pacte la bonne exécution de son engagement, la nature d'obligation de faire ou de ne pas faire des engagements des parties limitait la possibilité d'obtenir l'exécution forcée en nature de ces engagements. Depuis l'ordonnance du 10 février 2016, cette exécution est possible, sauf en cas d'impossibilité ou de disproportion manifeste entre le coût de l'exécution pour le débiteur et son intérêt pour le créancier (C. civ., art. 1221).

chapitre 3

La société, personne morale

Plan analytique

section 1

Les enjeux et les conditions de la personnification

§ 1 Les enjeux de la personnification

- **A.** Effets principaux de la personnification : capacité juridique et patrimoine
- **B.** Effets secondaires de la personnification

§ 2 Les conditions de la personnification

- **A.** Principe : immatriculation au RCS
- **B.** Modalités

§ 3 La formation de la personnalité morale

- **A.** Conditions d'application du régime de la société en formation
- **B.** Effets du régime de la société en formation

section 2

Les sociétés non immatriculées

§ 1 La société en participation

- **A.** Utilité
- **B.** Régime

§ 2 La société créée de fait

- **A.** Notion
- **B.** Utilité

Compléments pédagogiques

3

La société, personne morale

La société est le plus souvent un contrat, mais elle est un contrat particulier en ce sens 92
que ce contrat peut donner naissance à une *personne morale*[Q], c'est-à-dire à un sujet de droit autonome par rapport à ses membres. La plupart des sociétés ont ainsi la *personnalité morale*[Q], et se voient donc reconnaître la *personnalité juridique*[Q], c'est-à-dire la qualité de sujet de droit, l'aptitude à être le titulaire de droits et d'obligations.

Dans ce chapitre, nous verrons successivement les enjeux et les conditions de la personnification de la société (section 1), avant d'étudier les sociétés non immatriculées (section 2).

section 1

Les enjeux et les conditions de la personnification

La personnification de la société consiste à en faire une personne, au seul sens 93
juridique du terme, c'est-à-dire à lui attribuer la qualité de sujet de droit. Une société, dès lors qu'elle sera reconnue comme une personne morale, pourra agir dans le monde juridique : elle pourra donc conclure des contrats, exercer une action en justice, posséder des biens en son propre nom, etc.

Il faut d'abord comprendre en quoi consiste précisément la qualité de sujet de droit avant de voir ce que doit faire la société pour acquérir cette qualité.

§ 1 Les enjeux de la personnification

On peut énumérer les effets de la personnification. Nous dirons, pour exposer plus 94
clairement ces effets, qu'il y a des effets essentiels, principaux, et d'autres qui apparaissent comme plus secondaires.

Les effets principaux, qui constituent le cœur de la personnalité morale (comme de la personnalité juridique, d'ailleurs) sont l'attribution à la société de la capacité juridique et la reconnaissance d'un patrimoine.

Les effets secondaires sont l'attribution d'une *dénomination sociale*[Q] ou plus rarement d'une *raison sociale*[Q], l'attribution d'un *siège social*[Q], la reconnaissance d'une nationalité et, ajoutera-t-on, la contrainte tenant à la durée de vie déterminée de la société personne morale.

A. Effets principaux de la personnification : capacité juridique et patrimoine

1. *Capacité juridique*

a. Contenu

95 La capacité juridique constitue l'effet essentiel de la reconnaissance de la personnalité juridique. La société, une fois personnifiée, se voit reconnaître l'autonomie juridique, c'est-à-dire qu'elle peut faire des actes juridiques – conclure un contrat, agir en justice par exemple – en son propre nom, et sans que ce soit l'un de ses associés qui doive contracter ou agir en justice pour ensuite tenter de faire attribuer les conséquences de ses actes à la société. La société personnifiée peut acquérir des droits, elle peut aussi se voir tenue d'obligations, par exemple parce que le dirigeant social aura causé un préjudice à un tiers par une faute rattachable à ses fonctions sociales (v. ss 317).

Il faut bien comprendre que la personnalité de la société est distincte de celle de ses associés, ce qui aura pour conséquence qu'en principe, le changement d'associé, même total, ou le changement de dirigeant, n'entraîne pas la résiliation des contrats qui ont été conclus par la société (Com. 29 janv. 2013, n° 11-23.676, *Bull.* IV, n° 19 ; *Contrats concurrence consommation* 2013, comm. n° 75, note N. Mathey).

Certaines modalités pratiques de la mise en œuvre de la capacité juridique de la personne morale ont été précisées par la jurisprudence, comme le fait que n'était pas requise une double signature de la part du dirigeant qui intervenait dans un acte, à la fois en qualité de représentant de la société et à titre personnel (Com. 9 mai 2018, n° 16-28157, *Bull.* IV, n° 53, *Bull. Joly* 2018. 549, note M. Buchberger).

96 Ajoutons que la capacité de la société va jusqu'à la *responsabilité pénale*. Pendant longtemps, les personnes morales ne pouvaient commettre d'infractions, ce que résumait un adage : *societas non delinquere potest*. La capacité des personnes morales a cependant été étendue à la commission d'infractions, et ce en deux temps. Le nouveau Code pénal a tout d'abord reconnu une responsabilité pénale *spéciale* des personnes morales. À compter du 1er mars 1994, les personnes morales ont ainsi pu commettre des infractions, par application de l'article 121-2 du Code pénal. Il fallait toutefois que la possibilité qu'une personne morale puisse commettre une infraction soit expressément prévue par un texte, infraction par infraction. Un certain nombre d'infractions ont été visées par cette première réforme. Puis la loi n° 2004-204 du 9 mars 2004 a généralisé la responsabilité pénale des personnes morales, à compter du 31 décembre 2005. Depuis cette date, toute infraction peut être *commise pour le compte d'une personne morale*. Ces derniers mots ont leur importance : une personne morale, qui n'est pas une vraie personne, ne peut commettre directement une infraction. En revanche, il est concevable que des infractions soient commises pour son compte par ses organes ou ses représentants.

L'instauration de cette responsabilité pénale des personnes morales, à l'encontre du principe ancien, visait à limiter la responsabilité pénale des organes sociaux. Cet effet n'est cependant qu'imparfaitement réalisé, dès lors que la reconnaissance de la responsabilité de la société n'a pas été accompagnée d'un texte exonérant le dirigeant de sa responsabilité, d'une règle de non-cumul de la responsabilité de la société et du dirigeant, en somme. L'article 121-2 du Code pénal dispose au contraire que « la responsabilité pénale des personnes morales n'exclut pas celle des personnes physiques auteurs ou complices des mêmes faits », réserve étant cependant faite des dispositions de l'article 123-3, alinéa 3 du Code pénal, qui exige une faute d'une gravité particulière pour engager la responsabilité pénale d'une personne physique en cas de délit d'imprudence.

En revanche, il est concevable que la société soit condamnée alors que la responsabilité pénale de personnes physiques ne peut pas être recherchée (Crim. 4 déc. 2007, *RJDA* 4/08, n° 407).

Il faut en outre signaler une évolution de la jurisprudence survenue ces dernières années, et ce en deux temps. Dans un premier temps, plusieurs décisions ont admis que la responsabilité pénale de la personne morale pouvait être engagée sans que les juges du fond aient à préciser l'auteur de l'infraction, dès lors que celle-ci n'avait pu être commise que par un organe ou un représentant de la société (jurisprudence débutant avec Crim. 20 juin 2006, *Sollac*, n° 05-85.255, *Bull. crim.*, n° 188). Dans un second temps, la chambre criminelle de la Cour de cassation est revenue sur cette solution, en demandant aux juges du fond de rechercher, avant de condamner pénalement une personne morale, si les actes délictueux étaient imputables à l'un de ses organes ou de ses représentants, et s'ils avaient été commis pour son compte au sens de l'article 121-2 du Code pénal (Crim. 11 oct. 2011, n° 10-87.212, *Bull. crim.*, n° 202 ; *JCP G* 2011. 1385, note J.-H. Robert ; Crim. 11 avr. 2012, n° 10-86.974, *Bull. crim.*, n° 94). Cette dernière solution n'exclut pas que les juges condamnent la personne morale en constatant que la faute avait nécessairement été commise par son président, ou par les membres de son conseil d'administration, sans que l'auteur des fautes soit précisément identifié (v. ainsi Crim. 18 juin 2013, n° 12-85.917, *Bull. crim.*, n° 144), mais ils ne sauraient se contenter de se référer aux « représentants » de la personne morale sans plus de précision (Crim. 19 juin 2013, n° 12-82.827, *Bull. crim.*, n° 148). La personne ayant commis les actes pour le compte de la personne morale doit donc être identifiée, et sa qualité d'organe ou de représentant établie (v. Crim. 6 mai 2014, n° 12-88.354 et n° 13-82.677, *D.* 2014. 1421, obs. G. Barbier). Cette qualité de représentant pourrait provenir d'une délégation de pouvoirs (v. Crim., 25 avr. 2017, n° 15-87590), et même d'une « délégation de fait » (Crim., 7 janv. 2020, n° 18-87027, *Rev. sociétés* 2020. 563, note B. Bouloc).

Une évolution récente de la jurisprudence a permis à la Cour de cassation de préciser la manière dont elle envisageait la responsabilité pénale des sociétés. Un arrêt récent reconnaît même que peut être engagée la responsabilité pénale d'une société du fait des actes de salariés qualifiés de « représentants de fait » (Crim. 16 juin 2021, n° 20-83098, *Bull.*). La Chambre criminelle a opéré le 25 novembre 2020 un revirement de jurisprudence, en jugeant qu'en cas de fusion, les infractions commises par l'absorbée avant l'opération de fusion étaient imputables à l'absorbante (Crim. 25 nov. 2020, n° 18-86955, P+B+R+I). Pour justifier le revirement, la Cour affirme vouloir abandonner l'approche anthropomorphique de l'opération de fusion, qui était jusqu'alors assimilée au décès de la personne physique, au profit d'une approche économique : il y a continuité économique et fonctionnelle de la personne morale de l'absorbée chez l'absorbante en cas de fusion. Ce faisant, la Cour de cassation met en évidence la spécificité de la responsabilité pénale des sociétés, qui suit à certains égards des règles très différentes de celle des personnes physiques.

La capacité est un élément tellement important de la personnalité juridique qu'il est fréquent que les deux notions de capacité et de personnalité juridique soient 97 confondues. On distingue ainsi, en matière d'associations, les associations reconnues d'utilité publique et celles qui ne le sont pas en disant que les premières ont la « grande personnalité » et les secondes la « petite personnalité ». Ce n'est pourtant que de capacité qu'il est question, la personnalité juridique n'étant pas susceptible de gradations : une association, comme une société, a ou n'a pas la personnalité morale. L'étendue des actes qu'elle peut accomplir ensuite dépend seulement de l'étendue de sa capacité et des éventuelles limites qui y sont apportées.

Un autre phénomène suscité par la capacité juridique des personnes morales réside dans l'attraction que la personnalité morale exerce sur le préjudice qui peut être occasionné par un tiers ou par un dirigeant. La jurisprudence considère souvent que seule la personne morale a intérêt à agir en réparation, ce qui empêche les associés de se prévaloir d'un préjudice personnel. Une exception est cependant admise lorsque les associés sont obligés aux dettes sociales, à charge pour eux de rapporter la preuve d'un préjudice personnel et direct (v. Crim., 3 mars 2020, n° 18-86939).

b. Limites

■ 98 Les sociétés ne se voient reconnaître la personnalité morale que pour faciliter l'exercice de leur activité. La personnification des sociétés est donc purement utilitaire et ne correspond pas à la reconnaissance d'un droit fondamental, contrairement à la personnification des associations (v. ainsi Décis. Cons. const. du 16 juill. 1971, *D.* 1972. 685, reconnaissant le « principe de la liberté d'association » comme l'un des « principes fondamentaux reconnus par les lois de la République ») ou à la satisfaction d'un impératif de dignité, contrairement à la personnification des êtres humains.

Pourtant, de manière quelque peu paradoxale au regard de ce qui vient d'être dit, il semble que la capacité des sociétés personnifiées soit calquée par principe sur celle des personnes physiques, bien que cette règle ne soit affirmée par aucun texte. On évoque parfois un principe d'égalité entre personnes physiques et morales (v. par ex. G. Wicker et J.-Ch. Pagnucco, *Rép. Civil, V° Personne morale*, n° 66), qui existe peut-être, mais ne nous semble pas se justifier vraiment : le seul point commun entre une personne physique et une personne morale tient à ce que toutes deux se voient reconnaître la qualité de sujet de droit pour la défense d'un intérêt déterminé.

Cette capacité connaît tout de même plusieurs limites.

■ 99 La première limite à la capacité de la société tient au fait qu'une personne morale n'a *pas d'existence biologique* et ne peut donc réaliser les actes qui supposent d'exister en tant qu'être humain : mariage, adoption, testament, etc. Si cette limite naturelle aux actes juridiques que les personnes morales peuvent accomplir et, plus largement, aux droits et obligations dont elles peuvent être titulaires apparaît évidente, la détermination de sa portée suscite tout de même des interrogations. Il a été ainsi jugé qu'une personne morale pouvait souffrir d'un préjudice moral (v. not. Crim. 27 nov. 1996, *Bull. crim.* n° 431 ; Com. 15 mai 2012, n° 11-10.278, *Bull. civ.* IV, n° 101 ; *D.* 2012. 2285, note B. Dondero), et que les personnes morales avaient un droit à la vie privée (CJCE 22 oct. 2002, aff. C-94/00, *Roquette* ; v. cep. Civ. 1re, 17 mars 2016, n° 15-14072, publié au *Bull.*, *Bull. Joly* 2016. 314, note D. Poracchia, jugeant que « si les personnes morales disposent, notamment, d'un droit à la protection de leur nom, de leur domicile, de leurs correspondances et de leur réputation, seules les personnes physiques peuvent se prévaloir d'une atteinte à la vie privée au sens de l'article 9 du Code civil, de sorte [qu'une] société ne pouvait invoquer l'existence d'un trouble manifestement illicite résultant d'une telle atteinte »). Au-delà, on peut estimer que les droits réservés aux consommateurs ou aux non-professionnels ne peuvent bénéficier aux personnes morales. S'il est jugé qu'une personne morale ne peut être un consommateur au regard du droit européen (CJCE 22 nov. 2001, *RTD civ.* 2002. 291, obs. J. Mestre et B. Fages ; Civ. 1re, 12 nov. 2020, n° 18-26496, *Rev. sociétés* 2021. 253, note J.-F. Barbièri), la jurisprudence française admet cependant que le non-professionnel puisse être une personne morale (v. Civ. 1re, 23 juin 2011, n° 10-30.645, *Bull. civ.* I, n° 122). L'objet social aura une incidence en ce que la protection accordée au non-professionnel ne devrait pas jouer lorsque l'acte en cause a un rapport direct avec l'activité visée par l'objet social (Civ. 3e, 24 oct. 2012, n° 11-18.774, *Bull. civ.* III, n° 153 ; *Bull. Joly* 2013. 130, note M.-H. Monsèrié-Bon). La jurisprudence apporte régulièrement des précisions sur l'étendue de la capacité des personnes morales, comme lorsqu'il est jugé qu'une personne morale, en l'occurrence une société, ne peut avoir la qualité d'auteur (Civ. 1re, 15 janv. 2015, n° 13-23.566, *Bull.* I, n° 11).

La deuxième limite à la capacité de la société, personne morale, réside dans la finalité **100 ■** assignée au groupement par le législateur, ce que l'on appelle la *spécialité légale*. La société est constituée dans un but précis, aux termes de l'article 1832 du Code civil : réaliser un bénéfice à partager entre les associés ou leur faire profiter d'une économie.

Cette restriction dans les objectifs du groupement devrait se refléter dans une limitation correspondante de sa capacité. Il ne devrait donc pas être possible à une société de consentir une libéralité, sauf à ce que cet acte, *a priori* directement contraire à la finalité légale de la société, lui permette de parvenir à ses fins, de manière indirecte. On peut prendre pour exemple le plus simple le cadeau fait par la société à un tiers : cet acte ne saurait conduire à la réalisation d'un bénéfice ou d'une économie, étant directement contraire même à ces objectifs, dès lors qu'il réduit l'actif social au profit d'un tiers sans contrepartie. Il est cependant possible que le tiers en question soit un client auquel la société fait un cadeau, afin de l'inciter à contracter de nouveau avec elle. L'acte apparaît alors conforme à la spécialité légale de la société.

La troisième et dernière limite à la capacité de la société réside dans le programme **101 ■** que la société se donne dans ses statuts, son objet statutaire, ce que l'on appelle plus couramment l'*objet social* (v. ss 89 s.). Les statuts de la société doivent mentionner cet objet social (C. civ., art. 1835 et C. com., art. L. 210-2), c'est-à-dire qu'ils doivent définir un champ d'activité déterminé, par exemple « l'achat et la revente de matériel de téléphonie, et tous actes connexes ». Le principe est que la société ne peut agir en dehors de son objet social. Entreprendre une activité non comprise dans l'objet statutaire suppose en principe une modification des statuts, préalablement au début de la nouvelle activité, sous peine de courir le risque de l'annulation des actes faits hors du périmètre de l'objet social. Le législateur a ainsi prévu que « dans les rapports avec les tiers », le gérant de la société civile engage celle-ci « par les actes entrant dans l'objet social » (C. civ., art. 1849, al. 1er).

Par principe, les actes accomplis en dehors de l'objet social n'engagent donc pas la société et sont nuls, si l'on ne peut démontrer en quoi ils se rattachent à l'objet statutaire. Il existe cependant des dérogations à ce principe, en matière de sociétés par actions et de SARL. Ces dérogations sont édictées dans le but de protéger les tiers.

Si la société ne peut s'engager valablement que dans la limite de son objet social, les tiers sont donc obligés, avant de contracter avec la société, de consulter ses statuts afin de vérifier si son objet lui permet de réaliser l'acte envisagé. Cette démarche est relativement simple dans sa forme, puisqu'il suffit de prendre contact avec le registre du commerce et des sociétés pour obtenir communication des statuts, mais l'interprétation de la clause relative à l'objet social peut se révéler une tâche ardue, les statuts se contentant généralement de lister un certain nombre d'activités et d'actes sans que l'on sache toujours si cette énumération est limitative ou non, et si l'acte en question rentre dans cette énumération. Dans les SARL et les sociétés par actions, le législateur épargne aux tiers cette contrainte en prévoyant que par principe la société est engagée par les actes pris en dépassement de son objet social statutaire (v. ainsi, par ex., C. com., art. L. 223-18, al. 5, en matière de SARL). On facilite ainsi les échanges des tiers avec la société, sans pour autant qu'une menace trop importante pèse sur les associés ou actionnaires de ces sociétés, dont la responsabilité est limitée à leurs apports. Les tiers doivent cependant vérifier si l'acte conclu par la société est inclus dans son objet social lorsqu'ils traitent avec une société à responsabilité illimitée. Dans ces sociétés, l'obligation aux dettes sociales pèse trop lourdement sur les associés pour qu'on la laisse se déclencher au bénéfice du tiers négligent.

La limite tenant à l'objet social a connu une évolution avec l'introduction par l'ordonnance n° 2016-131 du 10 février 2016 d'un nouvel article 1145 au sein du Code civil, traitant spécifiquement de la capacité des personnes morales. La rédaction de ce texte a toutefois été modifiée par la loi de ratification n° 2018-287 du 20 avril 2018. En sa rédaction issue de l'ordonnance, l'art. 1145 disposait que « La capacité des personnes morales est limitée aux actes utiles à la réalisation de leur objet tel que défini par leurs statuts et aux actes qui leur sont accessoires, dans le respect des règles applicables à chacune d'entre elles ». Ce n'était donc qu'une capacité limitée qui est reconnue aux personnes morales, puisqu'il était fait référence non seulement à l'objet statutaire des personnes morales – qui n'en sont d'ailleurs pas toutes dotées, puisque toutes n'ont pas un objet statutaire, et que certaines personnes morales n'ont sans doute pas même de statuts – mais également à l'utilité des actes accomplis pour le compte des personnes morales. À la lettre de l'article 1145, al. 2, tout contrat conclu par une personne morale pouvait ainsi être contesté motif tiré de son défaut d'utilité. On pouvait dire que le droit civil, après le droit fiscal, manifeste la volonté d'appréhender et de sanctionner l'acte anormal de gestion, d'une certaine manière. Cette contestation devait émaner de « l'incapable », en l'occurrence de la personne morale ayant conclu un acte et arguant ensuite de son défaut d'utilité. La notion d'utilité étant bien vague, le texte apparaissait mettre en danger la sécurité des contrats conclus par les personnes morales. Ce qui est étranger à l'objet social devait être exclu de la liste des « actes utiles à la réalisation de l'objet », et donc être nul. Mais même au sein des actes rattachables à l'objet social, on aurait eu du mal à s'assurer de la satisfaction du critère d'utilité, et cette vérification était d'autant plus difficile à effectuer pour le cocontractant de la personne morale. Comment celui-ci pourra-t-il prévenir ce danger ? Devra-t-il exiger de la personne morale avec laquelle il va conclure un contrat une déclaration d'utilité ? Il fallait tout de même se rassurer en reconnaissant au texte une valeur réduite. La lettre du texte, qui édictait une règle relative aux personnes morales, ne le faisait que « dans le respect des règles applicables à chacune d'entre elles », premier élément qui devait conduire à refuser de l'appliquer aux sociétés qui sont régies par des règles spécifiques. La règle *Specialia generalibus derogant* militait également en ce sens. En outre, la référence à l'utilité pouvait s'entendre comme le rattachement de bon sens à l'objet social. Plus que d'actes utiles à la réalisation de l'objet social, il aurait donc été question des actes entrant dans l'objet social. Les objectifs poursuivis par les rédacteurs de l'ordonnance, qui sont à la fois d'accroître la sécurité juridique et de rendre notre droit des contrats plus efficace du point de vue économique, constituaient un dernier élément favorable à une interprétation réductrice de l'article 1145, al. 2. Il ne serait pas cohérent avec ces objectifs de subordonner désormais la validité des contrats conclus par les sociétés à un critère aussi incertain.

La loi de ratification a modifié à nouveau l'art. 1145, avec effet au 1er octobre 2018. Il est simplement prévu que « *La capacité des personnes morales est limitée par les règles applicables à chacune d'entre elles* ».

La loi PACTE du 22 mai 2019 a ajouté un élément supplémentaire, qui est celui de la raison d'être (v. supra, n° 31). La pratique et la jurisprudence nous diront progressivement si cette nouvelle notion est susceptible de limiter les actes d'une société ou si au contraire la réalisation de la raison d'être contribuera à enrichir l'objet social. 102 ■

2. Attribution d'un patrimoine

a. Notion

Le patrimoine est lié à la capacité juridique, en ce qu'il constitue le « réservoir » des droits et obligations que la capacité permet d'acquérir ou de contracter. En droit français, un principe important, dégagé par Aubry et Rau, est celui de l'unicité du patrimoine, qui veut que tout sujet de droit ait un patrimoine, que tout sujet de droit n'ait qu'un seul patrimoine, et que tout patrimoine se rattache à une personne. Ce principe a été mis à mal en droit français ces dernières années, notamment par l'introduction de la fiducie et de l'EIRL. Il permet tout de même encore d'expliquer que la reconnaissance à la société de la qualité de sujet de droit entraîne nécessairement celle d'un patrimoine qui regroupera les droits et les obligations de la personne morale. 103 ■

b. Régime juridique

Le patrimoine de la société, personne morale, ne se confond pas avec celui des associés ni avec celui des dirigeants, ce qui implique notamment que les biens qui figurent dans le patrimoine de la société ne pourront pas être utilisés à leur guise par les associés ou les dirigeants : ce sont les biens d'une autre personne, la société étant un tiers par rapport à eux. Si les associés ou les dirigeants s'appropriaient indûment les biens de la société comme leurs biens propres, ils encourraient des sanctions, notamment pénales, identiques à celles qui interviendraient s'ils utilisaient les biens de toute autre personne : le délit de vol ou d'abus de confiance pourrait ainsi se trouver constitué. Dans les SARL et les sociétés par actions, le dirigeant qui utilise les biens sociaux comme ses biens propres encourt même des sanctions plus graves, et notamment les peines applicables au délit d'abus des biens sociaux, le fameux « ABS ». Il est vrai qu'il est tentant pour le dirigeant de tirer un profit personnel des biens de la société, en ce qu'il la représente et qu'il peut par conséquent utiliser facilement les biens sociaux. 104 ■

Le patrimoine de la société va notamment réceptionner les apports qui auront été réalisés à son bénéfice par les associés.

B. Effets secondaires de la personnification

1. *Dénomination sociale*

a. Notion

105 La *dénomination sociale*[Q], qui est l'appellation attribuée à la société, joue un rôle équivalent à celui du nom de la personne physique. Mais la dénomination sociale n'obéit pas aux mêmes règles. Notamment, la société peut choisir librement sa dénomination et la céder à une autre société, ce qui la rapproche, en réalité, du nom commercial dont peut faire usage un commerçant personne physique.

L'utilité de la dénomination sociale est liée à la personnification de la société. Si on reconnaît la société comme un sujet autonome, il faut pouvoir la distinguer effectivement de ses associés, d'où l'utilité de la dénomination sociale. La dénomination sociale donne ainsi son plein effet à la personnalité morale. Le procès fait à la société, mettant donc en œuvre sa capacité juridique, supposera que les actes de procédure désignent la société sous sa dénomination sociale. Des actes de procédure qui désigneraient la société sous le nom d'une enseigne et non sous sa dénomination seraient entachés d'un vice de forme, pouvant entraîner la nullité de l'acte en cas de grief justifié (v. ainsi Civ. 2e, 24 mai 2007, deux arrêts, *Bull. Joly* 2007. 1249, note J.-J. Barbièri ; *Dr. et patr.* juin 2008, n° 171, p. 95, obs. D. Poracchia ; Com. 18 sept. 2007, *Dr. et patr.* juin 2008, n° 171, p. 95, obs. D. Poracchia).

b. Choix

106 Certaines sociétés ne pouvaient pas choisir librement une dénomination, mais étaient tenues d'y faire figurer le nom de certains de leurs associés. Ces sociétés n'étaient pas dotées d'une dénomination sociale, mais de ce que l'on appelait une *raison sociale*. C'était le cas des SNC, des sociétés en commandite et des sociétés civiles professionnelles (v. ss chapitre 9). Pour ces dernières sociétés, par exemple, la raison sociale était constituée des noms, qualifications et titres professionnels de tous les associés ou de certains d'entre eux seulement (suivis alors des mots « et autres »), ainsi que, dans une certaine limite, du nom d'un ou plusieurs anciens associés, tant que figurait, parmi les associés en place, une personne au moins ayant exercé la profession au sein de la société avec l'ancien associé (L. 29 nov. 1966, art. 8, anc. rédaction).

Différentes précisions ont été apportées quant aux signes pouvant figurer dans la dénomination sociale. La dénomination sociale étant déterminée par écrit dans les statuts, le recours à des dessins ou graphismes autres qu' « alphanumériques » est exclu ; de ce fait, le signe « @ », qui serait assimilable à la lettre « a » serait acceptable, mais pas le symbole « € », qui lui n'est pas assimilable à la lettre « e » (Rép. min. n° 5940, *JOAN Q*, 29 avr. 2008, p. 3663 ; *D.* 2008. 1335). Par ailleurs, une dénomination sociale pourrait comprendre des astérisques ou des « slash » (Paris, 16 févr. 2001, *Bull. Joly* 2001. 907, note J.-M. Bahans).

c. Protection

107 Le contentieux attaché à la dénomination sociale est surtout lié à sa protection. Le principe premier est celui de l'antériorité, qui permet de trancher le conflit entre deux sociétés se disputant une même dénomination au profit de celle qui a en premier fait publiquement usage de la dénomination (v. ainsi Com. 24 nov. 1992, n° 90-21230).

Le *droit des marques* peut aussi jouer un rôle, en ce qu'il prend parfois en considération les dénominations sociales. Il n'est pas possible de déposer comme marque une dénomination ou raison sociale déjà utilisée, s'il existe un risque de confusion dans l'esprit du public, aux termes de l'article L. 711-4 du Code de la propriété intellectuelle. L'article L. 713-6 de ce même code précise toutefois que l'enregistrement d'une marque ne fait pas obstacle à l'utilisation du même signe ou d'un signe similaire comme dénomination sociale lorsque cette utilisation est soit antérieure à l'enregistrement, soit le fait d'un tiers de bonne foi employant son nom patronymique. Précisons cependant que la dénomination sociale ne bénéficie d'une protection que pour les activités effectivement exercées par la société, et non pour celles énumérées dans ses statuts (Com. 10 juill. 2012, n° 08-12.010, *Bull. civ.* IV, n° 154 ; *Rev. sociétés* 2013. 49, note F. Pollaud-Dulian).

Le droit des marques n'est cependant pas le seul moyen de protéger la dénomination sociale d'une société, qui peut aussi se faire par l'*action en concurrence déloyale*, c'est-à-dire par une action en responsabilité civile. En synthèse, la jurisprudence admet qu'une société puisse empêcher un tiers d'utiliser sa dénomination si elle prouve que les droits du tiers sont postérieurs à son immatriculation et qu'il existe un risque de confusion entre la société et l'activité développée par le tiers sous la même appellation. La protection de la dénomination est, sous certains aspects, plus efficace que celle de la marque. Ainsi, le caractère original ou distinctif de la dénomination sociale n'est pas une condition du succès de l'action en concurrence déloyale, mais seulement un critère éventuel d'appréciation de la faute et du risque de confusion (v. Com. 10 mai 2006, n° 05-15.832, arrêt rendu dans une affaire opposant une société *Le Gardien* à une société *Gardian*). 108 ■

Il est également admis par la jurisprudence, depuis un arrêt *Bordas* (Com. 12 mars 1985, *Bull. civ.* IV, n° 95 ; *Rev. sociétés* 1985. 607, note G. Parléani), que lorsque l'un des fondateurs permet à la société de porter son nom, ce patronyme se détache de la personne physique qui le porte pour s'appliquer à la personne morale qu'il distingue et devenir un objet de propriété incorporelle. Cela a pour conséquence que la personne physique ne peut interdire à la société de faire usage de son nom. 109 ■

Il est en revanche possible que l'associé qui a donné son nom à la société et qui cède ses parts ou actions convienne avec le cessionnaire qu'il ne sera plus fait usage de son nom, mais encore faut-il que cela soit prévu lors de la cession des droits sociaux du titulaire du nom (Com. 12 juin 2007, *Bull. civ.* IV, n° 161 ; *Dr. et patr.* juin 2008, n° 171, p. 95, obs. D. Poracchia).

Il convient cependant de préciser que selon un arrêt *Ducasse*, du nom d'un grand chef (Com. 6 mai 2003, *Bull. civ.* IV, n° 69 ; *Rev. sociétés* 2003. 548, note G. Parléani ; v. égal. Com. 24 juin 2008, *Bull. civ.* IV, n° 129 ; *D.* 2008. 2569, note A. Mendoza-Caminade), le fait qu'une personne dont le nom est notoire accepte qu'il figure dans la dénomination sociale d'une société n'emporte pas accord de sa part à ce que la société dépose ce nom comme marque. Il faut en déduire que lorsque le nom de la personne est déjà notoire au moment où elle accepte de le mettre à la disposition de la société, la solution du détachement ne s'applique pas d'office. On peut dire que la célébrité ne peut survenir deux fois.

2. Siège social

a. Notion

110 Le *siège social*[Q] n'est pas défini par la loi mais par la jurisprudence : c'est le lieu où l'entreprise a principalement sa direction financière, administrative, juridique, technique. La dénomination permet d'individualiser la société, le siège social permet de la localiser, ce qui est important : la personnification permet à la société d'agir en justice, mais également d'être elle-même attraite devant un tribunal. Si l'on veut pouvoir assigner la société et la voir comparaître devant une juridiction, encore faut-il pouvoir adresser l'assignation en un lieu déterminé, ce qui implique de pouvoir localiser la société, d'où l'utilité du siège. Bien que la personnalité morale ne soit qu'une notion juridique, et ne devrait donc pas supposer une existence matérielle véritable, une boîte postale n'est pas considérée comme un lieu permettant d'installer une société (Paris, 5 déc. 2007, *RJDA* 4/08, n° 408).

b. Unicité

111 En principe, l'unicité de siège social est la règle. Il faut cependant relever deux tempéraments à cette règle de l'unicité du siège social.

Tout d'abord, il est possible que la société n'ait pas son siège véritable au lieu indiqué par ses statuts. Dans cette hypothèse, l'apparence (le siège statutaire) ne correspond pas à la réalité (le siège réel). Afin d'assurer la meilleure protection possible aux tiers, le législateur leur permet de se prévaloir à leur guise de l'un ou de l'autre siège. Le tiers qui aura fait confiance à la lettre des statuts pourra donc contraindre la société à s'y tenir, tandis que celui qui sera en mesure d'établir que le siège réel n'est pas celui qui est indiqué dans les statuts pourra se prévaloir de cette réalité (C. civ., art. 1837, al. 2 et C. com., art. L. 210-3, al. 2). Certaines décisions tirent des conséquences inattendues de la notion de siège réel, par exemple en jugeant que les dirigeants d'une société de droit étranger mais dont le siège réel est en France peuvent commettre l'infraction d'abus de biens sociaux sanctionnée par le droit français (Crim., 2 mars 2021, n° 19-80991, *Bull.* ; *Dr. sociétés* 2021, comm. n° 68, note R. Salomon). Cette dernière solution est d'autant plus surprenante que l'infraction en question n'est applicable que dans les sociétés de certaines formes déterminées.

Ensuite, une jurisprudence dite « des gares principales » permet de longue date d'assigner la société non seulement au lieu de son siège social, mais également au lieu où elle a des établissements importants, lorsque le litige est en rapport avec l'établissement concerné (pour une application récente v. Paris, 5 avr. 2018, *Banque & Droit* n° 178, janv.-févr. 2018. 39, obs. G. Affaki).

c. Changement de siège social

112 Le changement de siège social est en principe décidé par l'organe compétent pour modifier les statuts, dans la mesure où le siège est une mention figurant dans les statuts (C. civ., art. 1835 et C. com., art. L. 210-2). La décision sera prise dans les conditions (unanimité ou majorité notamment) requises pour la modification des statuts.

Cette règle reçoit cependant deux atténuations.

Tout d'abord, la procédure est parfois allégée, le législateur permettant occasionnellement à d'autres organes de décider du déplacement du siège social, ou permettant de le faire dans des conditions simplifiées. Le gérant de SARL (v. C. com., art. L. 223-18) et le conseil d'administration de la SA (C. com., art. L. 225-36) peuvent ainsi déplacer le siège dans le même département ou dans un département limitrophe, faculté qui a même été étendue à tout le territoire, pour les SARL par la loi *Macron* (loi n° 2015-990 du 6 août 2015) et pour les SA par la loi *Sapin 2* (loi n° 2016-1691 du 9 décembre 2016). Une ratification de la décision par les associés est cependant requise dans ces hypothèses. La loi relative à la simplification de la vie des entreprises du 20 décembre 2014 a, par ailleurs, permis que les associés d'une SARL déplacent le siège de celle-ci à la majorité simple, dès lors qu'ils ne changent pas la nationalité de la société (C. com., art. L. 223-30).

Par ailleurs, le transfert du siège à l'étranger emportant changement de nationalité de la société et donc du droit applicable à celle-ci (v. ss 113), la décision de déplacer le siège social hors du territoire national exige en règle générale des conditions de majorité renforcée ou l'unanimité des associés (v. ainsi C. com., art. L. 223-30, al. 1er en matière de SARL).

3. Nationalité

a. Notion

Un troisième effet attaché à la personnification réside dans la reconnaissance d'une nationalité à la société. La nationalité reconnue à un groupement n'est cependant pas la même que celle qui est reconnue aux êtres humains. Une société n'a pas un passeport délivré par un État déterminé. Mais le fait qu'elle se soit vue reconnaître la personnalité morale par un État est une forme de rattachement à celui-ci. 113 ■

En droit français, la nationalité de la société est déterminée par la localisation de son siège social.

Si une société a son siège en France, elle est soumise au droit français (C. civ., art. 1837, al. 1er et C. com., art. L. 210-3, al. 1er). C'est là le premier effet de la nationalité des sociétés : elle détermine le droit applicable à la société, la *lex societatis*Q. Par ailleurs, si l'on dit qu'une société est de nationalité française, cela signifie également que l'étendue de ses droits est déterminée par la loi française, et que la société est sous la protection diplomatique de l'État français.

b. Application

Il serait envisageable pour un État d'imposer à une société de s'implanter sur son territoire. Plus précisément, une société qui a son siège dans un État A et qui implante une succursale dans un État B pourrait être considérée par B comme ayant son siège sur le territoire B, motif pris de ce que le siège statutaire est peut-être localisé en territoire A, mais que le « siège réel » de la société est en territoire B. Cette possibilité est cependant interdite par le droit communautaire à l'égard des sociétés des autres États membres, en ce qu'une telle contrainte serait contraire à la liberté d'établissement. La Cour de justice des Communautés européennes (CJCE) a ainsi rendu trois arrêts très remarqués s'opposant à ce qu'une réglementation telle qu'exposée ci-dessus puisse s'appliquer aux sociétés constituées dans un État membre de l'Union européenne (arrêts *Centros* du 9 mars 1999, *Rev. sociétés* 1999. 391, note G. Parléani ; *Überseering* du 5 nov. 2002, *Rev. sociétés* 2003. 315, note J.-Ph. Dom et *Inspire Art* du 30 sept. 2003, *Rev. sociétés* 2004. 135, note J.-Ph. Dom). Une nuance a toutefois été apportée à cette solution par un arrêt ultérieur de la CJCE (arrêt *Cartesio* du 16 déc. 2008, *D.* 2009. AJ 97, obs. A. Lienhard), qui permet à un État membre de réglementer les conditions qu'une société constituée sur son territoire doit satisfaire pour prétendre conserver la qualité de société relevant de cet État. On signalera encore deux 114 ■

décisions. L'arrêt *Vale Epitesi*, rendu par la CJUE le 12 juillet 2012 (n° C-378/10, *Bull. Joly* 2012. 735, note R. Dammann, L. Wynaendts et L. Marion ; *JCP G* 2012. 1089, note M. Menjucq). Il reconnaît à une société constituée dans un État membre et qui déplace son siège et son activité dans un autre État membre le droit d'obtenir l'inscription de la mention selon laquelle la société transformée a pour « prédécesseur en droit » la société de l'ancienne forme, ce qui revient à reconnaître le maintien de la personnalité morale par l'État d'accueil, et à permettre la réalisation de ce que l'arrêt appelle une « transformation transfrontalière ». L'arrêt *Polbud* (CJUE 25 oct. 2017, n° C-106/16, *JCP E* 2018. 1014, note M. Menjucq) statue quant à lui à propos d'une société de droit polonais qui déplace son siège social au Luxembourg, et à laquelle on refuse en Pologne sa radiation, faute d'avoir opéré sa dissolution et sa liquidation comme l'impose le droit de ce dernier État. La CJUE juge qu'il y a là une restriction à la liberté d'établissement, et que cette restriction est disproportionnée.

4. *Durée déterminée de la société personnifiée*

a. Durée nécessairement limitée

115 Les sociétés dotées de la personnalité morale ont une durée nécessairement limitée. La durée de la société ne peut excéder 99 ans (C. civ., art. 1838 et C. com., art. L. 210-2), étant précisé que cette durée court à compter de l'immatriculation au registre du commerce et des sociétés (Décr. n° 78-704 du 3 juill. 1978, art. 3 et C. com., art. R. 210-2). De ce fait, une société qui aurait été constituée pour une durée supérieure verrait celle-ci ramenée à ce maximum. Cette solution ne vaut pas pour les sociétés en participation, dépourvues de la personnalité morale, qui peuvent être constituées pour une durée indéterminée (C. civ., art. 1872-2).

b. Prorogation

116 La prorogation de la durée statutaire d'une société est possible, l'article 1844-6 du Code civil disposant que cette décision doit être prise à l'unanimité ou à la majorité prévue pour la modification des statuts – mais encore faut-il que cette possibilité, pas seulement de modifier les statuts à la majorité, mais précisément de modifier la durée de la société à la majorité, ait été prévue. La prorogation ne peut excéder 99 ans (Décr. n° 78-704 du 3 juill. 1978, art. 3 et C. com., R. 210-2), mais un enchaînement de prorogations pourrait conférer à la société prorogée une durée de vie de plusieurs siècles, voire l'immortalité !

La question de la possibilité de proroger tacitement la durée d'une société a été posée, la Cour de cassation ayant admis la prorogation tacite du terme statutaire d'une société (Com. 23 oct. 2007, *Bull. civ.* IV, n° 224 ; *Rev. sociétés* 2008. 383, note B. Dondero ; 31 janv. 2012, n° 10-24.715, *Bull.* IV, n° 12 ; *Gaz. pal.* 10-11 août 2012. 30, note B. Dondero). En son dernier état, la jurisprudence de la Cour de cassation est cependant hostile à la prorogation tacite, du moins celle qui résulterait de la poursuite de l'activité postérieurement à la dissolution (Com. 13 sept. 2017, n° 16-12479, *Bull.* IV, n° 115, *JCP G* 2017. 1259, note B. Dondero).

Dernière évolution : La loi Mohamed Soilihi du 19 juillet 2019 a introduit un dispositif de « rattrapage » qui permet à un associé de saisir le juge dans l'année suivant l'expiration du terme de la société, pour que celui-ci autorise la consultation à titre de régularisation dans un délai de trois mois, les actes accomplis dans l'intervalle étant réputés réguliers en cas de prorogation (art. 1844-6, réd. L. Mohamed Soilihi).

Si une clause statutaire organise les modalités de la prorogation, par exemple en précisant qu'elle doit intervenir deux ans au moins avant le terme initialement prévu, il a été jugé que les tiers ne pouvaient se prévaloir de cette clause pour reprocher à la société de ne pas avoir été prorogée « convenablement » (Com. 30 juin 2015, n° 14-17649, *Bull.* IV, n° 114).

§ 2 Les conditions de la personnification

La personnalité morale a fait l'objet de débats extrêmement vifs au XIXe siècle, voyant s'opposer les tenants de la théorie de la fiction aux partisans des théories de la réalité. Ces théories peuvent être synthétisées comme suit. 117 ■

Selon la *théorie de la fiction*, seules les vraies personnes, les personnes humaines, peuvent normalement prétendre à la qualité de sujet de droit. La reconnaissance de la personnalité juridique à un groupement ne pourrait donc relever que d'une fiction juridique, que le législateur aurait seul le pouvoir de mettre en œuvre.

Selon les *théories de la réalité*, en revanche, la personnalité morale serait une réalité que le système juridique ne devrait que constater. Cette réalité est celle d'une volonté collective, selon la théorie de la réalité concrète. L'élément déterminant du droit subjectif serait alors la volonté. Or les groupements manifestent une volonté collective, distincte des volontés individuelles de leurs membres, qui doit entraîner la reconnaissance de la personnalité juridique à ces groupements. Selon la théorie de la réalité technique, le droit subjectif ne protégerait pas la volonté mais l'intérêt vers lequel tend cette volonté, et les groupements du droit privé qui défendent un intérêt collectif auraient de ce fait vocation à être reconnus comme des sujets de droit.

L'acquisition de la personnalité morale par les sociétés est une question minutieusement encadrée par le législateur, depuis l'entrée en vigueur de la loi n° 66-537 du 24 juillet 1966 sur les sociétés commerciales et la loi n° 78-9 du 4 janvier 1978 sur les sociétés civiles.

A. Principe : immatriculation au RCS

1. *Exigence générale*

La personnification des sociétés est subordonnée à leur immatriculation au *registre du commerce et des sociétés*[Q] (C. civ., art. 1842 et C. com., art. L. 210-6). Aux termes de ces textes, les sociétés autres que les sociétés en participation jouissent de la personnalité morale à compter de leur immatriculation. Cela ne veut pas dire que les sociétés en participation peuvent disposer de la personnalité morale sans procéder à leur immatriculation au registre du commerce et des sociétés, mais que ces sociétés particulières (ainsi que les sociétés créées de fait) ne sont pas dotées de la personnalité morale et ne peuvent donc pas procéder à leur immatriculation – sauf à ce que les associés optent pour une forme sociale différente. 118 ■

2. *Exception disparue aujourd'hui : les sociétés civiles*

Jusqu'à la loi n° 78-9 du 4 janvier 1978, les sociétés civiles pouvaient jouir de la personnalité morale du seul fait de leur constitution, sans devoir requérir leur immatriculation au registre du commerce et des sociétés. Les sociétés civiles 119 ■

constituées antérieurement à l'entrée en vigueur de cette loi ont pu pendant un temps conserver leur personnalité morale sans devoir procéder à leur immatriculation. La loi NRE du 15 mai 2001 a cependant mis fin à ce régime transitoire, qui posait un certain nombre de difficultés, notamment parce que les tiers ne pouvaient s'informer correctement sur la société autrement qu'en s'adressant à la société elle-même. Un délai a été laissé aux sociétés constituées avant 1978 pour procéder à leur immatriculation selon une procédure simplifiée. Ce délai a expiré le 1er novembre 2002, sans que le législateur précise le sort des sociétés anciennes n'ayant pas procédé à leur immatriculation dans ce délai. Différentes hypothèses ont été émises : elles seraient devenues des sociétés en participation, pour les uns, des sociétés dissoutes, pour les autres. La Cour de cassation a apporté progressivement des réponses. Elle a d'abord jugé que le défaut de personnalité morale de la société civile ancienne qui n'avait pas procédé à son immatriculation l'empêchait d'agir en justice (Com. 26 févr. 2008, *Bull. civ.* IV, n° 46 ; *Rev. sociétés* 2008. 142, note J.-F. Barbièri ; v. également Com. 7 janv. 2014, n° 11-25.635, *Bull.* IV ; *Rev. sociétés* 2014. 234, note B. Saintourens). Plus récemment, il a été jugé que la société civile ancienne qui n'avait pas été immatriculée dans le délai prévu était dépourvue de personnalité morale et soumise aux règles applicables aux sociétés en participation (Civ. 3e, 4 mai 2016, n° 14-28243, *Bull.* III, n° 59 ; *JCP E* 2016. 1400, note B. Dondero).

B. Modalités

1. *Demande*

■ 120 Les fondateurs, associés ou dirigeants doivent adresser une demande d'immatriculation au registre du commerce et des sociétés (ou alternativement au CFE, centre de formalités des entreprises, qui transmet la demande au greffe tenant le registre du commerce et des sociétés – mais la loi PACTE du 22 mai 2019, qui doit être complétée par un décret d'application, entend substituer un guichet unique électronique aux CFE à compter du 1er janvier 2023 au plus tard), la demande étant adressée en principe au greffe du tribunal dans le ressort duquel la société a son siège (C. com., art. R. 123-35). Cette demande doit contenir un certain nombre de mentions, énumérées par les articles R. 123-53 s. du Code de commerce. Les informations requises concernent tant la société elle-même (dénomination sociale, forme, montant du capital social, adresse du siège, activités principales, durée, date de clôture de l'exercice social, etc.) que ses associés (du moins ceux qui sont tenus indéfiniment et solidairement aux dettes sociales) et ses dirigeants.

La demande doit être accompagnée de différentes pièces justificatives : statuts, actes de nomination des premiers organes, certificat du dépositaire des fonds reçus au titre des apports, etc. (C. com., art. R. 123-103).

L'immatriculation de la société doit être demandée « sitôt accomplies les formalités de constitution, publicité comprise » (C. com., art. R. 123-36). Cette référence à la publicité vise l'obligation faite aux sociétés, après la signature de leurs statuts, d'insérer un avis dans un journal d'annonces légales du département du siège social (Décr. du 3 juill. 1978, art. 22 et C. com., R. 210-3, al. 1er). On précisera qu'un décret n° 2010-1042 fait obligation aux personnes morales en formation de s'inscrire au répertoire « Sirene ® », répertoire national des entreprises (C. com., art. R. 123-220).

2. *Immatriculation*

Le greffier du tribunal s'assure de la régularité du dossier, et il dispose d'un délai franc d'un jour ouvrable pour procéder à l'immatriculation ou réclamer les renseignements ou pièces manquants (C. com., art. R. 123-97). Si l'immatriculation de la société intervient, un numéro d'inscription au registre du commerce et des sociétés lui est attribué. Ce numéro est important. La société devra l'indiquer, à peine d'amende, sur ses factures, notes de commandes, documents publicitaires et autres correspondances (C. com., art. R. 123-237). Il a par ailleurs été jugé qu'une erreur sur le numéro d'immatriculation porté sur une assignation en justice, qui désignait une société dissoute et radiée du registre du commerce et des sociétés, rendait nulle l'assignation, qu'elle affectait d'une irrégularité de fond ne pouvant être couverte tenant au défaut de capacité d'agir en justice (Paris, 10 sept. 2008, *Dr. sociétés* 2009, n° 65, note M.-L. Coquelet). Le greffier rend publique l'immatriculation de la société par une insertion au *Bulletin officiel des annonces civiles et commerciales* ou Bodacc (Décr. 3 juill. 1978, art. 23 et C. com., R. 210-8). 121 ■

Par cette immatriculation, la société entre également dans un système, qui subordonne l'opposabilité aux tiers des actes de la société à leur mention au registre du commerce et des sociétés (v. par ex. Com. 18 déc. 2007, *Dr. sociétés* 2008, n° 90, note M.-L. Coquelet, jugeant que « les actes concernant la vie d'une société commerciale ne sont opposables aux tiers qu'à compter de leur mention au registre du commerce et des sociétés, même s'ils ont fait l'objet d'une autre publicité légale »). En cas de difficulté, le juge commis à la surveillance du registre peut être saisi, notamment par l'associé de la société concernée (Com., 9 sept. 2020, n° 19-15422, à paraître au *Bull.* ; *Rev. sociétés* 2020. 670, note A. Reygrobellet).

§ 3 La formation de la personnalité morale

La société, on l'a dit, acquiert la *personnalité morale*[Q] par son immatriculation au registre du commerce et des sociétés. Mais il existe nécessairement un décalage entre le moment où les associés se mettent d'accord sur la création d'une société et le moment où cette société devient effectivement une personne morale. Pendant cette période, les fondateurs savent que la société va exister et ils veulent généralement « préparer sa naissance ». Pour autant, la société en formation n'est pas encore une personne morale. Elle n'a donc pas la qualité de sujet de droit, elle ne peut agir, signer un bail ou acheter le matériel qui lui permettra de réaliser son objet social. 122 ■

Afin d'éviter que la société reste inerte pendant la période qui précède l'immatriculation, le législateur a institué un mécanisme de reprise des actes de la société en formation. Ce mécanisme, touchant à l'obstétrique juridique, est le suivant : les fondateurs, dirigeants ou associés de la société vont effectuer les actes nécessaires à la préparation de l'activité sociale, mais ils vont contracter au nom de la société en formation. Ils seront personnellement tenus des obligations nées des actes faits pour le compte de la société en formation. Cependant, lorsque la société sera devenue un sujet de droit, par son immatriculation, elle reprendra les actes qui auront été faits pour son compte, et ces actes seront réputés avoir été faits dès leur conclusion par la société. La reprise sera, suivant la modalité choisie, automatique ou non. Ce système se rencontre dans d'autres systèmes juridiques, par exemple en droit allemand.

Les règles applicables à la société en formation sont définies par les articles 1843 du Code civil et L. 210-6 du Code de commerce, ainsi que par quelques textes réglementaires. Le principe est que « les personnes qui ont agi au nom d'une société en formation avant l'immatriculation sont tenues des obligations nées des actes ainsi accomplis », mais « la société régulièrement immatriculée peut reprendre les engagements souscrits, qui sont alors réputés avoir été dès l'origine contractés par la société ».

Il convient d'envisager successivement les conditions d'application du régime de la reprise des actes faits pour la société en formation (A) et les effets de ce régime (B).

A. Conditions d'application du régime de la société en formation

■ 123 Les conditions d'application du régime de reprise des actes faits pour le compte d'une société en formation sont les suivantes :

- une société en formation ;
- un acte susceptible de reprise ;
- une reprise de l'acte ;
- l'immatriculation de la société.

1. *Une société en formation*

■ 124 Il faut avant tout être en présence d'une société en formation, puisque les textes l'exigent. Mais à partir de quand une société est-elle en voie de formation ? C'est une question qui n'a pas reçu de réponse précise. On peut dire que la société est en formation lorsque l'intention de la créer est affirmée nettement (v. en ce sens Com. 12 avr. 1976, *Bull. civ.* IV, n° 122). Il n'est en tous les cas pas indispensable que les statuts aient été signés.

Si le début de la période de formation n'est pas toujours nettement perceptible, la fin de cette période ne fait pas de doute : elle correspond à l'immatriculation de la société au registre du commerce et des sociétés.

2. *Un acte susceptible de reprise*

a. Nature des actes concernés

■ 125 Tous les actes faits dans l'intérêt de la société en formation ne sont pas susceptibles de reprise. Les articles 1843 du Code civil et L. 210-6 du Code de commerce mentionnent des « actes » et des « engagements », « souscrits » ou « contractés », au nom de la société en formation. Des engagements de nature contractuelle peuvent faire l'objet d'une reprise. La reprise de délits ou de quasi-délits est en revanche impossible (v. Paris, 24 févr. 1977, *Rev. sociétés* 1978. 471, note D. Randoux, excluant que la reprise puisse concerner des faits de concurrence déloyale). Notons cependant que la société pourrait être tenue sur le fondement de la responsabilité délictuelle, du fait de la reprise d'un contrat conclu pendant la période de formation, en violation d'une clause de non-concurrence (v. ainsi Com. 5 févr. 1991, *Bull. civ.* IV, n° 51 ; *Bull. Joly* 1991. 631, note P. Le Cannu).

■ 126 Une question qui demeure discutée est celle de la possibilité pour la société en formation d'agir en justice. La demande émise par ou contre une personne dépourvue du droit d'agir est irrecevable, selon l'article 32 du Code de procédure civile. Une société en formation ne peut agir en justice puisqu'elle est dépourvue de la personnalité morale. Mais serait-il possible que l'action en justice soit intentée par les fondateurs, agissant au nom de la société en formation, puis reprise par la société une fois celle-ci immatriculée ? Les chambres de la Cour de cassation sont ici en désaccord, même si une majorité apparaît aujourd'hui. La chambre commerciale juge que le défaut de personnalité morale au jour de l'assignation est une irrégularité qui ne peut être couverte (v. not. Com. 20 juin 2006, *Bull. civ.* IV, n° 146 ; *Dr. sociétés* 2007, n° 43, note H. Lécuyer). La deuxième chambre civile est du même avis (Civ. 2e, 4 mars 2021, n° 19-22829, *Bull.* ; *BJS* juin 2021. 13, note Th. De Ravel d'Esclapon). Une opinion différente a été retenue par la troisième chambre civile par un arrêt dont on se demande s'il est encore d'actualité, jugeant que la régularisation de l'assignation était possible, en cas d'immatriculation et de reprise intervenues avant que le juge ne statue (Civ. 3e, 9 oct. 1996, *RJ com.* 1998. 16, note D. Velardocchio ; v., dans le même sens, Nancy, 11 janv. 2010, *Dr. Sociétés* 2010, n° 221, obs. M.-L. Coquelet).

b. Actes faits au nom de la société en formation

Dans tous les cas, l'acte doit avoir été *conclu au nom* de la société en formation. Cette mention est en effet nécessaire pour que le contractant consente à la substitution qui interviendra, le cas échéant, en cas de reprise. Si un fondateur conclut un contrat sans signaler à son cocontractant qu'il agit pour le compte d'une société qui n'existe pas encore mais qui est en formation, le cocontractant n'a à aucun moment accepté la possibilité que cette société puisse reprendre le contrat. Il n'a contracté qu'avec le fondateur. Il pourra être utile d'indiquer aussi les mentions permettant d'identifier la future société : dénomination sociale, futur siège, etc. La jurisprudence est formaliste, et ne permet pas que la reprise ait lieu lorsque les fondateurs ont oublié de préciser qu'ils agissaient pour le compte d'une société en formation (Com. 23 janv. 2007, *Dr. sociétés* 2007, n° 54, obs. J. Monnet ; Com. 2 févr. 2010, *Gaz. Pal.* 6-7 oct. 2010. 15, note B. Dondero), ou lorsque la société en formation n'a pas été suffisamment identifiée (Paris, 20 déc. 2007, *RJDA* 5/08, n° 523). 127 ■

Précisons encore que l'acte doit bien être conclu *au nom de la société en formation*. Si la société X est en formation, il ne faut pas indiquer que l'acte est conclu au nom de la société X, mais bien *au nom de la société X, en formation*. La société qui n'a pas encore la personnalité morale est dépourvue de capacité juridique. Les actes conclus au nom d'une telle société sont donc nuls, et d'une nullité absolue (Civ. 3e, 5 oct. 2011, 9 arrêts, *Gaz. Pal.* 12 mai 2012. 21, note B. Dondero ; Com. 21 févr. 2012, n° 10-27.630, *Bull. civ. IV*, n° 49 ; *Bull. Joly* 2012. 472, note B. Dondero). Ce n'est que par exception, parce que la loi l'autorise, que les actes conclus au nom d'une société en formation sont valables et que la société peut reprendre les actes. Mais il est capital d'avoir contracté au nom de la société en formation. La jurisprudence fait, ici, preuve d'une extrême rigueur en jugeant que l'indication selon laquelle la société est « en cours d'enregistrement » ne suffit pas (Com. 13 nov. 2013, n° 12-26.158, *Bull. Joly* 2014. 67, note A. Constantin). 128 ■

Plus encore, les dernières décisions de la Cour de cassation mettent en évidence une distinction qui n'était pas même suggérée par les textes. Il faudrait ainsi que les actes soient accomplis par le fondateur X, « pour le compte de la société en formation Y », ou « au nom et pour le compte de la société en formation Y ». Au contraire, un acte conclu par « la société en formation Y, représentée par son fondateur X » ne pourrait donner lieu à reprise, en ce qu'il serait conclu par la société elle-même (v. ainsi Com. 10 févr. 2021, n° 19-10006, *Bull.*).

3. *Le respect des modalités de reprise*

129 Ces modalités sont prévues par l'article 6 du décret n° 78-704 du 3 juillet 1978 pour les sociétés en général, et par des dispositions particulières pour certaines sociétés (v. C. com., art. R. 210-5 pour les SARL, R. 210-6 et R. 210-7 pour les sociétés par actions).

Il faut distinguer trois modes de reprise des actes :

– le mode 1 : annexion aux statuts d'un état des actes accomplis au nom de la société en formation,

– le mode 2 : mandat d'accomplir des actes au nom de la société en formation.

Ces deux modes emportent une reprise automatique de tous les actes concernés lors de l'immatriculation de la société.

– le mode 3 : décision des associés postérieure à l'immatriculation, qui permet une reprise au cas par cas.

a. Mode 1 : annexion aux statuts d'un état des actes accomplis pour la société en formation

130 Un premier mode de reprise concerne les actes accomplis pour le compte de la société avant la signature des statuts. Un état de ces actes, indiquant, pour chacun d'eux, l'engagement qui en résulterait pour la société, doit être présenté aux associés et annexé aux statuts, une fois ceux-ci signés (la procédure est un peu différente dans la SA se constituant avec offre au public – v. C. com., art. R. 210-7).

La reprise des actes indiqués dans l'état est *automatique*, à la condition que les statuts soient signés et la société immatriculée.

Illustration : état des actes accomplis pour le compte de la société Aurance Energies préalablement à son immatriculation (23 févr. 2012)

On observe que l'engagement qui résulterait de la reprise par la société n'est pas toujours indiqué.

- Dépôt de l'annonce légale de création de la société et règlement des frais d'annonce légale par M. T. pour un montant de 131,11 €.
- Approbation du devis du géomètre relatif au lot de toiture par M. T.
- Travaux préparatoires à l'établissement des documents notariés par M. T.
- Règlement des frais d'enregistrement auprès du greffe du Tribunal de Commerce d'Aubenas par M. V. pour un montant de 83,96 €.
- Règlement des frais de géomètre par la SCIC Enercoop Rhônes-Alpes pour un montant de 1 196 €.
- Règlement de l'acompte de 30 % avant commande du matériel de la centrale solaire par la SCIC Enercoop Rhônes-Alpes pour un montant de 10 162 €.

Illustration : état des actes accomplis pour le compte de la société RDPA préalablement son immatriculation (9 janv. 2019)

Là encore, manque l'indication de l'engagement qui résulterait de la reprise par la société.
L'ouverture d'un compte bancaire auprès de La Banque Postale agence située Palais Bourbon, 126 rue de l'Université, 75355 Paris 07, réservé au dépôt des fonds représentant le capital social.
Acceptation de l'hébergement du siège social au domicile du gérant ci-dessus désigné.

b. Mode 2 : mandat d'accomplir des actes pour la société en formation

Les textes réglementaires précités prévoient la possibilité pour les associés ou les actionnaires de donner mandat dans les statuts ou par acte séparé à un ou plusieurs associés ou actionnaires, au gérant non associé, ainsi qu'aux premiers administrateurs ou membres du conseil de surveillance dans les SA se constituant avec offre au public. 131 ■

La jurisprudence exige un mandat suffisamment déterminé (v. ainsi Com. 9 oct. 2001, *Bull. Joly* 2002. 71, note M. Menjucq). Le formalisme dont fait preuve la Cour de cassation ne l'empêche pas d'admettre que ces engagements puissent être déterminés non seulement par le mandat donné par les statuts, mais également dans les documents annexés aux statuts auxquels ceux-ci renvoient (Com. 14 nov. 2006, *Bull. Joly* 2007. 374, note J.-F. Barbièri ; *Dr. sociétés* 2007, n° 3, note H. Lécuyer), voire que le mandat soit donné postérieurement à la conclusion des actes, et opère ainsi une ratification (v. not. Com. 1er juill. 2008, *Bull. civ.* IV, n° 139 ; *Dr. sociétés* 2008, n° 254, note J. Monnet).

La reprise des actes faits en exécution du mandat est *automatique*, à la condition que la société soit immatriculée.

c. Mode 3 : décision expresse de la société

Si les modes 1 ou 2, qui permettent la reprise automatique des actes par la société une fois celle-ci immatriculée, n'ont pu être utilisés, il est tout de même possible de recourir à une décision de la société, qui doit être « prise à la majorité des associés », sauf clause contraire des statuts (Décr. du 3 juill. 1978, art. 6). Cette majorité doit s'entendre de la majorité requise pour les décisions ordinaires, et non de la majorité par tête. 132 ■

C'est donc là une modalité de reprise facultative des actes de la société en formation pour lesquels les conditions de l'une ou l'autre des deux modalités précédentes n'ont pas été satisfaites. Il est ainsi possible à la société de choisir les actes qu'elle entend reprendre, lorsque ces actes satisfont, bien entendu, aux autres conditions exigées pour la reprise.

d. Caractère exclusif de ces modes de reprise

La jurisprudence de la Cour de cassation est très majoritairement attachée au *formalisme* en matière de reprise des engagements, dans un souci de protection des associés. La solution est la suivante : seuls permettent la reprise des actes les trois modes de reprise susvisés (v. par ex. Civ. 1re, 26 avr. 2000, *Bull. civ.* I, n° 123 ; *D.* 2000. AJ 331, obs. M. Boizard ; Com. 9 oct. 2007, *Bull. civ.* IV, n° 215 ; *Dr. sociétés* 2008, 133 ■

n° 25, note R. Mortier ; 13 déc. 2011, n° 11-10.699, *Bull.civ.* IV, n° 201 ; *Bull. Joly* 2012. 393, note P. Le Cannu ; 20 févr. 2019, *Bull. Joly* mai 2019. 6, note Th. de Ravel d'Esclapon).

On ne saurait donc admettre, selon cette jurisprudence, une reprise implicite des actes, résultant du comportement de la société, qui aura, par exemple, utilisé le local loué pour elle par un associé lorsqu'elle était en formation, sans que les modalités de reprise exposées précédemment aient été suivies. Certaines juridictions du fond retiennent tout de même une « reprise implicite », avec le soutien d'une partie de la doctrine, critiquant le formalisme des textes et des tribunaux (v. ainsi C. Champaud et D. Danet, obs. sous Paris, 27 janv. 2006, *RTD com.* 2006. 412). Il a ainsi été jugé que l'approbation à l'unanimité des comptes du premier exercice social après immatriculation de la société valait reprise des actes des fondateurs (Paris, 30 avr. 1980, *Rev. sociétés* 1981. 63, note J.-J. Daigre).

Quelques rares décisions de la Cour de cassation, non publiées au *Bulletin*, s'éloignent occasionnellement du courant majoritaire (v. ainsi Com. 12 mai 1998, *RTD com.* 1998. 852, obs. C. Champaud et D. Danet). Une décision postérieure, également non publiée, juge qu'un acte est repris « à la lecture des statuts » de la société concernée (Com. 29 janv. 2008, *Bull. Joly* 2008. 571, note J.-F. Barbièri).

Bien évidemment, les parties au contrat non repris pourraient décider, avec l'accord de la société, une fois celle-ci immatriculée, de la substituer au fondateur, contractant initial (v. par ex. Civ. 2e, 14 déc. 2006, *Bull. civ.* II, n° 353 ; *Dr. sociétés* 2007, n° 23).

4. *L'immatriculation de la société*

■ 134 L'immatriculation de la société est en toute hypothèse indispensable à la reprise, dans la mesure où une société qui ne serait pas immatriculée n'aurait pas la personnalité morale, se trouverait donc dépourvue de toute capacité juridique, et ne pourrait par conséquent pas reprendre des actes juridiques.

B. Effets du régime de la société en formation

■ 135 L'alternative est simple : soit l'acte fait pour le compte de la société en formation est repris, soit il ne l'est pas. Nous commencerons par examiner cette seconde hypothèse.

1. *Absence de reprise*

a. Principe d'engagement du seul fondateur

■ 136 Si l'acte n'est pas repris, le fondateur qui a personnellement conclu l'acte ou qui y a été représenté par le biais d'un mandat reste tenu par l'acte. Il faut bien comprendre que ce ne sont pas toutes les personnes qui ont participé à la constitution de la société qui sont tenues, mais les seules personnes ayant conclu l'acte, directement ou par mandataire interposé (v. Com. 4 mai 1981, *Bull. civ.* IV, n° 203 ; *D.* 1982. 482, note J.-J. Daigre). Un arrêt récent semble subordonner l'engagement du fondateur à une mention expresse, le fait d'avoir conclu le contrat au nom de la société en formation n'étant pas suffisant pour permettre de mettre à la charge du fondateur les obligations issues du contrat (Com., 10 févr. 2021, n° 19-10006, à paraître au *Bull.*).

Le fondateur pourrait toutefois se soustraire à cette conséquence de l'absence de reprise de l'acte en insérant dans celui-ci une condition suspensive, portant sur l'immatriculation de la société en formation au nom de laquelle le contrat est conclu.

b. Limites

Certains auteurs avaient émis l'opinion selon laquelle la théorie de la gestion d'affaires devrait permettre de poursuivre la société en exécution de l'acte en dépit de l'absence de reprise, lorsque cet acte lui aura profité. Cette possibilité a cependant été nettement refusée par la Cour de cassation (Com. 31 janv. 2006, *Bull. Joly* 2006. 801, note R. Mortier), au motif que la société ne peut être vue comme le maître de l'affaire lorsqu'elle n'a pas encore été immatriculée, parce qu'elle n'a pas d'existence juridique. Cette solution a fait l'objet de critiques de la part des commentateurs, dans la mesure où aucun texte n'impose que le bénéficiaire de la gestion d'affaires ait une existence juridique au jour où la gestion d'affaires intervient. Mais il est possible de voir les règles de reprise des actes faits pour la société en formation comme un système écartant le jeu du droit commun – en l'occurrence du mécanisme de la gestion d'affaires. 137 ■

On peut se poser la question de savoir si la Cour de cassation exigera aussi que la personnalité morale de la société ait existé au moment de l'enrichissement pour faire application de la théorie de l'enrichissement sans cause.

Une autre limite à la règle selon laquelle seuls ceux qui ont agi au nom de la société en formation sont tenus des conséquences des actes en l'absence de reprise peut être trouvée dans la théorie de la *société créée de fait*[Q] (v. ss 153 s.). Il peut en effet arriver que la société en formation ne soit pas immatriculée et n'acquière donc pas la personnalité morale, alors que son activité a commencé à être réalisée par les associés ou les dirigeants. L'on peut alors se demander si l'on n'est pas dans la situation où une société créée de fait est apparue. L'utilité de la mise en évidence d'une société créée de fait, dans cette hypothèse, tient à la possibilité de poursuivre tous les associés de la société créée de fait et pas seulement les personnes ayant agi au nom de la société en formation. 138 ■

Afin de profiter de cette différence de régime entre les deux sociétés, le créancier social concerné devra cependant rapporter la preuve du fait que les parties avaient bien changé d'optique, et qu'une société créée de fait avait succédé à la société en formation. La distinction est difficile, car il faut séparer la société (créée de fait) de la société (en formation) ! La doctrine a pu distinguer la société en cours de constitution et la société créée de fait par l'accomplissement, dans le cadre de la seconde, d'actes d'exploitation anticipée. La jurisprudence retient effectivement ce critère (V. ainsi Com. 4 déc. 2001, *Dr. sociétés* 2002, n° 53, note Th. Bonneau ; Com. 26 mai 2009, *Rev. sociétés* 2010. 26, note B. Dondero). La durée de la période de constitution de la société en formation doit également constituer un critère pertinent (M. Germain, « Société en formation et société créée de fait », *Dr. sociétés* mai 1982. 2).

2. Effets de la reprise

a. Principe

En cas de reprise, la société est réputée avoir conclu l'acte dès la date à laquelle le fondateur l'a signé. Cette rétroactivité de la personnification de la société est expressément prévue par les articles 1843 du Code civil et L. 210-6 du Code de 139 ■

commerce, peu important la date de la délibération par laquelle la reprise a été décidée (Civ. 3e, 7 avril 2016. n° 15-10881, publié au *Bull.*). La personnalité juridique produit donc des effets, de manière singulière, dès avant l'immatriculation de la société.

b. Limites

140 Alors même que toutes les conditions vues précédemment seront remplies, la reprise des actes faits pour la société en formation pourra être déclarée nulle quand elle visera à faire supporter à une personne morale insolvable les engagements souscrits. Une personne physique malhonnête pourrait se lancer dans les affaires en choisissant de ne pas agir sous son nom, par précaution, mais de faire systématiquement les actes au nom d'une société en formation. Cette personne contracterait ainsi différentes dettes, pour des sommes importantes au nom d'une société en formation. L'entrepreneur s'engagerait personnellement en tant que fondateur puisqu'il n'y aurait pas de reprise, du moins dans un premier temps. Si par la suite, il venait à s'apercevoir que l'entreprise qu'il exploite n'est pas viable, il fera alors immatriculer la société, une SARL au capital d'un euro, par exemple. Il créera cette société à la seule fin de lui faire reprendre les actes faits « pour elle » pendant la période de formation. La SARL se trouvera immédiatement dans l'impossibilité de régler les obligations découlant des actes repris, mais les biens de la personne physique seront saufs, car les engagements ne pèseront plus sur elle. Ce serait là un moyen simple et efficace de porter atteinte aux droits des créanciers en respectant formellement la loi.

Il n'est donc pas exclu que le juge s'autorise, *sur le fondement de la fraude*, à remettre en cause l'utilisation de la société en formation pour libérer la personne physique lorsqu'il constate que l'immatriculation et la reprise ont eu lieu longtemps après la signature de l'acte et n'avaient pour but que de libérer la personne qui les avait signés à l'origine. La fraude n'est cependant que rarement retenue (v. ainsi, l'écartant, Civ. 3e, 2 févr. 2005, *Bull. civ.* III, n° 22 ; *RTD com.* 2005. 340, obs. C. Champaud et D. Danet).

section 2

Les sociétés non immatriculées

141 La société qui n'est pas immatriculée n'a pas la personnalité morale, par application de l'article 1842 du Code civil. Il existe en droit français deux formes de sociétés non personnifiées, qui sont la *société en participation*Q et la *société créée de fait*Q. Avant de les étudier, il convient de préciser que tant que la société n'est pas immatriculée, une partie seulement des règles du droit des sociétés s'applique. C'est d'ailleurs là une question difficile à trancher. Le texte régissant cette question est l'article 1842, alinéa 2 du Code civil, qui dispose que « jusqu'à l'immatriculation, les rapports entre les associés sont régis par le contrat de société et par les principes généraux du droit applicable aux contrats et obligations », sans plus de précision. Mais le contrat de société n'emporte-t-il pas avec lui l'application d'un certain nombre de textes du droit des sociétés ?

§ 1 La société en participation

A. Utilité

1. *Un simple contrat de société*

a. Une société échappant à de nombreuses contraintes

La société en participation, régie par les articles 1871 à 1872-2 du Code civil, est celle que les associés ont refusé d'immatriculer au registre du commerce et des sociétés. Elle n'est et ne demeure donc qu'un simple contrat de société, et n'est en principe pas soumise aux obligations de publicité que la loi impose aux sociétés personnifiées (une publicité est cependant requise des sociétés en participation constituées entre personnes physiques exerçant une profession libérale soumises à un statut législatif ou réglementaire ou dont le titre est protégé – v. L. n° 90-1258 du 31 déc. 1990, art. 22). La société en participation n'est pas tenue, par exemple, de faire publier au registre du commerce et des sociétés les informations permettant d'identifier ses dirigeants. 142 ■

b. Sociétés occultes et ostensibles

La société en participation peut être *occulte* : en ce cas, seule la personne qui agit pour le compte de la société en participation – généralement son gérant – se présente aux tiers, mais cette personne semble agir pour son propre compte. Elle ne révèle pas l'existence de la société ou le fait qu'elle agit pour le compte d'autres personnes. 143 ■

La société en participation peut également être *ostensible*, dans le cas où les associés ont révélé à des tiers, à leur banquier par exemple, l'existence de la société.

Il est possible que la société en participation soit totalement ostensible, ou totalement occulte, ou bien encore qu'elle soit par principe occulte mais ait fait l'objet d'une révélation ponctuelle à certains tiers.

2. *Utilisations*

On peut donner quelques illustrations de l'utilité de la société en participation. Cette forme sociale particulière permet de financer de manière occulte une opération, où n'apparaîtra que le gérant de la société. Ainsi du lancement d'une vedette, pratique révélée par Guyon, où plusieurs producteurs vont verser des capitaux à l'impresario qui s'occupe du lancement de la vedette, sans apparaître en nom ; du financement d'une opération d'investissement par plusieurs banques, qui se partagent les risques et les profits de l'opération sans que le bénéficiaire en soit averti (*pool* bancaire). La société en participation sert également à la coopération entre entreprises, à l'exploitation d'un bien en commun par plusieurs sociétés, en concurrence avec l'indivision, ou encore au montage de pactes d'actionnaires. 144 ■

3. *Avantages et inconvénients*

a. Avantages

Les *avantages* de la société en participation sont la simplicité, la rapidité, la souplesse (car elle échappe à la plupart des règles applicables aux sociétés dotées de la personnalité morale), et la discrétion (absence totale de publicité en principe). 145 ■

b. Inconvénients

146 La constitution d'une société en participation présente cependant quelques *inconvénients* : si la société est occulte, les tiers ne connaissent que le gérant, mais en ce cas la solvabilité de la société en participation est limitée à celle du gérant, puisque pour les tiers, il agit seul. Par ailleurs, la discrétion de la société en participation est peu efficace en matière fiscale puisque l'administration fiscale les contraint, sous peine d'un régime d'imposition peu favorable, à déclarer leur existence ainsi que le nom et l'adresse des associés.

B. Régime

1. *Une société civile ou commerciale selon son objet*

147 La société en participation peut avoir un caractère civil ou commercial, qui dépend de son objet, puisque l'article L. 210-1 du Code de commerce ne la mentionne pas parmi les sociétés qui sont commerciales du seul fait de la forme qu'elles ont choisi.

Selon que la société sera civile ou commerciale, on fera application aux rapports entre associés, à titre supplétif, des dispositions applicables aux sociétés civiles ou de celles relatives aux SNC (C. civ., art. 1871-1), et les associés seront tenus conjointement ou solidairement (C. civ., art. 1872-1, al. 2).

L'écrit n'est pas nécessaire à la constitution de la société en participation, l'article 1871 du Code civil disposant d'ailleurs que cette société se prouve par tout moyen.

2. *Un régime marqué par l'absence de personnalité morale*

148 La caractéristique la plus marquante de la société en participation est *qu'elle n'a pas la personnalité juridique.*

Par conséquent, la société en participation n'a pas de dénomination, ni de siège social ni de nationalité. Surtout, elle n'a pas la capacité juridique ni de patrimoine. Cela signifie que la société ne peut contracter de droits ou d'obligations elle-même. Cette absence de capacité juridique et de patrimoine a des répercussions sur le mode de réalisation des apports faits à la société en participation. Les droits apportés doivent soit demeurer dans le patrimoine de l'apporteur, celui-ci prenant l'engagement d'utiliser ces droits dans l'intérêt de la société, ce qui est le principe, soit être placés dans le patrimoine du gérant, soit être mis en indivision entre les associés (C. civ., art. 1872). Ces modes particuliers de réalisation des apports ne sont pas sans inconvénients, notamment parce que les créanciers personnels des associés ou du gérant dans les patrimoines desquels les droits apportés se trouvent vont pouvoir les y saisir. Cette absence de personnalité juridique n'empêche pas les associés de disposer des droits attachés à cette qualité, comme le droit à l'information et aux bénéfices (Com. 30 mai 2018, n° 16-21204, *Bull. Joly* 2018. 551, note Th. de Ravel d'Esclapon) et de pouvoir céder les droits qu'ils détiennent dans la société (Com. 15 mai 2012, n° 11-30.192, *Rev. sociétés* 2013. 88, note B. Dondero ; Civ. 3e, 21 janv. 2021, n° 19-23122, *BJS* juin 2021. 31, note R. Raffray).

La société peut enfin, à la différence des sociétés dotées de la personnalité morale, être constituée pour une durée indéterminée. Sa dissolution entraînera une phase de « liquidation », mais le terme ne désigne pas, en l'occurrence, la liquidation du patrimoine d'une personne morale.

3. Le gérant de la société en participation

a. Caractère facultatif

La société en participation peut être dotée d'un gérant, afin de rendre sa gestion plus souple. Ce gérant peut agir envers les tiers en qualité de mandataire des associés, mais il est aussi possible que sa qualité soit ignorée des tiers. 149 ■

b. Responsabilité

À l'égard des participants, le gérant doit être tenu comme un mandataire. À l'égard des tiers, la question est plus incertaine : sa responsabilité suppose-t-elle la caractérisation d'une faute détachable de ses fonctions ? La Cour de cassation a eu l'occasion de juger que le gérant mandataire était responsable des fautes commises dans sa gestion, sans pouvoir se retrancher derrière l'écran de la théorie de la faute détachable des fonctions (Com. 6 mai 2008, *Bull. civ.* IV, n° 96 ; *D.* 2008. 2113, note B. Dondero). L'action était, il est vrai, exercée par les participants. On pouvait toutefois penser que la solution retenue serait identique lorsque ce sont des tiers qui agissent contre le gérant, dès lors que la jurisprudence refuse au mandataire le bénéfice de la théorie de la faute séparable des fonctions (v. not. Civ. 1re, 18 mai 2004, *Bull. civ.* I, n° 141). Cette solution a été confirmée par un arrêt qui a jugé que toute faute du gérant de la société en participation constituait une faute personnelle de nature à engager sa responsabilité à l'égard des tiers, peu important qu'elle soit détachable ou non de l'exercice de son mandat (Com. 4 févr. 2014, n° 13-13.386, *Bull.* IV, n° 32 ; *Bull. Joly* 2014. 435, note B. Dondero). 150 ■

4. L'obligation aux dettes sociales des participants

a. Principe

Les dettes qui vont naître pendant la vie sociale ne peuvent peser sur la société : celle-ci ne peut en effet contracter de dettes car elle n'est pas une personne morale. Les dettes sociales doivent donc peser directement sur les associés de la société en participation. 151 ■

Le principe posé par l'article 1872-1 du Code civil est que chaque associé contracte en son nom personnel et est seul engagé à l'égard des tiers. Le plus souvent, le gérant agira seul, et il n'engagera donc que son patrimoine envers les tiers. Il ne fait cependant cela que parce que les associés de la société en participation lui auront promis de le rembourser de ses dépenses.

b. Exceptions

Il peut cependant arriver que des associés soient tenus des dettes de la société en participation, alors qu'ils n'ont pas contracté eux-mêmes ces dettes. Il faut pour cela que se vérifie l'une des situations envisagées par l'article 1872-1 du Code civil comme dérogeant au principe posé par ce même texte, c'est-à-dire que les participants se soient comportés en qualité d'associés au vu et au su des tiers, qu'ils se soient immiscés dans la gestion, ou qu'il soit démontré que l'engagement d'un autre associé envers les tiers a tourné à leur profit. Le fait d'agir au su et au vu des tiers en qualité d'associé doit résulter d'actes personnels du participant, et non d'actes des autres associés ou du gérant (Com. 15 juill. 1987, *Bull. civ.* IV, n° 195 ; *JCP* 1988. II. 20958, note Ph. Pétel). Les associés peuvent toutefois être engagés par les actes du gérant lorsqu'ils lui auront consenti un mandat d'agir en leur nom. 152 ■

Les associés sont tenus solidairement du passif social si la société en participation a un objet commercial ; si cet objet est civil, l'engagement des participants envers les tiers est seulement conjoint.

§ 2 La société créée de fait

A. Notion

1. *Définition*

153 La *société créée de fait*[Q] n'est mentionnée que par l'article 1873 du Code civil, qui ne la définit pas, mais se contente de la soumettre au régime de la société en participation. Cette société non immatriculée au registre du commerce et des sociétés, et par là même dépourvue de la personnalité morale, est reconnue par le juge au vu du comportement des associés. Les personnes vues comme membres d'une société créée de fait se sont comportées comme des associés, c'est-à-dire qu'elles ont mis des biens à la disposition d'une entreprise commune, qu'elles ont eu l'intention de participer au résultat de ladite entreprise commune, et qu'elles ont eu la volonté de collaborer ensemble sur un pied d'égalité à cette entreprise.

Simplement, les associés de fait n'ont pas eu conscience de créer une société. Ce sont par exemple des concubins ou simplement des amis qui exploitent ensemble une entreprise. Ou alors ils ont volontairement choisi une autre qualification que celle de société. Ce sont par exemple des personnes qui exploitent une entreprise commune en s'en partageant les bénéfices, mais qui ont préféré qualifier leur groupement d'association. Ce peut être aussi la qualification retenue lorsqu'une société est dissoute par l'arrivée de son terme mais que les associés poursuivent l'exploitation (la jurisprudence parle alors de « société devenue de fait » - v. Civ. 1re, 13 déc. 2005, n° 02-16605, *Bull.* I, n° 487).

Le juge va donc établir ou rétablir la qualification de société de la situation.

On peut dire que la société est créée par le juge à partir des faits, d'où l'emploi de l'expression « société créée de fait », mais en réalité, le juge ne fait que constater l'existence de la société.

2. *Distinction avec des notions voisines*

a. Société créée de fait et société de fait

154 En pratique, les tribunaux parlent souvent de « société de fait » pour désigner la société créée de fait, ces derniers termes étant pourtant ceux employés par l'article 1873 du Code civil, ou pour désigner une société en participation (v. récemment Civ. 1re, 1er juin 2017, n° 16-19558). Cette confusion terminologique est d'autant plus regrettable que la société de fait est une notion juridique distincte, qui désigne le cas où une société a été régulièrement constituée, mais est ensuite annulée. La nullité de la société n'a pas un effet rétroactif, au sens où la société nulle survit pour le passé (v. ss chapitre 4). On peut donc la qualifier, pour le passé, de « société de fait » : elle n'est pas valable en droit, puisqu'elle est nulle, mais elle demeure valable en fait. La notion de société de fait a été créée par la jurisprudence lorsque la loi ne limitait pas

encore les effets de l'annulation d'une société. La notion est aujourd'hui devenue inutile, mais l'emploi des termes « société de fait » prête à confusion en ce qu'il laisse entendre que la société créée de fait est nulle, ce qui n'est pas nécessairement le cas.

b. Absence d'autonomie de la notion ?

En dépit du succès qu'elle rencontre auprès des plaideurs, la société créée de fait a fait l'objet de critiques sévères, portant d'abord sur l'emprunt des règles de la société en participation, jugé inopportun (v. F. Dekeuwer-Défossez, « Illusions et dangers du statut des sociétés créées de fait », *D.* 1982. Chron. 84), puis sur la notion même de société créée de fait. La critique la plus dure a été portée par notre collègue François-Xavier Lucas, qui estime que lorsque la société créée de fait est fondée sur des relations contractuelles, elle se confond avec la société en participation, tandis que le recours à la notion de société créée de fait en l'absence de tout contrat devrait se voir préférer une extension de la théorie des quasi-contrats (*in* « La société dite "créée de fait" », *Mélanges Y. Guyon*, Dalloz, 2003, p. 737). Une décision de la Cour de cassation relative à la dissolution d'une société créée de fait illustre la proximité entre cette société et la société en participation (Com. 10 avr. 2019, n° 17-28834, publié au *Bull.*). 155 ■

B. Utilité

1. *Dans les rapports entre associés*

a. Mise en commun des résultats

Dans les rapports entre associés, la caractérisation d'une société créée de fait vise dans la très grande majorité des cas à régler les rapports passés entre les associés qui la composent. Ils ont donné à leur groupement, à leur entreprise commune, un autre statut que celui d'une société, ou bien ils ne lui ont donné aucun statut juridique. Ce sont par exemple des concubins, exploitant un fonds de commerce qui n'appartient qu'à l'un d'entre eux. Imaginons un boucher, qui demande à sa concubine de l'aider à l'exploitation d'un fonds de boucherie (elle tient la caisse par exemple, et participe à l'activité). Le fonds prend de la valeur du fait de cette exploitation commune. Par la suite, les concubins se séparent. La concubine a fourni son activité et contribué à augmenter la valeur du fonds. Cependant, elle ne peut en principe rien reprendre, car le fonds reste entre les mains de son propriétaire, enrichissement compris, sauf si… une société est reconnue entre les concubins. Les apports auront été le fonds pour l'un, son activité pour l'autre. Il faudra aussi démontrer l'intention de participer au résultat de l'exploitation en commun et l'*affectio societatis*. L'intention de participer sera caractérisée plus facilement lorsque les concubins auront vécu des revenus tirés de l'exploitation du fonds pendant la période de concubinage. On fera donc constater au juge qu'une société a existé, qu'elle est aujourd'hui dissoute, du fait de la séparation des concubins, et qu'un bénéfice a été réalisé, sous la forme de la plus-value bénéficiant au fonds. La clientèle de celui-ci a augmenté, et donc sa valeur. C'est un bénéfice, qui résulte de l'activité de la société entre les concubins. Si la société est dissoute, ce bénéfice doit être distribué entre les associés. Le propriétaire du fonds devra donc verser à son ex-concubine une somme équivalant à une partie de la plus-value du fonds. Une règle particulière à l'apport en industrie prend toute son importance ici : l'article 1844-1 du Code civil dispose en effet en son alinéa 1er que 156 ■

la part de celui qui n'a apporté que son industrie est égale, sauf convention contraire, à la part de l'associé qui a le moins apporté. Cela est particulièrement intéressant dans notre exemple pour l'amante délaissée du boucher, car lorsque l'on n'a que deux associés, dont un apporteur en industrie, ce dernier a droit à la moitié du bénéfice.

b. Preuve requise

■ 157 Lorsque c'est un plaideur qui se prétend associé d'une société créée de fait, il devra prouver les différents éléments de la société : apports (le plus souvent en industrie), *affectio societatis* et intention de contribuer aux résultats (intention matérialisée le plus souvent par la participation aux bénéfices). La jurisprudence varie entre l'indulgence et la rigueur quant à la preuve de la société créée de fait. Certaines décisions, notamment en matière de concubins, ont semblé reconnaître aisément une société créée de fait, tandis que d'autres sont plus exigeantes (v. ainsi Civ. 1re, 20 janv. 2010, 2 arrêts, *Rev. sociétés* 2010. 430, note B. Dondero).

2. *Dans les rapports avec les tiers*

a. Adjonction de débiteurs

■ 158 Le créancier X d'un débiteur A, qui se révèle insolvable, sera heureux d'apprendre que A était en réalité associé avec deux autres personnes, B et C. Le principe est que le créancier n'a pour débiteur que le seul A. Mais s'il arrive à démontrer l'existence d'une société créée de fait entre A, B et C, d'une part, et que certaines conditions sont remplies quant aux associés de cette société créée de fait, d'autre part (en principe les mêmes que celles requises pour que les associés d'une société en participation soient engagés par les actes qu'ils n'ont pas personnellement contractés), le créancier pourra exiger des autres associés B et C le paiement des créances qu'il n'avait pourtant contractées que sur A.

b. Preuve requise

■ 159 La jurisprudence fait bénéficier les tiers qui veulent rapporter la preuve de l'existence d'une société créée de fait d'un régime très favorable. La preuve des différents éléments de la société serait très difficile à rapporter pour quelqu'un d'extérieur, en dépit du fait que cette preuve peut être établie par tous moyens, par application de l'article 1871 du Code civil (et de la règle de droit commun si l'on considère qu'il s'agit de rapporter la preuve d'un fait juridique). Dès lors, la Cour de cassation admet que les tiers n'aient qu'à prouver l'*apparence d'une société créée de fait* (V. ainsi, par ex., Civ. 2e, 22 mai 2008, *Bull. civ.* II, n° 125 ; *Bull. Joly* 2008. 866, note B. Dondero).

Compléments pédagogiques

Mémo

La société est, la plupart du temps, une *personne morale*. La *personnalité morale* comporte des effets principaux (capacité juridique, patrimoine) et des effets secondaires (dénomination sociale, siège social, nationalité, nécessité d'une durée limitée). L'acquisition de la personnalité morale suppose que la société ait été immatriculée au *registre du commerce et des sociétés*.

Pendant la période qui précède l'immatriculation, les fondateurs peuvent conclure des actes au nom de la société en formation, qui seront repris par cette société une fois qu'elle aura été immatriculée. Le système qui résulte des textes et de la jurisprudence est formaliste, la reprise devant nécessairement suivre les procédures prévues.

Les sociétés qui ne sont pas immatriculées au registre du commerce et des sociétés sont dépourvues de la personnalité morale. Il en existe de deux sortes.

La *société en participation* est un simple contrat de société. Son défaut de patrimoine suppose que les apports soient réalisés par des moyens autres que leur réception par un patrimoine social qui par hypothèse n'existe pas.

La *société créée de fait* est une société que le juge va reconnaître, alors que les associés de cette société ont donné une autre qualification à leur relation ou ne l'ont pas qualifiée du tout — mais refusent (au moins pour partie d'entre eux) cette qualification.

Quid

■ Dénomination sociale nᵒˢ 94 et 105

Appellation utilisée par la société. Elle permet d'identifier la société, notamment par rapport à ses associés et à ses dirigeants.

■ *Lex societatis* n° 113

Loi applicable à la société, et déterminée par la nationalité qui lui est reconnue. La *lex societatis* déterminera notamment l'étendue des pouvoirs des dirigeants et, plus généralement, les règles régissant le fonctionnement interne de la société.

■ Personnalité juridique n° 92

Qualité de sujet de droit, reconnue à tout être humain, d'une part, et aux rassemblements d'intérêts et de biens qui remplissent les conditions établies par la loi ou plus largement le système juridique.

■ **Personnalité morale nos 92 et 122**

Reconnaissance de la personnalité juridique à un autre sujet qu'une personne physique.

■ **Personne morale n° 92**

Sujet de droit autre qu'une personne humaine.

■ **Raison sociale n° 94**

Dénomination sociale composée du nom d'un ou de plusieurs associés d'une société.

■ **Registre du commerce et des sociétés (RCS) nos 118 s.**

Registre tenu par le greffier du tribunal de commerce et qui centralise les inscriptions, les informations et les pièces déposées par les commerçants personnes physiques et par les personnes morales (sociétés et GIE) qui y sont immatriculées. Pour les sociétés et GIE, l'immatriculation conditionne l'acquisition de la personnalité morale.

■ **Siège social nos 94 et 110 s.**

Équivalent du domicile pour les personnes morales, le siège social centralise les fonctions de prise de décisions de la société.

■ **Société créée de fait nos 138, 141 et 153 s.**

Société dépourvue de personnalité morale reconnue par le juge à partir du comportement des parties.

■ **Société en participation n° 141**

Société que les parties ont choisi de ne pas immatriculer au RCS, et qui par conséquent est dépourvue de la personnalité morale.

Biblio

1) La personnalité morale

– B. Dondero, « Le Code de commerce de 1807 et le mystère de la personnalité morale », in *D'un Code à l'autre : le droit commercial en mouvement*, P. Le Cannu (dir.), LGDJ, 2008, p. 211.
– B. Dondero, *Les groupements dépourvus de personnalité juridique en droit privé – Contribution à la théorie de la personnalité morale*, préf. H. Le Nabasque, PUAM, 2006.
– L. Dumoulin, « Les droits de la personnalité des personnes morales », *Rev. sociétés* 2006. 1.
– H. Leyrat, Une société peut-elle véritablement être partie à une donation ? *Defrénois* 2020. 21.
– H. Martron, *Les droits de la personnalité des personnes morales de droit privé*, préf. J.-C. Hallouin, Presses universitaires juridiques de Poitiers, 2011.
– H. Matsopoulou, « La généralisation de la responsabilité pénale des personnes morales », *Rev. sociétés* 2004. 283.
– M. Menjucq, « Mondialisation et rattachement juridique des sociétés », in *Mélanges Y. Guyon*, Dalloz, 2003, p. 831.
– P. Mousseron, « Le nouveau régime de la capacité contractuelle des sociétés : la boussole de l'objet social », D. 2016. 906.
– J. Paillusseau, « Mais qu'est-ce que la personnalité morale ? », *JCP E* 2019, 1224.

– Ph. Stoffel-Munck, « Le préjudice moral des personnes morales », in *Mélanges Ph. Le Tourneau*, LGDJ, 2008, p. 959.
– V. Wester-Ouisse, « Le préjudice moral des personnes morales », *JCP* 2003. I. 145.

2) La nationalité des sociétés

– J. Béguin, « La nationalité juridique des sociétés commerciales devrait correspondre à leur nationalité économique », *Études P. Catala*, Litec, 2001, p. 859.
– Th. Mastrullo, Les conséquences du Brexit en droit des sociétés, Rev. sociétés 2021. 151.
– D. Vidal, « L'engagement contractuel des sociétés en droit international privé français », in *Mélanges J.-P. Sortais*, Bruylant, 2002, p. 597.

3) Société en formation

– M. Germain, « Société en formation et société créée de fait », *Dr. sociétés,* mai 1982. 2.

4) Société en participation

– F. Dekeuwer-Défossez, « L'indivision dans les sociétés en participation », *JCP* 1980. I. 2970.
– J.-P. Garçon, « Le concept trompeur de transformation d'une société de fait en société de droit », *Bull. Joly* 2010. 106.
– A. Gauvin, « Le gérant de la société en participation », *Gaz. Pal.* 1998. 2. Doctr. 850.
– C. Goyet, « L'article 1872-1 du Code civil s'applique-t-il aux situations informelles ? » *D.* 1998. Chron. 37.
– Ph. Pétel, « La révélation aux tiers de la société en participation », *JCP E* 1987. I. 16369.
– A. Picand-L'Amézec, « L'obligation des associés en participation envers les tiers », *Rev. sociétés* 1990. 567.
– P. Walet, « Le régime des biens dans les sociétés en participation », *Bull. Joly* 1979. 18.

5) Société créée de fait

– F. Dekeuwer-Défossez, « Illusions et dangers du statut des sociétés créées de fait », *D.* 1982. Chron. 84.
– G. Kessler, « Société créée de fait : les leçons du droit comparé », *D.* 2005. Chron. 86.
– F.-X. Lucas, « La société dite "créée de fait" », in *Mélanges Y. Guyon*, Dalloz, 2003, p. 737.
– S. Vacrate, *La société créée de fait, essai de théorisation*, préf. H. Lécuyer, LGDJ, 2003.

6) Société en formation

– C. Bourgeois, « Société en formation et exercice d'une action en justice : enjeux théoriques et pratiques », *D.* 2008. Chron. 1160.

Quiz

1) Sujet corrigé

Commentaire d'arrêt

Énoncé

Commentez l'arrêt de la chambre commerciale de la Cour de cassation du 13 juillet 2010 (n° de pourvoi 09-68.142, non publié au Bulletin) :

« Attendu, selon l'arrêt attaqué, que Mme X…, agissant pour le compte d'une société en formation, dénommée Contents France (la société Contents), a demandé à la société Affectio societatis de l'assister pour mener à bien l'opération de reprise par la future société des actifs de la société Hoppy, en redressement judiciaire ; que la société Contents a été immatriculée au registre du commerce et des sociétés sous la forme d'une société à responsabilité limitée ; qu'elle a ensuite été mise en liquidation judiciaire ;

Sur le moyen unique, pris en sa première branche :

Attendu que la société Affectio societatis fait grief à l'arrêt de l'avoir déboutée de sa demande en paiement du prix de ses prestations formée contre Mme X…, alors, selon le moyen, que la société qui a été régulièrement constituée et immatriculée ne peut reprendre que les actes accomplis pour son compte alors qu'elle était en formation ; qu'une société à responsabilité limitée ne peut ainsi reprendre les actes accomplis par un de ses associés dans le cadre de la constitution d'une société par actions simplifiée en formation ; qu'en jugeant néanmoins que la société Contents France avait valablement repris l'engagement de Mme X… à l'égard de la société Affectio societatis, dans le cadre de la constitution de la société Contents France, au motif inopérant que la société à responsabilité limitée résultait de la seule modification du projet initial de société par actions simplifiée, tandis qu'elle retenait que l'engagement litigieux avait été souscrit au nom d'une SAS en formation, la cour d'appel a violé les articles L. 210-6 et R. 210-5 du Code de commerce ;

Mais attendu que l'arrêt relève qu'après l'établissement d'un premier projet de statuts prévoyant la constitution de la société Contents sous forme de société par actions simplifiée, la société Affectio societatis avait conseillé l'adoption de la société à responsabilité limitée et adressé aux futurs associés la totalité de la documentation utile à la constitution de la société Contents sous cette forme ; qu'il ajoute que ce choix restait entièrement dans la continuité du projet de reprise de la société Hoppy et ne constituait pas un nouveau projet ; qu'ayant ainsi constaté que la société qui avait acquis la jouissance de la personnalité morale était celle pour le compte de laquelle Mme X… avait déclaré agir, la cour d'appel a légalement justifié sa décision ; que le moyen n'est pas fondé ;

Mais sur le moyen, pris en sa deuxième branche :

Vu l'article R. 210-5 du Code de commerce ;

Attendu que lors de la constitution d'une société à responsabilité limitée, l'état des actes accomplis pour le compte de la société en formation, avec l'indication, pour chacun d'eux, de l'engagement qui en résulterait pour la société, est présenté aux associés avant la signature des statuts ; que cet état est annexé aux statuts, dont la signature emporte reprise des engagements de la société, lorsque celle-ci a été immatriculée au registre du commerce et des sociétés ;

Attendu que pour débouter la société Affectio societatis de ses demandes dirigées contre Mme X..., l'arrêt retient qu'aux statuts est annexée une liste des engagements souscrits ; qu'y est mentionné un "engagement de frais et honoraires de conseil et du coût des formalités (publicité, greffe) en vue de la constitution de la société et de la reprise à son profit de la totalité de l'entreprise dépendant du redressement judiciaire de la société Hoppy en exécution du jugement du tribunal de commerce de Troyes du 20 décembre 2006" ; que l'arrêt ajoute qu'il ne peut être tiré aucune conséquence de la constatation que, dans le projet de statuts, ce même paragraphe commençait par les mots « engagements d'honoraires auprès de Maître Arnaud Y... et de la société Affectio societatis, de frais et du coût... », le reste sans changement ; que l'arrêt relève encore que cette différence ne traduit pas la volonté d'exclure de la reprise des engagements les honoraires de la société Affectio societatis mais au contraire celle d'élargir la portée de la reprise à tous les honoraires des conseils ayant participé à l'opération de constitution de la société et de reprise des actifs Hoppy ;

Attendu qu'en statuant ainsi, par des motifs desquels il résulte que les documents annexés aux statuts ne comportaient pas l'indication de l'engagement résultant pour la société Contents du contrat conclu avec la société Affectio societatis pour le compte de la société en formation, la cour d'appel a violé le texte susvisé ;

PAR CES MOTIFS, et sans qu'il y ait lieu de statuer sur la troisième branche du moyen : CASSE ET ANNULE, mais seulement en ce qu'il a débouté la société Affectio societatis de ses demandes formées contre Mme X..., l'arrêt rendu le 28 mai 2009, entre les parties, par la cour d'appel de Versailles ; remet, en conséquence, sur ce point, la cause et les parties dans l'état où elles se trouvaient avant ledit arrêt et, pour être fait droit, les renvoie devant la cour d'appel de Versailles, autrement composée (...). »

Voir le corrigé en fin de rubrique.

2) Corrigé

Commentaire d'arrêt

L'arrêt rendu par la chambre commerciale de la Cour de cassation le 13 juillet 2010 traite, après de nombreuses autres décisions, de la question des conditions de la reprise des actes accomplis pour le compte d'une société en formation.

Mme X, agissant pour le compte d'une société en formation, dénommée Contents, a demandé à la société Affectio societatis de l'assister pour mener à bien une opération de reprise par la future société des actifs d'une société Hoppy, en redressement judiciaire. La société Contents a été immatriculée au registre du commerce et des sociétés sous la forme d'une société à responsabilité limitée, mais a ensuite été mise en liquidation judiciaire.

La société Affectio societatis a saisi les tribunaux pour être payée du prix de ses prestations, non par la société Contents, mais par Mme X, et elle a été déboutée de ses demandes par un arrêt de la cour d'appel de Versailles en date du 28 mai 2009.

Cet arrêt est cassé partiellement par l'arrêt commenté.

La société demanderesse faisait tout d'abord valoir (moyen unique, première branche) que la société qui a été régulièrement constituée et immatriculée ne peut reprendre que les actes accomplis pour son compte alors qu'elle était en formation, et que la société Contents aurait repris sous la forme de SARL des actes conclus au nom d'une SAS en formation, ce qui aurait constitué une violation des articles L. 210-6 et R. 210-5 du Code de commerce.

Le pourvoi est cependant rejeté sur ce point, au motif que l'adoption de la forme de SARL était, après l'établissement d'un premier projet de statuts prévoyant la constitution sous forme de SAS, dans la continuité du projet de reprise de la société Hoppy et ne constituait pas un nouveau projet, et que de ce fait, la société qui avait acquis la jouissance de la personnalité morale était celle pour le compte de laquelle Mme X avait déclaré agir.

La société demanderesse invoquait cependant ensuite (moyen unique, deuxième branche), une violation de l'article R. 210-5 du Code de commerce, et celle-ci fonde la cassation partielle de l'arrêt d'appel.

Celui-ci avait statué par des motifs desquels il résultait que les documents annexés aux statuts ne comportaient pas l'indication de l'engagement résultant pour la société Contents du contrat conclu avec la société Affectio societatis pour le compte de la société en formation, alors que lors de la constitution d'une SARL, l'état des actes accomplis pour le compte de la société en formation, avec l'indication, pour chacun d'eux, de l'engagement qui en résulterait pour la société, est présenté aux associés avant la signature des statuts, et que cet état est annexé aux statuts, dont la signature emporte reprise des engagements de la société, lorsque celle-ci a été immatriculée au RCS.

L'arrêt répond donc à deux questions : la « transformation » antérieure à l'immatriculation a-t-elle une influence sur la reprise des actes faits pour le compte de la société en formation ? Quelle est la portée de l'exigence d'indication de l'engagement résultant du contrat conclu pour le compte de la société en formation ?

La Cour de cassation répond successivement que le changement de forme sociale est dépourvu d'incidence dès lors que cette « transformation » ne révèle pas un nouveau projet (I), et rappelle l'importance du formalisme de la reprise des actes (II).

I. La « transformation », révélatrice d'un nouveau projet ?

Il convient d'analyser successivement le changement de forme sociale antérieur à l'immatriculation (A) et son impact sur le mécanisme de reprise des actes (B).

A. Le changement de forme sociale antérieur à l'immatriculation

1. Rejet de la qualification de transformation (sur la transformation, v. ss chapitre 8)

a. La transformation au sens strict

Les articles 1844-3 du Code civil et L. 210-6 du Code de commerce envisagent la transformation sans la définir, mais en énonçant que celle-ci n'entraîne pas la création d'une personne morale nouvelle.

Il faut donc en déduire que la transformation ainsi visée suppose que la société qui se transforme soit dotée, préalablement à l'opération, de la personnalité morale.

b. Inapplicabilité à la société en formation

La société en formation étant celle qui n'est pas encore immatriculée, elle se trouve dépourvue de personnalité morale, par application de l'article 1842 du Code civil.

Il est donc exclu que son changement de forme soit une transformation au sens des articles 1844-3 et L. 210-6 précités.

2. Analyse en une modification du projet initial

a. La notion de projet sociétaire

Le législateur ne traite pas de la question dans les dispositions générales relatives au contrat de société, et la jurisprudence sur les accords préliminaires au contrat de société est relativement rare. Le projet de société devrait englober essentiellement les pourparlers, sauf à ce qu'un projet soit avancé au point de pouvoir être qualifié de promesse ou même de contrat de société. Le projet de société doit surtout, pour ce qui nous intéresse ici, fonder l'application du régime de la société en formation.

b. La modification du projet initial

Si le changement de la forme sociale envisagée, décidé antérieurement à l'immatriculation, ne peut être vu comme une transformation *stricto sensu*, il faut y voir une simple modification du projet initial, mais encore faut-il distinguer en fonction de l'impact de cette modification.

B. L'impact du changement de forme sur la reprise des actes

1. L'enjeu

a. L'apparition d'une seconde société en formation

Si la modification de la forme sociale initialement envisagée intervient après la conclusion d'actes au nom de la société en formation, il est alors concevable qu'une seconde société en formation apparaisse, distincte de la première.

Il ne semble pas que la Cour de cassation ait déjà eu l'occasion de se prononcer sur cette question, antérieurement à l'arrêt commenté.

b. L'impossible reprise des actes

S'il est démontré qu'une seconde société en formation est apparue, consécutivement à la modification des statuts, cette seconde société ne devrait pas être en mesure de reprendre, une fois immatriculée et par application de l'article L. 210-6 du Code de commerce, les actes faits pour le compte de la première.

C'est ce que soutenait la société Affectio societatis, demanderesse au pourvoi, en plaidant qu'une société à responsabilité limitée ne peut reprendre les actes accomplis par un de ses associés dans le cadre de la constitution d'une société par actions simplifiée en formation.

L'enjeu était important, puisqu'en l'absence de reprise des actes, le débiteur de la société Affectio societatis se trouvait être non pas la société Contents, en liquidation judiciaire, mais la personne qui avait agi au nom de la société en formation, Mme X, que l'on imagine plus solvable.

2. Le critère utilisé

a. Identification

L'arrêt d'appel attaqué avait jugé que le choix de la nouvelle forme sociale (SARL plutôt que SAS) « restait entièrement dans la continuité du projet de reprise de la société Hoppy et ne constituait pas un nouveau projet ».

La chambre commerciale de la Cour de cassation rejette le pourvoi en jugeant l'arrêt d'appel légalement fondé, la cour ayant « constaté que la société qui avait acquis la jouissance de la personnalité morale était celle pour le compte de laquelle Mme X avait déclaré agir ».

Il convient donc de rechercher si la société pour le compte de laquelle les actes ont été faits était bien celle qui a été finalement immatriculée, et si c'est bien le projet initial qui a été maintenu.

b. Portée

Le critère apparaît formulé assez nettement, et l'on pourrait s'étonner de ce que l'arrêt ne soit pas publié au *Bulletin*.

On s'interrogera toutefois sur l'incidence d'un élément qui est repris au passage par la Cour de cassation, sans qu'elle l'érige formellement en fondement de sa décision : le changement de forme sociale, en cours de période de formation, avait été conseillé par la société Affectio societatis, précisément la société qui prétendait en tirer argument pour écarter la reprise. Cette société avait en outre adressé aux futurs associés la totalité de la documentation utile à la constitution de la société Contents sous la forme de SARL désormais envisagée.

Il est donc à se demander si la solution aurait été la même si le demandeur au pourvoi n'avait pas été précisément à l'origine du changement de forme sociale.

La Cour de cassation peut ensuite rappeler plus nettement l'importance du formalisme de la reprise des actes faits pour le compte d'une société en formation.

II. L'importance du formalisme de la reprise des actes

L'arrêt commenté, qui exprime l'expression du formalisme en matière de reprise des actes faits pour le compte d'une société en formation (A), est porteur d'un certain nombre de conséquences (B).

A. L'expression du formalisme

1. Une situation confuse

a. La différence entre les statuts et le projet de statuts

La cour d'appel avait débouté la société Affectio societatis de ses demandes dirigées contre Mme X en relevant qu'était annexée aux statuts une liste des engagements souscrits, mentionnant un « engagement de frais et honoraires de conseil et du coût des formalités (publicité, greffe) en vue de la constitution de la société et de la reprise à son profit de la totalité de l'entreprise dépendant du redressement judiciaire de la société Hoppy en exécution du jugement du tribunal de commerce de Troyes du 20 décembre 2006 ».

Le projet initial de statuts mentionnait quant à lui les mots « engagements d'honoraires auprès de Maître Arnaud Y... et de la société Affectio societatis, de frais et du coût... ».

b. L'analyse de la cour d'appel

La cour d'appel en avait déduit que cette différence ne traduisait pas la volonté d'exclure de la reprise des engagements les honoraires de la société Affectio societatis mais au contraire celle d'élargir la portée de la reprise à tous les honoraires des conseils ayant participé à l'opération de constitution de la société et de reprise des actifs Hoppy.

2. L'affirmation nette du formalisme

a. Le non-respect du formalisme

La décision de la cour d'appel va se trouver censurée pour violation de l'article R. 210-5 du Code de commerce, texte qui dispose que la reprise des engagements conclus pour le compte d'une société en formation suppose que soit annexé aux statuts un état des actes faits pour le compte de la société avec l'indication, pour chacun d'eux, de l'engagement qui en résulterait pour la société.

b. La censure

L'arrêt d'appel est cassé en ce que des motifs sur lesquels il se fonde, il résulte que les documents annexés aux statuts ne comportaient pas l'indication de l'engagement résultant pour la société Contents du contrat conclu avec la société Affectio societatis pour le compte de la société en formation.

B. Les conséquences de la solution

1. Renforcement du courant jurisprudentiel formaliste

a. Un fort courant

La jurisprudence a, à de nombreuses reprises, affirmé l'importance du formalisme en matière de reprise des actes conclus pour le compte d'une société en formation.

En substance, ce n'est que dans l'hypothèse où les formalités légales et réglementaires ont été respectées que la reprise des actes faits pour le compte de la société en formation est possible (v. not. Com. 1er juill. 2008, *Bull. civ.* IV, n° 139). La jurisprudence refuse, très majoritairement, de donner effet à des manifestations de volonté de la société autres que celles prévues par les textes (v. ainsi Civ. 1re, 26 avr. 2000, *Bull. civ.* I, n° 123).

Ce formalisme peut s'expliquer par le fait que le dispositif de reprise des actes institue une exception au fonctionnement normal de la personnification des sociétés, qui exclut qu'une société puisse se voir imputer des actes accomplis antérieurement à son immatriculation, et qui fait courir un risque aux tiers en permettant que la reprise des actes libère le fondateur des engagements pris par lui.

b. Rattachement de l'arrêt commenté à ce courant

En censurant l'arrêt d'appel pour violation de l'article R. 210-5 du Code de commerce, dont elle rappelle le contenu par un attendu de principe, la chambre commerciale de la Cour de cassation manifeste une fois encore son attachement au formalisme, même si elle le fait par une décision qui ne sera pas publiée au *Bulletin*.

2. Conséquences immédiates

a. Non-reprise des actes par la société

Parce que le formalisme de l'article R. 210-5 du Code de commerce n'a pas été respecté, la société Contents, qui a été immatriculée et qui est aujourd'hui en liquidation judiciaire, n'a pu reprendre les actes litigieux, ce qui signifie qu'elle n'est pas le débiteur de la société Affectio societatis.

b. Imputabilité des actes au fondateur

Si les actes litigieux n'ont pas été repris, c'est donc au fondateur, en l'occurrence Mme X, qu'ils sont imputables (C. com., art. L. 210-6 ; Com. 3 avr. 1973, *Bull. civ.* IV, n° 150). Cela devrait satisfaire la société Affectio societatis, puisque c'est en réaction au rejet de son action en paiement contre Mme X qu'elle avait saisi la Cour de cassation et que poursuivre une personne physique peut être plus intéressant que de tenter de recouvrer sa créance auprès d'une société en liquidation judiciaire.

chapitre 4

La nullité en droit des sociétés

Plan analytique

La nullité en droit des sociétés

« Les nullités sont odieuses », pouvait écrire un auteur au XIXe siècle (V. H. Solon, *Théorie sur la nullité des conventions et des actes de tout genre en matière civile*, Paris, 1835). La nullité est effectivement une institution dangereuse, et cette affirmation est particulièrement vraie en droit des sociétés. La nullité qui affecte la société touche non seulement à un acte juridique, mais aussi à un sujet de droit, lorsque la société est personnifiée. Il y a alors le risque que les actes accomplis par ce sujet de droit se trouvent à leur tour remis en cause, ce qui nuirait notamment aux tiers. La nullité touchant non plus la société elle-même, mais les différents actes qu'elle peut produire, est également problématique. Tout d'abord, le fait que la société est une personne juridique, un groupement doté d'une organisation juridique, a pour conséquence que son fonctionnement est fondé sur la prise d'actes juridiques, eux-mêmes susceptibles d'encourir une annulation. Ensuite, il ne faudrait pas que les tiers aient à supporter les conséquences de l'annulation des actes de la société lorsque la nullité trouve sa cause dans un vice lié au fonctionnement interne de la société. 160

Pour ces raisons, le droit des sociétés comporte un régime spécial, dérogeant au régime général de la nullité, applicable à la nullité de la société et de ses actes. Ce régime figure aux articles 1844-10 à 1844-17 du Code civil, dispositions applicables à toutes les sociétés, et aux articles L. 235-1 à L. 235-14 du Code de commerce, dispositions applicables aux seules sociétés commerciales. Ces deux corps de dispositions comportent toutefois beaucoup de textes identiques.

La caractéristique d'ensemble de ce régime est claire : il vise à limiter les situations dans lesquelles une nullité pourra prendre effet. Pour atteindre cet objectif, ce sont tout à la fois les causes de nullité qui sont réduites, l'exercice de l'action en nullité qui est rendu plus difficile, et la régularisation qui est favorisée.

Parallèlement à ce régime restrictif, le législateur met en place des sanctions différentes, appelées à compléter ou à remplacer les nullités. La suspension des droits de l'associé apparaît ainsi comme une sanction plus souple que la nullité. La loi *Warsmann II* du 22 mars 2012 a d'ailleurs introduit une série de cas de suspension des droits de vote et du droit aux dividendes des actionnaires de société anonyme en cas d'irrégularité dans la constitution de la société, ou lors d'une augmentation de capital, notamment (C. com., art. L. 225-11-1, L. 225-16-1 et L. 225-150). Il ne faut cependant pas perdre de vue que la suspension des droits de l'associé est génératrice de nullités en cascade, dès lors que la résolution votée avec des droits suspendus encourt l'annulation ! 161

Face aux obstacles et aux contraintes que rencontre l'action en nullité en droit des sociétés, il est tentant pour celui qui conteste une société ou l'un de ses actes d'invoquer l'ancienne *théorie de l'inexistence*[Q]. Cette notion, en déclin aujourd'hui au sein du droit privé (v. ainsi, refusant d'en faire application à des actes de procédure, Cass., ch. mixte, 7 juill. 2006, *Bull. civ.*, n° 6 ; Civ. 1re, 17 janv. 2008, *Bull. civ.* I, n° 13 ; *D.* 2008. 644, obs. C. Creton), vise les cas où le vice dans la 162 constitution d'un acte consiste en l'absence d'une condition essentielle. L'inexistence, à la différence de la nullité relative, peut être invoquée par tout intéressé, et ce, à la différence des nullités, sans contrainte de délai. En réalité, il ne serait même pas nécessaire qu'un juge prononce l'inexistence de l'acte, à la différence de la nullité. Si l'inexistence était admise en droit des sociétés, une partie des nullités relevant de ce droit des sociétés se trouverait soustraite au régime restrictif institué par le législateur. Toutefois, le droit des sociétés refuse actuellement de recourir à l'inexistence comme substitut à la nullité (v. ainsi Com. 22 juin 1999, n° 98-13611, *Bull. civ.* IV, n° 136 ; *Bull. Joly* 1999. 978, note A. Couret, à propos d'une société fictive).

section 1

Les causes de nullité

■ 163 Le frein essentiel à la diffusion de la nullité en droit des sociétés réside dans le nombre limité des causes de nullité de la société ou de ses actes. Il faut ici distinguer selon l'acte envisagé, en précisant qu'il existe deux textes parallèles, l'article 1844-10 du Code civil, applicable de manière générale, et l'article L. 235-1 du Code de commerce, applicable aux seules sociétés commerciales.

§ 1 La nullité de la société

■ 164 Le premier acte à envisager est l'acte de société lui-même. On touche à un acte qui vaut entre les parties, mais dont la particularité est qu'il peut donner naissance à une personne morale (v. ss chapitre 3). Cela explique que la nullité de la société elle-même soit la plus restreinte quant aux causes pouvant la provoquer.

L'article 1844-10 du Code civil dispose que la nullité de la société ne peut résulter que de la violation des dispositions des articles 1832, 1832-1, alinéa 1er, et 1833 (depuis la loi PACTE du 22 mai 2019, il est précisé que seul le 1er al. est concerné), ou de l'une des causes de nullité des contrats en général, tandis que l'article L. 235-1 du Code de commerce subordonne la nullité d'une société commerciale à une disposition expresse du deuxième livre du Code de commerce ou des « lois qui régissent la nullité des contrats », formule quelque peu énigmatique.

La nullité de la société est par ailleurs une question à laquelle le droit de l'Union européenne s'est très tôt intéressé, puisqu'une directive n° 68/151 du 9 mars 1968, reprise par la directive n° 2009/101/CE du 16 septembre 2009, et désormais par la directive n° 2017/1132 du Parlement européen et du Conseil du 14 juin 2017 relative à certains aspects du droit des sociétés, énumère les cas dans lesquels une SARL ou une société par actions peut être annulée, cette énumération étant limitative. Le droit français n'est pas, de ce point de vue, en conformité avec le droit de l'Union, puisqu'un grand nombre de causes de nullité des SARL et des sociétés par actions admises par nos textes ou par nos juges ne figurent pas dans la liste de la directive.

A. Violation des textes sur les sociétés

1. *Règles applicables à toutes les sociétés*

L'article 1844-10 du Code civil est ici beaucoup plus restrictif, au moins en apparence, que son homologue du Code de commerce. Seuls les premier et troisième textes visés par l'article 1844-10 peuvent en effet fonder une nullité. La référence à l'article 1832-1 du Code civil, qui interdisait que deux époux soient ensemble associés d'une même société, faisant peser sur eux une responsabilité indéfinie et solidaire, mais abrogé sur ce point par la loi n° 85-1372 du 23 décembre 1985, ne peut plus fonder une annulation. 165 ■

a. Violation de l'article 1832 du Code civil

La violation de l'article 1832 vise la société dans laquelle un ou plusieurs associés ne se sont pas engagés à réaliser un apport ou sont dépourvus d'intention de participer aux résultats, et également le défaut d'*affectio societatis*, bien que le texte ne prévoie pas expressément cette condition. L'absence de l'un ou de plusieurs de ces éléments se rencontrera lorsque la société sera reconnue comme fictive. 166 ■

Une ambiguïté des textes relatifs à la condition tenant à l'intention de participer aux résultats mérite par ailleurs d'être signalée. En l'absence de volonté d'un associé de contribuer aux pertes, par exemple, la société doit être nulle. Toutefois, la clause qui va manifester l'absence de volonté de participer aux pertes d'un associé déclenche une autre sanction, qui n'est pas la nullité de la société : la clause est en effet réputée non écrite du fait de la prohibition des clauses léonines (C. civ., art. 1844-1, al. 2, v. ss 58 s.). Le choix exprès de cette sanction devrait écarter la nullité, mais peut-on réellement avoir l'intention de s'associer tout en demandant à ses coassociés de supporter l'intégralité des pertes ? On observera que le législateur a enfoncé le clou, puisqu'il précise, à propos des seules sociétés commerciales, que « *la nullité de la société ne peut non plus résulter de la nullité des clauses prohibées par l'article 1844 du Code civil* » (C. com., art. L. 235-1, al. 1er).

b. Violation de l'article 1833 du Code civil

La violation de l'article 1833, al. 1er recouvre quant à elle les cas d'illicéité de l'objet et l'absence d'intérêt commun des associés lors de la constitution. Il semble que pour la jurisprudence française, l'illicéité de l'objet peut s'entendre non seulement de l'illicéité affectant l'objet statutaire, mais aussi de celle affectant l'objet réel de la société. Sur ce dernier point, la Cour de justice des Communautés européennes, interprétant la directive du 9 mars 1968 (aujourd'hui directive n° 2017/1132 du Parlement européen et du Conseil du 14 juin 2017 relative à certains aspects du droit des sociétés), a toutefois jugé que l'objet social dont l'illicéité pouvait fonder la nullité de la société était seulement celui visé par les statuts (arrêt *Marleasing*, 13 nov. 1990, *RJDA* 1991, n° 80). Une société qui aurait dans ses statuts un objet licite mais qui se livrerait à une activité illicite ne serait pas une société nulle. La loi PACTE du 22 mai 2019 a apporté une précision, tenant à l'impossibilité d'obtenir l'annulation d'une société pour violation du nouvel alinéa de l'art. 1833, relatif à l'intérêt social élargi. 167 ■

2. Règles applicables aux sociétés commerciales

a. Nécessité d'une disposition expresse

168 La nullité d'une société commerciale suppose, aux termes de l'article L. 235-1 du Code de commerce, une disposition expresse du livre II du Code de commerce. On pourrait penser que les hypothèses visées sont extrêmement nombreuses, le livre II étant tout simplement le livre consacré aux sociétés commerciales ! Mais l'exigence d'une disposition *expresse*, c'est-à-dire d'une disposition prévoyant expressément que la nullité de la société est la sanction encourue en cas de manquement, devrait rendre l'application de cette hypothèse extrêmement rare. On peut envisager à ce titre un cas de nullité spécifique aux SNC et aux SCS, prévu par l'article L. 235-2 du Code de commerce. Selon cette disposition, très peu appliquée, le défaut de publicité affectant la société est sanctionné par la nullité. Cette disposition apparaît quasiment la seule de sa catégorie, si l'on excepte l'article L. 225-8 du Code de commerce, énonçant que la SA constituée avec offre au public n'est, à défaut de rapport du commissaire aux avantages particuliers, « pas constituée ».

Toutefois, on comprend de la jurisprudence que la notion de disposition expresse est entendue assez largement. L'article L. 225-1 du Code de commerce, par exemple, disposait que le nombre des actionnaires de la SA « ne peut être inférieur à sept » (cette exigence a disparu depuis 2015 pour les sociétés non cotées en bourse), sans préciser que la SA constituée par moins de sept personnes était nulle. Pour autant, la Cour de cassation considérait que l'absence du nombre d'actionnaires requis lors de la constitution était une cause de nullité de la SA (v. ainsi Com. 17 juill. 1974, *Bull. civ.* IV, n° 233).

b. Des hypothèses relativement limitées en pratique

169 Il faut penser que les cas dans lesquels une société sera annulée pour une violation d'une disposition expresse du livre II du Code de commerce seront tout de même limités en pratique, en dépit de l'interprétation large de la notion de « disposition expresse » qui semble retenue. En effet, la plupart des causes de nullité (absence du nombre d'associés requis, insuffisance du capital social, si celle-ci est une cause d'annulation, etc.) devraient être repérées par le greffier du tribunal lors de la vérification de la régularité de la demande d'immatriculation au registre du commerce et des sociétés. Ce n'est donc que lorsque les causes de nullité ne seront pas apparentes qu'elles devraient entraîner une possible annulation de la société. Par exemple, parce que des conditions seront requises pour être associé (autorisation, diplôme) et qu'elles ne seront satisfaites qu'en apparence (parce qu'elles auront été obtenues frauduleusement).

B. Violation des textes sur les contrats

1. Droit commun

170 L'article 1844-10 du Code civil vise les « causes de nullité des contrats en général ». L'article L. 235-1 du Code de commerce est plus ambigu, lorsqu'il dispose que la nullité d'une société commerciale ne peut résulter que d'une « disposition expresse du présent livre ou des lois qui régissent la nullité des contrats ». On peut en effet se demander si la nullité de la société suppose une disposition expresse des lois régissant la nullité des contrats.

Si c'était le cas, la fraude, par exemple, ne serait pas une cause admissible d'annulation d'une société commerciale. Or la jurisprudence admet l'annulation d'une société commerciale pour fraude, en exigeant toutefois que tous les associés aient concouru à ladite fraude (Com. 28 janv. 1992, *Bull. civ.* IV, n° 36 ; *Bull. Joly* 1992. 419, note P. Le Cannu). Le droit français est d'ailleurs sur ce point en contradiction apparente avec le droit de l'Union européenne (Dir. n° 2017/1132 du Parlement européen et du Conseil du 14 juin 2017 relative à certains aspects du droit des sociétés, et précédemment Dir. n° 2009/101/CE du 16 sept. 2009, et avant cela Dir. du 9 mars 1968), qui ne vise pas la fraude comme cause d'annulation. Mais il faut se souvenir que la Cour de justice des Communautés européennes (devenue Cour de justice de l'Union européenne) permet dans le même temps aux États membres de « prendre toute mesure de nature à prévenir ou à sanctionner les fraudes [...] à l'égard des associés dont il serait établi qu'ils cherchent en réalité, par le biais de la constitution d'une société, à échapper à leurs obligations vis-à-vis de créanciers privés ou publics établis sur le territoire de l'État membre concerné » (arrêt *Centros* du 9 mars 1999, *D.* 1999. 550, note M. Menjucq). Précisons que l'exigence de la participation à la fraude ou de sa connaissance par tous les associés ne devrait plus être requise de tous les associés, au vu du dernier état de la jurisprudence (v. en ce sens Civ. 1re, 7 oct. 1998, *Bull. civ.* I, n° 285).

2. *Situation particulière des SARL et des sociétés par actions*

Des restrictions particulières sont prévues par l'article L. 235-1 du Code de commerce s'agissant de la nullité d'une SARL ou d'une société par actions du fait de l'incapacité affectant un associé ou d'un vice du consentement. Ce texte exige en effet que le vice ou l'incapacité atteigne tous les associés fondateurs. C'est du moins la lecture que l'on en fait généralement, car il dit plus exactement qu'en ce qui concerne les SARL et les sociétés par actions, la nullité de la société « ne peut résulter ni d'un vice de consentement ni de l'incapacité, à moins que celle-ci n'atteigne tous les associés fondateurs ». L'emploi du féminin (« celle-ci ») laisse entendre que seule l'incapacité est visée par la condition de toucher tous les associés fondateurs. Le vice du consentement ne devrait donc pas, à la lettre du texte, permettre l'annulation d'une SARL ou d'une société par actions. Cette solution serait d'ailleurs conforme à la directive du 14 juin 2017, qui prévoit « l'incapacité de tous les associés fondateurs » comme cause de nullité possible des sociétés par actions et des SARL (art. 11, b) v)) mais pas le vice du consentement. La jurisprudence apparaît cependant favorable à l'admission du vice du consentement comme cause d'annulation d'une SARL ou d'une société par actions, mais à la condition que le vice atteigne tous les associés fondateurs (v. en ce sens Com. 20 juin 1989, *Bull. civ.* IV, n° 199). 171

§ 2 La nullité des autres actes : clauses des statuts, délibérations des associés et décisions des autres organes sociaux, etc.

A. Un dispositif légal complexe

1. *Droit commun*

a. Clauses statutaires

■ 172 L'article 1844-10 du Code civil dispose que « toute clause statutaire contraire à une disposition impérative du [titre sur les sociétés] dont la violation n'est pas sanctionnée par la nullité de la société, est réputée non écrite ». Il est donc concevable que la nullité de la société ne soit pas prononcée mais qu'une ou plusieurs clauses de ses statuts soient « invalidées ». La sanction prévue à l'encontre des clauses léonines est une illustration de cette règle (v. C. civ., art. 1844-1, al. 2 et v. ss 58 s.).

Il faut cependant bien comprendre que c'est la contrariété de la clause à une disposition impérative, qui permet de la réputer non écrite, et non le fait qu'elle aurait été adoptée par une décision des associés prise dans des conditions irrégulières (v. en ce sens Com. 3 avr. 2007, *Bull. civ.* IV, n° 109 ; *Bull. Joly* 2007. 894, note P. Le Cannu).

b. Autres actes

■ 173 La nullité des *actes ou délibérations des organes de la société* ne peut résulter que de la violation d'une disposition impérative du titre du Code civil sur les sociétés ou de l'une des causes de nullité des contrats en général (C. civ., art. 1844-10).

À la différence de ce qui est prévu en matière de sociétés commerciales (v. ss 174), l'article 1844-10 ne distingue pas, parmi les actes de la société, entre ceux qui modifient les statuts et les autres.

S'agissant de la violation des statuts, elle n'est en principe pas une cause de nullité des actes sociétaires, mais avec la même distinction que celle introduite en 2010 par l'arrêt *Larzul* (v. ss 174). La Cour de cassation a transposé la solution retenue par cet arrêt aux sociétés civiles (Com. 19 mars 2013, n° 12-15.283, *Bull.* IV, n° 44 ; *BRDA* 7/13, n° 2-3 ; *JCP* E 2013. 1289, note B. Dondero). Par conséquent, une modification des statuts faite sans respecter la majorité statutaire peut être annulée, dès lors que l'article 1836, disposition impérative, retient la règle de l'unanimité mais laisse aux statuts la possibilité de l'aménager (Civ. 3e, 8 juill. 2015, n° 13-14348, *Bull.* III, n° 75 ; *Dr. Sociétés* 2015, comm. n° 190, note R. Mortier). Il est par ailleurs jugé que la décision prise sans respecter la répartition des pouvoirs entre nu-propriétaire et usufruitier est sanctionnée par la nullité, ce qui n'est pas évident (Com., 13 janv. 2021, n° 19-13399, *BJS* avril 2021. 34, note A. Rabreau ; *Rev. sociétés* 2021. 375, note L. Godon).

La loi PACTE du 22 mai 2019 a ajouté une précision à l'art. 1844-10, dernier al., excluant l'annulation des actes pour violation du dernier alinéa de l'art. 1833, relatif à la gestion de la société dans son intérêt. La finalité du texte était de préserver les actes des sociétés d'actions en annulation fondées sur le contenu à donner à l'intérêt social « élargi », incluant les composantes sociales et environnementales (v. ss, n° 30).

La question du non-respect de la raison d'être sera également délicate (v. ss, n° 32). La Cour de cassation a quant à elle précisé que la seule violation de l'intérêt social, sous l'empire du droit antérieur à la loi PACTE, ne permettait pas de fonder la nullité d'une délibération sociale (Com., 13 janv. 2021, n° 18-21860, *Bull.* ; *D.* 2021. 399, note D. Schmidt).

2. Sociétés commerciales

a. Principes généraux

Comme pour l'annulation des sociétés, l'article L. 235-1, alinéa 1er du Code de commerce exige également une disposition expresse du livre sur les sociétés commerciales ou des lois qui régissent la nullité des contrats pour que la nullité d'un *acte modifiant les statuts d'une société commerciale* puisse être prononcée. En l'absence d'une telle disposition, l'annulation n'est pas possible (Com. 30 mai 2012, n° 11-16.272, *Bull. civ.* IV, n° 111 ; *D.* 2012. 1581, note B. Dondero). 174 ■

La nullité des *autres actes* suppose « seulement » la violation d'une disposition impérative du livre du Code de commerce sur les sociétés commerciales ou des lois qui régissent les contrats (C. com., art. L. 235-1, al. 2). Il n'est donc plus nécessaire que la nullité soit prévue expressément, mais le texte doit être impératif.

Quant au renvoi au droit des contrats, il est élargi : ce ne sont plus seulement les lois qui régissent la nullité des contrats qui sont visés mais les lois qui régissent les contrats. Une controverse existait quant au point de savoir si une clause des statuts pouvait constituer une règle impérative justifiant l'annulation des actes sociétaires contraires. La Cour de cassation a jugé, par une décision remarquée, relative à une SAS *Larzul*, que la réponse était négative, sauf au cas où il aurait été fait usage par les statuts (ou le règlement intérieur, auquel la solution est étendue) de la faculté, ouverte par une disposition impérative, d'aménager conventionnellement la règle posée par celle-ci (Com. 18 mai 2010, *Bull. civ.* IV, n° 93, *Bull. Joly* 2010. 651, note H. Le Nabasque ; *JCP E* 2010. 900, note A. Couret et B. Dondero). La question qui se pose maintenant est celle de savoir quelles sont les dispositions légales impératives que les statuts peuvent aménager conventionnellement, et comment les distinguer des dispositions simplement supplétives !

La loi PACTE du 22 mai 2019 a opéré un ajout similaire à celui fait à l'art. 1844-10 du Code civil, pour écarter la possibilité d'une nullité fondée sur le non-respect de l'intérêt social.

b. Régimes particuliers

Des dispositions particulières comportent des règles autonomes pour certains actes des sociétés commerciales. 175 ■

Ces dispositions peuvent restreindre plus encore les causes de nullité admissibles. C'est ainsi le cas du régime particulièrement restrictif des nullités en matière de fusions et de scissions de sociétés commerciales (C. com., art. L. 235-8). La nullité de la fusion ou de la scission ne peut en effet résulter que de la nullité de l'une des assemblées ayant décidé l'opération ou du défaut de dépôt de la déclaration de conformité prévue à l'article L. 236-6, alinéa 3 du Code de commerce (v. ss 467).

D'autres dispositions précisent que la nullité encourue n'a qu'un caractère facultatif pour le juge, qui n'est donc pas tenu de la prononcer (v. par ex. C. com., art. L. 225-149-3, al. 3 à propos des décisions d'augmentation de capital dans la SA).

Ces régimes particuliers ne se confondent pas avec les situations dans lesquelles le législateur complète une disposition impérative par une affirmation expresse de la sanction de la nullité. Il en va ainsi du cas spécifique de nullité des actes et délibérations des SNC et des SCS fondé sur le défaut de publicité (C. com., art. L. 235-2) ou du cas de nullité des délibérations des organes de direction et d'administration de la société commerciale fondé sur le défaut de procès-verbal constatant ces délibérations (C. com., art. L. 235-14).

B. Le champ d'application du dispositif

1. *Délimitation incertaine par les textes*

176 Une question difficile que pose le dispositif restreignant les cas de nullité en matière de société est celle de son champ d'application. L'article 1844-10 du Code civil et l'article L. 235-1 du Code de commerce ne sont pas, de ce point de vue, parfaitement clairs. Le premier texte vise la nullité de la société elle-même, de ses clauses statutaires, et des actes ou délibérations des organes de la société. Le second texte est plus large encore, puisqu'il vise la nullité de la société, celle des actes modifiant les statuts, puis celle des « actes ou délibérations autres » que les précédents.

Il serait donc tentant de considérer que le dispositif légal s'applique dès lors qu'une société est impliquée, voire de considérer que des actes entre associés (un pacte d'actionnaires, par exemple) peuvent être soumis au régime des nullités du droit des sociétés.

2. *Tentative de clarification*

177 Sont concernés par les dispositions du droit des sociétés sur la nullité l'acte de société lui-même, d'une part, et les actes et délibérations de la société, d'autre part. Les régimes spéciaux ne concernent donc que les actes relevant du droit des sociétés, c'est-à-dire les actes émanant des organes sociaux. Un contrat qui serait signé par la société ou une convention entre associés ne sont pas concernés par ces régimes spéciaux.

La jurisprudence a ainsi jugé que les textes spéciaux ne concernaient pas l'acte de vente conclu par une société et dont la nullité est demandée sur le fondement de l'illicéité de la cause (Civ. 3e, 10 mai 2007, *Bull. civ.* III, n° 74 ; *Rev. sociétés* 2007. 775, note B. Saintourens), mais l'annulation de la délibération ayant nommé le dirigeant qui a signé le contrat au nom de la société pourrait en revanche avoir des conséquences sur sa validité (sauf l'effet de purge des nullités entraîné par la publication de la décision de nomination — v. ss 285).

De même, une cession de parts sociales n'est pas soumise au dispositif sur les nullités du droit des sociétés, sauf au cas d'une irrégularité affectant la décision sociale ayant accordé au cessionnaire l'agrément exigé par la loi ou les statuts (v. Civ. 3e, 6 oct. 2004, arrêt rendu après avis de la chambre commerciale, *Bull. civ.* III, n° 166 ; *Rev. sociétés* 2005. 152, note B. Saintourens).

C. L'application jurisprudentielle du dispositif

178 Quant à l'étendue des cas de nullité, les tribunaux font alternativement preuve de rigueur et d'ouverture dans l'appréciation des causes admissibles.

1. Admission étroite des nullités

La rigueur dans l'admission des causes de nullité constitue la marque d'une série de décisions, en accord de ce point de vue avec la philosophie générale du système des nullités en droit des sociétés. Les décisions relevant de ce courant considèrent notamment que la condition de la « disposition expresse » prévoyant la nullité ne saurait être satisfaite en présence d'une disposition dont la violation était certes sanctionnée pénalement, mais alors que la sanction de la nullité n'était pas expressément prévue (Paris, 21 mars 2000, *RTD com.* 2000. 659, obs. C. Champaud et D. Danet), ou bien encore que la violation d'une disposition réglementaire ne permet pas de fonder la nullité (Com. 12 déc. 1995, *Bull. Joly* 1996. 207, note P. Le Cannu), ou que l'absence des salariés ayant voix consultative au conseil d'administration n'entache pas de nullité, hors le cas de fraude, une délibération dont le seul objet est l'exercice d'une action en justice (Soc. 26 mai 1998, *Bull. Joly* 1999. 264, note P. Le Cannu). 179 ■

2. Admission large des nullités

L'ouverture caractérise au contraire une autre série de décisions, qui vont : 180 ■
- considérer que la nullité d'une assemblée est justifiée du fait de la violation de dispositions impératives édictées par l'article L. 225-105 du Code de commerce, tant par lui-même que par référence à des dispositions réglementaires (en l'occurrence l'art. 129 du Décr. du 23 mars 1967, devenu l'art. R. 225-72 du C. com. ; Com. 15 avr. 1982, *Bull. civ.* IV, n° 122 ; *Rev. sociétés* 1983. 343, note J. H.) ;
- considérer qu'une société spéciale, en l'occurrence une société anonyme à participation ouvrière, est tenue à peine de nullité des actes et délibérations de ses organes de respecter non seulement les dispositions impératives de la loi du 24 juillet 1966 conformément à l'article 360 de ce texte devenu l'art. L. 235-1 C. com., mais encore celles du régime particulier applicable à cette société (Com. 19 avr. 1988, n° 86-18492, *Bull.* IV, n° 135, *Bull. Joly* 1988. 485, note P. Le Cannu). Notons que les textes relatifs aux SAPO sont désormais intégrés au Code de commerce, art. L. 225-258 s. ;
- autoriser un associé à demander l'annulation d'une assemblée du fait du défaut de convocation d'un autre associé (Civ. 3e, 21 oct. 1998, *Bull. civ.* III, n° 203 ; *JCP* 1999. II. 10015, note Y. Guyon) ;
- admettre la nullité de délibérations sur le fondement de la théorie de l'abus du droit de vote (v. ss 233 s.).

Une voie médiane pourrait être caractérisée par un important arrêt rendu en chambre mixte par la Cour de cassation, qui l'a conduite à retenir la nullité d'une assemblée générale du fait de la violation d'une disposition réglementaire, mais à la condition que l'irrégularité invoquée ait été la cause d'un grief (Cass., ch. mixte, 16 déc. 2005, *Bull. ch mixte*, n° 9, p. 19 ; *JCP* 2006. I. 168, n° 9, obs. J.-J. Caussain, F. Deboissy et G. Wicker). 181 ■

section 2

Le régime de la nullité

182 Si les causes de nullité sont envisagées restrictivement par le législateur, à l'effet de réduire la fréquence des cas dans lesquels une société ou ses actes seront susceptibles d'être annulés, cette finalité est également poursuivie dans la définition du régime de la nullité, qui est orienté de manière identique.

§ 1 Plusieurs sortes de nullités

A. Nullités absolues et nullités relatives

183 La distinction du droit commun entre nullités absolues et nullités relatives est classique, mais elle a été consacrée par l'ordonnance du 10 février 2016 à l'article 1179 nouveau du Code civil, qui dispose que « La nullité est absolue lorsque la règle violée a pour objet la sauvegarde de l'intérêt général » et qu' « Elle est relative lorsque la règle violée a pour seul objet la sauvegarde d'un intérêt privé ». Cette distinction se retrouve s'agissant des nullités du droit des sociétés, mais l'enjeu de la distinction est beaucoup plus réduit qu'en droit commun.

Les nullités absolues ne sont généralement pas irréparables en droit des sociétés, puisque la régularisation est très largement ouverte (C. civ., art. 1844-11 et C. com., art. L. 235-3). L'action en nullité se trouve en effet éteinte lorsque la cause de la nullité a cessé d'exister au jour où le tribunal statue sur le fond en première instance, sauf si la nullité est fondée sur l'illicéité de l'objet social. Cette régularisation peut être effectuée spontanément par les parties (v. ainsi Com. 28 nov. 2018, n° 16-28358, à paraître au *Bull.*, *JCP E* 2019, 1068, note F. Barrière), ou résulter d'une action judiciaire en régularisation.

Par ailleurs, la durée de la prescription (en règle générale trois ans, v. ss 187) n'est pas différente en fonction du caractère absolu ou relatif de la nullité envisagée. Le droit des sociétés s'est longtemps différencié en cela du droit commun, qui permettait d'invoquer beaucoup plus longtemps la nullité absolue (30 ans) que la nullité relative (5 ans). Cette distinction a toutefois été remise en cause par la réforme de la prescription opérée par la loi n° 2008-561 du 17 juin 2008, qui soumet toutes les actions en nullité à une prescription quinquennale.

En réalité, c'est surtout au regard de l'identité du demandeur à l'action en nullité qu'il peut être intéressant de qualifier la nullité d'absolue ou de relative. La nullité relative protégeant comme on l'a dit un intérêt déterminé (généralement celui de la société ou des associés), elle ne peut être invoquée que par le titulaire dudit intérêt. En revanche, la nullité absolue, qui protège un intérêt plus vaste, pourra être invoquée par tout intéressé (créancier ou salarié de la société, par exemple – sur le demandeur à l'action en nullité, v. ss 185).

B. Nullités facultatives et nullités obligatoires

De manière plus originale, le droit des sociétés distingue entre nullités facultatives et nullités obligatoires. Ce sont certaines dispositions du Code de commerce qui opèrent cette distinction, en réalité. L'article L. 225-121 dispose ainsi que les délibérations prises par les assemblées d'actionnaires d'une SA en violation d'une première série de dispositions « *sont nulles* », tandis qu'en cas de violation des dispositions relevant d'une seconde série, « *l'assemblée peut être annulée* ». L'assemblée des actionnaires de SA irrégulièrement convoquée encourt également une nullité facultative, l'action en nullité devenant par ailleurs irrecevable lorsque tous les actionnaires étaient présents ou représentés (C. com., art. L. 225-104). Un esprit proche de celui des nullités facultatives inspire les dispositions légales autorisant le juge saisi d'une demande en nullité à fixer, même d'office, un délai pour permettre de couvrir les nullités (C. civ., art. 1844-13 et C. com., art. L. 235-4). 184 ■

§ 2 L'action en nullité

A. Demandeur à l'action en nullité

1. *Identité*

L'identité des personnes pouvant agir en nullité est une question liée à celle de la nature, relative ou absolue, de la nullité considérée. Un moyen de restreindre les cas de nullité des sociétés ou de leurs actes pourrait consister à voir plus facilement les nullités concernées comme relatives plutôt qu'absolues, indépendamment de la nature de l'intérêt protégé. Ce n'est cependant pas ainsi que procèdent les juges, en réalité. Ils apprécient la nature de la nullité de manière objective, et considèrent que certaines nullités visent à protéger la société et/ou les associés, tandis que d'autres sanctionnent une atteinte à un intérêt plus général (v. en ce sens Com. 17 janv. 1989, *Bull. civ.* IV, n° 29 ; *Bull. Joly* 1989. 247, note P. Le Cannu). Le dirigeant non associé n'est ainsi pas recevable à agir en nullité d'assemblées générales tenues irrégulièrement, quand bien même ces assemblées seraient celles qui ont décidé de ne pas le reconduire dans ses fonctions, les associés étant seuls recevables à invoquer la violation des dispositions régissant leur convocation ou leur représentation aux assemblées générales (Com. 17 déc. 2002, *Bull. civ.* IV, n° 200 ; *Rev. sociétés* 2003. 493, note J.-F. Barbièri). 185 ■

2. *Application de la règle de l'estoppel en droit des sociétés ?*

Une restriction particulière est parfois apportée à l'exercice de l'action en nullité par une application, en droit des sociétés, d'une règle similaire à celle de l'*estoppel*[Q]. Cette règle présente dans certains droits étrangers, dont le droit anglais, et reconnue occasionnellement par notre jurisprudence (v. ainsi Civ. 1re, 6 mai 2009, n° 08-10.281, *Bull. civ.* I, n° 86 ; *Procédures*, juill. 2009, n° 236, obs. B. Rolland ; *D.* 2009. 1422 ; v. égal. Cass., ass. plén., 27 févr. 2009, n° 07-19.841, *Bull. ass. plén.*, n° 1 ; *D.* 2009. 1245, note D. Houtcieff ; *Gaz. Pal.* 19 mars 2009, note Th. Janville ; Civ. 2e, 15 mars 2018, n° 17-21.991, publié au *Bull.* ; Civ. 3e, 28 juin 2018, n° 17-16693, P+B+I) consiste à priver du droit d'agir une partie qui saisirait le juge de mauvaise foi, en 186 ■

contradiction avec son comportement antérieur (en contestant la validité de la désignation d'un arbitre qu'elle aurait elle-même nommé, par exemple). Transposée au droit des sociétés, cette règle permettrait d'interdire l'exercice de l'action en nullité d'une résolution à l'associé ayant voté en faveur de celle-ci, voire à celui qui s'est contenté de participer à une assemblée sans voter contre ladite résolution.

La jurisprudence est toutefois partagée sur la question, certaines décisions admettant la recevabilité de l'action en nullité d'une résolution d'assemblée exercée par un associé ayant voté en faveur de cette résolution (v. not. Com. 13 nov. 2003, *Bull. Joly* 2004. 511, note B. Dondero) tandis que d'autres décisions y apparaissent hostiles (Com. 4 mars 1993, *Bull. Joly* 1993. 754, note P. Le Cannu ; Com. 20 févr. 2007, *Bull. Joly* 2007. 749, note J.-C. Hallouin).

On peut rapprocher de cette restriction à la possibilité d'agir en nullité l'irrecevabilité de l'action en nullité de l'assemblée irrégulièrement convoquée mais à laquelle tous les associés étaient présents ou représentés. Cette irrecevabilité n'est affirmée par le législateur que pour certaines sociétés (v. C. com., art. L. 223-27 en matière de SARL et L. 225-104 en matière de SA). La jurisprudence en fait application à des sociétés pour lesquelles le législateur est resté silencieux (Com. 8 févr. 2005, *Rev. sociétés* 2006. 94, note M. Menjucq et A. Taste), et il est tentant de voir dans cette règle un principe général du droit des sociétés. On peut toutefois s'interroger sur son opportunité, en ce qu'elle prive de la possibilité d'agir en nullité l'associé qui n'a pas reçu l'information qui devait normalement accompagner la convocation mais qui s'est tout de même rendu à l'assemblée, lorsque tous les associés y étaient présents ou représentés.

B. Prescription

1. *Prescription abrégée de l'action en nullité*

a. Prescription triennale et prescriptions super-abrégées.

■ 187 Le moyen le plus radical de restreindre l'exercice de l'action en nullité des sociétés et de leurs actes réside dans la prescription brève de cette action. En effet, le délai pour agir en nullité n'est en principe que de trois ans à compter du jour où la nullité est encourue (C. civ., art. L. 1844-14 et C. com., art. L. 235-9).

L'action en indemnisation du préjudice causé par l'annulation ou simplement par le vice dont la société, l'acte ou la délibération était entaché (y compris lorsque la nullité n'a pas été prononcée) est également soumise à une prescription triennale. Le point de départ varie selon que la nullité a été prononcée ou non. Dans le premier cas, le délai commence à courir le jour où la décision d'annulation est passée en force de chose jugée ; dans le second cas, elle court à compter du jour où la nullité a été couverte (C. civ., art. 1844-17 et C. com., art. L. 235-13).

La nullité est encore plus abrégée dans certains domaines où le prononcé tardif d'une telle sanction serait particulièrement gênant.

C'est ainsi le cas en matière de fusions et de scissions de sociétés commerciales où le délai pour agir en nullité est de six mois à compter de la dernière inscription au registre du commerce et des sociétés rendue nécessaire par l'opération (C. com., art. L. 235-9, al. 2). Ce délai s'applique également aux opérations d'apport partiel d'actif soumises au régime des scissions (Com. 3 juin 2003, *Bull. civ.* IV, n° 92 ; *Rev. sociétés* 2003. 489, note P. Le Cannu).

C'est également le cas pour certaines opérations d'augmentation du capital de la société, pour lesquelles l'action en nullité se prescrit par trois mois à compter de la date de l'assemblée générale suivant la décision d'augmentation (C. com., art. L. 235-9, al. 3).

Une question délicate que soulèvent ces prescriptions abrégées de l'action en nullité tient à leur champ d'application, puisqu'elles ne concernent que la société et des décisions sociétaires. Les conventions conclues par la société ne sont en principe pas concernées (v. ainsi Com. 20 mars 2012, n° 11-13.534, *Bull. civ.* IV, n° 59 ; *Bull. Joly 2012.* 475, note H. Lécuyer, à propos d'un rachat de droits sociaux ; rapp. Civ. 1re, 18 oct. 2017, n° 16-17184, Bull. I, n° 223, *Bull. Joly* 2018. 76, note E. Schlumberger), mais le dispositif sur les conventions réglementées applicable dans les sociétés anonymes prévoit que les conventions non autorisées sont nulles, l'action pouvant être exercée pendant un délai de trois ans (C. com., art. L. 225-42). Il n'est pas toujours simple de manier ces délais de prescription, d'autant que pour un même acte, le délai de contestation varie selon que l'on souhaite faire annuler l'acte (3 ans en principe, art. 1844-14 C. civ. et L. 235-9 C. com.), engager la responsabilité d'un associé (5 ans en principe, application du droit commun) ou celle d'un dirigeant (3 ans ou 5 ans, en fonction de la forme sociale).

b. Point de départ du délai

Bien que les prescriptions prévues par le droit des sociétés en matière d'action en nullité soient très courtes, il est parfois prévu par le législateur que cette prescription ne court pas, lorsque l'acte a été dissimulé, tant qu'il n'a pas été révélé. La jurisprudence fait parfois de cette règle des applications dont le résultat est que l'on passe d'une prescription courte à une quasi-absence de prescription. C'était ainsi le cas en matière d'abus de biens sociaux, s'agissant de la prescription de l'action publique (v. ss 323). C'était également le cas en matière de conventions réglementées dans les SA, mais la jurisprudence a ensuite revu sa position à cet égard (v. ss 813). 188 ■

2. Caractère perpétuel de l'exception de nullité

Si l'action en nullité est soumise à des délais de prescription courts, l'*exception de nullité*[Q] est quant à elle perpétuelle, en application du droit commun. C'est l'adage *Quae temporalia sunt ad agendum, perpetua sunt ad excipiendum* qui joue ici (pour des ex. d'application v. Com., 28 mars 2006, *Bull. Joly* 2006. 1029, note P. Le Cannu ; 18 mars 2020, n° 18-16099, *Rev. sociétés* 2021. 45, note S. Merabet). La règle a été consacrée par l'ordonnance du 10 févr. 2016 à l'art. 1185 : « L'exception de nullité ne se prescrit pas si elle se rapporte à un contrat qui n'a reçu aucune exécution ». 189 ■

En droit des sociétés, comme en droit commun, cette exception ne peut plus être accueillie lorsque l'acte dont la nullité est invoquée a déjà été exécuté, ne serait-ce que partiellement (Com. 3 avr. 2007, *Bull. civ.* IV, n° 109 ; *Bull. Joly* 2007. 894, note P. Le Cannu, jugeant l'exception de nullité irrecevable car la décision sociale litigieuse avait reçu exécution de la part de l'associé la contestant ; Civ. 1re, 17 juin 2010, *Bull. civ.* I, n° 136 ; *Rev. sociétés* 2010. 509, note J.-F. Barbièri, à propos d'une convention réglementée non autorisée ; Com. 15 janv. 2013, n° 11-28.244, *Bull.* IV, n° 12, *D.* 2013. 539, note B. Dondero).

§ 3 Les effets de la nullité

A. Autonomie de la nullité

1. *Non-rétroactivité de la nullité de la société*

190 Les effets de l'annulation de la société sont restreints dans le temps, puisque la nullité de la société, lorsqu'elle est prononcée, met fin sans rétroactivité à l'exécution du contrat de société et produit à l'égard de la personne morale qui a pu prendre naissance les effets d'une dissolution prononcée par justice (C. civ., art. 1844-15 et C. com., art. L. 235-10). L'annulation de la société sera ainsi le plus souvent synonyme de liquidation.

Du fait de la non-rétroactivité de la sanction, l'annulation de la société ne remet pas en question l'activité passée de celle-ci : les contrats conclus, par exemple, ne donnent pas lieu à restitution. Mieux, il convient en principe que leur exécution se poursuive, sauf règle particulière ou stipulation contractuelle contraire (sur la société en liquidation, v. ss 519).

Du fait de son caractère non rétroactif, l'annulation de la société ne devrait pas entraîner l'annulation de la cession des parts ou des actions de la société nulle, intervenue antérieurement. Le législateur a pris la peine de le préciser seulement à propos des actions, en assortissant la règle d'une condition, tenant au fait que les titres émis par la société annulée doivent être « réguliers en la forme », formule quelque peu mystérieuse (C. com., art. L. 228-22). L'acquéreur devrait en toute hypothèse pouvoir exercer un recours en garantie contre le vendeur, sauf stipulation contraire.

2. *Nullités en cascade ?*

191 Lorsqu'un acte de la société est annulé, est-il concevable d'assister à une cascade de nullités ? Si la désignation d'un dirigeant est annulée, par exemple, tous les actes accomplis par lui du jour de la nomination à celui de l'annulation de celle-ci tombent-ils ? Cette nullité ne sera pas automatique et elle devra être demandée pour chaque acte. La Cour de cassation a récemment précisé que l'annulation de l'acte subséquent, en occurrence une assemblée, motif tiré de la nullité de la désignation du dirigeant ayant convoqué cette assemblée, supposait que cette désignation soit préalablement frappée de nullité (Com. 6 sept. 2016, n° 14-25581, *Dr. sociétés* 2017, comm. n° 24, note J. Heinich)

B. Inopposabilité aux tiers de bonne foi

192 Lorsque, en dépit de tous les obstacles précédemment exposés, la nullité de la société ou de l'un de ses actes est tout de même prononcée, tous ne peuvent encore se prévaloir de cette nullité. Le principe est en effet que ni la société ni les associés ne peuvent se prévaloir d'une nullité à l'égard des tiers de bonne foi (C. civ., art. 1844-16 et C. com., art. L. 235-12). Seule la nullité pour incapacité d'un associé ou pour vice du consentement déroge à cette règle, l'incapable et ses représentants légaux ainsi que

l'associé dont le consentement a été vicié pouvant se prévaloir de la nullité à l'égard des tiers, y compris de bonne foi faut-il comprendre (C. civ., art. 1844-16, al. 2 et C. com., art. L. 235-12).

Enfin, en cas d'annulation d'une émission d'actions, la cession intervenue antérieurement à l'annulation demeure valable, indépendamment de la bonne ou de la mauvaise foi du cessionnaire, « si les titres sont réguliers en la forme ». L'acquéreur peut cependant, là encore, exercer un recours en garantie contre son vendeur (C. com., art. L. 228-22). 193 ■

4

Compléments pédagogiques

Mémo

Disons-le simplement : le droit des sociétés n'aime pas les nullités. Cette hostilité se manifeste à tous les niveaux.

Ce sont tout d'abord les *causes de nullité* qui sont réduites. Tant la disposition relative au droit commun des sociétés que la disposition propre aux sociétés commerciales limitent les situations dans lesquelles la société ou l'un de ses actes peut être annulé.

C'est ensuite *l'exercice de l'action en nullité* qui fait l'objet d'importantes limites. Lorsque l'exercice de l'action n'est pas réservé à certaines personnes (société ou associés), c'est surtout par la courte prescription (trois ans en principe) qui s'y attache que l'action en nullité est entravée.

Enfin, si la nullité venait tout de même à être prononcée en dépit de ces différents obstacles, ses *effets* sont encore *restreints*. Ils sont restreints dans le temps, s'agissant de la nullité de la société, qui produit les effets d'une dissolution, et ne remet donc pas en cause les actes conclus antérieurement par cette société. Les effets de la nullité sont également restreints quant aux personnes qui peuvent en subir les conséquences puisque la nullité est en règle générale inopposable aux tiers de bonne foi.

Quid

■ *Estoppel* n° 186

Règle présente dans certains droits étrangers et occasionnellement reconnue par notre jurisprudence, interdisant à une partie d'invoquer un argument ou de faire une demande de mauvaise foi, c'est-à-dire en contradiction avec son comportement ou ses prétentions antérieures.

■ Exception de nullité n° 189

Invocation de la nullité d'un acte faite non pas en demande, pour obtenir du juge le prononcé de la nullité, mais en défense, afin de s'opposer à une action fondée sur l'acte nul (action en exécution forcée notamment).

■ Théorie de l'inexistence n° 162

L'inexistence serait la situation d'un acte auquel manque une condition essentielle. L'inexistence peut être invoquée par tout intéressé et sans contrainte de délai, voire sans intervention du juge.

Document

⇨ *Pour les sociétés par actions et les sociétés à responsabilité limitée, un régime particulièrement restrictif des nullités de la société a été imposé par la première directive du conseil du 9 mars 1968 tendant à coordonner, pour les rendre équivalentes, les garanties qui sont exigées, dans les États membres, des sociétés au sens de l'article 58 deuxième alinéa du traité, pour protéger les intérêts tant des associés que des tiers (68/151/CEE). L'article 11 de cette directive limitait les cas de nullité de la société, tandis que l'article 12 encadrait les effets de la nullité, lorsqu'elle avait été prononcée.*

⇨ *Ces deux dispositions ont été reprises par une directive n° 2009/101, en ses articles 12 et 13, et cette directive a elle-même été abrogée et codifiée par la directive n° 2017/1132 du Parlement européen et du Conseil du 14 juin 2017 relative à certains aspects du droit des sociétés, qui traite désormais de la question dans ses articles 11 et 12 reproduits ci-après :*

Directive n° 2017/1132 du Parlement européen et du Conseil du 14 juin 2017 relative à certains aspects du droit des sociétés

Article 11

La législation des États membres ne peut organiser le régime des nullités des sociétés que dans les conditions suivantes :

a. la nullité doit être prononcée par décision judiciaire ;

b. la nullité ne peut être prononcée que dans les seuls cas visés aux points i) à vi) :

i) le défaut d'acte constitutif ou l'inobservation, soit des formalités de contrôle préventif, soit de la forme authentique,

ii) le caractère illicite ou contraire à l'ordre public de l'objet de la société,

iii) l'absence, dans l'acte constitutif ou dans les statuts, de toute indication au sujet soit de la dénomination de la société, soit des apports, soit du montant du capital souscrit, soit de l'objet social,

iv) l'inobservation des dispositions de la législation nationale relatives à la libération minimale du capital social,

v) l'incapacité de tous les associés fondateurs,

vi) le fait que, contrairement à la législation nationale régissant la société, le nombre des associés fondateurs est inférieur à deux.

En dehors de ces cas de nullité, les sociétés ne sont soumises à aucune cause d'inexistence, de nullité absolue, de nullité relative ou d'annulabilité.

Article 12

1. L'opposabilité aux tiers d'une décision judiciaire prononçant la nullité est réglée par l'article 16. La tierce opposition, lorsque le droit national la prévoit, n'est recevable que pendant un délai de six mois à compter de la publication de la décision judiciaire.
2. La nullité entraîne la liquidation de la société, comme peut l'opérer la dissolution.
3. La nullité ne porte pas atteinte par elle-même à la validité des engagements de la société ou de ceux pris envers elle, sans préjudice des effets de l'état de liquidation.
4. La législation de chaque État membre peut régler les effets de la nullité entre associés.
5. Les porteurs de parts ou d'actions demeurent tenus au versement du capital souscrit et non libéré, dans la mesure où les engagements pris envers les créanciers l'exigent.

Biblio

– M. Azavant, « La sanction civile en droit des sociétés ou l'apport du droit commun au droit spécial », *Rev. sociétés* 2003. 442.
– J.-P. Brill, « Brèves réflexions sur le jeu de l'exception de nullité en droit des sociétés », in *Mélanges. D. Schmidt, Joly*, 2005, p. 99.
– D. Bureau, « Nullités sans frontières ? À propos du domaine des articles L. 235-1 s. C. com. », in *Mélange Phililppe Merle*, Dalloz, 2013, p. 79.
– A. Charvériat, « De quelques difficultés relatives à la nullité d'une décision sociale irrégulière », *Rev. sociétés* 2010. 212.
– L. Comanges, « Le dangereux paradoxe de la nullité des sociétés fictives », *Bull. Joly* 2003. 12.
– M. Germain, « De quelques limites à la nullité des décisions sociales prévue par l'article 360 », *Bull. Joly* 1992. 92.
– Ch. Hannoun, « L'action en nullité et le droit des sociétés », *RTD com.* 1993. 227 ; « Remarques sur la prescription de l'action en nullité en droit des sociétés », *Rev. sociétés* 1991. 46.
– E. Jeuland et F. Manin, « Les incertitudes du référé injonction de faire en droit des sociétés », *Rev. sociétés* 2004. 1.
– P. Le Cannu, « La canalisation des nullités subséquentes en droit des sociétés », in *Mélanges P. Bézard, LPA*-Montchrestien, 2002, p. 113.
– F. Leclerc, « Les nullités en droit français après l'arrêt *Marleasing* », *RJ com.* 1992. 321.
– J.-P. Legros, « La nullité des décisions de société », *Rev. sociétés* 1991. 275 ; « La violation des statuts, cause de nullité », *Dr. sociétés*, avr. 1991, *chron.* n° 1.
– J. Moury, « Les nullités "en cascade" en droit des sociétés », *Rev. sociétés* 2013. 599.
– P. Rouast-Bertier, « Sociétés fictives et simulation », *Rev. sociétés* 1993. 725.
– S. Schiller, « La fraude, nécessaire *deus ex machina* face à l'évolution du droit des sociétés », *Rev. sociétés* 2014. 211.
– R. Sinay, « La première directive européenne et la mise en harmonie du droit français », *Gaz. Pal.* 1971. 1. Doctr. 146.

Quiz

1) Sujet corrigé

Tests de compréhension

Énoncé

Plusieurs réponses possibles.

1. Angèle, qui a constitué une SARL avec Adélaïde et Dua, s'aperçoit que cette dernière est une mineure non émancipée. Dua est-elle susceptible de demander l'annulation de la société par le biais de son représentant légal ?

a. Oui, en toute hypothèse, car la SARL donne à ses associés la qualité de commerçant et un mineur non émancipé ne peut être commerçant par application de l'article L. 121-2 du Code de commerce.

b. Oui, mais uniquement à la condition que le mineur ait fait apport d'un bien important à la société.

c. Non, car il faudrait que tous les associés soient frappés d'incapacité pour que la société soit nulle.

d. Non, car une SARL ne peut jamais être annulée pour cause d'incapacité des associés.

2. Estelle a constitué une SNC avec son époux, Jean-Luc. Sa belle-mère lui dit cependant qu'une telle société encourt l'annulation, du fait du risque excessif qu'elle fait courir aux biens du ménage. Qu'en pensez-vous ?

a. La belle-mère d'Estelle est une femme avisée : deux époux ne sauraient être associés, car l'*affectio societatis* est incompatible avec l'amour conjugal.

b. La belle-mère d'Estelle est une femme avisée : deux époux ne peuvent être ensemble associés d'une même société faisant peser sur ses associés une obligation indéfinie et solidaire aux dettes sociales.

c. La belle-mère d'Estelle est une femme avisée, mais elle se trompe : deux époux ne peuvent participer ensemble à une société civile, mais ils peuvent être associés d'une même société commerciale.

d. La belle-mère d'Estelle est une femme avisée, mais elle se trompe : deux époux peuvent participer ensemble à toute société.

3. Marc revient furieux de l'assemblée de la SARL OMNI-MAN : il a été mis en minorité et l'assemblée a refusé de le nommer en qualité de gérant comme il le souhaitait. Il téléphone à son ami et coassocié Jérôme pour se plaindre de son absence, et Jérôme lui apprend alors n'avoir jamais été convoqué. Jérôme avait tout de même donné mandat de le représenter à une autre associée, Eve. Marc souhaiterait se servir de cette absence de convocation de Jérôme pour faire annuler l'assemblée qui vient de se tenir. Le peut-il, alors que tous les associés étaient présents ou représentés ?

a. Bien sûr, l'absence d'un associé à l'assemblée est un vice tellement grave que tout associé peut demander l'annulation de l'assemblée sur ce fondement, même quand l'associé non convoqué était représenté à l'assemblée, le juge étant tenu de prononcer la nullité.

b. La nullité fondée sur l'absence d'un associé à l'assemblée d'une SARL peut effectivement être invoquée par un autre associé, mais le juge ne prononcera pas la nullité de l'assemblée si tous les associés étaient présents ou représentés.

c. L'absence de convocation d'un associé à une assemblée est une cause de nullité qui ne concerne que l'associé non convoqué. Il est donc exclu que Marc puisse se prévaloir du fait que Jérôme n'avait pas été convoqué.

4. La société SOGIMMOB, qui loue des immeubles à usage commercial, s'inquiète du fait que l'un de ses cocontractants, la SA GALETTE, constituée et immatriculée en janvier 2021, vient de faire l'objet d'un jugement d'annulation. Les loyers dus pour l'occupation des locaux loués de février 2021 (date de conclusion du bail) jusqu'à maintenant risquent-ils d'être remis en cause ?

a. Non, car seule la société est annulée, pas le contrat de bail conclu antérieurement à l'annulation.

b. Non, car la nullité d'une société est inopposable aux tiers de bonne foi.

c. Oui, car la nullité produit des effets absolus, et touche tant la société elle-même que les contrats conclus par elle.

Voir le corrigé en fin de rubrique.

2) Corrigé

Tests de compréhension

1. c. La SARL ne confère pas la qualité de commerçant à ses associés, à la différence de la SNC, mais l'annulation d'une SARL est encadrée, et l'article L. 235-1 du Code de commerce subordonne expressément l'annulation de la SARL au fait que l'incapacité atteigne tous les associés fondateurs de la SARL.

2. d. La belle-mère d'Estelle est une femme avisée, mais elle se trompe : deux époux peuvent participer ensemble à toute société. Elle aurait eu raison jusqu'au 1er juillet 1986. L'article 1832-1 du Code civil a en effet été modifié à cette date par la loi n° 85-1372 du 23 décembre 1985. Antérieurement, deux époux ne pouvaient être associés d'une même société faisant peser une responsabilité indéfinie et solidaire sur ses associés, du fait du risque trop important que cette qualité commune d'associé faisait peser sur les biens du ménage.

3. b. La nullité fondée sur l'absence d'un associé à l'assemblée peut effectivement être invoquée par un autre associé, ainsi que le juge la Cour de cassation (Civ. 3e, 21 oct. 1998, *Bull. civ.* III, n° 203). On peut aisément concevoir la gravité du manquement qui consiste à ne pas convier un associé à la discussion et au vote précédant la prise d'une décision collective. Pour autant, le juge ne prononcera pas la nullité de l'assemblée d'une SARL si tous les associés étaient présents ou simplement représentés (C. com., art. L. 223-27).

4. a. et b. L'annulation d'une société produit les effets d'une dissolution et entraîne donc sa mise en liquidation (C. com., art. L. 235-10). La nullité de la société n'a donc pas un caractère rétroactif, qui toucherait par conséquent à la validité des actes accomplis antérieurement à l'annulation.

Par ailleurs, quand bien même le contrat de bail encourrait une annulation, les tiers de bonne foi ne peuvent se voir opposer la nullité par la société ou les associés (C. com., art. L. 235-12). Or la bonne foi est présumée, par application du droit commun (C. civ., art. 2274).

On ajoutera, bien que la question n'ait pas été posée, que la dissolution d'une société commerciale n'entraîne pas de plein droit la résiliation des baux des immeubles utilisés pour son activité sociale (C. com., art. L. 237-5, al. 1er).

chapitre 5

Les associés

Plan analytique

section 1

Les situations particulières affectant les droits de l'associé

§ 1 Indivision portant sur les droits sociaux

- **A.** La reconnaissance de la qualité d'associé à chaque indivisaire
- **B.** La mise en œuvre des prérogatives de l'associé en présence d'une indivision

§ 2 Démembrement de propriété portant sur les droits sociaux

- **A.** La situation du nu-propriétaire
- **B.** La situation de l'usufruitier

§ 3 Droits sociaux et qualité d'époux de l'associé

- **A.** Époux associés d'une même société
- **B.** Influence de la communauté

section 2

Les obligations et les droits de l'associé

§ 1 Les obligations de l'associé

- **A.** L'obligation aux apports
- **B.** L'obligation aux dettes sociales
- **C.** L'obligation de loyauté
- **D.** La responsabilité encourue par l'associé

§ 2 Les droits de l'associé

- **A.** Le droit d'information sur les affaires de la société
- **B.** Le droit de participer aux décisions collectives
- **C.** Le droit au bénéfice
- **D.** Le droit de céder ses titres
- **E.** Le droit de ne pas céder ses titres

Compléments pédagogiques

5

Les associés

Dans une vision traditionaliste et parfois peu conforme à la réalité du droit des sociétés, l'associé se trouve placé au cœur du fonctionnement de la société. Il est en effet le « propriétaire économique » de la société, puisque celle-ci a été créée uniquement grâce aux apports faits par l'associé, et que son fonctionnement est régi par les statuts, qui sont une convention liant les associés et qu'ils peuvent modifier par les décisions prises en assemblée. La société moderne est moins respectueuse de l'associé. Les dirigeants y ont des pouvoirs considérables, et l'associé pourrait facilement s'y trouver réduit au statut du « petit peuple » dans une royauté prérévolutionnaire. 194

Encore faut-il distinguer, là aussi, suivant les sociétés et suivant les associés. Le statut du petit porteur d'actions d'une société cotée en bourse n'a rien de commun avec le statut du commerçant associé en nom, avec celui de l'associé majoritaire d'une SARL ou avec celui du fonds de *private equity*[Q] ayant investi temporairement dans une société. Lorsque l'État ou les entités qui lui sont liées acquièrent la qualité d'associé ou d'actionnaire d'une société, un régime spécifique peut recevoir application (v. L. n° 83-675 du 26 juillet 1983 relative à la démocratisation du secteur public régissant notamment les sociétés d'économie mixte et les sociétés anonymes dans lesquelles l'État détient directement plus de la moitié du capital social).

À ce stade de notre étude du droit des sociétés, il convient de mettre en évidence les traits communs à tous les associés des différentes sociétés.

L'associé, observe-t-on, dispose d'un ensemble de droits et supporte en contrepartie des obligations. Avant d'étudier ces droits et obligations (section 2), il n'est pas inutile de connaître les situations particulières dans lesquelles peuvent se trouver les droits de l'associé (section 1).

section 1

Les situations particulières affectant les droits de l'associé

Ces situations particulières peuvent voir l'associé n'être pas le seul propriétaire de ses droits sociaux, mais les détenir en indivision (§1), ou bien avoir opéré sur ses titres un démembrement de propriété (§2). Enfin, il convient de s'intéresser à l'influence de la qualité d'époux de l'associé sur ses droits sociaux (§3). 195

§ 1 Indivision portant sur les droits sociaux

196 Il existe plusieurs situations pouvant conduire à l'apparition d'une indivision portant sur des droits sociaux : dissolution d'une communauté, succession, convention d'indivision, PACS. Précisons tout de suite que la constitution d'une indivision devrait en principe donner lieu à l'application de la procédure légale ou statutaire d'agrément des indivisaires entrant dans la société, le cas échéant, dans la mesure où chaque indivisaire se voit reconnaître la qualité d'associé, ainsi qu'on le verra immédiatement.

Pour éviter la situation où le décès d'un associé contrôlant une société donne lieu à l'apparition d'une indivision entre ses héritiers, la loi PACTE du 22 mai 2019 a créé une nouvelle personne morale : le fonds de pérennité. L'acte créateur d'un fonds de pérennité est qualifié par le législateur d'apport « gratuit et irrévocable » (Loi art. 177, I). L'utilisation du terme d'apport est déroutante s'agissant d'un acte qui ne donne pas lieu à une contrepartie en parts sociales ou en actions. L'apport dont il est question porte sur les titres de capital ou les parts sociales d'une ou de plusieurs sociétés exerçant une activité industrielle, commerciale, artisanale ou agricole ou détenant directement ou indirectement des participations dans une ou plusieurs sociétés exerçant une telle activité, et il doit être fait par les « fondateurs » du fonds. La finalité de l'apport est précisée par le législateur : il vise à ce que le fonds « gère » les droits sociaux apportés et « exerce les droits qui y sont attachés et utilise ses ressources dans le but de contribuer à la pérennité économique de cette ou de ces sociétés et puisse réaliser ou financer des œuvres ou des missions d'intérêt général ». Les titres ou parts apportés au fonds sont en principe inaliénables (art. 177, IV). Parmi les particularités du fonds de pérennité, on relèvera que son seul organe d'administration est collégial, puisqu'il s'agit d'un conseil d'administration, qui bénéficie de l'assistance d'un comité de gestion chargé du suivi des sociétés détenues. Les causes de dissolution du fonds sont définies par ses statuts, la dissolution judiciaire étant possible. À l'issue de sa liquidation, son actif est transféré à un bénéficiaire désigné par les statuts, à un autre fonds, à une fondation reconnue d'utilité publique ou à un fonds de dotation (art. 177, X).

A. La reconnaissance de la qualité d'associé à chaque indivisaire

1. *Différentes approches de la question*

197 La question de savoir qui était l'associé en présence d'une propriété des droits sociaux répartie entre plusieurs indivisaires a donné lieu à un débat doctrinal. Les positions soutenues étaient les suivantes :

– il avait été suggéré de reconnaître la qualité d'associé à l'indivision elle-même, mais cette solution se heurtait au fait que l'indivision n'est pas dotée de la personnalité morale. Dépourvue de capacité juridique, elle ne saurait donc être associée. C'était la position soutenue par le professeur Claude Champaud (*RTD com.* 1969. 505) ;

– il avait également été proposé de considérer que la qualité d'associé était répartie entre tous les indivisaires, qu'il y avait, en somme, un seul associé en plusieurs personnes distinctes. C'était la position soutenue par MM. Hémard, Terré et Mabilat (*Sociétés commerciales*, t. 1, Dalloz, 1972, n° 616) ;

– il était enfin concevable de reconnaître la qualité de l'associé à chaque indivisaire, thèse soutenue par le professeur Alain Viandier (*La notion d'associé*, LGDJ, 1978, n° 239).

2. *Solution retenue*

Après une première réponse semblant nier la qualité d'associé des indivisaires (Com. 198 ■
9 oct. 1972, *Bull. civ.* IV, n° 234), c'est la solution consistant à reconnaître à chaque indivisaire la qualité d'associé qu'a retenu formellement la Cour de cassation (Civ. 1re, 6 févr. 1980, *Bull. civ.* I, n° 49 ; *Rev. sociétés* 1980. 521, note A. Viandier, solution confirmée notamment par Com. 21 janv. 2014, n° 13-10.151, *Bull.* IV, n° 16 ; *D.* 2014. 275, obs. A. Lienhard ; *RLDA* n° 92, avr. 2014. 10, note B. Dondero ; Civ. 3e, 27 juin 2019, n° 18-17662, P+B+I ; Com., 7 juill. 2020, n° 18-19330, *JCP E* 2021, 1192, note E. Jonzo).

On peut cependant estimer que c'est aussi la solution consistant à voir l'indivision comme un seul associé en plusieurs personnes distinctes qui se trouve parfois consacrée, lorsque se pose la question de la mise en œuvre des prérogatives de l'associé. En effet, même si la qualité d'associé est reconnue à chaque indivisaire, bon nombre des prérogatives de l'associé doivent être exercées de manière collective.

B. La mise en œuvre des prérogatives de l'associé en présence d'une indivision

1. *Participation aux décisions collectives par un mandataire unique*

a. Principe

Les indivisaires d'actions ou de parts sociales doivent recourir à un mandataire 199 ■
unique, pris parmi eux ou non, pour voter en assemblée et, plus largement, pour participer aux décisions collectives (C. civ., art. 1844, al. 2 et C. com., art. L. 225-110, al. 2). Une lecture extensive de ces dispositions amènerait à considérer que ce sont toutes les prérogatives pour lesquelles une faculté d'exercice individuel n'est pas prévue qui supposent l'intervention de ce mandataire unique, analyse que conforte l'article L. 228-5 du Code de commerce, qui dispose qu'à l'égard de la société, les titres sont indivisibles. Ce n'est cependant pas une telle lecture qui est généralement retenue.

b. Modalités

En cas de désaccord entre les indivisaires quant à la désignation de leur mandataire 200 ■
commun, celui-ci est nommé par le président du tribunal judiciaire si la société est civile, ou par le président du tribunal de commerce, si la société est commerciale (Décr. 3 juill. 1978, art. 17). Une précision supplémentaire est apportée par un texte spécifique aux SA (C. com., art. R. 225-87), disposant que le président du tribunal de commerce statue en référé. L'intervention du juge est requise s'il n'y a pas l'unanimité pour désigner le mandataire commun, et même si le droit commun de

l'indivision permet une désignation à la majorité (Civ. 1re, 15 déc. 2010, n° 09-10.140, *Bull. civ.* I, n° 268 ; *Bull. Joly* 2011. 373, note F.-X. Lucas). La Cour de cassation a encore précisé que le juge pouvait désigner le mandataire commun parmi les indivisaires, même en présence d'un différend entre eux (Com. 10 juill. 2012, n° 11-21.789, *Bull. civ.* IV, n° 157 ; *Bull. Joly* 2012. 786, note B. Dondero).

En présence d'une indivision, les autres associés, qui sont recevables à contester la validité des pouvoirs d'une personne ayant représenté un associé à une assemblée, peuvent donc contester la validité des pouvoirs de la personne ayant représenté les indivisaires, puisque ceux-ci ont la qualité d'associé (Com. 13 nov. 2003, *Bull. Joly* 2004. 511, note B. Dondero).

Le représentant commun pourrait également n'avoir été désigné que tacitement, par application de l'article 815-3 du Code civil, qui autorise une telle désignation, et par application du droit commun du mandat tacite. Le représentant ne peut alors faire que des actes d'administration, ce qui exclut sans doute qu'il puisse apporter les titres détenus en indivision à une autre société (Com. 16 nov. 2004, *Rev. sociétés* 2005. 650, note B. Dondero).

Il a été précisé par la Cour de cassation (Com. 21 janv. 2014, préc.) que la présence du représentant commun des indivisaires à l'assemblée ne les empêchait pas d'exercer leur droit de participer aux décisions collectives. Concrètement, le représentant commun dira donc dans quel sens s'exerce le droit de vote attaché aux parts ou actions indivises, mais chaque indivisaire, qui a la qualité d'associé, a le droit d'accéder à l'assemblée générale et d'intervenir dans la discussion précédant le vote.

2. *Autres prérogatives*

a. Application du droit de l'indivision

201 Même si chaque indivisaire se voit reconnaître la qualité d'associé, leurs prérogatives d'associé doivent en principe s'exercer dans le respect de l'organisation du groupement des indivisaires. Des textes particuliers à la SA octroient des prérogatives individuelles aux indivisaires. Par exemple, l'article L. 225-118 du Code de commerce reconnaît à chacun des indivisaires le droit à communication des documents bénéficiant aux actionnaires. De même, les indivisaires dont les droits sont constatés par une inscription nominative bénéficient, dans les mêmes conditions que les (autres) actionnaires d'une convocation individuelle aux assemblées (C. com., art. R. 225-68, al. 2). Pour l'exercice de toutes les prérogatives pour lesquelles de telles facultés d'action individuelle ne sont pas reconnues, c'est le droit de l'indivision qui doit recevoir application, qui supposera souvent un accord unanime des indivisaires.

La reconnaissance de la qualité d'associé à chaque indivisaire fonde par ailleurs la possibilité pour celui-ci d'exercer librement certaines prérogatives, comme le droit d'information des associés (Civ. 3e, 27 juin 2019, n° 18-17662, P+B+I), la possibilité d'exercer *ut singuli* l'action sociale (Crim. 4 nov. 2009, *Gaz. Pal.* 2010. 1087, note B. Dondero – sur cette action, v. ss 314) de demander en justice l'ajournement d'une assemblée générale extraordinaire ayant pour ordre du jour l'émission de titres donnant accès au capital de la société émettrice (Com., 7 juill. 2020, n° 18-19330, *JCP E* 2021, 1192, note E. Jonzo) ou de demander la désignation d'un administrateur provisoire (Civ. 3e, 17 janv. 2019, n° 17-26695, P+B+I).

b. Calcul des seuils de participation

Un certain nombre de prérogatives sont subordonnées à la détention d'un nombre déterminé de parts ou d'actions par l'associé qui souhaite les exercer. La question se pose notamment à propos de la demande de désignation d'un expert, prévue pour la SA par l'article L. 225-231 du Code de commerce, et qui subordonne la recevabilité de la demande à la détention de 5 % du capital. Imaginons qu'une personne détienne 50 % des parts d'une indivision portant sur 8 % des actions d'une société. Est-elle recevable à mettre en branle la procédure de désignation de l'expert ? 202 ■

On pourrait tout d'abord considérer que la demande n'est recevable que si elle est formée par l'ensemble des indivisaires, éventuellement représentés par un mandataire commun. La demande formée par un seul indivisaire serait donc irrecevable, sauf à ce qu'il détienne en même temps à titre individuel 5 % au moins du capital de la société. On se fonderait sur l'idée selon laquelle l'indivisaire n'a, tant que dure l'indivision, aucun droit privatif sur les parts ou actions indivises. Cette analyse est retenue par la Cour de cassation lorsqu'elle souhaite apprécier la position d'associé majoritaire d'un gérant de SARL : elle considère que les parts indivises ne doivent pas être prises en compte pour déterminer si le gérant d'une SARL est majoritaire ou non (Soc. 9 nov. 1981, *Bull. civ.* V, n° 876).

Une deuxième solution consisterait à faire application d'un prorata : dans l'exemple choisi, l'on devrait considérer que l'indivisaire est titulaire de 4 % des actions, en rapportant au pourcentage d'actions indivises (8 %) le pourcentage des parts d'indivision détenues (50 %).

Une troisième solution consiste à retenir la qualité de propriétaire des actions avant celle d'indivisaire. Celui qui serait en indivision sur 8 % des actions devrait donc être considéré comme détenant 8 % des actions, indépendamment du nombre de parts d'indivision détenues. C'est cette dernière solution qui a été privilégiée par la Cour de cassation en matière d'expertise de gestion. Elle a en effet jugé par un arrêt rendu en 2007 que « *la demande de désignation d'un expert sur le fondement de l'article L. 225-231 du Code de commerce peut être présentée par un ou plusieurs actionnaires détenant de manière indivise au moins 5 % du capital* » (Com. 4 déc. 2007, *Bull. civ.* IV, n° 259 ; *D.* 2008. 1251, note L. Godon ; *RTD com.* 2008. 133, obs. P. Le Cannu et B. Dondero).

§ 2 Démembrement de propriété portant sur les droits sociaux

Le Code civil établit, en ses articles 578 à 624, le régime de l'usufruit, c'est-à-dire du démembrement de propriété entre un usufruitier et un nu-propriétaire. Ce démembrement pouvant porter aussi sur la propriété de droits sociaux, parts sociales ou actions, le législateur a prévu des règles propres à cette situation. L'article 1844 du Code civil comporte ainsi des règles supplétives relatives à la répartition des pouvoirs entre l'usufruitier et le nu-propriétaire en cas de démembrement de la propriété de parts sociales ou d'actions. La disposition, qui a été réécrite par la loi Mohamed Soilihi du 19 juillet 2019, ne vise que les « parts », mais elle vaut pour toutes les sociétés en l'absence de disposition contraire (C. civ., art. 1834). Le Code de commerce dote par ailleurs la SA d'un texte supplétif 203 ■

quelque peu différent sur cette même question de la répartition des pouvoirs entre usufruitier et nu-propriétaire (C. com., art. L. 225-110, applicable également aux SCA et aux SE).

Il convient d'évoquer successivement la situation du nu-propriétaire et celle de l'usufruitier de droits sociaux au regard de la qualité d'associé.

A. La situation du nu-propriétaire

1. *Une question réglée depuis longtemps*

■ 204 La qualité d'associé du nu-propriétaire a été reconnue depuis longtemps par la jurisprudence, dans le silence de la loi (Civ. 3e, 5 juin 1973, *Bull. civ.* III, n° 403 ; solution nettement confirmée depuis, notamment par l'arrêt *de Gaste*, Com. 4 janv. 1994, *Bull. civ.* IV, n° 10 ; *Defrénois* 1994. 556, obs. P. Le Cannu).

Il est regrettable que la loi Mohamed Soilihi du 19 juillet 2019, qui a réécrit l'art. 1844, al. 3, n'ait pas profité de l'occasion pour inscrire la qualité d'associé du nu-propriétaire de droits sociaux dans le Code civil.

2. *La préservation des droits du nu-propriétaire*

■ 205 La qualité d'associé étant reconnue au nu-propriétaire, ses droits d'associé doivent être préservés, tout particulièrement son droit de participer aux décisions collectives, ainsi que le juge l'arrêt *de Gaste* (Com. 4 janv. 1994, *préc.*). Le nu-propriétaire doit donc toujours être mis en mesure de participer aux assemblées, quand bien même il n'y voterait pas. Il est en effet possible de dépouiller le nu-propriétaire de tout droit de vote, mais à la condition que son droit de participer aux décisions collectives soit maintenu (v. en ce sens Com. 22 févr. 2005, *JCP E* 2005. 1067, note R. Kaddouch). Il est en revanche hors de question de priver le nu-propriétaire du droit de participer aux décisions collectives, par exemple par une clause des statuts qui prévoirait une représentation systématique du nu-propriétaire par l'usufruitier (Civ. 2e, 13 juill. 2005, *Bull. Joly* 2006. 217, note P. Le Cannu, arrêt pris après avis de la chambre commerciale). La loi Mohamed Soilihi du 19 juillet 2019 a consacré le droit de participer aux décisions collectives du nu-propriétaire, sans préciser toutefois qu'il avait bien la qualité d'associé, ce qui comme on l'a dit, n'aurait pas été inutile.

B. La situation de l'usufruitier

1. *Une question en suspens*

a. L'absence de solution nette

■ 206 Le moins que l'on puisse dire de la question de la situation de l'usufruitier de droits sociaux au regard de la qualité d'associé est qu'elle n'est pas tranchée aussi clairement qu'on le souhaiterait. La doctrine est partagée, et la jurisprudence n'a pas formulé de solution claire dans un sens ou dans l'autre. On signalera surtout trois arrêts rendus par la Cour de cassation en 2006, 2008 et 2016, deux dans le sens du refus de la qualité d'associé à l'usufruitier, l'autre dans le sens contraire. Les arrêts de 2006 et 2008 sont analysés un peu plus loin (v. ss « Quiz »). L'arrêt de 2016 (Civ. 3e, 15 sept. 2016, n° 15-15172, *Bull.* III, n° 110 ; *Gaz. Pal.* 28 oct. 2016. 65, note B. Dondero) est rendu dans une affaire où la cour d'appel saisie du litige s'était clairement prononcée en jugeant que l'usufruitier n'a pas la qualité d'associé. L'arrêt rendu par la Cour de cassation ne dit pas expressément que l'usufruitier a ou n'a pas la qualité d'associé. La troisième chambre civile de la Cour de cassation, qui n'est pas la formation de la Cour de cassation « normalement » compétente pour le droit des sociétés, approuve fermement la cour d'appel (elle a « exactement retenu ») d'avoir jugé « que l'assemblée générale du 14 janvier 2005, ayant pour objet des décisions collectives autres que celles qui concernent l'affectation des bénéfices, ne saurait être annulée au motif que Marie-Thérèse X..., usufruitière des parts sociales, n'avait pas été convoquée pour y participer ». C'est donc, sans doute, que l'usufruitier de droits sociaux n'a pas la qualité d'associé. Mais pourquoi ne pas l'avoir dit enfin clairement, si c'est le cas ? Par les termes employés, l'arrêt se prête à une interprétation qui permettra à ceux qui défendent encore la qualité d'associé de l'usufruitier de poursuivre la lutte, même si leur territoire se réduit. L'usufruitier ne serait-il pas en effet un associé particulier, si particulier qu'il ne serait pas nécessaire de le convoquer aux assemblées qui statuent sur des questions qui ne sont pas de sa compétence ? Il est vrai qu'il est toujours troublant de voir un non-associé pouvoir exercer le droit de vote, et l'usufruitier peut effectivement voter sur les questions qui sont de sa compétence. S'il peut voter sur l'affectation des bénéfices (il le doit même, nous dit l'arrêt *Hénaux*) et sur d'autres questions, ainsi que cela aura été défini par les statuts, alors, n'est-il pas un « associé à géométrie variable », dont le droit de participer aux décisions collectives porte sur les seules questions sur lesquelles il est appelé à voter, le nu-propriétaire jouissant quant à lui ce droit en toutes circonstances. Parmi les décisions ayant pris partie, on signalera aussi un arrêt laissant entendre que l'usufruitier est un associé au regard de l'article 1843-5 du C. civ. (Civ. 3e, 16 nov. 2011, n° 10-19.538, *Bull. Joly* 2012. 103, note B. Dondero).

Dernier élément en date : la loi Mohamed Soilihi du 19 juillet 2019 a réécrit l'art. 1844 du Code civil pour clarifier la répartition des prérogatives entre nu-propriétaire et usufruitier, et reconnaître à l'un et à l'autre le « *droit de participer aux décisions collectives* », mais sans indiquer clairement que l'usufruitier est bien un associé. S'il était un associé, d'ailleurs, faudrait-il réellement préciser qu'il a ce droit... mais si l'on va par là, fallait-il le préciser aussi pour le nu-propriétaire, ainsi que la loi précitée ?

b. Les enjeux de la question

Savoir si l'usufruitier est associé ou non est une question dotée de nombreux enjeux, dont il convient d'évoquer ici les plus sensibles. 207

Tout d'abord, si l'usufruitier n'est pas un associé, cela implique qu'il ne saurait être nommé en qualité de dirigeant social lorsque la loi ou les statuts réserveront cette fonction à un associé.

Ensuite, si l'usufruitier se voit au contraire reconnaître la qualité d'associé, il disposera des droits attachés à cette qualité, et notamment du droit de participer aux décisions collectives, droit qui ne pourrait être remis en cause (C. civ., art. 1844, al. 1er). Ceci dit, la question ne se pose plus pour ce droit particulier après l'intervention de la loi Mohamed Soilihi du 19 juillet 2019, qui reconnaît à l'usufruitier le droit de participer aux décisions collectives.

Les différentes contraintes liées à la détention de la qualité d'associé s'appliqueront ou non à l'usufruitier, selon que la qualité d'associé lui aura été reconnue ou non. Ainsi l'usufruitier de parts de SNC se verra-t-il reconnaître la qualité de commerçant (C. com., art. L. 221-1). Il supportera également en ce cas une obligation aux dettes sociales, qui n'aura pas lieu d'être si l'usufruitier n'a pas la qualité d'associé.

Enfin, si l'usufruitier peut, aux termes de l'article 595 du Code civil, « vendre ou céder son droit à titre gratuit », cette affirmation subira des limitations lorsque la loi ou les statuts prévoiront une procédure d'agrément en cas de cession de droits sociaux, du moins si la qualité d'associé est reconnue à l'usufruitier.

2. *La préservation des droits de l'usufruitier*

a. Droit au bénéfice

208 L'article 582 du Code civil disposant que l'usufruitier a le droit de jouir de toute espèce de fruits, soit naturels, soit industriels, soit civils, que peut produire l'objet dont il a l'usufruit, l'usufruitier a un droit sur le dividende, dans la mesure où celui-ci reçoit la qualification de fruit (v. ss 239 s.). La Cour de cassation s'est intéressée dans un passé récent à la question du bénéfice mis en réserve. La chambre commerciale a jugé que si le dividende versé à l'usufruitier est pris sur du bénéfice qui avait été mis en réserve, apparaît un quasi-usufruit, sauf convention contraire entre l'usufruitier et le nu-propriétaire (Com. 27 mai 2015, n° 14-16246, P+B+R+I, *Gaz. Pal.* 26 juill. 2015. 7, note B. Dondero ; 24 mai 2016, n° 15-17788, *Bull.* IV, n° 78). Cette institution désigne un usufruit portant sur des biens consomptibles, en l'occurrence une somme d'argent. La Cour de cassation considère donc qu'un second usufruit apparaît, portant sur les sommes distribuées, à côté de l'usufruit préexistant portant sur les parts sociales. Précisons que ce quasi-usufruit suppose une restitution de la part de l'usufruitier. En synthèse, le dividende prélevé sur les réserves n'est pas un fruit des parts sociales. Notons que la première chambre civile de la Cour de cassation juge, d'une manière qui n'est peut-être pas parfaitement compatible, que « si l'usufruitier a droit aux bénéfices distribués, il n'a aucun droit sur les bénéfices qui ont été mis en réserve, lesquels constituent l'accroissement de l'actif social et reviennent en tant que tel au nu-propriétaire » (Civ. 1re, 22 juin 2016, n° 15-19471, *Bull.* I, n° 144).

b. Droit de vote

209 Dans les sociétés soumises au droit commun, le nu-propriétaire a le droit de vote, par principe, aux termes de l'article 1844, alinéa 3 du Code civil. L'usufruitier ne peut voter que pour les décisions concernant l'affectation des bénéfices. L'alinéa 4 de l'article 1844 autorise d'ailleurs les statuts à déroger à cette répartition et la Cour de cassation a eu l'occasion de sanctionner par la nullité de la décision collective le non-respect de la règle statuaire (Com. 13 janv. 2021, n° 19-13399, *Rev. sociétés* 2021. 375, note L. Godon). Dans les sociétés par actions (à l'exception de la SAS), on rencontre une règle différente à l'article L. 225-110 du Code de commerce, puisque l'usufruitier a compétence pour voter à toutes les assemblées générales ordinaires. Cependant, en dépit de la lettre très ouverte des articles 1844 du Code civil et L. 225-110 du Code de commerce, qui semble autoriser toutes les répartitions aux statuts, la Cour de cassation juge que l'on ne peut priver l'usufruitier de son droit de vote sur l'affectation des bénéfices (Com. 31 mars 2004, *Bull. civ.* IV, no 70 ; JCP E 2004. 1011, note A. Rabreau). La loi Mohamed Soilihi du 19 juillet 2019 a confirmé la solution de la jurisprudence *Hénaux*, en permettant la répartition du droit de vote entre nu-propriétaire et usufruitier, mais en indiquant que « pour les décisions concernant l'affectation des bénéfices », le droit de vote « est réservé à l'usufruitier ». Simplement,

un autre ajout fait au dernier alinéa de l'art. 1844 sème le trouble, puisqu'il est indiqué que les statuts peuvent déroger « à la seconde phrase du troisième alinéa », qui est précisément celle qui « réserve » à l'usufruitier le droit de vote sur l'affectation des bénéfices : il serait donc possible, à la lettre du texte, de priver l'usufruitier du droit de voter sur cette question.

§ 3 Droits sociaux et qualité d'époux de l'associé

Le droit des sociétés prend occasionnellement en compte la qualité d'époux des personnes physiques associées ou leur statut matrimonial. Le législateur édicte quelques règles particulières, auxquelles la jurisprudence ajoute ses solutions. 210 ■

A. Époux associés d'une même société

Pendant longtemps, le législateur n'admettait pas que deux époux puissent être simultanément associés de la même société lorsque celle-ci faisait peser sur eux une obligation indéfinie et solidaire au paiement des dettes sociales. L'article 1832-1 du Code civil interdisait cette situation. La phrase comportant cette interdiction a cependant été supprimée par la loi n° 85-1372 du 23 décembre 1985 réformant le droit des régimes matrimoniaux, à compter du 1er juillet 1986. Il n'y a donc actuellement aucun obstacle à ce que deux époux soient simultanément associés au sein de la même SNC, du moment que l'un et l'autre ont la capacité nécessaire pour souscrire des parts d'une telle société (v. ss 583 et v. ss 584). Les époux peuvent employer des biens communs, voire n'utiliser que de tels biens pour souscrire ou acquérir les titres de cette société. Un régime particulier de protection prend cependant effet lorsque des biens communs sont utilisés. 211 ■

B. Influence de la communauté

1. *Dispositif de protection lors de l'entrée en société*

a. Principe

Le législateur encadre la souscription ou l'acquisition de parts sociales non négociables (c'est-à-dire de titres qui ne sont pas des actions) lorsqu'elle est faite au moyen de biens communs, c'est-à-dire de biens qui font l'objet d'une propriété commune des époux mariés sous un régime impliquant une communauté, par opposition aux biens propres. Il impose à l'époux réalisant l'opération d'en avertir son conjoint et qu'il en soit justifié dans l'acte de souscription ou d'acquisition (C. civ., art. 1832-2, al. 1er). 212 ■

Le conjoint de l'apporteur ou de l'acquéreur des parts sociales peut alors notifier à la société son intention d'être personnellement associé. Ce droit n'est pas enfermé dans un délai particulier, mais peut être exercé tant que dure la communauté (C. civ., art. 1832-2, al. 3 et 4).

b. Mise en œuvre

Le conjoint A va souscrire ou acheter 100 parts de la société X. Il en informe son conjoint B. B, s'il souhaite devenir lui aussi associé de la société X, doit notifier à la société X son intention. Si cette notification est faite en même temps que A souscrit 213 ■

ou achète les parts X, l'acceptation ou l'agrément des associés de X vaut à la fois pour les deux époux A et B (C. civ., art. 1832-2, al. 3). Si la notification faite par B est postérieure à l'apport ou à l'acquisition, les clauses d'agrément prévues à cet effet par les statuts sont opposables à B (et même la procédure légale d'agrément dans les SNC, précise la Cour de cassation : Com., 18 nov. 2020, n° 18-21797, P+B+R ; *Dr. sociétés* 2021, comm. n° 3, note crit. R. Mortier), étant précisé que A ne participera pas au vote sur l'agrément de B et que ses parts ne seront pas prises en compte pour le calcul du quorum et de la majorité. Si B notifie son intention d'être associé de la société X, A et B seront alors associés pour 50 parts chacun, et non associés en indivision pour la totalité des parts, sauf à l'avoir expressément choisi (Com. 15 mai 2012, n° 11-13.240, *Bull. civ.* IV, n° 102 ; *Rev. sociétés* 2013. 38, note E. Naudin). Si l'époux sollicité ne devient pas associé, les parts auront tout de même la nature de bien commun, ce qui conduira à distinguer le titre (d'associé) de la finance (v. ss 215).

c. Sanction

214 Si le dispositif de protection n'est pas respecté, c'est-à-dire si le conjoint B n'est pas averti de l'utilisation des biens communs faite par A pour acquérir ou souscrire des parts de la société X, ou s'il n'est pas justifié dans l'acte d'acquisition ou de souscription de cette information du conjoint B, alors l'acquisition ou la souscription peut être annulée dans le délai de deux ans à partir du jour où B a eu connaissance de l'acte (C. civ., art. 1832-2, renvoyant à l'art. 1427).

2. *Distinction du titre et de la finance*

215 Si les époux ont tous les deux la qualité d'associé, chacun devra recevoir de la société les droits correspondants. La situation est plus délicate lorsqu'un seul des époux a la qualité d'associé et que les parts sociales ou les actions sont des biens communs, puisqu'il faut alors dissocier le titre (d'associé) de la finance. Le fait que les droits sociaux soient des biens communs ne donne pas à l'époux non associé les prérogatives liées à cette qualité (Civ. 1re, 4 juill. 2012, n° 11-13.384, *Bull. civ.* I, n° 155 ; *Bull. Joly* 2012. 608, note E. Naudin ; 12 juin 2014, n° 13-16.309, *Bull.* I, n° 108 ; *Rev. sociétés* 2014. 734, note E. Naudin). Ainsi, et en dépit du pouvoir de gestion concurrente qui autorise chaque époux à recevoir le paiement de créances communes, seul l'époux qui a la qualité d'associé peut percevoir les dividendes (Civ. 1re, 5 nov. 2014, n° 13-25.820, *Bull.* I, n° 185 ; *Rev. sociétés* 2015. 190, note E. Naudin ; *Gaz. Pal.* 25 janv. 2015. 17, note B. Dondero). Pour autant, les dividendes reçus en vertu de parts ou d'actions, communes ou propres, entrent en communauté (Civ. 1re, 12 déc. 2006, n° 04-20663, *Bull.* I, n° 536). Si le bénéfice n'est pas distribué sous forme de dividende, mais inscrit en report à nouveau ou *a fortiori* mis en réserve, cette entrée en communauté ne survient pas... sauf si les droits sociaux sont communs (même arrêt).

3. *Application exclue de l'article 1415 du Code civil*

a. Dispositif concerné

216 La question s'est par ailleurs posée de savoir si l'acquisition par un époux de la qualité d'associé d'une société comportant une obligation aux dettes sociales constituait une garantie soumise à l'article 1415 du Code civil. Ce texte impose à l'époux marié sous un régime de communauté de requérir l'autorisation de son conjoint avant de contracter un prêt ou un cautionnement. S'il ne le fait pas, la sanction n'est pas la

nullité du contrat, mais l'impossibilité pour le créancier de se payer sur les biens communs ou sur les propres de l'autre époux. L'action du créancier ne peut alors porter que sur les biens propres de l'époux qui a contracté.

On se demandait si l'acquisition de la qualité d'associé à responsabilité illimitée était comprise dans le champ d'application du texte. La question était loin d'être absurde : la situation de l'associé de société civile ou de SNC est en effet proche de celle d'une caution. De plus, la jurisprudence a accepté d'appliquer le dispositif de l'article 1415 à des cas non visés expressément par ce texte (garantie à première demande et aval d'une lettre de change).

b. Exclusion

Une cour d'appel avait jugé que l'engagement de l'associé d'une société civile était inclus dans le champ d'application du dispositif (Versailles, 2 mai 2002, *LPA* 18 juin 2003, note B. Dondero). Son arrêt a cependant été censuré par la Cour de cassation, qui a exclu par deux arrêts du même jour tant la société civile que la SNC du champ d'application de l'article 1415 du Code civil (Com. 17 janv. 2006, *Bull. civ.* IV, n° 14 et 15 ; *Rev. sociétés* 2006. 540, note D. Legeais). Le fondement de la solution semble être le caractère *sui generis* du mécanisme de garantie prévu par la loi dans les sociétés à responsabilité illimitée. 217 ■

4. *Pouvoir de disposer des droits sociaux*

Lorsque des droits sociaux non négociables, c'est-à-dire des parts sociales de société civile, de SNC ou de SARL, ont la qualité de bien commun, les actes de disposition portant sur ces parts font l'objet d'une disposition particulière. L'article 1424 du Code civil dispose en effet que « Les époux ne peuvent, l'un sans l'autre, aliéner ou grever de droits réels (...) les droits sociaux non négociables » et « ne peuvent, sans leur conjoint, percevoir les capitaux provenant de telles opérations ». Cela limite donc les pouvoirs qu'un époux seul pourrait accomplir sur les parts sociales communes. La sanction est la nullité (C. civ., art. 1427). 218 ■

section 2

Les obligations et les droits de l'associé

Les associés tirent des droits du contrat de société et supportent en contrepartie un certain nombre d'obligations. Celles-ci sont en nombre limité, mais peuvent être parfois très lourdes, tout particulièrement lorsque l'associé est tenu de garantir le paiement des dettes sociales à l'égard des tiers. En fait, l'associé a moins d'occasions que le dirigeant d'engager sa responsabilité, car il s'expose moins. 219 ■

En introduction, il convient de s'interroger sur l'existence ou non d'un principe d'égalité entre les associés d'une même société. Un tel principe est ponctuellement évoqué en doctrine, voire affirmé en droit positif, particulièrement par l'article L. 823-11 du Code de commerce, qui donne mission au commissaire aux comptes, dans les sociétés qui sont dotées d'un tel organe de contrôle, de s'assurer du respect de l'égalité entre associés ou entre actionnaires (v. ss 410). L'existence d'un principe général d'égalité entre actionnaires a toutefois été niée fermement, en droit de l'Union européenne, par la Cour de justice par un arrêt en date du 15 octobre 2009 (*Audiolux c/ Groupe Bruxelles Lambert (GBL) et Bertelsman, Rev. sociétés* 2010. 45, note G. Parléani).

Ajoutons qu'une notion nouvelle a été introduite en droit des sociétés par deux textes de 2016 (Ord. n° 2016-1635 du 1er déc. 2016 et loi *Sapin* 2 n° 2016-1691 du 9 déc. 2016) qui est celle de bénéficiaire effectif, qui vient perturber quelque peu la notion d'associé. Ce n'est pas le résultat d'une invention française, puisque ces textes procèdent à la transposition d'une directive européenne (Directive (UE) 2015/849 du Parlement européen et du Conseil du 20 mai 2015 relative à la prévention de l'utilisation du système financier aux fins du blanchiment de capitaux ou du financement du terrorisme). L'art. L. 561-2-2 du Code monétaire et financier définit le *bénéficiaire effectif* comme la ou les personnes physiques contrôlant en dernier lieu, directement ou indirectement, le client, ou pour lesquelles une opération est exécutée ou une activité exercée. Le texte concerne notamment les établissements de crédit, d'où la référence au « client ». La notion a cependant été introduite en droit des sociétés par les textes précités, qui ont mis en place une obligation pesant sur toutes les sociétés civiles et commerciales inscrites au registre du commerce et des sociétés, à l'exception des sociétés cotées, de connaître leurs bénéficiaires effectifs, et de communiquer et de mettre à jour cette information au registre des bénéficiaires effectifs, tenu par le greffe du tribunal de commerce. Peuvent accéder directement à ce registre toute une série d'autorités (magistrats, agents des douanes, agents du fisc, etc.), tandis que l'accès aux autres personnes suppose une autorisation donnée par le juge (D. n° 2017-1094 du 12 juin 2017). Le dispositif est applicable depuis le 1er août 2017 pour les personnes morales procédant à leur immatriculation au RCS à compter de cette date, et depuis le 1er avril 2018 pour les personnes morales immatriculées avant le 1er août 2017. Il est assorti de sanctions pénales, qui frappent de 6 mois d'emprisonnement et 7.500 euros d'amende la société qui ne déposerait pas au RCS le document relatif au bénéficiaire effectif ou fournirait des informations inexactes ou incomplètes (C. mon. fin., art. L. 574-5).

La dernière évolution du dispositif, issue de l'ordonnance n° 2020-115 du 12 février 2020, a accru la publicité des informations relatives aux bénéficiaires effectifs, opérant la transposition de la directive 2018/843 du 30 mai 2018.

§ 1 Les obligations de l'associé

A. L'obligation aux apports

220 Toute société suppose des apports, et tout associé doit faire des apports (v. ss chapitre 2). Il est possible que la qualité d'associé soit transmise à un tiers, par le biais d'une cession de droits sociaux. Dans cette hypothèse, l'apport fait par le cédant sera maintenu dans la société, mais les sommes que le cessionnaire versera au cédant, en contrepartie du transfert de la propriété de ses droits sociaux, « désintéresseront » le cédant de la société.

B. L'obligation aux dettes sociales

Il faut rappeler ici la distinction entre les sociétés où la responsabilité est limitée aux apports et celle où elle est illimitée. 221 ■

Dans les sociétés à responsabilité limitée, l'associé n'est pas tenu de payer les créanciers de la société à la place de celle-ci en cas de défaillance. Il doit faire des apports comme tout associé, apports qu'il s'expose à perdre, là encore comme tout associé, mais il n'a pas d'autre engagement d'ordre patrimonial, sauf à avoir consenti par ailleurs à une sûreté particulière au bénéfice des créanciers de la société : cautionnement, garantie autonome, etc.

En revanche, dans les sociétés à responsabilité illimitée, SNC et société civile en premier lieu, une garantie légale pèse sur l'associé, qui l'oblige à honorer les dettes sociales lorsque la personne morale ne le fait pas. Cette obligation aux dettes sociales peut être conjointe ou solidaire, ainsi qu'on le verra lors de l'étude des différentes formes de société.

C. L'obligation de loyauté

1. *Quasi-silence des textes*

L'obligation de loyauté de l'associé n'est pas affirmée clairement par les textes. La disposition qui semble le plus proche d'affirmer cette obligation est l'article 1833 du Code civil, qui dispose que la société « doit être constituée dans l'intérêt commun des associés », texte dont on peut déduire l'importance de l'intérêt social, voire sur lequel on peut fonder la notion de « contrat-organisation » (v. ss 34), mais qui ne formule pas de directive précise de ce point de vue. 222 ■

2. *Discrétion de la jurisprudence... jusqu'à ces dernières années*

La jurisprudence impose aux dirigeants et parfois aux anciens dirigeants une obligation de loyauté et de fidélité à l'égard de la société (v. ss 306 s.). Elle n'impose pas de tels devoirs à l'associé, même si l'on peut penser que les sociétés qui ont pour objet l'exercice en commun d'une profession, et notamment les sociétés civiles professionnelles (v. ss 576), doivent imposer à leurs associés une obligation de ne pas concurrencer la société. Hors de cette hypothèse, et sauf à ce que l'associé ait contracté des obligations en ce sens par une stipulation particulière, il doit donc demeurer libre d'exercer une activité en concurrence avec la société. C'est là la position de la jurisprudence pour les SARL et sans doute pour les sociétés par actions (Com. 15 nov. 2011, n° 10-15.049, *Bull. civ.* IV, n° 188 ; *JCP E* 2011. 1893, note A. Couret et B. Dondero ; 19 mars 2013, n° 12-14.407, *Dr. sociétés* 2013, comm. n° 102, note M. Roussille). Une question proche est celle du droit de critique de l'associé : la liberté d'expression lui permet-elle de critiquer la société ? La Cour européenne des droits de l'Homme a jugé que la critique était pleinement admise dès lors qu'elle n'est pas fausse ou injurieuse à l'égard des personnes concernées, et qu'elle ne vise pas la personne du dirigeant, mais son action (CEDH, 4e sect., 30 juin 2020, n° 21768/12, *JCP E* 2021, 1014, §4, obs. L. Athlan ; *Rev. sociétés* 2021. 39, note G. Parleani). 223 ■

D. La responsabilité encourue par l'associé

224 Pendant longtemps, la question n'était posée que rarement : un associé peut-il engager sa responsabilité au titre du mauvais exercice qu'il ferait de ses prérogatives, et particulièrement de son droit de vote. La chambre commerciale de la Cour de cassation a consacré la transposition de la théorie de la faute séparable des fonctions du dirigeant à l'associé. C'est ainsi s'il commet une faute intentionnelle d'une particulière gravité, incompatible avec l'exercice normal des prérogatives attachées à la qualité d'associé, et il engage alors sa responsabilité personnelle à l'égard des tiers (Com. 18 févr. 2014, n° 12-29.752, *Bull.* IV, n° 40 ; *JCP E* 2014, 1160, note B. Dondero).

§ 2 Les droits de l'associé

225 Les droits de l'associé sont de nature multiple, ce qui rend plus difficile la perception de la nature de ces droits. Ce sont des droits que l'associé fait valoir sur une ou plusieurs personnes (la société, personne morale, les autres associés, les dirigeants), et donc des droits personnels, des droits de créance. À la différence du droit de créance le plus courant, ayant pour objet le paiement d'une somme d'argent, les droits de créance de l'associé n'ont pas seulement pour objet le paiement d'une somme d'argent.

L'associé dispose en effet tout à la fois :
- d'un droit d'information sur les affaires de la société (A) ;
- du droit de participer aux décisions collectives (B) ;
- du droit de recevoir une part du bénéfice social (C) ;
- du droit de céder ses titres (D) ou de ne pas les céder (E).

A. Le droit d'information sur les affaires de la société

226 Ce droit sera examiné en détail lors de l'étude du fonctionnement courant de la société (v. ss 350 s.). Il est vital, car de la qualité de l'information reçue par l'associé dépend le bon exercice de ses autres prérogatives, collectives ou individuelles. L'associé mal informé ne prendra pas les bonnes décisions lors des assemblées, ou bien il ne cédera pas ses titres alors qu'il l'aurait fait s'il avait eu connaissance de la situation réelle de la société, par exemple.

B. Le droit de participer aux décisions collectives

227 L'article 1844, alinéa 1er du Code civil affirme que « tout associé a le droit de participer aux décisions collectives », et le dernier alinéa de ce texte dispose que les statuts ne peuvent déroger à ce droit. La jurisprudence a ajouté à ce texte en distinguant le droit de participer aux décisions collectives proprement dit, qui concerne l'accès à l'assemblée et la participation à la discussion précédant le vote, et le vote lui-même. Cette distinction est importante, car le droit de voter n'a pas un caractère aussi intangible que le droit de participer aux décisions collectives. En réalité, par cet ajout, les juges ont affaibli l'article 1844, alinéa 1er, dont la portée est du coup plus restreinte que la lettre du texte ne le laisse entendre.

1. Le droit de participer aux décisions collectives, droit fondamental

La participation aux décisions collectives est donc un droit essentiel de l'associé, affirmé par l'article 1844, alinéa 1er du Code civil, et renforcé par l'alinéa 4 de cet article, qui dispose, *a contrario*, que les statuts ne peuvent déroger à la règle de l'alinéa 1er. Cette participation aux décisions collectives est plus large que la participation aux assemblées, au sens où toutes les décisions collectives ne prennent pas la forme d'une assemblée, mais peuvent intervenir, par exemple dans les SAS, sous d'autres formes, prévues par les statuts. 228 ■

Surtout, la jurisprudence a distingué la participation collective du vote lui-même, pour ne reconnaître qu'à la première un caractère intangible. En réalité, la distinction a une valeur intermittente. Certains arrêts interdisent toute atteinte au droit de vote qui ne serait pas prévue par la loi (v. ainsi not. l'arrêt *Château d'Yquem*, Com. 9 févr. 1999, *Bull. civ.* IV, n° 44 ; *Bull. Joly* 1999. 566, note J.-J. Daigre), tandis que d'autres distinguent clairement les deux prérogatives, pour n'admettre que les atteintes au droit de vote et interdire seulement celles au droit de participer aux décisions collectives (v. not. Com. 22 févr. 2005, *JCP E* 2005. 1067, note R. Kaddouch, préc., relatif aux droits du nu-propriétaire).

Dernière précision importante, donnée en 2015 par la troisième chambre civile de la Cour de cassation : seuls les associés ont le droit de participer aux décisions collectives (Civ. 3e, 8 juill. 2015, n° 13-27248, *Bull.* III, n° 76 ; *Dr. sociétés* 2015, comm. n° 189, note R. Mortier ; *Gaz. Pal.* 27 sept. 2015. 13, note B. Dondero).

2. Le processus décisionnel

a. Convocation

Un associé ne peut être privé de son droit de participer aux décisions collectives. Cela implique donc que l'associé soit systématiquement convoqué aux assemblées ou, plus largement, appelé à participer à la prise des décisions entre associés, quelles qu'en soient les modalités (v. ss chapitre 7). 229 ■

b. Quorum

C'est une notion fondamentale : le *quorum*Q représente le nombre minimum de parts ou d'actions devant être présentes à une assemblée (ou lors de la réunion des associés selon une autre modalité) pour que celle-ci puisse valablement statuer. Le quorum se distingue de la majorité, qui est la proportion à réunir des parts ou actions présentes ou représentées, en faveur d'une décision, pour que cette décision soit prise. Ainsi, dans une SA, une assemblée générale ordinaire ne peut valablement délibérer que si les actionnaires présents ou représentés possèdent au moins, sur première convocation, le cinquième des actions ayant le droit de vote (C. com., art. L. 225-98 mod. par L. du 26 juill. 2005 : auparavant le seuil prévu était du quart). Si ce seuil est atteint, l'assemblée peut statuer, selon la rédaction du texte issue de la loi Mohamed Soilihi du 19 juillet 2019, à la majorité « des voix exprimées par les actionnaires présents ou représentés ». Il est donc possible qu'en pratique, une assemblée prenne une décision à la majorité des voix calculée sur 20 % des actions, c'est-à-dire avec 10 % + 1 du nombre total des actions émises par la société, et peut-être avec beaucoup moins de votes positifs encore si l'abstention est importante. 230 ■

La condition de quorum peut être satisfaite alors que certains associés ne seront pas effectivement présents, parce qu'ils sont représentés, ou parce que, si les textes l'autorisent, ils peuvent participer à l'assemblée par des moyens techniques particuliers (visioconférence notamment).

3. Le vote lui-même

a. Nombre de droits de vote et sens du vote

231 Toutes les sociétés n'encadrent pas avec précision l'exercice du droit de vote.

Ainsi, dans les sociétés de personnes, ce sont les statuts qui détermineront le nombre de droits de vote attachés à chaque part sociale. Cette liberté est également présente dans la SAS.

En revanche, le législateur a énoncé des règles précises en matière de SA. Chaque action émise par cette société donne ainsi droit a au moins une voix, toute clause contraire étant réputée non écrite (C. com., art. L. 225-122, I). Les possibilités de prévoir des atteintes au droit de vote, initialement restreintes au plafonnement des droits de vote (C. com., art. L. 225-125 : par ex., les actions donnent chacune droit à une voix, mais dans la limite de 10 voix pour chaque actionnaire), se sont cependant élargies considérablement avec l'avènement des actions de préférence (v. ss 1009 s.). Inversement, les statuts de la SA peuvent reconnaître un droit de vote double à certaines actions, dispositif qui a connu une évolution particulière dans les sociétés cotées avec la loi *Florange* (L. n° 2014-384 du 29 mars 2014- C. com., art. L. 225-123, v. ss 1239).

Se pose aussi la question de savoir quel est le sens à donner aux votes. On peut voter « oui » ou « non », mais que se passe-t-il en cas d'« abstention » ? La réponse n'est pas la même selon les formes sociales, et les statuts ont aussi leur mot à dire, particulièrement dans les SAS. Dans les SA, la loi Mohamed Soilihi du 19 juillet 2019 a opéré une petite évolution en n'assimilant plus l'absention à un vote négatif (v. infra n° 916).

b. Les conventions de vote

232 Ce type de convention, qui figure souvent dans un pacte d'actionnaires, voit des associés convenir de la manière dont ils vont voter lors d'une ou plusieurs assemblées à venir. L'article L. 242-9 du Code de commerce édicte une peine d'emprisonnement et d'amende à l'égard de celui qui se fait accorder un avantage pour voter dans un certain sens ou ne pas voter, ainsi qu'à l'égard de celui qui accorde l'avantage. Cependant, la jurisprudence reconnaît la validité des conventions de vote, institution très utilisée en pratique (notamment dans les pactes d'actionnaires), sous réserve qu'un certain nombre de conditions soient respectées. En synthèse, il conviendra que quatre conditions soient satisfaites :

- l'associé ne saurait être irrévocablement privé de son droit de vote ;
- la convention ne doit pas être contraire à l'intérêt social ;
- l'accord doit être exempt de toute idée de fraude ;
- aucune rémunération directe ne doit être accordée en contrepartie de l'engagement de voter dans un sens déterminé ou de ne pas voter (ceci afin de ne pas contrevenir à l'art. L. 242-9 du C. com.).

Un point faible réside dans le fait que si la convention de vote n'est pas respectée par une partie, son inexécution ne saurait être sanctionnée par l'annulation de la décision qui aura été prise par la société.

c. L'abus du droit de vote

233 ■ La loi ou les statuts recourent fréquemment à la règle majoritaire. À défaut, si l'unanimité était requise pour toutes les décisions sociales, on aboutirait très fréquemment à des blocages. Mais si la règle majoritaire permet de donner plus de souplesse à la gestion de la société, il ne faut pas pour autant que le vote majoritaire soit *détourné de ses fonctions*, par un abus du droit de vote. Le droit de vote est finalisé, c'est-à-dire qu'il n'est pas conféré à l'associé pour s'en servir dans son seul intérêt propre, mais avant tout pour le bien de la société. C'est un *pouvoir*[Q], et non un droit, le mot « pouvoir » étant à entendre au sens mis en évidence par le regretté Emmanuel Gaillard dans sa thèse.

Lorsque les majoritaires (ou les dirigeants : Com. 21 janv. 1997, *Bull. civ.* IV, n° 26) font prendre une décision à la société, non pas en recherchant l'intérêt de celle-ci, mais uniquement pour se procurer un avantage personnel, ils font une utilisation abusive de leur droit de vote. On parle d'*abus de majorité*.

De même, quand des associés qui disposent d'une minorité de blocage empêchent la prise d'une décision essentielle pour la société, pour s'avantager eux-mêmes ou simplement pour nuire aux autres associés, eux aussi utilisent abusivement leur droit de vote. On parle dans ce cas d'*abus de minorité*, ou d'*abus d'égalité* lorsque la minorité de blocage est constituée par une moitié des associés (notamment dans les sociétés constituées seulement de deux associés qui s'opposent).

1. Les éléments constitutifs de l'abus du droit de vote

234 ■ La jurisprudence a défini les *éléments constitutifs* de l'abus du droit de vote.

L'*abus de majorité* a été défini par la Cour de cassation dans un célèbre arrêt de la chambre commerciale en date du 18 avril 1961 (*Bull. civ.* III, n° 175). Il y a abus de majorité lorsque les associés majoritaires ou les dirigeants ont fait prendre à la société une décision qui n'est pas conforme à son intérêt, en ce qu'elle lui cause un préjudice ou n'a aucun intérêt pour elle (condition n° 1), et lorsque les majoritaires ou les dirigeants auront recherché leur intérêt personnel, en s'octroyant un avantage particulier ou en frappant les minoritaires d'un désavantage (condition n° 2). La non-conformité des actes litigieux à l'objet social peut être un indice supplémentaire de la présence d'un abus (v. Com. 17 juin 2008, *Bull. civ.* IV, n° 125 ; *JCP E* 2008. Pan. 1980).

On peut s'étonner de ce qu'un avantage puisse être obtenu par les majoritaires seuls, dans la mesure où tous les associés reçoivent en principe les mêmes avantages, proportionnellement à leur participation dans la société. Mais c'est que l'avantage sera souvent obtenu autrement que par l'exercice des seuls droits d'associés, par l'attribution de rémunérations élevées octroyées au titre d'un mandat social par exemple, ou par les rémunérations versées par la société en exécution d'un contrat conclu par elle avec les majoritaires ou une entreprise qu'ils contrôlent.

La Cour de cassation est vigilante et elle refuse que soit constaté un abus de majorité si les deux conditions précitées ne sont pas établies (v. par ex. Com., 10 juin 2020, n° 18-15614, *JCP E* 2021, note J. Gasbaoui et J.-N. Stoffel). En présence des deux conditions, un abus de majorité peut concerner, notamment, une décision de rémunération du dirigeant prise par les associés (Com., 15 janv. 2020, n° 18-11580, *Rev. sociétés* 2020. 678, note J.-B. Tap) ou bien encore une modification de la répartition du bénéfice entre les associés (Civ. 1re, 19 mai 2021, n° 18-18896).

L'*abus de minorité*, auquel est assimilable l'*abus d'égalité*, voit en revanche les minoritaires (ou tout au moins ceux disposant d'une minorité de blocage, qui peut porter sur la moitié des droits de vote) empêcher la prise d'une décision essentielle pour la société (condition n° 1), et dans l'unique dessein de favoriser leurs propres intérêts au détriment de l'ensemble des autres associés (condition n° 2) (v. par ex. Com. 15 juill. 1992, *Bull. civ.* IV, n° 279 ; *Bull. Joly* 1992. 1083, note P. Le Cannu). Il arrive parfois qu'un élément soit omis par la Cour de cassation (v. ainsi Com. 20 mars 2007, *Bull. civ.* IV, n° 97 ; *Dr. sociétés* 2007, n° 87, note H. Lécuyer ; *JCP E* 2008. 1721, note M.-Ch. Monsallier-Saint Mleux, arrêt subordonnant par ailleurs la caractérisation d'un abus à une information suffisante du minoritaire sur la décision qu'il refuse de voter), mais cette omission s'explique par le fait que l'autre élément n'est pas contesté. Les opérations concernées sont principalement l'augmentation de capital et la transformation de la société, plus rarement le transfert de siège social (Saint-Denis de la Réunion, 19 sept. 2008, *Dr. sociétés* 2009, n° 1) ou la conclusion d'une convention de collaboration par la société, lorsque les statuts prévoient un vote des associés approuvant cette convention (Com. 4 déc. 2012, n° 11-25.408, *Rev. sociétés* 2013. 150, note A. Viandier). La jurisprudence est ici plus exigeante qu'en matière d'abus de majorité, ce qui s'explique par la prudence des tribunaux, qui ne veulent pas s'immiscer dans les choix de gestion des sociétés. Saisi d'une action tendant à faire constater un abus de majorité, le juge peut répondre sans prendre de risque en recherchant si la société a subi ou non un préjudice. Lorsqu'il est saisi d'une demande fondée sur un abus de minorité, en revanche, le juge doit rechercher si la société n'est pas *susceptible de subir un préjudice* parce que la décision litigieuse n'est pas prise, recherche prospective beaucoup plus délicate. Du coup, le juge avance de manière particulièrement précautionneuse, et est très exigeant quant à l'appréciation de l'importance de l'opération litigieuse au regard de l'intérêt social. Un arrêt avait laissé penser à un infléchissement des exigences marquées par les juges quant à l'opération litigieuse, puisqu'il avait approuvé la qualification d'abus de minorité en relevant que l'opération empêchée était « essentielle à la survie financière de la société » (Civ. 3e, 16 déc. 2009, *Bull. civ.* III, n° 287 ; *Bull. Joly* 2010. 469, note F.-X. Lucas). On pourra tenter de minimiser sa portée en observant que l'arrêt n'émane pas de la chambre commerciale ; il demeure que cette décision publiée pourrait donner un regain à la notion d'abus de minorité, la survie financière de la société étant une notion beaucoup plus large que sa survie tout court, *a fortiori* si on accepte d'apprécier la survie financière à moyen ou long terme. À cette aune, le juge pourrait ainsi sanctionner le blocage de décisions relatives à la gestion (une modification d'activité par ex.) au motif que ce blocage met en péril la survie financière de la société à cinq ou dix ans ! Par la suite, la 3e Chambre civile a semblé marquer un retour à plus d'exigences (v. Civ. 3e, 5 juill. 2018, n° 17-19975, *JCP E* 2018, 1466, note C. Boismain, reprenant la condition de la menace sur la survie de la société).

2. Les sanctions de l'abus du droit de vote

235 Les *sanctions de l'abus du droit de vote* sont également différentes selon que c'est un abus de majorité ou un abus de minorité qui a été commis.

L'abus de majorité a conduit à l'accomplissement d'un acte positif, l'adoption d'une résolution particulière. La première sanction doit donc être l'annulation de cet acte. Cette sanction pourrait toutefois être remise en cause par la loi PACTE du 22 mai 2019, puisque l'art. 1844-10 a été modifié, pour exclure des causes de nullité des actes ou délibérations des organes de la société la violation de l'art. 1833, al. 2 nouveau du Code civil, texte qui dispose que « la société est gérée dans son intérêt social, en prenant en considération les enjeux sociaux et environnementaux de son activité ».

On doit également pouvoir envisager que la société qui a subi un préjudice ou les minoritaires réclament des dommages-intérêts. Les minoritaires ne sauraient toutefois réclamer leur indemnisation à la société, mais doivent s'adresser aux majoritaires ayant commis l'abus (Com. 6 juin 1990, *Bull. civ.* IV, n° 171 ; *Rev. sociétés* 1990. 606, note Y. Charrier). Il est vrai que l'on peut voir dans l'abus du droit de vote une faute de l'associé davantage qu'une faute de la société. Les différentes actions qui peuvent être exercées n'ont pas forcément le même délai de prescription (Com. 30 mai 2018, n° 16-21022, *Bull. Joly* 2018. 572, note A. Bugada).

L'*abus de minorité* ne saurait quant à lui être sanctionné par la nullité : aucun acte n'ayant pu être pris, il n'y a donc rien à annuler utilement. En revanche, il est possible de condamner les minoritaires auteurs du refus abusif à verser des dommages-intérêts à la société, voire aux autres associés. La question s'est également posée de savoir si le juge pouvait rendre une décision valant consentement des minoritaires. La Cour de cassation a répondu à cette question par la négative, mais elle a jugé, dans un arrêt *Flandin* (Com. 9 mars 1993, *Bull. civ.* IV, n° 101 ; *Rev. sociétés* 1993. 403, note Ph. Merle) que le juge pouvait désigner un mandataire judiciaire qui voterait en assemblée à la place du minoritaire, dans le sens de l'intérêt social, et sans porter atteinte aux intérêts légitimes du minoritaire. Le mandataire votera dans le sens qu'il estimera le plus conforme à l'intérêt social, le juge ne pouvant – formellement au moins – fixer le sens du vote du mandataire (v. not. Com. 4 févr. 2014, n° 12-29.348, *Bull.* IV, n° 31 ; *Gaz. Pal.* 6 juill. 2014. 14, note B. Dondero).

C. Le droit au bénéfice

Le droit au bénéfice est essentiel pour l'associé, en ce qu'il motive dans la plupart des cas son entrée dans la société. Le droit au bénéfice se manifeste sous trois formes : le droit au dividende, le droit aux réserves et le droit au boni de liquidation. 236 ■

On précisera que le fait de profiter d'une économie, qui est l'autre objectif que peut poursuivre une société, ne devrait pas nécessiter une décision particulière, mais résulter de la jouissance collective d'un bien acheté par la société, par exemple.

On observera enfin que c'est parce que l'associé a un droit au bénéfice ou à l'économie réalisé(e) par la société que lui sont attribuées, selon des modalités qui varient selon la forme sociale concernée, des prérogatives de contrôle de la gestion de la société.

1. *Le droit au dividende*

a. Caractère facultatif

Aucun texte n'oblige la société à distribuer, en cours de vie sociale, tout ou partie du bénéfice qu'elle a réalisé (mais le versement d'un dividende peut obliger la société à verser une prime à ses salariés, si sont remplies les conditions prévues par une loi spéciale – v. par ex. L. n° 2011-894 du 28 juill. 2011 de financement rectificative de la sécurité sociale pour 2011 – ou par un accord contractuel). En pratique, il est fréquemment procédé à un tel versement, une décision des associés votant la mise en distribution d'un dividende. Chaque associé va alors se voir attribuer un dividende (le plus souvent, une somme d'argent), qui est une fraction du bénéfice réalisé par la société lors de l'exercice précédent (il est prélevé en priorité sur le bénéfice réalisé lors de l'exercice précédent). 237 ■

Si les associés peuvent prendre cette décision, notamment dans le cadre d'une assemblée, les dispositions statutaires peuvent également imposer une distribution de dividende et, dans certaines sociétés, d'autres organes peuvent décider le versement d'un acompte sur dividende (C. com., art. L. 232-12).

On trouve, dans la jurisprudence, des illustrations de mise en cause de la responsabilité des dirigeants et associés qui font procéder à une distribution de dividendes dans un contexte où la société aurait besoin des fonds que les associés appréhendent (v. Com., 8 avril 2021, n° 19-23669, *BJS* juin 2021. 49, note J.-L. Vallens).

b. Titulaire du droit au dividende

■ 238 Une question que suscite le droit au dividende est celle de l'*identification du titulaire de ce droit en cas de cession des parts ou des actions survenue avant l'assemblée* (ou la décision collective) décidant de la mise en distribution d'un dividende. L'hypothèse est la suivante : au cours de l'exercice 2019, des parts de la société X sont cédées par A à B. A n'est plus associé de la société X. Le jour où l'assemblée de X va se réunir pour approuver les comptes de l'exercice 2019, le dividende qui sera mis en distribution devra-t-il être partagé entre A et B, pour tenir compte de la présence de A au sein de la société X pendant une partie de l'exercice 2019 ? Ou bien la totalité du dividende doit-elle être versée à B, qui est seul associé alors que A ne l'est plus, au jour où l'assemblée statue ?

■ 239 La réponse à cette question suppose d'identifier le moment de la naissance de la créance de l'associé sur la société, au titre du dividende.

Des décisions anciennes (Civ. 21 oct. 1931, *DP* 1933. 1. 100, note P. Cordonnier et 7 juill. 1941, *DA* 1941. 370) avaient assimilé les dividendes à des fruits civils, en ce qu'ils sont répartis périodiquement entre les associés. Cette notion de droit des biens doit être définie. Les *fruits* sont les revenus périodiques que l'on tire d'un capital, d'un bien (récolte donnée par un champ ; loyers donnés par une maison) sans altération ou diminution sensible de la substance du capital. L'article 586 du Code civil disposant que les fruits civils sont réputés s'acquérir jour par jour, qualifier le dividende de fruit de la part ou de l'action faisait reconnaître l'acquisition jour par jour de ce droit à la personne qui avait la qualité d'associé ou d'actionnaire, et ce tout au long de l'exercice. L'associé qui avait cette qualité pendant un exercice entier, mais cédait ses parts entre la clôture de l'exercice et l'assemblée statuant sur la distribution d'un dividende, avait donc droit à l'intégralité de ce dividende, ayant acquis un droit sur celui-ci tout au long de l'exercice. Si la cession avait eu lieu en cours d'exercice, il fallait répartir les dividendes en fonction du « temps d'occupation » des parts par le cédant et par le cessionnaire (*prorata temporis*). Ainsi, sur un exercice suivant l'année civile, en cas de cession fin mai, il fallait considérer que le cédant avait droit aux 5/12es du dividende distribué, et le cessionnaire aux 7/12es.

Cette solution s'est maintenue pendant assez longtemps, en dépit de ses défauts. Du fait de cette solution, une personne qui était sortie de la société recevait des dividendes de celle-ci, ce qui peut surprendre. Surtout, les droits de cette personne (le cédant) n'étaient pas bien protégés, puisque le cessionnaire pouvait porter atteinte aisément au droit du cédant sur le bénéfice social, du moins lorsqu'il avait reçu le contrôle de la société, en retardant la distribution du dividende. Devait-on pousser la solution jusqu'à dire que le cédant gardait un droit sur les réserves ? La réponse apparaît négative, d'autant que la Cour de cassation a clairement exclu que le bénéfice mis en réserve puisse être qualifié de fruit (Com. 23 oct. 1984, *Bull. civ.* IV, n° 281).

La jurisprudence a ensuite remis en cause la qualification de fruit civil des dividendes, par un arrêt de la Cour de cassation rendu en matière fiscale. Le directeur général des impôts prétendait, à propos de la succession d'un associé décédé en octobre, qu'une quote-part du bénéfice de l'exercice (janv. à octobre) devait être incluse dans l'actif successoral. La Cour de cassation écarte cette thèse, car « c'est la décision de l'assemblée générale de distribuer tout ou partie des bénéfices réalisés au cours de l'exercice sous forme de dividendes qui confère à ceux-ci l'existence juridique, d'où il suit que la créance de dividendes n'existait pas à la date du décès et ne pouvait donc faire partie de l'actif successoral » (Com. 23 oct. 1990, *Bull. civ.* IV, n° 247 ; *JCP E* 1991. II. 127, note P. Serlooten). 240 ■

Les dividendes n'acquerraient donc pas leur existence juridique jour par jour, mais en une seule fois, le jour où l'assemblée générale décidait de distribuer un dividende. Il est vrai que si la qualification de fruit civil suppose un caractère de fixité et de périodicité (comme un loyer, par ex.), les dividendes sont soumis pour leur part à un double aléa : celui de la réalisation d'un bénéfice par la société, et celui de la décision de mise en distribution d'une part de ce bénéfice par l'organe compétent.

La Cour de cassation a semblé opérer brièvement un retour à la qualification de fruits civils, en censurant l'arrêt d'appel qui avait nié la qualification de fruits des dividendes, au visa de l'article 586 du Code civil, relatif aux fruits civils ! La Cour ne disait pas expressément que le bénéfice attaché aux actions était un fruit civil, mais semblait le sous-entendre (Com. 5 oct. 1999, *Bull. civ.* IV, n° 163 ; *Bull. Joly* 1999. 1104, note A. Couret). Elle a cependant clarifié sa position par la suite, en excluant que le droit sur les dividendes puisse s'acquérir jour par jour (v. par ailleurs la question de l'origine des bénéfices, posée par l'arrêt de la chambre commerciale de la Cour de cassation du 27 mai 2015, v. ss 208).

La solution actuellement en vigueur est donc la suivante : le dividende, qui est un fruit (mais pas un fruit civil), prend naissance au jour où les associés, le plus souvent en assemblée générale, constatent l'existence d'un bénéfice distribuable et décident sa mise en distribution (v. Com. 28 nov. 2006, *Bull. civ.* IV, n° 235 ; *JCP* 2007. II. 10008, note D. Gallois-Cochet ; 10 févr. 2009, n° 07-21.806, *Bull. civ. IV*, n° 19 ; *Dr. sociétés* 2009, comm. n° 71, note R. Mortier ; 18 déc. 2012, n° 11-27.745, *Bull.* IV, n° 230 ; *Dr. sociétés* 2013, comm. n° 44, note H. Hovasse ; 13 sept. 2017, n° 16-13674, *Bull.* IV, n° 114, P+B+I). À défaut de convention particulière, il faut donc considérer que les dividendes sont dus à la personne qui a la qualité d'associé au moment où est prise la décision de distribuer le dividende. Le droit au dividende peut ainsi être vu comme un accessoire des droits sociaux, transmis avec la part ou l'action. 241 ■

Une question similaire se pose lorsque de nouvelles parts ou actions sont créées soit en cours d'exercice, soit après la clôture d'un exercice mais avant la tenue de l'assemblée générale décidant la distribution d'un dividende. On peut se demander si le droit au dividende de ces parts ou actions nouvelles est identique à celui des titres préexistants, ou si elles ne doivent pas subir une période d'attente (en pratique, l'on parle de « clause de stage »). Supposons des actions créées en mai 2021, juste avant l'assemblée décidant l'affectation du bénéfice de l'exercice 2020, et attribuant 242 ■

un dividende aux actions existantes. Si le droit au dividende naît au jour de la décision de distribution, les actions nouvellement créées avant l'assemblée ont droit à ce dividende, alors même qu'il provient d'un bénéfice réalisé au cours d'un exercice où ces actions n'existaient pas encore.

Différentes pratiques se rencontrent.

Un usage bien établi, notamment dans les *sociétés cotées*, consiste à prévoir que la souscription des actions emportera jouissance à compter du premier jour de l'exercice en cours. Cela signifie que si les actions sont créées en cours d'exercice, elles ont droit à l'intégralité du bénéfice relatif à cet exercice. Les actions créées en décembre 2021 auront donc droit à l'intégralité du bénéfice mis en distribution par l'assemblée qui se tiendra en mai 2022. Mais si les actions sont créées entre la clôture d'un exercice et la tenue d'une assemblée décidant la distribution d'un dividende, alors ces actions n'ont pas droit au dividende de l'exercice clos. Les actions créées en mars 2022 n'ont pas droit au dividende mis en distribution par l'assemblée qui se tient en mai 2022. La question se pose également lorsque des obligations sont converties en actions. L'article L. 225-163, alinéa 2 du Code de commerce, abrogé par l'ordonnance n° 2004-604 du 24 juin 2004, précisait l'étendue du droit aux dividendes des *titulaires d'obligations convertibles en actions*, en disposant que les actions remises aux obligataires avaient droit aux dividendes versés au titre de l'exercice au cours duquel la conversion avait été demandée. Cette solution était donc différente de celle retenue actuellement par la Cour de cassation (v. ss 241), puisque si les obligations étaient converties entre la clôture d'un exercice *n* et l'assemblée générale relative à l'exercice *n*, assemblée tenue au cours de l'exercice *n + 1*, les obligataires devenus actionnaires n'avaient pas droit au dividende mis en distribution par cette assemblée, puisque leur droit à dividende ne portait que sur l'exercice au cours duquel la conversion a été demandée, en l'occurrence *n + 1*.

Un autre usage consiste à accorder aux actions nouvelles le dividende de l'exercice au cours duquel elles ont été créées, au prorata temporis de la durée d'existence au cours de cet exercice. Ainsi des actions créées le 1er juillet 2021, donc à la moitié de l'année 2021, auront droit, lors de l'assemblée générale de mai 2022, à la moitié du dividende dû au titre de l'année 2021.

Du fait de la solution actuellement retenue par la jurisprudence, les actions nouvelles émises même très peu de temps avant une assemblée générale doivent par principe conférer à leurs porteurs, sauf stipulation particulière, un droit au dividende identique à celui conféré par les autres actions.

c. Prescription

■ 243 Pour toutes les sociétés, le *point de départ* du délai de prescription de la créance de dividende est identique : il s'agit de la décision autorisant la mise en paiement d'un dividende. Une société qui ne consulterait jamais ses associés sur l'approbation des comptes annuels et la constatation d'un bénéfice ne ferait donc pas courir le délai de prescription de la créance de dividende (Com. 19 sept. 2006, *Bull. Joly* 2007. 147, note P. Le Cannu ; Civ. 1re, 6 déc. 2007, *RJDA 4/08*, n° 409).

■ 244 Quant à la durée du délai de la prescription, elle est toujours de cinq ans, mais le texte applicable varie suivant la forme de la société. Les sociétés par actions font l'objet d'une disposition les visant expressément. L'article L. 1126-1 du Code général de la propriété des personnes publiques dispose en effet que « sont acquis à l'État, à moins qu'il ne soit disposé de ces biens par des lois particulières : 1° Le montant des coupons, intérêts ou dividendes, atteints par la prescription quinquennale ou conventionnelle et afférents à des actions, parts de fondateur, obligations ou autres valeurs mobilières négociables, émises par toute société commerciale ou civile... » (v. égal. CGPPP, art. L. 1126-2). Incidemment, le texte édicte donc la durée de la prescription applicable.

Pour les autres sociétés, sociétés de personnes civiles et commerciales, l'on pouvait hésiter. On pouvait estimer que la créance de dividende due par ces sociétés était soumise, avant l'entrée en vigueur de la loi n° 2008-561 du 17 juin 2008 ayant ramené à cinq ans le délai de droit commun de la prescription extinctive (C. civ., art. 2224), au délai de droit commun de trente ans. On pouvait encore penser que les sociétés commerciales étaient concernées par la prescription applicable aux obligations nées entre commerçants et entre commerçants et non-commerçants (C. com., art. L. 110-4). Certains auteurs considéraient qu'il fallait appliquer la prescription de droit commun (d'une durée de trente ans, avant la réforme) plutôt que la prescription décennale applicable aux commerçants, car celle-ci ne concernait que les obligations des commerçants et non-commerçants nées « à l'occasion de leur commerce » (A. Charvériat, A. Couret et B. Mercadal, *Sociétés commerciales*, F. Lefebvre, 2007, n° 25233). La chambre commerciale de la Cour de cassation avait cependant retenu une troisième solution, puisqu'elle avait visé l'article 2277 du Code civil dans une affaire relative à la prescription de la créance de dividendes dus par une SNC. Or ce texte édictait une prescription quinquennale pour, notamment, « tout ce qui est payable par année », ce qui pouvait comprendre les dividendes versés par les sociétés, civiles comme commerciales (Com. 19 sept. 2006, préc.). La question ne se pose plus aujourd'hui, le délai de prescription étant en toute hypothèse de cinq ans.

Une différence entre les sociétés par actions et les autres sociétés subsiste cependant, 245 ■
qui tient au « bénéficiaire » de la prescription. L'écoulement de la prescription ne permet pas aux sociétés par actions de conserver le dividende non réclamé, puisqu'une disposition spécifique leur impose de les remettre à l'administration des impôts (CGPPP, art. L. 1126-2). Les autres sociétés, en l'absence d'une telle disposition, peuvent conserver le dividende non réclamé une fois la prescription acquise.

d. Dividendes particuliers

Le paiement du dividende peut tout d'abord se faire *en actions*. C'est une possibilité 246 ■
qui n'est ouverte qu'aux sociétés par actions (C. com., art. L. 232-18, al. 1er). Les statuts peuvent prévoir que l'assemblée statuant sur les comptes peut accorder à chaque actionnaire la possibilité de choisir, pour le paiement de tout ou partie de son dividende ou de son acompte sur dividende, entre le paiement en numéraire et le paiement en actions nouvelles de la société. Cette option doit être offerte simultanément à tous les actionnaires.

Le prix de ces actions offertes en guise de paiement du dividende, fixé par l'assemblée conformément aux statuts, est encadré par l'article L. 232-19 du Code de commerce, qui dispose qu'il ne peut être inférieur au montant nominal des actions, et prévoit des modalités de calcul distinctes selon que la société est cotée ou non. L'article L. 232-20 régit quant à lui la question de la réalisation de l'augmentation de capital résultant de la mise en paiement du dividende sous forme d'actions.

Le fait de choisir d'être payé de son dividende sous forme d'actions est avant tout avantageux pour la société, puisque des sommes qu'elle aurait dû remettre à ses actionnaires au titre du paiement du dividende resteront entre ses mains en qualité d'apport. L'actionnaire a quant à lui l'opportunité de renforcer sa participation sans devoir faire de versement supplémentaire.

247 Il est également concevable que le dividende soit versé par la remise d'un bien autre que du numéraire : actions détenues par la société, biens produits par elle, etc.

Un tel paiement n'est pas prévu par la loi, qui semble même considérer que le numéraire est la seule forme de paiement admise, lorsque l'article L. 232-12, alinéa 1er du Code de commerce évoque la « constatation de l'existence de sommes distribuables ». Certains auteurs ont par conséquent estimé qu'une clause des statuts était nécessaire pour permettre un tel paiement (v. Y. Guyon, *Droit des affaires*, t. 1, 12e éd., Economica, 2003, no 416). D'autres auteurs considèrent que l'assemblée générale ordinaire pourrait librement décider de proposer à chaque associé de choisir entre le paiement en numéraire ou par remise d'actifs, voire imposer ce mode de versement du dividende. Le consentement du créancier sera certainement requis s'il était convenu que le paiement interviendrait en numéraire, et que les parties doivent modifier ce mode de versement du dividende par un nouvel accord. On remarquera cependant que l'article L. 232-13 du Code de commerce dispose que « les modalités de mise en paiement des dividendes votés par l'assemblée générale sont fixées par elle », ou à défaut par les dirigeants. La conclusion doit donc être que le paiement du dividende par remise d'un actif social est au moins possible. C'est l'opinion de la doctrine, et la Cour de cassation l'admet, implicitement au moins (v. not. Com. 31 mai 1988, *Bull. civ.* IV, no 181 ; *RTD com.* 1988. 637, obs. Y. Reinhard).

248 La loi et les statuts reconnaissent enfin l'existence de *dividendes « privilégiés »*.

Les statuts peuvent ainsi prévoir que l'assemblée générale statuant sur l'affectation du bénéfice devra, si celui-ci le permet, distribuer un dividende avant toute constitution de réserve facultative (autre que légale ou statutaire), que l'on dénomme *premier dividende ou dividende statutaire* (C. com., art. L. 232-16). L'associé peut ainsi être assuré de la distribution d'une somme d'argent, dès lors qu'un bénéfice distribuable aura été réalisé par la société. Il est possible de prévoir statutairement que le droit au premier dividende se reportera sur les exercices successifs. Les réserves ne sont pas prises en compte, sauf disposition contraire des statuts, pour calculer le montant dû au titre du premier dividende (C. com., art. L. 232-16), tandis que les actions de jouissance (dont le nominal a été remboursé à l'aide de prélèvements sur les réserves – ce qui est une opération rare en pratique) n'ont pas droit au premier dividende (C. com., art. L. 225-199). Cette dernière solution est assez logique si l'on considère le premier dividende comme la rémunération d'un investissement, puisque dans cette hypothèse, les associés ont repris leur investissement.

Un *dividende majoré* peut également être attribué, si les statuts l'autorisent, à tout actionnaire qui justifie à la clôture de l'exercice d'une inscription nominative depuis deux ans au moins et du maintien de cette inscription à la date de mise en paiement du dividende, la majoration étant limitée à 10 %. L'article L. 232-14 du Code de commerce, qui autorise cette majoration du dividende, dispose que le taux en est fixé par l'assemblée générale extraordinaire, ce dont il faut sans doute déduire que ce sont les statuts qui vont déterminer ce chiffre. La référence aux « actionnaires » faite par l'article L. 232-14 n'en exclut pas la possibilité dans les sociétés de personnes.

Une limite est prévue concernant les sociétés cotées, fixant à 0,5 % du capital de la société le nombre d'actions éligibles, pour un actionnaire, à la majoration du dividende.

Les actions de préférence permettent enfin de servir à leurs porteurs différents avantages (v. ss 1009 s.).

2. *Le droit aux réserves*

a. Diversité des réserves

249 ■ Les SARL et les sociétés par actions sont tenues de prélever une certaine somme sur le bénéfice de l'exercice (au moins 5 %) afin de constituer une réserve, c'est-à-dire une somme d'argent non distribuable aux associés ou actionnaires (C. com., art. L. 232-10). Cette réserve légale ne doit plus obligatoirement être dotée lorsque son montant atteint 10 % du capital social.

Les statuts peuvent également imposer, dans toute société, la mise en réserve de tout ou partie du bénéfice, et les associés réunis en assemblée peuvent enfin décider de ne pas distribuer ce bénéfice, et de le conserver pour que la société s'autofinance, ce qui passera là encore par une mise en réserve. C'est à l'occasion d'une telle décision que la théorie de l'abus de majorité (v. ss 233 s.) est fréquemment invoquée par les minoritaires qui se voient imposer une mise en réserve par les majoritaires.

b. Expression du droit aux réserves

250 ■ L'associé ne peut demander une distribution de réserves, mais l'assemblée peut décider de procéder à une telle distribution, par exemple sous forme d'actions gratuites. Notons encore que le droit aux réserves se matérialise par la possibilité pour le cédant de demander au cessionnaire un prix plus élevé lors de la cession de ses parts ou actions.

Le droit préférentiel de souscription et surtout la prime d'émission, qui peut être exigée des personnes souscrivant à une augmentation de capital (v., dans la SA, C. com., art. L. 225-128), permettent de préserver le droit des associés en place sur le bénéfice déjà réalisé par la société mais qui n'a pas encore été distribué.

3. *Droit au boni dc liquidation*

251 ■ Le boni de liquidation est la part de bénéfice qui sera distribuée lors de la liquidation de la société. La disposition applicable à toutes les sociétés (C. civ., art. 1844-9, al. 1er) prévoit que le boni de liquidation est partagé entre les associés dans les mêmes proportions que leur participation aux bénéfices, sauf convention contraire. Le texte relatif aux sociétés commerciales (C. com., art. L. 237-29) prévoit quant à lui une répartition dans les mêmes proportions que la participation au capital social, sauf clause contraire des statuts.

D. Le droit de céder ses titres

252 ■ C'est un droit important pour l'associé, car il lui permet de ne pas rester prisonnier de ses titres. Une porte de sortie est parfois prévue par la loi (v. ss, n° 550, en matière de sociétés civiles) ou par les statuts sous la forme d'un droit de retrait (il est jugé pour certaines formes sociales, les SELARL en l'occurrence, qu'en l'absence de dispositions spéciales de la loi l'autorisant, le retrait n'est pas possible – Civ. 1re, 12 déc. 2018, n° 17-12467, *Bull.*, *JCP E* 2019, 1243).

Plus largement, se pose la question du caractère ouvert ou fermé de la société. Certaines sociétés sont dites fermées, parce que l'associé ne peut céder ses titres que si ses coassociés donnent leur agrément à la cession. En revanche, d'autres sociétés sont plus ouvertes, telles que la SA, dans laquelle l'agrément des associés à la cession n'est requis que si les statuts prévoient une telle clause (C. com., art. L. 228-23).

1. *Avant la cession*

a. Accords préalables

253 La cession de ses droits par l'associé passe souvent par la stipulation d'accords préalables à la cession, dits également avant-contrats : promesses, pactes de préemption, pactes de préférence, etc.

En matière de cession de droits sociaux, la question s'est posée comme ailleurs de la possibilité d'obtenir l'exécution forcée en nature des promesses unilatérales de vente. La jurisprudence de la Cour de cassation ne s'était pas montrée favorable à cette exécution forcée en nature, depuis l'arrêt *Consorts Cruz* (Civ. 3e, 15 déc. 1993, no 91-10.199, *Bull. civ.* III, no 174), tirant tantôt argument de ce que l'obligation pesant sur le promettant serait une obligation de faire, tantôt de ce que la rétractation du promettant empêcherait la formation de la vente. Le bénéficiaire de la promesse, lorsque celle-ci avait fait l'objet d'une rétractation avant qu'il ait levé l'option, ne pouvait donc obtenir que des dommages-intérêts (à charge pour lui d'établir son préjudice), et non l'exécution forcée de la promesse. La jurisprudence autorisait cependant l'introduction de clauses dérogeant à l'article 1142 ancien du Code civil, disposition limitant l'exécution forcée en nature des obligations de faire et de ne pas faire (Civ. 3e, 27 mars 2008, no 07-11721). La réforme par ordonnance du droit des contrats résultant de l'ordonnance no 2016-131 du 10 février 2016 a voulu renforcer l'efficacité des promesses, et le nouvel article 1124 du Code civil dispose désormais que « *la révocation de la promesse pendant le temps laissé au bénéficiaire pour opter n'empêche pas la formation du contrat promis* ». La jurisprudence refusait cependant d'appliquer ce nouveau droit de l'exécution aux promesses conclues avant l'entrée en vigueur de l'ordonnance de 2016 (Civ. 3e, 6 déc. 2018, no 17-21170, *RDC* 2019. 22, obs. Y.-M. Laithier) mais elle vient d'opérer un revirement sur ce point (Civ. 3e, 23 juin 2021, no 20-17554, *Bull.*).

La jurisprudence a par ailleurs eu l'occasion de préciser que des promesses unilatérales croisées d'achat et de vente, ayant le même objet et stipulées dans les mêmes termes, étaient constitutives d'une promesse synallagmatique de vente (Com. 22 nov. 2005, *Bull. civ.* IV, no 234 ; *Rev. sociétés* 2006. 521, note J.-F. Barbièri ; 27 sept. 2017, no 16-13112, *JCP E* 2018, 1107, note A. Couret et B. Dondero ; v. cep. Com. 14 janvier 2014, no 12-29.071).

Enfin, en cas de violation d'un pacte de préemption, la cession consentie à un tiers ne peut être remise en cause qu'à condition que soit démontrée la connaissance par le tiers tant de l'existence du pacte que de l'intention de son bénéficiaire de se prévaloir de son droit de préemption. Cette solution, affirmée par la Cour de cassation y compris en matière de cession de droits sociaux (Com. 7 mars 1989, no 87-17.212, *Bull. civ.* IV, no 79 ; v. également, à propos de la clause statutaire figurant dans les statuts d'une SARL, Com. 11 mars 2014, no 13-10.366, *Bull.* IV, no 49 ; *Rev. sociétés* 2014. 384, note B. Saintourens ; *JCP E* 2014. 1224, note B. Dondero) a été consacrée par le nouvel article 1123 du Code civil, résultant de l'ordonnance no 2016-131 du 10 février 2016. Attention simplement à ne pas rédiger ces pactes de préemption de manière trop étroite : leur interprétation se fera de manière restrictive dès lors qu'ils emportent une exception au droit de céder librement ses titres (pour une illustration, v. CA Paris, 24 nov. 2015, *Dr. sociétés* 2016, comm. n° 23, note R. Mortier).

b. Exigence d'un agrément

La particularité de la cession de droits sociaux tient à l'exigence, souvent prévue par la loi ou les statuts, d'un *agrément* du cessionnaire, donné par la société, par le biais de l'un de ses organes. 254 ■

Le champ d'application de cette exigence ainsi que les procédures applicables seront vus lors de l'étude du régime spécifique de chaque société.

Une question est cependant commune à toutes les clauses d'agrément, qui tient à l'étendue des opérations qui y sont soumises. En synthèse, il conviendra que les rédacteurs de la clause ne limitent pas les opérations concernées aux seules « cessions », s'ils veulent que la clause appréhende aussi, notamment, les transferts de titres résultant d'une fusion touchant un associé ou un actionnaire (v. en ce sens Com. 12 févr. 2008, *Dr. sociétés* 2008, n° 74, note R. Mortier).

Une autre question est celle du statut de la personne en attente d'un agrément. Celle-ci n'est pas encore associée, du moins au titre des droits sociaux pour la cession desquels l'agrément est demandé. Cela est illustré par la situation des héritiers d'un associé, qui ne peuvent prétendre percevoir des dividendes tant qu'ils n'ont pas été agréés (Civ. 1re, 2 sept. 2020, n° 2020-012468, *Bull.* ; *Dr. sociétés* 2021, comm. n° 1, note R. Mortier).

c. Autres autorisations

En fonction des secteurs d'activité de la société dont les parts ou les actions sont cédées, d'autres formalités peuvent être requises. Le régime du contrôle des investissements étrangers prévu par les art. L. 151-1 s. du Code monétaire et financier comporte un principe de liberté, mais ce principe est remis en cause dans certains cas par des obligations de déclaration, voire d'obtention d'une autorisation de l'État, particulièrement quand la société cédée exerce dans un domaine sensible. Les sanctions encourues, qui comprennent notamment l'annulation de l'opération ainsi que des peines d'amende et d'emprisonnement, ont été renforcées par la loi PACTE du 22 mai 2019. Ce système s'accompagne de la possibilité pour l'État de détenir dans certaines sociétés une action spécifique, que l'on appelle volontiers « *golden share* », qui lui confère des droits particuliers, comme celui de s'opposer aux cessions d'actifs qui seraient de nature à porter atteinte aux intérêts essentiels du pays. Le dispositif, encadré jusqu'à présent par l'art. 31-1 de l'ordonnance n° 2014-948 du 20 août 2014, a été lui aussi retouché par la loi PACTE. 255 ■

2. *La cession elle-même*

a. Application du régime de la vente

Les cessions de droits sociaux ont une importance économique considérable, recouvrant aussi bien les cessions d'actions de sociétés cotées intervenant quotidiennement en bourse que les transmissions d'entreprises entières, qu'elle que soit leur taille. Pourtant, pas plus dans le Code civil que dans le Code de commerce l'on ne trouve un corps de textes spécifiques définissant le régime de la cession de parts 256 ■

sociales ou de la cession d'actions. Il s'agit donc d'une vente régie par les textes du Code civil relatifs au contrat de vente, et plus précisément d'une cession de bien incorporel.

Les conditions requises pour la formation d'une cession de droits sociaux sont donc les mêmes que pour la vente de tout autre bien. Il faut l'accord du cédant et du cessionnaire sur les biens cédés (*x* actions ou parts de telle société) et sur le prix de vente, qui peut être simplement déterminable.

Un élément important, qui explique l'appréciation stricte des garanties légales pesant sur le cédant de droits sociaux (v. ss 259), tient au fait que ce ne sont pas les actifs détenus par la société dont les titres sont vendus qui font l'objet de la cession, mais bien les parts ou actions de la société cédée. Vendre 100 % des actions d'une société propriétaire d'un immeuble n'est pas la même chose que vendre l'immeuble. Ainsi, la cession des actions ne suppose pas, sauf fraude, que l'intermédiaire permettant la réalisation de l'opération soit détenteur d'une carte professionnelle d'agent immobilier (Civ. 1re, 27 déc. 2008, *Bull. Joly* 2009. 253, note A. Couret). De même, l'acquéreur des actions de la société propriétaire de l'immeuble ne bénéficie pas des garanties légales protégeant l'acquéreur d'un immeuble.

b. Détermination du prix

257 Le prix, qui est une condition de formation de la cession de droits sociaux comme de toute vente, est en règle générale fixé par l'accord des parties. Il convient qu'il ne soit pas dérisoire, la vileté du prix étant sanctionnée par la nullité de la cession, nullité relative (Com. 22 mars 2016, no 14-14218, *Bull.* IV no 50 ; précédemment, la nullité était absolue selon la chambre commerciale - Com. 23 oct. 2007, *Bull. civ.* IV, no 226 ; *Bull. Joly* 2008. 90, note A. Couret). Le prix peut cependant être symbolique, sans pour autant être dérisoire, et la vente conclue valablement, si le cessionnaire a pris d'autres engagements qui empêchent que le prix soit qualifié de dérisoire (v. en ce sens Com. 9 mars 2010, *Rev. sociétés* 2010. 170, obs. A. Lienhard).

Le prix doit être déterminé ou déterminable. La pratique recourt à des méthodes de calcul du prix prenant en compte, notamment, les résultats de la société postérieurs à la date de réalisation de la cession. Ce sont les clauses d'*earn out*. L'une des critiques encourues par ces clauses tient à leur potestativité. La validité du contrat de cession pourra être remise en cause s'il apparaît que le cessionnaire, tenu de payer un complément de prix en vertu d'une clause d'*earn out*, est en mesure de s'y soustraire par sa seule volonté (v. ainsi, à propos d'une clause dont le paiement était subordonné au maintien en fonction du dirigeant social, que le cessionnaire, qui contrôlait désormais la société, pouvait révoquer à sa guise, Com. 19 janv. 2010, *Rev. sociétés* 2010. 165, note A. Couret).

En cas de cession de titres composant le capital de plusieurs sociétés, il a été jugé qu'était suffisamment déterminé le prix global stipulé par les parties, la ventilation du prix entre chacune des sociétés ne constituant pas une condition de la vente mais en conditionnant seulement les conséquences fiscales pour l'acquéreur (Com. 8 avr. 2008, *Bull. civ.* IV, no 84 ; *Rev. sociétés* 2008. 577, note J. Moury). Le caractère déterminable du prix peut résulter de l'application de modalités de calcul déterminées par l'accord des parties et/ou de l'attribution à un tiers, généralement qualifié d'expert, de la mission de déterminer le prix de cession des parts ou actions.

Une autre modalité de détermination du prix est l'application alternative d'une évaluation haute et d'une évaluation basse, par le jeu de clauses rencontrées en pratique dans un certain nombre d'hypothèses, clauses dites « *good leaver / bad leaver*». Ces clauses prévoient que le prix de rachat des parts ou des actions d'un associé sera évalué de manière favorable au cédant ou affecté d'une prime (*good leaver*), ou au contraire évalué de manière défavorable au cédant ou affecté d'une décote (*bad leaver*). La mise en œuvre de l'une ou de l'autre formule dépendra du fait que le cédant aura rempli ou non une ou plusieurs conditions. L'exemple le plus simple est celui dans lequel la majorité des droits sociaux d'une société sont cédés, le cédant s'engageant à rester au sein de la société cédée comme dirigeant ou comme cadre, pendant une certaine durée, pour assurer la transition ; le rachat du reliquat de ses droits sociaux se fera avec une prime si le cédant respecte son engagement, sans cette prime, voire avec une décote, dans le cas contraire. Les parties pourront alors ne pas être d'accord sur la méthode à retenir, le cédant estimant être en situation de *good leaver*, le cessionnaire le prétendant au contraire être un *bad leaver* (pour une illustration, v. Paris 19 mars 2013, *Gaz. Pal.* 28 juin 2013. 21, note B. Dondero). Lorsque c'est un salarié qui supporte une décote, ne risque-t-on pas de voir là une sanction pécuniaire prohibée par le droit du travail ? Non, a répondu la Cour de cassation, en semblant attacher de l'importance au fait que la clause jouait dans toutes les hypothèses de licenciement autre que disciplinaire (Com. 7 juin 2016, nº 14-17978, *Bull.* IV, nº 82, *Dr. sociétés* 2016, comm. nº 180, note R. Mortier).

Le recours à un expert peut être décidé par les parties, qui se référeront alors souvent à l'article 1592 du Code civil, mais l'intervention d'un expert est dans certains cas imposée par le législateur. C'est ici un texte important du Code civil qu'il faut évoquer : l'article 1843-4. Ce texte vise à débloquer des situations dans lesquelles une cession doit intervenir (par ex., parce qu'un associé est exclu, ou parce que le tiers à qui il souhaitait revendre ses titres n'est pas agréé) alors que les parties ne s'accordent pas nécessairement sur le prix. En ce cas, la fixation du prix peut être faite par l'intervention de l'expert, nommé par le président du tribunal, et non par le tribunal lui-même (sur ce dernier point, v. Civ. 3ᵉ, 28 mars 2012, nº 10-26.531, *Bull. civ.* III, nº 53). **258 ■**

Dans sa rédaction initiale, ce texte disposait que « Dans tous les cas où sont prévus la cession des droits sociaux d'un associé, ou le rachat de ceux-ci par la société, la valeur de ces droits est déterminée, en cas de contestation, par un expert désigné, soit par les parties, soit à défaut d'accord entre elles, par ordonnance du président du tribunal statuant en la forme des référés et sans recours possible ». Cette rédaction était doublement ambiguë.

On pouvait d'abord hésiter quant à l'identification exacte des cessions visées. La cession devant être « prévue », cela signifiait-il que le texte ne jouait pas lorsque la cession était déjà intervenue ?

Surtout, la difficulté principale venait du sens à donner au mot « contestation ». On ne savait si la contestation supposait que les parties n'aient pas stipulé du tout de clauses permettant de déterminer le prix, ou bien que de telles clauses existent, mais que les parties ne s'accordent pas sur leur mise en œuvre (mais n'était-il pas alors tentant pour une partie de créer artificiellement une « contestation » pour écarter une clause d'évaluation du prix défavorable ?). L'expert pouvant intervenir en présence d'une clause permettant de déterminer le prix (v. ainsi Com. 4 déc. 2007, *Bull. civ.* IV, nº 258 ; *Dr. Sociétés* 2008, comm. nº 23, note R. Mortier ; Com. 5 mai 2009, *Bull. civ.* IV, nº 61 ; *D.* 2009. 1280, note B. Dondero ; Com. 24 nov. 2009, préc.), il y avait une atteinte de taille à la liberté contractuelle. On avait pu penser un temps que la Cour de cassation avait renoncé à cette solution (v. Com. 8 mars 2011, nº 10-40.069, QPC,

Bull. civ. IV, n° 36 ; D. 2011. 1390, obs. A. Lienhard, indiquant que le texte joue en cas de « désaccord sur la valeur » des droits sociaux), avant de comprendre ensuite que ce n'était pas le cas (v. Com. 4 déc. 2012, préc., qui admettait l'intervention de l'expert dans une espèce où il était indiqué que la « charte » à laquelle adhéraient les actionnaires « prévoyait une méthode de calcul du prix de cession de l'action »).

Ceci a justifié un remaniement de l'article 1843-4, opéré par l'ordonnance du 31 juillet 2014 (sur l'application dans le temps de cette réforme, v. Com. 18 nov. 2020, n° 19-13402, *Bull.*, jugeant que les effets légaux d'un contrat étant régis par la loi en vigueur à la date où ils se produisent, l'art. 1843-4 du Code civil, dans sa rédaction issue de l'ord. n° 2014-863 du 31 juill. 2014, est applicable aux expertises ordonnées à compter du 3 août 2014, date de son entrée en vigueur), étant précisé que, juste avant ce remaniement, la Cour de cassation avait opéré un revirement en jugeant que le texte, qui a pour finalité la protection des intérêts de l'associé cédant, était sans application à la cession ou au rachat de droits sociaux résultant de la mise en œuvre d'une promesse unilatérale de vente librement consentie par un associé (Com. 11 mars 2014, n° 11-26.915, *Bull.* IV, n° 48 ; *Rev. sociétés* 2014. 368, note J. Moury ; *D.* 2014. 759, note B. Dondero). Le texte distingue désormais deux situations. Premier cas : la loi renvoie à l'article 1843-4 pour fixer les conditions de prix d'une cession ou d'un rachat. La valeur des droits sociaux est alors déterminée, en cas de contestation, par un expert désigné par les parties ou par le juge, comme précédemment. Simplement, il est expressément précisé que l'expert est tenu d'appliquer, lorsqu'elles existent, les règles et modalités de détermination de la valeur prévues par les statuts de la société ou par toute convention liant les parties. Second cas : les statuts prévoient la cession des droits sociaux d'un associé ou leur rachat par la société sans que leur valeur soit ni déterminée ni déterminable. Cette valeur est alors déterminée, en cas de contestation, par un expert désigné par les parties ou par le juge. Il est, à nouveau, précisé que l'expert est tenu d'appliquer, lorsqu'elles existent, les règles et modalités de détermination de la valeur prévues par toute convention liant les parties.

L'une des questions que soulève la nouvelle rédaction du texte est celle de savoir dans quelle mesure l'article 1843-4 peut recevoir application dans des hypothèses qui ne sont pas visées par le texte, et particulièrement dans l'hypothèse d'un pacte d'actionnaires. Notre opinion est que même si le texte n'était pas applicable, la référence à l'article 1843-4 du Code civil serait à comprendre comme une référence à l'article 1592 du même Code. Observons enfin que l'art. 1592 présente une petite faiblesse, puisqu'il dispose que « si le tiers ne veut ou ne peut faire l'estimation, il n'y a point de vente », ce qui fait qu'un empêchement de la personne désignée sur ce fondement laisse les parties dans l'impossibilité de voir la vente parfaite, sauf si elles ont prévu par une stipulation idoine un mécanisme de remplacement. La loi Mohamed Soilihi du 19 juill. 2019 ajoute au texte les mots « sauf estimation par un autre tiers », ce qui apporte une aide en laissant entendre que l'intervention d'un tiers de remplacement est toujours souhaitée par les parties.

L'évaluation faite par l'expert ne peut être remise en cause qu'en cas d'erreur grossière, ce qui peut consister dans la prise en compte d'une date d'évaluation erronée, l'évaluation devant se faire, en cas de retrait, à la date la plus proche de celle du remboursement de la valeur des droits sociaux (Com. 15 janv. 2013, n° 12-11.666, *Bull.* IV, n° 9 ; *JCP E* 2013. 1129, note B. Dondero).

Précisons enfin que le juge est compétent en cas de désaccord des parties pour désigner l'expert et que sa décision ne peut faire l'objet de recours, comme l'indique l'article 1843-4, sous réserve de l'excès de pouvoir que commettrait le juge (Com. 3 mai 2012, n° 11-16.349, *Bull. civ.* IV, n° 90 ; 15 mai 2012, n° 11-17.866, *Bull. civ.* IV, n° 98 et n° 11-12.999, *Bull. civ.* IV, n° 103). Le juge qui nomme l'expert peut aussi lui demander d'actualiser son rapport (Civ. 1re, 9 déc. 2010, *Bull. Joly* 2011. 189, note J.-J. Daigre). Une ordonnance du 17 juillet 2019 a modifié la rédaction de l'art. 1843-4 à compter du 1er janvier 2020 : ce n'est plus par ordonnance du président du tribunal statuant en la forme des référés que l'expert est désigné au besoin, mais par « jugement du président du tribunal judiciaire ou du tribunal de commerce compétent, statuant selon la procédure accélérée au fond et sans recours possible ».

L'ordonnance du 10 févr. 2016 a fragilisé les opérations de longue durée portant sur les droits d'une société, puisque l'art. 1195 du Code civil, ouvrant au juge un pouvoir de révision ou de résiliation du contrat devenu excessivement onéreux, s'applique aussi aux contrats portant sur des parts sociales ou des actions. Une promesse assortie d'un long terme pourrait ainsi voir le prix affecté par le dispositif sur l'imprévision introduit par l'ord. du 10 févr. 2016 à l'art. 1195 du Code civil. La loi du 20 avril 2018 a cependant soustrait les opérations portant sur les titres financiers et conclues à compter du 1er oct. 2018 à ce dispositif (C. mon. fin., art. L. 211-40-1). Y demeurent soumises en revanche les opérations portant sur des parts sociales (SARL, SCI, etc.).

L'art. 1592 du Code civil comporte quant à lui une fragilité, puisque la vente ne se fait pas, si l'expert ne veut ou ne peut déterminer le prix. La loi Mohamed Soilihi du 19 juillet 2019 a entendu remédier à la fragilité de l'expertise de l'article 1592, en consacrant l'intervention d'un second tiers, si l'on peut dire. Malheureusement, on a procédé plus par allusion qu'autre chose, en évoquant sans plus de précisions la possibilité d'une « estimation par un autre tiers ».

c. Les garanties dues par le vendeur

259 Le cédant d'actions ou de parts sociales doit au cessionnaire les garanties légales du vendeur, du fait de l'application du régime du contrat de vente à la cession de droits sociaux : garantie d'éviction, garantie des vices cachés, garantie de conformité. La jurisprudence ne fait cependant application de ces garanties que de manière restrictive, c'est-à-dire qu'elle tient compte du fait que les biens cédés sont des droits sur une personne morale propriétaire de certains biens et non les biens de cette personne morale eux-mêmes. L'acquéreur d'un nombre de parts sociales lui donnant le contrôle d'une société propriétaire d'un immeuble ne bénéficie pas des mêmes protections que s'il se trouvait dans la position de l'acquéreur de ce même immeuble. La jurisprudence va généralement exiger que le défaut affectant le bien figurant dans le patrimoine de la société dont le contrôle est cédé soit tellement grave qu'il empêche la société de réaliser son objet social (v. ainsi Com. 12 déc. 1995, *Bull. civ.* IV, n° 302 ; *RTD com.* 1996. 294, obs. C. Champaud et D. Danet). Le dol ou la réticence dolosive sont cependant souvent sollicités, car la condition d'empêchement de réaliser l'objet social n'est pas une condition de l'indemnisation. Un récent arrêt adopte d'ailleurs une position particulièrement favorable au cessionnaire, en mettant en avant l'idée d'un silence « *nécessairement intentionnel* » au vu de l'importance des éléments non révélés (Com. 9 janv. 2019, n° 17-18725, *Rev. Sociétés* 2019. 179, note T. Allain). Précision apportée par la loi de ratification de l'ordonnance du 10 févr. 2016 : ne constitue pas un dol le fait pour une partie de ne pas révéler à son cocontractant son estimation de la valeur de la prestation (art. 1137, réd. L. n° 2018-287 du 20 avr. 2018).

260 Du fait du régime strict des garanties légales, les parties à une cession de parts sociales ou d'actions ont pris depuis longtemps maintenant l'habitude de doubler les garanties légales de garanties contractuelles, regroupées sous le nom de « *garanties de passif*. ». Le cessionnaire a alors le choix entre faire jouer les garanties légales ou les garanties contractuelles, les unes s'ajoutant aux autres (Com. 3 févr. 2015, n° 13-12.483, *Bull.* IV, n° 15 ; *JCP E* 2015. 1134, note B. Dondero).

Il faut ici opérer une distinction entre deux types de garanties : les clauses de garantie de passif *stricto sensu*, dites aussi clauses de reconstitution de patrimoine, d'une part, et les clauses de révision de prix, dites aussi garantie de valeur.

La clause de révision de prix oblige le cédant à restituer au cessionnaire une partie du prix s'il apparaît, postérieurement à la cession, que la valeur des droits cédés était inférieure à celle sur laquelle les parties s'étaient accordées, parce qu'un élément nouveau est apparu, postérieurement à la cession, mais dont la cause est antérieure : par exemple, une action en responsabilité est exercée par un créancier ou un salarié de la société cédée, postérieurement à la cession, mais fondée sur une faute commise antérieurement. Cette clause a un plafond naturel : elle ne peut conduire à un versement dépassant le montant du prix payé par le cessionnaire. Il a par ailleurs été jugé qu'une telle clause bénéficiait au cessionnaire indépendamment d'une éventuelle revente ultérieure des titres (Com. 3 avr. 2007, *Bull. Joly* 2007. 844, note P. Mousseron ; *JCP E* 2008. 1919, n° 17, obs. F. G. Trébulle ; Com. 11 mars 2008, *D.* 2008. 1801, note O. Deshayes). Enfin, elle ne devrait pas pouvoir être invoquée par la société cédée ou par les créanciers sociaux.

La *garantie de passif stricto sensu* consiste quant à elle en un engagement de régler les dettes de la société résultant d'un passif découvert seulement après la cession, mais ayant une cause antérieure à celle-ci. Son exécution devrait prendre la forme d'un versement fait à la société ou aux créanciers sociaux, ce qui implique d'y voir une stipulation pour autrui. En réalité, c'est surtout la rédaction de la clause, plus que son rattachement à une catégorie générale, qui permettra de déterminer l'identité du bénéficiaire. À la différence de la clause de révision de prix, la garantie de passif *stricto sensu* ne devrait plus pouvoir être invoquée après la revente des titres (v. Com. 12 févr. 2008, *Bull. Joly* 2008. 472, note P. Mousseron, arrêt visant cependant la « convention de passif »). À noter qu'en cas de revente des titres, et sauf clause particulière, le sous-acquéreur des titres ne saurait invoquer la garantie de passif consentie par le premier cédant (Com. 4 déc. 2007, *Bull. Joly* 2008. 378, note P. Mousseron).

261 Une question commune aux deux formes de garantie concerne la possibilité pour le bénéficiaire de faire jouer l'engagement du garant pour obtenir paiement d'un passif dont il avait connaissance. La Cour de cassation a jugé par une importante décision que ce comportement pouvait être sanctionné, mais pas par la déchéance de la garantie (Com. 10 juill. 2007, *Bull. civ.* IV, n° 188 ; *RTD com.* 2007. 786, obs. P. Le Cannu et B. Dondero). La sanction qui vient le plus rapidement à l'esprit consiste en la condamnation du bénéficiaire à verser au garant des dommages-intérêts qui, concrètement, viendront en réduction des sommes versées au titre de la garantie. La rédaction particulière de la garantie est également susceptible de jouer un rôle, en excluant expressément le passif connu du périmètre des obligations du cédant, ou en imposant au contraire au cédant de garantir tout passif sans distinction (Com. 14 déc. 2010, *Bull. Joly* 2011. 170, note E. Michel-Cordier ; 12 mai 2015, n° 14-13234, *RJ com.* 2016. 149, note B. Dondero). Si la clause impose à son bénéficiaire d'informer le

garant dans un délai déterminé, il convient de rechercher quelle est la sanction prévue en cas de non-respect dudit délai. Une clause qui prévoirait une sanction de caducité devrait produire ses effets. À défaut, c'est au juge qu'il appartiendra de rechercher quelle était la volonté des parties. La Cour de cassation renvoie cette question au pouvoir souverain d'interprétation des juges du fond (v. en dernier lieu Com. 25 janv. 2017, n° 15-17137, *Gaz. Pal.* 21 mars 2017, note J.-M. Moulin).

d. Les droits des salariés

La loi relative à l'économie sociale et solidaire (L. n° 2014-856 du 31 juill. 2014) a ajouté une étape obligatoire dans les cessions de fonds de commerce et dans les cessions de parts de SARL, d'actions mobilières ou de valeurs mobilières donnant accès au capital des sociétés entrant dans les critères de la loi, à savoir employant moins de cinquante salariés ou entrant dans les seuils des PME (pour rappel, un décret du 18 décembre 2008 définit les PME comme les entreprises qui, d'une part, occupent moins de 250 personnes, et d'autre part, ont un chiffre d'affaires annuel n'excédant pas 50 millions d'euros ou un total de bilan n'excédant pas 43 millions d'euros). Le législateur a institué un droit d'information au profit des salariés des sociétés concernées, lorsqu'est cédé plus de la moitié du capital. Le dispositif a été très critiqué, notamment parce qu'il prévoyait en cas de non-respect la nullité de la cession intervenue. Il a été modifié par la loi *Macron* (loi n° 2015-990 du 6 août 2015) pour la croissance, l'activité et l'égalité des chances économiques. Cette loi a notamment substitué à la nullité une action en responsabilité civile et une amende de 2 % du prix de la cession (et elle a précisé que le dispositif visait les seules ventes, et non toutes les cessions). Le Conseil constitutionnel avait d'ailleurs anticipé l'application de la loi en déclarant la sanction de nullité contraire à la Constitution, par une décision du 17 juillet 2015 (n° 2015-476 QPC). Ce dispositif pose surtout la question de savoir s'il a vraiment une utilité. L'idée de départ était d'empêcher les fermetures d'entreprises en permettant aux salariés de reprendre l'entreprise qui les emploie, mais le dispositif a été conçu de sorte qu'il perturbe les opérations de reprise lorsque le propriétaire de l'entreprise a *déjà trouvé* un repreneur, ce qui revient ainsi à menacer l'emploi, de manière paradoxale. 262

On signalera un dispositif intéressant introduit par la loi PACTE du 22 mai 2019, qui est celui du partage de plus-value avec les salariés (art. 162, créant des art. L. 23-11-1 s. au sein du Code de commerce). Tout associé ou actionnaire d'une société (1) soumise à l'IS, (2) exerçant une activité commerciale, industrielle, artisanale, libérale, agricole ou financière et (3) dotée d'un plan d'épargne entreprise peut prendre vis-à-vis de l'ensemble des salariés de la société l'engagement de partager avec eux une partie de la plus-value de cession ou de rachat de ses titres au jour où il en cédera ou rachètera tout ou partie. Le contrat doit porter sur une période d'au moins 5 ans. Parmi les restrictions, on relèvera le fait que la plus-value versée aux salariés ne peut excéder 10 % de la plus-value totale, et un autre plafond établi à 30 % du plafond annuel de la Sécurité sociale (un peu plus de 12.000 euros pour 2019). La répartition entre les salariés bénéficiaires pourra se faire, comme le précise la loi, de manière soit uniforme, soit proportionnelle à la durée de présence dans la société sur la période prise en compte par le contrat, soit proportionnelle aux salaires. 263

E. Le droit de ne pas céder ses titres

1. *Le principe de l'exclusion*

a. L'exclusion parfois autorisée par le législateur

264 Le législateur permet dans certains cas l'exclusion d'un associé. L'actionnaire qui ne libère pas la totalité des actions souscrites peut ainsi être exclu de la société par une procédure de vente forcée de ses actions en bourse ou aux enchères publiques, selon que la société est cotée ou non (C. com., art. L. 228-27). D'autres dispositions prévoient la vente forcée des droits sociaux dans différentes circonstances. On peut ainsi citer la vente forcée des valeurs mobilières non réclamées (C. com., art. L. 228-6) ou l'institution du retrait obligatoire dans les sociétés cotées (C. mon. fin., art. L. 433-4).

b. L'exclusion prévue par les statuts

265 Dans le silence de la loi, la jurisprudence admet la validité des clauses statutaires d'exclusion (v. Com. 13 déc. 1994, *Bull. civ.* IV, n° 384 ; H. Le Nabasque, « Agrément de cessions d'actions et exclusion d'actionnaires », *RJDA* 3/95, p. 200 ; Com. 8 mars 2005, *Bull. civ.* IV, n° 47 ; *Rev. sociétés* 2005. 618, note D. Randoux ; Com. 20 mars 2012, n° 11-10.855, *Bull. civ.* IV, n° 60 ; *JCP E* 2012. 1310, note R. Mortier). La liberté contractuelle autorise en principe la stipulation d'une clause d'exclusion, que l'on peut analyser comme une clause résolutoire du contrat de société, dont la particularité serait de n'emporter qu'une résolution partielle de la société. Par ailleurs, dans certaines formes sociales, la possibilité de stipuler des clauses d'exclusion est expressément prévue (v. ainsi art. L. 227-16 C. com. en matière de SAS). La clause d'exclusion ne se confond par ailleurs pas avec une clause prévoyant la perte automatique de la qualité d'associé, ce que l'on appelle la clause d'éviction (v. Com. 29 sept. 2015, n° 14-17343, *Bull. Joly* 2015. 629, note B. Dondero ; Soc., 9 mars 2017, n° 15-14416, *Gaz. Pal.* 20 juin 2017, note B. Dondero). Ajoutons enfin que, même si le résultat est le même, la clause d'exclusion ne se confond pas avec la promesse consentie par un associé de céder ses parts ou ses actions (v. not. Com. 6 mai 2014, n° 13-17.349, *JCP E* 2014. 1317, note B. Dondero ; CA Paris, 15 déc. 2006, RG 06/18133, *RTD com.* 2007. 169, obs. P. Le Cannu).

c. L'exclusion décidée par le juge ?

266 La jurisprudence se prononce majoritairement contre la possibilité pour le juge d'ordonner l'exclusion d'un associé lorsque cette mesure n'est prévue ni par un texte légal ni par les statuts de la société (Com. 12 mars 1996, *Bull. civ.* IV, n° 86 ; *JCP E* 1996. Pan. 426, note Th. Bonneau).

La question n'est cependant pas complètement réglée. Des juridictions du fond se sont ainsi reconnu un tel pouvoir (v. ainsi Reims, 24 avr. 1989, *LPA* 31 mai 1991, note S. Majerowicz, admettant l'exclusion d'un associé en dehors de toute disposition légale ou statutaire prévoyant cette mesure au motif qu'il fallait « prendre en considération l'intérêt social et admettre que les associés n'ont pas un droit intangible à faire partie de la société »). Un arrêt au moins de la Cour de cassation a pu sembler conforter cette thèse (Civ. 1re, 4 janv. 1995, *Bull. civ.* I, n° 12 ; *Rev. sociétés* 1995. 525, note M. Jeantin, qui retient la possibilité d'exclure un associé « indépendamment même de la clause des statuts prévoyant cette sanction »).

2. *Les modalités de l'exclusion*

Si l'exclusion est admise en son principe, il faut, afin d'éviter toute contestation, que certaines garanties soient données à l'associé qui fait l'objet de la mesure d'exclusion. Il conviendra notamment que les motifs pouvant justifier l'exclusion soient prévus par la clause instituant le principe de cette sanction. Il n'est cependant pas exigé de la procédure d'exclusion qu'elle présente les mêmes garanties que celles qui doivent être données aux parties au procès, au sens de la Convention européenne de sauvegarde des droits de l'homme et des libertés fondamentales en son article 6 §1 (v. en ce sens Com. 11 juill. 2006, *Bull. civ.* IV, n° 182 ; *D.* 2006. AJ 2399, obs. A. Lienhard). Il faut tout de même que l'associé ait la possibilité de présenter ses moyens de défense, c'est-à-dire les arguments qui, selon lui, militent contre son exclusion, mais la sanction n'est en principe pas, en application du régime restrictif des nullités du droit des sociétés, l'annulation de la décision d'exclusion (v. Com. 13 juill. 2010, *Bull.* IV, n° 129 ; *D.* 2010. 2880, note B. Dondero). 267 ■

Le droit de l'associé de participer aux décisions collectives ne saurait être remis en cause, ainsi qu'on l'a vu, ce qui prohibe les clauses interdisant à l'associé de voter sur la question de sa propre exclusion (v. Com. 23 oct. 2007, *Bull. civ.* IV, n° 225 ; *Rev. sociétés* 2007. 814, note P. Le Cannu). Une décision non publiée au *Bulletin* a cependant admis une forme de neutralisation du droit de vote de l'associé visé par la procédure d'exclusion, en autorisant que l'exclusion soit décidée « à l'unanimité moins les voix de l'associé mis en cause » (Com. 24 oct. 2018, n° 17-26402, note G. Gaède et Y. Paclot).

Une décision récente devrait donner une nouvelle énergie au contentieux de l'exclusion, puisque la Cour de cassation a jugé que « la décision prise abusivement par une assemblée générale d'exclure un associé affecte par elle-même la régularité des délibérations de cette assemblée et en justifie l'annulation », sans définir d'ailleurs ce qu'est la décision abusive d'exclusion (Civ. 1re 3 févr. 2021, n° 16-19691, *Bull.* ; *Lexbase* A01944GB, note B. Dondero).

5

Compléments pédagogiques

Mémo

Quelle est la situation commune des associés, dans les différentes formes sociales ?

Évoquons tout d'abord les situations particulières dans lesquelles peuvent se trouver les *droits sociaux*.

Les *droits sociaux* peuvent tout d'abord faire l'objet d'une indivision. Dans cette hypothèse, la jurisprudence reconnaît à chaque indivisaire la qualité d'associé, mais l'exercice des prérogatives d'associés n'est pas soustrait pour autant aux contraintes résultant de l'organisation de l'indivision.

La *propriété des droits sociaux peut ensuite faire l'objet d'un démembrement*. La situation des parties et leurs prérogatives respectives font l'objet de quelques incertitudes. Le nu-propriétaire s'est clairement vu reconnaître la qualité d'associé par la jurisprudence, mais la situation de l'usufruitier est beaucoup moins nette. Une grande liberté est laissée aux statuts par le législateur, mais la jurisprudence a restreint cette liberté pour préserver les droits de l'usufruitier.

Le législateur encadre enfin la souscription ou l'acquisition de parts faite par un époux, lorsqu'il emploie pour cela des biens communs. Dans cette hypothèse, il institue une procédure d'information de l'autre époux, afin que celui-ci puisse revendiquer également la qualité d'associé, s'il le désire.

La *qualité d'associé* impose quelques obligations et octroie différents droits.

S'agissant des obligations, elles sont en nombre limité : faire *un apport* (et donc soumis à la contribution aux pertes éventuelles), de manière moins nette, *se comporter loyalement à l'égard de la société, et, dans les sociétés à responsabilité illimitée, répondre des dettes sociales en cas de défaillance de la société.*

Les droits de l'associé sont diversifiés.

L'associé a tout d'abord un *droit d'information*, qui est très important en ce qu'il permet l'exercice correct des autres prérogatives de l'associé, qu'il ne pourra exercer que s'il est correctement informé.

L'associé est ensuite titulaire d'un droit de *participer aux décisions collectives*, que la jurisprudence a affiné, en distinguant le droit de participer aux décisions collectives, plus précisément le droit d'être présent lors de la réunion des associés et de participer à la discussion, et le droit de vote. Le droit de vote pourrait, selon certaines décisions, être susceptible d'atteintes.

L'associé a bien entendu un droit à *participer au résultat positif de la société*, droit qui se décline en un droit au dividende (bénéfice de l'exercice mis en distribution par l'assemblée qui en approuve les comptes), un droit aux réserves, et un droit au boni de liquidation.

L'associé a enfin un droit à céder et à ne pas céder ses titres. Ces deux droits peuvent faire l'objet de restrictions. La cession des parts sociales ou des actions est soumise au régime de la vente, tel que le Code civil le définit. Du fait des insuffisances de ce régime, il n'est pas rare que les parties complètent cette protection légale par une garantie contractuelle.

Quid

■ *Bénéficiaire effectif* n° 219

Personne physique contrôlant en dernier lieu, directement ou indirectement, la société. Cette notion a été introduite en droit des sociétés par la loi *Sapin 2* du 9 déc. 2016, qui a repris une notion présente dans le Code monétaire et financier, et qui permettait de demander aux banques de connaître, pour leurs clients ayant la forme de sociétés, les personnes physiques qui les contrôlaient.

■ *Earn out* n° 257

Mécanisme de calcul du prix de cession de parts sociales ou d'actions prenant en compte les résultats de la société postérieurs à la date de cession des droits sociaux.

■ Garanties de passif n° 260

Garanties contractuelles prises par le cédant de parts sociales ou d'actions, et qui vont s'ajouter aux garanties légales résultant de l'application du droit de la vente.

■ Pouvoir n° 233

Au sens retenu dans sa thèse par le professeur Emmanuel Gaillard (*Le pouvoir en droit privé*, Economica, 1984), le pouvoir est une prérogative conférée à un sujet de droit afin qu'il l'exerce dans un intérêt au moins partiellement distinct du sien.

■ Private equity n° 194

Anglicisme parfois traduit par les mots « capital-investissement », mais qui n'est qu'un aspect du *private equity*. Il s'agit là d'un financement de la société par des investisseurs privés, qui ne se confond ni avec son entrée en bourse ni avec de l'endettement bancaire. L'investissement en *private equity* est réalisé en fonds propres ou quasi-fonds propres, qui prennent la forme de titres de capital (actions ordinaires ou actions de préférence) ou de titres de dette. Le recours aux actions de préférence, ou, à défaut, à un pacte d'actionnaires, doit assurer aux investisseurs concernés les prérogatives qu'ils désirent : rendement prioritaire de leur investissement, protection face aux risques, contrôle accru sur les décisions sociales. Le *private equity* est souvent assimilé au LBO (*leveraged buyout*, opération de rachat à effet de levier), qui est une opération de rachat recourant à l'endettement bancaire, cet endettement étant *in fine* supporté par la société rachetée, par le biais de distributions massives de dividendes, de réduction de capital, voire d'une fusion avec la *holding* de rachat. Tant les opérations de LBO que le financement en *private equity* soulèvent des questions juridiques difficiles, telle que celle de l'incidence de l'intérêt de la société cible.

■ *Quorum* **n° 230**

Lorsqu'il est prévu par la loi ou par les statuts, le quorum est un nombre minimum de parts ou d'actions, voire de personnes devant être présentes ou représentées à une assemblée ou lors d'une prise de décision pour que l'assemblée ou l'organe concerné puisse valablement statuer.

Document

B. Dondero, Dictionnaire permanent Droit des affaires (extraits)
(*Bull.* n° 728, avr. 2009, © Éditions législatives)

Le point sur la qualité d'associé de l'usufruitier de droits sociaux dans la jurisprudence récente

La question posée. Le Code civil établit, en ses articles 578 à 624, le régime de l'usufruit, c'est-à-dire du démembrement de propriété entre un usufruitier et un nu-propriétaire. Il prévoit également, en son article 1844, des règles supplétives relatives à la répartition des pouvoirs entre l'usufruitier et le nu-propriétaire en cas de démembrement de la propriété de parts sociales ou d'actions. La disposition ne vise que les « parts », mais elle vaut pour toutes les sociétés en l'absence de disposition contraire (C. civ., art. 1834). Le Code de commerce dote par ailleurs la SA d'un texte supplétif quelque peu différent sur cette même question de la répartition des pouvoirs entre usufruitier et nu-propriétaire (C. com., art. L. 225-110).

Les enjeux de la question. Savoir si l'usufruitier est associé ou non est une question dotée de nombreux enjeux, dont les plus sensibles peuvent être évoqués rapidement.

Tout d'abord, si l'on ne voit pas en l'usufruitier un associé, il ne saurait être nommé en qualité de dirigeant social si la loi ou les statuts réservent cette fonction à un associé.

Ensuite, si la qualité d'associé de l'usufruitier était consacrée, l'une des conséquences les plus importantes tiendrait à ce qu'il disposerait alors du droit de participer aux décisions collectives, droit qui ne pourrait être remis en cause (C. civ., art. 1844, al. 1er).

L'obligation aux dettes sociales qui pèse sur les associés de certaines sociétés s'appliquera ou non à l'usufruitier, selon que la qualité d'associé lui aura été reconnue ou non, de même que les autres conséquences attachées à la qualité d'associé. Ainsi l'usufruitier de parts de SNC se verra-t-il reconnaître la qualité de commerçant (C. com., art. L. 221-1). La responsabilité de l'usufruitier aux dettes sociales de la SNC n'aura pas lieu d'être s'il n'a pas la qualité d'associé, sauf à ce qu'il se soit comporté comme un associé de fait, ou qu'il ait agi sous cette apparence à l'égard des tiers.

Enfin, si l'usufruitier peut, aux termes de l'article 595 du Code civil, « *vendre ou céder son droit à titre gratuit* », cette affirmation apparaît plus discutable lorsque la loi ou les statuts prévoient une procédure d'agrément en cas de cession de droits sociaux, du moins si la qualité d'associé est reconnue à l'usufruitier.

Le silence relatif du législateur. Les textes ne disent rien, ou, plus précisément, n'affirment rien, concernant la qualité d'associé qui doit être reconnue ou non au nu-propriétaire et/ou à l'usufruitier. La question est réglée depuis longtemps par la jurisprudence s'agissant du nu-propriétaire, auquel la qualité d'associé a été reconnue (Civ. 3e, 5 juin 1973, *Bull.* III, n° 403 ; solution nettement confirmée depuis, notamment par l'arrêt *de Gaste*, Com. 4 janv. 1994, *Bull.* IV, n° 10 ; *Defrénois* 1994. 556, obs. P. Le Cannu ; *Dr. sociétés* 1994, n° 45, note Th. Bonneau ; *Bull. Joly* 1994. 249 ; *ibid.* 279, chron. J.-J. Daigre). La question de l'attribution de la qualité d'associé à l'usufruitier est en revanche beaucoup plus discutée et l'on ne trouve que peu d'éléments de réponses dans le Code civil ou le Code de commerce.

On relèvera surtout deux textes dont on pourrait déduire que l'usufruitier n'est pas associé. Leur rédaction se prête cependant à plusieurs interprétations.

Le premier est l'article 1844-5, alinéa 2 du Code civil, aux termes duquel « *l'appartenance de l'usufruit de toutes les parts sociales à la même personne est sans conséquence sur l'existence de la société* ». L'alinéa précédent ayant posé le principe de la possibilité d'une dissolution de la société unipersonnelle, on pourrait en comprendre que l'usufruitier unique n'est pas un associé unique, et donc qu'il n'est pas un associé. Mais le texte pourrait également être lu comme considérant qu'en présence d'un seul usufruitier, la société ne saurait être dissoute, car l'existence de cet usufruitier, serait-il le seul, suppose celle d'au moins un nu-propriétaire – et donc d'un autre associé.

Le second texte est l'article L. 225-118 du Code de commerce, aux termes duquel « le droit à communication des documents, prévu aux art. L. 225-115, L. 225-116 et L. 225-117, appartient également à chacun des copropriétaires d'actions indivises, au nu-propriétaire et à l'usufruitier d'actions ». Le droit à communication en question est attribué par les textes cités à « tout actionnaire ». On pourrait donc comprendre qu'il y a les actionnaires d'un côté, et de l'autre, « *également* » (synonyme ici de « par ailleurs »), les indivisaires, le nu-propriétaire et l'usufruitier. Cette lecture est cependant démentie par la jurisprudence concernant les indivisaires, auxquels la qualité d'associé est reconnue depuis longtemps (Civ. 1re, 6 févr. 1980, *Bull.* I, n° 49 ; *Rev. sociétés* 1980. 521, note A. Viandier ; *RTD com.* 1980. 353, obs. E. Alfandari et M. Jeantin ; *Rev. sociétés* 1981. 346, obs. J. G. ; *D.* 1981. IR 36, obs. J.-C. Bousquet) ainsi que pour le nu-propriétaire (v. ci-dessus). Le mot « également » devrait donc plutôt se comprendre comme « à parts égales ».

La doctrine partagée. La solution qui semblait initialement faire autorité était celle du refus de la reconnaissance de la qualité d'associé à l'usufruitier (A. Viandier, *La notion d'associé*, LGDJ, 1978, n° 248 s. ; A. Charvériat, A. Couret, et B. Mercadal, *Sociétés commerciales*, Francis Lefebvre, 2006, n° 477 ; G. Ripert et R. Roblot, *Traité de droit commercial*, t. 1, vol. 2, 18e éd., LGDJ, 2002, par M. Germain, n° 1086 ; J.-J. Daigre, *chr. préc.*, sp. n° 4 ; J.-P. Chazal, « L'usufruitier et l'associé », *Bull. Joly* 2000. 679). Cette opinion était fondée notamment sur l'argument tenant à l'absence d'apport de la part de l'usufruitier, argument quelque peu discutable, car la constitution de l'usufruit pouvait avoir vu le versement de sommes au nu-propriétaire, remplissant la même fonction que le paiement du prix par le cessionnaire au cédant de droits sociaux. C'est encore la définition légale de l'usufruit, qui voit l'usufruitier faire usage du droit d'autrui, et donc ne pas avoir le droit de l'associé, ou encore l'absence de droit de propriété sur les droits sociaux reçus en contrepartie de l'apport, qui furent invoquées pour conforter la thèse du refus.

L'opinion inverse fut introduite par le professeur Derruppé (*in* « Un associé méconnu : l'usufruitier de parts ou d'actions », *LPA* 13 juill. 1994), et elle réunit progressivement un grand nombre d'auteurs (M. Cozian, « Du nu-propriétaire ou de l'usufruitier, qui a la qualité d'associé ? », *JCP E* 1994. I. 374 ; C. Regnaut-Moutier, Vers la reconnaissance de la qualité d'associé à l'usufruitier de droits sociaux, *Bull. Joly* 1994. 1155 ; L. Aynès, « Usufruit, droit d'usage », *Rev. sociétés* 1999. 593 ; A. Rabreau, L'usufruit des droits sociaux, préf. J.-C. Hallouin, Litec, 2006, n°s 165 s.). Selon cette opinion, le démembrement des droits sociaux affecterait aussi la qualité d'associé qui se trouverait alors partagée entre le nu-propriétaire et l'usufruitier.

Des opinions intermédiaires apparurent aussi (v. I. Robert-Cadet, « L'usufruit des droits sociaux », *LPA* 19 mai 2000. 54).

L'attente d'une réponse jurisprudentielle. Face à ce silence relatif du législateur et à cette dispersion de la doctrine, la réponse de la jurisprudence était attendue, et plus particulièrement la réponse de la Cour de cassation (des juridictions du fond avaient pu dénier à l'usufruitier la qualité d'associé : T. com. Roanne, ord. réf., 13 sept. 1991, *RTD com.* 1992. 201, obs. Y. Reinhard ; T. com. Lyon, 27 sept. 1993, *Dr. sociétés* 1993, n° 217, note Th. Bonneau). La présente chronique est l'occasion de revenir sur la réponse donnée par la Cour de cassation par deux décisions rendues pour l'une fin 2006 par la troisième chambre civile et l'autre fin 2008 par la chambre commerciale de la Cour de cassation. Ces décisions sont à notre connaissance celles qui sont le plus près d'apporter une réponse à cette question. Mais ni l'une ni l'autre ne formulent une opinion franche et affirmée. La première tend à refuser la qualité d'associé à l'usufruitier (I), la seconde peut se lire comme lui reconnaissant cette qualité (II).

I. Le refus de la qualité d'associé (Civ. 3e, 29 nov. 2006)

Cet arrêt est publié au *Bulletin des arrêts* (*Bull.* III, n° 236 ; *Dr. sociétés* 2007, n° 25, note F.-X. Lucas ; *RTD civ.* 2007. 153, n° 5, obs. Th. Revet ; *Defrénois* 2007. 676, note P. Le Cannu ; *Rev. sociétés* 2007. 319, note B. Dondero). Il émane de la troisième chambre civile de la Cour de cassation, qui n'est pas celle qui traite à titre principal du contentieux des sociétés. Cela n'est pas remettre en cause sa compétence en ce domaine que de souligner ce point. Il n'apparaît pas qu'un avis ait été demandé à la chambre commerciale, comme cela se voit parfois. On se souviendra également que la troisième chambre civile était déjà à l'origine d'un arrêt surprenant, qui avait admis l'existence d'un droit de vote tant au bénéfice du nu-propriétaire que de l'usufruitier (Civ. 3e, 2 mars 1994, *Dr. sociétés* 1994, n° 85, note Th. Bonneau ; *Rev. sociétés* 1995. 41, note P. Didier).

Deux sœurs avaient contracté deux baux ruraux, en s'engageant solidairement envers la bailleresse. Elles avaient ensuite mis les parcelles louées à la disposition d'une société civile d'exploitation agricole, ce dont elles avaient avisé la bailleresse. Puis, l'une des copreneuses avait cédé la nue-propriété de ses parts à son neveu et à l'épouse de celui-ci. Ultérieurement, les copreneuses sollicitèrent en justice l'autorisation pour celle d'entre elles qui avait conservé l'intégralité de ses droits de les céder à son fils. Mais les héritiers de leur bailleresse demandèrent alors reconventionnellement la résiliation judiciaire des baux pour cession prohibée. La cour d'appel saisie prononça la résiliation des baux, et le pourvoi formé à l'encontre de l'arrêt d'appel se trouve rejeté par la troisième chambre civile le 29 novembre 2006.

Il faut relire la décision en sa partie touchant la question de la reconnaissance de la qualité d'associé de l'usufruitier de droits sociaux :

« Mais attendu qu'ayant constaté que Mme A. avait procédé le 30 juin 1999 à la cession au profit des époux Z. de la nue-propriété de la totalité de ses parts sociales de la SCEA et énoncé, à bon droit, que le caractère solidaire des engagements des preneuses stipulé dans les baux litigieux ne permettait pas d'étendre l'effet de la solidarité aux obligations leur incombant à titre personnel, la cour d'appel, qui en a exactement déduit qu'il importait peu que Mme Z. ait conservé la qualité d'associée de la SCEA et relevé que Mme A. avait perdu la sienne, quelle que soit l'étendue du droit de vote accordé à l'usufruitier par les statuts, a souverainement retenu que l'information délivrée le 20 août 1999, qui faisait figurer Mme A... au nombre des associés, était de nature à induire en erreur les consorts de B... et à justifier la résiliation des baux... »

Ainsi que nous pouvions le relever dans un commentaire de cet arrêt (v. not., préc.), la décision est d'une lecture particulièrement malaisée. Le verbe *avoir*, dont le sujet est la cour d'appel, qui a « exactement déduit », devrait aussi se rapporter au fait de relever la perte de la qualité d'associé de Mme A. Mais on ne peut affirmer avec certitude que le qualificatif « exactement », qui est accolé à la déduction opérée sur la qualité d'associée de Mme Z. concerne aussi la question de la constatation de la perte de la qualité d'associée de Mme A. On constate une imperfection dans la construction de la phrase, puisque la Cour de cassation énonce que « la cour d'appel, qui en a exactement déduit (...) et relevé... ».

Or, soit les mots « en a exactement » s'appliquent à la constatation de la perte de la qualité d'associé, et donc manifestent la volonté de la Cour de cassation de dénier cette qualité à l'usufruitier. Mais il conviendrait alors de lire la phrase comme « la cour d'appel en a exactement relevé que Mme A... avait perdu » sa qualité d'associé. Cette formulation serait originale et pas très correcte, dès lors qu'une cour d'appel constate et/ou relève, puis en déduit, mais qu'elle « n'en relève » pas !

Soit les mots « en a exactement » ne s'appliquent pas à la constatation de la perte de la qualité d'associé, et alors la Cour de cassation ne fait que reprendre une constatation de la cour d'appel, sans que l'on puisse affirmer qu'elle marque une approbation particulière à l'égard de l'opinion des juges du fond. On notera que, dans cette hypothèse, il manque un verbe dans l'attendu de la Cour, qui aurait dû énoncer que « la cour d'appel, qui en a exactement déduit qu'il importait peu que Mme Z. ait conservé la qualité d'associée de la SCEA et *qui a* relevé que Mme A. avait perdu la sienne... ».

Concluons sur cet arrêt en retenant que la Cour de cassation n'apparaît pas avoir approuvé expressément la position retenue par les juges du fond, mais que l'on ne peut ignorer que cet arrêt, publié au *Bulletin des arrêts*, rejette le pourvoi formé contre l'arrêt d'appel qui avait dénié fermement à l'usufruitier la qualité d'associé.

Ajoutons que, parmi les titrages et résumés de l'arrêt au *Bulletin des arrêts*, le rédacteur a mentionné : « Cession de la nue-propriété par le copreneur solidaire - Perte de la qualité d'associé », laissant donc entendre lui aussi que l'arrêt prendrait position sur la question.

II. La reconnaissance de la qualité d'associé (Com. 2 déc. 2008) ?

À cet arrêt a « répondu » un arrêt rendu par la chambre commerciale de la Cour de cassation le 2 décembre 2008, non publié au *Bulletin* mais déjà très remarqué par les commentateurs (n° 08-13.185, *D.* 2009. AJ 12, obs. A. Lienhard ; *ibid.* 780, note B. Dondero ; *Dr sociétés* 2009, n° 46, note M.-L. Coquelet ; *RTD civ.* 2009. 137, note Th. Revet). Cette décision censure un arrêt rendu le 19 février de la même année par la cour d'appel de Caen (*Dr. sociétés* 2008, n° 198, note M.-L. Coquelet ; *Option finance* 15 déc. 2008. 32, obs. B. Cohen ; *JCP E* 2008. 2545, §1, obs. F. Deboissy et G. Wicker ; *JCP E* 2009. 1025, note Y. Paclot). La Cour de cassation semble y reconnaître la qualité d'associé à l'usufruitier de droits sociaux, mais elle ne le fait que très incidemment, et de manière sans doute involontaire.

Deux sociétés civiles avaient fusionné. Les décisions avaient été acquises par l'effet de clauses statutaires réservant le droit de vote à l'usufruitier. Celui-ci avait donc fait voter la fusion par la société civile absorbée, provoquant sa dissolution contre l'avis du nu-propriétaire. Certes, l'usufruitier n'avait pas formellement porté une atteinte directe à la substance de la chose sur laquelle portait l'usufruit. Il s'était en effet contenté de donner son accord à la prise d'une décision sociale conduisant, sinon à la destruction, au moins au remplacement du bien par un autre. Pour autant, on peut être réticent à faire du droit des sociétés un domaine d'exception, où les pouvoirs de l'usufruitier pourraient conduire à la disparition du bien, en contradiction avec la lettre de l'article 578 du Code civil, qui fait obligation à l'usufruitier de conserver la substance du bien.

La chambre commerciale censure l'arrêt d'appel, en ce qu'il avait jugé que l'usufruitier avait méconnu, par l'effet de la clause statutaire lui réservant le droit de vote en toute hypothèse, les observations critiques et le vote négatif du nu-propriétaire. L'arrêt d'appel est donc cassé sur ce point pour violation de l'article 1844 du Code civil. La Cour de cassation rappelle « que les statuts peuvent déroger à la règle selon laquelle, si une part est grevée d'usufruit, le droit de vote appartient au nu-propriétaire, dès lors qu'ils ne dérogent pas au droit du nu-propriétaire de participer aux décisions collectives ». La formule employée est empruntée à un arrêt rendu en 2005 par la même chambre commerciale, arrêt qui n'avait pas, lui non plus, été publié au *Bulletin des arrêts*, mais qui avait été largement commenté (Com. 22 févr. 2005, n° 03-17.421, *D.* 2005. Pan. 1430, obs. B. Thullier ; *ibid.* Pan. 2952, obs. J.-C. Hallouin et E. Lamazerolles ; *Rev. sociétés* 2005. 353, note P. Le Cannu ; *JCP E* 2005. 1067, note R. Kaddouch ; *ibid.* 1165, obs. J.-J. Caussain, F. Deboissy et G. Wicker).

Sur la question qui nous intéresse, en l'occurrence celle de la reconnaissance à l'usufruitier de la qualité d'associé, la chambre commerciale se prononce de manière quelque peu inattendue.

L'arrêt d'appel avait considéré que l'usufruitier avait outrepassé ses pouvoirs, mais avait aussi jugé qu'il s'était rendu coupable d'un abus de son droit de vote. Ces deux propositions étaient peu compatibles : soit l'usufruitier ne pouvait voter sur la fusion, et il était dépourvu de droit de vote, mais ne pouvait en abuser ; soit il pouvait voter, et il était alors possible qu'il se rende coupable d'un abus de son droit de vote. Nier la possibilité pour l'usufruitier de voter sur une question et juger dans le même temps qu'il avait abusé de son droit de vote était pour le moins surprenant.

Ce n'est cependant pas cette contradiction qui fonde la censure de l'arrêt d'appel pour défaut de base légale au regard des articles 1844 et 1382 du Code civil, dispositions relatives, respectivement, au droit de participer aux décisions collectives et à la nécessité de réparer le préjudice causé par sa faute. La Cour de cassation se contente en effet de rappeler la définition de l'abus positif du droit de vote, reprochant aux juges d'appel de ne pas avoir expliqué en quoi « l'usufruitier aurait fait du droit de vote que lui attribuaient les statuts un usage contraire à l'intérêt de la société, dans le seul dessein de favoriser ses intérêts personnels au détriment de ceux des autres associés ».

La décision apparaît tout à fait conforme à ce que l'on connaît de la notion d'abus du droit de vote en droit des sociétés, si ce n'est qu'elle reconnaît de manière incidente la qualité d'associé à l'usufruitier. En effet, si l'usufruitier ne doit pas favoriser ses intérêts personnels au détriment de ceux des *autres* associés, c'est bien qu'il participe de cette catégorie. Cet arrêt trancherait-il donc la question tant discutée de la reconnaissance de la qualité d'associé à l'usufruitier ?

En réalité, cette reconnaissance est probablement involontaire, relevant du *lapsus* et ne devant donc pas porter à conséquence, du moins, pas plus que l'arrêt rendu le 29 octobre 2006 par la troisième chambre civile (v. ss I).

Si l'on souhaite comparer les deux décisions, on relèvera que l'arrêt de 2006 a pour lui le fait d'avoir été publié au *Bulletin des arrêts*. Le fait qu'il émane de la troisième chambre civile, qui n'est pas la chambre traitant à titre principal du droit des sociétés, doit en revanche être vu comme un facteur affaiblissant l'impact de l'arrêt. Mais l'élément qui incite véritablement à restreindre la portée de l'arrêt de 2006 tient au fait que la Cour de cassation s'y était contentée de reprendre une partie de l'arrêt d'appel, sans le contredire, mais avec les difficultés de lecture évoquées précédemment.

L'arrêt de la chambre commerciale voit quant à lui la Cour de cassation se prononcer directement, mais la reconnaissance de la qualité d'associé à l'usufruitier tient ainsi qu'on l'a dit du *lapsus* plus que de l'affirmation consciente (on retiendra surtout de cette partie de l'arrêt de 2008 que l'usufruitier est susceptible de commettre un abus du droit de vote qu'il exerce ; quand bien même il ne serait pas un associé, il se trouve, lorsqu'il vote, placé dans la même situation qu'un associé). De plus, l'arrêt n'est pas publié au *Bulletin*.

On signalera simplement deux arrêts plus récents de la chambre commerciale, rendus le même jour, dont l'un est publié au *Bulletin*, et qui eux aussi, par leur formulation, effectuent un rapprochement entre les qualités d'usufruitier et d'associé, sans pour autant affirmer que ce dernier est véritablement un associé (Com. 10 févr. 2009, n° 07-21.806, *Bull. civ.* IV, n° 19, et n° 07-21.807).

Conclusion : une réponse est-elle nécessaire ?

L'usufruitier de droits sociaux peut exercer certaines des prérogatives de l'associé, et il est tentant de voir un associé dans la personne qui peut participer à certaines des décisions collectives des associés, voire à toutes les décisions si les statuts en décidaient ainsi, usant de la liberté reconnue par l'article 1844 du Code civil et l'article L. 225-110 du Code commerce.

Pour autant, les associés ne sont pas les seuls à voter lors des assemblées, où l'on peut croiser, par exemple, les représentants des associés, représentants qui peuvent être dépourvus eux-mêmes, avec quelques restrictions dans certaines sociétés, de la qualité d'associé. Dès lors, la participation aux décisions des associés ne peut être considérée comme le critère sûr de l'appartenance à la catégorie des associés.

La question est rendue plus difficile encore par le fait que l'étendue des prérogatives reconnues à l'usufruitier est très variable. L'usufruitier de parts sociales vote ainsi sur l'affectation des bénéfices, sauf stipulation contraire. L'usufruitier d'actions vote quant à lui à toutes les assemblées générales ordinaires, là encore, sauf stipulation contraire. Mais ces prérogatives pourront varier, dans un sens d'accroissement ou de réduction, dans chaque société, dans les limites posées par la Cour de cassation : le droit du nu-propriétaire à participer aux décisions collectives ne peut être remis en cause (Com. 4 janv. 1994, préc.) ; le droit de l'usufruitier à voter sur l'affectation des bénéfices ne peut être transféré au nu-propriétaire (Com. 31 mars 2004, *Bull.* IV, n° 70 ; *D.* 2004. AJ 1167, obs. A. Lienhard ; *ibid.* Somm. 2925, obs. J.-C. Hallouin ; *D.* 2005. Pan. 1430, obs. B. Thullier ; *RTD civ.* 2004. 318, obs. Th. Revet ; *RTD com.* 2004. 542, obs. P. Le Cannu ; *JCP E* 2004. II. 929, note A. Rabreau ; v. égal. A. Viandier, *L'irréductible droit de vote de l'usufruitier*, *RJDA* 8-9/04, p. 859).

On se demandera simplement pour terminer si la question mérite vraiment d'être tranchée, en ce qu'il n'est pas certain que la réponse qui pourra lui être apportée mettra fin aux incertitudes. Que l'on ne voie pas dans nos propos une provocation, un affront fait à tous ceux qui se sont intéressés à la question de la qualité d'associé de l'usufruitier de droits sociaux. Pourtant, à lire les textes, l'usufruitier de droits sociaux jouit ou peut jouir de tout ou partie des prérogatives de l'associé. Or, il est à craindre que la reconnaissance de la qualité d'associé (ou le refus de cette même qualité) ne supprime pas toutes les difficultés et que l'on continuera, même après que la Cour de cassation se soit très clairement prononcée, si cela arrive un jour, à s'interroger sur le point de savoir si telle ou telle prérogative d'associé ne serait pas, tout de même, réservée au nu-propriétaire ou au titulaire de la pleine propriété des droits sociaux (v. ainsi les difficultés rencontrées dans la détermination des droits des propriétaires indivis de droits sociaux et des conditions de leur exercice, et ce même après que la qualité d'associé leur ait été reconnue).

Biblio

1) Questions générales

– A. Brès, « L'obligation de non-concurrence de plein droit de l'associé », *RTD com.* 2011. 463.

– F. Danos, « La réparation du préjudice individuel de l'actionnaire », *RJDA* 5/08, p. 471.

– J.-P. Gastaud *et alii*, *L'État actionnaire*, colloque Université Paris Dauphine, 3 juin 2010, *JCP E* 2010. 1884.

– M. Germain, « La renonciation aux droits propres des associés : illustrations », in *Mélanges F. Terré*, Dalloz-PUF-Jurisclasseur, 1999, p. 401.

– L. Godon, « Les évolutions de la condition juridique de l'associé à travers le Code de commerce », in *D'un Code à l'autre : le droit commercial en mouvement*, P. Le Cannu (dir.), LGDJ, 2008, p. 221.

– R. Libchaber, « Pour un renouvellement de l'analyse des droits sociaux », in *Mélanges. Y. Guyon*, Dalloz, 2003, p. 717.

– D. Martin, « L'intérêt des actionnaires se confond-il avec l'intérêt social ? », in *Mélanges. D. Schmidt*, Joly, 2005, p. 359.
– C. Pénichon, « Les mesures d'urgence en matière économique et financière », in *Mélanges D. Schmidt*, Joly, 2005, p. 371.
– I. Riassetto, « Fonds éthiques et sociétés commerciales », in *Mélanges. D. Schmidt*, Joly, 2005, p. 399.
– V. Roche, Salariés associés ou actionnaires : la participation des salariés au capital de la société, *JCP E* 2021, 1187.

2) Sur l'indivision et le démembrement de la propriété des droits sociaux

– F. Auckenthaler, « L'associé usufruitier », *Dr. Sociétés* 2014. Etude 14.
– L. Aynès, « Usufruit, droit d'usage », *Rev. sociétés* 1999. 593.
– J.-P. Chazal, « L'usufruitier et l'associé », *Bull. Joly* 2000. 679.
– A. Couret, « Le droit pour tous les indivisaires de participer à l'assemblée générale », *JCP E* 2014. 1069.
– M. Cozian, « Du nu-propriétaire ou de l'usufruitier, qui a la qualité d'associé ? », *JCP E* 1994. I. 374
– F. Deboissy et G. Wicker, « Le droit de vote est une prérogative essentielle de l'usufruitier de titres sociaux », *JCP E* 2004. 1290.
– J. Derruppé, « Un associé méconnu : l'usufruitier de parts ou d'actions », *LPA* 13 juill. 1994.
– J.-M. Garinot, « Les dangers de l'usufruit de droits sociaux », *JCP E* 2010. 2111.
– L. Godon, « Un associé insolite : le nu-propriétaire de droits sociaux », *Rev. sociétés* 2010. 143.
– H. Hovasse, M. Deslandes et R. Gentilhomme, « Le démembrement des droits sociaux », *Dr. sociétés, actes pratiques* n° 15, 1994.
– A. Rabreau, *L'usufruit des droits sociaux*, préf. J.-C. Hallouin, Litec, 2006.
– C. Regnaut-Moutier, « Vers la reconnaissance de la qualité d'associé à l'usufruitier de droits sociaux », *Bull. Joly* 1994. 1155.
– I. Robert-Cadet, « L'usufruit des droits sociaux », *LPA* 19 mai 2000.
- C. Serlooten, « L'intérêt commun, fondement de l'évolution de l'usufruit des droits sociaux », *Rev. sociétés* 2013. 7.

3) Sur l'associé en couple

- M.-Ch. Aubry, « Attributions gratuites d'actions et régime de communauté », *D.* 2019. 833.

4) Sur le droit de vote de l'associé

– J.-F. Barbièri, « Retour sur les sanctions de l'abus de minorité », in *Mélanges D. Schmidt*, Joly, 2005, p. 51.
– A. Constantin, « La tyrannie des faibles. De l'abus de minorité en droit des sociétés », in *Mélanges Y. Guyon*, Dalloz, 2003, p. 213.
– M. Jeantin, « Les conventions de vote », *RJ com.* 1990. 124.
– R. Kaddouch, « L'irréductible droit de vote de l'associé », *JCP E* 2008. 1549.
– E. Lamazerolles, Faire exécuter les conventions de vote entre associés, *JCP E* 2021, 1234.
– A.-V. Le Fur, « Concilier l'inconciliable : réflexions sur le droit de vote de l'actionnaire », *D.* 2008. Chron. 2015.

– D. Martin, « L'intérêt des actionnaires se confond-il avec l'intérêt social », in *Mélanges D. Schmidt*, Joly, 2005, p. 359.
– M. Storck, « La réglementation des conventions de vote », *RJ com.* 1991. 97.
– D. Tricot, « Abus des droits dans les sociétés – abus de majorité et abus de minorité », *RTD. com.* 1994. 617.

5) Sur le droit au bénéfice et sur le dividende

– A. Couret, « La contrainte du dividende dans les sociétés par actions », in *Mélanges Y. Guyon*, Dalloz, 2003, p. 239.

6) Sur la transmission des droits sociaux

– L. Cadiet, « Arbiter, arbitrator. Gloses et post-gloses sous l'article 1843-4 du Code civil », in *Mélanges Y. Guyon*, Dalloz, 2003, p. 153.
– A. Couret, « L'évolution récente de la jurisprudence rendue sur le fondement de l'article 1843-4 du Code civil », in *Mélanges B. Bouloc*, Dalloz, 2007, p. 249.
– B. Dondero, « Article 1843-4 du Code civil : clarifications suggérées », in *Mélanges en l'honneur de Daniel Tricot*, Litec-Dalloz, 2011, p. 639.
– A. Gaudemet, « La portée des pactes de préférence ou de préemption sur des titres de société », *Rev. sociétés* 2011. 139.
– P.-M. de Girard et C.-A. Pascaud, « Garanties de passif : un passif connu de l'acquéreur peut-il faire l'objet d'un appel en garantie ? », *LPA* 25 mai 2007.
– H. Hovasse et M. Deslandes, « Le transfert de propriété des droits sociaux non cotés. Aspects juridiques et fiscaux », *Actes pratiques & ingénierie sociétaire*, janv.-févr. 2009, p. 3.
– H. Le Nabasque, « Retour (d'humeur) sur l'article 1843-4 du Code civil », *Rev. sociétés* 2011. 149.
– J. Moury, « Les clauses restrictives à la libre négociabilité des actions », *RTD com.* 1989. 187.
– J. Moury, « Jeux d'ombres sur la détermination du prix par les tiers estimateurs des articles 1592 et 1843-4 du Code civil », *Rev. sociétés* 2005. 513.
– H. Pichard et B. Pichard, « Le Family Buy Out : une technique innovante », *JCP E* 2008. 45, n° 16.
– B. Saintourens, « L'héritier de l'associé », in *Mélanges B. Bouloc*, Dalloz, 2007, p. 1025.
– F. Sauvageot, De quelques points de vigilance à observer à propos des garanties de passif et plaidoyer pour un régime légal de celles-ci, *Rev. sociétés* 2021. 215.

7) Sur les clauses d'exclusion

– G. Durand-Lépine, « L'exclusion des actionnaires dans les sociétés non cotées », *LPA* 24 juill. 1995. 7.
– M. Germain et R. Vatinet, « Le pouvoir disciplinaire des personnes morales de droit privé », in *Mélanges. Y. Guyon*, Dalloz, 2003, p. 397.
– D. Martin, « L'exclusion d'un actionnaire », *RJ com.* 1990, n° spécial, p. 94.
– D. Vidal, « Le juge peut-il exclure un associé sans disposition expresse ? », *Dr. sociétés*, oct. 1998. 1.

Quiz

1) Sujet corrigé

Dissertation

Énoncé

Le droit de vote est-il encore une prérogative essentielle de l'associé ?

Voir le corrigé en fin de rubrique.

2) Corrigé

Dissertation

Dans l'image traditionnelle de la vie des sociétés, les associés se réunissent régulièrement dans le cadre des assemblées, ils discutent, délibèrent, et prennent des décisions collectives en procédant à des votes.

La réalité est souvent différente. On peut tout de suite écarter du débat les sociétés unipersonnelles de plus en plus nombreuses, dans lesquelles l'associé unique prend ses décisions seul. Dans les sociétés pluripersonnelles, il est fréquent que le droit de vote ne soit pas véritablement exercé. Que cela tienne au désintérêt de certains associés, ou à la pratique des assemblées sur papier, le droit de vote n'est pas toujours une prérogative considérée comme essentielle dans la pratique des sociétés.

Du point de vue du droit positif, la question est intéressante. Il semble que le droit de vote soit encore considéré, en principe, comme une prérogative essentielle de l'associé (I) ; Cette affirmation de principe est cependant remise en cause de manière croissante (II).

I. Une prérogative encore essentielle, en principe

A. Une consécration davantage jurisprudentielle que légale

Le législateur ne consacre pas directement et formellement le droit de vote, puisque l'article 1844 du Code civil dispose de manière plus large que « tout associé a le droit de participer aux décisions collectives ». Or, participer aux décisions collectives n'est pas nécessairement voter.

Toutefois, au fil des ans, un certain nombre de décisions ont rappelé l'importance du droit de participer aux décisions collectives <u>et</u> de voter. Le droit de vote ne serait donc finalement qu'un des aspects du droit de participer aux décisions collectives.

L'une des décisions les plus importantes rendues en ce domaine est incontestablement l'arrêt *Château d'Yquem*, rendu par la chambre commerciale de la Cour de cassation le 9 février 1999 (*Bull. civ.* IV, n° 44 ; *Bull. Joly* 1999. 566, note J.-J. Daigre), qui juge que les statuts ne peuvent créer d'interdiction de vote non prévue par la loi.

« Attendu que tout associé a le droit de participer aux décisions collectives et de voter et que les statuts ne peuvent déroger à ces dispositions ;

Attendu que pour annuler la troisième résolution de l'assemblée générale du 28 mai 1994, l'arrêt énonce que M. X (...) ne pouvait prendre part au vote en qualité d'associé ni comme

mandataire d'un autre associé, l'article 26 des statuts étendant l'interdiction de vote prévue par l'article 258 de la loi du 24 juillet 1966 au conjoint ainsi qu'aux descendants et ascendants des gérants, associés commandités ou membres du conseil de surveillance eux-mêmes atteints par cette interdiction ;
Attendu qu'en statuant ainsi, faisant application de statuts qui instituaient, pour certains associés, une suppression du droit de vote non prévue par la loi, la cour d'appel a violé le texte susvisé ».

Une limitation statutaire au droit de vote de l'associé qui ne serait pas autorisée par la loi ne serait donc pas admissible.

Une autre décision remarquée est intervenue pour porter un coup d'arrêt à une atteinte au droit de vote trouvant son origine dans les statuts et écartant l'associé d'une SAS faisant l'objet d'une mesure d'exclusion de la participation à la décision relative à son exclusion (Com. 23 oct. 2007, *Bull. civ.* IV, n° 225 ; *Rev. sociétés* 2007. 814, note P. Le Cannu). Cet arrêt n'est d'ailleurs pas resté isolé (v. not. Com. 9 juill. 2013, n° 11-27.235 et n° 12-21.238, *Bull.* IV, n°s 123 et 124 ; *D.* 2013. 2734, obs. J.-Cl. Hallouin ; *JCP E* 2013. 1516, note B. Dondero).

B. Des sanctions radicales.

C'est aussi dans les sanctions attachées à son non-respect que se manifeste l'importance du droit de vote.

Le Code de commerce comporte ainsi une disposition générale aux termes de laquelle « les délibérations prises en violation des dispositions régissant les droits de vote attachés aux actions peuvent être annulées » (C. com., art. L. 235-2-1).

La jurisprudence admet quant à elle que tout associé puisse se prévaloir de l'absence de convocation d'un autre associé à l'assemblée générale pour en demander la nullité (Civ. 3e, 21 oct. 1998, *Bull. civ.* III, n° 203). Il faut donc comprendre que le droit de vote est assez important pour que son non-exercice justifie le droit de demander l'annulation d'une décision collective, y compris par un autre associé que celui qui n'a pu exercer son droit de vote.

II. Une remise en cause croissante.

L'observation des évolutions récentes du droit des sociétés laisse tout de même penser que le droit positif admet de manière croissante une remise en cause du droit de vote comme prérogative essentielle de l'associé.

Ce phénomène passe surtout par une désacralisation du droit de vote (A), plus marginalement par des atteintes directes (B).

Ajoutons à cela que la Cour de cassation, qui est réticente à sanctionner la violation des statuts par la nullité de la décision concernée, n'hésite pas à faire jouer cette sanction quand elle constate que la répartition statutaire du droit de vote entre usufruitier et nu-propriétaire n'a pas été respectée (Com. 13 janv. 2021, n° 19-13399, préc.).

A. La désacralisation du droit de vote

Dans le sens de la désacralisation, l'on évoquera les différentes mesures récentes qui tendent à favoriser l'exercice du droit de vote, particulièrement dans les sociétés par actions, mais qui conduisent de ce fait à banaliser cette prérogative. Il faut ainsi relever :

– l'introduction du vote par visioconférence ou par des moyens de télécommunication permettant l'identification de l'actionnaire, résultant de la loi NRE du 15 mai 2001 (C. com., art. L. 225-107). Mais l'on aura compris qu'en permettant que le vote ne passe plus par une présence physique de l'actionnaire, le législateur entend justement favoriser l'exercice du droit de vote ;

– l'admission croissante de la représentation des associés et actionnaires aux assemblées, qui en restreint également le caractère personnel (v. not. Ord. n° 2010-1511 du 9 déc. 2010 portant transposition de la Dir. n° 2007/36/CE du 11 juill. 2007 concernant l'exercice de certains droits des actionnaires de sociétés cotées).

Par ailleurs, il convient de relever que le législateur admet ponctuellement la suspension des droits de vote de l'associé, que ce soit pour gérer des situations de conflits d'intérêts (v. ainsi C. com., art. L. 225-40 sur les conventions réglementées) ou comme moyen de pression sur l'associé qui n'exécute pas ses obligations (v. not. C. com., art. L. 227-16 autorisant la suspension des droits non pécuniaires de l'associé, et donc du droit de vote, tant que l'associé tenu de céder ses actions ne l'a pas fait). La privation du droit de vote devient donc un simple moyen de pression sur l'associé qui ne remplit pas ses obligations. La loi *Warsmann II* du 22 mars 2012 a par ailleurs créé toute une série de cas de suspension du droit de vote, visant à sanctionner des irrégularités dans la constitution de la société anonyme ou lors de l'émission de nouvelles actions (v. not. C. com., art. L. 225-16-1 et L. 225-150).

La jurisprudence n'est pas en reste, qui admet depuis longtemps, en matière de conventions de vote, que l'associé s'engage à voter dans un sens déterminé. Certaines conditions sont posées (l'atteinte à la liberté du droit de vote ne doit pas être trop importante, notamment), mais le caractère essentiel du droit de vote s'en trouve quelque peu amoindri.

B. Des atteintes désormais plus directes

Ce sont parfois des atteintes plus directes qui sont portées au droit de vote. Le législateur avait introduit dans le droit de la SA les actions à dividende prioritaire sans droit de vote. Ce droit n'était en réalité que suspendu. Les actionnaires auxquels le dividende promis n'était pas versé retrouvaient leur droit de vote. L'ordonnance du 24 juin 2004 réformant le droit des valeurs mobilières a été beaucoup plus loin en permettant de manière générale que les actions de préférence soient dépourvues de droit de vote, y compris de manière définitive (C. com., art. L. 228-11).

Il faut enfin évoquer la distinction introduite par certains arrêts de la Cour de cassation entre le droit de vote et celui de participer aux décisions collectives (v. ainsi Com. 22 févr. 2005, *Rev. sociétés* 2005. 353, note P. Le Cannu). Le droit de vote pourrait donc être supprimé par convention, tant que ne serait pas atteint le droit de participer aux décisions collectives de l'associé.

chapitre 6

Les dirigeants

Plan analytique

section 1

Nomination

§ 1 Les conditions de la nomination

A. Mode de nomination

B. Qualités requises

§ 2 La publicité

A. Principe

B. Formes

C. Effets

§ 3 Le dirigeant de fait

A. Conditions de reconnaissance

B. Enjeu de la qualification

section 2

Pouvoirs

§ 1 Définition légale

A. Définition générale

B. Restrictions particulières

§ 2 Limitation par les statuts

A. Objet social statutaire et raison d'être

B. Clauses spécifiques

section 3

Rémunération

§ 1 Le principe et les formes de la rémunération

A. Principe

B. Formes

§ 2 Le cumul d'un mandat social et d'un contrat de travail

A. Un cumul dangereux ?

Les dirigeants

On présentera ici les règles générales applicables à l'ensemble des *dirigeants sociaux*[Q] et, plus largement des *mandataires sociaux*[Q], ce qui permettra par la suite de mieux comprendre les spécificités du régime des organes de direction et de contrôle des différentes sociétés, lors de l'examen du droit spécial des sociétés. 268

Concernant le terme même de « dirigeant », la loi ne comporte pas de définition ou de liste exhaustive. Pourtant, la qualité de « dirigeant » constitue l'une des conditions d'application d'un certain nombre de règles, et par exemple des textes spéciaux relatifs à la responsabilité civile encourue en cas de procédure collective de la société (v. ss 319). Cette imprécision peut poser des problèmes, notamment pour les administrateurs de la SA, dont on peut se demander s'ils dirigent vraiment la société, ne serait-ce que parce que leurs pouvoirs s'exercent essentiellement de manière collective, ou pour les organes de la SAS, dont il faudra apprécier au cas par cas la qualification. 269

La question de la nature de la relation du dirigeant et de la société est classique. Le lien existant entre les sociétés et leurs dirigeants est expressément qualifié de mandat par certaines dispositions légales, mais de manière incidente, et pas pour rattacher le mandat social au mandat. Ainsi, l'article L. 225-25 du Code de commerce évoque le cas où un administrateur cesse d'être propriétaire du nombre d'actions requis par les statuts « en cours de mandat ». Par ailleurs, la jurisprudence a pu qualifier de « mandataire légal » de la société le gérant de SARL (Com. 7 avr. 1967, *Bull. civ.* III, n° 129) ou de société civile (Civ. 1re, 1er févr. 1984, *Bull. civ.* I, n° 47), voire faire expressément application de textes relatifs au mandat à un mandataire social (Soc. 1er févr. 2011, *Bull. civ.* V, n° 43 ; *Bull. Joly* 2011. 375, note B. Dondero). La qualification de mandat a de ce fait été soutenue par une partie de la doctrine, même si les caractéristiques spécifiques de ce mandat ont généralement été relevées. La Commission des opérations de bourse (la COB, devenue depuis l'Autorité des marchés financiers ou AMF) avait retenu que la qualification de mandataire social englobait aussi les membres du conseil de surveillance aux fins de l'application du dispositif de transparence des rémunérations institué dans la SA par l'article L. 225-102-1 du Code de commerce, et figurant désormais à l'art. L. 22-10-9 (*Bull. COB* avr. 2002, p. 63 ; *LPA* 29 oct. 2002, obs. B. Dondero). L'orientation de la jurisprudence a cependant changé récemment, puisque la Cour de cassation a approuvé nettement une cour d'appel d'avoir jugé que « les dispositions spécifiques du Code civil régissant le mandat n'ont pas vocation à s'appliquer dans les rapports entre la société et son dirigeant » (Com., 18 sept. 2019, n° 16-26962, *Bull.*). Elle a incidemment écarté la règle édictée par l'article 1992 du Code civil, selon laquelle la responsabilité du mandataire est appliquée moins rigoureusement lorsque le mandat est gratuit (Com., 9 déc. 2020, n° 18-24730, *Bull.* ; *JCP E* 2021, 1070, §5, obs. F. Deboissy et G. Wicker). En son dernier état, la jurisprudence ne traite donc plus le mandat social comme un mandat au sens du Code civil. 270

271 On peut suivre la vie du mandat social, de la nomination (section 1) à la cessation des fonctions (section 5), en évoquant successivement les pouvoirs (section 2), la rémunération (section 3), les obligations et la responsabilité (section 4). Il faudra enfin étudier la situation particulière de la société sans dirigeant (section 6).

section 1

Nomination

272 Le dirigeant est placé à la tête de la société par un acte juridique émanant de la société, ou du moins fait pour son compte. La désignation est opérée par les associés dans les statuts, et en cours de vie sociale par l'organe auquel la compétence de désignation du dirigeant est reconnue, et éventuellement par le juge. Cet acte de désignation (§1) doit faire l'objet d'une publicité destinée à l'information des tiers (§2).

Exceptionnellement, certaines conséquences attachées à la reconnaissance de la qualité de dirigeant peuvent s'appliquer à celui qui se comporte comme un dirigeant sans en avoir formellement reçu les pouvoirs. C'est l'hypothèse du dirigeant de fait (§3).

§ 1 Les conditions de la nomination

A. Mode de nomination

1. *Statuts*

273 Les dirigeants sociaux peuvent en premier lieu être nommés dans les statuts. Cela évite à la société, personne morale, de se trouver dépourvue de dirigeants pendant la phase comprise entre son immatriculation et la première réunion de l'organe compétent pour désigner les dirigeants. Ces premiers dirigeants pourront également agir pour le compte de la société en formation, avant son immatriculation (v. ss chapitre 3).

2. *Décision postérieure*

274 Postérieurement à la phase de constitution, un organe, le plus souvent composé d'associés, se verra reconnaître par la loi ou les statuts le pouvoir de nommer les dirigeants de la société. C'est généralement par un vote de l'assemblée que le dirigeant est nommé, ainsi que l'illustre l'exemple du gérant de la SARL (C. com., art. L. 223-18, al. 2). Cette désignation peut être également le fait d'un autre organe. Ainsi le conseil d'administration de la SA désigne-t-il son président (C. com., art. L. 225-47) ainsi que le directeur général (C. com., art. L. 225-51-1), qui peuvent être d'ailleurs une seule et même personne (v. ss 768). Parfois, c'est par la collaboration de deux organes que le dirigeant est nommé. Ainsi, dans la SA à conseil d'administration, le directeur général délégué, qui assiste le directeur général, est nommé par le conseil

d'administration, mais sur proposition du directeur général (C. com., art. L. 225-53), ce qui s'explique par la nécessité d'une bonne entente entre ces dirigeants appelés à collaborer étroitement.

B. Qualités requises

1. *Règles générales*

a. Capacité

Le législateur ne précise généralement pas de conditions de capacité particulières. Il faut penser que la capacité requise pour devenir mandataire social doit être identique à celle qui est demandée du mandataire du Code civil. Ces conditions sont peu exigeantes, puisque le mandataire ne conclut pas d'actes juridiques pour son propre compte. Il conviendra simplement que le dirigeant ait la capacité requise pour conclure le contrat de mandat. La jurisprudence a apporté quelques précisions au statut du dirigeant social affecté d'une incapacité, jugeant notamment que le dirigeant pouvait engager la société alors même que le régime d'incapacité (supposant l'intervention d'un curateur) n'avait pas été respecté (Com. 29 sept. 2009, n° 08-15.125, *JCP E* 2009. 2066, note H. Hovasse). Il a en outre été jugé que le tuteur du gérant d'une société civile ne pouvait représenter la société (Civ. 1re, 12 juill. 2012, n° 11-13.161, *Bull. civ.* I, n° 163 ; *Dr. sociétés* 2012, comm. 179, note H. Hovasse). Notons enfin que la loi Mohamed Soilihi du 19 juillet 2019 envisage, pour plusieurs formes de sociétés commerciales, l'hypothèse où le dirigeant est placé en tutelle pour permettre son remplacement. 275 ■

b. Qualité d'associé

Les dirigeants peuvent être nommés en dehors des associés, sauf lorsque la loi ou les statuts subordonnent leur désignation à la détention de parts ou d'actions de la société. Ainsi, le gérant de SARL peut être nommé parmi les associés ou en dehors de ceux-ci (C. com., art. L. 223-18, al. 2). Jusqu'au 1er janvier 2009, l'administrateur de SA devait quant à lui être nécessairement titulaire d'un certain nombre d'actions (C. com., anc. art. L. 225-25). La loi LME du 4 août 2008 a toutefois laissé aux statuts le choix d'exiger ou non de l'administrateur qu'il soit également actionnaire. Dans la mesure où les statuts des SA exigeaient jusqu'alors nécessairement la détention d'un certain nombre d'actions (la loi posait le principe de la nécessité d'une telle détention, mais laissait aux statuts le soin de déterminer le nombre d'actions devant être détenues), ce n'est qu'une fois que chaque SA aura modifié ses statuts qu'elle pourra choisir son administrateur en dehors de ses actionnaires, ou au moins qu'elle sera dispensée de s'assurer que son administrateur est bien devenu titulaire d'actions de la société. 276 ■

c. Sexe

La loi n° 2011-103 du 27 janvier 2011, relative à la représentation équilibrée des femmes et des hommes au sein des conseils d'administration et de surveillance et à l'égalité professionnelle a soumis certaines sociétés commerciales (SA, SCA, SE, mais pas les SAS ni les sociétés de personnes et les SARL) à un double dispositif. Ce dispositif a été renforcé par la loi n° 2014-873 du 4 août 2014 pour l'égalité réelle entre les femmes et les hommes et par la loi PACTE du 22 mai 2019. 277 ■

Tout d'abord, toutes les sociétés des catégories susvisées sont tenues depuis 2011 par un vœu du législateur, sans sanction expressément prévue (ce qui ne veut pas dire qu'il n'y en aura pas !) : « le conseil d'administration est composé en recherchant une représentation équilibrée des femmes et des hommes » (C. com., art. L. 225-17, al. 2).

Ensuite, de véritables quotas de représentation de chaque sexe ont été mis en place, qui ne s'appliquent toutefois qu'aux sociétés dont les actions sont admises aux négociations sur un marché réglementé ou qui dépassent certains seuils établis par le législateur (la loi vise « les sociétés dont les actions sont admises aux négociations sur un marché réglementé » et, initialement, « les sociétés qui, pour le troisième exercice consécutif, emploient un nombre moyen d'au moins cinq cents salariés permanents et présentent un montant net de chiffre d'affaires ou un total de bilan d'au moins 50 millions d'euros »). Outre son entrée en vigueur très progressive (le dispositif n'est devenu pleinement opérationnel qu'en 2017, après avoir imposé aux sociétés concernées d'avoir un administrateur du sexe non représenté, puis 20 % puis 40 % minimum de représentants de chaque sexe ; art. 5 de la loi du 27 janv. 2011). Le mouvement s'est accéléré avec la loi n° 2014-873 du 4 août 2014 pour l'égalité réelle entre les femmes et les hommes, qui cible particulièrement les sociétés non cotées en avançant à 2017 l'application du dispositif à celles qui emploient 500 salariés et plus (alors que c'était l'année 2020 qui était initialement prévue) et en incluant dans la catégorie visée les entreprises employant 250 salariés et plus (à compter de l'année 2020).

Toute une batterie de sanctions a été prévue dès 2011 : obligation de remédier aux situations irrégulières en procédant aux nominations appropriées, nullité des nominations irrégulières, suspension du versement des jetons de présence. Le dispositif initial qui affirmait la nullité des nominations irrégulières excluait toutefois la nullité des décisions prises par l'organe composé irrégulièrement. La loi PACTE du 22 mai 2019 est revenue sur cette limitation des nullités.

Notons pour conclure que l'évolution n'a pas été seulement nationale. On retiendra particulièrement la résolution législative du Parlement européen, en date du 20 novembre 2013, visant à atteindre, en 2020, le seuil de 40 % de femmes dans les conseils des sociétés de plus de 250 salariés.

2. *Limites*

a. Incompatibilités

278 Il existe un certain nombre d'incompatibilités édictées par des textes de droit des sociétés ou par des textes spéciaux. Ainsi un avocat ne peut-il pas être gérant de société civile, de SARL, président du conseil d'administration, DG ou membre du directoire d'une SA, à moins que la société n'ait pour objet la gestion d'intérêts familiaux ou professionnels, sous le contrôle du conseil de l'ordre qui peut demander tous renseignements nécessaires (Décr. n° 91-1197 du 27 nov. 1991, art. 111 b). La jurisprudence interprète largement ces incompatibilités, puisqu'elle considère que l'interdiction vaut aussi pour les sociétés étrangères de même forme que celles visées par le texte (Civ. 1re, 6 déc. 2007, *Bull. civ.* I, n° 377 ; *Bull. Joly* 2008. 464, note M. Menjucq). La Cour de cassation a eu l'occasion de préciser que le dispositif relatif aux avocats était compatible avec le principe du libre exercice d'une activité économique consacré par le droit de l'Union européenne, les restrictions prévues étant nécessaires à la garantie du respect de règles professionnelles et à la protection des intérêts qui en constituent l'objectif (en l'occurrence, la sauvegarde de la dignité de la profession d'avocat : Civ. 1re, 14 mai 2009, *Bull. civ.* I, n° 91).

b. Limitation du cumul de qualités

Le régime légal de certaines sociétés (tout particulièrement celui de la SA) limite le cumul par une même personne de mandats sociaux dans différentes sociétés ou le cumul du mandat social avec un contrat de travail consenti par la société dirigée. Ces différentes règles seront vues dans le cadre de l'étude des régimes spécifiques des sociétés concernées. Dans tous les cas, c'est la protection de la société et des associés qui est recherchée par ces règles spéciales. Le législateur entend par ces restrictions garantir l'indépendance du mandataire social ainsi que sa disponibilité pour exercer ses fonctions. La jurisprudence a ajouté à ces dispositifs, motif tiré de la loyauté due par le dirigeant à sa société, en lui interdisant de diriger une société concurrente (v. ss 223). 279 ■

3. *Situation des étrangers*

Les étrangers qui souhaitent exercer un mandat social en France sont soumis à un certain nombre d'obligations, variant selon la nationalité de la personne. Les ressortissants des États non adhérents à l'Union européenne, à l'exception des États parties à l'Espace économique européen ou EEE et de la Suisse doivent ainsi, lorsqu'ils résident en France, disposer d'une carte de séjour temporaire permettant une activité non salariée, CESEDA, art. L. 313-10-3°. 280 ■

§ 2 La publicité

A. Principe

Dans toutes les sociétés immatriculées au registre du commerce et des sociétés, la nomination, mais aussi la cessation des fonctions ou les modifications des pouvoirs des dirigeants doivent faire l'objet d'une publicité, destinée à informer les tiers sur l'identité de la personne habilitée à intervenir au nom de la société ainsi que sur l'étendue de ses pouvoirs. À défaut de publicité, la société ne pourra opposer aux tiers la nomination, la cessation des fonctions, ou le changement dans les pouvoirs du dirigeant. Cela peut être gênant, puisque le tiers pourra par exemple se prévaloir d'un acte fait par un dirigeant révoqué, si la publicité nécessaire n'a pas été donnée à la cessation de ses fonctions. 281 ■

B. Formes

La publicité prend la forme d'une information communiquée au greffier du tribunal de commerce, chargé de tenir le registre du commerce et des sociétés. La société doit ainsi faire figurer dans sa demande d'immatriculation des informations relatives à l'identité de ses dirigeants (C. com., art. R. 123-54). Elle doit par ailleurs demander une inscription modificative dans le mois de tout fait ou acte rendant nécessaire la rectification ou le complément de ces informations (C. com., art. R. 123-66). Une 282 ■

insertion dans un journal d'annonces légales est également requise (avis de constitution de la société ou modification des mentions de celui-ci – C. com., art. R. 210-3 et R. 210-9).

C. Effets

1. *Information*

283 La publicité a tout d'abord un rôle informatif, en ce qu'elle permet aux tiers de connaître l'identité des dirigeants de la société. Cela leur permettra notamment de vérifier que la personne avec laquelle ils traitent occupe effectivement des fonctions de direction dans la société, et qu'elle a les pouvoirs pour engager celle-ci.

Mieux, si la société a changé de dirigeant mais n'a pas encore soumis à publicité cette modification de sa situation, les tiers auront le choix. Ils pourront ainsi se prévaloir de la situation « officielle » même si elle ne correspond plus à la réalité, et donc traiter valablement avec l'ancien dirigeant, ainsi que le leur permet l'article L. 210-9, alinéa 2 du Code de commerce, qui dispose que « la société ne peut se prévaloir, à l'égard des tiers, des nominations et cessations de fonction des [dirigeants], tant qu'elles n'ont pas été régulièrement publiées ». Mais les tiers pourraient également, s'ils en ont connaissance, se prévaloir de la situation réelle, et donc traiter valablement avec le nouveau dirigeant, sans attendre que sa nomination ait reçu publicité au registre du commerce et des sociétés (C. com., art. L. 210-9, al. 2 *a contrario* et L. 123-9, al. 2). Une décision a jugé de manière surprenante que le dirigeant dont la nomination n'avait pas encore été publiée pouvait tout de même représenter la société en justice, mais la solution est justifiée par le jeu de dispositions particulières du Code de procédure pénale, et les principes susmentionnés ne s'en trouvent pas remis en cause (Com. 10 juill. 2012, n° 11-21.395, *Bull. civ.* IV, n° 153).

2. *Interdiction de se prévaloir d'irrégularités éventuelles*

284 La publicité a également un effet de purge des irrégularités. Plus précisément, les articles 1846-2 du Code civil et L. 210-9 du Code de commerce disposent que ni la société ni les tiers ne peuvent, pour se soustraire à leurs engagements, se prévaloir d'une irrégularité dans la nomination des dirigeants, lorsque cette nomination a été régulièrement publiée.

§ 3 Le dirigeant de fait

285 Celui qui, sans avoir été nommé dirigeant par les statuts ou par une décision de l'organe compétent, en assume les fonctions est susceptible de recevoir application d'une partie du régime des dirigeants sociaux, plus particulièrement des conséquences de la responsabilité civile et de la responsabilité pénale des dirigeants.

A. Conditions de reconnaissance

286 La jurisprudence subordonne en règle générale la reconnaissance de la qualité de *dirigeant de fait*[Q] à la réalisation d'une activité positive de gestion ou de direction, en toute indépendance (v. par ex. Crim. 28 nov. 2007, *RJDA* 4/08, n° 410, 3e esp.). La

jurisprudence procède en relevant des éléments manifestant qu'une personne, qui n'était pas dirigeante, se comportait comme telle. Un arrêt récent relève ainsi qu'une cour d'appel avait pu reconnaître la qualité de dirigeant de fait à une personne qui 1) était intervenue pour faire nommer dirigeant de droit une personne qui lui était entièrement dévouée, 2) était selon plusieurs personnes leur interlocuteur sur le plan juridique et comptable et 3) disposait des moyens de paiement de la société (Crim., 29 nov. 2016, n° 15-86116, *Bull. crim.*, n° 315).

B. Enjeu de la qualification

1. *Responsabilités*

La reconnaissance de la qualité de dirigeant de fait se traduit essentiellement par une responsabilité accrue de la personne concernée, puisqu'elle va encourir certaines responsabilités qui ne pesaient en principe que sur le dirigeant. Notons cependant deux précisions en sens inverse. Tout d'abord, il est jugé que le dirigeant de fait est soustrait à l'application de la procédure des conventions réglementées (sur cette procédure, v. ss 293) (3 mai 2012, n° 10-20.998, *Bull. Joly* 2012. 562, note H. Barbier). Ensuite, et surtout, la loi *Sapin 2*, n° 2016-1691 du 9 déc. 2016 a fait preuve d'une indulgence peu explicable à l'égard du dirigeant de fait, en disposant que la responsabilité du dirigeant ne pouvait être engagée sur le fondement de l'article L. 651-2 « *en cas de simple négligence du dirigeant de droit ou de fait dans la gestion de la société* ». On peine à comprendre pourquoi on pardonne au dirigeant de fait, qui est déjà dans une situation irrégulière, des fautes de négligence, là où le droit commun n'est absolument pas aussi laxiste, l'article 1241 (ex. art. 1383) du Code civil retenant impitoyablement la responsabilité de celui qui cause un préjudice « *par sa négligence ou par son imprudence* ». Ce nouveau régime de responsabilité a été jugé comme devant recevoir une application immédiate aux procédures collectives en cours et aux instances en responsabilité en cours (Com. 5 sept. 2018, n° 17-15031, à paraître au *Bull.* ; 5 déc. 2018, n° 17-22011 ; 5 févr. 2020, n° 18-15070). 287 ■

a. Responsabilité pénale

S'agissant de la *responsabilité pénale* du dirigeant de fait, elle est spécialement prévue pour certains délits spéciaux du droit des sociétés, qui supposent la qualité de dirigeant de la société. On aurait pu objecter, au nom du principe d'interprétation stricte de la loi pénale, que le dirigeant de fait ne pouvait être condamné au titre de ces infractions. L'existence de textes visant expressément le dirigeant de fait écarte toute objection possible à cet égard (v. ainsi C. com., art. L. 241-9 et L. 246-2, en matière de SARL et de sociétés par actions). C'est ainsi que le dirigeant de fait peut se rendre coupable, notamment, du délit d'abus des biens sociaux, par exemple pour avoir perçu une rémunération excessive de la part de la société (Crim., 19 mai 2016, n° 15-83047, *Bull.* ; *Rev. sociétés* 2016. 169, note B. Bouloc). 288 ■

b. Responsabilité civile

La responsabilité civile du dirigeant de fait ne saurait être fondée sur les textes relatifs aux dirigeants de droit, ainsi que le juge la Cour de cassation (Com. 21 mars 1995, *Bull. civ.* IV, n° 98 ; *Rev. sociétés* 1995. 501, note B. Saintourens). De ce fait, les règles 289 ■

dérogatoires relatives aux dirigeants (et en premier lieu la prescription triennale, le cas échéant) ne s'appliquent pas aux dirigeants de fait (Com. 30 mars 2010, *Bull. civ.* IV, n° 69 ; *D.* 2010. 1678, note B. Dondero).

D'une manière que l'on pourrait juger surprenante, la jurisprudence a cependant retenu que le dirigeant de fait pouvait se prévaloir de la théorie de la faute séparable des fonctions, et n'être donc poursuivi qu'à la condition de démontrer la commission d'une telle faute (Com. 8 mars 1982, *Rev. sociétés* 1983. 573, note Y. Guyon et v. ss 317 s., sur la notion de faute séparable des fonctions). Toutefois, on peut estimer que la solution s'explique non pas tant par une volonté de clémence à l'égard du dirigeant de fait que par une volonté de rigueur à l'égard de la société : si celle-ci laisse agir librement une personne comme si elle était effectivement chargée d'un mandat de direction, la société doit être engagée par les fautes commises par cette personne dans l'exercice de son « mandat social ».

La Cour de cassation a enfin jugé, par un arrêt remarqué, que la juridiction commerciale était compétente pour statuer sur l'action en responsabilité exercée contre le dirigeant de fait d'une société commerciale (Com. 27 oct. 2009, *Bull. civ.* IV, n° 138 ; *D.* 2010. 296, note B. Dondero).

2. *Pouvoirs*

■ 290 Le dirigeant de fait ne devrait avoir aucun pouvoir pour engager la société dans la mesure où aucune décision régulière émanant de l'un des organes de la société ou de ses associés ne lui a conféré de pouvoir en ce sens. Il n'est pas entièrement exclu que la théorie de l'apparence permette à un tiers d'invoquer un acte du dirigeant de fait à l'égard de la société. Toutefois, la bonne foi du tiers risque d'être difficile à prouver dès lors qu'existe un dispositif légal de publicité permettant de connaître l'identité exacte des dirigeants d'une société à un moment déterminé (v. ainsi Com. 4 mai 1993, *Bull. civ.* IV, n° 174 ; *Bull. Joly* 1993. 727, note P. Le Cannu ; v. également Civ. 3e, 19 mars 2020, n° 19-11771, *Gaz. Pal.* 29 sept. 2020, note C.-A. Michel). Ajoutons que le dirigeant de fait est susceptible d'engager la responsabilité pénale de la société pour le compte de laquelle il prétend agir (v. ss 96).

section 2

Pouvoirs

■ 291 Les dirigeants ont des pouvoirs variables. D'ailleurs certains d'entre eux ne « dirigent » pas véritablement la société, mais ont avant tout pour mission de contrôler la direction mise en œuvre par d'autres. Ainsi, les membres du conseil de surveillance de la SA à directoire ne prennent-ils pas de décisions relatives à la direction, mais s'assurent en premier lieu que la gestion mise en œuvre par le directoire est conforme aux intérêts de la société et des actionnaires.

Lorsque le dirigeant a un pouvoir de représentation, il peut engager la société à l'égard des tiers en signant des actes en son nom. Ce n'est pas le cas des membres du conseil d'administration, mais c'est le cas du directeur général de la SA ou du gérant de la SARL. La jurisprudence a précisé, à propos de cette dernière société, que son gérant ne l'engageait en principe que par les actes mentionnant sa qualité de mandataire social ; à défaut, il n'engagerait que lui-même, sauf pour le cocontractant à faire la preuve que le dirigeant a, en réalité, voulu agir au nom et pour le compte de la société (Civ. 2e, 3 mars 2011, no 10-10.321).

Les pouvoirs du dirigeant sont définis, directement ou indirectement, par la loi (§1). Des limitations peuvent être apportées à cette définition par les statuts (§2).

§ 1 Définition légale

A. Définition générale

Les pouvoirs des dirigeants sont *souvent définis par la loi*, mais le législateur laisse parfois aux statuts cette mission, ou permet que les statuts limitent les pouvoirs du dirigeant. Il est généralement prévu, toutefois, que les limitations statutaires des pouvoirs des dirigeants sont inopposables aux tiers (v. ss 296). 292 ■

B. Restrictions particulières

1. *Conventions réglementées*

La loi réglemente ou interdit certains actes que peuvent accomplir les dirigeants au nom de la société. C'est surtout le cas des *conventions auxquelles le dirigeant est intéressé personnellement*, qui le voient dans l'hypothèse la plus simple intervenir à la fois à l'acte en son nom propre et en tant que représentant de la société (par ex. le gérant de SARL qui achète un bien de la société, et qui signera donc l'acte de vente en son nom personnel, en qualité d'acheteur, et en tant que gérant de la société, venderesse du bien). 293 ■

Une procédure plus ou moins complexe d'autorisation ou d'approbation de l'acte par les organes d'administration ou par les assemblées d'associés est souvent instituée. Lorsque la société est dotée d'un commissaire aux comptes, celui-ci est généralement appelé à établir un rapport sur les conventions. La procédure peut être allégée lorsque la société est unipersonnelle (EURL, SASU) et que la convention est conclue entre la société et son associé unique ou son dirigeant, voire écartée s'agissant des conventions courantes. La procédure la plus complexe se rencontre dans la SA, puisque le régime général de contrôle des conventions conclues entre la société et son dirigeant ou un actionnaire détenant une part significative du capital social fait intervenir successivement le conseil d'administration ou le conseil de surveillance, qui doivent autoriser la convention préalablement à sa conclusion, le commissaire aux comptes, qui doit établir un rapport spécial sur la convention et les conditions de celle-ci, et l'assemblée générale des actionnaires, qui doit approuver la convention (v. C. com., art. L. 225-38 s. et L. 225-86 s.). Il est à noter qu'un dispositif de contrôle s'applique aux personnes morales de droit privé non commerçantes ayant une activité économique, et donc à une grande partie des sociétés civiles (C. com., art. L. 612-5).

Dernière observation : la réforme du droit des contrats, issue de l'ordonnance no 2016-131 du 10 février 2016, avait inséré dans le Code civil un nouvel article 1161 relatif aux conflits d'intérêts pouvant exister en cas de conclusion d'un contrat par le biais d'un représentant. Le nouveau texte disposait qu'« Un représentant ne peut agir pour le compte des deux parties au contrat ni contracter pour son propre compte avec le représenté». Si un contrat est tout de même conclu dans l'une de ces situations, «l'acte accompli est nul à moins que la loi ne l'autorise ou que le représenté ne l'ait autorisé ou ratifié». On pouvait se demander dans quelle mesure ce texte s'appliquait aux sociétés. Nous avions exprimé l'opinion selon laquelle que dès lors qu'une société est représentée par son dirigeant nommé conformément à la loi et aux statuts, il n'y avait pas lieu de faire application de l'article 1161, en vertu du principe selon lequel le spécial déroge au général. En outre, on pouvait considérer que le droit des sociétés autorisait ces cas de conclusion d'un contrat avec le représenté en instituant, dans certains cas, des procédures de contrôle ou en choisissant de ne pas le faire, dans les autres cas. Le droit des sociétés ne devait pas - mais cela a donné lieu à discussion - être perturbé par la réforme du droit des contrats, qui visait tout de même à accroître la compétitivité du droit des contrats français. En revanche, les titulaires de délégations de pouvoirs étaient sans doute concernés. La question a connu une évolution avec la loi de ratification du 20 avril 2018, entrée en vigueur le 1er oct. 2018. Cette loi a tout à la fois limité l'interdiction aux personnes physiques, et a précisé que la double représentation n'était interdite que lorsque les parties au contrat étaient en opposition d'intérêts (v. ss 325).

2. *Conventions interdites*

■ 294 Plus radicalement, certaines conventions sont même interdites purement et simplement, parce qu'elles sont jugées trop dangereuses pour la société. Ainsi le dirigeant des sociétés de certaines formes ne peut-il bénéficier de prêts de la part de celle-ci. L'administrateur personne physique, le directeur général ou les directeurs généraux délégués de la SA ne peuvent notamment pas emprunter de sommes auprès de leur société, à peine de nullité absolue de leur convention (C. com., art. L. 225-43).

§ 2 Limitation par les statuts

A. Objet social statutaire et raison d'être

■ 295 L'étendue des pouvoirs du dirigeant est bien évidemment définie aussi par l'objet social prévu par les statuts. Les actes intervenant en dehors de l'objet social statutaire, réalisés sans pouvoir, sont en principe nuls. Ce ne sera cependant pas le cas dans les SARL et dans les sociétés par actions, où l'annulation des actes suppose la preuve que le tiers avait connaissance du dépassement d'objet social ou ne pouvait l'ignorer compte tenu des circonstances, étant précisé que la publication des statuts au registre du commerce et des sociétés ne suffit pas à constituer cette preuve. Le gérant de la SARL (C. com., art. L. 223-18), le directeur général de la SA (C. com., art. L. 225-56, I) et le président de la SAS (C. com., art. L. 227-6) peuvent ainsi engager leur société par des actes totalement étrangers à l'objet défini par les associés dans les statuts. Le dirigeant qui causerait un préjudice à la société par cet acte engagerait cependant sa responsabilité à son égard du fait de cette violation des statuts.

La loi PACTE du 22 mai 2019 a ajouté aux dispositions susceptibles d'influer sur les pouvoirs du dirigeant, sinon de les limiter, la notion de raison d'être (C. civ., art. 1835 ; v. ss, n° 31).

B. Clauses spécifiques

Les statuts peuvent limiter les pouvoirs du dirigeant, en lui interdisant l'accomplissement de certains actes, ou en lui imposant d'obtenir l'autorisation de tel ou tel autre organe social avant de conclure seul un acte donné. Il est généralement prévu que les limitations statutaires des pouvoirs des dirigeants sont inopposables aux tiers (v. par ex. C. com., art. L. 221-5, al. 3 à propos du gérant de SNC). Les actes du dirigeant faits en violation des statuts doivent donc tout de même produire leurs effets à l'égard des tiers. Cette solution semble surprenante dans les sociétés pour lesquelles l'objet social constitue une limite opposable aux tiers, comme la SNC ou la société civile. Mais le législateur entend surtout éviter aux tiers qui traitent avec une société d'avoir à se livrer à une lecture de l'intégralité des statuts. Dans l'ordre interne de la société, le dirigeant qui outrepasse les limitations statuaires de ses pouvoirs s'expose à une condamnation à des dommages-intérêts envers la société sur les associés, en réparation du préjudice qui aura causé la faute consistant en la violation des statuts. L'inopposabilité aux tiers des limitations statutaires aux pouvoirs légaux des dirigeants est lue *a contrario* par la jurisprudence, qui en déduit que les tiers peuvent opposer à la société les limitations issues de ses propres statuts (v. not. Com. 14 févr. 2018, n° 16-21077, *Bull. Joly* 2018. 254, note A. Couret ; Civ. 3e, 14 juin 2018, n° 16-28672, *RTD com.* 2018. 982, note M.-H. Monsèrié-Bon ; comp. Com., 23 oct. 2019, n° 18-11425, *Rev. sociétés* 2020. 478, note J. Traoré, privant le cocontractant de la société de la possibilité d'invoquer la nullité du contrat conclu par celle-ci, le défaut de consentement étant une nullité relative que peut invoquer seulement la partie qui prétend n'avoir pas consenti à l'acte). 296 ■

section 3

Rémunération

La vocation de la société est en premier lieu celle d'enrichir ses associés, mais le dirigeant n'est quant à lui pas nécessairement en droit d'exiger une rémunération. Lorsqu'une telle rémunération a été convenue, toutefois, il n'est pas exclu qu'elle se cumule avec le salaire perçu par le dirigeant au titre d'un contrat de travail conclu avec la société. Mais encore faut-il que la rémunération du dirigeant ne soit pas excessive. 297 ■

§ 1 Le principe et les formes de la rémunération

A. Principe

Les dirigeants sont généralement rémunérés pour l'activité qu'ils accomplissent pour la société, sauf dans les sociétés les plus petites, où la rémunération qu'ils perçoivent, le cas échéant, est plus souvent un salaire au titre d'un contrat de travail qu'une rémunération de leur mandat social. 298 ■

Si rien n'a été convenu, l'assimilation du mandat social à un mandat doit impliquer la gratuité des fonctions du mandataire, en l'absence de convention contraire (C. civ., art. 1986). Toutefois, cette règle de principe doit être nuancée : le mandat est en effet présumé être rémunéré par la jurisprudence, lorsque le mandataire exerce ses fonctions à titre de profession habituelle (Civ. 1re, 16 juin 1998, *Bull. civ.* I, n° 211). Ajoutons qu'un récent arrêt, rendu en matière de SARL mais sans doute transposable aux autres formes sociales, a éloigné la rémunération du dirigeant de celle d'un contractant « normal » en jugeant que cette rémunération était due sans que le dirigeant ait à établir avoir effectivement exercé sa prestation de direction (Com. 21 juin 2017, n° 15-19593, PBI, *JCP E*, 1435, note B. Dondero).

L'organe décidant de la rémunération du dirigeant varie en fonction de la forme sociale et de l'organisation retenue. Ces dernières années, il est beaucoup question, du moins dans les sociétés cotées, du *say on pay*, c'est-à-dire de la reconnaissance à l'assemblée des actionnaires d'un droit de regard sur la rémunération des dirigeants, comme on le verra lors de l'étude de la société anonyme (v. ss 303 et v. ss 597).

B. Formes

299 Lorsqu'elle est prévue, la rémunération du dirigeant peut prendre différentes formes. Elle peut être proportionnée à l'activité fournie à la société. C'est ainsi le cas des « jetons de présence » (la loi PACTE du 22 mai 2019 a supprimé l'expression) que reçoivent les administrateurs ou les membres du conseil de surveillance de la SA (C. com., art. L. 225-45 et L. 225-83), et qui sont souvent distribués en fonction du nombre de présences aux séances du conseil (en dépit du nom donné à cette rémunération, il n'est pas obligatoire que leur attribution se fasse en fonction du nombre de présences des mandataires sociaux). La rémunération est le plus souvent forfaitaire. Elle peut être fixe et/ou variable, calculée en fonction de paramètres tels que le chiffre d'affaires de la société ou le résultat réalisé. Le dirigeant peut également percevoir une prime de bienvenue et être donc rémunéré du seul fait de la signature de son contrat (ce que l'on appelle un *golden hello*).

Ajoutons qu'il est fréquent, dans les sociétés de grande taille, de récompenser le dirigeant méritant, ou qui prétend l'être, par l'octroi d'un complément de retraite, c'est-à-dire par l'allocation d'une somme (la société cotisant pour cela à un organisme idoine) qui sera servie au dirigeant lorsqu'il aura cessé son activité (le régime spécifique de cette forme de rémunération sera vu lors de l'étude de la société anonyme, v. ss 790 s.).

Une pratique qui a donné lieu à plusieurs arrêts de la Cour de cassation ces dernières années est celle des « *managements fees* ». Le dirigeant d'une société A crée une société de conseil, B, qui va assurer un certain nombre de prestations au profit de A. Ces prestations posent souvent un problème car elles sont proches des missions que le dirigeant est censé accomplir dans le cadre de son mandat social, et le dirigeant va percevoir, en plus de la rémunération qu'il perçoit au titre de son mandat social, une rémunération par le biais de la société B. Des décisions ont jugé que l'obligation de la société appelée à régler ces sommes était dépourvue de cause, dans des hypothèses où le dirigeant de la société intervenait aussi comme exécutant de la société qui fournissait la prestation d'assistance (Com., 14 sept. 2010, n° 09-16.084, *Bull. Joly* 2010. 960, note P. Le Cannu ; 23 oct. 2012, n° 11-23.376, *Bull. civ.* IV, n° 190 ; *Gaz. Pal.* 21 déc. 2012. 21, note B. Dondero). La notion de cause a été supprimée par l'ordonnance n° 2016-131 du 10 février 2016, mais la contrepartie demeure une condition de validité du contrat conclu à titre onéreux. La Cour de cassation a par ailleurs semblé prête à davantage d'indulgence lorsque les *management fees* sont versés par une SAS, dont l'organisation peut davantage être laissée au domaine contractuel (Com., 14 nov. 2015, n° 14-19685, *JCP E* 2016. 1018, note B. Dondero ; 6 déc. 2016, n° 15-11105, *Gaz. Pal.* 21 mars 2017. 80, note B. Dondero ; 12 déc. 2018, n° 16-15217, *Rev. sociétés* 2019. 465, note L. Godon).

§ 2 Le cumul d'un mandat social et d'un contrat de travail

Certains dirigeants cumulent leur mandat de dirigeant et un contrat de travail avec la société, ce qui n'est pas sans poser quelques difficultés. 300 ■

A. Un cumul dangereux ?

En effet, dans cette situation, le dirigeant est dans une position de subordination vis-à-vis de la société, en tant que salarié, mais il dirige simultanément cette même société. Cela pose donc des difficultés quant à l'effectivité de son contrat de travail. Dans certaines sociétés, la question du cumul d'un mandat social et du contrat de travail est régie par des textes. Ainsi, en matière de SA, la loi interdit par principe aux administrateurs en fonction de se faire consentir un contrat de travail (C. com., art. L. 225-22, *a contrario*). Plus précisément, le législateur autorise seulement les salariés à devenir administrateurs. On en déduit que le chemin inverse n'est pas possible et que les personnes qui sont déjà administrateurs ne peuvent se faire consentir un contrat de travail. Celui-ci serait nul, d'une nullité absolue (Soc. 21 nov. 1974, *Bull. civ.* V, n° 560). Il faut ajouter que ce principe reçoit une très large exception dans les SA ne dépassant pas certains seuils, depuis l'entrée en vigueur de la loi *Warsmann II* du 22 mars 2012 (v. ss 780). 301 ■

B. Un cumul parfois encouragé

L'évolution qui voit le salarié accéder à la dignité de mandataire social est mieux vue, mais l'exécution du contrat de travail peut se trouver gênée par le cumul, lorsque le salarié n'est plus en état de subordination. La jurisprudence considère alors que son contrat de travail est suspendu, sauf novation, qui ne peut se présumer (Soc. 10 juill. 2007, *RJDA* 10/07, n° 1131) ou convention contraire (Soc. 5 déc. 2007, *RJDA* 3/08, n° 275). La solution protège le salarié, en lui permettant, à la cessation de ses fonctions sociales, de retrouver son emploi puisque son contrat de travail n'était que suspendu. 302 ■

§ 3 Le montant de la rémunération du mandataire social

Cette question aurait pu demeurer dans le champ du droit des contrats ou, car l'on peut discuter de la qualification de contrat du mandat social, dans le champ de la liberté de décider : dans un système où chacun fixe à sa guise le prix qu'il est disposé à payer, les sociétés sont libres de verser à leurs dirigeants des rémunérations dignes 303 ■

de celles que perçoivent les joueurs de foot de niveau international. En réalité, la question est devenue au cours de ces dernières années éminemment politique. Le montant des rémunérations des dirigeants (en réalité, essentiellement celui des rémunérations des seuls dirigeants de sociétés cotées) a été pointé régulièrement du doigt, et plusieurs mesures sont venues encadrer les rémunérations ou suggérer différentes pratiques en ce domaine. Cela s'est fait par étapes. Le Medef et l'Afep, deux organisations professionnelles françaises, ont ainsi édicté des recommandations fin 2008 — v. les rubriques « Documents » et « Débat » — de même que la Commission européenne, notamment par une Recomm. n° 2009/385/CE en date du 30 avr. 2009 (sur le bilan de son application, v. B. Lecourt, *Rev. sociétés* 2010. 603). En 2012, une loi sur la gouvernance des entreprises avait été annoncée, qui aurait encadré les rémunérations des dirigeants, mais le gouvernement a finalement renoncé à demander au Parlement de légiférer. Est toutefois intervenu à cette époque un décret n° 2012-915 du 26 juill. 2012, qui a instauré un plafond de 450 000 euros pour la rémunération des dirigeants d'entreprises publiques. Le Medef et l'Afep ont en outre révisé leur Code de gouvernance à plusieurs reprises, et particulièrement en juin 2013, sur la question des rémunérations en introduisant le « *say on pay* ». C'est enfin la loi *Sapin 2* (L. n° 2016-1691 du 9 déc. 2016) qui a rendu cette procédure obligatoire dans les sociétés cotées, et le dispositif a été complété par une ordonnance n° 2019-1234 du 27 novembre 2019, opérant transposition de la directive SRD II (2017/828 du 17 mai 2017).

Indépendamment de ces règles de droit spécial, une rémunération excessive pourrait en toute hypothèse constituer du chef du dirigeant qui en bénéficie le délit d'abus de confiance ou d'abus de biens sociaux (ABS). Un délit proche de l'ABS, celui d'abus de pouvoir, a été retenu pour sanctionner le comportement du dirigeant qui avait modifié la composition d'un comité des rémunérations pour en obtenir une rémunération plus élevée (Crim. 16 mai 2012, n° 11-85.150, *Bull. crim.*, n° 127 ; *Bull. Joly* 2012. 579, avis X. Salvat et note B. Dondero). Au plan civil, la rémunération pourrait également être vue comme partiellement dépourvue de cause ou, après la réforme opérée par l'ordonnance n° 2016-131 du 10 févr. 2016, de contrepartie au sens du nouvel art. 1169 du Code civil. En tous les cas, une restitution de tout ou partie de la rémunération pourra être imposée au dirigeant.

section 4

Obligations et responsabilité

§ 1 Les obligations

304 Les mandataires sociaux ont une relation qui s'apparente à un contrat de mandat conclu avec la société (ou avec ses associés lorsque la société est dépourvue de la personnalité morale). Leurs obligations sont déterminées en conséquence : les dirigeants ont le devoir d'informer correctement les associés, le devoir d'accomplir leur

mission conformément à l'intérêt social, avec loyauté à l'égard de la société et des associés, et avec diligence, tous devoirs qui sont rappelés par les normes de *corporate governance* (sur l'origine de ces normes, v. ss « Documents »).

Les mandataires sociaux ne sont pas engagés personnellement par les actes faits pour le compte de la société, sauf à ce que leur responsabilité puisse être engagée. D'autres moyens de les engager ont été suggérés, comme celui de l'obligation naturelle d'indemniser les tiers qui pourrait avoir été prise par le dirigeant (Civ. 1re, 17 oct. 2012, n° 11-20.124, *Bull. civ.* I, n° 204 ; *Bull. Joly* 2013. 117, note B. Dondero). Au-delà du droit limité aux lois et règlements, les obligations des dirigeants peuvent trouver leur source dans des codes de bonne conduite auxquels les sociétés adhèrent (v. Code Afep Medef, art. 20 – Document).

A. Obligation d'information

Les dirigeants sont les débiteurs de l'obligation d'information des associés, et parfois des autres organes sociaux. Les textes ne sont pas toujours explicites à cet égard. La situation du président du conseil d'administration de la SA est clairement établie, puisqu'il est expressément tenu de communiquer aux administrateurs les documents et informations nécessaires à l'accomplissement de leur mission (C. com., art. L. 225-35, al. 3). 305

B. Devoir de loyauté

1. *Un devoir en filigrane dans les textes*

Le devoir de loyauté n'est pas suffisamment mis en évidence par les textes du droit français, à la différence d'autres droits. Ce devoir existe cependant, en filigrane, dans un certain nombre de dispositions interdisant au dirigeant certains comportements (le délit d'abus des biens sociaux par exemple) ou lui imposant de respecter des procédures déterminées (la procédure des conventions réglementées, par ex.). 306

2. *Un devoir progressivement reconnu par la jurisprudence*

a. Loyauté à l'égard des associés

La jurisprudence a jugé que manquait au « *devoir de loyauté qui s'impose à lui en tant que dirigeant à l'égard de son associé* » le mandataire social qui cache à l'associé cédant les négociations qu'il mène pour revendre les actions acquises à un prix nettement supérieur, par un arrêt *Vilgrain* (Com. 27 févr. 1996, *Bull. civ.* IV, n° 65 ; *Bull. Joly* 1996. 485, note A. Couret). Cette obligation de loyauté est présente dans plusieurs décisions postérieures (v. not. Com. 11 oct. 2005, *Rev. sociétés* 2007. 519, note L. Godon ; 12 mars 2013, n° 12-11.970, *Rev. sociétés* 2013. 689, note Thibaut Massart). Lorsque le dirigeant social rachète directement ses parts ou ses actions à un associé, ou lorsqu'il est chargé par celui-ci de lui trouver un acquéreur, le dirigeant ne peut dissimuler à l'associé, s'il en a connaissance, la possibilité que les parts ou actions soient revendues rapidement à un prix supérieur à celui que le dirigeant verse ou fait verser à l'associé. Un arrêt de 2012 a par ailleurs rappelé le devoir de loyauté du dirigeant à l'égard des associés, mais cette fois à propos d'une opportunité d'affaires (Com. 18 déc. 2012, n° 11-24.305, *Bull.* IV, n° 233 ; *Bull. Joly* 2013. 200, note B. Dondero - v. ss 308). Il faut cependant que les informations privilégiées soient 307 identifiées (Com. 12 avr. 2016, n° 14-19200, *JCP E* 2016. 1584, note Ph. Brunswick) et qu'elles aient été véritablement dissimulées par le dirigeant, l'associé qui se plaint de la dissimulation n'ayant pas lui-même accès à ces informations (Com. 13 déc. 2016, n° 15-18002, *Dr. sociétés* 2017, comm. n° 39, note R. Mortier). Un récent arrêt a cependant renoué avec une conception plus énergique du devoir de loyauté, en affirmant que « *manque à son devoir de loyauté le dirigeant cessionnaire qui n'informe pas l'associé cédant de négociations en cours avec un tiers en vue de la revente des titres objet de la cession, peu important leur état d'avancement* » (Com. 10 juill. 2018, n° 16-27868, *Rev. sociétés* 2018. 249, note L. Godon).

b. Loyauté à l'égard de la société

308 Il semble aller de soi que le dirigeant social doive être loyal à l'égard de la société. La loyauté semble être un devoir du mandataire social comme elle est un devoir du mandataire. On manque pourtant de grandes décisions, qui, dans le quasi-silence des textes à cet égard, affirmeraient ce devoir de loyauté. Ce n'est qu'assez rarement, et le plus souvent du bout des lèvres, que la Cour de cassation reconnaît ce devoir (v. ainsi, mais à l'égard d'un ancien dirigeant, Com. 10 févr. 1998, *Rev. sociétés* 1998. 546, note M.-L. Coquelet ; v. égal. Com. 12 févr. 2002, *Bull. civ.* IV, n° 32 ; comp., sur l'ancien dirigeant, libre d'exercer des activités concurrentes, Com. 17 mars 2015, n° 14-11463). Mais peut-être est-ce parce que le devoir de loyauté du dirigeant à l'égard de la société va de soi qu'il n'est que rarement affirmé par la jurisprudence.

C'est particulièrement à propos de ce que l'on appelle les « opportunités d'affaires » que des décisions intéressantes ont rappelé l'existence du devoir de loyauté envers la société. Cela vise l'hypothèse où le dirigeant s'approprie ou détourne vers une autre société à laquelle il est intéressé un marché, l'acquisition d'un bien, le recrutement d'un salarié, etc. Ce comportement constitue un manquement au devoir de loyauté du dirigeant (Com. 15 nov. 2011, n° 10-15.049, *Bull. civ.* IV, n° 188 ; *JCP E* 2011. 1893, note A. Couret et B. Dondero ; 18 déc. 2012, n° 11-24.305, préc.). Une autorisation préalable unanime des associés pourrait délier le dirigeant de son devoir de loyauté, a jugé la Cour de cassation (Com., 18 mars 2020, n° 18-17010, *JCP E* 2020, 1429, note N. Jullian), mais la question se pose de la nécessité d'une telle unanimité, qui n'est sans doute pas requise s'il s'agit de faire statuer un organe social, lorsque la décision de cet organe peut être prise à la majorité.

Le devoir de loyauté du dirigeant se complique encore quand il se trouve simultanément être le dirigeant de la société mère et de la société filiale (pour une illustration, v. Com. 22 mai 2019, n° 17-13565, P+B+R, *JCP G* 2019, 774, note B. Dondero).

C. Devoir de diligence

309 L'accent est rarement mis sur cette obligation du dirigeant, peut-être pour ne pas encourager les comportements trop audacieux. On pourrait cependant faire entrer dans cette catégorie toutes les missions imparties aux dirigeants par la loi : arrêter les comptes sociaux, convoquer l'assemblée dans des délais déterminés, répondre aux questions des associés, etc. Au-delà de ces obligations énumérées par les textes, il faut évoquer plus généralement le devoir d'agir avec zèle (mais un zèle raisonnable !) au profit de la société.

D. Le dirigeant caution

Il est fréquent que les créanciers de la société demandent au dirigeant de garantir les engagements sociaux. Les textes relatifs au cautionnement ne confèrent cependant pas un statut particulier au dirigeant caution. C'est donc essentiellement la jurisprudence qui a dessiné ce statut. Il a ainsi été jugé que la seule qualité de dirigeant de la caution n'exonère pas la banque de son devoir d'information du garant sur la situation financière du débiteur principal, comme l'exige la loi (C. mon. et fin., art. L. 313-22), et ce alors même que ce débiteur est la société que dirige la caution (Com. 14 déc. 2010, n° 09-49.807, *Bull. civ.* IV, n° 198 ; *JCP E* 2011. 1117, note D. Legeais). 310 ■

Précisons que le statut du dirigeant caution est aussi pris en compte par le droit des procédures collectives, lorsqu'il allège les poursuites que les créanciers peuvent exercer contre la caution. Ce faisant, le législateur veut inciter le dirigeant caution de sa société à déclencher l'ouverture d'une procédure collective, qui lui conférera un sort plus favorable. Il faut aussi noter que le dirigeant caution de sa propre société est susceptible de demander à bénéficier d'une procédure de traitement du surendettement. L'article L. 711-1 du Code de la consommation dispose que cette procédure est ouverte aux personnes physiques de bonne foi se trouvant dans l'impossibilité manifeste de faire face à leurs dettes non professionnelles, y compris l'engagement de cautionner ou d'acquitter solidairement la dette d'une société. La Cour de cassation a précisé que cela valait aussi pour le dirigeant caution de sa propre société (Civ. 2e, 27 sept. 2012, n° 11-23.285).

§ 2 La responsabilité du dirigeant

La responsabilité encourue par le dirigeant est un singulier qui cache une multitude de responsabilités distinctes. Le dirigeant est tout d'abord susceptible d'engager sa responsabilité civile, c'est-à-dire qu'il peut devoir indemniser le préjudice qu'il cause par ses fautes ou ses manquements contractuels à la société, mais aussi aux associés et aux tiers. Il peut ensuite engager sa responsabilité pénale, et faire l'objet de sanctions pénales (emprisonnement, amende, etc.). Il peut enfin encourir des sanctions en cas d'inexécution par la société de ses obligations fiscales et être tenu de payer lui-même les dettes fiscales de la société. 311 ■

A. La responsabilité civile du dirigeant

Il convient ici d'opérer une distinction. Le dirigeant social entretient une relation avec la société, et c'est en premier lieu à ce titre qu'il est responsable, envers la personne morale. Mais le dirigeant peut aussi se voir réclamer réparation par les associés. Il peut enfin causer un préjudice aux tiers dans l'exercice de ses fonctions, et les tiers peuvent alors, dans une certaine mesure, lui demander réparation de leur préjudice. 312 ■

Une règle, sans doute commune à toutes les responsabilités civiles, a été énoncée en 2010 par la Cour de cassation, et qui consiste à faire peser une présomption de faute individuelle sur le membre d'un organe collégial de direction ou d'administration (Com. 30 mars 2010, *Bull. civ.* IV, n° 69 ; *D.* 2010. 1678, note B. Dondero – v. « Quiz »). Une autre question commune, mais qui reçoit des réponses variables, est celle de la juridiction compétente, qui doit être la juridiction commerciale quand les manquements commis par le dirigeant se rattachent à la gestion d'une société commerciale (Com. 14 nov. 2018, n° 16-26115, P+B+I, *Bull. Joly* janv. 2019. 17, note A. Reygrobellet) et la juridiction civile dans les autres cas.

1. *Responsabilité à l'égard de la société*

a. Principe

313 Le dirigeant peut tout d'abord être tenu de réparer le préjudice qu'il cause à la société, par exemple en ne respectant pas les statuts (en accomplissant des actes en dehors de l'objet social ou en ne sollicitant pas une autorisation prévue par les statuts), et plus généralement par toute faute commise dans l'exécution du mandat social. La preuve d'une faute détachable des fonctions (v. ss 317) n'est pas requise dans cette hypothèse (Civ. 1re, 15 mai 2007, *Dr. sociétés* 2007, n° 151, note R. Mortier ; Com. 9 mars 2010, *Bull. civ.* IV, n° 61 ; *RTD com.* 2010. 374, obs. P. Le Cannu et B. Dondero).

b. Action

314 Le dirigeant pouvant ne pas être enclin à agir au nom de la société contre lui-même, le législateur a mis en place une voie spécifique d'exercice de l'action sociale en autorisant les associés ou les actionnaires à exercer l'action sociale, c'est-à-dire à mettre en œuvre l'action de la société en réparation du préjudice causé par le dirigeant. Cet exercice *ut singuli* de l'action sociale a d'abord été autorisé dans certaines sociétés (v. ainsi C. com., art. L. 225-252, en matière de SA), puis a fait l'objet d'une disposition générale, applicable à toutes les sociétés (C. civ., art. 1843-5). Si le législateur a ainsi étendu le champ d'application de l'exercice *ut singuli* de l'action sociale, celui-ci reste exceptionnel et ne peut intervenir hors du cadre légal. De ce fait, il ne sera pas possible aux associés d'exercer l'action sociale pour demander la nullité d'un acte (Com. 16 oct. 1972, *JCP* 1973. II. 17532, note N. Bernard), pour agir à l'encontre d'un tiers (Com. 19 mars 2013, n° 12-14.213, *Bull.* IV, n° 42 ; *Gaz. Pal.* 28 juin 2013. 23, note B. Dondero) ou d'un autre organe que le dirigeant, comme le liquidateur (Com. 21 juin 2016, n° 14-26370, *Bull.* IV, *n° 93* ; *Dr. sociétés* 2016, comm. n° 185, note C. Coupet). Un arrêt de la chambre criminelle de la Cour de cassation rendu en 2004 avait toutefois admis qu'un actionnaire puisse poursuivre, exerçant l'action sociale, des complices de l'infraction d'abus de biens sociaux, qui n'étaient pas eux-mêmes dirigeants (Crim. 28 janv. 2004, n° 02-87.585, *Bull. crim.*, n° 18 ; *Rev. sociétés* 2004. 405, note B. Bouloc). La solution dominante demeure néanmoins celle d'une appréciation restrictive du champ d'application de ce mode d'exercice de l'action sociale.

315 Les dispositions réglementaires relatives à l'exercice *ut singuli* de l'action sociale comportent deux précisions essentielles.

D'une part, dans toutes les sociétés, le tribunal ne peut statuer que si la société a été régulièrement mise en cause par l'intermédiaire de ses représentants légaux (v. not. Décr. 3 juill. 1978, art. 38), obligation qui ne s'impose pas devant la juridiction de l'instruction (Crim. 3 oct. 2007, *LPA* 5 mai 2008, note S. Prigent).

D'autre part, dans certaines sociétés seulement, le regroupement d'actionnaires aux fins d'exercer ensemble l'action sociale *ut singuli* est subordonné à la détention d'une certaine fraction du capital social, (5 %, mais les exigences se réduisent lorsque le capital social est particulièrement élevé, v. C. com., art. R. 225-169, en matière de SA).

2. *Responsabilité à l'égard des associés*

Il est tentant de considérer, avec le professeur R. Vatinet (*in* « La réparation du préjudice causé par la faute des dirigeants sociaux, devant les juridictions civiles », *Rev. sociétés* 2003. 247, n° 25), que certaines obligations du mandataire social ont une portée qui dépasse le cercle des parties contractantes (dirigeant et société) pour prendre en compte les intérêts des associés. La relation du mandat social aurait donc toujours pour titulaires le dirigeant et la société, mais elle produirait également des effets à l'égard de ces tiers particuliers que sont les associés. 316 ■

Les associés qui recherchent la responsabilité du dirigeant peuvent le faire au nom de la société, lorsqu'ils exercent *ut singuli* l'action sociale (v. ss 314), mais ils peuvent aussi agir en réparation de leur préjudice individuel. L'action sert plus directement l'intérêt de l'associé, car les sommes obtenues lui seront attribuées exclusivement. Il faut toutefois qu'il soit en mesure de rapporter la preuve de l'existence d'un préjudice propre, distinct de celui de la société. À défaut, si son préjudice n'est vu que comme le corollaire de celui de la société, l'associé ne sera pas recevable à agir (Com. 15 janv. 2002, *Bull. Joly* 2002. 689, note S. Sylvestre ; Paris, 31 oct. 2008, *D.* 2008. AJ 2867 ; Civ. 3e, 8 juin 2010, *Bull. civ.* III, n° 113 ; *Bull. Joly* 2011. 113, note M.-L. Coquelet ; Com. 30 mai 2018, n° 17-10393, *Bull. Joly* 2018. 629, note J.-J. Ansault). Certaines juridictions du fond ont également exigé la preuve de la commission par le dirigeant d'une faute détachable des fonctions (sur cette notion, v. ss 317). Cette solution a cependant été condamnée par la Cour de cassation (v. Civ. 1re, 15 mai 2007, préc., qui juge que cet élément n'est exigé que pour la responsabilité à l'égard des tiers, solution valant également pour l'action intentée par les associés contre le liquidateur : Com. 21 juin 2016, n° 14-26370, *Bull.* IV, n° 93, *Dr. sociétés* 2016, comm. n° 185, note C. Coupet).

Une question délicate en ce domaine, à laquelle sont confrontés les tribunaux français, est celle du préjudice boursier. Les juges sont, en effet, confrontés à des actions exercées par un ou plusieurs investisseurs se plaignant d'avoir reçu de la société et de ses dirigeants une information trompeuse. La difficulté se pose alors de l'évaluation du préjudice des investisseurs, ce préjudice pouvant être de plusieurs sortes. Il peut s'agir d'une perte de la chance de réaliser des arbitrages plus avantageux : si les investisseurs avaient eu les bonnes informations, ils n'auraient pas acheté les titres de la société mais en auraient acheté d'autres... peut-être. C'est un arrêt rendu le 9 mars 2010 par la Cour de cassation, dit arrêt *Gaudriot*, qui a formulé en un attendu de principe que « celui qui acquiert ou conserve des titres émis par voie d'offre au public au vu d'informations inexactes, imprécises ou trompeuses sur la situation de la société émettrice perd seulement une chance d'investir ses capitaux dans un autre placement ou de renoncer à celui déjà réalisé » (Com. 9 mars 2010, n° 08-21.547, *Bull.* IV, n° 48 ; *Bull. Joly* 2010. 537, note D. Schmidt ; *Rev. sociétés* 2010. 230, note H. Le Nabasque). Pourtant, même si la Cour de cassation limite le préjudice réparable à une perte de chance, ce préjudice est parfois certain, comme lorsqu'il est établi que le cours de bourse, du fait des informations diffusées, ne reflétait pas la réalité du marché.

3. Responsabilité à l'égard des tiers

a. Principe

317 Le dirigeant devrait normalement être responsable du préjudice que les fautes qu'il commet dans l'exercice de ses fonctions causent aux tiers. Le dirigeant qui résilie abusivement un contrat conclu par la société ou qui ne s'assure pas de la solvabilité de celle-ci lorsqu'elle contracte une nouvelle dette, par exemple, devrait avoir à répondre des conséquences de sa faute, par application de la responsabilité civile de droit commun (C. civ., art. 1240, et précédemment à l'ordonnance n° 2016-131 du 10 février 2016, art. 1382). La jurisprudence a cependant retenu une solution différente, et subordonne le succès de l'action engagée par un tiers contre le dirigeant à la preuve d'une faute « séparable » ou « détachable » des fonctions (les deux formules se rencontrent).

Cette faute détachable des fonctions, rarement reconnue, a été définie par la chambre commerciale de la Cour de cassation dans un arrêt remarqué du 20 mai 2003 (*Bull. civ.* IV, n° 84 ; *D.* 2003. 2623, note B. Dondero). La Cour a énoncé les trois éléments de la faute détachable : celle-ci doit avoir été commise intentionnellement, être d'une particulière gravité, et être incompatible avec l'exercice normal des fonctions sociales. La jurisprudence postérieure s'est alignée sur cette définition (v. ainsi, par ex. Com. 26 févr. 2008, *Bull. Joly* 2008. 657, note P. Le Cannu).

b. Difficultés non résolues

318 Toute difficulté n'est cependant pas résolue. L'infraction pénale intentionnelle constitue toujours une faute détachable des fonctions. C'était l'opinion générale, et cela a été confirmé (Com. 28 sept. 2010, *Bull. civ.* IV, n° 146 ; *Rev. sociétés* 2011. 97, note B. Dondero ; 18 sept. 2019, n° 16-26962, *Bull.*). Se pose en revanche la question de savoir si le dol éventuel, c'est-à-dire la faute dont son auteur aurait dû savoir qu'elle pouvait causer un dommage est nécessairement détachable lorsqu'elle est susceptible d'une qualification pénale. Le dol éventuel que constitue le défaut de souscription d'une assurance obligatoire, pénalement sanctionné, a donné lieu à une opposition au sein de la Cour de cassation entre la troisième chambre civile et la chambre commerciale. La troisième chambre civile a jugé par un arrêt en date du 4 janvier 2006 (*Bull. civ.* III, n° 7 ; *LPA* 19 avr. 2006, note J.-F. Barbièri) qu'il y avait là une faute rattachable aux fonctions, tandis qu'une solution en apparence différente a été retenue par la chambre commerciale (Com. 4 juill. 2006, *Bull. civ.* IV, n° 166 ; *LPA* 22 nov. 2006, p. 18, note J.-F. Barbièri ; solution confirmée par Com. 28 sept. 2010, préc.). Puis un revirement s'est opéré. Dans un premier temps, la troisième chambre civile a retenu une faute séparable des fonctions en présence d'un défaut d'assurance, mais celui-ci se cumulait avec d'autres fautes, ce qui empêchait de voir l'arrêt avec certitude comme un revirement (Civ. 3e, 11 janv. 2012, n° 10-20.633, *Bull. Joly* 2012. 401, note B. Dondero). Dans un second temps, cette même troisième chambre civile s'est officiellement alignée sur la jurisprudence des autres chambres, en considérant que le défaut de souscription d'une assurance obligatoire est une faute séparable des fonctions du dirigeant (Civ. 3e, 10 mars 2016, n° 14-15326, publié au *Bull.* ; *Bull. Joly* 2016. 335, note S. Messaï-Bahri). La faute pénale non intentionnelle ne suffit pas, logiquement, à établir la preuve d'une faute séparable des fonctions (Com. 3 mai 2018, n° 16-23627, *Bull. Joly* 2018. 509, note S. Messaï-Bahri).

Une autre incertitude tient au fait que certains arrêts parlent de « faute intentionnelle » et non de « faute commise intentionnellement », ce qui n'est pas la même chose (v. par ex. Com. 9 mars 2010, préc.). La faute intentionnelle doit supposer non seulement l'intention de causer la faute, mais également le dommage qu'elle entraîne, tandis que la faute commise intentionnellement ne suppose que l'intention du comportement fautif, pas celui de sa conséquence dommageable.

Notons enfin que des auteurs ont cru déceler dans la jurisprudence la plus récente de la Cour de cassation un phénomène de subjectivisation des critères, qui verrait les juges insister sur l'anormalité de la faute commise par le dirigeant et non plus sur son rattachement aux fonctions de celui-ci, telles que ces fonctions sont définies par la loi et les statuts de la société (E. Nicolas, « La notion de faute séparable des fonctions des dirigeants sociaux à la lumière de la jurisprudence récente », *Rev. sociétés* 2013. 535 ; E. Mouial-Bassilana, note sous Com. 27 mai 2014, *Bull. Joly* 2014. 467). Il est pertinent de faire observer que les fautes reconnues comme séparables des fonctions peuvent avoir été commises dans le cadre de ces fonctions, et que la qualification de « faute particulièrement anormale » serait plus éclairante. Nous ne voyons cependant pas une évolution particulière dans la jurisprudence récente de la Cour de cassation. Le dépassement des fonctions (une violation de l'objet social par exemple) peut favoriser la reconnaissance d'une faute séparable, mais il est insuffisant à établir une telle faute, de même que le fait d'être resté dans le cadre de ses fonctions n'exclut pas la commission d'une faute séparable des fonctions. Cette solution n'a pas été remise en cause par la jurisprudence récente.

Dernière étape : la chambre criminelle vient de dire clairement qu'elle ne croyait pas à la notion de faute séparable des fonctions, et ce, par pas moins de sept décisions rendues le même jour (Crim. 5 avr. 2018, deux arrêts publiés au *Bull.* (n° 16-87669 et n° 16-83984) et cinq autres non publiés (n° 16-83982, n° 16-83978, n° 16-83979, n° 16-83961 et n° 16-83972), *D.* 2018. 1128, avis R. Salomon (1er arrêt) et note L. Saenko (1er et 6e arrêt) ; *JCP G* 2018, 644, note J.-H. Robert (*idem*)). Il reste à attendre qu'une chambre mixte ou une assemblée plénière tranche ce débat au sommet.

c. Cumul d'actions en cas de procédure collective

En cas de soumission de la société à une procédure collective, les dispositions spéciales du droit des procédures collectives doivent recevoir application. En synthèse, la responsabilité du dirigeant à l'égard des créanciers fait l'objet d'un régime spécial, tendant à la réparation du préjudice que constitue pour les créanciers l'insolvabilité de la société (C. com., art. L. 651-1 s.). Un créancier qui se plaint d'un préjudice distinct de celui que lui cause l'insolvabilité de la société peut toujours agir contre le dirigeant, mais il devra démontrer, en plus de la preuve d'une faute du dirigeant séparable de ses fonctions, que son préjudice est distinct de celui des autres créanciers (Com. 7 mars 2006, *Bull. civ.* IV, n° 61, p. 61 ; *JCP* 2006. I. 168, obs. J.-J. Caussain, F. Deboissy et G. Wicker). La jurisprudence a reconnu en outre qu'une action en reddition de comptes permettait de demander au dirigeant de rendre les sommes détournées au préjudice de la société (Com. 15 nov. 2016, n° 15-16070, *Bull.* IV, n° 146). La dernière rédaction de l'article L. 651-2 est cependant plus indulgente que précédemment, excluant la responsabilité « *en cas de simple négligence du dirigeant de droit ou de fait dans la gestion de la société* » (L. *Sapin 2*, n° 2016-1691 du 9 déc. 2016). Il a cependant été jugé, par la suite, que l'omission de déclaration de la cessation des paiements de la société, de la part d'un dirigeant qui se désintéressait de la gestion, excédait la simple négligence (Com., 8 avril 2021, n° 19-25802, *BJS* juin 2021. 53, note L. Camensuli-Feuillard). 319

4. *Assurance du dirigeant*

320 À la protection jurisprudentielle résultant de l'exigence, rarement satisfaite, d'une faute détachable des fonctions pour engager la responsabilité du dirigeant, certaines sociétés sont tentées d'ajouter une protection par l'*assurance*, en faisant bénéficier le dirigeant d'un contrat par lequel un assureur professionnel, voire la société elle-même, s'engage à le garantir contre les conséquences de la mise en jeu de sa responsabilité. La validité de ces mécanismes peut cependant être discutée lorsque les primes d'assurance sont payées par la société ou lorsqu'elle garantit systématiquement le dirigeant contre toute action en responsabilité, notamment au regard de la qualification d'abus des biens sociaux : la société n'a en principe pas vocation à payer les pots cassés par son dirigeant. Une autre question se pose, qui tient à l'impossibilité d'assurer le dommage résultant d'une faute intentionnelle ou dolosive de l'assuré (C. assur., art. L. 113-1). Cette règle a pour conséquence que l'assureur n'est pas tenu d'indemniser le dirigeant assuré des condamnations prononcées par la commission des sanctions de l'AMF et par le juge pénal à la suite de la diffusion intentionnelle d'informations inexactes par ce dirigeant (Civ. 2e, 14 juin 2012, n° 11-17.367, *Bull. civ.* II, n° 107 ; *Gaz. pal.* 28 juin 2013. 25, note B. Dondero).

B. La responsabilité pénale du dirigeant

321 Le dirigeant qui commet des infractions pénales dans le cadre de ses fonctions engage sa responsabilité pénale. On peut prendre pour exemple le dirigeant qui se rend coupable, dans l'exercice de son mandat, d'escroquerie ou d'abus de confiance. C'est sa responsabilité personnelle qui est engagée, quand bien même il ne commettrait l'acte délictueux que pour le bien de la société et n'en profiterait pas personnellement.

Certes, l'institution de la responsabilité pénale des personnes morales (v. ss 96) devait permettre d'exonérer les dirigeants de leur propre responsabilité dans certains cas, mais cette institution ne s'est pas accompagnée d'un texte reconnaissant aux responsabilités de la société et du dirigeant un caractère alternatif.

On observera que le Code de commerce comporte un certain nombre d'infractions spéciales, que ne peuvent commettre que les dirigeants de sociétés commerciales. La plus connue de ces infractions est incontestablement l'abus des biens sociaux.

1. *L'abus de biens sociaux*

a. Éléments constitutifs

322 Cette infraction suppose l'utilisation des biens de la société, dans l'intérêt personnel du dirigeant social et de manière contraire à l'intérêt de la société. Cet intérêt personnel est cependant entendu assez largement. La jurisprudence considère ainsi qu'il peut n'être que moral, et va par exemple juger que le dirigeant d'une société qui avait accordé un emploi fictif à un fonctionnaire de police se rend coupable d'abus des biens sociaux (Crim. 14 nov. 2007, *Bull. crim.* n° 282 ; *RJDA* 3/08, n° 290). L'intérêt personnel du dirigeant est même présumé, de manière croissante : des décisions avaient retenu cette présomption en cas de prélèvements de fonds faits de manière occulte (Crim. 11 janv. 1996, *Bull. crim.* n° 21) ou en cas de cession occulte des biens de la société par le dirigeant poursuivi (Crim. 24 sept. 2008, *Bull. crim.* n° 196 ;

D. 2008. AJ 2868). Un arrêt récent, publié au *Bulletin*, étend cette présomption à des dépenses dont le caractère social n'était pas justifié (Crim. 30 janv. 2019, n° 17-85304, *RJDA 6/19*, n° 434).

Une précision doit être donnée : pour que le délit d'abus de biens sociaux puisse être constaté, il faut que la société qui en est la victime soit une société de droit français (pour le rappel de cette solution, v. Crim. 10 mars 2010, *Rev. sociétés* 2011. 114, note M. Menjucq). Le dirigeant d'une société de droit étranger qui utiliserait ses biens dans son intérêt personnel commettrait éventuellement, sur le territoire français, un abus de confiance.

b. Régime

L'infraction d'abus des biens sociaux soulève surtout la question du *point de départ de la prescription* de l'action publique, question qui a donné lieu à une évolution récente. S'agissant d'un délit, la prescription en question était de trois ans. Mais la jurisprudence tendait à retarder la date à laquelle ce délai commençait à courir, puisqu'elle ne prenait pas en compte le jour de la commission des faits, mais le jour de leur découverte, jour à partir duquel la poursuite était devenue possible. Ce jour était en principe celui de la présentation aux associés des comptes annuels, constatant que les dépenses litigieuses étaient mises à la charge de la société (Crim. 13 oct. 1999, *Bull. crim.* n° 219 ; *Rev. sociétés* 2000. 360, note B. Bouloc). Mais la dissimulation des faits sous l'apparence d'une comptabilité régulière reportait le point de départ de la prescription au jour de la révélation des faits constitutifs d'abus de biens sociaux, ce qui était à l'origine du reproche d'imprescriptibilité fait à ce délit. Plusieurs propositions visant à réformer le régime de la prescription de ce délit avaient été formulées. La Cour de cassation avant cependant maintenu sa position en refusant de transmettre au Conseil constitutionnel des QPC relatives à ce point particulier du régime de la prescription de l'ABS (Cass., ass. plén., 20 mai 2011, n° 11-90.032 et 11-90.033, *Bull.* n° 6 et n° 8). La loi n° 2017-242 du 27 février 2017 a cependant rebattu les cartes en opérant une réforme générale de la prescription en matière pénale. La prescription de tous les délits est portée à six années à compter de la commission de l'infraction (C. pr. pén., art. 7 nouveau). Est désormais expressément envisagé le report du point de départ de la prescription de l'infraction occulte ou dissimulée, qui court à compter du jour où elle est apparue et a pu être constatée dans des conditions permettant la mise en mouvement ou l'exercice de l'action publique. Simplement, un butoir est institué : ce report ne peut conduire à excéder douze années à compter du jour où l'infraction a été commise (C. pr. pén., art. 9-1 nouveau). 323

2. *Les autres infractions*

On observera tout d'abord que certaines sociétés ne connaissent pas d'infractions spécifiques. C'est ainsi le cas des différentes sociétés de personnes, sociétés civiles, en nom collectif et en commandite simple. 324

En revanche, les dirigeants des SARL et des sociétés par actions sont susceptibles de se voir appliquer un grand nombre d'infractions spécifiques, qui seront signalées lors de l'étude des régimes de ces sociétés.

Un phénomène de dépénalisation du droit des sociétés s'observe depuis le début des années 2000. Plusieurs lois ont l'une après l'autre supprimé des infractions particulières du droit des sociétés, dont la plupart n'étaient appliquées que très peu souvent, voire jamais. La dernière loi de dépénalisation en date a été la loi *Warsmann II* du 22 mars 2012. Elle a non seulement supprimé certaines infractions, mais elle en a aussi « dynamisé » d'autres, en remplaçant dans plusieurs cas une amende d'un montant modeste (9 000 euros) et une peine d'emprisonnement initialement prévues par une amende d'un montant plus élevé (150 000 euros).

3. *La responsabilité pénale du chef d'entreprise et les délégations de pouvoir*

■ 325 Ce ne sont pas les infractions intentionnelles qui sont les plus dangereuses pour le dirigeant, en réalité, mais celles qui sont susceptibles de lui être imputées en sa qualité de chef d'entreprise, et notamment les délits d'homicide ou de blessures par imprudence qui peuvent résulter du non-respect de normes de sécurité.

Il est dès lors fréquent que le dirigeant consente une *délégation de pouvoir* à un préposé pourvu de la compétence, de l'autorité et des moyens nécessaires, ce qui a pour effet d'exonérer le délégant de sa responsabilité pénale de chef d'entreprise. Il convient toutefois que le délégué dispose effectivement de la compétence et de l'autorité suffisantes à l'exercice de la délégation (Crim. 8 déc. 2009, *Bull. crim.* n° 210 ; *Bull. Joly* 2010. 581, note N. Ferrier, jugeant inefficace une délégation consentie à un préposé âgé de vingt et un ans lors de la signature de la première délégation, intervenue moins d'une année après son arrivée dans l'entreprise) et qu'il ait été informé de sa mission et des obligations qui en résultent, voire, selon certains arrêts, que la mission ait été expressément acceptée (Crim. 23 mai 2007, *Bull. crim.* n° 138 ; *RJDA* 3/08, n° 276).

C. La responsabilité fiscale du dirigeant

■ 326 Cette responsabilité est encadrée par un texte spécial : l'article L. 267 du Livre des procédures fiscales. Ce texte, lorsque les conditions d'application en sont remplies, permet de faire supporter par le dirigeant les obligations fiscales de la société.

1. *Conditions d'application*

■ 327 Ces conditions sont au nombre de trois.

Il faut tout d'abord être en présence du « dirigeant d'une société, d'une personne morale ou de tout autre groupement ». Cette qualification apparaît extrêmement large, mais elle soulève à nouveau la question de la définition du dirigeant. Il est tout de même précisé que le dispositif est applicable à « toute personne exerçant en droit ou en fait, directement ou indirectement, la direction effective de la société, de la personne morale ou du groupement » (LPF, art. L. 267).

Il faut ensuite que ce dirigeant soit « responsable des manœuvres frauduleuses ou de l'inobservation grave et répétée des obligations fiscales qui ont rendu impossible le recouvrement des impositions et des pénalités dues par la société, la personne morale ou le groupement ». Ce sont donc deux comportements alternatifs qui sont visés, les manœuvres frauduleuses d'une part, et l'inobservation grave et répétée des obligations fiscales d'autre part, cette dernière ne supposant pas d'établir la mauvaise foi ou le caractère intentionnel des manquements (Com., 24 juin 2020, n° 17-12497, *Rev. sociétés* 2021. 196, note S. Jambort).

Il faut enfin que le dirigeant ne soit pas déjà tenu au paiement des dettes sociales en application d'une autre disposition, ce qui écartera du champ d'application du texte le gérant associé de la société civile ou de la SNC.

2. *Effets*

Si les conditions d'application de l'article L. 267 du Livre des procédures fiscales sont remplies, le dirigeant, après assignation faite par le comptable de la direction générale de la comptabilité publique ou le comptable de la direction générale des impôts, peut être déclaré solidairement responsable du paiement de ces impositions et pénalités par le président du tribunal judiciaire. Les voies de recours qui peuvent être exercées contre la décision de ce juge ne font pas obstacle à ce que le comptable prenne des mesures conservatoires en vue de préserver le recouvrement de la créance du Trésor. 328 ■

section 5

Cessation des fonctions

La cessation des fonctions du dirigeant peut avoir plusieurs causes. Certaines ne soulèvent pas de difficulté majeure, telles que la cessation pour arrivée du terme du mandat social ou pour cause de décès du dirigeant. Notons que la loi Mohamed Soilihi du 19 juillet 2019 prévoit pour plusieurs formes sociales la cessation des fonctions, automatique ou non, en cas placement sous tutelle. La jurisprudence précise quant à elle que la radiation d'office du Registre du commerce et des sociétés opérée par le greffier, n'a pas pour effet de mettre fin aux fonctions du dirigeant (v. Com., 4 mars 2020, n° 19-10501, à paraître au *Bull.* ; *Rev. sociétés* 2020. 484, note A. Reygrobellet). Nous nous attarderons ici sur deux hypothèses de cessation des fonctions qui sont assez souvent utilisées, mais ne sont pas pour autant sans soulever de questions : ce sont la démission et la révocation du dirigeant. 329 ■

§ 1 La démission

La démission est la cessation des fonctions du mandataire social, à l'initiative de celui-ci, avant l'arrivée du terme convenu. Le législateur n'a pas prévu de règles particulières relatives à ce mode de cessation des fonctions du mandataire social. La question s'est cependant posée de savoir si le dirigeant social pouvait rétracter sa démission après l'avoir adressée à la société. La réponse est négative : plus précisément, il a été jugé que, sauf stipulation statutaire contraire, la démission du dirigeant de société est un acte juridique unilatéral, qui ne nécessite aucune acceptation de la part de la société et ne peut faire l'objet d'aucune rétractation de la part du gérant (Com. 22 févr. 2005, *Bull. civ.* IV, n° 38 ; *Dr. sociétés* 2005, n° 93, note J. Monnet - l'arrêt concernait un gérant de SARL, mais la Cour de cassation s'est exprimée en termes généraux, visant, au-delà du seul gérant de SARL, le « dirigeant social » - v. plus récemment Com. 8 juin 2017, n° 14-29618, jugeant que l'annulation de l'assemblée n'entraîne pas celle de la démission intervenue « au cours » de l'assemblée). 330 ■

Le fait que la jurisprudence récente tende à remettre en cause la qualification du mandat social en mandat au sens du Code civil (v. ss 270) pourrait être problématique, dès lors que la solution qui vient d'être exposée prend appui sur l'article 2007 du Code civil (v. Soc. 1er févr. 2011, *Bull. civ. V*, n° 43 ; *Bull. Joly* 2011. 375, note B. Dondero, se fondant expressément sur l'article 2007 du C. civ. pour juger que la démission produit tous ses effets dès lors qu'elle a été portée à la connaissance de la société, et ajoutant que la méconnaissance de l'obligation statutaire de respecter un préavis peut seulement ouvrir droit à des dommages-intérêts sauf pour le dirigeant démissionnaire à établir qu'il était dans l'impossibilité de continuer le mandat). Pour autant, il ne serait pas opportun que cette solution soit remise en cause.

§ 2 La révocation

331 C'est bien évidemment la révocation du mandataire social, c'est-à-dire la rupture du mandat avant l'expiration du terme, à l'initiative de la société et contre la volonté du mandataire social, qui suscite la quasi-totalité du contentieux. Il est précisé que la cessation des fonctions qui ne résulte pas de la décision expresse de révoquer le dirigeant, mais qui n'est que la conséquence d'une opération de changement de forme sociale ou de dissolution de la société, ne constitue pas une révocation (Com., 29 janv. 2020, n° 18-17131, Rev. sociétés 2020. 413, note T. Allain).

A. Irrévocabilité, révocabilité sur juste motif ou révocabilité *ad nutum*

1. *Dirigeants irrévocables*

332 Certains dirigeants sont irrévocables, de droit ou de fait. Les dirigeants irrévocables de droit se rencontrent assez rarement. C'est surtout les statuts d'une SAS qui pourraient instituer une telle irrévocabilité, en l'absence de dispositif légal encadrant la révocation des dirigeants de cette société. Le dirigeant est beaucoup plus souvent irrévocable en fait qu'il ne l'est en droit. Cela s'explique assez simplement par le fait que le dirigeant, lorsqu'il est également associé, participe à la décision relative à sa révocation. Pour peu que le dirigeant soit majoritaire ou dispose d'une minorité de blocage, il sera en mesure de faire échec à toutes les tentatives de révocation.

2. *Dirigeants révocables ad nutum*

a. Principe

333 À l'inverse, les dirigeants peuvent être révocables *ad nutum*, c'est-à-dire « sur un signe de tête », à tout moment, sans préavis et sans indemnité, et surtout sans qu'il soit besoin de justifier d'un motif particulier. Dans cette hypothèse, le dirigeant révoqué n'a en principe droit à rien.

Le DG de la SA, lorsqu'il exerce les fonctions de président du conseil d'administration, le président de ce même conseil ou les administrateurs qui le composent sont tous révocables *ad nutum*.

b. Analyse

La situation du dirigeant révocable *ad nutum*, qui se rencontre assez fréquemment, peut sembler particulièrement précaire. Elle est en réalité la plus conforme au droit du mandat, le mandant devant être en mesure de se séparer le plus rapidement possible du mandataire lorsqu'il n'a plus confiance en lui. 334 ■

3. *Dirigeants révocables sur justes motifs*

Les dirigeants peuvent également être révocables sur justes motifs – c'est le cas des gérants de sociétés de personnes (v. par ex. C. com., art. L. 221-12, al. 4, pour la SNC), du directeur général de la SA lorsqu'il n'est pas simultanément président et du directeur général délégué (C. com., art. L. 225-55, al. 1er) ainsi que des membres du directoire (C. com., art. L. 225-61, al. 1er). 335 ■

Ces dirigeants ont donc droit à des dommages-intérêts lorsque leur révocation est injustifiée et qu'ils ont subi un préjudice. La question de ce qu'est un juste motif, notion laissée sans définition par le législateur, est par conséquent souvent portée devant les tribunaux.

B. Principes communs

1. *Responsabilité pour faute*

Même lorsque le dirigeant est révocable *ad nutum*, la jurisprudence admet qu'il a droit à des dommages-intérêts lorsqu'il est *révoqué brutalement, ou de manière vexatoire* (v. not. Com. 17 mai 1971, *Bull. civ.* IV, n° 132 ; *Rev. sociétés* 1972. 698, note B. Oppetit). Ce n'est cependant là qu'une application de la responsabilité civile : une faute dans l'exercice d'un droit oblige le titulaire du droit à indemniser la victime de la faute. 336 ■

2. *Procédure applicable à la révocation*

a. Respect du principe du contradictoire : oui

La jurisprudence admet que le dirigeant révoqué a le droit d'être indemnisé lorsque sa révocation n'a pas permis de respecter le *principe du contradictoire*, c'est-à-dire lorsque le dirigeant n'a pas été mis en mesure de présenter les arguments s'opposant à sa révocation (solution constante depuis Com. 26 avr. 1994, n° 92-15.884, *Bull. civ.* IV, n° 158 ; *Bull. Joly* 1994. 831, note P. Le Cannu, jugeant que le directeur général d'une SA avait un « droit à se faire entendre par le conseil d'administration avant qu'il ne se prononce sur sa révocation » ; Com. 24 févr. 1998, *Rev. sociétés* 1998. 570). Auparavant, la jurisprudence estimait que le membre du directoire n'avait pas à être entendu avant sa révocation par l'assemblée (Com. 17 juill. 1984, *Rev. sociétés* 1984. 791, note J. G.) et que la révocation d'un directeur général non administrateur n'était pas abusive du fait qu'il n'avait pas été convoqué à la réunion du conseil d'administration décidant sa révocation (Com. 2 juill. 1973, *Bull. civ.* IV, n° 232 ; *RTD com.* 1974. 108, obs. R. Houin). 337 ■

Ce recours au principe du contradictoire (la notion est empruntée à la procédure civile, et l'on a évoqué à ce titre « la procéduralisation » du droit des sociétés) est en apparence surprenant, dans la mesure où l'on a dit que la révocation pouvait 338 ■

intervenir sans qu'il soit nécessaire de rapporter l'existence d'un motif quelconque. Cela veut dire qu'il faut que le dirigeant puisse présenter sa « défense », tout en sachant que la société n'est pas tenue de prendre en compte les arguments du dirigeant. Mais il faut tout de même écouter ses moyens de défense. Dans un premier temps, la Cour de cassation était particulièrement explicite, et jugeait que la révocation était abusive lorsqu'elle était faite brutalement, sans respecter le principe de la contradiction (Com. 3 janv. 1996, *Bull. civ.* IV, n° 7). Les mots de « principe de la contradiction » sont d'ailleurs mal choisis car c'est plutôt de respect des droits de la défense qu'il faudrait parler. Il n'est pas question de permettre aux « parties » (la société et son dirigeant) de présenter et de discuter leurs arguments devant un tiers.

Concrètement, le caractère *ad nutum* de la révocation est entravé par l'interposition d'une phase de dialogue obligatoire, imposée par les tribunaux. Certains ont pu dénoncer l'irruption du principe du contradictoire en droit des sociétés, d'autres retiennent qu'entendre le dirigeant que l'on veut révoquer permet de prendre la décision relative à la révocation de manière plus éclairée, ce qui favorise l'intérêt social. En garantissant le respect de certaines formes, on s'assure que la décision est bien prise sur le fond.

■ 339 On relèvera tout de même que le principe du contradictoire connaît un reflux en jurisprudence. La chambre commerciale de la Cour de cassation a ainsi censuré, par un arrêt non publié au *Bulletin* en date du 28 février 2006 (*Dr. sociétés* 2006, n° 75, note H. Hovasse), la décision d'appel qui avait jugé abusive la révocation d'un directeur général au motif que le principe de la contradiction n'avait pas été réellement respecté et que les motifs donnés pour la révocation n'avaient été connus du dirigeant révoqué que postérieurement au conseil d'administration tandis qu'ils portaient sur des faits déjà révélés par les commissaires aux comptes. La cassation est justifiée par la violation de l'article L. 225-55 du Code de commerce : « attendu qu'en statuant ainsi, alors que la révocation du directeur général d'une société peut être décidée à tout moment, sans préavis, ni précision de motifs lesquels n'ont pas à être communiqués préalablement au dirigeant par le conseil d'administration et que le principe de la contradiction suppose seulement que le dirigeant ait été mis en mesure de présenter ses observations préalablement à la décision de révocation, la cour d'appel a violé le texte susvisé ». C'est une conception très restrictive du « principe de la contradiction » qui est ainsi retenue (v. également Com. 10 juill. 2012, n° 11-23.280, *Rev. sociétés* 2013. 294, note C. Tabourot-Hyest, rejetant le pourvoi formé contre l'arrêt qui avait jugé que le dirigeant qui ne se rend ni au conseil d'administration précédant l'assemblée procédant à sa révocation, ni à cette assemblée, s'est de lui-même exclu des débats et ne peut dès lors se plaindre d'une violation de ses droits). Des décisions postérieures apparaissent cependant plus exigeantes, la Cour de cassation demandant que les motifs de révocation soient communiqués au dirigeant avant le vote sur sa révocation afin qu'il ait l'opportunité de les discuter (Com. 14 mai 2013, n° 11-22.845, *Bull.* IV, n° 80 ; *D.* 2013. 2319, note B. Dondero ; 22 nov. 2016, n° 14-14911, *Dr. sociétés* 2017, comm. n° 42, note J. Heinich). L'émergence d'une obligation de loyauté à la charge de la société qui révoque son dirigeant (v. récemment Com., 20 févr. 2019, n° 17-21470, Rev. *sociétés* 2019. 460, note J.-F. Barbièri ; 23 oct. 2019, n° 17-27659, *Rev. sociétés* 2020. 164, note J.-F. Barbièri) ne devrait pas aller jusqu'à ménager au dirigeant un délai particulier pour préparer sa défense (Com., 10 févr. 2015, n° 13-27967, *Rev. Sociétés* 2015. 371, note A. Viandier).

b. Droit à un avocat : non

Le dirigeant faisant l'objet d'une mesure de révocation a-t-il le droit de se faire assister par un avocat lors des « audiences » devant les organes de la société ? La Cour de cassation avait jugé que ne disposaient d'un tel droit ni l'associé subissant une procédure d'exclusion (Civ. 1re, 16 juin 1993, *Bull. civ.* I, n° 222) ni le membre d'une association frappé de la même sanction (Civ. 1re, 16 mars 2004, *Bull. civ.* I, n° 83). Ces solutions étaient fondées sur un refus d'appliquer l'article 6 §1 de la Convention européenne de sauvegarde des droits de l'homme et des droits fondamentaux aux organes de gestion des groupements de droit privé, ce texte ne garantissant le droit à un procès équitable que devant les organismes juridictionnels ou disciplinaires établis par la loi. 340 ■

La même solution a été appliquée au gérant faisant l'objet d'une mesure de révocation (Com. 10 mai 2006, *Bull. civ.* IV, n° 120 ; *Bull. Joly* 2006. 1154, note J.-J. Daigre).

Le phénomène de « procéduralisation » du droit des sociétés connaît donc des limites.

3. *Sanction de la révocation abusive*

La sanction de la révocation abusive n'est pas, selon la jurisprudence, l'annulation de la décision de sanction mais des dommages-intérêts, ce qui s'explique par deux raisons. D'une part, même si la décision est abusive, elle est la manifestation d'un droit existant, qui doit trouver son expression. D'autre part, la réintégration du dirigeant ne serait pas une bonne solution dans la mesure où le lien de confiance est rompu. 341 ■

La révocation abusive ne se confond pas avec la révocation irrégulière, faite par un organe qui n'en avait pas le pouvoir ou statuant sans respecter les conditions de convocation, de quorum ou de majorité. Cette révocation peut faire l'objet d'une annulation, comme toute autre décision irrégulière.

4. *Conventions d'indemnisation*

Que le dirigeant soit révocable *ad nutum* ou seulement sur justes motifs, il est possible qu'une convention d'indemnisation ait été conclue, garantissant au dirigeant de percevoir une somme forfaitaire en cas de révocation. Ces indemnités de départ sont plus fréquemment prévues dans les grandes sociétés. On les désigne sous le nom évocateur de « parachutes dorés » (v. ss « Documents »). 342 ■

section 6

La société sans dirigeant

La société dépourvue de dirigeant (ou dont celui-ci ne peut accomplir sa mission correctement, pour une raison ou pour une autre) se trouve dans une situation dangereuse, comparable à celle d'une personne physique qui ne serait plus en état d'exprimer sa volonté. Le droit positif permet de doter cette société d'un administrateur provisoire. Il s'agit là d'une création prétorienne, dont le régime s'est enrichi progressivement au fil des ans. 343 ■

§ 1 La désignation de l'administrateur provisoire

A. La demande de nomination

1. *Demandeur*

344 Ce sont en premier lieu la société elle-même et ses associés qui ont vocation à demander au juge de nommer un dirigeant en remplacement des « vrais » dirigeants défaillants ou absents, du fait de leur défaillance notamment. Par ailleurs, la Cour de cassation a une position quelque peu fluctuante quant à la recevabilité de la demande de désignation d'un administrateur provisoire formée par un tiers à la société. La porte a été ouverte par certains arrêts (Com. 14 févr. 1989, n° 87-13719, *Bull.* IV, n° 66, qui approuve l'arrêt d'appel ayant jugé irrecevable la demande formée par un créancier, mais alors qu'il était relevé que le fonctionnement de la société était normal et qu'elle ne rencontrait pas de difficultés financières). D'autres arrêts ont exprimé une position hostile (Com. 16 févr. 1988, *Bull. Joly* 1988. 270, note P. Le Cannu). Une décision récente et à la large diffusion, émanant il est vrai de la 3e Chambre civile, peut également être lue comme réservant aux associés la possibilité de demander la désignation d'un administrateur provisoire (Civ. 3e, 17 janv. 2019, n° 17-26695, P+B+I, D. 2019. 623, note Th. de Ravel d'Esclapon – v. Exercices du Chapitre 4).

2. *Motifs*

345 La tendance des juges consiste à ne nommer un administrateur provisoire qu'en cas de circonstances particulièrement graves. La désignation d'un administrateur provisoire, selon une formule présente dans plusieurs décisions, est ainsi vue comme « une mesure exceptionnelle qui suppose d'apporter la preuve de circonstances rendant impossible le fonctionnement normal de la société et menaçant celle-ci d'un péril imminent » (v. Com., 14 oct. 2020, n° 18-20240, *Rev. sociétés* 2021. 236, note B. Lecourt). Ainsi, dès lors qu'un groupe familial assurait le fonctionnement régulier des sociétés concernées, que la loi de la majorité s'exerçait normalement, et que les dissensions entre associés n'empêchaient pas le fonctionnement des organes sociaux ou de la société, la cour d'appel a à bon droit refusé la nomination d'un administrateur provisoire (Com. 6 févr. 2007, *Bull. civ.* IV, n° 28 ; *Dr. sociétés* 2007, n° 73, note H. Hovasse). Dans des situations moins graves, le juge peut se contenter de désigner un mandataire ad hoc, par exemple pour assurer la convocation d'une assemblée et la communication d'informations aux associés, étant alors précisé qu'il n'est plus nécessaire d'établir la preuve de circonstances rendant impossible le fonctionnement normal de la société et la menaçant d'un péril imminent (Civ. 3e, 21 juin 2018, n° 17-13212, PBI, P+B+I, *Bull.* III, n° 74 ; *RTD com.* 2018. 932, obs. A. Lecourt).

B. Le contenu de la décision de nomination

1. *Pouvoirs de l'administrateur provisoire*

346 Le juge décide de la nomination et des pouvoirs de celui que l'on désigne sous le nom de « mandataire judiciaire », mais qui représente bien la société, et non le juge.

Si la liberté est la règle, une décision de 2007 a laissé entendre que les pouvoirs de l'administrateur provisoire devaient être définis restrictivement ; cette décision rendue par la troisième chambre civile de la Cour de cassation, publiée au *Bulletin*, est toutefois sujette à interprétation (Civ. 3e, 3 mai 2007, *Bull. civ.* III, nº 70 ; *Rev. sociétés* 2007. 767, note B. Dondero).

2. *Rémunération de l'administrateur provisoire*

La rémunération de l'administrateur provisoire n'est pas une question fréquemment traitée en jurisprudence. Il ne semble pas, en tous les cas, que ces frais doivent être systématiquement supportés par la société, quand bien même la désignation du mandataire judiciaire serait indispensable à la défense de son intérêt. La responsabilité de la mésentente de deux actionnaires qui avait abouti au blocage des organes sociaux a pu justifier que les honoraires de l'administrateur provisoire soient mis pour moitié à la charge de chacun (Nancy, 8 mars 2007, *RJDA* 2007, nº 1238). 347 ■

§ 2 Le déroulement de la mission de l'administrateur provisoire

La mission de l'administrateur provisoire pourrait être entravée par les dirigeants en place, si ceux-ci ont encore une activité et sont en conflit avec le demandeur à l'action en désignation d'un mandataire judiciaire. La jurisprudence a eu toutefois l'occasion de juger que lorsqu'une mission large était confiée au mandataire judiciaire (administration provisoire *stricto sensu*), les dirigeants en place se trouvaient dessaisis (Civ. 3e, 25 oct. 2006, *Bull. civ.* III, nº 210 ; *Dr. sociétés* 2007, nº 41, note H. Lécuyer). Ce dirigeant particulier qu'est l'administrateur provisoire peut engager sa responsabilité civile ou pénale à l'occasion de l'exercice de sa mission (v. Crim. 22 sept. 2010, *Bull. Joly* 2011. 129, note B. Dondero, favorable à la reconnaissance de la complicité des délits d'abus de biens sociaux et de banqueroute de l'administrateur provisoire qui se désintéresse de la gestion de la société et permet ainsi que des détournements soient commis). 348 ■

6

Compléments pédagogiques

Mémo

Le *dirigeant social*, et plus largement le mandataire social, est une figure importante du droit des sociétés.

Il est généralement placé à la tête de la société par une décision des associés. Il est nécessairement pris, dans certaines sociétés, parmi les associés. Sa désignation est entourée d'un certain nombre de restrictions. Plus précisément, certains cumuls (cumuls de mandats sociaux, cumul du mandat social et d'un contrat de travail) sont encadrés. La désignation du dirigeant, comme la cessation de ses fonctions ou la modification de ses pouvoirs, font l'objet d'une publicité destinée à informer les tiers.

Des textes spéciaux, relayés par la jurisprudence, ont bâti une théorie du *dirigeant de fait*, qualification désignant celui qui exerce une activité de direction sans avoir été désigné par la société, et qui encourt à ce titre la même *responsabilité que le dirigeant de droit.*

Les *pouvoirs du dirigeant social* sont définis par la loi, généralement en collaboration avec les statuts. Ces pouvoirs font l'objet d'un certain nombre de restrictions (conventions réglementées, conventions interdites notamment).

Le *dirigeant social n'est pas nécessairement rémunéré*. Lorsqu'une rémunération est prévue, les conditions en sont très variables, d'autant que cette rémunération peut se cumuler avec celle reçue au titre d'un contrat de travail.

Le dirigeant social supporte plusieurs obligations (obligation d'informer les associés et les autres organes sociaux ; devoir de loyauté ; devoir de diligence). La violation de ces obligations et, plus largement, les fautes commises dans l'exercice de son mandat, peuvent engager la *responsabilité du dirigeant.*

Sa *responsabilité civile* peut le voir tenu d'indemniser la société, les associés ou les tiers des conséquences de ses fautes. Sa responsabilité pénale et sa responsabilité fiscale sont encadrées par des textes spéciaux.

La démission du dirigeant social intervient en principe par acte unilatéral.

Sa *révocation* est alternativement subordonnée à l'*existence d'un juste motif* (à défaut, le dirigeant a droit à des dommages-intérêts) ou libre (on parle alors de *révocation « ad nutum »*, ce qui signifie « sur un signe de tête »). En tous les cas, la faute dans l'exercice du droit de révocation comme le non-respect des droits de la défense ouvrent droit à indemnisation pour le dirigeant.

La société dépourvue de dirigeants ou dont les dirigeants sont défaillants peut enfin être dotée d'un administrateur provisoire par décision du juge.

Quid

■ Dirigeant de fait nos 286 s.

Personne se livrant à une activité de direction de la société, sans avoir fait l'objet d'une désignation en tant que dirigeant, et encourant de ce fait les responsabilités pouvant peser sur le dirigeant de droit.

■ Dirigeant social n° 268

Personne titulaire d'un mandat de direction, exercé seul ou collectivement.

■ Mandataire social n° 268

Cette notion est plus large que celle de dirigeant social, puisqu'elle englobe des organes de la société n'ayant pas une mission de direction. À ce titre, les organes de contrôle « internes » (conseil de surveillance) sont des mandataires sociaux. On peut être plus hésitant pour les commissaires aux comptes.

Documents

Les sources du gouvernement d'entreprise

P. Le Cannu et B. Dondero, « Les recommandations de l'IFA : une synthèse des normes de gouvernement d'entreprise » (extrait) (*RTDF* 3/2007. 107)

« Le gouvernement d'entreprise est une matière — on n'ose pas encore parler de branche du droit – qui se caractérise par la diversité de ses sources. Certaines mesures (le dispositif de contrôle des conventions réglementées applicable aux sociétés anonymes et figurant aux art. L. 225-38 s. du C. com., par ex.) sont l'œuvre du législateur national. D'autres émanent du « législateur » communautaire (v. ainsi, récemment, la Dir. n° 2007/36/CE du Parlement européen et du Conseil du 11 juill. 2007 concernant l'exercice de certains droits des actionnaires de sociétés cotées). Mais cette réglementation nationale ou communautaire n'est pas l'instrument privilégié du gouvernement d'entreprise, qui se satisfait davantage du recours au « *soft law* » (v. en ce sens l'opinion de C. Mc Creevy, commissaire européen au marché intérieur, in *Future of the Company Law Action Plan*; *Listed Companies and Legislators in Dialogue Conference*, Copenhague, 17 nov. 2005, citée in *Droit des sociétés et gouvernement d'entreprise : réponse de la CCIP à la consultation sur les priorités futures du plan d'action*, CCIP, 1er mars 2006, p. 10), c'est-à-dire à des règles qui ne sont pas contraignantes au même titre que l'est la règle de droit. La source de ces règles est d'ailleurs différente. Si le « *hard law* » naît d'une autorité étatique, le « *soft law* » est l'œuvre, le plus souvent, d'autorités autres, et notamment des sujets mêmes de la norme de *soft law*, ou des organisations constituées par ces sujets – en l'occurrence, des organisations regroupant des dirigeants de sociétés cotées, des gérants de participation et, plus largement, des entrepreneurs (v. ainsi not., émanant du MEDEF et de l'AFEP, *Le gouvernement d'entreprise des sociétés cotées*, octobre 2003, et les recommandations sur les rémunérations des dirigeants, mandataires sociaux de sociétés cotées, janvier 2007 (*RTDF* 2007, n° 1, p. 69, obs. P. Le Cannu et B. Dondero). ».

Recommandations Afep/Medef (oct. 2008)

Recommandations sur la rémunération des dirigeants mandataires sociaux de sociétés dont les titres sont admis aux négociations sur un marché réglementé (extraits)

Introduction

La détermination de la rémunération des dirigeants relève de la responsabilité des conseils d'administration ou de surveillance et se fonde sur les propositions du comité des rémunérations. En cas de non application d'une partie des recommandations il revient aux conseils d'administration ou de surveillance d'en expliquer les raisons selon le principe « appliquer ou s'expliquer » (*comply or explain*).

Dans la détermination de ces rémunérations, les conseils et comités doivent prendre en compte les principes suivants :

- *Exhaustivité* : la détermination d'une rémunération doit être exhaustive. Partie fixe, partie variable (bonus), options d'actions (*stock options*), actions de performance, jetons de présence, conditions de retraite et avantages particuliers doivent être retenus dans l'appréciation globale de la rémunération.
- *Équilibre* entre les éléments de la rémunération : chaque élément de la rémunération doit être clairement motivé et correspondre à l'intérêt général de l'entreprise.
- *Benchmark* : cette rémunération doit être appréciée dans le contexte d'un métier et du marché de référence européen ou mondial.
- *Cohérence* : la rémunération du dirigeant mandataire social doit être déterminée en cohérence avec celle des autres dirigeants et celle des salariés de l'entreprise.
- *Lisibilité* des règles : les règles doivent être simples, stables et transparentes ; les critères de performance utilisés pour établir la partie variable de la rémunération, ou le cas échéant pour l'attribution d'options ou d'actions de performance, doivent correspondre aux objectifs de l'entreprise, être exigeants, explicables, et autant que possible pérennes.
- *Mesure* : la détermination de la rémunération et des attributions d'options ou d'actions de performance doit réaliser un juste équilibre et tenir compte à la fois de l'intérêt général de l'entreprise, des pratiques du marché et des performances des dirigeants.

RECOMMANDATIONS

Champ d'application

Ces recommandations s'adressent aux sociétés dont les titres sont admis aux négociations sur un marché réglementé.

Il est également souhaitable et recommandé que les sociétés dont les titres sont admis aux négociations sur un marché organisé (Alternext) et que les sociétés non cotées appliquent, comme c'est déjà le cas pour de nombreuses règles de gouvernement d'entreprise, ces recommandations en tout ou en partie en les adaptant à leurs spécificités.

Sont concernés les dirigeants mandataires sociaux de ces sociétés : présidents, directeurs généraux, directeurs généraux délégués des sociétés à conseil d'administration, membres du directoire des sociétés à directoire et conseil de surveillance et gérants des sociétés en commandite par actions.

Nature des recommandations

Ces recommandations consistent essentiellement en des règles générales qui doivent guider l'action des comités de rémunération ; les modalités d'application de ces règles sont à définir en fonction des spécificités de chaque entreprise (taille, secteur d'activité).

Elles intègrent, complètent et précisent le Code AFEP/MEDEF de gouvernement d'entreprise.

1. Mettre un terme au contrat de travail en cas de mandat social

Cette recommandation s'applique aux président, président directeur général, directeur général dans les sociétés à conseil d'administration, au président du directoire, au directeur général unique dans les sociétés à directoire et à conseil de surveillance, aux gérants dans les sociétés en commandite par actions.

Elle ne vise pas les collaborateurs qui, au sein d'un groupe de sociétés, exercent des fonctions de mandataire social dans une filiale du groupe.

Le niveau élevé des rémunérations des dirigeants mandataires sociaux dans les sociétés cotées se justifie notamment par la prise de risque. Il est par conséquent incompatible avec le cumul des avantages du contrat de travail. (...)

2. Mettre définitivement un terme aux indemnités de départ abusives (« parachutes dorés »)

Il n'est pas acceptable que des dirigeants dont l'entreprise est en situation d'échec ou qui sont eux-mêmes en situation d'échec la quittent avec des indemnités.

La loi donne un rôle majeur aux actionnaires, impose une transparence totale et soumet les indemnités de départ à des conditions de performance. Ces conditions de performance fixées par les conseils doivent être exigeantes et n'autoriser l'indemnisation d'un dirigeant qu'en cas de départ contraint et lié à un changement de contrôle ou de stratégie.

Le versement d'indemnités de départ à un dirigeant mandataire social doit être exclu s'il quitte à son initiative la société pour exercer de nouvelles fonctions, ou change de fonctions à l'intérieur d'un groupe, ou encore s'il a la possibilité de faire valoir à brève échéance ses droits à la retraite.

L'indemnité de départ ne doit pas pouvoir excéder, le cas échéant, deux ans de rémunération (fixe et variable).

Ces règles et ce plafond s'appliquent à l'ensemble des indemnités et incluent notamment les éventuelles indemnités versées en application d'une clause de non-concurrence. Tout gonflement artificiel de la rémunération dans la période préalable au départ est à proscrire.

3. Renforcer l'encadrement des régimes de retraite supplémentaires (...)

4. Fixer des règles complémentaires pour les options d'achat ou de souscription d'actions et l'attribution d'actions de performance (...)

5. Améliorer la transparence sur tous les éléments de la rémunération (...)

6. Suivi des recommandations (...)

Code de gouvernement d'entreprise des sociétés cotées, Afep-Medef, révisé en janvier 2020.

Art. 20 – La déontologie de l'administrateur

Tout administrateur d'une société cotée est tenu aux obligations suivantes :

– avant d'accepter ses fonctions, l'administrateur s'assure qu'il a pris connaissance des obligations générales ou particulières de sa charge. Il prend notamment connaissance des textes

légaux ou réglementaires, des statuts, des présentes recommandations et des compléments que chaque conseil peut leur avoir apportés ainsi que des règles de fonctionnement interne dont ce conseil s'est doté ;
– hors dispositions légales contraires, l'administrateur doit être actionnaire à titre personnel et, en application des dispositions des statuts ou du règlement intérieur, posséder un nombre minimum d'actions, significatif au regard des rémunérations qui lu sont allouées. À défaut de détenir ces actions lors de son entrée en fonction, il utilise ses rémunérations à leur acquisition. L'administrateur communique cette information à la société qui la fait figurer dans son rapport sur le gouvernement d'entreprise ;
– l'administrateur est mandaté par l'ensemble des actionnaires et doit agir en toute circonstance dans l'intérêt social de l'entreprise ;
– l'administrateur a l'obligation de faire part au conseil de toute situation de conflit d'intérêts même potentiel et s'abstient d'assister au débat et de participer au vote de la délibération correspondante ;
– l'administrateur est assidu et participe à toutes les séances du conseil et réunions des comités auxquels il appartient le cas échéant ; il assiste également aux réunions de l'assemblée générale des actionnaires ;
– l'administrateur a l'obligation de s'informer. À cet effet, il demande dans les délais appropriés au président les informations indispensables à une intervention utile sur les sujets à l'ordre du jour du conseil ;
– s'agissant des informations non publiques acquises dans le cadre de ses fonctions, l'administrateur est astreint à une véritable obligation de confidentialité qui dépasse la simple obligation de discrétion prévue par les textes ;
– l'administrateur respecte les prescriptions légales et réglementaires en vigueur en matière de déclaration des transactions et d'abstention d'intervention sur les titres de la société.
Il appartient à chaque conseil de compléter, le cas échéant, cette liste des obligations fondamentales de l'administrateur par les dispositions particulières que son fonctionnement lui paraît exiger. À ce titre, il est souhaitable que le règlement intérieur précise les règles de prévention et de gestion des conflits d'intérêts.

Biblio

1) Articles généraux

– Y. Chaput, « L'émergence du dirigeant exécutif – Les mutations politiques du droit des sociétés », in *Les concepts émergents du droit des affaires*, E. Le Dolley (dir.), LGDJ, 2010, p. 221.
– B. Dondero, « Le Code Afep-Medef révisé : un nouveau départ », *Rev. sociétés* 2014. 7.
– C. Donzel-Taboucou, « le principe « appliquer ou expliquer » en France », *Rev. sociétés* 2015. 347.
– S. Messaï-Bahri, « Le statut des dirigeants de société » in *D'un Code à l'autre : le droit commercial en mouvement*, P. Le Cannu (dir.), LGDJ, 2008, p. 235.
– Y. Pagnerre, *Le salarié mandataire social*, *JCP E* 2021, 1186.

2) Les conditions de nomination du dirigeant

– A. Kwiatkowski-Maître, « Les dispositions concernant l'exercice d'un mandat social de dirigeant d'une société française par des étrangers », *JCP E* 2008. 1873.

3) Le dirigeant de fait

– N. Dedessus-Le-Moustier, « La responsabilité du dirigeant de fait », *Rev. sociétés* 1997. 499.

– Ch. Delattre, « L'inlassable travail de la Cour de cassation quant à la détermination de la notion de direction de fait », *JCP E* 2007. 1872.

– J. Heinich, *Les dirigeants de fait : du neuf dans de l'ancien*, *RJ com.* 2018. 373.

4) Rémunération des dirigeants

– F. Basdevant, « La transparence des rémunérations des mandataires sociaux de sociétés cotées », *RTDF* 2006. 75.

– C. Cathiard, B. Saintourens et A. Lemercier, « La rémunération des dirigeants dans les sociétés par actions », *Actes pratiques & ingénierie sociétaire*, n° 104, mars-avr. 2009, p. 3.

– B. Dondero, « Les golden hellos : le salut impossible ? », *Bull. Joly* 2008. 514.

– F. Garron, « La rémunération excessive des dirigeants de sociétés commerciales », *Rev. sociétés* 2004. 795.

– F. M. Laprade, « La rémunération des dirigeants sociaux au travers d'instruments financiers », *Bull. Joly* 2008. 542.

– Ph. Manière, « Comment "bien" payer les dirigeants d'entreprise ? », Institut Montaigne, *Amicus curiae*, juill. 2007, p. 1.

– B. Roman, « Les "golden hellos" : nouvel Eldorado des dirigeants », *JCP E* 2004. 925.

– S. Sylvestre, « La rémunération "d'activité" des dirigeants : brèves observations en faveur d'une réforme », *Bull. Joly* 2008. 532.

5) Pouvoirs du dirigeant

– F. Basdevant, « Pouvoirs du conseil d'administration, du directeur général et du président », *RTDF* n° 1, 2007. 72.

– F. Basdevant, « Pouvoirs : du directoire, du conseil de surveillance », *RTDF* 2007, n° 2, p. 79.

– A. Couret et J.-B. Duchateau, « Quels pouvoirs pour l'administrateur délégué ? », *Bull. Joly* 2010. 206.

– J.-F. Carré, « Le pouvoir du conseil d'administration d'engager la société à l'égard des tiers », *RJDA* 2007. 1171.

– P. Lequet, La contestation par les tiers des actes accomplis en violation des clauses statutaires limitatives des pouvoirs des dirigeants, *Rev. sociétés* 2021. 18.

– D. Martin, « Les pouvoirs des gérants de sociétés de personnes », *RTD com.* 1973. 185.

– A.-C. Rouaud, « Les limitations statutaires au pouvoir d'agir en justice du représentant légal de société », *Rev. sociétés* 2014. 415.

6) Obligations et responsabilité du dirigeant

– J. Abras, « L'exigence d'une faute séparable des fonctions entendue restrictivement : présent offert aux dirigeants ou nécessité ? », *JCP E* 2008. 1912.

– G. Auzero, « L'application de la notion de faute personnelle détachable des fonctions en droit privé », *D. Affaires* 1998. 502.

– J-F. Barbièri, « Responsabilité de la personne morale ou responsabilité de ses dirigeants ? La responsabilité personnelle à la dérive », in *Mélanges. Y. Guyon*, Dalloz, 2003, p. 41.
– B. Daille-Duclos, « Le devoir de loyauté du dirigeant », *JCP E* 1998. 1486.
– J.-J. Daigre, « Le petit air anglais du devoir de loyauté des dirigeants », in *Mélanges P. Bézard, LPA* – Montchrestien, 2002, p. 79.
– F. Descorps Declère, « Pour une réhabilitation de la responsabilité civile des dirigeants sociaux », *RTD com.* 2003. 25.
– B. Dondero, « La captation des opportunités d'affaires – regards vers l'Étranger », *Gaz. Pal.* 10-11 févr. 2012. 13.
– C. Ducouloux-Favard, « La règle de la faute séparable des fonctions de gestion des sociétés de capitaux est dans la loi », *Dr. sociétés* 2008. Chron. 11.
– J. El Ahdab, « La prise en charge financière par la société de la responsabilité de ses dirigeants : vers un modèle américain ? », *Rev. sociétés* 2008. 239.
– G. Helleringer, « Le dirigeant à l'épreuve des opportunités d'affaires », *D.* 2012. 1560
– P. Le Cannu, « La responsabilité civile des dirigeants de personne morale après la loi de sauvegarde des entreprises du 26 juillet 2005 », *Rev. sociétés* 2005. 743.
– D. Legeais, « La caution dirigeante », in *Mélanges. B. Bouloc*, Dalloz, 2007, p. 599.
– A. Martin-Serf, « La responsabilité civile des dirigeants sociaux : un nuancier de plus en plus subtil », in *Mélanges J.-P. Sortais*, Bruylant, 2002, p. 385.
– E. Nicolas, « la notion de faute séparable des fonctions des dirigeants sociaux à la lumière de la jurisprudence récente », *Rev. sociétés* 2013. 535.
– M.-C. Piniot, « Responsabilité civile des dirigeants sociaux : non-cumul des actions du droit des sociétés et du droit des procédures collectives », *RJDA* 1995. 639.
– L. Saenko, « La notion de dissimulation en matière d'abus de biens sociaux : évolution ou dérive ? », *RTD com.* 2005. 671.
– D. Vidal, « La responsabilité civile des dirigeants sociaux », *Cah. dr. entr.* 2001, n° 3. 16.
– V. Wester-Ouisse, « Critique d'une notion imprécise : la faute du dirigeant de société séparable de ses fonctions », *D. Affaires* 1999. 782.

7) Révocation du dirigeant

– K. Adom, « La révocation des dirigeants de sociétés commerciales », *Rev. sociétés* 1998. 487.
– V. Allegaert, « Les clauses de parachutes dorés sous les feux de la rampe : du projet de loi en faveur du travail, de l'emploi et du pouvoir d'achat », *LPA* 1er août 2007.
– J. El Ahdab, « Les parachutes dorés et autres indemnités conventionnelles de départ des dirigeants : approche pluridisciplinaire et comparée », *Rev. sociétés* 2004. 18.
– S. Messaï-Bahri, « Le régime juridique des parachutes dorés », *Bull. Joly* 2008. 521.
– Y. Paclot et C. Malecki, « Les rémunérations différées des dirigeants dans les groupes de sociétés après la loi TEPA », *Bull. Joly* 2008. 525.
– Ph. Portier, « Commentaires sur les recommandations du MEDEF et de l'AFEP sur les « parachutes dorés » », *JCP E* 2008. II. 372.
– M. Rakotovahiny, « Juste motif de révocation et cause réelle et sérieuse de licenciement », *Rev. sociétés* 2014. 152.

8) Administrateur provisoire

– C. Ruellan, « Les conditions de désignation d'un administrateur provisoire », *Dr. sociétés* 2000, chron. n° 20.

Quiz

1) Sujet corrigé

Cas pratique

Énoncé

M. GILLES, actionnaire minoritaire de la SA AZERO, société spécialisée dans les vins sans alcool, vient vous trouver pour solliciter votre avis sur ses possibilités d'action. M. GILLES considère que les administrateurs gèrent la société AZERO avec incurie, et il en veut pour preuve le fait que la société vient de « louper le coche », selon son expression, d'un investissement capital : elle n'a pas donné suite à une offre d'acquisition faite par M. PUG, inventeur d'un brevet qui permet de développer un champagne non alcoolisé mais reproduisant sur l'organisme tous les effets de l'ébriété. M. GILLES pense que le refus du conseil d'administration, qui n'a pas donné son autorisation à l'acquisition du brevet, alors que celle-ci était requise par les statuts, constitue une faute de gestion majeure. M. GILLES s'inquiète cependant de ne pouvoir prouver la faute de chaque administrateur pris séparément. Il voudrait particulièrement pouvoir engager la responsabilité de M. TOURENS, administrateur et membre du comité d'audit de la société, et qu'il soupçonne d'œuvrer en réalité pour une société concurrente, le GROUPE SAINT-BERNARD.

Voir le corrigé en fin de rubrique.

2) Corrigé

Cas pratique

Si une décision a été prise ou au contraire n'a pas été prise par le conseil d'administration et que l'action ou l'abstention en question produit des résultats dommageables (l'investissement non réalisé aurait empêché que l'exercice soit déficitaire, ou aurait accru les bénéfices à venir de la société), la question se pose, lorsque la décision dommageable peut être qualifiée de faute, de savoir si cette faute peut être imputée collectivement à tous les membres de l'organe collégial, indépendamment de leur participation. Le principe qui régit la responsabilité des dirigeants est issu du droit commun de la responsabilité pour faute de l'article 1240 (l'ordonnance n° 2016-131 a modifié la numérotation de cet article, qui était précédemment l'article 1382) du Code civil : cette responsabilité n'est établie qu'en présence d'une faute imputable à la personne poursuivie. Une responsabilité collective des membres des organes collégiaux des sociétés, comme l'est le conseil d'administration de la SA, apparaît donc exclue. C'est-à-dire que les membres de tels organes ne sauraient être responsables du seul fait qu'une faute a été commise et est imputable à cet organe, s'il n'est pas possible de leur imputer une faute. Ainsi, dans l'espèce relative à la société AZERO, M. GILLES ne devrait en principe pas pouvoir engager la responsabilité de M. TOURENS, à moins d'être en mesure de démontrer que celui-ci a personnellement refusé de voter en faveur de la décision.

Toutefois, si le principe est celui de la responsabilité pour faute prouvée, ce principe reçoit quelques atténuations en droit des sociétés.

Un premier signe de cette remise en cause pourrait être trouvé dans les textes qui reconnaissent à la charge des membres d'un organe collégial de direction ou d'administration une responsabilité solidaire. Ainsi, lorsque l'article L. 225-251 du Code de commerce dispose que les administrateurs sont « responsables, individuellement ou solidairement selon le cas, envers la société ou envers les tiers », ne peut-on considérer que c'est leur responsabilité collective qui se trouve affirmée, le cas visé étant celui où la faute n'est pas celle d'un administrateur (faute « individuelle ») mais celle de l'organe tout entier ? Ce n'est cependant pas là l'interprétation retenue par la doctrine majoritaire ; à raison.

M. TOURENS était par ailleurs membre du comité d'audit. Or, jusqu'à une période récente, l'article L. 823-19 du Code de commerce disposait à cet égard que le comité d'audit agissait « sous la responsabilité exclusive et collective » des membres du conseil d'administration ou du conseil de surveillance. Toutefois, la loi de régulation bancaire et financière du 22 octobre 2010 a supprimé les mots « exclusive et collective » (même si cette formule se retrouvait encore malencontreusement dans un article voisin, C. com., art. L. 823-16, jusqu'à l'intervention de la loi *Sapin 2* du 9 déc. 2016).

Surtout, la situation de M. AZERO devrait bénéficier de la solution affirmée par la Cour de cassation par l'arrêt *Crédit martiniquais.* Par cet arrêt (Com. 30 mars 2010, *Bull. civ.* IV, n° 69 ; *D.* 2010. 1678, note B. Dondero), la Cour a jugé que « commet une faute individuelle chacun des membres du conseil d'administration ou du directoire d'une société anonyme qui, par son action ou son abstention, participe à la prise d'une décision fautive de cet organe, sauf à démontrer qu'il s'est comporté en administrateur prudent et diligent, notamment en s'opposant à cette décision ».

Ainsi, sans que l'on puisse véritablement parler de faute collective, c'est à un résultat assez proche que l'on parvient, puisque l'administrateur ou le membre du directoire est présumé avoir commis une faute individuelle, en présence d'une décision fautive de l'organe auquel il appartient. La solution est heureuse pour les victimes, et en l'occurrence pour M. AZERO, car la preuve de la participation d'une personne donnée à une décision n'est pas chose aisée. Il est donc assez cohérent que ce soit sur le dirigeant, en l'occurrence M. TOURENS, que l'on fasse peser la charge de la preuve de ce que le dirigeant n'a pas participé à la décision fautive, « par son action ou son abstention ».

Une question que devra enfin se poser M. GILLES sera celle de l'action qu'il mettra en œuvre. Tels que les faits sont présentés, il ne semble pas que le préjudice causé par l'incurie des administrateurs de la société AZERO lui soit personnel. Dès lors, il ne saurait agir à titre individuel, et c'est donc la société AZERO qui devra intenter l'action, quitte à ce que M. GILLES mette en œuvre *ut singuli* l'action sociale.

Débat

Le juge peut-il réviser la rémunération du dirigeant social ?

Argument contraire : le principe d'intangibilité des conventions.

Le principe d'intangibilité des conventions, fondé autrefois sur l'article 1134 du Code civil et depuis l'entrée en vigueur de l'ordonnance n° 2016-131 du 10 février 2016, sur l'article 1193 (« Les contrats ne peuvent être modifiés ou révoqués que du consentement mutuel des parties, ou pour les causes que la loi autorise »), fait *a priori* obstacle à la révision de la rémunération du dirigeant social par le juge. Ce que les parties à la convention que constitue le mandat social ont décidé, y compris en termes de rémunération, les lie, et le juge ne saurait modifier les conditions de leur accord. Le point faible de cet argument réside cependant dans les hésitations que l'on peut avoir à qualifier de contrat le mandat social (v. supra n° 270).

Moyens d'une révision judiciaire indirecte : l'annulation partielle de la rémunération ou le versement d'une indemnité par le dirigeant.

Il est tout d'abord concevable, si la rémunération est excessive, de faire application de la qualification d'abus de biens sociaux (v. ss 322) ou d'abus de confiance. Cette qualification pénale devrait avoir pour effet de rendre nulle, totalement ou partiellement, la rémunération convenue.

Il est ensuite envisageable de faire application de la jurisprudence distinguant, dans les sociétés anonymes, les rémunérations *stricto sensu* des versements soumis au régime des conventions réglementées. Les premières sont la contrepartie d'un service rendu à la société. *A contrario*, les versements qui ne correspondent pas à la rémunération d'un service rendu à la société, en tout ou partie (cette dernière hypothèse concernera la rémunération excessive) doivent respecter la procédure des conventions réglementées. Si cela n'a pas été le cas, ces versements sont susceptibles d'annulation, ou bien peuvent ouvrir un droit à indemnisation pour la société.

On pourrait encore, mais l'on sort des règles propres au droit des sociétés, invoquer l'absence totale ou partielle de contrepartie justifiant l'obligation de la société. Avant la réforme du droit des contrats résultant de l'ordonnance n° 2016-131 du 10 février 2016, c'était la notion de cause qui pouvait être invoquée (C. civ., art. 1131 ancien). C'est désormais la contrepartie attendue, si l'on admet de voir le mandat social comme un contrat à titre onéreux (C. civ., art. 1169). La jurisprudence la plus récente de la Cour de cassation n'est cependant pas sur cette longueur d'onde (Com. 21 juin 2017, n° 15-19593, PBI, cité ci-dessus, v. ss 298).

Moyen d'une révision judiciaire directe : transposition de la jurisprudence relative au mandat.

La jurisprudence admet depuis longtemps que le juge puisse opérer une révision des honoraires convenus en matière de mandat (v. par ex. Com. 23 janv. 1962, *Bull. civ.* III, n° 52). C'est d'ailleurs l'un des cas les plus connus de révision judiciaire du contrat, dérogeant à la règle d'intangibilité des conventions.

Le juge ne semble pas se fonder sur cette jurisprudence pour réviser la rémunération du mandataire social, même si la solution retenue apparaît transposable au mandat de gestion (v. en ce sens P.-F. Cuif, *Le contrat de gestion*, Economica, 2004, n° 733), et, au-delà, à tout mandat social.

Cette révision semble exclusivement tournée vers une réduction des rémunérations excessives, s'agissant des honoraires du mandataire (M. Planiol et G. Ripert, *Traité pratique de droit civil français*, t. XI, 2e éd., LGDJ, 1954, n° 1484), même si nous pensons avec d'autres auteurs qu'elle peut permettre d'augmenter ces honoraires (Ph. Malaurie, L. Aynès et P.-Y. Gautier, *Les contrats spéciaux*, 8e éd., *Defrénois*, 2016. 549).

La tendance récente de la jurisprudence à refuser d'appliquer au mandat social le droit du mandat issu du Code civil pourrait toutefois jouer contre le moyen qui vient d'être examiné.

chapitre 7

Le fonctionnement courant de la société

Plan analytique

Compléments pédagogiques

Le fonctionnement courant de la société

La vie de la société est plus organisée que celle des personnes physiques, dès lors que cette vie n'est en réalité que juridique — si l'entreprise a sa « vie » propre, celle-ci concerne moins le droit que l'économie. 349

La vie de la société passe par une sorte de respiration. L'inspiration correspond à l'information donnée aux différents organes sociaux (section 1). L'expiration correspond aux décisions prises par les associés (section 2) et par les autres organes (section 3). Cette respiration se fait cependant sous le contrôle d'organes spécifiques (section 4) et notamment des *commissaires aux comptes*[Q], même si l'activité de ces derniers a été considérablement réduite par la loi PACTE du 22 mai 2019.

section 1

L'information donnée aux organes sociaux

§ 1 L'information donnée aux associés

Le droit à l'information est particulièrement important, en ce qu'il permet à l'associé ou à l'actionnaire de prendre des décisions en connaissance de cause. Cela est vrai tant des décisions individuelles, telle que la décision de céder ses titres en ayant une idée de leur valeur exacte, que des décisions collectives, c'est-à-dire des décisions qui vont être prises par les associés en assemblée générale ou par un autre mode de décision. L'information des associés est un élément fort de la tendance dite du gouvernement d'entreprise (*Corporate Governance*), dont on a vu qu'il est un courant d'idées visant à réformer la direction des sociétés et les rapports de force entre les actionnaires et les dirigeants, en faveur des premiers, mis à l'écart du fait de la dissociation croissante entre la propriété des fonds apportés et l'exercice du pouvoir dans la société. 350

L'associé ou l'actionnaire peut être informé par des modes que l'on peut dire alternativement « normaux » ou exceptionnels.

A. Modes normaux d'information

L'information de l'associé fait l'objet de textes détaillés dans les SARL et les sociétés par actions. La situation de l'associé d'une société de personnes est différente. On peut supposer que cet associé est dans une relation de plus grande proximité avec les dirigeants, et qu'il est donc moins besoin de donner un cadre formalisé à l'exercice 351 de son droit d'information. Dans les sociétés pour lesquelles des textes particuliers régissent l'information de l'associé ou de l'actionnaire, on peut relever trois modalités de délivrance de l'information.

1. *Information permanente*

352 En premier lieu, l'associé dispose d'un droit permanent de consultation de différents documents.

À titre d'exemple, l'associé de SARL peut ainsi à toute époque obtenir communication de documents concernant les trois derniers exercices : statuts en vigueur, liste des gérants et des commissaires aux comptes en exercice, documents sociaux des trois derniers exercices, c'est-à-dire bilans, comptes de résultats, annexes, inventaires, rapports soumis aux assemblées et procès-verbaux de ces assemblées (C. com., art. L. 223-26, al. 4, R. 223-14 et R. 223-15). L'associé peut prendre copie de ces différents documents, à l'exception des inventaires, et il peut se faire assister d'un expert inscrit sur une des listes établies par les cours et tribunaux (C. com., art. R. 223-15). Le régime de la SARL dispose en outre que toute clause contraire à l'exercice de ce droit est réputée non écrite (C. com., art. L. 223-26, al. 5).

On précisera que l'information permanente des associés, comme celle des tiers, est assurée également par le dépôt au greffe du tribunal de commerce de documents relatifs aux comptes sociaux, qui deviennent ainsi consultables par tous (v. ss « Quiz »).

2. *Information périodique*

a. Généralités

353 En deuxième lieu, l'associé ou l'actionnaire dispose d'un droit d'information que l'on peut dire périodique, en ce qu'il intervient dans la période précédant les assemblées ou les autres réunions des associés.

Pour reprendre l'exemple de la SARL, l'associé de cette société doit se voir communiquer, préalablement à l'assemblée devant statuer sur l'approbation des comptes annuels, le rapport de gestion, l'inventaire, les comptes annuels établis par les gérants, le texte des résolutions proposées à l'assemblée, ainsi que, le cas échéant, le rapport des commissaires aux comptes, les *comptes consolidés*[Q], et le rapport sur la gestion du groupe (C. com., art. L. 223-26, al. 1er et 2). Ces documents doivent être adressés aux associés 15 jours au moins avant la date prévue pour la réunion de l'assemblée, l'inventaire étant tenu à la disposition des associés au siège social dans cette période (C. com., art. R. 223-18). La délibération prise sans que ce droit d'information ait été respecté peut être annulée (C. com., art. L. 223-26, al. 2). Une information comparable est adressée aux associés s'agissant des autres assemblées de la SARL (C. com., art. R. 223-19).

b. Les rapports

1. Le rapport de gestion

354 Dans toutes les sociétés, sauf exception, les dirigeants ont l'obligation d'établir un tel document (C. com., art. L. 232-1 pour les sociétés commerciales et C. civ., art. 1856 pour les sociétés civiles). Le rapport de gestion est le document par lequel les dirigeants informent notamment les associés de la situation de la société au cours de l'exercice écoulé, de son évolution prévisible, et des événements importants

survenus depuis la date de clôture de l'exercice. Le rapport de gestion permet aux associés de prendre un certain nombre de décisions, et notamment d'approuver ou non les comptes.

L'exception à l'obligation de présenter aux associés un rapport de gestion concernait depuis 2009 les sociétés unipersonnelles (SARL et SAS) ne dépassant pas certains seuils et dont l'associé unique personne physique était aussi le gérant ou le président (C. com., art. L. 232-1, IV, modifié par la loi n° 2009-1255 du 19 oct. 2009 ; v. ss 716 et v. ss 927). La loi n° 2018-727 du 10 août 2018 a retouché l'art. L. 232-1, IV pour étendre la dispense à toutes les sociétés commerciales entrant dans la catégorie des petites entreprises et n'exerçant pas certaines activités (sociétés holdings, établissements de crédit, entreprises d'assurance, etc.). Le décret n° 2019-539 du 29 mai 2019, décret d'application de la loi PACTE, a quant à lui rehaussé les seuils définissant les petites entreprises, dispensant davantage de sociétés de l'obligation d'établir un rapport de gestion.

Lorsqu'il est établi, le rapport peut aller du très simple (dans les sociétés de personnes) au très long et compliqué (dans les sociétés cotées). La tendance législative est à l'alourdissement des informations contenues dans le rapport. À ce titre, on relèvera notamment l'accroissement des informations relatives à la responsabilité sociale et environnementale de l'entreprise, la *RSE*, imposé par la L. du 12 juill. 2010 portant engagement national pour l'environnement, rectifiée par la loi de régulation bancaire et financière du 22 oct. 2010. Ce sont non seulement les sociétés cotées, mais aussi, notamment, les sociétés anonymes de grande taille (dépassant les seuils définis par un décret du 24 avril 2012) qui doivent fournir des informations dans le domaine de la RSE (v. également les apports de la L. n° 2014-1662 du 30 décembre 2014 portant diverses dispositions d'adaptation de la législation au droit de l'Union européenne en matière économique et financière).

Le rapport de gestion est un document capital. Des erreurs dans ce document ou, pire, son absence totale, seraient susceptibles d'engager la responsabilité des dirigeants, voire de compromettre la validité des délibérations prises sur le fondement du rapport erroné ou sans rapport.

On peut prendre pour exemple le rapport de gestion que doivent rédiger les 355
dirigeants d'une SA, aux termes de l'article L. 225-100 du Code de commerce. Cette disposition, complétée par l'art. L. 225-100-1 depuis l'ord. n° 2017-1162 du 12 juillet 2017, décrit le contenu du rapport du conseil d'administration de la SA (ou de son directoire, lorsqu'elle a choisi ce mode de direction). Elle sert également de modèle au rapport du gérant de SARL (C. com., art. L. 223-26, al. 6), ainsi qu'à celui du gérant de SCA.

Le rapport de gestion doit comprendre une analyse objective et exhaustive de l'évolution des affaires, des résultats et de la situation financière de la société, notamment de sa situation d'endettement. Si besoin, l'analyse doit également comporter des indicateurs clés de performance de nature non financière ayant trait à l'activité spécifique de la société, notamment des informations relatives aux questions d'environnement et de personnel. Cette analyse doit contenir, le cas échéant, des renvois aux montants indiqués dans les comptes annuels et des explications supplémentaires y afférentes. Une description des principaux risques et incertitudes auxquels la société est confrontée doit figurer dans le rapport. Le rapport de gestion comporte en outre des indications sur l'utilisation des instruments financiers par l'entreprise, lorsque cela est pertinent pour l'évaluation de sa situation.

Des informations sur la participation des salariés au capital social doivent également figurer dans le rapport (C. com., art. L. 225-102), ainsi que des informations sur les mandats et fonctions exercés par les mandataires sociaux dans toute société (C. com., art. L. 225-37-4).

Les sociétés commerciales atteignant ou dépassant certains seuils sont tenues d'établir différents documents supplémentaires ou de faire figurer des informations particulières dans le rapport de gestion. Ainsi, les sociétés ayant un effectif de 300 salariés ou plus, ou un chiffre d'affaires de 18 millions d'euros ou plus doivent établir une situation de l'actif réalisable et disponible et du passif exigible, un compte de résultat prévisionnel, documents qui doivent être analysés dans le rapport de gestion (C. com., art. L. 232-2, L. 232-3 et R. 232-2 s.). De même, la loi *El Khomri* (L. nº 2016-1088 du 8 août 2016) a imposé aux sociétés cotées et à celle dont le total du bilan ou le chiffre d'affaires dépasse 100 millions d'euros et qui ont plus de 500 salariés de faire état dans la déclaration de performance extra-financière insérée dans leur rapport de gestion des accords collectifs conclus dans l'entreprise et de leurs impacts sur la performance économique de l'entreprise ainsi que sur les conditions de travail des salariés (C. com., art. L. 225-102-1, III, L. 22-10-36 et R. 225-104). Parmi les ajouts récents, la loi nº 2018-771 du 5 sept. 2018 a imposé de faire figurer dans cette même déclaration les mesures prises en faveur des personnes handicapées, tandis que la loi nº 2018-898 du 23 oct. 2018 a demandé une information sur la lutte contre l'évasion fiscale, et la loi nº 2018-938 du 30 oct. 2018 a demandé une information sur la lutte contre la précarité alimentaire, ainsi que sur le respect du bien-être animal et d'une alimentation responsable, équitable et durable.

Les sociétés exploitant des installations particulières peuvent être astreintes à des informations supplémentaires, relatives notamment à la politique de prévention du risque d'accident technologique menée par la société (v. C. com., art. L. 225-102-2).

Les sociétés détenant des participations dans d'autres sociétés sont également tenues de fournir des informations particulières (v. ss chapitre 16). La prise d'une participation supérieure à certains seuils dans une société ayant son siège social sur le territoire de la République française doit être mentionnée, et l'activité des filiales de la société ainsi que des sociétés qu'elle contrôle doit figurer dans le rapport (C. com., art. L. 233-6). Depuis peu, dans toutes les sociétés commerciales, les succursales existantes doivent être mentionnées (art. L. 232-1, II, réd. ord. nº 2015-900 du 23 juill. 2015).

Dans les sociétés cotées, le rapport doit également exposer des informations relatives aux conséquences sociales et environnementales de l'activité de la société (la « RSE », responsabilité sociale et environnementale, qui concerne aussi, comme on l'a dit, les sociétés de grande taille), aux rémunérations perçues par les mandataires sociaux (C. com., art. L.22-10-35 et L. 22-10-36). D'autres éléments (structure du capital, restrictions statutaires à l'exercice des droits de vote, etc.) lorsque ceux-ci sont susceptibles d'avoir une incidence en cas d'offre publique (C. com., art. L.22-10-11) doivent figurer dans un rapport sur le gouvernement d'entreprise, joint au rapport de gestion.

■ 356 De nombreux documents doivent être joints au rapport de gestion.

Si l'on reprend l'exemple de la SA, on relèvera que le rapport du conseil d'administration ou du directoire doit être accompagné notamment :

– d'un tableau des résultats des cinq derniers exercices de la société (C. com., art. R. 225-102) ;

– d'un tableau récapitulatif des délégations en cours de validité accordées par l'assemblée générale des actionnaires au conseil d'administration ou au directoire dans le domaine des augmentations de capital, faisant apparaître l'utilisation faite de ces délégations au cours de l'exercice (C. com., art. L. 225-37-4 – v. ss chapitre 8) ;

– des observations du comité d'entreprise / comité social et économique (C. trav., art. L. 2312-32, al. 2) ;

– d'un rapport du conseil d'administration ou de surveillance, joint au rapport de gestion, ou pour les sociétés à conseil d'administration, pouvant être intégré à celui-ci et portant sur le gouvernement d'entreprise. Jusqu'à l'ordonnance n° 2017-1162 du 12 juillet 2017, seules étaient concernées par cette obligation les sociétés cotées. Ce n'est plus le cas, mais ces sociétés sont les seules à devoir faire figurer certaines informations dans le rapport, et notamment celles sur la rémunération des dirigeants.

2. Les autres rapports des dirigeants

Outre le rapport qui doit être présenté aux associés lorsqu'ils statuent sur l'approbation des comptes de l'exercice écoulé, les dirigeants doivent en règle générale présenter un rapport aux associés toutes les fois que ceux-ci sont appelés à prendre une décision collective. Des textes le prévoient expressément, et la pratique est en ce sens, même en l'absence de texte. Pourtant, une décision remarquée de la Cour de cassation a pris le parti inverse, en jugeant que l'assemblée générale extraordinaire n'était pas tenue de statuer sur le rapport du conseil d'administration, en l'absence d'exigence légale en ce sens (Com. 26 oct. 2010, *Bull. civ.* IV, n° 161 ; *Bull. Joly* 2011. 14, note Ph. Merle ; *RTD com.* 2011. 126, obs. P. Le Cannu et B. Dondero). 357 ■

Les organes de la société qui ne sont pas chargés de la direction sont également tenus de rédiger des rapports à destination des associés ou des autres organes de la société. On prendra pour exemple un rapport qui n'a cessé de croître quant aux informations qu'il doit contenir, qui est celui, évoqué précédemment, demandé au président du conseil d'administration des SA cotées sur un marché réglementé, et qui doit, depuis l'ordonnance n° 2017-1162 du 12 juillet 2017, émaner directement du conseil d'administration, étant d'ailleurs précisé que ce rapport est désormais requis aussi des SA non cotées. 358 ■

Ce rapport, qui est joint à celui du conseil d'administration ou intégré dans celui-ci (C. com., art. L. 225-37), rend compte de la composition, des conditions de préparation et d'organisation des travaux du conseil, des procédures de contrôle interne et de gestion des risques mises en place par la société, ainsi que des éventuelles limitations que le conseil d'administration apporte aux pouvoirs du directeur général. Par ailleurs, le rapport contient des informations relatives à la manière dont la société met en œuvre les principes du gouvernement d'entreprise (soumission volontaire à un code de gouvernement d'entreprise, notamment). D'autres informations doivent figurer dans ce rapport, et notamment, depuis l'ordonnance du 12 juillet 2017, les informations relatives aux rémunérations et avantages de toute nature accordés aux mandataires sociaux des sociétés cotées (C. com., art. L. 22-10-9).

c. Les questions

Enfin, une modalité particulière d'information de l'associé consiste en la possibilité de poser des questions aux dirigeants. Ainsi, en matière de SARL, lorsque c'est 359 ■

l'assemblée annuelle qui est convoquée, la communication des documents mentionnée plus haut ouvre également aux associés la faculté de poser des questions écrites au gérant, qui devra répondre à ces questions au cours de l'assemblée (C. com., art. L. 223-26, al. 3). La clause qui interdirait aux associés de poser des questions écrites serait réputée non écrite (C. com., art. L. 223-26, al. 5). Ce droit de poser des questions préalablement à l'assemblée annuelle ne se confond pas avec un droit proche, permettant à l'associé non gérant de SARL de poser à tout moment et deux fois par exercice des questions (pas forcément écrites) au gérant sur « tout fait de nature à compromettre la continuité de l'exploitation » (C. com., art. L. 223-36). L'intérêt de ce droit reconnu aux associés est qu'il permet à un associé (qui ne participe pas à la gestion) de s'informer sur un risque de cessation d'activité et éventuellement de « faillite » de la SARL, et également d'attirer l'attention du gérant sur ce risque.

3. *Sanctions*

■ 360 Une sanction particulière est prévue en cas de non-respect de l'information des associés préalable à l'assemblée annuelle. Dans cette hypothèse, plusieurs textes (par ex. C. com., art. L. 223-26, al. 2, en matière de SARL) prévoient en effet la possibilité d'annuler les décisions prises par les associés. Dans la SARL, pour rester dans cette société, cette sanction n'est pas prévue pour les autres assemblées. La cour d'appel de Paris en a déduit (Paris, 3 déc. 1993, *RJDA* 3/94, n° 294) que ces assemblées ne pouvaient être annulées pour défaut de communication des informations prévues par le décret. Il demeure que l'annulation des résolutions prises lors d'une assemblée pour laquelle l'associé n'a pas reçu une information suffisante devrait toujours être envisageable, dans la limite des règles relatives aux nullités en matière de sociétés (v. ss chapitre 4).

Dans tous les cas, l'attribution de dommages-intérêts est possible, ceux-ci devant peser sur les dirigeants à la charge desquels l'obligation d'information a été mise, ou sur la société.

Dans certains cas, le dirigeant qui n'assure pas une information correcte des associés encourt des sanctions pénales. Mais ces textes sont peu appliqués, et la loi NRE du 15 mai 2001 a remplacé certaines de ces sanctions, dans les sociétés commerciales, par des injonctions de faire pouvant être demandées par les personnes intéressées au président du tribunal de commerce statuant en référé (C. com., art. L. 238-1). Par ce biais, il sera possible d'obtenir la condamnation sous astreinte du dirigeant à exécuter son obligation d'information, ou d'obtenir la désignation d'un mandataire judiciaire qui procédera à cette communication. Il convient de préciser que lorsque l'injonction de faire est demandée aux fins d'obtenir des informations dues à l'associé avant l'assemblée générale, elle ne peut être utilisée postérieurement à cette assemblée (Com. 26 févr. 2008, *Bull. civ.* IV, n° 45 ; *Rev. sociétés* 2008. 378, note B. Saintourens). Des dispositions spécifiques permettent au président du tribunal de commerce d'adresser au dirigeant d'une société commerciale qui ne procède pas au dépôt des comptes annuels dans les délais légaux une injonction de le faire à bref délai et sous astreinte (v. ainsi C. com., art. L. 611-2, II). Notons par ailleurs que tout intéressé peut demander au juge d'enjoindre au dirigeant d'une personne morale de procéder au dépôt au registre du commerce et des sociétés des pièces et actes lorsque ce dépôt est imposé à la personne morale par la loi ou le règlement (C. com., art. L. 123-5-1), étant précisé que le demandeur n'a pas à faire la preuve d'un intérêt particulier (v. ainsi, admettant l'action d'un ancien salarié, Com. 3 avril 2012, n° 11-17.130, *Bull. civ.* IV, n° 75 ; *D.* 2012. 1006, obs. A. Lienhard ; *Rev. sociétés* 2012. 571, note A. Reygrobellet).

B. Modes exceptionnels d'information

Un mode d'information plus exceptionnel de l'associé consiste à solliciter le juge afin qu'il désigne un expert chargé d'informer les associés. Cet expert peut être celui qui est prévu, dans le cadre des SA et SARL, pour mettre en œuvre une expertise de gestion. Cette possibilité est reconnue par des textes spéciaux, et cette demande d'expertise ne peut être accueillie que dans les sociétés pour lesquelles de tels textes existent (Com. 30 nov. 2004, *Bull. civ.* IV, n° 212 ; *Bull. Joly* 2005. 410, note B. Saintourens – v. ss 701 s. et v. ss 901 s., pour le régime de l'expertise de gestion dans la SARL et dans la SA). 361 ■

Mais la demande d'expertise peut également être faite selon les modalités de l'article 145 du Code de procédure civile (expertise *in futurum*). Elle peut alors intervenir dans toute société.

C. Observations complémentaires

1. *Information accrue dans les sociétés cotées*

Dans les sociétés cotées en bourse, la qualité de l'information fournie aux actionnaires et, plus largement, aux investisseurs et au marché, est contrôlée par l'AMF. Cette autorité s'assure du fait que les sociétés cotées délivrent une information saine et précise aux investisseurs et au marché, c'est-à-dire aux personnes qui sont déjà actionnaires de la société mais également à celles qui pourraient le devenir (v. ss chapitre 16). 362 ■

2. *Tendance générale à l'accroissement de l'information requise des sociétés*

Sous l'influence du gouvernement d'entreprise, la tendance est à l'accroissement de la quantité des informations demandées aux sociétés. Cet accroissement ne touche cependant pas uniquement les sociétés cotées, mais a des retentissements sur le régime de toutes les sociétés. 363 ■

Certes, le mouvement du gouvernement d'entreprise concerne initialement les seules sociétés cotées, mais il n'est pas surprenant que les sains principes qu'il édicte séduisent finalement toutes les sociétés.

3. *Autres obligations*

Des textes récents ajoutent, au-delà de l'information, des obligations à celles qui pesaient déjà sur les sociétés et leurs dirigeants. On peut évoquer rapidement ici deux dispositifs importants, qui concernent les grandes sociétés. 364 ■

a. Lutte contre la corruption

L'article 17 de la loi *Sapin* 2 (L. n° 2016-1691 du 9 déc. 2016) oblige les présidents, directeurs généraux et gérants d'une société employant au moins 500 salariés, ou appartenant à un groupe de sociétés dont la société mère a son siège social en France 365 ■

et dont l'effectif comprend au moins 500 salariés, et dont le chiffre d'affaires ou le chiffre d'affaires consolidé est supérieur à 100 millions d'euros, à prendre les mesures destinées à prévenir et à détecter la commission, en France ou à l'étranger, de faits de corruption ou de trafic d'influence. Lorsque la société établit des comptes consolidés, ces obligations portent sur la société elle-même ainsi que sur l'ensemble de ses filiales, étant précisé que si une filiale ou société contrôlée dépasse les seuils, elle est réputée satisfaire au dispositif dès lors que la société qui la contrôle met en œuvre les mesures et procédures pour les sociétés qu'elle contrôle.

Concrètement, les sociétés concernées doivent adopter un code de conduite définissant et illustrant les différents types de comportements à proscrire comme étant susceptibles de caractériser des faits de corruption ou de trafic d'influence, un dispositif d'alerte interne, une cartographie des risques auxquels la société est exposée, des procédures d'évaluation de la situation des clients, fournisseurs de premier rang et intermédiaires au regard de la cartographie des risques, des procédures de contrôles comptables, un dispositif de formation, et un régime disciplinaire permettant de sanctionner les salariés de la société en cas de violation du code de conduite de la société.

L'Agence française anticorruption contrôle le respect du dispositif, et elle peut adresser un avertissement aux représentants de la société, adresser une injonction à la société et à ses représentants d'adapter les procédures de conformité internes destinées à la prévention et à la détection des faits de corruption ou de trafic d'influence, et prononcer des sanctions pécuniaires dont le montant ne peut excéder 200 000 € pour les personnes physiques et un million d'euros pour les personnes morales.

Ce dispositif est entré en vigueur le 1er juin 2017.

b. Devoir de vigilance

366 Après plusieurs initiatives parlementaires infructueuses, la loi n° 2017-399 du 27 mars 2017 a instauré un devoir de vigilance, pesant sur les sociétés mères et les entreprises donneuses d'ordre.

Les obligations nouvelles ont été insérées dans les dispositions sur l'assemblée générale des sociétés anonymes, et elles devraient s'appliquer aussi aux SAS (v. ss 929). Est concernée la société qui emploie, à la clôture de deux exercices consécutifs, au moins 5 000 salariés en son sein et dans ses filiales directes ou indirectes dont le siège social est fixé sur le territoire français, ou au moins 10 000 salariés en son sein et dans ses filiales directes ou indirectes dont le siège social est fixé sur le territoire français ou à l'étranger. Comme pour le dispositif précédent, les filiales ou sociétés contrôlées qui dépassent les seuils sont réputées respecter les obligations légales en question quand la société qui les contrôle établit et met en œuvre un plan de vigilance relatif à l'activité de la société et de l'ensemble des filiales ou sociétés qu'elle contrôle.

Les sociétés visées doivent établir et mettre en œuvre de manière effective un plan de vigilance, comportant les mesures de vigilance raisonnable propres à identifier les risques et à prévenir les atteintes graves envers les droits humains et les libertés fondamentales, la santé et la sécurité des personnes ainsi que l'environnement, résultant des activités de la société et de celles 1) des sociétés qu'elle contrôle au sens du II de l'article L. 233-16, directement ou indirectement, 2) et des activités des sous-traitants ou fournisseurs avec lesquels est entretenue une relation commerciale établie, lorsque ces activités sont rattachées à cette relation.

Ce plan comprend une cartographie des risques, des procédures d'évaluation régulière de la situation des filiales, des sous-traitants ou fournisseurs, des actions adaptées d'atténuation des risques ou de prévention des atteintes graves, un mécanisme d'alerte et de recueil des signalements relatifs à l'existence ou à la réalisation des risques, et un dispositif de suivi des mesures mises en œuvre et d'évaluation de leur efficacité. Le plan de vigilance et le compte rendu de sa mise en œuvre effective sont rendus publics et inclus dans le rapport de gestion présenté à l'assemblée générale.

La loi qui avait été adoptée par le Parlement prévoyait des sanctions lourdes. Une fois la société mise en demeure de respecter les nouvelles obligations, elle pouvait être condamnée au paiement d'une amende civile allant jusqu'à 10 millions d'euros, et dont il était précisé qu'elle ne constituait pas une charge déductible du résultat fiscal. Si le manquement causait un préjudice, l'auteur du manquement engageait sa responsabilité civile, et le montant de l'amende civile précitée pouvait être majoré jusqu'à trois fois, en fonction de la gravité et des circonstances du manquement et du dommage.

Le Conseil constitutionnel a cependant anéanti toute la partie du dispositif nouveau qui était relative au paiement d'une amende. Par sa décision n° 2017-750 DC du 23 mars 2017, il a estimé que le dispositif était trop peu précis, notamment du fait de la référence aux « droits humains » et aux « libertés fondamentales », pour que des sanctions telles qu'une amende de 10 millions d'euros puissent être édictées.

Ce nouveau dispositif s'applique en totalité aux rapports de gestion portant sur l'exercice 2018 et les exercices postérieurs ; il avait reçu une application partielle (à l'exception du compte rendu), pour le rapport portant sur l'exercice 2017.

Une difficulté que les premières applications de ce dispositif ont mis en évidence est celle de la compétence judiciaire : plusieurs décisions ont retenu en 2020 la compétence du tribunal de commerce (v. not. CA Versailles, 10 déc. 2020, *BJS* avril 2021. 25, note A. Reygrobellet), mais une décision a admis ensuite celle du tribunal judiciaire. Le projet de loi portant lutte contre le dérèglement climatique et renforcement de la résilience face à ses effets intègre un amendement, adopté par l'Assemblée nationale à l'heure où nous écrivons, donnant compétence au tribunal judiciaire.

§ 2 L'information donnée aux autres organes

Un droit d'information bénéficie par ailleurs à d'autres organes que les associés, se traduisant par une obligation d'information pesant corrélativement sur des organes sociaux déterminés. Le président du conseil d'administration de la SA est ainsi tenu de s'assurer que les administrateurs ont reçu les informations nécessaires au bon exercice de leurs prérogatives (C. com., art. L. 225-51). 367

section 2

Les décisions prises par les associés

368 Les associés prennent ensemble un certain nombre de décisions relatives à la société. L'une d'entre elles est récurrente, et concerne l'approbation des comptes sociaux. Les dirigeants doivent établir des comptes annuels à la fin de chaque exercice (C. com., art. L. 232-1) et les soumettre à l'approbation des associés (v. ainsi, dans la SA, C. com., art. L. 225-100, imposant de réunir l'assemblée générale ordinaire dans les six mois de la clôture de l'exercice pour statuer sur l'approbation des comptes). D'autres décisions sont plus exceptionnelles en ce qu'elles entraînent des mutations de la société (v. ss chapitre 8).

Les décisions peuvent être prises dans le cadre d'une assemblée (§1). Elles peuvent également, lorsque la loi ou les statuts l'autorisent, être prises selon d'autres modalités (§2).

§ 1 Les assemblées

369 C'est dans la SA que l'on trouve les textes les plus fournis régissant les assemblées. L'organisation des assemblées d'actionnaires de la SA est donc susceptible de servir de modèle aux assemblées des sociétés moins abondamment fournies en textes, voire aux assemblées de groupements non sociétaires. Il faut cependant n'appliquer les textes relatifs aux assemblées de SA qu'avec mesure, l'organisation de la plus importante de nos sociétés commerciales ne convenant pas nécessairement aux autres groupements. Au-delà de ces textes se dégage un droit commun des décisions collectives, et en premier lieu des assemblées, qui sont la forme de décision collective la mieux à même de garantir une discussion entre associés. On précisera qu'en pratique, il n'est sans doute pas rare que des assemblées se déroulent simplement « sur le papier », ce qui ne favorise pas les échanges entre associés et peut entacher la validité des décisions ainsi prises.

La pandémie de Covid-19 survenue au début de l'année 2020 a contraint à mettre en place un dispositif d'exception, résidant en premier lieu dans une ordonnance n° 2020-321 du 25 mars 2020, et qui permet la tenue des assemblées « à huis clos », c'est-à-dire sans la présence physique des associés ou actionnaires (v. « Débat »).

A. La convocation de l'assemblée

1. *Auteur de la convocation*

a. Compétence de principe des dirigeants

370 Le pouvoir de convocation de l'assemblée des associés est généralement attribué aux organes de direction de la société.

Par exemple, l'assemblée des actionnaires de la SA est convoquée par le conseil d'administration ou par le directoire (C. com., art. L. 225-103, I). Dans les SA à directoire et conseil de surveillance, l'assemblée peut également être convoquée par le conseil de surveillance (C. com., art. L. 225-103, III). Il n'est cependant pas précisé si cette prérogative est subsidiaire par rapport au pouvoir de convocation accordé au directoire.

b. Compétence subsidiaire

Il faut cependant compter avec la possible inertie des dirigeants chargés de la convocation, qui s'explique souvent par la crainte de voir l'assemblée prendre des mesures contraires à leurs intérêts (révocation par ex.). Afin de pallier lestement à ce type de blocage, il est fréquemment prévu que la convocation de l'assemblée pourra également être faite par d'autres organes. 371 ■

Ainsi, l'assemblée de la SA peut également être convoquée par les commissaires aux comptes ou par un mandataire désigné en justice à la demande, soit de tout intéressé en cas d'urgence, soit d'un ou plusieurs actionnaires réunissant au moins 5 % du capital social (le juge appréciant la demande au regard de l'intérêt social – v. not. Com., 13 janv. 2021, n° 18-24853, *Bull.* ; *Rev. sociétés* 2021. 248, note A. Viandier), soit enfin d'une association d'actionnaires (C. com., art. L. 225-103, II). À ces possibilités s'ajoutent celles liées à des situations particulières : l'assemblée de la SA dissoute peut ainsi être convoquée par le liquidateur, tandis qu'après une offre publique d'achat ou d'échange (v. ss 1243 s.), ou après une cession d'un bloc de contrôle, la convocation est également ouverte aux actionnaires majoritaires en capital ou en droits de vote (C. com., art. L. 225-103, II). La convocation par ces différents organes intervient « par défaut », c'est-à-dire qu'il faut constater une carence du conseil d'administration ou du directoire pour que ces organes puissent convoquer l'assemblée. On ajoutera que le comité social et économique (autrefois le comité d'entreprise) peut également demander en justice la désignation d'un mandataire chargé de convoquer l'assemblée générale des actionnaires en cas d'urgence (C. trav., art. L. 2312-77, al. 1er). La loi *Warsmann II* du 22 mars 2012 a encore permis, lorsque l'assemblée générale ordinaire n'a pas été réunie dans les six mois de la clôture de l'exercice ou dans le délai prorogé par décision de justice, le cas échéant, que le ministère public ainsi que tout actionnaire, sans condition de détention d'un certain nombre d'actions, saisissent le président du tribunal compétent statuant en référé afin que celui-ci enjoigne, y compris sous astreinte, aux dirigeants de convoquer l'assemblée ou qu'il désigne un mandataire pour y procéder (C. com., art. L. 225-100, al. 1er).

2. *Forme de la convocation*

a. Diversité des normes applicables

La forme de la convocation est laissée alternativement à l'appréciation de l'autorité réglementaire ou des statuts de la société. 372 ■

C'est ainsi la partie réglementaire du Code de commerce qui prescrit les formes de la convocation des assemblées d'actionnaires de la SA (v. C. com., art. R. 225-66 s., sur renvoi opéré par l'art. L. 225-104).

Les statuts peuvent également avoir leur rôle à jouer. C'est particulièrement dans les SAS qu'ils ont une grande importance, puisque le législateur leur a conféré le pouvoir de déterminer les « formes et conditions » des décisions collectives prises dans ces sociétés (C. com., art. L. 227-9).

b. Sanctions

373 Une assemblée irrégulièrement convoquée est susceptible d'être annulée. En principe, la non-convocation pure et simple d'un associé devrait entraîner systématiquement la nullité de la décision collective prise sans cet associé (Com. 28 mars 2006, *Bull. Joly* 2006. 1029, note P. Le Cannu). Il arrive cependant que les textes ou la jurisprudence nuancent cette solution. Ainsi une assemblée de SARL irrégulièrement convoquée « peut être annulée » (C. com., art. L. 223-27), cette nullité n'étant que facultative. Un tempérament est par ailleurs prévu pour certaines sociétés, tempérament que l'on serait tenté d'étendre à toutes les sociétés, et consistant à tenir pour irrecevable l'action en annulation de l'assemblée exercée alors que tous les actionnaires étaient présents ou représentés (v. ss 186).

3. *Destinataires de la convocation*

a. Les associés

374 Bien évidemment, les associés ou les actionnaires doivent toujours être convoqués aux délibérations des assemblées. Si l'associé change d'adresse, il lui appartient d'en informer les dirigeants (Com., 29 oct. 2003, RJDA 2004, n° 309 ; Civ. 3e, 25 juin 2020, n° 18-26718, *Dr. sociétés* 2020, comm. n° 116, note R. Mortier).

D'une manière qui peut sembler surprenante, les titulaires d'actions de préférence sans droit de vote doivent également être convoqués, dès lors que leur absence de droit de vote ne les empêche pas de participer aux décisions collectives, conformément à l'article 1844, alinéa 1er du Code civil.

b. Au-delà des associés

375 Les destinataires de la convocation ne sont cependant pas les seuls associés, et il conviendra de n'oublier personne. Doivent en effet être convoqués aussi les commissaires aux comptes, leur non-convocation étant synonyme de sanctions pénales lourdes (C. com., art. L. 820-4 : 2 ans, 30 000 euros) ; les membres du comité d'entreprise/comité social et économique, deux d'entre eux pouvant assister aux assemblées générales (C. trav., art. L. 2312-77), sans que leur non-convocation soit susceptible de menacer la validité de l'assemblée générale (le délit d'entrave pourrait néanmoins être constitué) ; les représentants de la masse des obligataires, qui assistent à l'assemblée sans voix délibérative (C. com., art. L. 228-55).

4. *Lieu de convocation*

376 L'assemblée sera généralement convoquée au siège social, mais les dirigeants pourraient en décider autrement, à condition que le déplacement de l'assemblée ne soit pas motivé par une intention frauduleuse ou un abus de droit (Com., 31 mars 2021, n° 19-12057, publié au *Bull.*). En clair, l'assemblée ne saurait être convoquée en un lieu éloigné du siège uniquement pour décourager la venue de tel ou tel associé.

B. Le déroulement de l'assemblée

1. *La représentation des associés à l'assemblée*

377 La question de la représentation des associés à l'assemblée est envisagée par le législateur dans certaines sociétés. La représentation est ainsi encadrée dans les SA

par l'article L. 225-106 du Code de commerce. Initialement, ce texte ne permettait la représentation d'un actionnaire que par son conjoint ou un autre actionnaire. Une ordonnance du 9 décembre 2010 (Ord. n° 2010-1511) transposant une directive européenne en date du 11 juillet 2007, a toutefois élargi les possibilités de représentation. Dans la SA non cotée, c'est aussi le partenaire à un Pacs qui peut représenter l'actionnaire, tandis que, dans les sociétés cotées, la représentation peut désormais être assurée par toute personne physique ou morale, des dispositions spécifiques venant encadrer ce mandat en prévoyant notamment une information particulière de l'actionnaire sur les situations de conflits d'intérêts (sur cette nouvelle réglementation, v. P. Le Cannu et B. Dondero, *RTD com.* 2011. 124). Il convient de préciser qu'un actionnaire personne morale peut toujours se faire représenter par un tiers auquel le représentant de la personne morale aura délégué son pouvoir (v. C. com., art. R. 225-79 à R. 225-82 sur les mentions devant figurer sur les procurations ainsi que sur les documents devant y être joints). Dans le silence de la loi, il conviendra de se référer aux statuts. Si ceux-ci sont également muets, il nous semble que la conclusion d'un contrat de mandat doit toujours permettre, lorsque la loi n'en limite pas la possibilité, la représentation d'un associé ou d'un actionnaire à une assemblée.

2. *Le vote par correspondance, la visioconférence et les moyens de télécommunication*

a. Vote par correspondance

Le vote par correspondance fait l'objet d'une réglementation particulière dans certaines sociétés. On relèvera ainsi l'article L. 225-107, I du Code de commerce autorisant ce mode de participation à l'assemblée de la SA, et énonçant même que les dispositions contraires des statuts sont réputées non écrites. L'actionnaire se voit adresser un formulaire de vote par correspondance lui offrant la possibilité d'exprimer sur chaque résolution un vote favorable ou défavorable ou son abstention (v. C. com., art. R. 225-76 à R. 225-78 et R. 225-82 sur les mentions devant figurer sur le formulaire et les documents devant y être annexés). 378 ■

b. Visioconférence et moyens de télécommunication

De manière plus moderne et permettant davantage d'échanges que le vote par correspondance, les statuts se voient expressément autorisés par le législateur, dans un certain nombre de sociétés, à permettre l'utilisation de la visioconférence ou de moyens de télécommunication permettant l'identification des actionnaires (v. ainsi C. com., art. L. 225-107, II, en matière de SA). La société qui entend permettre à ses actionnaires de voter par ces moyens doit aménager un site internet exclusivement consacré à ces fins (C. com., art. R. 225-61). Les actionnaires devront s'identifier pour voter sur le site de la société, au moyen d'un code qui leur aura été fourni préalablement à la séance (C. com., art. R. 225-98). 379 ■

Un pas supplémentaire a encore été franchi par l'ordonnance n° 2017-747 du 4 mai 2017, qui a permis aux statuts des SA non cotées de permettre la tenue des AGO et des AGE « exclusivement par visioconférence ou par des moyens de télécommunication permettant l'identification des actionnaires ». Un ou plusieurs actionnaires représentant au moins 5 % du capital social peuvent toujours s'opposer à ce qu'une assemblée se tienne exclusivement de manière dématérialisée (C. com., art. L. 225-103-1 – la loi Soilihi du 19 juillet 2019 restreint ce droit d'opposition aux seules AGE).

Le dispositif d'exception pendant la période de pandémie de Covid-19.

La pandémie de Covid-19 survenue au début de l'année 2020 a contraint les sociétés à s'adapter. Un dispositif spécial a été mis en place, centré autour d'une ordonnance n° 2020-321 du 25 mars 2020 portant adaptation des règles de réunion et de délibération des assemblées et organes dirigeants des personnes morales et entités dépourvues de personnalité morale de droit privé en raison de l'épidémie de Covid-19. Ce dispositif, applicable aux « assemblées et aux réunions des organes collégiaux d'administration, de surveillance et de direction tenues à compter du 12 mars 2020 », a été prorogé plusieurs fois. Un décret n° 2020-418 du 10 avril 2020, qui a également fait l'objet de prorogations et de modifications, complète l'ordonnance. Celle-ci est applicable « aux personnes morales et entités dépourvues de personnalité morale de droit privé ». Ce sont donc toutes les personnes morales et tous les groupements dépourvus de personnalité morale relevant du droit privé qui sont concernés, même si certaines dispositions ne concernent que certaines catégories de groupements. Ce dispositif a fait l'objet de plusieurs prorogations, la dernière en date le rendant applicable aux assemblées se tenant jusqu'au 30 septembre 2021 (L. n° 2021-689, 31 mai 2021 rel. à la gestion de la sortie de crise sanitaire, art. 8, VI).

Les principales mesures du dispositif d'exception sont les suivantes :

Possibilité de tenir les assemblées à huis clos (art. 4).

Initialement, cette possibilité supposait que l'assemblée soit « convoquée en un lieu affecté à la date de la convocation ou à celle de la réunion par une mesure administrative limitant ou interdisant les rassemblements collectifs pour des motifs sanitaires ». La tenue d'une assemblée à huis clos n'était cependant pas subordonnée à une impossibilité de tenir cette assemblée de manière physique. L'ordonnance n° 2020-1497 du 2 décembre 2020 ayant modifié l'art. 4 de l'ordonnance n° 2020-321, la tenue d'une assemblée à huis clos suppose désormais qu'il soit établi que « à la date de la convocation de l'assemblée ou à celle de sa réunion, une mesure administrative limitant ou interdisant les déplacements ou les rassemblements collectifs pour des motifs sanitaires fait obstacle à la présence physique à l'assemblée de ses membres ». On passe ainsi d'une appréciation *in abstracto* à une appréciation *in concreto*. La décision de tenir l'assemblée à huis clos est prise par l'organe compétent pour convoquer l'assemblée ou la personne à qui il donne délégation.

Si les membres du groupement ne peuvent plus participer à l'assemblée en y étant présents physiquement, ce sont plusieurs de leurs droits qui sont remis en cause, en réalité. Le premier droit auquel le dispositif spécial porte atteinte est celui de participer aux décisions collectives, reconnu à l'associé d'une société par l'art. 1844 du C. civ. qui dispose en son alinéa 1er que « Tout associé a le droit de participer aux décisions collectives ». C'est ensuite le droit de demander la réunion d'une assemblée qui est remis en cause. C'est encore le droit de poser des questions par oral lors de l'assemblée qui est affecté. Le dispositif spécial empêche enfin les membres d'amender des projets de résolution en séance ou bien de solliciter la révocation et le remplacement d'un mandataire social sans que cela ait été mis à l'ordre du jour, comme le permet par exemple l'art. L. 225-105, al. 3 du C. com. dans les SA, les SCA et les SE. D'autres droits ne sont en revanche pas affectés : le droit de vote entendu strictement, le droit de poser des questions écrites, même s'il n'y sera pas nécessairement répondu « pendant » l'assemblée, ou encore le droit de proposer l'inscription de points ou de projets de résolution à l'ordre du jour lorsque cela est permis par la loi. S'ils ne peuvent plus être présents physiquement ou par téléphone ou visio-conférence, les membres participent ou votent à l'assemblée « selon les autres modalités prévues par les textes qui la régissent tels qu'aménagés et complétés le cas échéant par la présente ordonnance », aux termes de l'article 4 de l'ordonnance 2020-321 (vote par correspondance, vote par le biais d'un représentant, etc.).

Élargissement des modes de participation dématérialisés.
Le dispositif spécial ne comportait initialement pas d'élargissement du champ d'application du vote par correspondance, mais l'ordonnance n° 2020-1497 a accru les possibilités de recourir au vote par correspondance. Est également élargie la possibilité de recourir à la visioconférence ou à l'audioconférence, si l'organe compétent pour convoquer l'assemblée le souhaite (art. 5, II, ord. n° 2020-321). Le recours à la consultation écrite est également développé (art. 6).

Fonctionnement des organes collégiaux autres que les assemblées.
Deux articles de l'ordonnance n° 2020-321 sont consacrés aux « organes collégiaux d'administration, de surveillance et de direction ». La terminologie est un peu curieuse, la distinction entre administration et direction n'étant pas évidente (comp. Dir. UE 2017/828, qui se réfère à l'organe « d'administration, de gestion ou de surveillance d'une société »). Plus au fond, on remarquera que sont traités les conseils de surveillance, alors que l'habilitation légale conférée par la loi 2020-290 du 23 mars 2020 ne portait que sur les « organes dirigeants collégiaux des personnes morales de droit privé et autres entités ». La loi de ratification à venir devra donc, on le comprend, remédier à ce dépassement de compétence.

D'autres dispositifs d'exception ont affecté les sociétés (ordonnance n° 2020-306 du 25 mars 2020 relative aux délais, et ordonnance n° 2020-318 du 25 mars 2020 portant adaptation des règles relatives à l'établissement, l'arrêté, l'audit, la revue, l'approbation et la publication des comptes et des autres documents et informations que les personnes morales et entités dépourvues de personnalité morale de droit privé sont tenues de déposer ou publier dans le contexte de l'épidémie de Covid-19). Ils n'ont cependant pas été reconduits.

3. L'ordre du jour

a. Principe

380 L'assemblée ne statue en principe que sur ce qui figure à l'ordre du jour. Cette règle est expressément affirmée par le législateur, mais pour certaines sociétés seulement. Ainsi l'assemblée de la SA ne peut-elle délibérer sur une question qui n'est pas inscrite à l'ordre du jour (C. com., art. L. 225-105, al. 3). Si une telle question était abordée (on peut imaginer, par exemple, une assemblée décider une modification des statuts qui n'était pas prévue à l'ordre du jour), la délibération concernée serait nulle (C. com., art. L. 225-121). La rédaction de l'ordre du jour est donc une question aux enjeux importants.

Si l'ordre du jour est arrêté en règle générale par l'auteur de la convocation (v., dans la SA, C. com., art. L. 225-105, al. 1er), le législateur met parfois en place des procédures permettant aux associés ou aux actionnaires de faire inscrire une question à l'ordre du jour. L'article L. 225-105, alinéa 2 du Code de commerce permet ainsi dans la SA à un ou plusieurs actionnaires représentant au moins 5 % du capital de la société ou à une association d'actionnaires, de requérir l'inscription à l'ordre du jour de projets de résolution ou de points, dans des conditions définies par décret (C. com., art. R. 225-71 et R. 225-72). Le seuil de 5 % est abaissé de manière progressive dans les sociétés dont le capital social est supérieur à 750 000 euros. Dans les SARL, cette faculté a été reconnue par l'ordonnance n° 2017-747 du 4 mai 2017 à un ou plusieurs associés détenant le vingtième des parts sociales. Le comité social et économique (autrefois comité d'entreprise) peut également requérir l'inscription de projets de résolution à l'ordre du jour (C. trav., art. L. 2312-77, al. 2).

La Cour de cassation est parfois particulièrement rigoureuse sur la question de l'ordre du jour. Elle a ainsi jugé que lorsque l'ordre du jour comportait un projet de résolution portant désignation d'un commissaire aux comptes X, la désignation d'un commissaire aux comptes Y était une résolution nouvelle (Com. 14 févr. 2018, n° 15-16525, *Bull.* IV, n° 22 ; *BJS* 2018. 214, note J.-F. Barbièri).

b. Exception

381 Lorsque les discussions menées lors d'une assemblée font apparaître la nécessité de révoquer un dirigeant, l'application du principe à peine exposé supposerait de convoquer une nouvelle fois l'assemblée pour procéder à la révocation du dirigeant, lorsque celle-ci relève de la compétence de l'assemblée. Cette solution est cependant doublement gênante. Tout d'abord parce que le dirigeant est susceptible de ne pas convoquer l'assemblée chargée de procéder à sa révocation, ou à tout le moins d'entraver cette convocation. Ensuite parce qu'il n'est pas souhaitable que la société soit dirigée, même pendant un court laps de temps, par une personne dont la révocation est souhaitée par les associés.

La jurisprudence a donc admis une dérogation à l'exigence de la mention à l'ordre du jour, en cas d'*incident de séance*Q. Cette jurisprudence a été consacrée par le législateur, avant l'adoption de la loi du 24 juillet 1966, dans le droit spécial relatif à la SA, à propos de la révocation et le remplacement des administrateurs et membres du conseil de surveillance. Même si cela n'est pas prévu par l'ordre du jour, l'AG peut statuer sur la révocation de ces mandataires sociaux, s'il apparaît nécessaire en cours d'assemblée de procéder à leur remplacement (C. com., art. L. 225-105, al. 3, qui n'exige pas la caractérisation de l'incident de séance ayant rendu nécessaire la révocation).

Un autre moyen de justifier que l'on discute de la révocation des dirigeants pourtant non inscrite à l'ordre du jour est celui de l'admission d'une notion d'ordre du jour implicite : si les questions inscrites à l'ordre du jour sont susceptibles de déboucher, notamment, sur la question du remplacement des dirigeants, cette question peut être abordée sans avoir été inscrite à l'ordre du jour (Com., 14 oct. 2020, n° 18-12183).

Au-delà de cette exception, il est usuel que l'ordre du jour contienne un point intitulé « questions diverses », mais il ne peut justifier que l'on discute de sujets qui auraient dû être inscrits à l'ordre du jour.

4. *Le bureau de l'assemblée*

L'importance de cet organe a été soulignée par des décisions rendues dans un passé récent. Encadré seulement par une poignée de textes dans la SA, le bureau est néanmoins un acteur important de l'assemblée. Il est composé du président du conseil d'administration ou de surveillance et de deux *scrutateurs*[Q] qui sont les deux membres de l'assemblée disposant du plus grand nombre de voix et acceptant cette fonction (art. R. 225-100 et R. 225-101, qui ne sont pas parfaitement explicites sur la composition du bureau). S'ajoute un secrétaire qui peut être choisi, sauf disposition contraire des statuts, en dehors des actionnaires. Le bureau certifie l'exactitude de la feuille de présence, après y avoir annexé les pouvoirs et les formulaires de vote par correspondance (C. com., art. R. 225-95), signe le procès-verbal constatant les décisions de l'assemblée (C. com., art. R. 225-106), cette obligation ayant jusqu'à une période récente été assortie de sanctions pénales pour les présidents du conseil d'administration, administrateurs, membres du directoire et membres du conseil de surveillance C. com., (art. L. 242-15, abrogé par la loi *Warsmann II* du 22 mars 2012), ou le procès-verbal constatant l'absence de décision faute de quorum requis (C. com., art. R. 225-107). À l'occasion d'un litige ayant opposé la société *Eiffage* à certains de ses actionnaires, il a été retenu que ce n'était qu'en présence d'un accord avéré ou présumé que le bureau pouvait constater l'existence d'une *action de concert*[Q] imposant aux actionnaires impliqués de notifier un franchissement de seuil (T. com. Nanterre, 6 mai 2008, *RTD com.* 2008. 793, obs. P. Le Cannu et B. Dondero, décision confirmée par Versailles, 28 oct. 2010, *Bull. Joly* 2011. 197, note D. Schmidt ; v. également Com. 15 mai 2012, n° 10-23.389, *Bull. civ.* IV, n° *104 ; JCP* E 2012. 1453, note A. Couret et B. Dondero ; Paris, 2 oct. 2012, RG n° 10/22201, *JCP E 2012.* 1778, note Ph. Brunswick et A. Pottier, avec S. Pallotto ; Com. 27 juin 2018, n° 15-29366, Bull. ; *RLDA* n° 142, nov. 2018. 40, obs. N. Zekkouti) (sur l'obligation de notification de franchissement de seuil dans les sociétés cotées et ses conséquences, v. ss chapitre 16). 382

§ 2 Les autres modalités de prise de décisions

Il est envisageable que le consentement des associés s'exprime selon des modalités autres qu'une assemblée, qui constitue surtout, si l'on fait abstraction de son côté pittoresque, la forme la plus lourde de consultation des associés. L'assemblée doit cependant être vue comme la forme de principe, et même lorsque la loi ou les statuts prévoient la possibilité d'autres modalités de consultation, il n'est pas rare que les associés conservent le droit de demander la réunion d'une assemblée. On observera que la SA n'admet pas d'autre mode de consultation des actionnaires que 383 l'assemblée, ceci afin de garantir un minimum de vie collective authentique dans cette société où les actionnaires peuvent être plus distants que dans les autres formes sociales et n'avoir finalement de contrats entre eux que lors des assemblées... s'ils viennent !

A. Décisions de l'associé unique

384 Dans les sociétés unipersonnelles, il n'y aurait pas de sens à convoquer des assemblées d'un seul associé. Le législateur prévoit dès lors dans certaines sociétés unipersonnelles que l'associé unique prendra des décisions qui devront être inscrites dans un registre particulier (v. ainsi C. com., art. L. 223-21, al. 3 et R. 223-26, en matière d'EURL). On observera cependant que dans une société comportant plusieurs associés, un associé majoritaire, voire ultramajoritaire, ne saurait se dispenser de convoquer des assemblées au motif qu'il est déjà acquis, par son seul vote, que les décisions qui doivent être discutées lors de ces assemblées seront adoptées.

B. Consultation écrite

385 Dans les sociétés comportant plusieurs associés, l'alternative la plus courante à la réunion d'une assemblée est le recours à une consultation écrite. Le recours à ce mode de décision est autorisé dans les sociétés civiles (C. civ., art. 1853), dans les SNC (C. com., art. L. 221-6, la réunion d'une assemblée pouvant toujours être demandée par l'un des associés), et dans les SARL (C. com., art. L. 223-27, al. 1er, cette possibilité ne valant pas pour les décisions d'approbation des comptes). Les statuts d'une SAS pourraient également autoriser le recours à une consultation écrite (C. com., art. L. 227-9).

Quelle que soit la forme de société concernée, il faut donc toujours que les statuts prévoient la possibilité de recourir à une consultation écrite des associés pour que celle-ci puisse être mise en œuvre.

C. Expression du consentement unanime des associés dans un acte

386 Une autre alternative à la réunion d'une assemblée consiste en l'expression du consentement de tous les associés dans un acte. Cette possibilité est admise dans la société civile (C. civ., art. 1854) et dans les SARL (C. com., art. L. 223-27). C'est ici œuvre de simplification que fait le législateur : si tous les associés expriment leur consentement dans un acte, pourquoi leur imposer une phase préalable au cours de laquelle ils devraient se concerter pour convenir de signer ensemble ledit acte, tout particulièrement dans une société de personnes comme la société civile ? Les statuts de la SAS pourraient également recourir à cette forme de prise de décision (C. com., art. L. 227-9), mais pas ceux d'une SNC ou d'une autre société, en l'absence de disposition légale en ce sens.

D. Autres modes de décision

1. *Admission de modes de décision prévus par les statuts*

Il est enfin possible que le consentement des associés prenne toute autre forme admise par les statuts, du moins lorsque le législateur a ouvert un tel espace de liberté aux organisateurs de la société. C'est un tel principe de liberté statutaire qui gouverne la SAS. Aux termes de l'article L. 227-9 du Code de commerce, « les statuts déterminent les décisions qui doivent être prises collectivement par les associés dans les formes et conditions qu'ils prévoient ». Les statuts sont ainsi libres de dessiner toutes les modalités de consultation des associés concevables, sous une limite cependant : les « formes et conditions » choisies par les associés ne doivent pas remettre en cause l'existence d'une prise de décision collective (v. pour une application large de cette exigence à l'exclusion d'un associé, Com. 23 oct. 2007, *Bull. civ.* IV, n° 225 ; *JCP E* 2007. 2433, note A. Viandier ; *RTD com.* 2007. 791, obs. P. Le Cannu et B. Dondero). 387 ■

2. *Exclusion du jugement valant vote*

Bien qu'il puisse être tentant de demander au juge saisi, en cas de conflit entre associés, de rendre une décision valant vote d'un associé, la Cour de cassation s'est jusqu'à maintenant refusée à reconnaître cette possibilité (v. ainsi Com. 9 mars 1993, *Bull. civ.* IV, n° 101 ; *Rev. sociétés* 1993. 403, note Ph. Merle ; Civ. 3e, 21 déc. 2017, n° 15-25627, P+B+I ; *Rev. sociétés* 2018. 91, note B. Dondero). Le juge qui veut favoriser la prise d'une décision ne pourra que procéder à la désignation d'un mandataire judiciaire, chargé de voter à la place de l'associé qui ne peut voter, ou dont le vote est détourné de sa finalité et exercé de manière abusive. 388 ■

section 3

Les décisions prises par les autres organes

Les associés ne sont pas les seuls à « produire » des actes au nom de la société. Les mandataires sociaux composant les différents organes d'administration ou de direction de la société prennent également des décisions. 389 ■

§ 1 La prise des décisions

La manière dont sont prises ces décisions ne fait l'objet d'une procédure formalisée que lorsque l'organe concerné est collectif, ou lorsque le processus décisionnel est complexe (décision prise par un dirigeant après autorisation donnée par un autre organe social, par ex.). Le législateur renvoie bien souvent aux statuts la mission de déterminer la manière dont les organes collectifs opèrent. Ainsi, le directoire de la SA « délibère et prend ses décisions dans les conditions fixées par les statuts » (C. com., art. L. 225-64). 390 ■

§ 2 Les décisions prises

A. Forme

391 Quant à la forme du résultat de la décision, celle-ci consiste généralement en un procès-verbal, ou en une inscription dans un registre des délibérations (v. par ex. Rép. min. n° 16384, *JOAN Q*, 28 juill. 1979, p. 6414 ; *Bull. Joly* 1979. 420).

B. Sanctions

392 Des sanctions particulières peuvent être prévues en cas de non-respect des formes prescrites pour la constatation des décisions prises par la société. Une ordonnance n° 2004-274 du 25 mars 2004 a ainsi inséré dans le Code de commerce une disposition s'appliquant à toutes les sociétés commerciales, aux termes de laquelle les délibérations des organes de direction et d'administration de la société qui ne seraient pas constatées par un procès-verbal du président de l'organe ou du président de séance seraient nulles (C. com., art. L. 235-14).

section 4

Les organes de contrôle

393 Le contrôle de la gestion d'une société relève avant tout des organes spécialisés en ce domaine, lorsque la société en est dotée. C'est ainsi le cas de la SA à directoire, dans laquelle le législateur a partagé la direction de la société et son contrôle entre deux organes distincts, le contrôle de la gestion du directoire revenant au conseil de surveillance (v. ss 850 s.). Un conseil de surveillance se rencontre dans d'autres sociétés, telle la société en commandite par actions (v. ss 1115 s.). Seront envisagés ici des acteurs du droit des sociétés dont le rôle est souvent mal compris : les commissaires aux comptes (§1). Seront évoqués ensuite ces autres organes de contrôle que sont les comités spécialisés et les administrateurs indépendants (§2).

§ 1 Les commissaires aux comptes

394 Les commissaires aux comptes sont des professionnels chargés de contrôler la comptabilité de la société, de la certifier, et plus généralement, pour reprendre une formule du professeur Guyon, « de vérifier que la vie sociale se déroule dans des conditions régulières » (*Droit des affaires*, t. 1, 12e éd., Economica, 2003, n° 357).

Les dispositions légales qui les régissent étaient toutes accolées, initialement, aux textes relatifs aux différentes sociétés commerciales dans le livre II du Code de commerce. Elles ont été placées au sein d'un nouveau livre VIII, intitulé de manière quelque peu désinvolte « De quelques professions réglementées », aux articles L. 820-1 et suivants. Ces dispositions sont applicables « nonobstant toute disposition contraire [...] aux commissaires aux comptes nommés dans toutes les personnes et entités quelle que soit la nature de la certification prévue dans leur mission» (C. com., art. L. 820-1) Le régime initial, issu de la loi du 24 juillet 1966 sur les sociétés commerciales, a été retouché à plusieurs reprises, et notamment par la loi de sécurité financière n° 2003-706 du 1er août 2003 et l'ordonnance n° 2008-1278 du 8 décembre 2008 transposant la directive n° 2006/43/CE du 17 mai 2006 et relative aux commissaires aux comptes. Plus récemment, c'est une ordonnance n° 2016-315 du 17 mars 2016 qui a apporté de nombreuses retouches au régime du commissariat aux comptes. Le régime édicté par le législateur est complété par des textes réglementaires et par des normes professionnelles, notamment un code de déontologie de la profession, approuvé par décret en Conseil d'État, après avis du Haut Conseil du commissariat aux comptes (le « H3C »), de l'AMF et de l'ACPR (C. com., art. L. 822-16).

C'est en dernier lieu la loi PACTE du 22 mai 2019 qui a profondément modifié la situation des commissaires aux comptes en supprimant l'obligation qui pesait sur certaines sociétés, du seul fait de leur forme sociale, de se doter d'un tel organe de contrôle.

A. Statut du commissaire aux comptes

1. *L'obligation de se doter d'un commissaire aux comptes*

a. Étendue

Pendant longtemps, il fallait opérer une distinction entre les sociétés qui étaient tenues de par leur forme de se doter d'un commissaire aux comptes et celles qui ne devaient recourir aux services de ce professionnel que lorsqu'elles dépassaient certains seuils ou lorsqu'une démarche en ce sens était accomplie par les associés ou imposée par un juge. Les sociétés par actions relevaient toutes, jusqu'à une époque très récente, de la première catégorie. L'article L. 225-218 du Code de commerce disposait ainsi que le contrôle de la SA était exercé, sans dérogation possible, par un ou plusieurs commissaires aux comptes. Cette obligation valait aussi pour la SCA et pour la SE. En revanche, la loi LME du 4 août 2008 avait soustrait une partie des SAS à cette obligation (v. ss 959). Cette obligation systématique a été remise en cause, pour les SA, les SCA et les SE par la loi PACTE du 22 mai 2019. La SNC et la SARL n'étaient quant à elles tenues d'avoir un commissaire aux comptes que lorsqu'elles dépassaient, à la clôture de l'exercice social, deux de trois seuils appréciés en termes de total du bilan, montant hors taxes du chiffre d'affaires et nombre moyen des salariés (v. ss 621). Cette règle est maintenue mais les seuils ont été relevés par le décret n° 2019-514 du 24 mai 2019. Et les SA, SCA et SE sont désormais soumises à l'obligation de désigner un commissaire aux comptes lorsqu'elles dépassent ces mêmes seuils. Apparaît simultanément une obligation de désigner un CAC pour les personnes et entités qui contrôlent une ou plusieurs sociétés lorsque l'ensemble formé avec ces sociétés dépasse des seuils qui seront définis par décret (art. L. 823-2-2, créé par la loi PACTE) (v. ss, n° 1207). 395

La loi Mohamed Soilihi du 19 juillet 2019 est toutefois venue apporter une série de restrictions à cette faculté de désignation par une minorité d'associés : le mandat n'est dans cette hypothèse que de trois exercices, ce n'est finalement pas le quart mais le tiers du capital social qui doit être réuni, et la demande doit être motivée. Parallèlement, cette faculté de désignation par une minorité d'associés a été étendue aux sociétés par actions (art. L. 225-218, L. 226-6 et L. 227-9-1).

La loi PACTE a en revanche institué de nouvelles possibilités pour les associés de demander la désignation d'un CAC dans certaines formes sociales. Ce sont ainsi les détenteurs d'un quart seulement du capital social qui peuvent faire cette demande dans les SNC et les SARL désormais (art. L. 221-9 et L. 223-35).

■ 396 Désormais, les différentes sociétés commerciales ne sont tenues de se doter d'un commissaire aux comptes que si elles dépassent certains seuils. Ces seuils, tels qu'ils ont été fixés par le décret d'application de la loi PACTE n° 2019-514 du 24 mai 2019, sont les suivants : 4 millions d'euros de total de bilan, 8 millions d'euros de chiffre d'affaires hors taxe, nombre moyen de salariés de 50. Les sociétés civiles sont soumises à d'autres seuils (C. com., art. L. 612-1 et R. 612-1).

■ 397 En deçà de ces seuils, une société a toujours la possibilité de se soumettre à un tel contrôle. Cette désignation purement volontaire entraîne plusieurs conséquences : application de normes professionnelles simplifiées et, depuis la loi PACTE, durée du mandat pouvant être limitée à trois ans et dispense de la rédaction de certains rapports (art. L. 823-3-2 et L. 823-12-1).

La désignation du CAC peut encore être demandée en justice par un associé (C. com., art. L. 221-9). Dans le silence des textes, la jurisprudence a reconnu un pouvoir d'appréciation au juge saisi d'une telle demande (Aix-en-Provence, 19 juin 1985, *Rev. sociétés* 1987. 97).

b. Sanctions

■ 398 La sanction de l'absence de commissaire aux comptes lorsqu'elle est obligatoire, comme l'intervention de commissaires nommés ou demeurés en fonction irrégulièrement, est la nullité des délibérations de l'assemblée générale ou de l'organe équivalent, sauf confirmation de ces délibérations par l'organe compétent, statuant sur le rapport de commissaires aux comptes régulièrement désignés (C. com., art. L. 820-3-1).

Le défaut de désignation du commissaire aux comptes ou de convocation de celui-ci aux assemblées générales est lourdement sanctionné (deux ans d'emprisonnement et une amende de 30 000 euros, selon l'art. L. 820-4, 1° du C. com.). On observera cependant que le texte ne vise que les « assemblées générales », et que le principe d'interprétation stricte de la loi pénale devrait faire obstacle à l'application de ce texte à une décision des associés prenant une autre forme.

L'entrave aux vérifications ou contrôles des commissaires aux comptes, qui consistera, en sa forme la plus élémentaire, en un refus de lui communiquer des documents, est plus lourdement sanctionnée encore (cinq ans d'emprisonnement et 75 000 euros d'amende, selon le 2° C. com art. L. 820-4). Cette sévérité est sans doute justifiée par la présomption de ce que le refus de laisser le commissaire aux comptes exercer sa mission est le fait de personnes ayant déjà commis des infractions et des irrégularités, et refusant qu'on puisse les découvrir.

2. *Le choix du commissaire aux comptes*

a. Une profession réglementée

■ 399 Le commissaire aux comptes relève d'une profession réglementée (C. com., art. L. 820-2), l'exercice illégal de celle-ci étant pénalement sanctionné (C. com., art. L. 820-5). Le commissaire aux comptes doit être inscrit sur une liste établie à cet effet (art. L. 822-

1). L'inscription est subordonnée au respect de plusieurs conditions, portant en synthèse sur la nationalité du demandeur (française, d'un État membre de l'Union européenne ou partie à l'EEE notamment), sa probité et ses qualifications professionnelles (certificat d'aptitude aux fonctions de commissaire aux comptes ou diplôme d'expertise comptable ; stage – C. com., art. L. 822-1-1). La profession peut être exercée tant par des personnes physiques que par des sociétés de commissaires aux comptes (C. com., art. L. 822-9).

Le commissaire aux comptes fait enfin l'objet d'un contrôle au niveau national et au niveau régional. Au niveau national, ce contrôle était et demeure le fait d'une autorité administrative indépendante spécifique, le Haut conseil du commissariat aux comptes, dit « H3C » (C. com., art. L. 821-1 s.). Au niveau régional, le contrôle est assuré par les compagnies régionales, constituées en principe auprès de chaque ressort de cour d'appel (C. com., art. L. 821-6), le contrôle disciplinaire était par ailleurs assuré, à ce niveau, par la commission régionale de discipline (C. com., art. L. 824-9), mais ces commissions ont été supprimées par la loi PACTE du 22 mai 2019. Ce contrôle peut conduire à des sanctions disciplinaires dont la plus grave est la radiation de la liste des commissaires aux comptes (C. com., art. L. 824-2). Les recours contre les décisions relatives aux sanctions sont portés devant le Conseil d'État (C. com., art. L. 824-14).

b. Un professionnel indépendant

C'est un point essentiel que l'indépendance du commissaire aux comptes, tout particulièrement à l'égard de l'entité contrôlée. 400

L'indépendance du commissaire aux comptes par rapport à la société est assurée notamment par une série d'incompatibilités, dont le non-respect est pénalement sanctionné (C. com., art. L. 820-6) et qui ont été remaniées par l'ordonnance n° 2016-315 du 17 mars 2016. Ce sont tout d'abord des incompatibilités d'ordre général : le commissaire aux comptes ne saurait ainsi être salarié, commerçant ou se livrer à tout acte ou activité de nature à porter atteinte à son indépendance (C. com., art. L. 822-10 – la loi PACTE ayant toutefois admis l'exercice d'activités commerciales accessoires sous certaines conditions). Ce sont ensuite des incompatibilités plus précises, visant à assurer l'indépendance du commissaire aux comptes vis-à-vis de la personne morale contrôlée : il est notamment interdit au professionnel de fournir des services portant atteinte à son indépendance à la personne ou entité dont il est chargé de certifier les comptes, ou à la personne qui la contrôle ou est contrôlée par elle (C. com., art. L. 822-11) et des « délais de viduité », c'est-à-dire qu'à l'instar du délai que devait autrefois respecter une femme entre le prononcé de son divorce et son nouveau mariage, afin d'éviter les conflits sur la filiation des enfants nés dans les premiers temps du nouveau mariage, les délais imposés au commissaire aux comptes visent à éviter qu'il ne soit pas indépendant à l'égard de la société contrôlée. L'ancien dirigeant ou salarié d'une société ne peut ainsi être nommé commissaire aux comptes de celle-ci moins de cinq années après la cessation de ses fonctions (C. com., art. L. 822-13). Il existe enfin une disposition spécifique aux entités d'intérêt public (EIP), catégorie comprenant notamment les sociétés dont les titres financiers sont cotés sur un marché réglementé. Cette disposition prohibe qu'un même commissaire aux comptes certifie pendant plus de six exercices consécutifs les comptes d'un EIP, ce qui se traduit concrètement par une obligation de rotation des commissaires aux comptes (C. com., art. L. 822-14).

c. La nomination du commissaire aux comptes

401 Les commissaires aux comptes peuvent être nommés dans les statuts (mais cela se rencontrera moins après la loi PACTE), par une décision des associés ou des actionnaires, ou par une décision judiciaire, dans les cas prévus par la loi. C'est l'assemblée générale ordinaire de la société ou l'organe équivalent qui est normalement appelé à désigner un ou plusieurs commissaires titulaires et leurs suppléants (C. com., art. L. 823-1). Le juge intervient s'il a été saisi par un associé d'une demande de désignation d'un commissaire aux comptes lorsque la loi le prévoit, ou bien en cas de défaillance de l'organe normalement compétent (art. L. 823-4). Jusqu'à la loi Sapin 2 du 9 déc. 2016, un suppléant était toujours nommé – cela n'est plus obligatoire que lorsque le commissaire aux comptes est une personne physique ou une société unipersonnelle.

Ainsi, dans la SA, les commissaires aux comptes sont proposés à la désignation de l'assemblée générale par un projet de résolution émanant du conseil d'administration ou du conseil de surveillance ou dans certains cas, des actionnaires ; lorsque la société est cotée, le conseil d'administration choisit, sans que prennent part au vote le directeur général et le directeur général délégué, s'ils sont administrateurs, les commissaires aux comptes qu'il envisage de proposer (C. com., art. L. 225-228).

Il faut au moins un commissaire aux comptes, les sociétés tenues de publier des comptes consolidés devant, quant à elles, en désigner au moins deux (C. com., art. L. 823-2).

Le commissaire aux comptes est en principe nommé pour une durée de six exercices, le commissaire aux comptes nommé en remplacement ne restant en fonction que jusqu'à l'expiration du mandat de son prédécesseur (C. com., art. L. 823-3). Ce principe connaît une dérogation depuis la loi PACTE dans plusieurs hypothèses dont la principale est celle de la désignation volontaire d'un commissaire aux comptes par une société qui n'y serait pas tenue, le mandat pouvant alors ne durer que trois ans (art. L. 823-3-2). Autre dérogation, résultant de la loi Soilihi du 19 juillet 2019 : le mandat n'est que de trois exercices quand la désignation a été demandée par une minorité d'associés. Ajoutons que dans les EIP, il y a des limitations à la durée cumulée des mandats des commissaires aux comptes (en principe pas plus de 10 ans – art. L. 823-3-1) et qu'il faut prendre en compte, dans les sociétés cotées, l'obligation de rotation (v. ss, n° précédent).

3. *La situation du commissaire aux comptes nommé*

a. La rémunération du commissaire aux comptes

402 La rémunération du commissaire aux comptes est réglementée (C. com., art. L. 823-18 et R. 823-12 s.). Une fourchette portant sur le nombre des heures de travail en fonction de la taille de la société est fournie (art. R. 823-12), et le montant de la vacation horaire est fixé d'un commun accord entre le ou les commissaires aux comptes et la personne ou l'entité contrôlée, préalablement à l'exercice de la mission (art. R. 823-15). Cette rémunération fait l'objet de mesures de « transparence ». L'information relative à son montant doit notamment être mise à disposition des associés et actionnaires (C. com., art. L. 820-3). Le contentieux des honoraires relevait des commissions régionales de discipline et en appel du H3C, mais la loi PACTE du 22 mai 2019 a attribué à cette dernière autorité l'exclusivité de ce contentieux (art. L. 823-18-1).

b. La cessation des fonctions du commissaire aux comptes

Les fonctions du commissaire aux comptes prennent fin pour différents motifs, dont tous ne présentent pas le même intérêt : 403 ■

– expiration du terme de trois ou six exercices ;

– démission, à propos de laquelle le législateur n'exige pas de motif particulier, mais dont le Code de déontologie des commissaires aux comptes demande qu'elle ait un motif légitime (art. 19). De ce fait, le commissaire aux comptes ne pourrait démissionner pour rendre service aux associés qui se seraient aperçus, après l'avoir nommé, que sa désignation n'était pas obligatoire (Com. 6 nov. 2012, n° 11-30.648, *Bull. civ.* IV, n° 203 ; *RTD com.* 2013. 88, obs. P. Le Cannu et B. Dondero).

– récusation pour juste motif, qui peut être demandée en justice par un ou plusieurs associés ou actionnaires représentant au moins 5 % du capital social, et aussi par le comité d'entreprise, le ministère public et, s'agissant des sociétés cotées, l'AMF (C. com., art. L. 823-6) ;

– relevé de fonctions en cas de faute ou d'empêchement, prononcé par décision de justice à la demande des mêmes personnes, ainsi que de l'organe chargé de la direction, et, de manière plus surprenante, à la demande de « l'organe collégial chargé de l'administration » (C. com., art. L. 823-7). Cette dernière possibilité est trompeuse, car elle suppose que l'organe en question ne formule pas la demande en son propre nom lorsqu'il n'a pas lui-même la personnalité morale. Ainsi, le conseil d'administration d'une SA, qui n'a pas lui-même la personnalité morale, ne peut agir en justice pour demander que le commissaire aux comptes soit relevé de ses fonctions. Une cour d'appel avait affirmé sans nuance que la loi accorde à des organes sans personnalité morale le droit de solliciter le relèvement judiciaire des fonctions du commissaire aux comptes, mais la chambre commerciale de la Cour de cassation a cassé cet arrêt et jugé que le conseil d'administration doit agir en justice « par l'intermédiaire du représentant légal de la société », et que son absence de personnalité morale constitue une irrégularité qui ne peut être couverte (Com. 3 oct. 2006, *RTD com.* 2007. 164, obs. P. Le Cannu). Parmi les fautes retenues comme justifiant le relèvement du commissaire, on mentionnera l'absence d'indépendance (Com. 10 juill. 2007, *Bull. civ.* IV, n° 190 ; *Bull. Joly* 2007. 1321, note D. Vidal). La « minutie extrême qui avait exaspéré les dirigeants de la société » n'a en revanche pas été vue comme telle (Com. 3 déc. 1991, *Bull. civ.* IV, n° 376 ; *Bull. Joly* 1992. 171, note J.-F. Barbièri).

La loi PACTE du 22 mai 2019 a dispensé de nombreuses sociétés de l'obligation de recourir à un commissaire aux comptes, mais elle a posé le principe de la poursuite des mandats qui étaient en cours au moment de son entrée en vigueur.

B. Rôle du commissaire aux comptes

Les missions du commissaire aux comptes sont diverses, et peuvent être réparties en quatre ensembles, étant précisé que le commissaire aux comptes est en principe soumis, dans l'exercice de ses fonctions, au secret professionnel (C. com., art. L. 822-15 et L. 820-5). 404 ■

1. *Devoir de contrôle*

Le commissaire aux comptes a tout d'abord un devoir de contrôle. Sa mission première consiste en effet à vérifier que les comptes annuels de la société sont 405 ■

réguliers et sincères et donnent une image fidèle du résultat des opérations de l'exercice écoulé, de la situation financière et du patrimoine de la société à la fin de l'exercice (C. com., art. L. 823-9). Cette mission conduit le commissaire à certifier les comptes annuels ou à refuser de le faire. Elle se prolonge par un contrôle permanent des valeurs et documents comptables de la société, de la conformité de sa comptabilité aux règles en vigueur et de la sincérité et de la concordance avec les comptes annuels des informations données dans les rapports des organes de direction et d'administration. Le caractère permanent de cette mission justifie que le commissaire aux comptes soit responsable de détournements antérieurs au dépôt de son rapport (Com. 19 oct. 1999, *Bull. civ.* IV, n° 179, *Dr. sociétés* 2000, *comm.* n° 12, note D. Vidal ; 21 oct. 2008, *JCP E* 2008. Pan. 2478 – v. sur les modalités de ce contrôle, C. com., art. L. 823-13 s.).

2. *Devoir d'information*

a. Information des organes sociaux

406 Le commissaire aux comptes a ensuite un devoir d'information, information avant tout destinée aux organes sociaux. Le commissaire aux comptes porte ainsi à la connaissance de l'organe collégial chargé de l'administration ou de l'organe chargé de la direction et de l'organe de surveillance, ainsi que, le cas échéant, du comité d'audit (v. ss 416), les diligences effectuées et leurs résultats (C. com., art. L. 823-16). Il informe la plus prochaine assemblée générale ou réunion de l'organe équivalent des irrégularités et inexactitudes éventuellement constatées (C. com., art. L. 823-12). Mais cette information est, de manière croissante, destinée aussi à des tiers, plus ou moins proches de la société.

La loi PACTE a introduit la possibilité à l'art. L. 823-12-1 d'un contrôle « allégé » du commissaire aux comptes qui n'est nommé que pour 3 exercices, ce qui recouvre des hypothèses bien déterminées : désignation de manière volontaire par une société qui n'y est pas tenue, d'une part, et désignation dans le cadre d'un « petit groupe » d'autre part (v. ss, n° 1207). Dans ces cas, le commissaire aux comptes doit établir un rapport spécial sur les risques, mais il est en revanche dispensé de toute une série de rapports (notamment ceux relatifs aux conventions réglementées, mais pas le rapport général sur l'exercice).

b. Information de tiers

407 Ce sont d'abord les salariés qui vont bénéficier d'informations fournies par le commissaire aux comptes. Le comité social et économique, qui a succédé au comité d'entreprise, peut ainsi, dans les sociétés commerciales, convoquer le commissaire aux comptes pour recevoir des explications de sa part sur les différents postes des documents comptables communiqués par le chef d'entreprise (v. C. trav., art. L. 2312-25, II, 2°).

De manière plus discutée, le commissaire aux comptes informe le procureur de la République des faits délictueux dont il a eu connaissance (C. com., art. L. 823-12). C'est là une obligation dont la mise en œuvre est particulièrement délicate. On pourrait imaginer que le commissaire aux comptes a tout intérêt à informer le procureur au premier soupçon : tandis que des sanctions lourdes menacent le commissaire qui ne révèle pas au procureur de la République les faits délictueux dont il a eu connaissance (cinq ans d'emprisonnement et 75 000 euros d'amende, aux termes de l'art. L. 820-7 du C. com.), d'autres dispositions excluent que sa responsabilité civile puisse être engagée par les révélations faites en exécution de sa mission (C. com., art. L. 822-17 et L. 823-12). Mais, au-delà du fait que cette immunité cède lorsque la révélation procède d'une intention malveillante (Com. 15 mars 2017, n° 14-26970, *Bull.* IV, n° 41) le commissaire aux comptes trop enclin à « moucharder » risque de voir sa clientèle rétrécir !

c. Rapport sur les délais de paiement

La loi LME n° 2008-776 du 4 août 2008 a mis une obligation nouvelle à la charge des commissaires aux comptes des sociétés, en leur imposant de rédiger un rapport sur les délais de paiement des fournisseurs et des clients de la société dont ils certifient les comptes. Doivent figurer dans le rapport des commissaires aux comptes à l'assemblée générale ordinaire leurs observations sur la sincérité et la concordance avec les comptes annuels des informations mentionnées à l'article D. 441-4 du Code de commerce (C. com., art. D. 823-7-1). Cette nouvelle obligation se double en effet d'une autre obligation, faite aux sociétés dont les comptes sont certifiés par un commissaire aux comptes, de publier des informations sur les délais de paiement de leurs fournisseurs et clients, dans des conditions définies par l'article D. 441-4 précité. 408 ■

L'attestation du commissaire aux comptes, dont l'usage normal n'est pas autrement précisé par le texte, doit être adressée au ministre chargé de l'Économie lorsqu'elle « démontre, de façon répétée, des manquements significatifs de la société aux prescriptions [relatives à la durée des délais de paiement] ». Cette règle ne concerne cependant que les grandes entreprises et les entreprises de taille intermédiaire.

3. *Devoir d'alerte*

Dans le prolongement de son devoir d'information, le commissaire aux comptes a un *devoir d'alerte*[Q], qui lui impose d'alerter les dirigeants dès lors qu'il constate un fait de nature à compromettre la continuité de l'exploitation (C. com., art. L. 234-1 s. et R. 234-1 s.). 409 ■

Plus précisément, lorsque le commissaire aux comptes d'une société commerciale qui n'est pas soumise à une procédure de conciliation ou de sauvegarde relève, à l'occasion de l'exercice de sa mission, des faits de nature à compromettre la continuité de l'exploitation, il en informe les dirigeants. À défaut de réponse sous quinze jours ou si celle-ci ne permet pas d'être assuré de la continuité de l'exploitation, le commissaire aux comptes invite le dirigeant à faire délibérer sur les faits relevés le conseil d'administration ou le conseil de surveillance, dans une SA, puis une assemblée générale statuant sur rapport spécial du commissaire aux comptes si le conseil n'a pas été convoqué ou si la continuité de l'exploitation demeure compromise, et directement une assemblée générale, dans les autres sociétés.

La procédure n'est pas seulement interne à la société concernée. L'invitation à faire délibérer le conseil d'administration ou du conseil de surveillance de la SA ou l'assemblée des autres sociétés est faite par un écrit dont le président du tribunal de commerce reçoit copie. Dans la SA, la délibération du conseil est communiquée au président du tribunal de commerce et au comité d'entreprise ou, à défaut, aux délégués du personnel. Ces organes de représentation des salariés reçoivent aussi communication du rapport spécial rédigé par le commissaire aux comptes à destination de l'assemblée de la SA. Dans les autres sociétés, la réponse du dirigeant au commissaire aux comptes est communiquée au comité d'entreprise ou, à défaut, aux délégués du personnel et, s'il en existe un, au conseil de surveillance, le commissaire aux comptes en informant de plus le président du tribunal de commerce.

Dans tous les cas, si le commissaire aux comptes constate, à l'issue de la réunion de l'assemblée générale, que les décisions prises ne permettent pas d'assurer la continuité de l'exploitation, il informe de ses démarches le président du tribunal de commerce et lui en communique les résultats.

4. *Contrôle du respect de l'égalité*

■ 410 Le commissaire aux comptes doit enfin s'assurer du respect de l'égalité entre associés ou entre actionnaires (C. com., art. L. 823-11). Rappelons incidemment que l'existence de ce principe est discutée (v. ss 219).

C. Responsabilité du commissaire aux comptes

1. *Responsabilité civile*

a. Les faits engageant la responsabilité civile du commissaire aux comptes

■ 411 Le commissaire aux comptes peut engager sa responsabilité civile à l'égard de la société ou des associés comme à l'égard des tiers, si une faute ou une négligence a été commise dans l'exercice de ses fonctions (C. com., art. L. 822-17). Cette responsabilité civile ne peut être engagée à raison des divulgations d'information auxquelles le commissaire procède en exécution de sa mission, selon le même texte, qui ajoute encore que le commissaire n'est pas civilement responsable des infractions commises par les dirigeants et mandataires sociaux, sauf si, en ayant eu connaissance, il ne les a pas signalées dans son rapport à l'assemblée générale ou à l'organe équivalent. Un commissaire aux comptes peut par exemple engager sa responsabilité civile à l'égard des tiers, telle une caution qui va garantir un crédit bancaire qui n'a été consenti à la société contrôlée que parce que les négligences du commissaire aux comptes ont fait croire qu'elle était solvable (v. Com. 24 sept. 2003, *Bull. civ.* IV, n° 136 ; *Rev. sociétés* 2004. 379, note Th. Granier). De même, engage sa responsabilité un refus injustifié de certifier les comptes (Com. 18 févr. 2014, n° 12-29.075, *Bull.* IV, n° 39 ; *JCP* E 2014. 1298, note B. Dondero) ou un contrôle insuffisant de la rémunération du dirigeant que celui-ci s'était attribuée irrégulièrement (Com., 31 mars 2021, n° 19-12045, *Bull.* ; *BJS* juin 2021. 35, note J.-F. Barbièri).

L'immunité dont bénéficie le commissaire aux comptes en matière de révélation d'informations a déjà été évoquée (v. ss 407).

La doctrine voit dans la responsabilité du commissaire aux comptes une responsabilité civile délictuelle, dès lors que même à l'égard de la société ou des associés, le commissaire aux comptes est davantage un organe légal de contrôle qu'il n'est tenu par un contrat. Un arrêt intéressant (Paris, 10 mars 2006, *Joly* 2006. 1001, note J.-F. Barbièri) a été plus loin, en affirmant que cette responsabilité ne découlait pas d'un mandat mais avait une nature institutionnelle, ce dont il a déduit l'impossibilité pour la société d'invoquer l'exception d'inexécution à l'encontre du commissaire pour refuser de lui payer ses honoraires. La solution a pu être critiquée, notamment en ce qu'elle fait abstraction de ce que la jurisprudence permet au commissaire aux comptes d'opposer quant à lui l'exception d'inexécution et de ce qu'elle admet que l'exception puisse jouer dans des situations de réciprocité qui ne découlent pourtant pas d'un contrat, comme les restitutions réciproques dues à la suite d'une nullité. Ajoutons enfin que lorsqu'une faute est commise par un commissaire aux comptes personne physique, associé ou dirigeant agissant au nom d'une société de commissaires aux comptes, titulaire d'un mandat, la Cour de cassation juge que la personne physique engage sa responsabilité personnelle, quelle que soit la forme de la société au nom de laquelle elle agit (Com. 23 mars 2010, *Bull. civ.* IV, n° 60 ; *RTD com.* 2010. 384, obs. P. Le Cannu et B. Dondero).

b. L'action intentée contre le commissaire aux comptes

L'action en responsabilité civile intentée contre le commissaire aux comptes est soumise à la prescription triennale (C. com., art. L. 822-18 renvoyant à l'art. L. 225-254). 412 ■

Cette courte prescription choquait certains, par comparaison avec la prescription par dix ou trente ans de l'action exercée contre d'autres professionnels (expert-comptable par exemple, dont les relations avec leurs clients ont un fondement exclusivement contractuel – Com. 28 mars 2006, *Bull. Joly* 2006. 901), avant la réforme opérée par la loi n° 2008-561 du 17 juin 2008, qui a ramené le délai de droit commun de la prescription à cinq ans (C. civ., art. 2224). De ce fait, les juges du fond étaient tentés de retarder le point de départ de la prescription. La Cour de cassation a eu l'occasion de rappeler à plusieurs reprises ces dernières années, que la dissimulation, qui permet que l'on reporte le point de départ de la prescription au moment de la révélation du fait dommageable, doit être personnellement imputable au commissaire aux comptes poursuivi (v. en dernier lieu Com. 14 févr. 2006, *Bull. Joly* 2006. 897, note J.-F. Barbièri ; 15 sept. 2009, *Rev. sociétés* 2010. 109, note Th. Granier) et suppose une volonté du commissaire aux comptes de cacher les faits dont il a connaissance à l'occasion de la certification des comptes (Com. 13 févr. 2007, *Bull. civ.* IV, n° 44 ; *LPA* 20 avr. 2007, p. 8, note J.-F. Barbièri, décision précisant que l'ouverture d'une procédure collective est sans effet sur le point de départ de la prescription). Lorsque le commissaire aux comptes voit sa responsabilité recherchée pour avoir réitéré les mêmes fautes lors de plusieurs certifications, les juges acceptent de prendre en compte les certifications les plus récentes (Com. 27 sept. 2017, n° 16-17725, *Bull. Joly* 2018. 46, note J.-F. Barbièri).

Précisons avec la cour d'appel de Paris (30 juin 2006, *Bull. Joly* 2006. 1364) et, plus récemment, la Cour de cassation (Com. 24 nov. 2015, n° 14-17014, *Dr. sociétés* 2016, comm. n° 28, note M. Roussille) que lorsque le commissaire aux comptes accomplit une mission autre que celle prévue par la loi (dans les arrêts cités, une certification de comptes intermédiaires destinée à sécuriser une cession de contrôle, ou des missions afférentes au prospectus d'une offre de titres au public ou d'une introduction en bourse), il est dans un cadre contractuel ; sa responsabilité n'est alors plus soumise à la prescription triennale. La Cour de cassation a précisé que le délai de prescription de trois ans régit les actions engagées à l'encontre des commissaires aux comptes à l'occasion de toute mission légale de contrôle (Com. 15 mai 2007, *Bull. civ.* IV, n° 134, *Bull. Joly* 2007. 1053, note J.-F. Barbièri ; *JCP E* 2007. 2078, note Y. Paclot).

2. Responsabilité pénale du commissaire aux comptes

Le commissaire aux comptes peut se rendre coupable de certaines infractions pénales. Il s'expose notamment à un emprisonnement de cinq ans et à une amende de 75 000 euros lorsqu'il donne ou confirme des informations mensongères sur la 413 ■

situation de la personne morale qu'il contrôle ou qu'il ne révèle pas au procureur de la République des faits délictueux dont il a eu connaissance – il pourrait également être condamné pour complicité lorsqu'il ne dénonce pas ces faits délictueux alors qu'il en a connaissance.

3. *Responsabilité encourue devant l'AMF par le commissaire aux comptes*

414 On se posait la question de savoir si un commissaire aux comptes pouvait être sanctionné par l'Autorité des marchés financiers (AMF), au titre des sanctions pécuniaires administratives frappant les personnes portant atteinte à la bonne information du public, lorsqu'il certifie des comptes alors qu'il sait ou qu'il aurait dû savoir que ces comptes comportaient des inexactitudes.

La Cour de cassation a répondu affirmativement par un arrêt rendu par la chambre commerciale le 11 juillet 2006 (*Bull. civ.* IV, n° 171 ; *Bull. Joly* 2006. 1355, note Th. Granier). Cet arrêt est un peu curieux puisqu'il se fonde sur une interprétation d'un texte légal (C. mon. fin., art. L. 621-15) énumérant les personnes contre lesquelles une sanction pécuniaire peut être prononcée par l'AMF, mais que cette interprétation est fondée sur un règlement de la COB de 1998. La Cour de cassation procède ainsi à l'interprétation d'un texte légal par le biais d'un texte réglementaire, antérieur qui plus est !

Dans un autre arrêt du même jour (*Bull. civ.* IV, n° 171 ; *Bull. Joly* 2006. 1357, note Th. Granier), la chambre commerciale juge encore que l'AMF peut poursuivre tant le commissaire aux comptes, personne physique, qui a porté atteinte à la bonne information du public que la société de commissaires aux comptes pour le compte de laquelle la personne physique agissait.

§ 2 Les comités spécialisés et les administrateurs indépendants

415 Une société peut également être dotée d'organes de contrôle particuliers, en la forme des comités spécialisés et d'*administrateurs indépendants*[Q]. L'institution de ces organes particuliers trouve son origine dans le mouvement du « gouvernement d'entreprise » ou « *Corporate Governance* ». Les sociétés cotées sont les premières concernées par ce courant de pensée qui souhaite donner aux actionnaires un meilleur contrôle sur la direction de la société, et qui entend également assurer que la société soit dirigée dans les meilleures conditions possibles. Le moyen d'atteindre ces objectifs réside, entre autres, dans la mise en place d'organes spécialisés, dont la compétence et l'indépendance à l'égard des dirigeants et des actionnaires de contrôle sera garantie.

A. Comités spécialisés

416 Les comités spécialisés sont principalement les comités des nominations, chargés de rechercher les meilleurs recrutements possibles, les comités des rémunérations, chargés d'évaluer les rétributions les plus appropriées devant être proposées, et les *comités d'audit*[Q], chargé d'assurer le suivi de l'information comptable et financière. La plupart des sociétés cotées se sont dotées d'un ou plusieurs comités spécialisés

assurant ces différentes missions. Différents corps de textes relatifs au gouvernement d'entreprise ont traité des comités spécialisés, et notamment la recommandation de la Commission européenne du 15 février 2005 concernant le rôle des administrateurs non exécutifs et des membres du conseil de surveillance des sociétés cotées et les comités du conseil d'administration ou de surveillance (*JOUE* L 52, 25 févr. 2005. 51-63) ainsi que la directive n° 2006/43/CE du Parlement européen et du Conseil du 17 mai 2006 concernant les contrôles légaux des comptes annuels et des comptes consolidés. Ce dernier texte a été transposé par une ordonnance en date du 8 décembre 2008, qui a rendu obligatoire dans un certain nombre de sociétés et d'entités (not. les sociétés cotées) l'institution d'un comité d'audit, devant comprendre un administrateur indépendant (v. not. C. com., art. L. 823-19 et L. 823-20). La question la plus sensible soulevée par les textes issus de cette ordonnance est celle de la responsabilité engendrée par l'action (ou la défaillance) du comité d'audit. L'article L. 823-19 du Code de commerce disposait dans un premier temps que le comité d'audit agissait « sous la responsabilité exclusive et collective » des membres du conseil d'administration ou du conseil de surveillance, avant que la loi de régulation bancaire et financière (L. n° 2010-1249, 22 oct. 2010) ne vienne supprimer les mots « exclusive et collective ». Cette suppression est heureuse, car il était difficile d'admettre que les administrateurs puissent voir leur responsabilité engagée « collectivement », c'est-à-dire sans qu'une faute personnelle puisse leur être imputée.

Illustration : extrait de l'art. 14 des statuts de la société LVMH SE (15 avr. 2021)

Le Conseil d'Administration peut également créer en son sein des comités spécialisés, permanents ou non. Le Conseil d'Administration peut notamment, et sans que cette liste soit exhaustive, décider la création d'un Comité spécialisé qui assure le suivi des questions relatives à l'élaboration et au contrôle des informations comptables et financières, d'un Comité en charge des rémunérations et d'un Comité en charge des nominations ; un seul Comité peut être en charge à la fois des rémunérations et des nominations. Des règlements intérieurs, adoptés par le Conseil d'Administration fixent leur composition et leurs attributions.

B. Administrateur indépendant

L'administrateur indépendant est censé assurer un meilleur fonctionnement du conseil d'administration des sociétés cotées, en exerçant un contrôle vigilant de la direction de la société. Dans l'esprit de cette institution, l'administrateur indépendant se présente comme un organe autonome, distinct du conseil d'administration. Cependant, en droit positif français, il n'est encore qu'un administrateur parmi les autres, si ce n'est que sa nomination doit prendre en compte l'exigence d'indépendance. On signalera également l'apparition dans certaines sociétés cotées d'administrateurs « référents » censés faire contrepoids au pouvoir du président du conseil, particulièrement lorsqu'il cumule la présidence et la direction générale. 417

Compléments pédagogiques

Mémo

Le *fonctionnement de la société* passe tout d'abord par une phase d'information donnée aux organes sociaux, qu'il s'agisse des associés ou des autres organes. Le *droit d'information* des premiers est particulièrement détaillé, dans certaines sociétés, telles les SA, notamment en ce qui concerne le rapport de gestion que doivent leur fournir les dirigeants de la société à l'issue d'un exercice, en vue de l'approbation des comptes de cet exercice. On retiendra surtout que l'information fournie aux associés connaît une tendance générale à l'accroissement.

Les associés prennent des décisions dans le cadre d'*assemblées*, ou, lorsque la loi et les statuts l'autorisent, dans le cadre d'autres formes de réunion (par consultation écrite par exemple). En règle générale, des règles de convocation doivent être respectées. Le vote peut intervenir sans requérir la présence physique de l'associé (représentation, vote par correspondance, visioconférence, etc.).

La société est également soumise à un contrôle exercé par différents organes, dont les plus importants sont les *commissaires aux comptes*, qui sont des professionnels soumis à une réglementation visant notamment à assurer leur indépendance, et dont le rôle est diversifié, mais en tous les cas très important. En synthèse, les commissaires aux comptes ont un devoir de contrôle de la régularité des comptes, un devoir d'information des organes sociaux mais aussi de certains tiers, un devoir d'alerte et une mission de contrôle du respect de l'*égalité entre associés*.

D'autres organes de contrôle (comités spécialisés et administrateurs indépendants) ne se rencontrent que dans les sociétés cotées.

Quid

■ Action de concert n° 382

Le législateur fait peser sur les personnes prenant des participations dans une société cotée et dépassant certains seuils des obligations de notification (v. ss chapitre 16). Pour déterminer si les seuils fixés par la loi sont atteints par une personne X, sont prises en compte non seulement les participations détenues directement par X, mais également celles détenues par des personnes agissant de concert avec X, c'est-à-dire les personnes ayant conclu avec X un accord en vue d'acquérir ou de céder des droits de vote ou en vue d'exercer les droits de vote, pour mettre en œuvre une politique vis-à-vis de la société (C. com., art. L. 233-10).

■ Administrateur indépendant n° 415

Mandataire social dont l'indépendance, notamment à l'égard de la société et des actionnaires qui la contrôlent, est en principe garantie. Par conséquent, l'administrateur indépendant est en mesure d'exercer un contrôle plus efficace sur la gestion de la société.

■ Comité d'audit n° 416

Comité spécialisé dont la constitution n'est obligatoire que dans certaines sociétés (sociétés cotées) et qui a pour mission d'appuyer les travaux des organes de direction en matière comptable et financière.

■ Commissaire aux comptes n° 349

Membre d'une profession réglementée, chargé d'exercer un contrôle sur l'activité de la société. Il contrôle la régularité des comptes, mais a également de nombreuses autres attributions, telle qu'un devoir d'alerte et une mission d'information des associés. Il est obligatoirement présent dans les sociétés par actions, à l'exception d'une partie des SAS. Sa nomination est facultative dans les autres sociétés, mais devient obligatoire si certains seuils sont dépassés ou si des associés en font la demande au juge et que celui-ci répond favorablement.

■ Comptes consolidés n° 353

Les sociétés commerciales qui contrôlent de manière exclusive ou conjointe une ou plusieurs autres entreprises ou exercent une influence notable sur celles-ci doivent établir et publier chaque année des comptes présentant l'image globale de l'ensemble que constitue ce groupe d'entreprises (v. ss chapitre 16).

■ Devoir d'alerte n° 409

Devoir pesant sur le commissaire aux comptes et lui imposant d'alerter les dirigeants, et éventuellement l'assemblée des associés, voire le juge, lorsqu'il constate un fait de nature à compromettre la continuité de l'exploitation de la société.

■ Incidents de séance (théorie des) n° 381

Dérogation à l'obligation d'inscrire à l'ordre du jour d'une assemblée la révocation et le remplacement d'un dirigeant (et donc de convoquer une seconde assemblée) lorsque la nécessité de cette révocation est révélée au cours des débats de l'assemblée en cours.

■ RSE n° 354

Ce sigle désigne en principe la Responsabilité Sociale et Environnementale, mais on rencontre des variantes (comme « Responsabilité Sociétale de l'Entreprise »). La RSE est un concept relativement ouvert, qui permet d'imposer des obligations d'information et/ou de comportement aux sociétés, dans les domaines de l'environnement, du social, du développement durable, de l'égalité des sexes et de la lutte contre les discriminations, des droits de l'homme, etc.

■ Scrutateurs n° 382

Dans une assemblée de SA, ce sont les deux membres de l'assemblée disposant du plus grand nombre de voix, s'ils acceptent cette fonction. Ils forment alors, avec le président de l'assemblée, le bureau.

Biblio

1) Information

– M. Teller, « L'information des sociétés cotées et non cotées : une évolution certaine, de nouveaux risques probables », *RTD com.* 2007. 17.

2) Assemblées

– F. Basdevant, « Le dépôt de projets de résolutions par les actionnaires minoritaires », *RTDF* 2006. 70.

– X. Boucobza, « La loi de la majorité dans les sociétés de capitaux », in *Mélanges AEDBF III*, Banque Éditeur, 2001, p. 45.

– D. Carreau et H. Letréguilly, « L'affaire « Sacyr/Eiffage » devant les tribunaux : beaucoup de questions et peu de réponses », *D.* 2008. Chron. 2882.

– A. Couret, « Le désintérêt social », in *Mélanges P. Bézard, LPA* – Montchrestien, 2002, p. 63.

– C. Ducouloux-Favard, « Grandeur et décadence des assemblées générales d'actionnaires », in *Mélanges Y. Guyon*, Dalloz, 2003, p. 359.

– Th. Granier, « Le rapport de gestion après l'ordonnance n° 2004-1382 du 20 décembre 2004 », *Rev. sociétés* 2005. 315.

– E. Jeuland et F. Manin, « Les incertitudes du référé injonction de faire en droit des sociétés », *Rev. sociétés* 2004. 1.

– P. Le Cannu, « *Des questions sans réponse* », in *Mélanges Y. Guyon*, Dalloz, 2003, p. 603.

3) Commissaires aux comptes

– J.-F. Barbièri, « Responsabilité des commissaires aux comptes et modes d'exercice professionnel », in *Mélange Ph. Merle*, Dalloz, 2013, p. 13.

– B. Bouloc, « Le secret professionnel du commissaire aux comptes », *Rev. sociétés* 2008. 291.

– Th. Granier, « Le commissaire aux comptes dans les sociétés qui font appel public à l'épargne », in *Mélanges. Y. Guyon*, Dalloz, 2003, p. 457.

– D. Vidal, « Libre propos sur l'indépendance des commissaires aux comptes après la LSF », in *Mélanges D. Schmidt*, Joly, 2005, p. 475.

– D. Vidal, « Mauvaise foi ou inaptitude du commissaire aux comptes relevé de ses fonctions ? », in *Mélanges M. Cabrillac*, p. 645.

– B. Lecourt, « Premiers regards sur l'ordonnance n° 2016-315 du 17 mars 2016 relative au commissariat aux comptes, adaptant le droit français au droit européen », in *Rev. Sociétés* 2016. 332.

4) Gouvernement d'entreprise, comités spécialisés et administrateurs indépendants

– A. Bienvenu-Perrot, « Des censeurs du XIXe siècle au gouvernement d'entreprise du XXIe siècle », *RTD com.* 2003. 449.

– Ph. Bissara, « Le gouvernement d'entreprise en France : faut-il légiférer encore et de quelle manière ? », *Rev. sociétés* 2003. 51.

– D. Cohen, « Le « gouvernement d'entreprise » : une nécessité en droit français », in *Mélanges Ph. Malaurie*, Defrénois 2005. 159.

– A. Viandier, « L'administrateur indépendant des sociétés cotées », *RJDA* 2008. 599.

– Dossier « La gouvernance d'entreprise » in *Cah. dr.entr.* sept.-oct. 2005, n° 5.

5) Responsabilité sociale et environnementale

– D. Barlow, « Les nouvelles obligations de transparence des entreprises en matière sociale et environnementale », *D.* 2012. 1502.

6) Droit spécial lié à la pandémie de Covid-19

– J.-F. Barbièri, État d'urgence sanitaire : l'ordonnance dite « sur les comptes », *Rev. sociétés* 2020. 334.
– A. Couret, Interpréter le droit des sociétés en temps de Covid-19, *Rev. sociétés* 2020. 331.
– B. Dondero, Covid-19 : ordonnance adaptant les règles concernant les assemblées et organes dirigeants des groupements privés, *BRDA* 8/20, n° 2.
– B. Dondero, Assemblées à huis clos : le retour, *BRDA* 1/21, n° 23.
– B. Dondero, Covid-19 et tenue des AG dans les sociétés – Commentaire du décret n° 2020-1614 du 18 déc. 2020, *JCP E* 2021, 1042.
– B. Dondero et F. Gilbert, Assemblées et organes sociaux en période de pandémie, *BRDA* 5/21, dossier.
– M. Dubois et B. Zabala, Ordonnances pour faire face à l'épidémie de Covid-19 : assemblées, conseils et comptesdes sociétés et autres groupements, *JCP E* 2020, act. 234.
– F. Gilbert, Délai de vote par courriel aux assemblées générales en période de pandémie, *JCP E* 2021, 261.
– H. Le Nabasque, Le droit des sociétés face au covid-19, *BJS* avr. 2020. 50.
– R. Mortier et B. Zabala, Ordonnances Covid-19 et droit des sociétés, *JCP E* 2020, 1160.
– A. Reygrobellet, Le droit des sociétés en période d'état d'urgence sanitaire, *Rev. sociétés* 2020. 275.
– Reygrobellet, Prorogation du dispositif dérogatoire gouvernant le fonctionnement des sociétés et entités de droit privé, *Rev. sociétés* 2021. 7.

Quiz

1) Sujet corrigé

Dissertation

Énoncé

Les sanctions pénales attachées au défaut de dépôt des comptes par les dirigeants sociaux après la codification du droit des sociétés.

Voir le corrigé en fin de rubrique.

2) Corrigé

Dissertation

Le législateur impose à certaines sociétés de se rappeler périodiquement au souvenir du greffier du tribunal de commerce tenant le registre du commerce et des sociétés, en lui remettant les comptes sociaux annuels, après leur approbation ainsi que différents documents (rapport de gestion pour certaines sociétés, rapport du conseil de surveillance et des commissaires aux comptes, proposition d'affectation de résultat soumise aux associés et résolution votée).

Une question sensible liée à cette obligation était celle de la sanction de l'absence de dépôt des comptes. L'ordonnance du 18 septembre 2000 qui a codifié la loi du 24 juillet 1966 au sein de la partie législative du Code de commerce a aussi codifié, comme textes de loi, certaines dispositions du décret n° 67-236 du 23 mars 1967, et parmi elles les articles qui imposent le dépôt des comptes dans un délai d'un mois après leur approbation (C. com., art. L. 232-21 à L. 232-23, relatifs aux SARL, aux sociétés par actions, et aux SNC dont tous les associés sont des SARL ou des sociétés par actions). Le texte qui sanctionnait pénalement le défaut de dépôt des comptes était l'article 53 du décret de 1967. Ce texte n'avait pas été abrogé ou modifié par l'ordonnance de 2000. Il était donc resté en l'état, au sein du décret de 1967, visant encore les anciens textes réglementaires.

Cette situation a pu être interprétée comme fondant l'abrogation implicite de la sanction pénale attachée au défaut de dépôt des comptes (I). Cette opinion a été discutée (II), avant que l'autorité réglementaire ne vienne mettre fin au débat (III).

I. La thèse de l'abrogation implicite de la sanction pénale attachée au défaut de dépôt des comptes

Certaines juridictions du fond ont déduit de l'absence de modification de l'article 53 du décret de 1967 qu'il y avait eu une abrogation implicite de la sanction pénale. C'est ainsi la position qui a été prise par la cour d'appel de Douai, par un arrêt du 3 décembre 2004 (*D.* 2005. AJ 359, obs. A. Lienhard). Cette juridiction a fondé sa décision notamment sur le fait que la loi NRE du 15 mai 2001 a introduit à l'article L. 123-5-1 du Code de commerce une procédure de référé-injonction de faire, ce qui exprimerait l'intention du législateur de dépénaliser le non-dépôt des comptes sociaux.

Certes, un argument qui aurait pu justifier le maintien des sanctions pénales résidait dans l'article 3 de l'ordonnance de codification du 18 septembre 2000. Aux termes de ce texte, « les références contenues dans les dispositions de nature législative à des dispositions abrogées par l'article 4 de la présente ordonnance sont remplacées par les références aux dispositions correspondantes du Code de commerce ». Mais ce texte ne visant que les références aux dispositions de nature législative, une cour d'appel a pu en tirer argument pour refuser d'appliquer la règle de l'article 3 précité aux dispositions de nature réglementaire — telles que les articles anciennement visés par l'article 53 du décret de 1967 (Rennes, 17 janv. 2006, *JCP E* 2006. 1276).

On pouvait également invoquer ici le principe d'interprétation stricte de la loi pénale, qui empêche de remplacer, dans l'article 53 du décret de 1967, les anciennes références par les nouvelles.

II. Le rejet de la thèse de l'abrogation implicite

D'autres voix se sont fait entendre, récusant la thèse de l'abrogation implicite (v. ainsi la position prise par la Compagnie nationale des commissaires aux comptes : lettre du président du 27 nov. 2002, *BRDA* 2002, n° 24, p. 5).

Plusieurs décisions de juridictions du fond ont suivi ce courant (v. ainsi Amiens, 31 août 2007, *Bull. Joly* 2008. 191, note J. Lefebvre).

III. La conclusion du débat

Le débat a été résolu par l'abrogation de l'article 53 du décret de 1967 par le décret du 11 décembre 2006, qui a créé un nouvel article 246-1 du décret de 1967, devenu l'article R. 247-3 du Code de commerce. Ce texte a repris les sanctions pénales édictées antérieurement par l'article 53 du décret de 1967, mais en visant désormais les textes codifiés au sein de la partie législative du Code de commerce, ce qui lèvera toute ambiguïté sur l'applicabilité des sanctions pénales en cause.

Une question n'a pas été réglée par le décret de 2006, qui est celle des infractions commises entre la codification de 2000 et l'entrée en vigueur du nouveau texte…

chapitre 8

Les mutations affectant la société

Plan analytique

section 1

Les modifications des statuts : règles générales

§ 1 Nécessité d'une décision des associés

A. Compétence de principe des associés

B. Compétence marginale d'autres organes

§ 2 Modalités

A. Nécessité d'une décision unanime ?

B. Nécessité d'une décision expresse

section 2

Les modifications du capital social

§ 1 L'augmentation de capital

A. La décision d'augmentation du capital social

B. La réalisation de l'augmentation du capital social

§ 2 La réduction de capital

A. Réduction du capital social motivée par des pertes

B. Réduction du capital social non motivée par des pertes

C. Coup d'accordéon

§ 3 L'amortissement du capital

section 3

La transformation

§ 1 Conditions de la transformation

A. Conditions de fond

B. Conditions de forme

§ 2 Effets de la transformation

A. Effets au regard de la société

B. Effets au regard des tiers

section 4

La fusion, la scission et l'apport partiel d'actif

§ 1 Observations communes aux trois opérations

A. Utilité

B. Régime des nullités applicables

§ 2 Fusions

A. Conditions

B. Effets

C. Régime spécifique des fusions transfrontalières

§ 3 Scissions

A. Conditions

B. Effets

§ 4 Apport partiel d'actif

A. Conditions

B. Effets

section 5

La dissolution de la société

§ 1 Causes de dissolution

A. Causes de dissolution communes à toutes les sociétés

B. Causes de dissolution spécifiques à certaines sociétés

§ 2 Effets

A. Liquidation

B. Dissolution sans liquidation

Compléments pédagogiques

Les mutations affectant la société

La société est un organisme évolutif : confrontée à des changements dans les rapports entre associés ou dans son environnement, elle peut modifier son organisation pour faire face à la situation nouvelle. Les modifications envisagées ici sont les plus importantes, celles qui nécessitent une modification des statuts. Après avoir envisagé les règles générales applicables à ces modifications (section 1), les principales mutations affectant la société seront étudiées : modifications du capital social (section 2), transformation (section 3), fusions, scissions et apports partiels d'actif (section 4) et dissolution de la société (section 5). 418

section 1

Les modifications des statuts : règles générales

Une décision des associés est en règle générale nécessaire (§1), dont il faudra envisager les modalités (§2). 419

On signalera ici que les modifications des statuts sont rendues opposables aux tiers par l'accomplissement de mesures de publicité particulières (le plus souvent : insertion dans un journal d'annonces légales, inscription modificative au registre du commerce et des sociétés, insertion au *Bulletin officiel des annonces civiles et commerciales*).

§ 1 Nécessité d'une décision des associés

A. Compétence de principe des associés

La modification des statuts suppose que la convention qui liait initialement les associés soit modifiée. Une décision de ces associés est donc en principe nécessaire. La plupart du temps, les associés sont d'ailleurs les seuls à pouvoir modifier les statuts de la société. Ainsi est-il prévu dans la SA que « l'assemblée générale extraordinaire est seule habilitée à modifier les statuts dans toutes leurs dispositions » (C. com., art. L. 225-96). Il est envisageable, cependant, que d'autres que les associés puissent modifier les statuts, mais cette dérogation à la compétence des associés est limitée. 420

B. Compétence marginale d'autres organes

■ 421 Exceptionnellement, il est envisageable que des organes autres que ceux réunissant la collectivité des associés (assemblées en premier lieu, v. ss chapitre 7) puissent modifier les statuts de la société. Cette compétence trouve son fondement, alternativement, dans les statuts, dans la nécessité de se mettre en conformité avec des dispositions impératives, ou dans la nécessité de prendre une décision rapidement.

1. *Compétence reconnue par les statuts*

■ 422 Il est tout d'abord envisageable que les statuts d'une société donnent compétence à un organe qui ne serait pas la collectivité des associés pour modifier les statuts. Au vrai, l'hypothèse est sans doute exceptionnelle. Il est difficilement concevable que les associés consentent à ce que leur convention, fondant la société constituée entre eux, puisse être modifiée par d'autres qu'eux.

Quand bien même les associés y consentiraient, toutes les sociétés ne permettent d'ailleurs pas d'attribuer un tel pouvoir à d'autres que les associés. L'organisation légale de la société ne peut en règle générale faire l'objet d'un tel bouleversement. Un arrêt important de la Cour de cassation, l'arrêt *Motte*, confirme l'hostilité du droit positif à un réaménagement de l'organisation légale des sociétés (Civ. 4 juin 1946, *S.* 1947. 1. 153, note P. Barbry).

La société qui se prêterait le mieux à l'attribution du pouvoir de modifier les statuts à d'autres que les associés est bien évidemment la SAS, dont l'organisation est laissée à la volonté des parties. Toutefois, un texte vise toute une série de décisions qui doivent être « exercées collectivement par les associés » (C. com., art. L. 227-9). Or sont énumérées la grande majorité des modifications statutaires importantes (dissolution, transformation, fusion, scission, modification du capital social), ce qui ne laisse que peu de place à une compétence modificative des statuts attribuée à d'autres que les associés.

2. *Mise en conformité avec des dispositions impératives*

■ 423 Le législateur permet parfois aux dirigeants de modifier les statuts, pour les mettre en conformité avec des dispositions impératives de la loi ou des règlements. Ce pouvoir est ainsi reconnu au gérant de la SARL. Cette modification ne vaut cependant que sous réserve d'une ratification par les associés (C. com., art. L. 223-18, al. 9).

3. *Prise rapide de décisions*

■ 424 Il peut être urgent de prendre certaines décisions rapidement, et la réunion d'une assemblée d'associés peut retarder les opérations concernées au point d'entraîner leur échec. Afin que l'organisation juridique de la société ne soit pas un obstacle à la vie économique de la société, les dirigeants sociaux se voient autorisés exceptionnellement à prendre des décisions qui impliquent pourtant une modification des statuts. C'est essentiellement la compétence de déplacer le siège social dans le même département, dans un département limitrophe et même sur tout le territoire (extension résultant de la loi *Macron*, loi n° 2015-990 du 6 août 2015) qui est reconnue au gérant de SARL, là encore sous réserve de ratification par les associés (C. com., art. L. 223-18, al. 8).

§ 2 Modalités

A. Nécessité d'une décision unanime ?

1. *Admission de la règle majoritaire*

En pratique, la plupart des sociétés sont en mesure de modifier leurs statuts à la majorité des droits de vote de leurs associés, parce que la loi ou les statuts ont expressément prévu le recours à la règle majoritaire. Il faut préciser que le plus souvent, cette majorité est une majorité qualifiée, c'est-à-dire qu'il ne suffit pas que la modification soit décidée par la moitié des voix exprimées plus une, ce qui constitue la majorité simple. Une majorité qualifiée exige de réunir un nombre de voix supérieure. C'est par exemple la majorité des deux tiers des voix des actionnaires présents ou représentés qui est requise pour modifier les statuts de la SA (C. com., art. L. 225-96). 425 ■

2. *Exigence de l'unanimité*

a. Exigence de principe

L'article 1836 du Code civil dispose en son premier alinéa que « les statuts ne peuvent être modifiés, à défaut de clause contraire, que par l'accord unanime des associés ». C'est un principe qui est posé, auquel une disposition légale ou une stipulation statutaire viendra très fréquemment apporter une dérogation. 426 ■

La règle de l'unanimité est le seul mode de décision qui puisse être mis en œuvre sans requérir de précisions complémentaires. En effet, à défaut de mentions particulières, le consentement individuel de chaque associé doit être obtenu. En revanche, la mise en œuvre de la règle majoritaire requiert l'établissement préalable de ses conditions d'application : conditions de convocation, de quorum, et de majorité. L'exigence de l'unanimité est donc la modalité naturelle de décision dans une société, et au-delà, dans tout groupement, dès lors que celui-ci n'a pas reçu une organisation particulière, de la part de ses fondateurs, de ses membres ou du législateur.

b. Augmentation des engagements des associés

L'article 1836 du Code civil énonce en son second alinéa que, « en aucun cas, les engagements d'un associé ne peuvent être augmentés sans le consentement de celui-ci ». C'est une règle générale qui est ainsi posée, et qui est reprise par des dispositions propres à certaines sociétés (v. ainsi C. com., art. L. 223-30, al. 2 pour les SARL et art. L. 225-96, al. 1er pour les SA). On a pu voir dans ce texte une application de l'article 1193 (anc. art. 1134) du Code civil, qui requiert le consentement du contractant pour modifier le contenu du contrat. 427 ■

L'illustration la plus simple de cette règle se manifeste en cas de transformation d'une société à responsabilité limitée (SARL, par ex.) en société à responsabilité illimitée (SNC ou société civile). Un vote unanime de tous les associés est alors exigé, car chacun voit les obligations pesant sur lui augmenter : ce n'est plus seulement le risque de perdre son apport qui pèse sur l'associé, mais aussi l'obligation de payer les créanciers sociaux si la société ne le fait pas.

428 Par plusieurs décisions, rendues par la première chambre civile et la chambre commerciale, la Cour de cassation a toutefois établi une distinction entre les versements réclamés aux associés en cours de vie sociale (V. ainsi not. Civ. 1re, 8 nov. 1988, *Bull. civ.* I, n° 313 ; Com. 7 mars 1989, *Bull. civ.* IV, n° 81 ; *Rev. sociétés* 1989. 473, note Y. Chartier, commune aux deux arrêts ; Com. 3 déc. 1991, *Rev. sociétés* 1992. 305, note Y. Guyon ; Com. 9 juin 2004, *Bull. civ.* IV, n° 122 ; *Dr. sociétés* 2004, n° 186, note F.-X. Lucas ; 10 juill. 2012, n° 11-14.267, *Bull. civ.* IV, n° 156 ; *Bull. Joly* 2012. 693, note B. Dondero). Si le principe de ces versements n'a pas été prévu par les statuts, ils constituent une augmentation des engagements des associés et nécessitent alors l'accord de chaque associé. Si les statuts ont prévu la possibilité pour la société d'exiger de tels versements des associés, en revanche, leur consentement unanime à la décision de réclamer ces versements n'est pas nécessaire. La règle majoritaire, prévue pour les décisions relatives au fonctionnement du groupement, peut alors trouver à s'appliquer. Dans son arrêt du 8 novembre 1988 (préc.), la première chambre civile de la Cour de cassation a ainsi jugé que l'article 1836 du Code civil ne réglait « que les conditions auxquelles doivent satisfaire les décisions modificatives des statuts mais non celles relatives aux décisions prises, conformément aux statuts, en vue de l'exécution de l'objet social ». Cette solution peut être justifiée par le fait que le consentement unanime aux statuts – et donc au principe du versement – a déjà été exprimé par chaque associé lors de son adhésion à la société. L'organisation légale du groupement pourrait également prévoir le principe de versements devant être faits par les associés en cours de vie sociale. On relèvera ainsi l'article L. 212-3 du Code de la construction et de l'habitation, qui dispose que les associés des sociétés constituées en vue de l'attribution d'immeubles aux associés par fractions divises « sont tenus de répondre aux appels de fonds nécessités par l'acquisition, la construction ou l'aménagement de l'immeuble social en proportion de leurs droits dans le capital ».

c. Autres décisions

429 Le législateur exige que certaines modifications des statuts soient décidées à l'unanimité des associés du fait de leur caractère « sensible ». Ces décisions, sans augmenter véritablement les engagements des associés, soit restreignent leurs droits, soit supposent un consentement éclairé de leur part. Ainsi, la transformation d'une société en SAS est-elle soumise à l'exigence d'un vote unanime des associés (C. com., art. L. 227-3, v. ss 941), car la SAS est une société laissant une place si grande à la liberté contractuelle qu'il faut pour en être l'associé y avoir consenti expressément, y compris lorsque la qualité d'associé résulte de la modification des statuts d'une société constituée sous une autre forme.

B. Nécessité d'une décision expresse

1. *Émergence d'un principe*

430 Les statuts de la société sont modifiés, dans le respect des règles légales et, le cas échéant, des règles prévues par ces mêmes statuts. Une question qui s'est posée consistait à savoir si un comportement contraire aux statuts, adoptés par les associés, pouvait valoir modification de ceux-ci. Après l'avoir admis dans un premier temps par un arrêt non publié au *Bulletin* (Civ. 1re, 22 nov. 1994, *Bull. Joly* 1995. 169, note B. Saintourens, décision qui faisait craindre au commentateur un risque de

modification de fait des statuts), la première chambre civile de la Cour de cassation est revenue sur cette position, et subordonne par conséquent la modification des statuts à un acte (Civ. 1re, 21 mars 2000, *Bull. civ.* I, n° 99 ; *D.* 2000. 475, note Y. Chartier ; v. aussi, dans la même affaire, Civ. 1re, 2 mars 2004, *Bull. civ.* I, n° 75 ; *Rev. sociétés* 2004. 692, note Y. Chartier ; v. égal. Civ. 1re, 17 sept. 2003, n° 01-13.598).

Certes, ces arrêts concernaient des sociétés civiles, soumises à l'article 1854 du Code civil, qui exige, lorsque les décisions collectives ne sont pas prises en assemblée ou par une consultation écrite, qu'elles résultent « du consentement de tous les associés exprimé dans un acte ». On peut cependant les interpréter, plus largement, comme s'opposant à la modification implicite des statuts d'une société, indépendamment de sa forme.

2. *Remise en cause du principe ?*

Au moins six décisions, rendues au cours des deux dernières décennies, laissent cependant penser que la possibilité d'une modification implicite des statuts n'est pas complètement exclue (et il faut ajouter à ces décisions le courant jurisprudentiel qui admet qu'une décision unanime des associés d'une société civile peut autoriser l'octroi d'une garantie alors que cela n'entre pas dans l'objet social – v. ss 545). 431 ■

La chambre commerciale de la Cour de cassation a ainsi laissé entendre que la prorogation du terme d'une société, pourtant prévu par les statuts, pouvait être « *expresse ou tacite* » (Com. 23 oct. 2007, *Bull. civ.* IV, n° 224 ; *Rev. sociétés* 2008. 383, note B. Dondero). La décision concernait il est vrai une société en participation, société se prouvant par tous moyens (C. civ., art. 1871) et attachant donc moins d'importance au formalisme que les autres sociétés. Mais elle a été réitérée à propos d'une société en nom collectif (Com. 31 janv. 2012, n° 10-24.715, *Bull. civ.* IV, n° 12, *Gaz. pal.* 10 août 2012. 30, note B. Dondero).

Un autre arrêt de la chambre commerciale, relatif à la décision de transformer un bâtiment appartenant à une société civile, décision qui mettait fin à l'activité civile de la société au profit d'une activité exclusivement commerciale, a reconnu la nullité de la décision, en ce qu'elle ne respectait pas les conditions de modification des statuts (Com. 13 juill. 2010, *Bull. civ.* IV, n° 128 ; *Rev. sociétés* 2010. 502, note B. Dondero). Là aussi, il était donc question d'une modification implicite des statuts.

On relèvera par ailleurs un arrêt de la cour d'appel de Paris en date du 6 décembre 2007 (*Rev. sociétés* 2008. 194, obs. I. Urbain-Parléani), infirmant le jugement qui avait annulé une assemblée générale. La réforme du jugement est fondée sur le fait que l'associé résidant à Dubaï avait été informé de la date et de la teneur de l'assemblée par une convocation faite par courrier électronique, forme déjà adoptée pour les assemblées précédentes. En réalité, ce n'est pas tant aux statuts qu'il est porté atteinte qu'à l'article R. 223-20 du Code de commerce, qui dispose que l'assemblée de la SARL est convoquée par lettre recommandée. L'arrêt, en relevant le fait qu'une forme dérogatoire avait été adoptée pour les assemblées précédentes, conforte cependant l'idée que la pratique contraire à la norme établie, acceptée pendant un certain temps, pourrait valoir modification de la norme, sans que cette modification suppose une décision expresse des associés.

Ce courant jurisprudentiel a été enrichi, en dernier lieu, par deux arrêts de la chambre commerciale de la Cour de cassation en date du 12 mai 2015 (n° 14-13744, *JCP E* 2015. 1338, note B. Dondero) et du 29 janvier 2020 (n° 18-15179) qui jugent que les associés d'une SARL peuvent déroger à une clause des statuts et s'en affranchir par l'établissement d'actes postérieurs, valables dès lors que tous les associés y consentent.

section 2

Les modifications du capital social

432 Les modifications du capital social sont les modifications statutaires mises en œuvre le plus fréquemment dans la vie des sociétés. Le capital peut être augmenté, afin d'accroître la solidité financière de la société ou simplement pour accueillir de nouveaux associés. Il peut également faire l'objet d'une réduction. Il conviendra par ailleurs de mentionner une opération portant sur le capital social, et qui est assez rarement pratiquée, qui est l'*amortissement du capital*.

§ 1 L'augmentation de capital

433 L'augmentation de capital social est une opération consistant à intégrer dans le groupement sociétaire de nouveaux apports, et parfois de nouveaux associés. L'opération peut impliquer des apports véritablement nouveaux, en numéraire ou en nature, et dans cette hypothèse, elle entraînera une augmentation des capitaux propres de la société. Elle peut également se faire par l'incorporation des réserves ou des comptes courants d'associés au capital. Dans ces deux dernières hypothèses, il n'y a pas mise à disposition de nouvelles valeurs au bénéfice de la société. Celle-ci reçoit cependant l'assurance de pouvoir conserver les sommes correspondantes de manière durable (la transformation du solde créditeur du compte courant en apport constitue d'ailleurs une augmentation des capitaux propres).

On observera que toutes les sociétés ne sont pas dotées de règles spéciales relatives à l'augmentation de capital. Les sociétés par actions et les SARL sont celles pour lesquelles les règles prévues sont les plus détaillées, tandis que le capital social des sociétés de personnes est très peu réglementé.

434 Concrètement, l'augmentation de capital peut prendre la forme d'une émission de parts sociales ou d'actions nouvelles par la société, ou bien celle d'une augmentation de la valeur nominale des titres existants (v. ainsi C. com., art. L. 225-127 pour la SA). Dans la seconde hypothèse, l'unanimité est requise, puisqu'elle implique que tous les associés souscrivent à l'augmentation de capital pour que celle-ci puisse être réalisée.

L'opération est normalement toujours favorable à l'intérêt social, la question qui se pose est celle de savoir jusqu'où l'intérêt social peut imposer de réaliser une augmentation de capital (c'est la question classique de l'abus de minorité — v. ss chapitre 5). En revanche, l'opération peut être préjudiciable aux associés en place, s'ils n'ont pas la possibilité d'y souscrire. Dans cette hypothèse, il y aura dilution de leur participation, et donc de leur pouvoir dans la société et de leurs droits au bénéfice. Ceci explique l'existence dans certaines formes sociales d'un formalisme protecteur des intérêts des associés en place, qui passe par l'exigence d'une modification des statuts, et par l'existence d'un droit préférentiel de souscription dans certaines sociétés.

A. La décision d'augmentation du capital social

1. *Compétence*

a. Compétence de principe des associés

La décision d'augmenter le capital d'une société implique une modification de l'accord antérieur et donc une modification des statuts. C'est donc en règle générale à l'organe compétent pour modifier les statuts que revient la compétence pour décider de l'augmentation de capital. Ainsi, dans une SA, c'est l'assemblée générale extraordinaire des actionnaires qui est seule compétente pour décider, sur le rapport du conseil d'administration ou du directoire, une augmentation de capital immédiate ou à terme (C. com., art. L. 225-129). L'intervention des associés est d'ailleurs requise par le droit de l'Union européenne s'agissant des sociétés anonymes. Cette exigence, aux termes de laquelle « Toute augmentation de capital est décidée par l'assemblée générale », figure à l'art. 68.1 de la directive 2017/1132 du Parlement européen et du Conseil du 14 juin 2017 relative à certains aspects du droit des sociétés, et elle était déjà présente dans les directives antérieures, et deuxième directive européenne du 13 décembre 1976 et directive 2012/30/UE du Parlement européen et du Conseil du 25 octobre 2012 (v. ss chapitre 1). 435 ■

b. Délégations de pouvoir ou de compétence

Lorsque la loi l'autorise, l'organe compétent pour modifier les statuts, l'assemblée générale extraordinaire des actionnaires de la SA, par exemple, peut déléguer aux dirigeants (conseil d'administration ou directoire dans la SA) les pouvoirs nécessaires en vue de réaliser l'augmentation de capital décidée par l'assemblée. C'est ce que l'on qualifie de *délégation de pouvoir*. Les dirigeants peuvent ainsi fixer les modalités d'une augmentation de capital décidée par l'assemblée (v. C. com., art. L. 225-129-1 pour la SA). 436 ■

Dans les SA, l'assemblée des actionnaires peut aussi déléguer le pouvoir de décider du principe même de l'augmentation, ce que l'on qualifie de *délégation de compétence* (C. com., art. L. 225-129 et L. 225-129-2). Dans les sociétés cotées, ce pouvoir peut faire l'objet d'une subdélégation au directeur général, au DGD, au président du directoire ou à l'un de ses membres (C. com., art. L. 22-10-49).

2. *Exigences particulières*

Dans les sociétés dans lesquelles l'apport en nature fait l'objet de mesures de vérification de la consistance des biens apportés, le dispositif sera applicable également aux apports en nature faits en cours de vie sociale, par une augmentation de capital (v. ainsi C. com., art. L. 225-147, s'agissant des SA). 437 ■

Le commissaire aux comptes, lorsque la société en est dotée, fera également un rapport sur l'opération, qui permettra à l'assemblée de statuer en connaissance de cause sur la décision d'augmentation du capital.

B. La réalisation de l'augmentation du capital social

1. *Le droit préférentiel de souscription*

a. Le principe

■ 438 Dans certaines sociétés (sociétés par actions), les associés ou les actionnaires se voient reconnaître par la loi un droit préférentiel de souscription (DPS). Ce DPS consiste en un droit à souscrire prioritairement à une augmentation de capital, une fois celle-ci décidée, indépendamment du fait que l'associé a voté pour ou contre la décision d'augmenter le capital. Ce droit est proportionnel au montant des parts ou actions détenues, mais ne porte pas sur les parts ou actions émises en contrepartie d'un apport en nature.

Dans les sociétés pour lesquelles la loi ne prévoit pas l'existence d'un DPS, celui-ci pourrait résulter des statuts ou d'une décision des associés (v. ainsi, à propos d'une société civile, Civ. 3e, 13 oct. 2016, no 15-13382, *Gaz. Pal.* 21 mars 2017. 77, note B. Dondero).

■ 439 Le DPS s'exerce à titre irréductible ou réductible, ce qui nécessite quelques explications. Souscrire à titre irréductible constitue l'exercice « normal » du DPS, puisque l'associé souscrit au nombre de parts ou d'actions auquel sa participation lui donne droit. Souscrire à titre réductible veut dire qu'on le fait au-delà de son DPS, c'est-à-dire sans l'emploi du DPS. C'est un avantage que l'on donne à l'associé ou à l'actionnaire, en lui permettant de souscrire plus de titres que ceux auxquels sa participation lui donne droit. Mais cela allonge et alourdit la procédure d'augmentation du capital. Dans les SA, une disposition permet à l'assemblée ou au conseil d'administration ou au directoire, en cas de délégation de compétence, de décider l'attribution des actions non souscrites à titre irréductible aux actionnaires ayant souscrit un nombre d'actions supérieur à celui auquel ils avaient droit (C. com., art. L. 225-133).

b. Remises en cause

■ 440 Le DPS peut tout d'abord être *supprimé* par une résolution de l'assemblée des associés ou des actionnaires, par exemple parce que la société veut accueillir un nouvel investisseur pour la redresser, ou parce qu'elle veut réserver une augmentation de capital à ses salariés. L'assemblée de la SA peut ainsi décider ou autoriser une augmentation de capital avec suppression du DPS, pour la totalité, ou pour une ou plusieurs tranches de cette augmentation (C. com., art. L. 225-135, al. 1er). L'émission peut être faite au profit de personnes désignées nommément et dans cette hypothèse, le DPS peut être supprimé. La suppression du DPS peut aussi se faire au profit de « catégories de personnes répondant à des caractéristiques déterminées » (C. com., art. L. 225-138), et notamment des salariés.

■ 441 Les actionnaires peuvent également *céder* leur DPS. Un texte spécial à la SA dispose ainsi que le DPS est négociable lorsqu'il est détaché d'actions elles-mêmes négociables (C. com., art. L. 225-132). Une question non résolue par les textes tient à l'applicabilité de la clause d'agrément à la cession du DPS.

■ 442 Les associés ou les actionnaires titulaires d'un DPS peuvent enfin y *renoncer individuellement*, à personne dénommée ou sans indication de bénéficiaire.

Dans les sociétés par actions, la renonciation est automatique dans deux hypothèses : conversion d'actions de préférence en actions ordinaires ; émission de valeurs mobilières donnant accès au capital s'agissant des titres « secondaires » – mais les actionnaires en place ont un DPS portant sur les valeurs mobilières « primaires » (C. com., art. L. 228-95).

La loi prévoit ou autorise donc un certain nombre d'exceptions au DPS. On peut se demander si une clause des statuts pourrait remettre en cause ce droit. En faveur d'une réponse affirmative, au moins pour les SA, on relèvera que l'ordonnance n° 2004-604 du 24 juin 2004 a supprimé une phrase (qui figurait à l'art. L. 225-132, al. 2 du C. com.), qui suivait l'affirmation de l'existence du DPS et affirmait que toute clause contraire était réputée non écrite. Il est cependant possible que les mots en question n'aient pas concerné l'existence même du DPS, mais simplement le caractère proportionnel du DPS à la fraction de capital social détenue. On peut dès lors douter de la possibilité de supprimer par une stipulation statutaire le DPS, d'autant que pour les SA, cette interprétation est remise en cause par le fait que la section sur l'augmentation de capital se termine par un article L. 225-149-3 du Code de commerce, qui prévoit la nullité des décisions prises en violation, entre autres, de l'article L. 225-132 (Rapp. C. com., art. L. 228-95, sanctionnant par la nullité le non-respect du DPS en cas d'émission de valeurs mobilières donnant accès au capital). 443 ■

2. *La prime d'émission*

L'augmentation de capital peut être assortie d'une prime d'émission (v. ainsi C. com., art. L. 225-128 pour la SA). Celle-ci est une somme qui doit être payée par les souscripteurs, mais qui ne se traduit pas par l'attribution d'actions ou de parts sociales pour un montant équivalent. Les sommes versées viennent accroître les réserves de la société, et permettent ainsi que les associés en place ne voient pas leurs droits sur ces réserves diminuer. 444 ■

Exemple.

Une SARL au capital de 50 000 euros, ayant émis 50 parts.

Chaque part a une valeur nominale de 1 000 euros.

Toutefois, la valeur réelle de la société dépasse 50 000 euros, car la société dispose de réserves pour un montant de 100 000 euros.

Chaque part donnerait ainsi droit, en cas de liquidation de la SARL, à 3 000 euros, ce qui peut être retenu comme valeur réelle de la part (150 000 euros/50 parts = 3 000 euros par part).

Si une augmentation de capital est réalisée, les parts nouvellement émises auront une valeur nominale identique à celle des parts préexistantes. Toutefois, si l'on ne demande pas aux souscripteurs de verser une prime d'émission, les droits des associés en place vont se trouver réduits.

La situation sera différente selon que le versement d'une prime d'émission ne sera pas demandé aux souscripteurs à une augmentation de capital de 50 000 euros (situation 1) ou selon qu'elle sera demandée (situation 2).

Situation 1 :

Avant l'augmentation, chaque part a une valeur nominale de 1 000 euros, mais une valeur réelle de 3 000 euros.

Une augmentation de 50 000 euros est faite, qui voit les souscripteurs recevoir 50 parts sociales nouvellement émises, en contrepartie du versement de 50 000 euros (1 000 euros par part).

Après l'augmentation, la SARL a un capital de 100 000 euros, divisé en 100 parts. Chaque part a toujours une valeur nominale de 1 000 euros, mais la valeur réelle de la société étant désormais de 200 000 euros (100 000 de capital social + 100 000 euros de réserves), chaque part ne donne plus droit, en cas de liquidation, qu'à 2 000 euros (200 000 euros/100 parts = 2 000 euros par part).

Les droits des associés en place sont donc lésés par cette opération.

Situation 2 :

Avant l'augmentation, chaque part a une valeur nominale de 1 000 euros, mais une valeur réelle de 3 000 euros.

Une augmentation de 50 000 euros est faite, qui voit les souscripteurs recevoir 50 parts sociales nouvellement émises, en contrepartie du versement de 150 000 euros (1 000 euros par part au titre de la valeur nominale + 2 000 euros par part au titre de la prime d'émission).

Après l'augmentation, la SARL a un capital de 100 000 euros, divisé en 100 parts. Chaque part a toujours une valeur nominale de 1 000 euros, et la valeur réelle de la société étant désormais de 300 000 euros (100 000 euros de capital social + 200 000 euros de réserves), chaque part donne toujours droit, en cas de liquidation, à 3 000 euros.

Les droits des associés en place n'ont pas été lésés par l'opération.

3. *L'exécution des apports promis*

445 Lorsque l'augmentation de capital implique le versement de sommes à la société, celles-ci devront parfois être libérées dans des délais déterminés. C'est ainsi le cas en matière de SA, où les actions souscrites en numéraire sont obligatoirement libérées lors de la souscription d'au moins un quart de leur valeur nominale et de la totalité de la prime d'émission, si une telle prime a été stipulée ; la libération du surplus doit intervenir dans les cinq ans à compter du jour où l'augmentation de capital est devenue définitive (C. com., art. L. 225-144).

La libération des actions correspondant à un apport en nature doit quant à elle être immédiate (C. com., art. L. 225-147, al. 5).

§ 2 La réduction de capital

A. Réduction du capital social motivée par des pertes

446 La réduction du capital social peut viser à apurer les pertes de la société. Plus précisément, les parts sociales ou les actions de la société peuvent être annulées parce que les apports qui avaient été faits par les associés ont été consommés par l'activité sociale. Dans cette hypothèse, la réduction de capital est une opération faite dans l'intérêt des créanciers, du moins dans l'intérêt des créanciers potentiels de la société, qui ne seront pas trompés par un montant statutaire du capital social trop élevé par rapport à la réalité des capitaux propres de la société. La réduction du capital social est d'ailleurs imposée par le législateur dans certains cas, pour éviter une telle distorsion (v. par ex. C. com., art. L. 223-42 relatif à la SARL).

B. Réduction du capital social non motivée par des pertes

Cette opération est différente de la précédente, puisque la réduction de capital social non motivée par des pertes implique une reprise totale ou partielle de leurs apports par les associés. L'opération nécessite donc un encadrement rigoureux, en raison du danger qu'elle fait courir aux créanciers sociaux et aux associés qui restent dans la société. 447 ■

Cette opération est particulièrement encadrée dans les SARL et dans les sociétés par actions, où les créanciers sociaux se voient reconnaître un droit d'opposition, leur permettant de bloquer les opérations de réduction du capital social, lorsque cette réduction n'est pas motivée par des pertes (v. par ex. C. com., art. L. 225-205, en matière de SA).

C. Coup d'accordéon

Cette opération consiste en une réduction immédiatement suivie d'une augmentation du capital social. Elle est favorable à l'intérêt social lorsqu'elle permet à la société d'apurer ses pertes, mais elle se traduit pour les associés « réduits » qui ne souscrivent pas à l'augmentation de capital social consécutive par une exclusion de la société. La jurisprudence prend un parti généralement favorable à l'opération (v. ainsi Com. 18 juin 2002, *Bull. civ.* IV, n° 108 ; *Bull. Joly* 2002. 1221, note S. Sylvestre), du moins tant que le coup d'accordéon ne vise pas à évincer frauduleusement les minoritaires (Com. 7 mai 2019, n° 17-18785, *Rev. sociétés* 2020. 157, note S. Sylvestre – 1re esp.). 448 ■

§ 3 L'amortissement du capital

L'amortissement du capital social, encadré dans les SA par quelques dispositions particulières (C. com., art. L. 225-198 s. et R. 225-146 s.), est une opération assez peu pratiquée, qui voit les actionnaires reprendre une valeur équivalente à leur apport. À la différence de la réduction du capital social, la somme correspondante est prélevée sur du bénéfice distribuable réalisé par la société, le capital social ne s'en trouve par conséquent pas affecté. Simplement, les actions amorties ne donnent plus droit au remboursement de leur nominal lors de la liquidation de la société. L'amortissement ne donne pas lieu à une modification du capital social, mais il suppose une stipulation statutaire ou une décision de l'assemblée générale extraordinaire l'autorisant (C. com., art. L. 225-198, al. 1er). 449 ■

section 3

La transformation

La transformation est l'opération par laquelle une société change de forme juridique tout en conservant sa personnalité morale (C. civ., art. 1844-3 et C. com., art. L. 210-6). Concrètement, cette mutation de la société prend la forme d'une modification des statuts. L'article des statuts qui indique la forme sociale choisie est modifié, en même 450 ■

temps que toutes les autres stipulations liées à l'ancienne forme (qualification des titres des associés et des droits qui y sont attachés, organisation de la direction et du contrôle de la société, etc.).

La transformation dont on parle est, précisons-le, nécessairement celle d'une société personnifiée en une autre société personnifiée. La transformation d'une association ou d'un GIE en société et vice-versa n'est pas une transformation au sens strict : ce sera une dissolution suivie d'une constitution, et la personnalité morale du groupement « transformé » ne survivra pas à l'opération. Le rattachement de l'opération à la transformation sera seulement possible en vertu d'une loi spéciale. Quant à la métamorphose d'une société non dotée de la personnalité morale (société en participation, société créée de fait) en une société personnifiée, ce n'est pas une transformation au sens des textes précités, mais une dissolution du groupement non personnifié, suivie de la constitution d'une société dotée de la personnalité morale.

Illustration des opérations de transformation : société LVMH (statuts, 15 avr. 2021)

Article 1 - Forme
La société, formée le 19 avril 1962 par transformation d'une Société à Responsabilité Limitée en Société Anonyme, a été transformée en société européenne (Société Européenne ou « SE ») par décision de l'Assemblée générale extraordinaire du 10 avril 2014. Elle est régie par les dispositions communautaires et nationales en vigueur ainsi que par les présents statuts.

§ 1 Conditions de la transformation

451 La transformation consistant en une modification des statuts, elle doit en respecter les conditions générales (v. ci-dessus). Un texte spécial autorisant la transformation d'une société d'une forme déterminée en société d'une autre forme n'est pas nécessaire. Plusieurs dispositions édictent cependant des conditions spécifiques, et la doctrine et la jurisprudence ont également joué leur rôle dans l'élaboration d'une théorie de la transformation.

A. Conditions de fond

1. *Respect des conditions requises par la forme d'arrivée*

452 La règle essentielle est la suivante : la société ne peut se transformer en société d'une autre forme que si elle remplit les conditions exigées pour la constitution d'une société de la forme nouvelle, au moment où elle modifie ses statuts. Il faut ainsi que la société qui se transforme soit, au moment de la transformation, déjà en harmonie avec sa forme d'accueil, en termes de capital social, de nombre d'associés, du chef des qualités requises de ceux-ci, etc.

2. *Transformations interdites*

453 La transformation est parfois impossible.

C'est en premier lieu le législateur qui peut en décider ainsi : la SA qui aurait moins de deux ans d'existence ou dont les bilans des deux premiers exercices n'auraient pas été approuvés par les actionnaires ne peut ainsi se transformer (C. com., art. L. 225-243).

C'est en second lieu la jurisprudence qui restreint parfois le périmètre des sociétés pouvant recourir à cette opération. La Cour de cassation a ainsi décidé que la société nulle ne pouvait évoluer vers une forme qui lui conférerait la validité qu'elle n'a pas (Civ. 1re, 23 oct. 1974, *JCP* 1976. II. 18260) et que la société dissoute ne peut se transformer car l'opération n'est pas rattachable aux besoins de la liquidation (Com. 12 nov. 1992, *Rev. sociétés* 1993. 571, note P. Le Cannu).

B. Conditions de forme

La transformation consiste en une modification des statuts. Cette modification se fait en principe aux conditions de modification des statuts de la société en sa forme antérieure à la transformation. Un certain nombre de dérogations à cette règle sont cependant prévues, dans le sens d'une rigueur accrue ou, au contraire, d'une plus grande aisance. 454 ■

1. *Transformation soumise à des conditions plus rigoureuses*

a. Rigueur accrue quant à la décision de transformation

La transformation est parfois rendue plus difficile, afin d'assurer la protection des associés et des tiers. 455 ■

La transformation d'une SARL en SNC ou en société en commandite suppose le vote unanime des associés, ce qui se justifie par le fait que dans ce cas, tout ou partie des associés vont se trouver tenus des dettes sociales, et qu'il y aura donc une augmentation de leurs engagements (C. com., art. L. 223-43, al. 1er). Un dispositif comparable se rencontre dans la SA (C. com., art. L. 225-245). On peut voir là des applications (quelque peu extensives concernant la transformation an société en commandite s'agissant des associés devenant commanditaires) de l'article 1836, alinéa 2 du Code civil, qui impose le consentement unanime des associés à l'augmentation des engagements. La transformation d'une SARL ou d'une SA en SNC fait non seulement perdre aux associés le bénéfice de la responsabilité limitée à leurs apports mais leur confère en outre la qualité de commerçant. Il y a donc incontestablement une augmentation des engagements des associés.

La transformation d'une SA en SARL est d'analyse moins tranchée. Il n'y a pas tant augmentation des engagements des associés que diminution des droits qu'avaient les actionnaires : les parts sociales ne sont pas négociables, et la procédure légale d'agrément prévue par le régime de la SARL rend la cession de leurs droits par les associés potentiellement plus difficile. Cependant, diminution des droits ne veut pas dire augmentation des engagements et c'est une solution de partage qui a été trouvée : la décision se fait ainsi dans les conditions prévues pour la modification des statuts de la forme d'arrivée (C. com., art. L. 225-245.). En clair, ce sont les exigences propres à la SARL qui doivent recevoir application, qui étaient plus sévères que celles régissant la SA, avant l'intervention de la loi n° 2005-882 du 2 août 2005 ayant modifié l'article L. 223-30. 456 ■

457 Quant à la transformation d'une société de n'importe quelle forme en SAS, elle doit se faire à l'unanimité : le législateur considère que l'on ne peut se trouver associé d'une telle société « contractuelle » contre sa volonté (C. com., art. L. 227-3 – v. ss 941).

b. Intervention d'un commissaire à la transformation

458 Une contrainte supplémentaire résulte de l'intervention d'un commissaire à la transformation. Cette question était épineuse avant la modification apportée par la loi de sécurité financière du 1er août 2003 à l'article L. 224-3 du Code de commerce. Cette disposition prévoit désormais que lorsqu'une société de quelque forme que ce soit se transforme en société par actions, et qu'elle est dépourvue d'un commissaire aux comptes, elle doit faire intervenir un ou plusieurs commissaires à la transformation, chargés d'apprécier sous leur responsabilité l'évaluation des biens sociaux et les avantages particuliers. Les associés doivent statuer sur l'évaluation proposée, qu'ils ne peuvent réduire qu'à l'unanimité (*a contrario*, l'augmentation ne devrait requérir qu'une décision prise à la majorité). À défaut d'approbation expresse des associés, mentionnée au procès-verbal, la transformation est nulle.

2. *Transformation facilitée*

459 Dans d'autres cas, au contraire, la transformation se trouve facilitée par le législateur. La transformation de certaines SARL en SA est ainsi possible à la majorité simple des parts sociales : ce sont les « grosses SARL », c'est-à-dire celles qui ont des capitaux propres excédant 750 000 euros, qui sont concernées, parce que le statut de la SA est jugé plus adapté pour ces sociétés (C. com., art. L. 223-43, al. 2).

3. *Publicité*

460 La transformation se concrétise, ainsi qu'on l'a dit, par une modification des statuts. Les associés décident la transformation, adoptent les statuts de la nouvelle forme, et constatent la réalisation de la transformation, le tout en principe aux conditions requises pour la modification des statuts (sous réserve des précisions vues v. ss 455 s.).

La décision de transformation reçoit ensuite la publicité applicable aux modifications des statuts (v. ss 419). Une publicité particulière peut être prévue (v. ainsi C. com., art. L. 225-245-1 sur la transformation d'une SA en SE).

§ 2 Effets de la transformation

A. Effets au regard de la société

1. *Principe du maintien de la personne morale*

461 La règle essentielle est que la transformation n'affecte pas la personnalité morale de la société. Il n'y a donc pas extinction de la personnalité juridique de la société transformée et création d'une nouvelle personne morale. Dit autrement, la personne morale de la société n'est pas affectée par la transformation, qui ne touche qu'à ses statuts.

Ce maintien de la personnalité morale de la société transformée est toutefois subordonné à deux conditions :

– la transformation doit être « régulière »

– et elle doit voir une société se transformer en une autre société (C. civ., art. 1844-3 et C. com., art. L. 210-6).

2. *Modifications apportées à l'organisation de la société*

a. Les organes de la société

Si la personne morale survit et reste la même, les organes de la société changent. Les organes de l'ancienne forme disparaissent, pour laisser la place aux organes de la nouvelle forme. Les dirigeants qui voient leur poste supprimé du fait de la transformation (les membres du conseil de surveillance d'une SCA qui se transformerait en SARL, par ex.) ne peuvent contester la décision de transformation sauf si celle-ci avait pour objet exclusif de porter atteinte à leurs droits (Com. 22 mai 1973, *Bull. civ.* IV, n° 180). 462 ■

b. Les droits des associés

Les associés voient également leur situation changer. Le changement le plus immédiat pouvant les affecter tient à leur responsabilité aux dettes sociales, qui peut devenir illimitée si la société passe d'une forme de société à responsabilité limitée aux apports à celle d'une SNC ou d'une société civile. 463 ■

Les droits qu'ils détiennent sur la société seront également affectés : leurs parts sociales peuvent devenir des actions et inversement.

B. Effets au regard des tiers

1. *Effet de la transformation sur les dettes sociales*

Les tiers, et notamment les *créanciers sociaux*, ne doivent pas être lésés par la transformation. La jurisprudence a donné une expression concrète à cette solution, s'agissant de l'obligation aux dettes sociales. Si la société est devenue par la transformation une société à responsabilité illimitée alors qu'elle était antérieurement une société à responsabilité limitée (ex de la SARL qui se transforme en SNC), les créanciers dont le droit est né avant la transformation bénéficient de l'obligation illimitée des associés en nom (Civ. 3e, 10 janv. 1973, *Bull. civ.* III, n° 44). En revanche, dans l'hypothèse inverse, les créanciers dont le droit est né à l'époque où la société était à responsabilité illimitée bénéficient toujours de la responsabilité illimitée des associés, même si la société devient une société à responsabilité limitée (Civ. 1re, 13 mars 1990, *Bull. Joly* 1990. 439, note M. Jeantin). 464 ■

2. *Effet de la transformation sur les contrats*

Les contrats qui avaient été conclus par la société avant la transformation ne prennent pas fin, sauf clause contraire figurant dans ces contrats, car la société contractante est la même personne morale avant et après la transformation. 465 ■

Cela vaut également pour les contrats concernant la société sans qu'elle y soit partie, comme le contrat de cautionnement conclu par le créancier social avec une personne garantissant le paiement de ses dettes par la société. Le cautionnement des dettes de la société consenti avant la transformation est donc maintenu après celle-ci, là encore sauf stipulation contraire (Com. 20 févr. 2001, *Bull. civ.* IV, n° 44 ; *Bull. Joly* 2001. 612, note H. Le Nabasque). Plus généralement, il faut bien comprendre que la transformation de la société partie à un contrat n'entraîne pas cession de ce contrat (v. Civ. 3e, 31 oct. 2012, no 11-23.194, *Bull. civ.* III, no 155 ; *D.* 2013. 477, note F. Roussel 1re esp.).

section 4

La fusion, la scission et l'apport partiel d'actif

§ 1 Observations communes aux trois opérations

A. Utilité

466 Ces opérations permettent de restructurer une entreprise, en transférant toute une activité, actif et passif à la fois, d'une société à une ou plusieurs autres sociétés, par un mécanisme de transmission universelle du patrimoine (TUP). Si l'on devait céder les biens, les contrats et les dettes d'une société un par un, il faudrait respecter les formalités requises pour la cession de chacun des biens cédés, et surtout il faudrait contacter chaque cocontractant et chaque créancier pour lui demander s'il consent à la cession, ce qui serait trop compliqué. Dès lors, on procède en transférant globalement la totalité (en cas de *fusion*) ou une partie (en cas de *scission* ou d'*apport partiel d'actif* soumis au régime des scissions) du patrimoine d'une société à une ou plusieurs autres.

Trois opérations doivent être envisagées :

– la fusion, qui voit une ou plusieurs sociétés être absorbées par une autre société, existante ou créée pour les besoins de l'opération ;

– la scission, qui voit une société existante se scinder en deux branches ou plus, apportées à d'autres sociétés, existantes ou nouvelles ;

– l'apport partiel d'actif, qui est initialement une opération d'apport comme les autres, mais qui peut être soumise au régime des scissions, et emporter alors un effet de TUP.

Le Code de commerce régit ces opérations par ses articles L. 236-1 et suivants et R. 236-1 et suivants, qui comportent des règles applicables aux fusions et scissions en général, des règles applicables aux fusions, scissions et apports partiels d'actif entre SA, des règles applicables aux fusions et scissions entre SARL, et, depuis peu, des règles applicables aux fusions transfrontalières. Si une fusion ou une scission intervient entre une SA et une SARL, il convient de faire une application distributive des régimes spéciaux. Enfin, si une SAS, une SCA ou une SE est concernée, il convient par principe d'appliquer les règles sur les fusions relatives aux SA, dans la mesure où elles sont compatibles avec les règles formulées pour les autres sociétés par actions. Ce régime, beaucoup plus complet que celui prévu par l'article 1844-4 du Code civil, est susceptible de servir de modèle aux opérations relatives à des sociétés autres que des SARL et des sociétés par actions.

B. Régime des nullités applicables

1. *Causes de nullité*

Du fait de l'importance des opérations de fusion et de scission, un régime restrictif est prévu s'agissant des nullités qui peuvent affecter ces opérations. Le régime des nullités en matière de sociétés est déjà restrictif (v. ss chapitre 4), mais l'article L. 235-8 du Code de commerce vient encore limiter les cas d'annulation en matière de fusion et de scission de sociétés commerciales en disposant que la nullité d'une telle opération ne peut résulter que de la nullité de la délibération de l'une des assemblées qui ont décidé l'opération *ou* du défaut de dépôt de la déclaration de conformité mentionnée au troisième alinéa de l'article L. 236-6 du Code de commerce. Conformément aux principes généraux des nullités en matière de sociétés, le juge doit accorder un délai de régularisation lorsqu'il est possible de porter remède à l'irrégularité susceptible d'entraîner la nullité (C. com., art. L. 235-8). 467 ■

2. *Prescription*

Ensuite, le *délai de prescription de l'action en nullité* se trouve considérablement abrégé s'agissant des fusions ou scissions de sociétés commerciales, puisqu'au délai de droit commun de trois ans se trouve substitué un délai de six mois, à compter de la date de la dernière inscription au registre du commerce et des sociétés rendues nécessaire par l'opération (C. com., art. L. 235-9, al. 2). La Cour de cassation a jugé que la soumission d'une opération d'apport partiel d'actif au régime des scissions emportait application de ce délai abrégé (Com. 3 juin 2003, *Bull. civ.* IV, n° 92 ; *Rev. sociétés* 2003. 489, note P. Le Cannu ; Com. 30 nov. 2004, *JCP E* 2005. 124, n° 4, obs. J.-J. Caussain, F. Deboissy et G. Wicker). 468 ■

3. *Publicité*

Enfin, la décision prononçant la nullité d'une fusion ou d'une scission de sociétés commerciales se trouve soumise à un régime spécifique (C. com., art. L. 235-11). Tout d'abord, la décision judiciaire doit, lorsqu'elle est devenue définitive, faire l'objet d'une publicité. La décision est ensuite sans effet sur les obligations nées à la charge ou au profit des sociétés auxquelles le ou les patrimoines sont transmis entre la date de prise d'effet de la fusion ou de la scission et la date de publication de la décision prononçant la nullité. Un régime spécifique est prévu afin de régler le sort de ces obligations. 469 ■

§ 2 Fusions

A. Conditions

1. *Vue d'ensemble*

Envisageons à titre d'exemple la fusion qui peut intervenir entre deux SA. 470 ■

Les sociétés qui participent à la fusion établissent un projet de *fusion*[Q]. Ce projet (auquel est jointe une déclaration de conformité) est déposé au greffe du tribunal de commerce du siège respectif de ces sociétés. Il fait l'objet d'une publicité, qui se faisait autrefois par insertion d'un avis dans un journal d'annonces légales, et qui, depuis un décret n° 2011-1473 du 9 novembre 2011, se fait par publicité au *Bulletin officiel des annonces civiles et commerciales* (Bodacc) ; alternativement, la publicité peut être faite via le site internet des sociétés impliquées (C. com., art. R. 236-2-1) ; si la société est cotée ou si ses titres ne revêtent pas tous la forme nominative, une publicité est également faite au *Balo* (C. com., art. L. 236-6 et R. 236-2). À compter de cette publicité, les créanciers non obligataires des sociétés participant à la fusion disposent d'un délai de trente jours pour faire opposition à l'opération (C. com., art. L. 236-14). Dans chacune des sociétés participantes, le conseil d'administration ou le directoire établit un rapport écrit mis à la disposition des actionnaires, sauf si les actionnaires des sociétés participant à l'opération le décident à l'unanimité (C. com., art. L. 236-9 tel que modifié par la loi de simplification et d'amélioration de la qualité du droit du 17 mai 2011). Ceux-ci sont également informés, là encore à moins d'y avoir unanimement renoncé, par un rapport émanant d'un ou plusieurs commissaires à la fusion (C. com., art. L. 236-10). Les assemblées générales extraordinaires des actionnaires des sociétés concernées statuent sur la fusion, les assemblées spéciales d'actionnaires ratifient le projet de fusion, également soumis aux assemblées spéciales de porteurs de certificats d'investissement (C. com., art. L. 236-9), et aux assemblées d'obligataires des sociétés absorbées, sauf le cas où leur est offert le remboursement de leurs titres sur simple demande (C. com., art. L. 236-13).

2. *Difficultés particulières*

a. Traité de fusion

471 Entre les sociétés concernées, un « contrat de fusion » intervient, visé de manière incidente par l'article L. 236-3 du Code de commerce. L'article L. 236-6 dispose que toutes les sociétés qui participent à une opération de fusion établissent un projet de fusion, signé par leur représentant légal. Ce projet est déposé au greffe du tribunal de commerce du siège desdites sociétés et fait l'objet d'une publicité au Bodacc (ou sur les sites des sociétés concernées), ainsi qu'au *Bulletin des annonces légales obligatoires* (*Balo*), cette dernière publicité intervenant notamment si l'une des sociétés participantes est cotée en bourse (C. com., art. L. 236-6 et R. 236-2). À peine de nullité, les sociétés participant à une fusion sont également tenues de déposer au greffe une déclaration dans laquelle elles relatent tous les actes effectués en vue d'y procéder et par laquelle elles affirment que l'opération a été réalisée en conformité des lois et règlements. Le greffier, sous sa responsabilité, s'assure de la conformité de la déclaration aux dispositions de l'article L. 236-6 du Code de commerce. On précisera cependant que la loi n° 2014-1545 du 20 décembre 2014 relative à la simplification de la vie des entreprises a limité l'exigence de la déclaration de conformité aux seules sociétés anonymes et sociétés européennes, hors le cas des fusions transfrontalières, parce que le droit européen ne visait pas d'autres formes sociales. Les SAS et les SCA, qui restaient soumises à l'exigence d'une déclaration de conformité, y ont été soustraites par la loi PACTE du 22 mai 2019.

472 Dans les SA, l'article L. 236-9 du Code de commerce précise ces exigences. La fusion est décidée par l'assemblée générale extraordinaire de chacune des sociétés qui participent à l'opération. Elle est soumise, le cas échéant, dans chacune des sociétés qui participent à l'opération, à la ratification des assemblées spéciales d'actionnaires mentionnées aux articles L. 225-99 et L. 228-15 ; le projet de fusion est soumis aux assemblées spéciales des porteurs de certificats d'investissement statuant selon les règles de l'assemblée générale des actionnaires, à moins que la société absorbante n'acquière ces titres sur simple demande de leur part, et que cette acquisition ait été acceptée par leur assemblée spéciale. Tout porteur de certificats d'investissement qui n'a pas cédé ses titres dans le délai de 30 jours à compter de la dernière mesure de publicité (C. com., art. R. 236-5) le demeure dans la société absorbante aux conditions fixées par le contrat de fusion, sous réserve d'une possibilité d'échange contre des actions de l'absorbante (C. com., art. L. 228-30).

Le conseil d'administration ou le directoire de chacune des sociétés participant à l'opération établit un rapport écrit qui est mis à la disposition des actionnaires. La loi du 17 mai 2011, tout en précisant les informations à fournir aux actionnaires hors du cadre de ce rapport, a prévu une dispense de rapport, décidée à l'unanimité par les actionnaires des sociétés participant à la fusion (C. com., art. L. 236-9, dern. al.).

Précision apportée par la Cour de cassation et importante en pratique : les assemblées générales des actionnaires des sociétés qui participent à la fusion peuvent, sans méconnaître les pouvoirs des organes sociaux ayant arrêté le projet de fusion, approuver la fusion après avoir modifié les conditions de l'opération, notamment pour tenir compte des observations du commissaire à la fusion (Com. 6 oct. 2015, n° 14-11680, *Bull.* IV, n° 143 ; *JCP E* 2016. 1037, note B. Dondero).

b. Commissaire à la fusion

Dans les fusions entre SA, un ou plusieurs commissaires à la fusion, désignés par décision de justice, établissent en principe, sous leur responsabilité, un rapport écrit sur les modalités de la fusion (C. com., art. L. 236-10, I). On observera que, dans une démarche de simplification, une faculté de dispense de recours au commissaire à la fusion a été introduite, dont l'exercice est subordonné à une décision de l'unanimité des associés des sociétés participant à l'opération (C. com., art. L. 236-10, II, modification introduite par la L. n° 2008-649 du 3 juill. 2008). 473 ■

Lorsqu'ils interviennent, les commissaires à la fusion peuvent obtenir auprès de chaque société participant à l'opération communication de tous documents utiles et procéder à toutes vérifications nécessaires. Ils sont soumis à l'égard des sociétés participantes aux mêmes incompatibilités que les commissaires aux comptes. Les commissaires à la fusion vérifient que les valeurs relatives attribuées aux actions des sociétés participant à l'opération sont pertinentes et que le rapport d'échange est équitable. Le ou les rapports des commissaires à la fusion sont mis à la disposition des actionnaires. 474 ■

Ces rapports doivent :

– indiquer la ou les méthodes suivies pour la détermination du rapport d'échange proposé ;

– indiquer si cette ou ces méthodes sont adéquates en l'espèce et mentionner les valeurs auxquelles chacune de ces méthodes conduit, un avis étant donné sur l'importance relative donnée à ces méthodes dans la détermination de la valeur retenue ;

– indiquer en outre les difficultés particulières d'évaluation s'il en existe.

Enfin, les commissaires à la fusion apprécient sous leur responsabilité la valeur des apports en nature et les avantages particuliers et établissent à cet effet le rapport prévu à l'article L. 225-147 du Code de commerce (C. com., art. L. 236-10, III). Le texte mentionne les « commissaires aux apports », ce qui s'explique simplement : si le commissaire à la fusion, lorsqu'il intervient, peut sans doute évaluer les apports en nature et les avantages particuliers, leur évaluation est également requise lorsque les associés ont choisi de se dispenser de commissaires à la fusion (sauf fusion simplifiée, v. ci-dessous). Le commissaire qui intervient ne procède alors qu'à l'évaluation susvisée.

c. Prime de fusion

■ 475 La société absorbante va augmenter son capital et émettre des titres nouveaux. Leur valeur nominale sera généralement identique à celle des autres titres existants, mais la valeur réelle des parts ou actions de l'absorbante sera souvent supérieure à leur valeur nominale avant la fusion. Afin que les droits des associés de l'absorbante ne soient pas lésés par l'opération de fusion, il va donc être demandé aux associés de l'absorbée, acquéreurs des titres nouvellement créés, de verser une somme d'argent – la prime de fusion – qui correspondra à la différence de valeur entre la valeur nominale des titres acquis et leur valeur réelle.

d. Modification des statuts

■ 476 Une décision des associés est nécessaire dans chacune des sociétés concernées. Plus précisément, il faut une décision de l'organe compétent pour décider de la modification des statuts (C. com., art. L. 236-2). La fusion peut en effet affecter des sociétés de toutes formes. Elle peut aussi porter sur une société en liquidation à condition que la répartition de ses actifs entre les associés n'ait pas fait l'objet d'un début d'exécution (C. com., art. L. 236-1).

■ 477 Lorsque les engagements des associés d'une société se trouvent augmentés du fait de la fusion (ex. : absorption d'une société à responsabilité limitée par une société à responsabilité illimitée), c'est à l'unanimité que doit être approuvée la fusion (C. com., art. L. 236-5).

■ 478 Une décision remarquée d'une cour d'appel (Versailles, 27 janv. 2005, *JCP E* 2005. 1046, n° 7, obs. J.-J. Caussain, F. Deboissy et G. Wicker) avait jugé que l'absorption d'une SA par une SAS n'était pas soumise à une décision unanime des actionnaires de l'absorbée. Cet arrêt a cependant été cassé par la Cour de cassation, au simple motif (*contra legem* tout de même !) que si la décision de transformation en SAS est prise à l'unanimité, « il en est de même en cas de fusion-absorption d'une société par une société par actions simplifiée » (Com. 19 déc. 2006, *Bull. civ.* IV, n° 268, p. 292 ; *JCP E* 2007. 1192, note A. Viandier).

3. *Fusion simplifiée*

■ 479 Un régime simplifié s'applique lorsque, depuis le dépôt au greffe du tribunal de commerce du projet de fusion et jusqu'à la réalisation de l'opération, la société absorbante détient en permanence la totalité des actions représentant la totalité du capital de la société absorbée ou, depuis la loi Mohamed Soilihi du 19 juillet 2019, en cas de fusion entre sociétés sœurs (C. com., art. L. 236-11). En ce cas, il n'y a lieu ni à approbation de la fusion par l'assemblée générale extraordinaire de l'absorbée, ni à l'établissement des rapports des dirigeants, du commissaire à la fusion, ni, en principe, du rapport du commissaire aux apports. Jusqu'à l'intervention de la loi du 3 juillet 2008 précitée, l'assemblée générale extraordinaire de la société absorbante statuait tout de même au vu du rapport d'un commissaire aux apports (C. com., art. L. 225-147, auquel renvoyait l'art. L. 236-11). La fusion simplifiée se fait désormais sans intervention d'un commissaire aux apports, sauf au cas où la société appelée à disparaître a émis des valeurs mobilières (C. com., art. L. 228-101). Un régime comparable a par ailleurs été introduit par la loi de simplification et d'amélioration de la qualité du droit du 17 mai 2011, applicable au cas où la société absorbante détient en permanence au moins 90 % des droits de vote des sociétés absorbées, sans en détenir la totalité ou, depuis la loi Soilihi du 19 juillet 2019, en cas de fusion entre sociétés sœurs (C. com., nouv. art. L. 236-11-1). Il n'y a alors pas lieu à approbation de la fusion par l'assemblée générale extraordinaire de la société absorbante, mais des actionnaires de l'absorbante réunissant au moins 5 % du capital social peuvent demander en justice la désignation d'un mandataire aux fins de convoquer l'assemblée générale extraordinaire de la société absorbante pour qu'elle se prononce sur l'approbation de la fusion. Par ailleurs, il n'y a pas lieu à l'établissement des rapports des organes de gestion et du commissaire à la fusion lorsque les actionnaires minoritaires de la société absorbée se sont vus proposer, préalablement à la fusion, le rachat de leurs actions par la société absorbante à un prix correspondant à la valeur de celles-ci.

Précisons que la dissolution d'une société dont l'associé unique est une société emporte par ailleurs le même effet de TUP du patrimoine de la société dissoute que celui que réaliserait une fusion par absorption de cette société par son associé unique (C. civ., art. 1844-5, al. 3). Si les deux opérations produisent cet effet de TUP, elles n'ont toutefois pas un régime entièrement identique. Une différence entre les deux mécanismes réside notamment dans l'organe compétent, du chef de la société bénéficiaire de la TUP. C'est l'assemblée générale extraordinaire qui est compétente pour décider de l'absorption d'une autre société (C. com., art. L. 236-2 et L. 236-9), mais la décision de dissoudre la société dont l'intégralité du capital est détenue relève en principe de la compétence des dirigeants sociaux. Une autre différence tenait à la transmission du bail commercial. Celle-ci intervenait « nonobstant toute stipulation contraire » en cas de fusion (ou d'apport partiel d'actif soumis au régime des scissions), mais pas en cas de dissolution-confusion (ou de scission). L'art. L. 145-16 du C. com. a cependant fait l'objet d'une réécriture dans le sens de l'extension de son champ d'application à toutes les hypothèses de TUP, par la loi n° 2014-626 du 18 juin 2014 (rapp. Cass. civ. 3e, 9 avr. 2014, n° 13-11.640, *Bull.* III, n° 51 ; *D.* 2014. 1432, note B. Dondero, jugeant que la transmission résultant d'une dissolution-confusion n'est pas une cession). 480 ■

4. Protection des créanciers

Une procédure de protection des droits des créanciers est mise en place par le législateur pour les fusions impliquant des SA ou des SARL (C. com., art. L. 236-14). 481 ■

La société absorbante est débitrice des créanciers non obligataires de la société absorbée au lieu et place de celle-ci, sans que cette substitution emporte novation à leur égard (la précision est importante, car en cas de novation, ce sont toutes les sûretés qui disparaîtraient). Surtout, une procédure d'opposition est prévue : les créanciers non obligataires des sociétés participant à l'opération de fusion et dont la créance est antérieure à la publicité donnée au projet de fusion peuvent former opposition à celui-ci dans un délai de trente jours à compter de la dernière insertion dans au *Bodacc* ou au *Balo* (C. com., art. R. 236-8).

Une décision de justice rejette l'opposition ou ordonne, soit le remboursement des créances, soit la constitution de garanties si la société absorbante en offre et si elles sont jugées suffisantes. À défaut de remboursement des créances ou de constitution des garanties ordonnées, la fusion est inopposable à ce créancier.

L'opposition formée par un créancier n'a pas pour effet d'interdire la poursuite des opérations de fusion (C. com., art. L. 236-14, al. 4), tandis que le dispositif légal n'exclut pas l'application des conventions autorisant le créancier à exiger le remboursement immédiat de sa créance en cas de participation de la société débitrice à une opération de fusion, lorsque de telles stipulations existent.

B. Effets

1. *Perte de la personnalité morale de l'absorbée*

a. Principe

482 La fusion opère dissolution sans liquidation de la société absorbée (C. com., art. L. 236-3, I). La société absorbée perd sa personnalité morale à la date de prise d'effet de la fusion, et ne peut donc plus, notamment, agir en justice. Le défaut de capacité à agir de la société absorbée constitue une irrégularité de fond qui n'est pas régularisable et ne peut être couverte par l'intervention en cours d'instance de la société absorbante (v. Com. 6 mars 2007, *Bull. Joly* 2007. 964, note J.-J. Barbièri ; Civ. 2e, 27 sept. 2012, n° 11-22.278, *Bull. Joly* 2013. 120, note O. Staes).

La fusion entraîne simultanément à la dissolution de l'absorbée l'acquisition, par ses associés de la qualité d'associés de la ou des sociétés bénéficiaires, dans les conditions déterminées par le contrat de fusion. Il n'est cependant pas procédé à l'échange de parts ou d'actions de la société bénéficiaire contre des parts ou actions des sociétés qui disparaissent lorsque ces parts ou actions sont détenues par la société bénéficiaire ou une personne agissant pour son compte, ou par la société qui disparaît ou une personne agissant pour son compte.

b. Date d'effet

483 La date à laquelle l'opération prend effet est (C. com., art. L. 236-4) :

– en cas de création d'une ou plusieurs sociétés nouvelles, la date d'immatriculation, au registre du commerce et des sociétés, de la nouvelle société ou de la dernière d'entre elles ;

– dans les autres cas, la date de la dernière assemblée générale ayant approuvé l'opération sauf si le contrat prévoit que l'opération prend effet à une autre date, laquelle ne doit être ni postérieure à la date de clôture de l'exercice en cours de la ou des sociétés bénéficiaires ni antérieure à la date de clôture du dernier exercice clos de la ou des sociétés qui transmettent leur patrimoine.

484 Il est possible de faire rétroagir la fusion, du moins s'agissant de ses effets comptables et fiscaux (C. com., art. L. 236-4). On va ainsi « photographier » le patrimoine des sociétés impliquées à une date antérieure pour calculer le taux d'échange, intégrer le résultat de l'absorbée dans les comptes de l'absorbante à une date antérieure, imposer fiscalement ce résultat du chef de l'absorbante, et ainsi de suite.

Cette disposition a cependant reçu une lecture surprenante de la part d'un arrêt, qui a jugé irrecevable le pourvoi en cassation formé par la société absorbée postérieurement à la date retenue pour la fusion, même si la société n'a été radiée du registre du commerce et des sociétés qu'après le dépôt de son pourvoi au greffe de la Cour de cassation, car la société aurait alors perdu sa personnalité morale (Civ. 3e, 17 mai 2006, *Bull. civ.* III, n° 130, p. 108 ; *Bull. Joly* 2006. 1450, note X. Vamparys). La solution a inquiété, car elle signifierait que la rétroactivité aurait également des effets civils, et pas seulement fiscaux et comptables. Même si elle est rendue au visa de l'article 32 du Code de procédure civile, la décision devrait être lue comme entraînant la nullité de tous les actes accomplis par la société absorbée depuis la date d'effet retenue (v., se prononçant contre cette solution, Com. 23 mars 1999, *Bull. civ.* IV, n° 69).

Vis-à-vis des tiers, la dissolution de la société absorbée n'est cependant opposable aux tiers que par sa mention au registre du commerce et des sociétés avec l'indication de sa cause et des mentions requises par l'art. R. 123-69 C. com. (Com. 31 mars 2015, n° 14-10120).

2. *Transmission universelle de patrimoine*

a. Principe

La fusion entraîne la dissolution sans liquidation de la société absorbée. Cette absence de liquidation s'explique par la transmission universelle du patrimoine (TUP) de la société qui disparaît à la société ou aux sociétés bénéficiaires, dans l'état où il se trouve à la date de réalisation définitive de l'opération. Simultanément, les associés des sociétés qui disparaissent acquièrent la qualité d'associés des sociétés bénéficiaires, dans les conditions déterminées par le contrat de fusion ou de scission. **485** ■

Le principe est que tout le patrimoine est transmis à l'absorbante ou à la bénéficiaire. L'article L. 236-3 du Code de commerce dispose que « la fusion ou la scission entraîne la dissolution sans liquidation des sociétés qui disparaissent et la transmission universelle de leur patrimoine aux sociétés bénéficiaires, dans l'état où il se trouve à la date de réalisation définitive de l'opération ». Cette transmission des droits et obligations de l'absorbée se fait par un mécanisme qui n'est pas une cession, ce qui a pour conséquence de soustraire la transmission aux conditions de fond et de forme de la cession (v. ainsi Com. 11 déc. 2007, *Bull. civ.* IV, n° 262 ; *RJDA* 4/08, n° 429).

La qualité de partie aux instances engagées par l'absorbée avant la fusion est transmise à l'absorbante, qui peut se prévaloir des condamnations prononcées au profit de l'absorbée (Com. 21 oct. 2008, *Bull. civ.* IV, n° 174 ; *Dr. sociétés* 2008, n° 253, note H. Hovasse).

b. Exceptions

Ce principe de TUP comporte surtout une exception très importante, relative aux contrats conclus en considération de la personne de l'absorbée (Com. 13 déc. 2005, *Bull. civ.* IV, n° 255 ; *RTD com.* 2006. 429, obs. P. Le Cannu). La jurisprudence a ainsi pu juger que n'étaient pas transmis à l'absorbante un mandat de syndic de copropriété (Civ. 3e, 10 nov. 1998, *Bull. civ.* III, n° 212 ; *Bull. Joly* 1999. 371, note J.-J. Daigre ; 29 févr. 2012, n° 10-27.259, *Bull. civ. III*, n° 34 ; *D.* 2012. 683, obs. Y. Rouquet), un contrat « d'agent revendeur » (Com. 13 déc. 2005, préc.), ou encore un contrat de franchise (Com. 3 juin 2008, *Bull. civ.* IV, n° 111 ; *JCP E* 2008. 2210, note H. Hovasse ; *D.* 2008. AJ 1623, obs. A. Lienhard). **486** ■

Indépendamment de la démonstration du caractère *intuitus personae* du contrat concerné, une stipulation idoine pourrait également le rendre intransmissible par voie de fusion sans l'accord du cocontractant.

Rarement, le législateur pose un principe d'intransmissibilité de certains contrats (v. ainsi C. rur., art. L. 411-35 pour le bail rural).

c. Cas particuliers

487 Le sort du contrat de *cautionnement* dans le contexte d'une fusion soulève des questions délicates (v. également la question du contrat d'assurance et la solution retenue par Civ. 3e, 26 nov. 2020, n° 19-17824, P+B+I : l'assurance souscrite par l'absorbante avant la fusion n'a pas vocation, sauf clause contraire, à garantir le paiement d'une dette de responsabilité de la société absorbée).

La jurisprudence a depuis longtemps retenu, dans le silence de la loi, une solution qui avait été proposée par le défunt Christian Mouly, et consistant à distinguer, en cas de fusion affectant le débiteur de l'obligation cautionnée, entre obligation de couverture et de règlement. En somme, les dettes nées du chef de l'absorbée avant la fusion sont seules garanties ; si de nouvelles dettes naissent du chef de l'absorbante après la fusion, le cautionnement ne garantit pas le paiement de ces dettes. En revanche, pour les dettes garanties par la caution, peu important que ce soit l'absorbée avant la fusion ou l'absorbante après celle-ci qui ne paye pas. En cas de défaillance d'une dette garantie, la caution doit payer (Com. 8 nov. 2005, *Bull. civ.* IV, n° 219 ; *Rev. sociétés* 2006. 58, note M.-L. Coquelet). Dans une configuration particulière, un arrêt récent a jugé que si le dirigeant d'une société A s'était porté caution de toutes ses dettes envers une banque, son engagement de garantie portait aussi sur les dettes d'une société B envers la banque, lorsque A avait absorbé B (Com. 28 févr. 2018, n° 16-18692, *P+B+I, Bull. Joly* 2018. 351, note B. Dondero).

En cas de fusion affectant la société créancière, il convient aussi de distinguer selon que les créances garanties sont déjà nées ou non au moment de la fusion. Si ces créances ne sont pas encore nées, la société absorbante ne bénéficie pas de la garantie pour ces créances (v. not. Civ. 1re, 28 sept. 2004, *Bull. civ.* I, n° 214 ; *Rev. sociétés* 2005. 371, note D. Legeais ; Com. 30 juin 2009, n° 08-10.719 ; Com. 19 févr. 2013, n° 11-27.666, *Bull.* IV, n° 25 ; *LPA* 27 juin 2013. 7, note N. Morelli). Simplement, si des créances sont déjà nées mais ne sont pas encore exigibles, ce qui serait le cas des créances de loyers nées du bail, le bénéfice du cautionnement est transmis de plein droit, sauf stipulation contraire, à la société absorbante (Com. 8 nov. 2005, *Bull. civ.* IV, n° 218 ; *Rev. sociétés* 2006. 57, note M.-L. Coquelet).

Lorsque c'est la caution qui est absorbée, l'engagement passe à l'absorbante. Il est transmis avec le passif de l'absorbée et le cautionnement ne prend pas fin (Com. 7 janv. 2014, n° 12-20.204, *Bull.* IV, n° 1 ; *Bull. Joly* 2014. 98, note A. Couret et B. Dondero)

488 Autre question épineuse : la *responsabilité* se transmet-elle à l'absorbante ?

La dette fondée sur la responsabilité civile délictuelle se transmet certainement à l'absorbante. Les sanctions pécuniaires fondées sur le droit boursier (CE 22 nov. 2000, *D.* 2001. AJ 237, obs. M. Boizard ; *ibid.* Somm. 1609, obs. A. Reygrobellet) ou sur le droit de la concurrence (Com. 21 janv. 2014, n° 12-29.166, *Bull. IV*, n° 11 ; C. const., 18 mai 2016, déc. N° 2016-542 QPC, *Bull. Joly* 2016. 611, note B. Dondero) peuvent également être recouvrées sur le patrimoine de l'absorbante.

La question de la responsabilité pénale est plus complexe. La Chambre criminelle de la Cour de cassation considérait initialement que le principe de personnalité des délits et des peines s'opposait à la mise en cause de la responsabilité pénale de l'absorbante pour des infractions commises par l'absorbée antérieurement à la fusion (Crim. 20 juin 2000, *Bull. crim.* n° 237 ; *Rev. sociétés* 2001. 851, note I. Urbain-Parléani). La Cour de justice de l'Union européenne a cependant adopté une solution différente (v. ainsi CJUE, 5 mars 2015, n° C-343/13, Modelo Continente Hipermercados SA, jugeant que la fusion entraîne la transmission de l'obligation de payer une amende infligée à l'absorbante pour une infraction contraventionnelle à la législation du travail commise avant la fusion par l'absorbée). La Chambre criminelle a fait évoluer sa jurisprudence par un revirement applicable aux opérations de fusion conclues postérieurement au 25 novembre 2020, en jugeant que les amendes et confiscations encourues par l'absorbée pour des faits commis avant la fusion peuvent être imputées à l'absorbante (Crim., 25 nov. 2020, n° 18-86955, P+B+I, BRDA 24/20, n° 24, note B. Dondero). Cette décision remarquée ne tranche pas toutes les questions, et l'on peut notamment se demander si toutes les opérations entraînant transmission universelle de patrimoine sont visées, et pas seulement la fusion – il nous semble que oui.

La question est également délicate s'agissant des pénalités fiscales, dans lesquelles le Conseil d'État voit deux aspects : celui de peines, qui ne sauraient se transmettre à l'absorbante, mais également celui de sanctions pécuniaires visant à préserver les intérêts financiers légitimes de l'État, et qui pourraient être mises à la charge de la société absorbante (v. CE, avis, 4 déc. 2009, *Bull. Joly* 2010. 306, obs. P. Serlooten). Reste à voir si la jurisprudence du Conseil d'État évoluera à la suite du revirement opéré par la Chambre criminelle de la Cour de cassation à propos de la responsabilité pénale.

Une troisième question fréquemment posée tient à l'applicabilité des *clauses d'agrément* à la fusion. La situation est la suivante : une société A est absorbée par une société B. Elle détenait des titres d'une société C. Du fait de la TUP, les actions C détenues par A le sont maintenant par B. Cette opération produit le même résultat qu'une cession, mais la TUP n'est pas une cession *stricto sensu*. 489

La question est donc double :

– tout d'abord, la clause d'agrément s'applique-t-elle aux fusions ? La solution retenue par la jurisprudence (v. not. Com. 6 mai 2003, *Bull. civ.* IV, n° 70 ; *D.* 2004. Somm. 273, obs. J.-C. Hallouin) est la suivante : la clause s'applique à la fusion, si elle vise cette opération, dès lors que la fusion ne figure pas parmi les opérations expressément exclues par le législateur du champ d'application de la clause d'agrément. Au besoin, la clause d'agrément devra être interprétée par les juges du fond, qui détermineront souverainement si la clause vise ou non la fusion. Dans l'arrêt du 6 mai 2003, la clause visait la « transmission de toute action » de la société, et les juges du fond ont retenu qu'elle s'appliquait à la fusion. La Cour de cassation a eu l'occasion de se prononcer en faveur de l'inapplicabilité à une fusion d'une clause d'agrément visant tous les cas de cession, par un arrêt non publié au Bulletin (Com. 12 févr. 2008, *JCP E* 2008. 2209, note Y. Paclot ; *Bull. Joly* 2009. 28, note P. Le Cannu) ;

– ensuite, quelle est la *sanction de la fusion réalisée en violation de la clause d'agrément* ? D'une part, la fusion elle-même ne se trouve pas remise en cause, selon l'avis de la doctrine, car le régime spécifique des nullités de fusion ne prévoit pas ce cas de nullité. D'autre part, quant au sort des actions cédées en violation de la clause d'agrément, la jurisprudence retient l'application de la procédure de rachat prévue en cas de défaut d'agrément par l'article L. 228-24 du Code de commerce (Paris, 9 févr. 2006, *Bull. Joly* 2006. 766). Cette sanction n'est pas celle qui est normalement applicable, puisqu'en cas de défaut de respect de la clause d'agrément, c'est la sanction de la nullité de la cession qui est prévue par l'article L. 228-23. Mais du fait de la disparition de la société absorbée, l'annulation du transfert de titres n'est pas possible. Dès lors la jurisprudence se rabat sur la procédure prévue à l'article L. 228-24.

C. Régime spécifique des fusions transfrontalières

490 Les fusions transfrontalières de sociétés de capitaux se sont vues doter d'un régime spécifique par une directive n° 2005/56/CE du Parlement européen et du Conseil du 26 octobre 2005, abrogée et codifiée par la directive n° 2017/1132 du Parlement européen et du Conseil du 14 juin 2017 relative à certains aspects du droit des sociétés. La directive de 2005 a été transposée par une loi n° 2008-649 du 3 juillet 2008 (C. com., art. L. 236-25 à L. 236-32 pour les dispositions de droit des sociétés), complétée par un décret n° 2009-11 du 5 janvier 2009 ainsi que par des décrets relatifs à la participation des salariés (Décr. n° 2008-1116 et 2008-1117 du 31 oct. 2008).

Cette réglementation concerne les fusions intervenant entre sociétés françaises et sociétés soumises à la législation d'un autre État membre de l'UE. Elle soumet par principe ces fusions au régime des fusions nationales (C. com., art. L. 236-25). Les dispositions spécifiques aux fusions transfrontalières concernent surtout l'information et les droits reconnus aux salariés (sur ce nouveau régime, v. ss « Biblio »).

§ 3 Scissions

491 La *scission*[Q] est une opération soumise à un régime proche de celui de la fusion. Elle voit une société partager son patrimoine entre plusieurs autres sociétés. La scission peut être utilisée notamment pour mettre fin à une situation d'atteinte à la concurrence par une société qui exercerait des activités lui conférant une situation de domination jugée inacceptable par les autorités de concurrence.

A. Conditions

1. *Principe*

492 Quant aux conditions, une décision d'assemblée générale extraordinaire est nécessaire dans chacune des sociétés concernées. Plus précisément, il faut une décision de l'organe compétent pour décider de la modification des statuts (C. com., art. L. 236-2). Comme la fusion, la scission peut affecter des sociétés de toutes formes, et notamment porter sur une société en liquidation à condition que la répartition de ses actifs entre les associés n'ait pas fait l'objet d'un début d'exécution (C. com., art. L. 236-1).

Les associés des sociétés qui transmettent leur patrimoine dans le cadre d'une opération de scission reçoivent des parts ou des actions de la ou des sociétés bénéficiaires et, éventuellement, une soulte en espèces dont le montant ne peut dépasser 10 % de la valeur nominale des parts ou des actions attribuées (C. com., art. L. 236-1).

Dans les scissions entre SA, les articles L. 236-9 et L. 236-10 du Code de commerce, respectivement relatifs aux décisions des assemblées générales extraordinaires et au commissaire à la fusion reçoivent application (C. com., art. L. 236-16). 493 ■

2. *Scission simplifiée*

Lorsque la scission doit être réalisée par apport à des SA nouvelles, chacune des sociétés nouvelles peut être constituée sans autre apport que celui de la société scindée. En ce cas, et si les actions de chacune des sociétés nouvelles sont attribuées aux actionnaires de la société scindée proportionnellement à leurs droits dans le capital de cette société, il n'y a pas lieu à l'établissement du rapport du commissaire à la scission (C. com., art. L. 236-17). 494 ■

Dans tous les cas, les projets de statuts des sociétés nouvelles sont approuvés par l'assemblée générale extraordinaire des actionnaires de la société scindée. Il n'y a pas lieu à approbation de l'opération par l'assemblée générale de chacune des sociétés nouvelles.

B. Effets

1. *Principe de solidarité des sociétés parties à la scission*

Les créanciers des sociétés parties à l'opération, société scindée ou sociétés bénéficiaires, sont protégés. Les sociétés bénéficiaires des apports résultant de la scission sont en effet par principe débitrices solidaires des obligataires et des créanciers non obligataires de la société scindée, au lieu et place de celle-ci, sans que cette substitution emporte novation à leur égard (C. com., art. L. 236-20). La transmission ne porte pas sur les contrats conclus *intuitu personae*, et l'on retrouve les solutions particulières sur les cautionnements et garanties (v. ainsi Com. 31 janv. 2017, n° 15-19158, PBI, *Bull. Joly* 2017. 234, note B. Dondero, jugeant que sauf convention contraire, une garantie autonome bénéficiant à une société scindée n'est pas transmise à la bénéficiaire de la scission). 495 ■

2. *Dérogation*

Il est cependant possible de déroger au principe de solidarité des sociétés bénéficiaires de la scission. Il peut en effet être stipulé que ces sociétés ne seront tenues que de la partie du passif de la société scindée mise à leur charge respective, sans solidarité entre elles. Mais les créanciers non obligataires des sociétés participantes peuvent alors former opposition à la scission dans les conditions et sous les effets prévus aux alinéas deuxième et suivants de l'article L. 236-14 relatifs à la fusion (C. com., art. L. 236-21). 496 ■

§ 4 Apport partiel d'actif

497 L'*apport partiel d'actif*[Q] ne fait pas, au sein des articles L. 236-1 et suivants du Code de commerce, l'objet de mesures spécifiques, à l'exception de la précision selon laquelle les sociétés parties à cet apport peuvent soumettre l'opération aux dispositions sur les scissions (C. com., art. L. 236-22 pour les SA, L. 236-24 pour les SARL et désormais art. L. 236-6-1 pour toutes les sociétés commerciales, depuis l'entrée en vigueur de la loi *Warsmann II* du 22 mars 2012).

L'utilité de cette option était de soumettre la décision, chez la société apporteuse, à une décision des actionnaires réunis en assemblée générale extraordinaire. Les actionnaires étaient ainsi protégés du risque de voir les dirigeants décider seul d'apporter à une autre société un actif essentiel de la société.

La jurisprudence a cependant été beaucoup plus loin, puisque la Cour de cassation a considéré que la soumission au régime des scissions emportait un effet de « transmission universelle de la branche d'activité faisant l'objet de l'apport » (Com. 16 févr. 1988, *Bull. civ.* IV, n° 69 ; *JCP E* 1988. I. 15177, obs. A. Viandier et J.-J. Caussain). Cette transmission porte donc sur l'intégralité des droits, biens et obligations pour la branche d'activité faisant l'objet de l'apport (Com. 5 mars 1991, *Bull. civ.* IV, n° 100 ; *Bull. Joly* 1991. 500, note M. Jeantin ; *Defrénois* 1991. 880, obs. P. Le Cannu). Cette solution a été en son temps critiquée par la doctrine, et notamment par Jeantin.

Il demeure que l'apport partiel d'actif soumis au régime des scissions est une technique fréquemment utilisée pour filialiser des activités, la société apporteuse devenant une société *holding*[Q], ou pour coopérer avec une autre société en créant une filiale commune à laquelle chaque société apporte une branche d'activité.

A. Conditions

1. *Modalités de la décision*

498 Les sociétés parties à la convention d'apport peuvent donc décider d'un commun accord (C. com., art. L. 236-22 et L. 236-24) de soumettre l'opération au régime des scissions. L'article L. 236-9 du Code de commerce rendu applicable (v. C. com., art. L. 236-16 et L. 236-22), a pour conséquence qu'un projet d'apport partiel d'actif doit être rédigé et déposé au greffe du Tribunal de commerce du siège de chacune des sociétés parties, et faire l'objet d'une publicité. Ce projet doit être précis quant à la branche d'activité ou aux biens apportés. Le conseil d'administration, le directoire ou les gérants des sociétés font un rapport écrit, présenté aux actionnaires. Les deux sociétés réunissent une assemblée générale extraordinaire où des commissaires à la scission présentent un rapport sur la rémunération des apports et où la décision est prise dans les conditions requises pour la modification des statuts. Les créanciers non obligataires ont un délai de trente jours à compter de l'insertion d'un avis relatif au projet d'apport partiel d'actif au Bodacc pour s'opposer à l'opération, lorsque les sociétés participant à l'opération ont exclu leur engagement solidaire. Les obligataires vont voter en assemblée et il pourra leur être proposé un remboursement anticipé de leurs titres.

2. *Objet de l'apport*

Les dispositions de droit des sociétés ne formulent pas d'exigence particulière quant à l'objet de l'apport. Une partie de la doctrine considère qu'il faudrait, pour que l'effet de transmission universelle du patrimoine se produise, que l'apport porte sur une « branche d'activité ». Cette exigence d'un apport d'une branche d'activité autonome est formellement requise pour l'application de règles fiscales favorables, et c'est de ce fait sur une telle branche d'activité que porte généralement l'apport partiel d'actif soumis au régime des scissions. 499 ■

B. Effets

1. *Transmission universelle de patrimoine... au titre du bien apporté*

L'effet le plus singulier de la soumission de l'apport partiel d'actif au régime des scissions est l'application de l'effet de TUP, même si celle-ci ne porte que sur l'actif et le passif attachés à la branche d'activité transmise. Une des difficultés consiste à déterminer quels sont les éléments d'actif et de passif concernés. Un contrat qui n'aurait pas été mentionné dans le traité d'apport sera tout de même transmis s'il se rattache à l'activité apportée. La jurisprudence juge que le principe est la transmission de tous les biens, droits et obligations se rattachant à la branche d'activité apportée, sauf exclusion expresse par le traité d'apport (Com. 4 févr. 2004, *Bull. Joly* 2004. 649, note P. Le Cannu ; 7 oct. 2008, *Dr. sociétés* 2008, n° 256, note H. Hovasse ; 12 févr. 2013, n° 11-23.895, *Dr. sociétés* 2013, comm. n° 101, note D. Gallois-Cochet ; *Gaz. Pal.* 28 juin 2013. 33, note B. Dondero). La limite relative aux contrats conclus en considération de la personne, déjà vue en matière de fusions et de scissions, se rencontre aussi en cas d'apport partiel d'actif soumis au régime des scissions (v. ainsi Com. 3 juin 2008, *Bull. civ.* IV, n° 110 ; *D.* 2008. AJ 1623, obs. A. Lienhard ; 24 nov. 2009, *Rev. sociétés* 2010. 562, note L. Amiel-Cosme). 500 ■

La soumission au régime des scissions a pour effet incident de soustraire la transmission des éléments apportés au régime normalement applicable à l'apport de droit commun portant sur le bien concerné (v. Com. 5 oct. 2004, *Dr. sociétés* 2005, n° 10). Ainsi qu'on l'a dit, la TUP n'est pas une cession. 501 ■

2. *Solidarité de principe des sociétés parties*

La soumission de l'apport partiel d'actif au régime des scissions emporte également application des articles L. 236-20 et L. 236-21 du Code de commerce. Le premier de ces textes pose un principe d'engagement solidaire des sociétés bénéficiaires de l'apport au passif de la société scindée ; le second texte permet de déroger à ce principe, mais les créanciers non obligataires des sociétés participantes bénéficient alors d'un droit d'opposition. La Cour de cassation a fait application de ces textes à l'apport partiel d'actif, pour en déduire une solidarité de principe entre l'apporteuse et la bénéficiaire s'agissant des dettes transmises à cette dernière société, sauf à permettre aux créanciers de disposer d'un droit d'opposition (Com. 12 déc. 2006, *Bull. civ.* IV, n° 248 ; *D.* 2008. Pan. 383, obs. J.-C. Hallouin et E. Lamazerolles ; Civ. 2e, 19 févr. 2009, *RTD com.* 2009. 389, obs. P. Le Cannu et B. Dondero). 502 ■

section 5

La dissolution de la société

503 La personnalité morale est quelque peu perturbée lorsque le support de celle-ci disparaît, c'est-à-dire lorsque la société est dissoute. Comme un sujet de droit est apparu, doté d'un patrimoine, et qu'il a noué des relations avec les tiers, on ne peut admettre qu'il disparaisse automatiquement en un seul instant. Dès lors, la dissolution de la société n'emporte pas suppression immédiate de la personnalité morale du groupement ; la personne morale survit pour les besoins de la liquidation. C'est là une règle importante à connaître à propos de la dissolution. Mais c'est déjà là aborder la question des effets de la dissolution, qui suit celle des causes de la dissolution.

§ 1 Causes de dissolution

504 Il est des causes de dissolution communes à toutes les sociétés, et d'autres qui ne valent que pour certaines formes sociales. L'article 1844-7 du Code civil énumère les causes de dissolution communes à toutes les sociétés. C'est dans les différents régimes spéciaux que l'on trouvera les causes de dissolution propres aux formes sociales particulières.

A. Causes de dissolution communes à toutes les sociétés

1. *Dissolution automatique*

505 Certaines causes de dissolution jouent de manière automatique. La dissolution intervient alors de plein droit, sans que le juge ou les associés doivent intervenir par une décision particulière.

Ces cas de dissolution automatique de la société concernent l'arrivée du terme statutaire, la réalisation ou l'extinction de l'objet social, l'annulation du contrat de société, la cause prévue par les statuts et la survenance d'un jugement clôturant la liquidation judiciaire de la société pour extinction de l'actif. Concernant ce dernier cas, qui vise la « faillite » de la société, il a fait l'objet d'une modification par l'ordonnance n° 2014-326 du 12 mars 2014. Antérieurement à l'entrée en vigueur de cette ordonnance, intervenue le 1er juillet 2014, la dissolution découlait de plein droit du jugement ouvrant la liquidation judiciaire, ce qui soulevait des difficultés. Désormais, si la société est dissoute, c'est par l'effet d'un jugement ordonnant la « clôture de la liquidation judiciaire pour insuffisance d'actif ». De la sorte, la société n'est pas dissoute dès l'ouverture de la procédure de liquidation judiciaire, avec les complications liées à l'application cumulée des règles de la procédure collective de liquidation judiciaire et de la liquidation du droit des sociétés. En outre, la société qui est mise en liquidation judiciaire, mais dont l'actif parvient à éteindre le passif, n'est plus condamnée irrémédiablement.

On notera à cet égard que la cessation d'activité d'un associé d'une société civile de moyens (médecin partant à la retraite) n'a pas pour conséquence l'extinction de l'objet de la société et n'implique donc pas sa dissolution automatique (Com. 15 sept. 2009, *Bull. civ.* IV, n° 112 ; *Rev. sociétés* 2010, note I. Urbain-Parléani).

Il est intéressant de noter que l'*annulation* du contrat de société n'entraîne que la dissolution de la société, c'est-à-dire que la société annulée n'est remise en cause que pour le futur, et non pour le passé. C'est donc une situation dans laquelle la nullité d'un acte juridique ne produit pas d'effets pour le passé, alors que la sanction de la nullité implique en principe une remise en l'état antérieur à la conclusion de l'acte nul. **506** ■

L'*arrivée du terme statutaire* emporte dissolution automatique et irrémédiable de la société, ce qui peut pour le coup sembler choquant, lorsque les parties ont laissé le terme statutaire expirer sans proroger la société, par simple négligence. Pour autant, la jurisprudence refuse qu'une décision des associés prise postérieurement à l'expiration du terme puisse « ressusciter » la société (Paris, 21 oct. 1994, *Bull. Joly* 1995. 43, note M. Jeantin ; Com. 13 sept. 2017, n° 16-12479, *Bull.* IV, n° 115 ; *JCP G* 2017, 1259, note B. Dondero). Des décisions avaient suggéré la possibilité d'une « prorogation tacite », ce que l'on pourrait comprendre plutôt comme une tacite reconduction, mais cette admission qui posait des problèmes au regard des droits des tiers, fondés à se prévaloir de la lettre des statuts – en l'occurrence de la date d'expiration de la société (Com. 23 oct. 2007, *Bull. civ.* IV, n° 224 ; *Rev. sociétés* 2008. 383, note B. Dondero). La prorogation tacite semblait écartée par un arrêt plus récent (Com. 13 sept. 2017, préc.), mais la loi Mohamed Soilihi du 19 juillet 2019 a introduit un dispositif de « rattrapage » qui permet à un associé de saisir le juge dans l'année suivant l'expiration du terme de la société, pour que celui-ci autorise la consultation à titre de régularisation dans un délai de trois mois, les actes accomplis dans l'intervalle étant réputés réguliers en cas de prorogation (art. 1844-6, réd. L. Mohamed Soilihi). **507** ■

2. Dissolution provoquée

Dans d'autres cas, la dissolution est provoquée par une décision des associés ou du juge, qui va mettre fin à la société : dissolution conventionnelle anticipée ou dissolution judiciaire anticipée (notamment en cas de dissolution pour juste motif, l'illustration la plus souvent invoquée visant la mésentente paralysant le fonctionnement de la société – C. civ., art. 1844-7, 5°). **508** ■

Une précision a été apportée par la jurisprudence, de manière un peu étonnante tant au regard de la construction de l'art. 1844-7, 5° que des conséquences pratiques de la solution : la paralysie serait requise y compris lorsque le motif invoqué n'est pas la mésentente mais l'inexécution de ses obligations par un associé (Com. 3 mai 2018, n° 15-23456, *RGD* 2018, n° 29708, note B. Dondero).

La dissolution pour mésentente est celle qui donne lieu au contentieux le plus abondant. Elle vise le cas où l'*affectio societatis* a disparu, et où cette disparition empêche le fonctionnement correct de la société. **509** ■

La jurisprudence a précisé le régime de ce cas de dissolution. Les tribunaux ont ainsi jugé que le demandeur à la dissolution ne pouvait voir sa demande accueillie lorsqu'il était lui-même à l'origine du trouble (v. par ex. Versailles, 15 mai 2007, *RJDA*

3/08, n° 279). Par ailleurs, en cas de mésentente, plusieurs arrêts relativement anciens avaient jugé que la dissolution pouvait être demandée par un créancier (v. ainsi Civ. 1re, 20 oct. 1965, *Bull. civ.* I, n° 562). Cependant, un arrêt moins ancien mais non publié au *Bulletin* (Com. 28 sept. 2004, *Dr. sociétés* 2005, n° 25, note F.-X. Lucas) juge à l'inverse que la demande de dissolution d'une société pour justes motifs, et notamment celle fondée sur la mésentente entre associés, ne peut être formée que par un associé.

Il convient encore de noter que lorsque la société est prospère, les juges préfèrent nommer un administrateur provisoire en cas de mésentente paralysant le fonctionnement des organes sociaux (v. ss chapitre 6).

B. Causes de dissolution spécifiques à certaines sociétés

510 À côté des causes de dissolution applicables à toutes les sociétés, il existe des causes de dissolution propres à certaines formes de sociétés.

Ainsi, la SNC, qui est une société où la personnalité des associés est très importante, ne saurait en principe survivre au décès de l'un de ses associés, sauf clause contraire (C. com., art. L. 221-15).

De même, comme la SARL, destinée à habiller juridiquement les petites entreprises, est généralement une société de petite taille, elle ne saurait avoir plus de 100 associés (50 associés avant l'intervention de l'ordonnance du 25 mars 2004). Si elle dépasse ce chiffre, elle sera dissoute si à l'issue d'un délai d'un an (deux ans auparavant), si elle n'a pas réduit ce nombre ou si elle n'a pas fait l'objet d'une transformation (avant 2004, c'était la transformation en SA exclusivement qui était visée) (C. com., art. L. 223-3). Cette règle est surprenante. On ne comprend pas très bien la raison d'être d'une sanction aussi rigoureuse (une dissolution automatique, puisque le texte ne dit pas « peut être dissoute » – comp. C. civ., art. 1844-5), appliquée à une société de grande taille, dont le seul problème est qu'elle a trop de succès...

La société civile connaît aussi une cause de dissolution spécifique, puisqu'elle prend fin par la dissolution anticipée que peut prononcer le tribunal à la demande de tout intéressé, lorsque la société est dépourvue de gérant depuis plus d'un an (C. civ., art. 1846-1).

§ 2 Effets

511 La dissolution d'une société n'a d'effet à l'égard des tiers qu'après sa publication au registre du commerce et des sociétés (C. com., art. L. 237-2). La publicité se fait dans un journal d'annonces légales (C. com., art. L. 237-3) et une déclaration au registre lui-même doit également être faite (C. com., art. R. 123-66 et R. 123-69).

512 La dissolution de la société entraîne en principe sa *liquidation*, sauf dans le cas particulier des sociétés unipersonnelles dont l'associé unique est une personne morale (v. ci-dessous), et en cas de fusion ou de scission, où les sociétés absorbées ou scindées sont dissoutes sans liquidation (C. com., art. L. 236-3, v. ci-dessus). La liquidation signifie que l'on va organiser le paiement du passif et la réalisation des actifs de la société. C'est-à-dire que l'on va payer les dettes sociales et vendre les biens de la société pour faire apparaître les sommes que les associés pourront se partager.

Précisons qu'une procédure de liquidation simplifiée aurait dû être instituée par une ordonnance, il y a quelques années, le gouvernement y ayant été habilité par la loi relative à la simplification de la vie des entreprises du 20 décembre 2014. L'ordonnance en question n'a cependant jamais été adoptée.

A. Liquidation

La liquidation est l'ensemble des opérations ayant pour objet la réalisation de l'actif et le règlement du passif, en vue de procéder aux opérations de partage entre les associés, le cas échéant. La liquidation de la société est régie par les statuts, sous réserve de certaines dispositions impératives. Ainsi, en matière de sociétés commerciales, les articles L. 237-2 à L. 237-13 du Code de commerce s'appliquent nécessairement, tandis que les articles L. 237-14 à L. 237-31 ne sont applicables qu'à défaut de dispositions contraires dans les statuts, ou lorsque le juge, saisi d'une demande en ce sens, écarte les dispositions statutaires. Le régime légal prévu pour la liquidation de la société civile est quant à lui beaucoup plus sommaire (v. ss chapitre 9). 513 ■

1. *La société en liquidation*

a. Une organisation modifiée

Lorsque la société est en liquidation, ce ne sont en principe plus les dirigeants de la forme sociale concernée (gérant de la SARL, président de la SAS, etc.) qui sont à sa tête, mais un ou plusieurs liquidateurs. Bien souvent, c'est l'ancien dirigeant qui devient liquidateur. Une personne à laquelle il est interdit d'exercer les fonctions de dirigeant ne pourrait être nommée liquidateur (C. com., art. L. 237-4). Si les statuts n'ont pas prévu de mode de désignation du liquidateur, l'article L. 237-18 prévoit les conditions de sa désignation par les associés. Si la dissolution de la société est prononcée par le juge, il désigne un ou plusieurs liquidateurs (C. com., art. L. 237-20). Toutefois, si les statuts ont déjà désigné un liquidateur, cette décision des associés doit primer sur celle du juge. 514 ■

L'article L. 237-12 du Code de commerce détermine les conditions de la responsabilité civile du liquidateur, tandis que plusieurs dispositions pénales spécifiques édictent des infractions applicables au seul liquidateur. Parmi les situations susceptibles d'engager la responsabilité civile du liquidateur, il faut évoquer celle où il n'aura pas provisionné une créance litigieuse, privant ainsi le créancier de toute possibilité d'être payé (Com., 10 févr. 2021, n° 18-26716).

Les dirigeants en place perdent le plus souvent le pouvoir de diriger ou représenter la société dès que la dissolution intervient et deviennent des tiers par rapport à la société. Ils ne sont par conséquent plus en mesure de convoquer valablement une assemblée des associés (Com. 17 juill. 2001, *Bull. civ.* IV, n° 152). De plus, le secret bancaire sur les affaires de la société peut être opposé au gérant une fois que la société est dissoute, la dissolution ayant eu pour effet de mettre fin à ses fonctions (Com. 16 janv. 2001, *Bull. civ.* IV, n° 12). 515 ■

À compter de la clôture de la liquidation, le liquidateur n'a plus qualité pour représenter la société en justice. Il convient alors qu'un mandataire *ad hoc* soit désigné en justice (Civ. 2e, 24 janv. 2008, Bull., *Bull. Joly* 2008. 388, note G. Gil). 516 ■

517 Si les associés de la société dissoute poursuivent l'activité de celle-ci, notamment parce qu'ils ne se sont pas rendu compte de la dissolution (cela est plausible en cas de dissolution par survenance du terme), un courant jurisprudentiel considère que la société est « devenue de fait » (v. not. Civ. 1re, 13 déc. 2005, n° 02-16605, *Bull. I*, n° 487). Il faudrait comprendre en réalité qu'une seconde société se superpose à la première, cette nouvelle société étant dépourvue de personnalité morale.

b. Une personnalité morale maintenue

518 C'est une règle très importante (C. civ., art. 1844-8 et C. com., art. L. 237-2, al. 2). La personnalité morale de la société dissoute ne subsiste cependant que dans deux limites :

– « pour les besoins de la liquidation » : cela signifie que la société en liquidation ne peut pas effectuer des actes qui ne se rattachent pas aux besoins de la liquidation. Elle perdrait même, selon la jurisprudence, le droit d'utiliser et de transmettre à une autre société sa dénomination sociale (Com. 12 nov. 1992, *Bull. Joly* 1993. 561, note M. Jeantin). Toutefois, la société peut encore exercer une action en concurrence déloyale pour défendre ses droits (Com. 20 mai 1974, *Bull. civ.* IV, n° 162) ;

– « jusqu'à la clôture de la liquidation » : la personnalité morale de la société en liquidation a bien un terme, mais ce terme n'est pas défini par la clôture officielle de la liquidation constatée par l'assemblée des associés ou par le juge. La clôture doit intervenir dans les trois ans de la dissolution (C. civ., art. 1844-8, al. 4), mais la personnalité morale de la société peut subsister beaucoup plus longtemps que cela. Elle dure en fait aussi longtemps qu'il existe des droits et obligations à caractère social (v. par ex. Com. 25 janv. 1983, *Rev. sociétés* 1984. 51, note J.-P. Sortais). La clôture des opérations de liquidation met simplement fin au mandat du liquidateur, qui n'a plus qualité pour représenter la société dissoute. Une clôture anticipée engagerait la responsabilité du liquidateur envers les créanciers (v. Com. 26 juin 2007, *Bull. civ.* IV, n° 180 ; *Bull. Joly* 2007. 1232, note P. Le Cannu).

519 En principe, la dissolution de la société n'affecte pas les contrats qu'elle a conclus, qui vont être exécutés jusqu'à leur terme. C'est ce qu'affirme l'article L. 237-5 du Code de commerce à propos des baux conclus par la société. La jurisprudence a formulé une exception à ce principe pour un contrat particulier (v. Com. 15 nov. 1994, *Bull. civ.* IV, n° 340, édictant un principe de clôture du compte courant bancaire à la dissolution de la société, sauf exception tenant à sa prorogation pour les besoins de la liquidation). Les parties pourraient également y déroger par des stipulations particulières, prévoyant que la dissolution de la société partie au contrat entraîne la résiliation de celui-ci.

2. *Partage*

a. Réalisation du partage

520 Le partage est la répartition des actifs de la société entre les associés. Il se fait amiablement, sauf en cas de désaccord entre les partageants. Les associés reprennent leurs apports, ou une somme équivalente si les biens apportés ont disparu. Ils se partagent ensuite le *boni* de liquidation, qui est le bénéfice qui n'avait pas été mis en distribution en cours de vie sociale. La manière dont cette répartition est faite est régie par les statuts ou par la convention des associés. À défaut, la loi prévoit la manière dont cette répartition se fait. Cette répartition est différente selon que

la société est civile ou commerciale. Si la société est civile, l'article 1844-9 du Code civil reçoit application. Ce texte dispose : « après paiement des dettes et remboursement du capital social, le partage de l'actif est effectué entre les associés dans les mêmes proportions que leur participation aux bénéfices, sauf clause ou convention contraire ». Si la société est commerciale, c'est l'article L. 237-29 du Code de commerce qui s'applique, selon lequel « sauf clause contraire des statuts, le partage des capitaux propres subsistant après remboursement du nominal des actions ou des parts sociales est effectué entre les associés dans les mêmes proportions que leur participation au capital social ».

b. Modalités du partage

L'article 1844-9 du Code civil, texte du droit commun des sociétés, dispose que les opérations de partage sont soumises aux règles applicables au partage des successions, y compris l'attribution préférentielle. 521 ■

Selon ce texte, les associés peuvent décider, dans les statuts ou par un acte distinct, que certains biens seront attribués à tel ou tel associé. S'ils ne l'ont pas fait, la règle est que tout bien apporté qui se retrouve en nature dans la masse partagée est attribué, sur sa demande (et à charge de soulte s'il y a lieu) à l'associé qui en avait fait l'apport. Cette faculté s'exerce avant tout autre droit à une attribution préférentielle.

Il est possible enfin que tous les associés, ou certains d'entre eux seulement, demeurent dans l'indivision pour tout ou partie des biens sociaux.

Le partage amiable fait en application de l'article 1844-9 requiert une décision unanime des associés (Com. 30 mai 2007, *Bull. civ.* IV, n° 151 ; *Dr. sociétés* 2008, n° 5, note R. Mortier).

La question s'est par ailleurs posée de savoir si l'apporteur en industrie avait droit à reprendre quelque chose lors de la dissolution de la société. La jurisprudence statue en sens contraire. Il a été ainsi jugé qu'en cas de liquidation d'une société créée de fait, il n'y avait lieu ni à reprise ni au remboursement des apports en industrie (Civ. 1re, 19 avr. 2005, *Bull. civ.* I, n° 187 ; *Rev. sociétés* 2006. 111, note D. Poracchia). Un arrêt ultérieur a cependant jugé que l'apporteur en industrie qui avait créé des biens qui se retrouvaient en nature dans l'actif social à partager (des tapisseries artisanales) avait droit au paiement d'une soulte « correspondant à l'apport en industrie » (Civ. 1re, 30 mai 2006, *RTD civ.* 2006. 589, obs. Th. Revet, cet auteur expliquant la solution par le lien entre les biens créés et leur créateur). 522 ■

B. Dissolution sans liquidation

Dans deux hypothèses, la société est dissoute sans que cette dissolution soit suivie d'une phase de liquidation. Cela concerne d'une part le cas où la société est absorbée ou scindée, hypothèse envisagée précédemment (v. ci-dessus). Cela concerne d'autre part l'hypothèse où c'est une société unipersonnelle qui est dissoute. Dans ces deux situations, l'on ne procède pas à une liquidation. Il y a alors transmission universelle du patrimoine (TUP) de la société dissoute. C'est-à-dire que tout le patrimoine, actif et passif, de la société dissoute est transmis à la société absorbante, ou aux sociétés bénéficiaires de la scission, ou alors à l'associé unique. 523 ■

1. *Transmission universelle de patrimoine*

a. Portée

524 L'effet de TUP de la société dissoute à l'associé unique joue en principe, comme son nom l'indique, pour tous les droits, biens et dettes de la société dissoute. La jurisprudence a cependant posé à cet effet la même limite qu'en matière de fusions (v. ci-dessus), en excluant des contrats transmis ceux qui ont été conclus en considération de la personne. Dans cette dernière hypothèse, si le contrat n'est pas transmis, l'associé unique en recueille tout de même les créances et les dettes (Com. 7 juin 2006, *Bull. civ.* IV, n° 140. 149 ; *Dr. sociétés* 2006, n° 126, note J. Monnet), y compris si elles ne sont pas encore liquides et exigibles (Com., 11 mars 2020, n° 18-20064, Rev. sociétés 2020. 542, note E. Guégan).

b. Droit d'opposition

525 Les créanciers de la société dissoute disposent d'un droit d'opposition, qu'ils doivent exercer dans un délai de trente jours à compter de la publication de la dissolution (C. civ., art. 1844-5, al. 3). Ces créanciers sont sans doute ceux de la société dissoute mais le texte comporte une ambiguïté, car on ne sait pas si les créanciers de l'associé unique peuvent quant à eux faire opposition.

Une décision de justice peut rejeter l'opposition, ordonner le paiement immédiat des créances, ou ordonner la constitution de garanties (si la société en offre et si elles sont jugées suffisantes). La TUP n'intervient qu'à l'issue du délai d'opposition, ou, si une opposition est faite, lors de la décision rejetant en première instance l'opposition, ou lors du remboursement des créances ou de la constitution de garanties. Passé le délai d'opposition, la TUP se réalise, et le pourvoi en cassation formé contre la société dissoute est irrecevable (Civ. 3e, 20 juin 2007, *Bull. civ.* III, n° 112 ; *Bull. Joly* 2007. 1359, note F.-X. Lucas).

La dissolution sans liquidation de la société peut toutefois être annulée si la fraude est démontrée (Com. 11 sept. 2012, n° 11-11.141, *Bull. civ. IV*, n° 160, *Rev. sociétés* 2013. 31, note B. Saintourens).

2. *Dérogation apportée à la solution*

a. Rigueur de la solution initiale

526 La TUP intervenant en cas de dissolution d'une société unipersonnelle a posé un problème particulier. Le législateur a encouragé la constitution de sociétés unipersonnelles. Il a également permis que la dissolution d'une société unipersonnelle soit dispensée de liquidation (C. civ., art. 1844-5, al. 3). Cette exclusion de la liquidation comporte cependant un danger, puisque l'associé unique va recevoir *tout* le patrimoine de la société dissoute, c'est-à-dire son actif aussi bien que son passif, et donc toutes les dettes de la société. Dans cette hypothèse, la limitation de responsabilité de l'associé unique (dans le cadre d'une EURL notamment) ne peut plus jouer. En dépit de la rigueur incompréhensible de cette solution, la jurisprudence en a fait une application absolue, excluant tout recours à une procédure de liquidation de la société unipersonnelle.

b. Évolution

527 Afin de mettre fin à cette situation dangereuse pour l'associé de société unipersonnelle, et notamment pour l'associé d'EURL, la loi NRE du 15 mai 2001 a fait un ajout à

l'article 1844-5 du Code civil. Il y est désormais prévu que les dispositions du 3e alinéa (imposant la TUP en cas de dissolution d'une société unipersonnelle) ne s'appliquent pas lorsque l'associé unique est une personne physique. Cette exclusion permet ainsi d'éviter que tout le passif social puisse s'inviter par surprise dans le patrimoine d'une personne physique.

8

Compléments pédagogiques

Mémo

La société peut vivre un certain nombre de *mutations*, qui se traduisent par une modification de ses statuts. Cette modification suppose en règle générale une décision des associés prise à l'unanimité (obligatoire en cas d'augmentation des engagements des associés) ou à la majorité (lorsque la loi ou les statuts l'autorisent). La thèse selon laquelle le comportement contraire aux statuts pourrait entraîner une modification de ceux-ci n'est pas véritablement admise en jurisprudence. Marginalement, d'autres organes sont compétents pour modifier les statuts.

Une modification des statuts très fréquemment pratiquée voit la société augmenter son *capital social*. Les associés en place, qui peuvent voir leur participation diluée du fait de l'augmentation de capital, sont souvent protégés par un droit préférentiel de souscription à l'augmentation votée, et par l'exigence du versement d'une prime d'émission par les souscripteurs.

La *réduction de capital* (à ne pas confondre avec son amortissement) suppose en revanche une protection des créanciers, car elle voit la société restituer une partie des apports. Un régime légal de protection institue, dans les sociétés à responsabilité limitée aux apports, une procédure d'opposition au bénéfice des créanciers.

La *transformation* de la société la voit changer de forme sociale.

Elle doit pour cela satisfaire à un certain nombre de conditions, et notamment respecter les conditions requises pour la constitution d'une société de la forme visée (en termes de capital social, de nombre d'associés, etc.).

Quant à ses effets, le principe est le maintien de la personnalité morale de la société transformée, qui demeure la même personne avant et après la transformation.

Les *opérations de fusion, de scission et d'apport partiel d'actif sont des opérations de restructuration*. Elles recourent toutes trois (mais ce n'est qu'une possibilité s'agissant de l'apport partiel d'actif) à la *transmission universelle de patrimoine*. En cas de fusion ou de scission, tout l'actif et tout le passif de la société qui disparaît sont transmis à la ou les sociétés bénéficiaires. Cette transmission n'opère que pour la partie du patrimoine liée au bien apporté, en cas d'apport partiel d'actif soumis au régime des scissions.

Dans tous les cas, des dispositifs de *protection des créanciers* sont prévus par la loi, reposant sur une solidarité des sociétés bénéficiaires ou sur un droit d'opposition.

La *dissolution* de la société est l'opération, décidée par les associés ou par le juge, voire intervenant automatiquement, par exemple du fait de la survenance du terme statutaire de la société.

En règle générale, la dissolution entraîne la liquidation de la société. Cette règle est cependant écartée en cas de dissolution d'une société unipersonnelle dont l'associé unique est une personne morale. Dans cette hypothèse, une transmission universelle du patrimoine de la société dissoute opère au bénéfice de l'associé unique.

Quid

■ Amortissement du capital social n° 432

Opération par laquelle, par prélèvement opéré sur du bénéfice distribuable (et donc pas sur la réserve légale ou statutaire), la société verse à ses associés une somme égale à tout ou partie du montant nominal de leurs titres.

■ Apport partiel d'actif n°s 466 et 497 s.

Au départ, un apport comme les autres, sans aucune spécificité du point de vue du droit privé (apport d'un bien meuble par exemple). Les articles L. 236-22 et L. 236-24 du Code de commerce permettent cependant de soumettre cet apport au régime des scissions, ce qui a pour conséquence, selon la jurisprudence, d'entraîner une transmission universelle du patrimoine de l'apporteuse, pour sa partie attachée au bien apporté. Le droit fiscal exige que soit apportée une branche complète et autonome d'activité pour que soit applicable le régime fiscal de faveur des scissions.

■ Fusion n°s 466 et 470 s.

Opération par laquelle une ou plusieurs sociétés transmettent leur patrimoine à une société existante, qui les absorbe, ou à une société nouvelle, qu'elles constituent. Les sociétés qui transmettent leur patrimoine sont dissoutes.

■ Scission n°s 466 et 491 s.

Opération par laquelle une société existante transmet son patrimoine à plusieurs sociétés existantes ou nouvelles et est dissoute.

■ Société *holding* n° 497

Société dont l'activité consiste en la détention des titres d'autres sociétés.

Biblio

1) Modification des statuts (règles générales) et dérogation aux statuts

– H. Barbier, Du discret essor des conventions dérogatoires aux statuts, *BJS* déc. 2019. 1.
– F. Danos, Clauses statutaires et dérogation conventionnelle, *BJS* 2015. 443.
– L. Jobert, « La notion d'augmentation des engagements des associés », *Bull. Joly* 2004. 124.
– H. Le Nabasque, « La notion d'engagements nouveaux en droit des sociétés », *Actes pratiques*, déc. 1997. 36.
– F. Rizzo, « Le principe d'intangibilité des engagements des associés », *RTD com.* 2000. 27.

– G. Taormina, « Réflexions sur l'aggravation des engagements de l'associé », *Rev. sociétés* 2002. 267.
– J.-B. Tap, Les actes dérogatoires aux statuts, Rev. sociétés 2020. 531.

2) Transformation

– J.-P. Garçon, « Le concept trompeur de transformation d'une société de fait en société de droit », *Bull. Joly* 2010. 69.

3) Fusions, scissions et apports partiels d'actif

– P.-Y. Bérard, « Les fusions à l'épreuve de l'*intuitus personae* », *RTD com.* 2007. 279.
– C. Cathiard, « Le régime des fusions transfrontalières depuis la loi du 3 juillet 2008 », *Dr. sociétés* 2008. *Étude* 8.
– P.-Y. Chabert, « La figure de la scission partielle en droit français », *Rev. sociétés* 2005. 759.
– M. Dubertret, « L'intuitus personae dans les fusions », *Rev. sociétés* 2006. 721.
– A. Guengant, « Aménagements du régime juridique des opérations nationales de fusions et scissions (L. n° 2008-649 du 3 juill. 2008) », *JCP E* 2008. 1977.
– H. Le Nabasque, « La solidarité des sociétés dans les opérations d'apport partiel d'actif soumises au régime des scissions », in *Mélanges M. Jeantin*, Dalloz, 1999, p. 271.
– H. Le Nabasque, « Le régime juridique de la répartition des titres entre les actionnaires dans la figure de la scission partielle », *Rev. sociétés* 2005. 779.
– H. Le Nabasque, « Les fusions transfrontalières après la loi n° 2008-649 du 3 juillet 2008 », *Rev. sociétés* 2008. 493.
– H. Le Nabasque, O. Diaz et A. Bonnasse, « Pour une réforme du droit français des fusions », *Bull. Joly* 2018. 236.
– N. Morelli, « Les fusions transfrontalières », *LPA* 11 mai 2007.
– I. Urbain-Parléani, « La fusion absorption à l'épreuve des clauses d'agrément. Le cas particulier de la transmission des droits sociaux détenus dans le capital d'une société tierce », in *Mélanges Y. Guyon*, Dalloz, 2003, p. 1061.

4) Dissolution

– E. Boronad-Lesoin, « La survie de la personne morale dissoute », *RTD com.* 2003. 1.
– C. Boismain, « Étude sur la dissolution pour mésentente d'une société », *Gaz. Pal.*, 4-6 mai 2014. 4.
– B. Dondero, « Le mystérieux statut de la société en liquidation », *Gaz. Pal.*, 25-27 janv. 2015. 7.
– D. Poracchia, G. Alson et A. Theimer, « La dissolution d'une filiale à 100 % », *Actes pratiques & ingénierie sociétaire*, nov.-déc. 2008. 61.

Quiz

1) Sujet corrigé

Commentaire d'article

Énoncé

Commentaire des troisième et quatrième alinéas de l'article 1844-5 du Code civil

Article 1844-5 du Code civil :

Alinéa 3 : (L. n° 88-15 du 5 janv. 1988) « En cas de dissolution, celle-ci entraîne la transmission universelle du patrimoine de la société à l'associé unique, sans qu'il y ait lieu à liquidation. Les créanciers peuvent faire opposition à la dissolution dans le délai de trente jours à compter de la publication de celle-ci. Une décision de justice rejette l'opposition ou ordonne soit le remboursement des créances, soit la constitution de garanties si la société en offre et si elles sont jugées suffisantes. La transmission du patrimoine n'est réalisée et il n'y a disparition de la personne morale qu'à l'issue du délai d'opposition ou, le cas échéant, lorsque l'opposition a été rejetée en première instance ou que le remboursement des créances a été effectué ou les garanties constituées. »

Alinéa 4 : (L. n° 2001-420 du 15 mai 2001, art. 103) « Les dispositions du troisième alinéa ne sont pas applicables aux sociétés dont l'associé unique est une personne physique. »

Voir le corrigé en fin de rubrique.

2) Corrigé

Commentaire d'article

Les sociétés unipersonnelles ont longtemps été seulement tolérées par le droit français des sociétés. L'unicité d'associé est une cause de dissolution applicable à toutes les sociétés, et il n'était pas possible de constituer une société d'un seul associé. En 1985, le législateur a cependant permis qu'une SARL soit constituée par un seul associé, l'EURL pouvant vivre indéfiniment avec un seul associé, sans crainte que sa dissolution soit prononcée au seul motif de l'unicité d'associé (C. com., art. L. 223-1). Aujourd'hui, l'EURL a été rejointe par la SAS unipersonnelle (C. com., art. L. 227-1) et la SE unipersonnelle (C. com., art. L. 229-6), en attendant qu'une SA puisse, un jour ou l'autre, être constituée par une seule personne.

Une loi n° 88-15 du 5 janvier 1988 a prévu peu de temps après l'admission des EURL une règle particulière, en matière de dissolution d'une société unipersonnelle. Cette loi a modifié l'article 1844-5, alinéa 3 du Code civil, en substituant à la liquidation de la société unipersonnelle une transmission universelle de son patrimoine à l'associé unique.

La simplification opérée par cette réforme s'est cependant révélée dangereuse (I), ce qui a rendu nécessaire la mise en place d'un correctif (II).

I. Une simplification dangereuse

A. L'absence de liquidation en cas de dissolution d'une société unipersonnelle

1. Principe

Aux termes de la rédaction de l'article 1844-5, alinéa 3 du Code civil, résultant de la loi n° 88-15 du 5 janvier 1988, il est prévu que la dissolution d'une société unipersonnelle ne donne pas lieu à liquidation, mais à transmission universelle de son patrimoine à l'associé unique.

Au vu de la généralité de la rédaction du texte, on comprend que cette solution vaut quel que soit l'associé concerné (personne physique ou personne morale, commerçant ou non, etc.) — du moins avant la réforme opérée par la loi NRE du 15 mai 2001 (v. ci-dessous).

La règle concerne par ailleurs toute société (société pouvant se constituer avec un seul associé ou toute autre société), dès lors que le texte qui la formule figure parmi les dispositions applicables par principe à toutes les sociétés (C. civ., art. 1834).

2. Justification

Le but de la réforme opérée en 1988 était simple : on souhaitait éviter à l'associé unique de recourir à une procédure de liquidation de la société unipersonnelle. Une telle procédure est souvent longue, et implique des coûts, notamment parce qu'il faut rémunérer le liquidateur.

Si le patrimoine de la société dissoute n'est pas liquidé, c'est parce que, peut-on penser, l'on sait déjà qui sera le destinataire final des actifs de la société dissoute. Point n'est besoin dans cette hypothèse d'en passer par une procédure de liquidation, l'on peut sans crainte (croit-on !) attribuer tout le patrimoine de la société dissoute à son associé unique.

B. La disparition consécutive de la responsabilité limitée de l'associé unique

1. Transmission de tout l'actif et de tout le passif de la société dissoute

Si, aux termes de l'article 1844-5, alinéa 3 du Code civil, la dissolution de la société unipersonnelle « *entraîne la transmission universelle du patrimoine de la société à l'associé unique, sans qu'il y ait lieu à liquidation* », l'associé unique va donc recevoir tout le patrimoine de la société unipersonnelle, exactement de la même manière que si l'associé unique absorbait la société unipersonnelle.

Le principal problème que pose cette solution tient au fait que c'est *tout* le patrimoine de la société dissoute qui est transmis à l'associé unique, tant en sa partie active qu'en sa partie passive. Ce sont donc certes tous les biens, droits et créances de la société dissoute qui sont transmis à l'associé unique, mais également toutes ses dettes !

2. Conséquence

Cette solution entraîne donc la disparition de la responsabilité limitée aux apports de l'associé unique, si la société unique était une SARL ou une société par actions, puisque la contrepartie de la transmission de l'actif social (apports compris, donc) est une prise en charge de toutes les dettes sociales.

La solution est paradoxale dès lors que c'est précisément pour protéger l'associé unique des poursuites des créanciers de la société que l'on avait introduit l'EURL en droit français !

Une nuance de taille doit cependant être signalée, qui tient au fait que la transmission universelle ne joue pas lorsque la dissolution de la société unipersonnelle résulte d'un jugement ouvrant une procédure de liquidation judiciaire à l'égard de cette société (Com. 12 juill. 2005, 2 arrêts, *Bull. civ.* IV, n° 168 et 169 ; *Rev. sociétés* 2005. 913, note J.-P. Sortais).

Parce que la solution est particulièrement rigoureuse, la nécessité de mettre en place un correctif est apparue.

II. La mise en place nécessaire d'un correctif

A. L'impossible option pour la liquidation

1. Une proposition doctrinale…

Une partie de la doctrine avait considéré que le troisième alinéa de l'article 1844-5 du Code civil, en sa rédaction résultant de la loi du 5 janvier 1988, ne faisait qu'ouvrir une possibilité aux sociétés unipersonnelles. S'il était vraisemblable que la société unipersonnelle en passe d'être dissoute avait davantage d'actif que de passif, on pouvait accélérer les choses en recourant à une transmission universelle de son patrimoine plutôt qu'à une liquidation. Mais la liquidation était toujours possible, ce qui permettait de « cantonner » le passif de la société à son patrimoine.

2… rejetée par la jurisprudence

La jurisprudence qui a interprété l'article 1844-5, alinéa 3 du Code civil n'a cependant pas retenu cette lecture.

Un arrêt remarqué de la cour d'appel de Douai a ainsi jugé que les sociétés unipersonnelles n'avaient pas le choix entre une dissolution avec liquidation et une dissolution sans liquidation (Douai, 14 nov. 1996, *JCP* 1997. II. 22785, note J.-J. Daigre).

Cette solution a ensuite été confirmée par la Cour de cassation, qui juge « sans emport » les opérations de liquidation entreprises du chef d'une société dissoute alors qu'elle n'avait qu'un seul associé (Com. 7 déc. 2010, n° 09-17.169, *Bull. Joly* 2011. 182, note M.-L. Coquelet ; v. aussi Soc. 12 janv. 2016, n° 14-21533, *JCP E* 2016. 1342, note B. Dondero).

La solution était donc sans appel, sans jeu de mots. Le seul moyen d'éviter la transmission universelle de patrimoine pouvait alors consister pour l'associé unique à céder une part ou une action à un tiers juste avant la dissolution. Mais cette cession *in extremis* était une solution fragile. Outre le fait qu'elle n'était pas toujours possible, parce que l'on n'a pas toujours un cessionnaire sous la main et que certaines causes de dissolution jouent de manière automatique (et ne laissent donc pas le temps de rendre la société pluripersonnelle), une telle cession aurait pu être vue comme fictive et/ou entachée de fraude.

B. La nécessité d'une réforme législative

1. La réforme de 2001

Afin de mettre fin à cette situation dangereuse pour les associés des sociétés unipersonnelles, et notamment pour les associés d'EURL, la loi NRE du 15 mai 2001 a fait un ajout à l'article 1844-5 du Code civil, qui se trouve doté d'un quatrième alinéa.

Après l'intervention de la loi NRE, il est prévu que les dispositions du troisième alinéa (prévoyant la transmission universelle du patrimoine de la société dissoute à son associé unique) ne s'appliquent pas lorsque l'associé unique est une personne physique. L'avantage de cette solution est que l'on évite ainsi que tout le passif social puisse « tomber » par surprise sur une personne physique.

2. Son application dans le temps

On observera cependant que les personnes physiques qui ont eu le malheur d'être l'associé unique d'une société entre l'entrée en vigueur de la loi de 1988 et la réforme intervenue en 2001 sont condamnées à subir tous les effets de la transmission universelle de patrimoine. En effet, la réforme n'étant pas rétroactive, elle ne s'applique donc pas lorsque la société a été dissoute avant l'entrée en vigueur de la loi du 15 mai 2001 (Com. 7 janv. 2004, *Bull. civ.* IV, n° 8 ; *Rev. sociétés* 2004. 360, note B. Saintourens).

chapitre 9

La société civile

Plan analytique

section 1

Le régime général de la société civile

§ 1 La constitution de la société civile

A. Conditions de droit commun

B. Conditions particulières

C. Immatriculation

§ 2 Le fonctionnement de la société civile

A. Le gérant

B. Les associés

§ 3 La dissolution de la société civile

A. Dissolution

B. Liquidation

section 2

Les régimes spéciaux

§ 1 L'immobilier

A. Choix du recours à une SCI

B. Les formes sociales

§ 2 Les professions

A. Sociétés civiles d'exercice

B. Sociétés civiles de moyens

§ 3 L'agriculture

Compléments pédagogiques

La société civile

La société civile est une forme de société très fréquemment adoptée, puisqu'elle constitue rien moins que la première forme sociale utilisée en France, avec plus de 2 millions d'entités. Il est vrai cependant que la forme de société civile est un régime général, auquel peuvent ajouter ou déroger un grand nombre de régimes spéciaux, applicables à telle ou telle société civile, en fonction de l'activité exercée (société civile professionnelle, par exemple). Une part non négligeable des sociétés civiles est cependant régie par le seul régime général issu du Code civil. 528

Les sociétés civiles sont dans la majorité des cas des sociétés de petite taille ou de taille moyenne, et leurs champs d'activité prédominants consistent à permettre l'exercice d'une activité agricole ou celui d'une activité professionnelle libérale, ou la gestion d'un bien immobilier.

Dans le secteur immobilier, la société civile immobilière (dite « SCI », même si elle ne constitue pas une forme sociale spécifique) permet ainsi de gérer un immeuble familial sans tomber dans le fastidieux régime de l'indivision.

La société civile obéit à un régime qui est assez proche de celui de la SNC, et qui est issu de la loi n° 78-9 du 4 janvier 1978, dont les dispositions relatives à cette société ont été incorporées aux articles 1845 à 1870-1 du Code civil, complétés par les articles 30 à 57 du décret n° 78-704 du 3 juillet 1978. 529

Il conviendra d'étudier tout d'abord le régime général de la société civile avant d'évoquer les principaux régimes spéciaux.

section 1

Le régime général de la société civile

La société civile est une société de personnes. Elle accorde donc une large place à la personnalité des associés. Les créanciers sociaux bénéficient quant à eux de la garantie des associés au paiement des dettes sociales. Tout est quasiment dit, la plupart des règles constituant le régime général de la société civile pouvant s'expliquer par l'un ou l'autre de ces éléments, qui eux-mêmes sont liés, la garantie des dettes sociales expliquant l'importance accordée à l'identité des associés. 530

Les règles édictées par les articles 1845 et suivants du Code civil constituent le régime général, puisque ces dispositions sont « applicables à toutes les sociétés civiles, à moins qu'il n'y soit dérogé par le statut légal particulier auquel certaines d'entre elles sont assujetties » (C. civ., art. 1845).

§ 1 La constitution de la société civile

A. Conditions de droit commun

531 La société civile doit avant tout respecter les conditions de constitution applicables à toutes les sociétés (v. ss chapitre 2). On notera que la société civile est par principe soumise à l'exigence de la pluralité d'associés, en l'absence d'une disposition générale autorisant la constitution de sociétés civiles unipersonnelles. Des textes spéciaux peuvent cependant autoriser la constitution de sociétés civiles unipersonnelles, telle que l'exploitation agricole à responsabilité limitée (EARL régie par les art. L. 324-1 s. du C. rur.).

L'*affectio societatis* revêt dans les sociétés civiles immobilières un aspect particulièrement sensible, dès lors que la volonté de constituer une société peut être motivée par le seul attrait des avantages juridiques et fiscaux de la forme sociale. Les SCI sont souvent en butte aux tentatives de l'administration fiscale de les remettre en cause, parfois avec succès (v. par ex., accueillant une action en déclaration de simulation, Civ. 3e, 4 juin 2003, *Bull. civ.* III, n° 123 ; *Bull. Joly* 2003. 1070, note F.-X. Lucas). C'est également le cloisonnement des biens immobiliers servant à l'exploitation d'une entreprise que les créanciers tentent de remettre en cause. Le *montage*Q le plus simple consiste en effet, pour un entrepreneur propriétaire d'un immeuble où réside l'entreprise, à placer les biens d'exploitation (fonds de commerce, notamment) dans le patrimoine d'une SARL et le bien immobilier dans le patrimoine d'une société civile. Ce faisant, les créanciers de la SARL ne peuvent saisir les biens immobiliers, qui servent pourtant à l'entreprise, en raison du fait qu'ils appartiennent à une personne qui n'est pas leur débiteur, tout simplement.

B. Conditions particulières

1. *Capacité*

532 Aucune condition de capacité n'est expressément requise par les dispositions relatives à la société civile. La souscription de parts de société civile est pourtant un acte dangereux, dans la mesure où l'associé supporte une obligation aux dettes sociales (v. ss 561 s.). Les régimes de protection des incapables peuvent imposer des autorisations particulières, en fonction de la nature des biens apportés, ou du fait que l'apport peut être vu comme un acte de disposition.

2. *Capital social*

533 Le régime général applicable à la société civile ne lui impose pas de réunir un capital social minimum. Cette société est avant tout une société de personnes, qui accorde plus d'importance à la solvabilité des associés, garants des dettes sociales, qu'aux biens figurant dans le patrimoine de la société. Certains régimes spéciaux prévoient en revanche l'exigence d'un capital minimum (v. ainsi C. mon. fin., art. L. 214-88, exigeant des sociétés civiles de placement immobilier un capital d'au moins 760 000 euros).

Le capital social, qui peut être fixe ou variable, doit être divisé en parts égales (C. civ., art. 1845-1). Les parts attribuées en contrepartie d'apports en numéraire peuvent être libérées par compensation avec des créances sur la société, en l'absence de stipulation statutaire contraire (Civ. 3e, 28 nov. 2001, *Bull. civ.* III, n° 140 ; *Dr. sociétés* 2002, n° 34, note Th. Bonneau).

3. *Objet social*

a. Principe

L'objet de la société civile doit être... civil. Le régime général n'institue pas une société civile par la forme, qui resterait civile en dépit de l'exercice d'une activité commerciale (contrairement à la situation de la société commerciale par la forme, qui demeure commerciale, même si son activité est exclusivement civile). 534 ■

b. Sort de la société civile à objet commercial

Le sort de la société civile à objet commercial est une question épineuse. Selon une opinion doctrinale, relayée par quelques décisions, l'exercice par une société civile d'une activité commerciale verrait apparaître une société créée de fait à objet commercial à côté de la société civile (M. Cozian, A. Viandier et F. Deboissy, *Droit des sociétés*, 33e éd., Litec, 2020, n° 382). Il a parfois été également soutenu que la société civile serait nulle dans cette hypothèse. On peut discuter de cette solution. La nullité semble exclue par l'article 1844-10 du Code civil, sauf à considérer que l'objet commercial est illicite pour une société civile, interprétation large de l'illicéité ! On pourrait toutefois soutenir qu'aux associés font défaut l'*affectio societatis* et l'intention de contribuer aux résultats... d'une société civile. 535 ■

C. Immatriculation

1. *Exigence générale*

Par application de l'article 1842 du Code civil, en sa rédaction résultant de la loi du 4 janvier 1978, les sociétés civiles doivent faire l'objet d'une immatriculation au registre du commerce et des sociétés pour bénéficier de la personnalité morale. 536 ■

2. *Situation incertaine des anciennes sociétés civiles non immatriculées*

a. Situation antérieure à la loi du 4 janvier 1978

Jusqu'à l'adoption de la loi du 4 janvier 1978, la reconnaissance de la personnalité morale de la société civile n'était pas subordonnée à l'immatriculation de la société au registre du commerce et des sociétés. La personnalité morale des sociétés civiles avait été consacrée par la jurisprudence antérieurement à la création du registre du commerce et des sociétés. La Cour de cassation n'exigeait que la « constitution » des sociétés (Req., 23 févr. 1891, *DP* 1891. 1. 337 ; *Les grands arrêts de la jurisprudence civile*, n° 15, note F. Terré et Y. Lequette ; Req., 2 mars 1892, *DP* 1893. 1. 169). 537 ■

b. Régime transitoire

La loi du 4 janvier 1978 a soumis les sociétés civiles à la règle subordonnant la reconnaissance de la personnalité morale à l'exigence d'une immatriculation au registre du commerce et des sociétés (C. civ., art. 1842, al. 1er). Un régime dérogatoire avait cependant été prévu, qui permettait aux sociétés civiles constituées avant le 538 ■

1er juillet 1978 de bénéficier de la personnalité morale sans avoir procédé à leur immatriculation (L. n° 78-9 du 4 janv. 1978, art. 4, al. 4). Ce régime dérogatoire a été supprimé par la loi NRE n° 2001-420 du 15 mai 2001 (art. 44). Les sociétés concernées ont eu la possibilité de procéder à leur immatriculation avant le 1er novembre 2002, dans des conditions simplifiées (dispense de formalités de publication dans un journal d'annonces légales notamment - v. l'art. 83-1 ajouté au Décr. n° 84-406 du 30 mai 1984 par le Décr. n° 2002-1085 du 7 août 2002). Passé ce délai, l'immatriculation des sociétés civiles anciennes est toujours possible, mais dans les conditions de droit commun (v. ainsi Dijon, 4 et 18 mars 2003, *JCP E* 2003. 1203, n° 7, obs. J.-J. Caussain, F. Deboissy et G. Wicker ; comp. Paris, 13 mai 2003, *D.* 2003. AJ 1632).

c. Sort des anciennes sociétés civiles non immatriculées

539 Le sort des sociétés civiles qui n'ont pas procédé à leur immatriculation a suscité quelques interrogations. Des auteurs ont pu considérer que la perte de la personnalité morale avait entraîné la dissolution de ces sociétés (v. not. G. Daublon et B. Gelot, *Libres propos sur la non-immatriculation des sociétés civiles anciennes, Defrénois* 2003. 889). Cette solution est cependant peu justifiée au regard de l'absence de disposition légale imposant une telle dissolution. Il semble plutôt que ces sociétés se sont « transformées » en sociétés non personnifiées. La Cour de cassation a ainsi jugé que les sociétés qui n'ont pas procédé à leur immatriculation ont perdu leur personnalité morale au 1er novembre 2002, tout en conservant la possibilité de procéder ultérieurement à leur immatriculation (Com. 26 févr. 2008, *Bull. civ.* IV, n° 46 ; *Dr. sociétés* 2008, n° 120, note R. Mortier ; v. également Com. 7 janv. 2014, n° 11-25.635, *Bull.* IV, n° 4). Les associés qui ont poursuivi leur relation au sein de ces sociétés devraient donc être vus comme les membres d'une société en participation (Civ. 3e, 4 mai 2016, n° 14-28243, *Bull. III,* n° 59 ; *JCP E* 2016. 1400, note B. Dondero, jugeant que la société civile ancienne qui n'avait pas été immatriculée dans le délai prévu est soumise aux règles applicables aux sociétés en participation ; solution affirmée clairement par deux arrêts du même jour, Civ. 1re, 6 janv. 2021, n° 19-11948 et n° 19-11949, *Bull.*, qui approuvent tous deux une cour d'appel d'avoir jugé qu'une société coopérative agricole non immatriculée avait perdu la personnalité morale et était devenue, de ce fait, une société en participation).

540 Toutefois, le patrimoine de la personne morale qu'était la société civile a dû connaître un sort particulier. On peut se demander s'il a dû être liquidé, ou s'il a été transmis tel quel aux associés. La première hypothèse verrait ainsi une société faire l'objet d'une liquidation sans dissolution, ce qui est particulièrement original !

§ 2 Le fonctionnement de la société civile

541 Le fonctionnement de la société civile est proche de celui de la SNC, les deux sociétés n'ayant reçu du législateur qu'une organisation légère, la détermination des modalités de fonctionnement étant dans les deux cas laissée à l'initiative des associés. La différence essentielle entre les deux formes sociales tient au fait qu'à la différence des associés en nom, les associés de société civile ne sont pas commerçants et ne sont en principe pas tenus solidairement, mais conjointement : c'est-à-dire que le créancier

social impayé ne peut réclamer l'intégralité de son dû à chaque associé, mais doit partager ses recours entre les associés, en fonction de la fraction du capital social détenue par chacun d'eux.

Étant une société de personnes, la société civile n'est pas dotée obligatoirement d'un commissaire aux comptes. Cette société n'est tenue de se doter d'un tel organe de contrôle que si elle a une activité économique et dépasse à la fin de l'année civile ou à la clôture de l'exercice deux des trois seuils suivants : 3 100 000 euros de chiffre d'affaires, 1 550 000 euros de total du bilan, 50 salariés (C. com., art. L. 612-1 et R. 612-1). Ces seuils n'ont pas été modifiés par le décret d'application de la loi PACTE.

A. Le gérant

1. *Nomination et cessation des fonctions*

a. Nomination

La société civile doit être dotée d'un ou plusieurs gérants, qui ne sont pas nécessairement associés, et qui peuvent être des personnes physiques ou des personnes morales (C. civ., art. 1846), auquel cas ses dirigeants sont soumis aux mêmes conditions et obligations et encourent les mêmes responsabilités, civile et pénale, que s'ils étaient gérants en leur nom propre, sans préjudice de la responsabilité solidaire de la personne morale qu'ils dirigent (C. civ., art. 1847). 542 ■

Le gérant est nommé soit directement par les statuts, soit par un acte distinct, soit par une décision des associés. En toute hypothèse, les statuts fixent les règles de désignation du gérant ; sauf clause contraire des statuts, le gérant est nommé par une décision des associés représentant plus de la moitié des parts sociales, et pour la durée de la société, ce dernier point sous réserve d'une décision contraire opérée lors de la désignation (C. civ., art. 1846 et 1847).

b. Cessation des fonctions

Le gérant peut cesser ses fonctions pour différentes raisons : démission, décès, empêchement, révocation, etc. Seule la révocation est encadrée par les textes. Le gérant est ainsi révocable par une décision des associés représentant plus de la moitié des parts sociales, sauf disposition contraire des statuts, ainsi que par le juge, en cas de cause légitime, à la demande de tout associé (C. civ., art. 1851), étant précisé qu'il n'est pas nécessaire en ce cas que les autres associés soient mis en cause (Com. 15 janv. 2013, n° 11-28.510, *Bull. IV*, n° 13, *Dr. sociétés* 2013, comm. n° 43, note H. Hovasse). Une autre précision jurisprudentielle a consisté à distinguer la cause légitime de révocation et la faute séparable des fonctions (Civ. 3e, 12 mars 2014, n° 13-14.374, *Bull. III*, n° 39 ; *Bull. Joly* 2014. 330, note J.-F. Barbièri ; *JCP* E 2014. 1190, note B. Dondero) : en clair, une faute séparable des fonctions, parce qu'elle est grave et commise intentionnellement, peut fonder la révocation, mais il peut y avoir cause légitime dans des situations où le dirigeant n'a pas commis une faute séparable de ses fonctions. 543 ■

La révocation décidée sans juste motif peut donner lieu à dommages-intérêts, réparant le préjudice subi par le gérant. Une clause statutaire peut encadrer ce droit à réparation et peut-être même l'exclure (Civ. 3e, 6 janv. 1999, n° 96-22249, *Bull. civ.* III, n° 6 ; *Bull. Joly* 1999. 498, note A. Couret).

La révocation d'un gérant n'entraîne en principe pas la dissolution de la société, mais le gérant non associé dispose d'un droit de retrait, le tout sauf disposition contraire des statuts.

544 La perte de son gérant peut avoir des conséquences importantes pour la société civile, tout associé pouvant demander au président du tribunal statuant sur requête la désignation d'un mandataire chargé de réunir les associés en vue de nommer un ou plusieurs gérants (C. civ., art. 1846, al. 5). La loi Mohamed Soilihi permet même directement qu'un associé réunisse la collectivité des associés. L'absence de gérant pendant une période supérieure à un an est d'ailleurs une cause de dissolution de la société, tout intéressé pouvant saisir le juge à cette fin (C. civ., art. 1846-1). Enfin, si la société vient à être représentée par un mandataire conventionnel, ce sont les règles de cette représentation qui s'appliqueront, et donc le droit du mandat et de la délégation de pouvoirs (v. Civ. 1re, 12 nov. 2015, n° 14-23340, *Bull. I*, n° 278 ; *Dr. sociétés* 2016, comm. n° 25, note H. Hovasse).

2. *Statut*

a. Pouvoirs

545 Les statuts fixent le mode d'organisation de la gérance (C. civ., art. 1846, al. 2). De manière classique, une distinction est opérée entre les rapports internes et externes.

Dans les *rapports internes*, c'est-à-dire « dans les rapports entre associés », le gérant peut accomplir tous les actes de gestion que demande l'intérêt de la société, si les statuts n'ont pas défini plus précisément ses pouvoirs (C. civ., art. 1848 – Civ. 3e, 16 janvier 2020, n° 18-21394, *Rev. sociétés* 2020. 492, note N. Jullian). Les dispositions du Code civil ne contiennent pas de disposition encadrant la conclusion des conventions entre la société civile et son gérant. On relèvera cependant l'applicabilité à une partie des sociétés civiles du dispositif de contrôle des conventions conclues par les personnes morales de droit privé non commerçantes ayant une activité économique avec son mandataire social (C. com., art. L. 612-5 – v. « Document »).

Dans les *rapports externes*, c'est-à-dire « dans les rapports avec les tiers », le gérant engage la société par les actes entrant dans l'objet social (C. civ., art. 1849). Les clauses statutaires limitant les pouvoirs du gérant sont inopposables aux tiers, y compris lorsqu'ils en ont eu connaissance (Civ. 3e, 24 janv. 2001, *Bull. civ.* III, n° 10 ; *D.* 2001. AJ 704, obs. M. Boizard), ce qui n'empêche pas les tiers de se prévaloir de ces limitations (v. not. Civ. 3e, 14 juin 2018, n° 16-28672, *RTD com.* 2018. 982, note M.-H. Monsèrié-Bon). La rédaction de l'objet social constitue la limite la plus efficace. Ainsi, n'est pas valable la vente du bien immobilier d'une société civile dont l'objet statutaire porte sur « l'acquisition, la gestion et l'administration de tous biens mobiliers ou immobiliers », mais n'inclut pas la cession, lorsque la vente a été décidée par le seul gérant (Civ. 3e, 23 oct. 2013, n° 12-22.720, *Bull. Joly* 2014. 34, note J.-P. Garçon). La solution peut sembler sévère, d'autant que l'administration de tous biens immobiliers devrait nous semble-t-il inclure la possibilité d'en céder pour en acquérir d'autres. Il est certes possible que la société civile soit engagée par des actes non compris dans son objet social, mais uniquement lorsque tous les associés ont consenti à l'acte (ou au moins une majorité d'associés ayant le pouvoir de modifier les statuts), ou quand l'acte en cause est un cautionnement, lorsqu'il a été consenti pour garantir les dettes d'un débiteur auquel la société civile caution est unie par une communauté d'intérêts (v. not. Civ. 1re, 8 nov. 2007, *Bull. civ.* I, n° 345 ; *Dr. sociétés* 2008, n° 26, note

R. Mortier). Il faut encore préciser que depuis quelques années, la Cour de cassation a ajouté une condition de validité du cautionnement conclu par une société civile : l'acte doit être conforme à l'intérêt social (v. not. Com. 8 nov. 2011, n° 10-24.438, *Rev. sociétés* 2012. 238, note A. Viandier ; *Gaz. Pal.* 25-26 janv. 2013. 32, note B. Dondero ; Civ. 3e, 12 sept. 2012, n° 11-17.948, *Bull. civ. III, n° 121* ; *Gaz. Pal.* 25-26 janv. 2013. 34, note B. Dondero ; Com. 23 sept. 2014, n° 13-17.347, *Bull. IV*, n° 142 ; *Rev. sociétés* 2014. 714, note A. Viandier), ce qui suppose notamment que la garantie ne soit pas de nature à compromettre l'existence même de la société (Com., 6 janv. 2021, n° 19-15299, *Dr. Sociétés* 2021, comm. n° 47, note N. Jullian).

En cas de *pluralité de gérants*, ceux-ci exercent séparément leurs pouvoirs (C. civ., art. 1848, al. 2 et 1849, al. 2). Il est possible qu'un gérant s'oppose à une opération avant qu'elle ne soit conclue par son cogérant. Cette opposition est cependant sans effet à l'égard des tiers, à moins qu'il ne soit établi qu'ils ont eu connaissance de l'opposition. 546 ■

b. Responsabilité

Seule la responsabilité civile du gérant de société civile à l'égard de la société et des tiers fait l'objet d'un encadrement spécifique (C. civ., art. 1850). Le gérant est ainsi responsable des infractions aux lois et règlements, de la violation des statuts et des fautes commises dans sa gestion. La participation de plusieurs gérants aux mêmes faits fait naître une responsabilité solidaire, le tribunal déterminant cependant la part contributive de chacun dans la réparation du dommage. 547 ■

S'agissant de la responsabilité encourue par le gérant à l'égard des tiers, elle est subordonnée à la preuve d'une faute détachable des fonctions, faute intentionnelle, d'une particulière gravité incompatible avec l'exercice normal des fonctions sociales (Com. 25 janv. 2005, *Dr. sociétés* 2005, n° 129, note F.-X. Lucas).

Si la responsabilité fiscale du gérant de société civile est soumise à l'article L. 267 du Livre des procédures fiscales, il est intéressant de noter que sa responsabilité pénale ne fait pas l'objet de dispositions particulières. C'est surtout l'utilisation des biens de la société dans l'intérêt personnel du gérant qui est susceptible d'être sanctionnée pénalement. En l'absence de délit spécial du droit des sociétés civiles, c'est le délit d'abus de confiance qui sanctionnera le gérant dans cette hypothèse (C. pén., art. 314-1). 548 ■

B. Les associés

Le statut des associés de société civile est comparable à celui des associés en nom, à la différence importante que les premiers n'ont pas la qualité de commerçant. 549 ■

1. *Droit d'information*

Le droit d'information est précisé par deux dispositions. 550 ■

L'associé de société civile a tout d'abord le droit d'obtenir au moins une fois par an, communication des livres et des documents sociaux, et de poser par écrit des questions sur la gestion sociale auxquelles il devra être répondu par écrit dans le délai d'un mois (C. civ., art. 1855 - pour une illustration, v. Civ. 3e, 27 juin 2019, n° 18-17662, P+B+I).

Par ailleurs, les gérants doivent, au moins une fois dans l'année, rendre compte de leur gestion aux associés, cette reddition de compte devant comporter un rapport écrit d'ensemble sur l'activité de la société au cours de l'année ou de l'exercice écoulé comportant l'indication des bénéfices réalisés ou prévisibles et des pertes encourues ou prévues (C. civ., art. 1856). Ni le caractère familial de la société, ni le fait que les associés ne demandent pas de rapport au gérant ne dispensent celui-ci de son obligation de reddition des comptes (Com., 23 oct. 2019, n° 17-31653, *Rev. sociétés* 2020. 552, note G. Grundeler). Des obligations comptables accrues pèsent sur les sociétés civiles remplissant les conditions visées par les articles L. 612-1 et suivants du Code de commerce (visant les personnes morales de droit privé non commerçantes ayant une activité économique et dépassant certains seuils).

Plus largement, le bon exercice du droit de participer aux décisions collectives suppose que l'associé de société civile reçoive une information suffisante de la part du gérant.

2. *Droit de participer aux décisions collectives*

a. Majorité ou unanimité

551 Les décisions qui excèdent les pouvoirs reconnus aux gérants sont prises selon les dispositions statutaires, qui peuvent donc instituer un vote à la majorité. En l'absence de telles dispositions, c'est à l'unanimité des associés de la société civile que doivent être prises les décisions (C. civ., art. 1852).

b. Principe : décisions prises en assemblée

552 Les associés des sociétés civiles prennent en principe leurs décisions en assemblée (C. civ., art. 1853). Mais les décisions collectives peuvent revêtir deux autres modalités dans la société civile. L'article 1853 permet tout d'abord aux statuts de prévoir que la décision des associés peut résulter d'une consultation écrite. L'article 1854 dispose ensuite que les décisions peuvent résulter du consentement de tous les associés exprimé dans un acte, étant précisé qu'une déclaration fiscale n'est pas un acte au sens de l'article précité (Com. 12 juin 2012, n° 11-17.042, *Bull. civ. IV*, n° 122, *Bull. Joly* 2012. 721, note B. Dondero).

La règle de principe est donc que les décisions se prennent en assemblée. Cette modalité à la faveur du législateur, en ce qu'elle seule garantit une discussion entre les associés.

3. *Droit aux bénéfices*

553 Une question délicate est celle du droit des associés de recevoir tout ou partie du bénéfice de la société. Les textes ne disent pas grand-chose sur cette question, et fiscalement, lorsque le régime des sociétés de personnes s'applique, les bénéfices sont taxés du chef des associés, sans distinguer selon qu'ils sont distribués ou non. Il est tentant pour les associés de vouloir appréhender les sommes correspondantes dès la fin de l'exercice. Il est cependant nécessaire de faire décider par les associés cette distribution (v. en ce sens Civ. 1re, 10 sept 2015, n° 14-15572, *Dr. sociétés* 2015, comm. n° 194, note H. Hovasse, Com.13 sept. 2017, n° 16-13674, P+B+I).

Une autre question délicate tient au point de savoir si les pertes des exercices antérieurs doivent être apurées si l'on veut distribuer le bénéfice de l'exercice clos. Certains auteurs estiment que non, en l'absence d'une disposition légale spécifique

(D. Gallois-Cochet, *Brèves observations sur la distribution des dividendes dans les sociétés civiles*, Dr. sociétés 2016, étude n° 2, sp. n° 3). Il n'est cependant pas sûr que les sociétés civiles soient si éloignées que cela des sociétés commerciales.

4. Parts sociales

a. Cession

L'article 1861 du Code civil formule un principe : les parts sociales ne peuvent être cédées qu'avec l'agrément de tous les associés (al. 1er). Ce texte énonce ensuite un certain nombre de dérogations à ce principe (al. 2) : les statuts peuvent convenir que l'agrément sera obtenu à une majorité qu'ils déterminent, ou qu'il pourra être accordé par les gérants ; les statuts peuvent aussi dispenser d'agrément les cessions consenties à un associé ou à son conjoint ; les cessions à des ascendants ou descendants du cédant ne sont pas soumises à agrément sauf dispositions contraires des statuts. Quant à la forme à suivre (al. 3), le projet de cession et la demande d'agrément sont notifiés à la société et à chacun des associés, et seulement à la société quand les statuts prévoient que l'agrément peut être accordé par les gérants. 554 ■

Les articles 1862 à 1864 du Code civil déterminent quant à eux les conditions dans lesquelles les associés ou la société ou des tiers acquièrent les parts du cédant en cas de refus d'agrément. On retiendra surtout que les associés qui souhaitent acquérir ces parts sont, sauf clause ou convention contraire, réputés acquéreurs à proportion du nombre de parts qu'ils détenaient antérieurement. Si aucun associé ne se porte acquéreur, la société peut faire acquérir les parts par un tiers, ou procéder elle-même au rachat des parts en vue de leur annulation. En cas de contestation sur le prix, l'article 1843-4 s'applique, le cédant pouvant toujours choisir de conserver ses parts.

La question se pose de la sanction encourue en cas de défaut d'agrément. La sanction de nullité n'est pas expressément prévue par les textes, même si c'est cette sanction qui est suggérée lorsque l'article 1861 dispose que « les parts sociales ne peuvent être cédées qu'avec l'agrément de tous les associés ». La Cour de cassation a retenu, à propos des cessions de parts de SNC non agréées, une sanction d'inopposabilité (v. ss 631), mais elle ne s'est pas encore prononcée en matière de sociétés civiles. Elle a simplement précisé que le cessionnaire ne pouvait pas invoquer l'absence d'agrément pour solliciter l'annulation de la cession sans exclure pour autant que la nullité soit la sanction applicable (Com., 16 oct. 2019, n° 17-18494, *Rev. sociétés* 2020, note N. Jullian).

Quant à sa forme, la cession doit être constatée par un écrit (C. civ., art. 1865). Un formalisme plus lourd est cependant prévu pour les cessions entre époux associés d'une même société civile, qui doivent, pour être valables, résulter d'un acte notarié ou d'un acte sous seing privé ayant acquis date certaine autrement que par le décès du cédant (C. civ., art. 1861, al. 4). 555 ■

Précisons, au-delà de la seule question de la forme, que même si la société civile est propriétaire d'un ou plusieurs immeubles, la cession de tout ou partie des parts sociales de cette société ne se confond pas avec une vente d'immeuble. Simplement, des dispositions légales particulières peuvent rendre applicable telle ou telle règle relative à la vente d'immeuble à la cession des parts de la société propriétaire d'un immeuble (v. par ex. art. L. 213-1 s. C. urbanisme, définissant notamment le champ d'application du droit de préemption urbain des communes).

556 Aux termes de l'article 1865 du Code civil, la cession est rendue *opposable à la société* dans les formes prévues à l'article 1690. Notons que si depuis l'ordonnance n° 2016-131 du 10 février 2016, l'opposabilité de la cession de créances de droit commun n'est plus soumise à la réalisation d'une notification par huissier ou d'une acceptation par acte authentique, les cessions de parts sociales demeurent en revanche soumises à ces exigences. Un allégement est cependant admis par le texte, qui autorise les statuts à prévoir que la cession est rendue opposable à la société par transfert sur les registres de celle-ci.

557 La cession est rendue *opposable aux tiers* après accomplissement de ces formalités et après publication au registre du commerce et des sociétés, ce dépôt pouvant être effectué par voie électronique, ainsi que le précise la loi Soilihi du 19 juillet 2019. La jurisprudence a cependant admis des solutions contraires à la lettre de l'article 1865. Il a ainsi été jugé que la cession était opposable à la société, même si les formalités de l'art. 1690 du Code civil n'avaient pas été effectuées, dès lors que la société avait accepté la cession de manière non équivoque (Civ. 1re, 19 sept. 2007, *Bull. civ.* I, n° 276 ; *Bull. Joly* 2008. 35, note P. Le Cannu). Il a également été jugé qu'une cession de parts était opposable aux tiers même si l'acte de cession n'avait pas été déposé au greffe du tribunal de commerce, dès lors que les statuts mis à jour constatant cette cession avaient été publiés (Com. 18 déc. 2007, *Bull. civ.* IV, n° 271 ; *Dr. sociétés* 2008, n° 96, note R. Mortier).

b. Nantissement

558 Les articles 1866 à 1868 du Code civil règlent la question du nantissement des droits des associés. Ce nantissement, qui peut être soumis à agrément (art. 1867) donne lieu à une publicité impliquant un dépôt en annexe au registre du commerce et des sociétés (C. civ., art. 1866 et Décr. du 3 juill. 1978, art. 53). La jurisprudence a eu l'occasion de préciser que cette publicité ne concernait pas les sociétés civiles anciennes, n'ayant pas fait l'objet d'une immatriculation au registre du commerce et des sociétés (Com. 3 juin 2008, *Bull. civ.* IV, n° 114 ; *Rev. sociétés* 2009. 113, note B. Dondero).

c. Retrait

559 Le retrait est une institution particulière, qui permet à un associé, lorsque la loi ou les statuts le prévoient, de quitter la société en se faisant rembourser ses droits sociaux. L'article 1869 du Code civil prévoit un droit de retrait dans la société civile, par l'exercice duquel tout associé peut se retirer totalement ou partiellement de la société, dans les conditions prévues par les statuts ou, à défaut, après autorisation donnée par une décision unanime des autres associés. Le retrait peut également être autorisé pour justes motifs par une décision de justice (pour un cas de juste motif, en présence d'un conflit entre associés en instance de divorce, v. Civ. 3e, 17 déc. 2008, *Dr. sociétés* 2009, n° 48, note R. Mortier ; v. également Civ. 3e, 20 mars 2013, n° 11-26.124, *JCP E* 2013. 1243, note A. Viandier, indiquant que le « comportement très agressif » d'une associée pourrait faire partie des justes motifs). Les statuts sont libres de prévoir un ordre entre le retrait « amiable » et le retrait judiciaire (Com. 20 mars 2007, *Bull. civ.* IV, n° 98 ; *JCP E* 2007. 1877, §11, obs. J.-J. Caussain, F. Deboissy et G. Wicker). La liquidation de la société paralyse cependant le retrait (Com. 12 févr. 2013, n° 12-13.837, *Bull.* IV, n° 24 ; *Bull. Joly* 2013. 245, note F.-X. Lucas). Il faut enfin

ajouter que le retrait est une faculté strictement personnelle, qui ne saurait être exercée par voie oblique par un créancier (Com. 4 déc. 2012, n° 11-14.592, *Bull. IV*, n° 222 ; *JCP E* 2013. 1150, note Ch. Lebel ; *D.* 2013. 751, note J. Moury).

Il a été jugé que la perte de la qualité d'associé ne peut être antérieure au remboursement des droits sociaux (Com. 17 juin 2008, 2 arrêts, *Bull. civ.* IV, n° 125 et 126 ; *D.* 2008. AJ 1818, obs. A. Lienhard). Par conséquent, l'associé peut exercer tous les droits attachés à cette qualité tant que le remboursement n'est pas intervenu. La solution se complique encore un peu plus dans certaines sociétés civiles professionnelles, où des textes réglementaires retardent encore la perte du droit aux bénéfices. Ainsi, dans les sociétés d'huissiers ou de notaires, c'est seulement la publication d'un arrêté constatant le retrait qui met fin à ce droit de l'associé (pour une application, v. Civ. 1re, 28 oct. 2010, *Bull. civ. I*, n° 214 ; *Bull. Joly* 2011. 21, note D. Gallois-Cochet). Il a par ailleurs été précisé que, dans les sociétés civiles professionnelles, des conventions particulières pouvaient déroger à la règle de principe selon laquelle l'associé retrayant conserve ses droits patrimoniaux tant qu'il n'a pas obtenu le remboursement intégral de ses parts sociales (Civ. 1re, 8 janv. 2020, n° 17-13863, P+B+I, *Rev. sociétés* 2020. 241, note J.-F. Barbièri).

L'associé retrayant peut enfin obtenir que lui soient attribués les biens qu'il a apportés lorsque ces biens se retrouvent en nature dans l'actif social, a-t-il été jugé par la Cour de cassation (Civ. 3e, 12 mai 2010, *Bull. civ.* III, n° 94 ; *Rev. sociétés* 2010. 384, note J.-F. Barbièri). C'est là l'application de l'article 1844-9, alinéa 3 du Code civil, auquel renvoie l'article 1869, mais la solution est critiquée en ce qu'elle met en péril l'existence de la société.

Une forme de retrait obligatoire est par ailleurs prévue par l'article 1860 du Code civil. Aux termes de ce texte, il est procédé, dans les conditions énoncées à l'article 1843-4, au remboursement des droits sociaux de l'intéressé, lequel perdra alors la qualité d'associé, en cas de déconfiture (c'est-à-dire de « faillite » non encore déclarée), de faillite personnelle, ou de procédure collective atteignant l'un des associés, à moins que les autres associés ne décident à l'unanimité de dissoudre la société par anticipation ou que cette dissolution ne soit prévue par les statuts. Ce retrait est proche d'une exclusion, que les statuts d'une société civile pourraient d'ailleurs prévoir (Com. 20 mars 2012, n° 11-10.855, *Bull. civ. IV*, n° 60, *JCP E* 2012. 1310, note R. Mortier, jugeant que le pouvoir de décider l'exclusion peut être conféré au gérant). Il a été précisé que la perte de la qualité d'associé ne pouvait être antérieure au remboursement de la valeur des droits sociaux (Com. 27 juin 2018, n° 16-18687, *Bull.* IV, n° 76 ; *JCP E* 2018, 1574, note Ch. Lebel). 560 ■

5. *Obligation aux dettes sociales*

Hormis les obligations classiques, auxquelles sont tenus tous les associés (apports, respect de l'intérêt social, etc.), les associés de société civile sont tenus des dettes sociales, mais sans solidarité, contrairement aux associés de la SNC. Cette exclusion de la solidarité n'est cependant pas de l'essence de la société civile. Pendant longtemps, les associés des sociétés civiles professionnelles ont été soumis à une obligation indéfinie et solidaire aux dettes sociales (L. du 29 nov. 1966, art. 15). Cette solidarité a toutefois été supprimée dernièrement par la loi de modernisation des professions judiciaires ou juridiques et certaines professions réglementées (sic, L. n° 2011-331 du 28 mars 2011). 561 ■

a. Principe

562 Dans le régime général de la société civile, les associés répondent indéfiniment à l'égard des tiers des dettes sociales, à proportion de leur part dans le capital social à la date de l'exigibilité ou au jour de la cessation des paiements (C. civ., art. 1857). Cela signifie que les associés d'une société civile qui ne règle pas, par exemple, une créance d'un montant d'un million d'euros peuvent se voir réclamer l'intégralité de la dette impayée (parce que leur engagement est « indéfini »). Chaque associé ne peut cependant se voir réclamer qu'une fraction de la dette, en proportion de sa part dans le capital ou, s'agissant de l'apporteur en industrie, comme celui dont la participation dans le capital social est la plus faible. Ainsi, celui qui détient 20 % du capital ne pourra-t-il être poursuivi que pour 200 000 euros dans notre exemple.

Parce que l'étendue de l'obligation s'apprécie au jour de l'exigibilité de la dette ou de la cessation des paiements, l'associé qui quitterait la société avant que l'un ou l'autre de ces événements ne surviennent échapperait aux poursuites du créancier. Ainsi, si une banque consent un prêt à une société civile, elle n'a aucune garantie que les associés qui sont présents au jour de la signature pourront être appelés en garantie lorsque la dette sera devenue exigible. Il est dès lors important que les créanciers obtiennent des associés des engagements supplémentaires, comme celui de se porter caution des dettes de la société. Le bon côté des choses, pour les créanciers, c'est que des associés qui ont acquis cette qualité postérieurement à la naissance de la dette sociale mais antérieurement à son exigibilité seront garants du paiement de cette dette (v. ainsi Com. 13 avr. 2010, *Bull. civ.* IV, n° 80 ; *Bull. Joly* 2010. 826, note J.-P. Garçon).

Une précision importante a été apportée par la Cour de cassation quant à la portée de l'obligation aux dettes sociales : celle-ci ne vaudrait pas à l'égard des associés de la société civile, en ce qu'ils ne sont pas des tiers. La solution surprend quelque peu, car à part la lettre du texte de l'article 1857, qui vise effectivement les « tiers », on peine à comprendre en quoi l'associé qui est également créancier de la société (par ex. à la suite d'un versement en compte courant) devrait être traité différemment des autres créanciers sociaux (Com. 3 mai 2012, n° 11-14.844, *Bull. civ. IV*, n° 91 ; *Bull. Joly* 2012. 571, note J.-F. Barbièri ; *JCP E* 2012. 1437, note A. Couret et B. Dondero ; Civ. 3e, 4 mars 2021, n° 19-11255, *BJS* juin 2021. 25, note B. Saintourens).

b. Conditions

563 C'est l'article 1858 du Code civil qui pose les conditions de l'action contre les associés. La question du respect de ces conditions est fréquemment soumise à la Cour de cassation : « Les créanciers ne peuvent poursuivre le paiement des dettes sociales contre un associé qu'après avoir préalablement et vainement poursuivi la personne morale ».

Cela suppose que la créance détenue contre la société ne soit pas prescrite (Com. 13 oct. 2015, n° 11-20746, *Bull.* IV, n° 146 ; *Dr. sociétés* 2015, comm. n° 211, note H. Hovasse).

Cela signifie surtout que les créanciers doivent démontrer que la poursuite de la société ne peut aboutir à leur paiement car elle n'a pas les actifs suffisants. Pour la jurisprudence, cela veut dire que le créancier doit avoir fait une mesure d'exécution infructueuse contre la société. La clôture de la liquidation dispense cependant le créancier d'établir que les actifs de la société civile sont insuffisants pour le désintéresser, ce qui lui permet de poursuivre directement les associés (Civ. 3e, 10 févr. 2010, *Bull. civ.* III, n° 42 ; *D.* 2010. 504).

Ce régime qui restreint les droits des créanciers est parfois remplacé, dans certaines sociétés soumises à un régime spécial, par des règles plus expéditives. Ainsi, la société civile ayant pour objet la construction d'immeubles en vue de leur vente voit-elle ses associés susceptibles de poursuites après une simple mise en demeure restée infructueuse (CCH, art. L. 211-2, al. 2 – mais les dispositions réglementaires ne fournissent pas de délai compté en jours sur le sens à donner à cette expression).

La situation est plus délicate lorsque la société civile est en procédure collective, car le créancier n'est alors plus en mesure de faire de mesures d'exécution individuelles, celles-ci étant paralysées par la procédure. Dans cette hypothèse, la jurisprudence se contentait dans un premier temps de la démonstration de ce que le patrimoine social était insuffisant, sans qu'il faille nécessairement attendre pour cela la clôture de la procédure (Civ. 3e, 6 janv. 1999, *Bull. civ.* III, n° 5; *RTD com.* 1999. 452, obs. M.-H. Monsèrié-Bon). Il a été jugé dans un second temps, différemment, que la déclaration de la créance faite à la procédure de liquidation judiciaire de la société dispensait le créancier d'établir que le patrimoine social était insuffisant pour le désintéresser (Ch. mixte, 18 mai 2007, *Bull. civ.*, n° 4; *JCP* 2007. II. 10128, note J.-P. Legros). La solution a le mérite de la simplicité, mais privilégie de manière sans doute excessive les droits des créanciers sur ceux des associés, qui devront systématiquement payer les dettes de la société, alors que l'issue de la procédure collective de celle-ci ne sera pas encore établie. La question demeure en outre ouverte s'agissant du cas où la société civile est soumise à une procédure de redressement ou de sauvegarde. S'agissant de la SNC, la jurisprudence se contente d'une déclaration de créance à la procédure collective de la société (redressement ou liquidation judiciaire) pour permettre les poursuites contre les associés en nom, mais la situation des associés de société civile n'est pas identique, et la solution pourrait ne pas leur être transposable (v. en ce sens A. Cerati-Gauthier, « Poursuites d'un associé par un créancier social », *JCP E* 2007. 2157, spéc. n° 11). 564 ■

Il a été par ailleurs précisé que l'action en garantie contre les associés de la société civile était une action que les associés pouvaient exercer individuellement, même après l'ouverture d'une procédure collective contre la société. Cette action ne peut être exercée par les organes de la procédure collective (Com. 24 janv. 2006, *Bull. civ.* IV, n° 17; *Bull. Joly* 2006. 588, note J.-J. Daigre). 565 ■

Parce que les associés sont tenus de payer si la société ne le fait pas, ils ont un intérêt à contester la décision condamnant la société à payer. En réalité, ils auraient un intérêt à contester la décision même s'ils n'étaient pas tenus des dettes sociales, dès lors que c'est sur les sommes qu'ils ont apportées à la société que les créanciers vont (aussi) se payer. Cette contestation émanant de tiers à la personne morale condamnée se fait par une voie de recours particulière, qui est la *tierce opposition*. Simplement, pour exercer la tierce opposition, il faut, par application de l'article 583 du Code de procédure civile, n'avoir été « ni partie ni [représenté] au jugement » attaqué. Or la jurisprudence a interprété la notion de représentation de manière très large, ne la limitant pas aux seules hypothèses du mandat et de la représentation légale. La voie de la tierce opposition était donc fermée aux associés qui voulaient contester une décision rendue à l'encontre de la société, puisqu'ils étaient censés avoir été représentés par la société (v. par ex. Com. 23 mai 2006, *Bull. Joly* 2006. 1173, note J.- 566 ■

F. Barbièri). Cette solution a cependant été remise en cause par la jurisprudence postérieure. Initialement, on pouvait penser que cette évolution ne concernait que le cas où la société civile faisait l'objet d'une procédure collective, et plus particulièrement d'une procédure collective ouverte avant le 1er janvier 2006 et non soumise à la loi du 26 juillet 2005, loi de sauvegarde des entreprises. Cette loi a mis fin à une particularité, qui tenait à ce que l'ouverture d'une liquidation judiciaire, par la dissolution de la société qu'elle entraînait, mettait fin aux pouvoirs des dirigeants en place. La solution édictée par la Cour de cassation, et ouvrant aux associés des sociétés à responsabilité illimitée la voie de la tierce opposition (Com. 19 déc. 2006, *Bull. civ.* IV, n° 254 ; *JCP E* 2007. 1877, §9, obs. J.-J. Caussain, F. Deboissy et G. Wicker), pouvait apparaître justifiée par l'incapacité d'agir de la société mise en liquidation. Cette analyse est cependant remise en cause par la jurisprudence postérieure, qui a vu la Cour de cassation admettre la recevabilité de la tierce opposition au jugement qui avait fixé une créance dans une instance engagée contre la société civile, alors que la société était défendue par un liquidateur judiciaire (Com. 26 mai 2010, *JCP E* 2010. 1861, note R. Perrot), et même alors que la société était *in bonis* (Civ. 3e, 6 oct. 2010, *Bull. civ. III*, n° 180 ; *Bull. Joly* 2011. 121, note F.-X. Lucas). Il faut cependant, conformément à l'article 583 du Code de procédure civile, que la décision contestée par les associés ait été rendue en fraude de leurs droits ou qu'ils invoquent des moyens qui leur sont personnels (Civ. 3e, 23 sept. 2020, n° 19-16643, *Dr. Sociétés* 2020, comm. n° 143, note H. Hovasse).

§ 3 La dissolution de la société civile

A. Dissolution

1. *Causes de dissolution*

567 La société civile connaît des causes de dissolution applicables à toutes les sociétés, et également des causes de dissolution spécifiques. Notons que les fusions de sociétés civiles, qui ne sont pas soumises à un régime particulier, font l'objet d'une mesure de simplification avec la loi Soilihi, qui permet que les associés de la société civile absorbante ne soient pas consultés lorsque leur société détient 90 % ou plus des parts de l'absorbée, sauf demande émanant d'associés détenant au moins 5 % du capital social (art. 1854-1 nouveau).

La société n'est en principe pas dissoute par le décès d'un associé, mais continue avec ses héritiers ou légataires, sauf à prévoir dans les statuts que ceux-ci doivent être agréés par les associés (C. civ., art. 1870). Il peut cependant être convenu que le décès d'un associé entraînera la dissolution de la société ou que celle-ci continuera avec les seuls associés survivants. Il peut également être convenu que la société continuera soit avec le conjoint survivant, soit avec un ou plusieurs des héritiers, soit avec toute autre personne désignée par les statuts ou, si ceux-ci l'autorisent, par disposition testamentaire. Enfin, sauf clause contraire des statuts, lorsque la succession est dévolue à une personne morale, celle-ci ne peut devenir associée qu'avec l'agrément des autres associés, donné selon les conditions statutaires ou, à défaut, par l'accord unanime des associés.

Les héritiers ou légataires qui ne deviennent pas associés n'ont droit qu'à la valeur des parts sociales de leur auteur, étant précisé qu'ils ne sont pas tenus, pour être payés de cette valeur, de présenter un projet de cession (Com. 29 sept. 2009, *Bull. civ.* IV, n° 119 ; *Rev. sociétés* 2010. 42, note B. Saintourens). Cette valeur doit leur être payée par les nouveaux titulaires des parts ou par la société elle-même si celle-ci les a rachetées en vue de leur annulation. La valeur de ces droits sociaux est déterminée au jour du décès dans les conditions prévues à l'article 1843-4 (art. 1870-1). L'héritier en attente d'agrément, qui n'est pas encore associé, ne peut prétendre percevoir des dividendes tant qu'il n'a pas été agréé (Civ. 1re, 2 sept. 2020, n° 2020-012468, *Bull.* ; *Dr. Sociétés* 2021, comm. n° 1, note R. Mortier). Le régime propre aux sociétés civiles professionnelles dispose en revanche que pendant la période qui précède leur sortie de la société, les héritiers qui n'acquièrent pas la qualité d'associé conservent en principe vocation à la répartition des bénéfices, et ce tant que les parts de l'associé décédé n'ont pas été cédées ou rachetées (L. 29 nov. 1966, art. 24 et Civ. 1re, 12 juill. 2012, n° 11-18.453, *Bull. civ. I*, n° 172).

2. *Publication de la dissolution*

Cette publication a un effet important, puisque les actions contre les associés non liquidateurs ou leurs héritiers et ayants cause se prescrivent par cinq ans à compter de sa date (C. civ., art. 1859). Il doit être précisé que le délai court pour tous les créanciers, y compris ceux qui n'ont pas encore de titre (Com. 13 déc. 2011, n° 11-10.008, *Bull. civ. IV*, n° 211 ; *Bull. Joly* 2012. 216, note L. Camensuli-Feuillard), mais que le point de départ est reporté lorsque les créanciers se trouvent dans l'impossibilité d'agir contre la société avant d'engager des poursuites contre les associés (Com. 26 oct. 2010, n° 09-68.928, *Bull.* IV, n° 159). **568**

B. Liquidation

La liquidation de la société civile prend effet dans les conditions prévues par l'article 1844-8 du Code civil et, s'agissant du partage, par l'article 1844-9. On pourra s'étonner du petit nombre de dispositions qui encadrent la liquidation de la société civile, par comparaison avec le régime prévu pour les sociétés commerciales (v. ss chapitre 8). On observera toutefois que l'article 1844-8 édicte les principes fondamentaux de la liquidation (intervention d'un liquidateur, survie de la personnalité morale de la société en liquidation), et que le régime de la société civile en liquidation a fait l'objet de quelques précisions aux mains des juges. **569**

section **2**

Les régimes spéciaux

Les secteurs privilégiés d'intervention des sociétés civiles sont donc l'immobilier, les professions libérales et les professions réglementées, et l'agriculture. Chacun de ces secteurs a vu naître des régimes spéciaux, adaptant la société civile de droit commun au champ d'activité concerné. On ne fera qu'évoquer ici les plus importantes de ces formes spéciales de sociétés civiles. **570**

§ 1 L'immobilier

571 La société civile immobilière (SCI) n'existe pas en tant que forme juridique autonome. Celle que l'on désigne aussi sous le vocable « société immobilière de gestion » est en réalité une société civile de droit commun, pour laquelle un certain nombre de règles fiscales prévoient quelques solutions particulières. La jurisprudence utilise souvent le sigle « SCI », ceci dit, même lorsque c'est le régime juridique de la société qui est en cause. Le législateur a par ailleurs créé un certain nombre de régimes spécifiques, destinés à des sociétés civiles intervenant dans le secteur immobilier selon des modalités particulières.

A. Choix du recours à une SCI

1. *Avantages du recours à une société*

572 En synthèse, les avantages de la constitution d'une SCI sont :

– la séparation de l'immeuble des autres biens des associés, l'immeuble se trouvant placé dans un patrimoine autonome. Ceci explique que la SCI soit beaucoup utilisée dans le monde des affaires, pour placer l'immeuble où l'entreprise est exploitée hors d'atteinte des créanciers de la société commerciale d'exploitation ;

– la possibilité pour les associés de céder leurs parts de manière très simple. La propriété de l'immeuble peut donc être fractionnée, plus aisément que dans le système rigide de l'indivision ;

– le recours à une forme sociale souple, avec peu de règles contraignantes.

On ajoutera que du point de vue fiscal, l'orientation du droit est à la *neutralité*. En somme, le contribuable doit être traité de manière identique indifféremment du fait qu'il est propriétaire d'un immeuble « en direct » ou qu'il est associé d'une SCI.

2. *Inconvénients du recours à une société*

573 Outre le fait que les associés sont garants des dettes sociales (v. ci-dessus), une faiblesse de la SCI tient au fait que le recours à cette forme sociale est occasionnellement remis en cause par les tiers, au premier rang desquels figure l'administration fiscale.

On rencontre assez fréquemment des sociétés qui ont reçu en *apport la nue-propriété d'un immeuble*, ce qui se justifiait par une raison essentiellement fiscale. Une des opérations courantes de gestion du patrimoine consiste pour le propriétaire d'un immeuble à faire une donation à ses enfants avec réserve d'usufruit. La donation de la nue-propriété donne lieu à imposition, au titre de droits d'enregistrement. Or pendant longtemps, le barème de l'administration fiscale, qui datait du début du XXe siècle, n'avait pas été mis à jour, et ne prenait pas en compte l'allongement de la durée de vie de l'usufruitier. La seule nue-propriété était donc considérée comme ayant une grande valeur, une plus grande valeur qu'elle n'en avait en réalité, puisqu'elle prenait en compte un usufruitier qui allait mourir rapidement sans tenir compte de l'allongement de la durée de vie. La loi de finances pour 2004 a réactualisé ce barème (CGI, art. 669). Avant cela, l'un des moyens pour éviter d'être trop imposé consistait à faire apport de la nue-propriété à une SCI, suivi d'une donation-partage des parts à ses enfants. La valeur des parts était alors appréciée au regard de leur valeur économique, et non plus du barème non réactualisé. Lorsque les usufruitiers mouraient, la pleine propriété de l'immeuble était reconstituée sur la tête de la SCI, sans supplément de droits (CGI, art. 1133).

Ce montage a été combattu devant les tribunaux par l'administration fiscale. Les arguments invoqués sont la fictivité de la société (mais si l'on réfléchit, la société peut avoir pour but la réalisation d'une économie, et celle-ci pourrait être aussi fiscale !), soit le but exclusivement fiscal de l'opération. La jurisprudence recherche au cas par cas quelle était l'intention des parties, et condamne la société civile immobilière dont la finalité était exclusivement fiscale. La SCI qui a pour utilité de garantir le maintien du bien dans le patrimoine familial, en lui donnant un cadre juridique précis et organisé, et en évitant les inconvénients résultant du régime de l'indivision, est ainsi vue favorablement (v. en ce sens Com. 1er nov. 2008, n° 07-19.870).

B. Les formes sociales

On ne fera qu'évoquer les formes spéciales de sociétés civiles du secteur immobilier, qui sont fort diverses. 574 ■

Parmi elles figure la société civile de placement immobilier (SCPI), régie par des dispositions du Code monétaire et financier (C. mon. fin., art. L. 214-50 s. et R. 214-116 s.), et qui présente le trait remarquable de pouvoir offrir ses parts sociales au public (C. mon. fin., art. L. 214-51).

On relèvera encore l'existence de règles spécifiques aux sociétés civiles de construction en vue de la vente (CCH, art. L. 211-1 s. et R. 211-1 s.) et aux sociétés civiles constituées en vue de l'attribution d'immeubles à leurs associés par fractions divises (CCH, art. L. 212-1 s.).

§ 2 Les professions

Il est fréquent qu'une société civile soit le cadre juridique de l'exercice d'une profession ou de l'utilisation des moyens de l'exercice de cette profession. Il convient à ce titre de distinguer les sociétés d'exercice des sociétés de moyens. 575 ■

A. Sociétés civiles d'exercice

Un statut envisageable pour l'exercice d'une profession libérale soumise à un statut législatif ou réglementaire ou dont le titre est protégé est celui mis en place par la loi n° 66-879 du 29 novembre 1966, relatif aux sociétés civiles professionnelles (SCP). Le statut de ces sociétés, tel qu'il est défini par la loi, n'est cependant pas autonome, en ce qu'il suppose, pour chaque profession, qu'un décret soit pris après avis des organismes représentatifs de la profession concernée (art. 1er). Différents décrets régissent ainsi l'exercice en SCP des professions d'avocat, de notaire, d'huissier de justice, d'expert-comptable, de commissaire aux comptes, de médecin et de chirurgien-dentiste, etc. 576 ■

En synthèse, ces sociétés sont en principe constituées uniquement de personnes pouvant exercer la profession considérée (art. 3). La société a, depuis la loi du 28 mars 2011, une dénomination sociale librement choisie (L. 29 nov. 1966, art. 8). Antérieurement, elle devait se doter d'une raison sociale constituée des noms, qualifications et titres professionnels de tous les associés ou de certains d'entre eux seulement (suivis alors des mots « et autres »), ainsi que, dans une certaine limite, du nom d'un ou plusieurs anciens associés, tant qu'existe, parmi les associés en place, une personne au moins ayant exercé la profession au sein de la société avec l'ancien associé. Les associés répondent indéfiniment des dettes sociales à l'égard des tiers (art. 15), mais sans solidarité depuis l'intervention de la loi du 28 mars 2011 (v. ss 561). Enfin, si chaque associé répond sur l'ensemble de son patrimoine des actes professionnels qu'il accomplit, la société est solidairement responsable avec lui des conséquences dommageables de ces actes (art. 16). Le tiers auquel un acte professionnel d'un associé a causé un dommage peut donc agir indifféremment contre la société, contre l'associé, ou contre les deux (Civ. 1re, 30 sept. 2010, *Bull. civ.* I, n° 181 ; *Bull. Joly* 2010. 987, note B. Dondero ; 8 mars 2012, n° 11-14.811, *Bull. civ. I*, n° 50 ; *Gaz. Pal.* 12 mai 2012. 30, note B. Dondero).

B. Sociétés civiles de moyens

577 Ces sociétés permettent aux membres de professions libérales de mettre en commun les moyens utiles à l'exercice de leurs professions (L. du 29 nov. 1966, art. 36). L'emploi du pluriel par le texte laisse entendre que la société civile de moyens (SCM) peut réunir des membres de professions différentes. La société ne peut en revanche se livrer elle-même à l'exercice d'une profession. Elle apparaît proche par son objet d'un GIE (v. ss chapitre 15).

§ 3 L'agriculture

578 Les sociétés civiles connaissent un dernier secteur d'utilisation très important avec l'agriculture. On mettra de côté les sociétés coopératives agricoles et leurs unions, qui forment une catégorie spéciale de sociétés, distinctes des sociétés civiles et des sociétés commerciales (C. rur., art. L. 521-1, al. 2). Les sociétés civiles spéciales du monde agricole sont notamment les groupements fonciers agricoles et les groupements fonciers ruraux (régis par les art. L. 322-1 s. C. rural), les groupements agricoles d'exploitation en commun (GAEC, régis par les art. L. 323-1 s. et R. 323-1 s. du C. rur.) et l'exploitation agricole à responsabilité limitée (C. rur., art. L. 324-1 s., D. 324-2 et R. 324-3).

Compléments pédagogiques

Mémo

La *société civile* connaît un régime général auquel peuvent se superposer différents régimes spéciaux.

Selon le régime général, la constitution est soumise à peu de conditions. Ce sont essentiellement les conditions de droit commun qu'il convient de respecter. La société civile devra surtout être dotée d'un objet social civil. Elle devra par ailleurs être immatriculée au *registre du commerce et des sociétés* pour bénéficier de la personnalité morale.

Ses règles de fonctionnement sont simples. Un *gérant* est nommé, qui peut engager la société dans les limites qui lui sont assignées par les statuts ou par l'intérêt social (à l'égard des associés) et dans celles posées par l'objet social (à l'égard des tiers).

Les décisions dépassant les pouvoirs du gérant sont autorisées par les associés, statuant à l'unanimité ou à la majorité, si les statuts le prévoient.

La *cession des parts sociales* est par principe soumise à l'agrément des autres associés, du fait de l'importance attachée à la personnalité des associés dans cette forme sociale.

Cette importance s'explique surtout par *l'obligation aux dettes sociales* qui pèse sur l'associé de société civile, obligation indéfinie et conjointe (à proportion de sa participation dans le capital social, ou de celui ayant fait la participation la plus faible s'agissant de l'apporteur en industrie).

La société civile peut également être soumise à un *régime spécial*. Ceux-ci sont nombreux, et se rencontrent essentiellement dans les secteurs privilégiés d'intervention des sociétés civiles : immobilier, professions, agriculture.

Quid

■ Montage n° 531

Terme, à la connotation quelque peu péjorative, qui désigne l'organisation reposant sur le recours à une ou plusieurs sociétés, destiné à tirer parti des avantages juridiques et fiscaux de chacune des formes sociales concernées.

Document

Article L. 612-5 du Code de commerce

« Le représentant légal ou, s'il en existe un, le commissaire aux comptes d'une personne morale de droit privé non commerçante ayant une activité économique ou d'une association visée à l'article L. 612-4 du Code de commerce présente à l'organe délibérant ou, en l'absence d'organe délibérant, joint aux documents communiqués aux adhérents un rapport sur les conventions passées directement ou par personne interposée entre la personne morale et l'un de ses administrateurs ou l'une des personnes assurant un rôle de mandataire social.

Il est de même des conventions passées entre cette personne morale et une autre personne morale dont un associé indéfiniment responsable, un gérant, un administrateur, le directeur général, un directeur général délégué, un membre du directoire ou du conseil de surveillance, un actionnaire disposant d'une fraction des droits de vote supérieure à 10 % est simultanément administrateur ou assure un rôle de mandataire social de ladite personne morale.

L'organe délibérant statue sur ce rapport.

Un décret en Conseil d'État précise les conditions dans lesquelles le rapport est établi.

Une convention non approuvée produit néanmoins ses effets. Les conséquences préjudiciables à la personne morale résultant d'une telle convention peuvent être mises à la charge, individuellement ou solidairement selon le cas, de l'administrateur ou de la personne assurant le rôle de mandataire social.

Les dispositions du présent article ne sont pas applicables aux conventions courantes conclues à des conditions normales qui, en raison de leur objet ou de leurs implications financières, ne sont significatives pour aucune des parties. »

⇨ *Paradoxalement, ce texte figure dans le Code de commerce, alors qu'il est applicable aux personnes morales de droit privé non commerçantes. Cela n'est assurément pas d'une bonne méthode de présentation des institutions juridiques : on peut penser que celui qui cherche les normes applicables aux sociétés civiles ne feuillette pas le Code de commerce. La raison de cette insertion dans le Code de commerce tient à ce que celui-ci réunit les dispositions relatives aux difficultés des entreprises. Or l'article L. 612-5 résulte d'une loi de 1984 sur la prévention de ces difficultés. Ce texte n'a été modifié qu'une fois, par l'ordonnance n° 2008-1345 du 18 décembre 2008, réformant le droit des entreprises en difficulté.*

⇨ *Il mérite d'être connu, car il dote les personnes morales de droit privé non commerçantes ayant une activité économique d'un dispositif de contrôle des conventions conclues par la personne morale avec son dirigeant ou une société dont le dirigeant ou l'associé (sous certaines conditions) est simultanément dirigeant de la société.*

Biblio

– G. Baranger, « L'immatriculation des sociétés civiles anciennes », *Defrénois* 2002. 158.
– P. Bonduelle, La rédaction des statuts de sociétés civile, *JCP N* 2008, 1349.
– M. Cozian, « Les charmes discrets des sociétés civiles immobilières », *RJ com.* 1992. 229.
– M. Cozian, « Du bon usage des sociétés civiles immobilières », *D.* 1994. Chron. 199.
– G. Daublon, « Le domaine des sociétés civiles », *Defrénois* 1982. 937.
– J. Delgado, « Réflexions sur les sociétés civiles face au mineur », *JCP N* 1995. I. 601.

– J. Dupichot, « De la délicate sortie de clandestinité des sociétés civiles créées avant la loi de 1978 », *Gaz. Pal.* 2002. 55.
– C. Félix, « Réduction du capital et retrait d'associé dans les sociétés civiles », *JCP N* 1993. I. 111.
– D. Gallois-Cochet, « Brèves observations sur la distribution des dividendes dans les sociétés civiles », *Dr. sociétés*, 2016, étude n° 2.
– J. Guyénot, « La réforme des sociétés par la loi n° 78-9 du 4 janvier 1978. Métamorphoses du régime juridique des sociétés civiles par les articles 1845 à 1870-1 nouveaux du Code civil », *Gaz. Pal.* 1978. 1. Doctr. 337.
– B. Mercadal, « Le critère de distinction des sociétés civiles et commerciales », *RTD com.* 1982. 511.
– E. Sallé de La Marnierre, « La réforme des sociétés civiles par la loi du 4 janvier 1978 », *Journ. not. et av.* 1978. 315 ; *ibid.* 1299.
– M. Storck, S. Fagot et Th. De Ravel d'Esclapon, La gouvernance des sociétés civiles, *JCP N* 2020, 1272.
– H. Verthoud-Ribaute, « Le sort de la société civile immobilière dans la procédure collective », *RTD com.* 2003. 259.
– P. Walet, « La réforme de la législation des sociétés civiles », *Bull. Joly* 1978. 222.
– P. Walet, « Le retrait judiciaire d'un associé d'une société civile pour justes motifs », *Bull. Joly* 1985. 597.

Quiz

1) Sujet corrigé

Tests de compréhension

Énoncé

1. M. LOKI souhaite constituer une société civile de droit commun, mais il n'a que peu d'argent, et compte réaliser un apport en industrie. Son projet est-il réalisable en l'état ?

a. Oui, la société civile pouvant se constituer sans qu'un capital minimum doive être réuni par les associés.

b. Oui, la société civile pouvant se constituer sans qu'un capital minimum doive être réuni par les associés, mais il faudra tout de même réaliser un apport en numéraire d'au moins un euro.

c. Oui, la société civile pouvant se constituer sans qu'un capital minimum doive être réuni par les associés, mais il faudra tout de même réaliser un apport en numéraire d'au moins un euro, et M. LOKI devra trouver un autre associé.

d. Non, M. LOKI ne peut pas constituer une société civile sans réunir au moins 1 000 euros de capital.

2. M. RONAN a pour débiteur une SARL, et il souhaite que sa créance soit garantie par un cautionnement. On lui propose que ce cautionnement soit fourni par une société civile. Ce cautionnement est-il possible ?

a. Oui, si l'objet de la société civile mentionne les actes de cautionnement, ou si celui-ci a été autorisé à l'unanimité par les associés.

b. Oui, si l'objet de la société civile mentionne les actes de cautionnement, si celui-ci a été autorisé à l'unanimité par les associés, ou si une communauté d'intérêts lie la société civile à la société cautionnée, et si le cautionnement est conforme à l'intérêt de la société.

c. Oui, si l'objet de la société civile mentionne les actes de cautionnement, si celui-ci a été autorisé par tous les gérants, ou si une communauté d'intérêts lie la société civile à la société cautionnée, et si le cautionnement est conforme à l'intérêt de la société.

d. Non, une société civile ne peut jamais être caution des dettes d'un tiers, car cela n'est pas conforme à son intérêt social.

3. M. PUG, associé de la société RUN, une société civile de droit commun, souhaite céder ses parts à un ami proche, M. SOUBE, qui n'est pas encore associé. L'agrément des autres associés est-il requis ?

a. Oui, en toute hypothèse.

b. Oui, mais seulement si les statuts le prévoient.

c. Oui, sauf si M. SOUBE est l'ascendant ou le descendant de M. PUG et que les statuts n'exigent pas qu'une telle cession soit soumise à agrément.

d. Non, car les amis ne sont pas de véritables tiers.

4. M. MUNCK est un créancier impayé de la société civile SORBE. Sa créance était de 100 000 euros, mais la société vient de payer 40 000 euros. Au jour d'exigibilité de la créance, SORBE compte trois associés, deux associés A et B ayant apporté chacun 50 % des apports ayant formé le capital social, et un associé C, apporteur en industrie. Quelles sont les poursuites que peut exercer M. MUNCK ?

a. Il peut poursuivre A, B et C chacun pour 30 000 euros.

b. Il peut poursuivre A et B pour 30 000 euros chacun et C pour 15 000 euros.

c. Il peut poursuivre A et B pour 50 000 euros chacun, mais C ne peut être poursuivi.

d. Il peut poursuivre A, B et C chacun pour 50 000 euros.

Voir le corrigé en fin de rubrique.

2) Corrigé

Tests de compréhension

1. c. La société civile n'est pas astreinte à détenir un capital social minimum. Il est donc possible de créer une société civile avec un capital d'un euro. Il semble obligatoire de respecter ce montant minimum dans la mesure où les statuts doivent mentionner le capital social, aux termes de l'article 1835 du Code civil. Il n'est par ailleurs pas possible, en l'état actuel des textes, de constituer une société civile soumise au régime général avec un seul associé.

2. b. Les tiers doivent s'assurer que l'acte conclu par la société civile est compris dans son objet social, à défaut de quoi la société n'est pas engagée (C. civ., art. 1849). La jurisprudence admet cependant que la société soit engagée par un cautionnement, alors même que celui-ci n'est pas inclus dans l'objet social, lorsque les associés y ont consenti à l'unanimité, ou lorsqu'une communauté d'intérêts lie la société civile caution à la société cautionnée. En outre, depuis quelques années, la Cour de cassation a ajouté une condition de validité au cautionnement conclu par une société civile, qui tient à la conformité de l'acte à l'intérêt social (v. not. Com. 8 nov. 2011, n° 10-24.438, *Rev. sociétés* 2012. 238, note A. Viandier).

3. c. L'article 1861 du Code civil soumet à agrément toutes les cessions faites à des tiers – c'est-à-dire à une personne qui n'est pas associée de la société, peu important ses liens d'amitié avec les associés. Les cessions faites à des ascendants ou descendants ne sont pas soumises à agrément, sauf si les statuts le prévoient (C. civ., art. 1861, al. 2).

4. a. Les associés de la société civile répondent indéfiniment des dettes sociales, à proportion de leur part dans le capital social à la date de l'exigibilité ou au jour de la cessation des paiements (C. civ., art. 1857, al. 1er). Les associés n'étant que garants de la société, ils ne peuvent être poursuivis que pour la partie impayée de la dette sociale (100 000 – 40 000 = 60 000 euros). Les recours contre les associés se partagent comme suit : A et B peuvent être poursuivis proportionnellement à leur participation dans le capital social, et donc à hauteur de 30 000 euros chacun (60 000 euros x 50 %). C, qui est apporteur en industrie, est tenu comme l'associé dont la participation dans le capital social est la plus faible (C. civ., art. 1857, al. 2), c'est-à-dire comme les autres, et donc à hauteur de 30 000 euros. On précisera que l'exercice des poursuites contre les associés ne pourrait bien entendu amener le créancier à recevoir plus que ce qui lui est dû par la société civile.

Débats

Le mineur ayant souscrit des parts d'une SCI qui contracte un emprunt bénéficie-t-il d'une protection particulière ?

À l'encontre de la reconnaissance d'une protection particulière :

Le Code civil ne mentionne pas expressément la souscription de parts de société civile parmi les actes soumis à des autorisations particulières lorsque le souscripteur est un mineur ou un majeur incapable.

S'agissant particulièrement du mineur, l'article 389-5 du Code civil disposait que dans l'administration légale pure et simple, les parents ne peuvent apporter en société un immeuble ou un fonds de commerce appartenant au mineur, ni contracter d'emprunt en son nom, sans l'autorisation du juge des tutelles (v. désormais art. 387-1 C. civ.). La souscription de parts de SCI n'est cependant pas soumise à une telle autorisation.

Par ailleurs, une fois les parts souscrites, la SCI, personne morale dont la capacité est indépendante de celle de ses associés, peut souscrire librement un emprunt, sans que la jurisprudence fasse preuve d'une clémence particulière à l'égard des associés incapables, ainsi que l'illustre l'arrêt rendu par la première chambre civile de la Cour de cassation le 14 juin 2000 (*Bull. civ.* I, n° 187) :

« Attendu que, par acte notarié du 22 mars 1990, la SOFAL a consenti un prêt à la SCI Chanse, dont le capital social était détenu à concurrence de 96 % par Sédrik X..., mineur au moment de l'emprunt, pour financer l'acquisition et la rénovation d'un bien immobilier ; que, par acte du 7 octobre 1993, la SOFAL a délivré à la SCI Chanse un commandement de payer la somme de 9 350 120,75 francs due en vertu de l'acte de prêt et poursuivi la vente du bien sûr saisie immobilière ; que, par un dire déposé le 8 décembre 1994, la SCI Chanse a formé opposition à ce commandement au motif que *l'acte de prêt n'avait pas été soumis à l'autorisation du juge des tutelles* et qu'il était donc nul en application de l'article 389-5 du Code civil ;

Sur le premier moyen :

(...)

Sur le second moyen :

Attendu qu'il est encore fait grief à l'arrêt attaqué d'avoir déclaré M. X... mal fondé en sa demande en nullité de l'acte de prêt contracté par la SCI Chanse et, en conséquence, valables le commandement et les poursuites de saisie immobilière, alors qu'ayant constaté que le prêt avait été consenti, *sans autorisation du juge des tutelles*, à la SCI Chanse, représentée par sa gérante, Mme X..., administratrice légale de son fils, Sedrik, qui détenait 96 % du capital social, *de sorte qu'il était exposé au risque de devoir en assumer personnellement le remboursement dans les mêmes proportions*, sur l'intégralité de son patrimoine, la cour d'appel n'aurait pas tiré de ses propres constatations les conséquences légales qui s'en évinçaient nécessairement au regard de l'article 389-5 du Code civil ;

Mais attendu que la cour d'appel, en retenant que la capacité à s'engager de la SCI, personnalité distincte de celle des associés, ne dépendait pas de la capacité de ses associés, en a exactement déduit que l'emprunteur étant bien la SCI, et non M. X..., l'article 389-5 du Code civil n'avait pas lieu de s'appliquer ; que le moyen est sans fondement ».

Un mineur peut ainsi se trouver, en sa qualité d'associé d'une SCI, tenu de rembourser l'emprunt contracté par la société, sans que le juge des tutelles doive autoriser la conclusion du prêt, alors que la souscription d'un emprunt par le mineur lui-même aurait été soumise à une autorisation du juge (C. civ., art. 389-5, al. 3).

En faveur de la reconnaissance d'une protection particulière :

L'article 389-5 du Code civil – désormais article 387-1 - dispose que les parents qui veulent vendre ou apporter en société l'immeuble du mineur doivent obtenir l'autorisation du juge des tutelles. Mais ce texte ne vise pas l'apport en numéraire fait à une SCI qui achète ensuite un bien immobilier et qui emprunte pour financer cette acquisition.

On pourrait cependant considérer que le mineur n'est pas tant garant que coemprunteur, codébiteur subsidiaire du passif social. Il faudrait par conséquent l'autorisation du juge des tutelles lorsque la société emprunte, parce que, automatiquement, l'associé devient alors « coemprunteur ». Cette analyse n'a cependant pas été consacrée par la Cour de cassation.

Détention d'un immeuble en propriété ou par intermédiaire d'une SCI : droit et fiscalité sont-ils véritablement neutres ?

Il a été dit que le principe était à la neutralité fiscale (v. ci-dessus).

Cela est vrai à plusieurs points de vue.

Ainsi, si l'associé occupe l'immeuble de la SCI à titre de résidence principale, la cession de ses parts fait l'objet d'une exonération des plus-values immobilières, de la même manière que s'il était propriétaire « en direct ». L'article 150 U II du Code général des impôts dispose en effet que « les dispositions du I ne s'appliquent pas aux immeubles, aux parties d'immeubles ou aux droits relatifs à ces biens » « qui constituent la résidence principale du cédant au jour de la cession ». Les droits (sociaux) détenus dans une société propriétaire d'immeubles doivent donc être traités comme la propriété de l'immeuble elle-même.

Cela est vrai également pour les droits d'enregistrement. Le taux du droit exigé en cas de cession des parts d'une société à prépondérance immobilière (5 %, aux termes de l'article 726 du CGI) est sensiblement le même que celui exigé en cas de vente d'un immeuble (5,09 % en principe, par application cumulée de plusieurs droits).

En revanche, pour une autre question, ce n'est pas la neutralité qui prévaut.

Une personne physique immatriculée à un registre de publicité légale à caractère professionnel ou exerçant une activité professionnelle agricole ou indépendante *pouvait déclarer insaisissables ses droits sur l'immeuble où était fixée sa résidence principale* ainsi que sur tout bien foncier bâti ou non bâti qu'elle n'avait pas affecté à son usage professionnel. Cette insaisissabilité est devenue de droit avec la loi *Macron* (Loi n° 2015-990 du 6 août 2015 pour la croissance, l'activité et l'égalité des chances économiques - C. com., art. L. 526-1).

Cette insaisissabilité des biens immeubles non affectés à l'usage professionnel est une faveur importante faite aux professionnels. Or le professionnel qui ne serait propriétaire de ces biens que par le biais d'une société civile ne peut bénéficier de cette mesure. Il est vrai que le propriétaire de l'immeuble n'est alors plus le professionnel, mais bien la société civile, et que le texte, dérogeant aux articles 2284 et 2285 du Code civil (donnant aux créanciers un droit de gage général sur tous les biens de leur débiteur), ne bénéficie pas aux SCI (v. en ce sens Rép. min. n° 52819, *Bull. Joly* 2005. 541).

chapitre 10

La société en nom collectif (SNC)

Plan analytique

section 1

La constitution de la société en nom collectif

§ 1 Les associés

- A. Plusieurs associés, y compris mari et femme
- B. La capacité requise

§ 2 Les apports

§ 3 Les statuts

- A. Choix des activités figurant dans l'objet social
- B. Rédaction de l'objet social

section 2

Le fonctionnement de la société en nom collectif

§ 1 Les différents organes de la société en nom collectif

- A. Le gérant de la société en nom collectif
- B. Les associés en nom
- C. La présence possible de commissaires aux comptes

§ 2 Les modifications structurelles affectant la société en nom collectif

- A. Changement d'associé
- B. Transformation de la société

section 3

La dissolution de la société en nom collectif

§ 1 Application du droit commun

§ 2 Causes propres de dissolution

Compléments pédagogiques

La société en nom collectif (SNC)

La société en nom collectif (SNC) est l'archétype de la société de personnes. C'est une forme sociale ancienne et qui n'est plus très répandue, puisque l'on en compte aujourd'hui moins de 60 000. Les associés en nom, ainsi qu'on les appelle même si tous ne donnent pas nécessairement leur nom à la société, sont des commerçants, acquérant cette qualité par la souscription de parts de SNC s'ils ne l'ont pas déjà, et sont tous tenus indéfiniment et solidairement des dettes sociales. La société est commerciale par la forme. Le fonctionnement de la SNC n'est pas encadré de manière très contraignante par la loi et par le décret (qui totalisent une trentaine de dispositions spécifiques en tout : C. com., art. L. 221-1 à L. 221-17 et R. 221 à R. 221-10). Enfin, la personnalité des associés y est particulièrement importante : la SNC est une société à l'*intuitus personae* très marqué. 579

Qui utilise la SNC ? Ce sont en réalité deux catégories éloignées d'utilisateurs qui recourent à cette forme sociale. 580

Ce sont soit des commerçants personnes physiques, qui se regroupent au sein d'une SNC pour réaliser leur collaboration. La SNC peut être choisie volontairement, parce que les associés veulent une structure fermée (mais la SAS présente de ce point de vue les mêmes avantages). Elle peut être choisie aussi pour sa discrétion, car elle est en principe dispensée de l'obligation de déposer ses comptes annuels au greffe du tribunal de commerce (sauf au cas où les associés en nom sont tous des SARL ou des sociétés par actions — C. com., art. L. 232-21). L'utilisation de la SNC peut enfin être imposée, dans de rares cas, par le législateur : ce serait ainsi le cas pour les débitants de tabacs, qui ne pourraient recourir qu'à cette forme sociale (J. Mestre, D. Velardocchio et A.-S. Mestre-Chami, *Lamy Sociétés commerciales*, 2021, n° 5555).

Les utilisateurs de cette forme sociale peuvent être aussi des sociétés, qui vont se servir de la SNC pour bénéficier de sa qualité de société transparente au regard du droit fiscal. Cette qualité va permettre de faire remonter les pertes d'une activité déficitaire, logée dans une filiale SNC, vers la société mère. Cette remontée des pertes peut aussi résulter du recours au régime dit de l'intégration fiscale, mais si les conditions n'en sont pas remplies, la SNC permet de réaliser une « intégration sauvage ».

Certains auteurs ont émis l'idée que la SNC pourrait être la « société de droit commun », ce qui peut se discuter au vu de ses caractéristiques bien particulières : société de commerçants, tous tenus de manière illimitée et solidaire envers les tiers. Le principe avait cependant été affirmé autrefois (v. Lyon, 18 déc. 1883, *DP* 1886. 2. 113). Ce qui est certain, c'est qu'elle est une société « contractuelle », en dépit du fait qu'elle existe depuis bien plus longtemps que la SAS, présentée pourtant comme le modèle de la société contractuelle (v. ss chapitre 13). 581

section 1

La constitution de la société en nom collectif

582 La constitution de la SNC doit respecter un certain nombre de conditions. Comme toute société, la SNC doit satisfaire aux conditions générales de validité des contrats ainsi qu'aux conditions spécifiques de validité des sociétés (v. ss chapitre 2). Elle doit par ailleurs obéir à des conditions qui ne s'imposent que pour cette forme sociale, et qu'il convient d'étudier ici. Ces conditions tiennent aux associés (§1), aux apports (§2) et aux statuts (§3).

§ 1 Les associés

A. Plusieurs associés, y compris mari et femme

583 On ne peut encore, pour l'instant, constituer de SNC unipersonnelle. La SNC doit comprendre au moins deux associés lors de sa constitution.

Ces associés peuvent être des personnes physiques ou des personnes morales, et ils peuvent être mari et femme. Jusqu'au 1er juillet 1986 (date d'entrée en vigueur de la L. n° 85-1372 du 23 déc. 1985 ayant modifié l'art. 1832-1 du C. civ., v. ss chapitre 5), la loi interdisait à deux époux d'être associés en nom dans la même SNC, pour que la faillite de la société ne consomme pas tous les biens du ménage.

B. La capacité requise

584 La SNC présente la particularité de conférer à ses associés la qualité de commerçant, s'ils ne l'ont pas déjà (ce qui ne veut d'ailleurs pas dire que l'associé en nom exerce véritablement une activité commerciale, v. ss 618). De ce fait, seules certaines personnes physiques ou morales peuvent devenir associées en nom, c'est-à-dire les seules personnes physiques ou morales qui sont déjà commerçantes ou qui peuvent l'être. Un mineur non émancipé, qui ne peut être commerçant (C. com., art. L. 121-2), ne pourrait pas être associé en nom. D'autres personnes, au-delà des incapables, sont également empêchées de devenir associées en nom, parce qu'une réglementation professionnelle leur interdit de devenir commerçantes : avocats, notaires, médecins et autres professions libérales. Un débat est apparu sur le point de savoir si l'associé de SNC pouvait cumuler cette qualité avec celle de salarié de la société (v. « Débats »).

§ 2 Les apports

585 Les associés en nom doivent faire des apports, comme tout associé (C. civ., art. 1832). Cependant, ils n'ont pas l'obligation de doter la SNC d'un capital social minimum. Celle-ci peut donc avoir un capital social symbolique, autrefois de 1 franc, aujourd'hui de 1 euro, voire, selon certains auteurs, pas de capital social du tout.

Tous les apports sont admissibles dans une SNC. Le législateur n'a pas institué de dispositif de contrôle de la consistance des apports en nature. La garantie personnelle des associés est le véritable gage des créanciers, au lieu et place du capital social. Les apports faits à la SNC pourraient donc tous être des apports en industrie, à l'exception d'un apport en numéraire ou en nature permettant de conférer à la SNC un capital d'au moins 1 euro.

§ 3 Les statuts

Parmi les différentes mentions qui doivent figurer dans les statuts (C. com., art. L. 210-2), il convient de s'intéresser plus particulièrement, s'agissant de la SNC, à la mention de l'objet social. 586 ■

A. Choix des activités figurant dans l'objet social

Les statuts doivent mentionner l'objet de la SNC, c'est-à-dire la gamme des activités qui peuvent être effectuées par la société. La SNC étant une société commerciale par la forme (C. com., art. L. 210-1 al. 2), l'activité exercée par cette société n'influera pas sur sa nature commerciale et sa qualité de commerçant. 587 ■

Toutes les activités ne peuvent cependant pas être exercées sous la forme de SNC, parce que cette société, à laquelle le législateur n'impose aucune obligation en termes de capital social ou de contrôle de la consistance des apports, peut se révéler dangereuse pour ses créanciers, en cas d'insolvabilité des associés en nom. L'activité d'assureur est ainsi interdite à la SNC (C. assur., art. L. 310-2).

B. Rédaction de l'objet social

Il convient, d'un point de vue pratique, de préciser que l'objet d'une SNC devra être rédigé avec soin, car cette rédaction attentive constituera le seul moyen pour les associés en nom de se prémunir contre les actes intempestifs d'un gérant qui se révélerait trop dynamique. Les associés en nom, ainsi qu'on le verra plus avant, sont tenus de garantir le paiement de toutes les dettes sociales, c'est-à-dire des actes qui engagent la SNC à l'égard des tiers (v. ss 615 s.). Or le gérant ne peut engager la SNC par des actes pris hors objet social (C. com., art. L. 221-5, al. 1er). Limiter l'objet social permet donc de limiter les actes pouvant être valablement conclus par le gérant. Dans les SARL et les sociétés par actions, les associés ne sont pas tenus envers les tiers de garantir le passif social. De ce fait, les associés peuvent définir largement l'objet social sans courir trop de risques : seule la société sera engagée par les actes des dirigeants. Au pire, les associés ne perdront que leurs apports. En revanche, si l'objet d'une SNC a été défini trop largement, les associés en nom pourraient être tenus de garantir le passif né d'activités qu'ils ne voulaient pas voir exercées par la société, et cette garantie portera sur l'intégralité de leur patrimoine personnel. 588 ■

Exemple : imaginons une petite SNC formée par deux électriciens d'un certain âge, qui ont rédigé un peu trop largement l'objet social et ont confié la gérance de leur société au dynamique neveu de l'un d'entre eux. Leur société a pour objet « toutes activités relevant de l'ingénierie électrique ou électronique et des réseaux, ainsi que toute activité connexe ». Pourront-ils refuser de garantir le passif qui sera né des investissements inconsidérés faits par leur société dans le domaine de l'Internet, investissements décidés par le gérant? Ces investissements ne sont certes pas conformes à la conception que les associés en nom avaient de leur société, mais elle sera conforme à la lettre de l'objet social statutaire. Les deux électriciens seront donc tenus de garantir le paiement des dettes sociales susvisées à l'égard des créanciers de la SNC, éventuellement pour des montants très importants.

section 2

Le fonctionnement de la société en nom collectif

§ 1 Les différents organes de la société en nom collectif

A. Le gérant de la société en nom collectif

589 Quelques dispositions légales traitent du gérant de la SNC, sans le doter pour autant d'un statut complet. Ainsi, la loi ne prévoit rien, par exemple, quant à la rémunération du gérant, ce qui laisse entendre que c'est le principe de liberté contractuelle qui s'applique ici. Les statuts ou une décision collective des associés détermineront comment et à quelle hauteur le gérant est rémunéré. Mais dans le silence des statuts, que convient-il de faire ?

La désignation du gérant de SNC (1), la cessation de ses fonctions (2), sa rémunération (3), ses pouvoirs (4) et la responsabilité qu'il encourt (5) seront vus successivement.

1. *Désignation du gérant*

a. Mode de désignation

590 Lorsque les statuts ne désignent pas un ou plusieurs gérants ou lorsqu'ils ne prévoient pas que les associés procéderont à la désignation d'un gérant, « tous les associés sont gérants » (C. com., art. L. 221-3, al. 1er). C'est là une règle attendue dans une société au fort *intuitus personae*. Si les associés en nom n'en ont pas convenu autrement, ils doivent tous détenir les mêmes pouvoirs.

Cependant, les statuts auront le plus souvent, soit désigné le gérant, soit prévu le mode de désignation de ce mandataire social. Notons que l'article L. 221-3 du Code de commerce, texte relatif à cette question, ne dit rien sur la manière dont il faut procéder : le législateur laisse donc aux associés en nom la liberté de déterminer le mode de désignation du gérant.

b. Identité du gérant

591 Le gérant peut être associé ou non (C. com., art. L. 221-3, al. 1er). On conçoit que le gérant sera le plus souvent un associé, dans la mesure où les associés en nom risquent

d'être réticents à confier la direction de la société à un tiers qui n'est pas tenu comme eux du passif social. Le gérant non associé dispose cependant des mêmes pouvoirs qu'un gérant associé.

La gérance peut par ailleurs être confiée indifféremment à une personne physique ou à une personne morale (C. com., art. L. 221-3, al. 2). Mais dans cette dernière hypothèse, les dirigeants de la personne morale gérante encourent les mêmes responsabilités et obligations que s'ils étaient gérants en leur nom propre, selon ce même texte.

Le législateur n'ayant pas édicté de règle de cumul, une même personne peut être associée ou gérant d'un nombre potentiellement illimité de SNC.

Précisons encore que la société en nom collectif peut être dotée de plusieurs gérants, qui peuvent, si les statuts l'ont prévu, statuer de manière collégiale, en « conseil de gérance ».

2. *La cessation des fonctions du gérant*

a. Diversité des causes de cessation des fonctions

Différentes situations mettront fin aux fonctions du gérant : sa démission, son décès, la survenance d'une incapacité ou d'une interdiction de diriger une personne morale ou une entreprise commerciale, ou encore sa révocation, qui est le seul cas de cessation des fonctions envisagé par les textes. 592

b. Démission

Dans le silence des textes, une ancienne jurisprudence (mais qui doit toujours s'appliquer – Req., 8 déc. 1890, *DP* 1891. 1. 458) reconnaît au gérant de SNC un droit à *donner sa démission*, mais en indemnisant la société s'il démissionne sans motif légitime et lui cause de ce fait un préjudice. 593

c. Révocation par les associés

Les conditions de révocation du gérant sont variables, et il convient ici de distinguer plusieurs situations (C. com., art. L. 221-12) : 594

– si tous les associés sont gérants ou si un ou plusieurs gérants choisis parmi les associés sont désignés par les statuts, la révocation se fait à l'unanimité des autres associés. Dans cette hypothèse, la révocation entraîne la dissolution de la SNC à moins que les statuts ou une décision prise à l'unanimité par tous les autres associés ne le prévoient. Ceci s'explique par le fait que ce changement dans un mode de direction qui avait antérieurement reçu l'assentiment de tous est de nature à compromettre la continuité de la société. Par ailleurs, l'associé révoqué dans ses fonctions de gérant se voit octroyer un droit de retrait, c'est-à-dire qu'il peut se retirer de la société et demander le remboursement de ses droits sociaux (C. com., art. L. 221-12, al. 1er). En cas de contestation, la valeur de ces droits sera déterminée par un expert désigné par les parties ou par le président du tribunal de commerce compétent statuant selon la procédure accélérée au fond et sans recours possible (C. civ., art. 1843-4, réd. ord. n° 2019-738 du 17 juill. 2019) ;

– si un ou plusieurs associés sont gérants mais ne sont pas désignés par les statuts, leur révocation est possible dans les conditions prévues par les statuts, ou à défaut à l'unanimité des autres associés (C. com., art. L. 221-12, al. 2). Dans ce cas, la révocation de l'associé gérant n'entraîne pas la dissolution de la SNC et ne lui permet pas de mettre en œuvre un droit de retrait, sauf à ce qu'un tel droit ait été conventionnellement prévu ;

– enfin, le gérant non associé est révoqué dans les conditions prévues par les statuts, ou à défaut « par une décision des associés prise à la majorité » (C. com., art. L. 221-12, al. 3). Cette formule a prêté à discussion. On ne sait en effet si le vote majoritaire prévu doit intervenir à la majorité des parts sociales ou se faire par tête, chaque associé disposant alors d'une seule voix. La doctrine est partagée, et un ancien arrêt de la cour d'appel de Paris en date du 21 mars 1921 (*Journ. sociétés* 1922. 18, note A. Viénot) a jugé, à propos des associés d'une SCS, forme proche de la SNC, qu'« à défaut de stipulation contraire, il est de principe que les voix doivent se compter par tête sans égard à l'importance de l'intérêt de chaque associé ». Toutefois, on peut opposer à cela que lorsque la loi du 24 juillet 1966, dont les dispositions ont été reprises par le Code de commerce, a prévu un vote à la majorité, cette majorité est quasiment toujours calculée sur le capital ou sur les parts émises par la société. Par conséquent la décision de révoquer le gérant non associé de la SNC devrait plutôt être subordonnée à la réunion d'une majorité des parts sociales.

595 Comme souvent dans les sociétés de personnes, la révocation du gérant de SNC décidée sans juste motif peut donner lieu au versement de dommages-intérêts (C. com., art. L. 221-12, al. 4).

596 Notons enfin que, bien que l'article L. 221-12 du Code de commerce ne le prévoie pas, à la différence de la SARL ou de la société civile, il doit être possible à un seul associé de *demander en justice* la révocation du gérant, pour un motif légitime. Cette solution avait fait l'objet d'une reconnaissance implicite par un arrêt rendu par la cour d'appel de Paris le 12 septembre 1995 (*Rev. sociétés* 1995. 771, obs. Y. Guyon). Cette solution est confirmée, en matière de SCS, par un arrêt de la chambre commerciale en date du 8 février 2005 (*Bull. Joly* 2005. 781).

3. *Rémunération du gérant*

597 Si rien n'a été convenu entre les participants et le gérant, la qualification de mandat implique la gratuité des fonctions du mandataire, en l'absence de convention contraire (C. civ., art. 1986). Toutefois, il conviendra de tenir compte de la jurisprudence relative au mandat, qui le présume rémunéré (« salarié ») lorsque le mandataire exerce ses fonctions à titre de profession habituelle (Civ. 1re, 16 juin 1998, *Bull. civ.* I, n° 211). Un arrêt de la cour d'appel de Paris en date du 17 février 1965 (*Gaz. Pal.* 1965. 1. 305) juge encore que si les statuts n'ont pas précisé que le mandat était gratuit, le juge peut déterminer cette rémunération.

Il faut également préciser que si le gérant est associé, il a la qualité de commerçant, et se trouve donc exclu du régime général de la Sécurité sociale et assujetti au régime des travailleurs non salariés, tandis que le gérant non associé rémunéré est assimilé à un salarié et soumis au régime général de la Sécurité sociale. Par ailleurs, le gérant associé ou non associé, lorsqu'il n'est pas salarié, est exclu du régime de l'assurance chômage de l'Unedic. Il peut cependant souscrire à un régime d'assurance volontaire contre le chômage.

4. Pouvoirs du gérant

Les articles L. 221-4 et L. 221-5 du Code de commerce régissent les pouvoirs du gérant, respectivement dans les rapports entre associés et dans les rapports avec les tiers. Il faudrait à ce propos remplacer la mention « *dans les rapports entre associés* » par « *à l'égard des associés* », car le gérant n'étant pas toujours associé, ses pouvoirs ne se définissent pas « dans les rapports entre associés ». Les actes qui excèdent les pouvoirs des gérants sont pris à l'unanimité des associés, ou selon la majorité prévue par les statuts (C. com., art. L. 221-6, al. 1er). 598 ■

a. À l'égard des associés

À l'égard des associés, il faut distinguer selon que les statuts se sont prononcés ou non sur la détermination des pouvoirs du gérant. Les statuts peuvent prévoir, par exemple, que le gérant peut librement conclure tous actes relevant de la catégorie des actes de gestion courante de la société, ou bien tous actes d'une valeur inférieure ou égale à 1 000 euros, ou prévoir que les ventes de biens immobiliers excèdent les pouvoirs du gérant. Si les statuts sont restés silencieux, le législateur fournit une règle supplétive : le gérant peut faire « tous actes de gestion dans l'intérêt de la société » (C. com., art. L. 221-4 al. 2). Les actes de gestion, qui ne sont pas définis, doivent comprendre les actes conservatoires et les actes d'administration du patrimoine de la SNC, mais également des actes de disposition, c'est-à-dire des actes par lesquels le gérant fait sortir certains biens sociaux du patrimoine de la société (sur la distinction entre actes d'administration et de disposition en droit des sociétés, v. Décr. n° 2008-1484 du 22 déc. 2008, et les obs. de R. Mortier, in *Dr. Sociétés* 2009. Repère 3). 599 ■

En cas de violation de la définition statutaire des pouvoirs du gérant, ou, dans le silence des statuts, en cas d'acte qui ne serait pas fait dans l'intérêt de la société, l'acte litigieux devrait pouvoir être annulé, sous deux réserves. Tout d'abord, si un tiers est concerné, la nullité suppose un dépassement de l'objet social (v. ss 600). Ensuite, la loi PACTE du 22 mai 2019 ayant exclu la nullité pour non-conformité à l'intérêt social, il se pourrait que cette évolution législative interdise de sanctionner l'acte de gestion qui ne serait pas accompli dans l'intérêt de la société (Rapp. Com., 13 janv. 2021, n° 18-21860, à paraître au *Bull.*, et excluant l'annulation de la décision d'une SARL pour contrariété à l'intérêt social). Le gérant pourra en toute hypothèse être condamné à des dommages-intérêts à verser à la société, du fait de la mauvaise exécution de son mandat social.

b. À l'égard des tiers

À l'égard des tiers, les pouvoirs du gérant connaissent une limite : l'objet social. Le gérant n'engage en effet la société, dans les rapports avec les tiers, que par les actes entrant dans l'objet social (C. com., art. L. 221-5, al. 1er). *A contrario*, la SNC n'est donc pas engagée par les actes pris hors objet social, ce qui oblige celui qui traite avec une SNC à consulter les statuts de celle-ci, pour s'assurer que l'acte concerné entre bien dans l'objet de la société. C'est là une contrainte lourde pour les tiers, mais qui s'explique par le fait que l'acte qui engage la société engage aussi, à titre de garants, les associés en nom. Les actes sociaux entraînent ainsi de lourdes conséquences, et il est donc légitime d'entourer de quelques précautions la conclusion de ces actes. 600 ■

La jurisprudence a dégagé une solution particulière en matière de *cautionnement*. Lorsque celui-ci n'est pas rattachable à l'objet social, le cautionnement consenti par le gérant engagera néanmoins la SNC s'il a été donné au bénéfice d'un débiteur 601 ■

(généralement une autre société) lié à la SNC par une communauté d'intérêts (v. pour une application Com. 6 juin 2001, *RJDA* 12/01, n° 1219, pour une espèce où la SNC et la SA cautionnée avaient les mêmes dirigeants et le même siège social et où la SA exerçait son activité sur les terrains de la SNC).

Si le cautionnement n'est pas rattachable à l'objet social et si aucune communauté d'intérêts n'unit la SNC et le débiteur cautionné, la garantie doit alors être vue comme dépassant les pouvoirs du gérant, et peut toujours être consentie par une décision des associés en nom (C. com., art. L. 221-6, al. 1er).

En toute hypothèse, la sûreté donnée doit respecter la condition de conformité à l'intérêt social édictée par la jurisprudence à propos des sociétés civiles (v. ss 545), qui doit valoir aussi pour les SNC... sauf à ce que l'exclusion par la loi PACTE du 22 mai 2019 de la nullité pour non-conformité à l'intérêt social vienne là aussi perturber des solutions établies. Petite subtilité : il n'est pas seulement question de faire annuler la décision de consentir la sûreté, mais aussi la sûreté elle-même, ce qui incite à penser que les solutions anciennes seront maintenues.

■ 602 Les *clauses statutaires limitant les pouvoirs du gérant*, tels que ces pouvoirs sont reconnus par le législateur, sont inopposables aux tiers (C. com., art. L. 221-5, al. 3). Cela signifie simplement que le gérant peut à l'égard des tiers accomplir valablement tous les actes rentrant dans l'objet social, sans que la validité de ses actes puisse être contestée. Mais le gérant encourra tout de même dans cette hypothèse le risque d'une action en responsabilité exercée par la société ou les associés qui lui reprocheront la violation des statuts.

■ 603 En cas de *pluralité de gérants*, ceux-ci détiennent séparément le pouvoir d'engager la SNC par les actes entrant dans l'objet social (C. com., art. L. 221-5, al. 2). L'opposition formée par un cogérant à l'égard des actes d'un autre cogérant est sans effet à l'égard des tiers, à moins qu'il ne soit établi que ceux-ci en ont eu connaissance.

5. *Responsabilité du gérant*

a. Responsabilité civile

■ 604 La responsabilité civile du gérant de SNC n'est régie par aucun texte spécifique à l'exception de l'article L. 221-3, alinéa 2 du Code de commerce, qui fait peser sur les dirigeants de la personne morale qui assure la gérance de la SNC les mêmes responsabilités civile et pénale que s'ils étaient gérants en leur nom propre. Pour tout le reste, il conviendra donc de se reporter au régime général de la responsabilité civile et aux textes du Code civil et du Code de commerce applicables à toutes les sociétés.

La responsabilité civile du gérant de SNC *à l'égard des tiers* est fondée sur la faute délictuelle ou quasi-délictuelle personnelle du mandataire social. À l'égard des tiers, le gérant ne saurait engager sa responsabilité contractuelle, puisque lorsqu'il agit en qualité de gérant, il est « transparent » et ne passe pas de contrats avec les tiers. La jurisprudence subordonnant la responsabilité du dirigeant social à l'égard des tiers à la démonstration de la commission d'une faute personnelle et détachable de ses fonctions par le dirigeant (v. ss chapitre 6) est applicable au gérant de SNC.

À l'égard de la société, la responsabilité du gérant de SNC doit en revanche être de nature contractuelle. La relation qui existe entre la SNC et son gérant est comparable à un mandat, même si le régime de ce mandat est particulier.

Enfin, *à l'égard des associés*, la responsabilité du gérant doit en principe être de nature délictuelle, dès lors que le mandat social unit le gérant à la société et non aux associés.

Les textes spécifiques à la responsabilité des dirigeants de certaines sociétés particulières (SARL, sociétés par actions) ne sont pas applicables au gérant de SNC. **605**

De ce fait, la *prescription* triennale des actions en responsabilité contre le gérant de SARL, prévue par l'article L. 223-23 du Code de commerce (et qui concerne aussi bien les actions de la société, des associés ou des tiers), est inapplicable au gérant de SNC. C'est donc le droit commun qui doit recevoir application. C'est donc le délai de prescription quinquennale qui prendra effet (C. civ., art. 2 224).

La responsabilité du gérant sera par ailleurs soumise aux règles énoncées par l'article 1843-5 du Code civil. De ce fait, les associés pourront exercer *ut singuli* l'action en responsabilité de la société contre le gérant. Par ailleurs, l'action en responsabilité de la société à l'égard du gérant ne pourra pas être subordonnée à une autorisation ou à un avis préalable de l'assemblée, et les statuts ne pourront pas davantage comporter de clause comportant renonciation à l'action en responsabilité (C. civ., art. 1843-5, al. 2). Enfin, aucune action en responsabilité contre les gérants (de la société ou des associés) ne pourra être éteinte par une décision de l'assemblée des associés (C. civ., art. 1843-5, al. 3).

Précisons enfin que des responsabilités particulières sont prévues par le droit des procédures collectives, notamment pour faute de gestion du gérant ayant contribué à l'insuffisance d'actif de la société (C. com., art. L. 651-2).

b. Responsabilité pénale

La responsabilité pénale du gérant de SNC peut également être engagée, du fait des infractions qu'il peut commettre dans l'exercice de ses fonctions. Le simple fait d'agir pour le compte de la société n'exonère pas le gérant de sa responsabilité pénale. **606**

Ces infractions sont :

– soit celles prévues par les textes généraux (C. pén.), telles que l'abus de confiance que pourra commettre le gérant de SNC qui utilisera les biens de la société dans son intérêt propre ;

– soit des infractions instituées par des textes spécifiques au droit des sociétés. Très peu d'infractions de ce type existent concernant le gérant de la SNC. On pouvait auparavant relever comme texte spécifique l'article 16 du décret du 23 mars 1967. Cette disposition, qui a été abrogée par le décret n° 2006-1566 du 11 décembre 2006, prévoyait que l'amende prévue pour les contraventions de la 5e classe était applicable en cas de violation de différents autres articles de ce même décret. Ainsi, le fait de ne pas faire figurer sur les actes et documents émanant de la société et destinés aux tiers la dénomination sociale et les lettres SNC ou les mots « société en nom collectif » entraînait l'application de cette sanction. Cette sanction était une amende de 1 500 € maximum. On peut encore relever l'article L. 820-4 du Code de commerce, qui sanctionne pénalement le fait de ne pas provoquer la désignation d'un commissaire aux comptes lorsque celle-ci est obligatoire (SNC dépassant les seuils légaux, ceux-ci ayant été rehaussés par le décret d'application de la loi PACTE en date du 24 mai 2019 – v. ss 621).

c. Responsabilité fiscale

607 Notons enfin que le gérant de SNC peut encourir une responsabilité particulière à l'égard de l'administration fiscale lorsque la société ne paye pas des impositions et pénalités du fait de manœuvres frauduleuses ou de l'inobservation grave et répétée d'obligations fiscales (LPF, art. L. 267).

B. Les associés en nom

1. *Droits des associés en nom*

a. Droit de participer à la vie sociale

608 Le droit de l'associé en nom à participer à la vie sociale se manifeste sous différentes formes, étant précisé que l'associé qui n'est pas gérant ne dispose pas du pouvoir de représenter la société (Com. 22 oct. 2013, n° 12-24.658, *Bull. Joly* 2014. 32, note F.-X. Lucas). Les décisions sont prises selon l'une des deux modalités autorisées le législateur : en assemblée ou, si les statuts l'autorisent, par voie de consultation écrite (C. com., art. L. 221-6, al. 2). Le dispositif spécial adopté pendant la pandémie de Covid-19 a bénéficié aussi aux SNC, qui ont pu tenir leurs assemblées à huis clos et recourir plus largement à la consultation écrite, notamment (v. ss 379).

609 C'est en principe le gérant qui procédera à la *convocation* d'une assemblée, mais l'on admet que l'associé a également ce droit, sur le fondement de l'article L. 221-6, alinéa 2 du Code de commerce.

Les statuts devant prévoir les modalités de convocation, tout est envisageable, mais mieux vaut privilégier la lettre recommandée avec accusé de réception, afin de se ménager une preuve en cas de contestation. La convocation doit avoir lieu au moins quinze jours avant la date de réunion prévue pour l'assemblée annuelle. Ce délai, qui n'est pas prévu directement pour la convocation, est cependant nécessaire pour permettre l'exercice du droit à l'information des associés (C. com., art. R. 221-7).

Bien que la loi ne le précise pas, il apparaît nécessaire que la convocation indique un ordre du jour.

610 L'assemblée doit permettre à tous les associés d'exercer leur droit de participer aux décisions collectives, conformément à l'article 1844, alinéa 1er du Code civil. Ce droit revêt d'autant plus d'importance dans la SNC que les associés sont tous garants du passif social.

Quant à la forme des décisions des associés, on retiendra que celles-ci doivent être transcrites sur procès-verbal, sur un registre spécial tenu au siège social (C. com., art. R. 221-2 s.), et que le procès-verbal d'une assemblée est signé par tous les associés (C. com., art. R. 221-2, al. 1er), tandis que celui d'une consultation par correspondance l'est par le ou les gérants (C. com., art. R. 221-2, al. 3).

611 Les actes qui excèdent les pouvoirs des gérants sont en principe pris à l'unanimité des associés (C. com., art. L. 221-6, al. 1er). Ce sera ainsi le cas, par exemple, en matière de modification des statuts. Les statuts peuvent cependant prévoir que certaines décisions sont prises à une majorité qu'ils fixent, et qui pourrait être appréciée en termes de nombre d'associés ou de parts détenues. La loi prévoit toutefois de manière impérative que certaines décisions doivent être prises à l'unanimité. C'est ainsi le

cas de l'article L. 221-12, qui prévoit une révocation à l'unanimité pour les gérants associés dans certains cas (et empêche la solution statutaire contraire en précisant que la révocation « ne peut être décidée qu'à l'unanimité »). On peut également évoquer l'article L. 221-13 qui prévoit que les parts sociales ne peuvent être cédées qu'avec le consentement de tous les associés, et qui précise que toute clause contraire est réputée non écrite.

De manière ponctuelle, les associés en nom peuvent, par une décision prise à l'unanimité (ou du moins à la majorité requise pour modifier les statuts), donner leur accord à un acte dépassant l'objet social, par exemple un cautionnement. Celui-ci sera alors valable (Com. 18 mars 2003, *Bull. civ.* IV, n° 46 ; *Rev. sociétés* 2004. 104, note D. Randoux, exigeant également la conformité du cautionnement à l'intérêt social).

Les associés peuvent aussi prendre les décisions en recourant à la *consultation écrite* 612 ■
si les statuts le prévoient (C. com., art. L. 221-6, al. 2). La réunion d'une assemblée est cependant obligatoire dans deux hypothèses : pour statuer sur l'approbation des comptes annuels, d'une part, et lorsqu'un associé en nom en fait la demande, d'autre part.

La doctrine est par ailleurs d'avis que la signature d'un acte sous seing privé par tous les associés manifeste également une prise de décision de leur part, même si la loi ne le prévoit pas. Il est vrai que dans la SNC, la liberté doit être de mise, d'autant que les tiers ne sont pas menacés par l'utilisation de cette liberté par les associés, tous garants personnellement du passif social.

b. Droit à l'information

Le droit de participer à la vie sociale s'exercera avec d'autant plus d'efficacité que les 613 ■
associés jouiront d'une information étendue. Le droit d'information des associés en nom est régi par les articles L. 221-7 et L. 221-8 du Code de commerce, et il est important dans la SNC du fait de l'engagement lourd qui pèse sur l'associé en nom, garant de toutes dettes sociales.

Avant l'assemblée annuelle (C. com., art. L. 221-7), les associés ont le droit d'obtenir communication de plusieurs documents : rapport de gestion, inventaire, comptes annuels, texte des résolutions proposées, et, le cas échéant, rapport sur la gestion du groupe et rapports des commissaires aux comptes. Ces documents sont adressés aux associés 15 jours au moins avant la réunion de l'assemblée, sauf l'inventaire qui est tenu dans ce délai à leur disposition au siège social (C. com., art. R. 221-7).

L'associé en nom a par ailleurs le droit de consulter au siège social différents documents (C. com., art. R. 221-6 et R. 221-8) et de poser deux fois par an des questions écrites, auxquelles il doit être répondu par écrit (C. com., art. L. 221-8).

c. Droit au bénéfice

L'associé en nom a droit a une fraction du bénéfice social, à la condition qu'un 614 ■
bénéfice ait été réalisé par la société, et que celle-ci en ait décidé la distribution. On observera que la SNC n'est pas astreinte par le législateur à la constitution de réserves obligatoires (C. com., art. L. 232-10). La jurisprudence a précisé la durée de la prescription applicable a la créance de dividende de l'associé en nom (v. « Débat »).

2. Obligation aux dettes sociales des associés en nom

a. Principe

615 Les associés en nom supportent des obligations pesant sur les associés de toutes les sociétés, telles celle de souscrire des parts et de libérer les apports promis. Mais l'obligation la plus lourde imposée aux associés en nom est certainement l'obligation aux dettes sociales. C'est également le trait caractéristique de la société en nom collectif, la première phrase du premier article relatif à la SNC – l'article L. 221-1 du Code de commerce – disposant que « les associés en nom collectif ont tous la qualité de commerçant et répondent indéfiniment et solidairement des dettes sociales ». Cette obligation étant de l'essence de la SNC, il apparaît impossible qu'une clause des statuts puisse dispenser certains associés en nom de leur obligation de garantie. Toutefois, il est envisageable qu'un créancier renonce individuellement à la garantie d'un seul ou de plusieurs associés en nom. On précisera que cette obligation pèse sur les associés, ce qui signifie que si l'on veut dénier cette qualité à l'usufruitier (v. ss chapitre 5), il faut considérer que seul le nu-propriétaire est garant du passif social.

b. Conditions de mise en œuvre

616 Après avoir énoncé la règle, l'article L. 221-1 du Code de commerce en précise les conditions d'exercice dans son second alinéa. Ce texte prévoit que les créanciers de la société ne peuvent poursuivre le paiement des dettes sociales contre un associé qu'après « avoir vainement mis en demeure la société par acte extrajudiciaire ». Ce terme d'acte extrajudiciaire signifie que l'acte a lieu en dehors d'une instance judiciaire, mais il est entendu comme étant nécessairement un acte d'huissier. La jurisprudence considère que la mise en demeure par lettre ne permet pas au créancier d'exiger le paiement des dettes sociales des associés (Com. 14 juin 2000, *Bull. Joly* 2000. 1095, note Y. Dereu). Il est précisé à cet égard que la vaine poursuite s'entend du fait que la SNC n'a pas payé ou constitué de garanties, huit jours après mise en demeure de celle-ci (C. com., art. R. 221-10). Ce délai peut être prolongé par ordonnance du président du tribunal de commerce statuant en référé. Si la SNC est soumise à une procédure de redressement ou de liquidation judiciaire, la déclaration de créance, qui vaut mise en demeure, rend inutile la délivrance d'une mise en demeure supplémentaire à la société (Com. 19 déc. 2006, *Bull. civ.* IV, n° 262 ; *Bull. Joly* 2007. 472, note C. Regnaut-Moutier).

c. Effets

617 Cette obligation des associés en nom aux dettes sociales est *indéfinie* et *solidaire*. Cela signifie que le créancier social peut exiger d'un seul associé l'intégralité de la dette sociale. Cela signifie également que l'interruption de la prescription à l'égard d'un associé vaut également à l'égard des autres, et que la demande d'intérêts de retard contre un associé fait courir ces intérêts contre les autres. De même, l'appel formé par l'un des associés profiterait aux autres.

Cette obligation pèse avant tout sur toutes les personnes qui sont associées au moment où naît la dette (et non, à la différence des sociétés civiles de droit commun, au moment où celle-ci devient exigible, contrairement à ce qui est parfois jugé à tort : Paris, 4 févr. 2010, *Bull. Joly* 2010. 553, note S. Harel). L'obligation aux dettes sociales pèse également sur les personnes qui acquièrent la qualité d'associé par la suite : le nouvel associé est tenu, sauf stipulation contraire acceptée par les créanciers, de tout le passif social existant au jour de son entrée dans la société. Enfin, l'obligation aux dettes sociales ne pèse pas sur les personnes qui n'étaient plus associées au moment où la dette est née, mais à la condition que la cession de leurs parts sociales ait été rendue opposable aux tiers par l'accomplissement des formalités prévues par l'article L. 221-14 du Code de commerce (dépôt de l'acte de cession au siège social ; publication des statuts modifiés au registre du commerce et des sociétés) et par les formalités rendues nécessaires en cas de retrait d'un associé (insertion dans un journal d'annonces légales du lieu du siège social ; insertion dans le *Bodacc*, c'est-à-dire le Bulletin officiel des annonces civiles et commerciales, effectuée à la diligence du greffier tenant le registre du commerce et des sociétés du lieu du siège social). L'importance de l'accomplissement des formalités de publicité de la cession de parts de SNC a été rappelée par un arrêt de la chambre commerciale de la Cour de cassation en date du 9 juin 1998 (v. *infra, Débats*). La Cour de cassation a en outre précisé que l'obligation d'accomplir ces formalités n'était pas soumise à la prescription de l'article L. 110-4 du Code de commerce (Com. 25 sept. 2012, n° 11-30.018, *Bull. civ. IV*, n° 165 ; *Bull. Joly* 2012. 870, note F.-X. Lucas), ce à quoi il faut ajouter que cette « obligation » ne devrait pas être soumise à aucune autre prescription.

Le *droit des procédures collectives* décidait, avant la loi de sauvegarde des entreprises du 26 juillet 2005, entrée en vigueur le 1er janvier 2006 et applicable aux procédures ouvertes à compter de ce jour, que l'ouverture d'une procédure collective à l'égard d'une personne morale dont les associés sont tenus indéfiniment et solidairement du passif provoquait l'ouverture d'une procédure à l'égard de chaque associé ainsi tenu. Cette règle a cependant été supprimée. Dès lors, l'ouverture d'une procédure collective à l'égard d'un associé est possible, mais il faut démontrer que cet associé remplit les conditions d'ouverture de la procédure. Il faut donc qu'il soit en état de cessation des paiements ou justifie de difficultés insurmontables. De manière un peu surprenante mais conforme à la lettre actuelle des textes, il avait été jugé qu'il fallait encore que soit rapportée la preuve de l'exercice d'une activité commerciale par l'associé en nom (ou d'une autre activité comprise dans le périmètre des procédures collectives). Car si l'associé en nom est nécessairement commerçant (v. ss 584), il n'exerce pas toujours effectivement une activité commerciale, condition requise depuis l'entrée en vigueur d'une ordonnance du 18 décembre 2008, pour la soumission aux procédures collectives (en ce sens, v. Paris, 6 juill. 2010, *Rev. sociétés* 2010. 534, obs. Ph. Roussel Galle). La Cour de cassation s'est cependant prononcée pour l'éligibilité systématique de l'associé en nom aux procédures collectives (Civ. 2e, 5 déc. 2013, n° 11-28.092, *Bull. II*, n° 231). 618

Si l'associé a payé plus que sa part et qu'il n'est pas remboursé immédiatement par la société, il dispose d'un recours contre celle-ci pour le tout (Com. 29 oct. 2003, *RJDA* 2004, n° 327), ainsi que d'un recours contre ses coassociés. La jurisprudence considère, s'agissant de ce dernier recours, que les poursuites de l'associé doivent être divisées entre ses coassociés selon la répartition statutairement prévue (Paris, 19 févr. 2003, *Dr. Sociétés* 2003, n° 214, note J. Monnet). Dans le silence des statuts, on estime que la contribution à la dette devrait se déterminer en proportion de la part de chacun dans le capital social (M. Cozian, A. Viandier et F. Deboissy, *Droit des sociétés*, 33e éd., Litec, 2020, n° 1759). 619

620 Les associés en nom ne sont que des débiteurs *subsidiaires*. De cette qualité, il faut déduire que le créancier, qui a obtenu un titre exécutoire contre la SNC ne peut pas exercer des mesures d'exécution sur les patrimoines des associés en nom à défaut de titre exécutoire contre eux (v. ainsi Com. 3 mai 2006, *Bull. civ.* IV, n° 112 ; *Rev. sociétés* 2007. 88, note J. Moury).

C. La présence possible de commissaires aux comptes

1. *SNC dépassant certains seuils*

621 Les SNC dépassant, à la clôture d'un exercice, deux des trois seuils suivants étaient tenues de recourir aux services de *commissaires aux comptes* : total du bilan de plus de 1 550 000 euros ; montant hors taxe du chiffre d'affaires de plus de 3 100 000 euros ; nombre moyen de salariés de plus de 50 (C. com., art. L. 221-9 et R. 221-5). Ces seuils ont été relevés par le décret d'application de la loi PACTE n° 2019-514 du 24 mai 2019, à respectivement 4 et 8 millions d'euros, le nombre de salariés restant inchangé.

Avant comme après la loi PACTE, la société n'est cependant plus tenue de désigner un commissaire aux comptes lorsqu'elle n'a pas dépassé les chiffres fixés pour deux de ces trois critères pendant les deux exercices précédant l'expiration du mandat du commissaire aux comptes (C. com., art. R. 221-5, al. 2). Précisons que la loi PACTE a prévu un dispositif complexe d'application dans le temps des nouvelles règles.

2. *Décision ou action en justice des associés*

622 La SNC qui ne dépasse pas les seuils précités pouvait dès avant l'adoption de la loi PACTE être dotée tout de même d'un commissaire aux comptes par une décision de ses associés prise à l'unanimité ou, le cas échéant, à la majorité prévue par les statuts (C. com., art. L. 221-9, al. 1er, renvoyant à l'art. L. 221-6). La loi PACTE a ajouté la possibilité que soit désigné un commissaire aux comptes sur la demande d'un ou plusieurs associés représentant au moins le quart du capital (art. L. 221-9, nouvel al. 4). L'encre de la loi PACTE était cependant à peine sèche que la loi Mohamed Soilihi du 19 juillet 2019 est venue remplacer le seuil du quart par celui du tiers.

Par ailleurs, un associé en nom peut demander au président du tribunal de commerce statuant en la forme des référés la nomination d'un commissaire aux comptes (C. com., art. L. 221-9, al. 3 et R. 221-5, al. 3).

§ 2 Les modifications structurelles affectant la société en nom collectif

A. Changement d'associé

623 Le contrat de société présente la particularité d'être particulièrement évolutif. Tous les associés peuvent changer, sans que le contrat soit remis en cause pour autant. La substitution d'un associé à un autre se fait par le biais de la cession des droits sociaux du premier associé. Les dispositions propres à la SNC rendent cependant difficile la

cession des parts sociales des associés en nom. Ces obstacles tiennent à la nature des droits sociaux des associés en nom, qui ne sont que cessibles (1), et au caractère fermé de la SNC (2).

1. La nature cessible des droits sociaux des associés en nom

a. La notion de cessibilité

Les parts sociales de la SNC ne peuvent être représentées par des titres négociables (C. com., art. L. 221-13). La différence entre titres cessibles et négociables est importante. Le caractère non négociable des titres émis par la SNC empêche que leur transfert se fasse selon le mode simplifié de transmission qu'est la modification de l'inscription au compte sur lequel figure le titre (v. ss chapitre 14, pour les actions). 624 ■

La cessibilité implique que la cession du titre concerné est assimilée à une cession de créance. L'opposabilité aux tiers de la cession suppose donc l'accomplissement de mesures particulières, prévues jusqu'à récemment par l'article 1690 du Code civil et depuis l'intervention de l'ordonnance du 10 févr. 2016, par les articles 1322 et suivants. L'art. L. 221-14 faisant référence à l'art. 1690 du Code civil, c'est ce texte qui doit recevoir application, de préférence aux articles nouveaux. Le cessionnaire doit donc aux termes de l'art. 1690 signifier – c'est-à-dire notifier par huissier – la cession au débiteur de la créance cédée ; l'opposabilité de la cession peut également résulter de son acceptation par le débiteur cédé (en l'occurrence la SNC), cette acceptation devant être prise par acte authentique, c'est-à-dire devant notaire. La cession de parts sociales cessibles entraîne la nécessité d'accomplir des formalités similaires.

Le législateur peut cependant alléger ces formalités, et il a opéré ainsi s'agissant de la SNC.

L'ordonnance a par ailleurs fait de l'écrit une condition de validité de la cession de créance (C. civ., art. 1322). L'art. L. 221-14 disposait déjà que « La cession des parts sociales doit être constatée par écrit » (v. ss 625).

b. Les conditions d'opposabilité de la cession de parts de SNC

1. Nécessité d'un écrit

La première condition réside dans la *nécessité d'un écrit.* Avant l'intervention de l'ordonannce du 10 févr. 2016, la jurisprudence considérait que ce n'était pas une condition de forme de la cession (Com. 10 mars 1992, *Rev. sociétés* 1992. 732, note R. Libchaber, rendu à propos de parts de SARL mais transposable), mais une exigence de preuve, et l'écrit sont nécessaires pour accomplir les formalités permettant de rendre la cession opposable à la société et aux tiers. Si l'on assimile la cession de parts d'une SNC à une cession de créance, l'art. 1322 du Code civil, qui impose l'écrit comme condition de validité, devrait s'appliquer. Cependant, le maintien sous le régime de l'art. 1690 du Code civil incite à maintenir la solution ancienne. 625 ■

On observera au passage que l'avocat qui est unique rédacteur d'un acte de cession doit assurer l'équilibre de l'ensemble des intérêts en présence et prendre l'initiative de conseiller les deux parties à la convention sur la portée des engagements souscrits de part et d'autre, notamment sur l'obligation aux dettes sociales qui pèse sur le cessionnaire (Civ. 1re, 27 nov. 2008, *Bull. civ.* I, n° 267 ; *Dr. sociétés* 2009, n° 53, obs. D. Gallois-Cochet).

2. Signification, acceptation ou dépôt

626 La deuxième condition est celle de la notification de la cession à la SNC ou son acceptation par acte authentique. La cession de parts de SNC est en principe rendue opposable à la société dans les formes prévues à l'article 1690 du Code civil (C. com., art. L. 221-14). Cette exigence s'explique par le caractère cessible des parts de la SNC.

Une mesure de simplification est cependant prévue. Les actes d'huissier et les actes devant notaire sont onéreux, et il serait regrettable que des personnes conservent la qualité d'associé en nom parce que les mesures permettant de rendre opposable la cession de ses parts sont trop onéreuses. L'article L. 221-14 du Code de commerce prévoit ainsi une alternative aux formalités de l'article 1690 du Code civil : la signification ou l'acceptation peuvent être remplacées par « le dépôt d'un original de l'acte de cession au siège social contre remise par le gérant d'une attestation de ce dépôt ».

3. Publication des statuts modifiés au registre du commerce et des sociétés

627 Une troisième condition réside dans l'obligation de réaliser une publicité au registre du commerce et des sociétés (C. com., art. L. 221-14 et R. 221-9). Jusqu'à l'intervention de l'ordonnance n° 2014-863 du 31 juillet 2014, c'était l'acte de cession de parts sociales qui devait être déposé. Il fallait précisément déposer en annexe au registre du commerce et des sociétés deux expéditions de l'acte de cession (l'expédition est une copie de l'acte, délivrée par le notaire titulaire de l'original) si cet acte était un acte authentique, ou deux originaux, si la cession avait été faite par acte sous seing privé. L'ordonnance du 31 juillet 2014 impose de procéder à la publication des statuts modifiés, ce qui peut s'expliquer par le fait qu'en pratique on procède généralement, en cas de cession, à la modification des statuts pour indiquer l'existence de la cession et la modification dans la composition des associés. Simplement, cette réforme peut être source d'un danger pour le cédant, s'il quitte la société sans avoir obtenu la publication des statuts modifiés, car, dans cette hypothèse, sa sortie n'est pas opposable aux tiers mais il n'a plus la possibilité d'influer sur le fonctionnement de la société. Le décret n° 2015-545 du 18 mai 2015 a inséré à l'article R. 221-9 du Code de commerce un dispositif visant à protéger le cédant, permettant à celui-ci ou au cessionnaire de procéder eux-mêmes au dépôt, sous certaines conditions, afin de rendre la cession opposable aux tiers.

4. Autres mesures de publicité

628 D'autres mesures de publicité sont enfin nécessaires, en cas de retrait d'un associé ou d'entrée d'un nouvel associé dans la SNC. Une insertion dans un journal d'annonces légales du lieu du siège social doit être faite (C. com., art. R. 210-9), une inscription modificative doit être prise au registre du commerce et des sociétés (C. com., art. R. 123-66), et une insertion au *BODACC* doit être effectuée à la diligence du greffier.

c. Sanctions

629 Si une ou plusieurs mesures d'opposabilité de la cession n'ont pas été accomplies, l'opération doit en principe être inopposable à la société et aux tiers, ou simplement aux tiers, ce qui leur permettra d'exiger le paiement des dettes sociales de l'associé qui a cédé ses parts, même pour les dettes sociales nées postérieurement à la cession. L'absence d'accomplissement des mesures d'opposabilité aux tiers ne semble pas pouvoir être remplacée par la démonstration de la connaissance de la cession

qu'auraient eue ces tiers (v. Com. 27 janv. 1998, *Bull. civ.* IV, n° 49 ; *Rev. sociétés* 1998. 557, note Ph. Didier ; v. cependant Com. 24 sept. 2013, n° 12-24.083, *Bull.* IV, n° 140 ; *Gaz. Pal.*, 4-6 mai 2014. 26, note B. Dondero).

Précisons encore que l'opposabilité *aux tiers* suppose que les mesures d'opposabilité *à la société* aient été accomplies, en plus des mesures destinées spécifiquement à l'opposabilité aux tiers. L'article L. 221-14 du Code de commerce permet de faire cette affirmation. Selon ce texte, la cession des parts de SNC « n'est opposable aux tiers qu'après accomplissement de ces formalités [celles conditionnant l'opposabilité à la société] et, en outre, après publicité au registre du commerce et des sociétés ». L'opposabilité aux tiers suppose donc qu'un original de l'acte de cession ait été déposé au siège social ou que les formalités de l'article 1690 du Code civil aient été accomplies. Cette solution est clairement affirmée par l'arrêt de la chambre commerciale de la Cour de cassation en date du 9 juin 1998 (v. ss, *Débats*).

2. Le caractère fermé de la société

Autre facteur rendant plus difficile la cession des parts de SNC : le caractère fermé de cette société. Ce caractère fermé emporte des conséquences tant en cas de cession entre vifs qu'en cas de transmission par décès des parts de SNC. 630

a. En cas de cession entre vifs

Les parts sociales de SNC ne peuvent être cédées qu'avec le consentement de tous les associés, toute clause contraire étant réputée non écrite (C. com., art. L. 221-13). Cela signifie donc que toute cession, qu'elle intervienne au bénéfice d'un tiers ou au bénéfice d'un associé, doit être approuvée par l'ensemble des autres associés. Il convient d'ailleurs de penser que le terme de cession ne désigne pas la seule vente de droits sociaux, mais devrait également concerner une donation ou un échange. 631

Contrairement à ce qui est prévu dans les autres sociétés, le refus d'agrément n'impose pas à la société de racheter ou de faire racheter les parts de l'associé qui souhaite les céder. Cela veut-il dire que l'associé en nom doit rester prisonnier de ses titres en cas de refus d'agrément par ses coassociés ? Ses possibilités sont plutôt réduites : demander au juge la dissolution de la société, pour mésentente ; éventuellement faire constater par le juge que le refus d'agrément de ses coassociés est constitutif d'un abus négatif (pour une rare et récente illustration, v. Com. 6 févr. 2019, n° 17-20112). Ces solutions ne sont pas idéales...

Quant aux modalités pratiques d'obtention de l'agrément, la loi et le décret ne prévoient pas de délai ou de mode de notification particulier de la cession aux associés. Ce sont donc les statuts qui devront organiser la procédure d'agrément.

La Cour de cassation a précisé que la cession non agréée n'était pas nulle, mais seulement inopposable à la société et aux associés (Com., 16 mai 2018, n° 16-16498, *Bull.* IV, n° 56 ; *JCP E* 2018, 1374, note B. Dondero).

b. Transmission en cas de décès d'un associé

Le changement d'associé peut également résulter du décès d'un associé en place, ce qui devrait entraîner transmission de ses droits sociaux à ses héritiers. Mais de même qu'il n'est pas concevable que de nouveaux associés intègrent la société sans l'accord des associés en place, il n'est pas non plus concevable qu'au décès d'un associé ses parts soient reprises par ses héritiers sans l'accord des autres associés en nom. 632

De ce fait, l'article L. 221-15 du Code de commerce assure le respect du consentement des coassociés du défunt, tout en tentant de protéger les héritiers. Le principe est que la SNC prend fin en cas de décès d'un associé. Les statuts peuvent cependant prévoir que la société continuera, avec un ou plusieurs des héritiers ou le conjoint de l'associé disparu, ou avec toute autre personne désignée par les statuts ou, si les statuts l'autorisent, par des dispositions testamentaires, éventuellement sous réserve de l'agrément de ces personnes si elles n'ont pas déjà la qualité d'associé en nom. Si la société continue avec les seuls associés survivants, parce que les statuts en décident ainsi ou parce que l'agrément lui a été refusé, l'héritier se voit reconnaître un droit de créance sur la société, à hauteur de la valeur des droits reçus de l'associé défunt. Lorsqu'un ou plusieurs des héritiers de l'associé sont mineurs et non émancipés, une protection particulière leur est accordée. Ils ne répondent des dettes sociales qu'à hauteur de ce que l'on peut trouver dans la succession de l'associé décédé, et la SNC doit être transformée, dans le délai d'un an à compter du décès, en SCS dont le mineur devient commanditaire, sous peine de dissolution de la SNC.

B. Transformation de la société

1. *Transformation d'une société d'une autre forme en SNC*

■ 633 La transformation d'une société d'une autre forme en SNC peut sembler totalement dépourvue d'intérêt, du fait de la lourde obligation aux dettes sociales qui pèse sur les associés en nom. Cette transformation peut cependant avoir ses justifications. La SNC n'est pas soumise par le législateur à l'exigence d'un capital social minimum. Dès lors, elle pourra constituer une forme d'accueil possible pour une SA dont les capitaux propres ont baissé et qui doit réduire son capital social en dessous du minimum légal requis pour les sociétés de cette forme (37 000 euros, aux termes de l'art. L. 224-2 du C. com.). On pourra cependant considérer que la SARL à un euro ou la SAS à un euro constituent des formes d'accueil plus intéressantes. Des considérations fiscales peuvent aussi guider les associés qui choisissent de se soumettre au régime de la SNC, à la fois simple et souple, mais comportant également l'inconvénient de la responsabilité illimitée et solidaire.

Dans la quasi-totalité des cas, la transformation en SNC supposera une décision prise à l'unanimité des associés de la société accédant à cette forme sociale, dès lors que la responsabilité indéfinie et solidaire des associés est une obligation qui se rencontre rarement dans les autres sociétés.

2. *Transformation d'une SNC en société d'une autre forme*

a. Conditions

■ 634 La décision de transformer la SNC en société d'une autre forme sera prise en principe à l'unanimité des associés, dès lors qu'il s'agit là d'une décision excédant les pouvoirs reconnus au gérant. Les statuts pourraient cependant prévoir que la décision de transformation peut être prise à la majorité, simple ou qualifiée (C. com., art. L. 221-6, al. 1er). On nuancera cependant cette affirmation s'agissant du cas où la forme sociale visée comportera des obligations nouvelles pour les associés. Certes, les associés en nom supportent une responsabilité indéfinie et solidaire, et l'on peut considérer que c'est là l'obligation la plus contraignante pour un associé. Toutefois, la souscription d'obligations nouvelles, fût-ce en contrepartie de l'abandon de la garantie des dettes sociales, suppose l'accord des associés qui supportent ces obligations, et implique donc que la transformation soit décidée à l'unanimité. L'obligation de faire des apports à hauteur d'une certaine somme peut ainsi être vue comme une obligation nouvelle pour les associés. Ceci dit, la SNC qui souhaite se transformer en SA, par exemple, devra se doter d'un capital au moins égal à 37 000 euros *avant* que la décision de transformation soit prise. Mais l'on réalise que le sort de certains associés en nom pourrait, dans cette hypothèse, soulever de délicats problèmes. Que l'on songe par exemple au cas où un associé en nom n'a réalisé que des apports en industrie, apports qui ne sont pas admis dans la SA. Si, préalablement à la transformation, cet associé en nom ne réalise pas un apport en numéraire ou en nature, ou si des parts autres que des parts d'industrie ne lui sont pas attribuées à un titre ou à un autre, il est à penser que la transformation entraînera son exclusion de la société.

b. Effets

La transformation modifie les règles auxquelles la société est soumise. En revanche, la personnalité morale de la société survit à la transformation, par application de l'article L. 210-6, alinéa 1er du Code de commerce. 635 ■

C'est surtout au regard des créanciers sociaux que la transformation peut soulever des difficultés. Mais on a vu que la solution retenue par la jurisprudence était toujours favorable aux créanciers (v. ss chapitre 8).

section 3
La dissolution de la société en nom collectif

§ 1 Application du droit commun

La dissolution de la SNC suit le régime général applicable à toutes les sociétés commerciales. Cette observation vaut aussi bien pour les causes de la dissolution 636 ■
que pour les effets de celle-ci, mais avec des ajouts concernant les causes de la dissolution. La loi prévoit en effet que la SNC peut être dissoute pour des causes autres que les causes provoquant la dissolution de toutes les sociétés prévues par l'article 1844-7 du Code civil.

§ 2 Causes propres de dissolution

La révocation du gérant associé entraîne ainsi la dissolution de la SNC dans certains cas. Plus précisément, l'article L. 221-12, alinéa 1er du Code de commerce la prévoit lorsque tous les associés sont gérants ou qu'un ou plusieurs gérants choisis parmi les associés sont désignés par les statuts. Mais le même texte dispose que, dans cette hypothèse, la continuation de la société peut être prévue par les statuts ou décidée à l'unanimité par les autres associés. 637 ■

Ensuite, l'article L. 221-15 dispose que par principe, la SNC prend fin par le décès de l'un des associés, sous réserve des possibilités offertes aux associés de prévoir le maintien de la société, dans les conditions prévues par ce texte. Et en cas de continuation de la société avec l'un ou plusieurs des héritiers mineurs, le dernier alinéa de l'article L. 221-15 prévoit que la société doit se transformer en SCS ou être dissoute.

Par ailleurs, l'article L. 221-16 du Code de commerce prévoit que la société est dissoute lorsqu'un jugement de liquidation judiciaire ou arrêtant un plan de cession totale est prononcé à l'égard de l'un des associés.

Enfin, le dernier cas de dissolution spécifique à la SNC est celui visé par le même article L. 221-16, qui dispose que la société est dissoute lorsqu'une interdiction d'exercer une profession commerciale ou une mesure d'incapacité est prononcée à l'égard de l'un des associés. Dans cette hypothèse, l'un des associés n'est plus en mesure d'être commerçant. Or l'on a vu que la SNC est la société dont les associés sont tous commerçants.

Compléments pédagogiques

Mémo

La *société en nom collectif* (SNC) est une société de personnes qui se caractérise par la *qualité de commerçant de ses associés*, par leur *obligation indéfinie et solidaire aux dettes sociales*, et par un fort *intuitus personae*.

Les règles de fonctionnement de cette société sont peu nombreuses et souples. La garantie des dettes sociales qui pèse sur les associés autorise que ne leur soient imposées que peu de contraintes par le législateur.

Un gérant peut être placé à la tête de la SNC, les associés pouvant prendre des décisions sur les questions dépassant les pouvoirs du gérant.

La *cession et la transmission des parts sont encadrées par la loi et les statuts peuvent compléter cet encadrement*. La SNC est essentiellement une société fermée, dans laquelle toutes les transmissions de droits sociaux doivent en règle générale être soumises à *l'agrément des associés*.

Biblio

– G. Lamoril, « De la stabilité des sociétés de personnes depuis 1807 ? », in *D'un Code à l'autre : le droit commercial en mouvement*, P. Le Cannu (dir.), LGDJ, 2008, p. 247.

– F.-X. Lucas, « Interrogations sur la qualité de commerçant de l'associé en nom », in *Mélanges A. Honorat*, Frison-Roche, 2000, p. 281.

– A. Reygrobellet, « Pour une "société en nom collectif… unipersonnelle" », *D.* 2003. Chron. 679.

Débats

L'associé de SNC peut-il cumuler cette qualité avec celle de salarié de la société ?

La question est simple, et l'on perçoit le problème assez vite. Dès lors que l'associé de SNC a automatiquement la qualité de commerçant, il semble exclu qu'il puisse être simultanément placé en position de salarié au sein de la société, les deux qualités étant par trop différentes. Pour autant, on pourrait considérer que ces qualités, bien qu'emportant un régime effectivement opposé, peuvent cohabiter, ce qui conduirait à faire alternativement application de l'un ou de l'autre régime.

Pour la possibilité du cumul

À bien y réfléchir, on ne voit pas pourquoi les deux qualités ne s'appliqueraient pas de manière distributive. Certes, il faudra parfois que l'un des deux régimes soit écarté. Si un texte s'applique au seul salarié, il faudra s'interroger sur la possibilité que la qualité de commerçant détenue par l'associé en nom l'écarte. Le principe devrait cependant être l'admission, *autant que possible*, du cumul.

La jurisprudence semble en ce sens, puisque la cour d'appel de Paris avait d'abord reconnu que le cumul semblait possible, en l'absence de texte l'interdisant (Paris, 4 nov. 2003, *Dr. Sociétés* 2004, n° 217, note J. Monnet). C'est plus près de nous la chambre commerciale de la Cour de cassation qui a rejeté (certes en qualifiant le motif critiqué de surabondant) le pourvoi formé contre l'arrêt d'appel qui avait condamné un associé en nom à payer un créancier, pourvoi qui se fondait sur l'incompatibilité des qualités d'associé et de salarié, celle-ci écartant selon l'auteur du pourvoi celle-là (Com. 29 sept. 2009, *Bull. civ.* IV, n° 115 ; *Rev. sociétés* 2010. 314, note A. Lecourt).

Contre la possibilité du cumul

L'argument le plus fort tient au fait que la place de l'associé en nom dans la SNC apparaît exclure tout cumul avec la qualité de salarié. Est-il concevable d'être dans une position de subordination, quand bien même l'on exercerait pour le compte de la société une activité qui n'est pas rémunérée par une part du bénéfice mais par un salaire fixe, alors que, dans le même temps (i), l'associé-salarié est tenu indéfiniment et solidairement aux dettes de la société qui l'emploie, ce qui est habituellement exclu pour un salarié ; (ii) les décisions excédant les pouvoirs du gérant sont en principe prises à l'unanimité des associés, ce qui donne à l'associé-salarié un important pouvoir de blocage (C. com., art. L. 221-6) ; (iii) la qualité même de commerçant donnée à l'associé en nom suppose que la profession soit exercée de manière indépendante (C. com., art. L. 121-1) ? C'est en se fondant sur la qualité de commerçant de l'associé en nom et sur son engagement indéfini et solidaire aux dettes sociales que la Cour de cassation a exclu que l'associé en nom puisse être lié à la société par un contrat de travail (Soc., 14 oct. 2015, n° 14-10960, *Bull.* V, n° 190, *Rev. Sociétés* 2016. 166, note B. Saintourens). Un parlementaire a interrogé le garde des Sceaux sur ce qu'il considérait être une divergence de jurisprudence, la réponse apportée va dans le sens de la décision de 2015 tout en acceptant l'idée d'une exception au cas par cas. Il a en effet été répondu que « les associés en nom collectif ont tous la qualité de commerçant et répondent indéfiniment et solidairement des dettes de la société dont ils détiennent le capital et au sein de laquelle ils exercent leurs droits de vote à l'unanimité, sauf majorité fixée par les statuts » et que « ces qualités sont incompatibles avec l'état de subordination qui conditionne la validité du contrat de travail pour des activités exercées au sein de la même société en nom collectif ». Mais cette règle de principe vaut « sous réserve de l'appréciation souveraine des juridictions, notamment s'agissant de situations dans lesquelles les statuts prévoient une règle de majorité pouvant laisser place à un écart entre la décision prise par la société et la volonté de l'un des associés » (Rép. min. n° 14659, *JOAN Q* 2019, p. 1686, *RTD com.* 2019. 410, obs. A. Lecourt).

La durée de la prescription de la créance de dividende de l'associé en nom

Au vrai, la question a perdu de son importance avec l'entrée en vigueur de la loi nº 2008-561 du 17 juin 2008, qui ramène le délai de droit commun de la prescription extinctive à 5 ans (C. civ., art. 2224). La question gardait cependant, jusqu'à récemment, un intérêt pour les délais en cours au jour de l'entrée en vigueur de la loi (étant précisé que le nouveau délai s'est appliqué aux prescriptions en cours, courant à compter du jour de l'entrée en vigueur de la loi nouvelle, sans que la durée totale puisse excéder la durée prévue par la loi antérieure, selon l'art. 2222 du C. civ.).

Les solutions envisageables

La prescription quinquennale ?

Antérieurement à la loi du 17 juin 2008, l'article 2277 du Code civil prévoyait une prescription quinquennale pour ce qui est payable par année ou par termes plus courts (ex. les loyers). C'était également une prescription quinquennale qui jouait pour le dividende des actions parce qu'un texte spécial le prévoyait (CGPPP, art. L. 1126-2).

Un délai de prescription plus long ?

On pouvait hésiter entre deux autres textes concernant la prescription de la créance portant sur les dividendes produits par les parts sociales, qui prévoyaient des délais distincts.

Le premier de ces textes était l'article L. 110-4 du Code de commerce, qui prévoyait que les obligations nées à l'occasion de leur commerce entre commerçants ou entre commerçants et non-commerçants se prescrivent en principe par dix ans (délai ramené à 5 ans par la loi de 2008).

Le second de ces textes était l'article 2262 du Code civil, qui édictait un délai de prescription de droit commun, établi à 30 ans.

La solution retenue par la Cour de cassation

Un arrêt de la chambre commerciale de la Cour de cassation, en date du 19 septembre 2006 et non publié au *Bulletin des arrêts*, est venu répondre incidemment à cette question (nº 03-19.416 ; *Bull. Joly* 2007. 147). L'arrêt concerne une action intentée par un associé en nom, qui demandait notamment à la SNC le paiement de sa part des bénéfices sociaux des 30 années ayant précédé l'acte introductif d'instance. L'associé avait donc choisi de se référer au délai de droit commun édicté par l'article 2262 du Code civil, solution la plus avantageuse pour lui. La cour d'appel avait accueilli la demande, mais avait limité la condamnation de la société aux cinq dernières années. C'était donc la prescription la plus courte, sans doute fondée sur l'article 2277 du Code civil, qui avait été retenue.

La Cour de cassation censure cependant l'arrêt d'appel, pour violation des articles 2277 du Code civil et 347 de la loi du 24 juillet 1996 (devenu l'art. L. 232-12 du C com.). Elle considère que, dans la mesure où la SNC n'avait en l'espèce tenu aucune assemblée, la prescription n'avait pas commencé à courir.

Surtout, l'arrêt permet de comprendre, par le visa retenu, et par le fait que la Cour de cassation ne remet pas en cause l'arrêt d'appel sur ce point, que c'est bien le délai de prescription quinquennale de l'ancien article 2277 du Code civil qui était alors applicable.

« Vu les articles 2277 du Code civil et 347 de la loi du 24 juillet 1996 devenu l'article L. 232-12 du Code de commerce ;

Attendu que pour rejeter la demande de M. Rachid X... tendant à la condamnation de M. El Hadi X... et de la société à lui payer sa part de bénéfices sociaux des trente années ayant précédé l'acte introductif d'instance et pour limiter la condamnation aux cinq dernières années précédant cet acte, l'arrêt retient que seule la prescription quinquennale de l'article 2277 du Code civil était applicable, les bénéfices distribués s'analysant en des fruits civils et qu'en l'absence de justification de décision de report à nouveau ou d'affectation à un fonds de réserve, les bénéfices réalisés auraient dû être distribués, sauf à en déduire la moitié de la rémunération du gérant ;

Attendu qu'en statuant ainsi, alors que seule la décision de l'assemblée générale de distribuer tout ou partie des bénéfices sous forme de dividendes confère à ceux-ci l'existence juridique, ce dont il résultait que le délai de la prescription quinquennale n'avait pu commencer à courir, la cour d'appel a violé les textes susvisés »

À quelles conditions la cession de parts de SNC est-elle opposable aux tiers ?

L'article L. 221-14 du Code de commerce dispose que la cession de parts de SNC n'est opposable aux tiers qu'après accomplissement de la publicité au RCS (notons que depuis l'ordonnance du 31 juillet 2014 ayant modifié l'article L. 221-14 du Code de commerce, ce n'est plus la cession de parts qui est publiée au RCS, mais les statuts modifiés) *et* des mesures d'opposabilité à la société. L'associé de SNC qui cède ses parts, et exécute les seules mesures de publicité destinées à rendre la cession opposable aux tiers mais pas les mesures d'opposabilité à la société, peut-il être considéré par les tiers comme n'ayant pas cédé ses parts ? En somme, la cession est-elle inopposable aux tiers ?

En faveur de l'inopposabilité

L'article L. 221-14 du Code de commerce pris à la lettre énonce que la seule publicité au RCS ne suffit pas à rendre la cession opposable aux tiers. Une application formelle de ce texte doit donc conduire à retenir l'inopposabilité aux tiers de la cession qui n'a pas été rendue opposable à la société.

À l'encontre de l'inopposabilité

Il est tentant de considérer que la publicité au RCS suffit à informer suffisamment les tiers de la cession de parts sociales intervenues, en dépit du fait que la mesure destinée à l'opposabilité à la société n'a pas été réalisée.

Cette solution a aussi pour elle d'épargner à l'associé cédant des conséquences extrêmement dures. Si le cédant peut toujours être considéré par les tiers comme associé de la SNC, il se trouve alors tenu de garantir le paiement par cette société de l'intégralité du passif apparu pendant la période (qui peut durer plusieurs années) séparant la cession de ses parts de la défaillance de la SNC, voire de sa procédure collective. Cette solution sera d'autant plus difficile à accepter pour le cédant que le passif dont il lui sera réclamé paiement sera né sans qu'il n'exerce plus aucune prérogative dans la SNC dont il n'était plus l'associé.

La solution de la Cour de cassation

Un arrêt rendu par la Cour de cassation (Com. 9 juin 1998, n° 96-12.061 et 96-15.657, *Bull. civ.* IV, n° 190) permet d'illustrer les conséquences dramatiques pour l'associé de SNC qui cède ses parts mais omet d'accomplir les formalités d'opposabilité aux tiers. En l'espèce, M. T., qui était associé de deux SNC, cède toutes les parts détenues dans ces sociétés. Il pense à effectuer les formalités d'opposabilité aux tiers de la cession (publicité de la cession au RCS notamment), mais il omet de procéder à l'accomplissement des formalités d'opposabilité de la cession à la société (il n'avait pas signifié la cession à la société, obtenu son acceptation par acte authentique, ou déposé un original de l'acte de cession au siège social). M. T., peut-on imaginer, se désintéresse ensuite du sort des SNC dont il n'est plus l'associé. Peut-être se consacre-t-il à une autre activité, peut-être prend-il sa retraite, l'arrêt ne nous le dit pas. Plusieurs années après la cession, les SNC tombent sous le coup d'une « faillite ». Le tribunal qui ouvre la procédure collective des sociétés va cependant considérer que M. T. est toujours associé des deux SNC, et permet donc aux tiers de le poursuivre en paiement des dettes des SNC défaillantes.

L'arrêt fonde sa solution sur une application « bête et méchante » de l'article L. 221-14 du Code de commerce. Le pourvoi de M. T. soutenait que la publicité au RCS suffisait, mais en vain. On peut le comprendre, car toutes les autres mesures d'opposabilité aux tiers ont été accomplies, et seule la mesure destinée à la société n'a pas été réalisée. Mais la Cour de cassation va retenir une application formelle de ce texte, avec des conséquences aussi rigoureuses qu'inattendues pour le cédant.

« Qu'ayant relevé que les formalités d'opposabilité à l'égard de la société prévues par le premier alinéa de l'article [L. 221-14 du Code de commerce] n'avaient pas été accomplies antérieurement ou concomitamment au dépôt des actes de cession au greffe du tribunal de commerce, la cour d'appel (...), abstraction faite du motif erroné pris de ce que l'opposabilité aux tiers impliquait la modification des statuts de la société et leur publication, a, sans avoir à effectuer les recherches inopérantes visées par les deuxième et cinquième branches, et sans adopter les motifs du jugement sur l'existence entre M. Y... et M. X... d'une société de fait, légalement justifié sa décision qui ne peut être atteinte par les griefs de dénaturation des troisième et sixième branches visant des motifs surabondants ; d'où il suit que le moyen ne peut être accueilli en aucune de ses branches » (extraits).

chapitre 11

La société à responsabilité limitée (SARL)

Plan analytique

La société à responsabilité limitée (SARL)

La société à responsabilité limitée est à l'heure actuelle la forme de société commerciale la plus répandue en France, puisqu'on en comptait en mai 2018 1.459.825, même si la SAS gagne du terrain. Son nom n'est pas un modèle de précision, dans la mesure où elle n'est pas la seule société dans laquelle la responsabilité des associés soit limitée à leurs apports. 638

La SARL peut être dotée d'un seul associé, et ce dès le moment de sa constitution, puisqu'elle peut être constituée par une seule personne physique ou morale. On parle alors d'entreprise unipersonnelle à responsabilité limitée (EURL), étant précisé qu'il ne s'agit pas là d'une forme sociale distincte, mais simplement d'une SARL unipersonnelle. Cette possibilité a été introduite par une loi n° 85-697 du 11 juillet 1985.

La SARL et l'EURL sont régies par les articles L. 223-1 à L. 223-43 et R. 223-1 à R. 223-36 du Code de commerce.

Quelles sont les caractéristiques essentielles de la SARL ? 639

C'est une société commerciale par la forme, constituée par un ou plusieurs associés qui n'ont pas nécessairement la qualité de commerçant, et qui ne sont responsables du passif social qu'à hauteur de leurs apports. À la différence des associés de la SNC, ceux de la SARL ne sont donc pas tenus d'une obligation aux dettes sociales pesant sur leur patrimoine personnel. Il faut cependant préciser qu'en pratique, la responsabilité limitée des associés est fréquemment remise en cause par le fait que les créanciers, et notamment les banques, tendent à subordonner l'octroi de crédits à la SARL au cautionnement des engagements de la société par ses associés (le cautionnement du ou des gérants est également fréquemment demandé). Un capital social minimum de 7 500 euros était autrefois exigé, mais depuis la LSF du 1er août 2003, la SARL n'est plus astreinte à détenir un capital minimum, et peut donc être constituée avec un euro de capital. La SARL émet des parts sociales, titres non négociables (C. com., art. L. 223-12).

Quels sont les avantages de la SARL ? 640

C'est une société dont la constitution est aisée : peu d'associés, un capital social potentiellement (très) réduit. Son fonctionnement est simple, et les associés bénéficient de la limitation de leur responsabilité aux apports. Certes, la constitution et le fonctionnement d'une SNC sont plus simples encore, mais la responsabilité illimitée et solidaire des associés au paiement du passif social est un repoussoir de taille. Différentes considérations d'ordre social et fiscal ont longtemps fait préférer et font encore préférer la forme de société par actions à celle de SARL. Pourtant, celle-ci est plus adaptée, du strict point de vue juridique, à la petite et moyenne entreprise.

section 1

La constitution de la SARL

§ 1 Conditions de fond

641 Les conditions de fond requises pour la constitution de la SARL tiennent à la fois aux associés (A), à l'objet social (B), et aux apports (C).

A. Les associés

1. *Conditions requises*

642 La SARL est valablement constituée par un ou plusieurs associés (C. com., art. L. 223-1). Si la société est constituée par un associé unique, elle est alors une EURL (v. ss 643). Précisons que la SARL ne saurait comporter plus de 100 associés, sous peine de dissolution au bout d'un an si le nombre des associés n'est pas repassé à 100 ou moins pendant ce délai (C. com., art. L. 223-3).

Les associés peuvent être des personnes physiques ou des personnes morales. La forme de la SARL peut d'ailleurs être utilisée comme « filiale » par une association qui souhaiterait exercer une activité commerciale pour financer son activité associative.

Aucune capacité particulière n'est requise des associés, dans la mesure où la souscription de parts de SARL ne confère pas la qualité de commerçant. Notons cependant que pour certains apports (selon leur nature et leur valeur) et dans le cadre de certains régimes d'incapacités, une action particulière en annulation de l'acte d'adhésion à la société est envisageable. Mais cela n'entraînera pas pour autant la nullité de la société, sauf à ce que la société ait été constituée uniquement entre incapables. On se souviendra que la nullité d'une SARL ne peut résulter d'une incapacité à moins que celle-ci atteigne tous les associés fondateurs (C. com., art. L. 235-1).

Il est également exclu que la nullité de la SARL puisse résulter d'un vice du consentement, sauf à ce que, là encore, tous les associés fondateurs soient concernés (C. com., art. L. 235-1).

2. *Le cas particulier de l'EURL*

a. Admission de l'EURL

643 La SARL présente la particularité d'être l'une des trois sociétés commerciales, avec la SAS et la SE, qui peuvent être constituées *ab initio* par un seul associé. On la désigne alors par le sigle « EURL », mais c'est par commodité, puisqu'il ne s'agit pas d'une forme sociale distincte. Il n'y a par conséquent pas de transformation au sens propre en cas de passage d'un à plusieurs associés ou inversement. La société ne doit d'ailleurs pas employer le mot « EURL » après sa dénomination sociale, mais bien les mots « SARL » ou « société à responsabilité limitée », comme toutes les sociétés de cette

forme. Il s'agit en réalité d'une SARL comme les autres, si ce n'est qu'elle ne compte qu'un seul associé, qui prend les décisions qui relèveraient de l'assemblée des associés dans une SARL pluripersonnelle (C. com., art. L. 223-1, al. 2).

La loi du 15 juin 2010, qui a introduit l'EIRL dans notre système juridique, a été justifiée par le prétendu échec de l'EURL. Cet échec est cependant très discutable, dès lors que les EURL représentent officiellement 25 % des SARL constituées, et en réalité sans doute bien plus, car beaucoup de sociétés pluripersonnelles ne comptent véritablement dans les rangs de leurs associés qu'une seule personne véritablement motivée – généralement le fondateur de la société.

b. Constitution facilitée

Pour faciliter la constitution des EURL, la loi n° 2005-882 du 2 août 2005 avait prévu 644 ■
qu'un décret approuverait un modèle de statuts types pouvant être utilisés par les EURL dont l'associé unique était le gérant. Cela fut fait par un décret n° 2006-301 du 9 mars 2006, codifié à l'article D. 223-2 du Code de commerce. La loi LME du 4 août 2008 a cependant modifié à nouveau l'article L. 223-1 du Code de commerce, et cette disposition prévoit désormais en son deuxième alinéa que les statuts types s'appliquent par défaut, à moins que l'intéressé ne produise des statuts différents lors de sa demande d'immatriculation. Les statuts types, légèrement modifiés, résultent aujourd'hui d'un décret n° 2008-1419 du 19 décembre 2008 et figurent à l'annexe 2-1 du Code de commerce.

La loi LME a par ailleurs allégé les formalités de publicité applicables à l'EURL gérée par son associé unique personne physique, en dispensant cette société d'insertion au Bodacc (v. C. com., nouv. art. L. 210-5, et v. R. 123-155 et R. 123-159 tels que modifiés par le Décr. n° 2008-1488 du 30 déc. 2008).

c. Interdiction ancienne des « cascades d'EURL »

Le législateur avait souhaité interdire les « cascades d'EURL », ce qui signifiait qu'une 645 ■
EURL ne pouvait avoir pour associé unique une autre EURL, sous peine d'encourir une dissolution si un tiers en faisait la demande (C. com., art. L. 223-5, aujourd'hui abrogé). L'ordonnance du 31 juillet 2014 a toutefois supprimé cette interdiction.

B. L'objet social

1. *Activités interdites à la SARL*

La SARL ne peut se livrer à toutes les activités commerciales. Ainsi, l'article L. 223-1 du 646 ■
Code de commerce dispose-t-il en son 4e alinéa que les sociétés d'assurance, de capitalisation et d'épargne ne peuvent adopter la forme de SARL. D'autres activités sont interdites implicitement à la SARL, en ce que d'autres formes sociales doivent impérativement être utilisées. Une Sicav (société d'investissement à capital variable) ne peut ainsi être qu'une SA ou une SAS (C. mon. fin., art. L. 214-7).

La SARL ne pouvant se livrer à ces activités, la société qui exercerait l'une d'elles sous la forme de SARL serait nulle pour illicéité de son objet.

2. *Activités réglementées*

647 Certaines activités sont quant à elles réglementées, c'est-à-dire que la SARL ne peut les exercer que si certaines conditions, professionnelles notamment, sont remplies par les associés (exploitation d'une officine pharmaceutique par ex. – v. CSP, art. R. 5125-14 s. applicables aux SELARL, sociétés d'exercice libéral adoptant la forme de SARL).

C. Les apports

1. *Le capital requis*

648 Les apports faits par les associés de la SARL devaient, jusqu'à l'intervention de la loi de sécurité financière du 1er août 2003, lui conférer un capital social d'un montant minimum de 7 500 euros (un peu moins de 50 000 francs – C. com., anc. art. L. 223-2). Antérieurement, le montant minimum du capital social avait fait l'objet de relèvements successifs. Ces exigences ont disparu, l'article L. 223-2 se contentant d'énoncer que le montant du capital social est fixé par les statuts, et donc sans imposer de minimum. Une SARL peut donc se constituer avec un capital d'un euro. Bien évidemment, ce choix risque d'avoir des conséquences pour les associés et les dirigeants, qui se verront demander par les créanciers de la société de garantir sur leurs patrimoines personnels les engagements sociaux. En cas de « faillite » de la SARL sous-capitalisée, la responsabilité des fondateurs est par ailleurs susceptible d'être engagée.

Le capital social de la SARL joue un rôle de protection des créanciers sociaux. Cela explique tant l'encadrement de la réduction du capital non motivée par des pertes (C. com., art. L. 223-34) que l'existence d'une procédure d'adéquation du montant du capital social aux capitaux propres en cas de baisse de ceux-ci (C. com., art. L. 223-42).

2. *La nature des apports*

649 Le capital peut être constitué par des apports en numéraire, en nature ou en industrie.

Les apports en nature doivent être intégralement souscrits dès la souscription des parts correspondantes, tandis que les apports en numéraire peuvent n'être libérés que du cinquième, la libération du surplus devant intervenir dans les 5 ans suivant l'immatriculation au registre du commerce et des sociétés (C. com., art. L. 223-7).

Pendant longtemps, les apports en industrie n'étaient possibles que par exception dans une SARL, lorsque l'apport en industrie était le fait d'une personne qui apportait simultanément à la société son fonds de commerce ou une entreprise artisanale, ou bien des éléments lui permettant de créer ce fonds ou cette entreprise, ou lorsqu'un tel apport était fait par le conjoint de l'apporteur en industrie. Encore fallait-il que l'activité principale de l'apporteur en industrie soit liée à la réalisation de l'objet de la SARL. La loi NRE du 15 mai 2001 a grandement élargi les possibilités d'apporter son industrie à une SARL. Il est désormais prévu, simplement, que les statuts déterminent les modalités selon lesquelles des parts sociales en industrie peuvent être souscrites (C. com., art. L. 223-7). L'apport en industrie sera donc possible dès lors que les statuts l'auront prévu. Comme pour toute autre société, les apports en industrie ne contribuent pas à la formation du capital social de la SARL (C. civ., art. 1843-2, al. 2).

3. *La reprise des apports en cas de défaut de constitution ou d'immatriculation*

Précisons que si la constitution traîne trop, les associés peuvent être tentés de reprendre les fonds provenant de la libération des parts sociales, qui sont déposés pour le compte de la société en formation chez un établissement de crédit, un notaire, ou à la Caisse des dépôts et consignations (C. com., art. L. 223-7, dern. al. et R. 223-3). Initialement, les apporteurs pouvaient demander en justice, individuellement ou par un mandataire les représentant collectivement, l'autorisation de retirer les fonds déposés si la SARL n'était pas « constituée » dans le délai de 6 mois à compter du premier dépôt (C. com., art. L. 223-8). La faculté de retrait a cependant été doublement accrue par l'ordonnance n° 2004-274 du 25 mars 2004. Celle-ci a tout d'abord étendu la faculté de demander le retrait des fonds au cas où la SARL n'a pas été immatriculée au registre du commerce et des sociétés dans le délai précité. L'ordonnance a ensuite permis au mandataire représentant tous les apporteurs d'adresser directement sa demande de retrait des fonds au dépositaire, sans qu'une autorisation judiciaire soit nécessaire. 650 ■

Un dispositif similaire intervient en cas de retard dans la réalisation d'une augmentation de capital (C. com., art. L. 223-32, dern. al.).

§ 2 Conditions de forme

A. Statuts écrits et pièces annexées

1. *Les statuts*

a. Contenu

Les statuts doivent être établis par écrit. À défaut, la société ne serait pas nulle, mais elle serait nécessairement une société en participation puisqu'elle ne pourrait pas obtenir le bénéfice de la personnalité morale. 651 ■

Les statuts de la SARL doivent contenir les mentions devant figurer dans les statuts de toutes les sociétés commerciales (C. com., art. L. 210-2).

Par ailleurs, tous les associés doivent intervenir à l'acte constitutif de la société, en personne ou par mandataire justifiant d'un pouvoir spécial (C. com., art. L. 223-6).

Les statuts doivent mentionner la répartition des parts sociales entre les associés (C. com., art. L. 223-7) et contenir l'évaluation de chaque apport en nature (C. com., art. L. 223-9). La Cour de cassation a toutefois précisé que le défaut de mention d'un apport en nature dans les statuts n'était pas de nature à écarter la réalité de cet apport (Com. 11 déc. 2007, *Bull. civ.* IV, n° 262, *RJDA 4-08*, n° 429). Si les statuts omettaient d'indiquer la répartition sociale des parts entre les associés, ou si cette déclaration était fausse, les associés encouraient une peine d'emprisonnement de 6 mois et une amende de 9 000 euros (C. com., art. L. 241-1), mais cette sanction pénale a été supprimée par la loi *Warsmann II* du 22 mars 2012. Cette dépénalisation est bienvenue pour l'hypothèse d'un oubli ou d'une inexactitude involontaire ; le délit de faux pourra cependant être constitué en cas de fausse déclaration.

b. Nombre d'originaux

652 Les statuts, établis par acte sous seing privé, doivent faire l'objet d'autant d'originaux que cela est nécessaire à l'accomplissement des formalités (C. com., art. R. 223-1). En pratique, cela implique que quatre originaux soient faits : un pour le dépôt au siège social, un pour l'enregistrement, deux pour le dépôt au greffe. Un exemplaire des statuts fait sur papier libre doit par ailleurs être remis à chaque associé de la SARL.

2. *Pièces annexées*

653 Différentes pièces sont à annexer aux statuts : le rapport du commissaire aux apports, en cas d'apport en nature ayant fait l'objet d'une évaluation (v. ci-dessous) ; l'état des actes accomplis pour le compte de la société en formation, le cas échéant, avec le montant de l'engagement résultant pour la société de ces différents actes (C. com., art. R. 210-5, al. 2).

B. Évaluation des apports en nature

1. *Recours à un commissaire aux apports*

654 L'évaluation des apports en nature, qui doit figurer dans les statuts, n'est par principe pas faite librement par les associés. Ceux-ci doivent désigner à l'unanimité un commissaire aux apports ; à défaut, cette désignation peut être demandée par le « futur associé le plus diligent » (C. com., art. L. 223-9). Il a été précisé par la loi *Sapin 2* (L. n° 2016-1691 du 9 déc. 2016) que lorsque la société est constituée par une seule personne, le commissaire aux apports est désigné par l'associé unique. Un dispositif identique est prévu en cas d'augmentation de capital par apport en nature, la désignation du commissaire aux apports pouvant alors également être demandée au juge par le gérant (C. com., art. L. 223-33).

Des cas de dispense de recours au commissaire aux apports existent. Si aucun apport en nature n'excède un montant fixé par décret (30 000 euros, aux termes de l'art. D. 223-6-1 du C. com., résultant du Décr. n° 2010-1669 du 29 déc. 2010 ; antérieurement, ce montant était fixé par l'art. L. 223-9 à 7.500 euros) et si la valeur totale des apports en nature non soumis à l'évaluation d'un commissaire aux apports n'excède pas la moitié du capital social, les futurs associés peuvent, s'ils le décident à l'unanimité, se dispenser de recourir à un commissaire aux apports (C. com., art. L. 223-9, en sa rédaction résultant de la L. n° 2010-658 du 15 juin 2010). Depuis la loi *Sapin 2* (L. n° 2016-1691 du 9 déc. 2016), les EURL sont soustraites à l'intervention d'un commissaire aux apports si l'associé unique, personne physique, exerçant son activité professionnelle en nom propre avant la constitution de la société, y compris sous le régime de l'EIRL, apporte des éléments qui figuraient dans le bilan de son dernier exercice. Cette dispense simplifie certainement la constitution des EURL mais sa justification n'est pas très claire, dès lors que les biens apportés n'auront pas nécessairement fait l'objet d'une évaluation par un professionnel.

2. *Sanctions*

655 Si un apport en nature est fait pour une valeur différente de celle retenue par le commissaire aux apports (et par hypothèse plus élevée) ou si les associés se sont

dispensés de recourir aux services de ce professionnel, ils sont solidairement responsables à l'égard des tiers, pour une durée de 5 ans, de la valeur attribuée aux apports en nature lors de la constitution de la société (C. com., art. L. 223-9).

La surévaluation frauduleuse des apports en nature est par ailleurs lourdement sanctionnée : 5 ans d'emprisonnement et 375 000 euros d'amende (C. com., art. L. 241-3, 1°).

section 2

Le fonctionnement de la SARL

Comme les autres sociétés, la SARL voit le pouvoir partagé entre un ou plusieurs dirigeants, appelés ici gérants (§1), et les associés (§2). Une SARL peut depuis peu comporter des obligataires, même si la possibilité de se financer par émission d'obligations (§3) est sans doute peu utilisée. 656 ■

On précisera que la SARL peut être dotée de commissaires aux comptes, soit parce que la loi lui fait l'obligation d'y recourir lorsqu'elle dépasse certains seuils (les mêmes que ceux prévus pour les SNC, et qui ont été également relevés par le décret d'application de la loi PACTE du 24 mai 2019, v. ss chapitre 10), soit parce que les associés ont volontairement décidé de recourir aux services de ce professionnel, soit parce qu'un ou plusieurs associés représentant au moins le dixième du capital social ont demandé au juge la désignation d'un commissaire aux comptes et que cette demande a été accueillie, soit, depuis l'entrée en vigueur de la loi PACTE, parce qu'un ou plusieurs associés représentant au moins le quart du capital en ont fait la demande (art. L. 223-35, nouv. al. 4). La loi Mohamed Soilihi du 19 juillet 2019 est cependant venue rehausser au tiers du capital social le seuil qui avait été fixé au quart par la loi PACTE.

§ 1 Le gérant de la SARL

A. Statut du gérant de SARL

La SARL est gérée par un ou plusieurs gérants (C. com., art. L. 223-18). Le gérant de la SARL n'a pas la qualité de commerçant, ce qui s'explique assez simplement : le commerçant est celui qui accomplit des actes de commerce à titre professionnel, et pour lui-même. Or le gérant de SARL n'accomplit pas d'actes de commerce pour lui-même. Il n'est qu'un mandataire, transparent, et n'a donc pas la qualité de commerçant, reconnue à la seule société. Il n'est pas, plus largement, un professionnel indépendant susceptible de faire l'objet d'une procédure de redressement judiciaire (Com. 12 nov. 2008, *Bull. civ.* IV, n° 191 ; *D.* 2008. AJ 2929, obs. A. Lienhard ; 15 nov. 2016, n° 14-29043, *Bull.* IV, n° 143 ; *Dr. sociétés* 2017, comm. n° 45, obs. C. Coupet). 657 ■

La connaissance du statut du gérant de SARL implique d'étudier les conditions de sa nomination (1), sa rémunération (2), la possibilité de cumul de son mandat avec un contrat de travail (3) et les conditions de la cessation des fonctions du gérant (4).

1. La nomination du gérant

658 Le gérant de la SARL doit impérativement être une personne physique ; il peut être choisi parmi les associés ou en dehors de leur cercle (C. com., L. 223-18, al. 1er et 2).

Ce sont les associés qui procèdent à la désignation du gérant, dans les statuts ou par un acte postérieur aux statuts (C. com., art. L. 223-18, al. 3). Mais dans cette dernière hypothèse, la décision des associés doit être prise à la majorité des parts sociales ou, sur seconde convocation ou consultation, à la majorité des votes émis (par renvoi à l'art. L. 223-29 du C. com.).

Dans le silence des statuts, les gérants sont nommés pour la durée de la société. Si le gérant est nommé pour une durée déterminée, il n'a pas un droit au renouvellement de ses fonctions, ainsi qu'a pu le préciser la jurisprudence (Com. 17 déc. 2002, *Bull. civ.* IV, n° 200 ; *Rev. sociétés* 2003. 493, note J.-F. Barbièri).

Les statuts peuvent prévoir la désignation d'un ou plusieurs gérants. Les statuts pourraient également décider que ces gérants prendront leurs décisions de manière collégiale, dans le cadre d'un conseil de gérance.

2. La rémunération du gérant

a. La décision relative à la rémunération du gérant

659 Aucune disposition légale ou réglementaire ne prévoit dans quelles conditions la rémunération du gérant de SARL est fixée. On s'accorde cependant depuis longtemps à dire qu'elle peut être prévue par les statuts ou par une décision postérieure, ce que la Cour de cassation a confirmé (Com. 25 sept. 2012, n° 11-22.754, *Bull. civ.* IV, n° 171, *Bull. Joly* 2013. 22, note B. Dondero). La décision relative à la rémunération du gérant doit être formalisée y compris lorsque la société est une EURL et que l'associé unique se trouve être aussi le gérant (Com. 25 sept. 2012, n° 11-22.337, *Bull. civ.* IV, n° 169 ; *Bull. Joly* 2013. 26, note B. Dondero). Récemment, la Cour de cassation a fait preuve de souplesse en admettant que la décision collective des associés déterminant la rémunération du gérant puisse résulter de la signature par les associés d'un rapport mentionnant le montant de la rémunération perçue (Com. 15 mars 2017, n° 14-17873, *Gaz. Pal.* 20 juin 2017. 73, note B. Dondero), que la décision des associés puisse être postérieure à la perception de la rémunération (Com. 9 janv. 2019, n° 17-18864, *Rev. Sociétés* 2019. 184, note J.-F. Barbièri ; 18 déc. 2019, n° 18-12850, *Rev. sociétés* 2020. 232, note B. Saintourens) et en écartant la sanction de nullité de la rémunération contraire à l'intérêt de la SARL débitrice (Com., 13 janv. 2021, n° 18-21860, à paraître au *Bull.*). Elle a aussi éloigné la rémunération du dirigeant de celle d'un contractant « normal » en jugeant que cette rémunération était due sans que le dirigeant ait à établir avoir effectivement exercé sa prestation de direction (Com. 21 juin 2017, n° 15-19593, PBI, *JCP E*, 1435, note B. Dondero).

La Cour de cassation a par ailleurs apporté une clarification attendue et importante (Com. 4 mai 2010, *Bull. civ.* IV, n° 84 ; *Bull. Joly* 2010. 647, note B. Dondero) : elle a jugé que la décision d'attribuer une rémunération au gérant n'était pas une convention, ce dont il faut déduire deux conséquences. La première est que la procédure des conventions réglementées ne s'applique pas, et que le gérant associé peut donc participer à la décision relative à sa propre rémunération, y compris lorsque la rémunération en question, décidée par l'assemblée, est une prime exceptionnelle (Com., 31 mars 2021, n° 19-12057, à paraître au *Bull.*) ; la seconde tient à la possibilité pour la société de modifier unilatéralement cette rémunération, la limite de ce pouvoir devant résider dans l'abus de droit et plus largement dans la faute de la société.

b. La situation sociale du gérant

Le gérant non associé est assujetti comme un salarié à la sécurité sociale, lorsqu'il reçoit une rémunération au titre de son mandat social. Le gérant associé et rémunéré est affilié au régime des salariés si la société est soumise à l'IS, et s'il ne possède pas plus de la moitié du capital social. Il faut prendre en compte les parts du conjoint et des enfants mineurs non émancipés pour apprécier la situation du gérant, selon l'art. L. 311-3, 11° du Code de la Sécurité sociale, mais pas les parts détenues en indivision (Soc. 9 nov.1981, *Bull. civ.* V, n° 876). Les auteurs ajoutent que le gérant ne doit alors pas être chargé de la représentation des indivisaires. Le gérant majoritaire rémunéré est considéré quant à lui comme exerçant une activité non salariée. On remarquera qu'une décision récente prend en compte, en présence d'un collège de gérants, les parts détenues par l'ensemble du collège, alors même que certains cogérants ne détenaient aucune part (Civ. 2e, 31 mai 2018, n° 17-17518, *Bull.* II, n° 109 ; *RTD com.* 2018. 947, obs. A. Lecourt). 660 ■

Quant au gérant qui ne reçoit pas de rémunération, il faut distinguer selon qu'il est minoritaire ou égalitaire (la Cour de cassation considère alors qu'il ne relève d'aucun régime de protection sociale) ou majoritaire (assujetti au régime des professions non salariées non agricoles).

Le gérant qui n'est pas salarié ne bénéficie pas de l'assurance-chômage, et la société n'a pas à verser des contributions à l'ASSEDIC à ce titre. Il faut donc que le gérant ait un contrat de travail pour bénéficier de cette protection, mais encore faut-il que ce cumul soit possible.

3. *Le cumul du mandat de gérant et d'un contrat de travail*

a. Les conditions du cumul

Le gérant de la SARL peut cumuler son mandat de gérant avec un contrat de travail. Ce cumul est toutefois soumis à quatre conditions, que l'on peut déduire à la fois des textes et de la jurisprudence. 661 ■

1. Condition n° 1 : un emploi effectif

Le contrat de travail du gérant doit tout d'abord correspondre à un *emploi effectif*. On dit également que l'emploi du gérant ne doit pas être fictif. Outre l'impossibilité de se prétendre salarié de la SARL en l'absence d'activité véritable et distincte de son mandat social, le gérant rémunéré au titre d'un emploi fictif se rendrait coupable du délit d'abus des biens sociaux (v. ss 695). 662 ■

2. Condition n° 2 : une rémunération distincte

Le gérant qui souhaite cumuler son mandat et un contrat de travail doit recevoir une *rémunération distincte* pour l'une et l'autre de ses fonctions. Cette condition est exigée par la jurisprudence (par ex. Soc. 14 mai 1998, *Bull. civ.* V, n° 252), sans doute parce qu'elle permet de faire le partage plus facilement entre le mandat social du gérant et son contrat de travail. Mais à bien y réfléchir, le gérant pourrait aussi ne pas recevoir de rémunération pour son mandat social, et ne percevoir qu'un salaire. Le cumul serait pourtant licite, sous réserve de satisfaire aux autres conditions. 663 ■

3. Condition n° 3 : un lien de subordination

664 Le gérant qui bénéficie d'un contrat de travail doit être dans un *état de subordination* à l'égard de la société. On sait que le lien de subordination est l'élément caractéristique du contrat de travail. Il est donc normal que ce lien de subordination soit exigé du gérant. Toutefois, il n'est pas certain que tout gérant puisse prétendre être dans une position subordonnée à l'égard de la société qu'il dirige. C'est ici affaire d'appréciation au cas par cas. La jurisprudence a tout de même posé une règle de principe, en refusant en toute hypothèse de permettre au gérant majoritaire de cumuler son mandat social avec un contrat de travail (v. par ex. Soc. 7 févr. 1979, *Bull. civ.* V, n° 122). Au-delà de cette règle, il faut comprendre que le lien de subordination ne s'apprécie pas seulement au regard du nombre de parts sociales détenues par le gérant. Celui-ci peut être minoritaire, et ne pas être pour autant dans un état de subordination à l'égard de la société, par exemple du fait de relations personnelles ou familiales avec l'associé majoritaire.

4. Condition n° 4 : le respect de la procédure des conventions réglementées

665 Le gérant qui serait également salarié de la société doit respecter la *procédure des conventions réglementées* (v. ci-dessous) si, lors de la conclusion ou de la modification de son contrat de travail, il occupe déjà les fonctions de gérant ou détient des parts sociales.

b. Les effets du cumul

1. Les effets du cumul régulier

666 Si les quatre conditions évoquées ci-dessus sont remplies, le gérant cumulera son mandat social et un contrat de travail, qui produiront simultanément tous leurs effets. De ce fait, le gérant/salarié recevra des salaires en contrepartie de son activité subordonnée, et il conservera son contrat de travail même s'il est révoqué de ses fonctions de gérant, sauf à ce que la société puisse justifier par ailleurs d'une cause réelle et sérieuse de licenciement.

2. Les effets du cumul irrégulier

667 Si une ou plusieurs des quatre conditions évoquées précédemment ne sont pas remplies, les conséquences varient en fonction de l'identité de la condition non satisfaite.

Le non-respect de la procédure des conventions réglementées et l'absence de rémunération distincte apparaissent comme les situations les moins graves pour le dirigeant. La validité de son contrat de travail ne devrait pas être remise en cause dans l'un et l'autre cas.

Le défaut de lien de subordination entre la société et son gérant apparaît plus gênant. La Cour de cassation juge cependant que lorsque le gérant disposait d'un contrat de travail avant sa nomination au poste de mandataire social, le contrat de travail ne prend pas fin avec la disparition du lien de subordination, mais qu'il est simplement suspendu (v. Soc. 31 mai 2006, n° 04-43 075). Cette solution, constante, est reprise par ce dernier arrêt qui, bien que non publié au Bulletin, comporte un attendu de principe aux termes duquel « sauf novation ou convention contraire, le contrat de travail du salarié qui est nommé mandataire social et qui cesse d'exercer des fonctions techniques distinctes dans un état de subordination à l'égard de la société est suspendu pendant la durée de ce mandat » (v. égal. Soc. 9 juin 1999, *Bull. Joly* 2000. 103).

Le fait d'être rémunéré au titre d'un emploi fictif devrait quant à lui emporter les conséquences les plus graves pour le gérant, coupable alors d'abus des biens de la SARL.

4. *La cessation des fonctions du gérant*

Comme le gérant de SNC, le gérant de SARL peut voir ses fonctions prendre fin pour différents motifs. On peut distinguer d'un côté les motifs automatiques ou résultant de la volonté du seul gérant : arrivée du terme prévu pour ses fonctions, décès, incapacité, démission. Quelques précisions doivent être apportées sur ce dernier cas de cessation des fonctions, mais c'est surtout la révocation qui focalise les discussions. 668

a. Révocation par les associés

1. Formes

Pour que la révocation soit décidée par les associés, il faut tout d'abord convoquer une assemblée ou organiser une consultation écrite des associés (si les statuts permettent cette modalité de prise des décisions collectives). Sachant que c'est le gérant qui procède en principe à l'une et à l'autre initiative, il est peu probable qu'il sollicite les associés afin qu'ils statuent sur sa révocation. Il est toutefois possible à un ou plusieurs associés détenant la moitié des parts sociales, ou au dixième en nombre détenant le dixième des parts sociales (ces deux derniers seuils étaient du quart avant l'intervention de la loi *Warsmann II* du 22 mars 2012), de demander la réunion d'une assemblée (C. com., art. L. 223-27, al. 3). Cela ne veut pas dire que ces associés peuvent convoquer l'assemblée eux-mêmes. Si le gérant refuse toujours de convoquer l'assemblée, les associés peuvent utiliser le dernier moyen à leur disposition : la demande en justice, faite au président du tribunal de commerce statuant en référé, de désignation d'un mandataire chargé de convoquer l'assemblée et d'en fixer l'ordre du jour (C. com., art. L. 223-27, al. 4 et R. 223-20, étant précisé que le juge saisi est alors tenu de faire droit à la demande sans en apprécier l'opportunité – Com. 6 févr. 2019, n° 16-27560, *Dr. Sociétés* 2019, comm. n° 66, note J. Heinich). La loi *Warsmann II* a permis plus largement à toute personne intéressée de saisir le juge statuant en référé afin d'enjoindre, au besoin sous astreinte, au gérant de convoquer l'assemblée ou afin de désigner un mandataire pour procéder à cette convocation (C. com., art. L. 223-26, al. 1er, relatif cependant à la seule assemblée annuelle d'approbation des comptes). 669

Il faut encore préciser que la théorie des incidents de séance (v. ss chapitre 7) doit dispenser d'inscrire la révocation à l'ordre du jour, mais encore faut-il que la nécessité de la révocation résulte vraiment d'un incident de séance.

2. Majorité requise

L'assemblée ou les associés consultés par écrit vont ensuite statuer sur la révocation du gérant. Pour que la décision soit prise, les associés favorables à la révocation doivent réunir plus de la moitié des parts sociales, ou, sur seconde convocation ou consultation, plus de la moitié des votes émis (C. com., art. L. 223-25, al. 1er, renvoyant à l'art. L. 223-29). 670

La révocation pourra être entravée par deux facteurs :

– tout d'abord, il est envisageable que les statuts de la SARL subordonnent la décision de révocation à l'obtention d'une majorité plus élevée (C. com., art. L. 223-25, al. 1er) ou ne prévoient pas de possibilité de seconde convocation ou consultation (C. com., art. L. 223-29, al. 2) ;

– ensuite, le gérant associé prend part à la décision statuant sur sa révocation. En effet, aucune disposition ne l'en empêche, et l'on se souviendra que tout associé peut participer aux décisions collectives (C. civ., art. 1844, al. 1er, le principe étant repris par l'art. L. 223-28, al. 1er du C. com., disposition spécifique à la SARL).

3. Dommages-intérêts

671 La révocation du gérant décidée sans juste motif peut donner lieu à des dommages-intérêts (C. com., art. L. 223-25, al. 1er). La charge de ces dommages-intérêts pèsera par principe sur la SARL, sauf à ce qu'une faute personnelle des associés ayant décidé la révocation soit caractérisée (Com. 22 nov.2005, *Rev. sociétés.* 2006. 526, note L. Godon, 1re esp.). Une clause prévoyant une indemnité d'un montant tel qu'il dissuaderait les associés de prononcer la révocation serait nulle (Com. 6 nov. 2012, n° 11-20.582, *Bull. civ. IV*, n° 202 ; *Bull. Joly* 2013. 125, note B. Dondero).

On peut se demander en quoi consiste ce juste motif : la violation des statuts, des fautes de gestion, une mauvaise gestion de manière générale, voire une mésentente avec les associés compromettant l'intérêt social ou le fonctionnement de la société (Com. 4 mai 1999, *Bull. civ.* IV, n° 94, *Bull. Joly* 1999. 914, note P. Le Cannu ; 24 mai 2017, n° 15-21633) constitueront, selon la jurisprudence des justes motifs de révocation. Le fait de demander de manière injustifiée la dissolution pour mésentente constitue également un juste motif (Com. 14 déc. 2004, n° 02-14.750), mais pas le seul changement de majorité (Com. 29 mai 1972, *Bull. civ.* IV, n° 165) ou les mauvais résultats de la société qui ne seraient pas imputables au gérant mais à la crise économique (Paris, 26 juin 2012, RG n° 11/18760, *RJDA* 6/13, n° 529).

b. Révocation judiciaire

672 La révocation du gérant de SARL peut également résulter d'une décision du juge (C. com., art. L. 223-25, al. 2). Elle suppose une « cause légitime » et peut intervenir à la demande de tout associé. La cause légitime se confond en pratique avec la notion de juste motif. À titre d'exemple, on peut relever une décision selon laquelle des opérations sur les comptes courants des associés, qui n'affectent pas l'intérêt social, ne sont pas une cause légitime de révocation (Com. 10 juill. 2007, *Bull. Joly* 2007. 1337).

c. Démission du gérant

673 Ce mode de cessation des fonctions du gérant de SARL n'est pas prévu par les textes. La chambre commerciale de la Cour de cassation a cependant apporté d'importantes précisions par un arrêt en date du 22 février 2005 (*Bull. civ.* IV, n° 38 ; *Bull. Joly* 2005. 862, note B. Saintourens). Elle a en effet jugé que, sauf stipulation statutaire contraire, la démission du dirigeant de société est un acte juridique unilatéral, qui ne nécessite aucune acceptation de la part de la société et ne peut faire l'objet d'aucune rétractation de la part du dirigeant démissionnaire, et que la démission produit tous ses effets dès lors qu'elle a été portée à la connaissance de la société.

B. Pouvoirs du gérant de SARL

674 Il faut, comme en matière de SNC, distinguer les pouvoirs du gérant à l'égard des associés (1), et les pouvoirs du gérant à l'égard des tiers (2). S'ajoutent à cette

distinction l'interdiction pour le gérant d'accomplir certains actes (3) ainsi qu'une réglementation particulière pour certaines conventions (4). Le cas de la cogérance devra enfin être évoqué (5).

1. *Pouvoirs du gérant à l'égard des associés*

Les pouvoirs du gérant de SARL à l'égard des associés sont définis par les statuts (C. com., art. L. 223-18, al. 4). Dans le silence des statuts, ces pouvoirs sont définis par renvoi à l'article L. 221-4 du Code de commerce, disposition applicable en matière de SNC. Si les statuts ne disent rien, le gérant peut donc faire « tous actes de gestion dans l'intérêt de la société ». 675

2. *Pouvoirs du gérant à l'égard des tiers*

a. Engagement de la société, même en dehors de l'objet social

On se souviendra que le gérant de la SNC n'engage la société envers les tiers que par ses actes entrant dans le cadre de l'objet social (C. com., art. L. 221-5, al. 1er). La SARL était également soumise à ce régime, avant que la directive communautaire du 9 mars 1968 ne soit transposée en droit français. Le principe transposé en droit français, en application de cette directive, est le suivant (C. com., art. L. 223-18, al. 5) : la SARL est engagée même par les actes du gérant qui ne relèvent pas de l'objet social. Toutefois, une double limite est apportée à ce principe. 676

b. Limites

D'une part, la SARL n'est pas engagée par les actes pris hors objet social lorsqu'elle peut prouver que le tiers savait que l'acte dépassait l'objet social ou qu'il ne pouvait l'ignorer compte tenu des circonstances (C. com., art. L. 223-18, al. 5). L'exemple qui vient facilement à l'esprit est celui du tiers qui a demandé à la société une communication des statuts, mais cela ne suffit peut-être pas. On peut également songer au tiers qui était dans un passé récent associé de la SARL et a donc eu connaissance de ses statuts pour y avoir adhéré un temps. Précision : la fourniture d'un justificatif de l'objet social n'est pas une condition de validité des actes accomplis par le gérant (Com., 24 juin 2020, n° 18-11958, *JCP E* 2020, 1493, note A. Thobie). 677

D'autre part, la société n'est pas engagée par les actes pris par le gérant en dehors des pouvoirs que lui reconnaît la loi, c'est-à-dire lorsqu'il usurpe les pouvoirs des associés. Ses pouvoirs lui sont en effet reconnus « sous réserve des pouvoirs que la loi attribue expressément aux associés » (C. com., art. L. 223-18, al. 5). Ainsi, si le gérant venait à modifier l'objet de la société par un de ses actes, la société ne serait pas valablement engagée envers les tiers. En effet, ce serait là accomplir un acte qui relève d'une décision des associés (C. com., art. L. 223-30, al. 2). 678

Parmi les pouvoirs reconnus de manière précise par l'article L. 223-18 du Code de commerce au gérant, il en est deux qui appellent des observations particulières. Le premier est celui du déplacement du siège social. Cette question semble beaucoup intéresser notre législateur. L'ordonnance n° 2004-274 du 25 mars 2004 avait donné au gérant le pouvoir de déplacer le siège dans le même département ou dans un département limitrophe, sous réserve d'une ratification par les associés statuant dans les conditions requises pour la modification des statuts (art. L. 223-18, renvoyant à l'art. L. 223-30). Le siège pouvait donc passer de Paris à Nanterre, ou de Paris à Saint- 679

Denis, par exemple. Une loi n° 2014-1545 du 20 décembre 2014 a facilité la ratification, qui se fait dans les conditions requises pour les décisions ordinaires (par renvoi à l'art. L. 223-29). C'est enfin la loi *Macron* (L. n° 2015-990 du 6 août 2015) qui a étendu le pouvoir de déplacement du siège, que le gérant peut désormais déplacer sur l'intégralité du territoire français. Le siège peut donc passer de Paris à Saint-Denis... de la Réunion ! Un autre pouvoir reconnu au gérant est celui de « mettre les statuts en harmonie avec les dispositions impératives de la loi et des règlements » (art. L. 223-18, al. 9). Pensé pour permettre au gérant une adaptation rapide des statuts à une réglementation d'ordre public, la formulation du texte pourrait donner à un gérant zélé l'idée de refaire en grande partie les statuts sous couvert de les harmoniser. Simplement, cette mise en harmonie intervient « dans les mêmes conditions » que le déplacement du siège social, c'est-à-dire sous réserve d'une ratification par les associés. Que veut d'ailleurs dire « sous réserve » ? Il nous semble que dans l'attente de cette ratification, les décisions du gérant doivent produire leurs effets.

c. Clauses statutaires

680 Les clauses statutaires limitant les pouvoirs conférés au gérant par la loi sont inopposables aux tiers (C. com., art. L. 223-18, al. 6). La jurisprudence a apporté à cela une précision. La chambre commerciale de la Cour de cassation a en effet jugé dans un arrêt en date du 2 juin 1992, que la limitation de pouvoirs est inopposable aux tiers, même si ceux-ci en avaient connaissance (*Bull. civ.* IV, n° 213 ; *Dr. sociétés* 1992, n° 208, note H. Le Nabasque). C'est donc ici une solution différente de celle vue en matière d'objet social (v. ss 677) qui prévaut.

3. *Interdiction de certains actes*

a. Les actes interdits

681 Le gérant de SARL (comme les associés personnes physiques, d'ailleurs) ne peut accomplir les actes suivants (C. com., art. L. 223-21) :

– contracter un emprunt auprès de la société, sous quelque forme que ce soit. Cela signifie que non seulement le gérant de la SARL n'est pas en mesure de conclure un contrat de prêt avec sa société, mais également que son compte courant d'associé ne saurait avoir un solde en position débitrice ;

– faire cautionner ou avaliser par la société un engagement envers les tiers : si le gérant ne peut pas emprunter auprès de la SARL, il ne peut pas plus lui demander de garantir l'emprunt qu'il aurait effectué auprès d'un tiers.

Ces interdictions concernent également les conjoints, ascendants et descendants des gérants, ainsi que toute personne interposée (C. com., art. L. 223-21, al. 2). Elles sont cependant écartées lorsque la société exploite un établissement financier et que l'opération est une opération courante de ce commerce, conclue à des conditions normales.

b. La sanction de l'interdiction

682 La sanction de la violation des interdictions des emprunts et des garanties émanant de la SARL et bénéficiant à son gérant et aux personnes assimilées est la nullité des actes litigieux (C. com., art. L. 223-21). Cette nullité est une nullité absolue (Com. 25 avr. 2006, *Dr. sociétés* 2006, n° 109, note J. Monnet, décision rejetant le pourvoi formé contre l'arrêt d'appel qui avait aussi jugé que la nullité du cautionnement

entraînait également celle du prêt garanti). Une solution identique avait été retenue antérieurement par les juridictions du fond qui s'étaient prononcées sur la question (v. par ex. Versailles, 2 déc. 1987, *D.* 1988. IR 16). Par application des règles propres aux nullités en matière de sociétés, cette nullité est inopposable aux tiers de bonne foi (C. com., art. L. 235-15 – v. ss chapitre 4). Par ailleurs, ces actes engageraient la responsabilité du gérant, ce dont on discutera peu après (v. ci-dessous).

4. *Réglementation de certains actes*

a. Présentation du dispositif

Le régime de la SARL prévoit un dispositif d'approbation par les associés des conventions conclues entre la société et son gérant et des conventions assimilées. Il est ainsi prévu que le gérant, ou le commissaire aux comptes s'il en existe un, doit soumettre à l'assemblée ou aux associés consultés par voie écrite un rapport sur les conventions intervenues entre la société et l'un de ses gérants ou l'un de ses associés et les conventions assimilées (C. com., art. L. 223-19). On perçoit aisément le danger que de telles conventions peuvent comporter pour la SARL, qui pourrait pâtir de la situation de conflit d'intérêts. 683

b. Les conventions soumises au contrôle

Les conventions qui font l'objet du contrôle sont avant tout celles intervenues directement entre la SARL et son gérant ou l'un de ses associés, directement ou par personnes interposées (C. com., art. L. 223-19, al. 1er). Le contrôle s'étend ensuite aux conventions passées entre la SARL et une autre société dans laquelle le gérant de la SARL aurait un intérêt : conventions conclues avec une société dont le gérant ou l'associé de la SARL serait associé indéfiniment responsable, gérant, administrateur, directeur général, membre du directoire ou du conseil de surveillance (C. com., art. L. 223-19, al. 5). 684

Un grand nombre de conventions sont cependant soustraites au dispositif de contrôle. La procédure d'approbation des conventions réglementées entre la société et son gérant ou son associé n'est en effet pas applicable aux conventions portant sur des opérations courantes et conclues à des conditions normales (C. com., art. L. 223-20). Mais à la différence de ce qui était prévu pour les SA jusqu'à l'intervention de la loi de simplification et d'amélioration de la qualité du droit du 17 mai 2011 (v. ss chapitre 12), il n'y a jamais eu de distinction à faire, en matière de SARL, entre conventions courantes échappant à tout contrôle et conventions courantes qui seraient soumises tout de même à un contrôle allégé. 685

c. Le mécanisme du contrôle

Le gérant doit informer le commissaire aux comptes (s'il en existe un) des conventions intervenues entre lui-même ou un associé et la SARL, dans le délai d'un mois à compter de leur conclusion (C. com., art. R. 223-16, al. 1er). Le gérant ou, le cas échéant, le commissaire aux comptes, dresse un rapport, qui doit permettre aux associés de connaître les éléments essentiels de la convention, et notamment d'apprécier l'intérêt que la société avait à conclure la convention (v. C. com., art. R. 223-17 sur le contenu de ce rapport). Notons que le gérant informe le 686 commissaire aux comptes, le cas échéant, qui informe les associés des conséquences des conventions conclues au cours d'un exercice précédent et continuant à produire des effets lors de l'exercice en cours.

Le système prévu est celui d'une approbation *a posteriori*, ce que l'on comprend par le fait que le texte dispose que l'on soumet aux associés un rapport sur les conventions *intervenues* entre la société et un gérant ou un associé. Mais le deuxième alinéa de l'article L. 223-19 prévoit que ce n'est plus une approbation *a posteriori* mais bien une « approbation préalable » de l'assemblée qui doit intervenir lorsque la société n'a pas de commissaire aux comptes et qu'elle conclut une convention avec son gérant non associé.

■ 687 Comment se déroule le vote d'approbation de la convention intervenant entre la société et son gérant ? Les associés statuent en votant lors d'une assemblée, ou, si les statuts le permettent, par consultation écrite. L'associé ou le gérant intéressé (dans l'hypothèse où le gérant aurait également la qualité d'associé) ne prend pas part au vote et ses parts ne sont pas prises en compte pour le calcul du *quorum* et de la majorité (C. com., art. L. 223-19, al. 1er). C'est donc une exception au principe selon lequel l'associé a le droit de participer aux décisions collectives. Le respect de cette règle est important, car la jurisprudence considère que l'approbation irrégulière, c'est-à-dire celle à laquelle l'associé intéressé a participé, équivaut à un défaut d'approbation (Com. 13 févr. 1996, *Bull. Joly* 1996. 523, note B. Saintourens). Serait également irrégulière une approbation intervenue sans le rapport du commissaire aux comptes, si la SARL en est dotée, ou sans le rapport du gérant.

■ 688 La procédure de contrôle des conventions réglementées est allégée lorsque la société est une EURL et que la convention a été conclue avec son associé unique. En ce cas, le contrôle se réduit en effet à une mention au registre des délibérations (C. com., art. L. 223-19, al. 3).

d. Les sanctions

■ 689 Que se passe-t-il si un gérant conclut une convention avec la société mais sans la soumettre à l'approbation de l'assemblée, ou sans obtenir cette approbation de l'assemblée ? Dans cette hypothèse, la convention reste valable, puisque le législateur a prévu qu'elle produisait ses effets « à charge pour le gérant et s'il y a lieu, pour l'associé contractant, de supporter individuellement ou solidairement, selon les cas, les conséquences du contrat préjudiciables à la société » (C. com., art. L. 223-19, al. 4). Si la société a subi un préjudice du fait du contrat non approuvé par l'assemblée des associés, le gérant ou l'associé qui a contracté avec elle devra donc supporter ce préjudice et rembourser une somme équivalente à la société.

Comme l'article L. 223-19 du Code de commerce prévoit que la convention non approuvée produit ses effets, le non-respect de la procédure ne peut fonder une nullité (Com. 28 juin 1988, n° 87-11628, *Bull.* IV, n° 226 ; 10 avr. 2019, n° 17-19474, *JCP E* 2019, 1272, note B. Dondero), mais cela n'empêche pas que la convention puisse être annulée pour un autre motif (Com. 22 mai 2001, *Dr. sociétés* 2001, n° 130, note F.-X. Lucas).

5. *Le cas particulier de la cogérance*

■ 690 Il est possible que les associés aient voulu doter leur société de plus d'un gérant. En ce cas, chacun des gérants détient séparément les pouvoirs qui lui sont reconnus par la loi. L'opposition qu'un cogérant pourrait former aux actes d'un autre ne produira d'effet à l'égard des tiers concernés que s'il est établi que ceux-ci en ont eu connaissance (C. com., art. L. 223-18, al. 7).

C. Responsabilité du gérant de SARL

1. *Responsabilité civile du gérant de SARL*

a. Règles générales

La responsabilité civile du gérant de SARL est encadrée par des textes spéciaux (C. com., art. L. 223-22 et 223-23) qui édictent un certain nombre de règles s'appliquant à toutes les hypothèses de responsabilité du gérant. 691 ■

Le premier de ces textes est relatif à la faute requise pour engager la responsabilité civile du gérant. L'article L. 223-22 prévoit ainsi que le gérant est responsable envers la société ou envers les tiers (auxquels il faut ajouter les associés) des infractions aux dispositions législatives ou réglementaires applicables aux SARL, des violations des statuts, et des fautes commises dans la gestion. La règle ainsi formulée reçoit cependant un important tempérament jurisprudentiel s'agissant de la faute engageant personnellement le gérant à l'égard des tiers, la preuve d'une faute détachable des fonctions étant alors requise (v. ci-dessous). Les gérants de la SARL sont responsables individuellement ou solidairement, le tribunal saisi devant déterminer la part contributive de chacun dans la répartition du dommage en cas de pluralité de gérants responsables.

Une prescription courte est prévue pour l'exercice de cette action en responsabilité civile. Le gérant doit en effet être poursuivi dans un délai de 3 ans à compter du fait dommageable. Cependant, si l'action en responsabilité civile est fondée sur un fait qualifié de crime, elle se prescrit alors par 10 ans (C. com., art. L. 223-23). Le report du point de départ de la prescription au jour de la révélation du fait dommageable suppose qu'il y ait eu dissimulation (Com., 7 mai 2019, n° 174-10467, *Rev. sociétés* 2019. 679, note A. Lecourt).

b. Règles spécifiques à la responsabilité à l'égard de la société

Le législateur a tenu à encadrer cette action afin d'en favoriser l'exercice. 692 ■

Il est ainsi prévu que l'action de la société peut être exercée *ut singuli*, c'est-à-dire au nom de la société, par un ou plusieurs associés (C. com., art. L. 223-22, al. 3), qui peuvent se grouper s'ils représentent au moins le 1/10e du capital social (C. com., art. R. 223-31). Les dommages-intérêts éventuellement obtenus seront alors alloués à la société qui doit être mise en cause par l'intermédiaire de ses représentants légaux, c'est-à-dire de son gérant, ou par un mandataire *ad hoc* qui peut être désigné par le juge pour représenter la société dans l'instance lorsqu'il existe un conflit d'intérêts entre la société et ses représentants légaux (C. com., art. R. 223-32).

Il est par ailleurs prévu que l'action sociale ne peut être soumise à une autorisation ou un avis préalable de l'assemblée par une clause des statuts, et qu'une telle stipulation ne pourrait emporter renonciation anticipée à cette action. Une telle clause serait réputée non écrite. De plus, aucune décision de l'assemblée ne peut avoir pour effet d'éteindre une action en responsabilité contre les gérants pour faute commise dans l'accomplissement de leur mandat (C. com., art. L. 223-22, al. 4 et 5). Le législateur ne souhaite pas que le seul associé minoritaire prêt à défendre la SARL se trouve empêché d'agir par les majoritaires.

c. Règle spécifique à la responsabilité encourue à l'égard des tiers

■ 693 Lorsque c'est un tiers qui agira à l'encontre du gérant de la SARL, il devra faire la démonstration d'une faute du gérant, détachable des fonctions, pour pouvoir engager sa responsabilité personnelle (v. ainsi Com. 22 mai 2001, *Dr. sociétés* 2001, n° 131, note F.-X. Lucas et *comm.* n° 146, note D. Vidal). Cette faute a été définie par la chambre commerciale de la Cour de cassation, l'on s'en souvient (v. ss chapitre 6), comme la faute commise intentionnellement, d'une particulière gravité incompatible avec l'exercice normal des fonctions sociales (Com. 20 mai 2003, *Bull. civ.* IV, n° 84 ; *D.* 2003. 2623, note B. Dondero – ce premier arrêt ayant formulé la définition de la faute détachable était d'ailleurs relatif à un gérant de SARL).

2. *Responsabilité fiscale du gérant de SARL*

■ 694 Le gérant de SARL encourt la même responsabilité fiscale que le gérant de SNC (v. ss chapitre 10). Cette identité de régimes s'explique par le fait que l'article L. 267 du Livre des procédures fiscales s'applique aux gérants des deux sociétés.

3. *Responsabilité pénale du gérant de SARL*

■ 695 Le gérant de SARL supporte une responsabilité pénale particulière, qui tient à l'existence d'infractions spéciales, ne s'appliquant qu'à lui. La plus importante de ces infractions est sans doute celle de l'abus des biens de la société (le fameux « ABS » – C. com., art. L. 241-3, 4). Le gérant qui fait des biens de la société, de mauvaise foi, un usage qu'il sait contraire à l'intérêt social, à des fins personnelles ou pour favoriser une autre société ou entreprise dans laquelle il est intéressé personnellement, encourt un emprisonnement de 5 ans et une amende de 375 000 euros. Comme en matière de sociétés par actions, le législateur a créé un délit d'abus de biens sociaux aggravé, visant à sanctionner les montages impliquant des comptes ouverts à l'étranger ou des sociétés étrangères (L. n° 2013-1117 du 6 déc. 2013 relative à la lutte contre la fraude fiscale et la grande délinquance économique et financière). La jurisprudence facilite la preuve de l'usage à des fins personnelles en posant une présomption simple d'une telle utilisation dans l'hypothèse où le gérant a prélevé des fonds sociaux de manière occulte (v. ainsi Crim. 24 sept. 2008, *Bull. crim.* n° 196 ; *JCP E* 2008. 1073, note J.-H. Robert).

Précisons que le gérant de fait encourt les mêmes sanctions pénales que celles pouvant frapper le gérant de droit (par application de l'art. L. 241-9 du C. com.).

§ 2 Les associés de la SARL

■ 696 L'associé d'une SARL est dans une situation beaucoup plus proche de celle de l'actionnaire de la SA que de celle de l'associé en nom, dans la mesure où il ne supporte pas la responsabilité illimitée et solidaire de ce dernier et n'a pas la qualité de commerçant. Hormis la libération de leur apport, les associés de SARL n'ont en réalité quasiment aucune obligation.

Un associé pourrait être salarié, mais la Cour de cassation a récemment exclu qu'un associé unique, qui dispose du pouvoir de révoquer le gérant, puisse être dans un lien de subordination à l'égard de la SARL (Soc., 16 janv. 2019, n° 17-12479, *Dr. Sociétés* 2019, comm. n° 85, note J. Heinich).

Il faut certes préciser que les articles L. 223-19 et L. 223-21 du Code de commerce, déjà évoqués à propos du gérant, concernent également les associés. C'est-à-dire que les conventions conclues entre la SARL et l'un de ses associés doivent être approuvées par les autres associés (v. ci-dessus). D'autre part, mais cela ne concerne que les associés personnes physiques, les emprunts faits par un associé auprès de la société, ou le cautionnement d'un engagement personnel d'un associé envers un tiers sont interdits, et seront donc frappés de nullité absolue (C. com., art. L. 223-21).

L'obligation essentielle des associés de SARL consistant en la nécessité de faire un apport, conformément au droit commun, l'on étudiera exclusivement les droits que confère la qualité d'associé, qui sont essentiellement le droit de participer à la vie sociale (A), le droit de contrôler la gestion et de décider de l'affectation du résultat (B) et le droit de céder leurs titres (C).

A. Le droit de participer à la vie sociale

Le droit de participer à la vie sociale se manifeste dans le cadre des assemblées et des consultations écrites des associés. On évoquera le déroulement de ces assemblées et consultations (2), mais il importe avant cela de s'attacher à l'information que l'associé de la SARL est en droit de recevoir, puisque cette information lui permettra d'exercer de manière utile son droit de participer à la vie sociale (1). 697

1. *Le droit d'information de l'associé de SARL*

a. Droit d'information permanent

L'associé d'une SARL a tout d'abord un droit permanent à la consultation de certains documents sociaux. Il peut ainsi prendre connaissance au siège social des bilans, comptes de résultat, annexes, inventaires, rapports soumis aux assemblées et procès-verbaux de ces assemblées concernant les trois derniers exercices (C. com., art. L. 223-26 et R. 223-15). Il peut prendre copie de tous ces documents, à l'exception de l'inventaire, et se faire assister d'un expert inscrit sur l'une des listes établies par les cours et les tribunaux. 698

b. Droit d'information périodique

L'associé dispose par ailleurs d'un *droit d'information qui intervient dans la période précédant les assemblées*, annuelles ou autres, c'est-à-dire à compter de la date de convocation. 699

Lorsque c'est l'assemblée annuelle qui est convoquée, le rapport de gestion, le texte des résolutions proposées, l'inventaire, les comptes annuels établis par les gérants et, le cas échéant, le rapport des commissaires aux comptes, les comptes consolidés, et le rapport sur la gestion du groupe sont communiqués aux associés, dans les conditions définies par décret (C. com., art. L. 223-26, al. 2 et R. 223-18). Notons que le rapport de gestion rédigé par le gérant doit contenir un certain nombre d'informations, calquées sur celles requises pour la SA (par renvoi de l'art. L. 223-26, al. 6 du C. com.).

Lorsque c'est une autre assemblée qui est convoquée, le texte des résolutions proposées, le rapport des gérants et, le cas échéant, celui des commissaires aux comptes sont communiqués aux associés (C. com., art. R. 223-19).

■ 700 Lorsque c'est l'assemblée annuelle qui est convoquée, la communication des documents mentionnée plus haut ouvre également aux associés la faculté de poser des *questions écrites* au gérant, qui devra répondre à ces questions au cours de l'assemblée (C. com., art. L. 223-26, al. 3). La clause qui interdirait aux associés de poser des questions écrites serait réputée non écrite (C. com., art. L. 223-26, al. 5).

c. Droit d'information exceptionnel

■ 701 Un troisième mode d'information des associés est celui de l'*expertise de gestion* (C. com., art. L. 223-37). L'associé qui s'estime insuffisamment informé sur une ou plusieurs « opérations de gestion » de la société peut demander en justice la désignation d'un ou plusieurs experts qui vont analyser ces opérations et présenter un rapport sur celles-ci. Ce rapport comportera également un avis de l'expert sur l'opportunité de l'opération, et les risques encourus par la société du fait de celle-ci.

■ 702 Les *conditions de nomination* de l'expert par le juge sont les suivantes :

– un ou plusieurs associés représentant au moins le dixième du capital social doivent faire la demande en justice de désignation d'un expert. La demande peut également émaner du ministère public ou du comité d'entreprise/comité social et économique ;

– cette expertise doit viser une ou plusieurs opérations de gestion de la société, ce qui veut dire tout d'abord que l'expertise ne peut viser toutes les opérations réalisées par la société pendant un ou plusieurs exercices (Com. 24 oct. 2018, n° 16-25297, *RJDA* 1/19, n° 28). Cela veut dire ensuite que l'opération visée doit relever du pouvoir des gérants et non des pouvoirs de l'assemblée (v. en ce sens Com. 30 mai 1989, *Bull. civ.* IV, n° 174 ; *JCP* 1990. II. 21405, note M. Marteau-Petit ; Com. 25 sept. 2012, n° 11-18.312, *Bull. civ. IV*, n° 170 ; *Rev. sociétés* 2013. 286, note J.-F. Barbièri). Cela veut dire aussi que les opérations de gestion des filiales de la société ou de la société mère ne sont pas concernées, à la différence de ce qui a été introduit en 2001 par le législateur pour les SA (v. ss, n° 903). Pour être informé sur ces opérations par une expertise de gestion, il faut que celui qui fait la demande d'expertise soit associé de ces sociétés. La Cour de cassation a utilement précisé que l'expertise peut porter sur un contrat de la société qui constituerait par ailleurs une convention réglementée (contrat conclu entre la société et son associé majoritaire – Com. 9 févr. 1999, *Dr. sociétés* 1999, n° 80, note D. Vidal ; Com. 5 mai 2009, *Bull. civ.* IV, n° 63 ; *Rev. sociétés* 2009. 807, note L. Godon) ;

– l'associé qui fait la demande n'a pas besoin de démontrer qu'un abus de majorité a été commis, mais la jurisprudence rendue à propos des SA (et qui est transposable aux SARL) exige que l'opération présente un caractère suspect – que l'on puisse penser que l'opération a nui à la société ;

– une condition négative enfin : il n'est pas besoin que l'associé rapporte la preuve qu'il a épuisé tous les moyens d'information mis à sa disposition par la loi (comme les questions écrites de l'art. L. 223-26 du C. com.). De ce point de vue, l'expertise de gestion n'est pas un mode d'information subsidiaire.

Le fait qu'un associé recoure à l'expertise de gestion n'est en pratique pas très apprécié, parce qu'une large publicité est donnée à cette expertise. Le rapport est en effet adressé au demandeur, au ministère public, au gérant et, le cas échéant, au comité d'entreprise et au commissaire aux comptes (C. com., art. L. 223-37, al. 4). Ce rapport sera communiqué aux associés lors de l'assemblée générale suivante. Cela explique que l'on recoure plus facilement à l'expertise *in futurum* de l'article 145 du Code de procédure civile, qui n'est communiquée qu'à celui qui l'a demandée, et qui est soumise à des conditions moins strictes (il suffit en effet d'avoir un motif légitime de conserver ou d'établir une preuve avant tout procès – mais cela concerne plutôt le cas où l'associé a déjà connaissance d'un fait dont il souhaite pouvoir rapporter la preuve). 703 ■

On signalera enfin la possibilité faite aux associés de poser deux fois par exercice des questions écrites au gérant sur tout fait de nature à compromettre la continuité de l'exploitation. La réponse du gérant devra être communiquée, le cas échéant, aux commissaires aux comptes (C. com., art. L. 223-36). 704 ■

2. *La participation à la vie sociale proprement dite*

La participation des associés à la vie de la SARL peut se manifester par deux modes d'expression alternatifs : d'une part, par le vote exprimé dans le cadre d'une assemblée, et d'autre part, par le consentement donné dans le cadre d'une procédure de consultation écrite. 705 ■

Tel que les premiers mots de l'article L. 223-27, alinéa 1er du Code de commerce sont rédigés (« Les décisions sont prises en assemblée »), il faut cependant comprendre que le principe est le vote en assemblée.

Comment se déroule la procédure conduisant à une décision prise en assemblée ? Que se passe-t-il dans les situations particulières ? Quelles sont enfin les décisions qui peuvent être prises ?

a. La procédure conduisant à une décision prise en assemblée

Qui procède à la convocation des associés ? La convocation est faite par le gérant (C. com., art. L. 223-27, al. 2). Si le gérant ne procède pas à la convocation, celle-ci peut être faite par le commissaire aux comptes, s'il en existe un. Si les associés souhaitent qu'une assemblée soit convoquée, ils peuvent en faire la demande au gérant, à condition de détenir, s'ils représentent le dixième des associés au moins, le dixième des parts sociales (C. com., art. L. 223-27, al. 3, réd. L. 22 mars 2012). Mais il faut comprendre que cela ne permet que de demander au gérant la convocation de l'assemblée. Les associés ne peuvent convoquer eux-mêmes l'assemblée (Com. 4 mars 1974, *Rev. sociétés* 1975. 69). Une telle assemblée serait convoquée irrégulièrement et pourrait être annulée (C. com., art. L. 223-27, dern. al.). 706 ■

Si le gérant ne souhaite absolument pas convoquer l'assemblée, un ou plusieurs associés détenant la moitié des parts, ou le dixième des associés représentant au moins le dixième des parts peuvent alors demander en justice la désignation d'un mandataire chargé de convoquer l'assemblée et de fixer son ordre du jour (C. com., art. L. 223-27, al. 4). Le président du tribunal de commerce statuant en référé (C. com., art. R. 223-20, al. 3) désignera un mandataire. On pouvait penser que cette demande permettait au juge d'apprécier si l'intérêt de la société requiert la réunion d'une assemblée, mais il a été récemment précisé que le juge saisi était tenu de faire droit à la demande sans en apprécier l'opportunité (Com. 6 févr. 2019, nº 16-27560, *Dr.*

Sociétés 2019, comm. n° 66, note J. Heinich). La loi *Warsmann II* du 22 mars 2012 a permis plus largement à toute personne intéressée de saisir le juge des référés, aux fins qu'il soit enjoint au gérant de convoquer l'assemblée générale annuelle ou qu'un mandataire judiciaire soit désigné pour cela (C. com., art. L. 223-26, al. 1er).

Antérieurement à cette réforme, l'on s'interrogeait sur la possibilité que le comité d'entreprise, lorsqu'il existait, puisse demander la convocation de l'assemblée dans la SARL. Cette interrogation se maintient maintenant que le comité d'entreprise est devenu le comité social et économique. L'article L. 2312-77 du Code du travail est ambigu sur ce point, puisqu'il dispose que « dans les sociétés » (ce qui engloberait donc les SARL), le comité peut, en cas d'urgence, demander en justice la désignation d'un mandataire chargé de convoquer l'assemblée générale des... actionnaires, ce qui devrait donc exclure du champ d'application de ce texte les sociétés autres que les sociétés par actions. L'art. L. 223-26, en sa nouvelle rédaction, dissipe les doutes, au moins pour l'assemblée générale annuelle.

707 La convocation intervient par lettre recommandée, quinze jours au moins avant la date prévue pour la réunion de l'assemblée ; elle indique l'ordre du jour (C. com., art. R. 223-20, al. 1er). La jurisprudence juge que le point de départ du délai est l'envoi de la lettre (Versailles, 12 mars 1991, *Bull. Joly* 1991. 525, note P. Le Cannu).

L'ordre du jour doit être libellé de manière claire, ne nécessitant pas de se reporter à d'autres documents ; la rubrique des questions diverses ne doit présenter qu'une importance minime (C. com., art. R. 223-20, al. 2). La théorie des incidents de séance est également susceptible de jouer (v. ss chapitre 7). Ajoutons que jusqu'à récemment, les associés ne pouvaient demander l'inscription de points ou projets de résolution à l'ordre du jour. Ils devaient, si l'ordre du jour leur semblait insuffisant, solliciter la convocation d'une assemblée en mettant en demeure le gérant ou en saisissant un juge (v. ss n° 696). L'ordonnance n° 2017-747 du 4 mai 2017 permet désormais à un ou plusieurs associés détenant le vingtième des parts sociales de faire inscrire à l'ordre du jour des points ou des projets de résolution qui seront portés à la connaissance des autres associés, dans des conditions déterminées par le décret n° 2018-146 du 28 févr. 2018 (art. R. 223-20-1 s.).

L'information requise est adressée ou tenue à la disposition des associés (v. ci-dessus). Enfin, les commissaires aux comptes si la SARL en est dotée, devront également être convoqués (C. com., art. L. 223-39). Ils recevront la même information que les associés.

708 Aucun texte n'indique en quel lieu les assemblées doivent être réunies. Dès lors, le principe est que celui qui convoque l'assemblée peut indiquer un lieu de son choix, sauf à ce que les statuts prévoient un lieu particulier (le siège social généralement), et sauf à ce qu'il soit démontré que le lieu choisi pour tenir l'assemblée l'a été dans le but de gêner la participation de certains associés ou d'influencer les votes (Com. 31 mars 2021, n° 19-12.057, à paraître au *Bull.*). Ce principe et ses deux limitations ont été posés par un arrêt de la cour d'appel de Paris en date du 5 novembre 1999 (*Bull. Joly* 2000. 170, note P. Le Cannu – exemple d'une société dont le siège social est dans le département de Seine-Saint-Denis, et qui convoque son assemblée au cabinet de son avocat, à Paris).

709 L'assemblée *irrégulièrement convoquée* peut être annulée, mais pas lorsque tous les associés étaient présents ou représentés (C. com., art. L. 223-27, dern. al.). La Cour de cassation a rappelé cette règle dans un arrêt rendu le 17 juillet 2001 par la chambre commerciale (*Bull. civ.* IV, n° 152 ; *Bull. Joly* 2001. 1108, note J.-P. Chazal). Dans cet arrêt, la société avait été mise en liquidation judiciaire, ce qui avait emporté la dissolution de la société et fait perdre ses pouvoirs au gérant. Le gérant ne pouvait donc plus convoquer l'assemblée des associés, mais il l'avait fait quand même. La Cour de cassation juge cependant que l'assemblée convoquée par ce gérant (elle est convoquée irrégulièrement) ne peut pas être annulée car tous les associés de la SARL étaient présents ou représentés.

Évoquons maintenant le *vote* lui-même. Le jour de la réunion de l'assemblée, les associés participent à la délibération et au vote (C. com., art. L. 223-28, al. 1er). Le principe est qu'un associé peut se faire représenter par un autre associé, sauf si la SARL ne comporte que deux associés. Par ailleurs, un époux associé peut se faire représenter par son conjoint (associé ou non), sauf si la société ne comporte que les deux époux comme associés. Les clauses contraires à ces différentes règles sont réputées non écrites : le législateur n'a pas voulu que les assemblées puissent se tenir avec un seul associé représentant l'autre. La représentation par quelqu'un qui ne serait ni le conjoint ni un coassocié est possible, mais elle doit être autorisée par les statuts. 710 ■

Il a été précisé que le représentant légal d'un associé personne morale peut déléguer ses pouvoirs à un tiers pour le représenter à l'assemblée (Lyon, 9 nov.2006, *Dr. sociétés* 2007, n° 53, note J. Monnet). Dans cette hypothèse, ce n'est pas un tiers qui vote ; il n'est donc pas nécessaire que la possibilité de représentation de l'associé par un tiers ait été prévue par les statuts. Enfin, un associé doit désigner un mandataire unique pour voter au titre de toutes ses parts sociales (le partage des voix entre deux mandataires n'est donc pas possible pour un même associé).

Ces règles relatives à la représentation des associés lors des assemblées sont prévues par l'article L. 223-28 du Code de commerce. L'article R. 223-21 prévoit quant à lui que le mandat de vote donné par un associé ne peut être permanent : il ne vaut que pour une assemblée, et éventuellement pour deux assemblées tenues le même jour ou dans un délai de sept jours, et pour les assemblées successives convoquées avec le même ordre du jour.

Lorsque le vote intervient, chaque associé dispose pour y prendre part d'un nombre de voix égal à celui des parts sociales qu'il possède (C. com., art. L. 223-28, al. 1er). Toute clause contraire est réputée non écrite (C. com., art. L. 223-28, al. 5), ce qui signifie que l'on ne peut prévoir de parts sociales sans droit de vote, ou de parts sociales avec un droit de vote double, toutes stipulations autorisées par la loi dans les statuts des sociétés par actions (v. ss chapitres 12 et 14). 711 ■

La loi LME du 4 août 2008 a autorisé par ailleurs la participation à l'assemblée par visioconférence ou par des moyens de télécommunication permettant l'identification des associés. Ces moyens ne sont cependant utilisables que sous les réserves suivantes (C. com., art. L. 223-27) : 712 ■

– les statuts doivent autoriser le recours à la visioconférence ou aux moyens de télécommunication ;

– ce recours n'est pas autorisé lorsque les décisions concernées sont celles relatives à l'approbation des comptes annuels ou des comptes consolidés ;

– le droit d'opposition à l'utilisation de ces moyens, que peuvent prévoir les statuts au profit d'un nombre déterminé d'associés et pour une délibération déterminée, ne doit pas avoir joué.

Le dispositif a été rendu opérationnel par l'adoption du décret n° 2009-234 du 25 février 2009.

713 Le gérant non associé a accès aux assemblées, même si les textes ne le disent pas. Cette présence du gérant est pourtant nécessaire puisqu'il doit établir et signer le procès-verbal de séance (C. com., art. R. 223-24).

Lorsque la société recourt aux services d'un commissaire aux comptes, celui-ci doit être convoqué et il a accès aux assemblées (C. com., art. L. 223-39, al. 2).

La loi NRE du 15 mai 2001 a par ailleurs fait rentrer à l'assemblée deux membres du comité d'entreprise (devenu aujourd'hui le comité social et économique), qui assistent aux assemblées et doivent être entendus à leur demande lors des délibérations nécessitant l'unanimité des associés (C. trav., art. L. 2312-77). En cas de non-convocation, les résolutions prises en assemblée seront sans doute valables, mais les dirigeants encourront sans doute les sanctions pénales applicables au délit d'entrave au fonctionnement du comité. Ceci pourrait d'ailleurs justifier que l'on recoure plus facilement à la procédure de consultation écrite des associés (pour laquelle la loi NRE n'a rien dit).

b. Les situations particulières

714 La plupart des règles applicables à la convocation et à la tenue des assemblées s'appliquent à la *consultation écrite* des associés, qui doit être autorisée par les statuts (C. com., art. L. 223-27). En cas de consultation écrite, le texte des résolutions et les documents nécessaires à l'information des associés sont adressés par lettre recommandée (C. com., art. R. 223-22). Les associés disposent d'un délai minimal de 15 jours pour émettre leur vote par écrit. La nullité des décisions prise irrégulièrement n'est pas prévue.

Illustration : les modalités des décisions des associés prévues par les statuts de la SARL RDPA (9 janv. 2019)

16.1 Décisions de l'associé unique :

L'associé unique exerce les pouvoirs dévolus par la loi à la collectivité des associés. L'associé unique ne peut déléguer ses pouvoirs. Sa volonté s'exprime par des décisions, lesquelles sont constatées par des procès-verbaux établis chronologiquement sur un registre coté et paraphé dans les mêmes conditions que les procès-verbaux d'assemblées et signés par lui.

16.2 Décisions collectives :

En cas de pluralité d'associés, leur volonté s'exprime par des décisions collectives qui obligent les associés même absents, dissidents ou incapables.

Ces décisions sont adoptées, soit en assemblée générale, soit par consultation écrite des associés, au choix de la gérance. Elles peuvent également résulter du consentement de tous les associés exprimé dans un acte, lequel n'est opposable à la société qu'à partir du moment où son gérant, s'il n'est pas associé, en a eu connaissance.

Toutefois, les décisions collectives relatives à l'approbation des comptes annuels sont obligatoirement en assemblée générale, dans les six mois de la clôture de chaque exercice. Sont également prises en assemblée, les décisions collectives votées dans le cadre d'une assemblée dont la réunion intervient à la demande d'un ou plusieurs associés dans les conditions fixées par la loi.

Chaque associé a le droit de participer aux décisions collectives et disposes d'un nombre de voix égal à celui des parts qu'il possède.

Les procès-verbaux ou actes signés par tous les associés sont établis sur un registre spécial coté et paraphé ou sur des feuilles mobiles également cotées et paraphées. Les copies ou extraits des procès-verbaux ou les actes signés par tous les associés sont valablement certifiés conformes par un gérant.

Le recours au *consentement de tous les associés exprimé dans un acte*, intéressant pour les petites sociétés, est possible mais doit, comme le recours à la consultation écrite, être autorisé par les statuts (C. com., art. L. 223-27). 715 ■

Dans une EURL, un certain nombre de dispositions sur la vie collective ne sont pas applicables. On ne réunira pas d'assemblée, les pouvoirs de celle-ci étant exercés par l'associé unique (v. ainsi Com. 9 mars 2010, *Bull. civ.* IV, n° 52 ; *Bull. Joly* 2010. 530, note M.-H. Monsèrié-Bon). La loi du 2 août 2005 dispense l'associé unique d'une véritable décision d'approbation des comptes lorsqu'il est le seul gérant. L'article L. 223-31 s'est ainsi vu ajouter une phrase selon laquelle le dépôt au registre du commerce et des sociétés, dans un délai de six mois à compter de la clôture de l'exercice, de l'inventaire et des comptes annuels, dûment signés, vaut approbation des comptes (le dépôt du rapport de gestion, initialement prévu, a été supprimé par la loi LME du 4 août 2008). 716 ■

La loi n° 2009-1255 du 19 octobre 2009 tendant à favoriser l'accès au crédit des PME et à améliorer le fonctionnement des marchés financiers est allée plus loin encore dans la simplification, en dispensant purement et simplement les EURL dont l'associé unique est le gérant et qui ne dépassent pas certains seuils d'établir un rapport de gestion (C. com., art. L. 232-1, IV). Une ordonnance n° 2015-900 du 23 juillet 2015 a rehaussé les seuils concernés, qui sont désormais ceux des petites entreprises : précisément, l'EURL ne doit pas dépasser à la clôture de l'exercice social deux des trois seuils suivants : total du bilan de 4 millions d'euros ; chiffre d'affaires HT de 8 millions d'euros ; nombre moyen de salariés permanents employés au cours de l'exercice égal à 50 (seuils résultant du Décr. n° 2015-903 du 23 juill. 2015).

Notons enfin que la loi *Warsmann II* du 22 mars 2012 a dispensé l'ensemble des SARL de l'obligation de déposer au greffe du tribunal de commerce le rapport de gestion (C. com., art. L. 232-22), celui-ci devant toutefois être tenu à la disposition des tiers qui en font la demande.

c. Les différentes décisions pouvant être prises par les associés

Les *décisions ordinaires* sont celles qui n'entraînent pas la modification des statuts : approbation des comptes sociaux, approbation des conventions réglementées, nomination ou révocation des gérants. Ces décisions sont adoptées par « un ou plusieurs associés représentant plus de la moitié des parts sociales » (C. com., art. L. 223-29). Précisons que ce texte ne mentionne pas expressément qu'il s'applique aux décisions ordinaires : on ne le comprend que parce qu'arrive ensuite l'article L. 223-30 qui concerne quant à lui les autres décisions, celles modifiant les statuts. 717 ■

Si cette majorité n'est pas obtenue et sauf stipulation contraire des statuts, les associés sont, selon les cas, convoqués ou consultés une seconde fois, la décision étant alors prise à la majorité des votes émis, quel que soit le nombre des votants (C. com., art. L. 223-29). On comprend que c'est une règle utile quand peu d'associés sont venus ; la règle énoncée est plus surprenante lorsque tous les associés ont voté une première fois et qu'une décision de refus a été prise, puisqu'à suivre la lettre du texte, il faudra alors voter à nouveau...

■ 718 Les *décisions extraordinaires* sont celles qui modifient les statuts. La règle de principe est que ces décisions sont prises par des associés représentant au moins les trois quarts des parts sociales (C. com., art. L. 223-30, al. 2). Toute clause exigeant une majorité plus élevée est réputée non écrite. Notons qu'il n'y a pas, selon cette règle de principe, de seconde convocation possible. Sont concernées les décisions de modification de la forme sociale, de la dénomination de la société, de son siège social, de sa durée, de son objet social, de son capital social, etc.

À cela, il faut apporter trois précisions importantes.

Tout d'abord, la loi est parfois plus exigeante. Ainsi, la modification de la nationalité de la société, qui est un bouleversement du pacte social, suppose le vote unanime des associés (C. com., art. L. 223-30, al. 1er). Dans d'autres cas, le législateur est moins exigeant. L'augmentation de capital par incorporation de bénéfices ou de réserves, qui est une mesure favorable au renforcement de la solidité financière de la société, et qui ne demande pas aux associés de procéder véritablement à un appel de fonds, peut ainsi être décidée par les associés statuant à la majorité simple, voire moins : les associés en faveur de cette mesure ne doivent en effet représenter que « la moitié des parts sociales » (C. com., art. L. 223-30, dern. al.). Cette même majorité peut décider le déplacement du siège social au sein du territoire français (C. com., art. L. 223-30, 1er al., tel que résultant de la loi relative à la simplification de la vie des entreprises du 20 décembre 2014).

Ensuite, la loi du 2 août 2005 a posé des règles différentes applicables aux SARL constituées après la publication de la loi (intervenue le 3 août 2005), ainsi qu'aux sociétés constituées avant, mais choisissant de se soumettre à ce texte par une décision prise à l'unanimité de leurs associés. Pour ces sociétés, des règles de quorum sont prévues (le quart des parts sur première convocation et le cinquième sur seconde convocation), ainsi qu'une majorité plus basse, des deux tiers des parts détenues par les associés présents ou représentés. Les statuts peuvent prévoir des quorums ou une majorité plus élevée, mais ne peuvent exiger qu'une décision soit prise à l'unanimité (C. com., art. L. 223-30, al. 3).

Enfin, la Cour de cassation avait mis en évidence il y a quelques années le fait que l'art. L. 223-30 ne prévoyait pas de manière expresse la sanction de la nullité des décisions sociales prises en contradiction avec ses dispositions. L'annulation de la décision modificative des statuts d'une SARL prise sans respecter la majorité requise par les statuts ou par la loi n'a donc pas été admise sur ce seul fondement (Com. 30 mai 2012, n° 11-16.272, *Bull. civ. IV*, n° 111 ; *D.* 2012. 1581, note B. Dondero). La décision prise par les associés a été toutefois irrégulière, ce qui doit permettre de demander réparation aux personnes responsables de cette irrégularité. La loi Mohamed Soilihi du 19 juillet 2019 est venue modifier l'article L. 223-30, ainsi que l'article L. 223-29, pour prévoir une nullité facultative des décisions prises en violation de l'une ou l'autre disposition.

B. Le droit de contrôler la gestion et de décider de l'affectation du résultat

L'associé de SARL a comme tout associé le droit de réclamer une part du bénéfice social, et donc de contrôler la gestion de la société (v. ss 236 s.). 719 ■

La SARL est cependant soumise à certaines contraintes, qui la rapprochent du statut de société de capitaux, les règles concernées étant également applicables aux sociétés par actions. Ces dispositions sont celles des articles L. 232-10 à L. 232-17 du Code de commerce, qui imposent notamment à la SARL de constituer des réserves.

L'article L. 232-22 du Code de commerce oblige par ailleurs les SARL à déposer au greffe du tribunal, pour être annexés au registre du commerce et des sociétés, différents documents (comptes annuels et proposition d'affectation du résultat notamment). Dans un premier temps, certaines SARL (les EURL dont l'associé unique assume personnellement la gérance, aux termes de la loi LME du 4 août 2008) ont été dispensées de déposer leur rapport de gestion, qui devait néanmoins être tenu à la disposition de toute personne en faisant la demande, ce qui n'est pas forcément plus simple. Cette mesure a été étendue à toutes les SARL par la loi *Warsmann II* du 22 mars 2012 (C. com., art. L. 232-22). Notons que certaines EURL, qui ne dépassent pas certains seuils, étaient entièrement dispensées d'établir un rapport de gestion (art. L. 232-1, IV C. com., réd. L. du 19 oct. 2009), mesure qui a fait l'objet d'une extension à toutes les petites entreprises. La loi n° 2018-727 du 10 août 2018 a en effet étendu la dispense à toutes les sociétés commerciales entrant dans la catégorie des petites entreprises et n'exerçant pas certaines activités (sociétés holdings, établissements de crédit, entreprises d'assurance, etc.). Une extension supplémentaire de cette dispense résulte d'un décret d'application de la loi PACTE du 22 mai 2019, le D. n° 2019-539 du 29 mai 2019, qui rehausse les seuils caractérisant une petite entreprise.

C. Le droit de céder ses titres

La SARL est une société fermée, dans laquelle la cession des parts sociales à un tiers est nécessairement soumise à l'agrément de la société. Quant à l'opposabilité aux tiers de la cession, ce sont les règles prévues en matière de SNC qui s'appliquent, si ce n'est que les associés de SARL ne sont pas garants des dettes sociales. La cession doit ainsi, pour être rendue opposable à la société et aux tiers, faire l'objet de mesures de publicité, consistant notamment en un dépôt au registre du commerce et des sociétés des statuts modifiés. La spécificité de la SARL se rencontre en réalité surtout au niveau du dispositif d'agrément, qui est plus souple mais également plus complexe que celui prévu en matière de SNC. 720 ■

1. *Cessions entre associés*

L'article L. 223-16 du Code de commerce pose en son alinéa 1er un principe de liberté des cessions entre les associés, c'est-à-dire que ces cessions ne sont en principe pas soumises à l'agrément des autres associés. Mais le second alinéa de l'article L. 223-16 autorise implicitement les statuts à prévoir une clause limitant la cessibilité des parts sociales entre associés. Le cessionnaire associé devra alors être agréé dans les conditions de l'article L. 223-14, applicable aux cessions faites à des tiers (v. ci-dessous), sauf aux statuts à prévoir des exigences de majorité ou des délais moindres. 721 ■

2. Cessions et transmissions au conjoint, aux ascendants, aux descendants et aux héritiers

722 Pour ces cessions et transmissions, la liberté est le principe : elles ne sont donc pas soumises à l'agrément des autres associés (C. com., art. L. 223-13, al. 1er). Plus précisément, les opérations visées sont les transmissions « par voie de succession ou en cas de liquidation de communauté de biens entre époux » et les cessions « entre conjoints et entre ascendants et descendants ». Les statuts peuvent cependant prévoir une clause d'agrément du conjoint, de l'héritier, de l'ascendant ou du descendant qui ne serait pas encore associé et une clause d'agrément peut s'appliquer à la transmission des parts de SARL par voie successorale (C. com., art. L. 223-13, al. 2). Il faut préciser que dans ce dernier cas, la clause ne peut jouer que si l'héritier n'est pas encore associé. La jurisprudence a précisé que dans l'attente de l'agrément, l'héritier n'avait pas encore la qualité d'associé et n'avait donc pas à être convoqué aux assemblées générales (v. Com. 27 mars 2019, n° 17-23886).

Par ailleurs, l'article L. 223-13 règle en ses 3e et 4e alinéas la question du décès d'un associé, en permettant de prévoir la continuation de la SARL avec ou sans la personne ayant reçu les parts du défunt.

3. Cessions à des « tiers étrangers à la société »

723 On doit évoquer ici le cas où le cessionnaire n'est pas encore associé, mais n'a pas la qualité de conjoint, d'ascendant ou de descendant du cédant. Une procédure d'agrément s'applique alors (C. com., art. L. 223-14).

Précisons que l'agrément du cessionnaire n'est requis que lorsque la société compte plus d'un associé. Sinon, cela signifie que la société ne comporte pas d'autre associé que le cédant, et dans ce cas, il n'est pas utile de lui demander d'agréer une cession à laquelle il donne déjà son consentement en qualité de cédant !

a. La procédure d'agrément

724 La procédure d'agrément implique en premier lieu que la cession projetée soit notifiée à la société et à chacun des associés, par acte extrajudiciaire ou par lettre recommandée avec demande d'avis de réception (C. com., art. L. 223-14, al. 2 et R. 223-11, al. 1er). C'est généralement le cédant qui procède à la notification du projet, mais la jurisprudence admet que le cessionnaire puisse y procéder également (Com. 26 mars 1996, *Bull. civ.* IV, n° 98 ; *Bull. Joly* 1996. 681, note B. Saintourens). Cette solution n'est cependant pas toujours admise (v. ainsi Com. 24 avr. 1990, *Bull. Joly* 1990. 651, note P. Le Cannu). Aucun délai n'est requis, mais l'on comprend qu'il est de l'intérêt du cédant et du cessionnaire de procéder à la notification le plus rapidement possible, et en toute hypothèse avant la cession. La cession qui interviendrait sans notification serait en effet frappée de nullité selon la Cour de cassation (Com. 21 mars 1995, *Bull. civ.* IV, n° 99 ; *Rev. sociétés* 1996. 77, note Y. Chartier). La Cour de cassation est rigoureuse sur le respect de cette procédure : v. ainsi Com. 7 juill. 2004, *Dr. sociétés* 2004, n° 173, note J. Monnet, jugeant, en présence d'un cédant qui ne pouvait rapporter la preuve de la notification faite à une associée, que le vice affectant la régularité de la procédure d'agrément ne saurait être purgé par la lettre du gérant informant le cédant du refus de la société de consentir à la cession projetée. Même si tous les associés ont été consultés, la cession est donc nulle en l'absence de notification ; (v. aussi Com. 21 janv. 2014, n° 12-29.221, *Bull.* IV, n° 17 ; *Rev. sociétés* 2014. 437, note A. Lecourt). Des décisions de cours d'appel considèrent

cependant que la cession non notifiée est simplement inopposable, ce qui aurait pour conséquence que les assemblées tenues en présence du cessionnaire « irrégulier » n'auraient pas à être annulées. Quant au cessionnaire, il ne peut se prévaloir de l'inobservation des dispositions de l'article L. 223-14 du Code de commerce pour se soustraire aux obligations contractées (Com. 20 mai 2014, n° 13-16.187, *Dr. sociétés* 2014, comm. n° 125, note D. Gallois-Cochet).

Cette action en nullité a soulevé des interrogations quant à la durée de la prescription applicable. La Cour de cassation avait jugé que la nullité de la cession de parts sociales était soumise à la prescription triennale de l'article L. 235-9 du Code de commerce (Com. 9 nov. 1993, *Bull. civ.* IV, n° 402 ; *Dr. sociétés* 1994, n° 32, note H. Le Nabasque), ce qui était surprenant dans la mesure où ce texte ne vise que la nullité de la société, et celle des actes et délibérations postérieurs à sa constitution, ce que l'on peut comprendre comme les seuls actes de la société. Or la cession de parts n'est pas un tel acte. Certes, en l'espèce, la nullité était fondée sur le défaut d'agrément, mais la formulation générale de l'arrêt laissait entendre que l'action en nullité d'une cession de droits sociaux serait toujours soumise à la prescription triennale. Cette décision a cependant été « corrigée » par un arrêt plus récent de la 3e chambre civile de la Cour de cassation, décision prise après avis de la chambre commerciale, qui a jugé que l'action en annulation d'une cession de droits sociaux n'est soumise à la prescription triennale que dans l'hypothèse où elle est fondée sur une irrégularité affectant la décision sociale ayant accordé au cessionnaire l'agrément exigé par la loi ou les statuts, irrégularité qui ne peut être invoquée que par la société ou les associés (Civ. 3e, 6 oct. 2004, *Bull. civ.* III, n° 166 ; *Rev. sociétés* 2005. 152, note B. Saintourens). Les solutions retenues par les deux arrêts ne sont pas conciliables. En principe, la solution de la chambre commerciale est erronée, puisqu'en l'absence de toute décision d'agrément, c'est le délai de droit commun (5 ans, actuellement) qui doit s'appliquer.

Les associés qui ont reçu notification du projet de cession vont devoir décider s'ils l'agréent ou non. Ils vont pour cela se réunir en assemblée ou statuer par consultation écrite. Cette consultation est faite par le gérant, qui convoque l'assemblée ou consulte par écrit les associés dans un délai de huit jours à compter de la notification faite à la société (C. com., art. R. 223-12). 725

L'article L. 223-14 prévoit que la majorité des associés représentant au moins la moitié (les trois quarts, avant l'Ord. du 25 mars 2004) des parts sociales doit agréer la cession – les statuts peuvent prévoir une majorité plus forte. C'est une « double majorité » qui est requise : majorité en nombre des associés et moitié des parts sociales. Le cédant peut participer à cette décision, du moins aucune disposition légale ne l'en empêche. La décision des associés (c'est-à-dire la décision de la société) est notifiée au cédant par lettre recommandée avec accusé de réception (C. com., art. R. 223-12, al. 2). Un délai est prévu pour cette communication au cédant : la société doit faire connaître sa décision dans le délai de 3 mois à compter de la dernière notification intervenue (à la société ou aux associés). À défaut, le texte précise que l'agrément est réputé acquis (C. com., art. L. 223-14, al. 2).

b. L'issue de la procédure d'agrément

726 Si l'agrément est obtenu, parce que la « double majorité » a été obtenue ou parce que la société n'a pas répondu dans le délai de trois mois à compter de la dernière notification à la société ou aux associés (l'agrément est alors réputé acquis, selon l'art. L. 223-14, al. 2 du C. com.), le cessionnaire peut alors devenir associé.

727 Si l'agrément n'est pas obtenu, le projet de cession n'est pas agréé par la société. Dans une SNC, on a déjà vu que cela posait des difficultés à l'associé qui peut alors se retrouver prisonnier de ses titres. Dans une SARL, qui est plus proche d'une société de capitaux, on veut permettre à l'associé de sortir de la société. Le cédant peut donc exiger des associés de la SARL de racheter eux-mêmes ses parts sociales, ou de désigner un tiers qui procédera à cette acquisition. Ce rachat doit intervenir dans un délai de trois mois à compter du refus d'agréer le cessionnaire. Ce délai peut être prolongé une fois par décision de justice, à la demande du gérant et la prolongation est de six mois maximum (C. com., art. L. 223-14, al. 3). Avec le consentement du cédant, c'est la société elle-même qui peut procéder au rachat des parts, ceci en vue de réduire son capital. Le consentement du cédant est important, car le régime fiscal applicable à cette opération (réduction du capital) peut être bien plus défavorable qu'une cession de droits sociaux. Une décision de justice peut dans cette hypothèse accorder une prolongation de six mois maximum pour faire procéder au rachat des parts.

Cette faculté de faire racheter ses parts par les autres associés (et éventuellement par un tiers ou par la société) ne peut bénéficier qu'à un cédant ayant acquis la qualité d'associé depuis au moins deux ans (C. com., art. L. 223-14, al. 6) sauf si c'est par succession, liquidation de communauté de biens entre époux, donation au profit du conjoint, ascendant ou descendant, que celui qui souhaite céder ses parts est devenu associé.

L'article L. 223-14, al. 5 prévoit que si les associés n'ont pas procédé ou fait procéder au rachat des parts après avoir refusé d'agréer le cessionnaire, et ce dans le délai de six mois à compter du refus, l'associé cédant peut réaliser la cession initialement prévue (pour une illustration, v. Com. 4 juill. 2006, *Bull. civ.* IV, n° 167 ; *Bull. Joly* 2007. 90, note H. Le Nabasque).

728 Trois précisions sont encore nécessaires pour comprendre le déroulement de la procédure d'agrément :

– d'une part, en cas de contestation sur la fixation du prix de rachat par les associés ou la société, faisant suite à un refus d'agrément, il est prévu que le prix sera déterminé par application de l'article 1843-4 du Code civil, c'est-à-dire par désignation d'un expert convenu entre les parties ou à défaut d'accord par le juge (C. com., art. L. 223-14, al. 3). La Cour de cassation avait jugé que dès lors que les parties désignent ou font désigner un expert, elles ne peuvent plus se rétracter car le contrat de vente est formé dès lors que les parties s'accordent sur la chose vendue et le prix (Com. 13 oct. 1992, *Bull. civ.* IV, n° 310 ; *Rev. sociétés* 1993. 578, note D. Randoux). Il faut sans doute ajouter que le cédant retrouvait sa liberté, si un expert avait été nommé, mais qu'il ne rendait sa décision que passé le délai de trois mois prévu pour que les associés procèdent ou fassent procéder au rachat des parts (Com. 25 nov. 1982, *Rev. sociétés* 1983. 68, note J.-J. Daigre). L'ordonnance n° 2004-274 du 25 mars 2004 est venue indiquer que le cédant pouvait toujours renoncer à la cession de ses parts ;

– d'autre part, les associés se voient imposer d'acquérir ou de faire acquérir les parts du cédant, en cas de refus d'agrément, sans qu'il soit cependant précisé comment ces associés devront se répartir les parts du cédant (C. com., art. L. 223-14, al. 3) ;

– enfin, toute clause contraire aux dispositions de l'article L. 223-14 détaillant la procédure d'agrément étant réputée non écrite (C. com., art. L. 223-14, dern. al.), il faut penser que même le raccourcissement des délais, mesure plus favorable au cédant, est interdit. Le législateur a institué une procédure équilibrée, dont on comprend qu'il ne souhaite pas que l'on y touche. Si l'agrément est dans l'intérêt des associés et de la société, la procédure d'agrément existe quant à elle dans l'intérêt du cédant et du cessionnaire.

§ 3 Le financement par émission d'obligations

A. Le dispositif légal

Pendant longtemps, les SARL ne faisaient pas partie des sociétés autorisées à se financer par ces valeurs mobilières particulières que constituent les obligations (v. ss chapitre 14). Ceci a cependant changé avec l'ordonnance du 24 mars 2004, qui a modifié l'article L. 223-11 du Code de commerce. Alors que celui-ci interdisait purement et simplement aux SARL l'émission de valeurs mobilières, il autorise désormais l'émission d'obligations, sous certaines conditions. 729 ■

La question s'est posée de la pertinence de cette innovation. Les SARL ont-elles vraiment besoin de cela, sachant qu'une émission obligataire est sans doute la plus utile quand elle peut être faite à destination du public, ce qui demeure interdit aux SARL ?

Indépendamment de cette question, on observera que pendant deux ans et demi, le système est resté ineffectif, dans l'attente du décret prévoyant le contenu de la notice et du document d'information à fournir aux souscripteurs. Le décret n° 2006-1566 du 11 décembre 2006 est venu combler ce vide (C. com., art. R. 223-7 s.).

B. Les conditions préalables

L'émission d'obligations dans la SARL est permise à deux conditions, dont la première a évolué avec la loi PACTE du 22 mai 2019 (C. com., art. L. 223-11, al. 1er) : 730 ■

– la SARL procédant à l'émission devait être tenue en vertu de l'article L. 223-35 de désigner un commissaire aux comptes – seules étaient donc concernées les SARL les plus importantes. La loi PACTE a substitué à cette exigence celle d'avoir désigné un commissaire aux comptes, ce qui ouvre la possibilité de procéder à des émissions obligataires aux petites SARL, puisqu'il n'est plus fait référence au fait de dépasser les seuils qui rendent obligatoire la désignation d'un commissaire aux comptes, mais simplement au fait d'avoir désigné, y compris lorsque la société n'y est pas tenue, un tel organe de contrôle ;

– les comptes des trois derniers exercices de douze mois doivent avoir été régulièrement approuvés par les associés.

C. L'émission

731 L'émission d'obligations est décidée par l'assemblée des associés conformément aux dispositions applicables aux assemblées générales d'actionnaires (C. com., art. L. 223-11, al. 2). Ces titres sont soumis aux dispositions applicables aux obligations émises par les sociétés par actions, à l'exclusion de celles prévues par les articles L. 228-39 à L. 228-43 et L. 228-51 du Code de commerce.

L'émission doit se faire sans offre au public ou avec une offre s'adressant exclusivement à un cercle restreint d'investisseurs agissant pour compte propre ou à des investisseurs qualifiés et les obligations émises doivent être nominatives (C. com., art. L. 223-11, al. 1er réd. Ord. n° 2019-1067 du 21 oct. 2019).

La plupart des dispositions relatives aux obligations émises par les sociétés par actions vont s'appliquer aux obligations émises par les SARL (textes sur la masse des obligataires et sur les sûretés garantissant l'emprunt, notamment).

section 3

La dissolution de la SARL

§ 1 Les causes de dissolution

732 La SARL peut être dissoute pour toutes les causes prévues par les dispositions générales (C. civ., art. 1844-7). À la différence d'autres sociétés, la réunion des parts sociales en une seule main n'est pas une cause de dissolution de la SARL, puisque celle-ci devient alors une EURL. Il existe cependant des causes de dissolution propres à la SARL :

– la dissolution peut ainsi être demandée par tout intéressé en cas de baisse des capitaux propres à un niveau inférieur à la moitié du capital social et en l'absence de réunion des associés pour décider de la dissolution ou de la poursuite de l'activité, ou en cas d'absence de prise en compte de la situation de la société deux exercices après cette réunion des associés (C. com., art. L. 223-42). Ce texte prévoit une procédure particulière lorsque la société voit ses capitaux propres baisser dangereusement. Le gérant doit alors dans les 4 mois qui suivent l'approbation des comptes ayant fait apparaître les pertes consulter les associés pour qu'ils décident de la continuation ou de la dissolution. Une réponse ministérielle (*JOAN* 28 nov. 2006) est venue préciser que la consultation était nécessaire même si les capitaux propres avaient été reconstitués entre-temps, en justifiant cela par le fait que la situation de la société était grave ;

– la dissolution intervient de plein droit lorsque la SARL vient à comprendre plus de 100 associés (50 avant l'Ord. du 25 mars 2004). Ce n'est cependant pas l'arrivée du 101e associé qui provoque la dissolution de plein droit. Ce ne sera le cas que si un délai d'un an (deux auparavant) s'écoule sans que la société ne se transforme en société d'une autre forme (et plus seulement en SA), et que si pendant ce délai, le nombre des associés est toujours resté supérieur à 100 (v. C. com., art. L. 223-3).

§ 2 Les effets de la dissolution

En cas de dissolution d'une SARL, il y a lieu à liquidation. Mais lorsque c'est une SARL unipersonnelle qui est dissoute, la règle spéciale prévue par l'article 1844-5, alinéa 3 du Code civil trouve à s'appliquer : la dissolution emporte alors transmission universelle de patrimoine à l'associé unique personne morale. Selon ce système, l'associé unique va donc recevoir tout le patrimoine de la société unipersonnelle, comme s'il héritait de celle-ci. Mais le problème, c'est qu'il va précisément recevoir tout le patrimoine de l'EURL, c'est-à-dire l'actif et le passif confondus, et donc toutes les dettes de la société. Les créanciers sociaux vont donc devenir automatiquement les créanciers de l'associé unique. Cette transmission universelle du patrimoine de l'EURL, qui produit des effets identiques à ceux survenant en cas de fusion reçoit les mêmes dérogations qu'en termes de fusion (v. ss chapitre 8). C'est d'ailleurs une transmission universelle de patrimoine (TUP) faisant suite à la dissolution d'une EURL qui a permis à la Cour de cassation de consacrer de manière générale la règle selon laquelle les contrats conclus *intuitu personae* ne sont pas transmis au bénéficiaire de la TUP (Com. 7 juin 2006, *Bull. civ.* IV, n° 140, *Bull. Joly* 2006. 1491, note M.-L. Coquelet). 733 ■

Or c'est précisément pour protéger le patrimoine de l'entrepreneur individuel des poursuites des créanciers de l'entreprise que l'on avait introduit l'EURL en droit français. Afin de mettre fin à cette situation dangereuse pour les associés uniques de SARL, la loi NRE du 15 mai 2001 a fait un ajout à l'article 1844-5 du Code civil. Il y est désormais prévu que les dispositions du 3e alinéa, prévoyant la transmission universelle de patrimoine en cas de dissolution de la société unipersonnelle, ne s'appliquent pas lorsque l'associé unique est une personne physique. La « simplification » est donc réservée à l'associé personne morale. L'avantage de cette solution est que l'on évite que tout le passif social tombe par surprise sur une personne physique.

Une autre précision importante a été apportée par la jurisprudence. La chambre commerciale de la Cour de cassation a en effet jugé par un arrêt en date du 12 juillet 2005 que lorsque la dissolution de l'EURL est le résultat d'un jugement de liquidation judiciaire, l'on n'applique plus l'effet de transmission universelle du patrimoine. Un autre arrêt du même jour a retenu cette solution en cas de dissolution volontaire d'une société soumise à une procédure de redressement judiciaire (Com. 12 juill. 2005, *Bull. civ.* IV, n° 168 et 169, *Bull. Joly* 2006. 34, note P. Le Cannu). 734 ■

11

Compléments pédagogiques

Mémo

La SARL est une société dont le ou les associés n'ont pas la qualité de commerçant et ne sont pas tenus des dettes sociales.

Tous les apports y sont potentiellement admis, et le législateur n'exige plus, à l'heure actuelle, que la SARL soit dotée d'un capital social minimum. Il a autorisé cette forme sociale à se financer par l'émission d'obligations, possibilité qui sera sans doute très peu utilisée.

Les apports en nature doivent faire en principe l'objet d'une évaluation par un commissaire aux apports, ce qui se justifie par la limitation de responsabilité des associés.

La SARL est dirigée par un *gérant, qui est nécessairement une personne physique*, mais pas toujours un associé, et qui engage la société, à l'égard des tiers, y compris par les actes pris en dehors de l'objet social. *Le gérant, qui n'est pas nécessairement rémunéré pour l'exercice de son mandat social peut aussi, sous certaines conditions, cumuler ce mandat et un contrat de travail.*

Le gérant cesse ses fonctions notamment par la révocation, qui peut être décidée par les associés sur juste motif ou par le juge en cas de motif légitime.

Un certain nombre d'actes sont interdits ou bien font l'objet d'une réglementation particulière, notamment les conventions conclues entre la SARL et son gérant et les conventions assimilées.

Les associés de la SARL jouissent des droits reconnus aux associés dans toutes les sociétés.

Leur *droit d'information* est important et détaillé par le législateur. Si la prise des décisions par les associés appelle peu d'observations, on retiendra le caractère fermé de la SARL, dont les parts ne peuvent être cédées à des tiers qu'avec l'agrément des associés.

La SARL est enfin dissoute non seulement lorsque survient l'un des motifs applicables à toutes les sociétés, mais également pour des causes relevant du droit de la SARL.

Biblio

– E. Brocard, « De l'utilité de constituer une SARL ? », *Rev. sociétés* 2004. 825.

– J. Honorat, « Place respective de la liberté contractuelle dans la SARL et la GmbH », in *Mélanges Y. Guyon*, Dalloz, 2003, p. 507.

– J. Paillusseau, « L'EURL ou des intérêts pratiques et des conséquences théoriques de la société unipersonnelle », *JCP E* 1986. 14684.
– D. Pohé, « La distinction des sociétés à risques limités et des sociétés à risques illimités à l'épreuve des récentes réformes de la SARL », *LPA* 1er juin 2007, p. 3.
– B. Saintourens, « L'attractivité renforcée de la SARL après l'ordonnance n° 2004-274 du 25 mars 2004 », *Rev. sociétés* 2004. 207.
– A. Thobie, Pour la consécration légale des obligations donnant accès à des parts sociales de SARL, *BJS* mars 2021. 57.

Quiz

1) Sujet corrigé

Cas pratique

Énoncé

M. SUB est le gérant de la SARL RUN. Celle-ci commercialise des planches de surf. Les statuts de cette société prévoient que les actes d'un montant excédant 10 000 euros supposent une autorisation préalable de l'assemblée des associés. M. SUB vient pourtant d'acheter un important lot de planches, pour un montant de 50 000 euros à la SNC SEUB-MARINE, dont Mme POMA est la gérante et dont M. SUB détient une partie du capital social.

L'opération intrigue M. MENORE, un associé minoritaire de la SARL RUN, d'autant que les planches ne sont pas des planches de surf, mais des planches de noyer, qui ne sont pas du tout commercialisables auprès de la clientèle exigeante de la SARL. M. MENORE souhaiterait connaître plus de détails sur l'opération, mais l'assemblée générale annuelle de la société n'aura lieu que dans huit mois. Si l'opération était aussi désavantageuse qu'elle semble l'être pour la SARL RUN, M. MENORE n'hésiterait pas à la contester.

Quels sont les moyens à sa disposition ?

Voir le corrigé en fin de rubrique.

2) Corrigé

Cas pratique

I. Informations

Tout d'abord, M. MENORE souhaite obtenir des informations sur la convention conclue par la SARL RUN avec la SNC SEUB-MARINE.

1. Une première voie possible est le recours aux questions que l'associé non gérant peut poser au gérant, deux fois par exercice, sur tout fait de nature à compromettre la continuité de l'exploitation (C. com., art. L. 223-26). M. MENORE n'étant pas gérant, il

peut interroger M. SUB sur l'achat des planches de noyer. M. SUB devra répondre dans le délai d'un mois et transmettre copie de la question et de sa réponse au commissaire aux comptes, si la SARL en est dotée (C. com., art. R. 223-29).

2. Une deuxième voie possible pour obtenir des informations sur la convention réside dans l'expertise de gestion prévue par l'article L. 223-37 du Code de commerce. Voyons si les conditions en sont remplies.

– Le demandeur, lorsqu'il est associé, doit détenir au moins le dixième du capital social. Ce premier point sera donc à vérifier : si la participation de M. MENORE est inférieure à 10 % du capital social, il faudra qu'il se groupe avec d'autres associés pour faire la demande.

– La demande d'expertise doit ensuite porter sur « une ou plusieurs opérations de gestion ». Le critère posé par la jurisprudence à cet égard tient à l'organe compétent : le gérant doit être compétent. La clause statutaire prévoyant que l'assemblée doit autoriser les actes d'un montant supérieur à 10 000 euros n'apparaît pas de nature à remettre en cause la compétence de principe du gérant : l'assemblée n'a en effet qu'un pouvoir d'autorisation. De même, la qualification de convention réglementée de l'opération (v. ci-dessous) n'est pas de nature à exclure la qualification d'opération de gestion (v. not. Com. 5 mai 2009, *Bull. civ.* IV, n° 63 ; *Rev. sociétés* 2009. 807, note L. Godon : « la circonstance qu'une convention réglementée ait reçu l'approbation de la collectivité des associés n'est pas de nature à exclure que cet acte de gestion puisse faire l'objet d'une mesure d'expertise »).

– Il faut par ailleurs que l'opération concernée présente un caractère suspect, ce qui apparaît être le cas au vu du caractère inhabituel de l'achat.

3. Une expertise fondée sur l'article 145 du Code de procédure civile pourrait enfin être demandée au juge.

II. Remise en cause

M. MENORE a à sa disposition plusieurs moyens pour remettre en cause l'acquisition des planches de noyer.

1. La possibilité la plus évidente est le recours à la stipulation statutaire imposant une autorisation de l'assemblée des associés pour les opérations dépassant le montant de 10 000 euros. Cette voie apparaît cependant difficile. La SNC ayant vendu les planches de noyer à la SARL RUN est en effet un tiers vis-à-vis de cette société – sauf à démontrer que la société se confond en réalité avec M. SUB. Tant que la qualité de tiers de la SNC n'aura pas été écartée, l'inopposabilité aux tiers des stipulations statutaires limitant les pouvoirs du gérant de SARL constituera un obstacle insurmontable (C. com., art. L. 223-18, al. 6).

2. Cette même qualité de tiers est un obstacle à la voie d'action qui consisterait à invoquer l'extranéité à l'objet social de la SARL de l'acte d'acquisition des planches de noyer. À l'égard des tiers, le gérant peut en effet engager la SARL même par les actes pris en dépassement de l'objet social (C. com., art. L. 223-18, al. 5).

3. L'application du dispositif sur les conventions réglementées apparaît plus prometteuse. Les conventions conclues entre le gérant et la SARL sont soumises à un dispositif de contrôle, qui s'applique aussi aux conventions conclues entre la SARL et une société dont un associé indéfiniment responsable est simultanément gérant de la

SARL. Or c'est bien cette hypothèse qui est présente en l'espèce, puisque M. SUB gérant de la SARL est également associé de la SNC SEUB-MARINE. Or l'associé d'une SNC est tenu indéfiniment et solidairement aux dettes sociales (C. com., art. L. 221-1).

Il n'est cependant pas certain que cette convention soit assimilée à la convention conclue entre la SARL et son gérant non associé, qui suppose une approbation préalable de l'assemblée des associés lorsque la SARL est dépourvue de commissaire aux comptes (C. com., art. L. 223-19, al. 2). Il est donc probable que ce ne soit que la procédure d'approbation *a posteriori* qui s'applique (C. com., art. L. 223-19, al. 1er). La convention sera alors conclue et, sans doute, exécutée avant que les associés n'aient pu l'examiner.

4. La décision de faire conclure à la SARL un contrat non conforme à son activité avec une société dans laquelle il détient des intérêts permet d'envisager une qualification d'abus de majorité. On sait en effet que cette qualification vaut pour les décisions des associés mais aussi pour celles des dirigeants (Com. 21 janv. 1997, *Bull. civ.* IV, n° 26). Dès lors, il semble bien que la décision prise par M. SUB soit à la fois contraire à l'intérêt de la SARL RUN (car l'acquisition ne permettra semble-t-il pas à la société de revendre les planches et d'en tirer profit) et vise à avantager le dirigeant au profit des associés (il profitera en effet de l'opération du fait de l'intérêt qu'il détient dans la SNC). Une qualification d'abus des biens de la SARL RUN apparaît également envisageable. La convention pourrait alors être annulée, et le gérant de la SARL engagerait sa responsabilité civile, voire sa responsabilité pénale en cas d'abus de biens sociaux.

Débat

La SARL, société de personnes ou société de capitaux ?

La question mérite d'être posée, car la SARL emprunte aux deux familles de sociétés. On observera d'ailleurs que le régime de cette société a évolué avec le temps, oscillant entre les sociétés de personnes et les sociétés de capitaux.

Règle	Sociétés de personnes	Sociétés de capitaux
Capital social	Plus de minimum légal depuis la loi de sécurité financière du 1er août 2003	- Encadrement de la réduction non motivée par des pertes - Existence d'une procédure de mise en conformité du capital social et des capitaux propres
Apports en industrie	Ils sont admis depuis la loi NRE du 15 mai 2001 dans les conditions prévues par les statuts.	
Apports en nature	Garantie solidaire des associés si l'évaluation du commissaire aux apports n'est pas retenue ou n'est pas faite.	Intervention en principe obligatoire d'un commissaire aux apports
Intuitus personae	La SARL est une société fermée, dont le caractère *intuitus personae* est marqué.	
Taille de la société	Société de petite taille, puisque limitée à 100 associés sous peine de dissolution	
Commissaire aux comptes	Il n'est obligatoire que si la société dépasse certains seuils – les mêmes que pour la SNC, rehaussés par le décret du 24 mai 2019.	Le commissaire aux comptes n'est toutefois plus obligatoire dans les sociétés de capitaux comme la SA que si l'on se trouve en dépassement des seuils... les mêmes que ceux applicables à la SNC.
Pouvoirs internes du gérant	Définis en l'absence de précisions statutaires, par l'intérêt de la société, comme pour la SNC	
Pouvoirs externes du gérant		Le gérant engage la société même par les actes pris hors objet social, sauf exception.
Information des associés		

		Information détaillée des associés + recours possible à une expertise de gestion
Financement par émission d'obligations		Oui (Ord. 25 mars 2004 modifiant l'art. L. 223-11 du C. com. et retouche apportée par la loi PACTE du 22 mai 2019)
Régime fiscal		En principe soumise à l'IS (CGI, art. 206)

Conclusion : les liens de la SARL avec les sociétés de capitaux sont certainement forts, mais plusieurs de ses traits la font pencher du côté des sociétés de personnes, ne serait-ce que l'importance reconnue en pratique à la personnalité des associés. Certaines modifications apportées à son régime (suppression du capital social minimum, accroissement des possibilités de réaliser un apport en industrie) sont également en ce sens.

chapitre 12

La société anonyme (SA)

Plan analytique

section 1

La constitution de la société anonyme

§ 1 Conditions de fond

A. Les associés de la SA : les actionnaires

B. Le capital et les apports faits à la SA

C. L'objet de la SA

§ 2 Conditions de forme

A. La notion d'offre au public d'instruments financiers

B. La dualité de régimes de constitution

section 2

La direction de la société anonyme

§ 1 La SA à conseil d'administration

A. La nomination des mandataires sociaux

B. La rémunération des mandataires sociaux

C. Les pouvoirs des mandataires sociaux

D. La responsabilité des mandataires sociaux

E. La cessation des fonctions et la question de la révocation des mandataires sociaux

F. Le fonctionnement du conseil d'administration

§ 2 La SA à directoire et conseil de surveillance

A. Le directoire

B. Le conseil de surveillance

section 3

Les actionnaires de la société anonyme

§ 1 Le droit d'information des actionnaires

A. Information normale

B. Information exceptionnelle : l'expertise de gestion

§ 2 Les assemblées d'actionnaires

A. Les différentes assemblées

B. Les décisions des assemblées

C. La participation aux assemblées

Compléments pédagogiques

La société anonyme (SA)

La société anonyme est régie par de nombreuses dispositions du Code de commerce. Les articles L. 225-1 à L. 225-270, L. 242-1 à L. 242-31 et L. 245-17 du Code, ainsi que ses articles R. 225-1 à R. 225-172, sont spécifiques à cette société. Du moins, ces dispositions ne visent expressément que la SA. Cependant, bon nombre d'entre elles sont « empruntées » par d'autres formes sociales. Les autres sociétés par actions (SAS, SCA, SE) se soumettent ainsi à un nombre plus ou moins grand de textes relatifs à la SA. 735

Des textes qui la régissent, il ressort que la SA est une forme sociale qui attache peu d'importance à la personnalité des actionnaires, auxquels pourrait-on dire elle préfère l'action. La SA requiert un capital social d'une certaine consistance, émet des titres négociables (actions) et peut faire des opérations d'offre au public d'instruments financiers ou voir ses titres cotés sur un marché réglementé. La souscription ou l'achat d'actions de la SA ne confère pas aux actionnaires la qualité de commerçant.

Le grand commercialiste Ripert avait dit que la société anonyme était le « merveilleux instrument du capitalisme moderne ». Il est vrai qu'elle offre les instruments juridiques permettant de réunir efficacement les moyens nécessaires au fonctionnement d'une entreprise commerciale importante. 736

La SA a longtemps été une forme sociale très fréquemment employée en France. L'engouement pour la SA s'expliquait par différentes raisons.

Tout d'abord, la SA est, avec la SCA et la SE, l'une des trois seules formes de sociétés commerciales pouvant solliciter le public. Même si moins de 1 % des SA voient leurs titres échangés sur un marché réglementé, la possibilité d'accéder un jour au monde prometteur de la bourse explique sans doute certains cas de recours anticipé à cette forme sociale pourtant assez lourde.

Ensuite, la situation faite par le droit fiscal au président du conseil d'administration de la SA, par ailleurs directeur général de la société (le fameux « P-DG »), a longtemps été plus intéressante que la situation faite au gérant majoritaire de la SARL. Elle l'est d'ailleurs encore au regard du régime de la Sécurité sociale.

On peut enfin relever cette particularité de la SA française qui est qu'elle n'est pas, comme dans d'autres pays de l'UE, réservée aux grandes entreprises. De ce fait, elle est utilisée aussi bien par les vraies grandes entreprises, cotées ou non, que par de petites et moyennes entreprises, qui seraient régies de manière plus appropriée par le régime de la SARL ou de la SAS. De petites sociétés comme des entreprises de très grande taille utilisent donc la même forme sociale et se plient donc aux mêmes règles juridiques. D'autres pays ont comparativement très peu de SA, parce que ce régime juridique y est réservé à des entreprises de très grande taille.

La SA n'a cependant pas que des avantages. 737

Parmi ses caractères négatifs, il faut mentionner la *lourdeur* de la SA. Cette société oblige les actionnaires à se réunir en assemblée, sans pouvoir recourir à d'autres modes de décision. Jusqu'à l'adoption de la loi PACTE du 22 mai 2019, elle imposait systématiquement la présence de commissaires aux comptes sans condition de seuils. Elle imposait aussi de publier annuellement certaines informations financières relatives à la société. La SA doit ainsi déposer au greffe du tribunal de commerce dont elle relève, dans le mois qui suit l'approbation des comptes, entre autres documents, ses comptes annuels et le rapport du commissaire aux comptes, si elle est dotée d'un tel organe, les sociétés non cotées (sur un marché réglementé ou Euronext Growth, ex-Alternext) ayant été récemment dispensées de joindre à ces documents le rapport de gestion, qu'elles doivent néanmoins tenir à la disposition des tiers qui en font la demande (C. com., art. 232-23, avec une dispense complète pour les SA constituant de petites entreprises). Les sociétés cotées sont par ailleurs soumises à des obligations de publicité supplémentaires. Un certain nombre de conventions conclues par la société se voient enfin appliquer un dispositif de contrôle strict. Toutes ces contraintes alourdissent le fonctionnement de la SA.

Il convient aussi de noter que la SA est dotée d'une structure *rigide*. Cette société est soumise par le législateur à un important ensemble de règles, que les parties peuvent difficilement modifier ou aménager par des stipulations particulières. C'est une résultante du caractère institutionnel de la SA, qui est justement la forme sociale où ce caractère est le plus marqué.

Aujourd'hui, la SARL et la SAS sont choisies beaucoup plus fréquemment par les entrepreneurs constituant une nouvelle société. Il y a de ce fait une seule SA pour 20 SAS et pour 50 SARL !

section 1

La constitution de la société anonyme

738 La constitution de la SA doit respecter des conditions de fond et de forme, qui s'ajoutent, bien évidemment, aux conditions que doit respecter toute société lors de sa constitution (v. ss chapitre 2). On ajoutera que la SA était, avant l'intervention de la loi du 24 juillet 1867, subordonnée à une autorisation gouvernementale, ce qui en limitait l'utilisation par les petites entreprises.

§ 1 Conditions de fond

A. Les associés de la SA : les actionnaires

1. *Un minimum de sept actionnaires... pour les seules sociétés cotées*

739 La SA est la société qui est constituée entre des associés qui ne supportent les pertes qu'à concurrence de leurs apports, et dont le capital est divisé en actions (C. com., art. L. 225-1). Les associés de la SA sont donc des actionnaires, et leur responsabilité est limitée, comme celle des associés de la SARL (v. ss chapitre 11).

De longue date, le législateur imposait à la SA de comporter au moins sept actionnaires lors de sa constitution, avec une possibilité de dissolution judiciaire si ce minimum n'était pas respecté pendant plus d'un an (C. com., art. L. 225-247, et sur la dissolution judiciaire, v. chapitre 8).

Cette condition de sept actionnaires s'expliquait par l'influence du droit anglais qui avait une exigence identique. On rencontrait un certain nombre de dérogations, prévues pour des sociétés particulières. C'était ainsi le cas des sociétés publiques locales (SPL), qui sont des SA composées d'au moins deux actionnaires, ceux-ci étant nécessairement des collectivités territoriales ou des groupements de telles collectivités. Ces SA d'un genre particulier ont pour objet de réaliser des activités pour le compte de leurs actionnaires, en étant soustraites à l'obligation de mise en concurrence normalement applicable : en clair, faire réaliser les travaux par une SPL dispense les collectivités actionnaires de l'obligation de réaliser un appel d'offres.

La loi relative à la simplification de la vie des entreprises (L. n° 2014-1545 du 20 déc. 2014) a cependant autorisé le gouvernement à revenir sur cette exigence, le nombre de sept actionnaires minimum étant désormais réservé aux seules sociétés cotées. Précisément, une ordonnance n° 2015-1127 du 10 septembre 2015 était intervenue, et elle a été corrigée par une loi de ratification n° 2016-563 du 10 mai 2016, aux termes de laquelle le nombre minimum d'actionnaires est de sept pour les sociétés dont les actions sont admises aux négociations sur un marché réglementé ou sur un système multilatéral de négociation (v. actuellement C. com., art. L. 22-10-2).

2. Les conditions requises des actionnaires de la SA

a. Absence de conditions spécifiques

Ces conditions sont quasiment inexistantes. Il n'est pas exigé de l'actionnaire une capacité particulière, telle que celle requise de l'associé de SNC, les actionnaires de la SA n'ayant pas la qualité de commerçant, ni vocation à l'acquérir du seul fait de la souscription ou de l'achat d'actions. Tant une personne physique qu'une personne morale peuvent être actionnaires. 740 ■

b. Souscription de ses propres actions par une société et participations croisées

On observera simplement qu'il est strictement interdit à une SA de souscrire à ses propres actions, soit directement, soit par personne interposée (C. com., art. L. 225-206, I). L'auto-acquisition, portant sur des actions déjà émises donc, est en revanche réglementée, mais n'est pas complètement interdite (C. com., art. L. 225-206, II, L. 225-207 s., L. 22-10-62, L. 22-10-64 et L. 22-10-65), étant précisé que l'auto-acquisition effectuée en violation des dispositions de l'article L. 225-206, II n'est pas sanctionnée par la nullité de l'acquisition (Civ. 1re, 17 déc. 2009, *Bull. civ.* I, n° 255 ; *Rev. sociétés* 2010. 311, note R. Mortier). 741 ■

La SA est par ailleurs soumise, comme les autres sociétés par actions, à la réglementation sur les *participations croisées* (C. com., art. L. 233-29 et L. 233-30). La première disposition vise à éviter qu'une société par actions ait dans ses actifs des actions d'une autre société dont l'actif serait constitué de titres de la première société. Ainsi une société par actions A ne peut-elle souscrire d'actions d'une autre société B, si B détient une fraction du capital de A supérieure à 10 %. L'article L. 233-29 règle le cas d'une participation réciproque interdite en imposant, en l'absence d'accord entre les sociétés concernées, que la société détenant la fraction la plus faible cède sa 742 ■

participation, ou que, si les investissements réciproques sont de même importance, chaque société réduise sa participation, de sorte qu'elle n'excède pas le seuil de 10 %. L'article L. 233-30 est, quant à lui, relatif à la détention des titres d'une société par actions par une société autre (la société en question ne peut détenir plus de 10 % des actions de la société par actions, si celle-ci détient 10 % de son capital, et elle doit céder la fraction excédentaire des actions qu'elle détient).

B. Le capital et les apports faits à la SA

1. *Le capital de la SA*

a. Principe

■ 743 La SA doit être dotée un capital d'au moins 37 000 euros (C. com., art. L. 224-2). On distinguait initialement entre les sociétés faisant *appel public à l'épargne*[Q] et les autres, desquelles on exigeait un capital social plus important (225 000 euros). Cette exigence a cependant été supprimée par l'ordonnance n° 2009-80 du 22 janvier 2009 (C. com., nouv. art. L. 224-2).

b. Dérogations

■ 744 Certaines sociétés, du fait de l'activité qu'elles exercent, sont soumises à des règles dérogatoires concernant le capital social requis.

Certaines SA sont ainsi astreintes à détenir un capital social supérieur à 37 000 euros. Par exemple, une SA qui souhaiterait exercer l'activité de gestion de portefeuille est astreinte par l'article 321-10, I du Règlement général de l'Autorité des marchés financiers à détenir un capital d'au moins 125 000 euros et « libéré en numéraire au moins à hauteur de ce montant ». Une SA qui souhaiterait exercer une activité bancaire générale devrait quant à elle détenir un capital d'au moins 5 millions d'euros, selon l'article L. 511-11 du Code monétaire et financier et les textes pris pour son application.

Illustration : art. 4 des statuts de la SA BNP Paribas (19 mai 2020)

Le capital social est fixé à 2 499 597,12 euros ; il est divisé en 1 249 798 561 actions de 2 euros nominales chacune entièrement libérées.

Inversement, le législateur réduit parfois ses exigences en termes de capital social, et la SA de rédacteurs de presse n'est ainsi astreinte qu'à la détention d'un capital de 300 euros minimum (C. com., art. L. 224-2, al. 3).

2. *Les apports faits au bénéfice de la SA*

a. Les différents apports pouvant être faits

■ 745 Le législateur distingue entre les « actions de numéraire » et les « actions d'apport » (C. com., art. L. 225-3), ce qui est une distinction peu claire, dans la mesure où toutes les actions sont émises en contrepartie d'apports faits par les actionnaires. Il faut comprendre que les « actions d'apport » sont les actions rémunérant des apports en nature.

Une certitude : on ne peut pas faire d'apports en industrie dans une SA, ceux-ci étant expressément prohibés (C. com., art. L. 225-3, al. 4).

b. Souscription et libération

Le capital social de la SA doit être intégralement souscrit (C. com., art. L. 225-3, al. 1er), 746 ■
c'est-à-dire que toutes les actions doivent avoir trouvé preneur préalablement à l'immatriculation de la société.

Les actions de numéraire doivent être libérées lors de la souscription de la moitié au moins de leur valeur nominale (C. com., art. L. 225-3, al. 2). La libération du surplus devra intervenir dans un délai ne pouvant excéder cinq ans à compter de l'immatriculation de la société au registre du commerce et des sociétés, sur décision du conseil d'administration ou du directoire.

Les actions d'apport (v. ci-dessus) sont quant à elles intégralement libérées dès leur émission (C. com., art. L. 225-3, al. 3).

c. La procédure de vérification des apports en nature

Une procédure de vérification de la valeur des apports en nature faits à la SA est 747 ■
prévue. La procédure est proche de celle prévue pour la SARL, surtout depuis les retouches opérées par la loi *Warsmann II* du 22 mars 2012.

Initialement, le président du tribunal de commerce était nécessairement saisi d'une demande de désignation d'un ou plusieurs commissaires aux apports. Ce n'est plus nécessairement le cas, puisque le principe est la désignation à l'unanimité des *fondateurs*Q. Ce n'est que s'ils ne peuvent s'entendre que, à la demande des fondateurs ou de l'un d'entre eux, le président du tribunal de commerce désigne un ou plusieurs commissaires aux apports (C. com., art. L. 225-8, al. 1er). Quel que soit le mode de désignation des commissaires aux apports, ceux-ci sont choisis sur les listes de commissaires aux comptes ou parmi les experts inscrits sur les listes des cours et des tribunaux (C. com., art. R. 22-10-7). Ils sont soumis aux mêmes incompatibilités que les commissaires aux comptes (C. com., art. L. 822-11). Le commissaire aux apports, éventuellement assisté d'un expert, fait un rapport, dans lequel il décrit les biens apportés, indique le mode d'évaluation retenu et les raisons de ce choix, et affirme que la valeur des apports correspond au moins à la valeur nominale des actions à émettre, éventuellement augmentée de la prime d'émission (en cas d'augmentation de capital essentiellement) (C. com., art. R. 22-10-8).

Par ailleurs, pour éviter que la procédure de vérification des apports ne soit contournée, l'acquisition par la SA, dans les deux ans suivant son immatriculation, d'un bien appartenant à un actionnaire et dont la valeur est au moins égale à un dixième du capital social est en principe soumise à l'appréciation d'un commissaire désigné par décision de justice et chargé d'apprécier la valeur de ce bien. L'assemblée générale ordinaire statue sur l'évaluation du bien, à peine de nullité de l'acquisition, sans que le vendeur participe au vote (C. com., art. L. 225-101). Une série d'exceptions est cependant prévue : acquisition d'un bien faite en bourse, faite sous le contrôle d'une autorité judiciaire, ou dans le cadre des opérations courantes de la société et conclues à des conditions normales.

Précisons enfin que la loi *Warsmann II* du 22 mars 2012 a introduit un nouvel article L. 225-8-1 dans le Code de commerce, qui dispense, comme l'autorise une directive de l'Union européenne, de faire établir un rapport par un commissaire aux apports dans deux hypothèses. La première hypothèse est assez étroite car elle vise l'apport qui porte sur des « valeurs mobilières donnant accès au capital mentionnées à l'article L. 228-1 » ou sur des « instruments du marché monétaire, au sens de l'article 4 de la directive 2004/30/CE du Parlement européen et du Conseil, du 21 avril 2004 » (texte abrogé), et il faut que ces valeurs mobilières ou instruments du marché monétaire aient été « évalués au prix moyen pondéré auquel ils ont été négociés sur un ou plusieurs marchés réglementés au cours des trois mois précédant la date de la réalisation effective de l'apport ». La seconde hypothèse s'applique aux apports constitués « d'éléments d'actif autres que les valeurs mobilières ou les instruments du marché monétaire » précités. La dispense d'évaluation par un commissaire aux apports suppose que « dans les six mois précédant la date de la réalisation effective de l'apport, ces éléments [aient] déjà fait l'objet d'une évaluation à la juste valeur par un commissaire aux apports », dans les conditions définies à l'article L. 225-8. Dispensés de rapport fait par un expert, ces apports en nature font tout de même l'objet de mesures destinées à compenser l'absence d'intervention du professionnel. Un décret en Conseil d'État définit ainsi les conditions dans lesquelles les informations relatives aux apports en nature n'ayant pas fait l'objet d'un rapport du commissaire aux apports sont portées à la connaissance des souscripteurs (art. R. 225-14-1 et R. 22-10-10). L'apport en nature dispensé dans les deux hypothèses précitées de l'évaluation opérée par un commissaire aux apports doit en contrepartie, en outre, faire l'objet d'une réévaluation dans deux situations. Lorsque l'apport en nature portait sur des valeurs mobilières ou des instruments du marché monétaire, la réévaluation est requise si le prix a été affecté par des circonstances exceptionnelles pouvant modifier sensiblement la valeur de l'élément d'actif à la date de la réalisation effective de l'apport. Pour les autres apports en nature dispensés d'évaluation, la réévaluation a lieu lorsque des circonstances nouvelles ont modifié sensiblement la juste valeur de l'élément d'actif à la date de la réalisation effective de l'apport. Cette réévaluation se fait « à l'initiative et sous la responsabilité des fondateurs », et dans les conditions mentionnées à l'article L. 225-8 du Code de commerce, c'est-à-dire avec l'intervention d'un commissaire aux apports.

■ 748 Il n'est pas prévu expressément que l'apporteur et les autres actionnaires soient garants de la valeur du bien apporté. Il est pourtant possible de retenir une évaluation supérieure à celle faite par le commissaire aux apports. Il convient cependant de procéder avec beaucoup de prudence, car les fondateurs, les dirigeants, l'apporteur et toute personne impliquée dans la surévaluation d'un apport pourront voir leur responsabilité pénale et civile engagée.

C'est avant tout le commissaire aux apports qui pourra voir sa *responsabilité civile* engagée, puisque le rapport d'évaluation des apports en nature est fait sous sa responsabilité (C. com., art. L. 225-8, al. 2). Toute personne impliquée qui commettrait une faute, en dissimulant des informations au commissaire aux apports, par exemple, pourrait également voir sa responsabilité civile engagée.

C'est aussi la *responsabilité pénale* des personnes à l'origine (et donc du commissaire aux apports, en premier lieu) ou impliquées dans une surévaluation volontaire des apports en nature qui peut être engagée, les sanctions prévues en l'occurrence étant un emprisonnement de cinq ans et une amende de 9 000 euros (C. com., art. L. 242-2, 4°).

C. L'objet de la SA

La SA est une société commerciale par la forme, qui est donc soumise au droit commercial indépendamment de son objet. La SA peut en principe se donner toute activité pour objet social, mais des lois spéciales peuvent interdire l'exercice de certaines activités sous forme de SA. Ainsi, par exemple, était-il jusqu'en 2016 interdit à une SA de se livrer à l'activité d'agent artistique en recherchant des engagements pour plus de deux artistes du spectacle dans la même année civile, l'ancien article L. 7121-10 du Code du travail permettant l'exercice de cette activité à toute personne, « *à l'exclusion des sociétés anonymes et des sociétés en commandite par actions* ». Si la SA se donnait cette activité pour objet social, elle était nulle du fait de son objet illicite. Certaines activités, notamment parce qu'elles nécessitent une surface financière importante, supposent au contraire que l'on adopte la forme de SA, qui est ainsi imposée, entre autres, aux entreprises françaises d'assurances autres que les mutuelles (C. assur., art. L. 322-1). 749 ■

Notons encore que l'exercice de certaines activités réglementées implique que la SA obéisse à des règles spéciales : insertion dans les statuts de clauses particulières, justification d'une qualification professionnelle particulière des dirigeants ou de certains actionnaires, etc.

On ajoutera que la SA est utilisable aussi pour l'exercice d'une profession libérale soumise à un statut réglementaire ou dont le titre est protégé, dans le cadre spécial de la société d'exercice libéral à forme anonyme (SELAFA), régie par la loi n° 90-1258 du 31 décembre 1990. Certaines professions peuvent utiliser, en plus de la SELAFA, la SA de droit commun avec quelques aménagements : c'est ainsi le cas des avocats depuis la loi *Macron* du 6 août 2015.

§ 2 Conditions de forme

La SA peut se constituer de deux façons : avec ou sans offre au public d'instruments financiers. Cette dernière notion, qui a remplacé celle d'appel public à l'épargne, doit préalablement être exposée. 750 ■

A. La notion d'offre au public d'instruments financiers

1. *La notion disparue d'appel public à l'épargne*

a. Contenu

L'appel public à l'épargne a longtemps servi de critère déclencheur de l'application d'un certain nombre de règles spéciales. L'article L. 411-1 du Code monétaire est financier, en sa rédaction en vigueur jusqu'au 1er avril 2009 retenait un cas d'appel public à l'épargne lorsque l'une des opérations suivantes était constatée : admission d'un instrument financier aux négociations sur un marché réglementé ; émission ou cession d'instruments financiers dans le public en ayant recours soit à la publicité, soit au démarchage, soit à des établissements de crédit ou des prestataires de services d'investissement. 751 ■

À cette définition, un certain nombre d'exceptions étaient apportées, fondées notamment sur le montant de l'opération, sur les destinataires de l'offre, ou sur l'identité de l'auteur de l'offre (C. mon. fin., art. L. 411-2).

La réalisation d'une opération impliquant appel public à l'épargne entraînait application d'un certain nombre de règles, comme c'est actuellement le cas pour une opération d'offre au public de titres financiers. Les personnes concernées doivent au préalable établir un prospectus, document destiné à l'information du public, portant à la fois sur le contenu de l'opération et sur la société émettrice (C. mon. fin., art. L. 412-1).

b. Inconvénient

752 La notion d'appel public à l'épargne, telle qu'elle était ainsi instituée, comportait un inconvénient, qui tenait à ce qu'elle assimilait l'opération d'appel public à l'épargne et la société réalisant cette opération. Dès lors, la réalisation d'une opération comportant appel public à l'épargne était soumise elle-même à des règles spécifiques, mais l'auteur de l'opération se trouvait ensuite placé indéfiniment sous le statut de société faisant appel public à l'épargne, y compris lorsque l'opération avait été ponctuelle et ne s'était pas renouvelée.

Ceci peut expliquer que la notion ait été remplacée par une notion nouvelle, celle d'offre au public de titres financiers.

2. *La nouvelle notion*

a. Contenu

753 L'offre au public de titres financiers était, aux termes de l'article L. 411-1 du Code monétaire et financier, constituée soit par une communication adressée sous quelque forme et par quelque moyen que ce soit à des personnes et présentant une information suffisante sur les conditions de l'offre et sur les titres à offrir, de manière à mettre un investisseur en mesure de décider d'acheter ou de souscrire ces titres financiers, soit par un placement de titres financiers par des intermédiaires financiers. Dans sa version actuellement en vigueur, issue de l'ordonnance n° 2019-1067 du 21 octobre 2019, l'article L. 411-1 ne définit pas directement l'offre au public mais il édicte un principe d'interdiction de procéder à une telle offre, sauf autorisation légale, et s'agissant de la définition, il opère un renvoi au règlement (UE) n° 2017/1129 du 14 juin 2017. L'article 2, d) de ce texte définit l'offre au public de valeurs mobilières comme « une communication adressée sous quelque forme et par quelque moyen que ce soit à des personnes et présentant une information suffisante sur les conditions de l'offre et sur les titres à offrir, de manière à mettre un investisseur en mesure de décider d'acheter ou souscrire ces valeurs mobilières ».

Les articles L. 411-2, L. 411-2-1 et L. 411-3 du Code monétaire et financier prévoient un certain nombre d'exceptions au principe d'interdiction de procéder à une offre au public de titres financiers. Une exception concerne ainsi les offres portant sur un faible montant (C. mon. fin., art. L. 411-2-1, 1°), tel que déterminé par l'AMF (jusqu'à juillet 2018, était visé un montant de 100 000 euros sans conditions, ou de 5 millions d'euros quand l'émission ne représentait pas plus de 50 % du capital de l'émetteur ; c'est désormais le montant de 8 millions d'euros qui est retenu sans condition – Régl. gén. AMF, art. 211-2, I). D'autres exceptions concernent les offres faites au moyen de titres dont la valeur nominale est supérieure à un certain montant (C. mon. fin., art. L. 411-2-1, 3°), là encore déterminé par l'AMF (100 000 euros, Régl.

gén. AMF, art. 211-2, III), ou qui s'adressent exclusivement à certains professionnels (investisseurs qualifiés, tels que définis par le règlement Prospectus, qui renvoie lui-même à la directive 2014/65/UE : professionnels des marchés financiers, grandes entreprises, gouvernements et banques centrales, etc.), ou à un cercle restreint d'investisseurs (d'un nombre inférieur à 150, selon l'art. D. 411-4 du C. mon. fin.)

b. Avantage

La réalisation d'une opération d'offre au public d'instruments financiers n'a pas pour effet, à la différence du régime de l'appel public à l'épargne, de placer la société concernée sous un statut spécifique et de manière permanente. Certes, des conditions particulières peuvent être requises pour la réalisation d'une offre au public, mais il n'en découlera pas l'application d'un statut spécial et permanent à la société. Par conséquent, le statut d'entité faisant appel public à l'épargne disparaît, les règles applicables à ces sociétés étant désormais réservées aux sociétés dont les actions sont cotées sur un marché réglementé (v. ss chapitre 16). 754 ■

B. La dualité de régimes de constitution

Le Code de commerce permet de constituer la SA avec ou sans offre au public, chacun de ces modes de constitution étant soumis à un régime distinct. Lorsque la société est constituée avec offre au public (autre que celles visées aux articles L. 411-2, 1° et 2° et L. 411-2-1 du C. mon. fin.), le processus prend plus de temps, parce que les *fondateurs*[Q] s'adressent au public auquel ils offrent de souscrire des actions de la société. La constitution se fait alors véritablement par étapes. La constitution sans offre au public est plus simple et plus rapide. Elle est de ce fait quasiment toujours utilisée en pratique, pour être éventuellement suivie d'une offre au public des instruments financiers de la société constituée. 755 ■

Il est à noter que la loi *Warsmann II* du 22 mars 2012 a introduit pour l'un et l'autre cas de constitution une sanction particulière de suspension des droits de vote et du droit aux dividendes des actionnaires en cas d'irrégularité dans la constitution de la société, jusqu'à régularisation de la situation (C. com. art. L. 225-11-1, L. 225-16-1) Cette sanction est redoutable, car si la constitution de la société n'est pas elle-même entachée de nullité, ce sont toutes les décisions qui sont susceptibles d'être annulées...

Le choix de rédaction du Code de commerce n'est pas un modèle de clarté, car le législateur a choisi d'énoncer les règles de la constitution sans offre au public par renvoi à la plupart des dispositions relatives à la constitution avec offre au public, complétées par quelques dispositions spécifiques. Après la création d'un chapitre propre aux sociétés cotées au sein du Code de commerce par l'ordonnance n° 2020-1142 du 16 septembre 2020 et le décret n° 2020-1742 du 29 décembre 2020, la répartition des textes est encore plus confuse qu'elle l'était précédemment, notamment parce que la partie législative du chapitre nouveau n'a pas été « remplie » par les rédacteurs de l'ordonnance s'agissant de la constitution de la SA, alors que la partie réglementaire a donné lieu à déplacement des articles qui concernaient les sociétés se constituant avec offre au public. Si l'on y réfléchit, il n'est d'ailleurs pas justifié de placer les règles relatives aux sociétés se constituant avec offre au public au sein d'un chapitre relatif aux sociétés cotées, cette dernière catégorie étant plus étroite que la première.

1. La constitution avec offre au public

756 Un projet de statuts est établi et signé par un ou plusieurs fondateurs, qui déposent un exemplaire au greffe du tribunal de commerce du lieu du siège social. Une notice est ensuite publiée au *Bulletin des annonces légales obligatoires* (C. com., art. L. 225-2 et R. 22-10-3) et un prospectus soumis au visa préalable de l'AMF est établi.

Les personnes intéressées souscrivent des actions par un bulletin de souscription (C. com., art. L. 225-4 et R. 22-10-5). Les fonds provenant des souscriptions sont déposés à la Caisse des dépôts et consignations, chez un notaire, une banque ou un intermédiaire financier habilité (C. com., art. L. 225-5 et R. 22-10-6). Ce dépositaire constate les souscriptions et les versements par un certificat établi, au moment du dépôt des fonds, sur présentation des bulletins de souscription (C. com., art. L. 225-6). Une fois que le capital a été intégralement souscrit, les fondateurs convoquent une assemblée générale constitutive (C. com., art. L. 225-7), qui constate que le capital est entièrement souscrit et que les actions sont libérées du montant exigible. Cette assemblée se prononce sur l'adoption des statuts, qui ne peuvent être modifiés qu'à l'unanimité de tous les souscripteurs. La même assemblée nomme les premiers administrateurs ou membres du conseil de surveillance, et elle procédait à la désignation des commissaires aux comptes, jusqu'à l'intervention de la loi PACTE du 22 mai 2019. L'assemblée générale constitutive statue également sur les apports en nature et leur évaluation (C. com., art. L. 225-8). L'assemblée constitutive délibère aux conditions de quorum et de majorité prévues pour les assemblées extraordinaires (C. com., art. L. 225-9).

2. La constitution sans offre au public

757 Il est regrettable que l'on n'ait pas profité des dernières lois et ordonnances pour présenter ce mode de constitution de manière plus claire, plutôt que de procéder à de nombreux renvois à la constitution avec offre au public. On retiendra surtout que les souscripteurs ne se réunissent pas en assemblée générale constitutive, mais qu'ils signent les statuts, soit en personne, soit par mandataire justifiant d'un pouvoir spécial, après l'établissement du certificat du dépositaire et après mise à disposition des actionnaires, dans les conditions et délais déterminés par décret en Conseil d'État, du rapport du commissaire aux apports (C. com., art. L. 225-15).

section 2

La direction de la société anonyme

758 Deux formules s'offrent à ceux qui veulent organiser une SA : la formule classique de la SA à conseil d'administration que l'on peut dire « française », d'une part, et la formule à directoire et conseil de surveillance que l'on peut dire « allemande », d'autre part.

L'organisation traditionnelle de la société anonyme comporte un conseil d'administration et un président du conseil d'administration. Avant la loi NRE du 15 mai 2001, le président assurait forcément la direction générale de la société. Après la loi NRE, il peut assurer la direction générale (il est alors « P-DG ») ou en être dépossédé au profit d'un directeur général (DG) et n'être alors qu'un président « non exécutif ». Par ailleurs, le président-directeur général ou le directeur général peuvent être assistés de directeurs généraux délégués (DGD).

Le second mode de direction de la SA vise à séparer plus nettement la fonction de direction de celle du contrôle de la direction. Il confie la direction au directoire, organe collégial mais permettant la répartition des compétences entre ses membres, et le contrôle de la direction à un conseil de surveillance.

Les SA sont beaucoup plus souvent constituées dans la forme traditionnelle (les statistiques de l'INSEE montrent que le rapport est de une SA à directoire et conseil de surveillance pour 30 SA à conseil d'administration !). Toutefois, le rapport change quelque peu si l'on prend simplement en compte les sociétés les plus importantes. Celles-ci recourent plus souvent à la forme dite « duale » que les autres sociétés. En juillet 2008, il était relevé que 24 sociétés du CAC 40 (sur 39 alors prises en compte) étaient « pilotées en tandem ». Neuf avaient adopté la forme « allemande » et quinze avaient fait le choix du conseil d'administration à gouvernance dissociée. Il était par ailleurs relevé que sur ces quinze sociétés, seulement deux d'entre elles étaient dirigées par un DG non administrateur (*Le Figaro*, 28 juill. 2008. 18). Les données actuelles sont un peu différentes et montrent un retour en force, dans les sociétés cotées, de la SA avec un P-DG à sa tête (v. Documents). 759 ■

Le choix entre ces deux formules (conseil d'administration ou directoire et conseil de surveillance) est opéré par les statuts de la SA. La décision de passer d'un mode de direction à l'autre se fait donc par une modification des statuts, mais ne constitue pas une transformation de la société, qui ne change pas de forme sociale. 760 ■

Dans les SA à conseil d'administration, le choix de la dissociation de la présidence et de la direction générale est opéré par le conseil d'administration, dans les conditions prévues par les statuts, et les actionnaires en sont informés (C. com., art. L. 225-51-1, al. 2).

§ 1 La SA à conseil d'administration

Il convient d'examiner successivement les différentes questions posées par le statut juridique des mandataires sociaux de la SA à conseil d'administration : leur nomination et les conditions de celle-ci (A), leur rémunération (B), leurs pouvoirs (C), leur responsabilité (D) et enfin la cessation des fonctions et le cas particulier de la révocation (E). Le fonctionnement du conseil d'administration pourra ensuite être étudié (F). 761 ■

A. La nomination des mandataires sociaux

1. *Règles relatives à la nomination des dirigeants*

La SA à conseil d'administration connaît quatre sortes de mandataires sociaux : l'administrateur, le président du conseil d'administration, le directeur général, et le directeur général délégué. Il convient d'envisager successivement leurs conditions de désignation. 762 ■

a. Conditions de désignation des administrateurs

763 L'administrateur peut être une personne physique ou une personne morale, cette dernière devant alors désigner un représentant permanent, soumis aux mêmes conditions, obligations et responsabilité que s'il était administrateur en son nom propre (C. com., art. L. 225-20). Aucun texte n'exige de l'administrateur une capacité particulière. En revanche, des lois spéciales édictent des incompatibilités, pour certaines professions, qui ne peuvent être administrateurs de SA (avocats, fonctionnaires par exemple). Le législateur a également institué des limitations au cumul des mandats sociaux (v. ci-dessous). Notons encore que la loi Mohamed Soilihi du 19 juillet 2019 a prévu que la mise sous tutelle d'un administrateur entraînait sa démission d'office.

Quatre conditions devaient traditionnellement être remplies par la personne qui désirait être administrateur ; l'une d'elles relative à la détention d'actions de la société, est devenue facultative depuis le 1er janvier 2009, tandis qu'une condition relative au sexe des administrateurs a été ajoutée en 2011 et renforcée en 2014 et 2019.

764 Les trois conditions traditionnelles maintenues sont les suivantes.

L'administrateur ne doit tout d'abord pas dépasser la limite d'âge prévue par les statuts, ou, à défaut, par la loi. L'article L. 225-19 du Code de commerce dispose que les statuts doivent prévoir cette limite d'âge, et peuvent indiquer qu'elle s'applique à tous les administrateurs ou à un pourcentage déterminé d'entre eux. À défaut, le même texte dispose que le nombre des administrateurs ayant dépassé l'âge de 70 ans ne peut être supérieur au tiers des administrateurs en fonction. Une nomination intervenue en violation de la limite d'âge serait nulle.

L'administrateur ne doit ensuite pas être surnuméraire. Aux termes de l'article L. 225-17, le conseil d'administration comprend au minimum 3 membres, les statuts devant fixer un nombre maximum qui ne peut dépasser 18 membres, sous réserve de la présence d'un administrateur supplémentaire en cas de cessation des fonctions du président du conseil, si celui-ci n'a pu le remplacer par un de ses membres (C. com., art. L. 225-17, al. 2). Un dépassement est également autorisé pendant un délai de 3 ans en cas de fusion, le nombre des administrateurs pouvant alors aller jusqu'à 24 (C. com., art. L. 225-95).

L'administrateur doit enfin avoir été désigné régulièrement, c'est-à-dire par les statuts ou l'assemblée constitutive s'agissant des premiers administrateurs, puis en cours de vie sociale, par l'assemblée générale ordinaire, ou par l'assemblée générale extraordinaire en cas de fusion ou de scission (C. com., art. L. 225-18).

En sa rédaction en vigueur jusqu'au 31 décembre 2008, l'article L. 225-25 du Code de commerce disposait que « chaque administrateur doit être propriétaire d'un nombre d'actions de la société déterminé par les statuts ». Si cette obligation n'était pas respectée lors de la nomination de l'administrateur ou cessait de l'être en cours de mandat, l'administrateur était « réputé démissionnaire d'office », s'il n'avait pas régularisé sa situation dans le délai de trois mois. Seuls les actionnaires salariés nommés administrateurs en application de l'article L. 225-23 échappaient à cette contrainte. Les commissaires aux comptes étaient chargés de veiller, sous leur responsabilité, à l'observation des dispositions prévues à l'article L. 225-25 et en dénonçaient toute violation dans leur rapport à l'assemblée générale annuelle.

La loi LME du 4 août 2008 a cependant modifié l'article L. 225-25 à compter du 1er janv. 2009. Ce sont désormais les statuts qui pourront imposer que chaque administrateur soit propriétaire d'un nombre d'actions déterminé par eux. Là où la loi imposait le principe de l'administrateur actionnaire et laissait aux statuts la tâche de déterminer le nombre d'actions que le mandataire social devait posséder, les statuts sont donc désormais libres d'imposer ou non de choisir l'administrateur parmi les actionnaires, ou plutôt, d'imposer à l'administrateur de détenir des actions, puisque la condition de détention n'est pas un préalable à la nomination. Le délai de régularisation, au-delà duquel l'administrateur dépourvu du nombre d'actions requis est toujours « réputé démissionnaire d'office », est par ailleurs augmenté, passant de trois à six mois. On pourra s'étonner du maintien de cette sanction radicale que constitue la démission d'office, qui sanctionne une obligation qui n'est plus, depuis la loi LME, que d'origine statutaire.

Illustration : extrait de l'art. 7 des statuts de la SA BNP Paribas (19 mai 2020)

Chaque administrateur, à l'exclusion des administrateurs représentant les salariés et de l'administrateur représentant les salariés actionnaires, doit être propriétaire de 10 actions au moins.

Une condition relative au sexe des administrateurs a enfin été ajoutée par la loi n° 2011-103 du 27 janvier 2011, relative à la représentation équilibrée des femmes et des hommes au sein des conseils d'administration et de surveillance et à l'égalité professionnelle (v. ss 277). 765 ■

Toutes les SA sont tout d'abord tenues par un vœu du législateur, sans sanction explicite (ce qui ne veut pas dire qu'il n'y en aura aucune) : « le conseil d'administration est composé en recherchant une représentation équilibrée des femmes et des hommes » (C. com., nouv. art. L. 225-17).

Ensuite, de véritables quotas de représentation de chaque sexe ont été mis en place pour les SA cotées ou de grandes tailles. La loi vise « sans condition de seuil [les] sociétés dont les actions sont admises aux négociations sur un marché réglementé » (C. com., art. L. 22-10-3) et, « à l'issue de la plus prochaine assemblée générale ayant à statuer sur des nominations, [...] les sociétés qui, pour le troisième exercice consécutif, emploient un nombre moyen d'au moins deux cent cinquante salariés permanents et présentent un montant net de chiffre d'affaires ou un total de bilan d'au moins 50 millions d'euros » (art. L. 225-18-1). Ce dispositif n'est entré en vigueur que progressivement. Depuis le 1er janvier 2017, les sociétés cotées susvisées doivent respecter le minimum de 40 % de représentants de chaque sexe. Dès 2014, un seuil de 20 % minimum s'appliquait aux seules sociétés cotées, et lorsqu'elles avaient un conseil « unisexe », elles ont dû nommer lors de la plus prochaine assemblée générale ordinaire ayant à statuer sur la nomination d'administrateurs ou de membres du conseil de surveillance suivant la publication de la loi un représentant du sexe manquant. Ce second volet du dispositif est assorti de sanctions particulières : obligation de remédier aux situations irrégulières en procédant aux nominations appropriées, nullité des nominations irrégulières, excluant toutefois celle des décisions prises par l'organe composé irrégulièrement, suspension du versement des rémunérations. Le mouvement s'est par ailleurs accéléré avec la loi n° 2014-873 du 4 août 2014 pour l'égalité réelle entre les femmes et les hommes, qui a ciblé particulièrement les sociétés non cotées en avançant à 2017 l'application du dispositif s'agissant des sociétés employant 500 salariés et plus (alors que c'était l'année 2020 qui était initialement prévue) et en incluant dans la catégorie visée les entreprises employant 250 salariés et plus (qui ne sont entrées concrètement dans le dispositif qu'en 2020, du coup).

La loi PACTE a voulu renforcer l'efficacité du dispositif de quotas en supprimant une règle, qui était la suivante : l'art. L. 225-18-1 précisait qu'en cas de nomination intervenue en violation des quotas et n'ayant pas pour effet de remédier à l'irrégularité de la composition du conseil, cette nomination était nulle, mais le texte précisait que cette nullité n'entraînait pas celle des délibérations auxquelles avait pris part l'administrateur irrégulièrement nommé. C'est cette dernière précision qui est supprimée, ce qui expose à une nullité les décisions prises par un conseil auquel ont participé un ou plusieurs administrateurs « du mauvais sexe ». Ce n'est sans doute pas une bonne solution, puisque des décisions très importantes prises par la société peuvent se trouver fragilisées.

Dernière évolution en date : à l'heure où nous écrivons, l'Assemblée nationale a adopté une proposition de loi visant à accélérer l'égalité économique et professionnelle, qui imposerait plus largement des quotas dans les « instances dirigeantes » des sociétés de plus de 1.000 salariés.

766 Différents textes prévoient la participation des salariés ou de représentants des salariés au conseil d'administration. La coexistence de plusieurs dispositifs n'est pas pour simplifier les choses.

Tout d'abord, un dispositif obligatoire prévoit que dans les sociétés cotées, sans condition d'effectif, et depuis la loi PACTE du 22 mai 2019, dans les sociétés de grande taille (plus de 1 000 salariés dans la société et ses filiales directes et indirectes dont le siège en France, ou plus de 5 000 dans la société et ses filiales directes et indirectes dans le monde), dont les salariés détiennent plus de 3 % du capital, des administrateurs pris parmi les salariés actionnaires sont élus par l'assemblée (C. com., art. L. 225-23 et L. 22-10-5).

Un autre dispositif obligatoire a été mis en place par la loi n° 2013-504 du 14 juin 2013 de sécurisation de l'emploi dans les sociétés employant au moins 5 000 salariés (filiales directes et indirectes dont le siège est en France comprises) ou au moins 10 000 salariés (filiales étrangères comprises). Ces administrateurs sont désignés selon différentes modalités et, en substance, par une élection par les salariés, par les institutions représentatives du personnel (comité d'entreprise/comité social et économique, comité central d'entreprise, ou comité de groupe) ou par l'organisation syndicale majoritaire (C. com., art. L. 225-27-1). Le dispositif a été retouché lui aussi par la loi PACTE du 22 mai 2019, qui a augmenté les cas dans lesquels la société doit nommer deux administrateurs. Avant 2020, la société a un administrateur représentant les salariés si son conseil comporte 12 administrateurs ordinaires ou moins, et deux au-dessus de 12. Ce chiffre de 12 est abaissé à 8 par la loi PACTE.

Enfin, un dispositif libre offre la possibilité à toutes les SA de prévoir, si telle est la volonté des actionnaires, la désignation d'administrateurs par les salariés (C. com., art. L. 225-27 s.).

Pour être complet, il faut aussi préciser que ces différents administrateurs ne se confondent pas avec les représentants du comité social et économique qui assistent aux séances du conseil d'administration avec voix consultative (C. trav., art. L. 2312-72 v. ss 844).

b. Conditions de désignation du président

Une fois les administrateurs désignés, le conseil d'administration peut se réunir pour désigner en son sein un président, qui est nécessairement une personne physique, à peine de nullité de la nomination (C. com., art. L 225-47). Les statuts doivent prévoir une limite d'âge pour l'exercice des fonctions de président du conseil d'administration, qui, à défaut de clause contraire, est fixée à 65 ans (C. com., art. L 225-48, al. 1er). La nomination intervenue en violation de la limite d'âge est nulle, et le président est réputé démissionnaire d'office en cas de dépassement de la limite d'âge ou de placement sous tutelle (C. com., art. L. 225-48, al. 2, 3 et 4). 767 ■

c. Conditions de désignation du DG

Avant la loi NRE du 15 mai 2001, le président du conseil d'administration assurait nécessairement la direction générale de la SA. Depuis 2001, la dissociation de la présidence du conseil et de la direction générale de la société est possible, ce qui évite qu'une même personne soit à la fois soumise à un contrôle (le DG est soumis au contrôle du conseil d'administration) et à la tête de l'organe de contrôle. L'article L. 225-51-1 du Code de commerce, créé par la loi NRE, dispose que le conseil d'administration choisit, dans les conditions fixées par les statuts, si le président du conseil d'administration est également DG ou non. Cette décision fait l'objet d'une publication dans un journal d'annonces légales (C. com., art. R. 225-27). 768 ■

Illustration : art. 14 des statuts de la SA BNP Paribas (19 mai 2020)

Au choix du Conseil d'administration, la Direction Générale de la société est assumée, sous sa responsabilité, soit par le Président du Conseil d'administration, soit par une autre personne physique nommée par le Conseil et portant le titre de Directeur Général.
Ce choix est porté à la connaissance des actionnaires et des tiers conformément aux dispositions réglementaires en vigueur.
Le Conseil d'administration aura la faculté de décider que ce choix est à durée déterminée.
Dans l'hypothèse où le Conseil déciderait que la Direction Générale est assurée par le Président du Conseil d'administration, les dispositions des présents Statuts relatives au Directeur Général s'appliqueront au Président Directeur Général. Il est réputé démissionnaire d'office à l'issue de l'Assemblée générale statuant sur les comptes de l'exercice au cours duquel il a atteint l'âge de 65 ans.
Dans l'hypothèse où le Conseil déciderait de la dissociation des fonctions, le Président est réputé démissionnaire d'office à l'issue de l'Assemblée générale statuant sur les comptes de l'exercice au cours duquel il atteint l'âge de 72 ans ; toutefois, le Conseil peut décider de prolonger les fonctions du Président jusqu'à l'issue de l'Assemblée générale statuant sur les comptes de l'exercice au cours duquel il a atteint l'âge de 73 ans. Le Directeur Général est réputé démissionnaire d'office à l'issue de l'Assemblée générale statuant sur les comptes de l'exercice au cours duquel il a atteint l'âge de 65 ans ; toutefois, le Conseil peut décider de prolonger les fonctions du Directeur Général jusqu'à l'issue de l'Assemblée générale statuant sur les comptes de l'exercice au cours duquel il a atteint l'âge de 66 ans.

Lorsqu'un DG doit être nommé, en plus du président du conseil d'administration, sa désignation suppose que soient satisfaites les trois conditions suivantes : 769 ■

– être une personne physique (C. com., art. L. 225-51-1, al. 1er) ;

– respecter la limite d'âge prévue par les statuts ou, à défaut de stipulation statutaire, la limite de 65 ans ; le DG est réputé démissionnaire d'office lorsqu'il atteint la limite d'âge (C. com., art. L. 225-54) ;

– être désigné par le conseil d'administration (C. com., art. L. 225-51-1, al. 1er).

S'il venait à être placé sous tutelle, le DG serait réputé démissionnaire d'office (C. com., art. L. 225-54, al. 4).

d. Conditions de désignation des DGD

770 Le DG, qu'il soit ou non simultanément président du conseil d'administration de la SA, peut demander à être assisté par des directeurs généraux délégués, nommés par le conseil d'administration sur proposition du DG ; le nombre maximum de DGD est fixé par les statuts, sans pouvoir dépasser cinq (C. com., art. L. 225-53). Le conseil détermine l'étendue et la durée des pouvoirs des DGD, en accord avec le DG (C. com., art. L. 225-56, II).

771 Le DGD doit, pour bénéficier d'une nomination régulière, satisfaire aux quatre conditions suivantes :

– être une personne physique (C. com., art. L. 225-53, al. 1er) ;

– respecter la limite d'âge prévue par les statuts ou, à défaut de stipulation statutaire, la limite de 65 ans ; le DGD est réputé démissionnaire d'office lorsqu'il atteint la limite d'âge (C. com., art. L. 225-54) ;

– être désigné par le conseil d'administration sur proposition du DG (C. com., art. L. 225-53, al. 1er) ;

– ne pas être surnuméraire par rapport au nombre fixé par les statuts, qui ne peut dépasser cinq (C. com., art. L. 225-53).

La loi PACTE du 22 mai 2019 a ajouté deux exigences particulières relatives à la nomination des DGD. Tout d'abord, le conseil d'administration est tenu de déterminer un processus de sélection qui garantit jusqu'à son terme la présence d'au moins une personne de chaque sexe parmi les candidats. Ensuite, les propositions de nomination doivent s'efforcer de rechercher une représentation équilibrée des femmes et des hommes.

2. *Cumul de mandats*

a. Présentation du dispositif

772 Le système de limitation des cumuls de mandats sociaux avait été mis en place par la loi du 24 juillet 1966. Ce système a été retouché plusieurs fois. La réglementation limite seulement le nombre des mandats sociaux exercés dans les SA ayant leur siège sur le territoire français, à l'exclusion de ceux exercés dans d'autres sociétés françaises que des SA, ou dans des sociétés étrangères. Elle prévoit un plafond pour les mandats d'administrateur et de membre du conseil de surveillance, un autre pour les mandats de direction et un plafond global pour tous les mandats confondus.

Sommairement, le législateur souhaite surtout éviter que ce soit toujours les mêmes personnes qui siègent dans la plupart des grandes sociétés, ce qui est source de conflits d'intérêts et entraîne un manque d'indépendance et de disponibilité.

Signalons enfin que figurent, parmi les informations qui doivent être données aux actionnaires préalablement au vote sur la désignation d'un administrateur ou d'un membre du conseil de surveillance, les fonctions que les candidats exercent ou ont exercé au cours des cinq dernières années dans d'autres sociétés (C. com., art. R. 225-83, 5°, a).

b. Limitation du cumul des mandats d'administrateur et de membre du conseil de surveillance

L'article L. 225-21 du Code de commerce limite à cinq (huit avant la loi NRE) le nombre de mandats d'administrateur de SA pouvant être détenus par une même personne physique. Cependant, les cumuls contrôlés ne sont que ceux de mandats dans une SA ayant son siège sur le territoire français. Une personne morale peut quant à elle être administrateur d'autant de sociétés qu'elle le souhaite. 773 ■

La règle reçoit une exception importante : ne sont pas pris en compte les mandats d'administrateur ou de membre de conseil de surveillance de sociétés contrôlées au sens de l'article L. 233-16 du Code du commerce (v. ss chapitre 16) (C. com., art. L. 225-21, al. 2).

Par ailleurs, les mandats d'administrateur dans des sociétés non cotées et contrôlées par une même société au sens de l'article L. 233-16 ne comptent que pour un seul mandat. Est ici visée l'hypothèse où l'administrateur d'une filiale est également administrateur de sociétés sœurs. Encore faut-il que le nombre de mandats détenus à ce titre n'excède pas cinq (C. com., art. L. 225-21, al. 3).

Dans la mesure où les représentants permanents des administrateurs personnes morales sont soumis aux mêmes conditions que s'ils étaient administrateurs eux-mêmes (C. com., art. L. 225-20, al. 1er), ils doivent se soumettre aux règles de non-cumul.

L'article L. 225-94 du Code de commerce globalise par ailleurs la limitation au cumul des mandats d'administrateur et celle apportée au cumul des mandats de membre du conseil de surveillance. Le nombre de cinq mandats maximum prend donc en compte à la fois les mandats d'administrateur et ceux de membre du conseil de surveillance. 774 ■

La *sanction* en cas de violation des règles de non-cumul consiste dans l'obligation faite par l'article L. 225-21, alinéa 4 du Code de commerce au « cumulard » de se démettre de l'un de ses mandats dans les trois mois de la nomination, ou du mandat pour lequel les conditions de cumul autorisé des mandats détenus dans des sociétés sœurs (C. com., art. L. 225-21, al. 3) ne sont plus remplies. Si la démission n'est pas intervenue avant l'expiration du délai de trois mois, le mandataire social est réputé s'être démis, soit de son nouveau mandat, soit du mandat pour lequel les conditions de cumul autorisé des mandats détenus dans des sociétés sœurs ne sont plus remplies. Les rémunérations perçues doivent être restituées. Même si le texte ne le précise pas, il faut penser que ce sont les seules rémunérations perçues au titre du mandat frappé d'une démission d'office, pendant la période où le cumul n'était pas autorisé, qui doivent être restituées. La validité des délibérations auxquelles le démissionnaire a pris part avant la cessation de ses fonctions n'est pas remise en cause. 775 ■

c. Limitation du cumul des mandats de direction

La loi NRE a également renforcé les règles préexistantes relatives au cumul de mandats de direction. Une personne physique ne peut ainsi exercer plus d'un 776 ■

mandat de DG de SA ayant son siège sur le territoire français (C. com., art. L. 225-54-1). Ce dernier texte prévoit juste après cela une double dérogation, assez mal rédigée, et permettant d'abord d'exercer un second mandat dans une société contrôlée par la première, sans restrictions, puis permettant d'exercer aussi un mandat dans une société non cotée. Le texte a donné lieu à des interprétations divergentes. À la lettre, les deux dérogations peuvent se cumuler, ce qui permettrait à une personne de détenir un mandat de DG dans une société A, cotée ou non, un mandat dans une société B, cotée ou non, mais contrôlée par A, et un mandat dans une société C, non cotée.

Une autre question qui se pose est celle de savoir si les mandats de DGD doivent être pris en compte, et, au-delà, si le DGD est soumis aux mêmes règles de cumul que le DG. Certains auteurs ont pu estimer que la réponse à ces questions devait être affirmative, au motif que le DGD serait le décalque du DG, ayant notamment les mêmes pouvoirs que lui à l'égard des tiers. D'autres auteurs ont émis l'opinion selon laquelle, la loi n'ayant rien dit, il n'est pas possible d'étendre au DGD les règles prévues pour le DG. Cela nous semble être la lecture la plus plausible de la loi (et de son silence). Le législateur a prévu un très grand nombre d'hypothèses de non-cumul, il faut donc penser que c'est intentionnellement qu'il n'a pas visé le cas du DGD.

La *sanction* de la violation des règles limitant le cumul des mandats de direction est la même que pour les règles limitant le cumul des mandats d'administrateurs (v. ss 775).

d. Limitation du cumul de mandats d'administration et de direction

777 L'article L. 225-94-1 du Code de commerce globalise le cumul des mandats de direction et d'administration dans les SA. Outre les maximums déjà évoqués, un maximum de cinq mandats de toute sorte dans les SA ayant leur siège sur le territoire français est imposé aux personnes physiques. Par dérogation, le mandat exercé dans une société contrôlée par une société où l'on détient déjà un mandat n'est pas pris en compte. Une réponse ministérielle est par ailleurs venue préciser utilement que l'exercice dans la *même* société des fonctions d'administrateur et de DG ou de P-DG était compté pour un mandat seulement, s'agissant non pas de cas de cumuls de mandats, mais de « situations d'adjonction de compétence » (*JO Sénat*, 6 déc. 2001. 3857). Précisons enfin que le nombre de cinq mandats a été abaissé par principe à trois dans les sociétés de grande taille par la loi *Macron* (loi n° 2015-990 du 6 août 2015 pour la croissance, l'activité et l'égalité des chances économiques).

La *sanction* de la violation des règles limitant le cumul des mandats d'administration et de direction est, là encore, la même que pour les règles limitant le cumul des mandats d'administrateurs (v. ss 775).

3. *Cumul avec un contrat de travail*

778 La question du cumul d'un mandat social et d'un contrat de travail avait déjà été envisagée à propos du gérant de SARL (v. ss chapitre 11). Les règles posées résultaient de la jurisprudence. La SA est quant à elle la seule forme sociale à connaître des règles légales spécifiques relatives au cumul d'un mandat social et d'un contrat de travail.

a. Les conditions du cumul

779 Le système de cumul prévu en matière de SA ne concerne que l'administrateur, et non le DG ou le DGD. Pour ceux-ci, on appliquera les conditions posées par la

jurisprudence, et le même système, en définitive, que pour le gérant de SARL (en substance, nécessité d'un emploi effectif et d'un lien de subordination – v. ss chapitre 11).

Le système prévu pour l'administrateur fonctionne sur le fondement d'une règle à sens unique : le salarié peut devenir administrateur, à certaines conditions, mais il est en principe interdit à l'administrateur en fonction de devenir salarié (principe assorti d'une très large exception depuis 2012).

1. Un administrateur en fonctions ne peut en principe devenir salarié

Un administrateur ne peut recevoir aucune autre rémunération que celles prévues par la loi (C. com., art. L. 225-44). Or jusqu'en 2012, la loi n'autorisait pas l'administrateur à recevoir un salaire de la société, sauf au cas (l'art. L. 225-44 du C. com. visant l'art. L. 225-22) où un salarié était nommé à un poste d'administrateur. Rien n'étant prévu pour le contrat de travail que recevrait un administrateur en fonctions, la jurisprudence en a déduit que le contrat de travail consenti à un administrateur en fonctions est affecté d'une nullité absolue (v. par ex. Com. 26 janv. 1999, *Bull. Joly* 1999. 657, note Th. Granier et, postérieurement, Com. 21 nov. 2006, n° 05-45416, *Bull. civ.* V, n° 348 ; *Bull. Joly* 2007. 383, note G. Auzero, qui présentait la particularité de voir un salarié et gérant de SARL devenir administrateur de cette société lors de sa transformation en SA, puis conclure avec elle un nouveau contrat de travail, frappé selon la Cour de cassation d'une nullité absolue). Ce principe d'interdiction est toujours édicté par l'article L. 225-22, mais il a été assorti d'une large exception par la loi *Warsmann II* du 22 mars 2012. Cette loi a inséré dans le Code de commerce un nouvel article L. 225-21-1, aux termes duquel un administrateur peut devenir salarié d'une société anonyme au conseil de laquelle il siège si deux conditions sont remplies : d'une part, la société ne doit pas dépasser, à la clôture d'un exercice social, les seuils définissant les petites et moyennes entreprises prévues à l'article 2 de l'annexe à la recommandation 2003/361/ CE de la Commission européenne, du 6 mai 2003 ; d'autre part, le contrat de travail doit correspondre à un emploi effectif. La seconde condition n'appelle que peu d'observations. La qualification de PME au sens du texte européen précité suppose d'une part que la société concernée emploie moins de 250 personnes, et d'autre part, que son chiffre d'affaires hors taxe n'excède pas 50 millions d'euros ou que son total du bilan soit inférieur à 43 millions d'euros. Précisons que cette possibilité reconnue à l'administrateur déjà nommé de conclure un contrat de travail avec sa société doit rendre applicable la procédure des conventions réglementées, sauf à considérer que la conclusion du contrat de travail est une opération courante, conclue à des conditions normales. 780

Indépendamment de cela, l'administrateur d'une société peut conclure un contrat de travail avec toute autre société, notamment une filiale de la société dont il est l'administrateur.

2. Un salarié peut devenir administrateur

Pour qu'un salarié puisse bénéficier d'un mandat d'administrateur de SA et cumuler les avantages de ces deux qualités, certaines conditions doivent être remplies, définies par l'article L. 225-22 du Code de commerce et par la jurisprudence : 781

– *antériorité du contrat de travail* : cela est logique, puisque l'on a vu que l'administrateur en fonctions ne peut devenir salarié, et que seul le salarié peut devenir administrateur. On relèvera simplement que la codification intervenue en

2000 avait de manière surprenante réintégrée une condition de deux années d'antériorité pourtant disparue depuis la loi Madelin du 11 février 1994 ! Cela a été ensuite corrigé par une loi du 11 décembre 2001 ;

– *limitation du nombre de salariés administrateurs* : les administrateurs ayant également la qualité de salarié ne peuvent constituer plus du tiers des administrateurs en fonctions (C. com., art. L. 225-22, al. 2). Si le seuil du tiers est dépassé (par exemple, si, dans un conseil d'administration comportant cinq administrateurs, plus d'un administrateur a également un contrat de travail), la nomination au poste d'administrateur des salariés en surnombre devrait être nulle. Ce seuil du tiers s'apprécie sans compter les administrateurs de catégories particulières : administrateurs élus par les salariés, administrateurs représentant les salariés actionnaires ou le fonds commun de placement d'entreprise, etc.

– *nécessité d'un contrat de travail effectif :* cette exigence est formulée par l'article L. 225-22, alinéa 1er du Code de commerce et, comme en matière de SARL, cela signifie que le contrat de travail de l'administrateur ne doit pas être fictif. La jurisprudence exigera à ce titre que les fonctions exercées dans le cadre du contrat de travail soient distinctes des fonctions d'administrateur. On ne saurait en effet être salarié pour sa tâche d'administrateur au sein de la même société ;

– *la perception de rémunérations distinctes :* la jurisprudence exige parfois que soient perçues des rémunérations distinctes au titre du contrat de travail et au titre du mandat social, mais il faut plutôt y voir un indice de la dualité des fonctions exercées qu'une véritable condition du cumul, nous semble-t-il ;

– *un lien de subordination :* si le salarié est seulement nommé administrateur, dans la mesure où il n'a pas un pouvoir individuel de direction, il semble que la subordination ne soit pas remise en cause, mais dès lors que le salarié va être nommé président du conseil d'administration avec fonctions de DG ou DG seulement, cela peut être plus difficile de prouver la subordination.

b. Conséquences du cumul

1. Cumul licite

782 *En cas de cumul licite*, l'administrateur salarié « ne perd pas le bénéfice de [son] contrat de travail » (C. com., art. L. 225-22). Il y aura donc à la fois application des règles propres au mandat d'administrateur et soumission du dirigeant au régime général des salariés au titre de son contrat de travail. En cas de révocation de son mandat social, l'administrateur salarié conserve par principe le bénéfice de son contrat de travail. La rupture du contrat de travail est quant à elle soumise au régime de droit commun : droit à délai-congé, indemnité de licenciement, bénéfice du régime d'assurance-chômage, etc.

2. Cumul illicite

783 *En cas de cumul illicite*, deux questions se posent.

Tout d'abord, s'agissant de la *validité des nominations*, on comprend, à lire l'article L. 225-22 du Code de commerce, que c'est la nomination au poste d'administrateur qui est nulle. Le premier alinéa de ce texte dispose en effet que « toute nomination intervenue en violation des dispositions du présent alinéa est nulle ».

En réalité, il faut sans doute distinguer plusieurs hypothèses :

– si le cumul est illicite parce qu'un administrateur en fonctions est devenu salarié, alors le contrat de travail est nul, ce qui oblige à des restitutions, avec la possibilité que l'« ex-salarié » ne puisse pas prétendre à une indemnité compensatrice de son travail, dès lors qu'un texte légal prohibe toutes rémunérations hors les cas de cumul licite ;

– si le cumul est illicite parce qu'un salarié devient administrateur, mais ne remplit pas les conditions requises pour être nommé administrateur, parce que le seuil du tiers des administrateurs liés à la SA par un contrat de travail est dépassé, alors c'est la nomination au poste d'administrateur qui doit être nulle ;

– si le cumul est illicite parce qu'un salarié est nommé administrateur dans des conditions régulières, mais que son contrat de travail ne remplit pas les conditions requises, du fait de la disparition du lien de subordination, de l'absence d'emploi effectif, alors dans ce cas le contrat de travail est simplement suspendu (v. ainsi Soc. 26 avr. 2000, *Bull. civ.* V, n° 152).

Ensuite, *s'agissant des rémunérations perçues de manière illicite* par l'administrateur en fonctions qui perçoit un salaire au titre du contrat de travail conclu irrégulièrement, ou par le salarié qui perçoit des *jetons de présence*[Q] (la loi PACTE du 22 mai 2019 a supprimé l'expression) alors que son mandat d'administrateur ne peut se cumuler avec son contrat de travail, il faut penser que ces sommes doivent en tous les cas être restituées.

B. La rémunération des mandataires sociaux

La rémunération des dirigeants sociaux, et tout particulièrement celle des dirigeants des SA cotées, est devenue un sujet politiquement très sensible. Du point de vue purement juridique, quatre questions doivent être vues : celle de la rémunération du dirigeant en fonctions (1), celle des compléments de retraite versés aux dirigeants ayant cessé leurs fonctions (2), celle des options de souscription ou d'achat d'actions (3) et celle de la transparence des rémunérations (4) et enfin l'introduction du *Say On Pay* (5). Une autre forme de rémunération sera évoquée plus avant, qui est celle des « parachutes dorés ». La qualification de rémunération est cependant discutable, s'agissant de sommes qui peuvent indemniser un préjudice avant de rémunérer le dirigeant révoqué (v. ss 809 s.). 784

1. *La rémunération du dirigeant en fonctions*

a. Les rémunérations des administrateurs

Les administrateurs ne peuvent recevoir de la SA, sous réserve des cas de cumul licite avec un contrat de travail, aucune rémunération autre que (C. com., art. L. 225-44) : 785

– ce que l'on appelait avant la loi PACTE du 22 mai 2019 les jetons de présence, et qu'il faudra appeler désormais « rémunérations d'administrateur » (C. com., art. L. 225-45) ;

– les rémunérations exceptionnelles décidées par le conseil d'administration pour des missions ou mandats confiés à des administrateurs (C. com., art. L. 225-46) ;

– la rémunération due au président du conseil d'administration (C. com., art. L. 225-47) ;

– la rémunération due au DG ou au DGD (C. com., art. L. 225-53) ;

– des bons de souscription de parts de créateur d'entreprise (CGI, art. 163 bis G, II).

786 Les *jetons de présence* (l'expression a été supprimée par la loi PACTE, comme on l'a dit) régis par l'article L. 225-45 du Code de commerce consistent en une somme fixe déterminée par l'assemblée générale, de manière annuelle, et sans que l'assemblée soit liée par des dispositions statutaires ou des décisions antérieures. Les actionnaires fixent en assemblée le montant global des jetons de présence, qui sont ensuite répartis par le conseil d'administration entre les différents administrateurs. Dans les sociétés cotées, le conseil d'administration établit une politique de rémunération des mandataires sociaux, soumise pour approbation à l'assemblée générale des actionnaires, qui doit en principe guider toute rémunération (art. L. 22-10-8) et, notamment, la répartition de l'enveloppe déterminée par l'assemblée générale (art. L. 22-10-14).

787 Les *rémunérations exceptionnelles* sont quant à elles décidées par le conseil d'administration et correspondent à des missions ponctuelles qui peuvent être confiées à des administrateurs. L'article L. 225-46 du Code de commerce soumet ces rémunérations aux articles L. 225-38 à L. 225-42, c'est-à-dire que ce sont des conventions réglementées, qui devront suivre la procédure de contrôle correspondante (v. ci-dessous). Dans les sociétés cotées, ces rémunérations doivent également être conformes à la politique établie par le conseil et approuvée par l'assemblée générale des actionnaires (art. L. 22-10-15).

788 L'article L. 225-44 du Code de commerce dispose, après avoir énoncé les seules rémunérations auxquelles pouvaient prétendre les administrateurs, que les clauses statutaires contraires sont réputées non écrites, et que les décisions contraires sont nulles. Il faudra donc que les rémunérations indûment perçues soient remboursées à la société par les administrateurs, qui pourraient encourir en outre les peines applicables en cas de délit d'abus de biens sociaux.

b. Rémunérations du président, du DG et du DGD

789 La rémunération due au *président du conseil d'administration*, comme celle due au *DG* et au *DGD* est en principe déterminée par le conseil d'administration (C. com., art. L. 225-47 et L. 225-53). Lorsqu'est requise une décision du conseil, celui-ci ne saurait se contenter de ratifier la décision du président par laquelle il se serait lui-même attribué une rémunération (Com. 30 nov. 2004, *RTD com.* 2005. 119, obs. P. Le Cannu).

Cette décision a un caractère *institutionnel*, ce qui emporte deux conséquences. La première est que la décision octroyant la rémunération échappe à la procédure des conventions réglementées (Com. 4 juill. 1995, *Bull. civ.* IV, n° 206 ; *Bull. Joly* 1 995. 968, note J.-F. Barbièri). La seconde conséquence tient à ce que, n'étant pas le fruit d'une convention mais d'une décision unilatérale du conseil d'administration, la rémunération accordée au dirigeant peut faire l'objet d'une remise en cause unilatérale par le même organe (Com. 24 oct. 2000, *Bull. civ.* IV, n° 166 ; *Bull. Joly* 2001. 54, note M. Storck).

Dans les sociétés cotées, la rémunération du président, du DG et du DGD doit être conforme à la politique de rémunération établie par le conseil et approuvée par l'assemblée générale des actionnaires (C. com., art. L. 22-10-16 et L. 22-10-17).

2. Les compléments de retraite

La question s'est posée en jurisprudence de la licéité des compléments de retraite accordés par la SA à son dirigeant retraité. La qualification de rémunération pourrait être discutée, dans la mesure où le complément de retraite n'est pas versé à un dirigeant en fonctions, pour qu'il continue à rendre des services à la société. Si la qualification de rémunération est écartée, il faudra voir dans l'octroi du complément de retraite une convention réglementée, soumise à la procédure de contrôle de ces conventions (v. ci-dessous). 790 ■

La question a été appréhendée par la jurisprudence, qui voit dans les compléments de retraite une rémunération lorsque la « *retraite-chapeau*[Q] » vise à rémunérer des services rendus à la société, ce qui semble en définitive assez logique. Plus précisément, la jurisprudence pose plusieurs conditions (v. not. Com. 10 févr. 1998, *Bull. civ.* IV, n° 70 ; *Bull. Joly* 1998. 521, note P. Le Cannu) : 791 ■

- la pension doit être justifiée par des services rendus à la société par le dirigeant pendant l'exercice de ses fonctions ;
- elle doit être proportionnée aux services rendus ;
- elle ne doit pas constituer une charge excessive pour la société.

Ces critères jurisprudentiels laissent cependant la place à des règles légales spécifiques lorsque des sociétés dont les titres sont admis aux négociations sur un marché réglementé sont en cause. C'est tout d'abord la loi pour la confiance et la modernisation de l'économie (L. n° 2005-842 du 26 juill. 2005), qui avait soumis à la procédure des conventions réglementées les engagements pris par les sociétés cotées, leurs filiales ou leurs mères, au bénéfice des présidents du conseil d'administration, directeur général, directeurs généraux délégués ou membres du directoire de la société cotée, et correspondant à des éléments de rémunération, des indemnités ou des avantages dus ou susceptibles d'être dus à raison de la cessation ou du changement de ces fonctions, ou postérieurement à celles-ci (C. com., art. L. 225-42-1, al. 1er). Cette loi du 26 juillet 2005, publiée au *Journal officiel* du 27 juillet 2005, était applicable aux conventions conclues à compter du 1er mai 2005, ce qui n'était pas très satisfaisant au regard de la sécurité juridique ! C'est ensuite la loi TEPA (L. n° 2007-1223 du 21 août 2007) qui avait subordonné le versement de ces avantages au respect d'une condition de performance (pour ce qui semble être une application anticipée du dispositif, v. Com. 10 nov. 2009, *Bull. civ.* IV, n° 143 ; *RTD com.* 2010. 150, obs. P. Le Cannu et B. Dondero). Mais certaines « retraites-chapeaux » échappaient à cette condition. La loi *Macron* (Loi n° 2015-990 du 6 août 2015 pour la croissance, l'activité et l'égalité des chances économiques) a cependant durci le dispositif, notamment en encadrant les conditions d'accroissement des droits concernés et en soumettant les retraites-chapeaux à une condition de performance. Depuis, ces retraites ont été intégrées dans la politique de rémunération décidée par le conseil et approuvée par l'assemblée générale des actionnaires (C. com., art. L. 22-10-8 et L. 22-10-9). 792 ■

3. Les options de souscription et d'achat d'actions

a. Principe

Les options de souscription ou d'achat d'actions constituent une forme de rémunération particulière (C. com., art. L. 225-177 s.) d'autres possibilités existent, comme 793 ■

l'attribution gratuite d'actions, régie par les art. L. 225-197-1 s. du C. com. et dont les modalités d'attribution ont été assouplies par la loi *Macron* (loi n° 2015-990 du 6 août 2015 pour la croissance, l'activité et l'égalité des chances économiques) et récemment encore par la loi PACTE du 22 mai 2019. Après autorisation de l'assemblée générale extraordinaire, le conseil d'administration peut offrir au personnel salarié de la société mais également au président du conseil d'administration, au DG ou aux DGD des options, permettant de souscrire à une augmentation de capital à intervenir ou bien d'acheter des actions déjà existantes, à un prix déterminé. Les bénéficiaires pourront lever l'option à un moment donné, après l'écoulement d'un certain délai. Si les actions ont vu leur valeur baisser par rapport au prix de souscription proposé, les bénéficiaires n'auront pas intérêt à lever l'option. En revanche, si les actions ont augmenté de valeur, ils pourront lever l'option et acheter ainsi les actions à un prix moindre que leur valeur réelle.

Précisons que la levée des options peut être subordonnée à des conditions particulières, et notamment à la présence du bénéficiaire dans l'entreprise lors de la levée. Si la licéité de ces stipulations est reconnue par la jurisprudence, elle ne l'est plus lorsqu'elle constitue la sanction pécuniaire prohibée de la faute d'un salarié (Soc. 21 oct. 2009, *Bull. civ.* V, n° 227 ; *Rev. sociétés* 2010. 505, note Y. Marjault).

b. Encadrement

794 Les *stock options* sentent le soufre car l'on y voit un moyen illégitime d'enrichissement des dirigeants sociaux. Cette méfiance a conduit à l'adoption de règles encadrant ou limitant le recours à cette forme de rémunération.

La loi NRE du 15 mai 2001 a ainsi prévu que les options de souscription et d'achat d'actions devaient faire l'objet d'un rapport spécial du conseil d'administration à l'assemblée générale annuelle des actionnaires, l'informant sur les options consenties à chaque mandataire social et à chacun des dix salariés de la société qui en ont reçu le plus (C. com., art. L. 225-184). Des restrictions particulières sont apportées au cas où les options sont attribuées au président du conseil, au DG ou au DGD (C. com., art. L. 225-185).

La loi de sauvegarde des entreprises du 26 juillet 2005 a quant à elle créé un nouveau cas de nullité de la période suspecte (permettant d'annuler certains des actes faits par une société pendant la période précédant sa mise en « faillite », lorsque ses difficultés – son état de cessation des paiements – existaient déjà mais n'étaient pas encore déclarées) visant spécifiquement les options de souscription et d'achat d'actions. Sont ainsi nulles, lorsqu'elles sont intervenues postérieurement à la date de cessation des paiements, « toute autorisation et levée d'options définies aux articles L. 225-177 et suivants du [Code de commerce] » (C. com., art. L. 632-1).

Ajoutons enfin que dans les sociétés cotées, l'attribution de stock options est soumise à la politique de rémunération établie par le conseil d'administration et approuvée par l'assemblée générale des actionnaires (C. com., art. L. 22-10-8). Des périodes pendant lesquelles les options ne peuvent être consenties sont également prévues (C. com., art. L. 22-10-56) et des conditions supplémentaires d'attribution au président, DG et DGD sont ajoutées (C. com., art. L. 22-10-58).

4. *La transparence des rémunérations*

a. Information globale

La loi du 24 juillet 1966 prévoyait, dans ce qui est devenu l'article L. 225-115, 4° du Code de commerce, que tout actionnaire pouvait obtenir communication du montant global, certifié exact par les commissaires aux comptes, des rémunérations des cinq ou dix personnes (en fonction du nombre de salariés de la SA) les mieux rémunérées de la société. Ce texte existe toujours, la loi PACTE du 22 mai 2019 l'ayant récemment retouché à la marge (modification du seuil du nombre de salariés). 795 ■

b. Information individuelle

Il peut apparaître assez choquant que les actionnaires (qui sont au moins économiquement les propriétaires de la société, constituée grâce à leurs apports) ne disposent pas d'une information individuelle sur la rémunération qui est versée aux dirigeants. De ce fait, un dispositif d'information a été mis en place par la loi NRE du 15 mai 2001. Mais devant la levée de boucliers des dirigeants des SA non cotées, ce dispositif a été remis en cause pour sa plus grande partie par la loi de sécurité financière du 1er août 2003. 796 ■

La loi NRE avait introduit dans le Code de commerce un nouvel article L. 225-102-1. Dans sa version première, ce texte s'appliquait à toutes les SA et disposait que le rapport général du conseil d'administration à l'assemblée générale annuelle des actionnaires devait rendre compte de la rémunération et des avantages de toute nature versés à chaque mandataire social pendant l'exercice, ainsi que des rémunérations reçues des sociétés contrôlées au sens de l'article L. 233-16. Cela signifiait que toutes les rémunérations allaient être connues des actionnaires.

La loi de sécurité financière s'est contentée d'ajouter un alinéa à l'article L. 225-102-1, disposant que l'obligation de faire connaître les rémunérations ne pèse que sur les sociétés dont les titres sont cotés sur un marché réglementé ou qui sont contrôlées par une telle société.

Ce dispositif a été déplacé à deux reprises, et après avoir figuré à l'article L. 225-37-3 (ordonnance n° 2017-1162 du 12 juillet 2017), il figure désormais à l'article L. 22-10-9 (ordonnance n° 2020-1142 du 16 septembre 2020). L'information à fournir a été renforcée par la loi PACTE du 22 mai 2019, qui a notamment imposé une mise au regard de la rémunération des présidents du conseil, DG et DGD de la rémunération moyenne et de la rémunération médiane des salariés de la société. 797 ■

Par ailleurs, la loi pour la confiance et la modernisation de l'économie du 26 juillet 2005 a créé, dans les sociétés cotées et dans leurs filiales, une obligation d'informer les actionnaires sur les engagements pris par la société au bénéfice de ses mandataires sociaux et susceptibles d'être dus à raison de la prise, de la cessation ou du changement de ces fonctions (les parachutes dorés, en clair), les versements faits ou les engagements pris en violation de cette obligation étant nuls (cette obligation résulte aujourd'hui de C. com., art. L. 22-10-9, I, 4°).

5. *Le Say On Pay*

On a dépassé le stade de la simple information avec l'introduction de ce que l'on appelle le *say on pay*, c'est-à-dire un droit de regard reconnu à l'assemblée des actionnaires sur la rémunération des dirigeants sociaux. Le *say on pay* était depuis 798 ■

quelques années pratiqué par certaines sociétés, y compris en France, et il était recommandé par l'AMF et le Code de gouvernance Afep-Medef dans les sociétés cotées (dès sa version de juin 2013). Le législateur a franchi le pas avec la loi Sapin 2 (L. nº 2016-1691 du 9 déc. 2016), qui a rendu obligatoire dans les sociétés cotées une double consultation de l'assemblée générale des actionnaires, une première fois sur les principes généraux de détermination de la rémunération des dirigeants exécutifs, et une seconde fois sur l'attribution de la part variable de la rémunération de ces dirigeants (C. com., art. L. 225-37-2). La question a évolué encore avec l'ordonnance nº 2019-1234 du 27 novembre 2019 relative à la rémunération des mandataires sociaux des sociétés cotées, transposant la directive 2017/828 du 17 mai 2017 du Parlement européen et du Conseil qui traite également de ces questions.

En substance, un premier vote dit « ex ante » intervient (C. com., art. 22-10-8), portant sur la politique de rémunération des « mandataires sociaux », incluant donc les administrateurs. Cette politique doit décrire et expliquer les composantes de la rémunération, et être conforme à l'intérêt social. Cette politique est contraignante, ce qui signifie que ne peuvent être versées aux mandataires sociaux que des rémunérations conformes à ladite politique de rémunération. Le contenu de la politique de rémunération est précisé par une disposition réglementaire (art. R. 22-10-14). Le droit européen n'imposait qu'un vote tous les quatre ans et à chaque changement important, le droit français retient un vote annuel. En cas de vote négatif de l'assemblée, la politique précédente continue de s'appliquer. Des dérogations sont possibles en cas de circonstances exceptionnelles.

Un second vote, dit « ex post », porte sur le rapport sur le gouvernement d'entreprise, en sa partie relative aux rémunérations versées ou attribuées aux dirigeants durant l'exercice écoulé (C. com., art. L. 22-10-9 et L. 22-10-34). Si le vote de l'assemblée est négatif, la politique de rémunération doit être révisée et certaines des rémunérations concernées sont suspendues.

C. Les pouvoirs des mandataires sociaux

■ 799 Avant de détailler les règles relatives aux pouvoirs des dirigeants de la SA, il faut évoquer l'arrêt *Motte* (Civ. 4 juin 1946, *S.* 1947. 1. 153, note P. Barbry), décision fondatrice selon laquelle les pouvoirs du conseil d'administration ne peuvent être attribués à son président par l'assemblée. L'idée véhiculée par cet arrêt est que la répartition des pouvoirs entre les organes de la SA est déterminée par le législateur, et qu'il n'est pas possible de procéder à une nouvelle répartition de ces pouvoirs, par le biais des statuts ou de conventions. C'est une manifestation du caractère institutionnel de la société anonyme (v. ss chapitre 1).

Après avoir vu les pouvoirs des organes de direction et d'administration de la SA à conseil d'administration (1), on évoquera les actes soumis à un régime particulier (2).

1. *Les pouvoirs des organes de direction et d'administration*

a. Le conseil d'administration

■ 800 Initialement, la loi du 24 juillet 1966 avait donné au conseil d'administration et à son président les mêmes pouvoirs puisque l'un comme l'autre avaient les « pouvoirs les plus étendus pour agir en toutes circonstances au nom de la société » (C. com., anc. art. L. 225-35 et L. 225-51). Ce manque de lisibilité n'empêchait pas un partage net des prérogatives : le président assurait la direction générale tandis que le conseil donnait les grandes orientations et contrôlait la gestion du président, ces dernières fonctions étant exercées sous la présidence... du président du conseil d'administration. Le dirigeant contrôlé était donc également à la tête de l'organe de contrôle, confusion des rôles que nos mœurs modernes acceptent moins facilement. Les principes de *corporate governance* prônaient la séparation des fonctions de direction et de contrôle, et la possibilité de cette séparation (mais non son obligation) a été consacrée par la loi NRE du 15 mai 2001, qui a redéfini les pouvoirs du conseil d'administration, et permis de faire du président du conseil un simple administrateur-en-chef.

Après la loi NRE, le conseil d'administration « détermine les orientations de l'activité de la société et veille à leur mise en œuvre [...]. Il se saisit de toute question intéressant la bonne marche de la société et règle par ses délibérations les affaires qui la concernent » (C. com., art. L. 225-35, al. 1er). Le conseil d'administration (dont les pouvoirs n'étaient pas véritablement définis, mais étaient des pouvoirs de gestion) devient ainsi un organe d'orientation et de surveillance de la société, qui émet des « directives » quant à l'activité de la société. Il va définir les orientations stratégiques de la société. Il va s'assurer que le président assurant la direction générale ou le DG vont effectivement mettre en œuvre ses directives, faute de quoi le conseil procédera à leur révocation. Le troisième alinéa du texte prévoit que le conseil d'administration procède aux contrôles et vérifications qu'il juge nécessaires. On le rapprochera en cela du conseil de surveillance de la SA à directoire qui avait déjà un pouvoir identique (C. com., art. L. 225-68). La loi PACTE du 22 mai 2019 a apporté deux précisions aux pouvoirs du conseil d'administration. D'une part, il est précisé à l'al. 1er de l'art. L. 225-35 qu'il exerce ses pouvoirs conformément à l'intérêt social, en prenant en considération les enjeux sociaux et environnementaux de l'activité de la société, ce qui est pédagogiquement utile, mais ne s'imposait pas dès lors que l'art. 1833 du Code civil donne déjà ces solutions pour toutes les sociétés, SA à conseil d'administration comprises. D'autre part, il est indiqué au même alinéa que le conseil « *prend également en considération, s'il y a lieu, la raison d'être de la société définie en application de l'article 1835 du Code civil* ». Si les statuts d'une SA mentionnent sa raison d'être, il semblait aller de soi que le conseil d'administration doive prendre celle-ci en considération. Il peut s'agir d'un ajout avant tout pédagogique, ou de la volonté de donner une mission particulière au conseil d'administration. 801

Par ailleurs, le conseil d'administration dispose toujours de pouvoirs spécifiques : il autorise les cautions, avals et garanties (C. com., art. L. 225-35, al. 4), il autorise les conventions réglementées (C. com., art. L. 225-38), il convoque les assemblées générales (C. com., art. L. 225-103, I) et arrête leur ordre du jour (C. com., art. L. 225-105). Il nomme également son président, fixe sa rémunération, le révoque, choisit entre la direction unique ou dissociée, etc. Il dispose aussi du pouvoir de déplacer le siège de la SA sous réserve de ratification de la décision par la prochaine assemblée générale ordinaire (C. com., art. L. 225-36). Ce déplacement ne pouvait, avant l'entrée en vigueur de la loi *Sapin 2* du 9 décembre 2016, intervenir que dans le même département ou dans un département limitrophe. C'est désormais sur l'ensemble du territoire national que le siège peut être déplacé par le conseil, sous réserve de ratification. La loi *Sapin* 2 lui a également reconnu le pouvoir, sur délégation de l'AGE et sous réserve de ratification par cette même assemblée, de mettre les statuts en conformité avec les dispositions législatives et réglementaires (art. L. 225-36). 802

b. Les administrateurs

■ 803 Les administrateurs n'ont pas de pouvoir de décision propre, individuellement, car ils n'ont de pouvoir qu'en tant qu'organe collégial, dans le cadre du conseil d'administration. Mais l'administrateur pris individuellement dispose d'un droit d'information (C. com., art. L. 225-35, al. 3). Le législateur a consacré le droit d'information que la jurisprudence avait reconnu à l'administrateur, en particulier par un arrêt *Cointreau* (Com. 2 juill. 1985, *Bull. civ.* IV, n° 203 ; *Rev. sociétés* 1986. 231, note P. Le Cannu), qui avait jugé que le président du conseil devait mettre les administrateurs en mesure de remplir leur mission en connaissance de cause.

■ 804 On rappellera incidemment l'émergence de la figure de l'administrateur indépendant (v. ss 417), qui pourrait se trouver, dans un avenir proche, doté de pouvoirs propres.

c. Le président du conseil d'administration

■ 805 Avant l'intervention de la loi NRE, le président du conseil d'administration avait des pouvoirs sur les administrateurs, et assurait toujours la direction générale de la société. Après la loi NRE, il n'exerce plus systématiquement la direction générale de la société, et voit ses pouvoirs dans la présidence du conseil définis plus précisément (C. com., nouv. art. L. 225-51). On a voulu rapprocher le président du conseil d'administration de la figure du *chairman of the board* du droit anglais. Le président n'est donc pas le représentant légal de la société, s'il n'est pas en même temps son directeur général. Cependant, un certain nombre de textes légaux continuent à mentionner le « président du conseil d'administration » comme étant l'organe chargé de représenter la société, en référence à l'époque pré-NRE. En attendant que les différents textes soient mis à jour, on peut hésiter entre appliquer la lettre de la loi ou considérer que c'est désormais au directeur général qu'il faut se référer. La Cour de cassation a choisi la deuxième solution à propos d'une disposition qui visait cependant le président du conseil d'administration... mais aussi le représentant légal de la personne morale, ce qui exclut comme on l'a dit le président non directeur général (Civ. 1re, 19 févr. 2013, n° 12-15.248, *Bull. Joly* 2013. 318, note D. Gallois-Cochet ; *JCP E* 2013. 1217, note B. Dondero, à propos de l'art. 93-2 de la loi n° 82-652 du 29 juill. 1982 relative à la communication audiovisuelle).

■ 806 Le président du conseil d'administration a des pouvoirs qui prennent effet essentiellement à l'intérieur de la SA, puisqu'il :

– préside le conseil d'administration dont il organise et dirige les travaux (C. com., art. L. 225-51) ;

– préside les assemblées d'actionnaires (C. com., art. R. 225-100) ;

– « veille au bon fonctionnement des organes de la société et s'assure, en particulier, que les administrateurs sont en mesure de remplir leur mission » (C. com., art. L. 225-51) ;

– rédigeait, dans les sociétés cotées, le rapport sur le contrôle interne et le gouvernement d'entreprise, rapport relevant désormais du conseil d'administration lui-même et étendu aux sociétés non cotées (C. com., art. L. 225-37, réd. ord. n° 2017-1162 du 12 juill. 2017) ;

– donne avis aux commissaires aux comptes, si la société en est dotée, de toutes les conventions autorisées et soumet celles-ci à l'approbation de l'assemblée générale (C. com., art. L. 225-40, al. 2) ;

– ne « représente » plus le conseil d'administration. Ce pouvoir lui était attribué par l'article L. 225-51, mais la mention correspondante a été supprimée par la loi de sécurité financière du 1er août 2003. Cette suppression était bienvenue puisque ledit conseil n'a pas la personnalité juridique, et que suggérer qu'il puisse être représenté en justice pouvait prêter à confusion (ainsi que l'illustre un arrêt – Com. 3 oct. 2006, *Bull. civ.* IV, n° 205 ; *Bull. Joly* 2007. 33). On pouvait cependant lire la référence à une « représentation » comme imposant que les demandes dirigées au conseil d'administration passent par son président.

d. Le DG et les DGD

Le DG voit ses pouvoirs définis par l'article L. 225-56, I du Code de commerce. Il a les pouvoirs les plus étendus pour agir en toutes circonstances au nom de la société, mais il est tenu par la limite de l'objet social, et par la nécessité de ne pas empiéter sur les pouvoirs des autres organes. Les statuts peuvent lui interdire de conclure seul certains actes. Enfin, toutes ses actions doivent respecter un impératif « déontologique », celui de l'intérêt social. Ces différentes limites, hormis celle déduite des pouvoirs des autres organes de la SA, ne sont pas opposables aux tiers, cette affirmation ayant un caractère plus ou moins absolu selon les cas. Ainsi, les actes faits en dépassement de l'objet social engagent la société à l'égard des tiers, sauf si elle peut démontrer que le dépassement d'objet social était connu du tiers (C. com., art. L. 225-56, I, al. 2). Les limitations statutaires aux pouvoirs du DG devraient quant à elles être inopposables aux tiers, même lorsqu'ils ont eu connaissance de ces limitations, mais eux peuvent en revanche s'en prévaloir (Civ. 2e, 23 oct. 1985, *Bull. civ.* II, n° 159 ; *Rev. sociétés* 1986. 408, note B. Bouloc). 807

Le DG représente par ailleurs la SA dans ses rapports avec les tiers (C. com., art. L. 225-56, I, al. 2), et il en est même le représentant légal (v. ss chapitre 3). 808

Les DGD, dont on se souvient qu'ils peuvent assister le DG (C. com., art. L. 225-53) voient leurs pouvoirs fixés par le conseil d'administration, avec l'accord du DG, mais ces pouvoirs sont, à l'égard des tiers, les mêmes que ceux du DG (C. com., art. L. 225-56, II *in fine*). 809

2. *Actes soumis à un régime particulier*

a. Les conventions réglementées

La loi du 24 juillet 1966 avait repris, dans un article 101 devenu célèbre parmi les praticiens (qui évoquaient les « conventions article 101 »), et codifié à l'article L. 225-38 du Code de commerce, un système de contrôle des conventions conclues entre la société et l'un de ses dirigeants introduit précédemment. 810

Est soumise à une procédure de contrôle particulière comportant notamment, à peine de nullité, une autorisation préalable du conseil d'administration (v. ci-dessous), la convention intervenant directement ou par personne interposée entre la SA et l'un de ses administrateurs, le DG ou le DGD, un actionnaire disposant d'une fraction des droits de vote supérieure à 10 %, ou la société contrôlant une société actionnaire et disposant de plus de 10 % des droits de vote. Sont également soumises au dispositif de contrôle les conventions conclues par la SA et auxquelles l'une des personnes susmentionnées est indirectement intéressée (pour une application récente, v. Com. 16 mai 2018, n° 16-18183, *D.* 2019. 468, note B. Dondero). Le dispositif est par ailleurs étendu aux conventions conclues entre la SA et une « entreprise » si l'administrateur, le DG ou le DGD de la SA a des intérêts dans cette entreprise (propriétaire, associé indéfiniment responsable) ou y occupe des fonctions particulières (gérant, administrateur, membre du conseil de surveillance, ou, de façon générale, dirigeant). Précisons que le dispositif de contrôle ne s'applique en principe pas à celui qui n'est pas encore dirigeant ou actionnaire de référence (Soc., 16 mai 2018, n° 16-27293) mais que cela pourrait être le cas notamment en cas de fraude, par exemple si un salarié fait modifier son contrat de travail en considération de son accession prochaine à la qualité de dirigeant (Com. 5 janv. 2016, n° 14-18688, *Bull. IV*, n° 2, *Bull. Joly* 2016. 205, note B. Dondero).

Les situations dans lesquelles une convention conclue par la SA peut entrer dans le champ d'application du dispositif de contrôle sont donc très nombreuses. Le contrôle avait été renforcé par la loi NRE du 15 mai 2001, qui plaçait le seuil de détention d'actions à 5 % du capital. La loi de sécurité financière du 1er août 2003 l'a placé à son seuil actuel de 10 %.

811 L'article L. 225-39 du Code de commerce soustrayait initialement au dispositif de contrôle les conventions portant sur des opérations courantes et conclues à des conditions normales. La conclusion de ces conventions était donc entièrement libre. La loi NRE du 15 mai 2001 avait cependant remis en cause cette liberté totale, en imposant la communication par les intéressés de ces conventions au président du conseil d'administration, qui devait ensuite en transmettre la liste et l'objet aux membres du conseil d'administration et aux commissaires aux comptes. Une procédure d'information était ainsi instituée au bénéfice des actionnaires, puisque la liste des conventions faisait partie des informations dont les actionnaires ont le droit d'obtenir communication avant l'assemblée générale annuelle (C. com., art. L. 225-115, 6°).

La loi de sécurité financière du 1er août 2003 avait simplifié le système, en recréant une catégorie de conventions entièrement libres, échappant donc à l'obligation de communication au président du conseil. Étaient visées les conventions portant sur des opérations courantes et conclues à des conditions normales *et* qui n'étaient significatives pour aucune des parties, en raison de leur objet ou de leurs implications financières (C. com., art. L. 225-39). Une convention portant sur une opération courante et conclue à des conditions normales et significatives pour l'une ou l'autre des parties ou pour les deux était donc soumise au contrôle allégé.

La loi de simplification et d'amélioration de la qualité du droit du 17 mai 2011 a cependant remis les choses en l'état antérieur à la NRE, en soustrayant à nouveau à tout contrôle les conventions courantes. Lors des travaux parlementaires relatifs à la loi PACTE du 22 mai 2019, il avait été envisagé de réintroduire la communication à l'assemblée d'une liste des conventions courantes, mais l'idée a finalement été abandonnée. La loi PACTE a toutefois accru les obligations pesant sur les sociétés cotées en ce domaine, en imposant que le conseil d'administration ou de surveillance mette en place une procédure permettant d'évaluer régulièrement si les conventions portant sur des opérations courantes et conclues à des conditions normales remplissent bien ces conditions (art. L. 22-10-10). Il est prévu que les personnes directement ou indirectement intéressées à l'une de ces conventions ne participent pas à son évaluation. Par ailleurs, la société cotée doit faire figurer dans le rapport sur le gouvernement d'entreprise la description de cette procédure et de sa mise en œuvre (art. L. 22-10-10, 6°, texte issu de la loi PACTE).

Une seconde catégorie de conventions est soustraite au dispositif de contrôle depuis l'ordonnance du 31 juillet 2014 : il s'agit des conventions conclues « entre deux sociétés dont l'une détient, directement ou indirectement, la totalité du capital de l'autre, le cas échéant déduction faite du nombre minimum d'actions requis pour satisfaire aux exigences de l'article 1832 du Code civil ou des articles L. 225-1, L. 22-10-1, L. 22-10-2 et L. 226-1 du (Code de com.) ». En clair, la convention conclue entre une société mère et sa filiale à 100 %, ou quasiment 100 %, ne fait pas l'objet de la procédure de contrôle. L'idée étant que, dans cette situation, il n'y a pas de situation de conflit d'intérêts justifiant un contrôle de la convention : si une société mère conclut avec sa filiale à 100 % une convention qui lèse sa filiale, la société mère va retrouver l'appauvrissement au niveau de sa participation, et ce qu'elle aura gagné aux dépens de la filiale sera perdu en termes de valeur des titres de la filiale. Cela est vrai aussi si la filiale est enrichie excessivement par la convention : la société mère s'appauvrit, mais elle retrouve, par le biais des parts ou des actions qu'elle détient dans la filiale, la valeur qu'elle lui a transférée. Il faut préciser que la mère ou la filiale peuvent être de forme indifférenciée, mais que l'exception au dispositif de contrôle ne joue que pour le dispositif spécifique aux SA. En clair, si une SA a pour filiale une SAS, détenue à 100 %, l'exception nouvellement prévue par l'article L. 225-39 jouera mais uniquement pour la société mère, parce qu'elle a la forme de SA. Le fait que la filiale soit une SAS n'empêche pas l'exception de jouer pour la société mère, mais la filiale doit appliquer son propre dispositif de contrôle (celui des SAS) et il ne prévoit pas la même exception.

Ajoutons enfin que, selon la jurisprudence, l'autorisation préalable du conseil d'administration ne saurait être requise pour un engagement pris par le conseil lui-même, par une décision à laquelle participait son président (Com. 17 avr. 1980, *Bull. civ.* IV, n° 149).

Quant au *dispositif de contrôle lui-même*, il comporte quatre phases (C. com., art. L. 225-40) : 812

– *phase n° 1 : information du conseil d'administration par la personne intéressée*, qui engagerait sa responsabilité si elle manquait à ce devoir légal (C. com., art. L. 225-40, al. 1er) La loi PACTE du 22 mai 2019 a précisé que cette obligation pesait sur la personne « *directement ou indirectement intéressée* » ;

– *phase n° 2 : vote du conseil d'administration sur l'autorisation préalable* : avant que la convention ne soit conclue, donc, le conseil doit en autoriser la signature par la SA, la ou les personnes intéressées, directement ou indirectement, ne prenant pas part au vote sur l'autorisation, ni aux délibérations, cette dernière précision résultant de la loi PACTE (C. com., art. L. 225-40, al. 1er). L'ordonnance du 31 juillet 2014 a imposé au conseil d'administration de motiver la décision d'autorisation en justifiant de l'intérêt de la convention pour la société, notamment en précisant les conditions financières qui y sont attachées. Cette même ordonnance a imposé au conseil de procéder chaque année à un examen des conventions conclues et autorisées au cours d'exercices antérieurs (C. com., art. L. 225-40-1). Cela ne veut pas dire que le conseil doit soumettre ces conventions à une nouvelle autorisation, car celle-ci est donnée une fois pour toutes, mais simplement que le conseil pourrait demander au directeur général de procéder à la résiliation ou à la renégociation de la convention, si celle-ci n'est plus aussi utile pour la société qu'elle l'était précédemment, ce qui avait justifié son autorisation ;

– *phase n° 3 : établissement d'un rapport par les commissaires aux comptes ou le président du conseil :* si la société est dotée de commissaires aux comptes, ceux-ci doivent rédiger un rapport permettant à l'assemblée d'apprécier le caractère équilibré et normal des conditions auxquelles la convention a été conclue (C. com., art. L. 225-40, al. 2). À défaut de commissaires aux comptes, comme cela est possible depuis la loi PACTE, c'est le président du conseil d'administration ou de surveillance qui établit le rapport. Comme l'a précisé la loi *Sapin* 2 du 9 décembre 2016, ne leur sont transmises que les conventions conclues, et pas l'intégralité des conventions autorisées ;

– *phase n° 4 : approbation de l'assemblée* : l'assemblée générale ordinaire doit approuver la convention, au vu du rapport du commissaire aux comptes. L'intéressé ne prend pas part au vote, étant précisé cette fois-là que ses actions ne sont pas prises en compte pour le calcul de la majorité (C. com., art. L. 225-40, al. 3 et 4). Avant la loi PACTE, il était prévu que les actions de l'intéressé n'étaient pas prises en compte pour le calcul du *quorum*, mais cela conduisait à des blocages lorsque l'intéressé était un actionnaire important.

L'ordonnance du 31 juillet 2014 a institué, parallèlement à ce dispositif de contrôle, une obligation d'information spécifique, renforcée par la loi PACTE du 22 mai 2019. L'information portait, depuis 2014 sur les conventions (autres que celles portant sur des opérations courantes et conclues à des conditions normales) intervenues, directement ou par personne interposée, entre un mandataire social ou l'un des actionnaires disposant d'une fraction des droits de vote supérieure à 10 % d'une société A et une autre société B, dans l'hypothèse où la société A possède, directement ou indirectement, plus de la moitié du capital de B (C. com., art. L. 225-37-4, 2°). La loi PACTE remplace la détention de plus de la moitié du capital par une référence au contrôle au sens de l'art. L. 233-3 du Code de commerce. En clair, si le dirigeant ou l'actionnaire significatif de la société mère A passe une convention avec une société B, filiale de A, désormais simplement contrôlée par A, cela justifie une information particulière au niveau de la société mère A (qui s'ajoute au dispositif de contrôle jouant éventuellement dans la société filiale). Cette obligation d'information est utile en ce que la convention concernée, qui n'est pas conclue par la société A, n'est normalement pas soumise à la procédure des conventions réglementées dans le cadre de cette société.

Enfin, loi PACTE a prévu, en application de la directive de 2017 sur les droits des actionnaires, la publication sur le site internet des sociétés cotées d'informations sur les conventions réglementées au plus tard au moment de la conclusion de la convention (art. L. 22-10-13).

Illustration : publication sur les conventions réglementées en application de l'art. L 225-40-2 du C. com.

Convention avec une administratrice (autorisation par le Conseil d'administration du 28 janv. 2020).
Objet de la convention : réalisation d'une étude relative à la raison d'être qui pourrait, le cas échéant, être adoptée par la Société et présentation au Conseil d'administration par Mme S. de ses réflexions et de ses recommandations.
Conditions financières : rémunération exceptionnelle de 25 000 euros versée en deux parties égales, la première à la fin du mois d'avril et la seconde à l'achèvement de la mission.
Intérêt de la convention pour la Société : la mission confiée à Mme S. répond au souhait du Conseil d'administration d'étudier la possibilité d'adopter une raison d'être de la Société.
(accessible sur le site de LVMH)

Si la convention est conclue malgré le refus d'autorisation du conseil d'administration ou tout simplement sans que la convention lui ait été soumise, elle peut être annulée si elle a eu des conséquences dommageables pour la SA (C. com., art. L. 225-42, al. 1er). Cette nullité est soumise à une prescription triennale (v. C. com., art. L. 225-42, al. 2, qui fait partir la prescription du jour où la convention est conclue, sauf si elle a été dissimulée, auquel cas le point de départ est le jour de la révélation). Cette nullité peut cependant être couverte par un vote de l'assemblée générale, intervenant sur rapport spécial des commissaires aux comptes, rapport qui devra expliquer les raisons pour lesquelles la procédure d'autorisation n'a pas été suivie (C. com., art. L. 225-42, al. 3). Cette dernière condition est importante pour l'information de l'assemblée qui, à défaut, ne pourra valablement couvrir la nullité de la convention non autorisée (Com. 20 nov. 2007, *Dr. sociétés* 2008, comm. n° 33, note J. Monnet). Pendant longtemps, la jurisprudence considérait que la dissimulation était établie du seul fait que la convention n'avait pas été soumise à l'autorisation du conseil d'administration, et pour qu'elle soit révélée, et que le délai de trois ans commence à courir, il fallait qu'une information claire et précise ait été donnée à l'assemblée générale. La Cour de cassation est revenue sur cette solution (peu logique, car l'assemblée générale a le pouvoir de couvrir la nullité, mais ce n'est pas elle qui agit en annulation, le cas échéant, mais la société ou les actionnaires pris individuellement) par un arrêt remarqué du 8 février 2011 (n° 10-11.896, PBRI, *Bull.* IV, n° 20 ; *JCP E* 2011. 1151, note B. Dondero). Il faudrait donc qu'il y ait « volonté de dissimulation » d'une part, et la révélation de la convention s'apprécierait à l'égard de la personne qui exerce l'action, d'autre part. 813 ■

Si la convention a bien été autorisée par le conseil d'administration, mais que l'assemblée générale ne l'approuve pas, elle est tout de même valable. Le texte de l'article L. 225-41, alinéa 1er du Code de commerce est quelque peu ambigu à cet égard, puisqu'il dispose que les conventions approuvées comme les conventions non approuvées « produisent leurs effets à l'égard des tiers, sauf lorsqu'elles sont annulées dans le cas de fraude ». La validité de la convention non approuvée, hors le cas de fraude, a cependant été confirmée par la jurisprudence (Com. 22 mai 1970, *Bull. civ.* IV, n° 165). Simplement, si la convention n'a pas été approuvée, il est possible de mettre à la charge de l'intéressé et des autres membres du conseil d'administration les conséquences préjudiciables que la convention entraîne pour la SA (C. com., art. L. 225-41). *A contrario*, les conséquences préjudiciables de la convention pour la société ne peuvent être mises à la charge de l'intéressé et des administrateurs si la convention est approuvée.

Précisons enfin que l'exception de nullité étant perpétuelle (C. civ., art. 1185), la société peut toujours refuser d'exécuter la convention réglementée non autorisée par son conseil d'administration, alors même que l'action en nullité serait prescrite. Mais une condition particulière doit cependant être respectée pour se prévaloir de l'exception de nullité : il faut que la convention n'ait pas encore été exécutée (Civ. 1re, 17 juin 2010, *Bull. civ.* I, n° 136 ; *Rev. sociétés* 2010. 509, note J.-F. Barbièri), cette exécution ne serait-elle que partielle (Com. 15 janv. 2013, n° 11-28.244, *Bull. IV*, n° 12 ; *D.* 2013. 539, note B. Dondero ; v. Cep. Com., 16 octobre 2019, n° 17-31638, *Rev. sociétés* 2020. 166, note T. Girard-Gaymard). L'art. 1185 du Code civil ne dit pas autre chose lorsqu'il dispose que « *L'exception de nullité ne se prescrit pas si elle se rapporte à un contrat qui n'a reçu aucune exécution* ».

b. L'octroi des cautions, avals et garanties

814 Les cautionnements, avals et garanties donnés par la SA sont soumis à l'*autorisation préalable du conseil d'administration*, sauf au cas où la société exploite un établissement bancaire ou financier (C. com., art. L. 225-35, al. 4 et R. 225-28). La raison d'être de ce dispositif tient au fait que ces actes sont dangereux pour la société, car ils ne servent *a priori* pas son intérêt, mais plutôt celui du créancier ou du débiteur garanti. Du fait de ce caractère dangereux (accentué par le fait que ces actes ne produisent souvent leur plein effet que longtemps après le jour de leur signature), la loi ne permet pas au seul PDG/DG d'engager la société par de tels actes, mais impose une décision collégiale, prise par le conseil préalablement à leur souscription par le PDG/DG.

1. Champ d'application du dispositif

815 Quel est le *champ d'application* de ce dispositif ? Il vaut pour les cautionnements et avals (ces derniers sont des cautionnements particuliers, portant sur l'engagement du signataire d'un instrument de paiement ou de crédit, lettre de change notamment), ce qui ne pose pas de problème de détermination. En revanche, le terme de « garanties » employé par l'article L. 225-35, alinéa 3 du Code de commerce est très imprécis. Si les garanties autonomes, que l'on peut voir comme des cautionnements aggravés, sont sans aucun doute concernées, le débat a fait rage autour des lettres d'intention, dont on s'est longtemps demandé si elles faisaient partie des « garanties » visées par l'article L. 225-35.

Rappelons qu'une lettre d'intention consiste en un engagement pris par un souscripteur qui est le plus souvent une société mère, à l'égard d'un créancier, de faire en sorte qu'un débiteur, généralement la filiale de la société signataire, honore ses engagements, sans que l'engagement constitue pour autant un cautionnement. La réponse relative à l'exigence d'une autorisation du conseil a été donnée en deux temps. La jurisprudence a d'abord semblé distinguer entre les lettres d'intention générant des obligations de moyens et celles générant des obligations de résultat, seules les secondes devant être autorisées préalablement par le conseil (v. ainsi Com. 23 oct. 1990, *Bull. civ.* IV, n° 256 ; *Bull. Joly* 1991. 403, note M. Jeantin). Puis l'ordonnance du 23 mars 2006, réformant les sûretés, a placé les lettres d'intention dans la catégorie des « sûretés » sans opérer de distinction entre elles, ce qui devrait amener à exiger dans tous les cas une autorisation du conseil d'administration.

Les garanties soumises à l'exigence d'une autorisation préalable sont seulement, faut-il encore préciser, celles qui voient la société engager son patrimoine ou une partie de celui-ci pour garantir la dette d'un tiers (v. not. Com. 15 janv. 2013, n° 11-28.173, *Bull. IV*, n° 10 ; *Rev. sociétés* 2013. 291, note D. Legeais).

2. Sanction du défaut d'autorisation préalable

816 *À défaut d'autorisation préalable* du conseil d'administration, les cautions, avals et garanties sont inopposables à la société (v. not. Com. 8 déc. 1998, *Bull. Joly* 1999. 535, note P. Le Cannu). Cette inopposabilité, qui n'était pas la sanction la plus évidente, produits des effets radicaux : la garantie, qui n'est pas nulle, n'engage en réalité personne, ni la société, ni le dirigeant qui l'a consentie, parce qu'il n'a pas consenti à être lui-même garant. Toute décision postérieure de la société – ratification du conseil d'administration notamment – est inopérante, selon la jurisprudence (v. not. Com. 15 oct. 1991, *Bull. civ.* IV, n° 98 ; *Dr. sociétés* 1992, *comm* n° 29, note H. Le Nabasque). La solution est sévère, notamment pour le créancier étranger, dont la qualité ne le soustrait pas à la présomption de connaissance de la loi française (Com. 8 nov. 1988, *Bull. civ.* IV, n° 302 ; *JCP* 1989. II. 21230, note J-F Barbièri). La théorie de l'apparence ne permet pas davantage de sauver la garantie, y compris lorsque les créanciers bénéficiaires sont des particuliers (v. Com., 31 mars 2021, n° 19-13974).

La preuve de l'autorisation ou de son absence se fait par la production du registre des délibérations du conseil (v. ainsi Civ. 1re, 19 sept. 2007, *Bull. civ.* I, n° 294 ; *Bull. Joly* 2007. 1326, note A. Couret).

On pourrait penser que le comportement du dirigeant de SA qui fait conclure à sa société un acte de garantie sans y avoir été autorisé préalablement par le conseil d'administration, ainsi que l'impose la loi, est constitutif d'une faute. Le préjudice du créancier est quant à lui patent, puisqu'il voit la garantie assortissant sa créance rendue inopposable à la société. Ce n'est cependant pas la responsabilité quasi-délictuelle du dirigeant qui pourra être engagée par les tiers, mais celle de la SA, du fait de la faute de son dirigeant. La Cour de cassation juge en effet que la faute commise par le dirigeant dans cette hypothèse n'est en principe pas détachable de ses fonctions (Com. 20 oct. 1998, *Bull. civ.* IV, n° 254 ; *Rev. sociétés* 1999. 111, note B. Saintourens ; 8 nov. 2017, n° 16-10626, *Bull. Joly* 2018. 84, note B. Dondero). La SA qui n'est pas engagée par la garantie est donc tout de même engagée par la faute de son dirigeant négligent, contre lequel elle pourra tout de même se retourner après avoir indemnisé le créancier du préjudice résultant de l'inopposabilité de la garantie.

3. Autorisation globale

Le conseil d'administration de la SA peut donner une *autorisation globale* au PDG/DG de consentir des cautionnements, avals et garanties au nom de la SA, pour un montant maximum (sauf les garanties bénéficiant aux administrations fiscales et douanières, qui peuvent être autorisées sans limite de montant). Le pouvoir donné au PDG/DG peut être délégué. Cette autorisation, valable pour un délai d'un an maximum, peut également prévoir un montant maximum par garantie. Si une garantie dépasse le montant global de l'autorisation ou le montant par garantie, il conviendra de solliciter une autorisation préalable expresse du conseil. Le dépassement du montant global est seul opposable aux tiers (C. com., art. R. 225-28). 817 ■

La loi Mohamed Soilihi du 19 juillet 2019 a apporté un assouplissement bienvenu en matière de groupes de sociétés, puisque le conseil peut désormais donner son autorisation globalement et annuellement sans limite de montant pour garantir les engagements pris par les sociétés contrôlées par la société anonyme. Il est même possible d'aller plus loin et d'autoriser le PDG/DG à donner des garanties des engagements pris par les sociétés contrôlées, sans limitation annuelle, mais sous réserve que le dirigeant rende compte au conseil au moins une fois par an de l'utilisation de cette faculté. Au-delà du groupe de sociétés, il est devenu possible de donner une autorisation permanente de consentir des garanties au profit des administrations fiscales et douanières.

c. Emprunts et cautionnements faits au profit des dirigeants

L'article L. 225-43 du Code de commerce interdit aux administrateurs personnes 818 ■
physiques ainsi qu'aux DG, DGD et représentants permanents des administrateurs personnes morales de faire des emprunts auprès de la SA, ou de se faire cautionner

par elle, sauf lorsque la société exploite un établissement bancaire ou financier et que l'emprunt consenti par elle constitue une opération courante de ce commerce et conclue à des conditions normales.

En cas de violation de cette interdiction, la loi prévoit la nullité de l'emprunt, mais c'est la jurisprudence qui a précisé que cette nullité avait un caractère absolu (Ch. mixte, 10 juill. 1981, *Rev. sociétés* 1982. 84, note Ch. Mouly). Une conséquence du caractère absolu de la nullité encourue consiste en l'impossibilité pour la société de ratifier le prêt ou la garantie.

D. La responsabilité des mandataires sociaux

1. *Responsabilité civile*

a. Responsabilité envers la société ou les actionnaires

■ 819 Les mandataires sociaux de la SA peuvent engager leur responsabilité, individuellement ou solidairement, envers la société ou envers les associés. Le préjudice subi par la société est dit *social*, alors que le préjudice subi par un actionnaire ou un tiers est un préjudice *individuel*. L'actionnaire peut ressentir les effets sur son patrimoine d'un préjudice individuel (par exemple, un dirigeant commet un détournement des dividendes qui étaient dus à cet actionnaire), mais également les effets d'un préjudice social (la société subit des pertes du fait de sa mauvaise gestion, ce qui entraîne un abaissement de la valeur des actions et cause un préjudice à chaque actionnaire). La jurisprudence juge que le préjudice résultant de la perte de valeur des actions n'est pas un préjudice personnel, car ce n'est que le « corollaire du préjudice social » (Com. 1er avr. 1997, *Bull. Joly* 1997. 650, note J.-F. Barbièri).

■ 820 Comme en matière de SARL, le fait générateur de la responsabilité du mandataire social peut être de différentes sortes. L'article L. 225-251 du Code de commerce énonce trois causes de responsabilité des administrateurs et du DG : violation d'un texte législatif ou réglementaire applicable aux SA, violation des statuts, ou fautes commises dans la gestion. On peut ajouter à cela le manquement à l'obligation de loyauté que la jurisprudence fait peser sur les dirigeants (v. ss chapitre 6).

Un arrêt important rendu le 30 mars 2010 (*Bull. civ.* IV, n° 69 ; *D.* 2010. 1678, note B. Dondero) dans l'affaire du Crédit martiniquais a consacré une présomption simple de faute pesant sur les administrateurs ayant participé, « par leur action ou leur abstention », à une décision fautive du conseil d'administration. Il appartiendra donc à l'administrateur d'établir qu'il s'était opposé à la délibération fautive.

b. Responsabilité envers les tiers

■ 821 Le dirigeant de SA qui commet une faute, alors qu'il agit en qualité de dirigeant, devrait en principe engager systématiquement sa responsabilité personnelle. Ce ne serait là qu'une application du principe général de responsabilité pour faute édictée par l'article 1240 (précédemment article 1382) du Code civil. L'article L. 225-251 du Code de commerce, lorsqu'il affirme la responsabilité des dirigeants à l'égard des tiers, ne prévoit d'ailleurs pas de dérogation particulière. On sait pourtant que depuis longtemps maintenant, la jurisprudence exige que le dirigeant ait commis une faute détachable de ses fonctions pour que sa responsabilité soit engagée à l'égard des tiers (v. ainsi Com. 9 mai 2001, *Dr. sociétés* 2001, n° 118, note F.-X. Lucas ; Com. 10 févr. 2009, *Bull. civ.* IV, n° 21 ; *D.* 2009. 1240, §5, obs. M.-L. Bélaval et R. Salomon).

La présomption de faute édictée par l'arrêt *Crédit martiniquais* doit valoir aussi, nous semble-t-il, s'agissant de l'action en responsabilité exercée par les tiers.

c. Régime de l'action

Toutes les actions en responsabilité contre les administrateurs se prescrivent par trois ans, sauf au cas où les faits concernés sont qualifiés de crime, la prescription étant alors de dix ans (C. com., art. L. 225-254). Le texte n'a pas été modifié lorsque la prescription de l'action publique a été allongée par la loi n° 2017-242 du 27 févr. 2017, ce qui conduit au résultat curieux d'une dissociation de la prescription en matière civile et en matière pénale. Pour rester sur la question de l'action civile, seule abordée par l'article L. 225-254, le point de départ de la prescription est la commission du fait dommageable ou le jour de sa révélation s'il a été dissimulé. Cela concerne tant les actions engagées par la société que celles engagées par des actionnaires ou par des tiers (ce dont l'on aurait pu douter) à l'encontre du dirigeant (Com. 23 oct. 1990, *Bull. civ.* IV, n° 255 ; *Bull. Joly* 1990. 1036, note M. Jeantin). S'agissant du point de départ de la prescription, il a été jugé que le délai ne courait, pour l'action récursoire en garantie formée par la société à l'encontre de ses anciens dirigeants, qu'à compter de la délivrance à la société de l'assignation principale (Com. 6 mai 2014, n° 13-17.632, *Bull.* IV, n° 81 ; *Rev. sociétés* 2014. 579, note E. Dezeuze et J. Trèves). 822 ■

Comme en matière de SARL, les clauses ou les décisions entravant ou supprimant la possibilité pour la SA d'agir en responsabilité contre ses dirigeants sont nulles ou réputées non écrites (C. com., art. L. 225-253). 823 ■

Il faut ajouter que des actions particulières sont prévues au cas où la SA est sous le coup d'une procédure de sauvegarde, de redressement ou de liquidation judiciaire (C. com., art. L. 225-255).

La Cour de cassation a apporté une précision importante – et critiquable – à propos de la responsabilité encourue par le représentant permanent d'un administrateur personne morale, en jugeant que « lorsqu'une société anonyme débitrice est dirigée par une personne morale qui a désigné un représentant permanent, la faute de gestion susceptible d'engager la responsabilité pour insuffisance d'actif de ce dirigeant peut être caractérisée indifféremment à l'égard de celui-ci ou à l'égard de son représentant permanent » (Com., 8 janv. 2020, n° 18-15027, *Bull.* ; *JCP E* 2021, 1014, §5, obs. A. Cerati).

2. Responsabilité pénale

Les dirigeants de la SA peuvent à la fois commettre des faits constitutifs d'infractions de droit commun (faux et usage de faux par ex.) et des faits susceptibles de constituer des infractions spéciales, propres au droit des sociétés. Ces infractions spéciales ont été instaurées par la loi du 24 juillet 1966 et figurent actuellement, pour l'essentiel, aux articles L. 242-1 s. du Code de commerce. 824 ■

a. L'abus de biens sociaux

De toutes les infractions spécifiques au droit de la SA, le délit d'abus des biens sociaux est celle qui donne lieu à la jurisprudence la plus abondante. Il consiste en 825 ■

l'utilisation, par les dirigeants de la société, *de mauvaise foi, des biens ou du crédit de la société, pour un usage qu'ils savent contraire à l'intérêt de celle-ci, à des fins personnelles* ou *pour favoriser une autre société ou entreprise dans laquelle ils sont intéressés directement ou indirectement* (C. com., art. L. 242-6, 3°).

L'abus de biens sociaux est lourdement sanctionné : cinq ans d'emprisonnement et 375 000 euros d'amende. Par ailleurs, soucieux de sanctionner les montages reposant sur des comptes ouverts à l'étranger ou sur des sociétés étrangères, le législateur a créé un délit aggravé d'abus de biens sociaux, par la loi n° 2013-1117 du 6 décembre 2013 relative à la lutte contre la fraude fiscale et la grande délinquance économique et financière. Précisément, lorsque l'ABS a été réalisé ou facilité soit au moyen de comptes ouverts ou de contrats souscrits auprès d'organismes établis à l'étranger, soit au moyen de l'interposition de personnes physiques ou morales ou de tout organisme, fiducie ou institution comparable établis à l'étranger, alors les peines encourues sont de sept ans d'emprisonnement et 500 000 euros d'amende (C. com., art. L. 242-6). Ce nouveau délit est par ailleurs susceptible, au plan procédural, de permettre le recours à certains moyens (interceptions téléphoniques, captation de données informatiques, etc.).

■ 826 Parmi les différents éléments constitutifs de l'infraction d'abus de biens sociaux, c'est la preuve de l'utilisation faite dans l'intérêt personnel du dirigeant qui pose le plus de difficultés. Cette condition est cependant appréciée largement par la jurisprudence, qui considère par exemple que l'intérêt personnel du dirigeant est suffisamment caractérisé lorsque les prévenus ont agi dans le souci de maintenir de bonnes relations avec des tiers (Crim. 14 nov. 2007, *Rev. sociétés* 2008. 159, note B. Bouloc).

■ 827 L'une des questions fréquemment posées en matière d'abus de biens sociaux concerne le droit de se constituer partie civile, c'est-à-dire le droit de demander, devant le juge pénal saisi des poursuites relatives à des faits d'abus de biens sociaux, des dommages-intérêts, en tant que victime ayant subi un préjudice. L'article 2 du Code de procédure pénale dispose que « l'action civile en réparation du dommage causé par un crime, un délit ou une contravention appartient à tous ceux qui ont personnellement souffert du dommage directement causé par l'infraction », et la jurisprudence exige que la personne qui demande réparation rapporte la preuve de ce que son préjudice était personnel et direct. La SA subit un préjudice direct, et elle peut se constituer partie civile – même si ce sont généralement d'autres que les dirigeants ayant commis les faits litigieux qui vont alors la représenter. En revanche, la jurisprudence a refusé tant aux associés (Crim. 13 déc. 2000, *RTD com.* 2001. 446, obs. C. Champaud et D. Danet, mais la jurisprudence n'a pas toujours été en ce sens) qu'aux salariés (Crim. 28 janv. 2004, *Bull. Joly* 2004. 827, note G. Auzero) ou aux créanciers (Crim. 9 nov. 1992, *Rev. sociétés* 1993. 433, note B. Bouloc) de se constituer partie civile, ces personnes n'ayant pas subi directement de préjudice. Selon la formule de la Cour de cassation, le délit « ne cause de préjudice direct qu'à la société ». Cette même solution a été retenue pour juger irrecevable la constitution de partie civile faite au nom de l'État par l'agent judiciaire du Trésor pour obtenir réparation du préjudice causé par le détournement d'aides publiques accordées à une société (Crim. 28 févr. 2006, *Bull. crim.* n° 55 ; *Rev. sociétés* 2006. 389, note B. Bouloc).

b. Autres infractions

Un très grand nombre d'autres infractions peuvent être commises par les dirigeants d'une SA. On relèvera notamment la distribution de dividendes fictifs (C. com., art. L. 242-6, 1°), la publication ou la présentation de comptes ne donnant pas une image fidèle du résultat des opérations de l'exercice (C. com., art. L. 242-6, 2°), l'abus des pouvoirs ou des voix (C. com., art. L. 242-6, 3°), infraction proche de l'abus de biens sociaux, mais potentiellement beaucoup plus large, et susceptible de constituer un instrument juridique de lutte contre les *LBO*[Q]. Une foule de « petites infractions », que l'on ne peut toutes citer, sont encore prévues, telle que le délit consistant à ne pas dresser d'inventaire, ne pas établir de comptes annuels ou ne pas faire de rapport de gestion (9 000 euros d'amende tout de même, aux termes de l'art. L. 242-8 du C. com.). 828 ■

3. *Responsabilité fiscale*

L'article L. 267 du Livre des procédures fiscales s'applique aussi aux dirigeants de la SA. Cette disposition, déjà étudiée précédemment (v. ss chapitre 6), permet donc de déclarer les administrateurs, DG et DGD solidairement responsables du paiement des impositions et pénalités dues par la SA lorsque leurs agissements ont rendu impossible le recouvrement des sommes. Aux termes de ce texte, la condamnation du dirigeant suppose, alternativement, des manœuvres frauduleuses ou des inobservations graves et répétées des obligations fiscales. Le dirigeant ne saurait, pour se soustraire à sa responsabilité, invoquer sa démission ultérieure (Versailles, 6 sept. 2001, *Bull. Joly* 2001. 1294, note P. Scholer) ou se retrancher derrière les détournements qu'auraient commis le comptable de la société (Com. 25 avr. 2006, *Bull. Joly* 2006. 1050, note P. Serlooten). 829 ■

E. La cessation des fonctions et la question de la révocation des mandataires sociaux

Les mandataires sociaux de la SA voient leur mandat prendre fin pour un certain nombre de causes. La révocation est le cas le plus problématique de cessation des fonctions des dirigeants de la SA et focalise la quasi-totalité du contentieux. Les autres cas (démission, expiration du terme des fonctions, dissolution ou transformation de la société) ne posent pas véritablement de problème particulier (v. cep. ss chapitre 6, sur la question de la démission). 830 ■

On précisera que la durée maximum des fonctions des administrateurs et des membres du conseil de surveillance faisait jusqu'à un passé récent l'objet d'une distinction peu justifiable : cette durée était de trois ans maximum lorsque le mandataire social était nommé par les statuts, lors de la constitution de la société, et de six ans maximum lorsque sa désignation était faite par l'assemblée, en cours de vie sociale. La loi *Warsmann II* du 22 mars 2012 a supprimé cette distinction en unifiant cette durée maximum, qui est désormais toujours de six ans, quel que soit le mode de nomination des administrateurs et membres du conseil de surveillance (C. com., art. L. 225-18 et L. 225-75).

Illustration : extrait de l'art. 10 des statuts de la société AXA SA (24 févr. 2021)

Les membres du Conseil d'administration sont nommés pour une durée de quatre ans, renouvelable. Les fonctions d'un membre du Conseil d'administration prennent fin à l'issue de la réunion de l'Assemblée générale ordinaire des actionnaires ayant statué sur les comptes de l'exercice écoulé et tenue dans l'année au cours de laquelle expire le mandat de ce membre du Conseil. Par exception, pour assurer un échelonnement des mandats des membres du Conseil d'administration, ceux des membres du premier Conseil d'administration qui auraient exercé jusqu'au 29 avril 2010 les fonctions de membre du Conseil de surveillance de la société sous son ancien mode d'administration et dont l'Assemblée générale ordinaire approuverait la nomination en qualité d'administrateur seraient nommés pour une durée d'un, deux, trois ou quatre ans, égale à celle qui restait à courir de leur mandant de membre du Conseil de surveillance.
Au cas où le Conseil d'administration se renouvellerait en entier, le mandat d'une moitié des membres désignés, arrondie en cas de besoin au nombre entier inférieur, aurait une durée de deux ans et le mandat des autres membres aurait une durée de quatre ans, l'ordre de sortie étant déterminé par voie de tirage au sort effectué en séance du Conseil.

On ajoutera encore que la loi Mohamed Soilihi a prévu une démission d'office de l'administrateur, du DG et du DGD lorsque ce mandataire social se trouve placé en tutelle.

1. *Auteur de la révocation*

831 La révocation est généralement prononcée par un organe de la SA (assemblée ou conseil d'administration). On applique ici une règle de parallélisme des formes : l'organe qui a nommé le dirigeant est compétent pour le révoquer. La question se pose cependant de la possibilité de demander au juge de révoquer un dirigeant de la SA. Les textes ne reconnaissent pas cette possibilité. La cour d'appel de Paris l'avait écartée par un arrêt en date du 29 novembre 1961, et le pourvoi formé contre cet arrêt avait été rejeté par la chambre commerciale de la Cour de cassation par un arrêt du 7 juin 1963 (*RTD com.* 1963. 855, obs. R. Houin, soulignant que les associés devaient demander au juge la désignation d'un mandataire pour convoquer l'assemblée compétente pour statuer sur la révocation du dirigeant). La solution avait été critiquée en doctrine, au motif que la révocation judiciaire serait un droit dans toute société, seule garantie contre le dirigeant fautif soutenu par les majoritaires. Cette solution a peut-être été remise en cause par un arrêt de la Cour de cassation rendu en matière de sociétés de personnes (v. Com. 8 févr. 2005, cité ss chapitre 9).

2. *Étendue du principe de révocabilité ad nutum*

a. Dirigeants révocables ad nutum

832 Une partie des dirigeants de la SA à conseil d'administration sont révocables *ad nutum*, c'est-à-dire sans préavis, sans nécessité de juste motif et sans indemnité. Le juge éventuellement saisi d'une contestation ne contrôlera donc pas les motifs de celle-ci, mais seulement les circonstances dans lesquelles elle est intervenue. Il

recherchera si une faute a été commise dans l'exercice du droit de révocation ou s'il y a eu un manquement au principe de la contradiction (v. ainsi Com. 26 nov. 1996, *Bull. civ.* IV, n° 294 ; *JCP* 1997. II. 22771, note Ph. Reigné – v. ss chapitre 6).

Les administrateurs sont révocables *ad nutum* : l'article L. 225-18, alinéa 2 du Code de commerce dispose à leur égard qu'ils « peuvent être révoqués à tout moment par l'assemblée générale ordinaire ». Les clauses contraires ne sont pas valables, du moins lorsqu'elles entravent effectivement le droit de révocation. 833 ■

De même, le président du conseil d'administration peut être révoqué à tout moment par le conseil d'administration, toute disposition contraire étant réputée non écrite (C. com., art. L. 225-47, al. 3). Précisons que l'assemblée générale peut révoquer indirectement le président de son mandat de président en le révoquant de son poste d'administrateur, ce qui entraîne automatiquement la fin de son mandat de président, puisque le président du conseil d'administration doit être choisi parmi les membres de cet organe (C. com., art. L. 225-47, al. 1er).

Enfin, le directeur général est révocable *ad nutum* lorsqu'il exerce la fonction de président du conseil d'administration (C. com., art. L. 225-55, al. 1er).

b. Dirigeants révocables sur juste motif

La SA à conseil d'administration avait une particularité, qu'elle a perdue avec la loi NRE du 15 mai 2001 : tous ses dirigeants (administrateurs, président, DG) étaient en effet révocables *ad nutum*. Ce n'est actuellement plus le cas. Si le DG qui n'exerce pas simultanément la présidence du conseil d'administration et les DGD (sur proposition du DG) sont révocables à tout moment par le conseil d'administration, l'article L. 225-55, alinéa 1er du Code de commerce ajoute que si leur révocation a lieu sans juste motif, elle peut donner lieu à dommages-intérêts. Le DG non président du conseil et les DGD sont ainsi rapprochés des membres du directoire et des gérants des sociétés de personnes. 834 ■

La cessation des fonctions du DG entraîne la cessation des fonctions des DGD qui ont été nommés sur sa proposition, mais pas nécessairement en même temps que le DG. En effet, pour éviter que la société ne perde tous ses dirigeants en même temps, il est prévu que les DGD conservent leurs fonctions et attributions jusqu'à la nomination du nouveau DG, sauf décision contraire du conseil (C. com., art. L. 225-55, al. 2).

3. *Limites supplémentaires créées par la jurisprudence*

Si des conventions peuvent adoucir la révocation du dirigeant (les fameux parachutes dorés, v. ci-dessous), les limites les plus nettes au droit de révoquer le dirigeant sont apportées par la jurisprudence. La jurisprudence statuant à propos des dirigeants de la SA a apporté deux limitations au principe de révocabilité *ad nutum*, qui sont également applicables aux dirigeants révocables sur juste motif. Ces limitations tiennent à des circonstances particulières dans l'exercice du droit de révocation, qui devront être prouvées par le dirigeant. 835 ■

a. Responsabilité pour faute commise dans l'exercice du droit de révocation

La jurisprudence a d'abord jugé que la révocation pouvait donner lieu à des dommages-intérêts en cas de faute dans l'exercice du droit de révocation. La société, voire les actionnaires ou les dirigeants fautifs, vont ainsi se voir condamnés à des dommages-intérêts si la révocation a eu lieu dans des conditions susceptibles de porter atteinte à la réputation et à l'honneur du dirigeant révoqué (ex : révocation 836 ■

brutale de la signature sociale et information en urgence du banquier de la société, laissant planer des doutes sur l'honnêteté du dirigeant révoqué, information donnée à la clientèle de la société). Le caractère abusif de la révocation s'apprécie au regard des circonstances dans lesquelles elle est intervenue (Com. 27 mars 1990, *Bull. civ.* IV, n° 103).

b. Non-respect du principe de la contradiction

837 De manière plus surprenante, la jurisprudence permet l'octroi de dommages-intérêts au dirigeant révoqué dans des conditions qui n'ont pas permis le respect du principe du contradictoire (Com. 3 janv. 1996, *Bull. civ.* IV, n° 7 ; *Bull. Joly* 1996. 388, note B. Saintourens), c'est-à-dire sans que le dirigeant ait été mis en mesure de présenter ses observations avant que la mesure de révocation soit prise (Com. 24 févr. 1998, *Bull. Joly* 1998. 527, note C. Prieto). Ce dernier point n'apparaît pas avoir beaucoup de sens : si la révocation peut se faire *ad nutum*, et donc sans écouter la défense du dirigeant limogé, quelle est l'utilité de lui garantir le respect de la « contradiction » ? La mesure aurait ainsi davantage vocation à réduire la frustration du dirigeant révoqué qu'à mettre en place un espace de discussion véritable, d'autant qu'un arrêt (non publié) de la Cour de cassation a jugé en 2006 que « la révocation du directeur général d'une société peut être décidée à tout moment, sans préavis, ni précision de motifs lesquels n'ont pas à être communiqués préalablement au dirigeant par le conseil d'administration et que le principe de la contradiction suppose seulement que le dirigeant ait été mis en mesure de présenter ses observations préalablement à la décision de révocation » (Com. 28 févr. 2006, n° 04-17.566). Cette analyse est cependant à nuancer au vu d'arrêts plus récents de cette même chambre commerciale (Com. 14 mai 2013, n° 11-22.845, *Bull.* IV, n° 80 ; *D.* 2013. 2319, note B. Dondero ; 22 nov. 2016, n° 15-14911, *Dr. sociétés* 2017, comm. n° 42, note J. Heinich v. ss 339).

4. *La question des golden parachutes*

838 Ce terme désigne les différentes clauses permettant à un dirigeant de la SA de recevoir une somme d'argent ou un autre avantage lorsque son mandat social prend fin, étant généralement précisé que le parachute ne « s'ouvrira » qu'en cas de révocation. Ces parachutes ont défrayé la chronique ces dernières années, s'agissant de ceux octroyés par les sociétés cotées. Par exemple, les sociétés Sanofi, Accor et Vinci ont versé au cours des dernières années à des dirigeants quittant leurs fonctions des sommes d'un montant respectif de 10,5, 12 et 13 millions d'euros.

Le droit positif a connu des évolutions sur cette question, et pourrait en connaître encore un certain nombre dans les années à venir, la rémunération des « grands patrons » étant devenu un sujet de société, tout particulièrement lorsqu'elle apparaît à la fois injustifiée et disproportionnée au regard du sort fait aux salariés licenciés.

a. L'hostilité de principe des textes de droit commun

839 Bien que ces textes aient été quelque peu perdus de vue sur ce point, les dispositions applicables à l'administrateur, au président et au DG doivent être lues comme s'opposant aux clauses d'indemnisation du dirigeant révoqué.

L'article L. 225-18 du Code de commerce dispose que les administrateurs peuvent être révoqués « à tout moment » par l'assemblée générale ordinaire, et que les nominations intervenues en violation, entre autres, de cette disposition sont nulles. L'article L. 225-47 du même Code dispose que le président du conseil d'administration peut être révoqué « à tout moment » et que toute clause contraire est réputée non écrite. L'article L. 225-53 prévoit enfin que le DG est « révocable à tout moment », sans préciser le sort de la clause contraire, mais sur un ton dont le caractère impératif est indéniable.

Il faudrait donc en déduire que les clauses empêchant la révocation de se faire « à tout moment » sont nulles ou réputées non écrites. Or, une clause prévoyant l'attribution d'une somme d'argent – généralement importante – au dirigeant révoqué est contraire à une révocabilité « à tout moment ».

b. L'approche nuancée de la jurisprudence

La jurisprudence n'a pas fait une application aussi rigoureuse qu'elle l'aurait pu des textes précités. Elle a préféré mettre en œuvre une appréciation au cas par cas, en recherchant si, au vu de l'identité de la personne susceptible de devoir verser le « parachute doré » et au vu du montant de celui-ci, le droit de révoquer le dirigeant se trouvait véritablement entravé ou non (v. ainsi Com. 12 mars 1996, *Bull. civ.* IV, n° 88 ; *Bull. Joly* 1996. 516, note N. Rontchevsky). 840 ■

c. La consécration légale ?

Plusieurs lois ont apporté des éléments de réponse nouveaux à cette question, et même si la trace de ces textes a à cet égard disparu aujourd'hui, on peut dire qu'ils ont opéré une consécration légale des parachutes dorés. 841 ■

La loi pour la confiance et la modernisation de l'économie du 26 juillet 2005 a tout d'abord soumis les parachutes dorés consentis aux dirigeants des sociétés cotées à la procédure des conventions réglementées et à une information devant figurer dans le rapport de gestion du conseil d'administration ou dans un rapport séparé. Par ailleurs, la loi TEPA du 21 août 2007 avait imposé que le versement des sommes au dirigeant d'une société cotée cessant ses fonctions soit subordonné au constat de la satisfaction de conditions liées aux performances du bénéficiaire, appréciées au regard de celles de la société dirigée ainsi que le respect d'une publicité particulière.

En l'état actuel des textes, résultant de l'ordonnance n° 2019-1234 du 27 novembre 2019 relative à la rémunération des mandataires sociaux des sociétés cotées, les parachutes dorés sont assimilés aux autres éléments de rémunération des mandataires sociaux. On retiendra surtout des contraintes successives imposées aux parachutes dorés et de leur encadrement actuel qu'ils paraissent fonder une admission de la licéité de ces clauses, contrairement à ce que l'on pensait pouvoir déduire des textes applicables à tous les dirigeants de SA. Les SA cotées n'ont pas, de ce point de vue, de spécificités telles que cette admission de principe de la licéité des parachutes dorés ne puisse pas être transposée aux SA non cotées.

F. Le fonctionnement du conseil d'administration

Les administrateurs n'ont individuellement aucun pouvoir. Les pouvoirs du conseil d'administration ont été exposés précédemment, mais il convient d'apporter quelques précisions sur la manière dont le conseil prend ses décisions. Plusieurs étapes doivent être vues : la convocation aux réunions du conseil (1), la participation à ces réunions (2), et le vote lui-même (3). 842 ■

1. Convocation aux réunions du conseil

a. Modalités

843 Avant tout, le conseil d'administration, qui n'est pas un organe permanent, doit être *convoqué*.

Ce sont les statuts qui déterminent dans quelles conditions les administrateurs sont convoqués (C. com., art. L. 225-36-1). Ils peuvent prévoir l'emploi de la lettre recommandée avec accusé de réception, l'écrit électronique, ou toute autre forme de leur choix. Bien qu'aucun délai ne soit imposé par la loi, il convient tout de même que celui-ci soit assez long pour permettre à l'administrateur d'assister à la séance. Une convocation faite l'après-midi pour le lendemain matin, par exemple, peut être vue comme ne permettant pas à l'administrateur de participer efficacement au conseil, en admettant qu'il puisse seulement y participer (pour une illustration, v. Versailles, 29 juin 2000, *Dr. sociétés* 2000, *comm.* n° 180, note D. Vidal, recourant toutefois à la notion de fraude). Le non-respect des règles statutaires de convocation ne fonde cependant pas, à lui seul, la nullité de la convocation des administrateurs.

La convocation est faite par le président du conseil, mais l'article L. 225-36-1 du Code de commerce permet également au DG de lui demander de convoquer le conseil sur un ordre du jour déterminé, et ce même pouvoir est reconnu à un tiers des administrateurs mais au seul cas où le conseil ne s'est pas réuni depuis plus de deux mois. Le président doit alors accéder à cette demande.

Précisons que le conseil n'est pas astreint à un nombre minimum ou à une fréquence de réunions particulière. Toutefois, le législateur lui fait obligation de se réunir à certaines échéances (par exemple pour arrêter les comptes annuels – v. C. com., art. L. 232-1, I). Les statuts peuvent lui imposer des exigences particulières à cet égard.

b. Destinataires

844 En plus des *administrateurs* eux-mêmes, il convient de convoquer *deux membres du comité social et économique (autrefois comité d'entreprise)*, par application de l'article L. 2312-72 du Code du travail, qui dispose qu'ils assistent aux séances du conseil d'administration, mais avec une voix consultative seulement (ce qui ne signifie pas qu'ils ne parlent que si on les consulte !). À défaut de convocation de ces membres, la délibération ne serait pas nulle, car la disposition imposant la convocation de membres du CSE n'est pas une disposition impérative du livre II du Code de commerce. Le président du conseil d'administration ou, plus largement, l'auteur de la convocation, encourrait cependant les sanctions du délit d'entrave (C. trav., art. L. 2317-1 : un an d'emprisonnement et 3 750 euros d'amende, sanctions remplacées par une amende de 7 500 euros par la loi *Macron* du 6 août 2015 s'agissant de l'entrave au fonctionnement du CSE).

Les *commissaires aux comptes*, lorsqu'il en existe, ne sont convoqués obligatoirement qu'à la réunion du conseil d'administration qui arrête les comptes sociaux (C. com., art. L. 823-17). Leur convocation aux autres réunions est facultative. Même lorsque leur convocation est obligatoire, le fait de ne pas convoquer les commissaires aux comptes ne devrait pas justifier l'annulation de la délibération du conseil, mais simplement entraîner, en cas de préjudice, la mise en jeu de la responsabilité civile des dirigeants ayant commis cette faute (Rapp. Rép. min. n° 19652, *JO Sénat* Q, 12 mai 1976. 989).

On peut s'étonner de la présence au conseil de personnes étrangères au cercle des administrateurs. Précisons cependant que toute personne appelée à assister aux réunions du conseil est tenue à la discrétion à l'égard des informations présentant un caractère confidentiel et données comme telles par le président du conseil (C. com., art. L. 225-37, al. 5).

2. *Participation aux réunions du conseil*

a. Quorum

L'article L. 225-37, alinéa 1er du Code de commerce dispose que le conseil d'administration ne délibère valablement que si la moitié au moins de ses membres sont présents, toute clause contraire étant réputée non écrite. On ne prend donc en compte pour calculer ce *quorum* que les administrateurs qui sont effectivement présents (sous réserve du recours à des moyens de visioconférence ou de télécommunication – v. ci-dessous), et non ceux qui sont simplement représentés. 845 ■

b. Présence par visioconférence ou télécommunication et consultations écrites

Le règlement intérieur de la société peut prévoir, sauf disposition contraire des statuts, que sont *réputés présents* pour le calcul du *quorum* et de la majorité les administrateurs qui participent à la réunion du conseil par des moyens de visioconférence ou de télécommunication permettant l'identification et la participation effective aux réunions du conseil, en transmettant au moins la voix des participants et en permettant la retransmission continue et simultanée des délibérations (C. com., art. L. 225-37, al. 3 et R. 225-21). 846 ■

Les décisions relatives à un certain nombre d'opérations ne peuvent être prises avec la participation d'administrateurs « présents » par visioconférence ou télécommunication. Du moins, leur participation ne serait pas prise en compte pour le calcul du quorum et de la majorité. Ces décisions concernent l'arrêté des comptes et des documents sociaux destinés à l'assemblée annuelle des actionnaires, ainsi que l'arrêté des comptes consolidés et le rapport sur la gestion du groupe (C. com., art. L. 225-37, al. 3).

Par ailleurs, la loi Mohamed Soilihi du 19 juillet 2019 a autorisé les statuts à prévoir que certaines décisions du conseil d'administration (cooptation, autorisation d'octroi des cautions, avals et garanties, mise en conformité des statuts avec les dispositions législatives et réglementaires, convocation de l'assemblée) pourront être prises par consultation écrite des administrateurs (art. L. 225-37, al. 3).

Il faut enfin signaler que l'ordonnance n° 2020-321 du 25 mars 2020 a facilité le recours accru à la participation dématérialisée et à la consultation écrite en période de pandémie.

c. Représentation

La représentation est admise incidemment par l'article L. 225-37, alinéa 2 du Code de commerce, lorsque ce texte pose le principe de la prise des décisions du conseil d'administration à la majorité des membres *présents ou représentés*. La représentation, qui est nécessairement le fait d'un autre administrateur ou du représentant d'une personne morale administrateur, suppose un mandat écrit (éventuellement par un écrit électronique) et se limite à un seul mandat par administrateur (C. com., art. R. 225-19). 847 ■

3. *Le vote*

a. La majorité requise

848 Le vote se fait par tête, et à la majorité des membres présents ou représentés, à moins que les statuts ne prévoient une majorité plus forte (C. com., art. L. 225-37, al. 2). En cas de partage des voix, la voix du président est prépondérante, sauf disposition contraire des statuts (C. com., art. L. 225-37, al. 4).

b. Le procès-verbal constatant la décision votée

849 Les délibérations du conseil d'administration sont constatées par un procès-verbal établi sur un registre spécial signé par les administrateurs, conforme aux prescriptions de l'article R. 225-22 à R. 225-24 du Code de commerce.

Si les nullités des décisions ne modifiant pas les statuts sont limitées aux seuls cas de violation d'une disposition impérative du livre relatif aux sociétés ou des lois régissant les contrats (C. com., art. L. 235-1, al. 2), auxquelles il faut ajouter les nullités encourues en cas de fraude ou d'abus de droit (l'abus de majorité pouvant affecter les décisions prises dans le cadre du conseil d'administration), l'ordonnance n° 2004-274 du 25 mars 2004 a prévu expressément la nullité des délibérations des organes de direction et d'administration non constatées par un procès-verbal, nullité qui ne peut cependant plus être exercée après une approbation du procès-verbal de la deuxième réunion du conseil suivant celle dont les délibérations sont susceptibles d'être annulées (C. com., art. L. 235-14).

§ 2 La SA à directoire et conseil de surveillance

850 Pour répondre aux critiques qui étaient faites à la SA à conseil d'administration, dans laquelle le contrôle de la direction n'était pas assez séparé de la direction elle-même, la loi du 24 juillet 1966 avait institué une variante dans la direction de la SA, variante empruntée au droit allemand – la SA à directoire et conseil de surveillance – et surnommée de ce fait « SA à l'allemande ».

Dans cette formule de direction, un directoire, composé de personnes qui ne sont pas nécessairement actionnaires, assure la direction de la société, sous le contrôle d'un conseil de surveillance, qui devait initialement toujours être composé d'actionnaires, exigence qui a aujourd'hui moins de valeur (la loi LME du 4 août 2008 permet aux statuts de formuler cette exigence, sans l'imposer).

851 Le choix entre la forme à conseil d'administration et la forme à directoire et conseil de surveillance est opéré par les statuts de la société (C. com., art. L. 225-57). Ce texte prévoit la possibilité de modifier les statuts de la société au cours de son existence — en passant en forme à l'allemande, ou en la quittant. Il faut surtout comprendre que ce n'est pas une transformation de la SA qui intervient (les règles propres à la transformation — C. com., art. L. 225-243 s. — ne s'appliquent donc pas).

La SA à directoire a connu relativement peu de succès en France. Faut-il en déduire que les Français préfèrent voir les pouvoirs concentrés dans les mains d'un P-DG ? Il y aurait en moyenne une SA à directoire et conseil de surveillance pour 30 SA à conseil d'administration - proportion qui augmente cependant si l'on examine les seules sociétés cotées.

A. Le directoire

1. *Statut du directoire*

a. Nomination des membres du directoire

Le directoire est *en principe composé de plusieurs membres*. La loi fixe cependant un maximum de cinq membres, que les statuts peuvent porter à sept si la société est cotée (C. com., art. L. 22-10-18). Dans la mesure où l'article L. 225-58, alinéa 2 du Code de commerce donne expressément aux sociétés dont le capital social est inférieur à 150 000 euros la possibilité de n'avoir qu'un membre du directoire (qui prend alors le titre de « directeur général unique », selon l'art. L. 225-59, al. 2 du C. com.), il faut en déduire que les autres sociétés doivent avoir un directoire composé de deux membres au moins. 852 ■

Les membres du directoire sont, à peine de nullité de leur nomination, des *personnes physiques* (C. com., art. L. 225-59, al. 3). Ils peuvent être choisis en dehors des actionnaires. L'article L. 225-60 prévoit, à l'instar des règles instituées dans la SA à conseil d'administration pour le DG, une *limite d'âge* de 65 ans, à défaut de fixation d'une limite différente par les statuts. La loi Mohamed Soilihi du 19 mai 2019 a également prévu pour les membres du directoire une démission d'office en cas de mise sous tutelle (art. L. 225-60, al. 3 et 4). 853 ■

La loi PACTE a ajouté des exigences particulières relatives à la représentation équilibrée des sexes au sein du directoire. Tout d'abord, est formulé le principe selon lequel « la composition du directoire s'efforce de rechercher une représentation équilibrée des sexes » (art. L. 225-58, al. 1er, réd. Loi PACTE du 22 mai 2019), ce qui reprend une formule que l'on connaissait déjà en matière de conseil de surveillance. Ensuite, il est demandé que soit déterminé un processus de sélection garantissant jusqu'à son terme la présence d'au moins une personne de chaque sexe parmi les candidats, mais une malfaçon du texte fait reposer la charge de mettre en place ce processus sur le directoire lui-même, ce qui n'a pas beaucoup de sens (art. L. 225-58, dern. al.). 854 ■

Quant aux *cumuls* envisageables, le seul cumul de fonctions entièrement incompatible concerne celui de membre du directoire et de membre du conseil de surveillance dans la même SA (C. com., art. L. 225-74). La nomination au directoire d'un membre du conseil de surveillance met fin à ce dernier mandat selon l'article R. 225-37 du Code de commerce. 855 ■

Les règles relatives au cumul de mandats de membre du directoire sont identiques à celles prévues pour les DG de la SA à conseil d'administration (C. com., art. L. 225-67 et L. 225-94-1).

En revanche, le cumul entre un contrat de travail et un mandat de membre du directoire est libre, ainsi que le laisse entendre l'article L. 225-61, alinéa 2 du Code de commerce (v. en ce sens Soc. 17 nov. 1988, *Bull. civ.* V, n° 608 ; *D.* 1988. IR 287). Bien entendu, le cumul ne produira ses pleins effets que si le membre du directoire occupe, au titre de son contrat de travail, un emploi effectif et se trouve placé dans un état de subordination (v. ainsi Soc. 5 juill. 1989, *Bull. Joly* 1990. 278, note P. Le Cannu, jugeant que le président du directoire, également actionnaire majoritaire, n'était pas dans un état de subordination à l'égard de la société). Si le membre du directoire est déjà en fonctions lorsque le contrat de travail est conclu, la convention devra également respecter la procédure de contrôle des conventions réglementées prévue aux articles L. 225-86 s. du Code de commerce.

856 Les membres du directoire sont nommés par le conseil de surveillance qui confère à l'un d'eux la qualité de président (C. com., art. L. 225-59, al. 1er). Confirmant le caractère institutionnel de la SA et l'arrêt *Motte* de 1946 (v. ci-dessus), la cour d'appel de Versailles a jugé par un arrêt du 8 juillet 1993, (*Bull. Joly* 1993. 1024, note P. Le Cannu) qu'était réputée non écrite la clause des statuts qui prévoyait que le conseil de surveillance devait nommer les membres du directoire sur proposition du président de celui-ci. On ne peut modifier la répartition des pouvoirs dans la SA, telle qu'elle résulte de la loi.

b. Rémunération des membres du directoire

857 L'acte de nomination des membres du directoire fixe le mode et le montant de la rémunération accordée à chacun d'entre eux (C. com., art. L. 225-63). Le conseil de surveillance apparaît libre de modifier la rémunération des membres du directoire, même quand il a fixé cette délibération « définitivement » et pour un montant déterminé (Com. 16 juill. 1985, *Bull. civ.* IV, n° 217 ; *Rev. sociétés* 1985. 842, note J. Guyénot). La fixation de cette rémunération peut même être rétroactive (Com. 26 mars 2008, *Bull. Joly* 2008. 674, note P. Le Cannu), mais la Cour de cassation a tout de même précisé que cette rétroactivité n'allait pas jusqu'à permettre la modification d'une décision antérieure du conseil de surveillance dans le sens d'une réduction de la rémunération due pour le passé (Com. 10 févr. 2009, *Bull. civ.* IV, *n° 20.* ; *D.* 2009. AJ 498, obs. A. Lienhard ; *Dr. sociétés* 2009, n° 74, note D. Gallois-Cochet).

Lorsque les actions de la SA à directoire sont cotées, la rémunération des membres du directoire obéit à des règles similaires à celles déjà évoquées à propos de la forme à conseil d'administration (v. ss 798). Le conseil de surveillance doit établir une politique de rémunération des mandataires sociaux, qui doit être soumise à approbation de l'assemblée générale (C. com., art. L. 22-10-26). Une information spécifique sur les rémunérations doit par ailleurs figurer dans le rapport du conseil de surveillance sur le gouvernement d'entreprise (C. com., art. L. 22-10-20).

La rémunération du membre du directoire peut se coupler avec celle reçue au titre de son contrat de travail, en cas de cumul licite (v. ci-dessus).

c. Responsabilité des membres du directoire

858 Le principe posé en matière de responsabilité civile est l'application aux membres du directoire des règles applicables aux administrateurs (C. com., art. L. 225-256). La présomption de faute personnelle pesant sur les administrateurs vaut aussi pour les membres du directoire, ainsi que l'affirme l'arrêt *Crédit martiniquais* (v. ss 820). S'agissant de la responsabilité civile encourue à l'égard des tiers par les membres du directoire, la jurisprudence leur étend sans surprise le bénéfice de la théorie de la faute séparable des fonctions, requise pour mettre en jeu leur responsabilité personnelle (Com. 22 janv. 1991, *RJDA* 1992, n° 152).

Quant aux responsabilités pénale et fiscale des membres du directoire, la règle de l'assimilation aux dirigeants de la SA à conseil d'administration vaut également, dans la mesure où les membres du directoire sont également des dirigeants sociaux. L'assimilation est prévue par une série de dispositions spécifiques s'agissant de la responsabilité pénale (v. not. C. com., art. L. 242-30). Il est cependant moins évident de comprendre pourquoi la responsabilité pénale du chef d'entreprise pèse selon la Cour de cassation sur le président du directoire, à défaut de délégation de pouvoirs établie (Crim. 21 juin 2000, *RJDA* 2000, n° 1117), sauf à considérer que sa condamnation se justifie parce que ce président était la seule personne poursuivie. Ainsi qu'on le verra d'ici peu (n° 868), le président du directoire n'a pas davantage de pouvoirs de décision que les autres membres du directoire. Les textes relatifs à la responsabilité fiscale visent quant à eux le « dirigeant » sans plus de précision.

d. Cessation des fonctions des membres du directoire

Les membres du directoire voient leurs fonctions cesser par leur démission, leur révocation, par le fait qu'ils atteignent la limite d'âge fixée par la loi ou par les statuts, ou par l'arrivée du terme de leur mandat. Les statuts peuvent retenir une durée comprise entre deux et six ans, une durée de quatre ans s'appliquant par défaut (C. com., art. L. 225-62). On ajoutera que la loi a prévu une démission d'office du membre du directoire placé en tutelle. 859 ■

La *révocation* des membres du directoire présente deux caractéristiques essentielles. 860 ■

L'*organe compétent*, tout d'abord : il est dérogé ici au parallélisme des formes, puisque l'article L. 225-61 du Code de commerce prévoit que les membres du directoire peuvent être révoqués par l'assemblée générale ordinaire, ainsi que, si les statuts le prévoient, par le conseil de surveillance directement. Avant que la loi NRE du 15 mai 2001 ne modifie ce texte, les membres du directoire étaient révocables par la seule assemblée générale ordinaire, statuant sur proposition du conseil de surveillance. L'inscription de la révocation des membres du directoire à l'ordre du jour de l'assemblée apparaît nécessaire (si cet organe procède à la révocation), dès lors que l'article L. 225-105 ne prévoit pas d'exception concernant les membres du directoire. Toutefois, la théorie des incidents de séance devrait trouver application, et l'assemblée générale devrait donc pouvoir révoquer des membres du directoire même si cette question n'est pas inscrite à son ordre du jour, si la question s'est imposée à la suite des discussions intervenues en cours d'assemblée. En revanche, l'assemblée générale ne peut « remplacer » un membre du directoire, parce que la nomination des membres du directoire demeure de la compétence du conseil de surveillance (C. com., art. L. 225-59).

La nécessité d'un juste motif, ensuite : si le membre du directoire est révoqué sans juste motif, cette révocation peut donner lieu à des dommages-intérêts à son profit (C. com., art. L. 225-61, al. 1er). La notion de juste motif doit recevoir le même sens que dans les autres sociétés. Un simple changement de majorité ne saurait constituer un juste motif, mais des fautes de gestion ou une mésentente entre les membres du directoire de nature à compromettre l'intérêt social pourraient constituer un juste motif (Com. 19 déc. 2006, *Bull. civ.* IV, n° 269 ; *Bull. Joly* 2007. 502, note P. Le Cannu ; 10 févr. 2015, n° 13-27.967, *Rev. sociétés* 2015. 371, note A. Viandier). Le changement d'organisation de la société et le passage à l'organisation à conseil d'administration constituent un juste motif (Com. 4 févr. 1997, *Bull. civ.* IV, n° 43 ; *Bull. Joly* 1997. 306, note P. Le Cannu), sauf fraude, même si le changement de mode de direction n'est pas véritablement une révocation, nous semble-t-il. Même en présence de justes motifs, l'exercice fautif du droit de révocation peut ouvrir un droit à indemnisation pour le membre du directoire révoqué (Paris, 31 janv. 2001, *Bull. Joly* 2001. 791, note P. Le Cannu). L'indemnisation due ne saurait cependant être égale à la rémunération qui aurait été due au membre du directoire s'il avait poursuivi son mandat social jusqu'au terme initialement prévu (Com. 22 nov. 1977, *D.* 1978. 645, note J. Guyénot).

861 La révocation du mandat social *ne met pas automatiquement fin au contrat de travail* du membre du directoire (C. com., art. L. 225-61, al. 2). La Cour de cassation a précisé que le juge saisi de la révocation d'un membre du directoire n'était pas tenu par les motifs du jugement du conseil de prud'hommes ayant statué sur le licenciement de cette même personne (Com. 20 juin 2006, *Bull. Joly* 2007. 252, note G. Auzero). Ce sont donc bien deux relations distinctes, de ce point de vue, que le contrat de travail et le mandat social.

862 La révocation du président du directoire est décidée par le seul conseil de surveillance, sans que la preuve d'un juste motif soit requise (Paris, 10 déc. 1999, *Bull. Joly* 2000. 313, note P. Le Cannu). L'assemblée générale pourrait également le révoquer incidemment de son mandat de président en révoquant son mandat de membre du directoire.

2. *Le fonctionnement du directoire*

863 La société est dirigée par le directoire (C. com., art. L. 225-58, al. 1er). Celui-ci est un organe collégial (a), dont les attributions doivent être détaillées (b), avant de voir celles du président du directoire et des directeurs généraux (c).

a. Le directoire, organe collégial

864 Le directoire de la SA est composé de plusieurs membres, sauf le cas où la société peut n'avoir qu'un directeur général unique. De ce fait, cet organe revêt en principe un caractère collégial, affirmé clairement par l'article R. 225-39 du Code de commerce. Ce texte permet cependant aux membres de se répartir les tâches de la direction, ceci sauf clause contraire des statuts. Un membre du directoire pourrait ainsi se charger des relations avec les fournisseurs de la SA, un autre des relations avec ses clients, etc. Mais tous doivent discuter des décisions prises, et celles-ci seront toujours des décisions du directoire.

Les statuts déterminent les conditions dans lesquelles le directoire délibère et prend ses décisions (C. com., art. L. 225-64, al. 4). La loi ne prévoit rien d'autre sur cette question : conditions de convocation (sauf l'obligation de convoquer les commissaires aux comptes à la réunion du directoire qui arrête les comptes sociaux – C. com., art. L. 823-17), de *quorum*, de majorité, d'établissement des procès-verbaux, etc. Comme dans la SA à conseil d'administration, les délibérations du directoire doivent à peine de nullité être constatées par un procès-verbal (C. com., art. L. 235-14).

b. Attributions du directoire

865 Le directoire exerce les fonctions de direction qui sont attribuées au DG dans la SA à conseil d'administration. Il dispose donc des pouvoirs les plus étendus pour agir en toutes circonstances au nom de la société (C. com., art. L. 225-64, al. 1er).

Parmi les tâches assignées expressément par la loi ou le décret au directoire, il convient de relever :

- la direction de la société (C. com., art. L. 225-58, 1re phrase) ;
- la convocation des assemblées générales (C. com., art. L. 225-103, I) ;

– la fixation de l'ordre du jour des assemblées générales (C. com., art. L. 225-105) ;
– l'information des actionnaires préalablement au vote en assemblée (C. com., art. L. 225-108).

Plusieurs *limites* à ces pouvoirs : 866 ■
– la limite de l'objet social. De manière habituelle dans les sociétés à responsabilité limitée au sens large, cette limite n'est toutefois pas opposable aux tiers sauf à ce que la société puisse prouver qu'ils avaient connaissance du dépassement (C. com., art. L. 225-64) ;
– les pouvoirs légaux des autres organes de la SA (C. com., art. L. 225-64, al. 1er), et parmi ceux-ci, les pouvoirs du conseil de surveillance. Surtout, l'article L. 225-68 du Code de commerce donne au conseil de surveillance le pouvoir d'autoriser les cautions, avals et garanties (v. ci-dessous). En cas de refus de son autorisation par le conseil de surveillance, l'article R. 225-40 permet au directoire de soumettre le différend à l'assemblée générale des actionnaires afin qu'elle décide de la suite à donner au projet.

Les limitations statutaires apportées aux pouvoirs du directoire sont inopposables aux tiers (C. com., art. L. 225-64, al. 3).

c. Le président du directoire et les directeurs généraux

Le président du directoire (qui est nommé par le conseil de surveillance, selon l'art. L. 225-59, al. 1er du C. com.) représente la société à l'égard des tiers (C. com., 867 ■
art. L. 225-66, al. 1er). L'article L. 225-66, alinéa 3 du Code de commerce prévoit à ce propos que les dispositions limitant les pouvoirs de représentation de la société (nécessité de la cosignature de plusieurs personnes pour engager la société, par exemple) sont inopposables aux tiers.

Les statuts peuvent par ailleurs autoriser le conseil de surveillance à conférer le même pouvoir de représentation que celui reconnu au président du directoire à d'autres membres du directoire, qui portent alors le titre de directeur général (C. com., art. L. 225-66, al. 2).

Ce « directeur général » de la SA à directoire n'a pas pour autant un pouvoir de direction propre, comme d'ailleurs le président du directoire lui-même. L'un et l'autre ne peuvent que représenter la société pour l'exécution des décisions prises par le directoire, en principe, de manière collégiale (v. ss 864). Le seul cas où un membre du directoire a un pouvoir propre de direction est l'hypothèse prévue par les articles L. 225-58 et L. 225-59, c'est-à-dire le cas où le directoire peut comporter un seul membre, appelé « directeur général unique ». 868 ■

B. Le conseil de surveillance

1. *Statut du conseil de surveillance*

Alors que le directoire dirige la société, le conseil de surveillance contrôle la gestion du directoire, comme son nom et l'article L. 225-68 du Code de commerce l'indiquent. De ce fait, la jurisprudence a eu l'occasion d'affirmer que les membres du conseil de surveillance n'étaient pas, de par leur seule fonction, des « dirigeants » de la société, et n'encouraient pas les responsabilités frappant les dirigeants en cas de procédure collective de la SA (Com. 12 juill. 2005, *Bull. civ.* IV, n° 174 ; *Dr. sociétés* 869 ■

2005, n° 175, note J.-P. Legros ; v. Égal. Com., 8 janv. 2020, n° 18-23991, *Bull.* ; *Rev. sociétés* 2020. 417, note L. Godon, jugeant qu'une interdiction de gérer n'empêche pas d'exercer un mandat de membre du conseil de surveillance, ce mandataire social n'exerçant qu'une mission de contrôle de la gestion de la société par le directoire et non une fonction de direction), sauf cas d'immixtion dans sa gestion.

Seront successivement vues les questions de la nomination (a), de la rémunération (b), de la responsabilité (c) et de la cessation des fonctions des membres du directoire (d).

a. Nomination des membres du conseil de surveillance

■ 870 Si le conseil de surveillance doit comporter au minimum trois membres, l'article L. 225-69 du Code de commerce, en sa rédaction résultant de la loi NRE du 15 mai 2001, limite à dix-huit le nombre de membres du conseil de surveillance pouvant être autorisé par les statuts. En cas de fusion, un dépassement temporaire du nombre de dix-huit est autorisé, permettant d'atteindre un maximum de vingt-quatre membres pendant un délai de trois ans à compter de la date de la fusion (C. com., art. L. 225-95).

■ 871 Les membres du conseil de surveillance peuvent être des personnes physiques ou morales (C. com., art. L. 225-76). Si le membre du conseil de surveillance est une personne morale, il doit désigner un représentant permanent. S'il est une personne physique, il doit respecter les conditions de non-cumul (identiques à celles prévues pour les administrateurs, v. ss C. com., art. L. 225-77) de limite d'âge et, depuis la loi Soilihi du 19 juillet 2019, de capacité consistant à ne pas être placé sous tutelle (art. L. 225-70, conditions également identiques à celles prévues pour les administrateurs).

L'exigence de la détention d'actions par les membres du conseil de surveillance, initialement imposée par le législateur à charge pour les statuts de préciser le nombre d'actions devant être détenues, a connu la même évolution qu'en matière de SA à conseil d'administration (v. C. com., art. L. 225-72 résultant de la loi LME du 4 août 2008 et applicable au 1er janv. 2009). Les statuts fixent le nombre d'actions que doivent détenir les membres du conseil. Si ces derniers venaient à ne plus respecter cette condition, ils ont un délai de six mois pour régulariser leur situation, à défaut de quoi ils sont réputés démissionnaires d'office. Les commissaires aux comptes, s'il en existe, veillent sous leur responsabilité au respect de cette exigence (C. com., art. L. 225-73).

Si la qualité d'actionnaire est une condition positive, une condition négative doit par ailleurs être respectée, puisque les membres du conseil de surveillance ne peuvent faire partie du directoire (C. com., art. L. 225-74). Si un membre du conseil de surveillance est nommé au directoire, son mandat au conseil prend fin (C. com., art. R. 225-37).

Enfin, on rappellera que le sexe des membres du conseil de surveillance est une question à laquelle s'intéresse le législateur, la loi n° 2011-103 du 27 janvier 2011 relative à la représentation équilibrée des femmes et des hommes au sein des conseils d'administration et de surveillance et à l'égalité professionnelle ayant prévu pour le conseil de surveillance un dispositif identique à celui mis en place pour le conseil d'administration, et avec les mêmes évolutions en 2014 (loi du 4 août 2014 pour l'égalité réelle entre les femmes et les hommes) et 2019 (loi PACTE du 22 mai 2019) (v. ss 766).

Les premiers membres du conseil de surveillance sont désignés par les statuts ou par l'assemblée générale constitutive (v. ci-dessus). Par la suite, ils sont désignés par l'assemblée générale ordinaire (C. com., art. L. 225-75). Une procédure de cooptation est également prévue, qui permet au conseil de remplacer ses membres entre deux assemblées (C. com., art. L. 225-78). 872 ■

b. Rémunération des membres du conseil de surveillance

De manière similaire à ce qui est prévu pour les administrateurs, les membres du conseil de surveillance ne peuvent percevoir que certaines rémunérations de la société (C. com., art. L. 225-85), étant précisé que les membres du conseil de surveillance de sociétés cotées voient leurs rémunérations soumises à des règles spécifiques (C. com., art. L. 22-10-26). L'assemblée peut tout d'abord allouer une somme globale au conseil de surveillance à titre de *jetons de présence* (l'expression est supprimée par la loi PACTE), dont le conseil décide ensuite la répartition entre ses membres (art. L. 225-83). Les membres du conseil de surveillance peuvent par ailleurs recevoir des *rémunérations exceptionnelles* (C. com., art. L. 225-84), ainsi que, le cas échéant, la rémunération prévue pour le *président* et le *vice-président* du conseil (C. com., art. L. 225-81), auxquelles s'ajoute la rémunération qui peut être due au titre d'un *contrat de travail* correspondant à un emploi effectif. 873 ■

Un membre du conseil de surveillance peut en effet être lié à la société par un contrat de travail et recevoir une rémunération à ce titre. Il est cependant exigé, comme en matière de SA à conseil d'administration, que le nombre de membres du conseil de surveillance liés à la société par un contrat de travail ne dépasse pas le tiers du nombre total des membres (C. com., art. L. 225-85, al. 2). Là encore, les membres du conseil de surveillance élus par les salariés, conformément aux articles L. 225-79 et L. 225-80, ainsi que les membres élus parmi les salariés actionnaires conformément à l'article L. 225-71 ne sont pas comptés. 874 ■

Si le contrat de travail doit être effectif, et si les règles relatives aux administrateurs sont transposables, l'exigence de l'antériorité du contrat de travail au mandat social ne se rencontre pas, en revanche, dans la SA à directoire. Un membre du conseil de surveillance en fonctions peut donc conclure un contrat de travail avec la société.

c. Responsabilité des membres du conseil de surveillance

En matière de *responsabilité civile*, les membres du conseil de surveillance sont responsables des fautes personnelles commises dans l'exécution de leur mandat (C. com., art. L. 225-257). Ils n'encourent aucune responsabilité en raison des actes de la gestion et de leur résultat, car ils ne sont pas eux-mêmes dirigeants (v. ci-dessus). Ils peuvent toutefois être déclarés civilement responsables des délits commis par les membres du directoire s'ils ne les ont pas révélés à l'assemblée générale, alors qu'ils en avaient connaissance (C. com., art. L. 225-257). 875 ■

L'article L. 225-257, alinéa 2 du Code de commerce soumet l'action en responsabilité civile des membres du conseil de surveillance aux articles L. 225-253 et L. 225-254. De ce fait, les clauses statutaires ou décisions d'assemblée tendant à empêcher la SA d'agir contre les membres du conseil de surveillance doivent être réputées non écrites ou déclarées nulles, tandis que l'action est soumise à une prescription triennale. 876 ■

Il faut considérer en revanche que, du fait de l'absence de renvoi à l'article L. 225-252, les actionnaires ne peuvent exercer *ut singuli* l'action sociale contre un membre du conseil de surveillance.

■ 877 La question de la détermination des cas dans lesquels la *responsabilité pénale* des membres du conseil de surveillance sera engagée est particulièrement délicate. Les peines prévues par les dispositions spécifiques à la SA à conseil d'administration sont déclarées applicables aux membres du conseil de surveillance par plusieurs dispositions, « *selon leurs attributions* » (C. com., art. L. 242-30, L. 245-17 et L. 247-9).

C'est-à-dire que la responsabilité pénale des membres du conseil de surveillance ne sera pas engagée, en principe, s'agissant des délits relatifs à la direction de la société. Un membre du conseil de surveillance ne saurait ainsi, par exemple, procéder à la répartition de dividendes fictifs. Mais les membres du conseil de surveillance peuvent être complices des infractions commises par les membres du directoire.

On peut surtout se demander s'ils peuvent se rendre coupables d'abus des biens sociaux, dans la mesure où ce délit concerne des dirigeants. L'article L. 242-6 du Code de commerce ne vise expressément que les présidents, administrateurs et DG, et non les membres du conseil de surveillance, et l'article L. 242-30 du même Code ne permet de faire application du délit d'abus des biens sociaux aux membres du conseil de surveillance que « selon leurs attributions ». Or leurs attributions ne concernent que le contrôle de la gestion de la SA, pas l'utilisation des biens sociaux. On pourrait cependant considérer que les membres du conseil de surveillance qui utilisent les biens de la société dans leur intérêt personnel agissent alors comme des dirigeants de fait de la société, et se trouvent par conséquent tenus comme les dirigeants de droit (C. com., art. L. 246-2).

■ 878 La *responsabilité fiscale* ne devrait quant à elle pas concerner les membres du conseil de surveillance, sauf lorsqu'ils s'immiscent dans les fonctions de direction, dès lors que l'article L. 267 du Livre des procédures fiscales vise expressément le « *dirigeant* ».

d. Cessation des fonctions des membres du conseil de surveillance

■ 879 Les *raisons possibles* de la cessation des fonctions des membres du conseil de surveillance sont multiples. Le mandat prend ainsi fin en cas d'abandon par la SA de la forme à directoire et conseil de surveillance, d'expiration du terme des fonctions (C. com., art. L. 225-75, al. 1er), d'arrivée de la limite d'âge, de la perte de la qualité d'actionnaire non régularisée lorsque cette exigence est encore formulée par les statuts, de violation des règles de non-cumul, de nomination au directoire, de démission et de révocation. À l'instar de ce qui a été fait pour les administrateurs, la loi Mohamed Soilihi a prévu une démission d'office du membre du conseil de surveillance placé en tutelle.

■ 880 Les membres du conseil de surveillance peuvent être révoqués à tout moment par l'assemblée générale ordinaire (C. com., art. L. 225-75, al. 2). Il s'agit là d'une faculté de révocation *ad nutum*, qui doit supporter les mêmes limites que celles reconnues à la révocation des administrateurs, même si la jurisprudence est ici beaucoup moins abondante (indemnisation en cas de faute dans l'exercice du droit de révocation ou de non-respect du principe de la contradiction). Hormis ces limites, le juge ne peut apprécier les motifs de la révocation (v. ainsi T. com. Marseille, 8 sept. 1983, *Rev. sociétés* 1984. 80, note J. Mestre).

2. *Fonctionnement du conseil de surveillance*

a. Organisation du conseil de surveillance

Le conseil de surveillance élit en son sein un président et un vice-président, qui sont des personnes physiques, et qui convoqueront le conseil et en dirigeront les débats (C. com., art. L. 225-81). 881 ■

Les statuts déterminent les règles relatives à la *convocation* et aux *délibérations* du conseil de surveillance. Un membre du directoire ou le tiers des membres du conseil de surveillance ont la possibilité de demander au président de convoquer le conseil, et à défaut de convocation par le président, de le convoquer eux-mêmes en indiquant l'ordre du jour de la séance (C. com., art. R. 225-45). 882 ■

La convocation des commissaires aux comptes aux réunions du conseil de surveillance est possible, tandis qu'est obligatoire la convocation de deux membres du comité social et économique, comme en matière de conseil d'administration (C. trav., art. L. 2312-72).

L'article L. 225-82, alinéa 1er du Code de commerce énonce une règle relative au *quorum* : le conseil de surveillance ne délibère valablement que si la moitié au moins de ses membres sont présents, sans que les membres représentés soient ici pris en compte. Des dispositions identiques à celles prévues pour le conseil d'administration permettent au conseil de surveillance de recourir aux moyens de visioconférence ou de télécommunication pour la tenue de ses réunions (C. com., art. L. 225-82, al. 3 et R. 225-50). Cette modalité de délibération ne permet cependant pas de réputer présents les membres du conseil de surveillance qui l'utilisent lorsque cet organe statue sur l'examen du rapport de gestion, des comptes annuels et des comptes consolidés établis par le directoire ou lorsque les statuts l'excluent. 883 ■

Comme pour le conseil d'administration (v. ss 846), la loi Mohamed Soilihi du 19 juillet 2019 a permis que les statuts autorisent la prise de certaines décisions par consultation écrite (art. L. 225-82, al. 3) et l'ordonnance n° 2020-321 du 25 mars 2020 a fait en sorte de réduire les contacts physiques entre les membres du conseil de surveillance en période de pandémie.

Le législateur a prévu une règle de *majorité* par tête, mais il autorise les statuts à prévoir une majorité plus forte (C. com., art. L. 225-82, al. 2), à l'instar de ce qui est prévu pour le conseil d'administration (v. ci-dessus). La voix du président de séance est également prépondérante en cas de partage, sauf disposition contraire des statuts. 884 ■

Les règles de représentation sont également les mêmes que pour le conseil d'administration (C. com., art. R. 225-46).

b. Attributions du conseil de surveillance

Le conseil de surveillance exerce le contrôle permanent de la gestion de la société par le directoire (C. com., art. L. 225-68, al. 1er). C'est un contrôle qui porte tant sur la régularité des comptes que sur la régularité des décisions du directoire au regard des textes, que sur l'opportunité des décisions prises. Ce contrôle ne doit toutefois pas amener le conseil de surveillance à s'immiscer dans la gestion de la société. 885 ■

Pour que le conseil puisse remplir sa mission de contrôle, la loi lui reconnaît un large droit d'information et un pouvoir d'autorisation sur un certain nombre de décisions. Ces pouvoirs s'ajoutent aux attributions déjà vues de nomination des membres et du président du directoire, de fixation de leur rémunération, etc.

■ 886 L'article L. 225-68 du Code de commerce assure une *information* effective du conseil de surveillance.

Celui-ci peut ainsi, à toute époque de l'année, opérer les vérifications et contrôles qu'il juge opportuns et se faire communiquer les documents qu'il estime utiles à l'accomplissement de sa mission. À cette information, prise de l'initiative du conseil de surveillance, s'ajoute une information apportée par le directoire, qui doit présenter un rapport au conseil de surveillance au moins une fois par trimestre et présenter à la clôture de chaque exercice au conseil de surveillance, pour vérification et contrôle, son rapport à l'assemblée, les comptes annuels, les comptes consolidés, et le rapport des commissaires aux comptes, c'est-à-dire les documents qui seront soumis à l'assemblée annuelle. Le conseil de surveillance reçoit également des informations des commissaires aux comptes (résultats des contrôles et vérifications auxquels ils procèdent, irrégularités, inexactitudes) et de l'expert nommé en cas d'expertise de gestion (une copie de son rapport étant transmise au conseil de surveillance par le greffe du tribunal de commerce).

Ajoutons enfin que le conseil de surveillance présente à l'assemblée générale annuelle des actionnaires ses observations sur le rapport du directoire ainsi que sur les comptes de l'exercice (C. com., art. L. 225-68, al. 6).

■ 887 La loi reconnaît au conseil le pouvoir d'autoriser les conventions réglementées. Les conventions visées sont les mêmes que dans la SA à conseil d'administration, avec la précision que sont contrôlées les conventions entre la société et un membre du directoire ou du conseil de surveillance (C. com., art. L. 225-86). C'est le président du conseil de surveillance qui donne avis aux commissaires aux comptes de l'existence de conventions autorisées et qui les soumet à l'approbation de l'assemblée générale ordinaire (C. com., art. L. 225-88).

Le conseil était, par ailleurs, historiquement appelé à autoriser (ou non) différentes opérations (C. com., art. L. 225-68, al. 2) : cession d'immeubles, de participations, constitution de sûretés, cautions, avals et garanties. La loi *Sapin 2* du 9 décembre 2016 a retiré de cette liste les trois premières catégories d'actes. Les statuts peuvent maintenir cette exigence d'autorisation, mais le législateur ne demande plus l'intervention du conseil de surveillance que pour les cautions, avals et garanties, comme pour la SA à conseil d'administration (v. ss 814 s.). L'article R. 225-53 autorise le conseil à donner par avance son autorisation à l'octroi de cautions, avals et garanties pour un montant total, et éventuellement en indiquant un montant maximum par opération. Les mêmes assouplissements qu'en matière de SA à conseil d'administration ont été introduits par la loi Mohamed Soilihi du 19 juillet 2019 (v. ss 815). La sanction de l'absence d'autorisation du conseil de surveillance est l'inopposabilité à la société, selon la jurisprudence.

La liste des conventions qui doivent être autorisées par le conseil de surveillance peut être étendue par les statuts (C. com., art. L. 225-68, al. 2). Excepté le cas des cautions, avals et garanties, la sanction devrait en tous les cas se limiter à l'allocation de dommages-intérêts, du fait de l'inopposabilité aux tiers de l'absence d'autorisation.

Certaines conventions sont enfin totalement interdites. L'article L. 225-91 du Code de commerce prévoit ainsi une règle similaire à celle prévue en matière de SA à conseil d'administration. Les membres du directoire et les membres du conseil de surveillance personnes physiques ne peuvent donc emprunter auprès de la société ou faire garantir leurs engagements par celle-ci. La sanction prévue par le texte est la nullité, qui doit avoir un caractère absolu par transposition de la jurisprudence relative aux administrateurs. 888

Le conseil de surveillance exercera sa mission de contrôle des membres du directoire en les révoquant, ce qui est possible si les statuts le prévoient (C. com., art. L. 225-61), ou en suggérant à l'assemblée générale de procéder à cette révocation, notamment lors de la présentation à l'assemblée générale annuelle de ses observations sur le rapport du directoire et les comptes de l'exercice (C. com., art. L. 225-68, dern. al.). 889

On relèvera enfin que le conseil de surveillance a le pouvoir de déplacer le siège de la SA sous réserve de ratification de la décision par la prochaine assemblée générale ordinaire (C. com., art. L. 225-65). Ce déplacement ne pouvait, avant l'entrée en vigueur de la loi *Sapin 2* du 9 décembre 2016, intervenir que dans le même département ou dans un département limitrophe. C'est désormais sur l'ensemble du territoire national que le siège peut être déplacé par le conseil, sous réserve de ratification. La loi *Sapin* 2 lui a également reconnu le pouvoir, sur délégation de l'AGE et sous réserve de ratification par cette même assemblée, de mettre les statuts en conformité avec les dispositions législatives et réglementaires (art. L. 225-65). 890

section 3

Les actionnaires de la société anonyme

Les actionnaires d'une SA sont dans une situation proche de celle des associés d'une SARL, dans la mesure où leur obligation essentielle consiste à faire un apport à la société. La différence la plus apparente entre les deux tient surtout à la nature des titres détenus (ce qui fait que l'étudiant qui évoquerait à l'examen « l'actionnaire d'une SARL » perdrait certainement des points). La spécificité des valeurs mobilières que sont les actions sera étudiée par la suite (v. ss chapitre 14). On évoquera maintenant, au titre des spécificités de la qualité d'actionnaire, le droit d'information des actionnaires (§1) et leur droit de vote, mis en œuvre dans le cadre des assemblées d'actionnaires (§2). 891

§ 1 Le droit d'information des actionnaires

L'actionnaire est destinataire d'une information que l'on peut dire normale, en ce qu'elle est adressée de manière systématique à tous les actionnaires, ou en ce qu'il leur est possible d'en obtenir communication sans besoin de formuler une demande particulièrement motivée. À cette information normale (A) s'ajoute une information exceptionnelle (B), qui suppose quant à elle une demande motivée et des circonstances particulières. 892

A. Information normale

893 L'actionnaire peut prendre connaissance d'un certain nombre de documents, variant selon que l'information en question est relative ou non à une assemblée sur le point de se tenir, et selon la nature de l'assemblée le cas échéant.

Tout actionnaire exerçant le droit d'obtenir communication de documents et renseignements auprès de la société peut se faire assister d'un expert inscrit sur l'une des listes établies par les cours et tribunaux (C. com., art. R. 225-94).

1. *Information précédant une assemblée*

894 Un principe général de communication aux actionnaires des documents nécessaires pour leur permettre de prendre des décisions est formulé par l'article L. 225-108, alinéa 1er du Code de commerce. La nature des documents et les conditions de leur communication sont déterminées par voie réglementaire, selon l'article L. 225-108, alinéa 2, mais le législateur joue aussi un rôle dans la détermination des éléments d'information à communiquer aux actionnaires. La communication de cette information permet à l'actionnaire de poser utilement par écrit des questions auxquelles le conseil d'administration ou le directoire est tenu de répondre au cours de l'assemblée (C. com., art. L. 225-108, al. 3). À cet égard, l'ordonnance n° 2010-1511 du 9 décembre 2010 portant transposition de la directive n° 2007/36/CE du 11 juillet 2007 concernant l'exercice de certains droits des actionnaires de sociétés cotées est venue apporter deux précisions importantes en pratique, en affirmant qu'une réponse commune peut être apportée à des questions distinctes posées par des actionnaires dès lors que celles-ci présentent le même contenu, et également que la réponse à une question est réputée avoir été donnée par la société dès lors qu'elle figure sur son site internet dans une rubrique consacrée aux questions-réponses.

895 On précisera à titre liminaire que les sociétés cotées sont encouragées par l'AMF à aller au-delà de l'information strictement requise par la loi et le règlement. Pèsent aussi sur elles, de manière plus contraignante, des obligations d'information supplémentaires, telle que l'obligation faite aux dirigeants de ces sociétés de faire figurer dans le rapport de gestion, par exemple, des indications sur les risques financiers liés aux effets du changement climatique et la présentation des mesures que prend l'entreprise pour les réduire en mettant en œuvre une stratégie bas-carbone dans toutes les composantes de son activité et les principales caractéristiques des procédures de contrôle interne et de gestion des risques mises en place par la société relatives à l'élaboration et au traitement de l'information comptable et financière (C. com., art. L. 22-10-35)

a. Information accompagnant l'envoi d'une formule de procuration

896 La SA ou le mandataire désigné à cet effet par elle doit, lorsqu'est adressée aux actionnaires une formule de procuration, joindre un certain nombre de documents à celle-ci (C. com., art. R. 225-81), et notamment :

- l'ordre du jour de l'assemblée ;
- le texte des projets de résolution présentés ;
- un exposé sommaire de la situation de la société pendant l'exercice écoulé ;

– un tableau faisant apparaître les résultats de la société au cours de chacun des cinq derniers exercices ou de chacun des exercices clos depuis la constitution de la société ou l'absorption par celle-ci d'une autre société, si leur nombre est inférieur à cinq ;

– une formule de demande d'envoi des documents et renseignements visés à l'article R. 225-83 (v. ci-dessous).

b. Envoi de documents aux actionnaires sur leur demande

Les textes sont ici d'une lecture difficile, pour deux raisons. La première tient à leur nombre relativement important, tant le législateur que l'autorité réglementaire contribuant à créer de nouvelles obligations en ce domaine (v. par exemple Décr. n° 2017-1174 du 18 juill. 2017). La seconde tient à la nécessité de distinguer selon les assemblées concernées, l'information à fournir aux actionnaires n'étant pas identique selon que l'assemblée est générale ou spéciale, ordinaire ou extraordinaire, appelée à statuer sur les comptes annuels ou non. Il n'est pas dans notre propos d'énumérer de manière exhaustive l'intégralité des éléments d'information devant être fournis, mais de donner un aperçu synthétique du contenu de l'information due aux actionnaires. 897 ■

Ainsi, à compter de la convocation de l'*assemblée générale ordinaire annuelle* et au moins pendant le délai de quinze jours qui précède la date de la réunion, tout actionnaire (ainsi que le nu-propriétaire et l'usufruitier et les propriétaires indivis d'actions) doit recevoir de la société, outre les documents listés à l'article R. 225-81 du Code de commerce, ceux mentionnés à l'article R. 225-83, et particulièrement :

– les comptes annuels, les comptes consolidés, le rapport sur la gestion du groupe, un tableau des affectations de résultat précisant notamment l'origine des sommes dont la distribution est proposée ;

– le rapport du conseil d'administration ou du directoire qui sera présenté à l'assemblée ainsi que, le cas échéant, les observations du conseil de surveillance ;

– les rapports des commissaires aux comptes ;

– les noms des mandataires sociaux et l'indication des autres sociétés dans lesquelles ils exercent des mandats sociaux ;

– les informations relatives aux candidats si l'ordre du jour comporte la nomination d'administrateurs ou de membres du conseil de surveillance.

D'autres informations sont encore à fournir : bilan social, informations sur le commissaire aux comptes dont la nomination doit être envisagée.

Lorsque l'assemblée convoquée est une assemblée spéciale, une assemblée générale ordinaire autre que l'assemblée appelée à statuer sur les comptes de l'exercice précédent (par exemple l'assemblée devant statuer sur l'acquisition d'un bien d'un actionnaire par la société – C. com., art. L. 225-101), ou une assemblée générale extraordinaire, l'information due aux actionnaires est réduite ou adaptée (v. C. com., art. R. 225-81 et R. 225-83).

c. Consultation de documents à l'initiative des actionnaires

L'actionnaire (ainsi que le nu-propriétaire, l'usufruitier et les propriétaires indivis d'actions) a enfin le droit, à compter de la convocation d'une assemblée, et au moins pendant le délai de quinze jours qui précède la date de la réunion, de prendre connaissance, au siège social ou au lieu de la direction administrative, d'un certain nombre de documents. 898 ■

Ainsi, à compter de la convocation de l'*assemblée générale annuelle*, l'actionnaire peut consulter les documents énumérés par l'article R. 225-83 (v. ci-dessus) et ceux visés par l'article L. 225-115 (C. com., art. R. 225-89). Ce sont notamment les comptes annuels, les rapports des différents organes sociaux, et le montant global, certifié exact par les commissaires aux comptes, des rémunérations versées aux cinq ou dix personnes les mieux rémunérées et la liste, qui peuvent être consultés.

Là encore, l'information disponible est réduite ou adaptée s'agissant des *autres assemblées* (C. com., art. R. 225-89).

2. *Information permanente*

a. Communication de documents

■ 899 Tout actionnaire a le droit, à toute époque, de prendre connaissance par lui-même ou par mandataire, au siège social ou au lieu de la direction administrative, des documents visés à l'article L. 225-115 du Code de commerce (v. ci-dessus) et concernant les trois derniers exercices, ainsi que des procès-verbaux et feuilles de présence des assemblées tenues au cours de ces trois derniers exercices (C. com., art. L. 225-117 et R. 225-92) et de l'extrait du procès-verbal contenant la décision du conseil d'administration relative au choix de l'une des deux modalités d'exercice de la direction générale (C. com., art. R. 225-93). Là encore, ces droits appartiennent également à chacun des copropriétaires d'actions indivises, au nu-propriétaire et à l'usufruitier d'actions (C. com., art. L. 225-118). Le droit de prendre connaissance emporte celui de prendre copie.

b. Questions écrites

■ 900 Les articles L. 225-232 et L. 22-10-69 du Code de commerce permettent à un ou plusieurs actionnaires représentant au moins 5 % du capital social ainsi que, dans les sociétés cotées, à une association d'actionnaires de poser par écrit, deux fois par exercice, des questions au président du conseil d'administration ou au directoire sur tout fait de nature à compromettre la continuité de l'exploitation. La réponse est communiquée au commissaire aux comptes, qui pourra exercer son droit d'alerte.

Ces questions ne se confondent pas avec celles auxquelles les dirigeants sont tenus de répondre en assemblée (C. com., art. L. 225-108, al. 3).

B. Information exceptionnelle : l'expertise de gestion

1. *Conditions*

■ 901 Dans la SA, les conditions de désignation de l'expert sont prévues par l'article L. 225-231 du Code de commerce et pour les sociétés cotées par l'article L. 22-10-68, et elles ont été précisées par la jurisprudence. La Cour de cassation a d'ailleurs clairement affirmé le caractère autonome de cette mesure d'information, qui peut être demandée même lorsque les actions en nullité ou en responsabilité sont fermées car prescrites (Com. 15 juill. 1987, *Bull. civ.* IV, n° 193 ; *Bull. Joly* 1987. 703, note P. Le Cannu).

a. Personnes pouvant demander une expertise

La loi est restrictive quant à la qualité exigée pour agir en demande de désignation d'un expert de gestion : pour que la demande soit recevable, il faut qu'elle émane de l'une des personnes ou entités visées limitativement par l'art. L. 225-231 du Code de commerce : **902**

– *un ou plusieurs actionnaires représentant au moins 5 % du capital social.* Ce pourcentage peut n'être détenu qu'au jour où la demande est formée, et pas au jour où le juge statue (Com. 6 déc. 2005, *Bull. civ.* IV, n° 245 ; *JCP* 2006. II. 68, n° 7, obs. J. Caussain, F. Deboissy et G. Wicker). Cette solution présente l'avantage de permettre de contrer la manœuvre des dirigeants consistant à diluer le demandeur ou à le faire exclure pour rendre sa demande irrecevable ;

– *une association d'actionnaires* répondant aux conditions de l'article L. 22-10-44 du Code de commerce, c'est-à-dire une association d'actionnaires de sociétés cotées, qui doit notamment avoir communiqué ses statuts à la société et à l'AMF. Il n'est alors pas besoin que l'association soit elle-même détentrice de 5 % du capital de la société ;

– le *ministère public* ;

– le *comité social et économique (autrefois le comité d'entreprise)* ;

– l'*AMF* dans les sociétés dont les actions sont cotées sur un marché réglementé.

b. La société visée

Cette condition, relative à la société dont les opérations sont inspectées, a été modifiée par la loi NRE du 15 mai 2001. La jurisprudence exigeait autrefois que les actionnaires demandeurs soient ceux de la société qui avait accompli les opérations. Les actionnaires d'une société mère n'avaient donc pas compétence pour demander la désignation d'un expert de gestion pour les filiales (Com. 14 déc. 1993, *Bull. civ.* IV, n° 483 ; *Dr. sociétés* 1994, n° 59, note H. Le Nabasque). **903**

Il est désormais possible à un actionnaire de la société mère de solliciter une expertise de gestion sur une opération de la société elle-même, mais également sur une opération faite par une société contrôlée par la mère. Dans ce cas, la demande doit être appréciée au regard de l'intérêt du groupe que ces sociétés constituent. Il demeure que lorsque l'actionnaire minoritaire d'une société demande une expertise de gestion, c'est cette société qui a qualité pour défendre et non sa société mère, actionnaire majoritaire (Com. 21 mars 2018, n° 16-20879, *Bull. Joly* 2018. 339, note J.-M. Moulin).

c. Une opération de gestion

La demande d'expertise doit porter sur une ou plusieurs opérations de gestion de la société. Cela suppose tout d'abord que l'opération concernée ne doit pas relever de la compétence de l'assemblée générale des actionnaires mais de celle des dirigeants (v. not. Com. 12 janv. 1993, *Bull. civ.* IV, n° 10 ; *Dr. sociétés* 1993, n° 58, note H. Le Nabasque). De ce point de vue, les conventions réglementées, qui sont certes soumises à l'approbation de l'assemblée mais ne sont pas décidées par elle, peuvent faire l'objet d'une expertise de gestion (v. ainsi Versailles, 27 févr. 1997, *Bull. Joly* 1997. 543, note P. Le Cannu et M. Menjucq). **904**

Cela suppose ensuite une précision dans les opérations visées. L'actionnaire demandeur ne peut ainsi demander des éclaircissements sur toute la gestion de la société sur plusieurs années (Paris, 19 mai 1999, *RTD com.* 1999. 674, obs. C. Champaud et D. Danet ; Com. 24 oct. 2018, n° 16-25297, *RJDA* 1/19, n° 28 – décision relative aux SARL mais transposable aux SA), pas plus qu'il ne peut se contenter de s'interroger de façon générale sur la politique de gestion de la société sans demander de façon précise des explications sur des actes de gestion clairement identifiés (Com. 14 févr. 2006, *Bull. civ.* IV, n° 40. 41 ; *Rev. sociétés* 2006. 575, note A. Cerati-Gauthier ; *JCP E* 2006. I. 168, n° 6, obs. J.-J. Caussain, F. Deboissy et G. Wicker).

d. Une présomption d'atteinte à l'intérêt social

905 La mesure sollicitée étant grave, les juges la subordonnent à la constatation par les juges du fond d'une présomption d'irrégularité (v. not. Com. 22 mars 1988, *Bull. civ. IV*, n° 124) et à un caractère sérieux (Com. 15 juill. 1987, *Bull. civ. IV*, n° 193 ; *Bull. Joly* 1987. 703, note P. Le Cannu), laissant présumer une atteinte à l'intérêt social ou à l'intérêt du groupe si l'opération est celle d'une filiale. Il faut bien comprendre que ce n'est qu'une apparence d'atteinte à l'intérêt social qui doit être rapportée par le demandeur, et non pas la démonstration d'une atteinte véritable. Ainsi, il suffira de démontrer que tel contrat a été conclu à des conditions financières désavantageuses pour la société et qu'il ne semble pas particulièrement utile par ailleurs. Il n'est pas nécessaire de démontrer que le contrat n'a véritablement aucune utilité. En revanche, le juge ne saurait se fonder sur le fait que la mesure d'expertise pourrait porter atteinte à l'intérêt de la société pour ne pas donner suite à la demande (Com. 10 sept. 2013, n° 12-16.509, *Bull. IV*, n° 130 ; *Dr. sociétés* 2013, comm. n° 204, note M. Roussille ; *Gaz. Pal.*, 17-19 nov. 2013. 28, note B. Dondero).

906 Pour réserver davantage encore l'expertise de gestion aux situations où le dialogue a réellement disparu, la loi NRE du 15 mai 2001 a institué une *phase préliminaire de questions* au président du conseil d'administration ou au directoire, mais uniquement lorsque ce sont des actionnaires ou une association d'actionnaires qui souhaitent solliciter l'expertise de gestion (C. com., art. L. 225-231, al. 1er et 2). Ils doivent poser par écrit des questions au président du conseil d'administration ou au directoire, et ce n'est que si l'organe interrogé ne donne pas de réponse dans un délai d'un mois, ou si celle-ci est estimée insuffisante, que la procédure peut se poursuivre par la demande de désignation d'un expert. Le respect de cette procédure ne prive d'ailleurs pas le juge de son pouvoir d'appréciation (Com. 11 oct. 2005, *Bull. Joly* 2006. 621, note L. Godon).

e. L'utilité de la mesure sollicitée

907 Au-delà de toutes ces conditions, encore faut-il que la mesure d'expertise sollicitée soit jugée utile. Si ce n'est pas le cas, parce que les informations requises ont déjà été fournies à l'actionnaire demandeur, par exemple, le juge rejettera la demande formée (v. ainsi Com. 12 févr. 2008, *Bull. civ.* IV, n° 38 ; *RTD com.* 2008. 361, obs. P. Le Cannu et B. Dondero).

2. *La mission de l'expert*

a. Le contenu et le déroulement de la mission

908 La mission de l'expert est définie par le juge et va porter sur une ou plusieurs opérations de gestion de la société, sur lesquelles l'expert va présenter un rapport. Elle ne doit pas empiéter sur la mission des commissaires aux comptes : il n'appartient pas à l'expert d'apprécier la régularité et la sincérité des comptes pour déceler des irrégularités comptables (Paris 7 mars 1990, *Bull. Joly* 1990. 535).

L'entrave à la mission de l'expert par les dirigeants de la société ou par des personnes au service de celle-ci est sanctionnée pénalement (C. com., art. L. 820-4).

b. La rémunération de l'expert

Le législateur précise simplement que la rémunération de l'expert *peut* être mise à la charge de la société (C. com., art. L. 225-231, al. 4). Le principe est donc, *a contrario*, que l'expertise est aux frais du demandeur. 909 ■

c. Le rapport

Le rapport précise les conditions dans lesquelles les investigations ont été faites, et les personnes auprès de qui les informations ont été obtenues. Une question délicate, à laquelle les textes ne fournissent pas de réponse, est celle des conditions dans lesquelles se déroulent les opérations de l'expertise. Il a été suggéré que l'expertise de gestion devait se dérouler comme une expertise judiciaire (v. A. Charvériat, B. Dondero, F. Gilbert, M.-E. Sébire et B. Mercadal, *Mémento Sociétés commerciales* 2021, n° 53030). 910 ■

L'expert doit ensuite donner les informations obtenues et un avis sur la ou les opérations de gestion expertisées.

Le rapport est remis au demandeur de l'expertise, mais également au ministère public, au comité d'entreprise, aux commissaires aux comptes et aux dirigeants, ainsi qu'à l'AMF si la société est cotée. Le rapport est par ailleurs annexé au prochain rapport des commissaires aux comptes à l'assemblée générale ordinaire, et reçoit la même publicité (C. com., art. L. 225-231, al. 5). 911 ■

Cette large publicité contribue dans certains cas à favoriser un autre instrument, qui est celui de l'expertise *in futurum*.

3. *La concurrence de l'expertise in futurum*

Même pour les sociétés dans lesquelles une expertise de gestion particulière est prévue, comme la SA, il est possible de faire recours à un texte de portée générale, l'article 145 du Code de procédure civile. Celui qui autorise une partie à demander au juge *en dehors de tout procès* que soit diligentée une mesure d'instruction, permettant de conserver ou d'établir la preuve de faits dont pourrait dépendre la solution d'un litige. Or parmi les mesures d'instruction qui peuvent être demandées, figure l'expertise. 912 ■

a. Conditions

L'expertise préventive de l'article 145 du Code de procédure civile n'est pas soumise à la détention d'un nombre minimum de titres, et elle peut être demandée par quelqu'un qui n'est pas actionnaire de la société, sans passer par une phase de questions préalables. 913 ■

Toutefois, il faut sans doute qu'une action en responsabilité ou en nullité soit toujours possible car non prescrite, la jurisprudence considérant comme dépourvue de motif légitime la demande d'expertise destinée à soutenir une prétention manifestement vouée à l'échec. Il faut par ailleurs que le juge n'ait pas encore été saisi du fond de l'affaire, puisque l'expertise intervient « avant tout procès ».

On s'est par ailleurs demandé si cette expertise reste accessible lorsque celui qui en fait la demande est en situation de solliciter l'expertise de l'article L. 225-231 du Code de commerce. La Cour de cassation a répondu que l'expertise de l'art. 145

n'avait pas un caractère subsidiaire par rapport à la seconde (Com. 18 oct. 2011, n° 10-18.989, *Bull. civ.* IV, n° 165 ; *Bull. Joly* 2012. 116, note B. Dondero) et que la recevabilité de l'expertise de l'art. 145 n'était pas affectée par une précédente expertise de gestion portant sur des questions proches voire identiques (Com., 24 juin 2020, n° 18-17104, *JCP E* 2020, 1521, note Q. Némoz-Rajot).

b. Effets

914 Certains auteurs notent que le secret des affaires pourrait être opposé à l'expert dans le cadre de l'art. 145 du Code de procédure civile, ce qui ne serait pas le cas de l'expertise de gestion de l'art. L. 225-231. La jurisprudence ne corrobore cependant pas cette distinction (Civ. 2e, 7 janv. 1999, *Bull. civ.* II, n° 4).

Une autre faiblesse de cette expertise serait qu'elle ne permettrait pas de demander un avis à l'expert (Paris, 16 déc. 1991, *Bull. Joly* 1992. 294, note P. Le Cannu). Les auteurs processualistes écrivent pourtant que cette expertise a aussi un but d'information (J. Héron et Th. Le Bars, *Droit judiciaire privé*, 6e éd., Montchrestien, 2015, n° 422).

L'expertise sollicitée sur le fondement de l'article 145 du Code de procédure civile est en tous les cas beaucoup plus discrète que celle prévue par l'article L. 225-231 du Code de commerce.

§ 2 Les assemblées d'actionnaires

915 On ne détaillera pas ici les modalités du vote (C. com., art. L. 225-122 s.) mais l'on s'attachera plus particulièrement aux assemblées d'actionnaires, qui jouent, même dans la SA, un rôle très important. L'émergence des théories de la *corporate* governance a en effet contribué à renforcer le rôle qui est reconnu à ces organes, et ce en dépit de la participation souvent faible des actionnaires aux assemblées.

A. Les différentes assemblées

1. *Les assemblées générales*

a. L'assemblée générale extraordinaire

916 L'assemblée générale extraordinaire (AGE), qui ne statue pas nécessairement sur rapport du conseil d'administration ou du directoire (Com. 26 oct. 2010, *Bull. civ.* IV, n° 161 ; *Bull. Joly* 2011. 14, note Ph. Merle), est seule habilitée à modifier les statuts dans toutes leurs dispositions.

L'article L. 225-96 du Code de commerce édicte des seuils de quorum, en dessous desquels cette assemblée ne peut valablement délibérer. Il convient que les actionnaires présents ou représentés possèdent au moins, sur première convocation, le quart et, sur deuxième convocation, le cinquième des actions ayant le droit de vote. Dans les sociétés dont les actions ne sont pas admises aux négociations sur un marché réglementé, les statuts peuvent prévoir des quorums plus élevés (art. L. 225-96 et L. 22-10-31, *a contrario*).

L'AGE statue à la majorité des deux tiers des voix dont disposent les actionnaires présents ou représentés. Elle ne pourrait toutefois augmenter les engagements d'un actionnaire sans son accord. Pendant longtemps, l'abstention était assimilée à un vote négatif, mais la loi Mohamed Soilihi du 19 juillet 2019 remet cette assimilation en cause, en prévoyant que les voix exprimées ne comprennent pas celles attachées aux actions pour lesquelles l'actionnaire n'a pas pris part au vote, s'est abstenu ou a voté blanc ou nul.

b. L'assemblée générale ordinaire

L'assemblée générale ordinaire (AGO) a une compétence résiduelle, au sens où elle prend toutes les décisions autres que celles modifiant les statuts ou changeant la nationalité de la société (C. com., art. L. 225-98). 917 ■

L'AGO se voit imposer une condition de quorum, mais seulement sur première convocation. Elle ne délibère valablement sur première convocation que si les actionnaires présents ou représentés possèdent au moins le cinquième des actions ayant le droit de vote. Dans les sociétés dont les actions ne sont pas admises aux négociations sur un marché réglementé, les statuts peuvent prévoir un quorum plus élevé (art. L. 225-98 et L. 22-10-32, *a contrario*). Sur deuxième convocation, aucun quorum n'est requis. La formulation de l'article L. 225-98 du Code de commerce laisse entendre qu'il n'est pas envisageable que les statuts imposent un quorum sur seconde convocation.

Cette assemblée statue à la majorité des voix dont disposent les actionnaires présents ou représentés. La loi Mohamed Soilihi apporte la même solution au traitement de l'abstention dans les AGO.

2. *Les assemblées spéciales*

Les assemblées spéciales, régies par l'article L. 225-99 du Code de commerce, réunissent les titulaires d'actions d'une catégorie déterminée, par exemple les porteurs d'actions de préférence d'une émission particulière. Ces assemblées sont compétentes pour approuver les modifications apportées aux droits relatifs à la catégorie d'actions détenue par les actionnaires concernés. 918 ■

Elles ne délibèrent valablement que si les actionnaires présents ou représentés possèdent au moins, sur première convocation, le tiers et, sur deuxième convocation, le cinquième des actions ayant le droit de vote (à cette assemblée spéciale) et dont il est envisagé de modifier les droits. Comme pour les AGO, il est possible aux sociétés non cotées de prévoir par les statuts des quorums plus élevés, mais la formule retenue laisse comprendre que le quorum peut être relevé aussi sur seconde convocation (art. L. 225-99 et L. 22-10-33, *a contrario*).

Les assemblées spéciales statuent à la même majorité que les AGE, et donc aux deux tiers des voix des actionnaires présents ou représentés.

B. Les décisions des assemblées

1. *Les décisions ordinaires*

a. L'approbation des comptes

L'AGO est réunie au moins une fois par an, dans les six mois de la clôture de l'exercice, sous réserve de prolongation de ce délai par décision de justice. L'assemblée délibère et statue sur toutes les questions relatives aux comptes annuels et, le cas échéant, aux comptes consolidés de l'exercice écoulé. 919 ■

À cette fin, le conseil d'administration ou le directoire présente à l'assemblée le rapport de gestion, les comptes annuels et, le cas échéant, les comptes consolidés et le rapport de gestion y afférent (sur le contenu du rapport de gestion, v. C. com., art. L. 225-100 s.). Le rapport de gestion a essentiellement pour utilité de permettre aux actionnaires de comprendre l'évolution des affaires de la SA au cours de l'exercice. Les commissaires aux comptes, lorsqu'il en existe (ce n'est plus nécessairement le cas depuis l'intervention de la loi PACTE du 22 mai 2019), présentent également un rapport à l'AGO. Il était prévu qu'une partie des informations devant figurer dans le rapport du conseil ou du directoire ne s'appliquerait pas aux sociétés ne dépassant pas certains seuils (total du bilan, montant du chiffre d'affaires, nombre moyen de salariés) devant être définis par décret, et qui ne l'avaient pas été (C. com., art. L. 225-100-1). La nouvelle rédaction donnée à ce texte par l'ordonnance n° 2017-1162 du 12 juillet 2017 règle la question, puisqu'il est indiqué qu'une partie des informations concernées (notamment les indicateurs clefs de performance de nature non financière) ne s'applique pas aux sociétés qui constituent des petites entreprises au sens de l'art. L. 123-16 (c'est-à-dire celles pour lesquelles, au titre du dernier exercice comptable clos et sur une base annuelle, deux des trois seuils suivants, ne sont pas dépassés : total du bilan de 4 millions d'euros, montant net du chiffre d'affaires de 8 millions d'euros et nombre moyen de salariés employés au cours de l'exercice fixé à 50). D'autres informations ne sont requises que des sociétés cotées (indications sur les risques financiers liés aux effets du changement climatique, etc. – art. L. 22-10-35).

Une dérogation à l'établissement d'un rapport de gestion, qui bénéficiait précédemment aux seules SASU et EURL, a été étendue à toutes les sociétés commerciales qui constituent des petites entreprises au sens de l'art. L. 123-16 du Code de commerce et qui n'exercent pas certaines activités (v. ss, n° 354). Cette dérogation concerne donc désormais aussi les petites SA.

b. Les autres décisions

920 La compétence de l'AGO ne se limite pas à l'approbation des comptes puisque cette compétence est, ainsi qu'on l'a dit, résiduelle. L'AGO ne se contente pas de statuer sur les comptes de l'exercice. Parmi les décisions les plus importantes qu'elle peut prendre, on relèvera les décisions relatives à la nomination ou à la révocation des administrateurs et des membres du conseil de surveillance, à l'approbation des conventions réglementées, à la détermination du montant des rémunérations des administrateurs (ce que l'on appelait jusqu'à la loi PACTE du 22 mai 2019 les jetons de présence), à l'acquisition d'un bien appartenant à un actionnaire, dans les deux ans de la constitution de la société (C. com., art. L. 225-101) et à certaines opérations de rachat d'actions dans les sociétés cotées sur un marché réglementé ou sur Euronext Growth, ex-Alternext (C. com., art. L. 22-10-62) ou des sociétés non cotées (C. com., art. L. 225-209-2).

2. *Les décisions extraordinaires*

921 Sans que toutes les hypothèses de modification des statuts soient envisagées, on évoquera trois des opérations sur lesquelles les AGE sont appelées à statuer le plus souvent. Les décisions relatives aux fusions, scissions et apports partiels d'actif (soumis au régime des scissions) relèvent également de leur compétence (v. ss chapitre 8).

a. La transformation de la SA

Les dispositions spécifiques à la SA envisagent sa transformation en une société d'une autre forme. Cette transformation suppose que la SA ait au moins deux ans d'existence et que les bilans de ses deux premiers exercices aient été approuvés par les actionnaires (C. com., art. L. 225-243). En règle générale, la décision de transformation est prise sur le rapport des commissaires aux comptes de la SA, attestant que les capitaux propres sont au moins égaux au capital social, du moins si la société est dotée de commissaires (C. com., art. L. 225-244). Il n'est cependant pas besoin qu'un commissaire à la transformation intervienne en application de l'article L. 224-3 du Code de commerce lorsque la SA est dotée d'un commissaire aux comptes (v. ss chapitre 8). La décision de transformation est prise par l'AGE, mais celle-ci peut ne pas statuer à la majorité normalement requise (des deux tiers des voix des présents ou des représentés) dans toute une série d'hypothèses : transformation en SNC ou en SAS, requérant l'unanimité, transformation en SCS ou SCA requérant en plus de la majorité des deux tiers l'approbation des associés acceptant d'être commandités, transformation en SARL décidée dans les conditions prévues pour cette dernière société (C. com., art. L. 225-245). 922 ■

b. L'augmentation, la réduction et l'amortissement du capital social

L'*augmentation de capital* de la SA, régie par les articles L. 225-127 et suivants du Code de commerce, se réalise par l'émission de nouvelles actions, par la majoration du montant nominal des titres de capital existants, ou par l'exercice de droits attachés à des titres donnant accès au capital. Le capital social doit avoir été intégralement libéré pour qu'une augmentation puisse être décidée par émission d'actions nouvelles à libérer en numéraire (C. com., art. L. 225-131). Une prime d'émission peut être prévue, pour maintenir les droits des actionnaires en place sur les réserves non distribuées de la société (C. com., art. L. 225-128). La décision d'augmenter le capital est prise par l'AGE, mais celle-ci peut déléguer au conseil d'administration ou au directoire le pouvoir de fixer les modalités de l'émission des titres (C. com., art. L. 225-129-1), voire le pouvoir de décider d'augmenter le capital, sous certaines conditions (C. com., art. L. 225-129-2). 923 ■

Les actionnaires en place ont un *droit préférentiel de souscription* aux augmentations de capital en numéraire (C. com., art. L. 225 132). Ce droit leur permet de ne pas voir leur pouvoir politique dilué par l'entrée de nouveaux actionnaires dans la société, puisqu'ils sont prioritaires pour souscrire à l'augmentation de capital. Les actionnaires peuvent cependant renoncer à ce droit, et l'AGE peut le supprimer pour une augmentation déterminée, ou bien, dans les sociétés cotées, le remplacer par un délai de priorité (C. com., art. L. 225-135 et L. 22-10-51).

Les actions rémunérant un apport en numéraire sont obligatoirement libérées, lors de la souscription, d'un quart au moins de leur valeur nominale et, le cas échéant, de la totalité de la prime d'émission. La libération du surplus doit intervenir, en une ou plusieurs fois, dans le délai de cinq ans à compter du jour où l'augmentation du capital est devenue définitive (C. com., art. L. 225-144). Les actions correspondant à un apport en nature, pour lequel une procédure d'évaluation est instituée, doivent quant à elles être intégralement libérées.

La *réduction du capital* de la SA, régie par les articles L. 225-204 s. du Code de commerce, est une modification des statuts, et relève donc en principe de la compétence de l'AGE statuant sur le rapport des commissaires aux comptes. 924 ■

L'opération est tout d'abord dangereuse pour les actionnaires qui se voient « réduire » (étant précisé que le défaut de rapport du commissaire aux comptes n'est pas sanctionné par la nullité de l'assemblée : Com. 15 mars 2017, n° 15-50021, *Bull. IV*, n° 39). L'article L. 225-204 prescrit à ce propos que la réduction ne peut en aucun cas porter atteinte à l'égalité des actionnaires. La réduction du capital peut également être dangereuse pour les créanciers, lorsqu'elle n'est pas justifiée par la volonté d'apurer les pertes de la société, parce qu'elle ouvre alors aux actionnaires concernés un droit à reprendre tout ou partie de leurs apports. Les créanciers bénéficient par conséquent d'une protection particulière, prenant la forme d'un droit d'opposition. Si un créancier, informé par voie de publicité, fait opposition, les opérations de réduction sont bloquées et un juge peut alors ordonner le remboursement du créancier ou la constitution de garanties (C. com., art. L. 225-205).

Des procédures différentes de rachat d'actions suivies de réductions du capital sont prévues dans les sociétés dont les actions sont cotées sur un marché réglementé ou sur Euronext Growth, ex-Alternext (C. com., art. L. 225-209), ainsi que dans les sociétés non cotées (C. com., art. L. 225-209-2). La compétence est alors donnée à l'AGO pour décider du rachat.

L'*amortissement du capital*, régi par les articles L. 225-198 et suivants du Code de commerce, enfin, consiste à rembourser aux actionnaires tout ou partie du montant de leur apport, par l'utilisation du bénéfice distribuable. Une stipulation statutaire ou une décision de l'AGE doit l'autoriser. Les actions intégralement amorties sont dites actions de jouissance. Elles perdent le droit au « premier dividende » et le droit au remboursement de la valeur nominale.

c. La dissolution de la SA

925 La dissolution de la SA est envisagée par quelques dispositions spécifiques, mais cette opération obéit pour l'essentiel aux règles de droit commun déjà vues (v. ss chapitre 8). La dissolution, lorsqu'elle est décidée par les actionnaires, est traitée comme une modification des statuts comme les autres. On observera surtout qu'il existe un dispositif se déclenchant en cas de pertes importantes subies par la SA et qui oblige alors la société à statuer sur sa dissolution. Plus précisément, l'article L. 225-248 du Code de commerce prévoit que si les capitaux propres de la SA deviennent inférieurs à la moitié de son capital, une AGE doit être convoquée dans les quatre mois suivant l'approbation des comptes ayant fait apparaître cette perte, pour se prononcer sur la dissolution anticipée de la SA. Si cette dissolution n'est pas prononcée, un délai est ouvert à la société, qui doit alors, au plus tard à la clôture du deuxième exercice suivant celui où la constatation des pertes est intervenue, réduire le capital social d'un montant au moins égal à celui des pertes qui n'ont pu être imputées sur les réserves si, dans ce délai, les capitaux propres n'ont pu être reconstitués à concurrence d'une valeur au moins égale à la moitié du capital social.

C. La participation aux assemblées

926 La participation aux assemblées des SA est souvent faible, et ce, tout particulièrement dans les sociétés cotées. Le mandat de représentation y est donc encouragé, le droit de l'Union européenne ayant voulu à la fois encadrer et ouvrir le mandat

donné par les actionnaires pour voter en leur nom à une assemblée. Une directive n° 2007/36/CE du 11 juillet 2007 concernant l'exercice de certains droits des actionnaires de sociétés cotées a ainsi été publiée, mais elle n'a été que tardivement transposée en droit français, par l'ordonnance n° 2010-1511 du 9 décembre 2010.

Conformément au souhait de la directive de 2007, le mandat doit être en tous les cas écrit et communiqué à la société, de même que la révocation de ce mandat, le tout dans des conditions d'application précisées par décret en Conseil d'État (C. com., art. L. 225-106, II). La représentation dans les sociétés cotées (dont les actions sont admises aux négociations sur un marché réglementé, ou dont les actions sont admises aux négociations sur un système multilatéral de négociation soumis aux dispositions du II de l'article L. 433-3 du Code monétaire et financier dans les conditions prévues par le règlement général de l'Autorité des marchés financiers, figurant sur une liste arrêtée par l'autorité dans des conditions fixées par son règlement général, lorsque les statuts le prévoient) est désormais libre quant au choix du représentant, mais elle est encadrée quant à ses modalités (C. com., art. L. 22-10-39). Le mandataire devra ainsi donner à l'actionnaire qu'il représente une information relative aux situations de conflit d'intérêts, lors de la conclusion du mandat, mais également lorsqu'une situation de conflit d'intérêts (contrôle de la société par le mandataire, appartenance à l'un de ses organes de gestion, d'administration ou de surveillance, liens familiaux entre le mandataire et un dirigeant, etc.) apparaît en cours de mandat (C. com., art. L. 22-10-40). Dans ce dernier cas, le mandat est caduc s'il n'est pas expressément confirmé par l'actionnaire. Sont concernés par cette nouvelle réglementation le mandataire qui n'est pas le conjoint de l'actionnaire ou son partenaire à un PACS, lorsque le mandat intervient dans le cadre d'une société cotée ou dont les titres sont admis sur un système multilatéral de négociation organisé. Dans ces sociétés, le mandataire ne peut se soustraire à l'information relative aux conflits d'intérêts en souscrivant personnellement une action de la société dans le cadre de laquelle il exerce son mandat, seuls le conjoint et le partenaire pacsé étant donc exclus du champ d'application du texte. Ce n'est cependant que dans les sociétés cotées *lato sensu* que cette réglementation relativement complexe s'appliquera, le mandat donné à un coactionnaire dans une société non cotée n'étant donc – sans doute heureusement ! – pas concerné. Toute personne qui procède à une sollicitation active de mandats, en proposant directement ou indirectement à un ou plusieurs actionnaires, sous quelque forme et par quelque moyen que ce soit, de recevoir procuration pour les représenter à l'assemblée d'une société cotée a ensuite l'obligation de rendre publique sa politique de vote (C. com., art. L. 22-10-41). L'ordonnance du 9 décembre 2010 a aussi mis en place un dispositif de sanction (C. com., art. L. 22-10-42), pour le cas où le mandataire n'aurait pas respecté les obligations résultant des articles L. 22-10-40 et L. 22-10-41 du Code de commerce. Le mandataire concerné peut ainsi être privé par le tribunal de commerce du droit de participer en cette qualité à toute assemblée de la société concernée pour une durée maximum de trois ans. Cette sanction, qui est prononcée à la demande du mandant ou de la société (mais dans ce cas uniquement en cas de non-respect des dispositions de l'art. L. 22-10-41 de C. com.), peut faire l'objet d'une publication aux frais du mandataire.

Dans le prolongement du souhait de favoriser la participation des actionnaires aux assemblées, on va vers une dématérialisation toujours accrue. Après l'admission du vote par correspondance et de la participation par visio-conférence ou par d'autres moyens de télécommunication (v. n°s 378 et 379), l'ordonnance n° 2017-747 du 4 mai 2017 et son décret d'application n° 2018-146 du 28 févr. 2018 ont permis de tenir les assemblées de SA non cotées de manière dématérialisée (art. L. 225-103-1 et R. 225-61-1 s.).

12

Compléments pédagogiques

Mémo

La *SA* est à la fois le modèle de la *société de capitaux et de la société institutionnelle*.

Elle se constitue avec deux ou *sept actionnaires* (cette règle étant l'exigence de sept actionnaires est désormais limitée aux seules sociétés cotées), qui doivent réaliser des *apports en numéraire ou en nature* permettant de doter la SA d'un *capital d'au moins 37 000 euros*. Deux modes de constitution existent : avec ou sans offre au public de titres financiers.

La SA choisit également entre deux modes de direction.

La *SA à conseil d'administration* est dirigée par un directeur général, qui peut cumuler ou non son mandat avec celui de président du conseil d'administration. Il peut être assisté d'un ou plusieurs directeurs généraux délégués, et il dirige la société sous le contrôle du conseil d'administration. La *SA à directoire* et conseil de surveillance sépare, quant à elle, sans nuance la fonction de direction, attribuée au directoire, et le contrôle de la direction, attribué au conseil de surveillance.

Les *cumuls de mandats sociaux sont encadrés*, ainsi que, dans certains cas, le cumul du mandat social et d'un contrat de travail et la rémunération des dirigeants.

Les *pouvoirs des dirigeants de la SA à conseil d'administration sont largement définis, mais certaines conventions sont interdites* (prêts aux dirigeants personnes physiques) *ou encadrées* (cautionnements, avals et garanties, conventions entre la SA et le dirigeant ou un actionnaire de référence, etc.). Ces conventions encadrées requièrent en règle générale une *autorisation préalable du conseil d'administration ou du conseil de surveillance*.

Une partie des dirigeants de la SA est révocable ad nutum, ce qui n'empêche pas la reconnaissance de la validité des clauses par lesquelles le dirigeant révoqué est assuré de percevoir une somme d'argent (« *parachute doré* »).

Jusqu'à la loi PACTE du 22 mai 2019, la SA était de par sa seule forme sociale soumise au contrôle de commissaires aux comptes, ce qui n'est désormais plus le cas.

En dépit d'une idée communément admise, les actionnaires de la SA ont également un rôle à jouer. L'information qui leur est fournie est encadrée de manière détaillée par la loi et le décret. À côté *de modes d'information normaux, les actionnaires ont également à leur disposition des modes d'information plus exceptionnels, comme l'expertise de gestion.*

S'ils sont suffisamment informés, les actionnaires prennent les décisions en assemblées. Les *deux assemblées réunissant tous les actionnaires de la SA sont l'assemblée générale ordinaire*, dont l'intervention la plus importante porte sur l'approbation des comptes de l'exercice clos, *et l'assemblée générale extraordinaire*, dont la compétence est essentiellement axée sur la modification des statuts.

Quid

■ Appel public à l'épargne n° 743

Cette notion a disparu à compter du 1er avril 2009 du Code monétaire et financier. Elle pouvait s'appliquer à la fois à une opération et à l'entité réalisant cette opération. Elle consistait essentiellement à recourir à des moyens particuliers de sollicitation du public (démarchage, recours à un intermédiaire financier, cotation sur un marché réglementé) pour placer les titres d'une société. L'appel public à l'épargne commandait également l'application d'un statut particulier pour l'entité qui procédait à une opération rentrant dans le périmètre de cette notion.

■ Fondateurs n°s 747 et 755

Les fondateurs sont visés par plusieurs textes du Code de commerce sans jamais être véritablement définis. On comprend qu'il s'agit des personnes qui interviennent dans la constitution d'une société.

■ Jetons de présence n° 783

C'était le nom précédemment donné par le Code de commerce aux rémunérations des administrateurs et des membres du conseil de surveillance. La loi PACTE du 22 mai 2019 a supprimé l'expression.

■ LBO (*leverage buy out*) n° 828

C'est une technique d'acquisition d'une société *holding*, qui consiste à créer une société qui prend le contrôle de la société cible après s'être endettée pour cela, puis rembourse ces dettes en imposant à la société cible des distributions massives de dividendes, avant éventuellement de fusionner avec cette société cible. Le résultat est que c'est la société cible qui finance son propre rachat. On peut discuter de la conformité du LBO à l'intérêt de la société cible.

■ Retraite-chapeau n° 791

Ce terme désigne le complément de retraite qui peut être versé à son ancien dirigeant par une société, et notamment par une SA.

Document

Répartition des sociétés selon les formes sociales et les modes de direction adoptés

	SBF 120		CAC 40	
	Exercice 2018	Exercice 2019	Exercice 2018	Exercice 2019
Société anonyme à conseil	43,8 %	41,3 %	55,5 %	51,4 %

d'administration avec unicité des fonctions				
Société anonyme à conseil d'administration avec dissociation des fonctions	39 %	41,3 %	27,8 %	32,4 %
Société anonyme à directoire et conseil de surveillance	12,4 %	13,5 %	11,1 %	10,8 %
Société en commandite par actions	4,8 %	3,9 %	5,6 %	5,4 %
Total	**100 %**	**100 %**	**100 %**	**100 %**

Source : Rapport 2020 du Haut Comité de Gouvernement d'entreprise

Biblio

1) Articles généraux

– M.-H. de Laender, « La société anonyme : un mal nécessaire ? » in *D'un Code à l'autre : le droit commercial en mouvement*, P. Le Cannu (dir.), LGDJ, 2008, p. 259.

2) Constitution et capital social

– J.-B. Poulle et N. Spitz, « Les modifications de la deuxième directive concernant le capital social des sociétés anonymes et le droit français », *LPA* 31 mai 2007.

3) Organes de direction, d'administration et de contrôle de la SA

– F. Basdevant, « Le règlement intérieur du conseil d'administration », *RTDF* 2008, n° 1, p. 56.
– Ph. Bissara, « Interdépendance et coopération des organes sociaux de la société anonyme classique », in *Mélanges Yves Guyon*, Dalloz, 2003, p. 115.
– P.-H. Conac, « La dissociation des fonctions de président du conseil d'administration et de directeur général des sociétés anonymes selon la loi relative aux nouvelles régulations économiques », *Droit 21*, 2001. ER 052.
– A. Couret et B. Dondero, « Le cumul d'un mandat social d'administrateur et d'un contrat de travail dans la SA : apport de la loi Warsmann II », *Gaz. Pal.* 9-12 mai 2012. 5.
– L. Godon, « Des actionnaires, des dirigeants et des salariés de sociétés anonymes » in *Mélanges Yves Guyon*, Dalloz, 2003, p. 433.

– P. Le Cannu, « Les brumes de l'article L. 225-35 – Attributions générales du conseil d'administration de la société anonyme », *Rev. sociétés* 2010. 17.
- I. Parachkévova-Racine, R. Mortier, E. Schlumberger, F. Martin Laprade et L. Athlan, « Les conventions passées entre la société, ses administrateurs et actionnaires », *Actes pratiques & Ingénierie sociétaire* n° 162, nov.-déc. 2018. 5.
– B. Saintourens, « Les organes de direction de la société anonyme après la loi relative aux nouvelles régulations économiques », *Rev. sociétés* 2001. 515.
– F. Sauvageot, « La détermination et le plafonnement du montant des autorisations des cautions, avals et garanties dans la société anonyme », *Dr. sociétés* 2020, étude 10.
– F. Sauvageot, « Les sanctions de la procédure d'autorisation des cautions, avals et garanties dans la société anonyme », *Dr. sociétés* 2020, étude 11.
– D. Schmidt, « Le rapport sur les conditions de fonctionnement du conseil » in *Mélanges Philippe Simler*, p. 502.
– Ph. Simler, « Histoire d'une impasse : la sanction du défaut d'autorisation des cautions, avals ou garanties consentis pour le compte des sociétés par actions », in *Mélanges D. Schmidt*, Joly, 2005, p. 449.
– J.-P. Valuet, « Le bureau de l'assemblée générale des actionnaires », *Rev. sociétés* 2012. 543.
– V. également le dossier consacré au conseil d'administration et publié par la *RTDF* (n° spécial – 2013. 78), correspondant aux actes du colloque du département Sorbonne Finance de l'IRJS du 19 sept. 2013.

4) Expertise de gestion

– P. Le Cannu, « L'expertise de gestion à la suite de la loi NRE : de la chicane au dialogue ? », *Droit 21*, 2001. ER 047.

Quiz

1) Sujet corrigé

A) Dissertation

Énoncé

La condition de détention d'actions imposée aux administrateurs et aux membres du conseil de surveillance de la SA peut-elle être satisfaite par un prêt d'actions ?

Voir le corrigé en fin de rubrique.

B) Cas pratique

Énoncé

Votre ami, M. CAREME, actionnaire de la société PRISTI, société anonyme au capital de 500 000 euros, dont il détient 3 % du capital social, vient vous trouver le 1er juin. Il a reçu, dans les délais légaux et réglementaires, une convocation à l'assemblée générale ordinaire des actionnaires de la société qui doit se tenir le 5 juin. M. CAREME et quelques autres actionnaires de la SA PRISTI (représentant quant à eux 1,85 % du capital social) sont particulièrement mécontents de la manière dont cette société est dirigée. Leur colère se tourne surtout vers M. ROBIN, le président du directoire, également détenteur de quelques actions de la société. Ce qui inquiète le plus M. CAREME est que la révocation de M. ROBIN n'a pas été inscrite à l'ordre du jour. Il espère cependant que l'assemblée pourra se prononcer sur cette question. L'actionnaire a par ailleurs entendu dire que les amis de M. ROBIN, qui seraient susceptibles de s'opposer à sa révocation, ne seraient pas physiquement présents mais seraient réunis au siège de la filiale finlandaise de la société, dans une salle de visioconférence. Les statuts de la SA PRISTI, rédigés il y a 20 ans maintenant, et jamais modifiés depuis, ne prennent pas en compte cette modalité d'intervention aux assemblées générales. Enfin, M. CAREME s'est vu confier par un actionnaire important de la société PRISTI, M. PIC, la mission de le représenter à l'assemblée et de voter en son nom. Il ne sait cependant pas s'il est en mesure de voter la révocation de M. ROBIN au titre des droits de vote de M. PIC, et il craint que ce mandat soit contesté par M. ROBIN. M. CAREME vous informe cependant du fait qu'il a transmis à la société la procuration reçue de M. PIC 7 jours au moins avant l'assemblée, comme les statuts de la société lui en faisaient l'obligation.

Voir le corrigé en fin de rubrique.

2) Corrigé

Dissertation

Depuis longtemps, se pose la question de savoir si la détention d'actions exigée pour être administrateur ou membre du conseil de surveillance de la SA peut être satisfaite par le recours à un prêt d'actions.

On précisera simplement que la loi LME du 4 août 2008 a restreint l'enjeu de la question, dans la mesure où le législateur liait systématiquement, antérieurement à l'entrée en vigueur de cette loi sur ce point (1er janv. 2009), la qualité d'administrateur ou de membre du conseil de surveillance à celle d'actionnaire (C. com., art. L. 225-25 et L. 225-67). Les statuts devaient simplement préciser le nombre d'actions devant être détenues.

Ce sont désormais les statuts qui décideront si la détention d'actions est exigée ou non, et si oui, dans quelle mesure.

Or les actionnaires en place ne souhaitent pas nécessairement céder des actions à la personne appelée à devenir administrateur ou membre du conseil de surveillance. Si cette cession devait tout de même se faire, elle ne sera idéalement que temporaire, calquée sur la durée du mandat social, permettant ainsi d'obtenir du mandataire social la restitution des actions lors de la cessation de son mandat.

Les hypothèses envisagées seraient celles où :

– la société détient quelques-unes de ses propres actions et les prête à son administrateur ou membre du conseil de surveillance ;

– l'administrateur d'une société A se voit demander par cette société A de devenir administrateur d'une filiale B, les actions requises pour occuper ces fonctions dans B devant être prêtées par A à son administrateur.

I. Quel prêt peut-il être utilisé ?

A. Les deux types de prêt envisageables

Ce point sera traité rapidement dans la mesure où il ne relève pas directement du droit des sociétés. Rappelons que le Code civil connaît deux formes de prêt. La distinction est issue du droit romain, et se retrouve à l'article 1874. Ce texte distingue entre le prêt des choses dont on peut user sans les détruire, qui est le *prêt à usage*, ou commodat, et celui des choses qui se consomment par l'usage qu'on en fait, qui est le *prêt de consommation*.

Le *prêt à usage* a pour caractéristiques essentielles : sa gratuité ; le fait qu'il porte sur des choses non consomptibles, puisque le preneur doit rendre la chose après s'en être servi (C. civ., art. 1875) ; une possibilité de reprise ouverte au prêteur en cas de besoin urgent (C. civ., art. 1888 et 1889) ; et surtout, le fait que le prêteur demeure propriétaire de la chose prêtée (C. civ., art. 1877).

Cette dernière caractéristique fait que le prêt à usage ne permet pas de transférer à l'administrateur la propriété des actions prêtées. De ce fait, il convient de se tourner vers l'autre forme de prêt, le prêt de consommation.

Le *prêt de consommation* quant à lui n'est pas gratuit mais peut être rémunéré par un intérêt ; porte sur des choses qui se consomment par l'usage (C. civ., art. 1892) ; il voit sa date de restitution fixée par le contrat, ou à défaut, par le juge (C. civ., art. 1900) ; enfin, l'emprunteur devient le propriétaire de la chose prêtée, et il supporte les risques de la chose (C. civ., art. 1893).

Conclusion : il faut recourir à un prêt de consommation si l'on veut transférer la propriété des actions à l'emprunteur.

B. La possibilité de recourir au prêt de consommation d'actions

Le problème est que le prêt de consommation doit, aux termes de l'article 1892 du Code civil, porter sur des choses consomptibles, c'est-à-dire sur des choses que l'on ne peut utiliser sans les détruire (denrées) ou sans les aliéner (argent). Or les actions ne sont pas des biens qui se consomment par le premier usage que l'on en fait. La Cour de cassation a pu ainsi juger que « *les titres au porteur ne sont pas consomptibles par le 1er usage* » (Com. 12 juill. 1993, *Bull. civ.* IV, n° 292 ; *JCP E* 1994. II. 559).

Pourtant la doctrine considère que ce prêt de consommation d'actions est possible. MM. les professeurs Ph. Malaurie, L. Aynès et P.-Y. Gautier écrivent ainsi (*Contrats spéciaux*, 3e éd., *Defrénois*, 2007, n° 930) : « le prêt de consommation ne peut porter que sur des choses consomptibles, qui sont aussi fongibles, c'est-à-dire interchangeables ; par exemple de l'or, du blé, des valeurs mobilières, de l'argent surtout ». En réalité, ces auteurs reconnaissent peu après (*op. cit.*, n° 931) que les valeurs mobilières ne sont pas des choses consomptibles, mais deux arguments permettent d'admettre la possibilité d'un prêt de consommation d'actions.

Le premier argument tient à l'admission par la jurisprudence d'un prêt de consommation sur des choses non consomptibles si l'emprunteur a le droit de les consommer, c'est-à-dire de les vendre (Civ. 1re, 8 mai 1950, *Bull. civ.* I, n° 111).

Le second argument tient à l'existence d'un régime spécifique au prêt de titres financiers (auj. codifié aux art. L. 211-22 s. du C. mon. fin.), qui retient, parmi les conditions d'application de ce régime, notamment, que le prêt concerné doit être soumis aux dispositions des articles 1892 à 1904 du Code civil. Ces textes étant ceux relatifs au prêt de consommation, le législateur reconnaîtrait donc la possibilité qu'un prêt de consommation porte sur des actions.

Conclusion : le prêt de consommation d'actions serait donc possible.

II. La réception du prêt de consommation d'actions par le droit des sociétés

Le prêt de consommation d'actions soulève deux questions.

La première tient à la possibilité pour l'administrateur de bénéficier d'un prêt fait par la société (A).

La seconde tient à la possibilité de voir le prêt de consommation qualifié de cession d'actions (B).

A. La possibilité pour l'administrateur de bénéficier d'un prêt fait par la société

La difficulté suscitée par le prêt d'actions tient à l'interdiction (formulée par l'art. L. 225-43 du C. com.) faite aux administrateurs personnes physiques de contracter « sous quelque forme que ce soit » des emprunts auprès de la SA. Ce texte interdirait donc le prêt d'actions par la société au mandataire social, ainsi que celui fait par la société mère à son administrateur appelé à diriger une filiale, mais également le prêt d'argent qu'une société ferait à son propre administrateur personne physique pour lui permettre d'acheter le nombre d'actions lui permettant de se conformer à l'article L. 225-25 du Code de commerce.

C'est à la fin des années 1990 que la question s'est véritablement posée.

Le prêt de consommation d'actions a été accueilli favorablement par la Compagnie nationale des commissaires aux comptes (*Bull. CNCC* 1999. 150). Celle-ci a estimé que seuls les prêts d'argent seraient illicites. Les autres prêts faits aux administrateurs seraient simplement soumis à la procédure des conventions réglementées (on pourrait d'ailleurs y voir une convention portant sur une opération courante et faite à des conditions normales et soumise de ce fait à un contrôle allégé, voire échappant à tout contrôle).

Un autre argument retenu en faveur du prêt par la CNCC serait de dire que ce prêt serait consenti dans l'intérêt de la société prêteuse. Le fait que seul le nombre d'actions requis par les statuts aura été prêté devrait conforter le caractère licite du prêt au regard de l'article L. 225-43 du Code de commerce.

Une réponse ministérielle s'est également intéressée à la question, en estimant que sont valides, au regard de l'article L. 225-43 du Code de commerce, les mises à disposition soumises aux dispositions du « prêt à consommation » (*sic*), de la vente à réméré, mais non du commodat (Rép. min. n° 26594, *JO Sénat Q*, 26 oct. 2000, p. 3710 ; *Bull. Joly* 2000. 1191). La réponse donnée ne traite cependant pas véritablement de l'hypothèse qui était visée par la question (prêt à un administrateur de ses propres titres par la société).

Des auteurs, en revanche, se sont prononcés nettement contre la licéité du prêt de consommation d'actions au regard de l'article L. 225-43 du Code de commerce.

La conséquence de l'illicéité est rigoureuse, puisque le prêt illicite est frappé de nullité absolue. Or, le caractère rétroactif de la nullité en question devrait avoir pour effet de remettre en cause la qualité d'administrateur ou de membre du conseil de surveillance *ab initio*. Il s'en déduirait alors, si l'on applique les textes à la lettre, une démission intervenue 6 mois (3 mois avant la loi LME) après la nomination de l'administrateur ou du membre du conseil de surveillance, ce qui pourrait rejaillir sur la validité des décisions prises entre-temps par le mandataire social.

Conclusion : le risque de nullité n'est pas entièrement inexistant et amène à déconseiller les opérations de prêts d'actions faits par la société, au vu des conséquences de l'annulation de l'opération, si cette sanction était prononcée.

B. La possible qualification de cession d'actions

On peut se demander si le prêt de consommation d'actions, qui transfère la propriété de celles-ci est différent d'une cession, assortie de l'obligation de restituer les titres cédés. Cette assimilation apparaît problématique, dans un premier temps, mais pourrait en réalité conforter la pratique du prêt de consommation d'actions.

Les conséquences de l'assimilation du prêt à une cession sont diverses, mais l'on peut envisager la plus évidente : les clauses légales et statutaires d'agrément et de préemption s'appliqueront à l'opération, ce qui veut dire que le prêt de consommation encourt l'annulation s'il n'a pas été soumis à l'agrément de la société, conformément à l'article L. 228-23 du Code de commerce (v. ss chapitre 14).

La cour d'appel de Paris a retenu par un arrêt du 2 juillet 2002 (*RJDA* 2003, n° 35) que les prêts de consommation d'une action consentis par l'actionnaire majoritaire d'une SA à des administrateurs constituaient une cession d'actions. Les magistrats relèvent – ce seraient peut-être là les critères de l'assimilation du prêt à la vente – que les administrateurs pouvaient disposer des actions comme ils l'entendaient et bénéficiaient de tous les droits attachés, notamment du droit de vote et du droit de percevoir les dividendes.

L'analyse du prêt d'actions en une cession pourrait surtout permettre de le sauver de la menace que font peser sur ce prêt les articles L. 225-43 et L. 225-91 du Code de commerce. En effet, si l'administrateur ne se fait pas prêter les titres mais les achète, en versant une somme d'argent en contrepartie, tout en prenant l'engagement de les rétrocéder à l'expiration de son mandat, la qualification de prêt semble moins évidente.

En conclusion, on peut considérer que l'opération comporte un certain nombre de risques, au plan juridique. Ce serait ainsi, pour reprendre une formule doctrinale, une « coutume *contra legem* ». Simplement, en dépit des incertitudes sur sa licéité, il est possible qu'elle ne soit jamais remise en cause par les tribunaux, parce que très fréquemment utilisée.

Cas pratique

Il faut reprendre point par point, après les avoir mises en évidence, les questions juridiques soulevées par la situation qui vous est soumise.

Les questions posées sont toutes relatives à la tenue de l'assemblée générale de la société PRISTI, qui est une société anonyme à directoire.

Question 1 : le problème de la non-inscription à l'ordre du jour de la révocation du président du directoire

Les membres du directoire de la SA sont nommés par le conseil de surveillance qui donne à l'un d'eux la qualité de président (C. com., art. L. 225-59). Toutefois, l'assemblée des actionnaires est compétente pour révoquer les membres du directoire, y compris le président (C. com., art. L. 225-61).

L'assemblée ne pouvant délibérer sur une question qui n'est pas inscrite à l'ordre du jour (C. com., art. L. 225-105, al. 3), les inquiétudes de M. CAREME apparaissent légitimes.

Une première possibilité pour M. CAREME pourrait consister à demander l'inscription à l'ordre du jour d'un projet de résolution visant la révocation de M. ROBIN de son poste de membre du directoire (et par là même de président de cet organe).

Cette possibilité apparaît cependant doublement fermée.

L'article L. 225-105, alinéa 2 du Code de commerce subordonne en effet la demande d'inscription de projets de résolution à l'ordre du jour à la détention de 5 % au moins du capital. Or il apparaît que M. CAREME (3 %) et ses alliés (1,85 %) ne totalisent que 4,85 % du capital social.

Par ailleurs, l'article R. 225-72 impose de respecter un délai de 25 jours avant la date de l'assemblée réunie sur première convocation. Or il n'y a plus que 5 jours entre le moment où M. CAREME vient vous trouver et la date à laquelle doit se tenir l'assemblée.

Cependant, il existe une dérogation importante à la règle selon laquelle une assemblée ne peut statuer que sur un point inscrit à l'ordre du jour.

Cette dérogation, également prévue par l'article L. 225-105, alinéa 3, porte sur la révocation d'un ou plusieurs administrateurs ou membres du conseil de surveillance, mais pas sur celle des membres du directoire. Des juridictions du fond ont pu se prononcer sur la question. La cour d'appel de Paris a ainsi jugé, par un arrêt en date du 17 janvier 2003, que l'assemblée avait la possibilité de statuer sur la révocation d'un membre du directoire, même en l'absence de toute inscription préalable à l'ordre du jour (Paris, 17 janv. 2003, *JCP E* 2003. 1334, obs. J.-J. Caussain, F. Deboissy et G. Wicker). La cour d'appel de Lyon a quant à elle jugé que l'article L. 225-105, al. 3 devait s'interpréter restrictivement, et que le projet de révocation d'un membre du directoire devait être inscrit à l'ordre du jour (Lyon, 15 déc. 2005, *JCP E* 2006. 784). Il faut cependant réserver le cas de l'application de la théorie des incidents de séance (théorie jurisprudentielle dont l'art. L. 225-105, al. 3 du C. com. est la consécration légale), et si les discussions tenues au cours de l'assemblée font apparaître que la révocation du membre du directoire est envisageable, l'assemblée pourra se prononcer sur cette question sans que soit nécessaire la convocation d'une nouvelle assemblée.

Il appartiendra donc à M. CAREME d'orienter les discussions sur cette question, le jour de l'assemblée. Cette manière de procéder n'est cependant pas parfaitement sûre, en ce qu'elle ne met pas les actionnaires ou la société à l'abri d'une contestation de la révocation, fondée sur le caractère artificiel de l'extension de l'ordre du jour ainsi opérée.

Question 2 : le vote des amis de M. ROBIN par visioconférence

Cette question sera d'autant plus importante que le nombre des droits de vote détenus par les amis de M. ROBIN sera élevé. Ces actionnaires peuvent-ils participer à l'assemblée par le biais d'un dispositif de visioconférence ?

Leur intervention dans les débats est sans doute possible, et ils pourront de cette manière, peut-être, influer sur les décisions qui seront prises par l'assemblée. En revanche, il est important de noter que la participation à une assemblée par visioconférence ne permet de réputer présents les actionnaires concernés, pour le calcul du *quorum* et de la majorité, que si les statuts de la société le prévoient, aux termes de l'article L. 225-107, II du Code de commerce.

Il serait plus efficace pour les amis de M. ROBIN de participer aux discussions par le biais de la visioconférence, tout en donnant mandat à un autre actionnaire, à M. ROBIN par exemple, afin qu'il exerce les droits de vote attachés à leurs actions.

Si cette organisation n'a pas été prévue avant la tenue de l'assemblée, il ne sera cependant plus possible d'y recourir, les statuts de la SA PRISTI prévoyant l'obligation de transmettre à la société les procurations reçues 7 jours au moins avant l'assemblée.

Question 3 : le mandat donné par M. PIC à M. CAREME

En sa dernière rédaction, résultant de l'ordonnance n° 2020-1142 du 16 septembre 2020, l'article L. 225-106 du Code de commerce dispose qu'un actionnaire peut se faire représenter par son conjoint ou par le partenaire partie à un PACS, mais également par un autre actionnaire (cette solution ne concerne que les sociétés non cotées). M. CAREME peut donc, en qualité d'actionnaire, valablement représenter M. PIC.

La question de l'étendue de ces pouvoirs de représentation doit cependant être posée. On pourrait considérer que les pouvoirs donnés au mandataire doivent être interprétés de manière restrictive, et que les questions non inscrites à l'ordre du jour, en l'occurrence la révocation d'un membre du directoire, en sont nécessairement exclues. Toutefois, l'extension de l'ordre du jour aux questions relatives à la révocation des dirigeants est prévue par la loi, au moins s'agissant des administrateurs et des membres du conseil de surveillance. Ce n'est donc qu'en présence d'une restriction expresse apportée au mandat que le mandataire devra s'interdire de voter sur cette question, ainsi que le juge la Cour de cassation dans un arrêt de la chambre commerciale en date du 1er juillet 2008 (*Bull. Joly* 2009. 244, note B. Dondero).

On pourra simplement émettre une réserve, qui tient au fait que l'article L. 225-105, alinéa 3 pourrait ne pas s'appliquer à la révocation d'un membre du directoire. Si c'est alors seulement par la théorie jurisprudentielle des incidents de séance que la question est évoquée lors de l'assemblée, il existe un risque que le juge saisi considère que le mandat ne pouvait implicitement porter aussi sur cette question.

chapitre 13

La société par actions simplifiée (SAS)

Plan analytique

La société par actions simplifiée (SAS)

La société par actions simplifiée (SAS) est une société de création relativement récente, mais cela ne l'empêche pas d'être aujourd'hui la première forme de société par actions en France, et même de concurrencer les SARL, pour des raisons qui ne sont pas que juridiques. L'histoire de la SAS est intéressante. Cette société résulte en effet initialement d'une loi n° 94-1 du 3 janvier 1994, dont le but était de donner la souplesse d'une société « contractuelle » à une société par actions, souplesse réclamée notamment par les sociétés voulant créer des filiales communes. La SAS n'était donc envisagée initialement que comme une « société de sociétés ». Quelques années après, de manière inattendue et à la suite d'un amendement nocturne au Parlement, le champ des utilisateurs potentiels de la SAS s'est élargi démesurément avec l'entrée en vigueur de la loi n° 99-587 du 12 juillet 1999, qui a permis la création de SAS unipersonnelles et a surtout ouvert la SAS à toute personne physique ou morale. 927

Même si les textes spéciaux relatifs à la SAS sont relativement peu nombreux, ils n'échappent pas au phénomène d'instabilité législative que connaît notre droit, les modifications visant bien entendu à rendre celui-ci plus efficace. La loi NRE du 15 mai 2001 et la loi de sécurité financière du 1er août 2003 ont d'abord apporté quelques retouches au régime de la SAS. Puis, la loi LME du 4 août 2008 a quant à elle apporté des modifications importantes au cadre légal de cette société, en supprimant pour toutes les SAS l'exigence d'un capital social minimum, en y permettant les apports en industrie, et en dispensant certaines SAS de l'obligation de recourir aux services de commissaires aux comptes. La simplification du fonctionnement des SAS unipersonnelles a été encore accentuée avec la loi n° 2009-1255 du 19 octobre 2009 tendant à favoriser l'accès au crédit des PME et à améliorer le fonctionnement des marchés financiers, qui a dispensé purement et simplement de l'obligation d'établir un rapport de gestion les SASU dont l'associé unique, personne physique, est le président et qui ne dépassent pas à la clôture de l'exercice social deux des trois seuils fixés par le décret n° 2011-55 du 13 janvier 2011. Ces seuils ont été relevés en 2015, comme pour les EURL (v. ss 716). C'est encore la loi *Warsmann I* (n° 2011-525 du 17 mai 2011) qui a soustrait les conventions courantes à tout contrôle... légal, puis la loi *Warsmann II* (L. n° 2012-387 du 22 mars 2012) qui a dispensé toutes les sociétés par actions non cotées, et donc toutes les SAS, de l'obligation de dépôt au greffe du rapport de gestion (C. com., art. L. 232-23). Trois textes ont encore retouché son régime entre 2014 et 2017, pour permettre à la SAS d'accéder au financement participatif (ord. n° 2014-559 du 30 mai 2014), simplifier les apports en nature (loi *Sapin 2* n° 2016-1691 du 9 déc. 2016) et faciliter l'adoption et la modification des clauses d'agrément (ord. n° 2017-747 du 4 mai 2017). Des modifications supplémentaires sont apportées par la loi PACTE du 22 mai 2019 (rehaussement des seuils imposant à la SAS la présence d'un commissaire aux comptes, notamment) et par la loi Mohamed Soilihi du 19 juillet 2019 (modifications supplémentaires sur l'obligation de recourir à un commissaire aux comptes, possibilité d'insérer ou modifier une clause d'exclusion autrement qu'à l'unanimité, dispense de vérification des avantages particuliers lors de la constitution). L'ordonnance n° 2019-1067 du 21 octobre 2019, transposant le règlement *Prospectus*, a apporté des évolutions quant au mode de financement de la SAS.

928 Quant à ses traits caractéristiques, la SAS est une société par actions, à l'*intuitus personae* marqué, qui ne peut par principe offrir ses titres au public ni être cotée sur un marché réglementé. Il existe sans doute déjà (et cette tendance va s'accentuer) plusieurs sortes de SAS, certaines étant plus proches des sociétés de personnes, tandis que d'autres demeurent des SA simplifiées.

S'agissant de l'offre de titres au public, si le principe est l'interdiction, on relèvera plusieurs exceptions. Certaines ne sont pas spécifiques à la SAS (offre à un cercle restreint d'investisseurs ou à des investisseurs qualifiés, offres relevant du financement participatif, offres s'adressant à des personnes ou entités ayant déjà la qualité d'associé). D'autres sont spécifiques à certaines formes sociales, dont la SAS (offres pour un montant total d'au moins 100.000 euros par investisseur ou portant sur des titres dont la valeur unitaire est d'au moins 100.000 euros, offre adressée aux administrateurs ou salariés anciens ou existants). On notera que l'ordonnance n° 2014-559 du 30 mai 2014, relative au financement participatif, a permis aux SAS de recourir au *crowdfunding*. Simplement, dans la mesure où cela peut amener vers la SAS des associés moins expérimentés et plus vulnérables, le législateur impose que dans les SAS recourant au financement participatif, certaines des règles relatives aux assemblées des sociétés anonymes s'appliquent (art. L. 227-2-1, retouché récemment par la loi PACTE pour permettre les actions à droit de vote multiple). La brèche a été élargie par la loi PACTE afin de permettre à une SAS d'offrir plus facilement des titres à ses salariés et anciens salariés.

929 Une SA simplifiée ? C'est ce que l'on peut penser de certains aspects du régime de la SAS. Le régime de la SA s'applique en effet à la SAS (et à toutes les SAS), sous réserve de la compatibilité des règles concernées avec le droit spécial de la SAS, et à l'exception d'un certain nombre de textes, rendus expressément inapplicables à la SAS par l'article L. 227-1, alinéa 3 du Code de commerce.

Ce texte fondamental mérite une brève exégèse. L'article L. 227-1, alinéa 3 pose un principe, selon lequel « les règles concernant les sociétés anonymes [...] sont applicables à la société par actions simplifiée ». Il est simplement précisé que pour l'application de ces règles, les attributions du conseil d'administration de la SA ou de son président sont exercées par le président de la SAS ou par celui ou ceux de ses dirigeants que les statuts désignent à cet effet. À ce principe, est cependant apportée une double réserve par le même texte. Une réserve nettement déterminée, tout d'abord, puisqu'une série de textes sont expressément déclarés inapplicables à la SAS. Ces textes sont essentiellement ceux régissant le conseil d'administration, le directoire et le conseil de surveillance de la SA, et ceux relatifs aux assemblées d'actionnaires de cette société (C. com., art. L. 225-17 à L. 225-102-2 et L. 225-103 à L. 225-126) et un texte relatif à la transformation (C. com., art. L. 225-243). La loi LME du 4 août 2008 a ajouté à cette liste de textes inapplicables à la SAS l'article L. 224-2 du Code de commerce, relatif au montant minimum du capital social, et l'article L. 233-8, I, relatif à la communication aux actionnaires du nombre total de droits de vote. La loi PACTE du 22 mai 2019 a quant à elle ajouté l'art. L. 236-6, al. 3, relatif à la déclaration de conformité dans les fusions. La loi Mohamed Soilihi du 19 juillet 2019 a enfin ajouté l'art. L. 225-14, al. 2, relatif au rapport du commissaire aux avantages particuliers. Pour tout le reste, la SAS reçoit application des dispositions relatives à la SA (règles de constitution, de vérification des apports en nature, d'approbation des comptes, de distribution du bénéfice, règles sur les fusions et scissions, sur la liquidation de la société, etc.). Certains textes récents particulièrement contraignants, et particulièrement ceux instituant un devoir de vigilance (L. n° 2017-399 du 27 mars 2017) devraient s'appliquer à la SAS. Doit également être prise en compte la seconde réserve, beaucoup moins nette que la première, formulée par l'article L. 227-1 : les règles concernant les SA s'appliquent « dans la mesure où elles sont compatibles avec les dispositions particulières prévues par le [chapitre spécifique à la SAS] ».

section 1

L'accès à la SAS

La SAS peut être constituée *ab initio* sous cette forme. Une bonne partie des SAS existantes trouvent cependant leur origine dans la transformation en SAS d'une société constituée antérieurement sous une autre forme, SARL et surtout SA. L'assouplissement du régime de la SAS résultant de la série de réformes des dix dernières années devrait encore accroître la tendance pour les autres sociétés à responsabilité limitée à se transformer en SAS. L'absorption par une SAS est encore un mode d'accès à la SAS fréquemment utilisé. 930

§ 1 Constitution d'une SAS

La SAS est soumise aux exigences du droit commun (v. ss chapitre 2). Elle doit donc être constituée par des personnes effectuant un apport, avec l'intention de s'associer (ce qui surprend toujours s'agissant d'une société potentiellement unipersonnelle) et de supporter les résultats positifs ou négatifs de la société. 931

Elle ne fait pas partie des sociétés pouvant se procurer le financement dont elles ont besoin par offre au public ou cotation en bourse (C. com., art. L. 227-2). Cette affirmation doit toutefois être nuancée, notamment parce que le législateur interdit à la SAS de faire admettre aux négociations sur un marché réglementé ses seules actions, ce qui *a contrario* devrait laisser la SAS libre de faire coter des titres obligataires sur un marché réglementé.

Les conditions particulières, propres à la SAS, tiennent aux associés, aux apports pouvant être faits à la SAS, et au capital social requis.

A. Conditions requises des associés

1. *Exigences initiales*

La SAS, dans sa version initiale issue de la loi n° 94-1 du 3 janvier 1994, ne pouvait avoir pour associés que des entités choisies parmi un cercle limité. Aux termes de l'article 262-1 de la loi n° 66-537 du 24 juillet 1966, cette forme sociale n'était en effet accessible qu'à des associés relevant de l'une des catégories suivantes : 932

– sociétés ayant un capital entièrement libéré au moins égal au montant fixé pour les sociétés faisant publiquement appel à l'épargne (1 500 000 francs alors, mais c'est un monde disparu que l'on évoque, car tant les francs que la notion d'appel public à l'épargne appartiennent aujourd'hui au passé) ;

– établissements publics de l'État ayant une activité industrielle ou commerciale et non soumis aux règles de la comptabilité publique ;

– établissements de crédit de droit privé non constitués sous forme de société (ajoutés peu de temps après l'introduction de la SAS en droit français).

2. *Exigences actuelles*

a. Absence d'exigences particulières

933 La loi n° 99-587 du 12 juillet 1999 a modifié l'article 262-1 de la loi du 24 juillet 1966 en supprimant les exigences initialement retenues quant à la qualité des associés de SAS. L'associé de cette société peut à l'heure actuelle être toute personne physique ou morale, la SAS pouvant par ailleurs être constituée par un seul associé là où il en fallait au moins deux auparavant (C. com., art. L. 227-1, al. 1er).

Ce faisant, la raison d'être (pas au sens de la loi PACTE !) de la SAS a été changée. Elle ne sert plus seulement à conférer une structure juridique souple aux filiales communes des grandes sociétés, mais est devenue une société offerte à tous les entrepreneurs, sorte de société anonyme simplifiée par certains aspects, mais privilégiant dans le même temps la liberté laissée aux statuts dans certains domaines (et notamment l'organisation de la direction de la société).

b. Possibilité d'une SAS unipersonnelle

934 La SAS unipersonnelle (SASU) est admise depuis l'entrée en vigueur de la loi du 12 juillet 1999. La SASU est soumise à plusieurs règles spécifiques. L'associé unique prend les décisions qui relèveraient de la collectivité des associés dans une SAS pluripersonnelle. Par ailleurs, la SASU est soumise à un formalisme allégé lorsque l'associé unique est une personne physique, et qu'il assume personnellement la présidence de la société (C. com., art. L. 227-1, dern. al., issu de la loi LME du 4 août 2008).

B. Autres conditions

1. *Capital social*

a. Disparition de l'exigence légale

935 La SAS est, depuis le 1er janvier 2009, date d'entrée en vigueur de la loi LME du 4 août 2008 sur ce point, une société par actions particulière, puisque sa constitution échappe à l'exigence d'un capital social minimum.

Avant la loi LME, l'article L. 224-2 du Code de commerce imposait à la SAS d'être dotée d'un capital d'au moins 37 000 euros. Ce texte est désormais déclaré expressément inapplicable à la SAS (C. com., art. L. 227-1, al. 3).

b. Renvoi aux statuts

936 Pendant quelques mois, c'est-à-dire du 1er janvier au 1er avril 2009, l'article L. 227-2 du Code de commerce a prévu en son second alinéa que le capital de la SAS était déterminé par ses statuts, parce que la loi LME a supprimé l'exigence d'un capital

minimum de 37 000 euros à compter du 1er janvier 2009. Trois semaines après est intervenue l'ordonnance n° 2009-80 du 22 janvier 2009, qui a modifié le premier alinéa de l'article L. 227-2 (pour y supprimer la référence à la notion disparue d'appel public à l'épargne) et supprimé le second alinéa de ce texte, à compter du 1er avril 2009. La conséquence en est, qu'à l'heure actuelle, il n'est plus dit par un texte spécifique à la SAS que le montant du capital social est déterminé par les statuts. Cela n'est cependant pas gênant, dès lors que l'article L. 210-6, disposition applicable à toutes les sociétés commerciales, prévoit que le montant du capital social est déterminé par les statuts de la société.

2. *Apports*

a. Apports en numéraire et apports en nature

La SAS a toujours pu recevoir des apports en numéraire et des apports en nature de ses associés. Ceux-ci sont soumis par principe aux règles en vigueur dans la SA, ce qui veut dire surtout que les apports en nature feront l'objet d'une évaluation par un commissaire aux apports, conformément à l'article L. 225-8 du Code de commerce. Simplement, le régime de la SAS comporte des particularités qu'il faut relever. 937 ■

Tout d'abord, l'acquisition d'un bien appartenant à un associé dans les deux ans de la constitution de la SAS n'est pas soumise à une décision des associés, à la différence de ce que prévoit l'article L. 225-101 pour la SA, ce texte étant rendu inapplicable à la SAS par l'article L. 227-1.

Surtout, la loi *Sapin 2* (L. n° 2016-1691 du 9 déc. 2016) a assoupli les contraintes pesant sur l'apport en nature fait à une SAS. À l'instar de ce qui est possible pour la SARL, les futurs associés peuvent décider à l'unanimité que le recours à un commissaire aux apports ne sera pas obligatoire, lorsque la valeur d'aucun apport en nature n'excède un montant fixé à 30 000 euros (art. *D.* 227-3, créé par le D. n° 2017-630 du 25 avril 2017) et si la valeur totale de l'ensemble des apports en nature non soumis à l'évaluation d'un commissaire aux apports n'excède pas la moitié du capital. En outre, dans la SASU, le commissaire aux apports est désigné par l'associé unique et le recours à un commissaire aux apports n'est pas obligatoire si les conditions susvisées sont réunies ou si l'associé unique, personne physique, exerçant son activité professionnelle en nom propre avant la constitution de la société, apporte des éléments qui figuraient dans le bilan de son dernier exercice. Il est enfin prévu que lorsqu'il n'y a pas eu de commissaire aux apports ou lorsque la valeur retenue est différente de celle proposée par le commissaire aux apports, les associés sont solidairement responsables pendant cinq ans, à l'égard des tiers, de la valeur attribuée aux apports en nature lors de la constitution de la société (cette règle ne s'appliquant qu'aux contributions de SAS intervenues après l'entrée en vigueur de la loi *Sapin 2*, soit à compter du 11 décembre 2016 – Com., 12 mai 2021, n° 20-12670, à paraître au *Bull.*).

b. Apports en industrie

Jusqu'au 1er janvier 2009, date d'entrée en vigueur de la loi LME, la réalisation d'apports en industrie dans la SAS était interdite par l'article L. 225-3 du Code de commerce, aux termes duquel « les actions ne peuvent représenter des apports en industrie ». Cet article est relatif à la SA, mais il est rendu applicable à la SAS par renvoi de l'article L. 227-1. La loi LME n'a d'ailleurs pas supprimé ce renvoi. Elle a cependant inséré un nouvel alinéa 4 au sein de l'article L. 227-1, aux termes duquel « la société par actions simplifiée peut émettre des actions inaliénables résultant 938 ■

d'apports en industrie tels que définis à l'art. 1843-2 du Code civil. Les statuts déterminent les modalités de souscription et de répartition de ces actions. Ils fixent également le délai au terme duquel, après leur émission, ces actions font l'objet d'une évaluation dans les conditions prévues à l'art. L. 225-8 » (la procédure d'évaluation a toutefois été supprimée par la loi Soilihi du 19 juillet 2019). L'article L. 225-3 serait donc encore applicable à la SAS, si l'article L. 227-1, alinéa 3 ne soumettait cette dernière forme sociale aux dispositions relatives à la SA uniquement « dans la mesure où elles sont compatibles avec les dispositions particulières prévues par le présent chapitre ». Or le quatrième alinéa de l'article L. 227-1 du Code de commerce est clairement incompatible avec l'article L. 225-3.

939 Quant à son objet, cet apport doit porter avant tout sur une activité, que l'apporteur va fournir à la SAS. Cette activité devra être fournie sans que l'apporteur soit dans un lien de subordination à l'égard de la société, sous peine de voir sa relation requalifiée en contrat de travail. Certains auteurs ont également émis l'idée que la SAS pourrait recevoir un apport en crédit par ce biais, les actionnaires devant alors garantir aux créanciers sociaux le paiement des dettes de la SAS.

L'apport devrait pouvoir être fait par une personne apportant simultanément de l'argent ou un autre bien à la SAS, par un salarié de la SAS, par un dirigeant, voire par une personne cumulant toutes ces qualités. Il conviendra de prendre garde à ce que les prestations fournies aient toutes une réalité propre.

Les textes n'interdisent pas, enfin, que l'apport en industrie soit réalisé par une personne morale. Cette situation devrait d'ailleurs permettre de transférer indirectement les actions d'industrie, qui sont inaliénables.

940 L'associé d'une SAS qui réalise un apport en industrie reçoit en contrepartie des actions d'une espèce particulière, des actions d'industrie. Ces titres ne rentrent pas dans la composition du capital social, et présentent surtout la particularité d'être inaliénables (C. com., art. L. 227-1, al. 4).

La loi LME a mis en place une procédure d'évaluation des actions d'industrie — et non de l'apport lui-même, formellement, mais c'est pourtant bien l'apport qui devra être évalué, avant les actions d'industrie. C'est une évaluation *a posteriori*, puisqu'elle intervient, selon l'article L. 227-1, al. 4, du Code de commerce, au terme d'un délai que les statuts doivent déterminer.

L'évaluation doit être faite « dans les conditions prévues à l'article L. 225-8 ». Cela signifie donc qu'un commissaire aux apports interviendra, en dépit du fait que l'évaluation doit porter sur les actions et non sur l'apport.

Dernière évolution : cette procédure d'évaluation a été supprimée par la loi Mohamed Soilihi du 19 juillet 2019.

§ 2 Transformation en SAS ou absorption par une SAS

A. Transformation

1. *Exigence de l'unanimité des associés*

Lorsqu'une société d'une autre forme est transformée en SAS, la décision de transformation requiert l'unanimité des associés, aux termes de l'article L. 227-3 du Code de commerce. Quand bien même les statuts de la société transformée n'imposeraient pas de nouvelles obligations aux associés, l'on considère que la SAS est une forme sociale où le consentement des associés et la liberté contractuelle jouent un rôle trop important pour que l'on puisse se trouver « pris » dans cette société contre son gré. 941

La jurisprudence a précisé que cette unanimité s'entendait de tous les associés et non seulement de ceux présents ou représentés à l'assemblée statuant sur la transformation (Versailles, 24 févr. 2005, *Rev. sociétés* 2005. 697, obs. I. Urbain-Parléani).

2. *Intervention d'un commissaire à la transformation ?*

a. Le problème

Une question s'est posée, relative à la nécessité de l'intervention d'un commissaire à la transformation dans l'hypothèse très fréquente de la transformation d'une SA en SAS. L'article L. 225-244 du Code de commerce impose l'intervention du commissaire aux comptes de la SA, qui doit attester que ses capitaux propres sont au moins égaux au capital social (v. ss 922). L'article L. 224-3 disposait par ailleurs que la transformation d'une société par actions en société d'une autre forme supposait l'intervention d'un commissaire à la transformation, qui devait apprécier la valeur des biens composant l'actif social. Cette intervention n'avait de sens, en réalité, que pour les sociétés dans lesquelles les apports en nature n'avaient pas fait l'objet d'une évaluation par un tiers lors de la constitution. Pourtant, à la lettre, l'intervention du commissaire à la transformation était requise pour la transformation d'une SA en SAS, en plus de celle du commissaire aux comptes ! Le rapport du commissaire à la transformation aurait dû, le cas échéant, faire l'objet d'un dépôt au greffe du tribunal de commerce. 942

b. La solution

Le législateur a cependant modifié l'article L. 225-3 du Code de commerce, en indiquant clairement que l'intervention du commissaire à la transformation ne concernait que le cas où la société qui se transformait n'avait pas de commissaire aux comptes, ce qui exclut donc le cas de la SA se transformant en SAS (loi de sécurité financière du 1er août 2003)... du moins tant que la SA concernée a un commissaire aux comptes, ce qui n'est plus systématiquement le cas depuis l'entrée en vigueur de la loi PACTE (v. ss, n° 395). 943

De son côté, la Cour de cassation a précisé que le dépôt au greffe du rapport du commissaire aux comptes, seul requis, n'était pas nécessaire en cas de transformation d'une SA en SAS (Com. 8 avr. 2008, *Bull. civ.* IV, n° 86 ; *JCP E* 2008. 1783, note H. Hovasse).

B. Fusion

944 Un mode alternatif d'accès au statut de SAS consiste à faire absorber une société existante par une SAS, préexistante ou créée pour l'occasion. Par l'effet de la transmission universelle du patrimoine, la SAS absorbante recevra tous les droits et obligations de la société absorbée.

Incidemment, le recours à la fusion paraissait présenter un autre avantage, qui est de ne pas requérir l'unanimité des associés, mais simplement la majorité requise par la loi ou les statuts de l'absorbée pour autoriser la participation de cette société à l'opération de fusion. En effet, l'exigence de l'unanimité n'est expressément prévue par le législateur que pour la transformation en SAS d'une société d'une autre forme (C. com., art. L. 227-3). On pouvait en déduire que, en l'absence d'augmentation des engagements des associés de l'absorbée, la fusion conduisant à l'absorption par une SAS n'était pas soumise à l'exigence d'un vote unanime.

C'est pourtant une solution différente qui a été retenue par un important arrêt de la Cour de cassation (Com. 19 déc. 2006, *Bull. civ.* IV, n° 268 ; *Rev. sociétés* 2007. 93, note P. Le Cannu). Par ce que l'on peut voir comme une lecture extensive de l'article L. 227-3 du Code de commerce, et qui est en réalité une solution véritablement *contra legem*, la Cour de cassation juge que la décision relative à la fusion nécessite également un vote unanime des associés de la société absorbée.

section 2

Le fonctionnement de la SAS

945 La SAS est une forme sociale qui se caractérise par la variabilité de son organisation. Hormis certains points fixes (le président et, dans certaines sociétés, les DG ou DGD et les commissaires aux comptes), chaque SAS peut présenter un visage différent de sa voisine. L'article L. 227-5 du Code de commerce pose en quelques mots un principe simple : « les statuts fixent les conditions dans lesquelles la société est dirigée », principe qui ne subit que des atteintes limitées, tandis que le contrôle de la SAS n'est pas autrement envisagé que par les textes relatifs aux commissaires aux comptes. Les associés peuvent également jouer un rôle prépondérant, l'article L. 227-9 énonçant en son alinéa 1er que « les statuts déterminent les décisions qui doivent être prises collectivement par les associés dans les formes et conditions qu'ils prévoient ». Une dernière caractéristique importante de la SAS réside dans le nombre relativement élevé de textes consacrés aux opérations portant sur les droits des associés.

La jurisprudence a toutefois réduit la portée de la sanction d'une violation des statuts, avec l'arrêt *Larzul* du 18 mai 2010 (v. ss 174). L'affirmation selon laquelle, par principe, la violation des statuts n'est pas sanctionnée par la nullité, n'est en effet pas indifférente à la société dont les statuts fixent les conditions dans lesquelles elle est dirigée !

§ 1 Les organes de direction et de contrôle de la SAS

Le principe de liberté statutaire dans l'organisation de la direction de la SAS connaît peu de limites. La plus significative d'entre elles est l'obligation faite à toute SAS de se doter d'un président. 946 ■

Signalons tout de même une décision du début de l'année 2017 qui a quelque peu semé le trouble, en ajoutant un mot à l'article L. 227-5 du Code de commerce, si l'on peut dire (Com. 25 janv. 2017, n° 14-28792, P+B+R+I ; *Rép. Defrénois* 2017. 311, note B. Dondero). La Cour juge que seuls les statuts de la SAS fixent les conditions dans lesquelles celle-ci est dirigée, laissant entendre que les pactes d'actionnaires n'auraient aucun rôle à jouer en ce domaine, alors qu'ils sont fréquemment utilisés en pratique. Disons que seuls les statuts ont vocation à donner à la SAS des organes de direction et de contrôle, mais il n'est pour autant pas interdit aux associés de prendre entre eux des engagements en ce domaine, à valeur infrastatutaire.

A. Les organes de direction

1. *Le président*

a. Rôle

Le président de la SAS est le représentant légal de la SAS et ses pouvoirs ne peuvent être restreints, à l'égard des tiers (C. com., art. L. 227-6). 947 ■

b. Statut

Concernant la *nomination* du président, les textes n'exigent pas qu'il soit désigné parmi les associés, mais les statuts peuvent l'imposer. Le président peut être une personne physique ou morale. Dans ce dernier cas, les dirigeants personnes physiques de la personne morale nommée président ou dirigeant de la SAS se trouvent soumis aux mêmes conditions, obligations et responsabilités que s'ils étaient président de la SAS en leur nom propre (C. com., art. L. 227-7). Les statuts peuvent limiter le cumul des mandats sociaux, mais la loi ne contient aucune règle en ce sens. 948 ■

La *rémunération* du président de la SAS soulève la délicate question de son analyse : est-elle de nature contractuelle ou institutionnelle ? Parce que la SAS est une société « contractuelle », est-ce par convention que les associés décident de la rémunération du dirigeant ? Ou bien l'attribution d'une rémunération revêt-elle un aspect institutionnel, dès lors que c'est un organe de la société qui prend la décision correspondante ? L'enjeu est notamment celui de l'application de la procédure des conventions réglementées, procédure qui ne s'appliquera pas si la décision est institutionnelle, mais devra être respectée en présence, précisément, d'une convention. La Cour de cassation a jugé à cet égard que, lorsque la rémunération du président de la SAS devait être fixée par une décision collective des associés prise à la majorité simple, la procédure des conventions réglementées n'était pas applicable (Com. 4 nov. 2014, n° 13-24.889, *Bull.* IV, n° 166 ; *JCP E* 2014. 1652, note B. Dondero). 949 ■

La *responsabilité* du président de la SAS est calquée sur celle des membres du conseil d'administration et du directoire des SA (C. com., art. L. 227-8). Cette règle vaut certainement pour la responsabilité civile. La question de la responsabilité pénale est 950 ■

un peu plus délicate. On retiendra surtout que la responsabilité pénale des dirigeants de la SAS fait l'objet de quelques dispositions spécifiques (C. com., art. L. 244-1 s.), dont l'apport essentiel est de rendre applicables aux dirigeants de la SAS un certain nombre de textes relatifs aux dirigeants de la SA, au premier rang desquels les dispositions sanctionnant l'abus de biens sociaux (pour une application, à la motivation d'ailleurs discutable, v. Crim., 25 sept. 2019, n° 18-83113, P+B+I, *JCP E* 2019, 1502, note B. Dondero).

■ 951 La question de la *cessation des fonctions* du président est également laissée aux statuts, qui peuvent prévoir une durée déterminée ou non. Dans le prolongement de sa jurisprudence refusant de reconnaître le mandat social comme un mandat (v. ss 270), c'est la qualification de contrat même qui semble niée par la Cour de cassation (à moins que ce ne soit que le droit commun des contrats qui soit écarté), lorsqu'elle juge que lorsque le président d'une SAS a été nommé pour une durée déterminée, la survenance du terme entraîne, à défaut de renouvellement exprès, la cessation de plein droit de ce mandat. Dès lors, le président qui, malgré l'arrivée du terme, continue de diriger la société ne peut pas se prévaloir d'une reconduction tacite de ses fonctions et devient alors un dirigeant de fait qui, à l'égard de la société, ne peut revendiquer les garanties dont bénéficie le seul dirigeant de droit (Com. 17 mars 2021, n° 19-14525, *Bull.*, *JCP E* 2021. 1289, note D. Gibirila).

La *révocation* du président de la SAS, enfin, n'est pas envisagée par les textes et devra donc être réglée par les statuts. Ceux-ci peuvent prévoir que la révocation du président est entièrement libre. Les statuts peuvent aussi restreindre le droit de révoquer le dirigeant, en prévoyant que la révocation doit être justifiée par un motif déterminé (v. ainsi Paris, 16 mai 2006, *Rev. sociétés* 2006. 668, obs. I. Urbain-Parléani), ou la soumettre à l'autorisation d'une personne ou d'un organe déterminé(e), voire anéantir le droit de révoquer le dirigeant, en le déclarant irrévocable.

Lorsque les statuts ont maintenu la possibilité de révoquer librement le président ou les autres dirigeants de la SAS, les juges ne contrôleront pas les motifs de la révocation. En revanche, les mêmes restrictions au libre exercice du droit de révocation qu'en matière de dirigeants de SA (absence de faute et respect du principe de la contradiction) seront applicables en matière de SAS. La cour d'appel de Paris a ainsi jugé, dans un arrêt en date du 4 avril 2006 (*Bull. Joly* 2006. 1055, note P.-L. Périn), qu'une SAS avait abusé de son droit de révocation en agissant de façon précipitée et sans respecter le principe de contradiction.

Il nous semble enfin que, dans le silence des statuts, l'assimilation du mandat social au mandat du Code civil rend le premier révocable *ad nutum* comme le second, sauf à indemniser le dirigeant révoqué en cas de faute, de non-respect du principe du contradictoire (v. ss chapitre 6).

c. Pouvoirs

■ 952 C'est une fois encore les statuts de la SAS qui joueront le premier rôle. L'article L. 227-6 du Code de commerce est ici quelque peu ambigu dès lors qu'il semble définir les pouvoirs du président, lorsqu'il dispose que celui-ci est « investi des pouvoirs les plus étendus pour agir en toutes circonstances au nom de la société dans la limite de l'objet social ». Faut-il en conclure que la loi a institué un président aux pouvoirs illimités, si ce n'est par l'objet social (et encore, cette dernière limite n'est pas opposable aux tiers qui ignoraient le dépassement d'objet social, comme dans toutes les sociétés par actions) ?

Il faut penser, nous semble-t-il, que le président a un pouvoir de direction générale, identique à celui du DG de la SA. Simplement, ce pouvoir ne pourra pas être limité par les statuts, dans les rapports de la SAS avec les tiers.

Certaines conventions sont cependant encadrées.

Il existe une catégorie de *conventions interdites*, puisque le président de la SAS est soumis à l'interdiction de contracter des emprunts auprès de la société ou de faire garantir par elle ses engagements envers les tiers, par renvoi à l'article L. 225-43 du Code de commerce, opéré par l'article L. 227-12. 953 ■

Ce renvoi pose cependant une difficulté d'interprétation, concernant son champ d'application. Il est dit par l'article L. 227-12 que « les interdictions prévues à l'article L. 225-43 s'appliquent, dans les conditions déterminées par cet article, au président et aux dirigeants de la société ». Or ce texte ne vise que les administrateurs « autres que les personnes morales », c'est-à-dire les personnes physiques. Faut-il en déduire que le président personne morale de la SAS peut emprunter des sommes à la société ? Ou bien doit-on tenir compte du fait que l'article L. 227-12 du Code de commerce dispose que les interdictions prévues à l'article L. 225-43 s'appliquent « au président et aux dirigeants » de la SAS, sans distinguer selon leur qualité ? La première interprétation, seule à même de ne pas entraver excessivement les financements intra-groupe, a notre préférence.

La SAS comporte enfin un dispositif de contrôle des *conventions réglementées*, dont on relèvera les particularités et les difficultés d'interprétation. 954 ■

Le dispositif prévoit un mécanisme d'approbation *a posteriori* des conventions conclues entre la société et son président, son « dirigeant » (ce qui peut susciter des difficultés d'interprétation en présence d'organes « faits maison », aux pouvoirs définis par les seuls statuts), son actionnaire de référence, c'est-à-dire celui « disposant d'une fraction des droits de vote supérieure à 10 % », ou la société contrôlant un tel actionnaire, lorsque cet actionnaire est lui-même une société (C. com., art. L. 227-10).

Le commissaire aux comptes de la société ou, à défaut, le président, établit un rapport sur les conventions intervenues, et les associés statuent sur ce rapport. Les conventions non approuvées ne sont pas nulles mais le texte fait obligation à la personne intéressée et éventuellement au président et aux autres dirigeants d'en supporter les conséquences dommageables pour la société. Le commissaire aux comptes (ou le président) qui présenterait un rapport comportant des insuffisances serait tenu d'indemniser le préjudice causé aux associés. La Cour de cassation a cependant une conception restrictive de ce préjudice, limité à la perte de chance de ne pas approuver les conventions concernées (Com. 26 févr. 2013, n° 11-22.531, *Bull. IV*, n° 33 ; *JCP E* 2013. 1182, note B. Dondero).

Comme pour les SA (v. ss 811), le dispositif de contrôle est écarté en matière de conventions portant sur des opérations courantes et conclues à des conditions normales. Depuis l'entrée en vigueur de la loi n° 2011-525 du 17 mai 2011 de simplification et d'amélioration de la qualité du droit, elles échappent à tout contrôle légal.

Enfin, la SASU connaît une disposition spécifique (C. com., art. L. 227-10, dern. al.) énonçant que les conventions intervenues entre la société et son « dirigeant » font simplement l'objet d'une mention au registre des décisions de l'associé unique, ce qui signifie sans doute que l'associé unique doit tout de même approuver la convention, mais sans qu'un rapport du commissaire aux comptes soit requis. Pendant longtemps, le texte comportait une incohérence, puisque la procédure de plein contrôle (rapport du commissaire aux comptes et approbation) demeurait applicable, à la lettre du texte, lorsque la convention était conclue entre la SASU et son associé unique. Précisément, l'article L. 227-10 permettait de faire simplement mention des conventions conclues entre la SASU et son dirigeant, mais pas entre la SASU et son associé unique non dirigeant. L'associé unique qui avait conclu une convention avec la SASU devait donc demander au commissaire aux comptes de rédiger un rapport spécial sur cette convention, et l'associé unique statuait ensuite sur l'approbation de cette convention... qu'il avait déjà conclue avec la SASU ! La question a été clarifiée par l'ordonnance n° 2017-747 du 4 mai 2017, qui a ajouté aux conventions conclues par la SASU et simplement soumises à mention celles conclues avec l'associé unique et celles conclues, s'il s'agit d'une société actionnaire, avec la société la contrôlant au sens de l'article L. 233-3.

2. *Les autres organes de direction*

a. Les dirigeants non légaux en général

■ 955 Le statut des dirigeants de la SAS autres que le président n'est pas un modèle de précision. Les statuts jouent ici un rôle crucial, sinon exclusif. Ils déterminent librement les organes de la SAS, leur mode de désignation et de révocation, ainsi que leurs pouvoirs, avec cependant une limite pour ceux-ci, tenant à l'obligation de recourir pour certains actes à une décision collective des associés.

Quelques textes visent les « dirigeants ». Ce sont des textes propres à la SAS (comme les dispositions sur les conventions interdites et les conventions réglementées) ou des textes généraux (comme les dispositions sur la responsabilité, tant générale que spécifique au cas de procédure collective de la société). Or la qualification de dirigeant pourra parfois être discutée, par exemple si les pouvoirs reconnus au mandataire social concerné par les statuts de la SAS sont davantage des prérogatives de surveillance de l'action d'autres organes que des pouvoirs de direction véritables.

Une autre difficulté que soulèvent les organes non légaux de la SAS tient à la publicité qui doit – ou non – entourer leur désignation. L'article R. 123-54 du Code de commerce exige que soient inscrits au RCS les membres des directoires et des conseils de surveillance des sociétés commerciales. Mais ce texte a été rédigé pour les sociétés anonymes, même s'il concerne, formellement, toutes les sociétés commerciales. La question se pose aujourd'hui de savoir, lorsqu'une SAS s'est dotée d'un directoire ou d'un conseil de surveillance, s'il faut, pour lui appliquer le texte précité, avoir égard à la dénomination retenue, indépendamment des pouvoirs de l'organe, ou s'il faut au contraire regarder si le directoire ou le conseil de surveillance a des pouvoirs similaires à ceux d'une SA, indépendamment du nom qui lui a été donné (pour une application de la première solution, v. Paris, 18 mai 2010, *Rev. sociétés* 2011. 172, note L. Godon).

Il est possible de soumettre les pouvoirs d'un organe de la SAS au veto d'un autre organe. Encore faut-il savoir comment se manifeste l'exercice du droit de veto (v., jugeant qu'une simple abstention ne vaut pas exercice du droit de veto, Com., 16 févr. 2016, n° 14-23093, *JCP E* 2016. 1199, note B. Dondero).

b. Les DG et DGD

Il est fréquent que les statuts de la SAS la dotent, sur le modèle de la SA, de dirigeants chargés d'assister le président dans sa mission de direction générale. 956 ■

Jusqu'en 2003, aucune disposition n'était consacrée expressément à ces personnes, si ce n'est que plusieurs articles visaient les « dirigeants » de la SAS, laissant comprendre par là que le président n'était pas le seul concerné.

Une difficulté particulière a cependant été mise en évidence, s'agissant de ces dirigeants non légaux de la SAS, tenant au fait qu'ils n'étaient pas les représentants légaux de la société. 957 ■

Si les SAS peuvent se doter des dirigeants qu'elles souhaitent, le « directeur général » placé à sa tête, aux côtés du président, n'avait initialement que les pouvoirs que les statuts voulaient bien lui reconnaître. Par conséquent, ce dirigeant, qui n'était pas le représentant légal de la SAS devait, pour pouvoir la représenter en justice, produire une délégation de pouvoirs ou un pouvoir spécial de représentation, ainsi que l'avait jugé la Cour de cassation (Com. 2 juill. 2002, *Bull. civ.* IV, n° 112, *Rev. sociétés* 2002. 727, note H. Le Nabasque ; *JCP E* 2002. 2069, note B. Dondero).

En réaction à cet arrêt, la LSF du 1er août 2003 a fait du directeur général et du directeur général délégué de la SAS des organes reconnus par la loi. Le législateur a autorisé les statuts à doter des mêmes pouvoirs que le président une ou plusieurs personnes portant le titre de directeur général ou de directeur général délégué (C. com., art. L. 227-6, al. 3). Ce qui semble une restriction à la liberté est en réalité une mesure de sécurité, puisque le DG et le DGD accèdent ainsi au statut de représentants légaux de la SAS et n'ont donc plus à être titulaires d'une délégation de pouvoirs ou d'un pouvoir spécial. Encore faut-il, pour que les personnes auxquelles le titre de DG ou DGD est conféré soient considérées comme des représentants légaux, que les pouvoirs correspondants, c'est-à-dire les mêmes, à l'égard des tiers, que ceux du président, leur aient effectivement été accordés (v. ainsi Com. 14 déc. 2010, *Bull. Joly* 2011. 171, note D. Poracchia).

c. La question des délégations de pouvoirs

Une difficulté inattendue est apparue, à propos des SAS, s'agissant de la possibilité pour les dirigeants de déléguer leurs pouvoirs, plus particulièrement lorsque le pouvoir en question était celui de signer la lettre de licenciement d'un salarié. Certaines cours d'appel ont en effet considéré que cette lettre ne pouvait être signée par le titulaire d'une délégation de pouvoirs, sauf à ce que les statuts autorisent expressément le recours à ce mécanisme, et à la condition que l'identité des délégataires soit publiée au registre du commerce et des sociétés (v. particulièrement Paris, 10 déc. 2009, *Rev. sociétés* 2010. 226, obs. A. Lienhard). La controverse a cependant été tranchée par deux arrêts rendus par une chambre mixte de la Cour de cassation le 19 novembre 2010 (*JCP E* 2010. 2049, note A. Couret et B. Dondero). Par ces arrêts, la Cour de cassation a retenu la solution la plus libérale qui soit, en jugeant que la délégation du pouvoir de licencier était possible, et qu'elle n'avait pas à être prévue par les statuts. De manière plus inattendue, elle a analysé la délégation de pouvoirs en un mandat, et elle en a déduit qu'elle pouvait être tacite et résulter des fonctions d'un salarié, les actes faits en dépassement de pouvoir par le mandataire pouvant faire qui plus est l'objet d'une ratification. Incidemment, en admettant que la délégation de pouvoirs puisse être tacite, la Cour de cassation tranche le débat relatif à la publicité des délégations de pouvoirs. Une contribution avait déjà été 958 ■

apportée à ce débat par une réponse du Ministère de la Justice, qui avait considéré, après avoir distingué la représentation légale des « délégations de pouvoir fonctionnelles », que ces dernières, « qui ne concernent pas le pouvoir d'engager à titre habituel la société mais portent sur un objet déterminé, n'ont pas à faire l'objet d'une publicité au RCS, le régime applicable aux SAS ne différant pas, sur ce point, de celui relatif aux autres formes de sociétés » (Question écrite n° 12583, *JO Sénat* 18 mars 2010, p. 657 ; réponse publiée dans le *JO Sénat* 9 sept. 2010, p. 2367).

B. Les organes de contrôle

1. *Les commissaires aux comptes*

a. Les hypothèses de désignation d'un commissaire aux comptes

959 Jusqu'en 2008, la SAS se trouvait, du fait de sa qualité de société par actions, soumise sans dérogation possible au contrôle de commissaires aux comptes. Le gouvernement s'étant avisé de ce que cet organe de contrôle obligatoire pouvait limiter la création d'entreprises sous forme de SAS, du fait de son coût, on avait souhaité dispenser de ce contrôle certaines SAS. La loi PACTE du 22 mai 2019 est revenue sur ce dossier, de manière encore plus radicale.

L'art. L. 227-9-1, introduit en 2008 et entré en vigueur le 1er janvier 2009, avait supprimé le principe selon lequel une SAS était nécessairement dotée d'un commissaire aux comptes, pour le remplacer par le principe inverse, assorti d'exceptions. Certaines de ces exceptions n'ont pas survécu à la loi PACTE.

Une exception importante, qui n'a pas été maintenue en 2019, concernait les SAS qui contrôlent une ou plusieurs sociétés ou sont contrôlées par une ou plusieurs sociétés, c'est-à-dire les fort nombreuses SAS intégrées à un groupe de sociétés. La loi PACTE a supprimé cette hypothèse de déclenchement de l'obligation de désigner un commissaire aux comptes.

Avant comme après la loi PACTE sont concernées les SAS dépassant à la clôture d'un exercice deux de trois seuils fixés par décret. Simplement, ces seuils ont été considérablement relevés par le premier décret d'application de la loi PACTE (D. n° 2019-514 du 24 mai 2019). Les seuils initialement prévus par l'art. R. 227-1, résultant du Décr. n° 2009-234 du 25 févr. 2009, étaient de 1 million d'euros de total du bilan, 2 millions d'euros de chiffre d'affaires hors taxes et un nombre moyen de 20 salariés permanents employés au cours de l'exercice. Le fait que ces seuils étaient sensiblement plus bas que ceux prévus pour les SNC et les SARL (v. ss 621) aurait été justifié par la nature particulière de la SAS. Ces seuils ont été remontés à respectivement 4 millions d'euros, 8 millions d'euros et 50 salariés. La SAS déjà dotée d'un commissaire aux comptes qui ne dépasse pas deux de ces trois seuils pendant les deux exercices précédant l'expiration du mandat du commissaire aux comptes n'est plus tenue d'en désigner. Simplement, la règle prévue par la loi PACTE est celle de la poursuite jusqu'à leur terme des mandats en cours.

Il est enfin possible, avant comme après la loi PACTE, qu'un ou plusieurs associés de la SAS, représentant au moins le dixième du capital, demandent au président du tribunal de commerce statuant en la forme des référés la désignation d'un commissaire aux comptes (C. com., art. L. 227-9-1, *in fine* et R. 227-1). Le juge saisi aurait alors un pouvoir d'appréciation et pourrait, s'il n'estime pas la mesure utile, refuser de désigner un commissaire aux comptes (v. en ce sens Aix-en-Provence, 19 juin 1985, *Rev. sociétés* 1987. 97).

La loi Soilihi du 19 juillet 2019 a en outre permis qu'un ou plusieurs associés représentant au moins le tiers du capital obtiennent la désignation d'un commissaire aux comptes en adressant une demande motivée à la SAS (art. L. 227-9-1, dernier al.). Ce texte a enfin autorisé la désignation ponctuelle d'un commissaire aux comptes pour permettre la libération d'actions par compensation.

En conclusion, ce n'est donc que par exception que la SAS est dotée d'un commissaire aux comptes. Toutefois, le principe d'exclusion du commissaire aux comptes introduit par la loi du 4 août 2008 n'a pas emporté automatiquement cessation des mandats en cours à sa date d'entrée en vigueur (1er janv. 2009), ainsi que l'a rappelé une réponse ministérielle (Rép. min. Suguenot, *JOAN* 15 sept. 2009. 8854, nº 51180). La loi PACTE formule une règle de principe maintien des mandats en cours.

b. Le rôle des commissaires aux comptes

Le commissaire aux comptes de la SAS, lorsqu'il est présent, exerce les mêmes attributions que dans toute autre société lui ayant confié un mandat de contrôle légal de ses comptes. 960 ■

Le commissaire aux comptes joue un rôle particulier en matière de conventions réglementées, puisqu'il est en principe tenu de rédiger un rapport sur les conventions réglementées (C. com., art. L. 227-10, al. 1er).

Dans une SAS dépourvue de commissaire aux comptes, le rapport sur les conventions réglementées visées à l'article L. 227-10 du Code de commerce est rédigé par le président de la SAS. 961 ■

2. *Les autres organes de contrôle*

Les statuts peuvent donner à la SAS d'autres organes de contrôle, composés d'actionnaires ou de tiers, sans limitation de nombre des membres de ces organes, et sans que des règles de limitation des cumuls de mandats ou de transparence des rémunérations perçues, autres que celles que pourraient prévoir les statuts de la SAS, trouvent à s'appliquer. Il est ainsi fréquent qu'une SAS soit dotée par ses statuts d'un « comité exécutif », qui selon les cas sera plus proche d'un conseil de surveillance ou d'un conseil d'administration. 962 ■

§ 2 Le rôle des associés

Le texte fondamental est ici l'article L. 227-9 du Code de commerce, disposition plus complexe qu'une lecture rapide peut le laisser croire. Cet article énonce un principe de liberté, les statuts de la SAS étant laissés maîtres de déterminer tant l'identité des décisions devant « être prises collectivement par les associés » que les « formes et conditions » de ces décisions. Il énumère ensuite un certain nombre de décisions qui doivent impérativement être prises collectivement par les associés. On observera enfin que le texte est assorti de sanctions énergiques, tant civiles que pénales. 963 ■

A. Champ d'application de l'intervention des associés

1. *Domaine légal*

964 L'article L. 227-9, alinéa 2 du Code de commerce dispose que doivent être « exercées collectivement par les associés », « dans les conditions prévues par les statuts », « les attributions dévolues aux assemblées générales extraordinaires et ordinaires des sociétés anonymes, en matière d'augmentation, d'amortissement ou de réduction de capital, de fusion, de scission, de dissolution, de transformation en une société d'une autre forme, de nomination de commissaires aux comptes, de comptes annuels et de bénéfices ».

On observera notamment que la décision d'émettre des actions d'industrie n'est pas visée dans cette énumération – il est vrai que la SA ne permet pas d'accueillir des apporteurs en industrie.

2. *Domaine statutaire*

965 Par ailleurs, les statuts peuvent conférer aux associés statuant par décision collective le pouvoir de décider ou autoriser tous les actes envisageables. Les associés d'une SAS pourraient ainsi se voir conférer un rôle central dans la gestion des affaires de la société.

B. Modalités

1. *Principe de liberté statutaire*

966 Les modalités de prise des décisions par les associés de la SAS sont librement déterminées par les statuts. On pourrait ainsi envisager que les associés se voient reconnaître un droit de vote chacun, ou que les actions ne donnent pas lieu au même nombre de droits de vote, etc. On relèvera d'ailleurs que la SAS n'est pas soumise à l'article L. 225-122, I du Code de commerce, imposant que le droit de vote attaché aux actions soit proportionnel à la quotité de capital qu'elles représentent. Les actions de la SAS pourraient donc donner droit à l'exercice d'un droit de vote multiple.

Le fonctionnement de la SAS sera bien évidemment affecté par des statuts silencieux ou insuffisants. Ce sera alors au juge, s'il l'accepte, de suppléer à ces défauts en faisant œuvre d'interprétation créatrice (v. ainsi Paris, 18 juin 2008, *JCP E* 2008. 2399, note R. Mortier, admettant que dans le silence des statuts, les associés d'une SELAS puissent convoquer eux-mêmes l'assemblée).

2. *Limites*

a. Participation aux décisions collectives

967 Comme dans toutes les sociétés, l'associé de SAS a un droit à participer aux décisions collectives, par application de l'article 1844, alinéa 1er du Code civil. Ce droit a d'ailleurs trouvé une expression quelque peu inattendue à propos de l'exclusion d'un associé de SAS (v. Com. 23 oct. 2007, ci-dessous).

b. Exigences particulières

Un certain nombre de décisions doivent être prises dans le respect de modalités particulières, indépendamment de ce qu'ont pu prévoir les statuts de la SAS. 968 ■

L'augmentation des engagements des associés de la SAS ne pourra se faire, en application du droit commun, qu'avec le consentement de chacun (C. civ., art. 1836). La décision devra donc être unanime lorsque les obligations de tous les associés se trouveront augmentées simultanément, par exemple en cas de transformation de la SAS en SNC.

L'article L. 227-19 du Code de commerce dispose ensuite que certaines clauses ne peuvent être insérées dans les statuts ou modifiées qu'à l'unanimité. Ces clauses sont aujourd'hui celles relatives à l'inaliénabilité des actions et au changement de contrôle d'un associé société. Une ordonnance du 4 mai 2017 a retiré de la liste les clauses d'agrément, et la loi Soilihi du 19 juillet 2019 a fait de même pour les clauses d'exclusion et de suspension des droits non pécuniaires. Une décision instituant une pénalité en cas de retrait a par ailleurs pu être soumise à l'art. L. 227-19, mais parce qu'elle modifiait simultanément des clauses statutaires portant sur l'agrément et l'exclusion (Com. 8 avr. 2014, n° 13-18.120, Gaz. Pal. 6 juill. 2014. 20, note B. Dondero).

Avant la loi NRE du 15 mai 2001, la SAS qui souhaitait se transformer en société d'une autre forme devait avoir deux ans d'ancienneté, et elle devait avoir établi et fait approuver par ses associés le bilan des deux premiers exercices, par application de l'article L. 225-243 du Code de commerce. Cette exigence bloquait la transformation en SA des SAS les plus importantes qui souhaitaient être cotées en bourse, ou la transformation en sociétés de personnes des autres SAS. Cet obstacle a été levé, l'article L. 225-243 étant déclaré expressément inapplicable à la SAS par la loi NRE du 15 mai 2001 (C. com., art. L. 227-1, al. 3). 969 ■

La loi NRE, en renforçant les prérogatives du comité d'entreprise (désormais le comité social et économique), a soulevé des problèmes. Celui-ci peut demander la désignation d'un mandataire judiciaire pour convoquer une assemblée en cas d'urgence, et demander l'inscription d'un projet de résolution à l'ordre du jour de l'assemblée. Il peut par ailleurs envoyer deux de ses membres assister à l'assemblée, et demander à ce que ces membres soient entendus lors des délibérations requérant l'unanimité des associés. 970 ■

Mais le problème est que les associés de SAS ne sont pas nécessairement réunis en assemblée générale. Il est à penser qu'il faut quand même permettre l'information et la participation du comité d'entreprise/comité social et économique, en les adaptant à ces modalités des décisions collectives, ce qui n'est pas nécessairement simple.

c. Décisions de l'associé unique

Dans les SASU, les décisions de l'associé unique sont répertoriées dans un registre (C. com., art. L. 227-9, al. 3). 971 ■

La décision d'approbation des comptes est par ailleurs spécialement encadrée par l'article L. 227-9, alinéa 3 du Code de commerce : le rapport de gestion, les comptes annuels et le cas échéant les comptes consolidés ayant été arrêtés par le président, l'associé unique approuve les comptes, après rapport du commissaire aux comptes s'il en existe un, dans le délai de six mois à compter de la clôture de l'exercice. L'associé unique se voit interdire de déléguer ses pouvoirs, sans que l'on sache avec certitude si cette interdiction est générale ou limitée à l'approbation des comptes.

La loi LME du 4 août 2008 avait simplifié l'approbation des comptes annuels de la SASU dont l'associé unique est une personne physique assumant la présidence de la société en permettant que le dépôt au registre du commerce et des sociétés de l'inventaire et des comptes annuels dûment signés vaille approbation des comptes, sans que l'associé unique ait à porter au registre des décisions le récépissé délivré par le greffe du tribunal de commerce.

Simplement, le rapport de gestion, qui n'avait pas à être déposé, devait être tenu à la disposition de toute personne en faisant la demande (C. com., art. L. 232-23, I, 2°). La loi n° 2009-1255 du 19 octobre 2009 tendant à favoriser l'accès au crédit des PME et à améliorer le fonctionnement des marchés financier a poursuivi ce mouvement, en dispensant purement et simplement les SASU dont l'associé unique, personne physique, était le président et qui ne dépassaient pas certains seuils d'établir un rapport un rapport de gestion (C. com., art. L. 232-1, IV). Précisément, la SASU ne devait pas dépasser, à la clôture de l'exercice social, deux des trois seuils suivants : total du bilan de 1 million d'euros ; chiffre d'affaires HT de 2 millions d'euros ; nombre moyen de salariés permanents employés au cours de l'exercice égal à 20 (seuils résultant du Décr. n° 2011-55 du 13 janv. 2011).

Dernièrement, la loi n° 2018-727 du 10 août 2018 a retouché l'art. L. 232-1, IV pour étendre la dispense à toutes les sociétés commerciales entrant dans la catégorie des petites entreprises et n'exerçant pas certaines activités (sociétés holdings, établissements de crédit, entreprises d'assurance, etc.). Le décret n° 2019-539 du 29 mai 2019, décret d'application de la loi PACTE, a quant à lui rehaussé les seuils définissant les petites entreprises, dispensant davantage de sociétés de l'obligation d'établir un rapport de gestion. Sont aujourd'hui concernées les sociétés qui ne dépassent pas, au titre du dernier exercice, deux des trois seuils suivants : total du bilan de 6 millions d'euros, montant net du chiffre d'affaires de 12 millions d'euros et nombre moyen de salariés employés au cours de l'exercice de 50 (art. D. 123-200).

Notons encore que la loi *Warsmann II* (L. n° 2012-387 du 22 mars 2012) a dispensé toutes les sociétés par actions non cotées, et donc les SAS, de l'obligation de dépôt au greffe du rapport de gestion (C. com., art. L. 232-23). Ce rapport doit cependant être tenu à la disposition des tiers qui en font la demande, étant précisé que cette obligation ne devrait pas s'appliquer aux SASU lorsqu'elles sont entièrement dispensées de l'obligation de rédiger le rapport de gestion.

C. Sanctions

1. *Sanctions civiles*

972 L'article L. 227-9 du Code de commerce dispose, en son dernier alinéa, que les décisions prises en violation des dispositions de cet article (tout entier) peuvent être annulées à la demande de tout intéressé. L'annulation ne serait donc pas une obligation pour le juge. Il faut surtout retenir de ce texte que le non-respect des modalités *statutaires* de prise des décisions collectives peut être sanctionné par la nullité (v. cep. Com. 26 avril 2017, n° 14-13554, *Rev. Sociétés* 2017. 423, note D. Schmidt).

2. *Sanctions pénales*

Bien que ce texte soit passé quelque peu inaperçu, un article L. 244-2, alinéa 2, a été inséré par la loi NRE du 15 mai 2001 dans le Code de commerce, aux termes duquel le président et les dirigeants de la SAS s'exposent à des sanctions de six mois d'emprisonnement et 7 500 euros d'amende lorsqu'ils ne consultent pas les associés dans les conditions prévues par les statuts en cas d'augmentation, d'amortissement ou de réduction du capital, de fusion, de scission, de dissolution ou de transformation de la SAS. La liste était initialement plus longue, mais la LSF du 1er août 2003 l'a quelque peu abrégée. 973 ■

Cette pénalisation du droit de la SAS, à rebours de la tendance générale actuelle du droit des sociétés (v. ss 320), s'expliquerait par la volonté de contrer le risque d'atteinte aux intérêts de l'associé unique de la SASU par son président non associé.

§ 3 L'encadrement des opérations portant sur les titres de la SAS

Alors que la SAS n'est régie que par un faible nombre de dispositions particulières, on pourra s'étonner que pas loin de la moitié de ces dispositions (huit sur une vingtaine) soient consacrées aux opérations portant sur les actions de la SAS, plus précisément à l'encadrement de ces opérations. 974 ■

A. La diversité des clauses envisageables

La SAS émet des actions, donc des titres négociables (v. ss chapitre 14), et en principe, librement négociable. Cette libre négociabilité peut cependant endurer des atteintes, par des clauses statutaires limitant le droit de l'actionnaire de céder ses actions ou au contraire en lui imposant de le faire. 975 ■

D'autres clauses que celles qui sont visées par le législateur sont bien évidemment envisageables, mais la reconnaissance légale de ces clauses permet d'assurer leur validité et de mieux en garantir le respect. Ceci dit, on observera que la sanction de la nullité des cessions effectuées en violation des clauses statutaires ne concerne pas seulement les clauses expressément autorisées par le législateur.

1. *Clauses limitant le droit de céder ses actions*

a. Clauses d'inaliénabilité

Les statuts peuvent en premier lieu interdire purement et simplement à l'actionnaire de la SAS de céder ses actions. Cette clause d'inaliénabilité est autorisée par l'article L. 227-13 du Code de commerce, mais ce texte limite sa durée à dix ans, sans préciser d'ailleurs le point de départ de ce délai. Il n'est pas exclu, nous semble-t-il, que le point de départ ne soit pas la constitution de la société ou son immatriculation au registre du commerce et des sociétés, mais qu'il puisse être postérieur à ces dates. 976 ■

b. Clauses d'agrément

Les statuts de la SAS peuvent ensuite soumettre toute cession d'actions à l'agrément préalable de la société (C. com., art. L. 227-14). Dans le silence de la loi, il faut penser que la clause doit permettre de contrôler aussi les opérations d'effet équivalent 977 ■

(échange, donation, fusion, etc.). Une question à laquelle ce texte ne répond pas est celle de son autonomie par rapport aux dispositions encadrant la clause d'agrément, applicables à toutes les sociétés par actions (C. com., art. L. 228-23 et L. 228-24 – v. ss 1088 s.). La question est importante notamment du fait des délais relativement courts imposés dans le cadre de la procédure d'agrément par ces textes et des cas dans lesquels le jeu de la clause se trouve paralysé (succession, cession au conjoint, etc.). On se demande si les statuts de la SAS peuvent s'affranchir de ces limites. La réponse nous semble affirmative, faute de quoi on ne verrait l'article L. 227-14 que comme un rappel de l'existence des articles L. 228-23 et L. 228-24 du Code de commerce. La Cour de cassation a d'ailleurs affirmé, pour rejeter une QPC, qu'il ne résultait d'aucune jurisprudence émanant de cette juridiction que les dispositions de l'article L. 228-24 s'appliquaient en cas de non-respect de la clause d'agrément prévue dans les statuts d'une SAS (Com. 8 mars 2018, n° 17-40079, *Dr. sociétés* 2018, comm. n° 103, note J. Heinich ; *Bull. Joly* 2018. 295, note B. Dondero).

Illustration : clause d'agrément figurant dans les statuts de la SAS Toit Solaire-Mellac

Les actions ne peuvent être transmises (cession, donation, fusion, apport, etc.) y compris entre associés et y compris en cas de succession, de liquidation de communauté de biens entre époux, de cession à conjoint, un ascendant ou à un descendant, qu'avec l'agrément préalable donné par le comité de validation prévu à l'article 24 des statuts de la société, sauf dans le cas où le cessionnaire est la société X pour laquelle toute cession effectuée à son profit est libre.

La demande d'agrément doit être notifiée au Président de la société par lettre recommandée avec demande d'avis de réception ou par lettre remise en mains propres contre décharge, indiquant le nombre d'actions dont la cession est projetée, le prix et les conditions de la cession, l'identité complète de l'acquéreur envisagé.

Le Président dispose d'un délai de deux mois à compter de la réception de la demande d'agrément pour faire connaître au cédant la décision du comité de validation d'agréer ou non l'opération et le cessionnaire projeté. Cette notification est effectuée par lettre recommandée avec demande d'avis de réception ou par lettre remise en mains propres contre décharge. À défaut de réponse dans le délai ci-dessus, l'agrément sera réputé refusé. La décision du comité de validation sur la demande d'agrément est discrétionnaire.

En cas d'agrément, l'associé cédant peut réaliser la cession aux conditions notifiées dans sa demande d'agrément. Le transfert des actions doit alors être réalisé au plus tard dans les 30 jours de la notification de la décision d'agrément : à défaut de réalisation du transfert dans ce délai, l'agrément serait caduc.

En cas de refus d'agrément, la société est tenue dans un délai d'un mois à compter de la notification de la décision du comité de validation, d'acquérir ou de faire acquérir les actions de l'associé cédant par un ou plusieurs associés.

Si le rachat des actions n'est pas réalisé du fait de la société dans ce délai d'un mois, l'agrément du ou des cessionnaires est réputé acquis.

En cas d'acquisition des actions par la société, celle-ci est tenue dans un délai de six mois à compter de l'acquisition de les céder ou de les annuler.

Le prix de rachat d'actions par un associé ou par la société en cas de refus d'agrément est déterminé d'un commun accord entre les parties. À défaut d'accord, le prix sera déterminé par application des dispositions de l'article 1843-4 du Code civil.

(accessible sur le site Bretagne Énergies Citoyennes)

2. *Clauses imposant de céder ses actions*

a. Clause d'exclusion ou de suspension

Enfin, c'est au droit de ne pas céder ses actions qu'il peut être porté atteinte, les statuts pouvant prévoir des cessions forcées, ainsi que la suspension des droits non pécuniaires de l'associé qui ne procède pas à la cession en question (C. com., art. L. 227-16). Les statuts devront prévoir les motifs pouvant fonder l'exclusion d'un associé, qui peuvent être, par exemple, le désintérêt de celui-ci pour les affaires sociales se manifestant par son absence répétée aux assemblées générales (Com., 14 oct. 2020, n° 18-19181, *Rev. sociétés* 2021. 93, note L. Godon). 978 ■

La procédure d'exclusion doit également être prévue avec précision. On se souvient que c'est à propos d'une clause d'exclusion figurant dans les statuts d'une SAS que la Cour de cassation a rendu l'arrêt *Arts et entreprises* du 23 octobre 2007, jugeant que l'associé doit nécessairement participer à la décision collective relative à son exclusion. Avant que cette décision ne soit rendue, il semble que beaucoup de SAS ont été constituées avec, dans leurs statuts, une clause d'exclusion ne permettant pas à l'associé dont l'exclusion était en cause de participer à la décision collective statuant sur son sort. Il n'apparaissait pas absurde de donner effet à la clause tout de même, mais en permettant la participation du potentiel exclu à la décision collective. Deux arrêts de 2013 sont venus donner une solution différente... et assez peu appréciable en pratique, puisque la Cour de cassation a jugé qu'il n'appartenait pas aux dirigeants de la SAS de faire fonctionner la clause viciée ou de solliciter l'intervention du juge à cet effet, la clause se trouvant complètement empêchée de fonctionner. La seule manière de parvenir à l'exclusion, dans l'hypothèse d'une clause prévoyant que l'associé visé par la procédure ne participe pas à la décision d'exclusion, consiste par conséquent, comme l'indique la Cour de cassation, à régulariser la clause avant de la mettre en œuvre, ce qui suppose une décision prise à l'unanimité des associés, dès lors qu'il s'agit de modifier une clause d'exclusion, décision supposant l'accord de tous les associés, selon l'article L. 227-19 (Com. 9 juill. 2013, n° 11-27.235 et n° 12-21.238, *Bull.* IV, n°s 123 et 124 ; *D.* 2013. 2734, obs. J.-Cl. Hallouin ; *JCP E* 2013. 1516, note B. Dondero). Ajoutons cependant que la loi Mohamed Soilihi du 19 juillet 2019 a retiré les clauses d'exclusion de la liste des clauses dont l'adoption ou la modification suppose nécessairement l'unanimité des associés.

Illustration : clause d'exclusion figurant dans les statuts de la SAS Toit Solaire-Mellac

L'exclusion d'un associé ne peut être prononcée que dans les cas suivants :
– cas prévus expressément par les présents statuts ;
– violation des dispositions des présents statuts, du règlement intérieur éventuellement adopté ;
– cessation de la qualité de membre de l'association X, quelle qu'en soit la cause ;
– le fait de nuire ou tenter de nuire à la société ou à sa notoriété ;
– le défaut de règlement des sommes dues à la société, un mois après une sommation de payer faire par lettre recommandée avec accusé de réception, demeurée infructueuse ;
– la révocation d'un associé de ses fonctions de mandataire social.
Les associés sont consultés sur l'exclusion à l'initiative du Président ; si le Président est lui-même susceptible d'être exclu, les associés seront consultés à l'initiative de l'associé le plus diligent.

L'exclusion est prononcée par une décision collective des associés ; l'associé dont l'exclusion est susceptible d'être prononcée participe au vote et ses actions sont prises en compte pour le calcul de la majorité.
La décision d'exclusion ne sera valablement prise que sous réserve du respect des formalités suivantes :
– notification à l'associé intéressé par lettre recommandée avec demande d'avis de réception adressée 15 jours avant la date prévue pour la réunion de la collectivité des associés, de la mesure d'exclusion envisagée, des motifs de cette mesure et des éléments de preuve détenue à l'encontre de l'associé, ainsi que des dates, lieu et heure de la réunion devant statuer sur l'exclusion ; cette notification devant également être adressée en copie à tous les autres associés ;
– notification dans le même courrier à l'associé intéressé de son droit à présenter devant cette Assemblée sa défense sur les faits qui lui sont reprochés, et d'être assisté du conseil de son choix lors de cette Assemblée.
La décision d'exclusion prend effet à compter de son vote par la collectivité des associés. Cette décision doit également statuer sur le rachat ou le remboursement des actions de l'associé exclu et, le cas échéant désigner le ou les acquéreurs de ces actions.
La décision d'exclusion est notifiée à l'associé exclu par lettre recommandée avec demande d'avis de réception à l'initiative du Président. L'exclusion entraîne dès son prononcé la suspension des droits de vote attachés à la totalité des actions de l'associé exclu.
La totalité des actions de l'associé exclu doit être cédée dans les 30 jours de la décision d'exclusion à toute personne désignée comme il est prévu ci-dessus, ou remboursée selon les modalités prévues à l'article 15. En cas de rachat, le prix de rachat des actions de l'associé exclu est déterminé d'un commun accord ou à défaut, dans les conditions de l'article 1843-4 du Code civil. En cas de remboursement, il est fixé selon les modalités de l'article 15, et en cas de désaccord, dans les conditions de l'article 1843-4 du Code civil, l'expert devant obligatoirement suivre les dispositions de cet article 15.
(accessible sur le site Bretagne Énergies Citoyennes)

b. Clause relative au changement de contrôle d'une société associée

979 L'article L. 227-17 du Code de commerce autorise la stipulation d'une clause par laquelle l'associé société dont le contrôle est modifié au sens de l'article L. 233-3 s'engage à en informer la SAS dès que cette modification intervient. La modification peut résulter d'une cession des parts ou actions de la société, d'une fusion, d'une scission ou d'une dissolution. La SAS peut, après avoir reçu notification du changement de contrôle, décider d'exclure cette société associée, ou de suspendre l'exercice de ses droits non pécuniaires.

Illustration : clause de changement de contrôle figurant dans les statuts de la SAS Toit

Article 20 – Modification au capital d'un associé
Tous les associés, personnes morales doivent faire parvenir à la société, préalablement à la souscription d'actions, une note contenant les informations sur le montant de leur capital, sa répartition ainsi que l'identité de leurs dirigeants et l'identité de leurs associés ou actionnaires, et tous éléments juridiques permettant de déterminer l'associé ou actionnaire ou le groupe d'associés ou actionnaires détenant le contrôle de la personne morale.

Si l'associé est une société coopérative, le groupe d'associé en détenant le contrôle, s'il en existe, doit être précisé.
Toute modification de l'une ou de l'autre de ces données devra être notifiée par l'associé concerné, au Président de la société, dans le délai de quinze jours. En cas de modification portant sur le contrôle de la société, le comité de validation disposera alors d'un délai d'un mois pour se prononcer, soit en agréant la modification concernée, soit en émettant un avis négatif. En cas d'avis négatif, le Président devra alors convoquer les associés dans les meilleurs délais en vue de l'exclusion éventuelle dudit associé qui pourra être prononcée dans les conditions indiquées à l'article 21 des statuts.
La décision d'exclusion entraîne pour l'associé exclu l'obligation de céder ses actions et pour les autres associés l'obligation de les racheter. Ce rachat devra intervenir dans le délai de trois mois suivant la décision d'exclusion. La Présidence peut également décider que les actions de l'associé exclu seront remboursées dans les conditions et délais de l'article 15 des statuts.
En cas de cession aux autres associés, à défaut d'accord amiable sur la répartition entre deux desdites actions, elle sera effectuée en proportion de leur participation au capital de la société. Si les offres n'ont pas absorbé la totalité des actions à acheter, le Président pourra les faire racheter par la société qui devra les céder dans le délai de six mois ou les annuler.
La cession des actions de l'associé exclu pourra être régularisée, en cas de résistance de celui-ci, par le Président de la société sur sa seule signature après accord du comité de validation.
À défaut d'accord sur le prix de cession, il sera fixé à dire d'expert dans les conditions de l'article 1843-4 du Code civil. Ce prix sera payé comptant.
Si à l'expiration du délai imparti pour le remboursement ou pour le rachat des actions de l'associé exclu et le paiement du prix de cession, la cession n'a pas été réalisée ou le prix n'a pas été versé, la décision d'exclusion sera nulle et de nul effet.
À compter de la décision d'exclusion, les droits non pécuniaires de l'associé concerné seront suspendus.
(accessible sur le site Bretagne Énergies Citoyennes)

B. Régime juridique des clauses envisageables

1. *Adoption ou modification*

Si ces clauses n'augmentent pas véritablement les obligations des associés de la SAS, elles en diminuent au moins leurs droits, en portant atteinte au droit de céder librement ou de ne pas céder leurs actions. C'est sans doute pour cette raison que l'article L. 227-19 du Code de commerce exigeait que l'insertion dans les statuts de ces clauses ou leur modification se fasse à l'unanimité des associés de la SAS. Les clauses concernées étaient initialement au nombre de quatre : clauses d'inaliénabilité, clauses d'agrément, clauses d'exclusion, clauses de changement de contrôle. L'ordonnance n° 2017-747 du 4 mai 2017 a cependant retiré de cette liste les clauses d'agrément et la loi Mohamed Soilihi du 19 juillet 2019 a fait de même pour les clauses d'exclusion et de suspension des droits non pécuniaires des associés. Ces clauses doivent simplement être adoptées ou modifiées « par une décision prise collectivement par les associés dans les conditions et formes prévues par les statuts ». 980

Les modifications apportées sont simples, mais elles soulèvent de redoutables questions d'application de la mesure nouvelle dans le temps. S'applique-t-elle à toutes les SAS, ou seulement à celles constituées à compter de son entrée en vigueur, les autres demeurant régies par la règle de l'unanimité, sauf à exprimer la volonté de se placer sous le nouveau régime ? La difficulté vient du caractère « contractuel » de la SAS. Prise comme une société au régime défini par la loi, elle soulèverait moins de questions. Mais à l'instar d'un contrat, ne doit-elle pas obéir aux règles en vigueur au jour de sa constitution ?

■ 981 Les clauses autres que celles visées par le législateur (clause de préemption, par ex.) devraient pouvoir être adoptées ou modifiées à la seule majorité requise pour la modification des statuts, sauf à considérer que ces clauses emportent augmentation des engagements des associés, par exemple parce qu'elles les obligent à procéder à une notification de la cession envisagée à la société ou aux associés bénéficiaires du droit de préemption.

2. *Mise en œuvre*

a. Exécution

■ 982 L'article L. 227-18 du Code de commerce précise utilement les conditions de détermination du prix dans l'hypothèse où une clause d'agrément, d'exclusion, ou relative au changement de contrôle d'une société associée prend effet. Le prix peut avant tout voir ses « modalités » fixées par les statuts. À défaut, le prix sera fixé par accord des parties, et s'il ne peut l'être, le dernier recours sera l'expert de l'article 1843-4 du Code civil (ce qui confirme le caractère exceptionnel de ce texte).

b. Sanction en cas de violation

■ 983 La sanction prévue par l'article L. 227-15 du Code de commerce est simple et efficace, puisque « toute cession effectuée en violation des clauses statutaires est nulle ».

On observera tout d'abord que les clauses concernées par cette sanction ne sont pas les seules clauses visées par les dispositions relatives à la SAS (clause d'agrément et clause d'inaliénabilité en premier lieu). Dès lors, une cession effectuée en violation d'une clause de préemption doit être sanctionnée par la nullité dès lors que cette clause figure dans les statuts (un tiers n'a cependant pas qualité à agir en nullité, selon la Cour de cassation : Com. 2 févr. 2016, n° 14-20747, *Bull.* IV, n° 21).

Si la clause est extrastatutaire, l'annulation de la cession consentie en violation de la clause est plus délicate (v. ss 253). Un arrêt remarqué mais non publié au *Bulletin* a toutefois exprimé une conception large des « clauses statutaires », dans une espèce où les statuts renvoyaient à un pacte (Com. 27 juin 2018, n° 16-14097, *Bull. Joly* 2018. 565, note P.-L. Périn).

section 3

La dissolution de la SAS

La dissolution de la SAS n'appelle pas d'observation particulière, si ce n'est que la SASU est soumise à l'article 1844-5 du Code civil, comme toutes les sociétés unipersonnelles. Par conséquent, la dissolution emportera transmission universelle du patrimoine de la SASU à son associé unique, à la condition que celui-ci ne soit pas une personne physique (depuis la loi NRE du 15 mai 2001). 984

13

Compléments pédagogiques

Mémo

La *SAS* est une société introduite en droit français par une loi de 1994. Initialement destinée à n'être qu'une « société de sociétés », elle s'est ouverte en 1999 à toute personne physique ou morale, avec en outre la possibilité de constituer une SAS unipersonnelle.

En 2008, la LME a encore élargi l'accès à la SAS en supprimant l'exigence d'un capital social minimum, en autorisant les apports en industrie, et en dispensant une partie des SAS de recourir aux services d'un commissaire aux comptes. Les commissaires aux comptes ont été davantage encore écartés par la loi PACTE du 22 mai 2019.

En pratique, l'accès à la SAS se fait souvent par transformation d'une société préexistante en SAS ou par absorption par une SAS.

De manière prévisible pour celle que l'on décrit comme la société « contractuelle », les *statuts* jouent un rôle important dans la détermination des conditions de fonctionnement de la SAS.

Hormis le *président*, dont la SAS doit nécessairement être dotée, et les directeurs généraux ou directeurs généraux délégués, qui peuvent l'assister, l'identité des organes de direction et de contrôle de la SAS et leurs compétences respectives sont laissées à l'entière discrétion des statuts.

Les modalités de prise des décisions par les associés sont également déterminées par les statuts, mais le législateur impose pour toute une série de décisions une intervention collective des associés : modifications du capital social, transformation, fusion, dissolution, etc.

Plusieurs dispositions légales sont consacrées enfin aux opérations portant sur les *actions de la SAS*. Plusieurs clauses importantes sont expressément autorisées : clauses d'inaliénabilité, d'agrément, d'exclusion, notamment. Le respect des clauses statutaires est assuré par une sanction légale de nullité des cessions effectuées en violation de ces clauses.

Biblio

1) Ouvrages

– H. Azarian, *La société par actions simplifiée*, préf. A. Viandier, 3e éd., Litec, 2012.
– M. Germain et P.-L. Périn, *SAS – La société par actions simplifiée*, 6e éd., Joly, 2016.

2) Articles

– H. Aubry, « La responsabilité des dirigeants dans la société par actions simplifiée », *Rev. sociétés* 2005. 793.
– J.-J. Daigre et B. François, « La SAS : une société pouvant faire appel au marché ? », *Rev. sociétés* 2010. 11.
– J. Delvallée, « La collégialité dans les sociétés par actions simplifiées », *Rev. sociétés* 2020. 75.
– B. Dondero, « Statuts de SAS et pactes d'actionnaires : questions et confrontations », *Bull. Joly* 2008. 245.
– B. Dondero, « Exigence de l'unanimité dans les SAS : conflit de lois dans le temps en vue ! », *Gaz. Pal.*, 21 mars 2017. 66.
– F. Gilbert, « Le nouveau régime de l'offre au public de titres financiers de SAS », *Dr. sociétés* 2020, étude n° 3.
– P. Le Cannu, « la SAS : un cadre légal minimal », *Rev. sociétés* 2014. 543.
– J. Paillusseau, « La liberté contractuelle dans la société par actions simplifiée et le droit de vote », *D.* 2008. Chron. 1563.

Quiz

1) Sujet corrigé

Test de connaissances

Énoncé

1. L'absorption par voie de fusion d'une SA par une SAS doit-elle être autorisée à l'unanimité des actionnaires de la société absorbée ?

a. non, parce que l'on applique le vote à la majorité prévu pour la prise de décisions dans la SA ;

b. non, parce que seule la transformation en SAS est subordonnée à l'exigence de l'unanimité et que cette dérogation à la règle majoritaire doit s'interpréter restrictivement ;

c. oui, parce que la jurisprudence fait une application extensive de l'exigence de l'unanimité requise pour la transformation en SAS ;

d. oui, parce qu'une SAS fait supporter à ses associés une responsabilité indéfinie et solidaire aux dettes sociales, et qu'il y a donc augmentation des engagements des actionnaires de la SA.

2. Une SAS peut-elle être dirigée par un conseil d'administration, prévu par ses statuts ?

a. oui, mais elle doit également être dotée d'un président ;

b. oui, et un administrateur peut être le représentant légal de la SAS ;

c. non, la SAS ne peut avoir qu'un président ;

d. non, la SAS ne peut avoir qu'un directoire et un conseil de surveillance ;

3. L'associé de SAS qui fait l'objet d'une mesure d'exclusion peut-il voir ses droits de vote suspendus ?

a. oui, mais il doit pouvoir participer à la décision collective statuant sur son exclusion ;

b. oui, mais uniquement s'il s'agit d'un associé ayant fait un apport en industrie ;

c. oui, mais une autorisation du président du tribunal de commerce est requise ;

d. non, en aucun cas l'on ne peut porter atteinte au droit de vote d'un associé.

4. Le liquidateur d'une SASU dissoute peut-il demander à l'associé unique de régler directement les créanciers si cet associé est une personne morale ?

a. oui, car l'associé personne morale est tenu de garantir le paiement de ses dettes par la SAS ;

b. oui, car la responsabilité illimitée pendant la phase de liquidation est la contrepartie de la responsabilité limitée avant que la société ne soit dissoute ;

c. non, la SASU dont l'associé unique est une personne morale ne fait pas l'objet d'une liquidation ;

d. non, car ce n'est qu'une faculté pour l'associé que de régler directement les créanciers de la SAS.

Voir le corrigé en fin de rubrique.

2) Corrigé

Test de connaissances

1. c. L'article L. 227-3 du Code de commerce ne requiert expressément l'unanimité que pour la transformation en SAS d'une société d'une autre forme. Cette exigence a cependant été étendue à l'absorption par fusion avec une SAS d'une société d'une autre forme (Com. 19 déc. 2006, *Bull. civ.* IV, n° 268 ; *Rev. sociétés* 2007. 93, note P. Le Cannu).

2. a. La direction de la SAS est organisée librement par les statuts de la SAS (C. com., art. L. 227-5). Il peut donc être prévu que les décisions sont prises par un conseil d'administration. Il est cependant nécessaire que la SAS soit dotée d'un président, qui en est le représentant légal, et semble par ailleurs avoir un pouvoir de direction générale, au moins à l'égard des tiers.

3. a. Le législateur a autorisé expressément les statuts de la SAS à prévoir des cessions forcées, ainsi que la suspension des droits non pécuniaires de l'associé qui ne procède pas à la cession en question (C. com., art. L. 227-16). Le droit de vote étant un droit non pécuniaire, l'associé qui fait l'objet d'une mesure d'exclusion peut donc en être privé. En revanche, il n'apparaît pas possible que l'associé ne participe pas à la décision collective statuant sur son exclusion (v. Com. 23 oct. 2007 et 9 juill. 2013, ci-dessus).

4. c. La question ne se pose tout simplement pas, puisque par application de l'article 1844-5, alinéa 3 du Code civil, relatif à la dissolution des sociétés unipersonnelles, la SASU dissoute dont l'associé unique est une personne morale n'est pas soumise à une liquidation, mais voit son patrimoine transmis intégralement à l'associé unique. De ce fait, les créanciers de la SASU auront pour débiteur l'associé unique de la société dissoute, postérieurement à la transmission universelle du patrimoine de la seconde au premier, sans que l'associé doive y consentir autrement qu'en décidant la dissolution de la SASU.

Débat

L'associé de la SAS doit-il participer à la décision relative à son exclusion ?

La Cour de cassation a précisé par son arrêt du 23 octobre 2007 (Com. 23 oct. 2007, *Bull. civ.* IV, n° 225 ; *JCP E* 2007. 2433, note A. Viandier, *RTD com.* 2007. 791, obs. P. Le Cannu et B. Dondero ; *Bull. Joly* 2008. 101, note D. Schmidt), rendu à propos d'une clause figurant dans les statuts d'une SAS, que ladite clause ne saurait empêcher l'associé visé par la procédure d'exclusion de participer à la décision d'exclusion et de prendre part au vote. Cette solution peut surprendre, dès lors que l'exclusion ne fait pas partie des décisions devant obligatoirement être prises de manière collective par les associés de la SAS en application de l'article L. 227-9 du Code de commerce.

Une SAS réunissait un actionnaire majoritaire, détenant près de deux tiers du capital social, et deux minoritaires, mari et femme. Faisant jouer la clause d'exclusion statutaire, les associés minoritaires décidèrent d'exclure le majoritaire de la société, sans qu'il « ait été appelé à voter sur cette décision ». L'exclu demanda l'annulation de cette décision, soutenant qu'elle « portait atteinte au droit de vote reconnu à tout associé ».

On présentera les arguments s'opposant à la solution retenue, puis ceux ayant permis de la fonder.

Contre la participation de l'associé visé par la clause d'exclusion :

La cour d'appel de Douai, saisie de la demande d'annulation formée par l'associé exclu, la rejeta par une décision richement motivée.

Elle invoqua le « contexte de liberté contractuelle qui caractérise la société par actions simplifiée », qui permettait la clause litigieuse. Cette clause, qui semble-t-il interdisait au majoritaire de voter sur les décisions d'exclusion, avait pour objectif « d'empêcher que l'associé majoritaire ne puisse jamais être exclu ou qu'il puisse à lui seul exclure un associé minoritaire ».

L'arrêt relevait encore le caractère limitatif de l'article L. 227-9 du Code de commerce, qui énumère les décisions qui doivent faire l'objet d'une intervention collective des associés. Les magistrats douaisiens employaient une formule intéressante, puisqu'ils voyaient le premier alinéa du texte faire de la décision collective une « valeur supplétive selon une énumération limitative des cas dans les statuts ».

En faveur de la participation de l'associé visé par la clause d'exclusion :

La décision des juges du fond est censurée pour violation des articles 1844, alinéa 1er du Code civil et L. 227-16 du Code de commerce.

La Cour de cassation rappelle un principe, puis en définit l'application aux clauses d'exclusion dans la SAS.

Le principe, c'est celui du droit de participer aux décisions collectives, en sa conception étendue au droit de vote, manifestée à l'occasion de l'arrêt *Château d'Yquem* (Com. 9 févr. 1999, *Bull. civ.* IV, n° 44 ; *Rev. sociétés* 1999. 81, note P. Le Cannu ; *Bull. Joly* 1999. 566, note J.-J. Daigre) : « il résulte [de l'art. 1844, al. 1er du Code civil] que tout associé a le droit de participer aux décisions collectives et de voter et que les statuts ne peuvent déroger à ces dispositions que dans les cas prévus par la loi ».

L'application aux clauses d'exclusion permet à la Cour de cassation de juger que « [C. com., l'art. L. 227-16] n'autorise pas les statuts, lorsqu'ils subordonnent [l'exclusion d'un associé de SAS] à une décision collective des associés, à priver l'associé dont l'exclusion est proposée de son droit de participer à cette décision et de voter sur la proposition ».

Et voilà ainsi restreinte la liberté des rédacteurs des statuts de SAS lorsqu'ils insèrent dans ces derniers une clause d'exclusion. Si la clause fait intervenir une décision collective des associés, il n'est pas possible d'écarter l'un d'eux de la participation à cette décision et du vote sur la proposition.

La solution semble cohérente, mais elle appelle quelques observations.

Tout d'abord, la Cour laisse entendre que l'exclusion d'un associé pourrait ne pas faire intervenir une décision collective des associés. Il est vrai que l'article L. 227-16 du Code de commerce dispose simplement que « dans les conditions qu'ils déterminent, les statuts peuvent prévoir qu'un associé peut être tenu de céder ses actions ». Il peut donc advenir que l'associé soit exclu, si les statuts l'autorisent, sur le fondement d'une décision d'un organe ne réunissant pas tous les actionnaires de la SAS, voire sur décision d'un tiers, qui serait investi par les statuts du pouvoir d'exclure les associés.

Ce qui apparaît plus gênant dans la solution retenue par l'arrêt : c'est, on l'a compris, lorsque les statuts subordonnent la mesure d'exclusion à une décision collective des associés qu'il convient de respecter le droit de l'associé, dont l'exclusion est proposée, de participer à la décision collective et de voter. Mais comment faire la différence entre la situation où le pouvoir d'exclusion aura été dévolu à une décision collective des associés, et celle où il aura été attribué à certains associés seulement, ne statuant pas collectivement ? Dans cette hypothèse, qui n'est pas interdite par l'article L. 227-16, et qui correspondait peut-être à l'espèce dans l'affaire tranchée par la Cour de cassation, il ne devrait pas être nécessaire de respecter l'article 1844 du Code civil, qui s'applique aux décisions collectives des associés... sauf à consacrer un droit de l'exclu à se prononcer sur son sort, ce qui serait pour le coup ajouter beaucoup à la lettre de l'article L. 227-16 !

Notons que la Cour de cassation a ajouté au débat en donnant encore plus de poids à la solution formulée le 23 octobre 2007, lorsqu'elle a exigé, par ses arrêts du 9 juillet

2013, que la clause soit régularisée, ce qui supposait alors systématiquement une décision prise à l'unanimité des associés, avant de pouvoir être mise en œuvre (Com. 9 juill. 2013, 2 arrêts, v. ss 978).

« Vu l'article 1844, alinéa 1er, du Code civil, ensemble l'article L. 227-16 du Code de commerce ;

Attendu qu'il résulte du premier de ces textes que tout associé a le droit de participer aux décisions collectives et de voter et que les statuts ne peuvent déroger à ces dispositions que dans les cas prévus par la loi ; que si, aux termes du second, les statuts d'une société par actions simplifiée peuvent, dans les conditions qu'ils déterminent, prévoir qu'un associé peut être tenu de céder ses actions, ce texte n'autorise pas les statuts, lorsqu'ils subordonnent cette mesure à une décision collective des associés, à priver l'associé dont l'exclusion est proposée de son droit de participer à cette décision et de voter sur la proposition ;

Attendu, selon l'arrêt confirmatif attaqué, que la société par actions simplifiée Arts et entreprises a été constituée entre M. X..., son épouse Mme Y... et M.Z..., lequel détenait près des deux tiers des actions composant le capital social ; que la société, faisant application de l'article 16 des statuts, a décidé l'exclusion de M.Z... sans que celui-ci ait été appelé à voter sur cette décision ; que M.Z..., soutenant que cette clause portait atteinte au doit de vote reconnu à tout associé, a demandé l'annulation de la décision d'exclusion ;

Attendu que pour rejeter cette demande, l'arrêt retient, par motifs adoptés, que dans le contexte de liberté contractuelle qui caractérise la société par actions simplifiée, il est possible de prévoir que l'associé susceptible d'être exclu ne participe pas au vote sur cette décision, que compte tenu de la répartition du capital entre les associés, cette stipulation a manifestement pour objectif d'empêcher que l'associé majoritaire ne puisse jamais être exclu ou qu'il puisse à lui seul exclure un associé minoritaire, que la suppression du droit de vote est donc nécessaire pour régler certaines situations de conflit d'intérêts entre la société et les associés, que tous les associés y ont consenti librement lors de la signature des statuts et qu'elle n'est en outre prévue que dans cette seule hypothèse ; que l'arrêt relève encore, par motifs propres, que si, par application de l'article 1844, alinéa 1er, du Code civil, tout associé a le droit de participer aux décisions collectives, ce principe n'est pas absolu et peut connaître des dérogations législatives expresses ou implicites, que précisément, la société par actions simplifiée repose sur la dissociation du pouvoir financier et du pouvoir décisionnel, qu'ainsi en dispose l'article L. 227-9 du Code de commerce qui en son premier alinéa fait de la décision collective une valeur supplétive selon une énumération limitative des cas dans les statuts, qu'il résulte du second alinéa du même texte qu'à l'exception des modifications du capital, du sort de la société et du contrôle des comptes, toute la vie d'une société de ce type peut obéir aux décisions d'une minorité en capital et que l'article L. 227-16 du même code, qui évoque l'exclusion d'un associé, n'en dispose pas autrement ;

Attendu qu'en statuant ainsi, la cour d'appel a violé les textes susvisés ;

Par ces motifs, et sans qu'il y ait lieu de statuer sur les autres griefs : casse et annule, dans toutes ses dispositions, l'arrêt rendu le 16 mars 2006, entre les parties, par la cour d'appel de Douai ; remet, en conséquence, la cause et les parties dans l'état où elles se trouvaient avant ledit arrêt et, pour être fait droit, les renvoie devant la cour d'appel de Douai, autrement composée (...) ».

chapitre 14

Les valeurs mobilières

Plan analytique

C. Le prêt d'actions

D. La constitution de droits réels accessoires

§ 2 Les opérations sur les autres valeurs mobilières

Compléments pédagogiques

Les valeurs mobilières

Les sociétés par actions émettent des *valeurs mobilières*[Q], correspondant à un droit d'associé ou à un droit de prêteur sur la personne morale, ou à une combinaison impliquant l'un et/ou l'autre de ces deux droits. Ces titres sont soumis à un régime complexe, qu'il convient maintenant d'étudier. 985

Les textes relatifs aux valeurs mobilières sont répartis entre deux codes. Le Code monétaire et financier comporte des dispositions relatives à tous les instruments financiers et à tous les titres financiers, catégorie et sous-catégorie dont relèvent les valeurs mobilières (C. mon. fin., art. L. 211-1 s.). Le Code de commerce comporte également de nombreuses dispositions relatives aux valeurs mobilières émises par les sociétés par actions (C. com., art. L. 228-1 s.).

section 1

Notions générales

§ 1 Définition des valeurs mobilières

Les valeurs mobilières étaient initialement définies par une loi du 23 décembre 1988, relative aux *organismes de placement collectif en valeurs mobilières*[Q]. Cette loi définissait les valeurs mobilières dans son article 1er en précisant « Sont considérées comme valeurs mobilières pour l'application de la présente loi... ». De ce fait, il fallait comprendre que la définition des valeurs mobilières qui était donnée par ce texte ne valait que pour l'application de la loi de 1988. L'article 1er de la loi de 1988 a été codifié au sein du Code monétaire et financier, et la référence à la loi de 1988 a été supprimée. De ce fait, la définition des valeurs mobilières, donnée par l'article L. 211-2 du Code monétaire et financier, était devenue une définition générale, ne valant plus seulement pour l'application de la loi de 1988. C'était assez surprenant dans la mesure où la codification était censée intervenir à droit constant. 986

Aux termes de cette définition, constituaient des valeurs mobilières « les titres émis par des personnes morales, publiques ou privées, transmissibles par inscription en compte ou tradition, qui confèrent des droits identiques par catégorie et donnent accès, directement ou indirectement, à une quotité du capital de la personne morale émettrice ou à un droit de créance général sur son patrimoine » ainsi que « les parts de fonds communs de placement et de fonds communs de créances ».

L'ordonnance n° 2009-15 du 8 janvier 2009 a réorganisé les textes, sans toucher au fond de la définition, mais celle-ci se trouve désormais « éparpillée ». L'article L. 228-1 du Code de commerce dispose ainsi en ses deux premiers alinéas que les sociétés par 987 actions « émettent toutes valeurs mobilières dans les conditions du [livre II du Code] » et que les « valeurs mobilières sont des titres financiers au sens de l'article L. 211-1 du Code monétaire et financier, qui confèrent des droits identiques par catégorie ». De son côté l'article L. 211-2 du Code monétaire et financier dispose, en sa rédaction actuelle, que « les titres financiers, qui comprennent les valeurs mobilières [...], ne peuvent être émis que par l'État, une personne morale, un fonds commun de placement, un fonds de placement immobilier, un fonds professionnel de placement immobilier, un fonds de financement spécialisé, ou un fonds commun de titrisation ». L'article L. 211-1, II affirme avant cela que les titres financiers sont, entre autres, « les titres de capital émis par les sociétés par actions » et « les titres de créance », à l'exclusion des effets de commerce et des bons de caisse, tandis que l'article L. 211-15 énonce que « les titres financiers se transmettent par virement de compte à compte ou par inscription dans un *dispositif d'enregistrement électronique partagé*[Q] mentionné à l'art. L. 211-3 ». Une évolution intéressante est venue d'une ordonnance du 8 déc. 2017, qui a permis l'inscription des valeurs mobilières émises par les sociétés non cotées sur une *blockchain*[Q] (v. ss, n° 994).

§ 2 Caractéristiques des valeurs mobilières

988 On peut relever, au sein de la définition des valeurs mobilières, les caractéristiques essentielles de ces titres.

On passera rapidement sur l'émetteur des valeurs mobilières, qui, pour ce qui nous concerne dans le cadre du présent ouvrage, sera toujours une société, devant avoir été autorisée par le législateur à procéder à une telle émission (C. civ., art. 1841).

On ne fera par ailleurs que rappeler que les valeurs mobilières sont généralement émises en groupe. Les valeurs mobilières d'une même catégorie, conférant les mêmes droits, doivent de ce fait être fongibles entre elles.

A. Grandes distinctions

1. *Titres de capital et titres de créance*

989 Les valeurs mobilières donnent accès à un droit qui peut être un droit d'associé et / ou un droit de prêteur.

Il faut ici distinguer les *titres de capital*[Q] (*actions*[Q], *actions de préférence*[Q]), qui font de leur porteur un associé, et plus précisément un actionnaire, et les *titres de créance*[Q] (*obligations*[Q]), qui font de leur porteur un prêteur, en théorie sûr de reprendre sa mise. Parler de « titre de créance » est courant, mais pas très rigoureux juridiquement parlant, dès lors que l'actionnaire dispose également d'un droit personnel, et donc d'un droit de créance, sur la société.

2. *Titres nominatifs et titres au porteur*

990 L'article L. 228-1, alinéa 3 du Code de commerce dispose que « les valeurs mobilières émises par les sociétés par actions revêtent la forme de titres au porteur ou de titres nominatifs, sauf pour les sociétés pour lesquelles la loi ou les statuts imposent la seule forme nominative, pour tout ou partie du capital ». La conversion est possible, mais la

loi impose parfois la forme nominative. L'action de numéraire doit ainsi rester nominative jusqu'à son entière libération (C. com., art. L. 228-9, sanctionné depuis l'entrée en vigueur de la loi *Warsmann II* du 22 mars 2012 d'une nullité facultative des actions concernées). Surtout, le législateur nous fait comprendre que les actions au porteur sont les actions cotées sur un marché réglementé lorsqu'il dispose que « les actions émises en territoire français et soumises à la législation française, des sociétés par actions [...] qui ne sont pas admises aux négociations sur un marché réglementé revêtent la forme nominative » (C. mon. fin., art. L. 212-3, I).

L'enjeu de la distinction tenait, avant la généralisation de la dématérialisation des valeurs mobilières, au fait que les titres au porteur, qui étaient représentés par des documents inscrits sur des feuilles de papier, se transmettaient par tradition manuelle. La société pouvait donc ne pas savoir qui en était le titulaire. Une partie de cette distinction demeure, même si les titres au porteur sont dématérialisés, qui tient au fait que le compte sur lequel ils figurent doit être géré par un intermédiaire financier, et non par la société émettrice elle-même, ce qui l'empêche en principe de connaître l'identité du porteur des titres (v. ainsi C. com., art. L. 228-3 et L. 228-3-1, *a contrario*). Afin de lui permettre de prendre connaissance de l'identité de ses actionnaires, l'article L. 228-2 du Code de commerce avait instauré un dispositif particulier, dit du « TPI », titre au porteur identifiable. La loi PACTE du 22 mai 2019, complétée par un décret n° 2019-1235 du 27 novembre 2019, a modifié les règles applicables à l'identification des actionnaires. Il faut ici différencier les sociétés non cotées, où il est nécessaire qu'une clause des statuts prévoie cette possibilité d'identification, des sociétés cotées où cette faculté est de droit. La société peut interroger le dépositaire central, qui assure la tenue du compte émission des titres de la société, et doit recueillir des renseignements auprès des établissements teneurs de comptes qui lui sont affiliés, sur l'identité, la nationalité et l'adresse des détenteurs de titres conférant immédiatement ou à terme le droit de vote dans les assemblées d'actionnaires de la société, la quantité de titres détenue par chacun d'eux et, le cas échéant, les restrictions dont les titres peuvent être frappés. La société peut aussi interroger un ou plusieurs intermédiaires habilités. La société émettrice, après avoir suivi cette procédure et au vu de la liste des détenteurs d'actions qui lui a été communiquée, a la faculté de demander aux personnes figurant sur cette liste et dont elle estime qu'elles pourraient être inscrites pour compte de tiers les mêmes informations concernant les propriétaires des titres. Ces personnes sont tenues, lorsqu'elles ont la qualité d'intermédiaire, de révéler l'identité des propriétaires de ces titres. 991 ■

Le fait, pour le destinataire d'une demande de communication de ne pas répondre de manière satisfaisante aux demandes d'informations relatives à l'identité du titulaire réel des valeurs mobilières est sanctionné par la privation du droit de vote jusqu'à la date de régularisation de l'identification et par la suspension du paiement du dividende, voire, en cas de refus intentionnel de se conformer aux obligations d'information, par une privation du droit de vote et éventuellement du dividende, pour une durée maximum de cinq ans. Ces dernières sanctions sont prononcées par le juge, à la demande de la société ou d'un ou plusieurs actionnaires détenant au moins 5 % du capital social (C. com., art. L. 228-3-3).

B. Des titres dématérialisés

1. *Une caractéristique commune*

992 La distinction entre valeurs mobilières nominatives et au porteur a longtemps entraîné une dualité de régimes en matière de cession. Les titres nominatifs n'étaient pas représentés par un titre papier, ils étaient *dématérialisés*, et leur transfert résultait de l'inscription de la cession sur les registres de la société. Les titres au porteur étaient quant à eux incarnés par un titre papier, et le transfert du titre résultait de sa tradition manuelle. Mais l'existence de titres papier entraînait des frais de gestion pour les établissements bancaires et financiers, et de plus, elle empêchait la société de connaître son actionnariat. Elle ne permettait pas plus à l'administration fiscale de connaître l'étendue du patrimoine d'une personne, du fait de la facilité avec laquelle les titres au porteur pouvaient être transférés.

La loi de finances du 30 décembre 1981 a de ce fait posé le principe de la dématérialisation des valeurs mobilières. L'article L. 211-3 du Code monétaire et financier dispose actuellement que « les titres financiers, émis en territoire français et soumis à la législation française, sont inscrits soit dans un compte-titres tenu par l'émetteur ou par [un intermédiaire financier], soit, dans le cas prévu au second alinéa de l'article L. 211-7, dans un dispositif d'enregistrement électronique partagé ». Les intermédiaires financiers visés jouent un rôle majeur lorsque les titres sont cotés en bourse, puisque ces intermédiaires sont affiliés à EUROCLEAR France (autrefois la Sicovam), organisme qui assure la compensation des titres entre teneurs de compte pour les valeurs admises à ses opérations.

2. *Conséquences*

993 La première conséquence de la dématérialisation tient au fait que les valeurs mobilières sont des biens *incorporels*. La jurisprudence a considéré qu'elles se trouvaient de ce fait soustraites au principe selon lequel « en fait de meubles, la possession vaut titre », formulé aujourd'hui par l'article 2276 du Code civil, et précédemment par son article 2279. La solution était bien affirmée (Civ. 1re, 6 mai 1997, *Bull. civ.* I, n° 144). On précisera que la jurisprudence avait autrefois distingué entre les titres au porteur, auxquels l'article 2279 s'appliquait, et les titres nominatifs, seuls ces derniers étant dématérialisés (Civ. 4 janv. 1876, *DP* 1877. 1. 33).

L'ordonnance du 8 janvier 2009 a toutefois apporté une modification importante sur ce point, en affirmant que le titulaire du compte sur lequel les valeurs mobilières sont inscrites en est le « propriétaire » (C. mon. fin., art. L. 211-4) et en posant un principe selon lequel « nul ne peut revendiquer pour quelque cause que ce soit un titre financier dont la propriété a été acquise de bonne foi par le titulaire du compte-titres dans lequel ces titres sont inscrits » (C. com., art. L. 211-16).

Antérieurement, la jurisprudence avait déjà reconnu une présomption de propriété des actions inscrites en compte au profit du titulaire (Com. 10 juin 1997, *Bull. civ.* IV, n° 186 ; *Bull. Joly* 1997. 859, note J.-J. Daigre). De plus, le transfert de propriété résultait déjà de l'inscription en compte des titres (C. com., art. L. 228-1 *in fine*, en sa rédaction résultant de l'Ord. du 24 juin 2004).

994 La seconde conséquence tient à la nécessité de « donner corps » aux valeurs mobilières d'une manière particulière, qui est celle de l'inscription sur un compte-titres ou depuis peu dans un dispositif d'enregistrement électronique partagé (DEEP), c'est-à-

dire une *blockchain* (C. com., art. L. 228-1, al. 6, réd. Ord. n° 2017-1674 du 8 déc. 2017). Ce compte-titres ou l'inscription en DEEP sont ouverts ou fait au nom d'un ou plusieurs titulaires, d'un fonds, ou, pour l'inscription en compte, d'un intermédiaire agissant pour le compte du propriétaire des titres quand la société émettrice est cotée en bourse et que le propriétaire réside hors de France (C. mon. fin., art. L. 211-4). Le compte est tenu par l'émetteur ou par un intermédiaire financier. La tenue par la société émettrice est obligatoire lorsqu'elle le souhaite ou lorsque la loi l'impose (C. mon. fin., art. L. 211-6), ce qui est le cas lorsque les titres ne sont pas admis aux opérations d'un dépositaire central (C. mon. fin., art. L. 211-7, qui prévoit aussi l'inscription dans un DEEP). Des dispositions spécifiques garantissent la protection des droits des titulaires des comptes sur les titres inscrits (C. mon. fin., art. L. 211-9 à L. 211-12). Enfin, la transmission des instruments financiers se fait par virement de compte à compte (C. mon. fin., art. L. 211-15).

On précisera que l'inscription en compte ne saurait être assortie de mentions relatives aux imperfections éventuelles des droits du titulaire (Com. 29 janv. 2008, *Bull. civ.* IV, n° 17 ; *Dr. sociétés* 2008, *comm.*, n° 79, note H. Hovasse).

C. Des titres négociables

1. *Principe*

Les valeurs mobilières sont transmissibles par le biais de l'inscription en compte ou dans un DEEP. Ce régime de transmission s'oppose à la cession de créance du Code civil, qui supposait, pour être rendue opposable au débiteur cédé et aux tiers, d'avoir été notifiée par voie d'huissier au cédée ou acceptée par lui par acte authentique (C. civ., art. 1690), du moins jusqu'à l'intervention de l'ordonnance n° 2016-131 du 10 février 2016. Les valeurs mobilières sont *négociables* (par opposition aux titres simplement cessibles que sont les parts émises par les sociétés de personnes et les SARL – v. C. mon. fin., art. L. 211-14, affirmant la négociabilité des titres financiers en général). 995

2. *Opposabilité à la société des transmissions de valeurs mobilières*

Pendant longtemps, un problème a persisté du fait du décalage entre le moment du transfert de propriété des valeurs mobilières et l'opposabilité de ce transfert à la société émettrice. Par application du droit commun de la vente, la vente est parfaite entre les parties, et elle transfère la propriété du bien vendu par la seule rencontre des consentements de l'acheteur et du vendeur (C. civ., art. 1583). La Cour de cassation appliquait ce principe aux cessions de valeurs mobilières. La chambre commerciale avait pu juger (Com. 22 nov. 1988, *Bull. civ.* IV, n° 322) que les textes relatifs à la dématérialisation des valeurs mobilières se bornaient à fixer les modalités selon lesquelles le transfert de ces valeurs était matérialisé. Elle ajoutait que ces dispositions étaient sans influence sur le transfert de propriété entre les parties à une vente de titres, qui s'opérait par l'effet de la convention de cession. Certes, la première chambre civile avait par la suite semblé statuer différemment, jugeant dans deux arrêts en date du 27 octobre 1993 (*Bull. civ.* I, n° 299) et du 6 mars 1996 (*Bull. civ.* I, n° 119), à propos de dons manuels de valeurs mobilières, que le transfert des droits donnés ne pouvait intervenir qu'au jour où le virement aurait individualisé 996 les valeurs mobilières par le biais de l'inscription en compte. Mais la solution se justifiait sans doute par l'exigence de tradition de la chose donnée pour assurer la validité du don manuel.

997 Un problème que causait ce décalage tenait à ce que le cessionnaire d'actions se trouvait propriétaire de titres à compter d'une date *n*, mais ne pouvait exercer ses droits dans la société qu'à compter d'une date postérieure *n* + *x*, qui était celle à laquelle la cession avait été portée à la connaissance de la société ou du teneur du compte du cédant, par l'envoi par le cédant d'un ordre de mouvement. La situation pendant la période *x* était ambiguë, puisque l'actionnaire véritable ne pouvait exercer ses droits à l'égard de la société, la cession ne lui étant pas encore opposable, tandis que le cédant n'était plus le propriétaire des titres, cette propriété ayant été transférée au cessionnaire, mais le cédant était encore regardé comme actionnaire par la société.

998 Le principe a d'abord été remis en cause lorsque la cession intervenait sur un marché réglementé, le transfert de propriété résultant de l'inscription des titres au compte de l'acheteur (L. du 3 janv. 1983, art. 47 *bis*, codifié à l'anc. art. L. 431-2 du C. mon. fin.). Actuellement, l'article L. 228-1 du Code de commerce dispose en son dernier alinéa qu'en cas de « cession de valeurs mobilières admises aux opérations d'un dépositaire central ou livrées dans un système de règlement et de livraison mentionné à l'article L. 330-1 du Code monétaire et financier, le transfert de propriété s'effectue dans les conditions prévues à l'article L. 211-17 de ce code ». Ce dernier texte énonce que « le transfert de propriété résulte de l'inscription des titres au compte-titres de l'acquéreur, à la date et dans les conditions définies par le règlement général de l'Autorité des marchés financiers », et institue un cas de transfert de propriété retardé au paiement du prix lorsque le système de règlement et de livraison assure la livraison des titres financiers en prévoyant un dénouement irrévocable en continu. Dans l'intervalle, c'est l'intermédiaire qui a reçu les titres financiers qui en est propriétaire. Ce dispositif est précisé par l'article L. 211-17-1.

999 Le principe selon lequel le transfert de propriété n'intervient qu'au moment de l'inscription des valeurs mobilières cédées au compte de l'acquéreur est aujourd'hui généralisé, puisque l'article L. 211-17, alinéa 1er du Code monétaire et financier l'affirme pour les titres financiers, sans distinction, et que, s'agissant plus précisément des valeurs mobilières non admises aux opérations d'un dépositaire central ou livrées dans un système de règlement et de livraison de l'article L. 330-1 du Code monétaire et financier, le dernier alinéa de l'article L. 228-1 du Code de commerce dispose que « le transfert de propriété résulte de l'inscription des valeurs mobilières au compte de l'acheteur ou dans un dispositif d'enregistrement électronique partagé, dans des conditions fixées par décret en Conseil d'État ». Le texte réglementaire concerné est l'article R. 228-10 du Code de commerce, qui dans sa rédaction résultant du décret nº 2018-1226 du 24 déc. 2018 dispose que « l'inscription au compte de l'acheteur ou dans un dispositif d'enregistrement électronique partagé est faite à la date fixée par l'accord des parties et notifiée à la société émettrice ».

1000 Une question qui mérite encore d'être posée est celle de l'opposabilité des exceptions. Les exceptions dont il est question sont celles qui sont tirées des rapports entre le cédant et le cédé, ce dernier étant en l'occurrence la personne morale émettrice. Ces exceptions sont-elles opposables au cessionnaire ? Certains auteurs ont pensé que le cessionnaire bénéficiait de l'inopposabilité des exceptions, à l'instar du porteur d'un titre cambiaire en droit des effets de commerce. Un arrêt ancien de la chambre des requêtes justifiait cette opinion : le cessionnaire d'actions d'une société annulée agissait en responsabilité contre les fondateurs, et il lui était opposé qu'il tenait ses titres de l'un d'entre eux, auteur de l'irrégularité. L'arrêt (Req., 25 nov. 1946, *JCP* 1947. II. 4533) écarte ce moyen de défense en relevant que le cessionnaire jouissait d'un droit propre, et que les exceptions opposables au cédant lui étaient inopposables. La doctrine moderne a cependant revu à la baisse la portée de cet arrêt, en relevant que c'était une question de qualité à agir en responsabilité contre le cédant des titres qui était posée en réalité. Elle relève que les valeurs mobilières ne sont pas comparables aux effets de commerce. Les effets de commerce sont des titres de paiement, tandis que les valeurs mobilières ne sont que des titres de financement, qui postulent que le financement en considération duquel elles ont été émises a bien été fourni à la société émettrice. La conclusion est donc que les exceptions qui étaient opposables par la société émettrice au cédant devraient l'être également au cessionnaire.

3. *Opposabilité aux tiers des transmissions de valeurs mobilières*

Une première question concerne la revendication exercée par le propriétaire légitime de titres, qui va contester l'inscription qui a été faite au profit d'un autre. La jurisprudence avait affirmé l'existence d'une présomption simple de propriété au profit du titulaire inscrit (Com. 10 juin 1997, *Bull. civ.* IV, n° 186). 1001 ■

Une seconde question est celle du conflit entre cessionnaires successifs, qui devait voir l'emporter, en application de l'adage *prior tempore, potior jure*, le premier cessionnaire à avoir fait procéder à l'inscription en compte, indépendamment de la date à laquelle les cessions étaient intervenues.

La reconnaissance par l'ordonnance du 8 janvier 2009 et l'ordonnance du 8 décembre 2017 d'un droit de propriété au titulaire du compte sur lequel les valeurs mobilières sont inscrites ou de l'inscription en DEEP (C. mon. fin., art. L. 211-4) et l'affirmation du principe selon lequel « nul ne peut revendiquer pour quelque cause que ce soit un titre financier dont la propriété a été acquise de bonne foi par le titulaire du compte-titres dans lequel ces titres sont inscrits ou par la personne identifiée par le dispositif d'enregistrement électronique partagé mentionné à l'art. L. 211-3 » (C. mon. fin., art. L. 211-16, réd. Ord. n° 2017-1674 du 8 déc. 2017) devraient régler ces questions. Même si la « propriété » reconnue au titulaire du compte par le premier texte n'est sans doute pas plus qu'une consécration de la présomption reconnue par la jurisprudence, les conflits entre personnes se prétendant titulaires des mêmes valeurs mobilières devraient s'en trouver réglés plus facilement. 1002 ■

section 2

La typologie des valeurs mobilières

Avant la réforme opérée par l'ordonnance du 8 janvier 2009, l'article L. 211-1, I du Code monétaire et financier énumérait cinq catégories d'instruments financiers : 1003 ■

– 1) les actions et autres titres donnant ou pouvant donner accès, directement ou indirectement, au capital ou aux droits de vote, transmissibles par inscription en compte ou tradition ;

– 2) les titres de créance représentant chacun un droit de créance sur la personne morale ou le fonds commun de titrisation qui les émet, transmissibles par inscription en compte ou tradition, à l'exclusion des effets de commerce et des bons de caisse ;

– 3) les parts ou actions d'organisme de placement collectif (OPC) ;

– 4) les instruments financiers à terme (figurant sur une liste fixée par décret) ;

– 5) tous instruments financiers équivalents, ainsi que les droits représentatifs d'un placement financier dans une entité, émis sur le fondement de droits étrangers.

L'article L. 211-1, II précisait que les instruments financiers mentionnés aux 1 à 3 du I ne pouvaient être émis que par l'État, une personne morale, un fonds commun de placement, un fonds de placement immobilier ou un fonds commun de créances.

Après l'entrée en vigueur de l'ordonnance de 2009, l'actuel article L. 211-1 énonce une partition en deux groupes des instruments financiers, qui se répartissent entre titres financiers et contrats financiers. Ces derniers sont les contrats à terme, qui figurent sur une liste fixée par décret (C. mon. fin., art. L. 211-1, III). Les titres financiers, nouveaux venus dans le Code, sont :

– 1) les titres de capital émis par les sociétés par actions ;

– 2) les titres de créance, à l'exclusion des effets de commerce et des bons de caisse ;

– 3) les parts ou actions d'OPC (C. mon. fin., art. L. 211-1, II).

Seuls nous intéresserons les titres des deux premières catégories, étant précisé que les valeurs mobilières composées peuvent réunir un titre de capital et un titre de créance, selon les modalités qui seront exposées.

§ 1 Les titres de capital

1004 L'ordonnance du 8 janvier 2009 a créé un nouvel article L. 212-1 A au sein du Code monétaire et financier, qui définit les « *titres de capital*[Q] émis par les sociétés par actions » comme « les actions et les autres titres donnant ou pouvant donner accès au capital ou aux droits de vote ». On observera que, de manière étonnante, cette définition très large fait entrer dans la catégorie des titres de capital non seulement les obligations donnant droit à une action, dont on peut hésiter à les traiter comme des actions plutôt que comme des obligations, et également les parts d'industrie émises par les SAS, qui ne participent pas du capital (v. ss 940) !

La distinction, parmi les titres de capital, se fait entre les actions ordinaires, les actions de préférence, et les autres titres de capital, dont la plupart relèvent de catégories aujourd'hui disparues.

A. Les actions ordinaires

1. *Des titres émis en contrepartie d'un apport*

a. Apports admis

1005 Les actions sont dites de numéraire, lorsque leur montant est libéré par le versement d'espèces ou par compensation, qu'elles sont émises par suite d'une incorporation au capital de réserves, bénéfices ou primes d'émission, ou lorsqu'il y a combinaison de ces différents modes d'exécution de l'apport. De manière ambiguë, les autres actions sont dites « actions d'apport » (C. com., art. L. 228-7), alors que les actions de numéraire supposent autant que les autres un apport.

Les actions ordinaires… ne présentent pas de particularités ! Elles représentent des droits d'associé, ne peuvent, sauf l'exception des actions d'industrie de la SAS (mais s'agit-il encore d'actions ordinaires ?), rémunérer des apports en industrie, et donnent droit aux différentes prérogatives attachées à la qualité d'actionnaire.

La société peut imposer un « apport minimum » en procédant au *regroupement des actions* non cotées ayant une valeur nominale inférieure ou égale à 3,81 euros (C. com., art. L. 228-29-1 et R. 228-27), ce qui entraîne, pour les actionnaires, l'obligation de procéder aux achats ou aux cessions d'actions nécessaires pour réaliser le regroupement. Une décision des actionnaires prise dans les conditions requises pour la modification des statuts est nécessaire. La valeur nominale des actions regroupées ne peut être supérieure à 15,25 euros (C. com., art. L. 228-29-2 et R. 228-27). À l'expiration d'un délai qui est en principe de deux ans, les actions non présentées en vue de leur regroupement perdent leur droit de vote et leur droit au dividende est suspendu (C. com., art. L. 228-29-3 et R. 228-30). Des regroupements facultatifs peuvent être décidés par la société, non soumis aux conditions de seuils précitées (C. com., art. L. 228-29-6). 1006 ■

b. Libération des actions

L'actionnaire doit libérer ses actions dès leur souscription ou aux « époques fixées par le conseil d'administration, le directoire ou les gérants ». S'il ne le fait pas, la société lui adresse une mise en demeure. Si celle-ci reste sans effet, la société poursuit, sans aucune autorisation de justice, la vente desdites actions, en bourse pour les actions cotées, aux enchères publiques pour les autres (C. com., art. L. 228-27). L'actionnaire défaillant, les cessionnaires successifs et les souscripteurs sont tenus solidairement du montant non libéré de l'action. La société peut agir contre eux, avant comme après la vente, pour obtenir le paiement de la somme encore due ou le remboursement des frais exposés. Simplement, le souscripteur ou l'actionnaire qui a cédé son titre cesse d'être tenu des versements non encore appelés, deux ans après le virement d'un compte de valeurs mobilières à un autre compte (C. com., art. L. 228-28). 1007 ■

À l'expiration d'un délai de trente jours, les actions sur le montant desquelles les versements exigibles n'ont pas été effectués cessent de donner droit à l'admission et aux votes dans les assemblées d'actionnaires et sont déduites pour le calcul du quorum. Leur droit aux dividendes et leur droit préférentiel de souscription sont suspendus (C. com., art. L. 228-29 et R. 228-26).

2. *La négociabilité des actions*

L'action est l'archétype du titre négociable. Les actions sont négociables après l'immatriculation de la société au registre du commerce et des sociétés ou à compter de la réalisation de l'augmentation de capital les concernant, la négociation de promesses d'actions étant en principe interdite (C. com., art. L. 228-10). Les actions demeurent négociables après la dissolution de la société et jusqu'à la clôture de la liquidation (C. com., art. L. 228-21). 1008 ■

B. Les actions de préférence

■ 1009 Ces titres particuliers sont régis par les articles L. 228-11 à L. 228-19 du Code de commerce, en leur rédaction introduite par l'ordonnance du 24 juin 2004. Le nombre de textes encadrant les actions de préférence est très réduit, le législateur ayant voulu donner la plus grande souplesse à ces titres.

L'objectif de l'ordonnance de 2004 était à la fois celui d'une libéralisation et d'une diversification des titres de capital, afin d'offrir aux investisseurs les produits adaptés à leurs demandes. Mais l'objectif était également celui de l'unification des régimes spéciaux qui existaient jusqu'alors. De ce fait, ont disparu pour l'avenir les actions de priorité, les actions à dividende prioritaire sans droit de vote et les certificats d'investissement et de droit de vote.

L'ordonnance répondait aux vœux des praticiens (du MEDEF, auteur d'un rapport sur la question en mai 2001, mais aussi de l'ANSA), qui recherchaient la possibilité de dissocier pouvoir et capital, mais également d'offrir aux investisseurs des produits purement financiers bénéficiant d'une rentabilité plus importante, ou encore de mieux contrôler les actions émises en pouvant les rappeler à tout moment. Il y avait également la volonté de se rapprocher des *preferred shares* du droit américain, titres intermédiaires entre les actions et les obligations, qui peuvent notamment être des actions privées de droit de vote, et également du droit anglais, qui connaît des actions donnant droit à un dividende préférentiel cumulatif ou à une créance prioritaire par rapport aux autres actionnaires en cas de liquidation de la société.

Le droit français connaissait déjà les actions de priorité, qui pouvaient, aux termes de l'ancien article L. 228-11 du Code de commerce, « jouir d'avantages par rapport à toutes autres actions », sous réserve de respecter les dispositions relatives au droit de vote, et notamment l'article L. 225-122, qui dispose que chaque action donne droit à une voix au moins. C'était aussi cette restriction que l'on voulait supprimer, et l'ordonnance du 24 juin 2004 a donc autorisé de manière générale que les actions de préférence puissent être privées de leur droit de vote.

Le dispositif a fait l'objet de quelques remaniements, les plus importants résultants de l'ordonnance du 31 juillet 2014 (rachat des actions de préférence) et de la loi PACTE du 22 mai 2019 (actions à droit de vote multiple).

■ 1010 Il faut en toute hypothèse comprendre que les actions de préférence sont régies non seulement par les textes qui leur sont propres, mais aussi par les dispositions relatives aux actions ordinaires (v. ss 1005 s.) et également par tout le droit des sociétés, lorsque leur régime spécial n'y déroge pas. Ainsi, pour prendre un exemple simple, les actions de préférence ne permettent pas de déroger à la prohibition des clauses léonines (C. civ., art. 1844-1, al. 2 – v. ss chapitre 2). Cette diversité de normes applicables complique la tâche du juriste, qui devra à chaque fois se poser la question de savoir si l'on peut ou non déroger à la règle de droit commun, avant de mettre en place des actions de préférence.

1. *Typologie des droits particuliers*

a. Possibilité de créer des désavantages ?

■ 1011 La question a rapidement été posée en doctrine, et a fait l'objet de réponses divergentes. Il est vrai que les termes « actions de préférence » laissent entendre que ces titres doivent nécessairement comporter plus de droits que les autres. De plus, le fait qu'il faille respecter la procédure des avantages particuliers lorsque les actions sont destinées à des actionnaires nommément désignés (C. com., art. L. 228-15) incite à penser encore qu'elles créent nécessairement une situation privilégiée.

En réalité, tout dépend du sens que l'on attache aux mots « droits particuliers ». Lorsque l'article L. 228-11 du Code de commerce énonce que les actions de préférence sont « assorties de droits particuliers de toute nature », est-ce que ces termes de droits particuliers désignent des droits, en tant que prérogatives, ou désignent-ils les caractéristiques des titres, qui pourraient donc être en plus ou en moins ? La question n'a à ce jour pas été tranchée par la jurisprudence. Précisons simplement que le rapport au président de la République qui accompagnait l'ordonnance de 2004 indiquait que « les droits sont entendus au sens générique du terme » et que « ces actions peuvent donc être aussi dotées d'obligations particulières et faire l'objet de restrictions ».

Les droits particuliers seraient donc des droits *différents*, et non des droits supérieurs.

Sans forcément créer des désavantages, les actions peuvent limiter les avantages qu'elles confèrent. Elles pourraient ainsi perdre leurs avantages lorsqu'elles changeront de détenteur, ce qui pourrait les rapprocher de clauses d'agrément. Elles pourraient également perdre leurs avantages lorsque tel seuil de bénéfice aura été réalisé.

b. Aménagements du droit de vote

Les actions de préférence peuvent être « *avec ou sans droit de vote* » (C. com., art. L. 228-11, al. 1er). La possibilité de *suppression du droit de vote* était un point capital de la réforme, qui crée une dérogation au principe selon lequel un actionnaire peut exercer un droit de vote. Plus précisément, l'article L. 228-11 du Code de commerce déroge à l'article L. 225-122, qui dispose que chaque action donne droit à une voix au moins. Il ne déroge pas, en revanche, à l'article 1844 du Code civil, ce qui impose de respecter le droit de participer aux décisions collectives des porteurs d'actions de préférence sans droit de vote, et donc de les convoquer aux assemblées d'actionnaires, même s'ils ne peuvent y voter ! 1012 ■

Les actions de préférence sans droit de vote ne peuvent représenter plus de la moitié du capital social en règle générale, et ce plafond est abaissé au quart du capital social dans les sociétés dont les actions sont admises aux négociations sur un marché réglementé (C. com., art. L. 228-11, al. 3). Les actions dépourvues de droit de vote en application de l'article L. 233-29 relatif aux participations croisées (v. ss chapitre 16) ne sont pas prises en compte à cet égard (Rép. min. n° 11500, *JOAN Q*, 23 sept. 2008, p. 8239). La sanction prévue en cas de dépassement de ce seuil est l'annulation facultative de l'émission ayant pour effet de porter la proportion d'actions de préférence sans droit de vote au-delà de la limite autorisée (C. com., art. L. 228-11, al. 4).

Afin de simplifier certaines opérations de grande envergure, la loi LME du 4 août 2008, complétée par l'ordonnance du 6 novembre 2008, avait prévu à titre supplétif la suppression du droit préférentiel de souscription attaché aux actions de préférence sans droit de vote à l'émission, lorsqu'un droit limité de participation aux dividendes, aux réserves ou au partage du patrimoine en cas de liquidation est attaché à ces actions (C. com., art. L. 228-11, al. 5). La référence à l'absence de droit de vote à l'émission a été supprimée par la loi PACTE.

1013 Le droit de vote, outre sa suppression pure et simple, peut être « aménagé pour un délai déterminé ou déterminable » ou « suspendu pour une durée déterminée ou déterminable » (C. com., art. L. 228-11, al. 2).

Le droit de vote peut ainsi être *suspendu* jusqu'à l'expiration d'un terme ou jusqu'à ce qu'un événement particulier survienne, telle que la non-distribution d'un dividende pendant plusieurs exercices. On peut se demander si l'émetteur peut se donner le pouvoir de contrôler la durée de la suspension du droit de vote – ce serait là une forme de condition potestative au pouvoir du débiteur, qui affecterait la validité de l'engagement.

L'*aménagement* est un terme plus mystérieux. Le plafonnement apparaît en tous les cas exclu, à lire l'article L. 225-125 du Code de commerce (pour les sociétés auxquelles ce texte s'applique). Aux termes de ce texte, les statuts peuvent certes limiter le nombre de voix dont les actionnaires disposent dans les assemblées, mais c'est à la condition que cette limitation soit imposée à toutes les actions sans distinction de catégorie, autre que les actions à dividende prioritaire sans droit de vote. Comme les actions de préférence constituent une catégorie d'actions, il n'apparaît pas envisageable de plafonner le droit de vote qu'elles confèrent à leurs titulaires. Il doit également être exclu d'instaurer des actions à droit de vote multiple, dès lors que l'article L. 225-122 impose la proportionnalité. La question se posait cependant de l'application de ces exclusions aux SAS. Les art. L. 225-122 à L. 225-125 font en effet partie des textes qui ne s'appliquent pas aux SAS, mais lorsque ces sociétés créent des actions de préférence, dont le régime renvoie à ces textes, que se passe-t-il ? Les art. L. 225-122 s. sont-ils applicables dès lors que sont créées des actions de préférence, y compris par des SAS, ou bien la SAS est-elle préservée de ces articles, même lorsqu'elle crée des actions de préférence ? La doctrine était partagée (je penchais pour ma part pour la seconde solution, ce qui permettait aux SAS de créer des actions à droit de vote multiple). La loi PACTE a choisi de réserver l'application des art. L. 225-122 à L. 225-125 aux seules sociétés dont les actions sont admises aux négociations sur un marché réglementé ou sur un SMN.

Par ailleurs, avant comme après la loi PACTE, doivent être des aménagements possibles :

– l'instauration d'un *droit de vote distributif*, qui ne prendrait effet que pour certaines décisions, ou pour certaines assemblées. On arriverait à rattacher les prérogatives conférées par les actions, en matière de droits de vote, à certaines décisions. On peut cependant se demander si les actions concernées ne sont pas des actions sans droit de vote, auquel cas il faudrait respecter la limite de la moitié ou du quart du capital social ;

– l'instauration d'un *droit de vote contingent*, qui renaît si tel privilège n'est pas satisfait, mais on retombe, ici, dans l'hypothèse de la suspension ;

– l'instauration d'une *clause de stage*, par laquelle le droit de vote ne peut être exercé que si l'action est inscrite au nom du titulaire de l'action depuis un certain temps ;

– l'instauration d'aménagements des modalités de participation aux décisions collectives.

c. Aménagements des droits pécuniaires

1014 Plusieurs aménagements sont envisageables s'agissant des droits pécuniaires :

– aménagement du droit au dividende : les actions de préférence pourront accorder un droit à un dividende prioritaire, éventuellement cumulatif, éventuellement versé en actions. Il faut cependant prendre garde à ne pas porter atteinte à la prohibition de la clause d'intérêt fixe, c'est-à-dire la clause qui prévoit que les actionnaires recevront une rémunération indépendamment de la réalisation d'un bénéfice. Cette clause est d'ailleurs réputée non écrite (C. com., art. L. 232-15) ;

– aménagement du boni de liquidation : les actions de préférence peuvent donner droit à une fraction supérieure du boni de liquidation, par rapport au pourcentage du capital social qu'elles représentent ;

– aménagement du droit à la reprise de l'apport : les actions de préférence peuvent donner droit à une priorité lors du remboursement des apports, soit en prévoyant un droit à reprise prioritaire par rapport aux actions ordinaires, soit en prévoyant un droit de priorité sur le produit de la vente d'un bien.

d. Création de droits autres

On peut envisager des aménagements du *droit à l'information*, par un accroissement des informations fournies. Les porteurs d'actions de préférence pourraient ainsi bénéficier d'informations spécifiques, par le biais de rapports portant sur des opérations déterminées ou bien de rapports périodiques dont eux seuls bénéficieraient. On peut ainsi imiter les *actions traçantes*[Q] en prévoyant une information particulièrement détaillée sur des opérations relevant d'un secteur d'activité donné. 1015 ■

Il n'apparaît pas concevable, en revanche, de réduire le droit à l'information, dès lors que les actions de préférence doivent respecter l'article 1844 du Code civil, qui prévoit le droit de participer aux décisions collectives, et qu'une information correcte apparaît un élément indissociable de ce droit.

Le *droit de nommer les dirigeants* pourrait également connaître des aménagements. On pourra se demander si les conditions requises par la jurisprudence pour reconnaître la validité des conventions de vote (et not. une durée déterminée – v. ss 232) doivent également s'appliquer aux actions de préférence. Si les actions de préférence donnent droit à désigner un ou plusieurs dirigeants de la société, il ne faudra pas que l'organisation légale de la société s'en trouve remise en cause, lorsque ladite société a un caractère institutionnel marqué. 1016 ■

Une prérogative reconnue aux porteurs d'actions de préférence pourrait également consister en un *droit de s'opposer à certaines opérations*, qui se matérialiserait par : 1017 ■

– un véritable droit de veto sur certaines opérations, empêchant l'assemblée de prendre telle ou telle décision si les titulaires d'actions de préférence s'y opposent ;

– une consultation obligatoire des porteurs des actions de préférence concernées, avec droit de retrait à leur bénéfice si leur avis n'est pas respecté.

On prendra garde là encore à ce que l'exercice de la prérogative reconnue aux porteurs d'actions de préférence ne contrevienne pas à l'organisation légale impérative de la société concernée.

e. La question du rachat des actions de préférence et des actions rachetables

La question du rachat des actions de préférence est sensible, et, jusqu'à l'ordonnance du 31 juillet 2014, la rédaction de l'article L. 228-12 du Code de commerce, qui indiquait que le rachat était décidé par l'AGE ou intervenait dans les conditions prévues par les statuts, sans plus de précision, laissait sans réponse certaines questions importantes. Le rachat peut être envisagé sous un jour défavorable à l'actionnaire permettant de l'exclure par un rachat opéré contre la volonté des actionnaires 1018 ■

rachetés. Mais pouvait-on prévoir un rachat prenant la forme d'un droit de retrait, permettant à son bénéficiaire de quitter la société, sans devoir respecter les procédures protectrices des créanciers prévues en cas de réduction du capital social ?

L'ordonnance du 31 juillet 2014 a apporté des réponses en distinguant le rachat des actions de préférence de la création d'actions de préférence rachetables. La différence entre les deux tient à ce que le rachat d'actions nécessite le consentement des deux parties et n'a pas à être prévu par les statuts, tandis que, s'agissant des actions rachetables, le rachat est accepté par avance par l'une ou l'autre des parties. Cette possibilité avait été reconnue par la jurisprudence avant la loi du 24 juillet 1966, au nom du principe de la liberté contractuelle (aff. *SA Au planteur de Caïffa*, Req., 16 nov. 1943). La loi du 24 juillet 1966 avait cependant encadré le rachat d'actions, sans que la possibilité de créer des actions rachetables ne soit ouverte.

S'agissant du rachat des actions de préférence, un renvoi clair au droit commun, c'est-à-dire aux articles L. 225-204 à L. 225-214 du Code de commerce, est désormais effectué (C. com., art. L. 228-12, II et L. 228-12-1).

S'agissant des actions de préférence dont le rachat est prévu par les statuts, c'est-à-dire des actions de préférence rachetables, elles ont vu leur régime précisé par l'ordonnance du 31 juillet 2014, qui est venue affirmer, notamment, que le rachat devait intervenir à l'initiative exclusive de la société (C. com., art. L. 228-12, III et L. 228-12-1). La loi PACTE est revenue sur ce dernier point. Désormais, il faut distinguer selon que la société voit ses actions admises sur un marché réglementé ou non. Si c'est le cas, le rachat est à l'initiative exclusive de la société ou à l'initiative conjointe de la société et du détenteur de l'action de préférence. Dans les sociétés non cotées, les statuts déterminent, préalablement à la souscription, si le rachat peut avoir lieu à l'initiative exclusive de la société, à l'initiative conjointe de la société et du détenteur ou à l'initiative exclusive du détenteur, suivant les conditions et délais qu'ils précisent.

Demeurent cependant ouvertes plusieurs questions, comme celle de savoir dans quelle mesure la prohibition des clauses léonines pourrait menacer la clause prévoyant un rachat certes à l'initiative exclusive de la société mais à un montant assurant à l'actionnaire racheté de récupérer son apport... On en revient à la question récurrente que posent les actions de préférence, qui est celle de leur rapport avec les règles du droit général des sociétés.

f. Insertion des actions de préférence dans un groupe de sociétés

1019 Les droits particuliers conférés par les actions de préférence peuvent être exercés « dans la société qui possède directement ou indirectement plus de la moitié du capital de l'émettrice ou dans la société dont l'émettrice possède directement ou indirectement plus de la moitié du capital » (C. com., art. L. 228-13, al. 1er). Cela signifie que les actions de préférence émises par une société A peuvent donner des droits particuliers à leurs titulaires, droits qui seront exercés dans la mère de A, ou bien dans sa filiale. Les assemblées générales extraordinaires des deux sociétés concernées, statuant sur un rapport spécial des commissaires aux comptes, doivent alors autoriser l'émission des actions de préférence.

Le dispositif est là encore à rapprocher des actions traçantes, qui permettent à l'actionnaire de la société mère de « suivre » l'activité d'une filiale, en exerçant des droits au sein de celle-ci, sans toutefois en être directement actionnaire.

Les droits reconnus par les actions de préférence pourront être des droits pécuniaires et/ou des droits politiques dans la filiale ou la société mère. 1020 ■

On peut imaginer, par exemple que l'actionnaire de la mère ait un droit privilégié aux *dividendes* distribués par la filiale. L'application de l'article L. 228-13 à des droits politiques apparaît cependant plus délicate, tout particulièrement s'agissant du droit de vote, si elle conduit à permettre à un non-associé (le titulaire de l'action de préférence émise par A) de voter dans la filiale ou la mère de A alors qu'il n'en est pas l'associé. Un droit de veto ou une procédure de consultation préalable du porteur d'actions de préférence émise par A pour telle ou telle décision prise par la filiale ou la mère de A semble plus admissible. Se posera tout de même un problème quant à la sanction du non-respect de cette clause, puisque ce ne sera sans doute pas la nullité, en l'absence d'une disposition impérative ou expresse pouvant être sanctionnée par une nullité.

2. *Création et disparition des actions de préférence*

a. Création des actions de préférence

La création des actions de préférence se fera au choix par la conversion de titres existants, ou par la création de titres nouveaux, dans le cadre d'une augmentation de capital. Ces décisions relèvent en principe de l'assemblée générale extraordinaire, mais celle-ci peut déléguer ses pouvoirs aux dirigeants (C. com., art. L. 228-12). Les actions de préférence peuvent également exister dès la constitution de la société. 1021 ■

La création (ou la conversion) des actions de préférence peut donner lieu à l'application de la procédure des avantages particuliers (C. com., art. L. 228-15). Les articles L. 225-8, L. 225-10, L. 225-14, L. 225-147, L. 22-10-53 et L. 22-10-54 du Code de commerce reçoivent en effet application lorsque les actions sont émises au profit d'une ou plusieurs personnes nommément désignées. La loi PACTE a clarifié quelque peu le champ d'application de la procédure, mais des questions demeurent (v. ss 1023). Un commissaire aux apports intervient donc, qui est un commissaire aux comptes n'ayant pas réalisé depuis cinq ans et ne réalisant pas de mission au sein de la société (C. com., art. L. 228-15, al. 1er) depuis trois ans (cinq ans avant la loi Soilihi du 19 juillet 2019). L'assemblée générale extraordinaire statue sur le rapport de ce commissaire, étant précisé que les titulaires d'actions devant être converties en actions de préférence de la catégorie à créer ne peuvent, à peine de nullité de la délibération, prendre part au vote sur la création de cette catégorie, les actions qu'ils détiennent n'étant pas prises en compte pour le calcul du quorum et de la majorité, à moins que l'ensemble des actions ne fassent l'objet d'une conversion en actions de préférence. Une réponse ministérielle (*JO Sénat Q*, 23 déc. 2004, p. 2970 ; *D.* 2005. 140) a précisé que cette interdiction concernait aussi le commissaire aux comptes qui aurait été désigné par voie judiciaire dans les cinq ans précédents. On peut ici regretter l'intransigeance de l'article L. 228-15, qui écarte de la possibilité de procéder à l'évaluation des avantages particuliers des commissaires aux comptes qui, étant déjà intervenus au sein de la société, en ont déjà une bonne connaissance. 1022 ■

La loi LME du 4 août 2008 a apporté un peu de simplification en précisant que lorsque l'émission porte sur des actions de préférence relevant d'une catégorie déjà créée, l'évaluation des avantages particuliers qui en résultent est faite dans le rapport spécial du commissaire aux comptes (C. com., art. L. 228-15, *in fine*) et donc sans qu'un commissaire aux apports doive à nouveau intervenir.

1023 Le dispositif comporte cependant quelques imprécisions.

Il existe tout d'abord une incertitude quant à l'étendue des situations visées. Les bénéficiaires doivent-ils nécessairement être « nommément désignés » comme l'exige l'article L. 228-15, alinéa 1er du Code de commerce, ou bien une identification qui serait équivalente (cas où les actions concernées sont clairement identifiées, de sorte que leurs titulaires futurs, s'ils ne sont pas nommément désignés, sont tout de même clairement identifiables) entraîne-t-elle également l'application de la procédure ? La loi PACTE n'a pas clarifié les choses sur ce point.

Elle l'a fait en revanche sur une autre question. Le texte visant des « actionnaires nommément désignés », on s'était demandé si une personne qui n'avait pas encore la qualité d'actionnaire au moment où elle souscrivait les actions de préférence devait respecter la procédure des avantages particuliers. Deux réponses ministérielles du garde des Sceaux, faites successivement à un député (*JOAN Q*, 24 août 2004, p. 6685) et à un sénateur (*JO Sénat Q*, 19 mai 2005, p. 1441), l'avaient confirmé, en invoquant le fait que les actionnaires visés par le texte sont ceux qui le sont déjà, et ceux qui le deviennent au moment de la souscription. Mais cette explication n'était pas très convaincante au regard de la lettre du texte, dans la mesure où la procédure trouvait à s'appliquer à personne qui n'avait pas encore la qualité d'actionnaire. Cette application du texte avait cependant pour elle d'être conforme à l'esprit de la réforme, le rapport au président de la République visant l'émission d'actions au profit « d'une ou plusieurs personnes nommément désignées ». La loi PACTE a clarifié la situation en remplaçant le mot « actionnaires » par le mot « personnes » à l'art. L. 228-15.

Enfin, un débat était intervenu quant au contenu du rapport du commissaire aux apports. L'article L. 225-147 lui imposait, en cas d'augmentation de capital, de rédiger un rapport sur les avantages particuliers. L'ordonnance avait retouché l'article, notamment sur la phrase relative au rapport en question, et l'on se demandait si le contenu de ce rapport devrait être fixé par référence au décret du 23 mars 1967 en sa forme ancienne, ou s'il fallait attendre le décret d'application de l'ordonnance du 24 juin 2004. Si on retenait la seconde solution, il n'était pas possible de procéder à l'émission d'actions de préférence, hors le cas d'émission d'actions de préférence dès la constitution de la société, puisque les articles L. 225-8 et L. 225-147 du Code de commerce ne soulevaient pas le même problème. L'ANSA avait soutenu que la publication du décret d'application n'était pas nécessaire, et que l'on pouvait se contenter du décret de 1967 en son ancienne version. La CNCC retenait l'autre interprétation, qui avait été validée d'ailleurs par une réponse ministérielle (*D.* 2004. 2701). Le décret d'application de l'ordonnance du 24 juin 2004 a en tous les cas modifié l'article 169 du décret du 23 mars 1967, devenu l'article R. 225-136 du Code de commerce. L'ancienne version n'indiquait pas quels éléments devaient contenir le rapport. La nouvelle version du texte réglementaire dispose que le rapport « décrit et apprécie chacun des avantages particuliers ou des droits particuliers attachés aux actions de préférence » et « justifie que la valeur des droits particuliers correspond au moins à la valeur nominale des actions de préférence à émettre augmentée éventuellement de la prime d'émission ».

b. La protection des porteurs d'actions de préférence

1024 En cas de modification ou d'amortissement du capital, l'assemblée générale extraordinaire détermine les incidences de ces opérations sur les droits des porteurs d'actions de préférence. Ces incidences peuvent également être constatées dans les statuts (C. com., art. L. 228-16).

Les porteurs d'actions de préférence se réunissent par ailleurs en une assemblée spéciale, conformément à l'article L. 225-99 du Code de commerce. Cette assemblée doit approuver la fusion ou la scission de la société lorsque cette opération ne conduit pas à l'échange des actions de préférence contre des actions conférant des droits particuliers équivalents (C. com., art. L. 228-17, al. 2). Si de tels titres, qui doivent en principe être eux-mêmes des actions de préférence (Rép. min., *Bull. Joly* 2004. 1291), ne sont pas octroyés aux porteurs d'actions de préférence, une parité d'échange spécifique doit tenir compte des droits particuliers abandonnés (C. com., art. L. 228-17, al. 1er). 1025 ■

Les porteurs d'actions de préférence, constitués en assemblée spéciale, ont par ailleurs la faculté de donner mission à l'un des commissaires aux comptes de la société d'établir un rapport spécial sur le respect par la société des droits particuliers attachés aux actions de préférence. Ce rapport est diffusé à ces porteurs à l'occasion d'une assemblée spéciale (C. com., art. L. 228-19).

c. Disparition des actions de préférence

Les actions de préférence peuvent disparaître à la suite de leur conversion ou de leur rachat, décidés par l'assemblée générale extraordinaire, statuant au vu d'un rapport spécial des commissaires aux comptes. Ce pouvoir peut également être délégué aux dirigeants, dans les conditions fixées par les articles L. 225-129 à L. 225-129-6 du Code de commerce. Les modalités de rachat ou de conversion des actions de préférence peuvent également être fixées dans les statuts (C. com., art. L. 228-12). La conversion donne lieu, lorsqu'elle aboutit à une réduction de capital non motivée par des pertes, à un droit d'opposition pour les créanciers. 1026 ■

L'assemblée spéciale des porteurs d'actions de préférence devra approuver l'opération, conformément à l'article L. 225-99 du Code de commerce.

C. Autres titres de capital

1. *Catégories disparues*

L'ordonnance du 24 juin 2004 a créé les actions de préférence, qui ont remplacé toute une série de titres préexistants : actions de priorité ; actions à dividende prioritaire sans droit de vote ; certificats d'investissement et certificats de droit de vote. 1027 ■

Ce sont des disparitions que l'on ne regrettera pas, dès lors que ces titres posaient souvent des problèmes fondamentaux non résolus, telle que la question de savoir si le détenteur d'un certificat d'investissement ou d'un certificat de droit de vote avait ou non la qualité d'actionnaire. L'un ne votant pas, et l'autre ne participant pas aux bénéfices, on pouvait se demander s'ils étaient réellement associés. La doctrine leur avait plutôt dénié cette qualité. Cela avait des incidences pratiques, ainsi sur la possibilité pour le détenteur de certificats d'opter pour le paiement du bénéfice en actions, qui ne devrait pas être ouverte au porteur de certificats d'investissement.

La plupart des possibilités offertes par ces titres devraient par ailleurs pouvoir être mises en œuvre par le biais des actions de préférence.

Ces titres se retrouvent aujourd'hui « parqués » dans une section nouvellement créée par l'ordonnance de 2004 et intitulée « Dispositions applicables aux catégories de titres en voie d'extinction » (C. com., art. L. 228-29-8 s.). Il est interdit aux sociétés de 1028 ■

procéder à des émissions de titres nouveaux de ces catégories, à l'exception de ceux qui seraient émis en application de décisions d'assemblées générales antérieures à l'entrée en vigueur de l'ordonnance du 24 juin 2004 (C. com., art. L. 228-29-8).

2. *Catégorie maintenue : les titres participatifs*

1029 Ces titres seront évoqués rapidement, en ce qu'ils sont réservés à des sociétés bien particulières (sociétés par actions appartenant au secteur public et sociétés coopératives constituées sous forme de SA et de SARL). Ils relèveraient plutôt de la catégorie des titres de créance, les porteurs de ces titres étant réunis en une masse, régie par les dispositions relatives aux émissions obligataires. Pourtant, d'autres traits les rapprochent des titres de capital, et surtout le fait que les titres participatifs ne sont remboursables qu'en cas de liquidation de la société, ou, à son initiative, à l'expiration d'un délai d'au moins sept ans et dans les conditions prévues par le contrat d'émission. Ces titres sont régis par les articles L. 228-36, L. 228-37 et R. 228-49 à R. 228-55 du Code de commerce.

§ 2 Les *titres de créance*

1030 L'article L. 213-5 du Code monétaire et financier, repris par l'article L. 228-38 du Code de commerce, définit les obligations comme « des titres négociables qui, dans une même émission, confèrent les mêmes droits de créance pour une même valeur nominale », étant précisé que la qualification d'obligation n'est pas subordonnée à la garantie de remboursement du nominal du titre (Civ. 2e, 23 nov. 2017, P+B+I, *Bull. Joly* 2018. 37, note A. Couret).

L'obligation, qui est un instrument financier relevant de la catégorie des titres financiers (C. mon. fin., art. L. 211-1) et de celle des valeurs mobilières (C. com., art. L. 228-1), constitue un mode de financement de la société par l'emprunt. De manière alternative à un financement par emprunt bancaire ou par compte courant d'associé, la société peut émettre des valeurs mobilières représentatives de son emprunt, qui sont les obligations. Cet emprunt a pour caractéristique essentielle d'être fractionné en titres, on peut parler à ce titre d'emprunt collectif.

Le régime des obligations est défini principalement par les articles L. 228-38 à L. 228-90 du Code de commerce, dispositions dont la majeure partie est consacrée à la représentation collective des obligataires. Ces dispositions étaient pour l'essentiel issues d'un décret-loi de 1935, et parmi les évolutions qu'a connues le dispositif, il faut particulièrement signaler la refonte opérée par l'ordonnance n° 2017-970 du 10 mai 2017 tendant à favoriser le développement des émissions obligataires. La réforme conduite par ce texte avait deux objectifs. D'une part, moderniser le dispositif en l'assouplissant. D'autre part, alléger les obligations pesant sur la société émettrice en la dispensant dans certains cas de recourir à une masse.

1031 Pourquoi choisir ce mode de financement ?

Le financement par emprunt obligataire présente les avantages suivants :

– *possibilité pour la société emprunteuse de fractionner l'emprunt*, ce qui permettra plus facilement à la société de trouver du crédit et d'emprunter des sommes plus importantes ;

– *possibilité, pour le prêteur, de mobiliser facilement sa créance* : la négociabilité des obligations permet au porteur de ces titres de les céder facilement, et avec eux la qualité d'emprunteur. Il n'est pas besoin de respecter les formalités d'opposabilité aux tiers du Code civil, du fait du caractère négociable de l'obligation (v. ss 990) ;

– *possibilité pour les investisseurs de limiter les risques encourus par rapport à un placement en titres de capital*, en s'assurant une rémunération fixe et la reprise de la somme prêtée à l'échéance de l'emprunt, éventuellement en assortissant leur créance de sûretés.

Le point le plus fondamental à comprendre est relatif à la nature du droit conféré par l'obligation à son titulaire. C'est un droit de créance sur la société, mais pas un droit d'associé. La distinction est claire, mais elle est parfois brouillée. Lorsqu'au XIXe siècle, sous le Second Empire, l'on voit apparaître les emprunts obligataires, les compagnies de chemin de fer se finançant par l'émission d'obligations, il existe une certaine confusion entre obligations et actions, les émetteurs parlant de « capital d'obligations ». De même, quand l'article L. 211-1, II du Code monétaire et financier distingue entre titres de capital (actions) et titres de créance (obligation), il oublie que le titre de capital confère un droit de créance particulier. 1032 ■

Le droit de l'obligataire est donc celui d'un prêteur, avec la particularité qu'il fait généralement partie d'un groupe de prêteurs finançant le même emprunteur, la société. Les obligations d'une même émission conféreront des droits identiques à leurs porteurs et seront fongibles entre elles. Parce que l'émission obligataire est un prêt, les dispositions du Code civil relatives au prêt de consommation lui sont applicables. Les prêts à intérêt doivent en principe être réalisés par des établissements de crédit, du fait du monopole bancaire. Mais une exception au monopole bancaire est expressément prévue en faveur des titres financiers émis par une société (C. mon. fin., art. L. 511-7, I, 4).

A. Émission des obligations

Pour qu'une société puisse émettre des obligations, il faut que plusieurs conditions soient satisfaites par la société (1), préalablement à l'émission obligataire elle-même (2). 1033 ■

1. *Conditions préalables relatives à la société*

La société souhaitant se financer par l'émission d'obligations doit respecter un certain nombre de conditions édictées par le législateur. Si l'une de ces conditions n'est pas remplie, l'émission obligataire est nulle (C. com., art. L. 235-1). 1034 ■

a. Forme de la société

Les dispositions relatives aux obligations (C. com., art. L. 228-38 à L. 228-90) figurent dans un chapitre du Code intitulé « Des valeurs mobilières émises par les sociétés par actions ». Il faut donc que la société émettrice soit une société par actions, SA, SAS, SCA ou SE. Il est cependant à noter que la SARL a été autorisée par une ordonnance du 25 mars 2004 à se financer par l'émission d'obligations (C. com., art. L. 223-11 – v. ss chapitre 11). 1035 ■

Une autre société qu'une société par actions ou une SARL ne pourra pas du tout émettre d'obligations, car il est interdit à une société qui n'y a pas été autorisée par la loi d'émettre des titres négociables, à peine de nullité des titres émis (C. civ., art. 1841).

Une amende était autrefois prévue pour « les gérants des sociétés autres que les sociétés par actions et, généralement, tous particuliers », qui émettaient des « obligations négociables » (C. com., anc. art. L. 245-7). La loi NRE du 15 mai 2001 a supprimé ces sanctions. Notons au passage que ce texte était particulièrement perfide, puisqu'il édictait des sanctions pénales qui frappaient les sociétés autres que par actions et les particuliers, alors pourtant qu'il figurait dans un chapitre intitulé « Des infractions relatives aux valeurs mobilières émises par les sociétés par actions » !

■ 1036 Il n'est jamais possible à une personne physique d'émettre des obligations telles que régies par les articles L. 228-38 et suivants du Code de commerce.

D'autres personnes morales que les sociétés peuvent cependant recourir à des emprunts obligataires : associations ayant une activité économique (C. mon. fin., art. L. 213-8 à L. 213-21, renvoyant à une partie des dispositions sur les sociétés par actions) ; GIE constitué uniquement de sociétés par actions ou d'associations satisfaisant aux conditions légales d'émission des obligations (C. com., art. L. 251-7 et C. mon. fin., art. L. 213-7), sociétés coopératives agricoles (art. L. 523-11 du C. rural renvoyant aux dispositions sur les sociétés par actions), etc.

b. Libération intégrale du capital social

■ 1037 L'émission d'obligations est interdite aux sociétés dont le capital n'est pas intégralement libéré, sauf si les actions non libérées ont été réservées aux salariés adhérents à un plan d'épargne d'entreprise, et lorsque l'émission d'obligations est faite en vue de l'attribution aux salariés des obligations émises au titre de la participation des salariés aux fruits de l'expansion de l'entreprise (C. com., art. L. 228-39, al. 4).

c. Durée d'existence de la société

■ 1038 Avant que la loi NRE du 15 mai 2001 ne modifie l'article L. 228-39 du Code de commerce, l'émission d'obligations n'était possible à une société par actions que lorsqu'elle avait deux années d'existence et avait établi deux bilans régulièrement approuvés par les actionnaires, sauf exceptions (notamment en cas de garantie de l'État, de collectivités publiques ou de sociétés remplissant les conditions susvisées).

Après la loi NRE, la condition de 2 ans d'existence n'est plus posée expressément, et une société qui n'a pas établi deux bilans régulièrement approuvés par les actionnaires peut tout de même émettre des obligations, mais à la condition que l'émission soit précédée d'une vérification de l'actif et du passif, dans les conditions relatives à la vérification des apports en nature et des avantages particuliers. L'ordonnance n° 2017-970 du 10 mai 2017 a créé une souplesse à cet égard en dérogeant à cette obligation quand la société émettrice bénéficie de la garantie d'une société ayant au moins deux bilans régulièrement approuvés. Le non-respect de ces conditions est sanctionné par la nullité des contrats conclus et des obligations émises (art. L. 228-39, al. 1er, réd. Ord. n° 2019-1067 du 21 oct. 2019).

d. Autorisations requises

L'article 82 de la loi de finances du 23 décembre 1946, qui n'a semble-t-il jamais été abrogé, subordonne à l'autorisation préalable du ministre des Finances les émissions d'obligations de sociétés françaises, mais en pratique, on ne sollicite pas cette autorisation. 1039 ■

Surtout, une autorisation du législateur est requise pour procéder à l'émission d'obligations à lots – c'est-à-dire que certaines obligations, désignées par tirage au sort, seront remboursées à un prix supérieur, voire très supérieur, aux autres (C. mon. fin., art. L. 213-6). Le principe de l'émission d'obligation à lots était, et est toujours, interdit par une loi du 21 mai 1836 (art. 2 prohibant « toutes opérations offertes au public, sous quelque dénomination que ce soit, pour faire naître l'espérance d'un gain qui serait acquis par la voie du sort »).

2. *L'émission elle-même*

a. Compétence initiale de l'assemblée générale ordinaire

L'assemblée générale ordinaire des actionnaires avait initialement seule qualité pour décider ou autoriser l'émission d'obligations, pouvoir qu'elle pouvait déléguer au conseil d'administration, au directoire (qui pouvaient subdéléguer ce pouvoir) ou aux gérants (C. com., anc. art. L. 228-40). L'ordonnance n° 2004-604 du 24 juin 2004 a toutefois opéré une modification importante en reconnaissant le pouvoir de décider d'une émission obligataire aux dirigeants sans qu'une délégation soit nécessaire. L'assemblée générale conserve cependant le pouvoir de décider de l'émission, ce pouvoir étant de principe, puisque l'article L. 228-40 dispose que l'assemblée peut décider de l'exercer et que les statuts peuvent lui réserver ce pouvoir. 1040 ■

En réalité, on peut se demander pourquoi l'assemblée est encore compétente. Certes, la décision de recourir à un emprunt obligataire peut être une décision importante, mais les dirigeants pourraient recourir seuls à un emprunt bancaire d'un montant considérable, tandis que les statuts pourraient réserver à l'assemblée le pouvoir d'autoriser le plus petit emprunt obligataire ? On retrouve ici, sans doute, l'idée que l'émission obligataire est assimilée à une augmentation de capital, en ce que l'emprunt concerné est généralement à long terme. Pour autant, en l'absence de modification des statuts, l'assemblée générale extraordinaire ne saurait être reconnue compétente.

b. Autres compétences envisageables

L'ordonnance du 24 juin 2004 a modifié l'article L. 228-40 du Code de commerce, afin de conférer aux dirigeants des sociétés par actions une compétence propre pour décider de l'émission. Ce pouvoir est ainsi reconnu au conseil d'administration, au directoire et aux gérants. Le président de la SAS n'est pas visé, mais sa compétence assimilée à celle du conseil d'administration (C. com., art. L. 227-1, al. 3) rend la précision inutile. Le conseil d'administration et le directoire peuvent déléguer leurs pouvoirs (essentiellement à un membre de ces organes, au DG ou au DGD, mais ce cercle a été élargi par l'ordonnance n° 2017-970 du 10 mai 2017), le délégataire devant rendre compte au conseil d'administration ou au directoire dans les conditions déterminées par ces organes. 1041 ■

L'ordonnance du 31 juillet 2014 est allée beaucoup plus loin en énonçant à l'article L. 228-36-A du Code de commerce la règle selon laquelle les sociétés par actions peuvent émettre toutes valeurs mobilières représentatives d'un droit de créance dans les conditions prévues au livre II du Code ainsi que toutes autres valeurs mobilières représentatives d'un droit de créance dans les conditions prévues par les statuts ou, le cas échéant, par le contrat d'émission.

c. Caractéristiques de l'émission

■ 1042 Le *montant de l'émission* est fixé librement par l'organe qui autorise l'émission. Un texte réglementaire (Décr. du 30 oct. 1948, art. 7) imposait autrefois un montant fixe : 100 francs ou un multiple de 100 francs. Mais ce texte a été abrogé par le décret nº 99-257 du 1er avril 1999. A été abrogée également l'infraction pénale prévue en cas d'émission d'obligations en dessous du seuil minimum (C. com., anc. art. L. 245-9, 2º). Ces limitations se fondaient sur l'idée que l'émission d'obligations de très petit montant était néfaste en ce qu'elle s'en prenait aux bourses les plus modestes.

Notons également que si l'émission est émise à l'étranger par une société française, une partie du régime légal n'est pas applicable (C. com., art. L. 228-90), comprenant notamment toutes les règles sur la représentation collective des obligataires.

■ 1043 S'agissant de la *durée de l'émission*, si aucun terme n'a été stipulé, l'émission reste ouverte tant que toutes les obligations n'ont pas été souscrites et est close lorsque l'émission a été entièrement souscrite. L'article L. 228-79, alinéa 2 du Code de commerce imposait cependant au « représentant de la société » de constater par acte authentique le résultat de la souscription, dans un délai de six mois à compter de son ouverture, dans l'hypothèse où des sûretés avaient été constituées pour garantir le remboursement de l'emprunt.

La *durée de l'emprunt obligataire* lui-même sera quant à elle prévue dans le contrat d'émission. Dans un souci d'allègement du formalisme, cette référence à un acte authentique a été supprimée par l'ordonnance du 10 mai 2017.

■ 1044 Une différence importante sépare l'émission obligataire *avec offre au public* des autres émissions. L'émission avec offre au public voit la société procéder à une communication présentant une information suffisante sur les conditions de l'offre et sur les titres à offrir, de manière à mettre un investisseur en mesure de décider d'acheter ou de souscrire ces titres financiers (publicité, démarchage, cotation en bourse, etc.) (C. mon. fin., art. L. 411-1).

Lorsque l'émission est faite avec offre au public, la société est tenue de respecter les modalités particulières d'information requises des auteurs d'opérations avec offre au public, et notamment de diffuser un prospectus soumis au visa préalable de l'AMF (v. ss chapitre 16).

d. Souscription

■ 1045 La souscription des obligations peut se faire par l'intermédiaire de bulletins de souscription, mais celle-ci n'est ni imposée ni réglementée par la loi, et l'on y recourt rarement en pratique. Le versement requis de l'obligataire l'est généralement dans son intégralité dès le moment de la souscription, mais il est également envisageable de scinder le versement en deux fractions. Une décision ancienne (T. civ. de Gray, 27 oct. 1936, *Gaz. Pal.* 1936. 2. 890) a jugé que sauf stipulation contraire, l'engagement pris par le souscripteur est soumis à la condition tacite de la souscription intégrale du capital émis, c'est-à-dire de l'émission obligataire.

Les actionnaires de la société émettrice ne peuvent se prévaloir d'un droit préférentiel de souscription (DPS) tant que la société n'émet que des obligations simples, le DPS visant à éviter la dilution de la participation des actionnaires en place. Or l'émission d'obligations ne porte pas atteinte au droit aux bénéfices ou au droit de vote des actionnaires.

B. Régime des obligations

Les obligations sont des valeurs mobilières. Elles sont donc nécessairement dématérialisées et représentées par une inscription en compte. Elles peuvent revêtir la forme nominative ou au porteur, cette dernière étant seulement possible, à l'heure actuelle, lorsque les obligations font l'objet d'une admission aux négociations sur un marché réglementé. 1046

1. *Les droits individuels des obligataires*

Contrairement à l'actionnaire, dont le droit de vote est l'une des prérogatives essentielles, l'obligataire ne participe pas au gouvernement de la société. Les obligataires ne sont pas admis individuellement à exercer un contrôle sur les opérations de la société ou à demander communication des documents sociaux (C. com., art. L. 228-70). 1047

Les droits de l'obligataire sont différents de ceux d'un actionnaire : l'obligataire n'a pas un droit au bénéfice comme l'actionnaire, mais est rémunéré par un intérêt fixe ou variable ; l'obligataire est en théorie assuré, à l'échéance de l'emprunt, de reprendre l'intégralité de la somme prêtée à la société. La situation de l'actionnaire et celle de l'obligataire sont en revanche proches quant à la possibilité qui leur est reconnue en principe sans limitation de céder leurs titres. Enfin, l'obligataire a également des droits d'information et des droits politiques, mais ceux-ci s'exercent collectivement, par le biais de la masse.

a. Le droit à un intérêt

L'obligataire est un prêteur, rémunéré par un intérêt. Celui-ci est généralement fixe et calculé sur le nominal de l'obligation, mais il peut être stipulé que cet intérêt variera en fonction de différents critères : bénéfice réalisé par la société, chiffre d'affaires de celle-ci, résultat d'une filiale que l'émission obligataire a peut-être permis de financer indirectement (ce qui rapprocherait l'obligation des actions traçantes), etc. L'intérêt peut être indexé, en réalité, selon la libre volonté des parties, dès lors que l'article L. 112-3-1 du Code monétaire et financier, issu de l'ordonnance du 8 janvier 2009, dispose que « nonobstant toute disposition législative contraire, l'indexation des titres de créance [mentionnés au 2 du II de l'article L. 211-1] est libre ». Les obligations dont l'intérêt est particulièrement élevé parce qu'elles comportent un risque important de non-remboursement sont dites, selon que l'on est optimiste ou non, « obligations à haut rendement » ou « obligations pourries » (les fameux *junk bonds*[Q]). La possibilité de stipuler un haut taux d'intérêt était autrefois menacée, en France, par l'existence des dispositions prohibant les prêts à taux usuraire (C. mon. fin., art. L. 313-5 s.). Une exclusion spécifique soustrait cependant à l'application de ces dispositions, entre autres, les prêts accordés à une « personne morale se livrant à une activité industrielle, commerciale, artisanale, agricole ou 1048 professionnelle non commerciale », ce qui suffit à garantir la validité des *junk bonds*. À l'heure actuelle, les obligations à taux d'intérêt négatif suscitent davantage la curiosité.

1049 Les obligations dont l'intérêt est indexé sur le résultat de la société émettrice sont dites « obligations participantes ». On pourrait d'ailleurs imaginer une clause du contrat d'émission calquant les intérêts versés aux obligataires sur les dividendes distribués aux actionnaires. Cette clause risque toutefois d'être vue comme constituant une condition potestative, la société pouvant alors se dispenser du versement d'intérêts aux obligataires en ne versant pas de dividendes aux actionnaires. Il est vrai cependant que cette clause pourrait n'être que *simplement* potestative, les actionnaires, véritables auteurs de la décision, devant endurer l'absence de dividendes pour que leur société soit dispensée du versement d'un intérêt aux obligataires.

1050 La modification du montant de l'intérêt ou de son mode de calcul est possible en cours d'emprunt, mais dans cette hypothèse, il faut tout à la fois l'accord de l'emprunteur (la société débitrice) et du prêteur (les obligataires), compétence étant donnée sur ce point à l'assemblée générale des obligataires (C. com., art. L. 228-65, 5°).

1051 L'intérêt est généralement versé périodiquement (le plus souvent, chaque année, mais parfois à intervalles plus courts – chaque semestre par exemple). Il peut être prévu aussi que l'intérêt sera versé en bloc, avec le nominal, au moment du remboursement de l'emprunt. Ce sont les obligations dites « à coupon unique ».

Par ailleurs, il existe également des obligations dites « à coupon zéro » ou « zéro-coupon ». Leur caractéristique est de ne pas servir d'intérêt durant leur existence, mais d'être émises à un prix très inférieur par rapport à leur prix de remboursement. Leur utilité se manifeste surtout lorsqu'il faut financer une opération demandant un investissement initial important, mais qui ne rapportera que beaucoup plus tard. Il semble que cette dernière formule ait été mise en place pour des raisons fiscales.

C'est en principe la prescription quinquennale qui s'applique à la créance d'intérêt de l'obligataire (CGPPP, art. L. 1126-1, 1°). Les droits non réclamés ne sont pas acquis à la société, mais doivent être remis à l'administration des impôts.

1052 Le contrat d'émission fixera les modalités de paiement : la monnaie de paiement (avec les restrictions vues précédemment), le lieu de paiement (banque désignée par la société, généralement) et les autres modalités.

Le contrat d'émission prévoit parfois que les intérêts — le coupon — pourront être réinvestis dans des obligations nouvelles assimilées aux titres de base (on parle d'obligations spéciales à coupons à réinvestir — « OSCAR »).

b. Le droit au remboursement du capital

1053 Cette reprise se fait le plus souvent en une seule fois pour tout l'emprunt obligataire, au terme convenu (ex : la société remboursera la somme représentant l'intégralité du nominal en une seule fois, dans dix ans). Mais il est également envisageable que la société procède par voie d'amortissement annuel, et désintéresse chaque année un certain nombre d'obligataires de la totalité des droits attachés à leurs titres, par exemple par tirage au sort d'une série d'obligations. Ainsi une société pourra-t-elle émettre dix séries d'obligations, A à J, d'un montant de 100 euros chacune. Chaque année, un intérêt sera servi à ces obligataires, et chaque année, une série sera tirée au sort, parmi les dix, dont tous les titres feront l'objet d'un remboursement intégral. Il est encore envisageable que la société affecte chaque année une somme forfaitaire au paiement des intérêts et à l'amortissement des obligations. Les premières années, ce sont surtout des intérêts qui seront payés, le nombre de titres amortis augmentant chaque année. L'attribution d'une prime ou d'un lot est également envisageable.

Des hypothèses de remboursement anticipé peuvent être prévues. 1054 ■

La société ne peut imposer aux obligataires le remboursement anticipé de leurs titres, en l'absence de dispositions particulières du contrat d'émission (C. com., art. L. 228-75). Cette solution avait déjà été édictée par la jurisprudence (Req., 21 avr. 1896, *D.* 1896. 1. 484). La solution qui pourrait être déduite d'une lecture *a contrario* de l'article L. 228-75 ne vaut pas, c'est-à-dire que les obligataires ne peuvent pas non plus exiger avant terme le paiement des obligations. Le contrat d'émission pourrait cependant autoriser la société à rembourser le prêt de manière anticipée (ce qui en pratique sera toujours le cas), ou permettre aux obligataires de demander par avance leur remboursement. On peut également utiliser le mécanisme dit des « obligations à fenêtres », qui permet aux obligataires de demander le remboursement pendant des périodes déterminées, en payant des pénalités.

En cours d'emprunt, l'assemblée des obligataires pourrait accepter une modification des « modalités d'amortissement » (C. com., art. L. 228-65, I, 5°).

L'article L. 228-76 du Code de commerce prévoit également un cas de remboursement anticipé : en cas de dissolution anticipée de la société, non provoquée par une fusion ou une scission, le remboursement anticipé peut être exigé par l'assemblée générale des obligataires ou imposé par la société.

Notons enfin que la société peut procéder à un remboursement anticipé indirect, même en l'absence de clause particulière, en procédant au *rachat des obligations émises*. Il s'agira d'une opération équivalente à un remboursement dans la mesure où la société doit annuler les titres et ne pas les remettre en circulation (C. com., art. L. 228-74 – des dérogations à cette obligation ont été apportées en matière d'obligations cotées par la loi de régulation bancaire et financière du 22 oct. 2010, C. mon. fin., art. L. 213-1-A). Il conviendra d'assurer une information correcte des souscripteurs d'obligations rachetables lorsque cette possibilité est prévue dans le contrat d'émission.

L'obligataire étant un prêteur, il est fondé à reprendre l'intégralité de la somme 1055 ■
prêtée, et ce quels que soient les résultats de la société. Il est cependant possible de stipuler une *clause de subordination*, selon laquelle les obligations d'une émission particulière ne seront remboursées qu'après les autres créanciers de la société (sauf éventuellement les titulaires de prêts participatifs et de titres participatifs), et seulement avant les actionnaires (C. com., art. L. 228-97). En contrepartie, un intérêt plus important doit rémunérer ces titres, puisque leurs porteurs assument un risque majeur, assez proche de celui supporté par le porteur de titres de capital.

À l'inverse, le remboursement de l'obligation (comme le paiement de l'intérêt, 1056 ■
d'ailleurs) peut être garanti par des sûretés réelles, aux termes des art. L. 228-77 s., remaniés par l'ordonnance du 10 mai 2017. L'hypothèse est rare en pratique, sans

doute du fait de la difficulté à gérer une sûreté garantissant le paiement de créanciers aussi nombreux et susceptibles de changer au fil du temps que peuvent l'être les souscripteurs d'un emprunt obligataire.

La sûreté garantissant l'emprunt obligataire est constituée par la société avant l'émission ou concomitamment, pour le compte de la masse des obligataires (même si celle-ci n'existe pas encore). L'acceptation résulte du seul fait de la souscription, et rétroagit à la date de l'inscription ou de la constitution de la sûreté (C. com., art. L. 228-77 et L. 228-79). Un acte spécial est nécessaire (C. com., art. L. 228-79). Si la sûreté est constituée postérieurement à l'émission des obligations, elle l'est par la société pour le compte de la masse des obligataires, et elle doit être acceptée par le représentant de cette dernière (art. L. 228-81).

Une garantie particulière, qui n'est pas une sûreté au sens strict, consiste en la *clause pari passu*, qui garantit aux obligataires que la société n'émettra pas d'emprunt à des conditions plus avantageuses, ou que, si elle le fait, elle proposera en priorité la souscription aux bénéficiaires de la clause. Dans tous les cas, l'émission d'obligations assorties d'une sûreté réelle ne bénéficiant pas aux obligataires composant la masse est subordonnée à une autorisation de celle-ci (C. com., art. L. 228-65, I, 4°, réd. ord. 10 mai 2017 - précédemment, était visé plus largement l'octroi d'un « droit de préférence par rapport à la créance des obligataires composant la masse »).

c. Le droit de céder ses titres

1057 L'obligataire peut céder ses titres de la même manière qu'un actionnaire, c'est-à-dire par virement de compte à compte, puisque les obligations, nécessairement dématérialisées, sont représentées par une inscription en compte ou dans un dispositif d'enregistrement électronique partagé (C. com., art. L. 228-1). Les obligations sont obligatoirement nominatives dans les sociétés non cotées (auquel cas la société émettrice est en principe teneuse de compte, mais peut confier cette mission à un intermédiaire financier habilité) et peuvent être au porteur dans les sociétés cotées (auquel cas un intermédiaire financier habilité est nécessairement teneur de compte).

1058 Le contrat d'émission peut comporter des clauses restreignant le principe de la libre négociabilité des obligations — clause d'agrément par exemple, mais dans cette hypothèse, il conviendra de prévoir la procédure applicable à l'agrément lorsque les titres ne donneront pas accès au capital. Les dispositions relatives à la clause d'agrément et à la procédure d'agrément prévues par les articles L. 228-23 et L. 228-24 du Code de commerce recevront application à la cession des obligations donnant accès au capital. Le contrôle des cessions d'obligations n'est véritablement important, en pratique, que si les titres permettent d'acquérir à terme la qualité d'actionnaire (sur le rachat des obligations par la société émettrice, v. ss 1054).

2. *L'organisation collective des obligataires*

1059 Les obligataires font depuis longtemps l'objet d'une organisation collective légale en une masse (C. com., art. L. 228-46). Cette organisation est obligatoire, sauf dans deux hypothèses :

– lorsque l'obligataire est une seule personne physique ou morale. Il prendra alors seul les décisions qui relèvent de la masse, et il agira au lieu et place du représentant des obligataires ;

– lorsque l'emprunt obligataire est soumis à un régime légal spécial, est garanti par l'État, les départements ou les communes ou les établissements publics, ou est émis à l'étranger par les sociétés françaises (C. com., art. L. 228-90).

L'absence de masse allège la gestion de l'emprunt, mais en cas de pluralité d'obligataires, les décisions doivent être prises à l'unanimité, sauf clause de vote majoritaire figurant dans le contrat d'émission.

L'ordonnance du 10 mai 2017 a simplifié le fonctionnement de la masse sur différents points.

a. La masse a la personnalité morale

La masse des obligataires jouit de la « personnalité civile » (C. com., art. L. 228-46), 1060 ■
c'est-à-dire qu'elle est une personne morale, dont on relève souvent qu'elle est « dépourvue de patrimoine », ce qui est juridiquement inexact, dans la mesure où elle est en réalité dépourvue d'actif, un peu comme le syndicat de copropriété d'immeuble, qui n'est pas propriétaire de l'immeuble, et où la masse n'a pas à sa charge les frais de gestion de l'emprunt liés à l'assemblée (C. com., art. L. 228-71) et la rémunération du représentant (C. com., art. L. 228-56), qui pèsent sur la société. Toute personne juridique a un patrimoine, ce que ne remet pas en cause l'institution de la masse des obligataires.

Les obligataires sont réunis en autant de masses qu'il y a d'émissions d'obligations 1061 ■
distinctes (C. com., art. L. 228-46), la société pouvant cependant grouper en une masse unique les porteurs d'obligations ayant des droits identiques en cas d'émissions successives d'obligations, à la condition qu'une clause de chaque contrat d'émission le prévoie.

b. Le représentant de la masse

S'ils ne sont pas désignés par le contrat d'émission, le ou les représentants de la masse 1062 ■
(trois maximum) sont élus par une décision de l'assemblée générale (C. com., art. L. 228-47). À défaut, c'est le juge qui nommera ces représentants (C. com., art. L. 228-50 et L. 228-51). Cette nomination fait l'objet de mesures de publicité particulières (C. com., art. R. 228-61).

Le représentant de la masse peut être une personne physique ou morale, mais il n'est pas nécessaire qu'il soit lui-même obligataire. Il doit être français ou ressortissant d'un État membre de l'Union européenne, ou être domicilié en territoire français, ou y avoir son siège si le représentant est une association ou une société (C. com., art. L. 228-48, réd. ord. n° 2017-970 du 10 mai 2017). Un certain nombre d'interdictions sont prévues, qui visent la société, les sociétés qui lui sont liées ou garantissent ses engagements, leurs dirigeants, employés, commissaires aux comptes, et les personnes ne pouvant exercer la profession de banquier ou diriger une société (C. com., art. L. 228-49). La violation de ces interdictions est, pour une partie d'entre elles, sanctionnée pénalement (C. com., art. L. 245-12, 1° et L. 245-15).

La rémunération des représentants de la masse, supportée comme on l'a dit par la société débitrice, est fixée par l'assemblée générale des obligataires ou par le contrat d'émission, et à défaut par décision de justice (C. com., art. L. 228-56).

Le représentant de la masse peut être relevé de ses fonctions par l'assemblée générale 1063 ■
des obligataires (C. com., art. L. 228-52). Cela permet donc sa révocation, sans doute *ad nutum*, et donc sans préavis et sans besoin de démontrer l'existence de justes

motifs. Le représentant de la masse peut également démissionner de ses fonctions, ce qu'il doit notifier à la société par lettre recommandée avec accusé de réception (C. com., art. R. 228-62). Aucun texte légal ou réglementaire ne prévoyant de terme aux fonctions du représentant, il faut comprendre que s'il n'en a pas été stipulé, le représentant est désigné pour une durée indéterminée.

■ 1064 Le représentant de la masse accomplit au nom de celle-ci tous actes de gestion pour la défense des intérêts communs des obligataires (C. com., art. L. 228-53) et ce sauf restriction prévue par l'assemblée des obligataires. Le représentant n'accomplit donc pas d'actes en défense des intérêts individuels des obligataires, tels que d'assigner la société en exécution du remboursement des obligations de tel ou tel obligataire. La référence aux actes de gestion signifie également que le représentant ne saurait accomplir d'actes remettant en cause les termes initiaux de l'emprunt obligataire, par exemple en accordant à la société un délai de paiement supplémentaire.

Hormis cette définition générale des pouvoirs du représentant de la masse, la loi lui reconnaît des pouvoirs spécifiques :

– représenter la masse lors de la constitution de sûretés (art. L. 228-79 et L. 228-91) ;

– veiller à renouveler les inscriptions des sûretés qui ont été consenties pour garantir le paiement des obligations (C. com., art. L. 228-79) ;

– assister aux assemblées d'actionnaires, mais sans voix délibérative (C. com., art. L. 228-55). Il reçoit à cette fin les mêmes documents que les actionnaires. Il ne vote pas, c'est certain, mais en réalité, il n'a sans doute même pas voix consultative, car la première phrase de l'article L. 228-55 dispose que le représentant ne peut s'immiscer dans la gestion des affaires sociales (il doit cependant pouvoir voter s'il est actionnaire) ;

– agir en justice au nom de la masse ou des obligataires, lorsqu'il a été autorisé par l'assemblée, y compris en nullité de la société ou des actes de celle-ci (C. com., art. L. 228-54) ;

– former opposition à la réduction de capital non motivée par des pertes (C. com., art. L. 225-205).

L'ordonnance du 10 mai 2017 a expressément autorisé le représentant de la masse à déléguer ses pouvoirs à un tiers (art. L. 228-53)

■ 1065 Le représentant de la masse peut engager sa responsabilité civile à l'égard des obligataires ou de la masse, voire à l'égard des tiers. Il faut penser qu'à l'égard des tiers, la démonstration d'une faute séparable des fonctions du représentant de la masse sera requise, par analogie avec la situation du dirigeant social (v. ss chapitre 6).

c. Les assemblées d'obligataires

■ 1066 Les assemblées sont convoquées par les dirigeants de la société débitrice ou par les représentants de la masse. La convocation peut également être demandée par un ou plusieurs obligataires représentant le trentième des titres d'une masse. Le juge pourrait enfin nommer un mandataire judiciaire aux fins de convoquer l'assemblée (C. com., art. L. 228-58).

La convocation était jusqu'à présent faite dans les mêmes conditions de forme et de délai que les assemblées d'actionnaires (C. com., art. L. 228-59, al. 1er), avec quelques particularités (C. com., art. R. 228-66). L'ordonnance n° 2017-970 du 10 mai 2017 a ici introduit de la souplesse en permettant que le contrat d'émission prévoie des règles de convocation différentes. L'ordonnance du 10 mai 2017 a aussi permis au contrat d'émission d'autoriser la prise des décisions de la masse des obligataires à l'issue d'une consultation écrite, y compris par voie électronique (art. L. 228-46-1).

Un ordre du jour doit être respecté, qui est arrêté par l'auteur de la convocation (C. com., art. L. 228-60), et éventuellement complété par un ou plusieurs obligataires représentant le trentième des titres.

Les différentes masses d'obligataires de la même société ne peuvent en aucun cas faire l'objet d'une assemblée commune (C. com., art. L. 228-61) mais il faut se souvenir que les différentes émissions peuvent être regroupées en une masse commune, lorsqu'une clause du contrat d'émission des différentes obligations concernées le prévoit (C. com., art. L. 228-46).

Comme pour les assemblées d'actionnaires, le principe de la participation des obligataires à l'assemblée est affirmé (C. com., art. L. 228-61, al. 2). Une sanction pénale est également prévue pour celui qui empêche un obligataire de participer à une assemblée (C. com., art. L. 245-11 – deux ans d'emprisonnement et 9 000 euros). **1067**

Par exception, l'article L. 228-61 du Code de commerce dispose que la société qui détient au moins 10 % du capital de la société débitrice ne peut voter à l'assemblée avec les obligations qu'elle détient (*a contrario*, elle doit pouvoir participer à cette assemblée, et faire valoir son point de vue). La Cour de cassation a pu juger (Com. 13 juin 1995, *Bull. civ.* IV, n° 181 ; *Bull. Joly* 1995. 855, note A. Couret) que cette participation s'entendait de la détention directe du capital. Cette interdiction de voter s'explique assez facilement, et on peut s'étonner qu'elle ne s'applique qu'aux sociétés et non à tous les actionnaires. L'obligataire est le créancier de la société débitrice. S'il a simultanément une participation dans cette société, il est assimilé à celle-ci. Ses intérêts de créancier (en tant qu'obligataire) et de débiteur (en tant qu'associé, assimilé à la société) risquent donc d'entrer en conflit, et de ce fait, il apparaît préférable d'empêcher cet obligataire de voter, dès lors qu'il risque de se prononcer dans un sens contraire aux intérêts des obligataires. Une question proche est celle de la possibilité pour la société émettrice de voter avec des obligations autodétenues. La Cour de cassation a récemment apporté une précision utile en affirmant l'interdiction d'un tel vote (Com. 31 janv. 2018, n° 15-14028, *Bull. Joly* 2018. 204, note M. Storck).

L'obligataire peut se faire représenter à l'assemblée par la personne de son choix (C. com., art. L. 228-61, al. 2) mais les articles L. 228-62 et L. 228-63 édictent des interdictions, qui sont proches de celles déjà vues quant à la désignation du représentant de la masse. L'interdiction de la représentation des obligataires par les dirigeants de la société débitrice (C. com., art. L. 228-62) s'explique par la même justification que l'interdiction faite aux sociétés détenant plus de 10 % des actions de la débitrice de participer aux assemblées de masse. Le représentant risquerait de ne pas voter dans un sens conforme aux intérêts des obligataires.

Le vote par correspondance est possible, et les statuts peuvent autoriser la participation par visioconférence ou par des moyens de télécommunication (C. com., art. L. 228-61, al. 3 à 5).

L'article L. 228-69 du Code de commerce reconnaît un *droit d'information* à l'obligataire sur les résolutions et rapports qui seront présentés à l'assemblée générale. Ce droit est dit préalable ou temporaire, car il s'exerce avant l'assemblée générale. Par **1068** ailleurs, un droit permanent (« à toute époque ») de communication des procès-verbaux et feuilles de présence des assemblées auxquelles appartient l'obligataire lui est reconnu par le même texte.

Le droit d'information de l'obligataire est garanti par la possibilité de recourir à la procédure d'injonction sous astreinte aux dirigeants sociaux (C. com., art. L. 238-1). De plus, des dommages-intérêts sont envisageables, ainsi que la possibilité de faire annuler l'assemblée des obligataires n'ayant pas respecté le droit d'information d'un ou plusieurs d'entre eux.

1069 L'assemblée délibère sur toutes mesures ayant pour objet d'assurer la défense des intérêts communs des obligataires, ainsi que, ainsi que sur toute proposition tendant à la modification du contrat (C. com., art. L. 228-65, I, réd. ord. 10 mai 2017). En particulier, l'assemblée délibère sur :

– la désignation du représentant de la masse ;

– la proposition relative à la modification de l'objet ou de la forme de la société émettrice des obligations ;

– la proposition de compromis ou de transaction sur des droits litigieux ou ayant fait l'objet de décisions judiciaires, formule qu'il faut comprendre comme ne visant que les droits des obligataires. Un problème peut se poser lorsqu'un obligataire a exercé seul une action en justice et a obtenu une décision de condamnation de la société. La Cour de cassation a jugé que cela n'empêchait pas l'assemblée des obligataires de transiger, dès lors que la décision n'avait pas force de chose jugée à l'égard de l'assemblée et que la transaction ne remettait pas en cause la décision rendue au profit d'obligataires individuels (Com. 16 déc. 1952, *JCP* 1953. II. 7787, note D. Bastian) ;

– la proposition de fusion ou de scission de la société, ce qui devrait inclure l'apport partiel d'actif soumis au régime des scissions. En cas de fusion, le projet de fusion est soumis aux assemblées d'obligataires de la société absorbée, à moins que le remboursement des titres sur simple demande de leur part ne leur soit offert. Lorsqu'il y a lieu à remboursement sur simple demande, la société absorbante devient débitrice des obligataires de la société absorbée. L'obligataire qui n'a pas demandé le remboursement conserve sa qualité dans la société absorbante aux conditions fixées par le contrat de fusion. Le projet de fusion n'est pas soumis aux assemblées d'obligataires de la société absorbante, mais l'assemblée générale des obligataires peut donner mandat aux représentants de la masse de former opposition à la fusion. Quant au projet de scission, il est soumis aux assemblées d'obligataires de la société scindée à moins que le remboursement des titres sur simple demande de leur part ne leur soit offert. Lorsqu'il y a lieu à remboursement sur simple demande, les sociétés bénéficiaires des apports résultants de la scission sont débitrices solidaires des obligataires qui demandent le remboursement. L'assemblée des obligataires peut donner mandat aux représentants de la masse de former opposition à la scission ;

– la proposition relative à l'émission d'obligations assorties d'une sûreté réelle ne bénéficiant pas aux obligataires composant la masse ;

– la proposition relative à la modification des conditions de l'emprunt obligataire : abandon des garanties, report de l'échéance du paiement des intérêts, modification des modalités d'amortissement ou du taux des intérêts ;

– le projet de transfert du siège social d'une SE dans un autre État membre.

Certaines décisions sont interdites à l'assemblée des obligataires. Elle ne peut ainsi accroître les charges des obligataires, établir un traitement inégal entre les obligataires d'une même masse ou décider la conversion des obligations en actions, sous réserve de l'article L. 228-106 du Code de commerce, relatif à la procédure collective d'une société ayant émis des obligations convertibles en actions. Toute disposition contraire est réputée non écrite (C. com., art. L. 228-68). 1070 ■

On peut hésiter quant à la possibilité que l'assemblée réduise les droits individuels des obligataires, en renonçant, par exemple, au paiement d'une échéance d'intérêt. Cela ne constitue pas l'accroissement d'une charge, et la compétence de l'assemblée est largement définie par l'article L. 228-65.

L'assemblée, qui est en principe présidée par un représentant de la masse (C. com., art. L. 228-64), statuait avant l'ordonnance du 24 juin 2004 dans les conditions de *quorum* et de majorité de l'assemblée générale ordinaire de la SA, par renvoi à l'article L. 225-98, opéré par l'article L. 228-65, II. Le quart des obligations émises devaient donc être possédées par les obligataires présents ou représentés sur première convocation seulement, aucun *quorum* n'étant exigé sur seconde convocation, et la décision était prise à la moitié des obligations des porteurs présents ou représentés plus une. Depuis l'ordonnance de 2004, l'assemblée statue aux mêmes conditions de *quorum*, devenues depuis du cinquième des actions ayant le droit de vote sur première convocation, et à la majorité des deux tiers des voix dont disposent les porteurs présents ou représentés. 1071 ■

La distinction qui existait antérieurement entre les assemblées ordinaires et extraordinaires des obligataires n'est plus en vigueur. De ce fait, même les décisions les plus importantes de modification du contrat d'émission sont prises par les assemblées statuant dans les mêmes conditions que l'assemblée générale ordinaire des actionnaires.

Le droit de vote attaché à chaque obligation est nécessairement proportionnel à la quotité du montant de l'emprunt que l'obligation représente (C. com., art. L. 228-67). Il ne peut donc y avoir de droit de vote double ou plural. Le même texte dispose que chaque obligation donne droit à au moins une voix et il est également prévu que le droit de vote attaché à une obligation démembrée appartient au nu-propriétaire (C. com., art. L. 228-66).

Si l'assemblée est consultée sur une modification relative à la forme ou à l'objet de la société ou sur l'émission d'obligations comportant un droit de préférence par rapport à la créance des obligataires composant la masse, les dirigeants de la société débitrice peuvent passer outre le refus de l'assemblée, mais dans cette hypothèse, ils doivent offrir aux obligataires de rembourser leurs titres (C. com., art. L. 228-72). 1072 ■

Si c'est sur la fusion ou la scission de la société ou sur le transfert du siège social d'une SE que l'accord n'a pas été obtenu, les dirigeants peuvent là encore passer outre, mais la conséquence est que les obligataires de la société absorbée ou société scindée conservent cette qualité dans la société absorbante ou bénéficiaire de la scission, et sans doute dans la SE, même si le législateur ne l'a pas précisé (C. com., art. L. 228-73). Les obligataires peuvent donner mandat à leur représentant de former opposition à l'opération, ce qui pourra conduire le juge à ordonner le remboursement des obligations ou la constitution de garanties.

En revanche, si l'assemblée n'approuve pas les autres décisions qui lui sont soumises, la société débitrice doit s'incliner et elle ne peut prendre la décision.

3. *La procédure collective de la société émettrice*

1073 Cette occurrence soulève des problèmes tant quant au paiement de l'intérêt qui rémunère l'emprunt obligataire que quant au remboursement du nominal des obligations.

Plusieurs textes légaux et réglementaires régissent cette situation.

a. La déclaration des créances des obligataires

1074 Ce sont les représentants de la masse des obligataires qui vont procéder à la déclaration des créances sur la société (nécessaire à faire valoir les droits d'un créancier dans une procédure collective), sans avoir à présenter une délégation de pouvoirs ou un pouvoir spécial (C. com., art. L. 228-83) et sans avoir à fournir les titres des obligataires (C. com., art. L. 228-84), dans les délais de droit commun. Si les représentants de la masse n'agissent pas en déclaration, le mandataire représentant les créanciers peut demander au président du tribunal de commerce statuant sur requête la désignation d'un mandataire chargé d'assurer la représentation de la masse dans les opérations de la procédure collective et d'en déclarer la créance (C. com., art. L. 228-85).

b. Les délais et remises consentis par les obligataires

1075 Les représentants de la masse sont consultés par le mandataire judiciaire représentant les créanciers sur les modalités de règlement des obligations proposées (C. com., art. L. 228-86). L'administrateur judiciaire communique au mandataire judiciaire les propositions pour le règlement des dettes, et celui-ci recueille individuellement ou collectivement l'accord des créanciers ayant déclaré leur créance, sur les délais et remises qui leur sont proposés. Il adresse ensuite ces réponses à l'administrateur. C'est le représentant de la masse qui va adresser au mandataire judiciaire la réponse faite par les obligataires. Un régime spécifique de consultation des obligataires est par ailleurs prévu lorsque les créanciers sont organisés en comités (C. com., art. L. 626-32)

Il est intéressant de constater que l'assemblée des obligataires continue de fonctionner pendant que la société débitrice est mise en sauvegarde, en redressement ou en liquidation judiciaire (C. com., art. L. 228-88), et que les frais entraînés par la représentation des obligataires au cours de la procédure incombent à la société et sont considérés comme des frais d'administration judiciaire (C. com., art. L. 228-87), c'est-à-dire des créances privilégiées.

C. Catégories particulières d'obligations

1076 Les obligations constituent un « emprunt collectif », on l'a suffisamment dit. Mais si l'opposition se fait traditionnellement entre actions et obligations, le droit des valeurs mobilières a connu un phénomène de diversification, qui a amené à ajouter d'autres catégories de titres, que l'on peut dire intermédiaires, même si la distinction entre action et obligation se maintient. L'ordonnance du 24 juin 2004 a de ce point de vue modifié l'organisation des catégories particulières d'obligations en substituant aux différents régimes spéciaux préexistants des textes généraux établissant un régime unifié (à l'exception, introduite postérieurement, des bons d'offres prévus par l'art. L. 233-32, II, du C. com.).

Antérieurement, plusieurs catégories d'obligations particulières avaient été intégrées dans notre droit positif, à des époques différentes et avec des finalités différentes. Ces titres méritent d'être évoqués, car ils sont encore utilisés, même s'ils relèvent désormais du régime des valeurs mobilières composées (v. ss 1081 s.).

1. *Obligations échangeables en actions (OEA)*

Ce type de valeurs mobilières était régi par les articles L. 225-168 s. du Code de commerce. Les OEA ne pouvaient être émises que par des sociétés cotées. L'AGE décidait leur émission, l'échange devant se faire avec des actions déjà émises lors de l'émission des obligations, mais détenues par des tiers, ou émises lors de l'émission des obligations et souscrites par des établissements de crédit ou par des personnes ayant obtenu le cautionnement d'un établissement de crédit. 1077 ■

L'autorisation donnée par l'assemblée générale extraordinaire à l'émission des OEA emportait renonciation de la part des actionnaires aux actions à remettre aux obligataires en échange de leurs titres. En revanche, les actionnaires en place pouvaient exercer leur DPS sur les OEA elles-mêmes (C. com., art. L. 225-169).

L'échange était fait dans les conditions du contrat d'émission et de la convention conclue avec la personne qui s'était engagée à assurer l'échange. Il pouvait être demandé à tout moment, jusqu'à l'expiration d'un délai de trois mois à compter de la date à laquelle l'obligation était remboursable.

Un mécanisme essentiel, que l'on retrouve dans les autres valeurs mobilières composées, tenait à la volonté d'assurer la conservation des droits des obligataires pendant la période intermédiaire, c'est-à-dire entre le moment de souscription des obligations et celui de l'échange, alors qu'ils n'avaient que potentiellement la qualité d'actionnaire. Ainsi les personnes qui s'étaient engagées à assurer l'échange devaient-elles souscrire à toutes les augmentations de capital qui seraient décidées entre l'émission des obligations et l'expiration du délai d'option. De même, les actions qui seraient échangées étaient-elles, jusqu'à l'échange, nominatives, inaliénables et insaisissables. Enfin, toujours dans cette optique, la société ayant émis les OEA ne pouvait plus, jusqu'à ce qu'elles aient été remboursées ou émises, amortir son capital ou modifier la répartition des bénéfices.

2. *Obligations convertibles en actions (OCA)*

Ces titres, régis par les anciens articles L. 225-161 à L. 225-167 du Code de commerce, offraient la possibilité à leurs porteurs de devenir actionnaires en optant pour la conversion de leur droit de prêteur en un droit d'actionnaire. 1078 ■

Là encore, c'était l'assemblée générale extraordinaire qui prenait la décision d'émettre ces titres, les actionnaires en place disposant d'un droit préférentiel de souscription. Le prix d'émission des OCA ne pouvait être inférieur au nominal des actions que les porteurs recevraient en cas d'option pour la conversion.

La conversion avait lieu au gré des porteurs, aux conditions prévues par le contrat d'émission, et éventuellement en actions de la société mère, la filiale devant alors être débitrice de la société mère après la conversion.

Si l'obligataire n'optait pas pour la conversion, son titre demeurait une obligation, et une fois passés les délais de conversion, une obligation normale, pour laquelle le contrat d'émission prévoyait généralement une hausse de l'intérêt à l'expiration des délais de conversion.

Tout comme pour les autres titres de cette catégorie, les droits des porteurs, en leur qualité d'actionnaires potentiels, bénéficiaient d'une protection particulière.

3. *Obligations remboursables en actions (ORA)*

1079 Le remboursement de ces obligations se faisait nécessairement en actions. Cela signifiait qu'au moment de rembourser les obligations, la société émettrice n'avait pas à se délester d'une somme importante, mais qu'elle procédait systématiquement à une augmentation de capital. Les sommes reçues lors de la souscription des ORA étaient conservées par la société au titre de la libération des actions émises. Cela signifiait aussi que, contrairement aux OCA et aux OEA, l'obligataire n'avait pas la liberté de choisir s'il optait ou non pour la qualité d'actionnaire.

L'émission des ORA et la protection de la qualité d'actionnaire futur des porteurs étaient régies par les articles L. 228-91 et suivants du Code de commerce, applicables aux valeurs mobilières composées, c'est-à-dire celles donnant droit à l'attribution de titres représentant une quotité du capital.

L'émission d'ORA était systématiquement accompagnée d'une clause dite « de sauvegarde », qui permettait en cas de procédure collective de la société émettrice une modification automatique du contrat d'émission, et qui prévoyait que le remboursement ne se ferait plus sous la forme d'actions, mais en espèces.

4. *Obligations avec bons de souscription d'actions (OBSA)*

1080 Ces titres étaient régis par les articles L. 225-150 à L. 225-158 du Code de commerce. À chaque obligation étaient attachés un ou plusieurs bons négociables, donnant le droit de souscrire, pendant une certaine période, un ou plusieurs titres nouveaux (actions, mais également obligations), dans des conditions prédéterminées par le contrat d'émission. À la différence des OCA et OEA, le titulaire pouvait cumuler les qualités d'actionnaire et d'obligataire. De ce fait, l'intérêt rémunérant les OBSA était généralement plus faible que celui des autres obligations.

L'assemblée générale extraordinaire autorisait leur émission ; une société pouvait émettre des obligations donnant droit à la souscription d'actions à émettre par la société possédant directement ou indirectement plus de la moitié de son capital, c'est-à-dire sa mère, mais dans ce cas, les assemblées générales extraordinaires des deux sociétés devaient autoriser l'émission.

Sauf stipulations contraires du contrat d'émission, les bons de souscription pouvaient être cédés ou négociés indépendamment des obligations.

Un droit préférentiel de souscription était reconnu aux actionnaires de la société appelée à émettre les actions. L'autorisation d'émettre les actions ou les OBSA emportait renonciation à exercer le DPS sur les actions qui seraient souscrites lors de la présentation des bons, au profit des titulaires des bons.

Là encore, la situation des porteurs d'OBSA, considérés à juste titre comme des actionnaires en puissance, se trouvait préservée par un dispositif légal.

§ 3 Valeurs mobilières composées

1081 L'ordonnance du 24 juin 2004 a inséré aux articles L. 228-91 à L. 228-106 du Code de commerce un ensemble de dispositions relatives aux valeurs mobilières donnant accès au capital ou donnant droit à l'attribution de titres de créances. On évoque alors des titres « primaire » et « secondaire » (par exemple : dans le cas d'une obligation remboursable en action, l'obligation est le titre primaire et l'action le titre secondaire).Une partie des textes précités – articles L. 228-91 à L. 228-97 – concerne toutes les valeurs mobilières composées ; l'autre – articles L. 228-98 à L. 228-106 – ne concerne que les valeurs mobilières donnant accès au capital. Ce dispositif a été réformé sur certains points par l'ordonnance du 31 juillet 2014 et très légèrement retouché par la loi PACTE du 22 mai 2019.

A. Règles communes aux valeurs mobilières composées

Les textes actuels synthétisent et unifient les régimes préexistants. Est ainsi affirmée 1082 ■
la possibilité pour les sociétés par actions d'émettre des valeurs mobilières donnant accès au capital ou donnant droit à l'attribution de titres de créance. L'indivisibilité des valeurs mobilières et des titres de capital ou de créance auxquels ces valeurs mobilières donnent droit peut être stipulée. Un principe important est réaffirmé : les titres de capital ne peuvent être convertis ou transformés en valeurs mobilières représentatives d'un droit de créance, toute clause contraire étant réputée non écrite (C. com., art. L. 228-91). Cette règle protège les tiers, particulièrement ceux qui prêtent de l'argent à la société, en interdisant que celui qui est actionnaire le jour de la conclusion du prêt, et qui n'est remboursé de son apport que si la société a remboursé tous ses créanciers, devienne par la suite un créancier de rang « normal », dont le droit entrera en concurrence avec celui du prêteur.

La compétence de l'assemblée générale extraordinaire était initialement systématiquement retenue pour décider des émissions de valeurs mobilières donnant accès au capital ou donnant droit à l'attribution de titres de créance (C. com., art. L. 228-92, ancienne rédaction). La solution était surprenante lorsque les valeurs mobilières concernées étaient toutes des titres de créance, par exemple des obligations convertibles en obligations d'un autre type. C'est un système à l'architecture plus cohérente qui résulte de l'ordonnance du 31 juillet 2014, puisque l'AGE ne se prononcera que si le titre primaire est un titre de capital (ex. : action donnant droit de souscrire à une obligation) ou si le titre secondaire est un titre de capital à émettre (ex. : obligation donnant droit de souscrire à une action à émettre). Dans les autres hypothèses, lorsque le titre primaire n'est pas un titre de capital et que le titre secondaire est un titre de créance ou un titre de capital existant, la compétence d'émission est celle reconnue au conseil d'administration et à l'AGO (C. com., art. L. 228-40) et plus largement celle reconnue par les statuts ou le contrat d'émission (art. L. 228-36-A). Précisons que lorsque de nouveaux titres de capital sont émis, qu'il s'agisse du titre primaire ou secondaire, il faut respecter le principe du droit préférentiel de souscription des actionnaires existants.

Si les valeurs émises donnent accès au capital de la société mère ou d'une filiale de la société émettrice, il faut donner compétence aux assemblées générales extraordinaires lorsque cela est nécessaire, et assurer le respect du droit préférentiel de souscription (C. com., art. L. 228-93).

B. Règles spécifiques aux valeurs mobilières donnant accès au capital

De manière peu surprenante au regard du droit antérieur et du fait que l'ordonnance 1083 ■
du 24 juin 2004 tendait surtout à unifier ce droit, les dispositions spécifiques aux

titres composés donnant accès au capital d'une société tendent essentiellement à protéger le porteur de ces valeurs pendant la phase intermédiaire, où il n'est qu'un actionnaire en puissance, et donc, précisément, pas encore un actionnaire. Par exemple, la société appelée à attribuer les titres concernés ne peut plus librement changer de forme sociale ou modifier les règles de répartition des bénéfices, mais elle peut hors de ces hypothèses librement émettre des actions de préférence (C. com., art. L. 228-98, réd. L. PACTE du 22 mai 2019). D'autres opérations sont également encadrées de sorte que les porteurs de valeurs mobilières composées n'en pâtissent pas : émission de nouveaux titres ou distribution de réserves (C. com., art. L. 228-99), fusion ou scission (C. com., art. L. 228-101). Notons cependant que si les porteurs de ces titres sont potentiellement de futurs actionnaires, la Cour de cassation a rejeté l'argumentation qui tendait à voir des obligations remboursables en actions comme étant « *dès leur émission, des actions en puissance [qui] deviennent définitivement et nécessairement des actions en acte à leur échéance [et qui] ont donc les caractéristiques majeures des actions dès leur émission et ne sont pas soumises au régime des obligations* » (Com. 13 juin 1995, n° 94-21003, *Bull.* IV, n° 181).

■ 1084 Le dispositif applicable aux porteurs de valeurs mobilières donnant accès au capital institue par ailleurs une organisation collective détaillée, avec la mise en place de masses réunissant les titulaires de valeurs mobilières donnant accès à terme au capital après détachement, s'il y a lieu, des droits du titre d'origine (C. com., art. L. 228-103). Les droits des titulaires de ces valeurs mobilières imposent de faire autoriser par leur assemblée le coup d'accordéon que déciderait la société (Com. 10 juill. 2012, n° 11-22.898, *Bull. civ.* IV, n° 158 ; *Dr. sociétés* 2012, comm. n° 182, note D. Gallois-Cochet). Avant l'ordonnance, le titre composé ne donnait naissance à une masse obligataire que si le titre primaire était une obligation. Mais le contrat d'émission créait généralement une masse.

Le titulaire de valeurs mobilières donnant accès au capital se voit également reconnaître un droit de communication des documents sociaux transmis par la société aux actionnaires (art. L. 228-105 et R. 228-95).

section 3

Les opérations portant sur les valeurs mobilières

■ 1085 Les opérations portant sur les valeurs mobilières peuvent être vues comme relevant autant du droit des sociétés que d'autres droits. Le droit des contrats spéciaux régit ainsi les opérations de cession, de prêt ou de location, tandis que le droit des sûretés détermine les règles applicables aux opérations de nantissement d'actions ou de comptes-titres. De ce fait, les solutions applicables à ces opérations sont souvent à rechercher dans les deux droits concernés.

Au-delà de la diversité de ces opérations, on relèvera qu'une règle commune doit les concerner, qui est celle de la compétence du tribunal de commerce. En effet, aux termes de l'article L. 721-3, 2° du Code de commerce, les « contestations » qui sont

« relatives aux sociétés commerciales » sont de la compétence de la juridiction commerciale (pour une application à la cession d'actions, v. Com. 10 juill. 2007, *Bull. civ.* IV, n° 193 ; *RTD com.* 2007. 783, obs. P. Le Cannu et B. Dondero).

§ 1 Les opérations sur les actions

A. La cession d'actions

1. *Conditions*

a. Actions concernées

Les actions concernées ne doivent pas être grevées d'une clause d'inaliénabilité, ou d'une inaliénabilité légale, comme c'est le cas pour les actions d'industrie dans les SAS (C. com., art. L. 227-1). 1086 ■

S'agissant de la clause d'inaliénabilité, elle peut être autorisée par la loi, comme c'est le cas en matière de SAS (C. com., art. L. 227-13). Le législateur autorise les clauses d'inaliénabilité dans les actes à titre gratuit (C. civ., art. 900-1), à la condition que l'inaliénabilité ait une durée limitée et soit justifiée par un intérêt légitime. La jurisprudence reconnaît, à ces mêmes conditions, la validité des clauses d'inaliénabilité figurant dans les actes à titre onéreux (v. Civ. 1re, 31 oct. 2007, *Bull. civ.* I, n° 337 ; *Bull. Joly* 2008. 121, note A. Couret).

Les actions ne sont négociables qu'après l'immatriculation de la société au registre du commerce et des sociétés (C. com., art. L. 228-10, al. 1er). Cela ne signifie cependant pas que les actions sont inaliénables pendant la période de constitution, mais simplement qu'elles ne peuvent être transmises selon le mode simplifié de cession que constitue la négociation de valeurs mobilières. Pendant la période précédant l'immatriculation, les actions peuvent ainsi faire l'objet d'une cession selon les modes du droit civil (Com. 26 févr. 2008, *Bull. civ.* IV, n° 47 ; *Rev. sociétés* 2008. 374, note Th. Bonneau). 1087 ■

b. Respect de la *clause d'agrément*ᑫ

Les sociétés par actions ne sont pas systématiquement des sociétés fermées, c'est-à-dire dont la cession des titres est soumise à l'agrément des actionnaires en place. Il faut cependant que les statuts aient prévu l'exigence d'un agrément, à la différence de ce que prévoient les régimes légaux des sociétés de personnes (les statuts pourraient également prévoir d'autres restrictions à la cession des titres, comme une *clause de préemption*ᑫ ou un *droit de préférence*ᑫ). 1088 ■

Pour qu'une clause d'agrément puisse être stipulée, il faut avant tout que les actions de la société ne soient pas admises aux négociations sur un marché réglementé et que les titres soient nominatifs en vertu de la loi ou des statuts (C. com., art. L. 228-23, al. 1er et 2). 1089 ■

La clause est ensuite écartée dans un certain nombre d'hypothèses : succession, liquidation du régime matrimonial, cession à un conjoint, à un ascendant ou à un descendant (sauf si la société réserve des actions à ses salariés et que la clause d'agrément a pour objet d'empêcher qu'une attribution différente des actions n'ait lieu). La cession à une personne qui est déjà actionnaire peut en revanche être soumise à la clause. La jurisprudence niait un temps cette possibilité, au motif que l'article L. 228-23 du Code de commerce visait la cession « à un tiers ». Puis ces mots furent supprimés par l'ordonnance du 24 juin 2004, ce qui remit en cause l'interdiction jurisprudentielle.

D'autres opérations que les seules « cessions » *stricto sensu* peuvent être soumises à l'exigence d'un agrément, comme une transmission par voie de fusion, mais encore faut-il que cette extension soit prévue par la clause.

■ 1090 L'agrément doit être donné par la société. Les textes ne précisent pas quel organe est compétent, mais les statuts attribueront le plus souvent cette compétence à l'assemblée des actionnaires ou au conseil d'administration, du moins dans la SA (v. attribuant le pouvoir d'agréer les cessions au conseil d'administration ou à l'assemblée, Com. 12 mai 2004, *Bull. civ.* IV, n° 95 ; *JCP E* 2004. 1512, note H. Lécuyer).

Le respect de la procédure d'agrément est important, car l'article L. 228-23 du Code de commerce dispose, en son dernier alinéa, que « toute cession effectuée en violation d'une clause d'agrément figurant dans les statuts est nulle ».

La procédure d'agrément est la suivante (C. com., art. L. 228-24) : une demande d'agrément doit être notifiée à la société. Elle doit indiquer les nom, prénoms et adresse du cessionnaire, le nombre des titres dont la cession est envisagée ainsi que le prix offert, qui peut n'être que provisoire, mais doit être déterminable (Com. 11 janv. 2017, n° 15-10325, *Gaz. Pal.* 21 mars 2017. 82, note J.-M. Moulin). La société peut donner son agrément à la cession, soit de manière expresse, soit en ne répondant pas à la notification de la cession dans un délai de trois mois à compter de la demande. Si la société n'agrée pas le cessionnaire proposé, le conseil d'administration, le directoire ou les gérants, selon le cas, sont tenus, dans le délai de trois mois à compter de la notification du refus, de faire acquérir les titres, soit par un actionnaire ou par un tiers, soit, avec le consentement du cédant, par la société en vue d'une réduction du capital. À défaut d'accord entre les parties, le prix des titres est déterminé dans les conditions prévues à l'article 1843-4 du Code civil, toute clause contraire étant réputée non écrite. Le cédant peut à tout moment renoncer à la cession de ses titres de capital ou valeurs mobilières donnant accès au capital. Si, dans un délai de trois mois à compter du refus d'agrément, l'achat n'est pas réalisé, l'agrément est considéré comme donné, sauf prolongation du délai par décision de justice à la demande de la société - et seulement par décision de justice, l'accord des parties ne pouvant entraîner prorogation du délai (Com. 8 avr. 2008, *Bull. civ.* IV, n° 85 ; *Bull. Joly* 2008. 585, note D. Poracchia). Il pourrait être tentant pour la société de donner son agrément, mais en l'assortissant de conditions. De la sorte, l'obligation de rachat ne s'appliquerait pas, mais les conditions imposées pourraient être telles que la cession ne serait jamais réalisée. La Cour de cassation a interdit cette pratique, en jugeant que l'agrément doit être pur et simple, les éventuelles conditions dont il est assorti étant réputées non écrites (Com. 17 janv. 2012, n° 09-17.212, *Bull. civ.* IV, n° 10 ; *RTD com.* 2012. 141, obs. P. Le Cannu et B. Dondero ; *Bull. Joly* 2012. 310, note B. Dondero).

2. *Effets*

La cession prend effet, ainsi que cela a été vu précédemment, dès l'échange des consentements du cédant et du cessionnaire. Toutefois, le législateur retarde le transfert de la propriété des actions au cessionnaire à la date à laquelle les actions sont virées sur son compte par le teneur de compte (C. com., art. L. 228-1). 1091 ■

3. *Le cas particulier du rachat d'actions*

Le rachat de ses propres actions par une SA est encadré (C. com., art. L. 225-206 s.). En règle générale, le rachat de ses actions par la société doit avoir pour objectif l'annulation des titres (C. com., art. L. 225-207) ou leur attribution à des personnes déterminées, et notamment aux salariés (C. com., art. L. 225-208). Le législateur a cependant permis aux sociétés cotées et non cotées de mettre en œuvre des programmes de rachat d'actions notamment pour accroître la liquidité de leurs titres (C. com., art. L. 22-10-62 et L. 225-209-2). Ces programmes peuvent conduire à une réduction de capital, sans que doive être respectée la procédure protectrice des créanciers normalement prévue (v. ss chapitre 8). 1092 ■

B. La location d'actions

La possibilité de louer des actions a longtemps été discutée, avant d'être clairement affirmée par la loi du 2 août 2005. Ces opérations sont fort utiles, car elles permettent à un actionnaire de transférer seulement temporairement la propriété de ses actions. 1093 ■

1. *Discussions passées*

Avant la loi du 2 août 2005, il fallait se référer aux textes du Code civil. L'article 1709 définit le louage des choses, par lequel une partie fait jouir l'autre d'une chose, pendant un certain temps, et moyennant un certain prix qu'elle s'oblige à payer. La location d'actions devait être possible dès lors que l'article 1713 du Code civil dispose que l'on peut louer « toutes sortes de biens meubles ou immeubles ». Certes, les textes du Code civil n'envisagent ensuite que la location de biens immobiliers, mais la jurisprudence avait eu l'occasion de juger que « les règles générales applicables au louage de biens immeubles le sont également au louage des biens meubles, autant qu'elles sont compatibles avec la nature des choses » (Civ. 16 août 1882, *DP* 1883. 1. 213). Mais les problèmes que suscitait la location d'actions tenaient surtout à l'exercice des droits d'actionnaire du loueur par le locataire, qui n'a pas la qualité d'actionnaire. Admettre le locataire d'actions aux assemblées de la société était source de difficultés, *a fortiori* quand les statuts de la société concernée comportaient une clause d'agrément. Les arguments avancés par certains auteurs, selon lesquels le locataire devait pouvoir voter, comme le locataire d'une voiture peut la conduire en vertu du contrat de location, ou qui se demandaient ce que serait la location d'actions si le locataire ne pouvait voter aux assemblées, n'étaient pas convaincants. 1094 ■

2. *Régime actuel*

La loi n° 2005-882 du 2 août 2005 a consacré la possibilité de louer des actions, en créant au sein du Code de commerce un chapitre consacré à la location d'actions et de parts sociales (C. com., art. L. 239-1 à L. 239-5). Ce n'est cependant qu'avec le décret n° 2006-1566 du 11 décembre 2006, qui a complété le régime institué par le 1095 ■

législateur (C. com., art. R. 239-1) que la location d'actions est devenue possible, le texte réglementaire ayant précisé les mentions obligatoires que doit comporter à peine de nullité tout contrat de location d'actions ou de parts sociales.

a. Conditions

■ 1096 Les statuts doivent autoriser la location d'actions, et plusieurs restrictions sont encore prévues (C. com., art. L. 239-1) : la location doit intervenir au profit d'une personne physique, et les actions doivent être des titres nominatifs non négociables sur un marché réglementé, non inscrits aux opérations d'un dépositaire central et non soumis à l'obligation de conservation prévue à l'article L. 225-197-1 du Code de commerce ou aux délais d'indisponibilité prévus par le Code du travail. Les titres détenus par certaines personnes (par certains fonds communs de placement notamment) ne peuvent être loués, tandis que certaines locations sont encadrées (location des titres de sociétés constituées pour l'exercice d'une profession libérale réglementée notamment). La sous-location et le prêt des actions louées sont interdits.

Le contrat de bail est constaté par acte authentique ou sous seing privé soumis à la procédure de l'enregistrement, et comporte, à peine de nullité, des mentions dont la liste est fixée par l'article R. 239-1. Les actions louées font l'objet d'une évaluation en début et en fin de contrat, ainsi qu'à la fin de chaque exercice comptable lorsque le bailleur est une personne morale. Cette évaluation est effectuée sur la base de critères tirés des comptes sociaux et est certifiée par un commissaire aux comptes (C. com., art. L. 239-2).

Le contrat de bail est rendu opposable à la société dans les formes prévues à l'article 1690 du Code civil. On observera que les dispositions légales ou statutaires prévoyant l'agrément du cessionnaire d'actions sont applicables dans les mêmes conditions au locataire, aux termes de l'article L. 239-3, ce qui n'est pas sans poser de problèmes : si le locataire n'est pas agréé, que se passe-t-il ? La société doit-elle alors faire louer ses titres par un autre actionnaire, de même que le refus d'agréer un projet de cession imposerait de faire racheter les titres concernés ?

b. Effets

■ 1097 La société à laquelle le contrat de bail a été rendu opposable doit inscrire dans le registre des titres nominatifs la mention du bail et du nom du locataire à côté du nom de l'actionnaire. Elle doit adresser au locataire les informations dues aux actionnaires et prévoir sa participation et son vote aux assemblées (C. com., art. L. 239-2).

Le droit de vote attaché à l'action louée appartient au bailleur dans les assemblées statuant sur les modifications statutaires ou le changement de nationalité de la société et au locataire dans les autres assemblées. Pour l'exercice des autres droits attachés aux actions louées, le bailleur est considéré comme le nu-propriétaire et le locataire comme l'usufruitier.

C. Le prêt d'actions

■ 1098 Il existe en réalité deux régimes envisageables pour le prêt d'actions. L'un est le prêt de consommation « simple », régi uniquement par le Code civil ; l'autre est le prêt de titres financiers, qui est un prêt de consommation régi par le Code civil, mais également par des dispositions spécifiques du Code monétaire et financier.

1. *Le prêt de consommation d'actions*

Ce prêt a déjà été envisagé (v. ss chapitre 12) à propos de la condition de détention d'actions qui peut être exigée des administrateurs ou des membres du conseil de surveillance. On retiendra surtout que les actions étant fongibles, le prêt d'actions entraîne transfert de la propriété des titres à l'emprunteur, qui a l'obligation de restituer une quantité équivalente de titres identiques au prêteur. 1099

2. *Le prêt de titres financiers*

Le régime spécifique prévu par le Code monétaire et financier, en ses articles L. 211-22 à L. 211-26, suppose un prêt de consommation, portant sur des titres financiers, actions notamment, présentant certaines caractéristiques (notamment ne pas être susceptibles de faire l'objet, pendant la durée du prêt, du détachement d'un droit à dividende, d'un amortissement, d'un tirage au sort pouvant conduire au remboursement ou d'un échange ou d'une conversion prévus par le contrat d'émission). Les titres financiers doivent être empruntés par une personne morale soumise de plein droit à un régime réel d'imposition, par un organisme de placement collectif, ou par une personne, société ou institution non-résidente ayant un statut comparable (C. com., art. L. 211-22). 1100

Un effet particulier du régime du prêt de titres financiers tient au fait que la créance représentative des titres financiers prêtés est inscrite distinctement au bilan à la valeur d'origine de ces titres et que les titres restitués sont inscrits au bilan, à l'expiration du prêt, à cette même valeur.

D. La constitution de droits réels accessoires

Un nantissement pourrait être constitué sur des actions par application des textes du Code civil. Une sûreté particulière a cependant été introduite en droit français il y a quelques années maintenant, et qui présente l'avantage d'être mieux adaptée aux évolutions que les valeurs mobilières détenues par une personne peuvent connaître. Cette sûreté est le nantissement de compte-titres, régi par l'article L. 211-20 du Code monétaire et financier, et à laquelle l'ordonnance n° 2017-1674 du 8 déc. 2017 a adjoint le nantissement de titres financiers inscrits en DEEP. 1101

1. *Le nantissement d'actions*

Le régime du nantissement d'actions n'est pas encadré par les dispositions du droit des sociétés. Il est simplement prévu que le consentement donné par la société à un projet de nantissement d'actions dans les conditions prévues pour l'agrément d'une cession emporte agrément du cessionnaire en cas de réalisation forcée des actions nanties, à moins que la société ne préfère, après la cession, racheter sans délai les actions, en vue de réduire son capital (C. com., art. L. 228-26). 1102

On peut simplement se demander quel est le régime applicable au nantissement d'actions, dans la mesure où l'article 2355 du Code civil dispose, successivement, que le nantissement conventionnel de créances est régi par les articles 2355 et suivants, puis que le nantissement qui porte sur d'autres meubles incorporels est soumis, à défaut de dispositions spéciales, aux règles prévues pour le gage de meubles corporels. Or l'on peut se demander si les actions sont des « créances », pour l'application de l'article 2355, et ensuite si le régime du nantissement de comptes-titres constitue ou non un régime spécial tel que l'entend ce texte.

2. Le nantissement de comptes-titres et de titres financiers

a. Constitution

1103 L'article L. 211-20 du Code monétaire et financier dispose que le nantissement d'un compte-titres est constitué, tant entre les parties qu'à l'égard de la personne morale émettrice et des tiers, par une déclaration signée par le titulaire du compte-titres faisant l'objet du nantissement, et comportant certaines énonciations (v. C. mon. fin., art. D. 211-10). L'assiette du nantissement — c'est-à-dire les biens sur lesquels le créancier bénéficiaire peut faire valoir ses droits — porte sur les titres financiers figurant initialement dans le compte nanti, ceux qui leur sont substitués ou les complètent en garantie de la créance initiale du créancier nanti, ainsi que les fruits et produits de ces titres en toute monnaie. Il peut s'agir de titres affectés d'indisponibilité si celle-ci n'est que temporaire (Com. 30 sept. 2008, *Bull. civ.* IV, n° 165 ; *JCP E* 2008. 2353, note S. Piédelièvre).

Concrètement, un compte spécial est généralement ouvert au nom du titulaire par un intermédiaire financier, un dépositaire central ou la société émettrice. Le créancier nanti définit avec le titulaire du compte-titres les conditions dans lesquelles le titulaire peut disposer des titres financiers et des sommes en toute monnaie figurant dans le compte nanti. Le créancier nanti bénéficie d'un droit de rétention sur les titres financiers et sommes en toute monnaie figurant au compte nanti.

L'ordonnance n° 2017-1674 du 8 déc. 2017 a renvoyé à un décret, en l'occurrence le D. n° 2018-1226 du 24 déc. 2018, la mission de définir comment ces règles s'appliquaient au nantissement de titres financiers inscrits dans un dispositif d'enregistrement électronique partagé.

b. Réalisation

1104 La réalisation du nantissement se fait de manière relativement simple, puisque le créancier nanti titulaire d'une créance certaine, liquide et exigible peut se contenter d'une mise en demeure ou d'une signification adressée au débiteur, au constituant s'il n'est pas le débiteur, ainsi qu'au teneur de compte. À expiration d'un délai de huit jours, le créancier peut faire vendre les titres ou faire procéder à leur vente, selon qu'ils sont cotés ou non, et il reçoit la propriété des sommes figurant sur le compte, à hauteur de la créance garantie, bien évidemment.

§ 2 Les opérations sur les autres valeurs mobilières

1105 Les opérations sur les autres valeurs mobilières suivent généralement le régime applicable aux opérations portant sur les actions, en l'absence d'exclusion particulière. Les titres donnant accès au capital de la société (valeurs mobilières composées, telles les obligations remboursables en actions) seront traités comme des actions au regard du dispositif légal d'agrément, par exemple. L'article L. 228-23, alinéa 1er du Code de commerce vise ainsi non seulement la cession d'actions, mais aussi celles des valeurs donnant accès au capital. Ce dispositif légal ne s'appliquera pas, en revanche, à la cession d'un titre de créance « sec », même s'il est toujours envisageable aux parties à une émission obligataire de mettre en place conventionnellement un dispositif d'agrément comparable.

Compléments pédagogiques

Mémo

Les *valeurs mobilières* sont des titres émis par les sociétés, dématérialisés et transmissibles seulement par inscription en compte ou dans un dispositif d'enregistrement électronique partagé. Elles confèrent des droits identiques par catégorie. Elles se partagent entre les titres donnant accès à une quotité du capital de la société, au premier rang desquels figurent les actions, et ceux donnant accès à un droit de créance général sur le patrimoine de la société, au premier rang desquels l'on trouve les obligations. Les valeurs mobilières sont nominatives ou au porteur, ce qui a aujourd'hui des conséquences essentiellement sur la possibilité d'identifier leur titulaire.

Les *titres de capital* se divisent, si l'on excepte les titres composés, en actions ordinaires et actions de préférence. Ces dernières ont pour particularité d'être assorties de droits différents, pécuniaires, politiques ou autres.

Les *titres de créance* sont, en leur expression la plus simple, les obligations. Celles-ci représentent un emprunt fractionné, et sont assimilées sur certains points aux actions. Les porteurs d'obligations sont réunis en une masse dotée de la personnalité morale, qui assure la défense collective de leurs intérêts.

Les valeurs mobilières peuvent enfin être composées, et donner accès au capital social ou non, permettre de souscrire à un autre titre de capital ou à un titre de créance, par remboursement, adjonction, conversion, etc.

Parmi les opérations pouvant porter sur les valeurs mobilières, la cession peut être encadrée par des restrictions particulières et notamment par une *clause d'agrément*.

Le nantissement, le prêt et la location sont encore d'autres opérations pouvant être pratiquées sur les valeurs mobilières.

Quid

■ Action n° 989

Valeur mobilière émise par une société y ayant été autorisée, donnant des droits d'associé, identiques à ceux conférés par les actions de la même émission. L'action étant une valeur mobilière, elle est dématérialisée et négociable, ce qui signifie que sa transmission n'est pas soumise aux formalités du Code civil, mais se fait selon les modes simplifiés de cession du droit commercial (par virement de compte à compte).

■ Actions de préférence n° 989

Actions assorties de droits particuliers de toute nature, et donc différents de ceux conférés par les actions ordinaires.

■ Actions traçantes n° 1015

Actions dont les droits pécuniaires qu'elles confèrent sont calculés sur le résultat d'une activité particulière, d'une branche donnée, voire d'une filiale de la société émettrice.

■ Blockchain n° 987

v. Dispositif d'enregistrement électronique partagé.

■ Clause d'agrément n° 1088

Clause subordonnant la cession de valeurs mobilières à un accord de la société ou, plus exceptionnellement, d'un tiers.

■ Clause de préemption n° 1088

Clause conférant à son bénéficiaire le droit de se porter acquéreur d'un bien (en l'occurrence des valeurs mobilières émises par une société) en cas de cession de ce bien, à la place de l'acquéreur initialement envisagé par le vendeur.

■ Dispositif d'enregistrement électronique partagé n° 987

Cette appellation désigne les différents dispositifs, dont la *Blockchain*, de nature à assurer une fonction de registre partagé et inaltérable des valeurs mobilières d'une société.

■ Droit de préférence n° 1088

Droit pour une personne de se voir proposer en premier l'acquisition d'un bien (valeurs mobilières par exemple). Il se différencie de la clause de préemption en ce que celle-ci suppose, *stricto sensu*, une cession déjà conclue.

■ *Junk bonds* (« obligations pourries ») n° 1048

Obligations émises par une société et assorties d'un intérêt élevé (on parle aussi, de manière plus positive, d'obligations à haut rendement) compensant, pour les souscripteurs, le risque de défaillance de l'emprunteur (non-remboursement du capital et défaut de paiement des intérêts).

■ Obligations n° 989

Valeurs mobilières représentatives d'un droit de créance sur la société émettrice, et plus précisément d'un droit de prêteur. Les obligations d'une même émission confèrent des droits identiques pour une même valeur nominale.

■ Organismes de placement collectif en valeurs mobilières (OPCVM) n° 986

Structures permettant d'investir dans des valeurs mobilières de manière indirecte, en détenant des parts ou des actions d'une SICAV ou d'un fonds commun de placement, qui gère un portefeuille de valeurs mobilières.

■ Titres de capital **n°s 989 et 1004 s.**

Ils sont actuellement définis comme les « *actions et les autres titres donnant ou pouvant donner accès au capital ou aux droits de vote* » (C. mon. fin., art. L. 212-1 A), définition qui recouvre plus que les seuls titres contribuant au capital social.

■ Titres de créance **n°s 989 et 1030**

Ils « *représentent chacun un droit de créance sur la personne morale [...] qui les émet* » (C. com. fin., art. L. 213-1 A) et sont l'un des moyens de financement de la société, par une opération relevant de la catégorie des prêts.

■ Valeurs mobilières **n° 985**

L'une des catégories de titres financiers, elles sont émises par les sociétés y ayant été autorisées, et relèvent de la catégorie des titres de capital ou des titres de créance. Elles confèrent des droits identiques par catégorie.

Biblio

1) Généralités

– Th. Bonneau, « À propos de prétendus comptes courants. Les comptes de valeurs mobilières », in *Mélanges Yves Guyon*, Dalloz, 2003. 133.

– C. Ferry, « Les parts sociales et les actions inaliénables sont-elles insaisissables ? », *Rev. sociétés* 2020. 459.

– Y. Guyon, « Les *tracking stocks* », in *Mélanges AEDBF III*, Banque Éditeur, 2001, p. 183.

– H. Le Nabasque, « Les actions sont des droits de créance négociables », in *Mélanges Yves Guyon*, Dalloz, 2003. 671.

– H. Le Nabasque, « À propos de la conversion d'actions en actions d'une autre catégorie », *Bull. Joly* 2018. 302.

– H. Méau-Lautour, « La dématérialisation à l'épreuve du don manuel d'actions », in *Mélanges Yves Guyon*, Dalloz, 2003. 797.

2) Actions de préférence

a) Généralités

– C. Baret et G. Endreo, « Les actions de préférence dans les sociétés cotées : de la déception à l'espoir », in *Actes pratiques & ingénierie sociétaire*, nov.-déc. 2008, p. 16.

– D. Carreau, « Privatisations et droit communautaire. La validation conditionnelle des actions spécifiques (ou *golden shares)* », in *Mélanges Yves Guyon*, Dalloz, 2003, p. 183.

– M. Germain, « Les actions de préférence », *Rev. sociétés* 2004. 597.

– D. Marcheteau, « Capital-risque et émission d'actions de préférence : contraintes et défauts de l'ordonnance du 24 juin 2004 », in *Actes pratiques & Ingénierie sociétaire n° 10 – sept.-oct. 2008*, p. 35-36.

– A. Reygrobellet, « Les actions de préférence sous les feux de l'actualité », *RTDF* n° 1-2008. 48.

– A. Viandier, « Les actions de préférence », *JCP E* 2004. 1440.

b) Rachat des actions de préférence

– I. M. Barsan et A. Pietrancosta, « Pour une réforme des actions de préférence : focus sur le régime du rachat à la lumière du droit communautaire », *RTDF* n° 3-2008. 11.

– J.-J. Daigre, « Le rachat d'actions de préférence cotées », *RD banc. fin.* mars-avr. 2005, *Alerte* n° 2.
– R. Mortier, « Rachat d'actions et actions rachetables », *Rev. sociétés* 2004. 639.
– N. Spitz, « Les actions rachetables validées », *RTDF* n° 1-2008. 38.

c) Obligations

– L. Faugérolas et P. Deval, « La protection des obligataires internationaux en cas de fusion ou de scission de la société émettrice », in *Mélanges Dominique Schmidt*, Joly, 2005, p. 239.
– J. Stoufflet, « Les emprunts obligataires et la limitation légale du taux de l'intérêt conventionnel », in *Mélanges AEDBF III*, Banque Éditeur, 2001, p. 343.

3) Opérations sur valeurs mobilières

– Ch. Clerc, « Prêt de titres et opérations assimilées : la question du vote vide », *RTDF* n° 1-2008. 15.
– Th. Jacomet, « Et… la location d'actions », *Bull. Joly* 1993, §179.
– S. Paget, « La sanction de la cession non agréée de droits sociaux », *LPA* 9 déc. 2008, p. 6.

Quiz

1) Sujet corrigé

Cas pratique

Énoncé

M. GROS a inventé un procédé technique permettant de pratiquer le ski sans risque de tomber, grâce à l'utilisation de stabilisateurs centralisés, dénommé « AFZG » (« Autonomie Fluide de Zone Gros »). Il a déposé un brevet relatif à cette invention.

Il est entré en pourparlers avec la SA ZATTAR, leader sur le marché du ski pour le troisième et le quatrième âge, qui souhaitait acquérir ce brevet. Les parties ont envisagé dans un premier temps une cession pure et simple du brevet AFZG, mais M. GROS demandait un prix très élevé (10 millions d'euros). Il était et est toujours persuadé que son invention aura un succès mondial en ce qu'elle permettra à une large population de retrouver les joies d'une glisse sans risque. Les dirigeants de la SA ZATTAR tiennent à pouvoir exploiter l'AFZG, et ils envisagent de rémunérer différemment M. GROS, plus précisément par l'attribution d'actions de préférence, qui permettront de lui garantir de recevoir une part substantielle du bénéfice réalisé grâce à son invention.

L'opération est réalisée fin 2020, M. GROS apporte son brevet et reçoit des actions de préférence émises par la SA ZATTAR en contrepartie de l'apport, lui garantissant qu'il recevra 65 % du bénéfice fait grâce à l'AFZG. Ces actions sont cependant dépourvues de droit de vote. Le bénéfice fait par la société ZATTAR grâce à l'AFZG est estimé pour 2021 à 5 millions d'euros.

Deux éléments inquiètent M. GROS à la veille de l'assemblée devant statuer sur l'affectation du résultat de la société. D'une part, les autres activités de la société ZATTAR ayant été déficitaires, le bénéfice global de la société n'est que de 2 millions d'euros. D'autre part, M. PIGNE, un actionnaire minoritaire de la société ZATTAR, l'a prévenu de son intention de s'opposer à tout versement « privilégié », du fait du non-respect de la procédure des avantages particuliers.

Par ailleurs, M. GROS sait que la société ZATTAR est en discussion avec la société américaine NEWHOUSE, leader sur le marché mondial du sport pour personnes âgées. Cette société souhaite acquérir le brevet pour une somme importante, mais la contrepartie résiderait dans un engagement de la société ZATTAR de ne plus exploiter AFZG. M. GROS peut-il s'opposer à cette opération ?

Voir le corrigé en fin de rubrique.

2) Corrigé

Cas pratique

Les questions que pose M. GROS sont relativement simples dans leur formulation, mais les réponses imposent une certaine prudence.

La première question tient à la possibilité pour M. GROS de percevoir le bénéfice qu'il estime lui revenir pour l'exercice 2021 (65 % de 5 millions d'euros).

La seconde question concerne l'opération par laquelle la société ZATTAR transférerait les droits d'exploitation du système AFZG.

I. Le droit de M. GROS sur le bénéfice de l'exercice 2021

A. La procédure des avantages particuliers

L'actionnaire minoritaire mécontent a indiqué à M. GROS que la *procédure des avantages particuliers* n'avait pas été respectée.

C'est sans doute un tort. Certes, en sa rédaction initiale, antérieure à la loi PACTE du 22 mai 2019, l'article L. 228-15, alinéa 1er du Code de commerce n'imposait formellement de recourir à la procédure des avantages particuliers que lorsque « les actions sont émises au profit d'un ou plusieurs actionnaires nommément désignés », ce qui excluait, à la lettre du texte, l'hypothèse où les actions étaient émises au profit d'une personne qui n'est pas encore actionnaire. L'exclusion privait cependant le dispositif d'une grande partie de son champ d'application, et cette lecture restrictive du texte avait été démentie par deux réponses ministérielles en 2004 et 2005 (Rép. min. n° 43987, *JOAN Q*, 24 août 2004, p. 6685 ; Rép. min. n° 13315, *JO Sénat* Q, 19 mai 2005, p. 1441). La loi PACTE du 22 mai 2019 a d'ailleurs retouché l'art. L. 228-15 en visant l'émission « *au profit d'une ou plusieurs personnes nommément désignées* ».

Un commissaire aux avantages particuliers doit donc être nommé, qui va rendre un rapport sur les avantages en question. C'est au vu de ce rapport que les actionnaires entérineront la modification des statuts qui va emporter attribution des avantages particuliers par la création des actions de préférence. Il faudra que soient décrits les avantages particuliers, la méthode d'évaluation adoptée, les raisons de son choix, etc. (C. com., art. R. 22-10-8).

Si la procédure des avantages particuliers n'a pas été respectée lors d'une augmentation de capital, la sanction applicable est en premier lieu celle de la nullité de la décision d'augmentation, aux termes de l'article L. 225-149-3 du Code de commerce. L'injonction de faire prévue par ce même texte ne sera signalée que pour mémoire.

Enfin, le législateur a ajouté à ces sanctions un cas de suspension des droits des actions émises irrégulièrement, qui pourrait poser davantage de problèmes à M. GROS.

S'agissant de la nullité, il est fort probable qu'elle ne puisse plus être invoquée, du fait du très court délai d'action prévu par l'article L. 235-9, alinéa 3 du Code de commerce (trois mois). L'augmentation de capital a été faite fin 2020, et l'on est à la veille de l'assemblée devant statuer sur l'affectation du résultat de l'exercice 2021.

Certes, l'exception de nullité, qui est perpétuelle, peut toujours être invoquée, mais en réalité, la décision nulle a déjà été exécutée par la SA ZATTAR, puisque les actions de préférence ont été émises et attribuées à M. GROS. Or l'exception de nullité ne peut être invoquée lorsque l'acte nul a déjà été exécuté (C. civ., art. 1185).

Le non-respect de la procédure des avantages particuliers, s'il est avéré, ne devrait donc pas remettre en cause les droits conférés à M. GROS par les actions de préférence par le biais de la nullité.

En revanche, la sanction de suspension introduite par la loi *Warsmann II* du 22 mars 2012 pourrait causer plus de problèmes à M. GROS. Le législateur a en effet doublé les nullités prévues en cas de violation des règles sur les augmentations de capital d'une sanction en apparence souple, mais en réalité redoutable, qui est celle de la suspension des droits de vote et des droits à dividendes des actions émises en violation des dispositions de la sous-section relative aux augmentations de capital (C. com., art. L. 225-129 s., sanction prévue par l'art. L. 229-150). S'il est avéré que les actions de préférence attribuées à M. GROS l'ont été en violation de la procédure des avantages particuliers, ces actions verront leur droit de vote et surtout leur droit aux dividendes suspendus, ce qui empêchera M. GROS de percevoir sa part du bénéfice de l'exercice 2021.

B. La part du bénéfice revenant à M. GROS

Les actions de M. GROS lui confèrent un droit préférentiel sur le bénéfice fait grâce au procédé AFZG. Ce bénéfice est estimé pour 2021 à 5 millions d'euros, et M. GROS a droit, de par les actions de préférence qu'il détient, à 65 % de ce bénéfice, c'est-à-dire à 3 250 000 euros.

On pressent cependant une difficulté provenant du fait que le bénéfice global de la société n'est que de 2 millions d'euros.

En effet, si les actions de préférence peuvent conférer à leur porteur un droit privilégié sur le bénéfice réalisé par la société, encore faut-il que ce bénéfice existe. Les actions de préférence ne dérogent pas à la règle formulée par l'article L. 232-11 du Code de commerce selon laquelle aucune distribution ne peut être faite lorsque les capitaux propres s'en trouveraient réduits au-dessous du montant du capital augmenté des réserves légales ou statutaires.

En clair, la société ne pouvant distribuer au maximum que 2 millions d'euros à ses actionnaires lors de l'assemblée relative à l'exercice 2021 (et en admettant qu'aucune obligation de doter une réserve légale ou statutaire ne vienne réduire cette somme), il conviendra, pour que le complément dû à M. GROS puisse lui être versé, que des sommes distribuables (du bénéfice résultant d'exercices précédents, et qui ne serait pas placé dans des réserves légales ou statutaires) subsistent dans les comptes de la société ZATTAR.

À défaut, il faudra se reporter aux stipulations des statuts encadrant les actions de préférence attribuées à M. GROS afin de voir quelle solution a été prévue lorsque le droit privilégié sur les bénéfices n'est pas satisfait : se reporte-t-il sur le bénéfice des exercices ultérieurs ? Est-il irrémédiablement perdu ? On se souviendra ici que l'article L. 228-11 du Code de commerce dispose que les droits que confèrent à leur porteur les actions de préférence sont définis par les statuts.

II. La cession envisagée à la société NEWHOUSE

Si la société ZATTAR a acquis en pleine propriété les droits du brevet de M. GROS (il n'est pas précisé que l'apport n'aurait été fait qu'en jouissance), elle est tout à fait libre de céder à son tour le brevet à la société américaine NEWHOUSE, sous la réserve d'une stipulation statutaire ou conventionnelle limitant ce droit. Sachant que les droits de M. GROS sont calculés sur le bénéfice réalisé par la société ZATTAR grâce au procédé AFZG, il est en effet fort probable que M. GROS a subordonné la cession du brevet correspondant à son autorisation, ou qu'une clause particulière impose de ne céder le brevet qu'à une société garantissant à M. GROS des droits équivalents dans son capital.

Si ce n'est pas le cas, il aura tout de même droit à 65 % du bénéfice résultant du prix de la cession du brevet, sauf à interpréter à la lettre la clause lui conférant ce pourcentage sur le bénéfice résultant de l'exploitation *stricto sensu* et non de la cession du brevet.

Là encore, en application de l'article L. 228-11 du Code de commerce il conviendra de se reporter aux stipulations statutaires encadrant les droits de M. GROS, afin de connaître le sort réservé à ses actions en cas de cession par la SA ZATTAR du brevet AFZG.

Il peut par exemple avoir été prévu que cet événement ouvre un droit pour M. GROS à se faire racheter ses actions (en admettant que des actions de préférence puissent bénéficier d'un tel avantage).

chapitre 15

Les autres sociétés et groupements du droit des affaires

Plan analytique

section 1

Les sociétés en commandite

§ 1 La société en commandite simple (SCS)

A. Deux catégories d'associés

B. Organisation de la SCS

§ 2 La société en commandite par actions (SCA)

A. Deux catégories d'associés

B. Organisation de la SCA

section 2

Les sociétés issues du droit de l'Union européenne

§ 1 La société européenne (SE)

A. Accès au statut de SE

B. Avantages du statut de SE

§ 2 La société privée européenne (SPE) et la *Societas Unius Personae* (SUP)

§ 3 La société coopérative européenne (SCE)

section 3

Le groupement d'intérêt économique (GIE)

§ 1 Constitution du GIE

A. Conditions de fond

B. Conditions de forme

C. Constitution par transformation d'un groupement préexistant

D. Nature civile ou commerciale du GIE

§ 2 Fonctionnement du GIE

A. Le fonctionnement de la personne morale

B. L'organisation du GIE

C. Le statut des membres du GIE

§ 3 Mutations affectant le GIE

A. Transformation

B. Dissolution

Compléments pédagogiques

15

Les autres sociétés et groupements du droit des affaires

Certaines sociétés sont plus rarement utilisées que les autres. On ne peut pour autant les ignorer. Elles ont leurs utilisations particulières, leurs avantages, que recherchent ceux qui recourent à ces formes sociales. Certaines sont d'origine nationale, comme les commandites, d'autres sont issues de normes européennes, comme la société européenne et sa petite sœur la société privée européenne, cette dernière société semblant cependant condamnée à rester dans les limbes, comme on le verra. Un groupement mérite en outre d'être étudié à part, puisqu'il n'est pas une société, même s'il en est proche, il s'agit du groupement d'intérêt économique (GIE). 1106

section 1

Les sociétés en commandite

Ces sociétés sont anciennes. Elles reposent sur une distinction des associés en deux catégories. Les commandités sont en première ligne, encourent une responsabilité aux dettes sociales lourde, et peuvent diriger la société. Leur statut est proche de celui d'un associé en nom. Les commanditaires sont avant tout des investisseurs, et leur statut est plus proche de celui de l'associé de la SARL ou de l'actionnaire de la SA. 1107

Il existe deux types de sociétés en commandite : la société en commandite simple (§1) et la société en commandite par actions (§2).

§ 1 La société en commandite simple (SCS)

Cette société est proche de la SNC, la différence majeure résidant dans l'existence de deux catégories d'associés, dont l'une, celle des commanditaires, n'encourt qu'une responsabilité limitée à ses apports. Le principe est d'ailleurs posé par l'article L. 222-2 du Code de commerce, qui énonce que les dispositions relatives aux SNC sont applicables aux SCS, sous réserve des règles propres à cette société. À titre d'exemple, la dénomination sociale de la SCS sera précédée ou suivie des mots « sociétés en commandite simple » (C. com., art. L. 222-3). Surtout, la SCS comprend, aux côtés des commandités dont le statut est identique à celui d'associés en nom, des associés dont la responsabilité est limitée aux apports. 1108

A. Deux catégories d'associés

1. *Les commandités*

1109 Ces associés ont purement et simplement le statut des associés en nom (C. com., art. L. 222-1, al. 1er). Ils répondent donc comme ces derniers garants du passif social, indéfiniment et solidairement. Cette responsabilité lourde explique que leurs prérogatives dans la prise des décisions collectives sont importantes (v. ss 1112 s.).

Les événements graves affectant un associé commandité (procédure collective, interdiction professionnelle, incapacité) entraînent en principe la dissolution de la société à moins que, s'il existe un ou plusieurs autres associés commandités, la continuation de la société ne soit prévue par les statuts ou que les associés ne la décident à l'unanimité (C. com., art. L. 222-11).

Le décès d'un commandité entraîne en principe la dissolution de la SCS, sauf stipulation contraire des statuts ou décision des associés. Le législateur a mis en place un dispositif de protection des héritiers du commandité décédé, lorsqu'ils sont mineurs non émancipés (C. com., art. L. 222-10). Ainsi, si l'associé décédé était le seul commandité et si ses héritiers sont tous des mineurs non émancipés, il doit être procédé à son remplacement par un nouvel associé commandité ou à la transformation de la société, dans le délai d'un an à compter du décès. À défaut, la société est dissoute de plein droit à l'expiration de ce délai.

2. *Les commanditaires*

1110 Les associés commanditaires ne répondent des dettes sociales qu'à concurrence de leur apport, qui ne peut être un apport en industrie (C. com., art. L. 222-1, al. 2). Cette limitation de leur responsabilité suppose cependant que les commanditaires s'abstiennent de réaliser des « actes de gestion externes », à défaut de quoi ils peuvent être tenus avec les commandités des actes accomplis en violation de l'interdiction, voire de tous les actes faits au nom de la SCS, pas seulement par les commanditaires (C. com., art. L. 222-6).

Leurs prérogatives dans la prise des décisions collectives sont plus restreintes que celles des commandités. Des droits d'information spécifiques leur sont ouverts (droit de communication des livres et documents sociaux et questions écrites, C. com., art. L. 222-7).

La société continue en dépit de leur décès, sauf stipulation contraire des statuts (C. com., art. L. 222-10, al. 1er).

B. Organisation de la SCS

1. *Gérance*

1111 Comme la SNC, la SCS est dotée d'un ou plusieurs gérants, qui peuvent être des personnes physiques ou des personnes morales. La fonction ne devrait normalement pas être confiée à un associé commanditaire, en raison de l'interdiction qui est faite aux associés de cette catégorie d'accomplir des actes de gestion externes, même en vertu d'une procuration (C. com., art. L. 222-6). La désignation du commanditaire en qualité de gérant ne devrait pas être remise en cause, en l'absence de texte la déclarant nulle, mais cet associé sera alors garant des dettes sociales avec les associés commandités.

2. Décisions collectives

a. Principe

Les décisions sont prises dans les conditions fixées par les statuts (C. com., art. L. 222-5). Toutefois, la réunion d'une assemblée de tous les associés est obligatoire, si elle est demandée par un associé commandité ou par le quart en nombre et en capital des commanditaires. 1112 ■

b. Modification des statuts

La modification des statuts de la SCS est encadrée (C. com., art. L. 222-9). L'unanimité est requise pour changer la nationalité de la société, modification qui ne devrait pas arriver très souvent. Les autres modifications des statuts peuvent être décidées avec le consentement de tous les commandités et de la majorité en nombre et en capital des commanditaires. Les clauses édictant des conditions plus strictes de majorité sont réputées non écrites. 1113 ■

c. Cession de parts

Le principe posé par l'article L. 222-8, I du Code de commerce est simple : les parts ne peuvent être cédées qu'avec le consentement de tous les associés, sans que l'on distingue à cet égard en fonction de la nature des parts cédées (parts de commandité ou de commanditaire) ou de l'identité du cessionnaire (tiers ou associé en place). 1114 ■

Ce principe ayant été posé, différentes stipulations statutaires y dérogeant sont ensuite autorisées (C. com., art. L. 222-8, II), les statuts pouvant prévoir que :

– les parts des associés commanditaires sont librement cessibles entre associés ;

– les parts des associés commanditaires peuvent être cédées à des tiers avec le consentement de tous les commandités et de la majorité en nombre et en capital des commanditaires ;

– un associé commandité peut céder une partie de ses parts à un commanditaire ou à un tiers avec le consentement de tous les commandités et de la majorité en nombre et en capital des commanditaires.

§ 2 La société en commandite par actions (SCA)

Cette société est régie par les articles L. 226-1 à L. 226-14 du Code de commerce, ainsi que par les règles concernant les SCS et les SA, à l'exception des articles L. 225-17 à L. 225-93, L. 22-10-3 à L. 22-10-30 et de l'art. L. 236-6, al. 3 (relatif à la déclaration de conformité dans les fusions), dans la mesure où les dispositions relatives aux SCS et aux SA sont compatibles avec les textes spécifiques à la SCA. 1115 ■

Cette société réunit au moins un commandité et trois commanditaires. Les commandités supportent une responsabilité indéfinie et solidaire et les commanditaires une responsabilité limitée à leurs apports.

La SCA se différencie de la SCS par le fait que son capital, d'au moins 37 000 euros, est divisé en actions, et qu'elle est plus proche d'une SA dotée d'une catégorie d'associés indéfiniment responsables que d'une SNC dotée d'une catégorie d'associés à responsabilité limitée. Elle peut d'ailleurs offrir ses titres financiers au public et être cotée en bourse.

A. Deux catégories d'associés

1. *Les commandités*

1116 Les commandités ont la qualité de commerçant et répondent indéfiniment et solidairement des dettes sociales. Le législateur n'a pas affirmé que le commandité d'une SCA avait la qualité d'associé en nom, mais sa situation est identique. Bien que la loi ne le précise pas non plus, les titres représentant ses droits ne sont pas des actions mais des parts sociales, non négociables. Le droit au bénéfice du commandité est généralement prévu par les statuts, par application de l'art. L. 222-4, 3° du C. com.

Illustration : extrait de l'art. 30 des statuts de la SCA Michelin (14 janv. 2021)

Les produits nets de l'exercice, déduction faite des frais généraux et autres charges de la société, y compris tous amortissements et provisions jugés nécessaires, constituent les bénéfices nets.
Il est fait sur les bénéfices nets de l'exercice un prélèvement, calculé comme il est dit à l'art. L 232-10 du C. com., pour être affecté au fonds de réserve légale jusqu'à ce que celui-ci ait atteint le dixième du capital social.
Ce prélèvement effectué, il est attribué aux associés commandités gérants et non gérants une somme égale à 12 % des bénéfices nets de l'exercice, tels que définis à l'alinéa 1° ci-dessus, desquels on aura déduit toute somme y incluse provenant de distributions de bénéfices annuels ou de réserves effectués au profit de leurs actionnaires par la Manufacture Française des Pneumatiques Michelin et la Compagnie Financière Michelin.
Cependant, cette somme ne pourra excéder 0,6 % du résultat net consolidé de l'exercice, la différence éventuelle étant rapportée au bénéfince à affecter. La somme ainsi attribuée sera répartie entre les associés commandités, gérants et non gérants, dans telles proportions que le ou les associés commandités aviseront.
Le solde des bénéfices nets augmentés, le cas échéant, du report bénéficiaire constitue la part revenant aux actions.

2. *Les commanditaires*

1117 Les commanditaires, quant à eux, ne sont pas commerçants du seul fait qu'ils sont actionnaires de la commandite, et ils ne supportent les pertes qu'à concurrence de leurs apports. Ils sont titulaires d'actions, et leur statut est proche de celui des actionnaires d'une SA.

B. Organisation de la SCA

1118 La SCA est dotée de commissaires aux comptes désignés par l'assemblée générale ordinaire, lorsque, depuis la loi PACTE, elle dépasse des seuils définis par décret, une désignation par le juge étant aussi possible lorsque des associés représentant au moins le dixième du capital social en font la demande et une désignation devant en outre nécessairement intervenir, depuis la loi Mohamed Soilihi du 19 juillet 2019, lorsqu'un ou plusieurs associés représentant au moins le tiers du capital en font la demande motivée à la société (C. com., art. L. 226-6). Elle ne présente de ce point de vue aucune particularité par rapport à la SA, si ce n'est que les mêmes pouvoirs que ceux détenus par les commissaires aux comptes sont également attribués au conseil de surveillance, organe spécifique de la SCA. La SCA se distingue en effet de la SA par le fait qu'elle est dirigée par un ou plusieurs gérants, agissant sous le contrôle d'un conseil de surveillance. Le rôle des associés, amenés à prendre des décisions collectives, est également important dans la SCA.

1. *Gérance*

a. Désignation

Le ou les premiers gérants de la SCA sont désignés par les statuts (C. com., art. L. 226-2). Au cours de l'existence de la société, sauf clause contraire des statuts, les gérants sont désignés par l'assemblée générale ordinaire avec l'accord de tous les associés commandités. **1119**

Le législateur impose peu de conditions pour être gérant de SCA, si ce n'est celle de l'âge du gérant personne physique. Une limite d'âge doit en effet être prévue par les statuts, et se trouve fixée, à défaut, à soixante-cinq ans (C. com., art. L. 226-3).

b. Révocation

Ce sont avant tout les statuts qui déterminent les conditions de révocation du gérant, associé ou non (C. com., art. L. 226-2). Le gérant est également révocable par le tribunal de commerce pour cause légitime, à la demande de tout associé ou de la société, toute clause contraire étant réputée non écrite. **1120**

c. Pouvoirs

Le gérant de la SCA est investi des pouvoirs des dirigeants de sociétés à responsabilité limitée : il peut ainsi agir en toutes circonstances au nom de la société, il l'engage même par ses actes ne relevant pas de l'objet social, sauf mauvaise foi des tiers, et les clauses statutaires limitant ses pouvoirs leur sont inopposables (C. com., art. L. 226-7). **1121**

En cas de pluralité de gérants, ceux-ci détiennent séparément les pouvoirs de direction et de représentation de la société. L'opposition formée par un gérant aux actes d'un autre gérant est sans effet à l'égard des tiers, à moins qu'il ne soit établi qu'ils en ont eu connaissance.

Une limitation particulière apportée aux pouvoirs du gérant de SCA tient à l'application des articles L. 225-38 à L. 225-43 du Code de commerce, ce qui signifie que le gérant de SCA doit respecter la procédure des conventions réglementées prévue pour la SA (v. ss 811 s.), et qu'il ne peut emprunter auprès de la société ou faire garantir ses engagements par elle, s'il est une personne physique (C. com., art. L. 226-10).

d. Rémunération

La rémunération du gérant de SCA est déterminée par les statuts ou par l'assemblée générale ordinaire, statuant avec l'accord de tous les commandités, une clause statutaire pouvant substituer sur ce point une majorité à cette unanimité (C. com., **1122** art. L. 226-8). Lorsque les actions de la SCA sont cotées en bourse, des règles particulières s'appliquent, prévues par les art. L. 22-10-76 et L. 22-10-77 : (1) mise en place d'une politique de rémunération par les commandités après avis consultatif du conseil de surveillance et tenant compte, le cas échéant, des principes et conditions prévus par les statuts, cette politique étant soumise à approbation de l'AGO et à l'accord des commandités donné sauf clause contraire à l'unanimité, chaque année et lors de chaque modification importante (vote *ex-ante*) ; (2) vote par l'AGO et par les commandités d'une résolution statuant sur les rémunérations versées au cours de l'exercice et celles pouvant encore être dues (vote *ex-post*).

e. Responsabilités

1123 Les obligations pesant sur le gérant d'une SCA sont les mêmes que celles du conseil d'administration d'une SA (C. com., art. L. 226-7). Plusieurs dispositions relatives à la responsabilité des dirigeants de la SA (C. com., art. L. 225-52, L. 225-251 et L. 225-255) sont d'ailleurs rendues expressément applicables aux gérants de SCA, même non associés (C. com., art. L. 226-12, al. 2).

2. *Conseil de surveillance*

a. Statut

1124 L'assemblée générale ordinaire de la SCA nomme, dans les conditions fixées par les statuts, un conseil de surveillance (C. com., art. L. 226-4). Les actionnaires ayant la qualité de commandité ne peuvent participer à la désignation des membres de ce conseil.

Le conseil de surveillance est composé de trois actionnaires au moins. Il ne peut comprendre de commandité, à peine de nullité de sa nomination, ni aucune personne qui ne serait actionnaire de la société (même si la loi est ambiguë de ce point de vue, laissant entendre que la détention d'actions n'est pas requise dès lors que la condition de trois actionnaires est satisfaite). À défaut de disposition statutaire, les règles concernant la désignation, la rémunération et la durée du mandat des administrateurs de SA sont applicables.

Une disposition prévoit la nécessité pour les statuts de fixer une limite d'âge pour la participation au conseil de surveillance (C. com., art. L. 226-5).

La composition du conseil de surveillance des SCA a connu les mêmes évolutions, en termes de recherche d'une représentation équilibrée des sexes, que les SA, avec l'application des lois du 27 janvier 2011, du 4 août 2014 et de la loi PACTE du 22 mai 2019 (v. ss 277 et v. ss 765)

b. Attributions

1125 Le conseil de surveillance assume le contrôle permanent de la gestion de la société (art. L. 226-9). Il dispose à cette fin des mêmes pouvoirs que les commissaires aux comptes, et il est saisi en même temps que les commissaires aux comptes des documents mis à la disposition de ces derniers.

1126 Au-delà de l'affirmation de sa mission générale, des attributions plus précises sont reconnues au conseil de surveillance :

– il fait à l'assemblée générale ordinaire annuelle un rapport dans lequel il signale, notamment, les irrégularités et inexactitudes relevées dans les comptes annuels et, le cas échéant, les comptes consolidés (C. com., art. L. 226-9) ;

– il peut convoquer l'assemblée générale des actionnaires (C. com., art. L. 226-9) ;

– il autorise préalablement les conventions intervenant directement ou par personne interposée entre la SCA et l'un de ses gérants, l'un des membres de son conseil de surveillance, l'un de ses actionnaires disposant d'une fraction des droits de vote supérieure à 10 % ou, s'il s'agit d'une société actionnaire, la société la contrôlant au sens de l'article L. 233-3, les conventions conclues par la SCA auxquelles une de ces personnes est indirectement intéressée, et les conventions intervenant entre la SCA et une entreprise si l'un des gérants ou l'un des membres du conseil de surveillance de la SCA est propriétaire, associé indéfiniment responsable, gérant, administrateur, directeur général, membre du directoire ou membre du conseil de surveillance de l'entreprise (C. com., art. L. 226-10) ;

– il établit et approuve le rapport sur le contrôle interne et le gouvernement d'entreprise (C. com., art. L. 226-10-1).

Comme dans les sociétés anonymes, le conseil de surveillance (jusqu'à l'ordonnance 1127 ■
n° 2017-1162 du 12 juillet 2017 c'était le président du conseil de surveillance) doit établir un rapport, joint au rapport de gestion du gérant et comportant les informations relatives au gouvernement d'entreprise (C. com., art. L. 226-10-1). Ce rapport est approuvé par le conseil de surveillance et est rendu public, et les commissaires aux comptes présentent leurs observations sur ce rapport.

c. Responsabilités

Les membres du conseil de surveillance n'encourent aucune responsabilité, en raison 1128 ■
des actes de la gestion et de leur résultat, mais ils peuvent être déclarés civilement responsables des délits commis par les gérants si, en ayant eu connaissance, ils ne les ont pas révélés à l'assemblée générale (C. com., art. L. 226-13). Les membres du conseil de surveillance sont « responsables des fautes personnelles commises dans l'exécution de leur mandat » (C. com., art. L. 226-13), mais la solution est sans doute à nuancer, s'agissant de la responsabilité encourue à l'égard des tiers, du fait de la nécessité de prouver une faute détachable des fonctions.

3. *Décisions collectives*

a. Principe

Les associés de la SCA, commandités et commanditaires, sont amenés à prendre un 1129 ■
certain nombre de décisions. La loi est relativement muette sur les conditions dans lesquelles les décisions collectives sont prises. Il faut cependant déduire de l'existence de deux catégories d'associés que les décisions doivent être prises par les commanditaires réunis en assemblées d'actionnaires, d'une part, conformément aux règles prévues pour la tenue des assemblées dans la SA, et d'autre part par les commandités, statuant dans les conditions prévues par les statuts, ou à défaut dans les conditions prévues pour la prise des décisions dans la SNC.

b. Modifications statutaires

L'article L. 226-11 du Code de commerce pose à titre de principe que la modifica- 1130 ■
tion des statuts exige l'accord de tous les commandités, mais il permet qu'une clause contraire dispense de cet accord, en le remplaçant par un accord de la majorité seulement des commandités, ou en écartant entièrement la nécessité de leur accord.

1131 Certaines décisions font ensuite l'objet de précisions particulières.

De manière quelque peu ambiguë, l'article L. 226-11 du Code de commerce dispose que la modification des statuts résultant d'une augmentation de capital est constatée par les gérants. Il faut simplement voir dans ce texte la reconnaissance de la faculté pour le gérant de mettre les statuts en harmonie avec une décision des associés.

Une hypothèse de transformation particulière est enfin visée par l'article L. 226-14, qui concerne la transformation de la SCA en SA ou en SARL. Cette transformation est décidée par l'assemblée générale extraordinaire des actionnaires, avec l'accord de la majorité des associés commandités, sans qu'une dérogation à la nécessité de cet accord ne soit possible.

section 2

Les sociétés issues du droit de l'Union européenne

§ 1 La société européenne (SE)

1132 Cette société, instituée par un règlement communautaire de 2001, a eu une gestation longue et tourmentée. Elle est dotée d'une organisation juridique complexe. Le Code de commerce lui consacre ses articles L. 229-1 à L. 229-15, introduits par la loi n° 2005-842 du 26 juillet 2005. Or, aux termes du premier de ces textes, la SE est régie par les dispositions du règlement (CE) n° 2157/2001 du Conseil du 8 octobre 2001 relatif au statut de la SE, par les dispositions (du droit interne) spécifiques à la SE, ainsi que par celles applicables aux SA et non contraires aux dispositions spécifiques. Un rôle important est également attribué aux statuts de la SE.

A. Accès au statut de SE

1133 Le règlement du 8 octobre 2001 envisage l'accès à la forme de SE par trois modes distincts : fusion, transformation et constitution, ce dernier mode connaissant quelques variations, selon que la SE constituée est une SE *holding* ou une SE unipersonnelle.

1. *Fusion*

a. Conditions

1134 Une SE peut tout d'abord être constituée par voie de fusion, dans les conditions prévues par l'article 2 du règlement du 8 octobre 2001. Aux termes de ce texte, les sociétés parties doivent relever d'une forme juridique déterminée (SA, pour la France), être constituées selon le droit d'un État membre et avoir leur siège statutaire et leur administration centrale dans la Communauté, et pour au moins deux d'entre elles, relever du droit d'États membres différents, ou avoir depuis au moins deux ans une société filiale relevant du droit d'un autre État membre ou une succursale située dans un autre État membre. Dans le cas d'une fusion par constitution d'une nouvelle société, la SE est la nouvelle société.

L'article L. 229-3 du Code de commerce apporte un certain nombre de précisions concernant l'organisation de cette fusion lorsqu'elle implique des sociétés immatriculées en France, ou, faut-il penser, lorsque la société absorbante est une société nouvelle créée en France. On retiendra surtout que le contrôle de la légalité de la fusion est effectué, pour la partie de la procédure relative à chaque société qui fusionne, par le greffier du tribunal dans le ressort duquel est immatriculée la société, qui doit déposer un projet de fusion, et, pour la partie de la procédure relative à la réalisation de la fusion et à la constitution de la société européenne, par un notaire ou le greffier du tribunal dans le ressort duquel la société sera immatriculée, qui contrôle notamment que les sociétés qui fusionnent ont approuvé un projet de fusion dans les mêmes termes et que les modalités relatives à l'implication des travailleurs ont été fixées conformément aux dispositions applicables du Code du travail.

b. Droit d'opposition

Un droit d'opposition est ouvert par le règlement du 8 octobre 2001 à toute personne 1135 ■ estimant que l'opération est contraire à un intérêt public. Lorsqu'une constitution de SE par voie de fusion implique une société relevant du droit français, l'opposition est formée devant le procureur de la République, dont la décision est susceptible de recours devant la cour d'appel de Paris (C. com., art. L. 229-4).

2. *Constitution d'une SE*

a. Principe

L'article 2 du règlement du 8 octobre 2001 permet la constitution d'une SE par des 1136 ■ sociétés ou d'autres entités juridiques de droit public ou privé, constituées selon le droit d'un État membre et ayant leur siège statutaire et leur administration centrale dans la Communauté. Elles peuvent constituer une SE filiale en souscrivant ses actions, si deux d'entre elles au moins relèvent du droit d'États membres différents, ou détiennent depuis au moins deux ans une société filiale relevant du droit d'un autre État membre ou une succursale située dans un autre État membre. L'article 3 du règlement permet par ailleurs la constitution pour une SE d'une autre SE.

b. Constitution d'une SE unipersonnelle

L'article L. 229-6 du Code de commerce autorise la constitution d'une SE par une 1137 ■ autre SE. Cette SE unipersonnelle est alors soumise aux dispositions applicables à la SE et à une partie des textes relatifs à l'EURL, essentiellement ceux sur l'approbation des comptes annuels (v. ss 716). Les administrateurs ou membres du conseil de surveillance de la SE unipersonnelle sont soustraits aux dispositions imposant la détention d'actions à ces mandataires sociaux (mais ce sont désormais les statuts qui décident ou non d'imposer cette exigence – C. com., art. L. 225-25 et L. 225-72 tels que modifiés par la loi LME du 4 août 2008).

c. Constitution d'une SE *holding*

L'article L. 229-5 du Code de commerce encadre ce mode d'accès à la SE. Un projet 1138 ■ commun de constitution doit être établi et déposé au greffe du tribunal dans le ressort duquel les sociétés participantes sont immatriculées, et faire l'objet d'une publicité dont les modalités sont fixées par décret en Conseil d'État (C. com., art. R. 229-15). Des commissaires à la constitution d'une société européenne *holding*, désignés par décision de justice, établissent sous leur responsabilité un rapport destiné aux actionnaires de chaque société (ou un rapport commun, par accord entre les sociétés parties) dont les mentions sont précisées par décret en Conseil d'État. Les dispositions relatives aux fusions et concernant l'intervention des AGE des sociétés parties et la protection des créanciers sont rendues applicables à la constitution d'une SE *holding*.

3. *Transformation en SE*

■ 1139 L'article 2 du règlement du 8 octobre 2001 autorise la SA constituée selon le droit d'un État membre et ayant son siège statutaire et son administration centrale dans l'Union à se transformer en SE si elle détient depuis au moins deux ans une société filiale relevant du droit d'un autre État membre.

B. Avantages du statut de SE

1. *Une personne morale mobile*

■ 1140 La SE immatriculée au registre du commerce et des sociétés français est dotée de la personnalité morale à compter de son immatriculation (C. com., art. L. 229-1). L'avantage le plus remarquable de la SE consiste dans la possibilité de déplacer le siège de cette société d'un État de l'Union européenne à l'autre sans qu'il faille dissoudre la SE existante pour en constituer une autre dans l'État d'accueil, ainsi que l'affirme d'ailleurs l'article 8 du règlement du 8 octobre 2001. En réalité, la SE n'adopte pas véritablement la nationalité d'un État membre déterminé.

a. Un transfert encadré

■ 1141 Le transfert du siège de la SE dans un autre État membre de l'Union européenne est encadré par une disposition riche, l'article L. 229-2 du Code de commerce.

Un projet de transfert doit être déposé au greffe du tribunal dans le ressort duquel la société est immatriculée et faire l'objet d'une publicité par insertion d'un avis dans un support (et non plus dans un « journal », depuis un décret n° 2020-106 du 10 février 2020) d'annonces légales dans le département du siège ainsi qu'au *Balo* (C. com., art. R. 229-3). Le transfert de siège est décidé par les actionnaires de la SE statuant aux conditions prévues pour l'assemblée générale extraordinaire de la SA. Les différentes parties prenantes sont protégées, puisque le transfert de siège est également soumis à la ratification des assemblées spéciales des porteurs d'actions de catégories particulières et d'actions à dividende prioritaire sans droit de vote, s'il en existe encore, ces deux dernières catégories d'actionnaires pouvant obtenir le rachat de leurs actions (dans les conditions fixées par l'art. R. 229-6 du C. com.). Est également assurée la protection des intérêts des porteurs de certificats d'investissement, s'il en existe encore, et des créanciers obligataires. Les autres créanciers bénéficient d'un droit d'opposition comparable à celui rencontré en cas de fusion (v. ss 481), ne suspendant pas les opérations de transfert de siège. Une décision de justice rejette l'opposition ou ordonne soit le remboursement des créances, soit la constitution de garanties si la société transférant son siège en offre et si elles sont jugées suffisantes. À défaut de remboursement des créances ou de constitution des garanties ordonnées, le transfert de siège est inopposable à ces créanciers.

Un notaire délivre un certificat attestant de manière concluante l'accomplissement des actes et formalités préalables au transfert.

Par ailleurs, une faculté d'opposition est ouverte à toute personne ou autorité qui estime qu'une telle opération est contraire à un intérêt public. On retrouve ici la procédure prévue en cas d'opposition à la constitution d'une SE par fusion : compétence du procureur de la République et appel devant la cour d'appel de Paris (le texte français concerné est le même : l'art. L. 229-4 du C. com.). 1142 ■

b. La dissociation du siège statutaire et de l'administration centrale interdite

Le siège statutaire et l'administration centrale de la société européenne ne peuvent être dissociés, aux termes de l'article L. 229-1 du Code de commerce, qui applique ici l'article 7 du règlement du 8 octobre 2001. 1143 ■

Un dispositif complexe est mis en place par l'article L. 229-9 du Code de commerce pour assurer le respect de cette interdiction.

Si la SE n'a plus son administration centrale en France, tout intéressé peut demander au tribunal la régularisation de la situation par le transfert du siège ou le rétablissement de l'administration centrale au lieu du siège en France, le cas échéant sous astreinte. Le tribunal fixe une durée maximale pour cette régularisation, et à défaut de régularisation dans ce délai, la sanction prévue est radicale, puisqu'il s'agit d'une liquidation ordonnée par le juge !

Le dispositif comprend également un aspect de coopération entre États membres. Les décisions prises par le juge sont adressées par le greffe du tribunal au procureur de la République. Celui-ci doit, en cas de constat de déplacement de l'administration centrale en France d'une SE immatriculée dans un autre État membre de l'Union européenne, contrevenant à l'article 7 du règlement du 8 octobre 2001, informer sans délai l'État membre du siège statutaire. De manière surprenante, une réciprocité est prévue par l'article L. 229-9 du Code de commerce, dont on se demande quelle peut être son utilité, sinon celle d'un vœu formé par le législateur français. En effet, ce texte dispose qu'en cas de constat de déplacement de l'administration centrale d'une SE immatriculée en France dans un autre État membre de l'Union européenne, en contravention avec l'article 7 du règlement, les autorités de cet État membre doivent informer sans délai le procureur de la République du tribunal judiciaire dans le ressort duquel la société est immatriculée. 1144 ■

2. *Une société proche de la SA*

a. Organes de direction et d'administration

Aux termes de l'article L. 229-7 du Code de commerce, la direction et l'administration de la SE sont régies par la plupart des dispositions relatives à la SA, avec quelques aménagements, destinés notamment à préserver la participation des travailleurs. On relèvera que, de manière intéressante, le dispositif de contrôle des conventions réglementées doit exister, mais que ce sont les statuts de la SE qui doivent prévoir des « règles similaires » à celles prévues dans les SA. Signalons aussi que la SE est 1145 ■

soumise aux exigences d'une représentation équilibrée des hommes et des femmes au sein des conseils d'administration et de surveillance (L. n° 2011-103 du 27 janv. 2011, v. ss 765, v. ss 277).

b. Actionnaires de la SE

1146 Le principe posé par l'article L. 229-8 du Code de commerce est simple : les assemblées générales de la SE sont soumises aux règles prescrites pour les assemblées générales des actionnaires des SA, dans la mesure où elles sont compatibles avec le règlement du 8 octobre 2001. Cela pose parfois des problèmes de coordination entre textes européens et nationaux. Ainsi, lorsque des ordonnances ont été adoptées, en France, pour réagir à la crise sanitaire liée au Covid-19 et permettre aux sociétés de tenir leurs assemblées à huis clos et de bénéficier d'un délai supplémentaire pour tenir l'assemblée d'approbation des comptes, un texte spécial a été nécessaire pour que les SE puissent bénéficier d'un tel délai (Règlement (UE) 2020/699 du Conseil du 25 mai 2020 établissant des mesures temporaires concernant les assemblées générales des sociétés européennes (SE) et des sociétés coopératives européennes (SEC)).

c. Transformation en SA

1147 La transformation de la SE en SA est envisagée par l'article L. 229-10 du Code de commerce. Il faut que la SE soit, au moment de la transformation, immatriculée depuis plus de deux ans et ait fait approuver le bilan de ses deux premiers exercices.

Un projet de transformation est déposé au greffe du tribunal du siège de la société et fait l'objet d'une publicité dont les modalités sont fixées par décret en Conseil d'État (C. com., art. R. 229-24). Un ou plusieurs commissaires à la transformation, désignés par décision de justice, établissent un rapport destiné aux actionnaires de la SE attestant que les capitaux propres sont au moins équivalents au capital social. Ils sont soumis aux incompatibilités prévues à l'article L. 822-11.

L'assemblée des actionnaires statue dans les mêmes conditions qu'une assemblée générale extraordinaire de SA, et les assemblées spéciales doivent également autoriser la transformation.

3. *La SE contractuelle ?*

1148 La SE à la française a été rendue plus séduisante par l'emprunt d'une série de dispositions à la SAS, qui permettent d'adopter à l'unanimité (cette exigence vaut aussi pour la modification, selon l'art. L. 229-15 du C. com.) plusieurs clauses d'utilisation courante. Ces clauses ont ainsi été consacrées par le législateur aux articles L. 229-11 à L. 229-14 du Code de commerce, pour garantir aux investisseurs étrangers la validité et l'efficacité de ces stipulations. Il convient cependant de préciser que ces clauses ne peuvent prendre effet que dans les statuts d'une SE qui n'entend pas offrir au public ses actions ou qui entend se limiter à certaines offres particulières (offre adressée à un cercle restreint d'investisseurs, à des investisseurs qualifiés, financement participatif, offre au public inférieure à 8 millions sur une période de douze mois, offre au public dont les bénéficiaires acquièrent les titres financiers pour un moment total par investisseur et par offre distincte supérieur à 100.000 euros ou offre au public dont la valeur nominale de chacun des titres financiers est supérieure à 100.000 euros).

a. Clauses restreignant la libre négociabilité des actions

L'article L. 229-11 du Code de commerce ouvre le bal en visant non pas les clauses d'agrément, mais plus largement les clauses soumettant « tout transfert d'actions à des restrictions à la libre négociabilité sans que ces restrictions ne puissent avoir pour effet de rendre ces actions inaliénables pour une durée excédant dix ans ». 1149 ■

Toute cession réalisée en violation de ces clauses statutaires est nulle. Cette nullité est opposable au cessionnaire ou à ses ayants droit. Elle peut être régularisée par une décision prise à l'unanimité des actionnaires non parties au contrat ou à l'opération visant à transférer les actions.

b. Clauses d'exclusion et de suspension

Les statuts de la SE qui n'entend pas offrir au public ses actions ou qui entend se limiter aux offres précitées peuvent par ailleurs prévoir, dans les conditions qu'ils déterminent, qu'un actionnaire peut être tenu de céder ses actions, ainsi que la suspension des droits non pécuniaires de cet actionnaire tant que celui-ci n'a pas procédé à cette cession (C. com., art. L. 229-12). 1150 ■

c. Clauses relatives au changement de contrôle d'une société actionnaire

Il est également possible que les statuts d'une SE qui n'entend pas offrir au public ses actions ou qui entend se limiter aux offres précitées prévoient que la société actionnaire dont le contrôle, au sens de l'article L. 233-16 du Code de commerce, est modifié (y compris à la suite d'une opération de fusion, de scission ou de dissolution) doive, dès cette modification, en informer la SE, qui peut alors décider, dans les conditions fixées par les statuts, de suspendre l'exercice des droits non pécuniaires de cet actionnaire et de l'exclure (C. com., art. L. 229-13). 1151 ■

d. Détermination du prix de cession des actions

La mise en œuvre de l'une des clauses précitées peut conduire à la cession de ses actions par un actionnaire de la SE. Les statuts peuvent alors préciser les « modalités d'évaluation du prix de cession », mais s'ils ne le font pas, ce prix est fixé par accord entre les parties ou, à défaut, déterminé dans les conditions prévues à l'article 1843-4 du Code civil (C. com., art. L. 229-14). Lorsque les actions sont rachetées par la SE, celle-ci est tenue de les céder dans un délai de six mois ou de les annuler. 1152 ■

§ 2 La société privée européenne (SPE) et la *Societas Unius Personae* (SUP)

Un projet de règlement du Conseil présenté par la Commission européenne en 2008 (v. *Dr. sociétés* 2008. Focus 42) et approuvé par le Parlement européen le 10 mars 2009 annonçait la naissance d'une forme de petite société qui aurait été commune à tous les États membres. Par la suite, les travaux relatifs à la SPE ont peu avancé et la Commission européenne a décidé, à la fin de l'année 2013, de retirer la proposition de SPE, dans le cadre de son programme REFIT, et de proposer d'autres solutions pour permettre le développement des PME au niveau européen. 1153 ■

Les traits essentiels de cette société mort-née : il devait s'agir d'une société à responsabilité limitée émettant des actions, sans capital social minimum autre que le chiffre d'un euro (sous condition d'un certificat de solvabilité ; à défaut le capital minimum exigé aurait été de 8 000 euros), régie par les dispositions d'un règlement à venir et par les statuts de la société, ainsi que par le droit national de l'État du siège statutaire de la SPE, de manière résiduelle. Le rôle des statuts aurait été primordial, puisque c'était les statuts qui devaient décider, notamment, de l'organisation de la direction de la SPE. La SPE aurait ainsi pu faire figure, en synthèse, de SAS européenne.

■ 1154 Une autre création a, peu après, été proposée par la Commission européenne, sous les traits de la *Societas Unius Personae* (SUP). Cette société unipersonnelle à responsabilité limitée serait introduite par une directive, accompagnée d'un modèle uniforme de statuts (v. B. Lecourt, « La *Societas Unius Personae* », *Rev. sociétés* 2014. 699).

§ 3 La société coopérative européenne (SCE)

■ 1155 On ne fera ici que signaler l'existence de cette structure particulière, régie par une loi n° 2008-89 du 30 janvier 2008, qui a introduit en droit français le statut de la SCE, lui-même fixé par un règlement et une directive communautaires de 2003 (v. « Biblio »).

section 3

Le groupement d'intérêt économique (GIE)

■ 1156 Le GIE a pour but de faciliter ou de développer l'activité économique de ses membres, d'améliorer ou d'accroître les résultats de cette activité, mais non de « réaliser des bénéfices pour lui-même », aux termes de l'article L. 251-1 du Code de commerce. Ce même texte précise que l'activité du GIE doit se rattacher à l'activité économique de ses membres et ne peut avoir qu'un caractère auxiliaire par rapport à celle-ci. Par exemple, c'est un GIE rassemblant un certain nombre d'établissements financiers qui assure le fonctionnement du système des cartes bancaires.

On observera que la réglementation relative au GIE a été placée au sein du Code de commerce, alors que ce groupement peut avoir un objet civil aussi bien que commercial.

On signalera simplement pour information l'existence du groupement européen d'intérêt économique (GEIE), régi par les articles L. 252-1 s. du Code de commerce.

■ 1157 L'utilisation de l'appellation « groupement d'intérêt économique » et du sigle « GIE » est encadrée, puisque seuls les groupements soumis aux articles L. 251-1 s. du Code de commerce peuvent en faire usage. L'emploi illicite de cette appellation, de ce sigle ou de toute expression de nature à prêter à confusion avec ceux-ci était même sanctionné pénalement (emprisonnement d'un an, amende de 6 000 euros, et éventuellement publication du jugement dans la presse aux frais du condamné et affichage, aux termes de l'ancien art. L. 251-23 du C. com.), jusqu'à l'intervention de la loi *Warsmann II* du 22 mars 2012. En sa rédaction modifiée, l'article L. 251-23 prévoit avant tout la possibilité de faire interdire, y compris sous astreinte, l'emploi illicite de l'appellation.

§ 1 Constitution du GIE

A. Conditions de fond

1. *Membres du GIE*

La constitution d'un GIE est ouverte aux personnes physiques aussi bien qu'aux personnes morales (C. com., art. L. 251-1). Le GIE doit comporter au moins deux membres. 1158 ■

Les membres des professions libérales soumises à un statut législatif ou réglementaire ou dont le titre est protégé peuvent également constituer un GIE ou y adhérer (C. com., art. L. 251-2). Un tel GIE ne devrait toutefois pas avoir un objet commercial, dès lors que le groupement ne saurait exercer une activité que ses membres ne peuvent légalement exercer (Com. 13 nov. 2003, *Bull. civ.* IV, n° 167 ; *Rev. sociétés* 2004. 369, note P.-H. Conac).

2. *Apports*

a. Principe de liberté

À défaut de précision contraire du législateur, tous les apports sont envisageables. On relèvera surtout que le GIE peut « être constitué sans capital » (C. com., art. L. 251-3). 1159 ■

b. Financement alternatif : recours à des émissions obligataires

Le GIE peut également se financer par l'émission d'obligations, mais il doit pour cela être composé uniquement de sociétés satisfaisant aux conditions prévues par le Code de commerce pour l'émission d'obligations ou bien d'associations satisfaisant aux conditions prévues par la loi n° 85-698 du 11 juillet 1985 pour l'émission d'obligations (C. com., art. L. 251-7). 1160 ■

L'émission d'obligations par le GIE se fait aux conditions générales d'émission de ces titres par les sociétés ou par les associations, selon la composition du GIE.

B. Conditions de forme

1. *Le contrat de GIE*

La constitution d'un GIE résulte de l'établissement par écrit d'un contrat de groupement, qui doit ensuite faire l'objet d'une publication au registre du commerce et des sociétés (C. com., art. L. 251-8, I). 1161 ■

2. *Contenu*

Le contrat de groupement contient notamment les indications suivantes (C. com., art. L. 251-8, II) : 1162 ■

– la dénomination du groupement ;

– les nom, raison sociale ou dénomination sociale, la forme juridique, l'adresse du domicile ou du siège social et, s'il y a lieu, le numéro d'identification de chacun des membres du groupement, ainsi que, selon le cas, la ville où se situe le greffe où il est immatriculé ou la ville où se situe la chambre des métiers où il est inscrit ;

– la durée pour laquelle le groupement est constitué, puisque le GIE est constitué nécessairement pour une durée déterminée (C. com., art. L. 251-1) ;

– l'objet du groupement ;

– l'adresse du siège du groupement.

C. Constitution par transformation d'un groupement préexistant

1163 Il est également envisageable qu'un groupement préexistant, constitué sous une autre forme, se transforme en GIE. L'article L. 251-18, alinéa 1er du Code de commerce autorise largement cette possibilité, en disposant que « toute société ou association dont l'objet correspond à la définition du GIE peut être transformée en un tel groupement sans donner lieu à dissolution ni à création d'une personne morale nouvelle ». On comprend que la mesure devait permettre de faire exister rapidement une population importante de GIE.

D. Nature civile ou commerciale du GIE

1164 L'immatriculation du GIE au registre du commerce et des sociétés n'emporte pas de présomption de commercialité du groupement (C. com., art. L. 251-4). C'est donc par l'examen de son objet que la nature civile ou commerciale du GIE sera établie (Com. 15 juin 2010, *Rev. sociétés* 2010. 386, obs. A. Lienhard). Il est à penser que le caractère accessoire de l'activité du GIE par rapport à celle de ses membres incitera à examiner aussi la nature civile ou commerciale de l'activité de ces derniers (v. cep. CA Paris, 29 nov. 2016, RG 16/04247, jugeant qu'il est de principe que la nature civile ou commerciale du groupement « s'apprécie en fonction de la nature de l'activité du groupement et non de la qualité de ses membres »). Le législateur a précisé que le GIE dont l'objet est commercial peut faire de manière habituelle et à titre principal tous actes de commerce pour son propre compte et être titulaire d'un bail commercial (C. com., art. L. 251-4). (v. *Quiz*, ci-dessous)

§ 2 Fonctionnement du GIE

A. Le fonctionnement de la personne morale

1. *La reconnaissance de la personnalité morale du GIE*

a. Principe

1165 Le GIE est doté de la personnalité morale (C. com., art. L. 251-4). Comme pour les sociétés, la reconnaissance de cette personnalité morale dépend d'une immatriculation au registre du commerce et des sociétés.

b. GIE en formation

1166 Un dispositif identique à celui qui est prévu pour les sociétés en formation (v. ss 122 s.) est institué dans le cadre du GIE (C. com., art. L. 251-4). Les personnes qui ont agi au nom d'un GIE en formation avant son immatriculation sont ainsi tenues des actes accomplis, solidairement et indéfiniment, à moins que le groupement, après avoir été régulièrement constitué et immatriculé, ne reprenne les engagements souscrits.

Ces engagements sont alors réputés avoir été souscrits dès l'origine par le groupement. En l'absence de dispositions réglementaires précisant les modalités de la reprise des actes, il faut penser que seule une décision du GIE visant l'acte conclu pour son compte pendant la période de formation peut emporter reprise. Une question non résolue est celle de l'organe compétent pour décider cette reprise. Le contrat de groupement indiquera idéalement si c'est l'assemblée des membres qui est compétente, ou bien les administrateurs du GIE.

2. *La vie du GIE, personne morale*

Le GIE a l'obligation d'informer les tiers de sa nature particulière. Les actes et documents destinés aux tiers doivent par conséquent indiquer sa dénomination, suivie des mots « groupement d'intérêt économique » ou du sigle « GIE » (C. com., art. L. 251-17). 1167 ■

Hormis cette obligation, il jouit d'une personnalité morale que l'on serait tenté de dire limitée, mais c'est sa capacité qui est limitée, en réalité, du fait de la finalité particulière du GIE. On précisera que le GIE ne saurait exercer une activité que ses membres ne peuvent légalement exercer, comme une profession incompatible avec le statut des membres du GIE (Com. 13 nov. 2003, préc.).

3. *Le système des nullités*

a. Causes de nullité

Le GIE est soumis, s'agissant de la nullité du groupement et de celle de ses actes ou délibérations, à un système proche de celui prévu pour les sociétés (v. ss chapitre 4). La nullité ne peut résulter que de la violation des dispositions impératives du chapitre relatif au GIE ou de l'une des causes de nullité des contrats en général (C. com., art. L. 251-5). La nullité du GIE est toutefois, ainsi qu'on le voit, admise plus largement que la nullité des sociétés (comp. C. civ., art. 1844-10 et C. com., art. L. 235-1). Au regard du fonctionnement du GIE, comme en matière de sociétés, le non-respect des stipulations contenues dans les statuts ou dans le règlement intérieur du GIE n'est sanctionné par la nullité que lorsqu'il a été fait usage de la faculté, ouverte par une disposition impérative, d'aménager conventionnellement la règle posée par celle-ci (Com. 6 mai 2014, n° 13-11.427, *Bull.* IV, n° 77 ; *Rev. sociétés* 2014. 574, note A.-C. Muller). 1168 ■

b. Régime de l'action en nullité

Le régime de l'action en nullité propre aux sociétés se trouve transposé au GIE. Il est ainsi prévu que l'action en nullité est éteinte lorsque la cause de la nullité a cessé d'exister au jour où le tribunal statue sur le fond en première instance, sauf si cette nullité est fondée sur l'illicéité de l'objet du groupement (C. com., art. L. 251-5). 1169 ■

Les articles 1844-12 à 1844-17 du Code civil étant déclarés applicables aux GIE (C. com., art. L. 251-5), c'est tout le régime (dont le but est de limiter le prononcé des nullités) propre aux sociétés qui vaut pour les GIE.

B. L'organisation du GIE

1. *Le contrat de groupement*

1170 Un principe important est posé par l'article L. 251-8, I du Code de commerce, qui dispose que le contrat de groupement détermine l'organisation du groupement, sous réserve des dispositions légales limitant cette liberté, et résultant des articles L. 251-1 et suivants.

Ce contrat est, ainsi qu'on l'a dit, établi par écrit et publié. Les modifications apportées au contrat de groupement sont établies et publiées dans les mêmes conditions que le contrat lui-même. Elles ne sont opposables aux tiers qu'à compter de l'accomplissement de cette publicité.

2. *L'assemblée des membres*

1171 L'article L. 251-10, alinéa 1er du Code de commerce reconnaît l'existence d'une « assemblée des membres du groupement », « habilitée à prendre toute décision, y compris de dissolution anticipée ou de prorogation, dans les conditions déterminées par le contrat ». Cette assemblée est obligatoirement réunie à la demande d'un quart au moins des membres du groupement (C. com., art. L. 251-10, al. 3).

Le contrat de groupement joue un rôle important puisque c'est lui qui décide seul des conditions de quorum et de majorité applicables. La règle de l'unanimité s'applique dans le silence du contrat, confirmant son caractère supplétif (v. ss 426). Les membres ont une voix chacun, à moins que le contrat de groupement n'en dispose autrement (C. com., art. L. 251-10, al. 2).

3. *Les organes de direction et d'administration*

a. Qualités requises, nomination, révocation

1172 Le GIE est dirigé par un ou plusieurs « administrateurs », qui peuvent être des personnes physiques ou des personnes morales, ces dernières devant désigner un représentant permanent (C. com., art. L. 251-11).

Le ou les administrateurs sont nommés par le contrat de groupement ou, à défaut, par l'assemblée des membres du GIE, qui déterminent également les modalités de révocation de ces dirigeants (sur la possibilité pour l'administrateur du GIE de cumuler son mandat social et un contrat de travail, v. Soc. 17 sept. 2008, *JCP E* 2008. 2237, note I. Beyneix et J. Rovinski).

b. Pouvoirs

1173 Le contrat de groupement ou l'assemblée des membres organisent librement l'administration du groupement et déterminent les attributions et les pouvoirs des administrateurs qu'ils désignent (C. com., art. L. 251-11).

Dans les rapports avec les tiers, un administrateur engage le groupement par tout acte entrant dans l'objet de celui-ci, toute limitation de pouvoirs étant inopposable aux tiers.

c. Responsabilités

1174 Les administrateurs du groupement et les représentants permanents des administrateurs personnes morales sont responsables individuellement ou solidairement selon le cas, envers le groupement ou envers les tiers, des infractions aux dispositions législatives et réglementaires applicables aux groupements, de la violation des statuts du groupement, ainsi que de leurs fautes de gestion (C. com., art. L. 251-11). La responsabilité des dirigeants de GIE semble proche de celle des mandataires sociaux des SARL ou des SA, si ce n'est qu'un certain nombre de dispositions spécifiques ne seront pas applicables (prescription triennale de l'action en responsabilité notamment).

4. *Les organes de contrôle*

a. Principe de liberté

Le principe est une liberté presque totale dans la définition des modalités de contrôle 1175
de la gestion du GIE et du contrôle des comptes, puisqu'il est prévu que ces contrôles sont « exercés dans les conditions prévues par le contrat constitutif du groupement » (C. com., art. L. 251-12). Simplement, il est précisé que le contrôle de la gestion doit être confié à des personnes physiques.

b. Limites

Les GIE qui émettent des obligations sont soumis à une première série de contraintes : 1176
le contrôle de la gestion doit être exercé par une ou plusieurs personnes physiques nommées par l'assemblée (C. com., art. L. 251-12, al. 2). Ces GIE ainsi que ceux employant plus de 100 salariés à la clôture d'un exercice doivent obligatoirement recourir aux services d'un commissaire aux comptes (C. com., art. L. 251-12, al. 3), qui dispose d'un pouvoir d'alerte, s'exerçant dans les conditions prévues par la loi (C. com., art. L. 251-15). Ces GIE reçoivent également application de certaines dispositions pénales du droit des sociétés (C. com., art. L. 251-12, al. 4).

Les GIE qui dépassent certains seuils en termes de chiffre d'affaires ou en nombre de 1177
salariés (C. com., art. L. 232-2) voient leurs administrateurs tenus d'établir une situation de l'actif réalisable et disponible, valeurs d'exploitation exclues, et du passif exigible, un compte de résultat prévisionnel, un tableau de financement en même temps que le bilan annuel et un plan de financement prévisionnel (C. com., art. L. 251-13), selon des modalités fixées par décret (C. com., art. R. 251-2).

Ces documents sont analysés dans des rapports écrits sur l'évolution du groupement établis par les administrateurs, et ces documents et rapports sont communiqués au commissaire aux comptes et au comité d'entreprise. Le commissaire aux comptes peut, là encore, exercer un pouvoir d'alerte (C. com., art. L. 251-14).

Le législateur s'est enfin préoccupé d'organiser l'exercice des prérogatives attribuées au comité d'entreprise et aux délégués du personnel (C. com., art. L. 251-16).

C. Le statut des membres du GIE

1. *Droits des membres*

a. Droits politiques

Le contrat de groupement peut décider d'attribuer à chaque membre un nombre de 1178
voix différent de celui attribué aux autres. À défaut, chaque membre dispose d'une voix (C. com., art. L. 251-10).

À la différence de ce qui est prévu dans la SA, aucun mécanisme d'évaluation des avantages particuliers ne viendra encadrer l'attribution de droits de vote inégaux aux membres du GIE.

b. Droits pécuniaires

1179 Ainsi que l'affirme la première disposition applicable au GIE, le but de ce groupement n'est pas de réaliser des bénéfices pour lui-même (C. com., art. L. 251-1, al. 2). Il peut cependant advenir que la liquidation du GIE fasse apparaître, après paiement des dettes sociales, un excédent d'actif. Celui-ci est alors partagé entre les membres, dans les conditions prévues par le contrat de groupement, et à défaut, par parts égales (C. com., art. L. 251-22, al. 2). En cours de vie sociale, une partie des résultats provenant des activités peut être mise en réserve dans les comptes du groupement pour les besoins de la réalisation de son objet légal (Com. 6 mai 2014, préc.). Autre précision : le membre exclu ou qui se retire n'a droit à remboursement de sa part dans les réserves que si une clause des statuts le prévoit ou si une décision d'assemblée l'a autorisé (Com. 19 janv. 2016, n° 14-19796, *Bull.* IV, n° 9 ; *Dr. sociétés* 2016, comm. n° 55, note H. Hovasse).

c. Droits sur les parts de GIE

1180 Le statut des titres représentant les droits des membres du GIE est assez mystérieux. La seule disposition touchant directement à cette question est l'article L. 251-3 du Code de commerce, aux termes duquel les droits des membres du GIE ne peuvent être représentés par des titres négociables, toute clause contraire étant réputée non écrite.

1181 Le GIE peut avoir ou non un caractère *intuitu personae*. Certains GIE seront ainsi le lieu de concertation et de mise en œuvre d'une politique commerciale et publicitaire que les parties au groupement voudront bien évidemment garder secrète, tandis que d'autres GIE seront plus proches d'associations professionnelles, qui conduiront des actions de communication pour défendre un secteur professionnel particulier, et seront donc plus avides de nouveaux membres qu'enclins à protéger la confidentialité des informations détenues.

Du point de vue juridique, cela se traduit par la possibilité (et non l'obligation) donnée au contrat de groupement de mettre en place des clauses d'agrément, de préemption, ou toute autre stipulation jugée utile. L'article L. 251-9, alinéa 1er du Code de commerce dispose à cet égard que le groupement peut « accepter de nouveaux membres dans les conditions fixées par le contrat constitutif ».

1182 Un droit de *retrait* est également autorisé par le législateur, dans les conditions prévues par le contrat de groupement, et sous réserve que le membre qui se retire ait exécuté ses obligations (C. com., art. L. 251-9, al. 2).

2. *Obligations des membres*

1183 La souplesse accordée aux organisateurs d'un GIE pour décider de sa constitution, y compris sans capital, ainsi que des conditions de son fonctionnement, peut s'expliquer par l'obligation aux dettes sociales que l'article L. 251-6 du Code de commerce fait peser sur les membres du groupement, obligation en principe solidaire, et permettant par conséquent d'exiger de chacun des membres du GIE l'intégralité de la dette impayée par le groupement (pour une application, v. Com. 24 juin 2008, *Dr. sociétés* 2008, n° 222, note R. Mortier).

a. Mise en œuvre de l'obligation aux dettes sociales

L'article L. 251-6 du Code de commerce institue un dispositif comparable à ce qui est prévu pour les associés de SNC : les créanciers du GIE ne peuvent ainsi poursuivre le paiement des dettes du groupement contre un membre qu'après avoir vainement mis en demeure le groupement par acte extrajudiciaire. En l'absence de texte réglementaire précisant la notion de « vaine mise en demeure », on peut penser que le délai de huit jours suivant la notification de l'acte extrajudiciaire, prévu pour la SNC, pourrait être transposé au GIE. 1184

b. Exclusions

Deux limitations à la garantie des dettes du GIE due par chaque membre du groupement sont autorisées (C. com., art. L. 251-6). 1185

Tout d'abord, le nouveau membre peut être dispensé de la garantie des dettes nées antérieurement à son entrée dans le GIE. Il faut toutefois que le contrat de groupement autorise une telle exonération, et que la décision d'exonération soit publiée.

Illustration : contrat constitutif du GIE Cartes Bancaires relatif à l'obligation aux dettes sociales des membres du groupement

Art. 10.3.1 – Principe

Les Membres, quel que soit le collège auquel ils appartiennent, sont solidairement et indéfiniment responsables de tous les engagements du Groupement à l'égard des tiers.

Les Membres du collège B n'ont une responsabilité solidaire et indéfinie que pour les engagements postérieurs à la date du Conseil de Direction qui a accepté leur adhésion. La limitation de cette responsabilité sera publiée dans un journal d'annonces légales par le Groupement afin qu'elle ne soit opposable aux tiers.

Entre les Membres du Groupement, le collège B n'est pas solidaire des contentieux dont la survenance a eu lieu ou/et les causes sont nées avant la date du Conseil de Direction ayant accepté leur adhésion, la plus ancienne de ces dates étant prise en compte.

C'est ensuite le caractère solidaire de l'engagement des membres qui peut être remis en cause, mais il faut pour cela qu'une convention idoine soit conclue avec le créancier concerné.

§ 3 Mutations affectant le GIE

A. Transformation

L'article L. 251-18 du Code de commerce dispose expressément qu'un GIE peut être transformé en SNC sans donner lieu à dissolution ni à création d'une personne 1186 morale nouvelle. *A contrario*, et sauf loi spéciale, toute autre « transformation » d'un GIE en une personne morale d'une autre forme ne permettra pas le maintien de la personnalité morale et devrait se traduire par la dissolution du GIE suivie de la constitution d'une personne morale nouvelle, de la forme souhaitée (société, association, etc.).

B. Dissolution

1. *Causes de dissolution*

a. Causes affectant le groupement lui-même

■ 1187 Le GIE peut être directement touché par un événement provoquant sa dissolution (C. com., art. L. 251-19, 1° à 4°) :

– arrivée du terme prévu par le contrat de groupement ;

– réalisation ou extinction de son objet ;

– décision de dissolution prise par les membres du groupement dans les conditions prévues par l'article L. 251-10 du Code de commerce ;

– décision judiciaire de dissolution pour justes motifs.

b. Causes affectant un membre

■ 1188 La dissolution du GIE peut être la conséquence d'un événement affectant l'un de ses membres et que l'on peut classer en deux catégories.

L'événement peut consister tout d'abord en la disparition d'un membre du GIE : décès du membre personne physique ou dissolution du membre personne morale (C. com., art. L. 251-19). Le contrat de groupement peut cependant écarter la dissolution du GIE pour cause de disparition de l'un de ses membres.

L'événement peut ensuite consister en une incapacité, faillite personnelle ou interdiction de diriger, gérer, administrer ou contrôler une entreprise ou une personne morale frappant le membre. Le GIE est alors dissous, à moins que sa continuation ne soit prévue par le contrat ou que les autres membres ne la décident à l'unanimité (C. com., art. L. 251-20).

2. *La liquidation du GIE*

a. Principe

■ 1189 La dissolution du GIE entraîne sa liquidation (C. com., art. L. 251-21). On observera que le GIE unipersonnel est également soumis à une procédure de liquidation, le législateur n'ayant pas prévu, comme pour les sociétés unipersonnelles, de procédure de transmission universelle du patrimoine du groupement à son membre unique.

b. Modalités

■ 1190 À l'instar de ce qui est prévu en matière de sociétés, la personnalité du GIE dissous subsiste pour les besoins de la liquidation (C. com., art. L. 251-21). Les modalités de déroulement de la liquidation du GIE sont en principe déterminées par le contrat de groupement. À défaut, un liquidateur est nommé par l'assemblée des membres du groupement ou, si l'assemblée n'a pu procéder à cette nomination, par décision de justice (C. com., art. L. 251-22).

15

Compléments pédagogiques

Mémo

À côté des sociétés civiles et des sociétés commerciales déjà étudiées, le droit des affaires connaît plusieurs formes de sociétés ou de groupements voisins.

Ce sont tout d'abord les *sociétés en commandite*, relativement peu employées, qu'il convient de présenter. Ces sociétés font cohabiter deux catégories d'associés, les *commandités*, tenus indéfiniment et solidairement aux dettes sociales, et les *commanditaires*, associés dont la responsabilité est limitée aux apports. Il existe deux formes de sociétés en commandite : les *sociétés en commandite simple* et les *sociétés en commandite par actions*.

Le droit européen a également donné naissance à plusieurs formes sociales, dont la plus remarquable est la *société européenne (SE)*. Cette société est régie directement par un règlement communautaire et, dans chaque État membre, par des dispositions spécifiques. Elle est proche d'une SA, et sa particularité est de pouvoir déplacer son siège social d'un État membre à un autre, sans devoir être dissoute puis reconstituée.

Enfin, le *GIE* est un groupement voisin de la société, qui permet à des personnes physiques ou morales, commerçantes ou non, de faciliter leur activité. Sa structure et la liberté laissée au contrat de groupement pour organiser le fonctionnement du GIE le rapprochent des sociétés de personnes. La responsabilité des membres du GIE est en principe indéfinie et solidaire.

Quid

■ Commanditaire (associé) n° **1110**

Associé d'une SCS ou d'une SCA dont la responsabilité est limitée à ses apports.

■ Commandité (associé) n° **1109**

Associé d'une SCS ou d'une SCA tenu indéfiniment et solidairement aux dettes sociales.

Biblio

1) Sociétés en commandite

– J.-P. Bertrel, « Vers un renouveau de la société en commandite par actions ? », *Banque* 1986. 363.
– F. Bucher, « Du bon usage de la commandite par actions », *Rev. sociétés* 1994. 415.

– CREDA, « Financement, capital et pouvoir de l'entreprise : une nouvelle chance pour la commandite ? », *JCP E* 1984. II. 14371.
– Y. Faure, « La société en commandite simple et les établissements de crédit », *Banque et droit* 1996, n° 46, p. 16.
– M. Turck, « Sociétés en commandite par actions et effet de levier juridique », *JCP E* 1994. I. 377.
– A. Viandier, « Financement, capital et pouvoir dans l'entreprise, une nouvelle chance pour la commandite », *JCP E* 1984. II. 14371.

2) SE

– C. Cathiard, « Les atouts de la SE », *Bull. Joly* 2007. 539.
– C. Cathiard et P. Thourot, « La société européenne : bilan, perspectives et retour d'expérience », *Actes pratiques & ingénierie sociétaire*, nov.-déc. 2008, p. 3.
– J.- Ph. Dom, J.-P. Pacot et J.-C. Colin, « La société européenne », *Dr. sociétés, Actes pratiques*, mai-juin 2002.
– F. Fages, M. Menjucq et L. Vuidard, « La société européenne, un nouvel instrument au service des groupes de sociétés », *D.* 2007. Chron. 30.
– N. Lenoir, La Societas Europaea ou SE. Pour une citoyenneté de l'entreprise, rapport au garde des Sceaux, La documentation française, 2007.
– M. Menjucq, « Premiers pas et premier bilan de la société européenne en France », *Rev. sociétés* 2007. 253.
– M. Menjucq, « Quels sont les attraits de la société européenne par rapport aux autres types de sociétés françaises ? », *RLDA* juin 2007. 87.
– B. Saintourens, « Société européenne : l'intervention obligatoire du notaire », *JCP N* 2005. 1413.

3) SPE et SUP

– R. Dammann et D. Weber-Rey, « La société privée européenne : un outil novateur », *Bull. Joly* 2008. 811.
– B. Lecourt, « La *Societas Unius Personae* », *Rev. sociétés* 2014. 699.
– M. Menjucq, « La proposition de règlement relatif à la société privée européenne : une nouvelle étape en droit communautaire des sociétés ? », *D.* 2008. Chron. 2954.

4) SCE

– C. Cathiard, « La société coopérative européenne », *JCP E* 2008. 1012.
– G. Parléani, « La société coopérative européenne "française" après la loi du 3 juillet 2008 », *Rev. sociétés* 2008. 531.

5) GIE

– J.-J. Burst, « Groupement d'intérêt économique ou société : le problème du choix », *JCP* 1969. I. 2257.
– J.-J. Burst, « Une personne morale ambiguë : la personnalité morale du groupement d'intérêt économique », *JCP* 1976. I. 2783.
– B. Geisenberger, « Groupements d'intérêt économique et sociétés de fait », *Rev. sociétés* 1971. 339.
– J. Guyénot, « Les groupements d'intérêt économique et les créances des tiers », *D.* 1972. Chron. 13.

– Y. Guyon, « Les obstacles juridiques au développement des groupements d'intérêt économique », *Rev. sociétés* 1978. 25.
– J. de Ledoulx, « Contribution à l'étude des groupements d'intérêt économique », *RTD com.* 1969. 1.

Quiz

1) Sujet corrigé

A) Test de connaissances

Énoncé

1. La société en commandite simple comporte :

a. Des associés tous tenus indéfiniment et solidairement aux dettes sociales.

b. Des associés tenus indéfiniment et solidairement aux dettes sociales, et des associés tenus seulement à hauteur de leur apport.

c. Des associés tenus indéfiniment et solidairement aux dettes sociales, et des associés tenus indéfiniment et conjointement aux dettes sociales.

d. Des associés tous tenus seulement à hauteur de leur apport.

2. La société en commandite par actions peut offrir ses titres financiers au public :

a. Vrai.

b. Faux.

c. Uniquement si elle comporte plus de 200 associés commanditaires.

3. Une SE filiale peut être constituée par une seule société :

a. Vrai.

b. Faux.

c. Uniquement si cette société est une autre SE.

4. Un GIE peut se transformer en SARL sans que sa personnalité morale en soit affectée :

a. Vrai.

b. Faux.

c. Vrai, mais uniquement si une loi spéciale l'autorise.

Voir le corrigé en fin de rubrique.

B) Dissertation

Énoncé

La commercialité du GIE.

Voir le corrigé en fin de rubrique.

2) Corrigé

Test de connaissances

1. b. ; **2.** a. ; **3.** c. ; **4.** c.

Corrigé

Les textes sur le GIE sont d'une lecture particulièrement intéressante pour le juriste, car ils ont été écrits à une époque bien particulière. Les dispositions que l'on voit aujourd'hui codifiées aux articles L. 251-1 s. du Code de commerce trouvent leur origine dans une ordonnance n° 67-821 du 23 septembre 1967. Les dispositions sur le GIE ont sans doute été influencées par la loi du 24 juillet 1966 entrée en vigueur peu de temps auparavant. Mais lorsque le GIE est créé, en 1967, tant le droit commun des sociétés que le droit des sociétés civiles n'ont pas encore connu la modernisation qu'opérera la loi n° 78-9 du 4 janvier 1978. Le GIE apparaît donc à une époque intermédiaire, où le droit des sociétés n'est pas encore complètement modernisé. Cette situation particulière s'exprime dans l'appréciation qui est faite par les textes du caractère civil ou commercial du GIE, alors que la société civile n'était pas encore dotée de son régime actuel.

La jurisprudence a de son côté apporté quelques éléments de précision sur la question.

Il convient de s'interroger d'abord sur le critère de la commercialité du GIE (I), puis sur les effets de cette commercialité (II).

I. Le critère de la commercialité du GIE

Les textes relatifs au GIE ne proposent pas de critère particulier (A), ce qui oblige à rechercher des critères alternatifs en dehors de ces textes (B).

A. Absence de critère proposé par les textes relatifs au GIE

Le texte pertinent est l'article L. 251-4, alinéa 1er du Code de commerce :

« Le groupement d'intérêt économique jouit de la personnalité morale et de la pleine capacité à dater de son immatriculation au registre du commerce et des sociétés, sans que cette immatriculation emporte présomption de commercialité du groupement ».

L'immatriculation au registre du commerce et des sociétés n'emporte donc pas, selon ce texte, de présomption de commercialité du GIE.

On est tout d'abord surpris de lire cela, car l'on n'a jamais pensé qu'une immatriculation au registre du commerce et des sociétés, requise des sociétés commerciales comme des sociétés civiles pour obtenir la personnalité morale, aux termes de l'article 1842 du Code civil, puisse emporter présomption de commercialité. Mais c'est qu'en 1967 seules les sociétés commerciales étaient inscrites au registre du commerce et des sociétés ! C'est seulement la loi précitée du 4 janvier 1978 qui a obligé les sociétés civiles à s'immatriculer pour que leur personnalité morale soit reconnue et qui a formulé le principe général qui figure aujourd'hui à l'article 1842.

C'est donc que la commercialité du GIE devra être établie différemment.

B. Recherche de critères alternatifs

Le premier critère que l'on peut envisager est bien entendu celui de l'activité du GIE. Cette activité présente cependant la particularité d'être liée à celle d'autres personnes, les membres du GIE. L'article L. 251-1, alinéa 3 du Code de commerce dispose en effet que l'activité du GIE « doit se rattacher à l'activité économique de ses membres et ne peut avoir qu'un caractère auxiliaire par rapport à celle-ci ». Auxiliaire signifie-t-il accessoire ?

Si oui, l'objet du GIE constitué de commerçants ou de sociétés commerciales sera nécessairement commercial, tandis que le GIE constitué de professionnels non commerçants aura un objet civil. Ce serait là l'application de l'adage « l'accessoire suit le principal ».

La jurisprudence a cependant pris une position assez nettement hostile au critère fondé sur une appréciation faite au niveau des membres du GIE. La cour d'appel de Paris a ainsi jugé, par un arrêt en date du 13 novembre 1996 (*Bull. Joly* 1997. 145), que la détermination du caractère civil ou commercial du GIE dépendait exclusivement de l'objet effectif du groupement, peu important que ses membres soient ou non des commerçants. Cette position est également celle de la Cour de cassation (Com. 15 juin 2010, *Rev. sociétés* 2010. 386, obs. A. Lienhard ; v. aussi CA Paris, 29 nov. 2016, RG 16/04247, jugeant qu'il est de principe que la nature civile ou commerciale du groupement « s'apprécie en fonction de la nature de l'activité du groupement et non de la qualité de ses membres »).

Il est vrai que le critère d'appréciation au niveau des membres présente une faiblesse, qui tient à la possibilité que les membres du GIE soient simultanément des commerçants et des personnes exerçant une activité civile.

Il faudrait donc rechercher, à s'en tenir à cette jurisprudence, si les actes accomplis par le GIE sont de nature civile ou commerciale. Le GIE qui louerait des immeubles pour faciliter à ses membres l'exercice de leurs activités aurait ainsi un caractère civil, tandis que le GIE que l'on pourrait voir comme une entreprise « d'agence » ou de « bureaux d'affaires » au sens de l'article L. 110-1, 6° du Code de commerce aurait une activité commerciale.

II. Les effets de la commercialité du GIE

Les textes spécifiques au GIE précisent certains des effets de la commercialité éventuellement reconnue au GIE (A), mais ils ne sont pas les seuls (B), ce qui rend le régime du GIE commercial d'une lecture difficile.

A. Effets reconnus par les textes spécifiques au GIE

L'article L. 251-4, alinéa 1er du Code de commerce dispose que « le groupement d'intérêt économique dont l'objet est commercial peut faire de manière habituelle et à titre principal tous actes de commerce pour son propre compte. Il peut être titulaire d'un bail commercial ».

Ces deux conséquences de la commercialité du GIE doivent être évoquées successivement.

1) 1re conséquence

La première conséquence consisterait en la possibilité reconnue au GIE de faire des actes de commerce de manière habituelle et à titre principal pour son propre compte. Toute la phrase est ambiguë et peu heureuse, en réalité. Faire des actes de commerce de manière habituelle et pour son propre compte (sans que l'on sache vraiment ce que signifie « à titre principal », alors que l'activité du groupement est par nature auxiliaire à celle de ses membres, aux termes de l'article L. 251-1), c'est là la définition du commerçant telle qu'elle est formulée par l'article L. 121-1 du Code de commerce, si ce n'est que ce texte vise aussi le caractère professionnel des actes.

On ne comprend pas, en tous les cas, ce qu'apporte le texte. La capacité du GIE à objet commercial n'en sort pas grandie.

2) 2de conséquence

La référence à la possibilité de conclure un bail commercial apparaît plus utile, parce qu'elle semble déroger au texte déterminant les personnes pouvant bénéficier du statut des baux commerciaux. Cependant, on peut se demander si c'est véritablement le cas. En effet, l'article L. 145-1 du Code de commerce réserve la possibilité de conclure un bail soumis au statut des baux commerciaux essentiellement aux commerçants et aux artisans. Dès lors, était-il utile d'ajouter à cette liste le GIE à objet commercial, qui devrait être vu comme un commerçant ? Surtout, l'article L. 145-1 fait référence, s'agissant des commerçants, au fonds de commerce, car le bail commercial est celui qui porte sur le local où est situé un fonds de commerce ou un fonds artisanal. Or l'on ne sait si l'article L. 251-4 du Code de commerce, lorsqu'il dispose que le GIE à objet commercial peut être titulaire d'un bail commercial, dispense ce GIE de la condition d'exploitation d'un fonds de commerce ou s'il se contente de confirmer que le GIE à objet commercial doit être traité comme un commerçant (et donc également exploiter un fonds de commerce dans le local loué).

B. Effets de la commercialité du GIE reconnus par d'autres textes

Le régime du GIE à objet commercial est particulièrement subtil.

Ce groupement doit être traité comme un commerçant. Les règles relatives à la comptabilité des commerçants, ou la règle de liberté de la preuve des actes de commerce à l'encontre du commerçant joueront donc à l'égard du GIE.

Le GIE est une personne morale de droit privé à objet commercial, ce qui ajoute déjà quelques subtilités à son régime, puisqu'il échappera au dispositif de contrôle des conventions réglementées applicable actuellement aux seules personnes morales de droit privé non commerçantes ayant une activité économique (C. com., art. L. 612-5) et aux autres dispositions applicables à ces groupements (v. C. com., art. L. 612-1 s.).

Il n'est cependant pas une société commerciale, ce qui le soustraira aux règles applicables aux seules sociétés, telle que celle de la compétence du tribunal de commerce pour les litiges relatifs à une société commerciale (C. com., art. L. 721-3, 2°).

chapitre 16

Au-delà de la société : le groupe, la bourse

Plan analytique

section 1

Le groupe de sociétés

§ 1 Concept et utilité du groupe de sociétés

A. Définition

B. Typologie

C. Caractère relatif

D. Utilité

§ 2 Régime du groupe de sociétés

A. Le groupe en tant qu'entité

B. Principe de séparation

section 2

La bourse

§ 1 L'organisation des marchés financiers

A. Marchés réglementés et non réglementés

B. Les intervenants

C. Le contrôle de l'AMF

§ 2 Le statut de société cotée

A. Les dirigeants

B. L'actionnariat

§ 3 La réglementation des abus de marché

A. Délits pénalement sanctionnés

B. Manquements administratifs

Compléments pédagogiques

La société est une forme d'organisation juridique de l'entreprise et de l'entrepreneur. Elle n'est cependant pas nécessairement une structure fermée et autonome. La société peut tout d'abord appartenir à un groupe, ce qui entraîne toute une batterie d'effets juridiques, qu'il convient d'envisager (section 1). La société peut également être cotée en bourse, ce qui invite à tourner le regard vers le monde fascinant (enfin, peut-être un peu moins aujourd'hui) des marchés financiers, dont nous nous contenterons cependant de dévoiler les implications juridiques les plus connues (section 2). 1191

section 1

Le groupe de sociétés

Le groupe de sociétés est l'un des concepts les plus courants du droit des sociétés : une *société mère*[Q] en contrôle une ou plusieurs autres, ses *filiales*[Q]. Pourtant, tant la notion de groupe que son régime ne font pas l'objet de dispositions légales simples et claires. 1192

§ 1 Concept et utilité du groupe de sociétés

A. Définition

Le groupe pouvait être défini par l'un des maîtres du droit des affaires moderne comme « un ensemble de sociétés juridiquement indépendantes les unes des autres mais en fait soumises à une unité de décision économique » (Y. Guyon, *Droit des affaires*, t. 1, 12e éd., Economica, 2003, n° 580). La formule est séduisante, même si l'on peut discuter de la pertinence du concept d'indépendance juridique, quand les sociétés du groupe, qui sont des personnes morales distinctes, sont placées sous un « contrôle » unique qui leur impose une communauté de stratégies et de comportement. Il est certain, en tous les cas, que chaque société du groupe dotée de la personnalité morale a un intérêt propre qu'il convient de ne pas sacrifier. 1193

Yves Guyon situait l'apparition des groupes de sociétés au moment de l'admission jurisprudentielle de l'actionnariat par une personne morale (Req., 10 déc. 1878, *DP* 1879. 1. 5). On pourra nuancer là encore cette opinion en évoquant l'existence antérieure de groupes « personnels », c'est-à-dire de plusieurs sociétés gravitant autour d'une personne physique.

1194 La définition qui vient d'être évoquée incite à penser le groupe comme étant nécessairement doté d'une véritable politique, mais ce n'est là qu'une possibilité. Il est également concevable que, par choix ou non, des sociétés soient soumises à un même contrôle sans que ce contrôle soit exercé et que l'action de ces sociétés soit coordonnée pour autant.

Certains groupes pourraient donc n'être que « structurels », se contentant de réunir une ou plusieurs sociétés sous le pouvoir d'une ou plusieurs autres, sans que les décisions des premières obéissent à un dessein des secondes, tandis que d'autres groupes seraient « coordonnés », et verraient leurs différents éléments poursuivre une politique commune.

1195 On précisera d'emblée que le groupe de sociétés se distingue de la notion d'*unité économique et sociale*[Q] (UES), créée par la jurisprudence avant d'être consacrée par le Code du travail. La reconnaissance d'une UES entraîne différentes conséquences, notamment l'obligation pour les entreprises concernées de mettre en place un comité social et économique (auparavant un comité d'entreprise) commun (C. trav., art. L. 2313-8). Les conditions tiennent à la reconnaissance d'une unité économique (complémentarité des activités et concentration du pouvoir de direction) et d'une unité sociale (communauté de travail, avec notamment une permutabilité du personnel).

B. Typologie

1196 Yves Guyon distinguait trois formes de groupe. Le groupe financier, reposant sur des liens en capital, le groupe personnel, reposant sur une communauté d'associés ou de dirigeants des sociétés concernées, et le groupe contractuel, reposant sur des conventions conclues entre sociétés (*op. cit.*, n° 582 s.).

Il faut surtout se demander quel est l'intérêt de qualifier plusieurs sociétés de « groupe ». On constate alors que beaucoup de dispositions applicables aux groupes ont leur propre conception de celui-ci, ce qui confère à la notion, en réalité, un caractère relatif.

C. Caractère relatif

1197 Le groupe ne fait pas l'objet d'une définition unitaire en droit français.

Ainsi, au sein du Code de commerce, l'on rencontre deux critères distincts de ce que pourrait être le groupe de sociétés, à une quinzaine d'articles d'écart. Les articles L. 233-1, L. 233-2 et L. 233-3, dont la rédaction a été remaniée par des textes de 2015, formulent ainsi des définitions de la filiale, de la *participation*[Q] et du contrôle, notions qui seront utilisées ensuite, notamment à propos des obligations de notification de franchissement de seuils. Pourtant, lorsque le législateur évoque peu après l'obligation de consolidation des comptes des sociétés d'un groupe (v. ss 1201), c'est à des notions différentes de contrôle exclusif et de contrôle conjoint qu'il va faire appel (C. com., art. L. 233-16). Si l'on veut s'en tenir à la « filiale » (C. com., art. L. 233-1), une détention de plus de la moitié du capital est exigée.

En droit fiscal, le régime dit des « sociétés mères », et permettant l'exonération des dividendes perçus de leurs filiales par les sociétés mères est subordonné à une détention par une société de 5 % au moins du capital d'une autre (CGI, art. 145).

Le droit pénal retient quant à lui une autre définition, beaucoup plus exigeante (v. ss 1213).

S'agissant de la notion particulière du *contrôle*[Q], on retiendra simplement que, si une personne physique ou morale contrôle une société, il faut faire masse des droits qu'elle détient directement, et de tous les droits qu'elle détient par le biais de sociétés contrôlées, aux termes de l'art. L. 233-3 du Code de commerce, mais ce texte prévoit d'autres cas de contrôle que la seule détention des actions d'une société. 1198

D. Utilité

1. *Concentration*

Le groupe sert tout d'abord à réaliser des opérations de concentration. Le groupe permet ainsi de contrôler l'ensemble des sociétés intervenant dans la fabrication et la commercialisation d'un produit (concentration verticale), ou bien de maîtriser le secteur entier de la fabrication ou de la commercialisation de ce même produit (concentration horizontale). 1199

Le groupe permet par ailleurs de concentrer le pouvoir. 1200

Cela semble vrai du point de vue de l'organisation. La gestion serait en effet optimisée par le groupe, les décisions étant prises par la direction du groupe, le choix des moyens de mise en œuvre étant de l'initiative des filiales. Ce serait une forme de règle de *subsidiarité* qui s'appliquerait ainsi au groupe de sociétés.

Le groupe permet surtout de prendre le contrôle de sociétés à moindre frais, en utilisant l'*effet de levier*[Q] propre aux cascades de filiales. Ainsi, si je souhaite prendre le contrôle de la société A en devenant son actionnaire majoritaire, il me faut acquérir 50 % du capital + 1 action de cette société. Si ces 50 % + 1 action sont estimés à 1 million d'euros, c'est donc la somme que je devrai débourser. Je pourrais toutefois choisir de constituer une société B, qui acquerra ces 50 % du capital + 1 action, tandis que je me contenterai de détenir 50 % du capital + 1 action de B. Si le financement requis pour que B prenne le contrôle de A est bien de 1 million d'euros, je n'ai pas besoin de détenir 100 % du capital de B. Il me suffit d'en détenir 50 % + 1 action, ce qui réduit donc l'investissement nécessaire pour prendre le contrôle de A. Je peux réduire encore mon investissement si je superpose les sociétés (constituer une société C, qui prendra le contrôle de B, puis une société D, qui prendra le contrôle de C, etc.). Mettre en place ce type d'organisation implique bien entendu (1) de trouver des investisseurs acceptant de financer des sociétés dans lesquelles ils sont appelés à rester minoritaires et (2) de gérer la complexité résultant de la superposition de plusieurs sociétés.

2. *Limitation des risques*

Le groupe de sociétés permet aussi de diversifier les activités et donc les risques en acquérant le contrôle de sociétés exerçant des activités sans lien entre elles (on parle alors de conglomérat). Détenir des titres de sociétés filiales plutôt qu'être directement propriétaire d'un immeuble ou d'un fonds de commerce permet également de céder ses biens de manière plus simple, en cédant tout ou partie des titres des filiales concernées. 1201

Le fait d'intervenir dans un secteur donné par le biais d'une filiale peut encore permettre à une société connue du public de réaliser de manière « masquée » une opération à l'issue incertaine (lancement d'un nouveau produit par exemple).

Enfin, et surtout, répartir son activité ou ses biens entre plusieurs sociétés permet de cloisonner les risques. Si une activité est déficitaire, elle n'entraînera que la « faillite » de la filiale (à responsabilité limitée) qui exerçait l'activité. Les autres sociétés du groupe ne seront pas touchées, en principe, du fait de l'autonomie de leurs personnalités juridiques.

§ 2 Régime du groupe de sociétés

1202 La difficulté consiste ici en ce qu'il n'y a pas un régime global du groupe de sociétés, mais un certain nombre de règles ponctuelles. Une partie de ces règles est fondée sur l'existence du groupe en tant qu'entité unique (A). Une autre partie de ces règles repose sur la séparation des sociétés composant le groupe (B).

On ne les reprendra pas, mais un certain nombre de règles vues précédemment, par exemple les règles de contrôle des conventions réglementées ou la prise en compte du groupe au stade de l'expertise de gestion (v. ss 903), trouveront à s'appliquer en présence d'un groupe, du fait de la communauté d'associés ou de dirigeants que connaîtront les sociétés du groupe.

A. Le groupe en tant qu'entité

1203 Plusieurs règles sont fondées sur une prise en considération du groupe en tant qu'entité. Cette prise en considération est toujours une dérogation au principe d'indépendance des sociétés qui composent le groupe ainsi qu'au fait que le groupe de sociétés ne constitue pas une personne morale autonome par rapport aux sociétés le constituant (Com. 2 avr. 1996, *Bull. civ.* IV, n° 113 ; *Dr. sociétés* 1996, n° 118, note Th. Bonneau ; *ibid.*, n° 102, note Y. Chaput).

1. *Obligations d'information*

1204 La naissance d'un groupe doit tout d'abord être signalée aux associés. En effet, lorsqu'une société a pris au cours d'un exercice une participation dans une société ayant son siège social en France représentant plus du vingtième, du dixième, du cinquième, du tiers ou de la moitié du capital de cette société ou qu'elle s'est assuré le contrôle d'une telle société, il doit en être fait mention dans le rapport présenté aux associés sur les opérations de l'exercice et, le cas échéant, dans le rapport des commissaires aux comptes (C. com., art. L. 233-6, al. 1er). De cette obligation peut être rapprochée l'obligation de notification des franchissements de seuils dans les sociétés cotées (C. com., art. L. 233-7 – v. ss 1240 s.) ainsi que l'obligation faite à une société contrôlée directement ou indirectement par une société par actions de notifier à cette dernière et à chacune des sociétés participant à ce contrôle le montant des participations qu'elle détient directement ou indirectement dans leur capital respectif ainsi que les variations de ce montant, dans un délai d'un mois (v. C. com., art. L. 233-8 et L. 233-12). Ces deux dernières obligations doivent amener à faire figurer des informations sur l'identité des actionnaires concernés dans le rapport de gestion (C. com., art. L. 233-13).

Par ailleurs, l'activité des sociétés constituant le groupe doit aussi faire l'objet d'une information au niveau de la société mère, puisque ses dirigeants doivent rendre compte dans leur rapport de l'activité et des résultats de l'ensemble de la société, des filiales de la société et des sociétés qu'elle contrôle par branche d'activité. Lorsque cette société établit et publie des comptes consolidés, ce rapport peut être inclus dans le rapport sur la gestion du groupe (C. com., art. L. 233-6, al. 2). 1205

De plus, le conseil d'administration, le directoire ou le gérant de toute société ayant des filiales ou des participations, est tenu d'annexer au bilan de la société un tableau, en vue de faire apparaître la situation des dites filiales et participations (C. com., art. L. 233-15).

2. *Consolidation des comptes*

La consolidation des comptes vise à présenter la situation financière et les résultats d'un groupe comme si les sociétés le composant ne formaient qu'une seule entité, et donc à ne faire apparaître que les résultats provenant de transactions avec des tiers (C. com., art. L. 233-16 s.). Ces comptes doivent être réguliers et sincères et donner une image fidèle du patrimoine, de la situation financière et du résultat de l'ensemble constitué par les entreprises comprises dans la consolidation (C. com., art. L. 233-21). 1206

L'obligation de consolidation concerne le cas où une société commerciale contrôle de manière exclusive ou conjointe une ou plusieurs autres entreprises ou exerce une influence notable sur celles-ci (C. com., art. L. 233-17-2). Des dérogations sont prévues pour les sous-groupes, c'est-à-dire lorsque la société qui serait tenue de consolider est elle-même sous le contrôle d'une entreprise qui l'inclut dans ses comptes consolidés et publiés, ainsi que pour les groupes de petite taille (C. com., art. L. 233-17). Il est également possible, dans certaines situations, de laisser une filiale ou une participation en dehors du périmètre de consolidation (C. com., art. L. 233-19).

Les méthodes de consolidation varient suivant le type de contrôle exercé (C. com., art. L. 233-18) : contrôle exclusif, contrôle conjoint ou influence notable.

Les comptes consolidés, le rapport sur la gestion du groupe et le rapport des commissaires aux comptes sur les comptes consolidés sont déposés au greffe du tribunal de commerce (v. ainsi C. com., art. L. 232-23, I pour les sociétés par actions) avec obligation de publication au *BALO* pour les sociétés cotées.

3. *Désignation de commissaires aux comptes*

La loi PACTE du 22 mai 2019 a inséré dans le Code de commerce un article L. 823-2-2 qui oblige les « ensembles » à se doter de commissaires aux comptes. Précisément, lorsque des « personnes et entités », autres que celles tenues de consolider leurs comptes ou ayant la qualité d'entités d'intérêt public, contrôlent une ou plusieurs sociétés au sens de l'article L. 233-3, elles doivent désigner au moins un commissaire aux comptes lorsque l'ensemble qu'elles forment avec les sociétés qu'elles contrôlent dépasse les seuils fixés par décret pour deux des trois critères suivants : total cumulé de leur bilan dépassant 4 millions d'euros, montant cumulé de leur chiffre d'affaires hors taxes dépassant 8 millions et nombre moyen cumulé de leurs salariés au cours d'un exercice dépassant 50 (D. n° 2019-514 du 24 mai 2019). 1207

Lorsque l'ensemble est ainsi constaté, l'entité de tête doit désigner un commissaire aux comptes, sauf si cette personne est elle-même contrôlée par une personne ou une entité qui a désigné un commissaire aux comptes. Les obligations ne s'arrêtent pas là, car les sociétés contrôlées directement ou indirectement désignent au moins un commissaire aux comptes si elles dépassent des seuils fixés par décret pour deux des trois critères suivants : total du bilan de 2 millions d'euros, montant du chiffre d'affaires hors taxes fixé à 4 millions d'euros et nombre moyen de salariés employés au cours de l'exercice fixé à 25. Le commissaire aux comptes peut être le même pour l'entité de tête et pour les sociétés contrôlées.

Ce nouveau dispositif suscite des interrogations, notamment sur son champ d'application : une personne physique ou une société de droit étranger font-elles partie des « personnes et entités » soumises à l'obligation de désigner un commissaire aux comptes ? Et les sociétés contrôlées sont-elles seulement les sociétés commerciales de droit français entrant dans le champ d'application de l'art. L. 233-3, ou l'indication « au sens de l'art. L. 233-3 » signifie-t-elle que l'on a voulu appréhender toutes les sociétés sans distinction ?

4. *Représentation des salariés au niveau du groupe*

■ 1208 En présence d'un groupe de sociétés (qui ne se confond pas avec l'UES — v. ss 1195), le droit du travail impose la constitution d'un organe de représentation des salariés au niveau du groupe : le comité de groupe (C. trav., art. L. 2331-1 s.). La représentation des salariés dans les organes d'administration et de surveillance prend aussi en compte l'existence du groupe. Pour apprécier si la société anonyme dépasse le seuil du nombre de salariés rendant obligatoire la désignation d'administrateurs ou membres du conseil de surveillance représentant les salariés, on prend en compte l'ensemble des salariés de la société mère et de ses filiales. Sous certaines conditions, le fait qu'une société filiale du groupe soit dotée de tels mandataires sociaux peut dispenser la mère de respecter le dispositif, et inversement, (C. com., art. L. 225-27-1 et L. 225-79-2).

B. Principe de séparation

■ 1209 Même si le groupe est une entité pouvant agir de manière globale, le droit des sociétés, largement entendu, est attentif à ce que l'autonomie des différentes sociétés composant le groupe soit respectée.

1. *Limitation de l'autocontrôle et des participations réciproques*

a. L'autocontrôle

■ 1210 L'*autocontrôle*[Q] est le fait pour une société A de contrôler, au sens de l'art. L. 233-3 du Code de commerce, une société B qui contrôle elle-même la société A. Ainsi, les dirigeants de A vont être en mesure de décider en quel sens les droits de vote détenus par B dans A vont être utilisés dans les assemblées générales de A.

Afin d'empêcher cela, les actions et droits de vote concernés ne peuvent plus être exercés à l'assemblée générale de la société A, les dirigeants qui contreviendraient à cette interdiction encourent des sanctions pénales (C. com., art. L. 233-31 et L. 247-3). Peu importe la forme de la société par laquelle on transite pour pratiquer l'autocontrôle ; l'interdiction ne vaut en revanche que pour les sociétés par actions.

Il a été précisé par la Cour de cassation que l'autocontrôle pouvait être constaté y compris dans le cas où la participation d'autocontrôle sur la société A était détenue par A dans une société B, qui contrôlait A, mais alors que le contrôle de B était exercé de manière conjointe par A et d'autres personnes, au titre d'une action de concert (Com. 29 juin 2010, *Bull. civ.* IV, n° 116 ; *Bull. Joly* 2010. 834, note H. Le Nabasque).

b. Les participations réciproques

Les *participations réciproques*[Q] sont interdites dans deux cas, du fait du double risque de verrouillage du contrôle et de fictivité du capital social qu'elles recèlent : 1211 ■

– une société par actions ne peut détenir d'actions d'une autre société si celle-ci détient plus de 10 % des actions de la première. Si elle en acquiert, elle doit les aliéner dans un délai d'un an et ne peut exercer les droits de vote attachés aux actions (C. com., art. L. 233-29) ;

– une société autre qu'une société par actions ne peut détenir d'actions d'une société qui aurait déjà plus de 10 % de son capital. Si la société par actions a moins de 10 % de son capital, l'autre société peut acquérir jusqu'à 10 % du capital de la société par actions (C. com., art. L. 233-30).

Là encore, des sanctions pénales sont applicables (C. com., art. L. 247-3).

2. *Préservation de l'autonomie patrimoniale des sociétés du groupe*

Il existe, du fait de l'autonomie de chaque société du groupe, un principe de séparation : parce que les sociétés du groupe ont des personnalités distinctes, l'actif et le passif de chacune n'appartiennent qu'à elle. En règle générale, les actes d'une société du groupe n'engageront que celle-ci. Le groupe dont certaines sociétés auraient eu des pratiques anticoncurrentielles ne peut ainsi faire l'objet d'une condamnation globale (Com. 15 nov. 2011, n° 10-21.701, *Bull. Joly* 2012. 395, note C. Prieto). En outre, en cas de difficultés économiques rencontrées par une ou plusieurs des sociétés du groupe, l'état de cessation des paiements déclenchant l'ouverture d'une procédure collective de redressement ou de liquidation judiciaire s'apprécie séparément pour chaque société (v. en ce sens l'arrêt *Sodimedical*, Com. 3 juill. 2012, n° 11-18.026, *Bull. civ.* IV, n° 146, *Bull. Joly* 2012. 631, note N. Pelletier), même si la Cour de cassation juge que rien n'interdit au tribunal de la procédure collective qui apprécie la solution proposée pour chaque société du groupe de tenir compte, par une approche globale, de la cohérence du projet au regard des solutions envisagées pour les autres sociétés du groupe (Com. 19 déc. 2018, n° 17-27947, P+B+I, *RJDA* 3/19, n° 211). Lorsque le principe d'autonomie des patrimoines des sociétés du groupe n'est plus respecté par leurs dirigeants, différentes sanctions interviennent. 1212 ■

Une admission trop large de la part des juges de la responsabilité de la mère en cas de comportement fautif de la filiale réduit cette autonomie des sociétés du groupe. Le droit européen de la concurrence en donne une illustration nette, en retenant la responsabilité de la société actionnaire à 100 % de filiales ayant participé à une entente (CJCE 10 sept. 2009, *Akzo Nobel NV*, *Bull. Joly* 2010. 69, note C. Prieto ; CJUE, 20 janv. 2011, *Repsol Quimica SA et alii*, *Bull. Joly* 2011. 318, note G. Decocq ; *RLDA* 2011, n° 58, n° 3334, obs. A. Lecourt ; 8 mai 2013, C-508/11 P, *Eni SpA*). Le fondement est ici la présomption réfragable d'influence déterminante que le juge européen fait peser sur la mère, mais il faut préciser que la notion d'entreprise, telle que l'entend le droit de l'Union européenne, pourrait expliquer cette solution.

Il faut encore souligner qu'une brèche a été ouverte par le législateur dans le principe d'autonomie des différentes sociétés d'un groupe, par la loi n° 2010-788 du 12 juillet 2010, portant engagement national pour l'environnement, dite « Grenelle

II ». Cette loi a instauré une responsabilité spécifique de la société mère en matière de préjudice environnemental causé par la filiale, responsabilité qui prend effet en deux étapes. Tout d'abord, la société mère peut décider librement de prendre en charge ce passif particulier, le législateur encadrant cette décision par la procédure des conventions réglementées, ce qui, dans l'esprit des rédacteurs de la loi, devrait écarter le risque de qualification d'abus des biens sociaux (C. com., art. L. 233-5-1). Ensuite, si la filiale ne peut prendre en charge son passif environnemental et que la société mère ne la soutient pas, une action en responsabilité spécifique peut être exercée contre la mère lorsque la filiale fait l'objet d'une procédure de liquidation judiciaire (C. envir., art. L. 512-7). Une brèche supplémentaire devrait résulter prochainement de l'introduction d'un dispositif similaire au sein du Code minier, prévue par le projet de loi portant lutte contre le dérèglement climatique et renforcement de la résilience face à ses effets (art. 20, I, 4°), adopté en 1re lecture par l'Assemblée nationale le 4 mai 2021. Pourrait être mis à la charge de la société mère, en application d'un nouvel article L. 171-3 du Code minier, tout ou partie du financement des mesures d'arrêt des travaux des sites en fin d'activité ou des mesures nécessaires à la réparation des dommages causés par l'activité minière.

Autre atteinte à l'autonomie : le devoir de vigilance imposé aux sociétés de grande taille, et qui porte notamment sur l'activité de leurs filiales (L. n° 2017-399 du 27 mars 2017, v. ss 366).

Il demeure que le principe aujourd'hui en vigueur est celui de l'autonomie des différentes sociétés du groupe. Toutefois, lorsque ce principe n'est plus respecté, différentes sanctions interviennent.

a. L'abus de biens sociaux

1213 On se souvient que ce délit spécifique à certaines sociétés (v. ainsi, dans la SA, l'art. L. 242-6 du C. com.) consiste en une utilisation des biens de la société, par les dirigeants de droit ou de fait, de mauvaise foi et dans un usage qu'ils savaient contraire à l'intérêt de la société, à des fins personnelles ou pour favoriser une société ou entreprise dans laquelle ils étaient intéressés directement ou indirectement.

L'appartenance à un groupe peut-elle amener une société à utiliser ses actifs pour servir l'intérêt du groupe ? À la lettre des textes sanctionnant l'abus de biens sociaux, la réponse est négative, aucune dérogation n'étant prévue pour la société appartenant à un groupe. Il est pourtant fréquent que les sociétés d'un groupe constituent des « pools de trésorerie », en mettant les excédents de trésorerie que ces sociétés peuvent avoir à la disposition des autres sociétés du groupe. La Cour de cassation a reconnu une exception à l'abus de biens sociaux : c'est la jurisprudence *Rozenblum*, du nom du premier arrêt de la Cour de cassation (Crim. 4 févr. 1985, *Bull. crim.* n° 54) ayant formulé ces critères, qui sont au nombre de trois :

– il faut tout d'abord que l'on soit en présence d'un groupe, c'est-à-dire de sociétés unies par des liens structurels et mettant en œuvre une politique commune ;

– il faut ensuite que l'opération litigieuse ait été dictée par un intérêt économique, social ou financier commun ;

– il faut enfin que le concours financier en cause ne soit ni excessif ni dépourvu de contrepartie (v. ainsi Crim. 24 sept. 2008, *Dr. sociétés* 2008, n° 258, note R. Salomon).

Il est donc aujourd'hui déconseillé de procéder à des opérations entre sociétés d'un même groupe lorsqu'il n'est pas possible d'identifier la contrepartie attendue de chacune des sociétés en cause, étant précisé qu'à notre sens, empêcher qu'une société appartenant au même groupe soit placée en liquidation judiciaire pourrait être vu comme une contrepartie (v. également, faisant preuve d'une certaine indulgence, Com. 3 déc. 2013, n° 12-22.213).

Un flux financier intra-groupe particulier mérite enfin d'être signalé : il s'agit de ce que la pratique appelle les *management fees*, c'est-à-dire les sommes qui sont versées par une société du groupe à une autre (il est concevable aussi que la société bénéficiaire n'appartienne pas au groupe – v. ss 299), qu'il s'agisse de la mère ou d'une société spécialisée, en contrepartie de prestations d'assistance comptable, juridique, de gestion, etc. Plusieurs décisions ont jugé que l'obligation de la société appelée à régler ces sommes était dépourvue de cause, dans des hypothèses où le dirigeant de la société intervenait aussi comme exécutant de la société qui fournissait la prestation d'assistance (Com. 14 sept. 2010, n° 09-16.084, *Bull. Joly* 2010. 960, note P. Le Cannu ; 23 oct. 2012, n° 11-23.376, *Bull. civ.* IV, n° 190 ; *Gaz. Pal.* 21 déc. 2012. 21, note B. Dondero). La notion de cause a été supprimée par l'ordonnance n° 2016-131 du 10 février 2016, mais la contrepartie demeure une condition de validité du contrat conclu à titre onéreux. Il faut enfin préciser que la fourniture de services aux sociétés du groupe est une condition pour que la *holding* prestataire de services puisse être qualifiée de « *holding* animatrice », concept présent dans un certain nombre de dispositifs fiscaux.

b. L'immixtion dans la gestion

L'immixtion dans la gestion d'une société constitue, en jurisprudence, un cas de levée du voile social, au sens où les auteurs de l'immixtion pourront être tenus des actes conclus par la société dans la gestion de laquelle ils se seront immiscés. L'immixtion peut être définie comme l'intervention sans titre dans les affaires d'autrui, se traduisant par l'accomplissement d'un ou plusieurs actes. L'immixtion dans la gestion d'une société verra donc une personne autre que les dirigeants sociaux accomplir des actes au nom et/ou pour le compte de la société. 1214 ■

On observera que si l'immixtion devait se prolonger, son auteur pourra être considéré comme le dirigeant de fait de la société subissant l'immixtion, ce qui permettra d'exercer contre lui, en cas d'ouverture d'une procédure collective à l'encontre de la société, l'action en comblement du passif (C. com., art. L. 651-2). Le dirigeant de fait pourra alors être condamné à supporter tout ou partie des dettes sociales si des fautes de gestion sont caractérisées à sa charge, dans la mesure du préjudice causé par ces fautes, situation proche d'une levée du voile social.

Un cas d'application de la notion d'immixtion peut être relevé, à titre d'exemple. Une cour d'appel avait constaté qu'une société s'était immiscée dans la conclusion et l'exécution d'un bail, dont sa filiale était titulaire. Il avait été relevé, notamment, que les deux sociétés avaient des dénominations sociales proches, et que les relations avec le bailleur avaient été le fait de la société mère (correspondances échangées avec elle, à l'adresse de son siège social). La cour d'appel avait retenu que « les rapports de bailleur et de preneur s'étaient en fait établis et poursuivis jusqu'à la résiliation du bail [avec la société mère] ». Le pourvoi formé contre son arrêt est rejeté par la Cour de cassation (Com. 15 juin 1993, *Bull. civ.* IV, n° 253).

Un arrêt postérieur a pu en revanche rejeter le pourvoi formé contre l'arrêt d'appel qui avait refusé de reconnaître un acte d'immixtion de la société mère dans le contrat de location conclu par sa filiale, en relevant que « ni la participation de la société [mère] au capital de sa filiale, ni l'usage d'un même logo par les deux sociétés, ni la participation de M. Z..., président du directoire de la société [mère] aux conseils d'administration des différentes sociétés, ni les déclarations faites par celui-ci à la presse sur la pratique de son groupe, ne caractérisaient l'acte de gestion par immixtion et que le seul acte accompli par la société [mère], consistant à avoir décidé la cessation d'activité de la société [filiale] et la libération consécutive des locaux loués par cette dernière, ne relevaient pas davantage d'un acte d'immixtion dans le contrat de location » (Civ. 3e, 25 févr. 2004, *Bull. civ.* III, n° 38).

Notons cependant que des arrêts publiés au *Bulletin* ont jugé que l'immixtion n'était pas de nature à rendre la société mère délictuellement responsable des actes de sa filiale si elle ne créait pas pour le créancier de la filiale une apparence trompeuse propre à lui permettre de croire que la société mère était aussi son contractant (Com. 12 juin 2012, n° 11-16.109, *Bull. civ. IV*, n° 121 ; *Gaz. Pal.* 10 août 2012. 36, note B. Dondero ; 3 févr. 2015, n° 13-24.895, *Bull.* IV, n° 14 ; *JCP E* 2015. 1159, note B. Dondero). Ce critère de l'apparence semble désormais associé à celui de l'immixtion (v. Civ. 3e, 12 déc. 2019, n° 18-23223, *JCP E* 2021, 1014, §11, obs. J.-B. Tap).

c. Apparence de défaut d'autonomie

1215 Il peut arriver que les créanciers d'une société soient amenés à croire qu'une autre personne – généralement, une société du même groupe – s'est engagée aux côtés de leur débitrice, voire que ces sociétés n'en constituent qu'une seule.

Un certain nombre de décisions ont pu constater qu'une apparence de confusion entre deux sociétés, société mère et filiale le plus souvent, avait été créée à l'égard des tiers, et en tirer les conséquences en donnant effet à l'apparence ainsi créée.

Ainsi, dans une espèce où une société mère avait autorisé sa filiale à utiliser le papier à en-tête du groupe et à y faire figurer sa dénomination sociale, et où les deux sociétés avaient leur siège social au même endroit, des numéros de téléphone et de fax communs, et des logos proches, la chambre commerciale de la Cour de cassation a pu approuver une cour d'appel d'avoir déduit de ces faits que les deux sociétés avaient donné l'apparence qu'elles agissaient en étroite interdépendance sous une même unité de contrôle et de direction, pour déclarer la mère responsable des engagements contractuels souscrits par la filiale (Com. 18 oct. 1994, *Bull. Joly* 1994. 1317, note A. Couret).

Pour certaines décisions, le fait d'avoir créé l'apparence trompeuse de défaut d'autonomie d'une société est constitutif d'une faute. Ainsi, le fait qu'une société ait pu « laisser croire qu'elle participait étroitement aux activités de sa filiale dont l'absence d'autonomie était ainsi soulignée » a pu justifier que soit caractérisée la faute de la première société, et que soit prononcée sa condamnation à des dommages-intérêts (Com. 5 févr. 1991, *Bull. civ.* IV, n° 58). Le fondement de la faute n'est cependant retenu que par certaines décisions, la jurisprudence pouvant se contenter de caractériser l'apparence de confusion présentée aux tiers.

d. Fictivité/confusion de patrimoines

1216 Ces deux cas de levée du voile social se rencontrent le plus souvent en rapport avec l'ouverture d'une procédure collective. Mais la question de leur application peut également se poser hors de ce cadre, essentiellement en ce qui concerne la *fictivité*Q des sociétés.

La jurisprudence a admis l'extension d'une procédure collective déjà ouverte à un ou plusieurs autres sujets de droit, personnes physiques ou morales, en raison de la *confusion de leurs patrimoines*Q ou de la fictivité des sociétés concernées. L'extension d'une procédure collective sur le fondement de la fictivité des sociétés ou de la confusion des patrimoines a ensuite été consacrée par la loi de sauvegarde des entreprises (L. n° 2005-845 du 26 juill. 2005), qui a ajouté au Code de commerce, en son art. L. 621-2, les phrases suivantes : « La procédure ouverte peut être étendue à une ou plusieurs autres personnes en cas de confusion de leur patrimoine avec celui du débiteur ou de fictivité de la personne morale. À cette fin, le tribunal ayant ouvert la procédure initiale reste compétent ».

Ces deux cas d'extension de la procédure collective peuvent s'expliquer ainsi. Le passif de la société ne pèse en principe que sur elle, du fait de son autonomie patrimoniale. La procédure collective ne touche donc pas, par principe, d'autres sujets de droit tels que les associés ou les dirigeants de la société, ou les autres sociétés du groupe. Mais cette limitation de responsabilité au passif social « ne se justifie que dans la mesure où la personne morale est réellement en charge d'un intérêt propre et que se trouvent respectées tant son autonomie d'action que l'autonomie de son patrimoine » (G. Wicker et J.-Ch. Pagnucco, *Rép. Civil, v° Personne morale*, n° 43). Si ces autonomies ne sont plus respectées, le cloisonnement du passif social au patrimoine de la société doit tomber, et la procédure collective de la société peut être étendue aux sujets de droit qui n'auront pas respecté l'autonomie de la société personne morale. 1217 ■

1. Fictivité

La notion a déjà été évoquée plus haut dans cet ouvrage (v. ss 74). Une société est fictive lorsqu'elle ne satisfait pas à la définition de la société formulée par l'art. 1832 du Code civil, qui suppose que deux ou plusieurs personnes conviennent de mettre quelque chose en commun en vue de partager le bénéfice ou de profiter de l'économie qui pourra en résulter. La société fictive a été en apparence constituée régulièrement et elle a été immatriculée. Mais en réalité, le consentement de certains de ses associés, voire de tous, fait défaut, ainsi que leur *affectio societatis*, c'est-à-dire l'intention de s'associer, caractéristique du contrat de société. 1218 ■

Parmi les critères retenus par la jurisprudence pour caractériser la fictivité d'une société, il convient de relever :

– la détention de la majorité ou de la totalité du capital social, et de manière générale, la prédominance d'un associé sur les autres (v. ainsi Com. 15 mars 1955, *Bull. civ.* III, n° 100) ;

– l'absence d'activité économique réelle (Com. 21 nov. 1995, n° 93-20.054) ;

– l'absence de toute vie sociale, réunions d'assemblées notamment (v. ainsi Com. 21 mai 1963, *Bull. civ.* III, n° 245 ; 14 déc. 1965, *Bull. civ.* IV, n° 644 ; 6 mai 1969, *Bull. civ.* IV, n° 157) ;

– l'existence de liens familiaux entre l'associé principal et les autres porteurs de titres (Com. 14 déc. 1965, préc.) ;

– la confusion du patrimoine de la société avec celui d'autres personnes (Com. 21 mai 1963, préc. ; 14 déc. 1965, préc. ; 6 mai 1969, préc. ; 15 janv. 1991, préc.).

Ces critères sont généralement utilisés cumulativement, de sorte qu'il n'est pas possible de déterminer leur valeur respective. Occasionnellement, la jurisprudence a pu préciser que tel ou tel de ces critères ne suffisait pas à caractériser la fictivité (v. ainsi, à propos de l'existence de liens familiaux entre les associés, Com. 21 déc.

1982, *RTD com.* 1983. 476, obs. Ph. Merle, ou d'une absence de vie sociale s'expliquant par la santé du dirigeant, Com. 15 nov. 2017, n° 16-20193, *RTD com.* 2017. 374, obs. A. Lecourt).

La reconnaissance de la fictivité n'a, comme tous les autres cas de levée du voile social, qu'un caractère exceptionnel. La jurisprudence fait ainsi preuve d'une grande fermeté, et ne déduit ni ne présume la fictivité (ou la confusion de patrimoines) de la seule existence d'un groupe de sociétés.

Il est enfin à noter que l'admission par le législateur de plusieurs formes de sociétés unipersonnelles (EURL, SASU) pourrait affaiblir la théorie de la fictivité. Comment concevoir qu'une société pluripersonnelle mais dotée d'un seul associé véritable puisse être fictive, alors que cette même société aurait pu être valablement constituée par un seul associé (v. cep. Paris, 13 juill. 1993, *Bull. Joly* 1993. §375, note H. Le Nabasque, reconnaissant la fictivité d'une EURL).

2. Confusion des patrimoines

1219 Lorsqu'il apparaît qu'une société a confondu son actif et son passif avec ceux d'une autre personne, physique ou morale, la procédure collective affectant l'une pourra être étendue à l'autre.

La constatation de la *confusion des patrimoines*[Q] implique l'imbrication des éléments d'actif et de passif des personnes impliquées, au point qu'il devient impossible de savoir ce que doit et possède chacune d'elles. La Cour de cassation a ainsi pu estimer que la confusion des patrimoines de deux personnes morales était démontrée en présence d'un « désordre généralisé des comptes et d'un état d'imbrication inextricable » entre ces personnes morales (Com. 24 oct. 1995, n° 93-11.322). Plus fréquemment, elle exigera la constatation de « flux financiers anormaux » (v. ainsi Com. 28 nov. 2000, pourvoi n° 98-11.522) ou de « relations financières anormales » (v. ainsi Com. 19 avr. 2005, *Bull. civ.* IV, n° 92, affaire *Metaleurop* ; 2 nov. 2016, n° 15-13006) entre les personnes impliquées dans la confusion de patrimoines. Attention cependant : l'existence d'une comptabilité certifiée et approuvée ne signifie pas que la confusion des patrimoines est exclue, si la comptabilité révèle l'existence de relations financières incompatibles avec des obligations contractuelles réciproques normales (Com. 27 sept. 2016, n° 14-29278, publié au *Bull.* ; *Bull. Joly* 2016. 745, note J.-M. Moulin).

e. Règles propres aux salariés : coemploi et responsabilité

La situation des salariés fait enfin l'objet de solutions spécifiques. Le droit du travail prend assez fréquemment en compte l'existence d'un groupe, par exemple lorsqu'il est exigé que l'appréciation des motifs économiques de licenciements soit effectuée au niveau du secteur d'activité du groupe (C. trav., art. L. 1233-3). Cette prise en compte du groupe ne rend pas pour autant les sociétés du groupe débitrices des salariés des autres sociétés de ce même groupe, par principe.

L'exercice d'une action en responsabilité est une première manière, pour les salariés d'une filiale, de réclamer des sommes auprès de la société mère (Soc., 24 mai 2018, n° 16-22881, *Bull.* V, n° 88).

Une autre voie d'action est la théorie du coemploi, dont l'objectif est de rechercher le véritable décideur, au regard des salariés dont il n'est pas formellement l'employeur. La Chambre sociale avait initialement recours à un critère de « triple confusion » : intérêts, activités et direction (Soc., 2 juillet 2014, n° 13-15208, *Bull.* V, n° 159). Ce critère, d'application insatisfaisante car trop complexe, a été abandonné au profit d'une nouvelle définition du coemploi fondée sur l'immixtion permanente de la société-mère dans la gestion économique et sociale et la perte totale d'autonomie d'action de la filiale (Soc., 25 nov. 2020, n° 18-13769, P+B+R+I).

section 2

La bourse

Ce mot désigne un ensemble de marchés, sur lesquels s'échangent les valeurs mobilières des sociétés qui remplissent les conditions pour que leurs titres y soient cotés. Ces marchés jouent aussi et surtout un rôle de source de financement pour les sociétés, puisque la cotation sur un marché ouvert au public va permettre à la société concernée d'accéder à un financement dont les seules limites sont la confiance qu'inspirera la société. 1220

Du point de vue du juriste, ce n'est pas au seul Code de commerce qu'il convient de se référer, mais à une multitude de normes : droit de l'Union européenne (plusieurs directives et règlements importants ont harmonisé le droit des marchés financiers), Code monétaire et financier, normes édictées par les autorités de régulation, etc.

§ 1 L'organisation des marchés financiers

A. Marchés réglementés et non réglementés

Les marchés financiers (le Code monétaire et financier parle aussi de « plates-formes de négociation » – art. L. 420-1) se divisent en marchés réglementés et non réglementés. Les premiers entraînent, pour les sociétés qui y sont cotées, l'application d'un statut très contraignant et coûteux, visant à assurer une bonne information des investisseurs potentiels. Les seconds imposent des contraintes moindres. 1221

1. *Marchés réglementés*

a. Notion

Un *marché réglementé d'instruments financiers*[Q] est essentiellement un système multilatéral qui assure ou facilite la rencontre, en son sein et selon des règles non discrétionnaires, de multiples intérêts acheteurs et vendeurs exprimés par des tiers sur des instruments financiers, d'une manière qui aboutisse à la conclusion de contrats portant sur les instruments financiers admis à la négociation dans le cadre des règles et systèmes de ce marché, et qui est reconnu et fonctionne conformément aux dispositions du Code monétaire et financier qui lui sont applicables (C. mon. fin., art. L. 421-1, I). 1222

Concrètement, un marché financier réglementé est géré par une *entreprise de marché*[Q], qui effectue les actes afférents à l'organisation et à l'exploitation de chaque marché réglementé qu'elle gère, et veille à ce que celui-ci remplisse en permanence les exigences qui lui sont applicables (C. mon. fin., art. L. 421-2). L'entreprise de marché est soumise à un contrôle important (C. mon. fin., art. L. 421-7 s.), du fait de son rôle majeur dans le fonctionnement du marché réglementé, dont elle détermine les règles, qui sont ensuite approuvées par l'AMF (C. mon. fin., art. L. 421-10). Ces règles garantissent que les instruments financiers admis aux négociations sur un marché réglementé sont susceptibles de faire l'objet d'une négociation équitable, ordonnée et efficace et d'être négociés librement (C. mon. fin., art. L. 421-14). L'entreprise de marché admet les instruments financiers des sociétés sur le marché qu'elle gère. Pour prendre un exemple, les marchés gérés par le groupe *Euronext* comprennent, en France, un marché réglementé unique dénommé *Euronext Paris*, et qui se subdivise ensuite en compartiments de capitalisation, classant les sociétés qui y sont admises en fonction de leur importance – pour la France, ce sont ainsi les compartiments A (sociétés dont la capitalisation est supérieure à 1 milliard d'euros), B (sociétés dont la capitalisation est comprise entre 150 millions et un milliard d'euros) et C (sociétés dont la capitalisation est inférieure à 150 millions d'euros). Ces compartiments étaient précédemment dénommés *Eurolist A Paris*, *Eurolist B Paris* et *Eurolist C Paris*, et ils avaient succédé aux Premier, Second et Nouveau Marchés.

Le marché réglementé fait l'objet d'une reconnaissance par arrêté du ministre chargé de l'Économie sur proposition de l'AMF (C. mon. fin., art. L. 421-4).

b. Conséquences de l'admission aux négociations sur un marché réglementé

1223 Avant l'admission de ses titres sur un marché réglementé, la société doit publier et tenir à la disposition de toute personne intéressée un document communément appelé « *prospectus*[Q] ». Celui-ci, visé au préalable par l'AMF (en application de l'art. 20 du règlement (UE) 2017/1129 du Parlement européen et du Conseil du 14 juin 2017 concernant le prospectus à publier en cas d'offre au public de valeurs mobilières ou en vue de l'admission de valeurs mobilières à la négociation sur un marché réglementé, et abrogeant la directive 2003/71/CE), est destiné à l'information du public et porte sur le contenu et les modalités de l'opération qui en fait l'objet, ainsi que sur l'organisation, la situation financière et l'évolution de l'activité de l'émetteur et des garants éventuels des titres financiers concernés, dans des conditions prévues par le règlement général de l'AMF (C. mon. fin., art. L. 412-1). L'obligation est ici la même que celle qui est imposée à la société réalisant une offre au public d'instruments financiers, et connaît également différentes exceptions (déterminées par le règlement général de l'AMF et fondées sur la nature ou le volume des opérations, la nature de l'émetteur ou des investisseurs visés, la nature des instruments financiers concernés, etc.).

1224 Une fois que la société est cotée sur un marché réglementé, elle se trouve soumise au contrôle de l'AMF. Par ailleurs, un certain nombre de règles du droit des sociétés, qui ne concernent que les sociétés cotées, prennent application : par exemple, transparence et règles d'attribution des rémunérations des dirigeants, obligation de notification des franchissements de seuils, etc.

2. *Marchés non réglementés*

1225 Ces marchés se définissent surtout par opposition avec les marchés réglementés. Les *marchés non réglementés*[Q] peuvent être des marchés organisés, et se rapprocher plus ou moins des marchés réglementés par leur mode de fonctionnement, par exemple avec l'intervention d'une entreprise de marché. Une catégorie de marchés organisés a vu le jour ces dernières années, qui est celle des *systèmes multilatéraux de négociation*[Q], dits aussi MTF pour *Multilateral Trade Facilities* (C. mon. fin., art. L. 424-1 s. : v. ainsi le marché *Euronext Growth*, ex-Alternext). Ils ne font pas l'objet d'un arrêté de reconnaissance. En revanche, la cotation sur ces marchés est susceptible de déclencher l'application d'une partie des règles relatives aux marchés réglementés. La tendance est en effet à l'affaiblissement de la frontière entre marchés réglementés et marchés organisés, ne serait-ce que parce que l'opération de cotation sur un marché non réglementé pourra constituer une offre au public de titres financiers, et entraîner l'application des règles afférentes à ces opérations.

B. Les intervenants

1. *Les entreprises de marché*

Les entreprises de marché gèrent les marchés réglementés (C. mon. fin, art. L. 421-2) **1226**
ainsi que les marchés organisés. Ce sont des entreprises relevant du droit privé, mais un pouvoir « réglementaire » leur est reconnu, puisque ce sont elles qui déterminent, notamment, les conditions d'admission des instruments financiers sur les marchés qu'elles gèrent ainsi que les conditions de fonctionnement de ces marchés.

2. *Les prestataires de services d'investissement*

Les *prestataires de services d'investissement*[Q] sont les seules entreprises habilitées, **1227**
sous réserve d'une série d'exceptions légales (C. mon. fin., art. L. 531-2), à fournir des services d'investissement à des tiers, c'est-à-dire que ce sont elles qui reçoivent et exécutent les ordres portant sur des instruments financiers cotés en bourse.

Elles bénéficient d'un monopole et sont agréées par l'Autorité de contrôle prudentiel et de résolution (ACPR). Le prestataire de services d'investissement peut ne fournir que ces services (il est alors une « entreprise d'investissement », selon l'art. L. 531-1 du C. mon. fin.), ou bien être un établissement de crédit et se livrer simultanément aux activités bancaires.

L'exercice illégal du métier de prestataire de services d'investissement est sanctionné pénalement (C. mon. fin., art. L. 573-1), mais pas par la nullité des opérations accomplies en violation du monopole, si l'on fait application de la solution retenue par la jurisprudence en cas de violation du monopole bancaire (Cass, ass. plén., 4 mars 2005, *Bull. ass. plén.*, n° 2).

3. *Les autres professionnels*

Le cadre du présent ouvrage ne permet pas d'aborder les différents statuts des **1228**
nombreux professionnels qui interviennent en liaison avec la cotation des valeurs mobilières émises par les sociétés : chambres de compensation (C. mon. fin., art. L. 440-1 s.), *agences de notation*[Q], analystes financiers, conseillers en investissements financiers, etc. Il est vrai toutefois que leur activité ne relève pas directement du droit des sociétés. Les sociétés cotées voient par ailleurs s'intéresser à leurs assemblées et, plus largement, à leur gestion des professionnels particuliers : les agences de conseil en vote, dont l'activité consiste notamment à émettre des recommandations sur les résolutions soumises à l'assemblée.

4. *Les investisseurs*

1229 Les actionnaires et les obligataires des sociétés cotées se retrouvent sous le vocable d'investisseurs. Lorsque la société est cotée en bourse, *l'affectio societatis* qui anime traditionnellement l'associé (v. ss 71 s.) devient une valeur quelque peu oubliée. L'actionnaire ou l'obligataire se rapprochent d'ailleurs plus du consommateur que du contractant en pleine possession de ses moyens, dans l'esprit des rédacteurs des normes du droit financier. Certains auteurs ont évoqué un « consommateur de produits financiers », et l'existence d'associations de défense des investisseurs, dont la mission consiste notamment à combattre en justice les pratiques contraires aux dispositions législatives et réglementaires pouvant porter atteinte aux droits des épargnants, conforte cette analyse (C. mon. fin., art. L. 452-1 s.).

C. Le contrôle de l'AMF

1230 La cotation en bourse sur un marché réglementé et de manière plus générale l'offre au public d'instruments financiers placent la société sous le contrôle de l'Autorité des marchés financiers (AMF) qu'il convient d'évoquer maintenant.

1. *Présentation*

1231 L'AMF est une autorité publique indépendante dotée de la personnalité morale, qui veille notamment à la protection de l'épargne investie dans les instruments financiers donnant lieu à une offre au public ou à une admission aux négociations sur un marché réglementé et dans tous autres placements offerts au public, à l'information des investisseurs et au bon fonctionnement des marchés d'instruments financiers. Elle apporte par ailleurs son concours à la régulation de ces marchés aux échelons européen et international (C. mon. fin., art. L. 621-1).

Elle est essentiellement composée d'un collège et d'une commission des sanctions (C. mon. fin., art. L. 621-2). Sans entrer dans le détail du fonctionnement de cette autorité, qui est née en 2003 de la fusion de la Commission des opérations de bourse (COB) et du Conseil des marchés financiers (CMF), on relèvera que l'une des préoccupations majeures relatives à l'AMF a été de garantir son impartialité. Il est évident que le milieu des marchés financiers, où les personnes se croisent souvent, tout comme la composition « ouverte » de l'AMF, qui comprend un certain nombre de professionnels, peut donner lieu à des situations de conflits d'intérêts (v. CE, 27 oct. 2006, *JCP E* 2007. 1217, obs. B. Dondero ; Com. 19 janv. 2010, *Rev. sociétés* 2010. 387, note Y. Paclot).

2. *Pouvoirs*

1232 Les pouvoirs de l'AMF sont très étendus, et ce, d'autant plus, que cette autorité n'hésite parfois pas à prendre des mesures sans assise légale précise (v. ainsi l'interdiction des ventes à découvert d'instruments financiers en période de crise financière). Ces pouvoirs ont été encore renforcés par la loi de régulation bancaire et financière du 22 octobre 2010.

a. Pouvoir réglementaire

1233 L'AMF est tout d'abord dotée d'un pouvoir *réglementaire*. Elle prend en effet un règlement général qui est publié au *JO*, après homologation par arrêté du ministre chargé de l'Économie (C. mon. fin., art. L. 621-6 s.). Ce règlement général détermine notamment les règles de pratique professionnelle qui s'imposent aux émetteurs lorsqu'ils procèdent à une offre au public ou dont les instruments financiers sont admis aux négociations sur un marché réglementé, les règles relatives aux offres publiques d'acquisition, ainsi que les règles de conduite relatives à un grand nombre d'acteurs des marchés financiers (entreprises de marché, prestataires de services d'investissement, chambres de compensation, analystes financiers, etc.). L'AMF peut également, pour l'application de ce règlement général et l'exercice de ses autres compétences, publier des instructions et des recommandations aux fins d'en préciser l'interprétation.

b. Pouvoir d'autorisation

L'AMF dispose d'un pouvoir important, qui est celui de délivrer ou non son visa préalable au document relatif à toute opération d'offre au public d'instruments financiers ou d'admission aux négociations sur un marché réglementé (art. 20 du règlement (UE) 2017/1129 du Parlement européen et du Conseil du 14 juin 2017 et C. mon. fin., art. L. 621-8 s.). Elle peut indiquer aux sociétés concernées des énonciations à modifier ou des informations complémentaires à insérer, et demander toutes explications ou justifications. L'AMF peut suspendre l'opération voire l'interdire, notamment lorsqu'elle a des motifs raisonnables de soupçonner qu'une émission ou une cession est contraire aux dispositions législatives et réglementaires qui lui sont applicables (C. mon. fin., art. L. 621-8-1). 1234 ■

c. Pouvoir d'enquête et de contrôle

L'AMF effectue aussi des contrôles et des enquêtes afin d'assurer l'exécution de sa mission (C. mon. fin., art. L. 621-9 s.). Elle veille ainsi à la régularité des opérations effectuées sur des instruments financiers lorsqu'ils sont offerts au public ou admis aux négociations sur un marché réglementé ou sur un système multilatéral de négociation organisé. Elle veille également au respect des obligations professionnelles auxquelles sont astreints différents acteurs des marchés financiers et leur personnel (PSI, entreprises de marché, etc.). Le secret professionnel ne peut lui être opposé dans le cadre de ces contrôles et enquêtes (C. mon. fin., art. L. 621-9-3), et les enquêteurs peuvent, pour les nécessités de l'enquête, se faire communiquer tous documents, quel qu'en soit le support, convoquer et entendre toute personne susceptible de leur fournir des informations et accéder aux locaux à usage professionnel (C. mon. fin., art. L. 621-10), ainsi que, sur autorisation judiciaire, effectuer des visites domiciliaires. Ce pouvoir est renforcé par l'existence de sanctions pénales en cas d'entrave à une mission de contrôle ou d'enquête de l'AMF (C. mon. fin., art. L. 642-2). L'AMF a diffusé en septembre 2012 une « Charte de l'enquête » et une « Charte du contrôle », mises à jour en septembre 2014 et octobre 2017, explicitant les droits et obligations de ses enquêteurs et contrôleurs et des personnes sollicitées, ainsi que les comportements attendus des uns et des autres. 1235 ■

d. Pouvoir de sanction

Outre la possibilité de demander qu'il soit mis fin à certains comportements et de 1236 ■
solliciter du juge différentes mesures, dont la mise sous séquestre (C. mon. fin., art. L. 621-13 s.), l'AMF est dotée d'un pouvoir de sanction (C. mon. fin., art. L. 621-15 s.). Ce pouvoir permet à l'AMF de sanctionner les professionnels des marchés financiers, au titre de manquements à leurs obligations professionnelles définies par les lois, règlements et règles professionnelles approuvées par l'AMF, leur personnel,

ainsi que toute personne se livrant à un abus de marché (v. ss 1252). Les sanctions frappant les professionnels et leur personnel sont l'avertissement, le blâme, l'interdiction ou la suspension de tout ou partie des activités, et ainsi que des sanctions pécuniaires, seules ces dernières sanctions s'appliquant aux auteurs d'abus de marché. Le montant de la sanction doit être fixé en fonction de la gravité et de la durée des manquements commis et en relation avec les avantages ou les profits éventuellement tirés de ces manquements.

§ 2 Le statut de société cotée

1237 La société cotée dont il sera question ci-après est essentiellement celle dont les titres sont admis aux négociations sur un marché réglementé, même si un rapprochement se fait entre ce type de marché et les marchés organisés.

Le statut de société cotée a été clarifié, formellement, par la création d'un chapitre spécifique au sein du Livre II du Code de commerce (art. L. 22-10-1 et s. et art. R. 22-10-1 et s.).

L'essentiel du statut de la société cotée est tourné vers un impératif d'information et de transparence. Il faut en effet que les investisseurs potentiels soient en mesure de déterminer s'il est intéressant pour d'eux d'investir dans la société cotée, d'y maintenir leur investissement ou de revendre les titres qu'ils détiennent avant qu'ils ne perdent davantage de leur valeur.

Le statut de société cotée comporte essentiellement des règles spécifiques sur l'information qui doit être fournie sur les dirigeants (A), et sur l'actionnariat (B). L'utilisation frauduleuse de l'information relative à la société, ce que l'on dénomme les abus de marché, est également contrôlée (v. ss 1249 s.).

A. Les dirigeants

1238 Ce point sera envisagé rapidement dans la mesure où les règles spécifiques aux dirigeants des sociétés cotées ont déjà été évoquées lors de l'étude du régime général des dirigeants (v. ss chapitre 6) et du régime spécifique des dirigeants de la SA (v. ss chapitre 12).

On se souviendra essentiellement que le dirigeant de société cotée est astreint à une information étendue relative à la rémunération et aux avantages qu'il perçoit de la société (actuellement C. com., L. 22-10-9) et que les conventions visant à lui octroyer des avantages en cas de cessation de ses fonctions étaient jusqu'à récemment particulièrement encadrées (anc. C. com., art. L. 225-42-1).

On ajoutera que les dirigeants des sociétés cotées et les personnes qui leur sont liées sont astreints à communiquer à l'AMF et à rendre publiques les opérations (acquisitions, cessions, souscriptions, etc.) relatives aux titres de la société cotée réalisées par eux (C. mon. fin., art. L. 621-18-2).

B. L'actionnariat

1239 Les sociétés cotées connaissent un certain nombre de règles particulières, par exemple en matière de droit de vote double. L'article L. 225-123 du Code de commerce permet aux statuts d'une SA de prévoir que les actionnaires justifiant d'une inscription nominative depuis deux ans au moins bénéficient d'un droit de vote double. Dans les sociétés cotées, la loi *Florange* (L. n° 2014-384 du 29 mars 2014) a inversé le principe : ce mécanisme des droits de vote double est de droit, sauf si une clause des statuts, adoptée après la promulgation de la loi, l'écarte expressément (art. L. 22-10-46).

Le législateur a surtout mis en place de longue date un dispositif imposant la notification des franchissements de seuils, complété par une obligation d'informer l'AMF (et à travers elle, le public) sur l'existence de conventions prévoyant des conditions préférentielles de cession des titres de la société cotée. Ce dispositif est lié aux règles relatives aux offres publiques et aux procédures voisines.

1. *Transparence*

a. Notification de franchissement de seuil

Cette obligation concerne les sociétés dont le siège est en France et dont les actions 1240 ■
sont cotées (au sens large : cotation sur un marché réglementé d'un État partie à l'accord sur l'EEE ou sur un marché d'instruments financiers admettant aux négociations des actions pouvant être inscrites en compte chez un intermédiaire mentionné à l'article L. 211-3 du C. mon. fin.). La matière a été retouchée à plusieurs reprises ces dernières années.

Toute personne physique ou morale agissant seule ou de concert qui vient à posséder directement ou indirectement un nombre d'actions représentant plus du vingtième, du dixième, des trois vingtièmes, du cinquième, du quart, des trois dixièmes, du tiers, de la moitié, des deux tiers, des dix-huit vingtièmes ou des dix-neuf vingtièmes du capital ou des droits de vote informe la société au plus tard avant la clôture des négociations du quatrième jour de bourse suivant le jour du franchissement du seuil de participation (C. com., art. L. 233-7 et R. 233-1) du nombre total d'actions ou de droits de vote qu'elle possède, ainsi que du nombre de titres qu'elle possède donnant accès à terme au capital à émettre et des droits de vote qui y seront attachés et des actions déjà émises et les droits de vote qu'elle peut acquérir en vertu d'un accord ou d'un instrument financier. Cette information est également donnée lorsqu'un de ces seuils est franchi à la baisse (C. com., art. L. 233-7, I). Le franchissement du seuil du dixième, des trois vingtièmes, du cinquième ou du quart du capital ou des droits de vote d'une société dont les titres sont cotés sur un marché réglementé (seulement) impose à la personne concernée une déclaration de ses intentions à l'égard de la société (C. com., art. L. 233-7, VII).

L'AMF doit également recevoir ces informations, celles-ci étant ensuite portées à la connaissance du public (C. com., art. L. 233-7, II). Le législateur autorise par ailleurs les statuts à prévoir une obligation supplémentaire d'information (C. com., art. L. 233-7, III), et soustrait aux obligations d'information légale et statutaire les actions acquises dans un certain nombre d'hypothèses ou par certaines personnes (C. com., art. L. 233-7, IV et V).

Une information semblable est également prévue s'agissant des actions détenues à titre temporaire (C. com., art. L. 22-10-48).

À défaut d'avoir été régulièrement déclarées à la société et à l'AMF, les actions 1241 ■
excédant la fraction qui aurait dû être déclarée en vertu de l'obligation légale sont privées du droit de vote pour toute assemblée d'actionnaires qui se tiendrait jusqu'à l'expiration d'un délai de deux ans suivant la date de régularisation de la notification. Dans les mêmes conditions, les droits de vote attachés à ces actions et qui n'ont

pas été régulièrement déclarés ne peuvent être exercés ou délégués par l'actionnaire défaillant. L'actionnaire qui n'aurait pas procédé à la déclaration d'intention imposée par l'article L. 233-7, VII du Code de commerce suivant le franchissement de la fraction du dixième, des trois vingtièmes, du cinquième ou du quart du capital ou des droits de vote, voit les droits de vote excédant cette fraction également suspendus pour toute assemblée d'actionnaires qui se tiendrait jusqu'à l'expiration d'un délai de deux ans suivant la date de régularisation de la notification (C. com., art. L. 233-14, al. 1er). Cette sanction a été déclarée conforme à la Constitution (Cons. Const., n° 2013-369 QPC du 28 févr. 2014, sur laquelle v. A. Couret, « Défaut de franchissement de seuil et suspension des droits de vote », *JCP E* 2014. 1118).

Une suspension de tout ou partie des droits de vote de l'actionnaire qui n'aurait pas procédé à l'une des déclarations prévues par l'article L. 233-7 du Code de commerce, ou qui n'aurait pas respecté la déclaration d'intention précitée, peut également être prononcée par le juge, à la demande du président de la société, d'un actionnaire ou de l'AMF, pour une durée ne pouvant excéder cinq ans (C. com., art. L. 233-14, al. 3).

b. Information sur les conventions portant conditions préférentielles de cession ou d'acquisition d'actions

1242 C'est également « toute clause d'une convention prévoyant des conditions préférentielles de cession ou d'acquisition d'actions admises aux négociations sur un marché réglementé et portant sur au moins 0,5 % du capital ou des droits de vote de la société qui a émis ces actions » qui doit être transmise dans un délai de cinq jours de bourse à compter de la signature de la convention ou de l'avenant introduisant la clause concernée, à la société et à l'AMF, celle-ci en informant ensuite le public (C. com., art. L. 233-11). À défaut les effets de la clause sont suspendus, et les parties déliées de leurs engagements, en période d'offre publique.

2. *Les offres*

1243 Les titres cotés sur un marché réglementé sont soumis à un dispositif visant à la fois à protéger les actionnaires minoritaires et à faciliter la prise de contrôle d'une société (C. mon. fin., art. L. 433-1 s.).

Ce dispositif, dont une application récente a concerné l'offre faite par la société Veolia sur la société Suez, a été substantiellement retouché par la loi de régulation bancaire et financière (L n° 2010-1249 du 22 oct. 2010), qui a notamment supprimé la procédure ancienne dite de garantie de cours, et par la loi « Florange » (L. n° 2014-384 du 29 mars 2014), qui a, entre autres, abandonné le principe de neutralité des dirigeants en période d'offre. Dernière évolution en date : la loi PACTE du 22 mai 2019 a abaissé et retouché certains seuils.

a. Offres publiques d'achat et d'échange

1244 En synthèse, toute personne physique ou morale agissant seule ou de concert et venant à détenir, directement ou indirectement, une fraction supérieure à 30 % du capital ou des droits de vote d'une société cotée est tenue d'en informer immédiatement l'AMF et de déposer un projet d'*offre publique d'achat*Q ou d'*offre publique d'échange*Q en vue d'acquérir une quantité déterminée des titres de la société (C. mon. fin., art. L. 433-3, I). Jusqu'à l'intervention de la loi du 22 octobre 2010, le seuil déclencheur était du tiers. À défaut d'avoir procédé à ce dépôt, les titres que l'actionnaire détient au-delà de la fraction du capital ou des droits de vote sont privés du droit de vote. Celui qui détient un nombre d'actions ou de droits de vote compris entre le tiers et la moitié et qui acquiert en moins de douze mois plus de 1 % du capital ou des droits de vote est également tenu de déposer une offre, dès lors que le « ramassage » en bourse peut conduire à modifier le contrôle d'une société (jusqu'à la loi *Florange* du 29 mars 2014, le seuil de « l'excès de vitesse » était de 2 % sur 12 mois). Le dépôt d'une offre publique peut également résulter d'une démarche volontaire, visant à la prise du contrôle de la société « cible ».

La notion d'action de concert est importante, puisqu'elle permet d'appréhender, à travers la pluralité des personnes concernées, l'identité d'objectif ou de comportement. La preuve de l'action de concert suppose en principe que soit établie l'existence d'un « accord en vue d'acquérir, de céder ou d'exercer des droits de vote, pour mettre en œuvre une politique commune vis-à-vis de la société ou pour obtenir le contrôle de cette société » (C. com., art. L. 233-10, I, en sa rédaction résultant de la loi de régulation bancaire et financière du 22 oct. 2010) ou qu'il soit établi, en cas d'offre publique d'acquisition, que les personnes concernées ont conclu un accord soit « avec l'auteur d'une offre publique visant à obtenir le contrôle de la société qui fait l'objet de l'offre », soit « avec la société qui fait l'objet de l'offre afin de faire échouer cette offre » (C. com., art. L. 233-10-1). Un certain nombre de situations fondent la présomption d'un accord tel que visé par l'article L. 233-10, I du Code de commerce. Un tel accord est ainsi présumé exister, entre autres, entre une société et ses dirigeants, entre une société et les sociétés qu'elle contrôle au sens de l'article L. 233-3 du Code de commerce, et entre des sociétés contrôlées par la même ou les mêmes personnes. Le concert peut exister même si la politique commune n'est mise en œuvre que de manière temporaire (Com. 27 oct. 2009, aff. *Gecina*, *Bull. civ.* IV, n° 136, n° 08-18.819, *Bull. Joly* 2010. 154, note H. Le Nabasque).

On notera que la conséquence de l'existence d'une action de concert risque de ne pas être limitée aux offres publiques, puisque le législateur dispose simplement que « les personnes agissant de concert sont tenues solidairement aux obligations qui leur sont faites par les lois et règlements » (C. com., art. L. 233-10, III) sans préciser davantage quelles obligations sont visées.

Le prix proposé pour l'offre obligatoire doit être au moins équivalent au prix le plus **1245 ■**
élevé payé par l'auteur de l'offre, agissant seul ou de concert, sur une période de douze mois précédant le fait générateur de l'obligation de dépôt du projet d'offre publique (C. mon. fin., art. L. 433-3, I). L'AMF peut demander ou autoriser la modification du prix proposé dans les circonstances et selon les critères fixés dans son règlement général.

L'AMF détermine également dans son règlement général les conditions dans lesquelles elle peut accorder une dérogation à l'obligation de déposer un projet d'offre publique et les conditions dans lesquelles le projet d'acquisition d'un bloc de titres conférant la majorité du capital ou des droits de vote d'une société cotée oblige le ou les acquéreurs à acheter les titres qui leur sont alors présentés au cours ou au prix auquel la cession du bloc est réalisée.

En période d'offre publique, le comportement des dirigeants de la cible peut **1246 ■**
conduire au succès ou à l'échec de l'offre, ce qui justifie que ce comportement soit encadré par des règles spéciales. La position retenue par le droit français à cet égard consistait initialement à subordonner les mesures dont la mise en œuvre était

susceptible de faire échouer l'offre, à une autorisation préalable de l'assemblée et à suspendre les délégations consenties préalablement par l'assemblée, et portant notamment sur l'augmentation du capital (si le nombre des actions à acquérir pour prendre le contrôle augmente en cours d'offre, on comprend que celle-ci n'aboutira que plus difficilement). Cette position a été abandonnée, les dirigeants pouvant désormais prendre des décisions susceptibles de faire échouer l'offre, mais avec une possibilité donnée aux statuts de réinstaurer le principe de neutralité (C. com., articles L. 233-32 à L. 233-40, auxquels renvoie C. mon. fin., art. L. 433-2).

b. Offres publiques de retrait et retrait obligatoire

■ 1247 Ainsi que le prescrit le législateur (C. mon. fin., art. L. 433-4), l'AMF détermine, dans son règlement général, les conditions applicables aux procédures d'offre et de demande de retrait. Une telle procédure doit être ou peut être lancée lorsque le ou les actionnaires majoritaires d'une société, dont le siège social est établi en France et dont les actions sont admises aux négociations sur un marché réglementé ou dont les titres ont cessé d'être négociés sur un marché réglementé d'un État membre de l'Union européenne ou d'un autre État partie à l'accord sur l'Espace économique européen, détiennent de concert une fraction du capital social ou des droits de vote atteignant 90 % (avant la loi PACTE du 22 mai 2019, le seuil était de 95 %), ou lorsqu'une société cotée connaît un changement substantiel (transformation en SCA, modification significative des dispositions statutaires projetée, fusion, cession ou apport de la totalité ou du principal des actifs, etc.). L'AMF décide, au vu des conséquences de l'opération au regard des droits et des intérêts des détenteurs de titres de capital ou de droits de vote de la société s'il y a lieu de mettre en œuvre une *offre publique de retrait*[Q].

■ 1248 Le *retrait obligatoire*[Q] permet par ailleurs, à l'issue d'une procédure d'offre ou de demande de retrait ou de toute offre publique, que les titres non présentés par les actionnaires minoritaires, s'ils ne représentent pas plus de 10 % du capital ET des droits de vote (avant la loi PACTE le seuil était de 5 % du capital OU des droits de vote), soient transférés aux actionnaires majoritaires à leur demande (C. mon. fin., art. L. 433-4, II). Les minoritaires ainsi évincés bénéficient d'une indemnisation dont les modalités générales de calcul sont déterminées par le législateur. La Cour de cassation a eu l'occasion de préciser qu'un département, titulaire d'actions d'une société cotée, pouvait être évincé du fait du retrait obligatoire, sans que le principe d'insaisissabilité des biens des personnes publiques s'y oppose (Com. 21 janv. 2014, n° 12-29.475, *Bull.* IV, n° 10).

§ 3 La réglementation des abus de marché

■ 1249 L'information est l'élément le plus important du droit des sociétés cotées. Ces sociétés s'adressent à un marché, et pas seulement à tel ou tel actionnaire. Il est important que l'information ne soit pas donnée par ces sociétés d'une manière telle que certains, placés en situation de détenir une information privilégiée, puissent en profiter avant tout le monde. Les abus de marché consistent en l'usage irrégulier qu'une personne détentrice d'une information privilégiée fait de celle-ci.

A. Délits pénalement sanctionnés

1. *Le délit d'initié*

Le *délit d'initié*[Q] est une infraction pénale sanctionnée lourdement par l'article L. 465-1 du Code monétaire et financier, en sa rédaction résultant de la loi n° 2016-819 du 21 juin 2016. Sont en effet encourus cinq ans d'emprisonnement et 100 millions d'euros d'amende, ce montant pouvant être porté jusqu'au décuple du montant de l'avantage retiré du délit, sans que l'amende puisse être inférieure à cet avantage. Commettrait ce délit la personne qui, notamment du fait de sa position dans la société (dirigeant, actionnaire, professionnel) ou en raison de la commission d'un crime ou d'un délit, détiendrait une information privilégiée et en ferait usage pour réaliser des opérations sur les instruments financiers de l'émetteur, cotés en bourse. L'information privilégiée fait l'objet d'une définition par l'art. 7 du règlement (UE) n° 596/2014 du Parlement européen et du Conseil du 16 avril 2014 sur les abus de marché. La recommandation de réaliser une ou plusieurs opérations sur le fondement de l'information privilégiée, ou de faire usage en connaissance de cause de la recommandation, est sanctionnée des mêmes peines (C. mon. fin., art. L. 465-2). 1250 ■

2. *La manipulation de marché*

La *manipulation de marché*[Q] peut prendre différentes formes. Elle peut consister à réaliser une opération, passer un ordre ou adopter un comportement qui donne ou est susceptible de donner des indications trompeuses sur l'offre, la demande ou le cours d'un instrument financier ; ou qui fixe ou est susceptible de fixer à un niveau anormal ou artificiel le cours d'un instrument financier (C. mon. fin., art. L. 465-3-1, I, A). Elle peut aussi consister à réaliser une opération, passer un ordre ou adopter un comportement qui affecte le cours d'un instrument financier, en ayant recours à des procédés fictifs ou à toute autre forme de tromperie ou d'artifice (art. L. 465-3-1, II). Elle peut encore consister à diffuser, par tout moyen, des informations qui donnent des indications fausses ou trompeuses sur la situation ou les perspectives d'un émetteur ou sur l'offre, la demande ou le cours d'un instrument financier ou qui fixent ou sont susceptibles de fixer le cours d'un instrument financier à un niveau anormal ou artificiel (art. L. 465-3-2). Elle peut enfin consister à fournir ou transmettre des données ou des informations fausses ou trompeuses utilisées pour calculer un indice de référence ou des informations de nature à fausser le cours d'un instrument financier ou d'un actif auquel est lié un tel indice, ou adopter tout autre comportement aboutissant à la manipulation du calcul d'un tel indice (art. L. 465-3-3). La manipulation de marché est punie des mêmes peines que le délit d'initié. 1251 ■

Il a été précisé par la Cour de cassation que le fait d'augmenter considérablement une demande d'indemnisation formée contre une société cotée, quelques jours avant la publication des comptes de celle-ci, entraînant l'effondrement du cours de son action, n'entrait pas dans les prévisions du texte qui sanctionnait alors la manipulation de cours (C. mon. fin., art. L. 465-2). La Cour précise cependant que le délit peut être constitué même en l'absence d'opérations sur le marché du titre (Crim. 27 mars 2013, n° 12-81.047, *Bull. crim.* n° 70 ; *BRDA* 8/13, n° 8).

B. Manquements administratifs

1252 Tant les dispositions légales sanctionnant pénalement le délit d'initié que celles incriminant le délit de manipulation de marché sont « doublées » par des dispositions reconnaissant à l'AMF le pouvoir de prononcer des sanctions administratives et disciplinaires en cas de commission d'actes qui sont très voisins de ceux sanctionnés pénalement (C. mon. fin., art. L. 621-15, II, c). Les délits d'initiés se doublent ainsi des *manquements d'initiés*[Q], par exemple. Cela pose un problème au regard de la règle *Non bis in idem*, consacrée par l'article 4 du protocole n° 7 additionnel à la Convention européenne de sauvegarde des droits de l'Homme et des libertés fondamentales, qui emporte interdiction d'une double condamnation en raison des mêmes faits, et reconnue par la Cour européenne des droits de l'Homme (v. ainsi CEDH, 4 mars 2014, *Grande Stevens*, *Rev. sociétés* 2014. 675, note H. Matsopoulou). Les juridictions françaises estimaient jusqu'à une époque récente que la « double peine », sanctions pénale et administrative, qui s'abattait sur l'auteur d'un délit d'initié ne contrevenait pas à l'interdiction édictée par le texte européen précité (Com. 8 févr. 2011, n° 10-10.965, *Bull. civ.* IV, n° 17 ; *Rev. sociétés* 2011. 432, note E. Dezeuze ; v. égal. Crim. 22 janv. 2014, n° 12-83.579, *RLDA* n° 92, avr. 2014. 26, note A.-D. Merville). Puis le Conseil constitutionnel, répondant à une QPC, a estimé que « les sanctions du délit d'initié et du manquement d'initié ne peuvent, pour les personnes autres que celles mentionnées au paragraphe II de l'article L. 621-9 du Code monétaire et financier, être regardées comme de nature différente en application de corps de règles distincts devant leur propre ordre de juridiction » et que « l'article L. 465-1 du Code monétaire et financier et les dispositions contestées de l'article L. 621-15 du même code doivent être déclarés contraires à la Constitution », notamment (C. const., QPC, 18 mars 2015, n° 2014-453/454 QPC). Le législateur est intervenu en instituant un dispositif d'aiguillage procédural de nature à appliquer aux abus de marché une seule procédure et une seule sanction (C. mon. fin., art. L. 465-3-6, L. n° 2016-819 du 21 juin 2016 réformant le système de répression des abus de marché).

Compléments pédagogiques

Mémo

La société n'est pas nécessairement une structure autonome et fermée.

Elle peut tout d'abord appartenir à un *groupe*.

C'est là l'un des concepts les plus courants du droit des sociétés, et pourtant, tant sa notion que son régime ne font pas l'objet de dispositions légales simples et claires.

On retiendra surtout que la notion de groupe est relative, c'est-à-dire qu'elle varie en fonction de la règle dont l'application est envisagée.

L'existence d'un groupe de sociétés impose surtout de donner des informations supplémentaires sur l'entité ainsi constituée, et de respecter l'autonomie des sociétés qui constituent le groupe, sous peine d'encourir des sanctions, telle que l'extension de la procédure collective d'une société au reste du groupe.

La société peut ensuite être cotée en *bourse*.

La bourse correspond à l'existence de marchés financiers soumis à des régimes distincts selon qu'ils relèvent ou non de la catégorie des marchés réglementés.

La société cotée en bourse est placée sous le contrôle de l'AMF et elle se trouve par ailleurs soumise à un grand nombre de règles contraignantes, dont la finalité majeure est d'assurer une bonne information des investisseurs.

Quid

■ Agence de notation n° 1228

Entité généralement dotée d'un statut particulier et chargée de donner une note à la solvabilité des entreprises, et notamment des sociétés dont les titres obligataires sont cotés.

■ Autocontrôle n° 1210

Situation dans laquelle une société contrôle une autre société détenant elle-même le contrôle de la première.

■ Confusion de patrimoines n°s 1216, 1219

Situation dans laquelle des flux financiers anormaux sont constatés entre deux sociétés ou entre une société et une autre personne, et qui conduit à l'extension de la procédure collective de l'une des entités concernées aux autres.

■ Contrôle n° 1198

Pouvoir de prendre les décisions au sein d'une société. Le contrôle peut être exclusif ou conjoint, et il peut résulter de la détention directe de la majorité des droits de vote aussi bien que de conventions de vote.

■ Délit d'initié n° 1250

Comportement sanctionné pénalement et consistant à faire usage d'une information privilégiée relative à une société cotée pour réaliser une opération sur ses titres ou à communiquer cette information.

■ Effet de levier n° 1200

L'effet de levier financier résulte de l'interposition d'une ou plusieurs filiales entre la personne physique ou morale et la société dont elle souhaite prendre le contrôle.

■ Entreprise de marché n° 1222

Entreprise relevant du droit privé mais chargée de gérer un ou plusieurs marchés financiers, de déterminer les normes qui le régissent, et d'accepter les titres à la cotation sur ce marché.

■ Fictivité n° 1216

Situation d'une société à laquelle des éléments de validité manquent : apports, intention de participer aux résultats, et surtout pluralité d'associés (lorsqu'elle est requise) et/ou *affectio societatis*. La fictivité est sanctionnée par la nullité de la société concernée, et aussi par l'extension de la procédure collective.

■ Filiale n° 1192

Au sens large, société contrôlée par une autre. La définition de la filiale varie cependant selon la règle envisagée (v. C. com., art. L. 233-1 exigeant la détention de plus de la moitié du capital).

■ Manipulation de marché n° 1251

Manœuvre ou tentative de manœuvre ayant pour objet d'entraver le fonctionnement régulier d'un marché réglementé en induisant autrui en erreur, ou diffusion de fausses informations sur les perspectives ou la situation d'une société cotée ou sur les perspectives d'évolution d'un instrument financier admis sur un marché réglementé, de nature à agir sur les cours.

■ Manquement d'initié n° 1252

Comportement équivalent au délit d'initié et fondant le prononcé de sanctions administratives et disciplinaires par l'AMF.

■ Marchés non réglementés d'instruments financiers n° 1225

Catégorie définie négativement, par opposition avec les marchés réglementés, et dont le degré d'organisation, très variable, peut se rapprocher des marchés réglementés au point que les règles applicables à ces derniers sont parfois étendues aux marchés non réglementés.

■ Marché réglementé d'instruments financiers n° 1222

Système multilatéral géré par une entreprise de marché, permettant la rencontre d'intérêts acheteurs et vendeurs sur des instruments financiers, selon des règles prédéterminées de manière non discrétionnaire. Le marché réglementé doit avoir fait l'objet d'une reconnaissance par arrêté du ministre chargé de l'Économie sur proposition de l'AMF.

■ Offre publique d'achat (OPA) n° 1244

Offre d'achat faite de manière libre ou obligatoire aux actionnaires d'une société cotée, afin de leur permettre de sortir de cette société lorsque son contrôle change.

■ Offre publique d'échange (OPE) n° 1244

Équivalent de l'OPA si ce n'est que ce n'est pas une somme d'argent qui est versée par la société initiatrice mais des titres de cette société.

■ Offre publique de retrait (OPR) n° 1247

Offre qui doit ou peut être faite aux actionnaires minoritaires d'une société dans certaines circonstances (participation très minoritaire, changement substantiel), afin de leur permettre de quitter la société.

■ Participation n° 1197

Au sens large, détention de parts ou d'actions d'une société par une personne. La définition de la participation peut cependant être plus exigeante en fonction de la règle envisagée (v. C. com., art. L. 233-2 exigeant une détention du capital comprise entre 10 et 50 %).

■ Participations réciproques ou croisées n° 1211

Liens de capital réciproques entre deux sociétés (ex. : A est actionnaire de B, B est actionnaire de A), qui conduit à la fois à une situation de verrouillage et de fictivité des actifs des sociétés concernées.

■ Prestataire de services d'investissement n° 1227

Entreprise habilitée à fournir des services d'investissement à des tiers.

■ Prospectus n° 1223

Document destiné à l'information du public, à publier et communiquer à toute personne intéressée avant l'admission des titres d'une société sur un marché réglementé, et donnant des informations sur l'opération envisagée, sur l'émetteur et ses perspectives d'évolution et visé préalablement par l'AMF.

■ Retrait obligatoire n° 1248

Procédure permettant que les titres non présentés par les actionnaires minoritaires à l'issue d'une procédure d'offre ou de demande de retrait ou de toute offre publique, s'ils ne représentent pas plus de 5 % du capital ou des droits de vote, soient transférés aux actionnaires majoritaires à leur demande, contre une indemnisation.

■ Société mère n° 1192

Au sens large, société en contrôlant une ou plusieurs autres. La définition peut cependant varier selon la règle de droit envisagée.

■ Système multilatéral de négociation n° 1225

Un système multilatéral de négociation est un système qui, sans avoir la qualité de marché réglementé, assure la rencontre, en son sein et selon des règles non discrétionnaires, de multiples intérêts acheteurs et vendeurs exprimés par des tiers sur des instruments financiers, de manière à conclure des transactions sur ces instruments. Il est géré par un prestataire de services d'investissement ou par une entreprise de marché.

■ Unité économique et sociale (UES) n° 1195

Notion du droit du travail permettant d'appréhender plusieurs entreprises comme constituant une unité, et proche en cela de la notion de groupe de sociétés, avec laquelle l'UES ne se confond cependant pas.

Biblio

1) Sur les groupes de sociétés

– M. Bourgeois-Bertrel, La holding, approche d'une notion « fonctionnelle », *Dr. sociétés* 2016, étude n° 4 ;

– M.-E. Boursier, « Le fait justificatif de groupe dans l'abus de biens sociaux : entre efficacité et clandestinité », *Rev. sociétés* 2005. 273.

– C.-H. Chenut, « Les garanties ascendantes dans les groupes de sociétés ou les sûretés consenties par les sociétés-filles à leurs sociétés-mères », *Rev. sociétés* 2003. 71.

– B. Grelon et C. Dessus-Larrivé, « La confusion des patrimoines au sein d'un groupe », *Rev. sociétés* 2006. 281.

– G. Le Noach, « L'immixtion de la société mère dans la gestion de sa filiale », *BJS* sept. 2020. 54.

– G. J. Martin, « Commentaire des articles 225, 226 et 227 de la loi n° 2010-788 du 12 juillet 2010 portant engagement national pour l'environnement (dite « Grenelle II ») », *Rev. sociétés* 2011. 75.

– V. Pironon, Les joint-ventures – Contribution à l'étude juridique d'un instrument de coopération internationale, Dalloz, coll. « Nouvelle bibliothèque de thèses », 2004.

- E. Schlumberger, « La responsabilité délictuelle de l'entité dominante du groupe à l'égard de ses salariés licenciés », *Bull. Joly mars 2019. 46.*

2) Sur la bourse

– F. Barrière et Ch. De Reals, « La loi *Florange* : une loi anti-OPA ? », *Rev. sociétés* 2014. 279.

– Ph. Bissara, « Les mutations de l'actionnariat et le fonctionnement des sociétés cotées », in *Mélanges Dominique Schmidt,* Joly, 2005, p. 61.

– Th. Bonneau, « Commentaire de l'ordonnance n° 2009-80 du 22 janvier 2009 relative à l'appel public à l'épargne et portant diverses dispositions en matière financière », *Dr. sociétés* 2009, *Étude* n° 6.

– F. Bourrier-Hesse, « Les *special purpose acquisition companies* (SPAC) », *LPA* 1er juill. 2008, p. 7.

– H. Bouthinon-Dumas, « Comment peut-on être une société cotée ? », *RTDF* n° 1-2008. 20.

– H. Le Nabasque, « Commentaire des principales dispositions de la loi de régulation bancaire et financière du 22 octobre 2010 intéressant le droit des sociétés et le droit financier », *Rev. sociétés* 2010. 547.

– J.-B. Poulle, « L'apparition du principe "se conformer ou expliquer" en droit français », *RTDF* n° 1-2008. 41.

– I. Riassetto, « Fonds éthiques et sociétés commerciales », in *Mélanges Dominique Schmidt*, Joly, 2005, p. 399.
– N. Rontchevsky, J.-P. Storck et M. Storck, « Le réalisme du droit des marchés financiers », in *Mélanges Dominique Schmidt*, Joly, 2005, p. 425.

Quiz

1) Sujet corrigé

Test de connaissances

Énoncé

1. Le groupe de sociétés est doté de la personnalité morale :

a. Oui, du simple fait de son existence.

b. Oui, après son immatriculation au registre du commerce et des sociétés.

c. Non, jamais.

2. La consolidation des comptes vise à présenter la situation financière et les résultats d'un groupe comme si les sociétés le composant ne formaient qu'une seule entité :

a. Vrai.

b. Faux.

3. L'infraction d'abus de biens sociaux connaît une exception spécifique au groupe de sociétés :

a. Vrai.

b. Faux.

4. La profession de prestataire de services d'investissement peut être exercée par toute société civile ou commerciale :

a. Vrai.

b. Faux.

5. L'AMF peut prononcer directement des sanctions sans saisir le juge :

a. Vrai.

b. Faux.

6. Pour faire jouer l'institution du retrait obligatoire, il faut détenir la majorité du capital ou des droits de vote :

a. Vrai.

b. Vrai, mais une majorité qualifiée est requise (90 %).

c. Faux.

Voir le corrigé en fin de rubrique.

2) Corrigé

Test de connaissances

1. c. ; **2.** a. ; **3.** a. ; **4.** b. ; **5.** a. ; **6.** b.

Sujets terminaux

Sont exposés ci-après deux commentaires d'arrêt et un cas pratique et leurs corrigés. Des indications en italique permettront à l'étudiant de mieux saisir la méthode du commentaire d'arrêt, exercice particulièrement difficile, qui suppose tout à la fois d'avoir compris la décision, de maîtriser le contexte dans lequel elle intervient, et de pouvoir expliquer l'apport de la décision au regard dudit contexte.

1) Sujets corrigés

A) Commentaire d'arrêt

NB : Pour une meilleure compréhension, les références à des textes de la loi du 24 juillet 1966 qui figuraient dans l'arrêt reproduit ont été remplacées par les articles du Code de commerce.

Les différentes branches du premier moyen du pourvoi ont par ailleurs été mises en évidence (« B1 », etc.).

Énoncé n° 1

Com. 24 juin 1997
(*Bull. civ.* IV, n° 207)

« Attendu qu'il résulte de l'arrêt, partiellement confirmatif, attaqué (Rouen, 29 juin 1995), que M. X..., actionnaire de la société anonyme Gamm a demandé le remboursement du solde de son compte d'associé, et que, le 27 octobre 1992, l'assemblée générale des actionnaires a décidé que les comptes courants d'associés seraient bloqués pour 2 ans à hauteur de 110 000 francs ; que, par acte du 23 janvier 1993, il a assigné la société devant le juge des référés pour obtenir une provision puis, le 2 avril 1993, l'a assignée devant le tribunal de commerce statuant au fond ; que le tribunal de commerce a condamné la société à lui rembourser le solde de son compte courant, tel qu'elle l'avait arrêté, ainsi qu'une somme à titre de dommages-intérêts ; qu'à la suite de ce jugement l'assemblée générale des actionnaires a décidé, le 24 décembre 1993, de bloquer les comptes courants à hauteur de 250 000 francs pour une nouvelle durée de 2 ans ;

Sur le premier moyen, pris en ses trois branches :

Attendu que la société Gamm fait grief à l'arrêt de l'avoir condamnée à payer une provision sur le solde de son compte à M. X..., alors, *selon le pourvoi, d'une part* (B1), que l'abus de majorité est constitué à la seule condition que la décision de l'assemblée générale litigieuse ait été prise dans le seul intérêt des actionnaires majoritaires ; qu'en l'espèce la cour d'appel a déclaré inopposable à M. X... la décision rendue le 24 décembre 1993 par l'assemblée générale au seul motif que le blocage des comptes courants d'associés qui y avait été décidé faisait obstacle à la demande de remboursement formée en justice par M. X... ; qu'en statuant par ces seuls motifs sans caractériser l'intérêt personnel propre des actionnaires majoritaires, qui fût distinct de l'intérêt social, la cour d'appel a privé sa décision de base légale au regard des articles L. 225-37, L. 225-96, L. 225-98, L. 225-105, L. 225-111 et L. 235-1 du Code de commerce ; *alors, d'autre part,* (B2) que l'abus de majorité est caractérisé lorsqu'il est constaté que la décision litigieuse a été prise alors qu'elle n'avait aucun intérêt social ; qu'en se bornant à énoncer que la demande de remboursement faite par M. X... ne contrevenait pas à l'intérêt social sans constater que la décision de l'assemblée générale du 24 décembre 1993 méconnaissait l'intérêt général de la société, la cour d'appel a privé sa décision de base légale au regard des articles L. 225-37, L. 225-96, L. 225-98, L. 225-105, L. 225-111 et L. 235-1 du Code de commerce ; *et, alors, enfin,* (B3) que dans ses conclusions d'appel elle faisait valoir que les avances en compte courant constituaient un apport indispensable pour maintenir le montant minimal requis du capital social ; qu'en s'abstenant de répondre à ce moyen, qui mettait en exergue l'intérêt social du blocage du compte courant, la cour d'appel a violé l'article 455 du nouveau Code de procédure civile ;

Mais attendu que, par motifs propres et adoptés, l'arrêt énonce que les comptes d'associés ont pour caractéristique essentielle, en l'absence de convention particulière ou statutaire les régissant, d'être remboursables à tout moment et relève qu'en l'espèce ces comptes ont été constitués sur simple convention verbale et que celui de M. X... a toujours, sans opposition de la société, fonctionné comme une suite régulière d'apports et de retraits ; que par ces seuls motifs, dont il résulte que les délibérations des assemblées générales des 27 octobre 1992 et 24 décembre 1993 qui tendaient, sans son consentement, à augmenter les engagements pris par M. X... en sa qualité d'associé ne pouvaient, en vertu de l'article L. 225-96 du Code de commerce, lui être opposées, la cour d'appel a justifié sa décision ; que le moyen ne peut être accueilli en aucune de ses trois branches :

Sur le deuxième moyen, pris en ses trois branches : (sans intérêt) ;

Sur le troisième moyen, pris en ses deux branches, et le quatrième moyen, réunis : (sans intérêt) ;

Par ces motifs : rejette le pourvoi ».

Voir le corrigé en fin de rubrique.

Énoncé n° 2

Civ. 3e, 17 janv. 2019 (n° 17-26695, P+B+I, D. 2019. 623, note Th. de Ravel d'Esclapon)

Attendu, selon l'arrêt attaqué (Aix-en-Provence, 29 juin 2017), rendu en référé, que la SCI 27/33 [...] (la SCI) a été constituée entre Fernand X..., associé majoritaire et gérant de la société, et Mme G... ; que Mme Z... épouse X... a ensuite été désignée en qualité de co-gérante ; qu'à la suite du décès de Fernand X..., ses trois enfants nés de son union avec Mme G..., Marc, Éric et Patricia, sont devenus nus-propriétaires indivis de ses parts, Mme Z... en ayant l'usufruit ; que, faisant valoir qu'ils n'avaient pas été informés de la tenue d'une assemblée générale au cours de laquelle M. Marc X... avait été désigné en qualité de gérant unique de la SCI, Mme Patricia X... et M. Éric X... ont assigné la SCI et Mme G... à l'effet d'obtenir la désignation d'un administrateur provisoire avec mission de convoquer une assemblée générale afin de désigner un nouveau gérant et d'examiner les comptes ; que Mme Z... est intervenue volontairement en première instance et M. Marc X… en appel ; Attendu que M. Marc X… et la SCI font grief à l'arrêt de déclarer Mme Patricia X… recevable en sa demande de désignation d'un administrateur provisoire, alors que, selon le moyen, la qualité d'associé des indivisaires de parts sociales ne leur accordant individuellement des droits d'associé que dans la mesure où l'exercice de ceux-ci demeure compatible avec les droits des autres indivisaires, la demande de nomination d'un administrateur provisoire est une mesure grave qui, conduisant à dessaisir le gérant de ses pouvoirs de gestion de la société, ne peut pas être présentée par un seul des indivisaires, associé minoritaire et qu'en se fondant sur la qualité d'associé de Mme Patricia X… pour juger que cette associée minoritaire était recevable à solliciter la désignation d'un administrateur provisoire de la SCI, la cour d'appel a violé l'article 815-9 du code civil et 873 du code de procédure civile ;Mais attendu qu'ayant constaté que Mme Patricia X…, nue-propriétaire indivise de droits sociaux, avait la qualité d'associée, la cour d'appel en a déduit à bon droit qu'elle était recevable à agir en désignation d'un administrateur provisoire ; D'où il suit que le moyen n'est pas fondé ; Et attendu qu'il n'y a pas lieu de statuer par une décision spécialement motivée sur les deuxième et troisième branches du moyen, qui ne sont manifestement pas de nature à entraîner la cassation ;

PAR CES MOTIFS : REJETTE le pourvoi (…).

Voir le corrigé en fin de rubrique.

B) Cas pratique

Énoncé

M. Hervé LEC est le président du conseil d'administration de la SA CARBOLEC.

Cette société est actuellement une société *holding*, qui détient la totalité ou la majorité, selon le cas, des parts et des actions de trois autres sociétés. La SA et ces trois sociétés constituent le groupe CARBOLEC, qui réunit des sociétés intervenant dans la restauration et la vente de produits alimentaires. Les trois sociétés contrôlées par la SA sont : la SNC CARBONARA, qui exploite un fonds de commerce de restauration sis à Paris, la SARL CARBOTRANS, qui exerce une activité de livraison de pizzas à domicile, et la SAS CARBOWORLD, qui fait quant à elle de la vente à distance de produits alimentaires.

M. LEC vous demande votre analyse juridique de sa situation et de celle des sociétés du groupe CARBOLEC.

1) La SNC CARBONARA comporte deux associés : la SA CARBOLEC (60 % du capital) et Jean CARBO, associé « historique » du groupe, et présent dans certaines des sociétés du groupe (en l'occurrence, 40 % du capital de la SNC). Le gérant de la SNC est M. LEC. La SNC exploite un fonds de commerce de restauration rapide, orienté sur la cuisine italienne. L'objet social de la SNC CARBOLEC est rédigé ainsi : « *exploitation du point de restauration « PASTA BUONA », sis 3 rue des Pâtes à Paris, ainsi que de tous fonds de commerce de restauration rapide en région parisienne, et toutes activités ayant un lien, direct ou indirect, avec cet objet* ».

M. LEC a voulu opérer un rapprochement entre le groupe CARBOLEC et un important groupe de l'industrie alimentaire, le groupe PANZONI. Celui-ci lui a laissé miroiter la possibilité d'un partenariat intéressant, en contrepartie du soutien de la SNC CARBOLEC à l'implantation d'un point de restauration rapide PANZONI au 12 rue des Pâtes. Ce soutien prendrait la forme d'un cautionnement que la SNC signerait, et par lequel elle garantirait à la Banque Professionnelle des Restaurants (la BPR) le remboursement d'un emprunt contracté par la SARL (non encore immatriculée) PANZONI 34. M. LEC se demande s'il lui est possible de signer ce contrat de cautionnement, et à quelles conditions. Il vous précise que Jean CARBO est opposé à ce rapprochement.

2) La SARL CARBOTRANS (capital détenu à 100 % par la SA CARBOLEC, M. LEC étant là encore gérant) rencontre un problème de nature différente. M. LEC vient de s'apercevoir que l'un des scooters de propriété de la société n'était plus assuré depuis 6 mois. Or, c'est justement ce scooter qui vient de causer un grave accident de la circulation, qui a causé un préjudice important à des tiers ! C'est une demande d'indemnisation portant en effet sur un million d'euros qui vient d'être adressée par M. MOUSSE, la victime, à la SARL CARBOTRANS. Il est probable que la SARL ne pourra pas payer une telle somme.

M. LEC se demande tout d'abord si les conséquences dommageables du non-renouvellement de l'assurance du scooter peuvent lui être imputées en sa qualité de gérant (la SARL encourt une amende pénale, et elle devra sans doute indemniser le tiers du préjudice que lui causera le défaut d'assurance), et il s'interroge ensuite sur le risque de voir M. MOUSSE poursuivre en paiement la SA CARBOLEC, beaucoup plus solvable que sa filiale CARBOTRANS. Il se demande enfin quelle est l'attitude à adopter à l'égard de M. LEBASQUE, un entrepreneur avec lequel la SA CARBOLEC est en négociations, et qui devrait prochainement se porter acquéreur de la totalité du capital de la SARL CARBOTRANS. M. LEC se demande s'il vaut mieux taire l'histoire de l'accident, ou s'il convient de s'en ouvrir à M. LEBASQUE, qui pourrait du coup n'être plus intéressé par l'acquisition projetée.

3) La SAS CARBOWORLD (capital détenu à 94 % par la SA CARBOLEC et initialement à 6 % par M. CARBO, M. LEC occupant le poste de président) connaît quant à elle un litige interne, qui a débuté lorsque M. CARBO a cédé ses actions à un tiers en violation de la clause de préemption figurant dans les statuts de la société. Il n'a qui plus est pas cédé ses titres à n'importe quel tiers, puisque c'est au bénéfice de M. CANEL, un restaurateur concurrent du groupe CARBOLEC, qu'est intervenue la cession. M. CANEL, fort de sa nouvelle qualité d'actionnaire, a sollicité du juge une expertise de gestion sur les activités des années passées de la SAS et plus particulièrement sur les conditions dans lesquelles la société négocie ses contrats avec ses fournisseurs et ses principaux clients. M. LEC s'interroge sur les chances de M. CANEL de voir aboutir sa demande, sachant qu'un concurrent du groupe risque d'avoir ainsi accès à des informations particulièrement sensibles.

4) M. LEC s'interroge enfin sur la validité de la délibération du conseil d'administration de la SA CARBOLEC (datée du 3 janv. 2021) par laquelle un complément de retraite relativement important lui a été accordé. M. LEC avait été rassuré alors par le fait qu'un « comité des rémunérations », constitué d'une partie des administrateurs, était intervenu dans la détermination du chiffre auquel le complément de retraite a finalement été fixé. Il se demande maintenant si l'intervention de ce comité était bien légitime.

Voir le corrigé en fin de rubrique.

2) Corrigé

Commentaire d'arrêt n° 1

Le seul texte véritablement utile à la compréhension de l'arrêt, parmi tous ceux qui sont cités, est l'article L. 225-96, alinéa 1er du Code de commerce, reproduit ci-après :

« L'assemblée générale extraordinaire est seule habilitée à modifier les statuts dans toutes leurs dispositions. Toute clause contraire est réputée non écrite. Elle ne peut, toutefois, augmenter les engagements des actionnaires, sous réserve des opérations résultant d'un regroupement d'actions régulièrement effectué. »

Le commentaire d'arrêt se fait selon une structure déterminée.

On commence par une phrase d'introduction, présentant la décision.

En l'occurrence, cette phrase pourrait être :

L'arrêt rendu par la chambre commerciale de la Cour de cassation le 24 juin 1997 affirme le droit de l'associé au remboursement immédiat de son compte courant, tout en traitant des conséquences du blocage décidé par la société.

Faits/Procédure

La première étape consiste en la rédaction d'une fiche de jurisprudence. Cette fiche de jurisprudence tiendra en grande partie lieu d'introduction. De ce fait, lorsque l'on se trouve dans le cadre d'une épreuve en temps limité, il faudra impérativement éviter de la rédiger une fois au brouillon et une seconde fois au propre.

Il convient tout d'abord de reprendre les faits et la procédure :

M. X, actionnaire de la SA Gamm, était titulaire d'un compte courant d'associé. Il demande le remboursement du solde de celui-ci. Le 27 octobre 1992, l'AG des actionnaires décide que les comptes courants d'associé seront bloqués pour 2 ans à hauteur de 110 000 F.

M. X assigne le 23 janvier 1993 Gamm SA en référé aux fins d'obtenir une provision et il assigne à nouveau la société le 2 avril 1993 devant le tribunal de commerce statuant au fond.

Le tribunal de commerce condamne la société à rembourser à M. X le solde de son compte courant et une somme à titre de dommages-intérêts.

L'assemblée générale décide alors le 24 décembre 1993 de bloquer les comptes courants à hauteur de 250 000 F pour 2 ans.

La cour d'appel de Rouen confirme partiellement le jugement attaqué.

La société Gamm forme un pourvoi en cassation.

Arguments en présence

Il faut ensuite exposer les arguments en présence. S'agissant d'un arrêt de la Cour de cassation, on y trouvera généralement les motifs de l'arrêt d'appel et ceux de la Cour de cassation, pour un arrêt de cassation, ou bien ceux de l'arrêt d'appel (mais généralement du point de vue du pourvoi), ceux du pourvoi et ceux de la Cour de cassation pour un arrêt de rejet.

On peut partir du pourvoi, dont le premier moyen, seul reproduit, comporte trois branches (indiquées dans l'arrêt B1, B2 et B3 par nos soins).

Le pourvoi est formé par la société Gamm, qui a été condamnée par la cour d'appel à payer une provision à son actionnaire M. X.

B1 : visiblement, la cour d'appel avait jugé que la décision de blocage du 24 décembre 1993 constituait un abus de majorité, pour déclarer cette décision inopposable à M. X, en ce qu'elle empêchait le remboursement qu'il demandait en justice.

Selon le pourvoi, la cour d'appel n'aurait pas caractérisé l'intérêt personnel propre recherché par les majoritaires (violation de plusieurs dispositions, qui semblent être pour l'auteur du pourvoi les textes fondant la théorie de l'abus de majorité).

B2 : l'abus de majorité requiert une décision contraire à l'intérêt social. Or il semble que la cour d'appel ait jugé que la demande de remboursement de M. X ne contrevenait pas à l'intérêt social, mais elle n'aurait pas constaté que la décision prise en assemblée méconnaissait l'intérêt social de la société Gamm (la violation des mêmes textes est invoquée).

B3 : la société Gamm faisait valoir dans ses conclusions d'appel que les avances en compte courant constituaient un apport indispensable pour maintenir le montant minimal requis du capital social. Or la cour d'appel n'aurait pas répondu à ce moyen qui montrait la conformité à l'intérêt social du blocage du compte courant d'associé.

Solution

Le pourvoi formé par la société Gamm est rejeté par la Cour de cassation.

La cour d'appel a relevé que les comptes courant d'associé ont pour caractéristique essentielle, en l'absence de convention contraire, d'être remboursables à tout moment. Ils avaient été constitués en l'espèce sur convention verbale, et celui de M. X a toujours fonctionné comme une suite d'apports et de retraits.

La cour d'appel a justifié sa décision par les motifs qui précèdent, dont il résulte que les délibérations des assemblées de la société Gamm qui tendaient à augmenter sans son consentement les engagements pris par M. X en sa qualité d'associé ne pouvaient lui être opposées en vertu de l'article L. 225-96 du Code de commerce.

Synthèse de la question et de la solution et recherche du plan

En règle générale, c'est l'arrêt commenté qui fournit le plan du commentaire.

Si l'arrêt traite deux ou trois problèmes de droit d'importance équivalente, le commentaire comportera deux ou trois parties (une par problème). Au-delà, il faut tenter de faire des rapprochements pour éviter les plans à quatre parties ou plus.

Si l'arrêt traite, comme c'est ici le cas, d'un seul problème (en l'occurrence : l'assemblée générale des actionnaires d'une SA peut-elle imposer à un associé le blocage de son compte courant ?), il faut tâcher de décomposer le problème et sa solution pour trouver l'articulation du plan.

La question posée était la suivante : la société peut-elle imposer à l'associé le blocage de son compte courant ?

La Cour de cassation dit en synthèse que :

– le compte courant d'associé est remboursable à tout moment ;

– la décision d'assemblée imposant le blocage des comptes est inopposable à l'associé.

Ce sera le plan adopté :

– Le remboursement à tout moment du compte courant d'associé (I)

– L'inopposabilité du blocage du compte courant d'associé (II).

I. Le remboursement à tout moment du compte courant d'associé

Le compte courant d'associé est un mode de financement fréquemment utilisé par les sociétés civiles et commerciales. L'arrêt affirme le principe du remboursement à tout moment du compte courant. La solution est fondée sur la nature juridique du compte courant d'associé (A), et elle supporte des atteintes limitées (B).

A. Une solution fondée sur la nature juridique du compte courant d'associé

1. Le compte courant n'est pas un apport

La société Gamm tentait sans succès, au soutien de son pourvoi (troisième branche), de plaider l'assimilation entre le versement en compte courant et l'apport en société.

En rejetant son pourvoi, la Cour de cassation rejette également toute confusion entre le compte courant d'associé et l'apport visé par les articles 1832 et 1843-3 du Code civil (on regrettera simplement la reprise malencontreuse par la cour de cassation de la formule employée par les juges du fond, selon laquelle le compte courant avait toujours fonctionné « comme une suite régulière d'apports et de retraits »).

On ne comprend d'ailleurs pas comment le compte courant d'associé pourrait être, ainsi que le soutient la société Gamm, « *indispensable pour maintenir le montant minimal requis du capital social* ».

Ce n'est pas un apport qui contribue à la formation du capital social au moment de la constitution de la société, et il ne fait pas non plus partie des capitaux propres de la société (qui sont essentiellement les apports, les réserves et les bénéfices non distribués).

La Cour ne le dit pas dans la partie reproduite de l'arrêt, mais le pourvoi sera également rejeté au motif que la cour d'appel n'avait pas à répondre à des conclusions inopérantes comme reposant sur une confusion entre prêt et apport en société.

2. Le compte courant d'associé est un prêt

En rejetant la confusion entre le compte courant d'associé et l'apport, la Cour de cassation ne fait que confirmer la dualité de qualités reconnues à l'associé, qui peut tout à la fois verser des sommes à la société du fait de son apport, et avoir également à son égard la qualité de prêteur, dans le cadre du prêt que constitue le compte courant d'associé — qui est, plus précisément, un prêt de consommation en ce qu'il porte sur des choses fongibles.

L'arrêt ne fait de ce point de vue que confirmer la jurisprudence ancienne (v. ainsi Civ. 21 juill. 1879, *S.* 1882. 1. 349).

Or un prêt est remboursable au terme stipulé par les parties et non, comme le serait un apport, uniquement postérieurement à la dissolution de la société ou bien antérieurement, mais seulement en respectant la procédure de réduction du capital social.

Si aucun terme n'a été stipulé, l'article 1900 du Code civil permet au juge, en matière de prêt, d'accorder à l'emprunteur un délai suivant les circonstances ; il a cependant été jugé par la Cour de cassation que cette disposition n'était pas applicable au compte courant d'associé, dont « *la caractéristique essentielle, en l'absence de convention particulière ou statutaire le régissant, est d'être remboursable à tout moment* » (Com. 10 mai 2011, *Bull. civ.* IV, *n° 73*).

La Cour de cassation avait déjà consacré le principe du remboursement à tout moment dans un arrêt non publié de la chambre commerciale en date du 15 juillet 1982, dès lors qu'aucun terme suspensif n'a été prévu à l'obligation de remboursement du débiteur. Il est important que cette solution soit confirmée par des arrêts publiés au *Bulletin*, comme l'est l'arrêt commenté (v. aussi Com. 10 mai 2011, préc.).

B. Les atteintes limitées au principe du remboursement à tout moment

1. Les atteintes par la convention ou les statuts

Le compte courant d'associé est donc remboursable à tout moment, ainsi que le juge la cour d'appel, en des termes repris par la Cour de cassation dans l'arrêt commenté (« *l'arrêt énonce que les comptes d'associés ont pour caractéristique essentielle, en l'absence de convention particulière ou statutaire les régissant, d'être remboursables à tout moment* »).

Ce caractère peut cependant être remis en cause par une convention particulière ou statutaire régissant le compte courant d'associé.

On comprend par là que l'associé peut, par un accord particulier (clause d'un contrat ou accord donné en assemblée par l'associé concerné : Com. 14 févr. 2006, *RTDF* n° 1, 2006. 99, obs. A. Couret) ou par une stipulation des statuts, accepter une atteinte à son droit de demander à tout moment le remboursement de son compte courant d'associé.

Ce serait ainsi un terme qui pourrait être convenu entre l'associé et la société. Le caractère verbal de la convention de compte courant conclue en l'espèce accentuait bien évidemment la difficulté de prouver l'existence d'un terme suspensif convenu entre les parties.

2. L'exclusion d'autres atteintes

Des juridictions du fond ont été tentées de soumettre le remboursement des comptes courants d'associé aux exigences de l'intérêt social (v. par ex. Caen, 16 janv. 1990, *Bull. Joly* 1991. 916, note P. Le Cannu).

La Cour de cassation ne retient cependant pas ces exigences dans sa jurisprudence, et l'arrêt commenté confirme cette solution.

Le blocage de son compte courant ne saurait par conséquent être imposé à l'associé.

II. L'inopposabilité du blocage du compte courant d'associé

Si la résolution de l'assemblée imposant le blocage du compte courant d'associé est vue comme une augmentation des engagements de l'associé, par conséquent inopposable à celui-ci, on peut penser que le fondement est mal choisi (A), tout comme la sanction (B).

A. Un fondement mal choisi

1. Une augmentation des engagements pris en qualité d'associé ?

Certes, la société ne saurait empêcher l'exécution d'une décision de justice en décidant le blocage des comptes courants d'associé, et en l'espèce, la cour d'appel avait apparemment déclaré inopposable la décision de blocage du 24 décembre 1993, en ce qu'elle constituait un abus de majorité car visant à empêcher M. X d'obtenir le remboursement demandé en justice.

La Cour de cassation ne reprend pas, cependant, la discussion sur l'abus de majorité, préférant se référer au seul article L. 225-96 du Code de commerce.

La référence à cette disposition apparaît cependant injustifiée. Ce texte dispose en effet que l'assemblée générale extraordinaire de la SA, compétente pour modifier les statuts, ne saurait augmenter les engagements des actionnaires.

Or la décision de blocage ne constitue généralement pas une modification des statuts, d'une part, et surtout elle n'augmente pas les engagements des actionnaires : le versement en compte courant fait par l'associé ne relève pas des engagements pris par lui en sa qualité d'associé (puisqu'il s'agit d'un prêt, lui conférant donc une qualité de prêteur, distincte de sa qualité d'associé — v. ss I).

2. Le fondement approprié : l'article 1134 ancien / 1103 nouveau du Code civil

S'agissant des rapports entre les parties à un contrat, il aurait été préférable d'invoquer l'article 1134 ancien / 1103 nouveau du Code civil, selon lequel les contrats légalement formés tiennent lieu de loi à ceux qui les ont faits.

On peut donc dire que la Cour de cassation ne tire pas toutes les conséquences du rejet de la qualification d'apport du compte courant d'associé, puisqu'elle continue à voir le prêteur comme un associé.

La décision de bloquer le remboursement des comptes courants d'associé pour une durée déterminée garantit à la société une plus grande stabilité des fonds qui lui ont été prêtés, et elle est fréquemment exigée des créanciers préalablement à l'octroi d'un crédit à la société. Ce blocage doit cependant avoir été accepté par l'associé prêteur.

B. Une sanction inappropriée

C'est non seulement le fondement retenu, mais aussi la sanction choisie qui se révèle inappropriée, et ce à double titre.

1. Une sanction mal choisie au regard du droit des sociétés

La sanction est tout d'abord mal choisie au regard de l'article L. 225-121 du Code de commerce, qui prévoit que les délibérations prises par les assemblées d'actionnaires en violation de l'article L. 225-96 sont nulles, et non pas qu'elles seraient inopposables à un actionnaire.

2. Une sanction mal choisie au regard du droit des contrats

La cour d'appel avait jugé que la décision de blocage ne pouvait être « opposée » à M. X, ce qui laissait entendre qu'il était un tiers à cette décision.

Or si l'on se place dans les relations entre le prêteur et l'emprunteur que sont l'associé faisant un versement en compte courant et la société bénéficiaire, l'on doit là encore considérer que la décision de bloquer le remboursement des sommes versées est nulle, plus qu'inopposable.

Si la décision était inopposable, cela signifie qu'elle serait valable, mais ne produirait pas d'effet à l'égard d'un ou plusieurs tiers.

Or ici la décision n'est pas valable, et M. X n'est pas un tiers.

Commentaire d'arrêt n° 2

Cet arrêt rendu par la 3e Chambre civile de la Cour de cassation affirme que le nu-propriétaire indivis de droits sociaux est associé, et il en déduit la recevabilité de sa demande de désignation d'un administrateur provisoire.

Une SCI avait été constituée entre Fernand X..., associé majoritaire et gérant de la société, et Mme G... ; que Mme Z... épouse X... avait ensuite été désignée en qualité de co-gérante. Fernand X... étant décédé, ses trois enfants nés de son union avec Mme G..., Marc, Éric et Patricia, sont devenus nus-propriétaires indivis de ses parts, Mme Z... en ayant l'usufruit.

Cette situation un peu compliquée était le terreau d'un conflit qui partageait la fratrie. Marc, vraisemblablement soutenu par sa belle-mère, était désigné en qualité de gérant unique de la SCI. Patricia et Éric prétendaient n'avoir pas été informés de la tenue de l'assemblée générale qui avait procédé à cette désignation. Ils ne demandaient toutefois pas l'annulation de cette assemblée, mais la désignation d'un administrateur provisoire avec mission de convoquer une assemblée générale afin de désigner un nouveau gérant et d'examiner les comptes de la SCI.

L'arrêt ne donne pas d'indication sur le résultat de cette demande, mais répond à la question de la recevabilité de celui qui n'est pas associé « à plein titre », mais qui est seulement nu-propriétaire indivis. La cour d'appel saisie du litige, statuant en référé, avait jugé que Patricia était recevable à agir en désignation d'un administrateur provisoire. Le pourvoi formé contre l'arrêt d'appel est rejeté par la Cour de cassation.

I. La qualité d'associé du nu-propriétaire indivis de droits sociaux

A. Le propriétaire indivis et le nu-propriétaire de droits sociaux sont des associés

Si la question est encore débattue s'agissant de l'usufruitier, et qu'elle est tranchée plutôt dans le sens d'un refus de lui reconnaître la qualité d'associé (Civ. 3e, 15 sept. 2016, n° 15-15172, *Bull.* III, n° 110), il n'y a pas de doute depuis longtemps sur la qualité d'associé du nu-propriétaire de parts ou d'actions (v. Com. 4 janv. 1994, *Bull.* IV, n° 10).

Il n'y a pas non plus de discussion, depuis longtemps, sur la qualité d'associé de l'indivisaire. Certes, il ne dispose pas de la propriété individuelle des parts ou des actions indivises, mais la qualité d'associé lui est reconnue (Civ. 1re, 6 févr. 1980, *Bull.* I, n° 49).

B. Le nu-propriétaire indivis est un associé

À la première lecture de l'arrêt commenté, on comprend que la Cour de cassation affirme clairement que le nu-propriétaire indivis de droits sociaux est un associé. C'est sans doute le sens à donner à la décision, car si la Cour de cassation n'admettait pas cette solution, elle le ferait savoir. Il demeure qu'elle indique que c'est la cour d'appel qui a « constaté que Mme Patricia X..., nue-propriétaire indivise de droits sociaux, avait la qualité d'associée ». La déduction « à bon droit » ne porte que sur la recevabilité de la demande de désignation de l'administrateur provisoire.

Si l'on considère que la qualité d'associé est bien reconnue au nu-propriétaire indivis de droits sociaux, on nuancera en notant que la décision n'émane « que » de la 3e Chambre civile, qui n'est pas la chambre compétente à titre principal pour le droit des sociétés. L'arrêt est toutefois promis à une large diffusion (publication attendue aux deux *Bulletins* et mise en ligne sur le site internet de la Cour de cassation).

La solution était en réalité très prévisible, et le droit de participer aux décisions collectives des copropriétaires indivis de droits sociaux avait déjà été consacré par la Cour dans un arrêt qui concernait en réalité des nus-propriétaires indivis, auxquels la qualité d'associé était reconnue (Com. 21 janv. 2014, *Bull.* IV, n° 16).

La qualité d'associé de la nue-propriétaire indivis n'était d'ailleurs pas niée, dans l'affaire qui nous intéresse, par les demandeurs au pourvoi, qui plaidaient que « *la qualité d'associé des indivisaires de parts sociales ne leur accordant individuellement des droits d'associé que dans la mesure où l'exercice de ceux-ci demeure compatible avec les droits des autres indivisaires* ».

II. La recevabilité de la demande de désignation d'un administrateur provisoire

A. La question de l'organisation des prérogatives

La cour d'appel avait jugé que la demande de désignation d'un administrateur provisoire, formée par une seule nue-propriétaire indivise de droits sociaux, était recevable. Le véritable débat était ici, car la qualité d'associé n'était pas discutée, en réalité.

Simplement, les demandeurs au pourvoi estimaient que la demande de nomination d'un administrateur provisoire était une mesure grave en ce qu'elle conduisait à dessaisir le gérant de ses pouvoirs de gestion de la société, et qu'elle ne pouvait pas être présentée par un seul des indivisaires, associé minoritaire. En se fondant sur la qualité d'associé de Mme Patricia X... pour juger qu'elle était recevable à solliciter la désignation d'un administrateur provisoire de la SCI, la cour d'appel aurait violé l'article 815-9 du Code civil et l'article 873 du Code de procédure civile.

La question portait sur le pouvoir d'un indivisaire de procéder seul à la demande de désignation d'un administrateur provisoire. Cette prérogative n'était-elle pas soumise aux restrictions propres au droit de l'indivision, qui devaient empêcher à un indivisaire seul de la mettre en œuvre ?

La Cour de cassation répond fermement sur ce point : la nue-propriétaire indivise était recevable à agir en désignation d'un administrateur provisoire.

B. Une solution à lire *a contrario* ?

Là où la solution peut prêter à discussion, c'est en ce qu'elle semble déduire de la qualité d'associé le droit de demander la désignation d'un administrateur provisoire.

A contrario, qui ne serait pas associé n'aurait donc pas cette possibilité.

L'arrêt commenté rejoindrait des décisions antérieures qui ont exprimé une position défavorable à la demande de désignation d'administrateur provisoire formée par un tiers (Com. 16 févr. 1988, *Bull. Joly* 1988. 270, note P. Le Cannu). La jurisprudence n'était cependant pas arrêtée (v. ainsi Com. 14 févr. 1989, n° 87-13719, *Bull.* IV, n° 66, qui certes approuve l'arrêt d'appel ayant jugé irrecevable la demande formée par un créancier, mais alors qu'il était relevé que le fonctionnement de la société était normal et qu'elle ne rencontrait pas de difficultés financières).

Pour autant, il est possible que l'arrêt doive simplement être lu comme reconnaissant à un associé, du seul fait qu'il a cette qualité, le pouvoir de demander la désignation d'un administrateur, sans devoir se plier aux contraintes propres à l'organisation de l'indivision.

Cas pratique

Le traitement d'un cas pratique est moins complexe que celui d'un commentaire d'arrêt, tout particulièrement lorsque les questions posées sont formulées dans l'énoncé. Il faut essentiellement répondre de manière justifiée à ces questions. Il convient surtout de toujours expliquer sur quels textes, sur quelle jurisprudence et sur quel raisonnement est fondée la solution retenue.

Il convient de répondre aux questions de M. LEC en envisageant successivement la situation de chacune des sociétés concernées :

1) La signature du cautionnement au nom de la SNC CARBONARA, en garantie des dettes de la SARL PANZONI 34, soulève plusieurs questions.

La rédaction de l'objet social de la SNC est tout d'abord un premier problème, puisque le gérant ne peut engager cette société à l'égard des tiers (tels que la BPR) que par les actes entrant dans l'objet social (C. com., art. L. 221-5). L'objet social de la SNC est rédigé étroitement, et ne permet pas expressément au gérant de conclure un contrat de cautionnement tel que celui envisagé.

Pour autant, il n'est pas exclu que le cautionnement puisse tout de même être souscrit. Une décision prise à l'unanimité des associés en nom sera cependant nécessaire pour que cet acte excédant les pouvoirs du gérant puisse être signé par la SNC (C. com., art. L. 221-6). Par ailleurs, même en l'absence d'une décision unanime, la jurisprudence admet qu'une société à responsabilité illimitée puisse être engagée par un cautionnement, lorsqu'il existe une communauté d'intérêts entre cette société et le débiteur cautionné (Com. 26 juin 2007, *Dr. sociétés* 2007, n° 192, note R. Mortier).

En l'état des informations qui ont été fournies par M. LEC, il apparaît que la première voie (décision unanime des associés) est fermée, du fait de l'opposition de l'associé minoritaire, M. CARBO, à l'opération. Quant à la communauté d'intérêts, qui peut se rencontrer notamment lorsque la société caution est associée du débiteur cautionné (ou l'inverse) ou lorsque les sociétés caution et débitrice ont des associés communs, l'on ne peut se prononcer avec certitude sur son existence ou son absence. Ajoutons que la jurisprudence a ajouté une condition de validité des garanties données par une société, lesdites garanties devant être conformes à l'intérêt de la société garante (v. not. Com. 23 sept. 2014, n° 13-17.347, *Bull.* IV, n° 142 ; *Rev. sociétés* 2014. 714, note A. Viandier), condition dont on ne peut affirmer qu'elle est satisfaite en l'espèce.

On déconseillera par conséquent à M. LEC de souscrire seul l'acte de cautionnement au nom de la SNC. Outre le risque d'annulation de l'acte, M. LEC est en effet susceptible d'engager sa responsabilité à l'égard de la société ou de ses associés, du fait de la violation des statuts (précisément, de la clause relative à l'objet social) qu'il commettrait en souscrivant le cautionnement.

Il n'est par ailleurs pas exclu que le fait d'engager la SNC en tant que garante des dettes d'un tiers (une société du groupe PANZONI en l'occurrence) puisse être vu comme une faute de gestion, voire comme un acte constitutif du délit d'abus de confiance (C. pén., art. 314-1 s.). On rappellera que ce délit est constitué lorsqu'une personne qui se voit confier des biens dans un intérêt déterminé (l'intérêt de la SNC en l'occurrence) les affecte à un intérêt différent (celui de la SARL PANZONI 34).

Quant au fait que la SARL cautionnée ne soit pas encore immatriculée, c'est un élément qui est susceptible d'affecter la validité du cautionnement qui pourrait être consenti au nom de la SNC, puisque la caution ne sera pas tenue de garantir la dette de la SARL si cette dernière n'est elle-même pas engagée. Or, le défaut d'immatriculation priverait la SARL de personnalité morale (C. civ., art. 1842), et donc de capacité juridique. La jurisprudence considère que le cautionnement d'une société non immatriculée est frappé de caducité (Com. 16 juin 2004, *Bull. Joly* 2004. 1095, note R. Routier). Certes, de par l'application du statut de la société en formation, il est possible que les dettes de la SARL, si elles ne sont pas reprises, pèsent sur ses fondateurs (C. com., art. L. 210-6, al. 2), mais le cautionnement des dettes de la SARL ne saurait (en l'absence d'une stipulation idoine) être étendu de plein droit aux dettes de ses fondateurs.

2) La SARL CARBOTRANS, dont la SA CARBOLEC est l'associé unique, se voit quant à elle réclamer une somme importante au titre d'un préjudice causé par un scooter de propriété de la société, préjudice non couvert par un contrat d'assurance.

S'agissant tout d'abord de la question relative à la responsabilité de M. LEC, gérant de la SARL, il convient de distinguer selon la responsabilité encourue.

L'amende encourue du fait du non-renouvellement de l'assurance du véhicule est susceptible de peser tant sur le gérant que sur la SARL elle-même, du fait de la responsabilité pénale des personnes morales (C. pén., art. 121-2, qui exige que l'infraction ait été commise pour le compte de la personne morale par ses organes ou représentants, tels que le gérant de la SARL). Simplement, le fait que la SARL puisse engager sa responsabilité n'exonère pas M. LEC, s'il est vu du fait de sa qualité de gérant comme le chef d'entreprise. Deux facteurs pourraient toutefois écarter cette responsabilité. D'une part, il est envisageable que M. LEC ait consenti une délégation de pouvoir qui emporterait délégation de responsabilité pénale. D'autre part, l'article 121-3 du Code pénal subordonne la responsabilité pénale encourue par les personnes physiques en cas de manquement à une obligation de prudence ou de sécurité prévue par la loi ou le règlement à des conditions particulières (ne pas avoir accompli les « diligences normales », notamment) dont on ne sait si elles sont remplies dans le cas particulier de M. LEC.

S'agissant du préjudice causé aux tiers par le défaut d'assurance (préjudice qui pourra résulter de l'insolvabilité de la SARL), il pourra en être demandé réparation au gérant de la SARL s'il est établi que la faute constitutive du défaut d'assurance est détachable de ses fonctions de mandataire social. Alors même que la loi dispose que le gérant de SARL est responsable envers les tiers des infractions aux dispositions législatives ou réglementaires applicables aux SARL (C. com., art. L. 223-22, al. 1er), la jurisprudence subordonne l'engagement de la responsabilité personnelle de ce dirigeant social à la preuve d'une faute détachable de ses fonctions, c'est-à-dire d'une faute intentionnelle, d'une particulière gravité, et incompatible avec l'exercice normal des fonctions sociales (Com. 20 mai 2003, *Bull. civ.* IV, n° 84 ; 26 févr. 2008, *Bull. Joly* 2008. 657, note P. Le Cannu). Une difficulté supplémentaire provient cependant du fait que le dol éventuel (c'est-à-dire la faute dont son auteur aurait dû savoir qu'elle pouvait causer un dommage) que constitue le défaut de souscription d'une assurance obligatoire, pénalement sanctionné, donne lieu à une opposition non résolue à ce jour au sein de la Cour de cassation entre la troisième chambre civile et la chambre commerciale. La troisième chambre civile a jugé par un arrêt en date du 4 janvier 2006 (*Bull. civ.* III, n° 7 ; *LPA* 19 avr. 2006, p. 10, note J.-F. Barbièri) qu'il y avait là une faute rattachable aux fonctions, tandis qu'une solution en apparence différente a été retenue par la chambre commerciale le 4 juillet 2006 (*Bull. civ.* IV, n° 166 ; *LPA* 22 nov. 2006, p. 18, note J.-F. Barbièri) et le 28 septembre 2010 (*Bull. civ.* IV, *n° 146* ; *Rev. sociétés* 2011. 97, note B. Dondero). Il n'est donc pas certain que M. LEC doive répondre personnellement du préjudice causé aux tiers par le non-renouvellement de l'assurance (n'est pas envisagée ici l'hypothèse d'une procédure collective frappant la SARL CARBOTRANS).

Concernant les éventuelles poursuites de M. MOUSSE à l'encontre de la SA CARBOLEC, plus solvable que sa filiale CARBOTRANS, elle supposera que le demandeur fasse la preuve d'une des situations permettant de lever le voile de la personnalité morale autonome des sociétés d'un groupe. Le principe est en effet que les sociétés d'un même groupe sont autonomes, du fait de la personnalité morale de chaque société (C. civ., art. 1842 et C. com., art. L. 210-6 — v. par ex. Com. 28 mai 1991, *Bull. civ.* IV, n° 182) et que la dette de l'une n'engage les autres qu'exceptionnellement. S'agissant de la dette de la filiale, il faudra, si l'on souhaite poursuivre la société mère, démontrer principalement que la filiale était fictive, qu'il y a eu une confusion du patrimoine de cette société avec celui de la SA CARBOLEC (solutions forgées par la jurisprudence et consacrées par l'art. L. 621-2 du C. com.), ou qu'une immixtion dans la gestion de la filiale a été réalisée par la mère (v. ainsi Com. 15 juin 1993, *Bull. civ.* IV, n° 253 ; *Rev. sociétés* 1994. 730, note R. Libchaber). À défaut, le créancier ne pourra poursuivre que son débiteur, en l'occurrence la SARL CARBOTRANS. Tant le fait que la SA CARBOLEC soit l'associée unique de CARBOTRANS que le fait que le président du conseil d'administration de la SA soit aussi le gérant de la SARL pourront contribuer à établir l'absence d'autonomie de la SARL à l'égard de la SA. Ces éléments ne sauraient cependant suffire à rapporter la preuve de cette situation.

Enfin, il n'est pas judicieux de taire l'existence du litige et du problème du défaut d'assurance à M. LEBASQUE, alors que celui-ci envisage de se porter acquéreur de la totalité du capital de la SARL CARBOTRANS. Certes, celui-ci pourra renoncer à l'acquisition et/ou revoir sa proposition de prix à la baisse, mais ne pas lui communiquer l'information pourrait être vu comme un fait de réticence dolosive, susceptible de provoquer l'annulation de la vente ou la condamnation du cédant et de ses représentants à des dommages-intérêts (v. la jurisprudence rendue sur le fondement de l'art. 1116 du C. civ.). Il est d'ailleurs probable que M. LEBASQUE demandera au cédant, en l'occurrence la SA CARBOLEC, de certifier, dans le cadre d'une garantie de passif, qu'il n'existe aucun autre passif, réel ou potentiel, que celui qui aura été porté à la connaissance du cessionnaire.

3) Le litige relatif à la SAS CARBOWORLD porte quant à lui sur deux points.

La violation de la clause de préemption contenue dans les statuts de la SAS peut être sanctionnée efficacement, puisque le législateur édicte une nullité des cessions effectuées en violation des clauses statutaires des SAS (C. com., art. L. 227-15). Il devrait donc être possible à l'associé majoritaire de la SAS, la SA CARBOLEC, de remettre en cause la cession faite par M. CARBO au profit de M. CANEL. Cela pourrait cependant ne pas résoudre tous les problèmes, puisque M. CANEL aura peut-être, avant que la cession soit annulée, obtenu des informations importantes sur la SAS. On observera d'ailleurs que, quand bien même la cession faite à son profit serait annulée, sa demande sera toujours considérée comme recevable par le juge (v. ci-après).

L'expertise de gestion sollicitée par M. CANEL peut avoir deux fondements, l'article L. 225-231 du Code de commerce et l'article 145 du Code de procédure civile. Il semble que la première expertise seule doive permettre d'obtenir des informations sur des opérations de la société, la seconde semblant davantage destinée à conserver des éléments de preuve.

On relèvera tout d'abord que l'article L. 225-231 du Code de commerce, figurant dans les dispositions relatives à la SA, doit s'appliquer aussi à la SAS, puisque l'article L. 227-1 du même Code, qui soumet sauf exception la SAS aux textes régissant la SA, n'exclut pas l'application de ce texte.

Parmi les conditions que doit satisfaire le demandeur à une telle expertise, lorsqu'il s'agit d'un actionnaire, figure la détention d'au moins 5 % du capital social (C. com., art. L. 225-231, al. 1er). Or le nombre d'actions acquises par M. CANEL lui permet de satisfaire cette condition. Il s'agit là d'une question de recevabilité de la demande, qui est appréciée par le juge à la date de la demande introductive d'instance, et qui ne peut être remise en cause par l'effet de circonstances postérieures (Com. 6 déc. 2005, *Bull. civ.* IV, n° 245 ; *RTD com.* 2006. 141, obs. P. Le Cannu). Cela signifie donc que même si la cession faite au profit de M. CANEL est annulée, le juge devra estimer celle-ci recevable si la demande a été formée avant l'annulation (ce qui ne signifie pas pour autant que la demande sera accueillie par le juge). Simplement, cette demande suppose, avant de pouvoir être formée, que le demandeur ait posé par écrit des questions aux dirigeants et que celles-ci n'aient pas reçu de réponse ou de réponse satisfaisante dans le délai d'un mois (C. com., art. L. 225-231, al. 1er et 2). Il n'est pas dit que cette phase préalable ait été respectée par M. CANEL.

On perçoit par ailleurs que la demande de M. CANEL comporte une faiblesse. L'expertise de gestion doit permettre aux actionnaires de s'informer sur « une ou plusieurs opérations de gestion de la société ». Or, il n'apparaît pas que M. CANEL, dans sa hâte d'obtenir des informations sensibles sur la conduite des affaires de la SAS CARBOWORLD, ait précisé suffisamment sa demande. La jurisprudence estime que les interrogations du demandeur ne peuvent pas porter sur toute la gestion de la société sur plusieurs années (V. Com. 25 mars 1974, *Rev. sociétés* 1975. 98, note J. Hémard ; Paris, 19 mai 1999, *RTD com.* 1999. 674, obs. C. Champaud et D. Danet ; v. égal. Com. 15 juill. 1987, *Bull. Joly* 1987. 703, note P. Le Cannu), pas plus que le demandeur ne peut se contenter de s'interroger de façon générale sur la politique de gestion de la société sans demander de façon précise des explications sur des actes de gestion clairement identifiés (Com. 14 févr. 2006, *Bull. civ.* IV, n° 40, p. 41 ; *RTD com.* 2006. 605, obs. C. Champaud et D. Danet ; *JCP E* 2006. I. 168, n° 6, obs. J.-J. Caussain, F. Deboissy et G. Wicker).

Il n'apparaît donc pas qu'en l'état, la demande de M. CANEL ait des chances sérieuses d'aboutir, sans même que l'on doive invoquer la notion de fraude (car la procédure d'expertise de gestion, faite pour assurer une information suffisante à l'actionnaire, semble bien être ici détournée de son objectif pour servir d'autres fins). Il conviendra tout de même de recommander à M. LEC d'agir avec célérité pour faire sortir de la SAS cet associé gênant.

4) S'agissant enfin de la validité de la délibération du conseil d'administration de la SA CARBOLEC par laquelle un complément de retraite (c'est-à-dire des sommes qui seront versées en complément de la retraite à laquelle le dirigeant aura droit à sa cessation d'activité) a été accordé à M. LEC, il faut avant tout s'interroger sur le point de savoir si les titres de la société sont admis aux négociations sur un marché réglementé, c'est-à-dire si la société est cotée en bourse ou non.

Si c'est le cas, il faut respecter la procédure du *say on pay*. Précisément, le conseil d'administration intervient mais il n'est pas le seul organe compétent. Il doit établir une politique de rémunération des mandataires sociaux, soumise chaque année à l'assemblée générale des actionnaires (C. com., art. L. 22-10-8, I et II). Aucun élément de rémunération, ni aucun engagement correspondant à des éléments de rémunération susceptibles d'être dus à raison de la cessation des fonctions ou postérieurement à l'exercice de celles-ci ne peut être pris par la société s'il n'est pas conforme à la politique de rémunération approuvée ex-ante (art. L. 22-10-8, III). Une approbation ex-post est par ailleurs requise (art. L. 22-10-34).

En l'absence de précision en ce sens dans l'énoncé (et malgré la présence d'un comité des rémunérations, plutôt caractéristique des sociétés cotées que des sociétés non cotées), on peut considérer que la société n'est pas cotée, ce qui doit la soustraire au dispositif du *say on pay*. Le conseil d'administration est par conséquent compétent pour déterminer la rémunération de son président, aux termes de l'article L. 225-47. Mais encore faut-il que le complément de retraite relève de la catégorie des rémunérations. La jurisprudence a formulé à cet égard plusieurs critères, qui doivent être satisfaits par le complément de retraite pour que celui-ci puisse être considéré comme une rémunération au sens de l'article L. 225-47. Il doit ainsi avoir pour contrepartie des services particuliers rendus à la société pendant l'exercice de ses fonctions par le dirigeant, être proportionné aux services rendus, et ne pas constituer une charge excessive pour la société (v. not. Com. 10 févr. 1998, *Bull. civ.* IV, n° 70 ; *D. Affaires* 1998. 434, obs. M. Boizard). Si ces conditions ne sont pas remplies, l'octroi du complément de retraite doit respecter la procédure des conventions réglementées, et le conseil d'administration n'est alors compétent que pour autoriser préalablement l'engagement, et non pour le décider.

Ces informations étant communiquées à M. LEC, on pourra estimer que l'intervention d'un comité des rémunérations dans la fixation du montant du complément de retraite est, au moins en son principe, une bonne chose. Mais encore faut-il que l'intervention de cet organe non légal n'ait pas faussé le fonctionnement normal des organes de la SA, société au caractère institutionnel très marqué dont le législateur organise minutieusement le fonctionnement, sans qu'il soit possible, le plus souvent, de remettre en cause cette organisation. Si c'est bien le conseil d'administration qui est compétent pour attribuer un complément de retraite au président en vertu de l'article L. 225-47 du Code de commerce, cette décision ne peut être prise par un organe qui ne serait pas le conseil, quand bien même il serait composé d'une partie des administrateurs (v. en ce sens Com. 11 oct. 2005, *Bull. civ.* IV, n° 210 ; *Rev. sociétés*

2006. 81, note J.-P. Mattout). Il conviendra donc de s'assurer avec M. LEC de ce que le « comité des rémunérations » n'a joué dans l'octroi du complément de retraite qu'un rôle purement technique, et que cet organe n'a pas formulé de décision au nom de la société, ou que le conseil ne s'est pas contenté par sa délibération du 3 janvier 2021 de « ratifier » une décision du comité des rémunérations de la SA.

Bibliographie générale

Codes

– Code des sociétés et des marchés financiers, par B. François, A. Lienhard, P. Pisoni et J.-P. Valuet, 37e éd., Dalloz, 2020.

– Code des sociétés et autres groupements, par F. Deboissy et G. Wicker, avec J.-C. Pagnucco et L. Sautonie-Laguionie, 23e éd., Litec, 2019.

Précis, manuels, traités

La distinction entre les différentes catégories d'ouvrages est floue, en l'occurrence. Certains ouvrages qualifiés de « manuel » ou de « précis » sont en réalité de véritables traités.

– M. Cozian, A. Viandier et F. Deboissy, *Droit des sociétés*, 33e éd., Litec, 2020.

– P. Didier et Ph. Didier, *Droit commercial, t. 2, Les sociétés commerciales*, Economica, 2011.

– P. Le Cannu et B. Dondero, *Droit des sociétés*, 8e éd., Montchrestien, 2019.

– Ph. Merle, *Sociétés commerciales*, 24e éd., Dalloz, coll. « Précis », 2020, avec A. Fauchon.

– J.-M. Moulin, *Droit des sociétés et des groupes*, 14e éd., Gualino, 2020.

– G. Ripert et R. Roblot, *Traité de droit commercial*, t. 1, vol. 2, *Les sociétés commerciales*, 22e éd., par M. Germain et V. Magnier, LGDJ, 2017.

– D. Vidal et K. Luciano, *Cours de droit général des sociétés*, 2e éd., Gualino, 2016 et *Cours de droit spécial des sociétés*, Gualino, 2016.

On signalera ensuite ces ouvrages pour les idées qu'ils contiennent. Malheureusement, ils n'ont pas été mis à jour depuis longtemps et ne se prêtent pas à une utilisation exclusive d'autres ouvrages pour préparer un examen ou des séances de TD fondées sur le droit positif en son dernier état.

– Y. Chaput, *Droit des sociétés*, PUF, 1993.

– Y. Guyon, *Droit des affaires, t. 1*, 12e éd., Economica, 2003.

– J. Hémard, F. Terré et P. Mabilat, *Sociétés commerciales*, Dalloz, t. 1, 1972 et t. 2, 1974

– M. de Juglart et B. Ippolito, *Cours de droit commercial*, 2e vol., 9e éd., Montchrestien, 1992.

Encyclopédies juridiques

Cette catégorie d'ouvrages fournit des approfondissements sur des thèmes précis du droit des sociétés. Les encyclopédies juridiques proprement dites sont au nombre de trois, en droit des sociétés.

– Rép. Sociétés Dalloz.

– J.-Cl. *Sociétés Traité*.

– Dictionnaire Joly Sociétés.

À cela, il faut ajouter des ouvrages destinés avant tout aux professionnels, mais qui se rapprochent des encyclopédies.

– Dalloz Action, *Ingénierie financière, fiscale et juridique*, dir. Ph. Raimbourg et M. Boizard, 3e éd., Dalloz, 2015.

– Lamy *Sociétés commerciales*, par J. Mestre, D. Velardocchio et A.-S. Mestre-Chami.

– Mémento pratique Francis Lefebvre *Sociétés commerciales*, par A. Charvériat, B. Dondero, F. Gilbert et M.-E. Sébire.

Ouvrages spécialisés

Histoire du droit des sociétés

Deux ouvrages d'histoire du droit des sociétés doivent être signalés, qui sont en réalité les seuls aisément accessibles à être entièrement consacrés à cette matière.

– H. Lévy-Bruhl, Histoire juridique des sociétés de commerce en France, Paris, 1938.

– A. Lefebvre-Teillard, *La société anonyme au xix*e *siècle*, PUF, 1985.

Droit international des sociétés

Le droit international est généralement abordé par les ouvrages cités dans la catégorie des manuels et assimilés, mais un ouvrage est plus particulièrement consacré à cette matière.

– M. Menjucq, *Droit international et européen des sociétés*, 5e éd., Montchrestien, 2018.

Droit des sociétés cotées

– Ph. Bissara, R. Foy et A. de Vauplane, *Droit et pratique de la gouvernance des sociétés cotées*, Joly – ANSA, 2007.

– A. Couret, H. Le Nabasque, M.-L. Coquelet, Th. Granier, D. Poracchia, A. Raynouard, A. Reygrobellet, D. Robine, *Droit financier*, Dalloz, coll. « Précis », 3e éd., 2019.

– A.-D. Merville, *Droit financier*, 4e éd., Gualino, 2018.

– D. Ohl, *Droit des sociétés cotées*, 3e éd., Litec, 2008.

Ouvrages consacrés à des thèmes spécifiques

Ces ouvrages doivent être signalés, car ils contiennent beaucoup d'idées utiles, même si certains d'entre eux n'ont pas été mis à jour depuis longtemps (à l'échelle du temps en droit des sociétés, c'est-à-dire quelques années !).

– J.-P. Bertrel et M. Jeantin, *Acquisitions et fusions des sociétés commerciales*, 2e éd., Litec, 1991.

– Y. Guyon, Les sociétés – Aménagements statutaires et conventions entre associés, 5e éd., LGDJ, 2002.

– R. Mortier, Opérations sur capital social, 2e éd., Litec, 2015.

– P. Mousseron, *Les conventions sociétaires*, 2e éd., LGDJ, 2013.

– J. Paillusseau, J.-J. Caussain, H. Lazarski et Ph. Peyramaure, *Cession d'entreprise*, 4e éd., Dalloz, 1999.

– S. Schiller et D. Martin, *Guide des pactes d'actionnaires et d'associés*, LexisNexis, 2018.

Index alphabétique

Les chiffres sans crochets renvoient aux numéros de paragraphe du cours. Les chiffres entre crochets renvoient aux définitions des mots dans la rubrique « Quid ».

A

B

C

D

E

F

G

I

J

L

M

N

O

T

U

V

Table des matières

chapitre 3

section 2

section 3

chapitre 9

La société civile 335

section 1

Certifié PEFC
Ce livre est issu de forêts gérées durablement et de source contrôlées
PEFC
PEFC/18-31-280
www.pefc-france.org

Cet ouvrage a été composé
par IGS-CP à L'Isle-d'Espagnac (16)

720656 (I) - CSB-GPr 80 g - IGS (MLN)
Achevé d'imprimer en août 2021 par Lego Print
Dépôt légal : septembre 2021
Imprimé en Italie